Lambacher Schweizer

Mathematik grundlegendes Anforderungsniveau

Baden-Württemberg
Berufliches Gymnasium

bearbeitet von

Stefan Knorr
Ingrid Kolupa
Claudia Pils
Ute Reinhardt
Siegfried Schwehr
Markus Spiegel
Thomas Weber

Ernst Klett Verlag
Stuttgart · Leipzig

Inhalt

I Trigonometrische Funktionen

	Check-in	8
1	Sinus und Kosinus am Einheitskreis	10
2	Das Bogenmaß	13
3	Sinusfunktion und Kosinusfunktion	15
4	Die allgemeine Sinusfunktion	19
5	Trigonometrische Gleichungen	25
6	Anwendungen trigonometrischer Funktionen	29
	Exkursion: Sinusfunktionen in Natur und Technik	33
	Training	35
	Rückblick	39
	Prüfungsvorbereitung	40

II Differenzialrechnung

	Check-in	44
1	Differenzen- und Differenzialquotient	46
2	Die Ableitungsfunktion	50
3	Zusammengesetzte Funktionen	54
4	Ableitungsregeln; höhere Ableitungen	58
5	Tangenten	62
6	Ableiten trigonometrischer Funktionen	66
7	Lineare Verkettungen von Funktionen und deren Ableitung	68
8	Die Ableitung der Exponentialfunktion	72
9	Die Produktregel	75
	Exkursion: Das Newton-Verfahren	78
	Training	81
	Rückblick	83
	Prüfungsvorbereitung	84

III Extremstellen und Wendestellen

	Check-in	88
1	Bedeutung der ersten Ableitung – Monotonie	90
2	Bedeutung der zweiten Ableitung – Krümmung	93
3	Extrempunkte eines Funktionsgraphen	96
4	Berechnung lokaler Extremstellen	99
5	Berechnung von Wendestellen	104
6	Vom Funktionsterm zum Graphen	108
7	Differenzialrechnung im Sachzusammenhang	113
	Exkursion: Der Streit um die Ableitung	117
	Training	120
	Rückblick	123
	Prüfungsvorbereitung	124

IV Integralrechnung

	Check-in	128
1	Rekonstruktion von Größen	130
2	Berechnen von Flächeninhalten	134
3	Stammfunktionen	138
4	Hauptsatz der Differenzial- und Integralrechnung	142
5	Flächen oberhalb und unterhalb der x-Achse	146
6	Flächen zwischen zwei Graphen	149
7	Graphen von Stammfunktionen	153
	Exkursion: Rotationskörper und ihr Volumen	157
	Training	159
	Rückblick	161
	Prüfungsvorbereitung	162

V Lineare Gleichungssysteme; Funktionen bestimmen

	Check-in	166
1	Der Gauß-Algorithmus	168
2	Lösungsmengen linearer Gleichungssysteme	173
3	Bestimmen von Polynomfunktionen	177
4	Bestimmen von speziellen Funktionen	181
	Exkursion: Mischungen	185
	Training	186
	Rückblick	190
	Prüfungsvorbereitung	191

VI Optimieren und Modellieren

	Check-in	194
1	Optimierung einbeschriebener Figuren	196
2	Optimierung von Körpern und Verpackungen	201
3	Der Modellierungskreislauf	205
	Exkursion: Optimierung mittels Ersatzfunktion	210
	Training	212
	Rückblick	214
	Prüfungsvorbereitung	215

Inhalt

VII Geometrie

	Check-in	218
1	Geraden im Raum	220
2	Gegenseitige Lage von Geraden – zueinander parallele Geraden	224
3	Gegenseitige Lage von Geraden – nicht-parallele Geraden	227
4	Abstand und Winkel	231
5	Modellieren mit Geraden	236
6	Vektorielle Beschreibung von Ebenen	238
7	Koordinatengleichung einer Ebene	243
8	Zeichnerische Darstellung von Ebenen	247
	Exkursion: Winkel bei Ebenen	250
	Training	252
	Rückblick	255
	Prüfungsvorbereitung	256

VIII Zufallsexperimente und Wahrscheinlichkeiten

	Check-in	260
1	Zufallsexperimente	262
2	Versuchsreihe; Wahrscheinlichkeitsverteilung	265
3	Laplace-Experimente	269
4	Mehrstufige Zufallsexperimente	271
5	Verknüpfen von Ereignissen – Additionssatz	275
6	Vierfeldertafel – bedingte Wahrscheinlichkeit	279
7	Stochastische Unabhängigkeit	283
8	Kombinatorik – Bestimmung von Anzahlen	287
9	Diskrete Zufallsgrößen	292
10	Erwartungswert und Standardabweichung bei Zufallsgrößen	295
	Exkursion: Das Ziegenproblem	299
	Exkursion: Peinliche Fragen	300
	Training	301
	Rückblick	305
	Prüfungsvorbereitung	306

IX Binomialverteilung

	Check-in	310
1	Bernoulli-Experimente	312
2	Binomialverteilung – kumulierte Wahrscheinlichkeit	315
3	Problemstellungen bei der Binomialverteilung	319
4	Erwartungswert und Standardabweichung	323
	Exkursion: Weitere Verteilungen	327
	Training	329
	Rückblick	331
	Prüfungsvorbereitung	332

Strategisch vorgehen	334
Grundwissen	350
Lösungen im Buch	358
Register	416
Text- und Bildquellen	420
Mathematische Begriffe und Bezeichnungen	

I Trigonometrische Funktionen

Das können Sie schon

- Zu einem Winkel α die Werte $\sin(\alpha)$ und $\cos(\alpha)$ berechnen
- Den Winkel α aus einem Wert für $\sin(\alpha)$ bzw. $\cos(\alpha)$ berechnen
- Seitenlängen und Winkel in rechtwinkligen Dreiecken mithilfe von Sinus und Kosinus bestimmen
- Graphen von Potenzfunktionen und Exponentialfunktionen in x-Richtung und in y-Richtung strecken und verschieben

Das können Sie bald

- $\sin(\alpha)$ und $\cos(\alpha)$ für $\alpha > 90°$ und $\alpha < 0°$ berechnen
- Die Graphen der Sinusfunktion und Kosinusfunktion in x-Richtung und in y-Richtung strecken und verschieben
- Trigonometrische Gleichungen lösen
- Periodische Vorgänge mit Sinus- und Kosinusfunktionen beschreiben

Check-in

So geht's:
(1) Checkliste übertragen.
(2) Fähigkeiten selbst einschätzen.
(3) Einschätzung mithilfe der Aufgaben überprüfen und gegebenenfalls Lerntipps beachten.

Schätzen Sie sich mithilfe der Checkliste ein.

1. Ich kann $\sin(\alpha)$ und $\cos(\alpha)$ als Seitenverhältnisse im rechtwinkligen Dreieck angeben.
2. Ich kann zum gegebenen Winkel α die Werte $\sin(\alpha)$ und $\cos(\alpha)$ berechnen.
3. Ich kann aus einem Wert für $\sin(\alpha)$ oder $\cos(\alpha)$ den Winkel α bestimmen.
4. Ich kann im rechtwinkligen Dreieck alle Seitenlängen und Winkel bestimmen.
5. Ich kann einen Funktionsterm zu einem transformierten Graphen angeben.
6. Ich kann Streckungen, Spiegelungen und Verschiebungen zum transformierten Graphen angeben.

Lerntipps

zu 5. **Grundwissen**, Seite 351, 353
zu 6. **Grundwissen**, Seite 351, 353

Überprüfen Sie Ihre Einschätzungen.

1 Sinus und Kosinus als Seitenverhältnisse im rechtwinkligen Dreieck angeben
Geben Sie Sinus und Kosinus der Winkel als Seitenverhältnisse an.

a)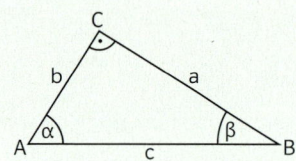

b)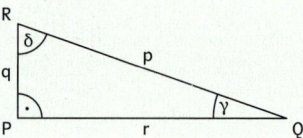

Lösungen | Seite 358

2 Berechnen von $\sin(\alpha)$ und $\cos(\alpha)$
Geben Sie zu einem gegebenen Winkel α die angegebenen Werte an.
a) $\sin(45°)$ b) $\cos(45°)$ c) $\sin(10°)$ d) $\cos(10°)$ e) $\cos(30°)$ f) $\sin(50°)$

3 Aus einem Sinuswert oder Kosinuswert einen Winkel bestimmen
Bestimmen Sie den Winkel α.
a) $\sin(\alpha) = 0{,}5$ b) $\cos(\alpha) = 0{,}5$ c) $\sin(\alpha) = 1$ d) $\cos(\alpha) = 0{,}3$

4 Seitenlängen und Winkel im rechtwinkligen Dreieck berechnen
Berechnen Sie alle Seitenlängen und Winkel im rechtwinkligen Dreieck.
a) $\beta = 43°$; $b = 5\,\text{cm}$
b) $s = 4\,\text{cm}$; $\gamma = 23°$
c) $q = 5\,\text{cm}$; $r = 7\,\text{cm}$
d) $c = 15\,\text{cm}$; $\beta = 67°$

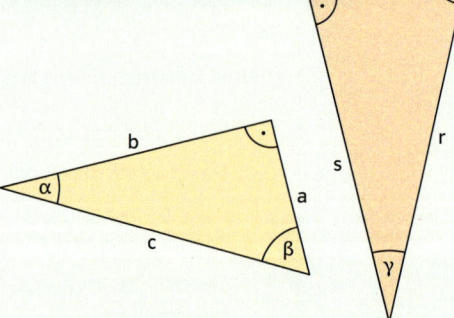

8

○ 5 **Den Funktionsterm zu einem transformierten Graphen angeben**
   a) Gegeben ist der Graph der Funktion f mit $f(x) = x^2$. Geben Sie jeweils den Funktionsterm $g(x)$ der Funktionen g an, wenn der Graph von g aus dem Graphen der Funktion f hervorgeht durch
   (1) eine Streckung mit dem Faktor 3 in y-Richtung,
   (2) eine Spiegelung an der x-Achse,
   (3) eine Streckung mit dem Faktor −0,5 in y-Richtung.
   b) Gegeben ist der Graph der Funktion f mit $f(x) = x^3$. Geben Sie jeweils den Funktionsterm $g(x)$ der Funktion g an, wenn der Graph von g aus dem Graphen der Funktion f hervorgeht durch
   (1) eine Verschiebung um 4 in y-Richtung,
   (2) eine Verschiebung um 3 in x-Richtung,
   (3) eine Verschiebung um −5 in x-Richtung und um −2 in y-Richtung.

○ 6 **Streckungen, Spiegelungen und Verschiebungen zu einem transformierten Graphen angeben**
Durch welche Streckungen, Spiegelungen und Verschiebungen entstehen der blaue Graph K_g und der rote Graph K_h aus dem Graphen K_f der Grundfunktion f? Geben Sie jeweils einen geeigneten Funktionsterm an.
Durch welche Transformationen entsteht jeweils der rote Graph K_h aus dem blauen Graphen K_g?

a) $f(x) = x^2$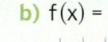
b) $f(x) = x^2$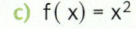
c) $f(x) = x^2$

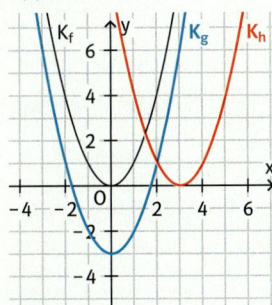
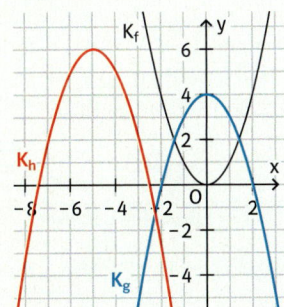
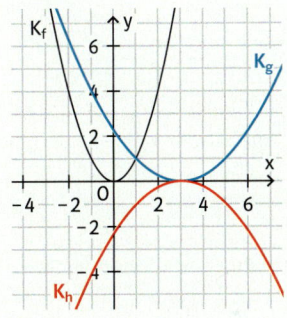

d) $f(x) = x^3$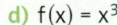
e) $f(x) = 2^x$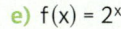
f) $f(x) = 3^x$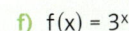

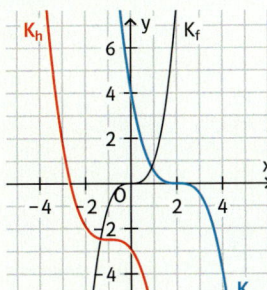
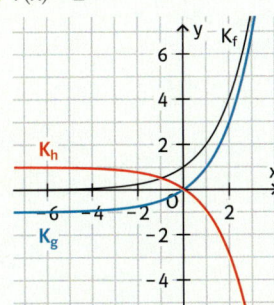
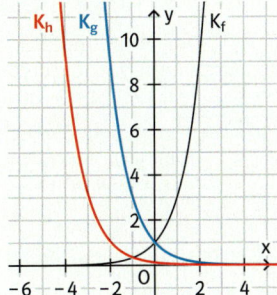

Check-in

1 Sinus und Kosinus am Einheitskreis

Das Sonnenrad der Zeche *Zollverein* Essen hat einen Radius von 18 m. Man steigt auf dem Dach der Kokserei in eine Gondel und fährt damit zunächst hinauf, dann tief hinein in die ehemaligen Koks-Öfen. Eine Umdrehung dauert 16 min.
Übertragen Sie die Tabelle in Ihr Heft. Tragen Sie jeweils den Winkel α ein, den die Gondel rechts unten überstrichen hat und die Höhe der Gondel im Vergleich zur Einstiegsplattform.

Zeit t (in min)	0	2	4	…	16
Winkel α	0°	45°	90°		
Höhe h (in m)	0				

Im rechtwinkligen Dreieck sind Sinus und Kosinus als Verhältnis zweier Seiten definiert. Daher sind bisher $\sin(\alpha)$ und $\cos(\alpha)$ nur für Werte von α zwischen 0° und 90° festgelegt.

$\sin(\alpha) = \dfrac{\text{Gegenkathete von }\alpha}{\text{Hypotenuse}}$, $\sin(\alpha) = \dfrac{a}{c}$

$\cos(\alpha) = \dfrac{\text{Ankathete von }\alpha}{\text{Hypotenuse}}$, $\cos(\alpha) = \dfrac{b}{c}$

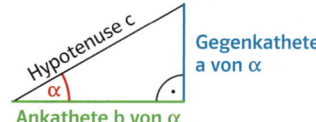

Die Werte für Sinus und Kosinus können auch für Winkel größer als 90° definiert werden.

Der **Einheitskreis** ist ein Kreis mit Radius r = 1 und Mittelpunkt O(0|0). Die Lage des Punktes P(u|v) auf dem Einheitskreis kann einerseits durch seine x-Koordinate und seine y-Koordinate festgelegt werden; andererseits kann der Punkt aber auch durch den Winkel α (Fig. 1) bestimmt werden. Mithilfe des gezeichneten rechtwinkligen Dreiecks kann man die Werte $\sin(\alpha)$ und $\cos(\alpha)$ durch die Koordinaten von P ausdrücken: $\sin(\alpha) = \dfrac{v}{1} = v$ und $\cos(\alpha) = \dfrac{u}{1} = u$.

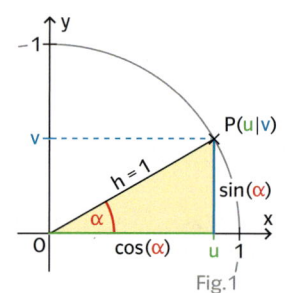

Fig. 1

Sinus- und Kosinuswerte für Winkel größer 90° (α > 90°) werden in den Quadranten II, III und IV mithilfe von Symmetrieüberlegungen am Einheitskreis festgelegt. Man betrachtet dazu bekannte Punktkoordinaten im Quadranten I. Zum Beispiel gilt für α = 150° in Fig. 2:
$\sin(150°) = v = \sin(30°) = 0{,}5$ und
$\cos(150°) = u = -\cos(30°) \approx -0{,}866$.

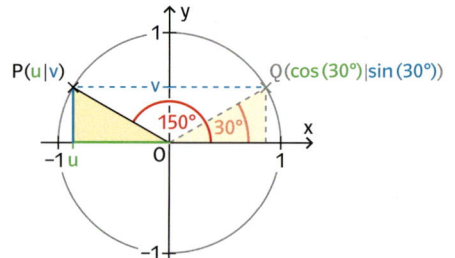

Fig. 2

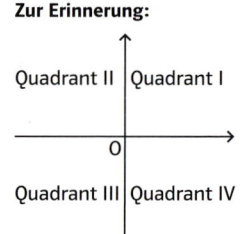

Zur Erinnerung:

Quadrant II | Quadrant I
Quadrant III | Quadrant IV

Für den Winkel α mit 0° ≤ α ≤ 360° und dem durch α auf dem Einheitskreis festgelegten Punkt P(u|v) wird $\sin(\alpha) = v$ und $\cos(\alpha) = u$ definiert.

Mithilfe der Punkte (1|0), (0|1), (−1|0) und (0|−1) auf dem Einheitskreis liest man ab:

α	0°	90°	180°	270°	360°
sin(α)	0	1	0	−1	0
cos(α)	1	0	−1	0	1

Viele Drehbewegungen gehen über eine volle Umrundung des Kreises hinaus. Man kann den Sinus und den Kosinus auch für Winkel größer als 360° und für negative Winkel angeben. Da der Punkt $P(\cos(\alpha)|\sin(\alpha))$ z.B. für $\alpha = 30°$, $\alpha = 390°$ und $\alpha = -330°$ die gleiche Lage hat, gilt $\sin(390°) = \sin(30°)$ und $\sin(-330°) = \sin(30°)$.

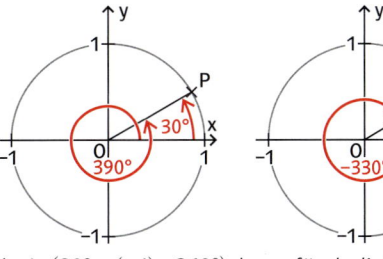

Zur Erinnerung:
Positive Winkel werden gegen den Uhrzeigersinn abgetragen, negative im Uhrzeigersinn.

Die Gleichheit von $\sin(30°)$, $\sin(30° + 1 \cdot 360°)$ und $\sin(30° + (-1) \cdot 360°)$ kann für beliebige Winkel α verallgemeinert werden: $\quad \sin(\alpha + k \cdot 360°) = \sin(\alpha) \quad$ für $k \in \mathbb{Z}$.
Ebenso gilt $\quad \cos(\alpha + k \cdot 360°) = \cos(\alpha) \quad$ für $k \in \mathbb{Z}$.

Mit dem Taschenrechner kann man die Sinus- und Kosinuswerte eines Winkels berechnen. Mit den Tasten $\boxed{\sin^{-1}}$ und $\boxed{\cos^{-1}}$ erhält man umgekehrt zu gegebenem Sinuswert bzw. Kosinuswert einen zugehörigen Winkel α.

Beim Taschenrechner muss der Modus „**degree**" (oft mit **DEG** oder **D** abgekürzt) eingestellt sein.

Beispiel 1 Sinuswerte und Kosinuswerte am Einheitskreis ablesen und berechnen
Gegeben sind die Winkel $\alpha = 50°$, $\beta = 150°$, $\gamma = 200°$ und $\delta = 280°$.
a) Geben Sie ohne Taschenrechner an, ob die Sinuswerte der Winkel positiv oder negativ sind.
b) Bestimmen Sie mit dem Taschenrechner die Sinus- und Kosinuswerte der Winkel.
Lösung
a) Die Lage der Punkte A, B, C und D auf dem Einheitskreis ergibt:
$\sin(\alpha) > 0$, $\sin(\beta) > 0$, $\sin(\gamma) < 0$, $\sin(\delta) < 0$.
b) $\sin(50°) \approx 0{,}766 \qquad \cos(50°) \approx 0{,}643$
$\sin(150°) = 0{,}5 \qquad \cos(150°) \approx -0{,}866$
$\sin(200°) \approx -0{,}342 \qquad \cos(200°) \approx -0{,}940$
$\sin(280°) \approx -0{,}985 \qquad \cos(280°) \approx 0{,}174$

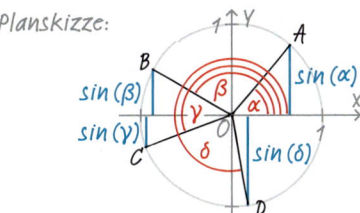

Merkregel:

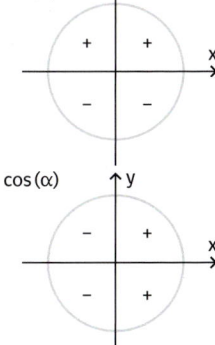

Beispiel 2 Winkel zu vorgegebenem Sinus- oder Kosinuswert bestimmen
a) Bestimmen Sie alle Winkel α mit $0° \leq \alpha < 360°$, für die $\cos(\alpha) = 0{,}5$ gilt.
b) Für welche Winkel α mit $0° \leq \alpha < 360°$ gilt $\sin(\alpha) = -0{,}75$?
Lösung
a) $\cos(\alpha) = 0{,}5$; also $\alpha_1 = 60°$. (TR)

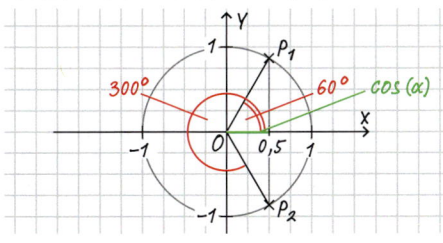

Auch für den Winkel $\alpha_2 = 360° - 60° = 300°$ gilt $\cos(300°) = 0{,}5$.
Ergebnis: $\alpha_1 = 60°$; $\alpha_2 = 300°$

b) $\sin(\alpha) = -0{,}8$; also $\alpha \approx -53{,}13°$. (TR)
$\alpha < 0°$, daher ist α keine Lösung.

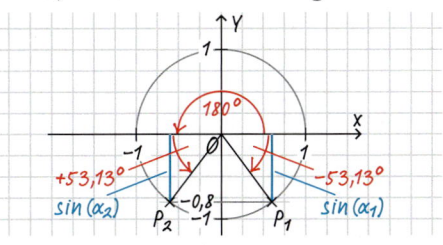

$\alpha_1 = \alpha + 360° \approx -53{,}13° + 360° = 306{,}87°$;
$\alpha_2 = 180° - \alpha \approx 180° + 53{,}13° = 233{,}13°$.
Ergebnis: $\alpha_1 = 306{,}87°$; $\alpha_2 = 233{,}13°$.

Aufgaben

1 Zeichnen Sie einen Einheitskreis. Zeichnen Sie darauf die Punkte P, Q, R und S ein, die durch die Winkel α = 45°, β = 135°, γ = 225° und δ = 315° festgelegt werden. Geben Sie anhand des Einheitskreises die Sinuswerte und Kosinuswerte dieser Winkel an.

2 Berechnen Sie die Werte auf drei Nachkommastellen gerundet.
a) sin(10°) b) sin(30°) c) sin(160°) d) cos(−10°) e) cos(240°) f) cos(450°)

3 Ordnen Sie mithilfe von Fig.1 dem blauen Kärtchen das richtige gelbe Kärtchen zu.
a) sin(90°) — −1, 0, 1
b) sin(330°) — −1, −0,5, 0,5
c) cos(180°) — −1, 0, 1
d) cos(270°) — −1, 0, 1

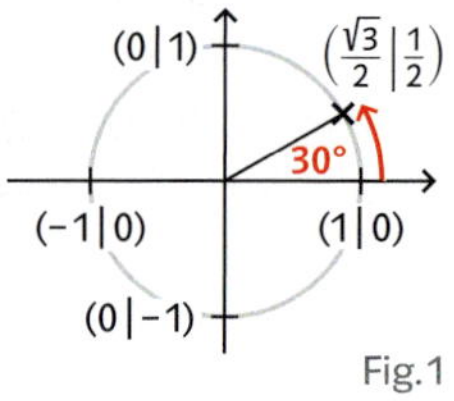

Fig.1

→ Lösungen | Seite 358

○ Test

4 Geben Sie den Sinus- und den Kosinuswert für den Winkel auf drei Nachkommastellen gerundet an.
a) α = 50° b) β = 200° c) γ = −70° d) δ = 450°

5 Entscheiden Sie, ob der Kosinuswert des Winkels positiv, negativ oder null ist.
a) α = 45° b) β = 200° c) γ = 270° d) δ = 300°

6 Schreiben Sie den Winkel α in der Form α = α′ + k · 360° mit 0° ≤ α′ < 360°. Nennen Sie zwei weitere Winkel, die den gleichen Sinuswert wie α haben.
a) α = 810° b) α = −330° c) α = 540° d) α = −810°

7 Bestimmen Sie mithilfe einer Skizze alle Winkel α mit 0° ≤ α < 360°, für die gilt
a) sin(α) = −1; b) sin(α) = 0,5; c) sin(α) = $\frac{1}{4}$; d) sin(α) = −0,7;
e) cos(α) = −1; f) cos(α) = 0,5; g) cos(α) = 0; h) cos(α) = 0,6.

8 Sortieren Sie die Winkel auf dem Rand, sodass die zugehörigen Kosinuswerte aufsteigend sind. Die Buchstaben ergeben ein Lösungswort.

zu Aufgabe 8:

130° M
160° E
60° T
5° I
180° G
270° E
0° E
210° O
340° R

○ Test

→ Lösung | Seite 358

9 Ermitteln Sie rechnerisch und zeichnerisch alle Winkel α mit 0° ≤ α < 360°, für die gilt
a) cos(α) = 0,7; b) sin(α) = −0,3.

10 Geben Sie einen Winkel β ≠ α an mit 0° ≤ β < 360°, der denselben Kosinuswert wie der Winkel α hat.
a) α = 70° b) α = 200° c) α = 450° d) α = −50°

11 Bestimmen Sie mithilfe von Fig.2 und Fig.3 die exakten Werte für
a) sin(45°) und cos(45°), b) sin(30°) und cos(30°), c) sin(60°) und cos(60°).

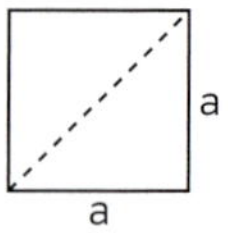

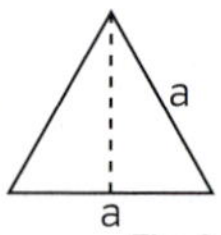

12 Für welche Winkel gilt sin(α) = cos(α)? Begründen Sie.

Fig.2 Fig.3

Grundwissen Test

13 Berechnen Sie die Länge des zum Winkel α gehörenden Kreisbogens mit Radius r = 6 cm.
a) α = 360° b) α = 180° c) α = 90° d) α = 60° e) α = 45° f) α = 30°

→ Grundwissen Lösung | Seite 358

2 Das Bogenmaß

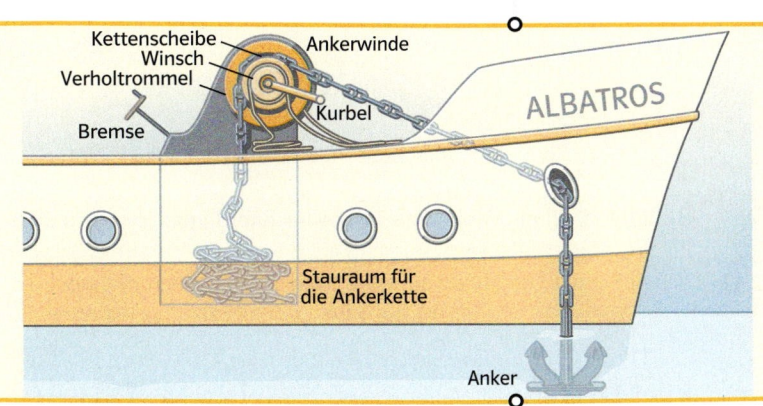

Um welche Strecke s (in Metern) bewegt sich der Anker nach oben, wenn man die Kurbel der Seilwinde mit Umfang 1 (in Metern) um den Winkel α gegen den Uhrzeigersinn dreht?

α	360°	180°	90°	1°	720°	855°	k°
s	1	0,5					

Mithilfe des Einheitskreises (Fig. 1) kann man die Lage des Punktes P auf dem Einheitskreis sowohl durch den **Winkel α** als auch durch die **Länge x des Kreisbogens** angeben.

Mit dem Winkel α kann die Länge des Kreisbogens x im Einheitskreis berechnet werden und umgekehrt kann auch die Bogenlänge x zur Bestimmung des Winkels α benutzt werden.

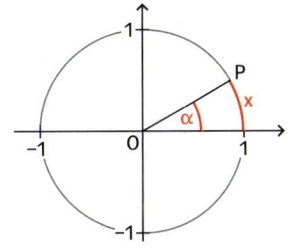

Die Länge des Kreisbogens wird auch als **Bogenlänge** bezeichnet.

Fig. 1

So kann man den Winkel α = 360° im **Gradmaß** auch als Bogenlänge x = 2π im **Bogenmaß** angeben (Fig. 2).

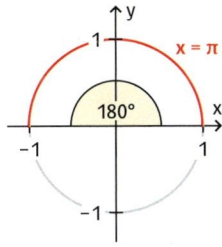 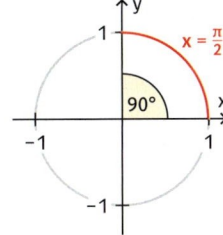 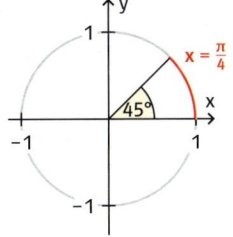 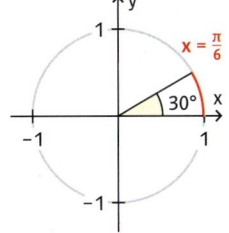 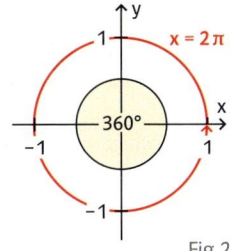

Gradmaß α = 180° Gradmaß α = 90° Gradmaß α = 45° Gradmaß α = 30°
Bogenmaß x = π   Bogenmaß x = $\frac{\pi}{2}$ Bogenmaß x = $\frac{\pi}{4}$ Bogenmaß x = $\frac{\pi}{6}$

Fig. 2

Die Tabelle zeigt wichtige Winkel.

Winkel α	0°	30°	45°	60°	90°	180°	270°	360°
Bogenlänge x	0	$\frac{1}{6}\pi$	$\frac{1}{4}\pi$	$\frac{1}{3}\pi$	$\frac{1}{2}\pi$	π	$\frac{3}{2}\pi$	2π

Es gilt die Verhältnisgleichung: $\frac{\alpha}{360°} = \frac{x}{2\pi}$. Hieraus folgt $\alpha = \frac{x}{\pi} \cdot 180°$ und $x = \frac{\alpha}{180°} \cdot \pi$.

Der **Winkel α** und dessen zugehörige **Bogenlänge x** auf dem **Einheitskreis** hängen folgendermaßen zusammen: $\frac{\alpha}{360°} = \frac{x}{2\pi}$.

Die zu einem Winkel zugehörige Bogenlänge auf dem Einheitskreis wird auch **Winkel im Bogenmaß** genannt.

Ein Winkel kann in zweierlei Maß angegeben werden: im **Gradmaß** oder im **Bogenmaß**.

Beispiel 1 Einen Winkel ohne Taschenrechner in das jeweils andere Maß umrechnen

Rechnen Sie Winkel vom Gradmaß ins Bogenmaß bzw. vom Bogenmaß ins Gradmaß um.
a) $\alpha = 30°$ b) $\alpha = 120°$ c) $x = 0{,}2\pi$ d) $x = \frac{3}{2}\pi$

Lösung
a) $\frac{x}{2\pi} = \frac{\alpha}{360°}$; $x = \frac{30°}{360°} \cdot 2\pi = \frac{\pi}{6}$ b) $x = \frac{2}{3}\pi$
c) $\frac{\alpha}{360°} = \frac{x}{2\pi}$; $\alpha = \frac{0{,}2\pi}{2\pi} \cdot 360° = 36°$ d) $\alpha = 270°$

Beispiel 2 Einen Winkel mit Taschenrechner in das jeweils andere Maß umrechnen

Rechnen Sie Winkel vom Gradmaß ins Bogenmaß bzw. vom Bogenmaß ins Gradmaß um und geben Sie die Ergebnisse auf zwei Nachkommastellen gerundet an.
a) $\alpha = 65°$ b) $\alpha = 345°$ c) $x = 1$ d) $x = 3$

Lösung
a) $x = \frac{65°}{360°} \cdot 2\pi \approx 1{,}13$ b) $x \approx 6{,}02$
c) $\alpha = \frac{1}{2\pi} \cdot 360° \approx 57{,}30°$ d) $\alpha \approx 171{,}89°$

Aufgaben

○ **1** Bestimmen Sie die Bogenlänge x für den Winkel α als Vielfaches von π.
a) $\alpha = 45°$ b) $\alpha = 20°$ c) $\alpha = 36°$ d) $\alpha = 3{,}6°$ e) $\alpha = 1°$ f) $\alpha = 135°$

○ **2** Bestimmen Sie den Winkel α für die Bogenlänge x.
a) $x = \pi$ b) $x = \frac{\pi}{4}$ c) $x = 2\pi$ d) $x = 0{,}2\pi$ e) $x = 0{,}3\pi$ f) $x = \frac{\pi}{18}$

○ **3** Welche zwei Werte gehören jeweils zum selben Winkel?

135° $\frac{2\pi}{5}$ $\frac{5\pi}{3}$ 300° 270°
200° 72° $\frac{10\pi}{9}$ $\frac{3\pi}{4}$ $\frac{3\pi}{2}$

○ **Test** → Lösungen | Seite 359

4 Geben Sie den Wert im jeweils anderen Winkelmaß an.
a) $\alpha = 30°$ b) $x = 0{,}5\pi$ c) $\alpha = 180°$ d) $\alpha = 150°$ e) $x = 1{,}5\pi$ f) $x = \frac{\pi}{10}$

⊖ **5** Rechnen Sie den Wert in das jeweils andere Winkelmaß um.
a) $\alpha = 2{,}5°$ b) $x = -\frac{\pi}{2}$ c) $x = -3\pi$ d) $\alpha = 810°$ e) $\alpha = -2°$ f) $x = 2$

⊖ **6** Welche drei Werte gehören jeweils zu demselben Punkt auf dem Einheitskreis?

$-\pi$ 405° 90° $\frac{\pi}{4}$ 3π $-180°$ $-1{,}5\pi$ $\frac{\pi}{2}$ $-315°$

⊖ **Test** → Lösungen | Seite 359

7 Rechnen Sie in das jeweils andere Winkelmaß um.
a) $x = -5\pi$ b) $\alpha = 450°$ c) $\alpha = -45°$ d) $x = -2$

Grundwissen Test

8 Untersuchen Sie den Graphen der Funktion f auf Symmetrie. Zeichnen Sie ihn mithilfe einer Wertetabelle.
a) $f(x) = 6 - 3x^2$ b) $f(x) = 4x\left(1 - \frac{1}{6}x^2\right)$ c) $f(x) = \frac{5}{1+x^2}$

→ **Grundwissen**
Seite 352
Lösung | Seite 359

3 Sinusfunktion und Kosinusfunktion

Eine Kugel wird auf einem Kreis gegen den Uhrzeigersinn bewegt. Sie wird durch parallel einfallende Lichtstrahlen beleuchtet.
Zu Beginn befindet sich die Kugel im Punkt A.
a) Beschreiben Sie die Bewegung des auf der Projektionswand erzeugten Schattens.
b) Vervollständigen Sie die Tabelle.

x	0	$\frac{\pi}{2}$	π		2π
y	0			−1	

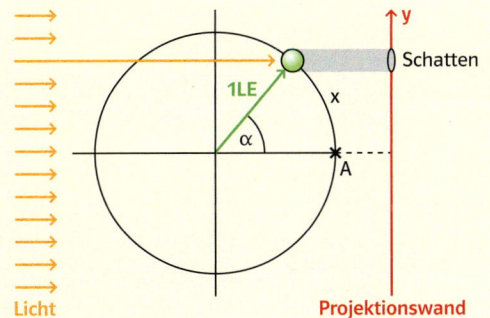

Am Einheitskreis wurde der Sinus für unterschiedliche Winkel α bestimmt. Da jedem Winkel α eine Bogenlänge x auf dem Einheitskreis eindeutig zugeordnet werden kann, lässt sich der Sinus auch als Funktion in Abhängigkeit von der Bogenlänge x beschreiben.
Bewegt man am Einheitskreis den Punkt P in mathematisch positiver Drehrichtung (gegen den Uhrzeigersinn), so kann der Graph der Funktion f mit $f(x) = \sin(x)$ veranschaulicht werden, indem man auf der x-Achse die Winkel im Bogenmaß abträgt und die zugehörigen y-Werte von P(u|v) überträgt. Die Funktion, die jedem Winkel im Bogenmaß den Sinus dieses Winkels zuordnet, heißt **Sinusfunktion**, kurz $\sin(x)$.

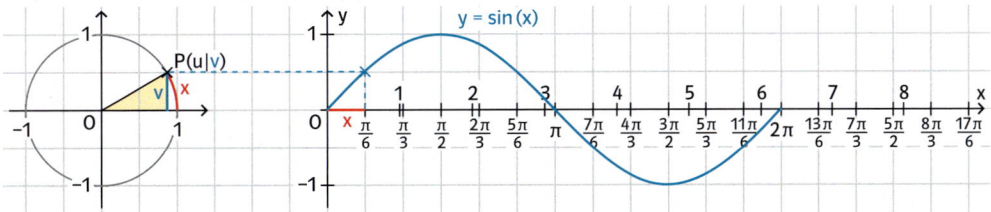

Die **Kosinusfunktion**, kurz $\cos(x)$, ordnet jedem Winkel im Bogenmaß den Kosinus dieses Winkels zu. Um den Graphen der Kosinusfunktion in analoger Weise wie bei der Sinusfunktion zu veranschaulichen, dreht man das Dreieck um 90° gegen den Uhrzeigersinn, bevor man die Länge der **Ankathete u** abtragen kann.

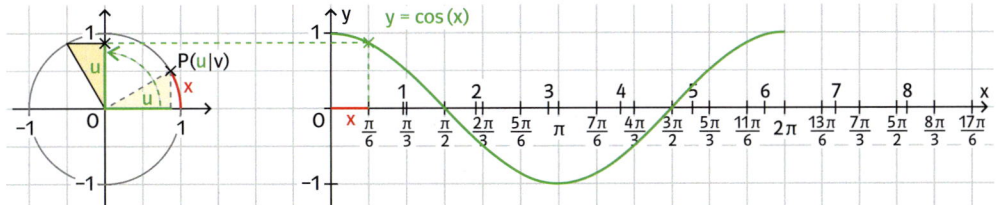

Geht die Drehbewegung des Punktes P über eine volle Umdrehung hinaus, dann erhält man einen Drehwinkel α > 360° und somit einen Winkel im Bogenmaß mit x > 2π. Durch die Drehung von P auf dem Einheitskreis im Uhrzeigersinn wird der Drehwinkel α und damit auch der Winkel im Bogenmaß negativ. Da jedem Winkel eindeutig eine Zahl x ∈ ℝ zugeordnet werden kann, lassen sich die Sinusfunktion und die Kosinusfunktion auf ganz ℝ definieren.

> Fasst man eine reelle Zahl x als Winkel im Bogenmaß auf, so kann man damit die Sinusfunktion und die Kosinusfunktion für x ∈ ℝ definieren:
> **Sinusfunktion** f mit $f(x) = \sin(x)$,   **Kosinusfunktion** g mit $g(x) = \cos(x)$.
> Diese Funktionen gehören zu den sogenannten **trigonometrischen Funktionen**.

Der Graph der Sinusfunktion ist für jede relle Zahl x ∈ ℝ definiert und kann auf ganz ℝ gezeichnet werden.

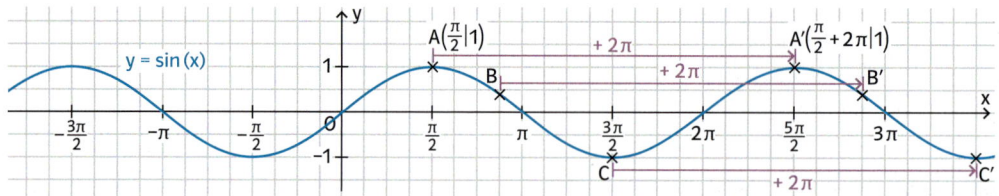

Ebenso lässt sich der Graph der Kosinusfunktion für jede relle Zahl x ∈ ℝ zeichnen.

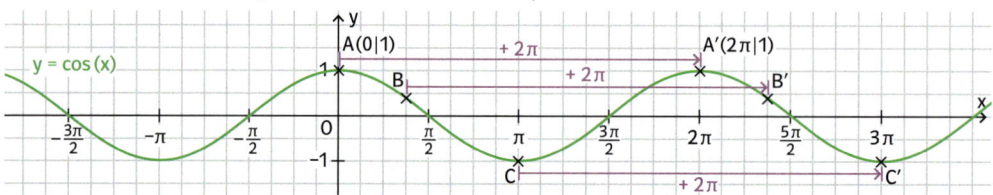

Die Graphen der Funktionen werden auf Periode, Wertemenge und Symmetrien untersucht.

Periode: Die y-Werte der Sinusfunktion wiederholen sich alle 2π in x-Richtung. Mithilfe des Einheitskreises lässt sich das wiederholende Verhalten der Funktionswerte erklären. Wird der Punkt P auf dem Einheitskreis um die Bogenlänge 2π bewegt, befindet sich der Punkt P wieder an der ursprünglichen Postion auf dem Einheitskreis. D.h. $\sin(2\pi) = \sin(0)$. Dies gilt für jeden Punkt des Einheitskreises, z.B. für $P\left(\frac{\pi}{6}|0,5\right)$, d.h. $\sin\left(\frac{\pi}{6} + 2\pi\right) = \sin\left(\frac{\pi}{6}\right) = 0,5$.
Allgemein gilt $\sin(x + k \cdot 2\pi) = \sin(x)$ für alle $k \in \mathbb{Z}$. Die negativen k-Werte berücksichtigen auch Umläufe in mathematisch negativer Drehrichtung.
Für die Kosinusfunktion gilt entsprechend $\cos(x + k \cdot 2\pi) = \cos(x)$ für alle $k \in \mathbb{Z}$.
Eine Funktion mit dieser regelmäßig wiederholenden Eigenschaft nennt man **periodisch** mit der Periode $p = 2\pi$ oder kurz 2π-periodisch.

Wertemenge: Da die Sinusfunktion und die Kosinusfunktion jeweils als größten Funktionswert 1 und als kleinsten Funktionswert -1 haben, ist deren Wertemenge $W = [-1; 1]$.

Symmetrie: Die Sinuskurve ist punktsymmetrisch zu $O(0|0)$. Es gilt $\sin(-x) = -\sin(x)$.
Die Kosinuskurve ist achsensymmetrisch zur y-Achse. Es gilt $\cos(-x) = \cos(x)$.

Die **Periode p** der Sinusfunktion und der Kosinusfunktion beträgt jeweils $p = 2\pi$.
Es gilt $\sin(x + k \cdot 2\pi) = \sin(x)$
und $\cos(x + k \cdot 2\pi) = \cos(x)$.
Die Sinuskurve ist **punktsymmetrisch zum Ursprung O(0|0)**.
Die Kosinuskurve ist **achsensymmetrisch zur y-Achse**.

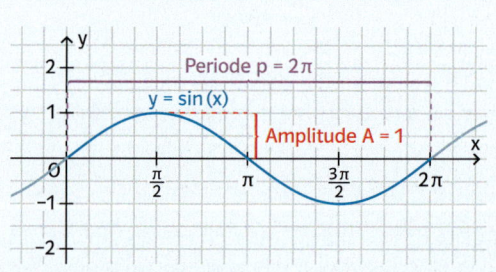

Am Einheitskreis erkennt man, dass innerhalb einer Periode jeder Funktionswert außer 1 und -1 zweimal auftritt.
Z.B. ist $\sin\left(\frac{\pi}{6}\right) = \sin\left(\pi - \frac{\pi}{6}\right)$ und $\cos\left(\frac{\pi}{6}\right) = \cos\left(2\pi - \frac{\pi}{6}\right)$.
Es gilt $\sin(x) = \sin(\pi - x)$ und $\cos(x) = \cos(2\pi - x)$.
Die Graphen der Sinusfunktion und der Kosinusfunktion sind beide
- achsensymmetrisch zu jeder senkrechten Geraden, die durch einen Punkt mit größtem oder kleinstem Funktionswert geht, und
- punktsymmetrisch zu jedem Schnittpunkt mit der x-Achse.

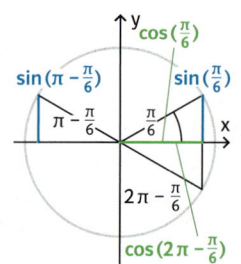

---

*Mit dem Taschenrechner kann man Sinuswerte und Kosinuswerte für Winkel im Bogenmaß direkt bestimmen. Dazu muss je nach Taschenrechner der Modus **RADIAN** oder **RAD** eingestellt sein.*

*Der Graph der Sinusfunktion wird oft auch als **Sinuskurve** bezeichnet, entsprechend der Graph der Kosinusfunktion als **Kosinuskurve**.*

Allgemein nennt man eine Funktion f mit $f(x + p) = f(x)$ periodisch mit der Periode p oder kurz p-periodisch.

1 Trigonometrische Funktionen

Beispiel 1 Funktionswerte mit oder ohne Taschenrechner bestimmen

Geben Sie für die Stelle x die Funktionswerte $f(x) = \sin(x)$ und $g(x) = \cos(x)$ an.

a) ohne TR: $x = \frac{\pi}{2}$ b) ohne TR: $x = 5\pi$ c) mit TR: $x = 1$

Lösung

a) $f\left(\frac{\pi}{2}\right) = \sin\left(\frac{\pi}{2}\right) = 1$
$g\left(\frac{\pi}{2}\right) = \cos\left(\frac{\pi}{2}\right) = 0$

b) $f(5\pi) = \sin(\pi + 4\pi) = \sin(\pi) = 0$
$g(5\pi) = \cos(\pi + 4\pi) = \cos(\pi) = -1$

c) $f(1) = \sin(1) \approx 0{,}84$
$g(1) = \cos(1) \approx 0{,}54$

Beispiel 2 Besondere Punkte angeben, Graphen skizzieren

Geben Sie Nullstellen und Punkte mit dem größten bzw. dem kleinsten Funktionswert an. Skizzieren Sie mithilfe dieser Informationen den Graphen im angegebenen Intervall I.

a) $f(x) = \sin(x)$ im Intervall $I = [0; 2\pi]$ b) $g(x) = \cos(x)$ im Intervall $I = [-\pi; 2{,}5\pi]$

Lösung

a) Nullstellen: $x_{N1} = 0$; $x_{N2} = \pi$; $x_{N3} = 2\pi$
Punkt mit größtem Funktionswert:
Hochpunkt: $H\left(\frac{\pi}{2}\middle|1\right)$
Punkt mit kleinstem Funktionswert:
Tiefpunkt: $T\left(\frac{3\pi}{2}\middle|-1\right)$

b) Nullstellen: $x_{N1} = -\frac{\pi}{2}$; $x_{N2} = \frac{\pi}{2}$; $x_{N3} = \frac{3\pi}{2}$;
$x_{N4} = \frac{5}{2}\pi$ Punkte mit größtem Funktionswert:
Hochpunkte: $H_1(0|1)$; $H_2(2\pi|1)$
Punkte mit kleinstem Funktionswert:
Tiefpunkte: $T_1(-\pi|-1)$; $T_2(\pi|-1)$

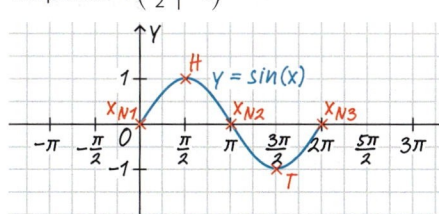
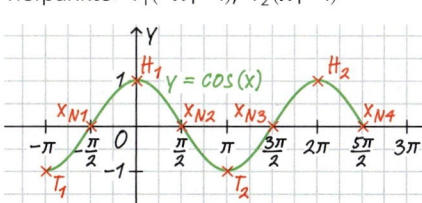

Aufgaben

1 Skizzieren Sie die Graphen der Funktionen f mit $f(x) = \sin(x)$ und g mit $g(x) = \cos(x)$. Bestimmen Sie die Funktionswerte an der Stelle x. Verwenden Sie dabei Ihre Skizze.

a) $x = \pi$ b) $x = \frac{\pi}{2}$ c) $x = \frac{3\pi}{2}$ d) $x = -\pi$ e) $x = -\frac{\pi}{2}$ f) $x = -\frac{3\pi}{2}$

2 Geben Sie die Werte auf drei Nachkommastellen gerundet an.

a) $\sin(0{,}2\pi)$ b) $\sin(2)$ c) $\sin(0{,}3)$ d) $\cos(2)$ e) $\cos(0{,}3)$ f) $\cos\left(\frac{\pi}{5}\right)$

3 a) Erstellen Sie für $f(x) = \sin(x)$ und für $g(x) = \cos(x)$ für $x \in [0; 2\pi]$ eine gemeinsame Wertetabelle mit Schrittweite $\frac{\pi}{6}$. Zeichnen Sie die Graphen der Sinusfunktion und der Kosinusfunktion in ein gemeinsames Koordinatensystem (π auf der x-Achse entspricht 3 cm).

b) Markieren Sie die Punkte der Sinuskurve an den Stellen $x = 0, \frac{\pi}{6}, \frac{3\pi}{6}, \frac{5\pi}{6}, \pi, \frac{7\pi}{6}, \frac{9\pi}{6}, \frac{11\pi}{6}$ und 2π und zeichnen Sie mithilfe dieser Punkte die Sinuskurve für $x \in [0; 2\pi]$.

c) Markieren Sie die Punkte der Kosinuskurve an den Stellen $x = 0, \frac{2\pi}{6}, \frac{3\pi}{6}, \frac{4\pi}{6}, \pi, \frac{8\pi}{6}, \frac{9\pi}{6}, \frac{10\pi}{6}$ und 2π und zeichnen Sie mithilfe dieser Punkte die Kosinuskurve für $x \in [0; 2\pi]$.

Merkregel:

x	sin(x)	cos(x)
0	$\frac{1}{2}\sqrt{0} = 0$	$\frac{1}{2}\sqrt{4} = 1$
$\frac{\pi}{6}$	$\frac{1}{2}\sqrt{1} = \frac{1}{2}$	$\frac{1}{2}\sqrt{3} \approx 0{,}87$
$\frac{\pi}{4}$	$\frac{1}{2}\sqrt{2} \approx 0{,}71$	$\frac{1}{2}\sqrt{2} \approx 0{,}71$
$\frac{\pi}{3}$	$\frac{1}{2}\sqrt{3} \approx 0{,}87$	$\frac{1}{2}\sqrt{1} = \frac{1}{2}$
$\frac{\pi}{2}$	$\frac{1}{2}\sqrt{4} = 1$	$\frac{1}{2}\sqrt{0} = 0$

Test → Lösungen | Seite 359

4 Skizzieren Sie für $x \in [-\pi; \pi]$ die Sinuskurve und die Kosinuskurve unter Berücksichtigung der Symmetrieeigenschaften.

5 Geben Sie für die Stelle x die Funktionswerte $f(x) = \sin(x)$ und $g(x) = \cos(x)$ an.

a) ohne TR: $x = 7\pi$ b) ohne TR: $x = -\frac{\pi}{2}$ c) mit TR: $x = 3$

6 ⊠ Jeweils drei Zahlen haben denselben Sinuswert. Gruppieren Sie.

$17,5\pi$ $\quad$ $-4,5\pi$ $\quad$ $-3,5\pi$ $\quad$ $4,5\pi$ $\quad$ π $\quad$ 15π $\quad$ $-0,5\pi$ $\quad$ $12,5\pi$ $\quad$ $-\pi$

7 a) An welchen Stellen $x \in [-\pi; 3\pi]$ nimmt die Sinusfunktion die Werte 0, 1 und −1 an?
b) An welchen Stellen $x \in [-\pi; 3\pi]$ nimmt die Kosinusfunktion die Werte 0, 1 und −1 an?

8 Entscheiden Sie, ob die Aussage auf die Sinus- bzw. die Kosinusfunktion zutrifft.
a) Für x zwischen 0 und π sind die Funktionswerte positiv.
b) Die Funktion hat bei x = 0 einen größten Funktionswert.
c) Die Funktion hat bei $x = \frac{5\pi}{2}$ einen kleinsten Funktionswert.
d) Für $\pi < x < \frac{3\pi}{2}$ sind die Funktionswerte negativ.

9 Die Abbildungen zeigen Ausschnitte von Graphen trigonometrischer Funktionen mit $f(x) = \sin(x)$ und $g(x) = \cos(x)$. Geben Sie jeweils zwei verschiedene Intervalle der Sinusfunktion und der Kosinusfunktion an, die diesen Teilgraphen entsprechen.

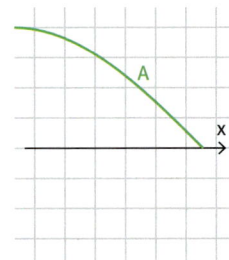
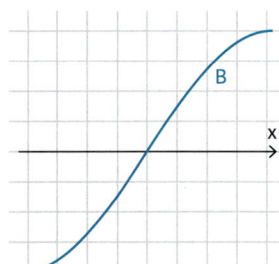
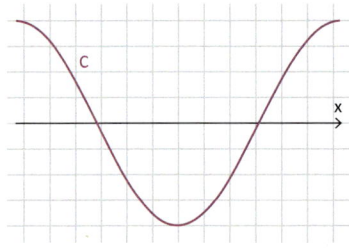

Test

Lösungen | Seite 360

10 Entscheiden Sie, ob die Aussage auf die Sinus- bzw. die Kosinusfunktion zutrifft.
a) Die Funktion hat bei $x = \frac{3\pi}{2}$ einen kleinsten Funktionswert.
b) Für $2\pi < x < \frac{5\pi}{2}$ sind die Funktionswerte positiv.
c) Die Funktion hat bei $x = 10\pi$ einen größten Funktionswert.

11 ⊠ Geben Sie drei Intervalle [a; b] an, in denen der Graph der
a) Sinusfunktion, b) Kosinusfunktion
aussieht wie rechts abgebildet.

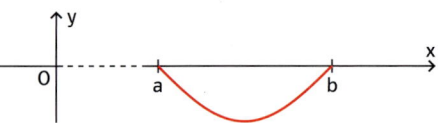

12 Begründen Sie mithilfe des Einheitskreises, dass
a) die Sinuskurve punktsymmetrisch zum Ursprung O(0|0) ist.
b) die Kosinuskurve symmetrisch zur y-Achse ist.
c) für alle $x \in \mathbb{R}$ gilt $\sin\left(x + \frac{\pi}{2}\right) = \cos(x)$.

Grundwissen Test

Grundwissen
Seite 351
Lösung | Seite 360

13 Geben Sie jeweils die Transformationen des Graphen der Funktion g in Bezug auf den Graphen der Funktion f mit $f(x) = x^2$ an.
a) $g(x) = x^2 - 3$
b) $g(x) = \frac{1}{3}x^2$
c) $g(x) = (x + 4)^2$
d) $g(x) = 5x^2 + 2$
e) $g(x) = 3(x - 1)^2$
f) $g(x) = \frac{1}{2}(x + 5)^2 - 1$

4 Die allgemeine Sinusfunktion

Beschreiben Sie, wie die Graphen der Funktionen g, h und i aus dem Graphen der Sinusfunktion hervorgehen.
Geben Sie jeweils zwei mögliche Funktionsterme für g, h und i an.

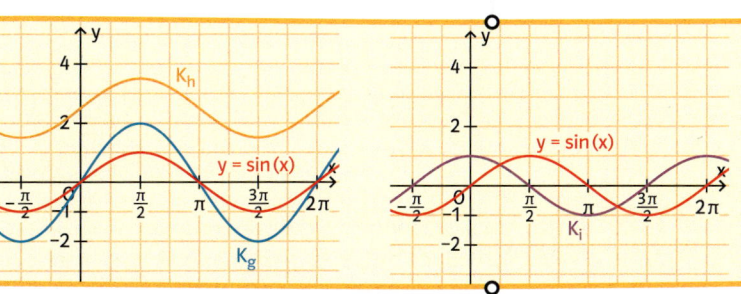

Nun wird untersucht, wie sich die Transformationen Strecken, Spiegeln, Verschieben in x-Richtung und Verschieben in y-Richtung auf den Graphen der Sinusfunktion auswirken.
Beim Skizzieren hilft die rechteckige **Periodenbox**. Die Periodenbox umschließt genau eine Periode der Sinuskurve, ausgehend vom Bezugspunkt B(0|0). Sie wird bei Transformationen des Graphen zusammen mit dem Graphen transformiert.

Grundfunktion f mit $f(x) = \sin(x)$
Periode 2π, Wertemenge $W = [-1; 1]$
Periodenbox: B(0|0), Breite 2π, Höhe 2

Streckung in y-Richtung
Der Term von f wird mit 1,5 multipliziert:
$g(x) = 1{,}5 \cdot \sin(x)$.
Periode 2π, $W = [-1{,}5; 1{,}5]$
Periodenbox: B(0|0), Breite 2π, Höhe 3
Allgemein: $g(x) = a \cdot \sin(x)$

K_f wird mit Faktor 1,5 in y-Richtung gestreckt:

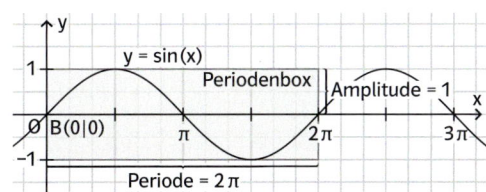

Beim Übergang von $f(x)$ zu $g(x) = a \cdot f(x)$ wird der Graph K_f mit dem Faktor a in y-Richtung gestreckt.

Für $a < 0$ wird der Graph K_f zusätzlich an der x-Achse gespiegelt.

Spiegelung an der x-Achse
Der Term von f wird mit -1 multipliziert:
$g(x) = -\sin(x)$.
Periode 2π, $W = [-1; 1]$
Periodenbox: B(0|0), Breite 2π, Höhe 2

K_f wird an der x-Achse gespiegelt:

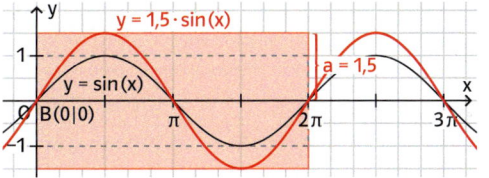

Verschiebung in y-Richtung
Zum Term von f wird 0,5 addiert:
$g(x) = \sin(x) + 0{,}5$.
Periode 2π, $W = [-0{,}5; 1{,}5]$
Periodenbox: B(0|0,5), Breite 2π, Höhe 2
Allgemein: $g(x) = \sin(x) + d$

K_f wird um 0,5 in y-Richtung verschoben:

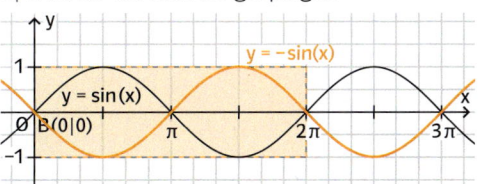

Beim Übergang von $f(x)$ zu $g(x) = f(x) + d$ wird der Graph K_f um d Einheiten in y-Richtung verschoben.

Verschiebung in x-Richtung
Im Term von f wird x durch $x - \frac{\pi}{3}$ ersetzt:
$g(x) = \sin\left(x - \frac{\pi}{3}\right)$.
Periode 2π, $W = [-1; 1]$
Periodenbox: B$\left(\frac{\pi}{3}\big|0\right)$, Breite 2π, Höhe 2
Allgemein: $g(x) = \sin(x - c)$

K_f wird um $\frac{\pi}{3}$ in x-Richtung verschoben:

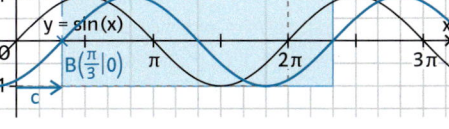

Beim Übergang von $f(x)$ zu $g(x) = f(x - c)$ wird der Graph K_f um c Einheiten in x-Richtung verschoben.

Streckung in x-Richtung
Im Term von f wird x durch 2 · x ersetzt:
$g(x) = \sin(2 \cdot x)$
Periode π, $W = [-1; 1]$
Periodenbox: $B(0|0)$, Breite π, Höhe 2
Allgemein: $g(x) = \sin(b \cdot x)$

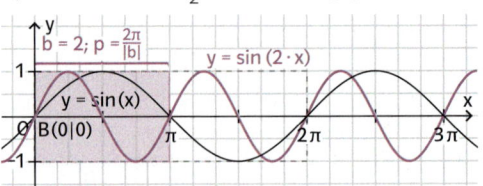

K_f wird mit Faktor $\frac{1}{2}$ in x-Richtung gestreckt:

Beim Übergang von $f(x)$ zu $g(x) = f(b \cdot x)$ wird K_f mit dem Faktor $\frac{1}{b}$ in x-Richtung gestreckt.

Für $b < 0$ wird K_f zusätzlich an der y-Achse gespiegelt.

An der obigen Grafik erkennt man, dass der Vorfaktor 2 bei x bewirkt, dass hier für x nur die Werte zwischen 0 und π eingesetzt werden müssen, um eine vollständige Periode zu durchlaufen. Somit ändert sich die Periode p auf $2\pi \cdot \frac{1}{2} = \pi$. Dies gilt allgemein für den Streckfaktor $\frac{1}{b}$ in x-Richtung, sodass die Funktion g mit $g(x) = \sin(b \cdot x)$ die Periode $p = \frac{2\pi}{b}$ hat.

Verändert man den Funktionsterm der Sinusfunktion f mit $f(x) = \sin(x)$, wirkt sich das auf den Graphen von f wie folgt aus:

$g(x) = \mathbf{a} \cdot \sin(x)$ Der Graph von f wird mit dem Faktor **a in y-Richtung gestreckt**.
                       Für **a < 0** wird der Graph von f zusätzlich **an der x-Achse gespiegelt**.
$g(x) = \sin(\mathbf{b} \cdot x)$ Der Graph von f wird mit dem Faktor $\frac{1}{b}$ **in x-Richtung gestreckt**.
$g(x) = \sin(x - \mathbf{c})$ Der Graph von f wird um **c in x-Richtung verschoben**.
$g(x) = \sin(x) + \mathbf{d}$ Der Graph von f wird um **d in y-Richtung verschoben**.

Periodenbox für den Sinus
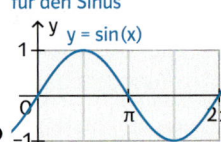

Diese Zusammenhänge gelten für die **Kosinusfunktion** in analoger Weise.

Um den Verlauf des Graphen der Funktion g mit $g(x) = 1{,}5 \cdot \sin(2(x-1)) + 0{,}5$ zu verdeutlichen, wird der Graph der Sinusfunktion f zuerst gestreckt und anschließend verschoben.
Der Graph von f wird

(I) in y-Richtung mit dem Faktor **1,5** und
(II) in x-Richtung mit dem Faktor $\frac{1}{2}$ gestreckt.

(III) um **1** in x-Richtung und
(IV) um **0,5** in y-Richtung verschoben.

Periodenbox für den Kosinus
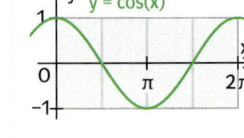

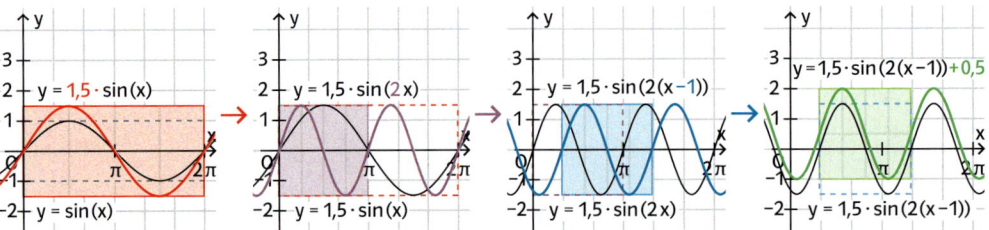

Der Graph der **allgemeinen Sinusfunktion** f mit $f(x) = a \cdot \sin(b(x-c)) + d$ mit den Parametern $a, b, c, d \in \mathbb{R}$; $a, b \neq 0$ geht aus dem Graphen der Sinusfunktion wie folgt hervor:
1. **Streckung in y-Richtung** mit dem Faktor a.
2. **Streckung in x-Richtung** mit dem Faktor $\frac{1}{b}$.
3. **Verschiebung** um **c in x-Richtung** und um **d in y-Richtung**.
Die Funktion f hat
die **Amplitude** $A = |a|$, die **Periode** $p = \frac{2\pi}{|b|}$ und die **Wertemenge** $W = [d - A; d + A]$.

In gleicher Weise geht der Graph der allgemeinen Kosinusfunktion $f(x) = a \cdot \cos(b(x-c)) + d$ aus dem Graphen der Kosinusfunktion hervor.

Eine Verschiebung verändert weder die Periode noch die Amplitude der Sinusfunktion.
Eine Streckung in y-Richtung verändert die Amplitude, nicht aber die Periode.
Eine Streckung in x-Richtung verändert die Periode, während die Amplitude gleichbleibt.

Beispiel 1 Einen Graphen schrittweise skizzieren und die Transformationen angeben

Durch welche Transformationen ist der Graph K_f von f mit $f(x) = 2 \cdot \sin\left(x + \frac{\pi}{4}\right) - 1,5$ aus der Sinuskurve entstanden? Skizzieren Sie schrittweise die entstehenden Graphen.

Lösung

Aus dem Funktionsterm von f können die Parameter a bis d abgelesen werden:
a = 2, b = 1, c = $-\frac{\pi}{4}$ und d = $-1,5$.

Der Graph der Funktion f geht aus der Sinuskurve durch eine Streckung mit dem Faktor 2 in y-Richtung, eine Verschiebung um $-\frac{\pi}{4}$ in x-Richtung und eine Verschiebung um $-1,5$ in y-Richtung hervor.

Die Sinuskurve wird zuerst in y-Richtung mit dem Faktor a = 2 gestreckt (rot). Danach wird die Sinuskurve um $-\frac{\pi}{4}$ in x-Richtung (blau) und um $-1,5$ in y-Richtung verschoben (grün).

Die Periodenbox erleichtert das Skizzieren, wenn die Box jeweils entsprechend gestreckt wird und der Bezugspunkt verschoben wird.

Beim Skizzieren des Graphen eines vorgegebenen Funktionsterms gilt: „Erst die Form, dann die Lage."
Das korrespondiert mit der Rechenregel „Punkt vor Strich".

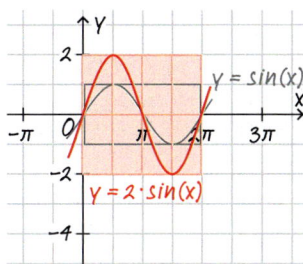 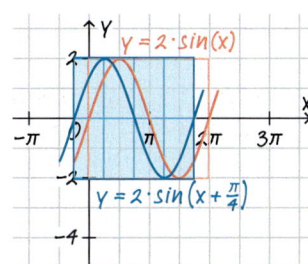 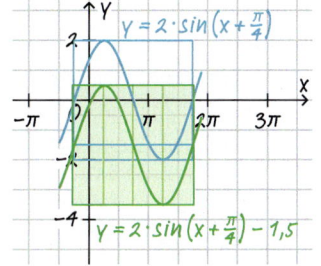

Rote, blaue und grüne Periodenbox
Höhe: A · 2 = 2 · 2 = 4
Breite: p = 2π

Beispiel 2 Eigenschaften eines Funktionsterms angeben und den Graphen skizzieren

Gegeben ist die Funktion f mit $f(x) = -2,5 \cdot \sin\left(\frac{\pi}{3}x\right) + 1,5$.

Bestimmen Sie die Amplitude A, die Periode p und die Wertemenge W der Funktion f. Skizzieren Sie den Graphen der Funktion f im Intervall [0; 6].

Lösung

a = $-2,5$; b = $\frac{\pi}{3}$; c = 0 und d = 1,5.

A = |a| = |$-2,5$| = 2,5; p = $\frac{2\pi}{\frac{\pi}{3}}$ = 2π · $\frac{3}{\pi}$ = 6

W = [d − A; d + A] = [-1; 4]

Periodenbox: B(0 | 1,5), Breite 6, Höhe 5

Wegen a < 0 wird die Sinuskurve an der Mittellinie gespiegelt.

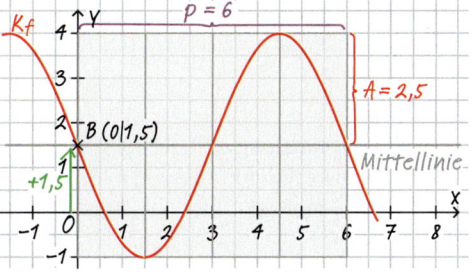

Bei der Skalierung der x-Achse ist die Periode p zu berücksichtigen.
Ist p ein Vielfaches von π, dann wird die x-Achse am besten mit π skaliert (Beispiel 1), andernfalls wird sie ganzzahlig skaliert (Beispiel 2).

Beispiel 3 Zu gegebenen Transformationen den Funktionsterm bestimmen

Geben Sie zum beschriebenen Graphen einen Funktionsterm an. Bestimmen Sie die Amplitude A, die Periode p und die Wertemenge W.

a) Der Graph der Sinusfunktion wird an der x-Achse gespiegelt, mit dem Faktor 2 in x-Richtung gestreckt sowie um -1 in y-Richtung verschoben.

b) Der Graph der Kosinusfunktion wird mit dem Faktor 3,5 in y-Richtung gestreckt sowie um -1 in x-Richtung und um 3 in y-Richtung verschoben.

Lösung

a) a = -1, b = $\frac{1}{2}$, c = 0, d = -1:

$g(x) = -\sin\left(\frac{1}{2}x\right) - 1$

A = 1; p = $\frac{2\pi}{0,5}$ = 4π; W = [-2; 0]

b) a = 3,5, b = 1, c = -1, d = 3:

$g(x) = 3,5 \cdot \cos(x + 1) + 3$

A = 3,5; p = 2π; W = [$-0,5$; 6,5]

Streckfaktor in x-Richtung ist $\frac{1}{b}$ d.h.
b = $\frac{1}{\text{Streckfaktor in x-Richtung}}$

Beispiel 4 Zu einem Graphen den Funktionsterm bestimmen

Übertragen Sie den Graphen in Ihr Heft.
Bestimmen Sie die Amplitude, die Periode und die Wertemenge. Geben Sie drei unterschiedliche Funktionsterme an, die zum Graphen passen.

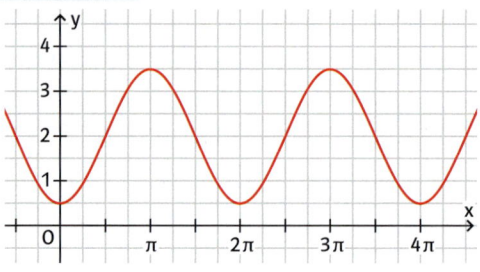

Lösung
Graph mit Periodenbox:

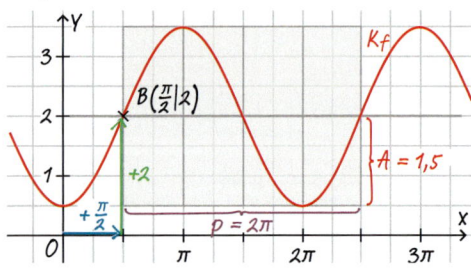

Periodenbox: $B\left(\frac{\pi}{2}\big|2\right)$; Breite 2π; Höhe 3

$A = \frac{3}{2} = 1{,}5$; $p = 2\pi$; $W = [0{,}5;\ 3{,}5]$

$a = 1{,}5$; $b = \frac{2\pi}{2\pi} = 1$; $c = \frac{\pi}{2}$; $d = 2$

$g_1(x) = 1{,}5 \cdot \sin\left(x - \frac{\pi}{2}\right) + 2$

$g_2(x) = 1{,}5 \cdot \sin(x - 2{,}5\pi) + 2$

$g_3(x) = 1{,}5 \cdot \cos(x - \pi) + 2$

Anmerkung:
Da der Tiefpunkt auf der y-Achse liegt, geht auch $g(x) = -1{,}5 \cdot \cos(x) + 2$.
Tatsächlich gibt es unendlich viele weitere mögliche Funktionsterme. Sie unterscheiden sich nur durch ihre Verschiebung in x-Richtung, also beim Parameter c.
Möglichkeiten beim Ansatz mit Sinusfunktion: $c = \frac{\pi}{2} + 2\pi = 2{,}5\pi$; $c = \frac{\pi}{2} - 2\pi = -1{,}5\pi$; $c = \frac{\pi}{2} + 2 \cdot 2\pi = 4{,}5\pi$
Allgemein: $c = \frac{\pi}{2} + k \cdot 2\pi$, $k \in \mathbb{Z}$
Möglichkeiten beim Ansatz mit Kosinusfunktion: $c = \pi$ (Stelle eines der Hochpunkte);
$c = \pi + 2\pi = 3\pi$; $c = \pi - 2\pi = -\pi$; $c = \pi + 2 \cdot 2\pi = 5\pi$
Allgemein: $c = \pi + k \cdot 2\pi$, $k \in \mathbb{Z}$

Aufgaben

1 Bestimmen Sie die Streckung in y-Richtung und die Verschiebung in y-Richtung.
Skizzieren Sie den Graphen der Funktion f für $x \in [-2\pi;\ 2\pi]$.
a) $f(x) = 5 \cdot \sin(x) + 2$
b) $f(x) = \frac{3}{2}\cos(x) - \frac{1}{2}$
c) $f(x) = -2{,}5\cos(x)$
d) $f(x) = -3\sin(x) + 3$

2 Bestimmen Sie den Streckfaktor in x-Richtung und die Periode der Funktion.
Skizzieren Sie den Graphen.
a) $f(x) = \sin(4x)$
b) $f(x) = \cos(3x)$
c) $f(x) = \cos\left(\frac{x}{5}\right)$
d) $f(x) = \sin\left(\frac{\pi}{3}x\right)$

3 Durch welche Transformationen entsteht der Graph der Funktion g aus dem Graphen der Sinusfunktion bzw. der Kosinusfunktion? Skizzieren Sie den Graphen von g.
a) $g(x) = 2 \cdot \sin(x) + 1$
b) $g(x) = -\sin(3x) - 1$
c) $g(x) = 3 \cdot \sin(\pi \cdot x)$
d) $g(x) = \cos(x + \pi) - 1$
e) $g(x) = -\cos\left(x + \frac{\pi}{4}\right) + 2$
f) $g(x) = -\frac{1}{2} \cdot \cos\left(\frac{\pi}{3}x\right)$

4 Geben Sie den Funktionsterm, die Amplitude und die Periode der beschriebenen Funktion g an.
Der Graph der Funktion g entsteht aus dem Graphen der Sinusfunktion, indem dieser
a) mit dem Faktor 4 in y-Richtung gestreckt und um −1 in y-Richtung verschoben wird.
b) an der x-Achse gespiegelt und um 2 in y-Richtung verschoben wird.
c) mit dem Faktor −2 in y-Richtung gestreckt und mit dem Faktor 2 in x-Richtung gestreckt.
d) mit dem Faktor $\frac{1}{2}$ in y-Richtung gestreckt und um −3 in x-Richtung verschoben wird.

Periodenbox für den Sinus

Periodenbox für den Kosinus

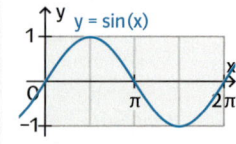

5 Bestimmen Sie, durch welche Transformationen der Graph der Funktion f aus dem Graphen der Funktion g mit g(x) = sin(x) entstanden ist. Bestimmen Sie den Funktionsterm der Funktion f.

a)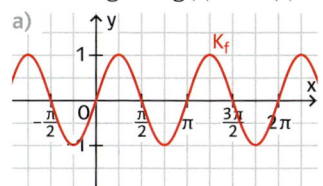
b)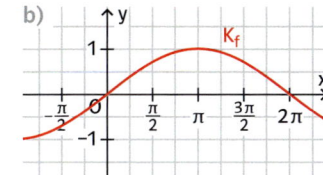
c)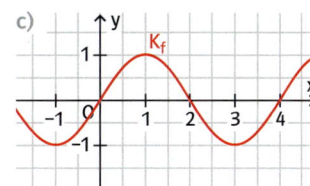
d)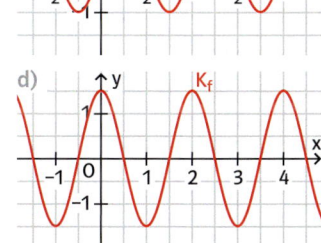
e)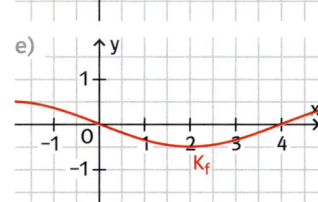
f)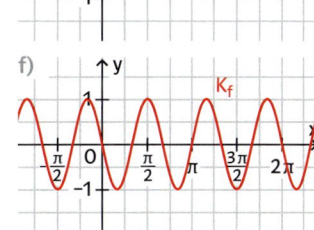

6 Durch welche Transformationen ist der Graph K_f der Funktion f aus der Kosinuskurve entstanden? Skizzieren Sie schrittweise die entstehenden Graphen. Geben Sie für den Graphen von f einen Punkt H mit größtem und einen Punkt T mit kleinstem Funktionswert an.

a) $f(x) = -2 \cdot \cos\left(x + \frac{\pi}{3}\right)$
b) $f(x) = \cos(0{,}5x) - 1$
c) $f(x) = 3 \cdot \cos\left(\frac{\pi}{2}x\right) + 1$

7 Ordnen Sie die Funktionen den Graphen zu.

a) $f(x) = 2 \cdot \sin(x) + 2$

b) $g(x) = \sin(2x)$

c) $h(x) = -2 \cdot \cos(x)$

d) $i(x) = \cos(x) + 2$

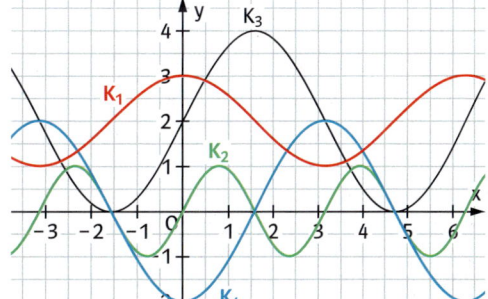

Test

Lösungen | Seite 360

8 a) Bestimmen Sie jeweils die Amplitude und die Periode der Funktion.

$f(x) = 1{,}5 \cdot \sin(2 \cdot x) - 0{,}5$ $g(x) = -1{,}5 \cdot \sin(3 \cdot x) - 0{,}5$ $h(x) = 1{,}5 \cdot \sin(0{,}5x) - 0{,}5$

b) Ordnen Sie jeder Funktion aus Teilaufgabe a) den passenden Graphen zu. Begründen Sie.

(1)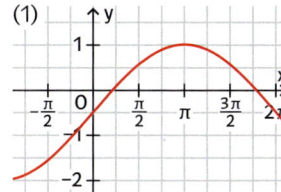
(2)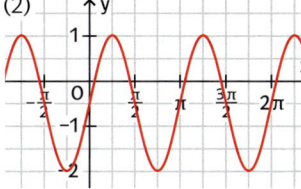
(3)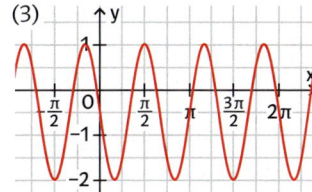

9 Geben Sie den Funktionsterm, die Amplitude und die Periode der Funktion g an, deren Graph aus dem Graphen der Kosinusfunktion entstanden ist, indem dieser mit dem Faktor 2 in y-Richtung gestreckt, um 1 in y-Richtung und um π in x-Richtung verschoben wurde.

10 Geben Sie den Funktionsterm, die Amplitude und die Periode der beschriebenen Funktion g an. Der Graph der Funktion g entsteht aus dem Graphen der Kosinusfunktion, indem dieser
   a) an der x-Achse gespiegelt, in x-Richtung mit dem Faktor 3 gestreckt und um –2 in y-Richtung verschoben wird.
   b) mit dem Faktor 4 in y-Richtung gestreckt, an der x-Achse gespiegelt und um 1 in x-Richtung und um 1 in y-Richtung verschoben wird.
   c) mit dem Faktor 0,5 in y-Richtung und mit dem Faktor $\frac{1}{3}$ in x-Richtung gestreckt wird.
   d) mit dem Faktor $-\frac{3}{2}$ in y-Richtung gestreckt und um –1 in x-Richtung verschoben wird.

11 Geben Sie die Periode, die Amplitude und die Gleichung der zugehörigen Funktion an.

a) 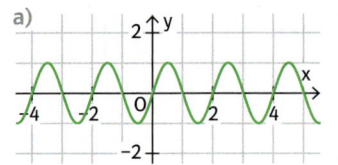   b) 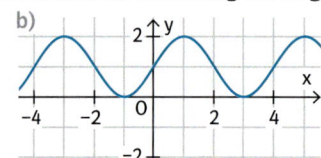   c)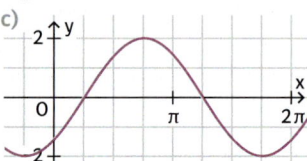

● **Test**   Lösungen | Seite 360

12 Bestimmen Sie die Gleichung der zugehörigen Funktion.

a) 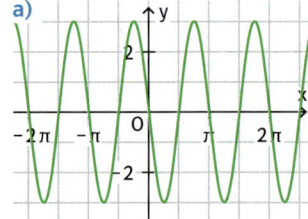   b) 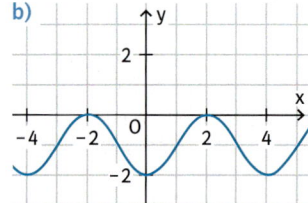   c)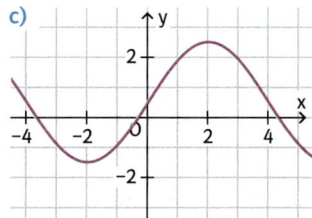

13 Durch welche Transformationen ist der Graph K_f der Funktion f mit $f(x) = 3 \cdot \cos(2x) - 1$ aus dem Graphen der Kosinusfunktion entstanden? Skizzieren Sie schrittweise die dabei entstehenden Graphen. Bestimmen Sie für den Graphen von f einen Punkt H mit größtem und einen Punkt T mit kleinstem Funktionswert.

14 Vom Graphen einer trigonometrischen Funktion f sind ein Hochpunkt $H(x_H | y_H)$ und ein benachbarter Tiefpunkt $T(x_T | y_T)$ bekannt. Bestimmen Sie eine trigonometrische Funktion mit diesen Hoch- und Tiefpunkten.
   a) H(2|3); T(6|–3)   b) H(0|9); T(3|1)   c) H(2π|2); T(0|–1)

15 Gegeben ist die Funktion f mit $f(x) = 2 \cdot \sin(\pi \cdot x) + 1$. Entscheiden Sie, ob die Aussage wahr ist. Korrigieren Sie falsche Aussagen.
   a) Die Periode der Funktion f ist 2.
   b) Für $x \in [0; 1]$ sind alle Funktionswerte f(x) positiv.
   c) Der Graph von f ist punktsymmetrisch zum Ursprung.
   d) Der Punkt P(2,5|3) liegt auf dem Graphen von f.

16 Durch welche Transformation geht der Graph der Sinusfunktion aus dem Graphen der Kosinusfunktion hervor? Geben Sie mindestens zwei Möglichkeiten an.

Grundwissen Test   Grundwissen
                                                    Lösung | Seite 360

17 Lösen Sie die Gleichung.
   a) $5x^2 - 15 = 0$ b) $5 - \sqrt{x-3} = 0$ c) $x^4 - x^2 = 2$

5 Trigonometrische Gleichungen

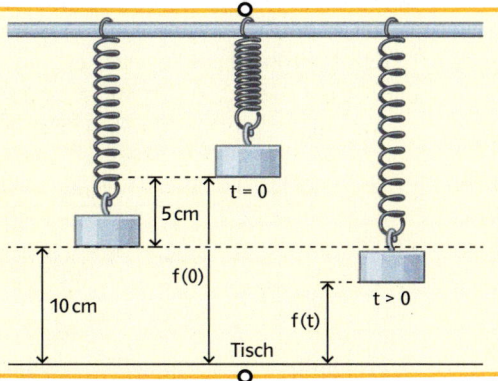

Die Abbildung zeigt eine Feder, an der ein Gewichtsstück befestigt ist. Hebt man das Gewichtsstück um 5 cm an und lässt es zum Zeitpunkt t = 0 los, fängt es an, um die Ruhelage zu schwingen. Vernachlässigt man die Dämpfung, kann man den Abstand des Gewichtsstücks vom Tisch in cm durch die Funktion f mit $f(t) = 5 \cdot \cos\left(\frac{\pi}{2} \cdot t\right) + 10$ (t in s, t ≥ 0) beschreiben.

a) Zeichnen Sie den Graphen der Funktion f für die ersten zwei Perioden. Bestimmen Sie zeichnerisch die Zeitpunkte, für die der Abstand des Gewichtsstücks vom Tisch 12,5 cm beträgt.
b) Überprüfen Sie Ihr Ergebnis mithilfe einer Rechnung.

Wie bei anderen Funktionstypen kann man auch bei trigonometrischen Funktionen nicht nur zu vorgegebenen x-Werten die zugehörigen Funktionswerte f(x) berechnen, sondern auch zu vorgegebenen y-Werten die zugehörigen x-Werte bestimmen.
Hat man die Funktion f mit $f(x) = 4 \cdot \sin(x)$ für $x \in [-2\pi; 3\pi]$ und sucht die Stellen, an denen die Funktion f den Funktionswert 3 annimmt, erhält man eine Gleichung der Form $4 \cdot \sin(x) = 3$.
Eine solche Gleichung heißt **trigonometrische Gleichung**.
Durch Auflösen dieser Gleichung nach sin(x) erhält man die Gleichung sin(x) = 0,75.
Lösungen dieser Gleichung sind die x-Werte der Punkte, deren y-Wert 0,75 ist.
Das Verfahren zur Berechnung aller Lösungen einer trigonometrischen Funktion wird anhand einer Skizze des Graphen der Sinusfunktion und der Geraden y = 0,75 erläutert.

Erste Lösung durch Umkehrung der Rechenoperation sin bestimmen:
Der Taschenrechner liefert die Lösung $x_1 = \arcsin(0,75) \approx 0,85$. Die TR-Lösung liegt im Bereich $-\frac{\pi}{2} \leq x \leq \frac{\pi}{2}$. Ausgehend von diesem Wert werden weitere Lösungen gesucht.

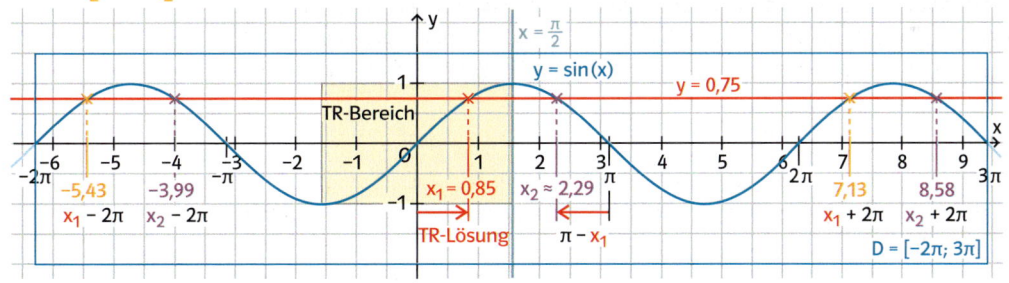

Die Umkehrung der Rechenoperation **sin** wird **Arkussinus (arcsin)** genannt und beim TR mit $\boxed{\sin^{-1}}$ bezeichnet.

sin(x) = 0,75
x = arcsin(0,75)
x ≈ 0,85
TR: $\sin^{-1}(0,75) \approx 0,85$

Weitere Lösung mittels Symmetrie bestimmen:
Da der Graph der Sinusfunktion symmetrisch zu der Geraden $x = \frac{\pi}{2}$ ist, liefert die Symmetrie mit $x_2 = \pi - x_1$ einen weiteren x-Wert. Einsetzen des Wertes von x_1 ergibt $x_2 \approx \pi - 0,85 \approx 2,29$.
Innerhalb der ersten Periode $0 \leq x \leq 2\pi$ hat die Gleichung sin(x) = 0,75; also zwei Lösungen, eine im steigenden Bereich des Graphen und eine in dessen fallenden Bereich.

Alle weiteren Lösungen mithilfe der Periodizität bestimmen:
Da die Sinusfunktion die Periode 2π hat, sind innerhalb der Definitionsmenge $[-2\pi; 3\pi]$ ausgehend von x_1 auch $x_1 + 2\pi \approx 7,13$ und $x_1 - 2\pi \approx -5,43$ Lösungen dieser Gleichung. Ausgehend von x_2 sind auch $x_2 + 2\pi \approx 8,58$ und $x_2 - 2\pi \approx -3,99$ Lösungen dieser Gleichung.
Die Lösungen können in einer Lösungsmenge zusammengefasst werden:
L = {−5,43; −3,99; 0,85; 2,29; 7,13; 8,58}.
Ist die Definitionsmenge nicht eingeschränkt, d.h. D = ℝ, dann folgt aus der Periodizität, dass man alle Lösungen der Gleichung sin(x) = 0,75 erhält, indem man zu x_1 und x_2 alle Vielfache von 2π addiert: $x = x_1 + k \cdot 2\pi$ und $x = x_2 + k \cdot 2\pi$ mit $k \in \mathbb{Z}$.

Mit diesem Verfahren können auch Kosinusgleichungen, wie z.B. $\cos(x) = 0{,}25$ mit $x \in [-\pi; 2\pi]$, gelöst werden.

1. **Umkehrung der Rechenoperation cos:** Der Taschenrechner liefert $x_1 = \arccos(0{,}25) \approx 1{,}32$. Bei der Umkehrung des Kosinus liegt die TR-Lösung im Bereich $0 \leq x \leq \pi$.

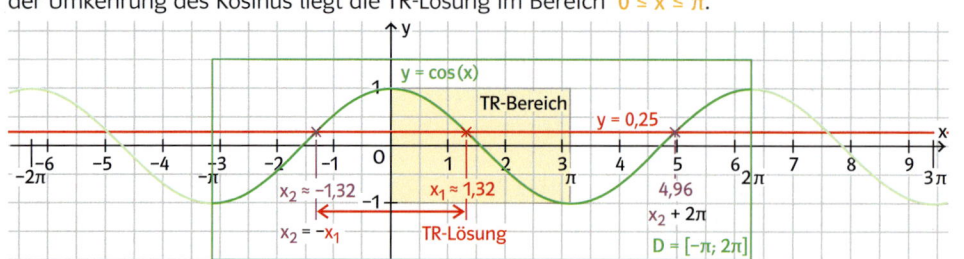

2. **Symmetrie:** Der Graph der Kosinusfunktion ist achsensymmetrisch zur y-Achse, daher liefert die Symmetrie den zweiten x-Wert mit $x_2 = -x_1 \approx -1{,}32$.
3. **Periodizität:** Auch die Kosinusfunktion hat die Periode 2π. Man erhält alle Lösungen aus x_1 und x_2 durch Addition der Vielfachen von 2π: $x = x_1 + 2\pi \approx 7{,}60$ und $x = x_2 + 2\pi \approx 4{,}96$. Unter Berücksichtigung der Definitionsmenge erhält man $L = \{-1{,}32; 1{,}32; 4{,}96\}$.

Die Umkehrung der Rechenoperation **cos** wird **Arkuskosinus (arccos)** genannt und beim TR mit $\boxed{\cos^{-1}}$ bezeichnet.
$\cos(x) = 0{,}25$
$x = \arccos(0{,}25)$
$x \approx 1{,}32$
TR: $\cos^{-1}(0{,}25) \approx 1{,}32$

Die Symmetrie zu $x = \pi$ liefert auch einen weiteren x-Wert:
$x = 2\pi - x_1 \approx 4{,}96$.

Die Lösungen einer trigonomischen Gleichung der Form: $\sin(x) = r$ bzw. $\cos(x) = r$ mit $-1 \leq r \leq 1$ erhält man folgendermaßen:
1. Man bestimmt **eine Lösung durch Umkehrung der Rechenoperation** (mit dem TR).
2. Eine weitere Lösung erhält man durch die **Symmetrie des Graphen**.
3. Alle weiteren Lösungen erhält man durch Berücksichtigung der **Periodizität**.

Bei der Bestimmung der Lösungen hilft eine Skizze des zugehörigen Graphen.
Ist die Definitionsmenge eingeschränkt, ermittelt man, welche Lösungen anzugeben sind.

Für $r > 1$ oder $r < -1$ haben diese Gleichungen keine Lösung.

Beispiel 1 Lösen einer trigonometrischen Gleichung der Form $\sin(x) = r$
Ermitteln Sie die Lösungen der Gleichung $\sin(x) = -0{,}5$ für $x \in [-\pi; 2\pi]$. Skizzieren Sie die Graphen der Funktion $f(x) = \sin(x)$ und der Geraden $y = -0{,}5$.
Lösung
Skizze: Sinuskurve und $y = -0{,}5$.
1. Umkehrung von sin: $\sin(x) = -0{,}5$;
$$x_1 = \arcsin(-0{,}5) = -\tfrac{\pi}{6}$$
2. Symmetrie zu $x = \tfrac{\pi}{2}$: $x_2 \approx \pi - \left(-\tfrac{\pi}{6}\right) = \tfrac{7}{6}\pi$.
3. Periodizität ($p = 2\pi$):
Alle weiteren Lösungen:
$x = -\tfrac{\pi}{6} + 2\pi = \tfrac{11}{6}\pi$ und $x = \tfrac{7}{6}\pi - 2\pi = -\tfrac{5}{6}\pi$.

Skizze

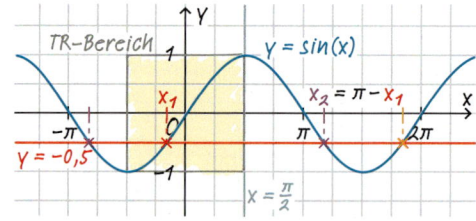

Tipp:
Den Taschenrechner auf RAD einstellen.

Beispiel 2 Lösen durch Umformung auf eine Gleichung der Form $\cos(x) = r$
Lösen Sie die Gleichung $3\cos(x) + 4 = 5$ für $x \in [0; 7]$. Formen Sie die Gleichung geeignet um und erstellen Sie eine Skizze.
Lösung
Durch Umformen erhält man: $\cos(x) = \tfrac{1}{3}$.
Skizze: Kosinuskurve und $y = \tfrac{1}{3}$.
1. Umkehrung von cos: $x_1 = \arccos\left(\tfrac{1}{3}\right) \approx 1{,}23$
2. Symmetrie zur y-Achse: $x_2 \approx -1{,}23 \notin [0; 7]$
3. Periodizität: $x = 1{,}23 + 2\pi \approx 7{,}51 \notin [0; 7]$
$x = -1{,}23 + 2\pi \approx 5{,}05 \in [0; 7]$;
$L = \{1{,}23; 5{,}05\}$.

Skizze

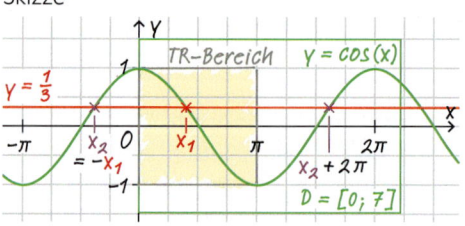

Nicht vergessen:
Taschenrechner auf RAD einstellen!

Beispiel 3 Lösen einer trigonometrischen Gleichung mithilfe einer Substitution

Bestimmen Sie die Lösungen der Gleichung $\sin(\pi x) = \frac{2}{3}$ für $x \in [-2; 5]$.

Lösung

Man nutzt eine Substitution, um eine Gleichung der Form $\sin(z) = r$ zu erhalten.
Mit $\pi x = z$ erhält man $\sin(z) = \frac{2}{3}$.

Skizze: Sinuskurve und $y = \frac{2}{3}$.

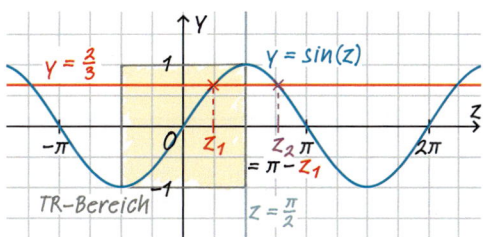

Skizze:

1. Umkehrung: $z_1 = \arcsin\left(\frac{2}{3}\right) \approx 0{,}73$
2. Symmetrie zu $z = \frac{\pi}{2}$: $z_2 \approx \pi - 0{,}73 = 2{,}41$
   Resubstitution: $\pi x_1 = z_1$ und $\pi x_2 = z_2$.
   Umformen und Einsetzen führt zu
   $x_1 \approx 0{,}23$ und $x_2 \approx 0{,}77$.
3. Periodizität mit $p = \frac{2\pi}{\pi} = 2$:

   $x_3 \approx 0{,}23 - 2 = -1{,}77$; $x_4 \approx 0{,}23 + 2 = 2{,}23$; $x_5 \approx 0{,}23 + 2 \cdot 2 = 4{,}23$
   $x_6 \approx 0{,}77 - 2 = -1{,}23$; $x_7 \approx 0{,}77 + 2 = 2{,}77$; $x_8 \approx 0{,}77 + 2 \cdot 2 = 4{,}77$
   $L = \{-1{,}77; -1{,}23; 0{,}23; 0{,}77; 2{,}23; 2{,}77; 4{,}23; 4{,}77\}$

Aufgaben

1 Bestimmen Sie mithilfe des Graphen alle reellen Zahlen $x \in [-7; 18]$, für die gilt
a) $\cos(x) = 0{,}8$;   b) $\cos(x) = 0{,}4$;   c) $\cos(x) = -0{,}2$;   d) $\cos(x) = -0{,}6$.

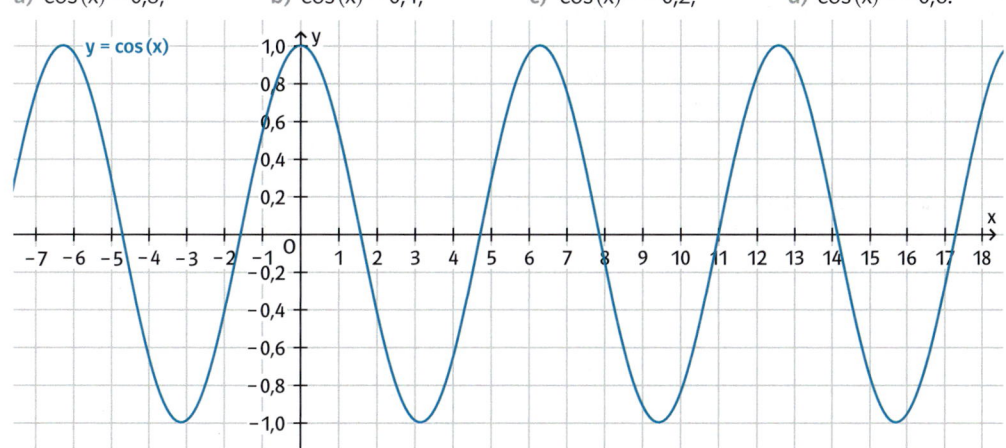

2 Bestimmen Sie für $x \in [0; 2\pi]$ alle Lösungen der Gleichung exakt.
a) $\sin(x) - 1 = 0$ b) $\cos(x) - 1 = 0$ c) $1 = -\sin(x)$ d) $2 \cdot \cos(x) = 0$

3 Bestimmen Sie für $x \in [0; 2\pi]$ alle Lösungen der Gleichung.
a) $\sin(x) = 0{,}5$ b) $\frac{1}{2} = -\sin(x)$ c) $2 \cdot \sin(x) = \sqrt{2}$ d) $2 \cdot \sin(x) + \sqrt{3} = 0$
e) $0 = \cos(x)$ f) $\cos(x) = \frac{1}{2}$ g) $0 = 2 \cdot \cos(x) - \sqrt{3}$ h) $\sqrt{2} = 2 \cdot \cos(x)$

Tipp: Vervollständigen Sie die Tabelle in Ihrem Heft.

x	sin(x)	cos(x)
0		1
$\frac{\pi}{6}$	$\frac{1}{2}$	
$\frac{\pi}{4}$	$\frac{1}{2}\sqrt{2}$	
$\frac{\pi}{3}$	$\frac{1}{2}\sqrt{3}$	
$\frac{\pi}{2}$		0

4 Bestimmen Sie alle Lösungen der Gleichung $\sin(x) = -0{,}5$ innerhalb des Intervalls
a) $[0; 2\pi]$;   b) $[0; 4\pi]$;   c) $[-\pi; 3\pi]$;   d) $[-3\pi; \pi]$.

5 Bestimmen Sie vier Zahlen x, für die gilt
a) $\sin(x) = 0{,}63$;   b) $\cos(x) = -0{,}55$;   c) $8 \cdot \sin(x) + 2 = 0$;   d) $0 = 1 - 3 \cdot \cos(x)$.

○ 6 Bestimmen Sie für die Gleichung $2 \cdot \cos(x) - 1 = 0$ ein Intervall, in dem sie genau
   a) drei Lösungen hat;   b) vier Lösungen hat;   c) drei negative Lösungen hat.

○ 7 Bestimmen Sie alle reellen Zahlen x aus dem angegebenen Intervall, für die gilt
   a) $\sin(x) = 0{,}7$ für $x \in [0; 2\pi]$,
   b) $\cos(x) = -1$ für $x \in [-\pi; 4\pi]$,
   c) $-2 \cdot \sin(x) = 1$ für $x \in [-\pi; 3\pi]$,
   d) $2 \cdot \cos(x) = -\sqrt{2}$ für $x \in [-\pi; 2\pi]$,
   e) $\sin(x) + 5 = 5{,}3$ für $x \in [-2\pi; 0]$,
   f) $12 \cdot \cos(x) + 15 = 24$ für $x \in [-0{,}5; 4]$.

○ Test → Lösungen | Seite 361

8 Bestimmen Sie die Lösungen.
   a) $\cos(x) = \frac{1}{2}$ für $x \in [0; 2\pi]$
   b) $\sin(x) = \frac{\sqrt{3}}{2}$ für $x \in [0; 9]$
   c) $\cos(x) = 0{,}7$ für $x \in [-2\pi; 3\pi]$
   d) $2 \cdot \sin(x) - \sqrt{2} = 0$ für $x \in [-4; 8]$

● 9 Bestimmen Sie Lösungen näherungsweise mithilfe der Graphen.
   a) $f(x) = 0$; $f(x) = 0{,}5$; $f(x) = -1$
   b) $g(x) = 4$; $g(x) = 2$; $g(x) = 0$

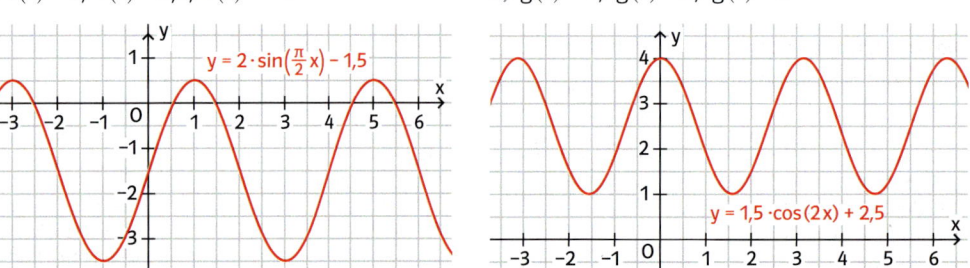

   c) Vergleichen Sie die abgelesenen Werte mit denen, die Sie mit dem Taschenrechner berechnen.

● 10 Bestimmen Sie die Nullstellen der Funktion.
   a) $f(x) = \sin(x) - \frac{1}{2}$; $x \in [0; 2\pi]$
   b) $f(x) = \cos(x) + \frac{1}{2}$; $x \in [0; 2\pi]$
   c) $f(x) = 2 \cdot \cos(x) - \sqrt{3}$; $x \in [-\pi; \pi]$
   d) $f(x) = 4 \cdot \sin(x) + 2\sqrt{2}$; $x \in [0; 9]$
   e) $f(x) = \sin(x) - \frac{1}{2}\sqrt{3}$; $x \in [-6; 0]$
   f) $f(x) = 3 \cdot \cos(x) - 9$; $x \in [-1; 8]$

● 11 Bestimmen Sie die Lösungsmenge für $x \in [0; 7]$.
   a) $\cos\left(\frac{4}{3}x\right) = 0{,}5$
   b) $\sin(0{,}5x) = -\frac{1}{2}\sqrt{3}$
   c) $\cos\left(x + \frac{\pi}{6}\right) = \frac{1}{2}\sqrt{2}$
   d) $2 \cdot \sin\left(x - \frac{\pi}{4}\right) = -1$
   e) $1 + 4 \cdot \cos(\pi x) = 3$
   f) $3 \cdot \sin(x - 2) = 4{,}2$

● Test → Lösungen | Seite 361

12 Bestimmen Sie für $x \in [-\pi; 4\pi]$ alle Lösungen der Gleichung.
   a) $2{,}5 \cdot \sin\left(x + \frac{\pi}{8}\right) = -2{,}5$
   b) $20 \cdot \cos(0{,}5x) = 8$

Tipp zu Aufgabe 13:
Für $x \in \mathbb{R}$ haben die Gleichungen
$\sin(x) = r$ und $\cos(x) = r$
für $|r| > 1$ keine Lösung.

● 13 Geben Sie für den Parameter t jeweils einen Wert an, sodass die Gleichung im Intervall $[0; 2\pi]$ keine, genau eine bzw. genau zwei Lösungen hat.
   a) $2 \cdot \cos(x) = t$
   b) $3 \cdot \sin(x) + 2t = 0$
   c) $t \cdot \sin(x) + 5 = 0$

Tipp zu Aufgabe 14:
Lösen Sie die Gleichung mithilfe einer Substitution.
$\sin^2(x) + \cos^2(x) = 1$

● 14 Ermitteln Sie die Lösungen im Intervall $I = [0; 2\pi]$.
   a) $2 \cdot \sin^2(x) - \sin(x) = 1$
   b) $\sin^3(x) - 0{,}75 \cdot \sin(x) = 0$
   c) $2 \cdot \cos^2(x) = \cos(x)$

Grundwissen Test

→ **Grundwissen** Seite 350
Lösung | Seite 361

15 Der Graph einer quadratischen Funktion f geht durch die angegebenen Punkte. Bestimmen Sie den Funktionsterm von f. Geben Sie diesen in der Hauptform $f(x) = ax^2 + bx + c$ an.
   a) Scheitel $S(2|-1)$ und $P(3|-0{,}5)$
   b) $N_1(-1|0)$, $N_2(3|0)$ und $P(2|3)$

6 Anwendungen trigonometrischer Funktionen

Der Graph stellt näherungsweise die Geschwindigkeit v (in $\frac{m}{s}$) eines Schwimmers im Delfinstil dar. Dabei entspricht eine Periode einem Armzug.
Wie viele Armzüge macht der Schwimmer in einer Minute? Zwischen welchen Werten schwankt seine Geschwindigkeit?

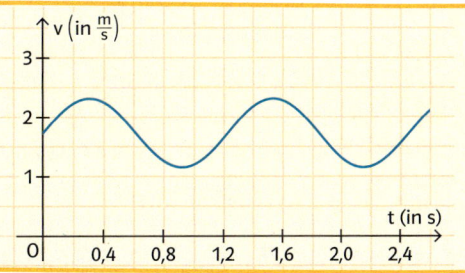

Viele periodischen Vorgänge in Natur und Technik lassen sich mit einer Funktion f mit
$f(x) = a \cdot \sin(b \cdot x) + d$ mathematisch beschreiben.
Wie man dabei die Parameter a, b und d aus den angegebenen Daten bestimmt, zeigt folgendes Beispiel.
Der Graph zeigt den Verlauf eines periodischen Vorgangs. Man liest die Koordinaten der Punkte mit größtem und kleinstem y-Wert ab: $H(2|8)$ und $T(6|-2)$. Diese Punkte heißen **Hochpunkt** bzw. **Tiefpunkt**.
Zusätzlich wird die Mittellinie eingezeichnet und wahlweise die Periodenbox skizziert.

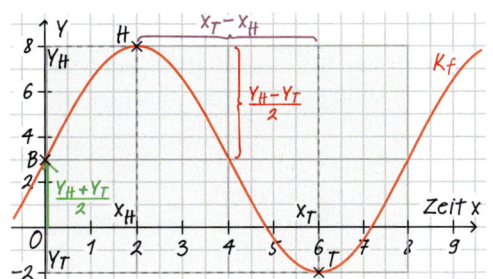

Die Parameter a, b und d werden bestimmt:

$\frac{1}{2} \cdot$ vertikaler Abstand von H und T: $\quad \frac{y_H - y_T}{2} = a \qquad a = \frac{8 - (-2)}{2} = 5$

Höhe der Mittellinie: $\quad \frac{y_H + y_T}{2} = d \qquad d = \frac{8 + (-2)}{2} = 3$

$2 \cdot$ horizontaler Abstand von H und T: $\quad 2 \cdot |x_T - x_H| = p; \; \frac{2\pi}{p} = b \qquad b = \frac{2\pi}{8} = \frac{\pi}{4}$

Einsetzen der Parameter a, b und d ergibt: $\quad f(x) = 5 \cdot \sin\left(\frac{\pi}{4} x\right) + 3$.

Die Periode p kann über die x-Koordinaten benachbarter Hochpunkte und Tiefpunkte bestimmt werden:
$p = 2 \cdot |x_T - x_H|$.
Das Betragszeichen ist dann von Bedeutung, wenn der Tiefpunkt links neben dem Hochpunkt liegt, da die Periode p immer positiv ist.

Periodische Vorgänge können mithilfe einer **Sinusfunktion** f mit $f(x) = a \cdot \sin(b \cdot x) + d$ beschrieben werden. Dabei wählt man den Beobachtungsbeginn (x = 0) so, dass dort der Funktionswert auf der Mittellinie des Graphen liegt.
Wählt man den Beobachtungsbeginn in einem Hoch- oder Tiefpunkt des Graphen, so lässt sich der periodische Vorgang mit einer **Kosinusfunktion** $f(x) = a \cdot \cos(b \cdot x) + d$ beschrieben werden.

Mithilfe eines Hochpunktes $H(x_H|y_H)$ und eines benachbarten Tiefpunktes $T(x_T|y_T)$ des Graphen von f werden die Parameter a, b und d folgendermaßen bestimmt:

$a = \frac{y_H - y_T}{2}$ ist die Amplitude $\qquad\qquad d = \frac{y_H + y_T}{2}$ ist die Höhe der Mittellinie

$b = \frac{2\pi}{p}$ wird mithilfe der Periode bestimmt. Für die Periode p gilt $p = 2 \cdot |x_T - x_H|$.

An der Periodenbox direkt ablesbar sind a = halbe Periodenboxhöhe und p = Periodenboxbreite.

Beispiel 1 Funktionsanpassung mit einer Kosinusfunktion

Die Tabelle zeigt die Monatsmittelwerte der Temperaturen einer Stadt. Übertragen Sie die Daten in ein Koordinatensystem und bestimmen Sie eine geeignete Kosinusfunktion.

Jan.	Feb.	März	Apr.	Mai	Juni	Juli	Aug.	Sep.	Okt.	Nov.	Dez.
1,2 °C	2,4 °C	5,6 °C	10,0 °C	14,4 °C	17,6 °C	18,8 °C	17,6 °C	14,4 °C	10,0 °C	5,6 °C	2,4 °C

Zur Erinnerung:
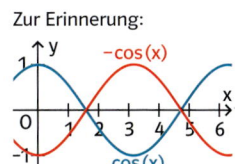

Lösung

Für den Monat Januar wird t = 0 gewählt.
Dann entspricht t = 11 dem Monat Dezember.

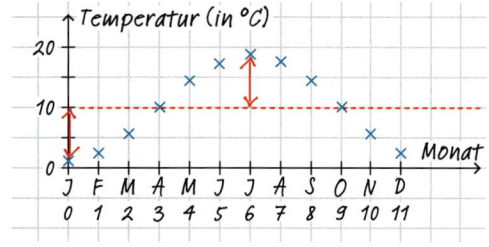

Aus der Tabelle erhält man den Hochpunkt H(6|18,8) und den Tiefpunkt T(0|1,2), zur Berechnung der Parameter a, b und d:

Amplitude $A = \frac{18,8 - 1,2}{2} = 8,8$; $a = -A = -8,8$

$p = 12$; $b = \frac{2\pi}{12} = \frac{\pi}{6}$;

$d = \frac{18,8 + 1,2}{2} = 10$

Einsetzen der Parameter ergibt:

$f(t) = -8,8 \cdot \cos\left(\frac{\pi}{6}t\right) + 10$

> Der Wert t kann nur ganzzahlige Werte annehmen.

Beispiel 2 Werte mithilfe einer Funktion berechnen

Die Funktion f mit $f(t) = 3,1 \cdot \sin\left(\frac{\pi}{180}t\right) + 7,9$ gibt für Nizza (Frankreich) die durchschnittliche Sonnenscheindauer pro Tag (in Stunden) in Abhängigkeit von der Zeit t (in Tagen) an. t = 0 entspricht dem 16.3., also Mitte März. Zur Vereinfachung wird von 30 Tagen pro Monat ausgegangen.

a) Berechnen Sie die durchschnittliche Sonnenscheindauer für Mitte April und für den 1. Juni.
b) Wie viele Sonnenstunden gibt es höchstens?
c) Bestimmen Sie rechnerisch den Zeitraum mit einer durchschnittliche Sonnenscheindauer in Nizza von über 10 Stunden.

Lösung

a) 16. April: Es gilt t = 30; $f(30) = 3,1 \cdot \sin\left(\frac{\pi}{180} \cdot 30\right) + 7,9 = 9,45$

1. Juni: Es gilt $t = 2 \cdot 30 + 15 = 75$; $f(75) = 3,1 \cdot \sin\left(\frac{\pi}{180} \cdot 75\right) + 7,9 \approx 10,89$

Mitte April sind es durchschnittlich 9,45 Sonnenstunden, am 1. Juni sind es 10,89 Stunden.

b) Der größte Sinuswert ist 1. Somit ist der größte Funktionswert 3,1 + 7,9 = 11.
Die maximale Sonnenstundenzahl beträgt somit 11 Stunden.

c) Über zehn Sonnenstunden bedeutet f(t) > 10. Um nicht mit einer Ungleichung zu rechnen, werden die Zeitpunkte bestimmt, für die gilt f(t) = 10.

Umformung von $3,1 \cdot \sin\left(\frac{\pi}{180}t\right) + 7,9 = 10$ führt zu $\sin\left(\frac{\pi}{180}t\right) = \frac{2,1}{3,1}$.

Die Substitution $\frac{\pi}{180}t = z$ liefert $\sin(z) = \frac{2,1}{3,1}$.

Die Umkehrung von $\sin(z) = \frac{2,1}{3,1}$ ergibt mit dem Taschenrechner die Lösung
$z_1 = \arcsin\left(\frac{2,1}{3,1}\right) \approx 0,744$.

Die Symmetrie zu $z = \pi$ führt zu einer weiteren Lösung: $z_2 = \pi - z_1 \approx 2,397$.

Die Resubstitution mit $t = \frac{180}{\pi}z$ liefert: $t_1 = \frac{180 z_1}{\pi} \approx 42,6$ und $t_2 = \frac{180 z_2}{\pi} \approx 137,4$.

Mithilfe einer Skizze des Graphen erkennt man, dass die Ungleichung f(t) > 10 nur zwischen den Werten von t_1 und t_2 erfüllt ist. Daher kann man t_1 auf 43 aufrunden und t_2 auf 137 abrunden.

$t_1 = 43 = 30 + 13$ entspricht dem 29.4. und $t_2 = 137 = 4 \cdot 30 + 17$ entspricht dem 3.8.

Von Ende April bis Anfang August scheint die Sonne über 10 Stunden lang.

> Beim Aufstellen der Gleichung f(t) = 10 hilft eine Skizze des zugehörigen Graphen weiter.

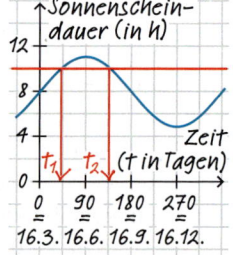

Beispiel 3 Funktionsanpassung bei geschickter Wahl des Koordinatenursprungs

Die Wassertiefe bei der Einfahrt zu einer Anlegestelle eines kleineren Hafens variiert laufend infolge der Gezeiten. Am Tag der Beobachtung ist Hochwasser um 4:20 Uhr bei einer Wassertiefe von 5,20 m; Niedrigwasser ist um 10:32 Uhr bei einer Wassertiefe von 2,00 m.

a) Skizzieren Sie die Wassertiefe in Abhängigkeit der Zeit t in Stunden. Legen Sie dabei den Hochpunkt auf die y-Achse. Welchem Wert von t entspricht dann die Uhrzeit 4:20? Bestimmen Sie eine Funktion f, mit der man die Wassertiefe in Abhängigkeit von t berechnen kann.
b) Ein größeres Schiff benötigt mindestens 3 m Wassertiefe, um anzulegen. In welcher Zeit am Nachmittag ist dies möglich?

30

Lösung

a)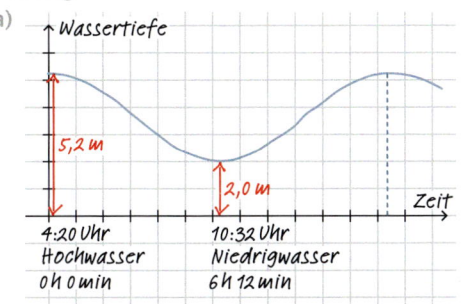

Durch die Wahl von t = 0 für 4:20 Uhr liegt der Hochpunkt auf der y-Achse. Somit ist der Graph der zu bestimmenden Kosinusfunktion nicht in x-Richtung verschoben, d.h. c = 0.
Aus dem Text und der Skizze erhält man den Hochpunkt H(0|5,2).
Wegen 10:32 Uhr − 4:20 Uhr = 6:12 Uhr
$= 6 + \frac{12}{60} = 6,2$
ist der Tiefpunkt T(6,2|2,0).

$a = \frac{5,2 - 2,0}{2} = 1,6$; $p = 2 \cdot |6,2 - 0| = 12,4$; $b = \frac{2\pi}{p} = \frac{2\pi}{12,4} = \frac{\pi}{6,2}$; $d = \frac{5,2 + 2,0}{2} = 3,6$

Einsetzen der Parameter ergibt: $f(t) = 1,6 \cdot \cos\left(\frac{\pi}{6,2}t\right) + 3,6$.

b) Gesucht sind die Zeitpunkte, für die gilt $f(t) = 3$.

Die Gleichung $1,6 \cdot \cos\left(\frac{\pi}{6,2}t\right) + 3,6 = 3$ kann in $\cos\left(\frac{\pi}{6,2}t\right) = -0,375$ umgeformt werden.

Die Substitution $\frac{\pi}{6,2} \cdot t = x$ führt zu $\cos(x) = -0,375$. Der Taschenrechner liefert $x_1 \approx 1,955$.

Wegen der Symmetrie der Kosinusfunktion zur y-Achse gilt $x_2 = -x_1 \approx -1,955$.

Die Resubstitution führt zu $t_1 = \frac{6,2}{\pi} \cdot x_1 \approx 3,859$ und $t_2 = \frac{6,2}{\pi} \cdot x_2 \approx -3,859$.

Beide Zeitpunkte sind nicht am Nachmittag des Tages, daher werden mithilfe der Periodizität und der Periode p = 12,4 weitere t-Werte berechnet: $t_3 = t_1 + 12,4 \approx 16,259$; $t_4 = t_2 + 12,4 \approx 8,541$.

Dies entspricht den Zeiten $\left(4 + \frac{20}{60}\right) + 8,541 = 12,875$ d.h. 12 h 52,4 min und
$\left(4 + \frac{20}{60}\right) + 16,259 = 20,592$ d.h. 20 h 35,5 min.

Da um 10:32 Uhr Niedrigwasser ist, liegt das nächste Hochwasser in der Zeitspanne zwischen t_4 und t_3. Das Schiff kann zwischen 12:53 Uhr (aufgerundet) und 20:35 Uhr (abgerundet) anlegen.

Zeitdauern umrechnen
0,1 h = 0,1 · 60 min
 = 6 min

Aufgaben

1 Die Wassertiefe zwischen dem Festland und einer vorgelagerten Insel hängt von den Gezeiten ab und kann näherungsweise durch die Funktion f mit $f(t) = 2 + 1,7 \sin\left(\frac{\pi}{6,2}t\right)$ mit $t \in [0; 24]$ beschrieben werden (t in Stunden nach Mitternacht; f(t) in Metern).
a) Wie hoch ist das Wasser um 8:00 Uhr, um 14:30 Uhr und um 17:20 Uhr?
b) Geben Sie den niedrigsten und den höchsten Wasserstand an. Wann wird er erreicht?
c) Wann kann man zur Insel laufen, wenn man durch höchstens 40 cm tiefes Wasser laufen will?

2 Die Temperaturen an einem warmen Sommertag hängen von der Uhrzeit ab. Ein Temperaturverlauf wird rechts dargestellt. Dabei entspricht t = 0 der Tageszeit 0:00 Uhr.
a) Geben Sie eine Funktion f an, die den Temperaturverlauf in Abhängigkeit von der Zeit t in Stunden beschreibt.
b) Bestimmen Sie mit der ermittelten Funktion die Temperatur um 7:30 Uhr und um 20:45 Uhr.
c) Zu welchen Zeiten war es wärmer als 21 °C?

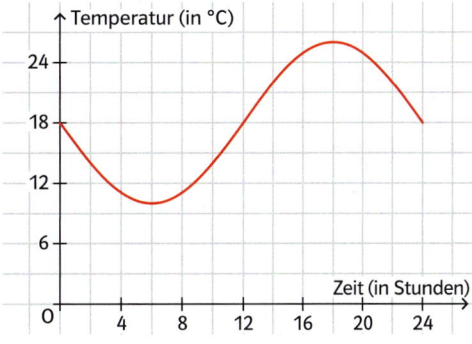

3 Die Tabelle gibt die absolute monatliche Tiefst- und Höchsttemperatur der Stadt Freiburg in °C an.

Jan	Feb	Mär	Apr	Mai	Jun	Jul	Aug	Sep	Okt	Nov	Dez
−1,6	−1,0	1,7	5,0	8,9	12,0	13,8	13,3	10,7	6,4	2,5	−0,8
4,0	5,6	11,1	15,3	19,7	22,8	24,7	24,3	20,8	14,3	8,5	4,6

Übertragen Sie die Messdaten in ein gemeinsames Koordinatensystem. Beschreiben Sie die monatlichen Tiefst- und Höchsttemperaturen jeweils mit einem geeigneten Funktionsterm.

O Test

4 Die Tabelle zeigt jeweils zur Monatsmitte die Sonnenhöchststände in der Stadt Stuttgart.

Jan	Feb	Mär	Apr	Mai	Jun	Jul	Aug	Sep	Okt	Nov	Dez
20°	29°	42°	53°	62°	66°	63°	55°	42°	31°	22°	18°

Warum ist es sinnvoll für den Monat März $t = 0$ zu wählen, wenn man eine Funktionsanpassung mit einer Funktion f der Form $f(t) = a \cdot \sin(b \cdot t) + d$ durchführen möchte? Übertragen Sie die Angaben als Punkte in ein Koordinatensystem. Bestimmen Sie den Funktionsterm.

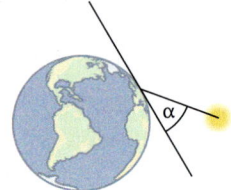

5 Der Ruderachter ist mit Geschwindigkeiten von bis 23 $\frac{km}{h}$ das schnellste von reiner Menschenkraft angetriebene Boot. Eine Analyse ergibt, dass beim Eintauchen der Ruderblätter die Geschwindigkeit etwas kleiner ist als beim Herausziehen der Ruderblätter. Bei einer Regatta wird die Geschwindigkeit eines Bootes mithilfe der Funktion $v(t) = 0{,}2 \sin(b \cdot t) + 5{,}6$ beschrieben (Zeit t in s, Geschwindigkeit v in $\frac{m}{s}$).

a) Bestimmen Sie die minimale und die maximale Geschwindigkeit dieses Bootes.
b) Die Rudererinnen machen im Beobachtungszeitraum alle zwei Sekunden einen Schlag. Bestimmen Sie b.

● Test

6 Bei der Bewegung des Mondes um die Erde kann man die verschiedenen Mondphasen beobachten. Die Grafik zeigt die Ansicht des Mondes in gleichen Zeitabständen. Nach jeweils ca. 29 Tagen wiederholt sich die Abfolge der Mondphasen.

Mondphase	Neumond		Halbmond			Vollmond			Halbmond	
Zeit in Tagen	0		3,625	7,25		14,5			21,75	
Sichtbarer Anteil	0%			50%		100%			50%	

a) Bestimmen Sie eine Funktion f der Form $f(t) = a \cdot \cos(b \cdot t) + d$, die den Anteil der beleuchteten Fläche in Abhängigkeit von der Zeit t beschreibt.
b) Geben Sie die fehlenden Werte in der Tabelle an.

Grundwissen Test

7 Der Graph einer quadratischen Funktion f geht durch die angegebenen Punkte P, Q und R. Bestimmen Sie den Funktionsterm von f. Geben Sie diesen in der Form $f(x) = ax^2 + bx + c$ an.

a) P(0|2), Q(1|0,5) und R(2|0)
b) P(1|4), Q(5|4) und R$\left(0\left|\frac{11}{4}\right.\right)$

Sinusfunktionen in Natur und Technik

Wechselspannungen und Töne

In der Natur und in der Technik spielen Sinusfunktionen eine wichtige Rolle. Im Haushalt verwendet man zum Betrieb elektrischer Geräte, die an die übliche Steckdose angeschlossen werden, eine Wechselspannung mit einer Frequenz von 50 Hertz (50 Hz). Das bedeutet, dass sich die Spannung in ihrer Richtung und in ihrer Größe periodisch verändert. Die Frequenz f ist dabei der Kehrwert der Periodenlänge p, zu der Frequenz 50 Hz gehört also die Periodenlänge $\frac{1}{50\,Hz}$ = 0,02 s. Den zeitlichen Verlauf einer Wechselspannung kann man mithilfe eines Oszilloskops sichtbar machen.

50 Hertz bedeutet: 50 Perioden pro Sekunde!

Schließt man an einen Lautsprecher eine solche Wechselspannung an, so versetzt der Lautsprecher die Luft in eine Schwingung mit der entsprechenden Frequenz bzw. Periodenlänge. Die Schwingung breitet sich dann als Schallwelle durch die Luft aus und versetzt wiederum unser Trommelfell in eine Schwingung entsprechender Frequenz: Man hört einen Ton.

Schlägt man eine Stimmgabel an, so beginnt diese zu schwingen. Wie eben beschrieben, wird auch hier die Luft in Schwingungen versetzt und man hört einen Ton. Befestigt man an der Stimmgabel eine Nadel und zieht die schwingende Stimmgabel über eine rußgeschwärzte Platte, so erkennt man eine sinusähnliche Kurve.

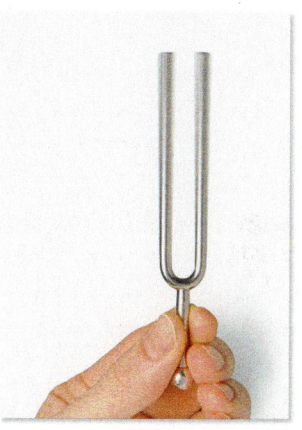

Töne sind also Schwingungen und können durch periodische Funktionen beschrieben werden. Dabei bestimmt die Frequenz die Tonhöhe und die Amplitude die Lautstärke des Tons. Je höher die Frequenz (je kleiner also die Periodendauer), desto höher ist der Ton. Menschen können Töne mit Frequenzen zwischen 20 Hz und 20 000 Hz wahrnehmen, wobei die Hörfähigkeit besonders bei den hohen Tönen mit dem Alter abnimmt. Oberhalb von 20 000 Hz liegt der sogenannte Ultraschallbereich. Der Mensch kann Töne mit solchen Frequenzen nicht wahrnehmen. Fledermäuse hingegen jagen und verständigen sich mit solchen Tönen.

Mit einem Mikrofon kann man einen Ton aufnehmen und eine dazugehörige Wechselspannung erzeugen. Diese kann man wieder mit dem Oszilloskop darstellen und so den Ton analysieren, also zum Beispiel die Frequenz und damit die Tonhöhe bestimmen.

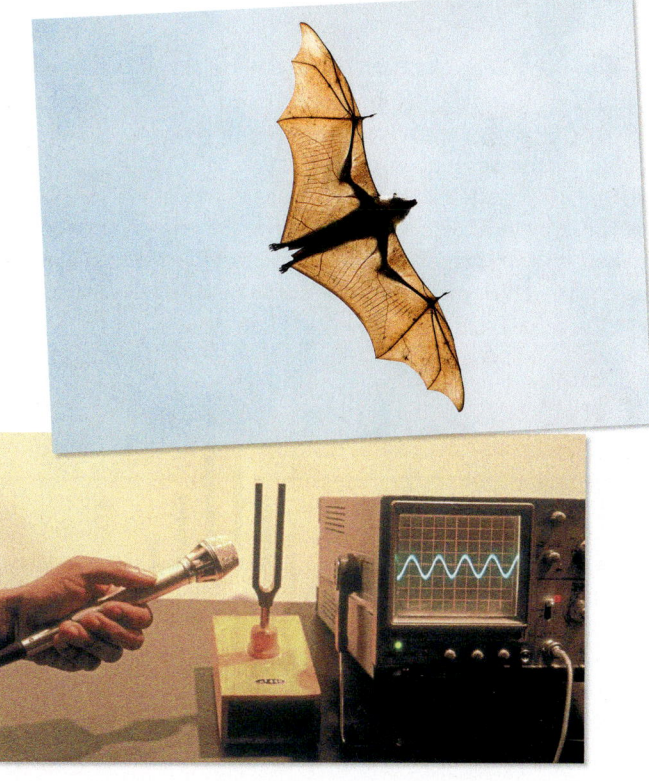

Exkursion

Töne aus Sinusfunktionen zusammensetzen

Der Kammerton a hat eine Frequenz von 440 Hz. Er ist die Tonhöhe, auf die die Instrumente einer Musikgruppe gleich hoch eingestimmt werden. Spielt man diesen Ton auf verschiedenen Instrumenten, so hört er sich allerdings auch verschieden an. Analysiert man die Töne der Instrumente mit dem Oszilloskop, so stellt man fest, dass die Töne von Horn und Klarinette nicht durch reine Sinusfunktionen dargestellt werden und sich auch voneinander unterscheiden. Gemeinsam ist beiden Tönen aber die Frequenz von 440 Hz bzw. die Periodenlänge von 2,27 Millisekunden.

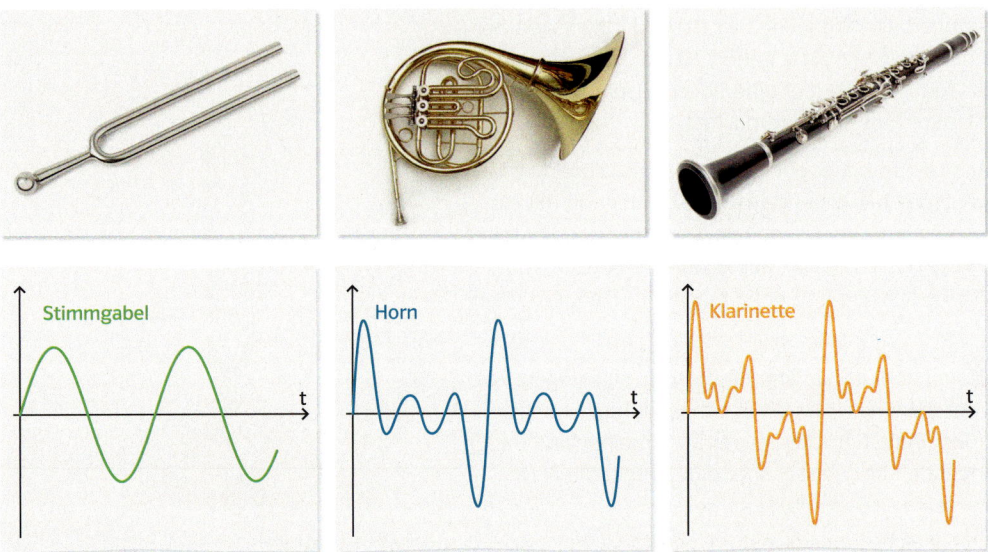

Man kann die Töne von Horn und Klarinette aber durch eine Überlagerung (Addition) von reinen Sinusfunktionen beschreiben. Dabei haben die zu addierenden Funktionen Frequenzen von f_1 = 440 Hz und ganzzahligen Vielfachen von f_1 (also f_2 = 880 Hz, f_3 = 1320 Hz, …).
Die Töne mit den Frequenzen f_2 = 880 Hz, f_3 = 1320 Hz, … nennt man die sogenannten Obertöne des 440-Hz-Tons. Je nachdem, mit welcher Amplitude sie „beigemischt" werden, verändert sich der Gesamteindruck (die Klangfarbe) des wahrgenommenen Tons. Die folgenden Abbildungen zeigen, mit welchen Amplituden man bei den einzelnen Sinusfunktionen mit der entsprechenden Frequenz wählen muss, damit ihre Summe den oben dargestellten Graphen ergibt.

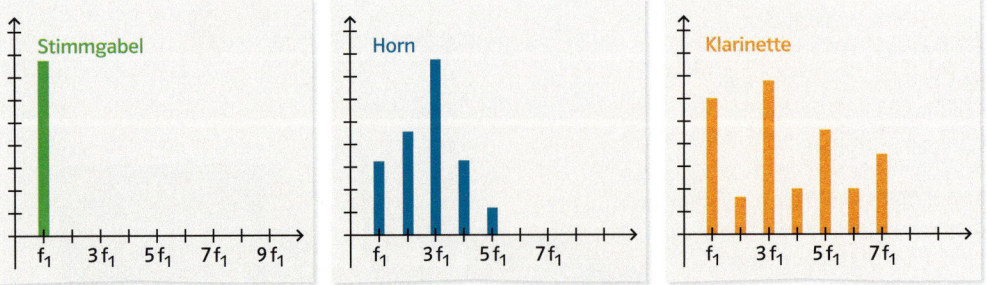

Man kann also auch komplizierte periodische Vorgänge auf eine Beschreibung mit Sinusfunktionen zurückführen. Das entsprechende mathematische Verfahren nennt man **Fourieranalyse** (nach Jean Baptiste Joseph Fourier, 1768 bis 1830, französischer Mathematiker und Physiker).

Training

I Trigonometrische Funktionen

1 Geben Sie die Werte an.
a) $\sin\left(\frac{\pi}{2}\right)$ b) $\cos(\pi)$ c) $\sin(5{,}5\pi)$ d) $\sin\left(\frac{21}{2}\pi\right)$ e) $\cos(-6\pi)$ f) $\cos\left(-\frac{9}{2}\pi\right)$

Periodenbox für den Sinus
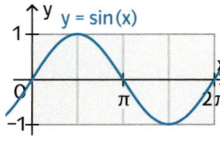

2 Entscheiden Sie, ohne den TR zu benutzen, ob der Wert positiv oder negativ ist.
a) $\sin(1)$ b) $\sin(2)$ c) $\sin(3)$ d) $\sin(4)$
e) $\cos(-2)$ f) $\cos(7)$ g) $\cos(11)$ h) $\sin(-3)$

Periodenbox für den Kosinus
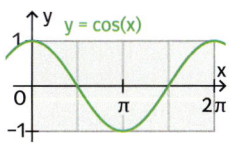

3 Bestimmen Sie x mit $x \in [0;\ 2\pi]$.
a) $\cos(x) = 0$ b) $\cos(x) = -1$ c) $\cos(x) = 1$ d) $\cos(x) = 2$
e) $\sin(x) = 0$ f) $2 \cdot \sin(x) = 3$ g) $\sin(x) > \frac{1}{2}$ h) $\cos(x) < \frac{1}{2}$

4 Wer hat recht? Begründen Sie.
a) Leah und Pia lösen die Aufgabe $\sin(x) = 0{,}85$. Leah erhält das Ergebnis 1,02 und Pia 58,21.
b) Paul und Lukas lösen die Aufgabe $\cos(x) = 0{,}32$. Paul erhält das Ergebnis 1,25 und Lukas 0,95.

5 Gruppieren Sie je drei zusammengehörige Kärtchen.

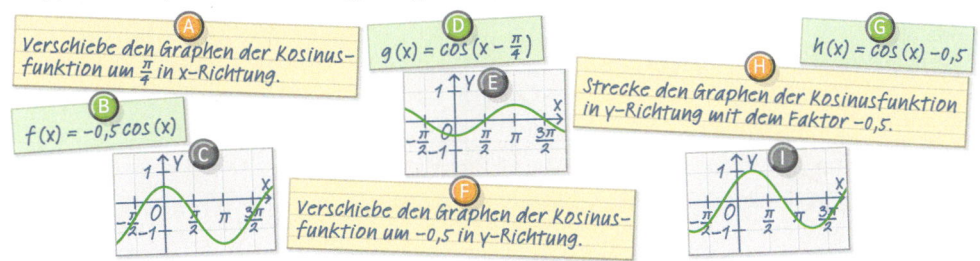

6 Beschreiben Sie, durch welche Transformation die Graphen aus dem der Sinusfunktion hervorgehen. Ordnen Sie jedem Graphen die passende Funktion zu.

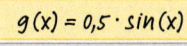

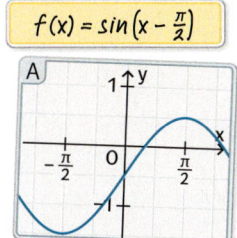
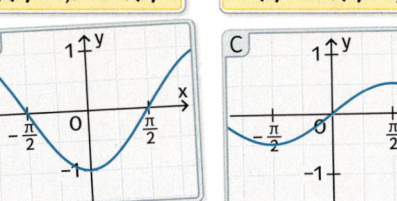
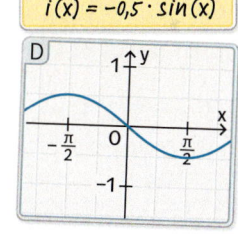

7 Geben Sie an, welche Aussagen auf die Funktion f mit $f(x) = \sin(x)$ zutreffen und welche Aussagen auf die Funktion g mit $g(x) = \cos(x)$ zutreffen.
(1) Die Funktion hat ein Maximum bei $x = 0$.
(2) Die Funktion nimmt nur Werte zwischen -1 und 1 an.
(3) Im Intervall $\left[-\frac{\pi}{2};\frac{\pi}{2}\right]$ sind die Funktionswerte positiv.
(4) Die Funktion hat ein Minimum bei $x = 3{,}5\pi$.
(5) Die Funktion besitzt unendlich viele Nullstellen.

8 Geben Sie die Amplitude und die Periode der Funktion f an.
a) $f(x) = 3 \cdot \sin\left(\frac{1}{10}x\right)$ b) $f(x) = -\frac{1}{2} \cdot \sin\left(\frac{1}{2}x\right)$ c) $f(x) = 2 \cdot \sin\left(\frac{\pi}{2}x\right)$ d) $f(x) = \frac{1}{3} \cdot \sin\left(\frac{2}{3}\pi x\right)$

9 Bestimmen Sie alle Lösungen der Gleichung $\cos(x) = 0{,}5$ innerhalb des Intervalls
a) $[0;\ 2\pi]$;   b) $[0;\ 4\pi]$;   c) $[-2\pi;\ 2\pi]$;   d) $[\pi;\ 5\pi]$.

10 Wie entsteht der Graph der Funktion f aus dem Graphen der Sinusfunktion? Bestimmen Sie alle Nullstellen der Funktion im Intervall I = [0; π].
a) f(x) = 2 · sin(x)
b) f(x) = sin(x − π/2)
c) f(x) = −2 · sin(x) + 1
d) f(x) = sin(1,5x) − 3
e) f(x) = sin(2x)
f) f(x) = 3 · sin(x + 3)
g) f(t) = sin(π/2 · t) − 2
h) f(t) = −1/2 · sin(t − π)

11 Geben Sie eine allgemeine Sinusfunktion an, die die folgenden Eigenschaften hat.
a) Periode der Funktion ist π, Amplitude ist 2 und der Graph ist punktsymmetrisch zum Ursprung.
b) Die Periode der Funktion ist 2π, die Amplitude ist 5 und der Graph ist symmetrisch zur y-Achse.
c) Die Periode der Funktion ist 8, die Amplitude ist 3. H(2|4) ist ein Hochpunkt des Graphen.
d) H(1|4) und T(3|1) sind zwei aufeinanderfolgende Extrempunkte des Graphen.

12 Wie entsteht der Graph der Funktion g aus dem Graphen der Funktion f mit f(x) = cos(x)?
a) g(x) = −2 · cos(πx) + 1
b) g = −cos(2x) + π
c) g(x) = π · cos(x) − 2

13 Geben Sie passend zum Graphen eine Funktion der Form f(x) = a · sin(bx) + d an. Bestimmen Sie dazu einen Hochpunkt und einen benachbarten Tiefpunkt aus der Zeichnung. Lesen Sie die Amplitude und die Periode ab.

a)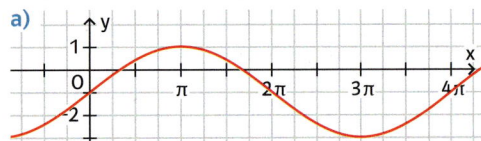
b)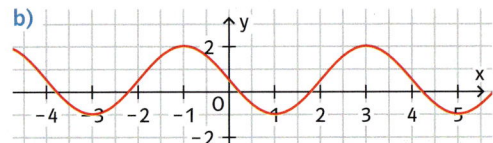

14 Geben Sie zu jedem Graphen die Periode, die Amplitude und einen Funktionsterm an.

a)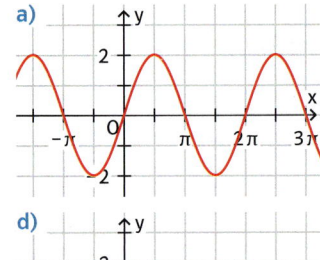
b)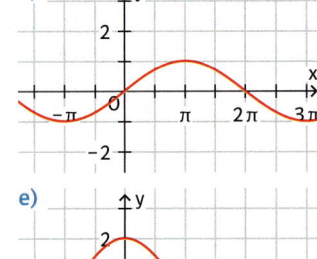
c)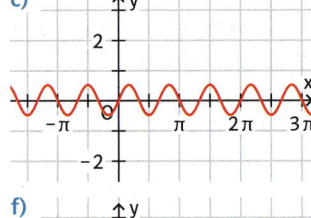
d)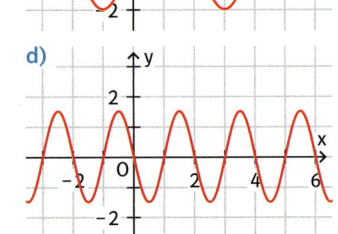
e)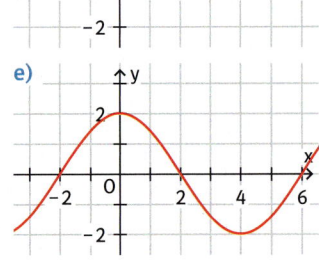
f)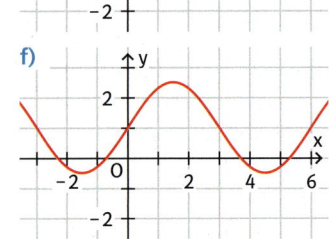

15 Lösen Sie die Gleichung im vorgegebenen Intervall.
a) 2 · sin(x) = 0,3; x ∈ [0; 2π]
b) 1/3 · cos(x) = 0,1; x ∈ [0; 3π]
c) sin(x) = 0,6; x ∈ [−π; 3π]

16 Ermitteln Sie die Lösungen im Intervall [0; 2π].
a) 2 · cos(2x) = −1
b) 2 · sin(x − π) = 3
c) sin(π/2 x) = 0,5

17 Bestimmen Sie die Parameter a, b und d so, dass der Graph der Funktion f mit f(x) = a · sin(bx) + d die benachbarten Extrempunkte H und T hat.
a) H(π/2 | 0); T(3π/2 | −2)
b) H(1|2); T(2|−2)
c) H(π/3 | 4); T(π | −2)
d) H(5|π + 1); T(25|π − 1)
e) H(5π|5); T(7π|1)
f) H(4|6); T(9|3)

18 Bestimmen Sie für die Gleichung 2 · sin(x) − √2 = 0 ein Intervall, in dem sie genau
a) zwei Lösungen hat.
b) drei Lösungen hat.
c) zwei negative Lösungen hat.

19
Ordnen Sie die Karten in Ihrem Heft einander zu.

Ausgangsgleichung:
- A) $5 \cdot \sin\left(\frac{x}{2}\right) = 2{,}5$
- B) $2 \cdot \sin\left(\frac{x}{3}\right) = 0{,}5$
- C) $\sin(2x) + 1 = 0{,}5$
- D) $4 \cdot \sin(3x) = 1$
- E) $\sin\left(\frac{x}{3}\right) + 0{,}7 = 0{,}2$
- F) $5 \cdot \sin(2x) = 2{,}5$

Gleichung der Form sin(...) = ...:
- a) $\sin(2x) = 0{,}5$
- b) $\sin\left(\frac{x}{3}\right) = -0{,}5$
- c) $\sin\left(\frac{x}{2}\right) = 0{,}5$
- d) $\sin(2x) = -0{,}5$
- e) $\sin\left(\frac{x}{3}\right) = 0{,}25$
- f) $\sin(3x) = 0{,}25$

Substitution:
- 1) $z = 3x$
- 2) $z = x - 0{,}5$
- 3) $z = 2x$
- 4) $z = 3 + x$
- 5) $z = \frac{x}{2}$
- 6) $z = \frac{x}{3}$

20
Bestimmen Sie die Lösungen im angegebenen Intervall.
- a) $\sin(2x) = 0;\ x \in [0;\ \pi]$
- b) $\cos(0{,}5x) = 1;\ x \in [0;\ 4\pi]$
- c) $2 \cdot \sin(x) = -1;\ x \in [0;\ \pi]$
- d) $0{,}5 \cdot \sin(0{,}5x) = 0{,}5;\ x \in [0;\ 4\pi]$
- e) $\sin(\pi x) = \frac{1}{2}\sqrt{2};\ x \in [0;\ 3]$
- f) $\sin(0{,}2x) = 0;\ x \in [0;\ 15\pi]$
- g) $\cos(5x) = 1;\ x \in [0;\ \pi]$
- h) $3 \cdot \cos(10x) - 3 = 0;\ x \in [0;\ 0{,}5\pi]$
- i) $\sin(2{,}5x) = 5;\ x \in [0;\ 0{,}8\pi]$
- j) $0 = 2 \cdot \cos(2x) + 1;\ x \in [0;\ 3\pi]$

21
Berechnen Sie die Nullstellen der Funktion im angegebenen Intervall.
- a) $f(x) = \sin(4x) + 1;\ x \in [0;\ \pi]$
- b) $g(x) = 4 \cdot \cos\left(\frac{1}{3}x\right) - 4;\ x \in [-2\pi;\ 6\pi]$
- c) $h(x) = 40 \cdot \cos\left(\frac{\pi}{10}x\right);\ x \in [0;\ 25]$
- d) $f(x) = 0{,}05 \cdot \sin(x) - 0{,}03;\ x \in [-\pi;\ \pi]$
- e) $g(x) = 0{,}2 \cdot \sin(2x) - 5;\ x \in [1;\ 10]$
- f) $h(x) = 4 \cdot \cos\left(\frac{\pi}{2}x\right) - 2;\ x \in [3;\ 6]$

22
Die Funktion $w(t) = 2{,}1 \cdot \sin(0{,}507 \cdot t) + 4{,}4$ gibt den Wasserstand in einem Gezeitenkraftwerk in Abhängigkeit der Zeit t (in Stunden) an. Dabei entspricht 0:00 Uhr dem Zeitpunkt $t = 0$.
- a) Wie hoch sind die Wasserstände um 6:00 Uhr, um 14:00 Uhr und um 20:30 Uhr?
- b) Geben Sie die höchsten und niedrigsten Wasserstände und die zugehörigen Uhrzeiten an.

23
Ein Rad mit Radius 2 m dreht sich gleichförmig entgegen dem Uhrzeigersinn. Für eine Umdrehung benötigt es 8 Sekunden. Der Punkt P befindet sich auf dem Radrand und zum Zeitpunkt $t = 0$ an der Stelle B.
- a) Bestimmen Sie eine Funktion f, die die Höhe des Punktes P über der Strecke AB in Abhängigkeit von der Zeit t angibt.
- b) Wann ist der Punkt P genau 50 cm oberhalb der Strecke und wann 1,40 m unterhalb?

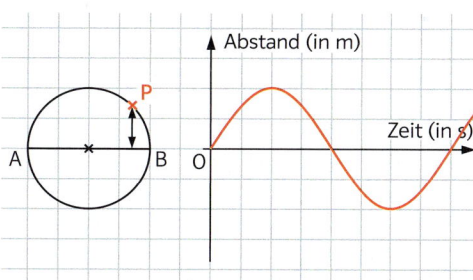

24
Durch welche Transformationen entstehen der blaue und der rote Graph aus dem Graphen der schwarzen Sinuskurve? Geben Sie jeweils einen geeigneten Funktionsterm an.

a)
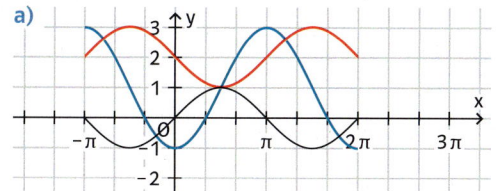

b)
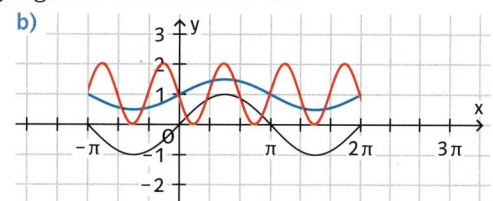

25 Das Riesenrad *London Eye*, hat einen Durchmesser von 135 Meter, für eine volle Umdrehung benötigt es 20 Minuten.
  a) Ermitteln Sie die Funktion s, die der Zeit t die Höhe über dem Boden zuordnet. Führen Sie ein geeignetes Koordinatensystem ein.
  b) Zeichnen Sie den Graphen der Funktion s.
  c) In welcher Höhe befindet man sich sieben Minuten nach dem Einstieg?
  d) Zu welchen Zeitpunkten während der ersten Runde befindet man sich 100 m über dem Boden?

26 a) Beschreiben Sie die Tageslängen für Oslo und Rom mit einer allgemeinen Sinusfunktion. Gehen Sie von 30 Tagen pro Monat und 360 Tagen im Jahr aus. t = 0 entspricht dem 21.6.
  b) In Rom beträgt die tatsächliche Tageslänge am 1. März 11h 16min, in Oslo 10h 31min. Berechnen Sie für beide Werte die prozentuale Abweichung von den theoretischen Werten, die mit der Funktion bestimmt wurden.

	längster Tag (21. 6.)	kürzester Tag (21. 12.)
Oslo	18 h 49 min	5 h 55 min
Rom	15 h 14 min	9 h 08 min

27 In einer Leitung verändert sich der Druck einer Flüssigkeit periodisch mit der Zeit t (in Minuten). Dreimal in 60 Minuten steigt der Druck von 6 bar auf 12 bar und fällt dann wieder auf 6 bar zurück.
  a) Fertigen Sie eine Skizze an.
  b) Beschreiben Sie den Vorgang mit einer trigonometrischen Funktion, wenn zum Zeitpunkt t = 0 der Druck 6 bar beträgt.
  c) Wann beträgt der Druck in der Leitung erstmals 10 bar?

Die Frequenz f einer Wechselspannung gibt an, wie oft in einer Sekunde die Spannung ihren Maximalwert erreicht. Die Frequenz f entspricht dem Kehrwert der Periodendauer T: $f = \frac{1}{T}$. Als Grundeinheit für f wurde 1 Hertz festgelegt: 1 Hertz = $\frac{1}{\text{Sekunde}}$.

28 Die Wechselspannung an einer Steckdose in Deutschland kann mithilfe des Funktionsterms $U(t) = 325 \cdot \sin(2\pi \cdot 50 \cdot t)$ mit der Spannung U in Volt und der Zeit t in s berechnet werden. Dabei gibt die Zahl 50 die Frequenz f dieser Wechselspannung in der Einheit Hertz an.
  a) Skizzieren Sie den Graphen von U. Geben Sie Amplitude A und die Periodendauer T an.
  b) In der USA steht eine Wechselspannung mit einer Amplitude von 170 Volt und einer Frequenz von 60 Hertz zur Verfügung. Geben Sie dafür einen geeigneten Funktionsterm U(t) an.

29 a) Zeichnen Sie die Graphen der Funktionen f mit $f(x) = \sin^2(x)$ und g mit $g(x) = \cos^2(x)$ im Intervall $[0; 2\pi]$ in ein gemeinsames Koordinatensystem.
  b) Vergleichen Sie die Graphen der Funktionen f und g und äußern Sie eine Vermutung, wie der Graph der Funktion h mit $h(x) = \sin^2(x) + \cos^2(x)$ aussehen könnte.
  c) Begründen Sie das Ergebnis aus b) durch Überlegungen an einem rechtwinkligen Dreieck.

Tipp für Aufgabe 29: $\sin^2(x) = (\sin(x))^2$

30 Begründen Sie mithilfe der Graphen der Sinusfunktion bzw. Kosinusfunktion.
  a) $\sin\left(x + \frac{\pi}{2}\right) = \cos(x)$ b) $-\cos\left(x + \frac{\pi}{2}\right) = \sin(x)$ c) $\sin\left(\frac{\pi}{2} - x\right) = \sin\left(\frac{\pi}{2} + x\right)$

31 a) Berechnen Sie die Flächeninhalte der beiden Quadrate.
  b) Wiederholen Sie Ihre Berechnung mit drei anderen Punkten auf der Sinuskurve, die auch jeweils einen x-Abstand von $\frac{\pi}{2}$ zueinander haben. Nehmen Sie dabei auch Punkte, die zu unterschiedlich großen Quadraten führen.
  c) Formulieren Sie eine Vermutung und beweisen Sie Ihre Vermutung.

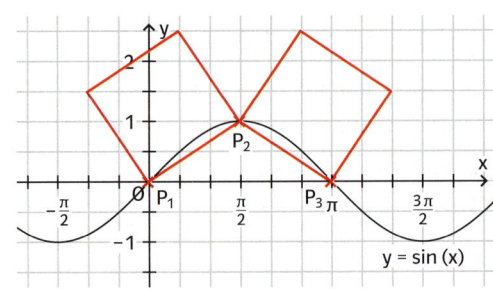

Tipp für Aufgabe 31: $\sin^2(x) + \cos^2(x) = 1$

Rückblick

I Trigonometrische Funktionen

Sinus und Kosinus am Einheitskreis
$\sin(\alpha)$ und $\cos(\alpha)$ lassen sich durch die Koordinaten des zum Winkel α gehörenden Punktes $P(u|v)$ auf am **Einheitskreis** veranschaulichen und damit auf beliebige Winkel erweitern:
$\sin(\alpha) = v$ und $\cos(\alpha) = u$.

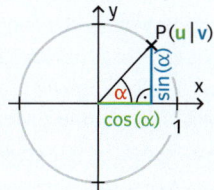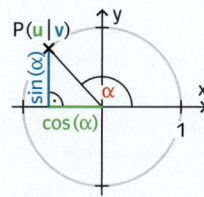

Winkel in Bogenmaß
Für den Winkel α und dessen zugehörige **Bogenlänge** x auf dem Einheitskreis gilt $\frac{\alpha}{360°} = \frac{x}{2\pi}$.
Die zu einem Winkel gehörige Bogenlänge auf dem Einheitskreis wird auch **Winkel im Bogenmaß** genannt.

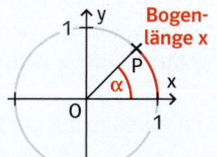

α	0°	30°	45°	90°
x	0	$\frac{\pi}{6}$	$\frac{\pi}{4}$	$\frac{\pi}{2}$

α	180°	270°	360°
x	π	$\frac{3}{2}\pi$	2π

Trigonometrische Funktionen
Sinus und Kosinus können im Bogenmaß als Funktionen aufgefasst werden:
Sinusfunktion f mit $f(x) = \sin(x)$, $x \in \mathbb{R}$
Kosinusfunktion g mit $g(x) = \cos(x)$, $x \in \mathbb{R}$

Diese Funktionen sind periodisch mit der **Periode** $p = 2\pi$, d.h. es gilt $\sin(x + k \cdot 2\pi) = \sin(x)$; $\cos(x + k \cdot 2\pi) = \cos(x)$ mit $k \in \mathbb{Z}$.
Die Sinuskurve ist **punktsymmetrisch zu O(0|0)**.
Die Kosinuskurve ist **achsensymmetrisch zur y-Achse**.

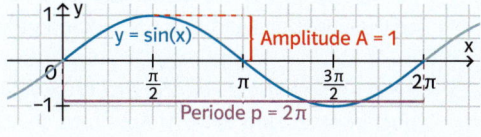

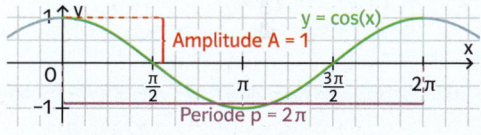

Allgemeine Sinusfunktion
Den Graphen der **allgemeinen Sinusfunktion** f mit
$f(x) = a \cdot \sin(b(x - c)) + d$ mit $a, b \neq 0$ kann man schrittweise aus der Sinuskurve herstellen durch:
1. **Streckung** in y-Richtung mit dem Faktor a.
2. **Streckung** in x-Richtung mit dem Faktor $\frac{1}{b}$.
3. **Verschiebungen** in x-Richtung um c und in y-Richtung um d.
Die Funktion f hat die **Amplitude** $A = |a|$, die **Periode** $p = \frac{2\pi}{|b|}$ und die **Wertemenge** $W = [d - A; d + A]$.

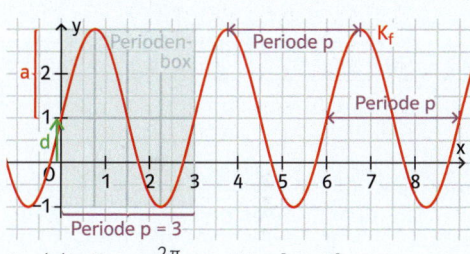

$A = |a| = 2$, $p = \frac{2\pi}{\frac{2\pi}{3}} = 3$, $W = [-1; 3]$

Bestimmen der Parameter a, b und d
Sind ein Hochpunkt $H(x_H|y_H)$ und ein benachbarter Tiefpunkt $T(x_T|y_T)$ des Graphen von f gegeben, dann gilt
$a = \frac{y_H - y_T}{2}$; $d = \frac{y_H + y_T}{2}$; $b = \frac{2\pi}{p}$ mit $p = 2|x_T - x_H|$.
Auch mithilfe der Periodenbox sind a und p bestimmbar:
a = halbe Periodenboxhöhe; p = Periodenboxbreite.

Hochpunkt $H(0|7)$, benachbarter Tiefpunkt $T(4|3)$:
$a = \frac{7-3}{2} = 2$; $d = \frac{7+3}{2} = 5$;
$p = 2|4 - 0| = 8$; $b = \frac{2\pi}{8} = \frac{\pi}{4}$
$f(x) = 2 \cdot \cos\left(\frac{\pi}{4}x\right) + 5$

Trigonometrische Gleichungen
Die Lösungen einer trigonometrischen Gleichung der Form $\sin(x) = r$ bzw. $\cos(x) = r$ mit $-1 \leq r \leq 1$ erhält man wie folgt:
1. Erste Lösung durch **Umkehrung** (Taschenrechner) finden.
2. Eine weitere Lösung mittels **Symmetrie** des Graphen suchen.
3. Alle weiteren Lösungen mittels **Periodizität** bestimmen.
Beim Bestimmen der Lösungen hilft eine Skizze des zugehörigen Graphen.
Ist die **Definitionsmenge** eingeschränkt, muss man prüfen, welche Lösungen Element der Definitionsmenge sind.

$\sin(x) = \frac{1}{2}$; $\cos(x) = 0{,}6$;
$x \in \left[-\frac{3}{2}\pi; 3\pi\right]$ $x \in [-1; 6]$

1. $x_1 = \sin^{-1}\left(\frac{1}{2}\right) = \frac{\pi}{6}$ $x_1 = \cos^{-1}(0{,}6) \approx 0{,}93$
2. $x_2 = \pi - x_1 = \frac{5}{6}\pi$ $x_2 = -x_1 \approx -0{,}93$
3. $x_3 = \frac{\pi}{6} + 2\pi = \frac{13}{6}\pi$ $x_3 \approx 0{,}93 + 2\pi \approx 7{,}21$
   $x_4 = \frac{5}{6}\pi - 2\pi = -\frac{7}{6}\pi$ $x_4 \approx -0{,}93 + 2\pi \approx 5{,}36$
   $L = \left\{-\frac{7}{6}\pi; \frac{\pi}{6}; \frac{5}{6}\pi; \frac{13}{6}\pi; \frac{17}{6}\pi\right\}$ $L = \{-0{,}93; 0{,}93; 5{,}36\}$

Prüfungsvorbereitung

Aufgaben ohne Hilfsmittel

Lösungen | Seite 362

1 Geben Sie den Wert im jeweils anderen Winkelmaß an.
a) $\alpha = 45°$
b) $x = \frac{\pi}{3}$
c) $\alpha = 270°$
d) $\alpha = 1°$
e) $x = 0{,}1\pi$
a) $x = \frac{\pi}{9}$

2 Geben Sie für die Stelle x die Funktionswerte $f(x) = \sin(x)$ und $g(x) = \cos(x)$ an.
a) $x = \frac{3\pi}{2}$
b) $x = 15\pi$
c) $x = 8{,}5\pi$
d) $x = -\frac{\pi}{2}$
e) $x = -9\pi$
f) $x = -\frac{11\pi}{2}$

3 Skizzieren Sie für $x \in [-\pi; 3\pi]$ den Graphen der Sinusfunktion und den Graphen der Kosinusfunktion unter Berücksichtigung der Symmetrieeigenschaften. Geben Sie im skizzierten Bereich jeweils alle Schnittpunkte mit der x-Achse an.

4 Entscheiden Sie, ob die Aussage auf die Sinusfunktion, die Kosinusfunktion oder beide zutrifft.
a) Die Funktion hat bei $x = \frac{5\pi}{2}$ einen größten Funktionswert.
b) Für $\frac{3\pi}{2} < x < \frac{5\pi}{2}$ sind alle Funktionswerte positiv.
c) Die Funktion hat bei $x = 9\pi$ einen größten Funktionswert.

5 Bestimmen Sie die Periode und die Amplitude der Funktion f. Geben Sie die Koordinaten je eines Hochpunktes und eines Tiefpunktes des Graphen von f an.
a) $f(x) = 2 \cdot \sin(2x)$
b) $f(x) = \sin(x - \pi) + 2$
c) $f(x) = \sin(\pi x) + 1$
d) $f(x) = 1{,}5 \cdot \sin(2x) - 3$

6 Geben Sie zum Graphen der Funktion Amplitude, Periode und einen Funktionsterm an.

a)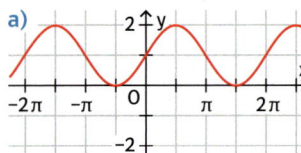
b)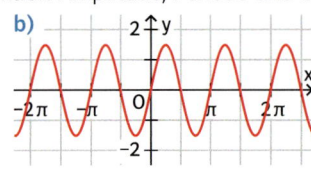
c)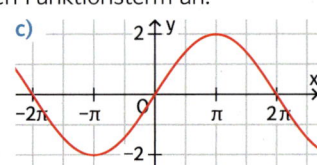

7 Beschreiben Sie, durch welche Transformationen der Graph von f mit $f(x) = 2 \cdot \sin\left(x - \frac{\pi}{2}\right) - 1$ aus dem Graphen der Funktion g mit $g(x) = \sin(x)$ entstanden ist.

8 Bestimmen Sie alle Lösungen der Gleichung $\cos(x) = -1$ innerhalb des Intervalls
a) $[0; 2\pi]$;
b) $[0; 5\pi]$;
c) $[-\pi; 6\pi]$;
d) $[-6\pi; \pi]$.

9 Bestimmen Sie für das angegebene Intervall alle Lösungen der Gleichung.
a) $\cos(x) = 0$ für $x \in [0; 2\pi]$
b) $2 \cdot \sin(x) = 2$ für $x \in [0; 3\pi]$
c) $\pi \cdot \sin(x) = -\pi$ für $x \in [-\pi; 4\pi]$
d) $1 - \cos(x) = 0$ für $x \in [-3\pi; 5\pi]$

10 Bestimmen für die Gleichung $3 - 6 \cdot \sin(x) = 0$ ein Intervall, in dem sie genau
a) zwei Lösungen hat.
b) drei Lösungen hat.
c) zwei negative Lösungen hat.

11 a) Welche Funktion gehört zu keinem der Graphen? Begründen Sie Ihre Aussage.
 (1) $f(x) = -2 \sin(0{,}5 x) + 0{,}5$
 (2) $f(x) = 0{,}5 \sin(2 x) + 2$
 (3) $f(x) = 2 \cos(0{,}5 x) + 2$
 (4) $f(x) = 2 \sin(0{,}5 x) + 2$
b) Wie lautet der fehlende Funktionsterm?

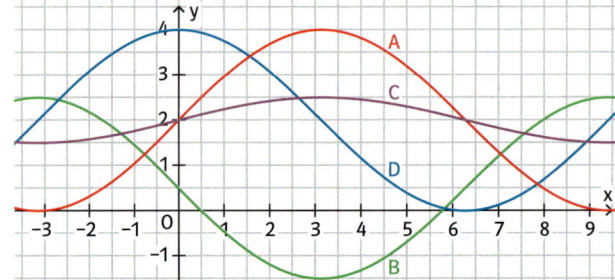

Prüfungsvorbereitung — I Trigonometrische Funktionen

Aufgaben mit Hilfsmitteln

12 Geben Sie die Werte auf drei Nachkommastellen gerundet an.
a) $\sin(50°)$ b) $\cos(170°)$ c) $\sin(5°)$ d) $\sin(5)$ e) $\cos(1)$ f) $\cos(-2{,}5)$

13 Rechnen Sie in das jeweils andere Winkelmaß um.
a) $x = 0{,}4\pi$ b) $\alpha = 455°$ c) $\alpha = -75°$ d) $x = 0{,}1$ e) $x = 1$ f) $x = -2{,}5$

14 Übertragen Sie die Tabelle rechts in Ihr Heft und vervollständigen Sie sie.

zu Aufgabe 14:

α	x	sin(x)
30°		
	π	
	1	
251°		

15 a) Der Graph der Funktion g entsteht aus dem Graphen der Funktion f mit $f(x) = \sin(x)$ durch Streckung mit dem Faktor 2 in x-Richtung und Verschiebung um -1 in y-Richtung. Skizzieren Sie den Graphen von g und geben Sie einen Funktionsterm von g an.
b) Geben Sie zum Graphen der Funktion h in der nebenstehenden Abbildung einen Funktionsterm an.

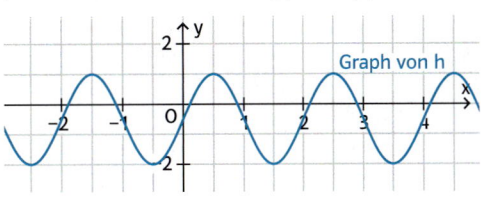

16 Der Graph einer Funktion g ist aus dem Graphen der Sinusfunktion entstanden durch Streckungen mit dem Faktor -3 in y-Richtung, Streckung mit dem Faktor 4 in x-Richtung und eine Verschiebung um 5 in y-Richtung. Geben Sie den Funktionsterm, die Amplitude, die Periode und die Wertemenge der Funktion g an.

17 Bestimmen Sie die Skalierung auf der x-Achse und der y-Achse so, dass der Graph die Funktion f mit $f(x) = -6\cos\left(\frac{\pi}{2}x\right) + 4$ darstellt.

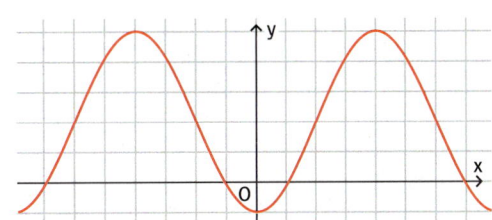

18 Berechnen Sie alle Lösungen der Gleichung für das angegebene Intervall.
a) $\sin(x) = -\frac{1}{2}\sqrt{3}$ für $x \in [0;\, 2\pi]$
b) $\cos(x) = 0{,}65$ für $x \in [0;\, 11]$
c) $5 \cdot \cos\left(\frac{1}{3}x\right) = -2{,}5$ für $x \in [-6\pi;\, 2\pi]$
a) $10 \cdot \sin\left(x - \frac{\pi}{4}\right) - 8 = 0$ für $x \in [-4;\, 4]$

19 Die Abbildung zeigt den Temperaturverlauf an einem Ort während zwei Tagen. Der Zeitpunkt $t = 0$ ist 0 Uhr am ersten Tag. Die Funktion f mit $f(t) = -6 \cdot \sin\left(\frac{\pi}{12} \cdot t\right) + 4$ (t in Stunden nach Beobachtungsbeginn, f(t) in °C) beschreibt diesen Temperaturverlauf.
a) Geben Sie die Periode, die Amplitude und die mittlere Temperatur während dieser beiden Tage an.
b) Interpretieren Sie die Ungleichung $f(t) \leq 6$ im Sachzusammenhang.

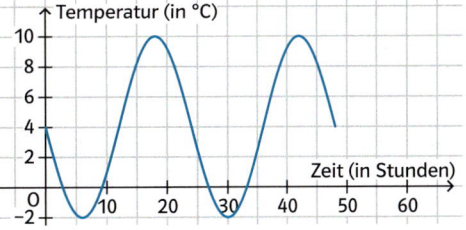

20 Der Wasserstand h (in m) bei Spiekeroog an der Nordseeküste schwankt zwischen 1 m bei Niedrigwasser und 3 m bei Hochwasser. Er lässt sich in Abhängigkeit von der Zeit t (in Stunden nach Hochwasser) näherungsweise beschreiben durch $h(t) = a \cdot \cos\left(\frac{\pi}{6} \cdot t\right) + d$.
a) Bestimmen Sie die Parameter a und b. Skizzieren Sie den Graphen von h für einen Tag.
b) Bestimmen Sie die Wasserhöhe zum Zeitpunkt $t = 3$.
c) Wie lange liegt der Wasserpegel unter 1,50 m?

II Differenzialrechnung

Das können Sie schon

- Funktionsgraphen zeichnen
- Nullstellen ermitteln
- Differenzenquotienten bzw. durchschnittliche Änderungsraten berechnen
- Die Ableitung an einer vorgegebenen Stelle grafisch ermitteln und näherungsweise berechnen
- Den Graphen der Ableitungsfunktion skizzieren

Das können Sie bald

- Funktionen aus Funktionsbausteinen zusammensetzen und in Funktionsbausteine zerlegen
- Die Steigung eines Graphen an einer Stelle berechnen
- Die Gleichung der Tangente in einem Punkt des Graphen bestimmen
- Regeln zum Ableiten von Funktionen anwenden

Check-in

So geht's:
(1) Checkliste übertragen.
(2) Fähigkeiten selbst einschätzen.
(3) Einschätzung mithilfe der Aufgaben überprüfen und gegebenenfalls Lerntipps beachten.

Schätzen Sie sich mithilfe der Checkliste ein.

	😊	😐	☹
1. Ich kann Funktionsgraphen zeichnen.	☐	☐	☐
2. Ich kann die Definitions- und Wertemenge einer Funktion bestimmen.	☐	☐	☐
3. Ich kann Asymptoten von Potenzfunktionen und Exponentialfunktionen angeben.	☐	☐	☐
4. Ich kann Nullstellen ermitteln.	☐	☐	☐
5. Ich kann Differenzenquotienten berechnen.	☐	☐	☐
6. Ich kann durchschnittliche Änderungsraten berechnen.	☐	☐	☐
7. Ich kann die Ableitung in einem Punkt grafisch bestimmen.	☐	☐	☐
8. Ich kann die Ableitung an einer Stelle rechnerisch bestimmen.	☐	☐	☐
9. Ich kann ausgehend vom Graphen einer Funktion den Graphen der Ableitungsfunktion skizzieren.	☐	☐	☐
10. Ich kann einem Graphen den Graphen der Ableitungsfunktion zuordnen.	☐	☐	☐

Lerntipps

- zu 2. **Grundwissen**, Seite 350
- zu 3. **Grundwissen**, Seite 351, 353
- zu 4. **Grundwissen**, Seite 352
- zu 5. **Grundwissen**, Seite 354
- zu 6. **Grundwissen**, Seite 354
- zu 8. **Grundwissen**, Seite 354
- zu 9. **Grundwissen**, Seite 354

Überprüfen Sie Ihre Einschätzungen.

Lösungen | Seite 364

1 Funktionsgraphen zeichnen
Zeichnen Sie den Funktionsgraphen.
a) $f(x) = \frac{1}{2}x - 2$
b) $f(x) = \frac{1}{2}x^3 - 2$
c) $f(x) = \frac{2}{x}$
d) $f(x) = 0{,}5\,e^{-x}$
e) $f(x) = \sin(\pi x)$
f) $f(x) = \sqrt{x-1}$

2 Definitions- und Wertemengen bestimmen
Skizzieren Sie den Graphen der Funktion. Bestimmen Sie die maximale Definitionsmenge und die Wertemenge der Funktion.
a) $f(x) = x + 1$
b) $f(x) = 2x^2 - 1$
c) $f(x) = x^3$
d) $f(x) = \frac{1}{x}$
e) $f(x) = -\frac{3}{x^2}$
f) $f(x) = \sin(x)$
g) $f(x) = -2\cos(x)$
h) $f(x) = \sqrt{x+3}$
i) $f(x) = -\sqrt{x-1}$

3 Asymptoten von Graphen von Potenzfunktionen und Exponentialfunktionen
Geben Sie die Gleichung der horizontalen Asymptote des Graphen der Funktion an. Skizzieren Sie den Graphen und die Asymptote.
a) $f(x) = \frac{1}{x} - 2$
b) $f(x) = -\frac{3}{x^2} + 1$
c) $f(x) = 2e^{-x} + 1$

4 Nullstellen von Funktionen ermitteln
Ermitteln Sie die Nullstellen der Funktion.
a) $f(x) = 2x - 3$
b) $f(x) = x^2 - 3$
c) $f(x) = x(x + 4)$
d) $f(x) = (x + 1)(x - 2)$
e) $f(x) = e^x - 3$
f) $f(x) = e^{2x} - 4e^x$

5 Differenzenquotienten berechnen
Berechnen Sie den Differenzenquotienten der Funktion f im Intervall I.
a) $f(x) = x^2;\ I = [1;\,3]$
b) $f(x) = \frac{1}{x};\ I = [1;\,3]$
c) $f(x) = e^x - 1;\ I = [0;\,1]$

II Differenzialrechnung

6 Durchschnittliche Änderungsraten berechnen
Berechnen Sie die durchschnittliche Änderungsrate der Größe im Intervall I.
a) Weg s eines Körpers: $s(t) = 5t^2$; (s in m; t in s); $I = [1; 2]$
b) Geschwindigkeit v eines Körpers: $v(t) = \sin(t)$; (v in $\frac{m}{s}$; t in s); $I = \left[\frac{\pi}{2}; \frac{3}{2}\pi\right]$
c) Menge w einer Flüssigkeit: $w(t) = 15 - e^{-0,5t}$; (w in m^3; t in min); $I = [1; 3]$

7 Ableitung in einem Punkt grafisch bestimmen
Ermitteln Sie näherungsweise die Ableitung von f im Punkt $P_0(x_0|f(x_0))$, indem Sie die Steigung der Tangente in P_0 bestimmen.

a) 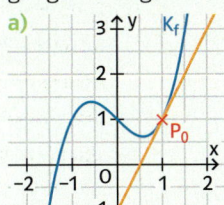 b) 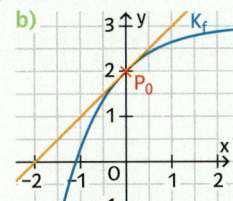 c) 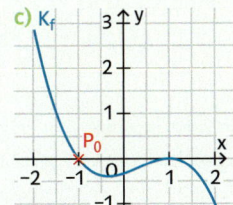 d)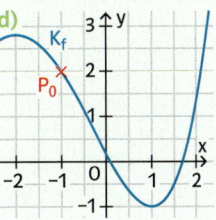

8 Ableitung an einer Stelle näherungsweise berechnen
Berechnen Sie mithilfe des Differenzenquotienten näherungsweise den Wert der Ableitung an der Stelle x_0,
a) indem Sie für h die Werte 0,1; 0,01; 0,001 und 0,0001 einsetzen.
  (1) $f(x) = 0,5x^4$; $x_0 = 2,5$ (2) $f(x) = \sqrt{x+1}$; $x_0 = 3$
b) indem Sie für h von vornherein eine „kleine Zahl" einsetzen.
  (1) $f(x) = \cos(x)$; $x_0 = \frac{\pi}{2}$ (2) $f(x) = 3^x$; $x_0 = 2$

9 Graphen einer Ableitungsfunktion skizzieren
Gegeben ist der Graph einer Funktion f. Skizzieren Sie den Graphen der Ableitungsfunktion.

a) 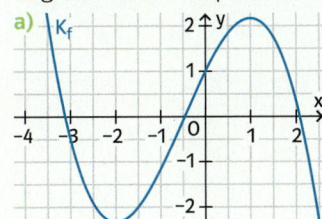 b) 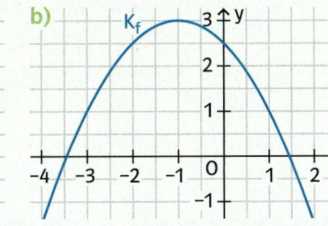 c)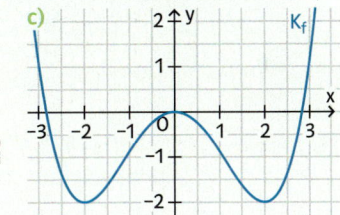

10 Graphen der Funktion den Graphen der Ableitungsfunktion zuordnen
Ordnen Sie jedem Funktionsgraphen den Graphen der dazugehörigen Ableitungsfunktion zu.

(A) 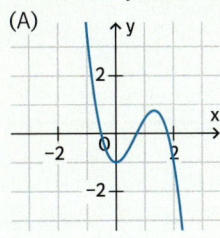 (B) 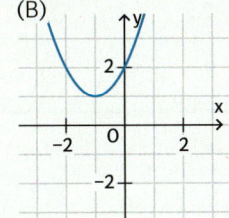 (C) 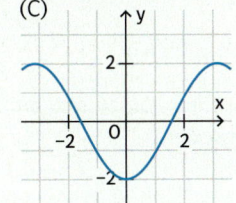 (D)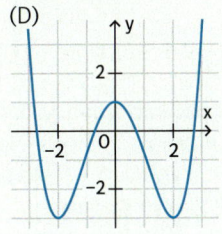

(1) 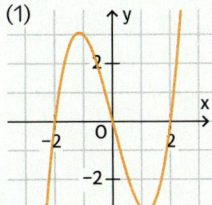 (2) 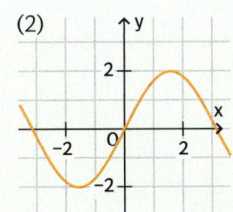 (3) 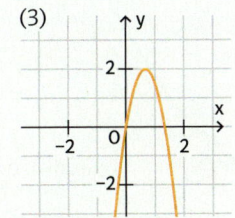 (4)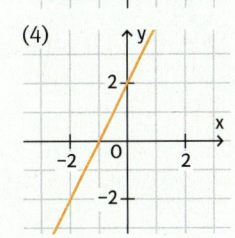

Check-in 45

1 Differenzen- und Differenzialquotient

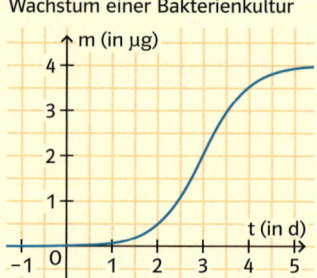
Wachstum einer Bakterienkultur

„Die Grafik kann uns einiges über das Wachstum der Bakterienkultur erzählen."

„Stimmt, mehr als 4 µg werden es wohl nie werden."

„Ja, aber auch über das Wachstum selbst verrät die Kurve so einiges."

Bisher wurde untersucht, wie man bei Bewegungsvorgängen durch die Betrachtung immer kleinerer Zeitintervalle von der Durchschnittsgeschwindigkeit zur Momentangeschwindigkeit kommt. Dazu wurden die Begriffe durchschnittliche bzw. mittlere Änderungsrate sowie der Begriff der lokalen Änderungsrate bzw. der Ableitung verwendet. Diese Überlegungen werden hier am Beispiel der Bewegung einer Kugel auf einer schiefen Ebene aufgegriffen und weitergeführt.

Für eine Kugel, die eine schiefe Ebene hinunterrollt, gilt für den nach der Zeit t zurückgelegten Weg $s(t) = 0{,}3\,t^2$ (t in Sekunden, $s(t)$ in Metern).

Um eine Aussage über die Momentangeschwindigkeit der Kugel zum Zeitpunkt $t = 1$ nach dem Start zu erhalten, werden die mittleren Geschwindigkeiten für immer kleinere Zeitintervalle betrachtet: Fig. 1 zeigt jeweils die Kugel zu zwei verschiedenen Zeitpunkten. Die erste Kugel zeigt die Position jeweils nach einer Sekunde, die zweite zeigt die Position kurze Zeit später.

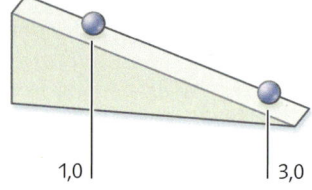
1,0   3,0
Zeitintervall $\Delta t = 2$

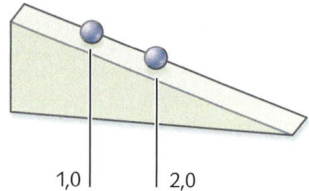
1,0   2,0
Zeitintervall $\Delta t = 1$

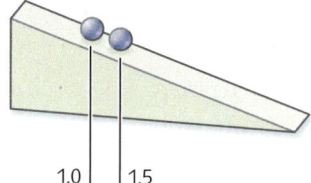
1,0 1,5
Zeitintervall $\Delta t = 0{,}5$ Fig. 1

Die Durchschnittsgeschwindigkeit der Kugel (in $\tfrac{m}{s}$) in einer Zeitspanne Δt ist der Quotient $\tfrac{\Delta s}{\Delta t} = \tfrac{s_2 - s_1}{t_2 - t_1}$. Dieser Quotient wird auch als **durchschnittliche Änderungsrate** des Wegs $s(t)$ oder als **Differenzenquotient** bezeichnet. Hier ergibt dies jeweils:

$\Delta t = 2$

$\dfrac{\Delta s}{\Delta t} = \dfrac{0{,}3 \cdot 3^2 - 0{,}3 \cdot 1^2}{3 - 1} = 1{,}2$

$\Delta t = 1$

$\dfrac{\Delta s}{\Delta t} = \dfrac{0{,}3 \cdot 2^2 - 0{,}3 \cdot 1^2}{2 - 1} = 0{,}9$

$\Delta t = 0{,}5$

$\dfrac{\Delta s}{\Delta t} = \dfrac{0{,}3 \cdot 1{,}5^2 - 0{,}3 \cdot 1^2}{1{,}5 - 1} = 0{,}75$

Die errechneten durchschnittlichen Änderungsraten lassen sich am zugehörigen Graphen der Funktion s als Steigungen der Sekanten interpretieren.

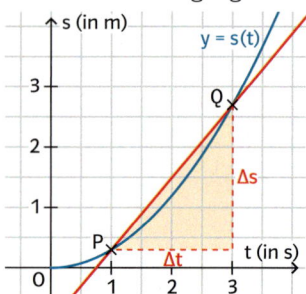
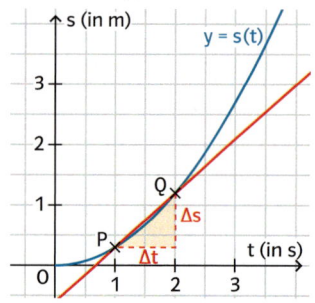
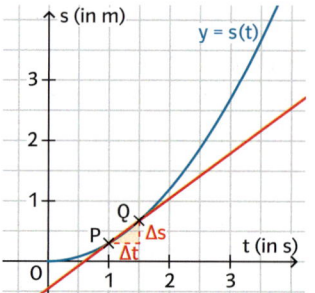

II Differenzialrechnung

Um die Geschwindigkeit zum Zeitpunkt t = 1 möglichst genau bestimmen zu können, betrachtet man immer kleiner werdende Zeitspannen Δt.

Δt	s(1 + Δt) − s(1)	$\frac{s(1+\Delta t) - s(1)}{\Delta t}$
2	2,4	1,2
1	0,9	0,9
0,5	0,375	0,75
0,1	0,063	0,63
0,01	0,000 60 3	0,603
0,001	0,000 600 3	0,600 3
0,000 1	0,000 060 003	0,600 03

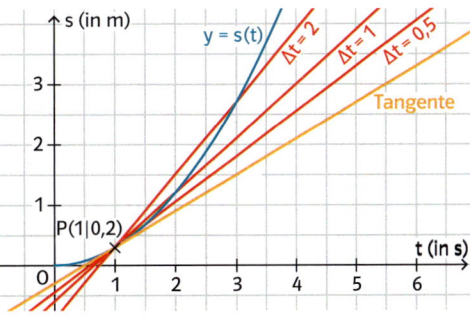

Fig. 1

Der Entwicklung der letzten Spalte der Tabelle lässt sich entnehmen, dass sich der Differenzenquotient dem Wert 0,6 nähert, dem sogenannten **Grenzwert**. Man nennt diesen Grenzwert auch **Differenzialquotient**. Bei Anwendungen wird er auch als **momentane** bzw. **lokale Änderungsrate** bezeichnet. Hierfür schreibt man:

Für $\Delta t \to 0$ gilt $\frac{s(1+\Delta t) - s(1)}{\Delta t} \to 0{,}6$ (lies: „Für Δt gegen null geht $\frac{s(1+\Delta t) - s(1)}{\Delta t}$ gegen 0,6.").
Man schreibt auch $\lim\limits_{\Delta t \to 0} \frac{\Delta s}{\Delta t} = \lim\limits_{\Delta t \to 0} \frac{s(1+\Delta t) - s(1)}{\Delta t} = 0{,}6$.

Die momentane Geschwindigkeit zum Zeitpunkt 1s beträgt also $0{,}6\,\frac{m}{s}$.
Grafisch gehen bei diesem Grenzübergang die **Sekanten** in die **Tangente** über.

Diese Überlegungen lassen sich für eine Funktion f an einer beliebigen Stelle x_0 durchführen. An die Stelle der Zeitspanne Δt tritt die Intervallbreite $\Delta x = x - x_0$. Die Differenz der Funktionswerte beträgt $\Delta y = f(x) - f(x_0)$. Der Differenzenquotient ergibt dann $\frac{f(x) - f(x_0)}{x - x_0}$. Dessen Verhalten wird für $x \to x_0$, d.h. für $\Delta x = x - x_0 \to 0$ untersucht.

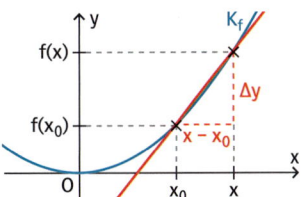

Den Grenzwert des Differenzenquotienten $\frac{f(x) - f(x_0)}{x - x_0}$ für $x \to x_0$ nennt man die **Ableitung von f an der Stelle x_0**: $f'(x_0) = \lim\limits_{x \to x_0} \frac{f(x) - f(x_0)}{x - x_0}$.

Man schreibt dafür **$f'(x_0)$** und liest: „f Strich an der Stelle x_0".

Die Funktion f heißt dann **differenzierbar an der Stelle x_0**
Die Ableitung wird auch als **lokale Änderungsrate**, in Anwendungen auch als **momentane Änderungsrate** der zugehörigen Größe bezeichnet.
Geometrisch lässt sich die Ableitung **$f'(x_0)$** als **Steigung der Tangente** an den Graphen von f im Punkt $\mathbf{P_0\left(x_0 \,|\, f(x_0)\right)}$ deuten.
Die Steigung der Tangente an den Graphen im Punkt $P_0\left(x_0 \,|\, f(x_0)\right)$ bezeichnet man auch als **Steigung des Graphen von f** im Punkt P_0.

f' wird häufig auch mit $\frac{df}{dx}$ oder $\frac{dy}{dx}$ bezeichnet.
Es ist also:
$\lim\limits_{x \to x_0} \frac{\Delta y}{\Delta x} = \left.\frac{dy}{dx}\right|_{x = x_0}$

Es gibt eine zweite rechnerische Methode, um die Ableitung von f an einer Stelle a zu bestimmen. Man ersetzt x im Differenzenquotienten im Intervall $[x_0; x]$ durch $x_0 + h$. Somit ist $\frac{f(x) - f(x_0)}{x - x_0} = \frac{f(x_0 + h) - f(x_0)}{x_0 + h - x_0}$. Dann strebt $h = x - x_0$ gegen 0, wenn x gegen x_0 strebt. Also ist $f'(x_0) = \lim\limits_{h \to 0} \frac{f(x_0 + h) - f(x_0)}{h}$.

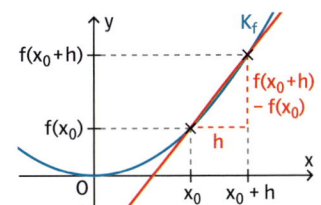

Beispiel 1 Ableitung bestimmen

Bestimmen Sie für $f(x) = x^2$ die Ableitung $f'(1)$
a) grafisch mithilfe der rechts eingezeichneten Tangente,
b) durch Berechnung des Grenzwerts des Differenzenquotienten.

Lösung
a) Die Tangente hat die Steigung 2. Also ist $f'(1) = 2$.

b) $\dfrac{f(x) - f(1)}{x - 1} = \dfrac{x^2 - 1^2}{x - 1} = \dfrac{(x - 1) \cdot (x + 1)}{x - 1} = x + 1$,

also $f'(1) = \lim\limits_{x \to 1} \dfrac{f(x) - f(1)}{x - 1} = \lim\limits_{x \to 1} x + 1 = 2$

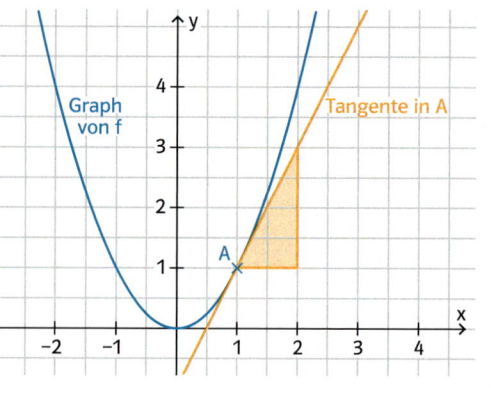

So zeichnet man eine Tangente:

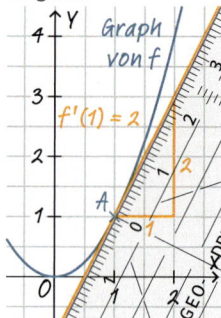

Beispiel 2 Ableitung bestimmen

Gegeben ist die Funktion f mit $f(x) = 3x^2$.
a) Bestimmen Sie $f'(2)$ näherungsweise, indem Sie den Differenzenquotienten für $\Delta x = 0{,}1$; $\Delta x = 0{,}01$; $\Delta x = 0{,}001$ und $\Delta x = 0{,}0001$ berechnen.
b) Berechnen Sie $f'(2)$ mithilfe des Grenzwerts.

Lösung
a) Berechnen des Differenzenquotienten ergibt:

Δx	0,1	0,01	0,001	0,0001
Differenzenquotient	12,3	12,03	12,003	12,0003

Der Differenzenquotient nähert sich immer mehr der Zahl 12 an, d.h. $f'(2) = 12$.

b) $\dfrac{\Delta y}{\Delta x} = \dfrac{f(x) - f(2)}{x - 2} = \dfrac{3x^2 - 3 \cdot 2^2}{x - 2} = \dfrac{3(x^2 - 2^2)}{x - 2} = \dfrac{3(x - 2)(x + 2)}{x - 2} = 3(x + 2)$

Für $x \to 2$ gilt: $x + 2 \to 4$, und damit gilt $3(x + 2) \to 3 \cdot 4 = 12$. Also ist $f'(2) = 12$.

Beispiel 3 Ableitung näherungsweise berechnen

Ermitteln Sie näherungsweise die Ableitung der Funktion f an der Stelle x_0, indem sie für Δx einen „kleinen Wert" einsetzen, z.B. $\Delta x = 0{,}001$.

a) $f(x) = x^3$; $x_0 = 1{,}5$ b) $f(x) = \dfrac{1}{x}$; $x_0 = -2$ c) $f(x) = \sqrt{x}$; $x_0 = 4$

Lösung

a) $\dfrac{\Delta y}{\Delta x} = \dfrac{f(1{,}501) - f(1{,}5)}{1{,}501 - 1{,}5} = \dfrac{1{,}501^3 - 1{,}5^3}{0{,}001} \approx 6{,}75$ b) $\dfrac{\Delta y}{\Delta x} = \dfrac{f(-1{,}999) - f(-2)}{-1{,}999 - (-2)} = \dfrac{\frac{1}{-1{,}999} - \frac{1}{-2}}{0{,}001} \approx -0{,}25$

c) $\dfrac{\Delta y}{\Delta x} = \dfrac{f(4{,}001) - f(4)}{4{,}001 - 4} = \dfrac{\sqrt{4{,}001} - \sqrt{4}}{0{,}001} \approx 0{,}25$

Aufgaben

1 a) Bestimmen Sie die Ableitungen $f'(2)$, $f'(-1)$ und $f(-2)$ grafisch mithilfe der eingezeichneten Tangenten.
b) Welche der Ableitungen $f'(0)$, $f'(0{,}5)$, $f'(2{,}25)$ und $f'(-1{,}75)$ ist positiv, null oder negativ?
c) Entnehmen Sie Fig. 1 näherungsweise $f'(0{,}5)$.

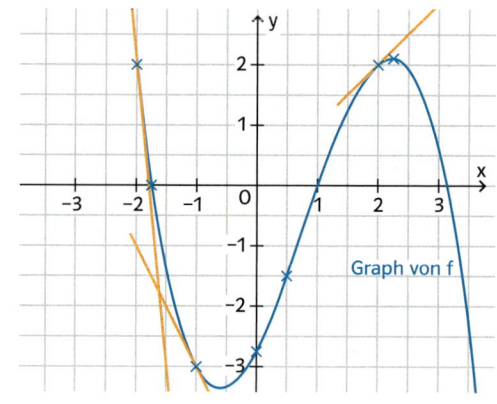

○ **2** Gegeben ist die Funktion f.
  (I) $f(x) = x^2 + 1$ (II) $f(x) = x^3$ (III) $f(x) = 0,5x^2$ (IV) $f(x) = -x^3$
  a) Zeichnen Sie den Graphen der Funktion f. Bestimmen Sie mithilfe Ihrer Zeichnung einen Näherungswert für die Ableitung der Funktion f an der Stelle $x_0 = -1$.
  b) Ermitteln Sie näherungsweise die Ableitung der Funktion f an der Stelle $x_0 = -1$, indem Sie im Differenzenquotienten für Δx einen „kleinen Wert" einsetzen.

○ **3** Bestimmen Sie näherungsweise die Steigung des Graphen der Funktion f an der Stelle $x_0 = 1,5$, indem Sie im Differenzenquotienten für Δx die die Werte 0,1; 0,01; 0,001 und 0,0001 einsetzen.
  a) $f(x) = \sqrt{x}$ b) $f(x) = 2^x$ c) $f(x) = \cos(x)$

○ *Test* → Lösungen | Seite 366

4 a) Ermitteln Sie die Ableitungen $f'(1)$ und $f'(-2)$ mithilfe der rechts eingezeichneten Tangenten.
  b) Entnehmen Sie der Abbildung näherungsweise $f'(-1)$, $f'(2)$ und $f'(0)$.

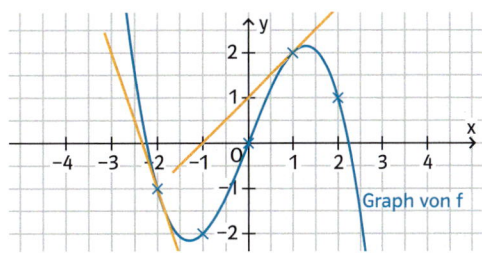

5 Bestimmen Sie näherungsweise die Ableitung der Funktion f mit $f(x) = 0,7x^2$ an der Stelle $x_0 = 3$, indem Sie im Differenzenquotienten für Δx die Werte 0,1; 0,01; 0,001; 0,0001 einsetzen.

● **6** Ein Körper legt im freien Fall den Weg $s(t) = 4,5t^2$ (s in m; t in s) zurück. Bestimmen Sie näherungsweise seine Momentangeschwindigkeit zum Zeitpunkt $t = 3$, indem Sie für Δt die Werte 0,1; 0,01 und 0,001 einsetzen.

● **7** Gegeben ist die Funktion f mit $f(x) = 5x^2 + 1$. Bestimmen Sie $f'(2)$.

● *Test* → Lösungen | Seite 366

8 Für den in der Zeit t zurückgelegten Weg s eines Körpers gilt $s(t) = 2,5t^2$ (s in m; t in s). Bestimmen Sie näherungsweise seine Momentangeschwindigkeit zum Zeitpunkt $t = 2$, indem Sie für Δt einen kleinen Wert einsetzen.

9 Bestimmen Sie für die Funktion f mit $f(x) = 4x^2$ die Ableitung an der Stelle $x = 3$.

● **10** Veranschaulichen Sie mithilfe einer Zeichnung die folgende Aussage für das Intervall $[1; 3]$:
Die mittlere Änderungsrate der Funktion f mit $f(x) = x^2$ im Intervall $[x_1; x_2]$ ist gleich der Ableitung von f in der Mitte des Intervalls.

Grundwissen Test → **Grundwissen** Seite 354 Lösung | Seite 366

11 Gegeben ist der Graph einer Funktion f.
  a) Übertragen Sie den Graphen in Ihr Heft. Ermitteln Sie graphisch die Ableitung der Funktion f an den Stellen $x = -0,5; 0,5; 1; 3$ und 4.
  b) Bestimmen Sie die Stellen, an denen die Ableitung f' den Wert null hat.
  c) Skizzieren Sie den Graphen der Ableitungsfunktion f' von f.

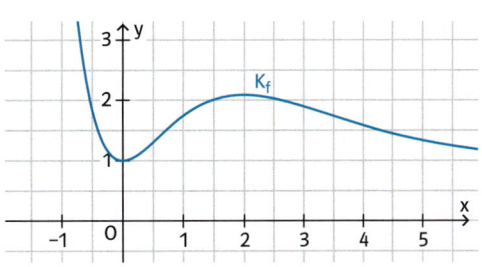

2 Die Ableitungsfunktion

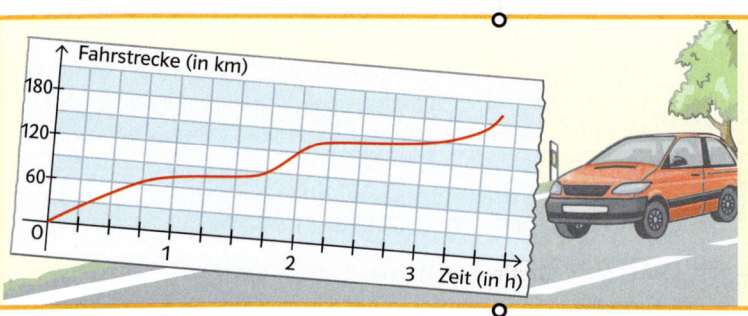

Am Graphen kann man ablesen, wann der Fahrer schnell oder langsam gefahren ist. Sarah behauptet: „Ich kann für jeden Zeitpunkt die Geschwindigkeit bestimmen."

Die Ableitung einer Funktion f an einer Stelle x_0 beschreibt das lokale Verhalten von f bzw. ihres Graphen K_f an dieser Stelle. Um das Änderungsverhalten an allen Stellen des Definitionsbereichs von f zu erfassen, betrachtet man die **Ableitungsfunktion** $x \mapsto f'(x)$, die jedem x-Wert den Ableitungswert $f'(x)$ zuordnet. Diese Funktion kann auch als (Tangenten-)Steigungsfunktion bezeichnet werden, da $f'(x)$ grafisch interpretiert die Steigung der Tangente an K_f im Punkt $P(x|f(x))$ ist.

Bisher wurde der Graph der Ableitungsfunktion aus dem Graphen der Funktion durch **grafisches Ableiten** oder **grafisches Differenzieren** ermittelt. Man zeichnet dazu an ausgewählten Punkten des Graphen der Funktion f Tangentenstücke und bestimmt deren Steigung. Dann sucht man noch diejenigen Stellen, an denen die Steigung des Graphen gleich null ist. Diese Steigungswerte überträgt man an der jeweiligen Stelle in ein Koordinatensystem (z.B. direkt darunter gezeichnet). So erhält man einzelne Punkte des Graphen der Ableitungsfunktion, die man anschließende miteinander verbinden kann.

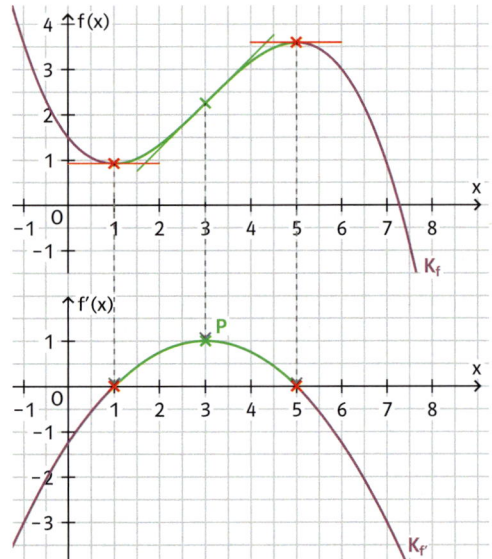

Jetzt ist es das Ziel, die Ableitung an einer beliebigen Stelle x_0 zu berechnen. Für die Funktion f mit $f(x) = x^2$, wird ähnlich wie bei der Berechnung der Ableitung an einer konkreten Stelle (z.B. $x_0 = 3$), der Differenzenquotient an einer beliebigen Stelle x_0 bestimmt:

Ableitung an der Stelle $x_0 = 3$
$$\frac{f(x) - f(3)}{x - 3} = \frac{x^2 - 3^2}{x - 3} = \frac{(x - 3) \cdot (x + 3)}{x - 3} = x + 3$$
$$f'(3) = \lim_{x \to 3} \frac{f(x) - f(3)}{x - 3} = \lim_{x \to 3} (x + 3) = 3 + 3 = 6$$

Ableitung an einer beliebigen Stelle x_0
$$\frac{f(x) - f(x_0)}{x - x_0} = \frac{x^2 - x_0^2}{x - x_0} = \frac{(x - x_0) \cdot (x + x_0)}{x - x_0} = x + x_0$$
$$f'(x_0) = \lim_{x \to x_0} \frac{f(x) - f(x_0)}{x - x_0} = \lim_{x \to x_0} (x + x_0) = x_0 + x_0$$
$$= 2 \cdot x_0$$

Mit dem Ergebnis $f'(x_0) = 2 \cdot a$ kann man die Ableitung an jeder Stelle berechnen:
$f'(4) = 2 \cdot 4 = 8$ oder $f'(0,6) = 2 \cdot 0,6 = 1,2$ oder $f'(-1,5) = 2 \cdot (-1,5) = -3$.
Auf diese Weise erhält man zur Funktion f mit $f(x) = x^2$ eine neue Funktion f', die jedem x die Ableitung $f'(x)$ an der Stelle x zuordnet. Es ist die Funktion f' mit $f'(x) = 2 \cdot x$.
Das Ermitteln der Ableitungsfunktion nennt man **Ableiten**.

Eine Funktion wie f mit $f(x) = x^2$, die an jeder Stelle ihrer Definitionsmenge differenzierbar ist, heißt differenzierbare Funktion.

Die Funktion $x \mapsto f'(x)$, die jedem x aus der Definitionsmenge von f die Ableitung $f'(x)$ an der Stelle x zuordnet, heißt **Ableitungsfunktion f'** oder **Ableitung von f**.
Der Wert $f'(x)$ gibt die Steigung des Graphen K_f im Punkt $P(x|f(x))$ bzw. die Steigung der Tangente an K_f an dieser Stelle an.

Beispiel 1 Grafisches Ableiten
Gegeben ist der Graph K einer Funktion f.
Bestimmen Sie an ausgewählten Stellen die Tangentensteigungen und skizzieren Sie damit den Graphen der Ableitungsfunktion von f.
Lösung
Es ergeben sich etwa folgende Werte für die Tangentensteigungen:

x	-5	-4	-3	-2	-1	0
f'(x)	-0,5	-0,8	-0,8	0,0	1,3	2,0

x	1	2	3	4	5
f'(x)	1,3	0,0	-0,8	-0,8	-0,5

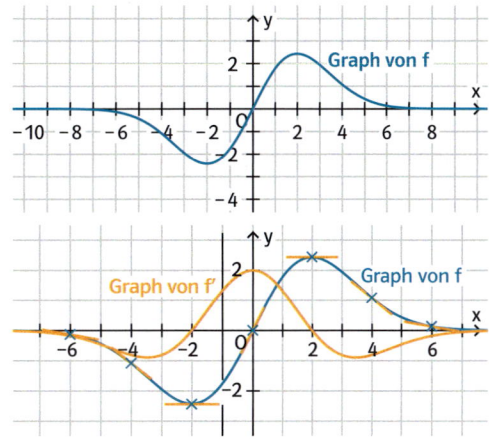

Beispiel 2 Ableitungsfunktion von $f(x) = \frac{1}{x}$ rechnerisch ermitteln

Gegeben ist die Funktion f mit $f(x) = \frac{1}{x}$.
a) Bestimmen Sie rechnerisch die Ableitung f'.
b) Berechnen Sie die Steigung des Graphen von f in den Punkten $P(2|f(2))$ und $Q(5|f(5))$.

Lösung

a) Für ein beliebiges $x_0 \neq 0$ gilt:

$\frac{\Delta y}{\Delta x} = \frac{f(x) - f(x_0)}{x - x_0} = \frac{\frac{1}{x} - \frac{1}{x_0}}{x - x_0} = \frac{\frac{x_0}{xx_0} - \frac{x}{xx_0}}{x - x_0} = \frac{-(x - x_0)}{xx_0(x - x_0)} = \frac{-1}{xx_0}$

Für $x \to x_0$ gilt: $xx_0 \to x_0 \cdot x_0 = x_0^2$. Also ist $f'(x_0) = -\frac{1}{x_0^2}$.

Die Ableitung der Funktion f mit $f(x) = \frac{1}{x}$ ist f' mit $f'(x) = -\frac{1}{x^2}$.

b) $f(2) = \frac{1}{2}$; $f'(2) = -\frac{1}{4}$. Die Steigung des Graphen im Punkt $P\left(2 \big| \frac{1}{2}\right)$ beträgt $-\frac{1}{4}$.

$f(5) = \frac{1}{5}$; $f'(5) = -\frac{1}{25}$. Die Steigung des Graphen im Punkt $Q\left(5 \big| \frac{1}{25}\right)$ beträgt $-\frac{1}{25}$.

Aufgaben

1 Bestimmen Sie den Term der Ableitungsfunktion. Geben Sie die Ableitung an der angegebenen Stelle an.
a) $f(x) = -0,5x^2$; $x_0 = 2$
b) $f(x) = 4x^2$; $x_0 = -1$
c) $f(x) = x^2 - 2$; $x_0 = 3$

2 Bestimmen Sie den Term der Ableitungsfunktion. Geben Sie die Ableitung an der angegebenen Stelle an.
a) $f(x) = \frac{2}{x}$; $x_0 = 4$
b) $f(x) = -\frac{3}{x}$; $x_0 = 1$
c) $f(x) = x^{-2}$; $x_0 = 3$

○ **3** In der Abbildung sind die Graphen einer Funktion f und ihrer Ableitungsfunktion f′ dargestellt. Ordne Sie die beiden Graphen der Funktion f bzw. f′ zu. Erläutern Sie Ihren Lösungsweg.

a) 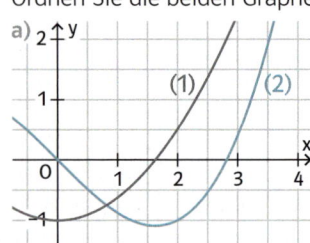 b) 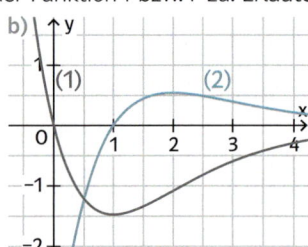 c)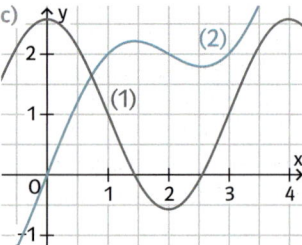

○ **Test** → Lösungen | Seite 367

4 In der Abbildung sind die Graphen von zwei Funktionen f und g dargestellt. Begründen Sie, dass g nicht die Ableitungsfunktion von f und f nicht die Ableitungsfunktion von g sein kann.

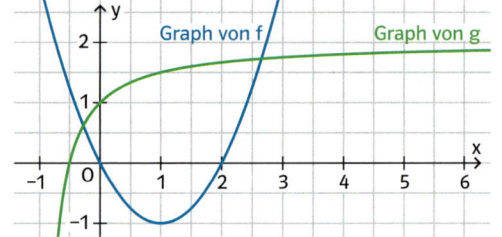

5 Gegeben ist die Funktion f mit $f(x) = -2x^2$.
a) Bestimmen Sie die Ableitungsfunktion von f.
b) Berechnen Sie die Steigung des Graphen im Punkt $P(-3 \mid f(-3))$.

● **6** Entscheiden Sie, welche der folgenden Aussagen über die Ableitungsfunktion f′ der Funktion f in der Abbildung wahr sind. Begründen Sie Ihre Entscheidung.

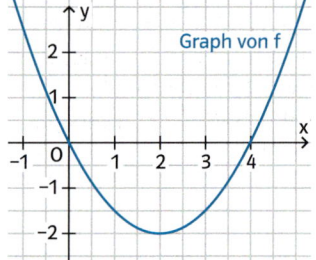

A Der Graph von f′ verläuft für $x < 0$ oberhalb der x-Achse.

B $f'(4) = 0$

C $f'(2) < f'(3)$

D Der Punkt $R(2 \mid -2)$ liegt auf dem Graphen von f′.

E $f'(-1) > 0$

● **7** Gegeben ist die Funktion f mit $f(x) = x^2 - 1$. Prüfen Sie mithilfe der Ableitung, ob es einen Punkt des Graphen von f gibt, in dem die Tangente an den Graphen parallel zur ersten Winkelhalbierenden ist.

● **8** Ein Stein fällt aus einer Höhe von 20 Metern senkrecht nach unten. Für die Höhe h (in m) über dem Boden in Abhängigkeit von der Zeit t (in s) gilt: $h(t) = -5t^2 + 20$.
a) Bestätigen Sie, dass der Stein zum Zeitpunkt t die Geschwindigkeit $v(t) = h'(t) = -10t$ (in $\frac{m}{s}$) besitzt.
b) Bestimmen Sie den Zeitpunkt, zu dem der Stein die Geschwindigkeit $5\frac{m}{s}$ erreicht.
c) Bestimmen Sie, wann und mit welcher Geschwindigkeit der Stein auf dem Boden auftrifft.

● **9** Gegeben ist die Funktion f mit $f(x) = 3x^2 + x$. Es gilt $f'(x) = 6x + 1$.
a) Bestimmen Sie die Ableitung von f an der Stelle -3.
b) An welcher Stelle x_0 ist $f'(x_0) = -2$?
c) In welchem Punkt $A(a \mid f(a))$ des Graphen von f hat der Graph die Steigung 13?
d) In welchem Punkt $C(c \mid f(c))$ des Graphen von f ist die Tangente an den Graphen parallel zur Geraden g mit der Gleichung $y = -5x + 3$?

10 In einem Rezept für Kokosmakronen steht, dass diese 15 Minuten lang bei 175 °C gebacken werden. Dazu muss der Backofen vorgeheizt werden. Die Temperatur T (in °C) im Backofen wird durch eine Funktion T(t) beschrieben, wobei t die Zeit in Minuten ist. Ihr Graph ist rechts dargestellt.

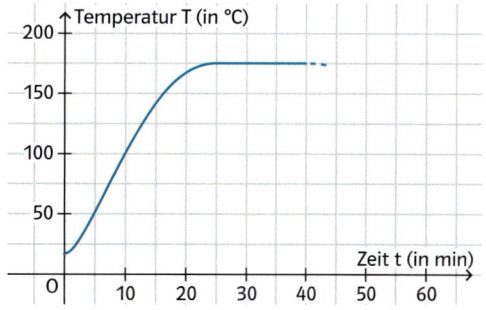

a) Wann steigt die Temperatur im Backofen am schnellsten; wie groß ist diese maximale Änderungsrate?

b) Bestimmen Sie T(15) sowie T'(15). Was bedeuten diese Werte im Sachzusammenhang?

c) Bei t = 40 min werden die Kokosmakronen aus dem Backofen genommen und der Backofen ausgeschaltet. Die Tür des Backofens bleibt zum Abkühlen einen kleinen Spalt breit offen. Übertragen Sie das Diagramm in Ihr Heft. Ergänzen Sie den weiteren zeitlichen Verlauf der Temperatur im Backofen.

Tipp: Achten Sie auf die Skalierung der Achsen.

d) Zeichnen Sie unterhalb von Ihrem Diagramm den Graphen der Ableitungsfunktion T'.

11 Gegeben ist der Graph einer Funktion f.

a) Geben Sie die Nullstellen der Ableitungsfunktion f' an.

b) Geben Sie diejenigen Intervalle an, in denen f' nur negative Wert hat.

12 Gegeben ist der Graph der Ableitungsfunktion f' einer Funktion f. Welche der Aussagen über den Graphen K_f der Funktion f sind wahr, welche falsch? Begründen Sie.

(A) Die Steigung im Punkt P(0|f(0)) beträgt 2.
(B) Der Graph K_f verläuft im Intervall]2; 3[fallend.
(C) K_f hat an der Stelle x = 1 eine waagerechte Tangente.
(D) K_f hat drei Punkte, in denen die Tangentensteigung den Wert 1 hat.
(E) Globaler Verlauf von K_f ist von links unten nach rechts oben.

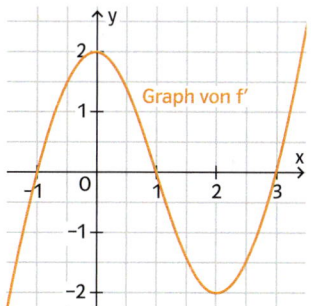

Test

→ Lösung | Seite 367

13 Gegeben ist die Funktion f mit $f(x) = x^3 + x$. Es gilt $f'(x) = 3x^2 + 1$.
a) Geben Sie f'(−1) und f'(2) an.
b) An welchen Stellen x gilt f'(x) = 4?
c) An welchen Stellen verläuft der Graph von f parallel zu der Geraden t: y = 28x + 4?

14 Gegeben ist für jedes reelle c die Funktion f mit $f(x) = x^2 + c$.
a) Begründen Sie, dass die Ableitung von f unabhängig von c ist.
b) Geben Sie zwei weitere Beispiele für eine ähnliche Aussage an.

15 Lena behauptet: Wenn der Graph der Funktion f achsensymmetrisch zur y-Achse ist, dann ist der Graph der Ableitung f' von f punktsymmetrisch zum Ursprung. Nehmen Sie dazu Stellung.

→ Strategie | Seite 339
Orientieren an einem Beispiel

Grundwissen Test

→ Grundwissen Seite 352
Lösung | Seite 367

16 Geben Sie die Nullstellen der Funktion an.
a) $f(x) = x \cdot (x - 4)$
b) $f(x) = (2x - 6) \cdot (x + 5)$
c) $f(x) = (x + 2) \cdot (x^2 - 9)$

3 Zusammengesetzte Funktionen

Ein Schreiner erhält den Auftrag, einen Esstisch zu bauen. Die Tischplatte soll aus einem rechteckigen Mittelteil der Länge 100 cm und zwei angesetzten Halbkreisen bestehen. Bestimmen Sie für r = 40 cm die zugehörigen y-Werte der Punkte auf den beiden abgebildeten Graphen. Ordnen Sie diesen y-Werten die Flächeninhalte von Teilflächen der Tischplatte zu. Wie kann man aus den Graphen den gesamten Flächeninhalt der Platte erhalten?

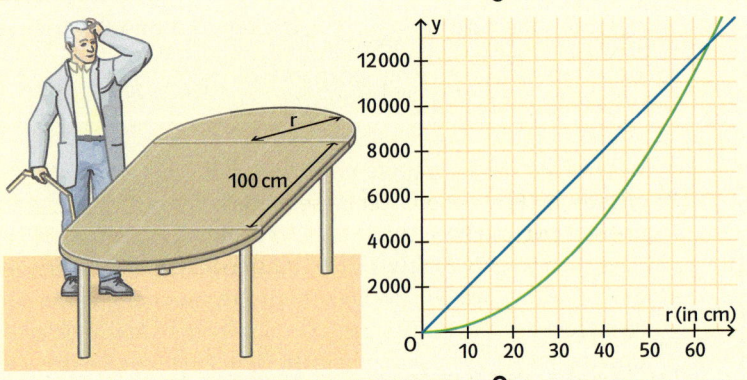

Aus zwei gegebenen Funktionen u und v kann man durch die Grundrechenarten Addition, Subtraktion und Multiplikation neue Funktionen u + v, u − v und u · v bilden.
Ist $u(x) = x^2 + 1$ und $v(x) = x - 2$, dann heißt die Funktion

u + v mit $(u + v)(x) = u(x) + v(x) = (x^2 + 1) + (x - 2) = x^2 + x - 1$ **Summe** von u und v,

u − v mit $(u - v)(x) = u(x) - v(x) = (x^2 + 1) - (x - 2) = x^2 - x + 3$ **Differenz** von u und v,

u · v mit $(u \cdot v)(x) = u(x) \cdot v(x) = (x^2 + 1) \cdot (x - 2) = x^3 - 2x^2 + x - 2$ **Produkt** von u und v.

Auf diese Weise kann man aus einfachen Funktionen neue Funktionen erzeugen.

Durch die **Verknüpfung** der Funktionen u und v durch +, − oder · entsteht eine **zusammengesetzte Funktion** f.

Die Abbildung rechts zeigt den Graphen von u mit $u(x) = \frac{1}{x}$ und v mit $v(x) = x$.
Bildet man aus den Funktionswerten $u(x)$ und $v(x)$ für jede Stelle x die Summe, erhält man die Funktion f mit $f(x) = u(x) + v(x)$.

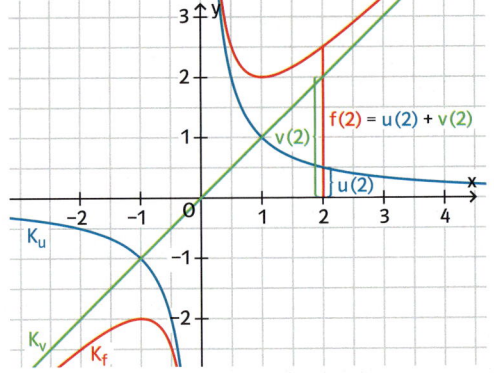

Den Graphen von f kann man skizzieren, indem man stellenweise die y-Werte $u(x)$ und $v(x)$ addiert.
Zum Beispiel ergibt sich für die Stelle x = 2:
$f(2) = u(2) + v(2) = 0{,}5 + 2 = 2{,}5$.

Der y-Wert eines Punktes heißt auch **Ordinate** (der x-Wert heißt **Abszisse**). Zu der Addition zweier y-Werte sagt man deshalb auch **Ordinatenaddition**.

Die Gerade y = 0 ist die horizontale Asymptote des Graphen von u. Das heißt, der Graph von u kommt für $x \to \pm\infty$ der x-Achse beliebig nahe, da $\frac{1}{x}$ für $x \to \pm\infty$ gegen null strebt.
Entsprechend bezeichnet man die Gerade mit der Gleichung y = x als **schiefe Asymptote** des Graphen von f. Der Graph von f kommt der Geraden y = x für $x \to \pm\infty$ beliebig nahe, da die Differenz $f(x) - x$ für $x \to \pm\infty$ gegen null strebt.

Die Definitionsmenge D_f von f = u + v enthält nur diejenigen x-Werte, die sowohl in der Definitionsmenge D_u von u als auch in der Definitionsmenge D_v von v liegen: $D_u = \mathbb{R}^*$; $D_v = \mathbb{R}$; $D_f = \mathbb{R}^*$.

Die Symmetrieeigenschaft der Funktion f hängt mit den Symmetrieeigenschaften der Funktionen u und v zusammen. Die Funktionen u und v sind ungerade Funktionen, d.h. ihre Graphen sind punktsymmetrisch zum Ursprung. Das Gleiche trifft auch für den Graphen der Summenfunktion f = u + v zu, denn es gilt
$f(-x) = u(-x) + v(-x) = \frac{1}{-x} + (-x) = -\frac{1}{x} - x = -\left(\frac{1}{x} + x\right) = -(u(x) + v(x)) = -f(x)$.
Somit ist auch der Graph von f punktsymmetrisch zum Ursprung.

Die Funktion g mit $g(x) = \frac{1}{2}x^2 \cdot \cos(x)$ (Fig. 1) ist das Produkt der Funktionen u mit $u(x) = \frac{1}{2}x^2$ und v mit $v(x) = \cos(x)$. Um die Nullstellen von g zu ermitteln, bestimmt man nach dem Satz vom Nullprodukt die Nullstellen der beiden Faktoren $u(x) = \frac{1}{2}x^2$ und $v(x) = \cos(x)$.
Die Nullstelle von u ist 0, die Nullstellen von v sind $\pm\frac{1}{2}\pi$; $\pm\frac{3}{2}\pi$, usw.
Folglich sind die Nullstellen von g die Stellen 0; $\pm\frac{1}{2}\pi$; $\pm\frac{3}{2}\pi$, usw.

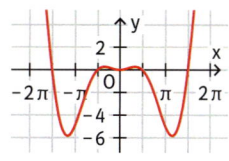

Fig. 1

Zu gegebenen Funktionen u und v heißt die zusammengesetzte Funktion
f = u + v   mit   f(x) = u(x) + v(x)   die **Summe** der Funktionen u und v,
f = u – v   mit   f(x) = u(x) – v(x)   die **Differenz** der Funktionen u und v,
f = u · v   mit   f(x) = u(x) · v(x)   das **Produkt** der Funktionen u und v.

Die Definitionsmenge D_f von f enthält alle x-Werte, die sowohl in D_u als auch in D_v liegen.
Die Symmetrieeigenschaft des Graphen einer zusammengesetzten Funktion f lässt sich in vielen Fällen aus den Symmetrieeigenschaften der Graphen der Funktionen u und v herleiten.

Beispiel 1 Graphen mittels Ordinatenaddition zeichnen; Asymptote bestimmen

Gegeben sind die Funktionen u und v mit
$u(x) = 2e^{-x} + 0,5$ und $v(x) = 0,5x + 1,5$.
a) Zeichnen Sie die Graphen der Funktionen u und v. Zeichnen Sie den Graphen der Funktion f = u + v mittels Ordinatenaddition.
b) Zeichnen Sie die Asymptote des Graphen von f und geben Sie ihre Gleichung an.

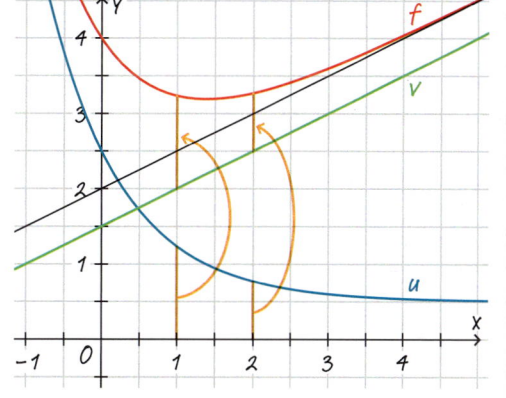

Die Ordinatenaddition ist ein Verfahren zum Zeichnen von Graphen.

Lösung
a) Zeichnung siehe rechts. Es ist
$f(x) = u(x) + v(x)$
$ = 2e^{-x} + 0,5 + 0,5x + 1,5$
$ = 2e^{-x} + 0,5x + 2$.
b) Die schiefe Asymptote des Graphen von f hat die Gleichung $y = 0,5x + 2$, weil e^{-x} für $x \to \infty$ gegen Null strebt.

Beispiel 2 Symmetrie des Graphen einer zusammengesetzten Funktion ermitteln

Zerlegen Sie die Funktion f in zwei Funktionen u und v. Untersuchen Sie u und v auf die Symmetrieeigenschaften ihrer Graphen. Ermitteln Sie daraus die Symmetrieeigenschaft des Graphen von f. Bestimmen Sie die Definitionsmengen von u, von v und von f.
a) $f(x) = 0,5x^2 \cdot (x^2 - 4)$ b) $f(x) = x^3 \cdot \cos(x)$ c) $f(x) = \sin(x) + x^2$

Lösung
a) Die Funktion f ist das Produkt der Bausteine u mit $u(x) = 0,5x^2$ und v mit $v(x) = x^2 - 4$.
   Die Funktionen u und v sind beide gerade Funktionen.
   Es gilt $f(-x) = u(-x) \cdot v(-x) = 0,5(-x)^2 \cdot ((-x)^2 - 4) = 0,5x^2 \cdot (x^2 - 4) = u(x) \cdot v(x) = f(x)$.
   Der Graph von f ist also achsensymmetrisch zur y-Achse. $D_u = \mathbb{R}$; $D_v = \mathbb{R}$; $D_f = \mathbb{R}$.
b) Die Funktion f ist die Summe der Bausteine u mit $u(x) = x^3$ und v mit $v(x) = \cos(x)$.
   Die Funktion u ist eine ungerade Funktion, v eine gerade Funktion.
   Es gilt $f(-x) = u(-x) \cdot v(-x) = (-x)^3 \cdot \cos(-x) = -x^3 \cdot \cos(x) = -u(x) \cdot v(x) = -f(x)$.
   Der Graph von f ist also punktsymmetrisch zum Ursprung. $D_u = \mathbb{R}$; $D_v = \mathbb{R}$; $D_f = \mathbb{R}$.
c) Die Funktion f ist die Summe der Bausteine u mit $u(x) = \sin(x)$ und v mit $v(x) = x^2$.
   Die Funktion u ist eine ungerade Funktion, v ist eine gerade Funktion.
   Es gilt $f(-x) = \sin(-x) + (-x)^2 = -\sin(x) + x^2$. Dieser Term stimmt weder mit $-f(x)$ noch mit $f(x)$ überein. Die beiden Bausteine u und v von f haben jeweils eine Symmetrieeigenschaft, die zusammengesetzte Funktion f hingegen nicht. $D_u = \mathbb{R}$; $D_v = \mathbb{R}$; $D_f = \mathbb{R}$.

Beispiel 3 Nullstellen des Produkts von zwei Funktionen bestimmen

Gegeben sind die Funktionen u mit $u(x) = (x + 2)(x - 2)$ und v mit $v(x) = e^x - 3$. Bestimmen Sie die Nullstellen der Funktion f mit $f = u \cdot v$.

Skizze des Graphen von f:
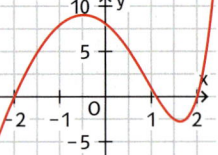

Lösung
Es ist $f(x) = u(x) \cdot v(x) = (x + 2)(x - 2)(e^x - 3)$.
Nach dem Satz vom Nullprodukt gilt: $f(x) = 0$, wenn $x + 2 = 0$; $x - 2 = 0$ oder $e^x - 3 = 0$. Die Lösungen dieser Gleichungen sind die Nullstellen von f, also: $x_1 = -2$; $x_2 = 2$; $x_3 = \ln(3)$.

Aufgaben

○ 1 Zeichnen Sie den Graphen von $f = u + v$ mittels Ordinatenaddition. Geben Sie die Gleichung der Asymptote des Graphen von f an. Geben Sie die Definitionsmenge von f an.
   a) $u(x) = 3e^{-x} + 1$;
      $v(x) = x - 1$
   b) $u(x) = \frac{3}{2}e^x - 2$;
      $v(x) = x - 2$
   c) $u(x) = \frac{1}{3x} + 1$;
      $v(x) = \frac{1}{2}x + 2$

○ 2 Zeichnen Sie in ein gemeinsames Koordinatensystem die Graphen von g und h. Skizzieren Sie mithilfe dieser beiden Graphen den Graphen von f.
   a) $g(x) = x$, $h(x) = \sqrt{x}$, $f(x) = g(x) + h(x)$
   b) $g(x) = x$, $h(x) = \frac{1}{x^2}$, $f(x) = g(x) - h(x)$

○ 3 Gegeben sind die Funktionen g mit $g(x) = x^2$ und h mit $h(x) = 2x$. Ordnen Sie jedem der Graphen A, B und C eine der Funktionen $g + h$, $g - h$ und $h - g$ zu.

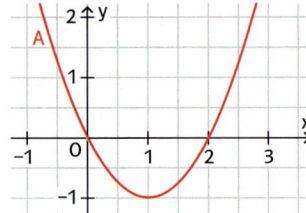 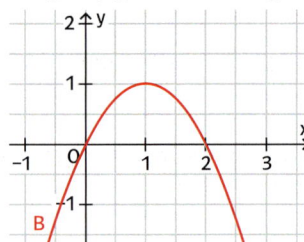 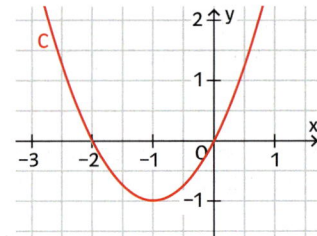

○ 4 Bestimmen Sie die maximale Definitionsmenge sowie die Nullstellen der Funktion f.
   a) $f(x) = \left(\frac{1}{4}x^2 - 1\right) \cdot (e^{-x} - 2)$
   b) $f(x) = \frac{1}{x} \cdot (x + 1)$
   c) $f(x) = \sqrt{x} \cdot \left(-\frac{1}{2}x + 3\right)$

○ 5 Geben Sie jeweils zwei Beispiele für eine Funktion mit den vorgegebenen Nullstellen und der vorgegebenen maximalen Definitionsmenge D an.
   a) $x_1 = -2$; $x_2 = 3$; $x_3 = \ln(4)$; $D = \mathbb{R}$
   b) $x_1 = 0$; $x_2 = \ln(2)$; $x_3 = \ln(5)$; $D = \mathbb{R}^+$

○ 6 Aus den Funktionen g mit $g(x) = \cos(x)$ und h mit $h(x) = -x + 2$ werden neue Funktionen f_1 und f_2 gebildet: $f_1 = g + h$; $f_2 = g \cdot h$.
Ordnen Sie den Funktionen jeweils einen der Graphen A oder B zu und begründen Sie Ihre Zuordnung.

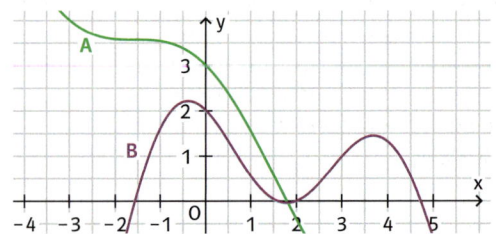

○ 7 Gegeben ist die Funktion g mit $g(x) = \sin(x)$.
Der Funktionsterm der Funktion h kann x, x^2 oder x^3 sein.
Untersuchen Sie die Graphen von $g(x) \cdot h(x)$ und $g(x) + h(x)$ auf Symmetrie.

Test

8 Aus den Funktionen g mit $g(x) = e^{-x}$ und h mit $h(x) = x + 1$ werden die Funktionen $f = g + h$ und $k = g \cdot h$ gebildet. Ordnen Sie f und k die zugehörenden Graphen aus der Abbildung rechts zu.

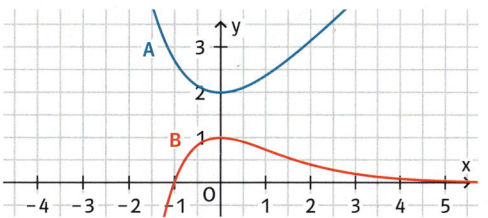

9 Bestimmen Sie die Nullstellen der Funktion f.
a) $f(x) = \frac{x}{4}(x - 2)(x - 5)$
b) $f(x) = (x - 3)(e^x - 5)$

10 Dargestellt ist der Graph K_f einer zusammengesetzten Funktion $f = g + h$ und der Graph K_g einer linearen Funktion g. Dabei ist der Graph von g Asymptote des Graphen von f. Für die Funktion h gilt, dass sie die Form $h(x) = \pm e^{\pm x}$ hat.
Geben Sie jeweils einen möglichen Term der Funktionen f, g und h an.

a) 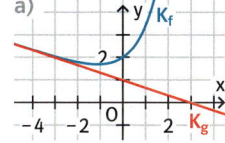 b) 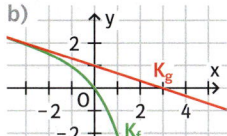 c) 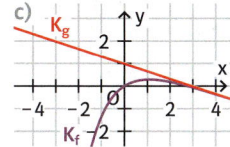 d)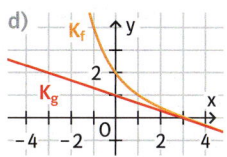

11 Gegeben sind die Funktionen f mit $f(x) = e^x$ und g mit $g(x) = e^{-x}$.
Untersuchen Sie, ob die Funktionen $f + g$, $f - g$ und $f \cdot g$ Graphen mit Symmetrieeigenschaften haben.

Die Funktionen $\frac{1}{2}(e^x + e^{-x})$ und $\frac{1}{2}(e^x - e^{-x})$ haben eigene Namen und Bezeichnungen:

12 Untersuchen Sie den Graphen der zusammengesetzten Funktion f auf Symmetrie und vergleichen Sie mit den Symmetrieeigenschaften der einzelnen Bausteine.
a) $f(x) = (x^2 - 2) \cdot (x^3 - x)$
b) $f(x) = x \cdot \sin(x)$
c) $f(x) = \frac{1}{x^2} + x^3$

$\frac{1}{2}(e^x + e^{-x})$ heißt cosh (Cosinus hyperbolicus) und $\frac{1}{2}(e^x - e^{-x})$ heißt sinh (sinus hyperbolicus)

Test

13 Geben Sie zwei Beispiele von Funktionen an, deren Graphen die Gerade mit der Gleichung $y = -x - 1$ als Asymptote haben.

14 Untersuchen Sie den Graphen der Funktion $f = g + h$ auf Symmetrie.
Der Graph von g wird durch $g(x) = (x - 1)^2$ beschrieben.
a) Der Graph von h entsteht aus dem Graph von g durch Spiegelung an der y-Achse.
b) Der Graph von h entsteht aus dem Graph von g durch Spiegelung an der x-Achse und anschließende Spiegelung an der y-Achse.

15 Jemand behauptet: „Für den Graphen der Funktion f mit $f(x) = \sin(x) + 0{,}5x$ gilt, dass die Gerade $y = 0{,}5x$ Asymptote an den Graphen ist."
Nehmen Sie dazu Stellung.

Grundwissen Test

16 Beschreiben Sie, wie der Graph der Funktion g aus dem Graphen der Funktion f hervorgeht.
a) $f(x) = x^2$; $g(x) = 2x^2$
b) $f(x) = \cos(x)$; $g(x) = -0{,}5\cos(x)$

4 Ableitungsregeln; höhere Ableitungen

Die Abbildungen zeigen die Graphen der Funktionen f, g und h mit $f(x) = x$, $g(x) = x^2$ und $h(x) = x^3$.
Skizzieren Sie im Heft zu den drei Funktionen jeweils den Graphen der Ableitungsfunktion und stellen Sie eine Vermutung über den Grad der Ableitung auf.

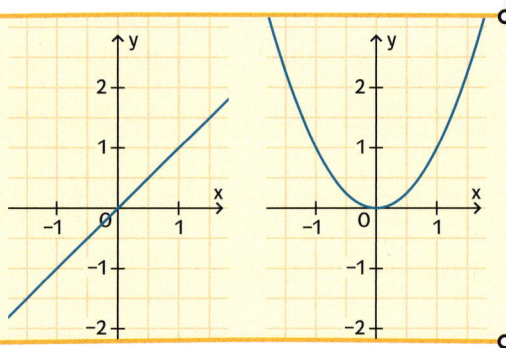
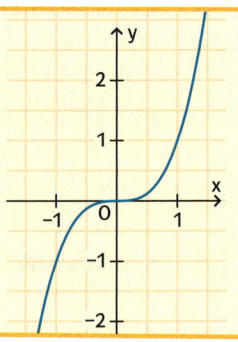

Für die Ableitungsfunktion der quadratischen Funktion f mit $f(x) = x^2$ ergab sich f' zu $f'(x) = 2x$. Um eine Vermutung über die Ableitung einer Potenzfunktion f mit $f(x) = x^n$ aufzustellen, leitet man zunächst f mit $f(x) = x^3$ ab.

Der Differenzenquotient ist $\frac{x^3 - x_0^3}{x - x_0}$. Zum Umformen benötigt man die Beziehung

$x^3 - x_0^3 = (x - x_0) \cdot (x^2 + x x_0 + x_0^2)$. Man überprüft sie durch Ausmultiplizieren:

$(x - x_0) \cdot (x^2 + x x_0 + x_0^2) = x \cdot x^2 + x \cdot x x_0 + x \cdot x_0^2 - x_0 \cdot x^2 - x_0 \cdot x x_0 - x_0 \cdot x_0^2 = x^3 - x_0^3$.

Somit ist $f'x_0 = \lim_{x \to x_0} \frac{x^3 - x_0^3}{x - x_0} = \lim_{x \to x_0} \frac{(x - x_0) \cdot (x^2 + x x_0 + x_0^2)}{x - x_0} = \lim_{x \to x_0} (x^2 + x x_0 + x_0^2) = x_0^2 + x_0 \cdot x_0 + x_0^2$
$= 3 x_0^2$.

Ersetzt man x_0 durch x, so ergibt sich $f'(x) = 3x^2$.

In der nebenstehenden Tabelle sind die Ableitungen der Potenzfunktionen mit den Exponenten n = 1, 2 und 3 zusammengestellt.

f(x)	x^1	x^2	x^3
f'(x)	$1 = 1 \cdot x^0$	$2x = 2 \cdot x^1$	$3 \cdot x^2$

Wie diese Tabelle nahelegt, gilt für alle natürlichen Exponenten n, dass die Ableitung von $f(x) = x^n$ gleich $f'(x) = n \cdot x^{n-1}$ ist. Diese Ableitungsregel gilt nicht nur für natürliche Exponenten, sondern für alle reelen Exponenten $r \neq 0$.
Für $r = -1$ gilt z.B. $f(x) = \frac{1}{x} = x^{-1}$. Diese Ableitungsregel ergibt $f'(x) = (-1) \cdot x^{-2}$, also $f'(x) = \frac{-1}{x^2}$ (vgl. Beispiel 1 auf S. 59).

Potenzregel: Für $f(x) = x^r$ ($r \in \mathbb{R}$ mit $r \neq 0$) gilt $f'(x) = r \cdot x^{r-1}$.

Für $f(x) = a \cdot g(x)$ gilt $f'(x) = a \cdot g'(x)$.
Streckt man beispielsweise den Graphen der Funktion g mit $g(x) = x^2$ in y-Richtung mit dem Streckfaktor $\frac{1}{4}$, so erhält man den Graphen der Funktion f mit $f(x) = \frac{1}{4}x^2$ (Fig.1). Bei dieser Transformation werden alle Funktionswerte von g mit $\frac{1}{4}$ multipliziert. Mit der Streckung des Graphen von g werden auch die zugehörigen Steigungsdreiecke entsprechend gestreckt. Dies hat zur Folge, dass sich auch die Steigung in jedem Punkt mit dem Faktor $\frac{1}{4}$ verändert. In der Grafik wird dies anhand der Steigungsdreiecke an der Stelle 2 gezeigt.

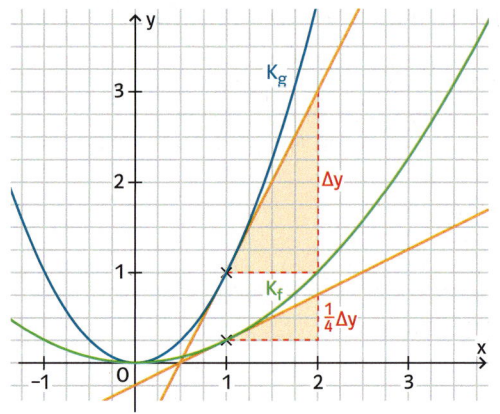

Funktion f(x)	Ableitungsfunktion f'(x)
x	1
x^2	2x
x^3	$3x^2$
$\frac{1}{x} = x^{-1}$	$-\frac{1}{x^2} = -x^{-2}$
$\frac{1}{x^2} = x^{-2}$	$-2\frac{1}{x^3} = -2x^{-3}$

Dieser Sachverhalt lässt sich auf beliebige Stellen x_0 sowie beliebige Faktoren a übertragen, sodass $f'(x_0) = \frac{1}{4} \cdot g'(x_0)$ für alle reellen x_0 gilt, bzw. allgemein $f'(x_0) = a \cdot g'(x_0)$ folgt. Dies lässt sich rechnerisch zeigen:

$f'(x_0) = \lim\limits_{x \to x_0} \frac{f(x) - f(x_0)}{x - x_0} = \lim\limits_{x \to x_0} \frac{a \cdot g(x) - a \cdot g(x_0)}{x - x_0} = \lim\limits_{x \to x_0} \frac{a \cdot (g(x) - g(x_0))}{x - x_0} = a \cdot g'(x_0)$.

Analog lässt sich für die Summe $f(x) = u(x) + v(x)$ der beiden Funktionen u und v zeigen, dass $f'(x) = u'(x) + v'(x)$.

> **Faktorregel:** Ist $f = a \cdot g$ ($a \in \mathbb{R}$), so gilt $f' = a \cdot g'$.
> **Summenregel:** Ist $f = u + v$, so gilt: $f' = u' + v'$.

Mithilfe dieser drei Regeln lassen sich neben den Potenzfunktionen auch alle Polynomfunktionen ableiten. Beispielsweise hat die Funktion f mit $f(x) = 2x^5 - 4x^3 + x + 4$ die Ableitung f' mit $f'(x) = 2 \cdot 5x^4 - 4 \cdot 3x^2 + 1 = 10x^4 - 12x^2 + 1$.

Der Grad von f' ist um 1 kleiner als der Grad von f.

Allgemein gilt: Die Ableitung einer Polynomfunktion vom Grad n ($n \in \mathbb{N}^*$) ist eine Polynomfunktion vom Grad n − 1.

Durch weiteres Ableiten der Ableitungsfunktion f' einer Funktion f erhält man eine Funktion, die mit f″ bezeichnet wird. Aus f″ erhält man durch weiteres Ableiten f‴, dann $f^{(4)}$, $f^{(5)}$ usw.
Man spricht allgemein von **höheren Ableitungen von f**.
Die Ableitung f' nennt man auch die 1. Ableitung von f, f″ die 2. Ableitung und f‴ die 3. Ableitung usw. Allgemein bezeichnet man mit $f^{(k)}$ die **k-te Ableitung von f**.
So ergeben sich z. B. für die Polynomfunktion 3. Grades g mit $g(x) = 2x^3 - 4x^2 + 3x - 5$ die Ableitungen $g'(x) = 6x^2 - 8x + 3$, $g''(x) = 12x - 8$, $g'''(x) = 12$ und $g^{(4)}(x) = 0$.

Allgemein gilt, dass die n-te Ableitung einer Polynomfunktion vom Grad n eine konstante Funktion ist, und die (n + 1)-te sowie die noch höheren Ableitungen alle null sind.
Auf Funktionen mit Funktionstermen wie $\frac{1}{x}$ oder $\frac{1}{x^2}$ trifft dies nicht zu. So ergibt sich z. B. für die Funktion h mit $h(x) = 3x^{-2} - \frac{4}{5}x^{-1}$; $h'(x) = -6x^{-3} + \frac{4}{5}x^{-2}$; $h''(x) = 18x^{-4} - \frac{8}{5}x^{-3}$; usw.

Bezeichnet s den von einem Körper zurückgelegten Weg, so ist die 1. Ableitung von s die Geschwindigkeit, die 2. Ableitung von s die Beschleunigung des Körpers.
$v(t) = s'(t)$;
$a(t) = v'(t) = s''(t)$

Beispiel 1 Funktion mithilfe der Potenzregel ableiten
Bestimmen Sie die Ableitung der Funktion.
a) $f(x) = x^4$ b) $f(x) = \frac{1}{x^2}$ c) $f(x) = \sqrt{x}$

Lösung
a) Es gilt $f'(x) = 4x^3$.
b) Wegen $f(x) = \frac{1}{x^2} = x^{-2}$ gilt $f'(x) = -2 \cdot x^{-3} = \frac{2}{x^3}$.
c) Wegen $f(x) = \sqrt{x} = x^{\frac{1}{2}}$ gilt $f'(x) = \frac{1}{2}x^{-\frac{1}{2}} = \frac{1}{2x^{\frac{1}{2}}} = \frac{1}{2\sqrt{x}}$.

Beispiel 2 Funktion mithilfe der Summen- und Faktorregel ableiten
Bestimmen Sie die Ableitung von f.
a) $f(x) = 3x^2 + 5x - 4$ b) $f(x) = -4x^3 + x^2 - 3x$ c) $f(x) = \frac{2}{x^2} - \frac{6}{x} + 3\sqrt{x}$

Lösung
a) $f'(x) = 3 \cdot 2x + 5 = 6x + 5$
b) $f'(x) = -4 \cdot 3x^2 + 2x - 3 = -12x^2 + 2x - 3$
c) Es ist $f(x) = 2x^{-2} - 6x^{-1} + 3x^{\frac{1}{2}}$, und damit ist $f'(x) = 2 \cdot (-2)x^{-3} - 6 \cdot (-1)x^{-2} + 3 \cdot \frac{1}{2}x^{-\frac{1}{2}}$,
d. h. $f'(x) = -\frac{4}{x^3} + \frac{6}{x^2} + \frac{3}{2\sqrt{x}}$.

Bei Potenzen mit negativen ganzen Exponenten ist folgendes Verfahren empfehlenswert:

Gegeben:
$f(x) = \frac{1}{x^3}$

Umformen:
$f(x) = x^{-3}$

Ableiten:
$f'(x) = -3 \cdot x^{-4}$

Umformen:
$f'(x) = \frac{-3}{x^4}$

Beispiel 3 Höhere Ableitungen ermitteln
Berechnen Sie die Ableitungen f′, f″ und f‴.
a) $f(x) = 2x^4 + \frac{2}{3}x^3 - 2x + \frac{5}{3}$
b) $f(x) = -\frac{1}{2}x^3 + \frac{3}{2}x^2 - 1$
c) $f(x) = 5x(x^2 - 4)$

Lösung
a) $f'(x) = 8x^3 + 2x^2 - 2$; $f''(x) = 24x^2 + 4x$; $f'''(x) = 48x + 4$
b) $f'(x) = -\frac{3}{2}x^2 + 3x$; $f''(x) = -3x + 3$; $f'''(x) = -3$
c) $f(x) = 5x^3 - 20x$; $f'(x) = 15x^2 - 20$; $f''(x) = 30x$; $f'''(x) = 30$

Beispiel 4 Punkt mit vorgegebener Ableitung ermitteln
In welchen Punkten hat der Graph von f mit $f(x) = x^5$ die Steigung 80?

Lösung
Es ist $f'(x) = 5x^4$. Aus $5x^4 = 80$ folgt $x^4 = 16$.
Diese Gleichung hat die Lösungen $x_1 = 2$ und $x_2 = -2$.
Die gesuchten Punkte sind also $P_1(2|32)$ und $P_2(-2|-32)$.

Aufgaben

1 Bestimmen Sie die Ableitung.
a) $f(x) = 3x^2$
b) $f(x) = -7x^4$
c) $f(x) = 5x$
d) $f(x) = -\frac{1}{5}x^{10}$
e) $f(x) = \frac{4}{x}$
f) $f(x) = -\frac{2}{5}x^{-5}$
g) $f(x) = \frac{2}{3}x^{-6}$
h) $f(x) = 4\sqrt{x}$

2 Bestimmen Sie f′(x).
a) $f(x) = 2x^3 + 5x^2$
b) $f(x) = 4x^5 - 3x$
c) $f(x) = 2x^7 - 3x^4$
d) $f(x) = -2x^3 + x^2 + 4$
e) $f(x) = 2x^3(x^2 + x - 1)$
f) $f(u) = u(u + 3)^2$

3 Bestimmen Sie die erste, die zweite und die dritte Ableitung.
a) $f(x) = -\frac{3}{2}x^2 + \frac{5}{4}x + 2$
b) $f(x) = 0{,}2x^3 - 0{,}5x^2 + 0{,}8$
c) $f(x) = (x - 2)(x + 2)(x - 5)$
d) $f(t) = 0{,}5(2t - 3)^2$
e) $f(x) = 2x^{-1} - 4x^{-2}$
f) $f(x) = \frac{3}{x} + 4\sqrt{x} - 2$

4 Berechnen Sie die Steigung des Graphen von f im Punkt $A(2|f(2))$.
a) $f(x) = \frac{3}{2}x^2$
b) $f(t) = \frac{1}{4}t^4 - \frac{5}{3}t^3$
c) $f(z) = \frac{3}{4}z^2 - 3z^{-1}$
d) $f(x) = -x - \frac{2}{x^4}$

○ **Test** → Lösung | Seite 367

5 Bestimmen Sie die zweite Ableitung.
a) $f(x) = 2x^4 + 3x^2$
b) $f(x) = x^5 - 3x^3 + 4$
c) $f(x) = \frac{1}{4}x^2 - 4x + 3$
d) $f(z) = \frac{2}{3}z^3 - \frac{4}{z^2}$

6 Bestimmen Sie die Steigung des Graphen der Funktion f im Punkt $A(4|f(4))$.
a) $f(x) = \frac{1}{8}x^3 - \frac{5}{8}x^2 + 12$
b) $f(x) = \frac{3}{8}x^2 - 16 \cdot x^{-1}$

7 In welchen Punkten hat der Graph von f eine waagerechte Tangente?
a) $f(x) = \frac{1}{8}x^4 - 4x + 3$
b) $f(x) = \frac{2}{3}x^3 + x^2 - 12x$
c) $f(x) = x(x^4 - 80)$
d) $f(x) = \sqrt{x} - x$

8 Begründen Sie: Alle Tangenten an den Graphen der Funktion f mit $f(x) = x^3 + 4x$ haben positive Steigungen.

9 Ermitteln Sie den Fehler beim Ableiten. Korrigieren Sie.

$f(x) = x^{-3}$; $f'(x) = -3x^{-2}$ **A**
$f(x) = x^{-1}$; $f'(x) = x^{-2}$ **B**
$f(x) = x^{\frac{2}{3}}$; $f'(x) = \frac{2}{3}\sqrt[3]{x}$ **C**

10 Eine Rakete startet senkrecht nach oben. Die Funktion h mit $h(t) = t^3$ (t in Sekunden, h(t) in Metern) gibt in den ersten beiden Sekunden näherungsweise die Höhe h(t) der Rakete an.
   a) Bestimmen Sie Höhe und Geschwindigkeit nach 1,2 Sekunden.
   b) Berechnen Sie, wann die Geschwindigkeit $12\,\frac{m}{s}$ beträgt.

11 Gegeben sind die Funktionen f mit $f(x) = x^3$ und g mit $g(x) = \frac{1}{2}x^3 + 4$.
   a) Beschreiben Sie, wie der Graph von g aus dem Graphen von f hervorgeht.
   b) Beschreiben Sie, wie die Steigung des Graphen von g im Punkt $Q(x_0 | g(x_0))$ mit der Steigung des Graphen von f im Punkt $P(x_0 | f(x_0))$ zusammenhängt.

12 In welchen Punkten hat der Graph der Funktion f die Steigung m?
   a) $f(x) = x^4$; m = 4
   b) $f(x) = x^3$; m = 12
   c) $f(x) = -\frac{1}{x}$; m = 9

Test
Lösung | Seite 367

13 Bestimmen Sie die Punkte, in denen der Graph von f die Steigung m hat.
   a) $f(x) = x^3$; m = 27
   b) $f(x) = \frac{1}{x^2}$; m = −16
   c) $f(x) = \sqrt{x}$; m = $\frac{1}{8}$

14 Gegeben ist die Funktion f mit $f(x) = x^3 − 12x$.
   a) Ermitteln Sie die Punkte, in denen der Graph von f waagerechte Tangenten hat.
   b) Begründen Sie: Die kleinste Steigung des Graphen beträgt −12.

15 Gegeben ist die Funktion f mit $f(x) = x^2 − 4x + 4$. K ist der Graph von f.
   a) Zeigen Sie: Die x-Achse ist Tangente von K.
   b) Begründen Sie: Für jede reelle Zahl m gibt es einen Punkt von K, in dem die Tangentensteigung m beträgt.

16 Der Funktionsterm der 2. Ableitung einer Funktion ist $3x + 4$. Untersuchen Sie, ob er von der angegebenen Funktion stammen kann. Begründen Sie Ihre Entscheidung.
   a) $f(x) = 0,5x^3 + 2x^2 + 1$
   b) $f(x) = 0,5x^3 + 3x^2 + 2x − 5$
   c) $f(x) = \frac{1}{2}x^2(x + 4) + 2x + 5$

17 Begründen Sie die Summenregel mithilfe des Differenzenquotienten (analog zu der Begründung der Faktorregel auf Seite 59).

18 Es seien g und h Funktionen, r und s seien reelle Zahlen. Formulieren Sie eine Ableitungsregel für eine Funktion f der Form $f(x) = r \cdot g(x) + s \cdot h(x)$ und beweisen Sie diese.

19 Für welche Potenzfunktionen f mit $f(x) = x^n$, $n \in \mathbb{N}^*$ gilt folgende Aussage?
   a) $f'(−1) < 0$
   b) Der Graph von f' ist punktsymmetrisch zum Ursprung.
   c) $f'(−1) = f'(1)$

Grundwissen Test
Grundwissen Seite 350
Lösung | Seite 367

20 Bestimmen Sie die Gleichung derjenigen Geraden, welche die Steigung m hat und auf welcher der Punkt P liegt.
   a) m = 2; P(3|5)
   b) m = −4; P(2|−3)
   c) m = 0; P(1|2)

5 Tangenten

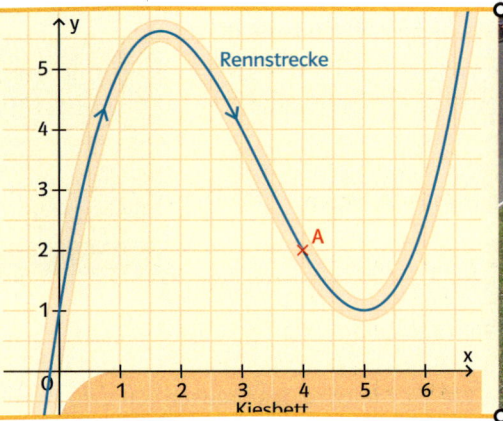

Die S-Kurve in einer Formel-1-Rennstrecke entspricht von oben betrachtet im Koordinatensystem dem Graphen der Funktion f. Ein Rennfahrer verliert bei regennasser Fahrbahn im Punkt A die Kontrolle über sein Fahrzeug. In welchem Punkt fährt er ins Kiesbett?

Bisher wurde in einem Punkt $B(x_0|f(x_0))$ des Graphen einer Funktion f die Steigung $m = f'(x_0)$ der Tangente t betrachtet. Jetzt wird die Gleichung dieser Tangente bestimmt.

Am Beispiel der Funktion f mit $f(x) = x^2 - 3$ wird eine Gleichung für die Tangente im Punkt $B(2|1)$ aufgestellt.
Die Tangente t ist eine Gerade, hat also eine Gleichung der Form t: $y = mx + b$. Da $f'(x) = 2x$ ist, ist die Steigung im Punkt B $m = f'(2) = 4$.
Den y-Achsenabschnitt b bestimmt man durch eine Punktprobe mit $B(2|1)$.
Man setzt in $y = 4x + b$ die Werte $x = 2$ und $y = 1$ ein und erhält $1 = 4 \cdot 2 + b$, also $b = -7$. Die Gleichung der Tangente t ist somit t: $y = 4x - 7$.
Der Punkt B ist ein **Berührpunkt**.

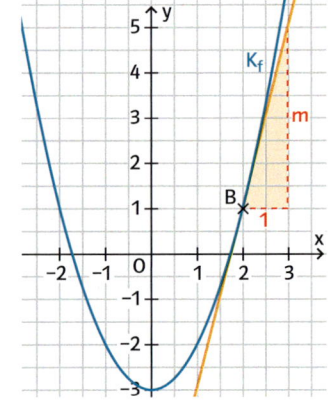

Allgemein kann man die Gleichung der Tangente im Punkt $B(x_0|f(x_0))$ des Graphen einer Funktion f mit dem Ansatz $y = mx + b$ so ermitteln:
Die Steigung der Tangente ist $f'(x_0)$, also gilt
Der Punkt $B(x_0|f(x_0))$ liegt auf der Tangente, somit ist
Daraus folgt
Die Tangente hat also die Gleichung

$y = f'(x_0) \cdot x + b.$
$f(x_0) = f'(x_0) \cdot x_0 + b.$
$b = f(x_0) - f'(x_0) \cdot x_0.$
t: $y = f'(x_0) \cdot x + f(x_0) - f'(x_0) \cdot x_0$

Umformen ergibt die Punkt-Steigungsform der **Tangentengleichung**: t: $y = f'(x_0) \cdot (x - x_0) + f(x_0)$.

Tangenten können unterschiedlich liegen:

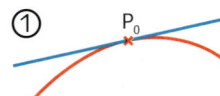

> Die Tangente an den Graphen von f im **Berührpunkt** $B(x_0|f(x_0))$ ist diejenige Gerade, die durch den Punkt B geht und die Steigung $f'(x_0)$ hat.
> Die Tangente hat die Gleichung $y = f'(x_0)(x - x_0) + f(x_0)$.

Im Zusammenhang mit Tangenten tauchen immer wieder folgende Aufgabenstellungen auf:
- Bestimmen der Tangentengleichung bei gegebener Stelle x_0 oder gegebenem Berührpunkt $B(x_0|f(x_0))$.
- Nachweisen, dass eine Gerade den Graphen der Funktion berührt.
- Bestimmen der Gleichung einer Tangente an den Graphen der Funktion mit bekannter Steigung der Tangente.

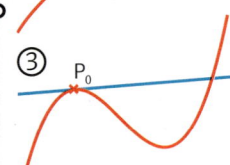

Man sagt, die Graphen von zwei Funktionen **berühren** sich in einem Punkt, wenn sie dort die gleichen Funktionswerte und die gleichen Ableitungen haben, d.h. sie berühren sich in einem Punkt, wenn sie dort die gleiche Tangente haben.

berühren:
$f(x_0) = h(x_0)$ und
$f'(x_0) = h'(x_0)$.

schneiden, aber nicht berühren:
$f(x_0) = h(x_0)$ und
$f'(x_0) \neq h'(x_0)$.

Für die Funktionen f mit $f(x) = x^2 - 4x + 3$
und g mit $g(x) = \frac{1}{2}x^3 - 3x^2 + 4x + 3$ ergibt
dies $f'(x) = 2x - 4$ und $g'(x) = \frac{3}{2}x^2 - 6x + 4$.
Die Abbildung legt nahe, dass sich die beiden
Graphen im Punkt $B(4|3)$ berühren.
Überprüfung:
Es ist $f(4) = g(4) = 3$, $f'(4) = g'(4) = 4$.
Die Tangenten in diesem Punkt sind identisch.
Die Graphen berühren sich tatsächlich im
Punkt $B(4|3)$.

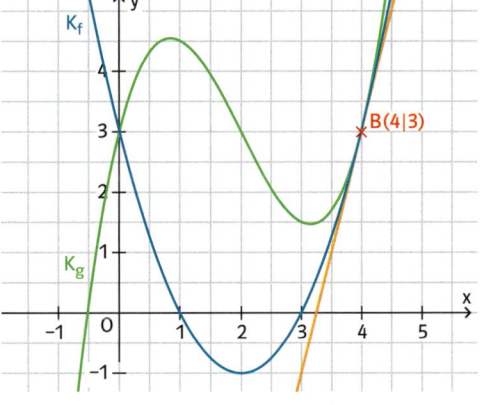

Beispiel 1 Tangentengleichung ermitteln
Gegeben ist die Funktion f mit $f(x) = 0,5x^3 + 0,5$.
a) Ermitteln Sie die Gleichung der Tangente im Punkt $B(1|f(1))$.
b) In welchem Punkt P schneidet die Tangente die x-Achse?
Lösung
a) Es ist $f(1) = 1$, $f'(x) = 1,5x^2$ und $f'(1) = 1,5$. Somit gilt für die Gleichung der Tangente
t: $y = 1,5x + b$. Eine Punktprobe liefert $1 = 1,5 \cdot 1 + b$, also $b = -0,5$.
Tangentengleichung: t: $y = 1,5x - 0,5$.
b) $y = 0$ d.h. $1,5x - 0,5 = 0$, also $x = \frac{0,5}{1,5} = \frac{1}{3}$. Schnittpunkt mit der x-Achse ist $P\left(\frac{1}{3}\big|0\right)$.

Beispiel 2 Nachweisen, dass eine Gerade eine Tangente ist
Weisen Sie nach, dass die Gerade g mit der Gleichung $y = 2x + \frac{1}{2}$ Tangente an den Graphen von
f mit $f(x) = -\frac{1}{2}x^2 + x$ ist, und bestimmen Sie den Berührpunkt.
Lösung
Ableitung von f: $f'(x) = -x + 1$; die Steigung von g ist 2.
Die Gleichung $-x + 1 = 2$ hat die Lösung $x = -1$.
Es ist $f(-1) = -\frac{3}{2}$. Für die Gerade g erhält man $y = -\frac{3}{2}$.
Folglich ist g Tangente an den Graphen von f im Punkt $B\left(-1\big|-\frac{3}{2}\right)$.

Je nachdem, wie die Terme der Funktionen und der Ableitungen aussehen, kann es einfacher sein, zuerst die Gleichheit der Tangentensteigungen und dann die Gleichheit der Funktionswerte zu untersuchen.

Beispiel 3 Berührpunkt nachweisen
Gegeben sind die Funktionen f mit $f(x) = \frac{1}{2}x^2 + 2$ und g mit $g(x) = -x^2 + 6x - 4$.
a) Zeigen Sie, dass sich die Graphen der beiden Funktionen an der Stelle $x_0 = 2$ berühren.
b) Bestimmen Sie eine Gleichung der gemeinsamen Tangente.
c) Zeichnen Sie die Graphen sowie die Tangente in ein gemeinsames Koordinatensystem.
Lösung
a) Es ist $f(2) = 4$ und $g(2) = 4$. Somit ist $B(2|4)$ gemeinsamer
   Punkt der beiden Graphen.
   Es ist $f'(x) = x$ und $g'(x) = -2x + 6$. $f'(2) = g'(2) = 2$.
   Die Steigung der beiden Graphen an der Stelle 2 ist gleich.
   Folglich berühren sich die beiden Graphen im Punkt $B(2|4)$.
b) Tangentengleichung, z.B. mit den Werten von f:
   $y = f'(x_0) \cdot (x - 2) + f(x_0) = 2(x - 2) + 4 = 2x$, d.h. t: $y = 2x$.
c) Zeichnung siehe rechts.

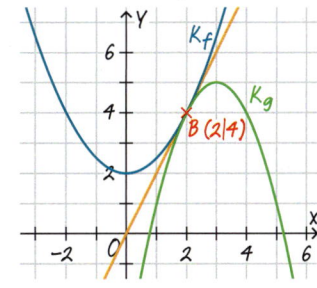

Beispiel 4 Eine lineare Fortsetzung ermitteln

Nach einer Grippewelle sinkt die Anzahl der Erkrankten. Zum Zeitpunkt t nach Beobachtungsbeginn sind $k(t) = 5t^{-1}$ Personen erkrankt ($2 \leq t \leq 5$ in Wochen, $k(t)$ in tausend). Für $t \geq 5$ nimmt die Anzahl der Erkrankten linear ab, wobei der Graph von k ohne Knick in den Graphen der linearen Abnahme übergeht.

a) Zeichnen Sie den Graphen für die Anzahl der Erkrankten in Abhängigkeit von t.
b) Bestimmen Sie rechnerisch, wann die Grippewelle vorbei ist.

Lösung

a) Siehe Abbildung rechts.
b) Der Graph für die lineare Abnahme ist die Tangente g an den Graphen von k im Punkt $B(5|1)$.
$k'(t) = -5 \cdot t^{-2}$ und $k'(5) = -0{,}2$
Tangentengleichung g: $y = -0{,}2t + 2$.
Aus $-0{,}2t + 2 = 0$ folgt $t = 10$.
Nach 10 Wochen ist die Grippewelle vorbei.

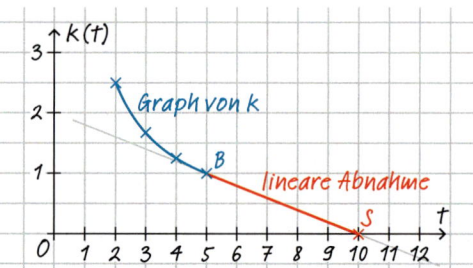

Aufgaben

1 Entnehmen Sie jeweils grafisch die Gleichung der Tangente in den markierten Punkten A, B und C.

a) 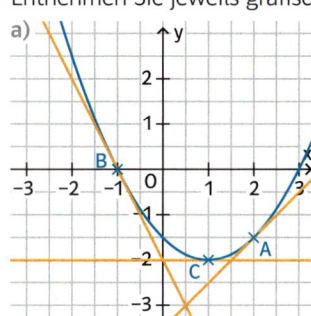 b) 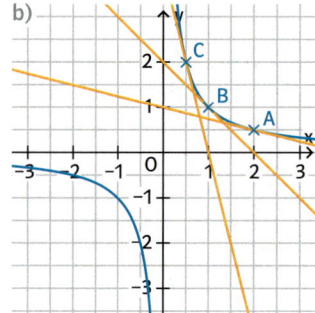 c)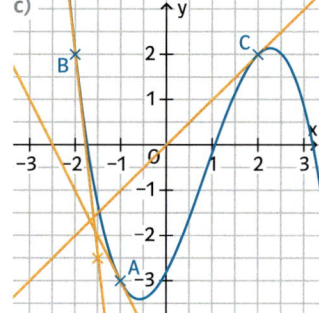

2 Bestimmen Sie die Steigung der Tangente t an den Graphen von f im Punkt B.

a) $f(x) = x^2$, $B(2|4)$
b) $f(x) = x^3$, $B(1|1)$
c) $f(x) = 2x^2 - 1$, $B(3|17)$
d) $f(x) = \frac{1}{x}$, $B(2|f(2))$
e) $f(x) = 3x^2 + 5x$, $B(-1|f(-1))$
f) $f(x) = \sqrt{x}$, $B(4|f(4))$

3 Bestimmen Sie die Gleichung der Tangente t an den Graphen von f im Punkt $B(x_0|f(x_0))$.

a) $f(x) = x^2$, $x_0 = 3$
b) $f(x) = 2x^2 - 3x$, $x_0 = 1$
c) $f(x) = \frac{8}{3}x^3$, $x_0 = \frac{1}{2}$
d) $f(x) = x^3 - 2x^2$, $x_0 = 2$
e) $f(x) = 3x^4 + 4x$, $x_0 = -1$
f) $f(x) = \frac{1}{x^2}$, $x_0 = -2$

4 Ermitteln Sie, in welchen Punkten die Tangente t im Punkt B des Graphen von f die Koordinatenachsen schneidet.

a) $f(x) = 0{,}5x^2$, $B(2|f(2))$
b) $f(x) = \frac{1}{3}x^3 + 2x^2$, $B(-1|f(-1))$
c) $f(x) = \frac{3}{x}$, $B(-1|f(-1))$

○ Test

Lösungen | Seite 367

5 Bestimmen Sie die Gleichung der Tangente t im Punkt $B(x_0|f(x_0))$ und berechnen Sie die Koordinaten der Schnittpunkte der Tangente mit den Koordinatenachsen.

a) $f(x) = -3x^2 + 2x + 1$; $x_0 = -1$
b) $f(x) = 0{,}5x^4 - 1{,}5x^2$; $x_0 = 2$

6 Weisen Sie nach, dass die Gerade g Tangente an den Graphen von f ist, und berechnen Sie die Koordinaten des Berührpunktes B.
a) $f(x) = -x^2 + 3x - 4$; g: $y = 5x - 3$
b) $f(x) = \frac{1}{2}x^4 - 3x$; g: $y = -x - \frac{3}{2}$
c) $f(x) = \sqrt{x} - \frac{x}{2}$; g: $y = -\frac{1}{4}x + 1$
d) $f(x) = e^x - e$; g: $y = e \cdot x - e$

Zur Erinnerung:
$f(x) = e^x$ hat die Ableitung $f'(x) = e^x$.

7 Prüfen Sie, ob sich die Graphen der beiden Funktionen f und g an der Stelle x_0 berühren. Ermitteln Sie gegebenenfalls die Gleichung der gemeinsamen Tangente.
a) $f(x) = -x^3 + 2x^2 + 1$; $g(x) = x^3 + 1$; $x_0 = 1$
b) $f(x) = \frac{1}{2}x^3 - 2x$; $g(x) = -2x^2 + 12x - 16$; $x_0 = 2$

8 In welchen Punkten des Graphen der Funktion f ist die Tangente an den Graphen parallel zur Geraden mit der Gleichung $y = 2x - 3$?
a) $f(x) = 4x^3 - x$
b) $f(x) = \frac{1}{3}x^3 + \frac{1}{2}x^2 - 10x$

9 Tom hatte hohes Fieber. Zum Zeitpunkt t betrug seine Körpertemperatur modellhaft $f(t) = \frac{6}{t} + 37$ ($2 \leq t \leq 6$ in Tagen nach Beobachtungsbeginn; $f(t)$ in °C). Für $t \geq 6$ nimmt Toms Körpertemperatur linear ab, wobei der Graph von f ohne Knick in den Graphen der linearen Abnahme übergeht. Stellen Sie eine Gleichung für die Gerade g der linearen Abnahme auf.
Berechnen Sie, wann Tom nach diesem Modell wieder Normaltemperatur, also 37 °C, hat.

Test

Lösung | Seite 368

10 Prüfen Sie, ob sich die Graphen der beiden Funktionen f und g an der Stelle $x_0 = 1$ berühren. Ermitteln Sie gegebenenfalls die Gleichung der gemeinsamen Tangente t.
a) $f(x) = \frac{1}{x^2}$; $g(x) = -x^2 + 2$
b) $f(x) = x^3 + 2x$; $g(x) = -x^2 + 4$

11 Die Firma RhinoFlight stellt eine Spiele-App her. Die Anzahl der täglichen Downloads für das Spiel beträgt zunächst modellhaft $f(x) = 0,005x^3 - 0,5x^2 + 12,5x + 10$ ($x \leq 20$ in Wochen nach Markteinführung). Für $x \geq 20$ nehmen die täglichen Downloads linear ab, wobei der Graph von f ohne Knick in den Graphen der linearen Abnahme übergeht.
RhinoFlight nimmt das Spiel vom Markt, wenn weniger als 10 Spiele pro Tag verkauft werden. Nach wie vielen Tagen nach Markteinführung ist dies der Fall?

12 Ermitteln Sie die Punkte, in denen die Tangente t an den Graphen von f parallel zur 2. Winkelhalbierenden verläuft.
a) $f(x) = \frac{1}{3}x^3 - 10x$
b) $f(x) = x^5 - 2x^3 + 3$

Zur Erinnerung:
1. Winkelhalbierende w_1
2. Winkelhalbierende w_2

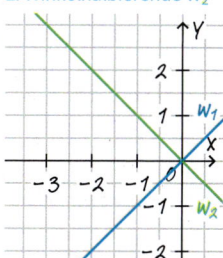

13 Gegeben ist die Funktion f mit $f(x) = \frac{1}{2}x^2 + 2$. Bestimmen Sie die Tangenten an den Graphen von f, die durch den Ursprung verlaufen, sowie die zugehörigen Berührpunkte.

14 In einem Schulbuch findet sich folgende Beschreibung für die Konstruktion der Tangente an einen Funktionsgraphen der Funktion f bei vorgegebenem Berührpunkt $B(x_0|f(x_0))$:
„Am Graphen von f markiert man den Punkt $B(x_0|f(x_0))$. Dann berechnet man $f'(x_0)$, zeichnet die Ursprungsgerade g mit der Gleichung $y = f'(x_0) \cdot x$ und markiert den Ursprung auf g. Danach wird g parallel verschoben, sodass der Ursprung in B liegt. Dies ist dann die Tangente."
Führen Sie dieses Verfahren an dem Beispiel $f(x) = \frac{1}{2}x^2 + 3$ und mit $B(2|f(2))$ durch und erläutern Sie, wie man damit rechnerisch die Tangentengleichung ermitteln kann.

Grundwissen Test

Grundwissen
Seite 17, Beispiel 2
Lösung | Seite 368

15 Skizzieren Sie den Graphen der Funktion im Intervall $\left[-\frac{\pi}{2}; 2\pi\right]$.
a) $f(x) = \sin(x)$
b) $f(x) = \cos(x)$
c) $f(x) = 2 \cdot \sin(x)$
d) $f(x) = -3 \cdot \cos(x)$

6 Ableiten trigonometrischer Funktionen

In den Grafiken sollen jeweils die Graphen von f (blau) und f' (orange) abgebildet sein. Überprüfen Sie, ob dies tatsächlich der Fall ist. Welche Stellen betrachten Sie dabei besonders genau?

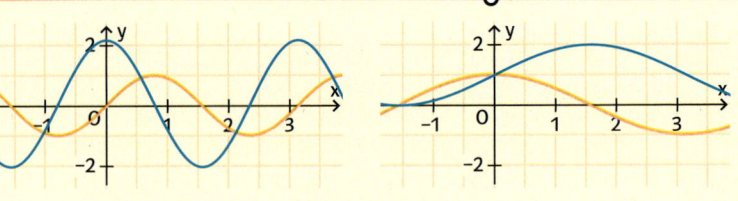

Die trigonometrischen Funktionen Sinus und Kosinus wurden bereits unter verschiedenen Gesichtspunkten betrachtet. Mithilfe der neu gewonnenen Erkenntnisse über die Ableitungsfunktion und ihren geometrischen Zusammenhang mit der Steigung des Graphen in einem Punkt wird nun gezeigt, wie die Funktionen Sinus und Kosinus abgeleitet werden.

Zeichnet man an den Stellen $x = 0; \frac{\pi}{4}; \frac{\pi}{2}; \frac{3\pi}{4}; \ldots$ am Graphen der Sinusfunktion $f(x) = \sin(x)$ die Tangenten ein (obere Abbildung) und bestimmt näherungsweise deren Steigung, so erhält man einen guten Überblick über den Verlauf der Ableitungsfunktion.

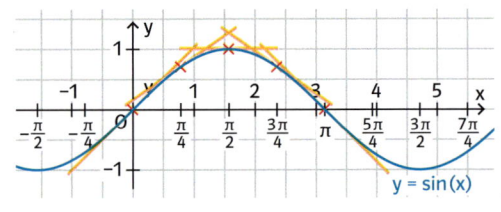

Zur Erinnerung: Bei trigonometrischen Funktionen wird das Bogenmaß verwendet.

Trägt man die Werte als Punkte in ein Koordinatensystem ein (mittlere Abbildung), so kann man vermuten, dass die Ableitung der Sinusfunktion die Kosinusfunktion ist, d.h. $f'(x) = \cos(x)$.

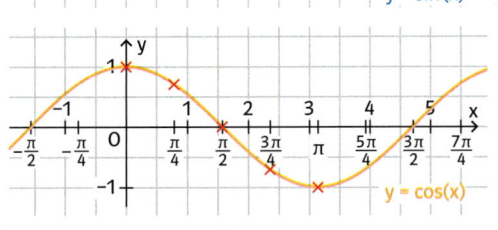

x	Tangentensteigung
0	1
$\frac{\pi}{4}$	0,7
$\frac{\pi}{2}$	0
$\frac{3\pi}{4}$	−0,7
...	...

Mit einem digitalen Mathematikwerkzeug lässt sich die Vermutung $f'(x) = \cos(x)$ unterstützen (Abbildung links). Ein analoges Vorgehen legt nahe, dass die Ableitungsfunktion der Kosinusfunktion $g(x) = \cos(x)$ die Funktion g' mit $g'(x) = -\sin(x)$ ist (Abbildung rechts).

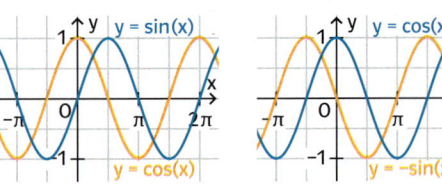

Ableitungsfunktionen von sin und cos
Für die Funktion f mit $f(x) = \sin(x)$ gilt: $f'(x) = \cos(x)$.
Für die Funktion g mit $g(x) = \cos(x)$ gilt: $g'(x) = -\sin(x)$.

Beispiel Ableitungen bestimmen
Bestimmen Sie die 1. und die 2. Ableitung von f.
a) $f(x) = 0,5 \cdot \sin(x)$
b) $f(x) = x^2 - 4 \cdot \cos(x)$

Lösung
a) $f'(x) = 0,5 \cdot \cos(x); \quad f''(x) = -0,5 \cdot \sin(x)$
b) $f'(x) = 2x + 4 \cdot \sin(x); \quad f''(x) = 2 + 4 \cdot \cos(x)$

Beachten Sie:
$f(x) = \sin(x)$
$f'(x) = \cos(x)$
$f''(x) = -\sin(x)$
$f'''(x) = -\cos(x)$
$f^{(4)}(x) = \sin(x)$
$f^{(5)}(x) = \cos(x)$
...

Aufgaben

1 Bestimmen Sie die Ableitungsfunktion.
a) $f(x) = 12 \cdot \sin(x)$
b) $f(x) = -2 \cdot \cos(x)$
c) $f(x) = \sqrt{5} \cdot \cos(x)$
d) $f(x) = \frac{1}{\pi} \cdot \sin(x)$
e) $f(x) = 5x^3 - \sin(x)$
f) $f(x) = 2 \cdot \cos(x) - \sin(x)$

2 Bestimmen Sie den Wert der Steigung des Graphen von f an der Stelle x_0.
a) $f(x) = 3 \cdot \sin(x)$; $x_0 = 0$
b) $f(x) = 2 - \cos(x)$; $x_0 = \frac{\pi}{4}$
c) $f(x) = x + 2 \cdot \sin(x)$; $x_0 = \frac{\pi}{3}$
d) $f(x) = \frac{1}{3} \cdot \sin(x) + \frac{4}{3}$; $x_0 = \frac{\pi}{3}$
e) $f(x) = \frac{1}{4}x^2 + \sin(x)$; $x_0 = 0$
f) $f(x) = 5 \cdot \cos(x) + 3x$; $x_0 = \frac{\pi}{4}$
g) $f(x) = \sqrt{3} \cdot \sin(x) - \cos(x)$; $x_0 = \frac{\pi}{3}$
h) $f(x) = -\frac{1}{4} \cdot \sin(x) + \frac{1}{8}\sqrt{2} \cdot x$; $x_0 = \frac{\pi}{4}$
i) $f(x) = \frac{1}{4}x + \cos(x)$; $x_0 = \frac{2\pi}{3}$
j) $f(x) = -2 \cdot \sin(x) + \sqrt{3} \cdot \cos(x)$; $x_0 = \frac{5\pi}{6}$

3 P ist ein Punkt des Graphen von f. Bestimmen Sie die Gleichung der Tangenten t an den Graphen von f in Punkt P.
a) $f(x) = \cos(x)$; $P\left(\frac{7}{4}\pi \mid \Box\right)$
b) $f(x) = 3 \cdot \sin(x)$; $P\left(\frac{5\pi}{3} \mid \Box\right)$
c) $f(x) = x + 2 \cdot \sin(x)$; $P\left(\frac{\pi}{4} \mid \Box\right)$

4 Gegeben ist die Funktion f mit $f(x) = 2 \cdot \sin(x) - \frac{1}{2}$ sowie die Gerade g mit der Gleichung $y = \frac{3}{2}$. Weisen Sie nach, dass die Gerade g Tangente an den Graphen von f ist, und berechnen Sie die Koordinaten der Berührpunkte.

O Test
→ Lösungen | Seite 368

5 Ermitteln Sie die Ableitungsfunktion der Funktion f mit $f(x) = 2 \cdot \sin(x) - 3 \cdot \cos(x) + 4x - 1$.

6 Bestimmen Sie die Steigung des Graphen der Sinusfunktion an der Stelle x_0.
a) $x_0 = \frac{\pi}{4}$
b) $x_0 = 2{,}8$
c) $x_0 = 2\pi$

7 Bestimmen Sie die Gleichung der Tangente t an den Graphen von f an der Stelle x_0.
a) $f(x) = 2 \cdot \cos(x) + 1$; $x_0 = \frac{\pi}{2}$
b) $f(x) = \sin(x) - 2x$; $x_0 = \pi$

8 In welchen Punkten ist die Tangente t an den Graphen von f parallel zur Geraden g?
a) $f(x) = \sin(x)$; $-\pi \leq x \leq \pi$; $g(x) = x + 1$
b) $f(x) = -2 \cdot \cos(x)$; $-\pi \leq x \leq \pi$; $g(x) = -2x$

9 Gegeben sind die Funktionen f mit $f(x) = \sin(x) - 2$ und g mit $g(x) = 3 \cdot \sin(x)$ für $-\pi \leq x \leq 2\pi$. Zeigen Sie, dass sich die Graphen von f und g berühren, und bestimmen Sie die Koordinaten der Berührpunkte sowie eine Gleichung der gemeinsamen Tangente.

● Test
→ Lösung | Seite 369

10 Gegeben sind die Funktionen f mit $f(x) = x + \sin(x)$ und g mit $g(x) = x + \cos(x)$.
a) Bestimmen Sie Punkte, in denen die zugehörigen Graphen die Steigung 2 haben.
b) Ermitteln Sie die Stellen, an denen die Tangenten von f bzw. g parallel zur x-Achse verlaufen.
c) Treffen Sie Aussagen über den Verlauf der Graphen der jeweiligen Ableitungsfunktionen.

11 In der Abbildung sind die Graphen von drei verschiedenen Funktionen dargestellt. Geben Sie an, welche der Funktionen als Ableitungsfunktion die Sinusfunktion hat.

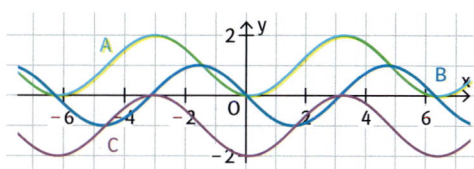

Grundwissen Test
→ Grundwissen Seite 21, Beispiel 1
Lösung | Seite 369

12 Skizzieren Sie in einem gemeinsamen Koordinatensystem im Intervall $[-\pi; 2\pi]$ die Graphen von $f(x) = \cos(x)$, $g(x) = \cos(2x)$ und $h(x) = 2{,}5 \cdot \cos(2x)$.

7 Lineare Verkettung von Funktionen und deren Ableitung

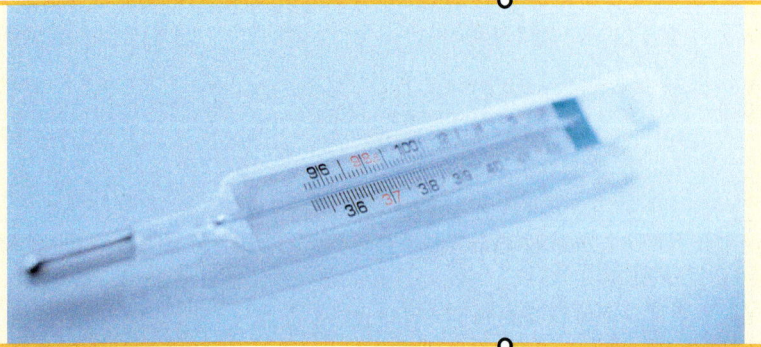

Für die Umrechnung einer Temperaturangabe von der Kelvin-Skala in die Celsius-Skala gilt die Vorschrift c(k) = k − 273, von der Celsius-Skala in die Fahrenheit-Skala rechnet man mittels f(c) = 1,8c + 32 um (k: Temperatur in Kelvin; c(k), c: Temperatur in °C; ff(c): Temperatur in °F). Damit kann man jede Temperaturangabe in Kelvin in zwei Schritten in Grad Fahrenheit umrechnen. Geht dies noch einfacher?

Eine Funktion mit einem Funktionsterm wie $(3x+4)^5$, $\sin(2x)$ oder $\sqrt{1-x}$ nennt man eine **lineare Verkettung** von Funktionen. In dieser Lerneinheit wird betrachtet, wie man eine lineare Verkettung auswertet und wie man sie ableiten kann.

Bei der Auswertung der Funktion f mit $f(x) = \sin(2x)$ geht man folgendermaßen vor:

Definiert man die lineare Funktion v mit $v(x) = 2x$ und die Funktion u mit $u(x) = \sin(x)$, so lässt sich f schreiben als $f(x) = u(v(x))$. Es ergibt sich z.B. $f(3) = \sin(2 \cdot 3) = \sin(6) \approx -0{,}28$.
Die Funktion u wird als **äußere Funktion**, v als **innere Funktion** der Verkettung bezeichnet.

Um die Ableitung von f mit $f(x) = \sin(2x)$ zu bestimmen, kann man folgende grafische Überlegung anstellen.

u mit $u(x) = \sin(x)$
Die Ableitungsfunktion der Sinusfunktion ist die Kosinusfunktion, d.h. $u'(x) = \cos(x)$.
An der Stelle π gilt z.B. $u'(\pi) = -1$.

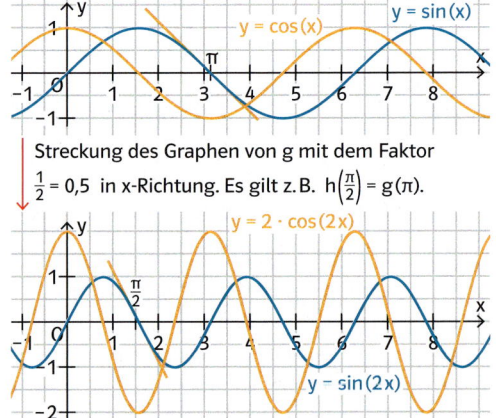

Streckung des Graphen von g mit dem Faktor $\frac{1}{2} = 0{,}5$ in x-Richtung. Es gilt z.B. $h\left(\frac{\pi}{2}\right) = g(\pi)$.

v mit $v(x) = \sin(2x)$
Die Steigung des Graphen verdoppelt sich jeweils an entsprechenden Stellen.
So ist beispielsweise $v'\left(\frac{\pi}{2}\right) = 2 \cdot u'(\pi) = -2$.
Allgemein gilt: $v'(x) = 2 \cdot \cos(2x)$.

Ist u eine Funktion und v eine lineare Funktion mit $v(x) = mx + b$, so nennt man die Funktion f mit $f(x) = u(mx + b)$ die Verkettung von u mit einer linearen Funktion v oder **lineare Verkettung von u und v**. Man schreibt auch $f(x) = u(v(x))$ und liest „u nach v von x".
Für die Ableitung der Funktion f gilt dann: $f'(x) = m \cdot u'(mx + b)$ (**lineare Kettenregel**).

Die lineare Kettenregel ist ein Spezialfall der allgemeinen Kettenregel, mit der man auch Funktionen f mit nichtlinearer innerer Funktion wie z.B. $f(x) = \sin(x^2)$ ableiten kann.

Beispiel 1 Funktionen verketten und eine Funktion als Verkettung erkennen
a) Die Funktion f ist die lineare Verkettung von u und v. Geben Sie einen Funktionsterm von f an.
   (1) $u(x) = \cos(x) + 1$ und $v(x) = 1 - 0{,}5x$ (2) $u(x) = \frac{3}{x}$ und $v(x) = 5x - 8$
b) Geben Sie für die Funktionen f und g mit $f(x) = (-5x + 2)^4$ und $g(x) = \sqrt{7x}$ jeweils eine äußere Funktion u und eine innere Funktion v an.

Lösung
a) (1) $f(x) = \cos(1 - 0{,}5x) + 1$ (2) $f(x) = \frac{3}{5x-8}$
b) Für $u(x) = x^4$ und $v(x) = -5x + 2$ ist $f(x) = u(v(x))$.
   Für $u(x) = \sqrt{x}$ und $v(x) = 7x$ ist $g(x) = u(v(x))$.

Beispiel 2 Lineare Kettenregel anwenden
Bestimmen Sie die erste Ableitung der Funktion f.
a) $f(x) = (3x - 2)^4$ b) $f(x) = \sin(x + 1)$ c) $f(x) = \frac{1}{5x + 1}$

Lösung
Die innere Funktion wird mit v, die äußere mit u bezeichnet.

a) $v(x) = 3x - 2$, also $m = 3$
   $u(x) = x^4$, also $u'(x) = 4x^3$
   $f'(x) = 3 \cdot 4 \cdot (3x - 2)^3$
   $= 12 \cdot (3x - 2)^3$

b) $v(x) = x + 1$, also $m = 1$
   $u(x) = \sin(x)$,
   also $u'(x) = \cos(x)$
   $f'(x) = 1 \cdot \cos(x) = \cos(x)$

c) $v(x) = 5x + 1$, also $m = 5$
   $u(x) = \frac{1}{x}$, also $u'(x) = -\frac{1}{x^2}$
   $f'(x) = 5 \cdot \left(-\frac{1}{(5x + 1)^2}\right)$
   $= -\frac{5}{(5x + 1)^2}$

Aufgaben

1 Berechnen Sie den Funktionswert von f mit $f(x) = u(v(x))$ an den Stellen $x = 5$ und $x = -2$.
a) $u(x) = x^3$ und $v(x) = x + 5$ b) $u(x) = \sqrt{x}$ und $v(x) = x + 11$ c) $u(x) = \frac{1}{x}$ und $v(x) = 6 - 2x$

2 Verketten Sie die äußeren Funktionen u_1, u_2 und u_3 mit jeder der inneren Funktionen v_1, v_2 und v_3.

$u_1(x) = \sqrt{x} + 2$ $u_2(x) = \cos(x)$ $v_1(x) = 8x + 1$

$u_3(x) = 4 \cdot x^3$ $v_2(x) = 3 - 2x$ $v_3(x) = -4x$

3 Gegeben ist eine lineare Verkettung f mit $f(x) = u(v(x))$ und $v(x) = mx + b$. Geben Sie jeweils einen Term der äußeren Funktion u und der inneren Funktion v sowie den Wert von m an.
a) $f(x) = (x + 1)^2$ b) $f(x) = 5(2x - 4)^3$ c) $f(x) = \frac{4}{3x - 2}$
d) $f(x) = \cos(2x + 1) - 3$ e) $f(x) = \sin(3x)$ f) $f(x) = -3 \cdot \sin(0{,}5x + 2)$
g) $f(x) = \sqrt{\frac{1}{2}x - 3}$ h) $f(x) = (4 - 3x)^{-2}$ i) $f(x) = 3\sqrt{x - 4} + 2$

4 Leiten Sie die Funktion f einmal ab.
a) $f(x) = (5x + 2)^3$ b) $f(t) = 2 \cdot (3t - 1)^2$ c) $f(x) = -3 \cdot (4 - x)^7$
d) $f(x) = \left(\frac{1}{4}x - 2\right)^4$ e) $f(x) = \frac{1}{2} \cdot \left(\frac{1}{3}x + 5\right)^6$ f) $f(t) = (6 - 2t)^9$
g) $f(x) = (6x + 7)^5$ h) $f(t) = 4 \cdot (t + 2)^8$ i) $f(x) = -5(-3x + 4)^{11}$

5 Berechnen Sie die erste Ableitung der Funktion f.
a) $f(t) = \sqrt{7t - 3}$ b) $f(x) = (x + 1)^{-4}$ c) $f(t) = (6t)^{-2}$
d) $f(t) = -2 \cdot (4t + 6)^{0{,}5}$ e) $f(x) = (-x + 2)^{-6}$ f) $f(x) = \sqrt{3 - 2x}$

7 Lineare Verkettung von Funktionen und deren Ableitung

6 Leiten Sie die Funktion f einmal ab.
a) $f(x) = \sin(2x)$
b) $f(t) = \cos(5t)$
c) $f(x) = \sin\left(x + \frac{\pi}{4}\right)$
d) $f(x) = \sin(3x + 4)$
e) $f(t) = \cos(\pi t - 3)$
f) $f(x) = 2 \cdot \sin(3x)$
g) $f(t) = -3 \cdot \cos(2x - 1)$
h) $f(x) = -\frac{1}{\pi} \cdot \sin(\pi x)$
i) $f(x) = -\frac{1}{4} \cdot \sin(4 - 6x)$

Test
Lösungen | Seite 369

7 Gegeben ist die lineare Verkettung f mit $f(x) = -3 \cdot (x - 4)^5$.
Geben Sie eine äußere und eine innere Funktion dieser Verkettung sowie die Werte von m und b der inneren Funktion an und berechnen Sie die erste Ableitung der Funktion f.

8 Berechnen Sie die erste Ableitung der Funktion f.
a) $f(x) = -(7x - 5)^{-2}$
b) $f(t) = 6 \cdot \sqrt{4 - 2t}$
c) $f(x) = \cos\left(\frac{1}{2}x + 2\right)$

9 In einigen Lösungen der Aufgaben sind Fehler enthalten. Um welche Aufgaben handelt es sich? Beschreiben Sie die Fehler und korrigieren Sie diese.

A $f(x) = (4x+2)^3$ $f'(x) = 4 \cdot (4x+2)^3$
B $f(x) = 4\sin(3x)$ $f'(x) = 12\cos(x)$
C $f(x) = (2x-5)^5$ $f'(x) = 5(2x-5)^4$
D $f(x) = (6-2x)^3 + 2$ $f'(x) = 3(6-2x)^2 \cdot (-2)$
E $f(x) = \sqrt{2x+1}$ $f'(x) = \frac{1}{\sqrt{2x+1}}$
F $f(x) = \sin(2x)$ $f'(x) = \cos(2x)$

10 Berechnen Sie die erste Ableitung der Funktion f.
a) $f(x) = \frac{2}{4x - 1}$
b) $f(x) = \frac{5}{(2 - x)^3}$
c) $f(x) = \frac{-3}{(2x + 3)^2}$

11 Bestimmen Sie die Gleichung der Tangente an den Graphen von f im Punkt $P(1|f(1))$.
a) $f(x) = (x - 2)^3 - 3$
b) $f(x) = \frac{3}{2x - 1}$
c) $f(x) = \sin(\pi x) + 1$

12 Gegeben ist die Funktion f mit $f(x) = \frac{1}{9}(3x + 2)^3$.
a) Welche Steigung hat der Graph von f im Punkt $P(2|f(2))$?
b) Besitzt der Graph von f Punkte mit waagerechter Tangente?
c) In welchen Punkten hat die Tangente an den Graphen von f die Steigung 1?
Bestimmen Sie in diesen Punkten jeweils eine Gleichung der Tangente.

13 Gegeben ist die Funktion f mit $f(x) = \frac{1}{8} \cdot (x - 1)^4 - 2$. K ist der Graph von f.
a) Bestimmen Sie die Nullstellen von f.
b) Bestimmen Sie die Gleichungen der Tangenten in den Schnittpunkten von K mit der x-Achse.
c) Eine Parallele zur x-Achse ist Tangente an K. Bestimmen Sie ihre Gleichung.
d) Zeichnen Sie K sowie die in b) und c) ermittelten Tangenten in ein gemeinsames Schaubild.

14 Gegeben sind die Graphen einer Funktion u, der Funktion f mit $f(x) = u(2x)$ sowie der Ableitungsfunktionen u' und f'. Ordnen Sie die Graphen zu und begründen Sie Ihre Entscheidung.

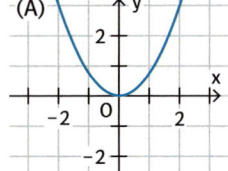 (A)
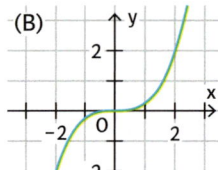 (B)
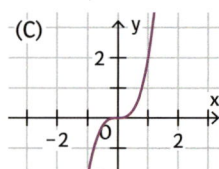 (C)
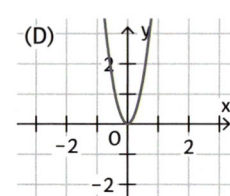 (D)

15 Bei einem elektronischen Kantenmodell eines Würfels sind die Kanten zu Beginn 60 cm lang. Nach Betätigen des Startknopfs verkürzt sich jede Kante um 2 cm pro Minute.
Interpretieren Sie die Terme $f(t) = (60 - 2t)^3$ sowie $f'(2)$ im Sachzusammenhang.

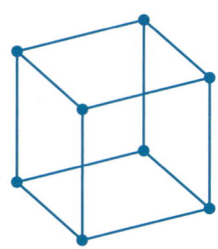

16 In Fig. 1 sind die Graphen der Funktionen u und v abgebildet.
   a) Bestimmen Sie mithilfe der Graphen den Wert $u(v(x_0))$ für $x_0 = 0$; 0,5 und 1.
   b) Es ist $u(x) = -4(x - 0,5)^2 + 1$ und $v(x) = -x + 1$. Überprüfen Sie damit Ihre Ergebnisse aus Teilaufgabe a) rechnerisch.

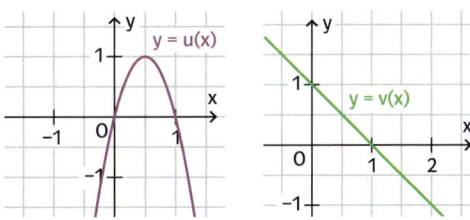
Fig. 1

17 In Fig. 2 sind die Graphen zweier Funktionen u und v dargestellt.
   a) Bestimmen Sie für die Funktion f mit $f(x) = u(v(x))$ die Werte $f(2)$ und $f'(2)$.
   b) u ist eine quadratische Funktion, v eine lineare Funktion. Bestimmen Sie die Funktionsterme und überprüfen Sie damit Ihre Ergebnisse aus Teilaufgabe a).

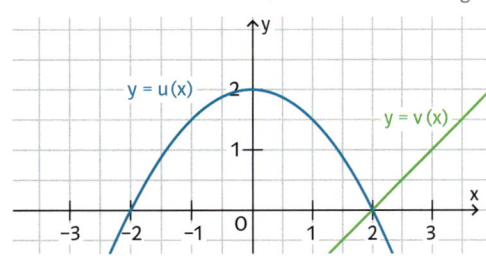
Fig. 2

18 Begründen Sie: Die Graphen der Funktionen f mit $f(x) = \frac{1}{4}(2x - 4)^2$ und g mit $g(x) = -2\left(\frac{1}{2}x - 4\right)^2 + 12$ berühren sich im Punkt $B(4|4)$.

Test

Lösungen | Seite 369

19 a) Bestimmen Sie die Steigung des Graphen von f mit $f(x) = (2x - 1)^3$ im Punkt $P(1|f(1))$.
   b) Gegeben ist g mit $g(x) = \frac{1}{(x-1)^2}$. Bestimmen Sie die Stelle a mit $g'(a) = -2$.
   c) Untersuchen Sie, ob der Graph von h mit $h(x) = \sqrt{3x + 5}$ Punkte mit waagerechter Tangente besitzt.

20 Gegeben ist die Ableitung f' einer Funktion f. Ermitteln Sie eine dazu gehörende mögliche Funktion f.
   a) $f'(x) = 3(x - 7)^2$
   b) $f'(x) = 12(3x + 5)^3$
   c) $f'(x) = -\frac{1}{2}\sin\left(\frac{1}{2}x + 2\right)$

21 Gegeben sind die Funktionen f und g mit $f(x) = \sin(7x)$ und $g(x) = \cos(\pi x)$.
   a) Berechnen Sie $f'(x), \ldots, f^{(5)}(x)$. Geben Sie $f^{(27)}(x)$ an.
   b) Bestimmen Sie $g^{(15)}(x)$.

22 a) Gegeben sind die linearen Funktionen u und v mit $u(x) = 2x - 1$ und $v(x) = -3x + 2$. Überprüfen Sie, ob die Verkettungen f und g mit $f(x) = u(v(x))$ und $g(x) = v(u(x))$ übereinstimmen. Vergleichen Sie $f'(x)$ und $g'(x)$.
   b) Zeigen Sie: Die Verkettung zweier beliebiger linearer Funktionen u und v mit $u(x) = mx + b$ und $v(x) = kx + l$ ist wieder eine lineare Funktion.
   c) Gegeben sind die Funktionen u und v mit $u(x) = 9x + 2$ und $v(x) = 3x + a$. Untersuchen Sie, ob es möglich ist, den Parameter a so zu wählen, dass die Verkettungen $u(v(x))$ und $v(u(x))$ übereinstimmen.

Grundwissen Test

Grundwissen Seite 353
Lösung | Seite 369

23 Ermitteln Sie die Lösung der Gleichung.
   a) $\frac{1}{4}e^x = 5$
   b) $2^x - 7 = 0$
   c) $6e^{2x} - 2 = 0$

24 Bestimmen Sie b.
   a) $2^x = e^{b \cdot x}$
   b) $5^x = e^{b \cdot x}$
   c) $0,6^x = e^{b \cdot x}$

8 Die Ableitung der Exponentialfunktion

„Da ist wohl was mit der Beschriftung schief gelaufen."
„Der rote Graph ist doch eine Verschiebung des blauen."
„Ja klar, dann kann er nicht zur Ableitung von g gehören!"

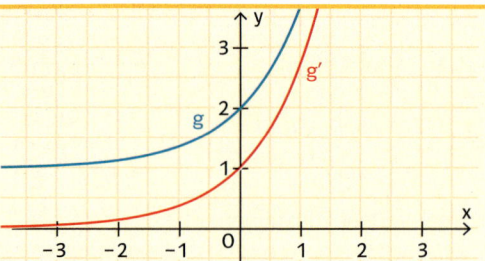

Für Exponentialfunktionen f mit $f(x) = q^x$ (mit $q \neq 1$) wurde bereits auf grafischem Wege festgestellt, dass ihre Ableitungsfunktion bis auf einen Faktor mit der Funktion selbst identisch ist, d.h. dass gilt $f'(x) = c \cdot f(x)$, wobei der Faktor c von der Basis q abhängt. Dieser Faktor lässt sich jetzt mithilfe der Kettenregel rechnerisch bestimmen.

Diejenige Basis, für die $c = 1$ ist, also $f'(x) = f(x)$ gilt, wurde damals mit einem Näherungsverfahren ermittelt. Für diese Basis ergab sich die **Euler'sche Zahl e = 2,71828...**
Die zugehörige Exponentialfunktion f mit $f(x) = e^x$ heißt **natürliche Exponentialfunktion**.
Hier soll der Wert von e auf eine etwas andere Weise näherungsweise bestimmt werden. Ausgangspunkt ist wieder die Forderung, dass für die Exponentialfunktion f mit $f(x) = q^x$
(∗) $f'(x) = f(x)$ für alle $x \in \mathbb{R}$ gelten soll.

Für die Ableitungsfunktion von $f(x) = q^x$ folgt wegen $q^x = e^{\ln(q) \cdot x}$ nach der linearen Kettenregel
$f'(x) = (e^{\ln(q) \cdot x})' = \ln(q) \cdot e^{\ln(q) \cdot x} = \ln(q) \cdot q^x$.
Der oben gesuchte Faktor c ist damit bestimmt: $c = \ln(q)$.
So ist z.B. für $f(x) = 2^x$ die Ableitung $f'(x) = \ln(2) \cdot 2^x$.

> Für die **natürliche Exponentialfunktion** f mit $f(x) = e^x$ gilt, dass $f'(x) = f(x)$.
> Die Euler'sche Zahl e hat den Wert **e = 2,71828...**
> Für die **allgemeine Exponentialfunktion** f mit $f(x) = q^x$ (mit $q > 0$) gilt, dass $f'(x) = \ln(q) \cdot q^x$.

Beispiel 1 Ableitungen bilden und verwendete Regeln angeben
Bestimmen Sie die Ableitungsfunktion und geben Sie die verwendeten Ableitungsregeln an.
a) $f(x) = e^x + 2$
b) $f(x) = e^x - 2x^2 - 3x$
c) $f(x) = e^{3x+2}$
d) $f(x) = 4e^{-2x}$
e) $f(x) = \frac{1}{2}(e^x - e^{-x})$
f) $f(x) = 2^x$
g) $f(x) = 0{,}8^{5x+2}$
h) $f(x) = 3^{(-2x+1)} + x^3$

Lösung
Bei allen Beispielen wird die Ableitung von e^x benötigt.
a) $f'(x) = e^x$ (Summenregel)
b) $f'(x) = e^x - 4x - 3$ (Summen-, Faktor- und Potenzregel)
c) $f'(x) = 3e^{3x+2}$ (lineare Kettenregel und Faktorregel)
d) $f'(x) = 4 \cdot (-2) \cdot e^{-2x} = -8 \cdot e^{-2x}$ (Faktorregel und lineare Kettenregel)
e) $f'(x) = \frac{1}{2}(e^x + e^{-x})$ (Summen- und Faktorregel, lineare Kettenregel)
f) $f'(x) = \ln(2) \cdot 2^x$ (Ableitung der allgemeinen Exponentialfunktion)
g) $f'(x) = 5 \cdot \ln(0{,}8) \cdot 0{,}8^{5x+2}$ (Ableitung der allgemeinen Exponentialfunktion, lineare Kettenregel)
h) $f'(x) = -2 \cdot \ln(3) \cdot 3^{(-2x+1)} + 3x^2$ (Ableitung der allgemeinen Exponentialfunktion, lineare Kettenregel, Summen- und Potenzregel)

> **Beispiel 2** Gleichung einer Tangente bestimmen
> Bestimmen Sie rechnerisch die Gleichung der Tangente an den Graphen der Funktion f im Punkt P mit
> a) $f(x) = e^{x+1}$ im Punkt $P\left(-2\,\middle|\,\frac{1}{e}\right)$.
> b) $f(x) = 3^x - 1$; $P(1|f(1))$.
>
> **Lösung**
> a) Die Ableitung von f ist $f'(x) = e^{x+1}$. Es ist $f(-2) = \frac{1}{e}$; $f'(-2) = \frac{1}{e}$.
> Dies in die Tangentengleichung $y = f'(-2) \cdot (x+2) + f(-2)$ eingesetzt ergibt $y = \frac{1}{e}(x+2) + \frac{1}{e}$.
> Daraus folgt: t: $y = \frac{1}{e}x + \frac{3}{e}$.
> b) Die Ableitung von f ist $f'(x) = \ln(3) \cdot 3^x$. Es ist $f(1) = 2$; $f'(1) = 3 \cdot \ln(3)$.
> Dies in die Tangentengleichung $y = f'(1) \cdot (x-1) + f(1)$ eingesetzt ergibt
> $y = 3 \cdot \ln(3) \cdot (x-1) + 2$. Daraus folgt t: $y = 3 \cdot \ln(3)x - 3 \cdot \ln(3) + 2$.

Aufgaben

1 Bestimmen Sie die Ableitung.
   a) $f(x) = 2 + e^x$
   b) $f(x) = 2x + e^x$
   c) $f(x) = 3x^2 + 5e^{-x}$
   d) $f(x) = 2e^{x+1}$

2 Bestimmen Sie die erste und die zweite Ableitung der Funktion f.
   a) $f(x) = e^x + 1$
   b) $f(x) = e^x + x$
   c) $f(x) = e^x + 2x^2$
   d) $f(x) = -e^{-x+1}$
   e) $f(x) = 2 \cdot 7^x$
   f) $f(x) = 2^x - 4x$
   g) $f(x) = 3^{-x} + \sin(x)$
   h) $f(x) = e^x + e \cdot x$
   i) $f(x) = 2e^x + 3x^2$
   j) $f(x) = -5e^{-x} - 0{,}5x^3$
   k) $f(x) = -\frac{1}{2}(e^x - x^3)$
   l) $f(x) = \frac{1}{4}e^x + \sin(x)$

3 Bestimmen Sie rechnerisch die Gleichung der Tangente an den Graphen von f in $P_0(x_0|f(x_0))$.
   a) $f(x) = e^x$; $x_0 = 0$
   b) $f(x) = e^x$; $x_0 = 1$
   c) $f(x) = 2^x$; $x_0 = -1$
   d) $f(x) = -0{,}5e^x$; $x_0 = 2$
   e) $f(x) = 0{,}5^x + x$; $x_0 = 1$
   f) $f(x) = 2e^x - x^2$; $x_0 = 2$

○ Test — Lösungen | Seite 369

4 Leiten Sie die Funktion ab.
   a) $f(x) = 3{,}5e^x - 5$
   b) $f(x) = -e^x + x^4$
   c) $f(x) = 5^x - 4$
   d) $f(x) = e^{x+1} + 2e \cdot x$

5 Gegeben ist die Funktion f mit $f(x) = 2^x$.
   a) Für welchen x-Wert hat die Funktion f den Funktionswert 10?
   b) In welchem Punkt des Graphen von f hat der Graph die Steigung 10?

6 Gegeben ist die Funktion f mit $f(x) = -3e^x + \frac{1}{2}x$.
   a) Geben Sie die Gleichung der Asymptote des Graphen an.
   b) Zeichnen Sie den Graphen von f.
   c) Bestimmen Sie die Gleichung der Tangente im Punkt $P(0|f(0))$.
   d) Begründen Sie, dass der Graph von f in keinem Punkt parallel zur ersten Winkelhalbierenden verläuft.
   e) Berechnen Sie die Koordinaten des Punktes, in dem der Graph von f eine waagerechte Tangente besitzt.
   f) Bestimmen Sie die Koordinaten desjenigen Punktes des Graphen von f, in dem die Tangente waagerecht verläuft.

7 Gegeben sind die Funktionen f mit $f(x) = e^{-x} + 2x$ und g mit $g(x) = e^x$.
   a) Zeichnen Sie die Graphen der Funktionen in ein gemeinsames Koordinatensystem.
   b) Zeigen Sie rechnerisch, dass sich die Graphen dieser Funktionen berühren.
   Bestimmen Sie die Gleichung der gemeinsamen Tangente. Zeichnen Sie die Tangente ebenfalls in das Koordinatensystem.

8 Gegeben sind die Funktionen f mit $f(x) = e^x + 1$ und g mit $g(x) = e^x - x^2 + 2$.
   a) Begründen Sie, dass die Tangenten der beiden Graphen in ihren Schnittpunkten mit der y-Achse parallel sind.
   b) Geben Sie an, um wie viele Einheiten der Graph von f verschoben werden muss, damit sich die Graphen auf der y-Achse berühren.

9 Gegeben sind die Funktionen f mit $f(x) = e^{2x} + 2$ und g mit $g(x) = 2e^x - x^2 + 1$.
   Begründen Sie, dass sich der Graph der Funktion f und der Graph der Funktion g in dem gemeinsamen Punkt auf der y-Achse berühren.

10 Ein Computervirus verbreitet sich als E-Mail-Attachment weltweit. Ist t die Zeit (in Tagen) seit dem erstmaligen Auftreten des Virus, so kann die Anzahl infizierter Computer durch die Funktion f mit $f(t) = 4800 \cdot e^t$ beschrieben werden.
   a) Bestimmen Sie $f'(3)$ und erläutern Sie, was dieser Wert im Sachzusammenhang bedeutet.
   b) Ab welchem Zeitpunkt werden mehr als 10 Computer pro Sekunde neu infiziert?
   c) Für die Funktion f gilt $f'(t) = f(t)$. Erklären Sie, was diese Eigenschaft im Hinblick auf die Ausbreitung des Virus besagt, und diskutieren Sie, inwiefern sie bei diesem Vorgang tatsächlich erfüllt sein könnte.

Test

Lösungen | Seite 369

11 Gegeben ist die Funktion f mit $f(x) = 3^x - 2x$. Ermitteln Sie die Gleichung der Tangente an den Graphen von f im Punkt $P(0|f(0))$.

12 Bestimmen Sie die Gleichung einer Ursprungsgeraden, die eine Tangente an den Graphen der natürlichen Exponentialfunktion ist.

13 Bestimmen Sie q so, dass
   a) die Ableitung der Funktion f mit $f(x) = q^{2x}$ an der Stelle $x_0 = 0$ den Wert 1 hat.
   b) die Tangente an den Graphen von f mit $f(x) = q^x - q^{-x}$ an der Stelle $x_0 = 0$ die Steigung 2 hat.
   c) die Tangente an den Graphen von f mit $f(x) = q^x - x$ im Punkt $P(0|1)$ waagerecht verläuft.

14 Gegeben ist die Funktion f mit $f(x) = e^{2x} - b \cdot e^x$; $b \in \mathbb{R}$.
   a) Bestimmen Sie b so, dass der Graph von f die x-Achse an der Stelle $x = 1$ schneidet.
   b) Bestimmen Sie b so, dass die Tangente im Schnittpunkt des Graphen von f mit der y-Achse parallel zur x-Achse verläuft.

15 Richtig oder falsch? Begründen Sie Ihre Antwort.
   a) Der Graph der Ableitungsfunktion von f mit $f(x) = x - e^x$ verläuft unterhalb der Geraden mit der Gleichung $y = 1$.
   b) Der Graph der Funktion f mit $f(x) = e^x + e^{-x}$ hat keinen Punkt mit horizontaler Tangente.
   c) Für die Ableitung der Funktion f mit $f(x) = \frac{1}{2}x^2 + e^x$ im Punkt $P(x|f(x))$ gilt $f'(x) > x$.

16 Gegeben ist die Funktion f mit $f(x) = e^x$.
   a) Bestimmen Sie den Schnittpunkt der Tangente an den Graphen von f im Punkt $P(u|e^u)$ mit der x-Achse. Erläutern Sie, wie man zu einem gegebenen Kurvenpunkt P die Tangente in P konstruieren kann.
   b) Untersuchen Sie dieselbe Fragestellung für die Funktion g mit $g(x) = c \cdot e^x$.
   c) Untersuchen Sie dieselbe Fragestellung für die Funktion h mit $h(x) = a^x$.

Strategie | Seite 339
Orientieren an einem Beispiel

Grundwissen Test

17 Zerlegen Sie den Funktionsterm in ein Produkt von zwei Funktionen g und h.
   a) $f(x) = (2x - 4) \cdot e^{3x}$
   b) $f(x) = \frac{2}{x} \cdot (x - 4)^2$
   c) $f(x) = 3x^2 \cdot \sin(x)$

Grundwissen
Seite 54
Lösung | Seite 369

9 Die Produktregel

Versuchen Sie, f(x) und f'(x) mithilfe der Terme auf den gelben Kärtchen darzustellen.

$f'(x) = 9x^2 - 6$ $u(x) = 3x$ $f(x) = 3x^3 - 6x$
$u'(x) = 3$ $v(x) = x^2 - 2$ $v'(x) = 2x$

Summen von Funktionen werden abgeleitet, indem man die einzelnen Summanden ableitet und anschließend addiert. Für das Produkt von zwei Funktionen gilt dies nicht, wie das Beispiel $f(x) = x^2 \cdot x^5 = x^7$ zeigt. Mit der Potenzregel ergibt sich $f'(x) = 7x^6$. Multipliziert man die Ableitungen der einzelnen Faktoren, erhält man jedoch $2x \cdot 5x^4 = 10x^5$.

Will man die Ableitung eines Produkts $f = u \cdot v$ zweier Funktionen u und v bestimmen, deren Ableitung man kennt, so muss man den Differenzenquotienten von f auf die Differenzenquotienten von u und v zurückführen.

Es ist $\dfrac{f(a+h) - f(a)}{h} = \dfrac{u(a+h) \cdot v(a+h) - u(a) \cdot v(a)}{h}$. (*)

Deutet man die beiden Produkte im Zähler $u(a+h) \cdot v(a+h)$ und $u(a) \cdot v(a)$ als Flächeninhalte von Rechtecken mit den Seitenlängen $u(a+h)$ und $v(a+h)$ bzw. den Seitenlängen $u(a)$ und $v(a)$, so erhält man eine Idee für eine mögliche Umformung der Differenz $u(a+h) \cdot v(a+h) - u(a) \cdot v(a)$.

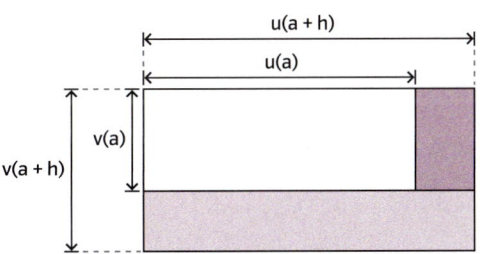

Problem:
Der Differenzenquotient von f muss umgeformt werden.

Idee:
1. Produkte interpretieren
$u(a) \cdot v(a)$
$(u(a+h) - u(a)) \cdot v(a)$
$u(a+h) \cdot (v(a+h) - v(a))$

2. Differenzenquotienten von f so umformen, dass die bekannten Differenzenquotienten $\dfrac{u(a+h) - u(a)}{h}$ und $\dfrac{v(a+h) - v(a)}{h}$ vorkommen, da man deren Grenzwerte kennt.

Die Subtraktion der beiden Rechtecksflächen ergibt:
$u(a+h) \cdot v(a+h) - u(a) \cdot v(a) = (u(a+h) - u(a)) \cdot v(a) + u(a+h) \cdot (v(a+h) - v(a))$.
Diese Umformung ist nicht nur anschaulich, sondern auch rechnerisch richtig, da lediglich das Produkt $u(a+h) \cdot v(a)$ addiert und anschließend wieder subtrahiert wird.
Für den Differenzenquotienten (*) gilt damit:

$$\underbrace{\dfrac{f(a+h) - f(a)}{h}}_{} = \underbrace{\dfrac{u(a+h) - u(a)}{h}}_{} \cdot v(a) + u(a+h) \cdot \underbrace{\dfrac{v(a+h) - v(a)}{h}}_{}.$$

Für $h \to 0$ ist $f'(a) = \lim\limits_{h \to 0} \dfrac{f(a+h) - f(a)}{h} = \quad u'(a) \quad \cdot v(a) + u(a) \quad \cdot \quad v'(a)$.

Produktregel
Ist die Funktion f das Produkt der Funktionen u und v, d.h. $f = u \cdot v$, so gilt für die Ableitung f' von f
$$f'(x) = u'(x) \cdot v(x) + u(x) \cdot v'(x)$$

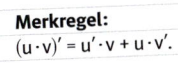

Merkregel:
$(u \cdot v)' = u' \cdot v + u \cdot v'$.

Beispiel 1 Mit der Produktregel ableiten
Bestimmen Sie die Ableitungen der Funktionen f mit $f(x) = (x^3 + 1) \cdot \cos(x)$ und g mit $g(x) = (1 - x) \cdot e^x$.
Lösung
f ist ein Produkt aus $u(x) = x^3 + 1$ und $v(x) = \cos(x)$, dabei ist $u'(x) = 3x^2$ und $v'(x) = -\sin(x)$.
$f'(x) = 3x^2 \cdot \cos(x) + (x^3 + 1) \cdot (-\sin(x)) = 3x^2 \cdot \cos(x) - (x^3 + 1) \cdot \sin(x)$
g ist das Produkt aus $u(x) = 1 - x$ und $v(x) = e^x$, dabei ist $u'(x) = -1$ und $v'(x) = e^x$.
$g'(x) = (-1) \cdot e^x + (1 - x) \cdot e^x = -x \cdot e^x$

Beispiel 2 Mit der Produktregel und der linearen Kettenregel ableiten

Bestimmen Sie die Ableitung der Funktion.

$f(x) = 5x^2 \cdot (x-4)^3$ $\qquad$ $f(x) = x^5 \cdot e^{3x}$ $\qquad$ $f(x) = 6x^2 \cdot \sin(4x+1)$

Lösung

a) Es ist $f(x) = u(x) \cdot v(x)$ mit $u(x) = 5x^2$ und $v(x) = (x-4)^3$.
Mit den Ableitungen $u'(x) = 10x$ und $v'(x) = 3(x-4)^2$ ergibt dies
$f'(x) = 10x \cdot (x-4)^3 + 5x^2 \cdot 3(x-4)^2 = 10x \cdot (x-4)^3 + 15x^2(x-4)^2$

b) Es ist $f(x) = u(x) \cdot v(x)$ mit $u(x) = x^5$ und $v(x) = e^{3x}$.
Mit den Ableitungen $u'(x) = 5x^4$ und $v'(x) = 3e^{3x}$ ergibt dies
$f'(x) = 5x^4 \cdot e^{3x} + x^5 \cdot 3 \cdot e^{3x} = (3x^5 + 5x^4) \cdot e^{3x}$.

c) Es ist $f(x) = u(x) \cdot v(x)$ mit $u(x) = 6x^2$ und $v(x) = \sin(4x+1)$.
Mit den Ableitungen $u'(x) = 12x$ und $v'(x) = 4 \cdot \cos(4x)$ ergibt dies
$f'(x) = 12x \cdot \sin(4x+1) + 6 \cdot 4 \cdot x^2 \cdot \cos(4x+1)$.

Aufgaben

○ **1** Leiten Sie die Funktion ab.
a) $f(x) = x \cdot e^x$ $\qquad$ b) $f(x) = x^2 \cdot e^x$ $\qquad$ c) $f(x) = (2x^3 + x^2) \cdot e^x$
d) $f(x) = 2x^{-1} \cdot e^x$ $\qquad$ e) $f(x) = \frac{3}{x}(x^2 + 1)$ $\qquad$ f) $f(x) = (3x+2)\sqrt{x}$

○ **2** Bestimmen Sie die Ableitung.
a) $f(x) = x \cdot \sin(x)$ $\qquad$ b) $f(x) = 3x \cdot \cos(x)$ $\qquad$ c) $f(x) = (4x - 2) \cdot \sqrt{x}$
d) $f(x) = (3 - 2x) \cdot \sqrt{x}$ $\qquad$ e) $f(x) = \sqrt{x} \cdot \cos(x)$ $\qquad$ f) $f(x) = (5 - 3x) \cdot \sin(x)$
g) $f(x) = \frac{2}{x} \cdot \cos(x)$ $\qquad$ h) $f(x) = \sin(x) \cdot \cos(x)$ $\qquad$ i) $f(x) = x^2 \cdot \sin(x)$

○ **3** Leiten Sie die Funktion mit der Produktregel und der linearen Kettenregel ab.
a) $f(x) = x \cdot e^{3x}$ $\qquad$ b) $f(x) = (2x - 4) \cdot e^{2x}$ $\qquad$ c) $f(x) = (3x + 2)^2 \cdot e^x$
d) $f(x) = 8x \cdot e^{2x-4}$ $\qquad$ e) $f(x) = (2x + 3) \cdot e^{-5x+1}$ $\qquad$ f) $f(x) = (x + 4)^2 \cdot e^{-4x}$
g) $f(x) = \sqrt{x} \cdot \sin(2x)$ $\qquad$ h) $f(x) = x \cdot \cos\left(\frac{x}{3}\right)$ $\qquad$ i) $f(x) = \cos(\pi x) \cdot e^{-2x}$

○ **4** Gegeben ist die Funktion f mit $f(x) = (x-1)(x-3)^2$.
a) Bestimmen Sie die Schnittpunkte des Graphen von f mit der x-Achse.
b) Berechnen Sie die Steigungen der Tangenten an den Graphen von f in den in Teilaufgabe a) ermittelten Punkten.
c) Bestimmen Sie die Punkte des Graphen von f mit waagerechten Tangenten.

○ **Test** $\qquad$ Lösungen | Seite 369

5 Gegeben sind die Funktionen f mit $f(x) = (2x - 3) \cdot \cos(x)$, g mit $g(x) = x \cdot (1 - x)^2$, h mit $h(x) = (2x - 3)^3 \cdot 3x$ und i mit $i(x) = \frac{1}{x} \cdot \sin(x)$.
a) Leiten Sie die Funktionen f, g, h und i ab.
b) Berechnen Sie die Steigung der Tangente an den Graphen von f im Punkt $B(0|-3)$.
c) Bestimmen Sie die Punkte des Graphen von g mit waagerechter Tangente.
d) Bestimmen Sie die Schnittpunkte des Graphen von h mit der x-Achse. Geben Sie die Steigung der Tangenten an den Graphen von h in diesen Punkten an.

◐ **6** Gegeben ist die Funktion f mit $f(x) = 4 \cdot \sin(x) \cdot \cos(x)$, $x \in [-0{,}5;\ 3{,}5]$
a) Zeichnen Sie den Graphen von f.
b) Ermitteln Sie grafisch diejenigen Stellen, an denen die Tangente an den Graphen die Steigung 0 bzw. 4 hat. Bestätigen Sie mithilfe der Ableitung Ihr Ergebnis.

7 Bestimmen Sie die erste, die zweite und die dritte Ableitung der Funktion f mit $f(x) = x \cdot e^x$. Wie könnte die vierte, die fünfte, … Ableitung lauten? Begründen Sie.

8 Welcher Fehler wurde beim Ableiten der Funktion f mit $f(x) = x^3 \cdot \cos(x)$ gemacht?
a) $f'(x) = 3x^2 \cdot \cos(x) + x^3 \cdot \sin(x)$
b) $f'(x) = x^3 \cdot \cos(x) - 3x^2 \cdot \sin(x)$

9 Beim Ableiten einer Funktion f ergab sich folgender Term. Um welche Funktion könnte es sich gehandelt haben?
a) $f'(x) = \sin(x) + (x + 2) \cdot \cos(x)$
b) $f'(x) = 2 \cdot \sin(0{,}5x) + x \cdot \cos(0{,}5x)$

10 Welche Regeln werden für die Bestimmung der Ableitung von f benötigt? Geben Sie für jede Funktion alle benötigten Regeln an.

A $f(x) = x^2 + \sin(x)$
B $f(x) = (3x + 2)^5$
C $f(x) = \sqrt{2x + 1}$
D $f(x) = 3\cos(x)$
E $f(x) = (x - 1) \cdot (x + 5)^4$
F $f(x) = \sin(x) \cdot \cos(2x)$
G $f(x) = 4 \cdot \sqrt{2x + 5}$
H $f(x) = x + \sqrt[3]{5x - 1}$

I Potenzregel II Faktorregel III Summenregel IV Kettenregel V Produktregel

11 Der Graph der Funktion f hat im Punkt P(0|1) eine waagerechte Tangente. Untersuchen Sie, ob dies auch für die Funktion g mit $g(x) = f(x) \cdot \cos(x)$ gilt.

Test

Lösung | Seite 370

12 Der Graph der Funktion f berührt die x-Achse im Punkt P(2|0).
a) Zeigen Sie, dass der Graph der Funktion g mit $g(x) = x \cdot f(x)$ auch diese Eigenschaft hat.
b) Geben Sie je ein Beispiel für eine solche Funktion f an, bei dem f eine Polynomfunktion bzw. eine trigonometrische Funktion ist.

13 a) Stellen Sie die Funktion f mit $f(x) = x^9$ als Produkt dreier Funktionen u, v und w dar. Zeigen Sie, dass f'(x) nicht mit $u'(x) \cdot v'(x) \cdot w'(x)$ übereinstimmt.
b) Berechnen Sie g'(x) für $g(x) = x \cdot \sin(x)$. Zeigen Sie damit, dass für $f(x) = (x \cdot \sin(x)) \cdot \cos(x)$ gilt: $f'(x) = \sin(x) \cdot \cos(x) + x \cdot \cos^2(x) - x \cdot \sin^2(x)$.
c) Weisen Sie nach, dass für die Funktion $f = f_1 \cdot f_2 \cdot f_3$ gilt: $f' = f_1' \cdot f_2 \cdot f_3 + f_1 \cdot f_2' \cdot f_3 + f_1 \cdot f_2 \cdot f_3'$. Formulieren Sie eine Regel für die Ableitung des Produkts aus n Funktionen.
d) Wie könnte die Ableitungsregel für ein Produkt von vier Funktionen lauten?

14 Gegeben ist die Funktion f mit $f(x) = \cos(x)^n$; n = 2; 3; 4; ….
a) Ermitteln Sie die Ableitung von f für n = 2; 3 und 4.
Was könnte sich für n = 5; 6 und 7 ergeben?
b) Begründen Sie: Die sich für n = 2, 3 bzw. 4 ergebenden Ableitungen haben dieselben Nullstellen.
Was bedeutet dies für die jeweiligen Graphen?

Strategie | Seite 341
Orientieren an einem Beispiel
Vorwärtsarbeiten

Grundwissen Test

Grundwissen
Lösung | Seite 370

15 Geben Sie an, in welchem Intervall die Ableitung der Funktion f nur positive bzw. nur negative Werte hat.
a) $f(x) = x^3 + x$
b) $f(x) = e^{-x} + 1$
c) $f(x) = 2\sin(x);\ x \in [0; 2\pi]$

Das Newton-Verfahren

Gegeben ist die Funktion f mit
$f(x) = x^3 + 0{,}25 x^2 - 0{,}5$.
Die Punkte $P_1(0{,}6 | -0{,}194)$ und $P_2(0{,}8 | 0{,}172)$ liegen auf dem Graphen von f.
Wie kann man mithilfe der angegebenen Koordinaten einen Näherungswert für die Nullstelle von f ermitteln (Fig. 1)?

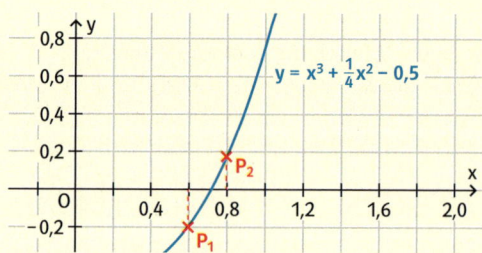

Fig. 1

Näherungswerte für Nullstellen von Funktionen kann man oft mit einem digitalen Mathematikwerkzeug sofort ermitteln. Für die Funktion f mit $f(x) = x^5 - 2x^3 - 2$ ergibt dies $x \approx 1{,}583$. Im Folgenden wird ein Verfahren dargestellt, mit dem man einen solchen Näherungswert schrittweise berechnen kann.

Bei Funktionen f, deren Graphen wie in Fig. 2 verlaufen, d.h. für die es zwei Zahlen a und b aus der Definitionsmenge gibt, für die $f(a)$ und $f(b)$ verschiedene Vorzeichen haben, ist es offensichtlich, dass die Gleichung $f(x) = 0$ in diesem Intervall [a; b] (mindestens) eine Lösung hat. Hat man so abgesichert, dass eine Nullstelle vorliegt, kann man mithilfe der Ableitung von f Näherungswerte für die Nullstelle berechnen.

Es sei $x_0 \in [a; b]$ ein Näherungswert für die gesuchte Nullstelle x^* (Fig. 3). Beim **Newton-Verfahren** ersetzt man in einer Umgebung von x_0 den Graphen von f durch die Tangente im Punkt $P_0(x_0 | f(x_0))$ und berechnet die Stelle x_1, an der die Tangente die x-Achse schneidet. In vielen Fällen ist x_1 ein besserer Näherungswert für x^* als x_0. Wiederholt man dieses Verfahren, erhält man (unter gewissen Voraussetzungen) eine Folge $x_0, x_1, x_2 \ldots$ von immer besseren Näherungswerten für x^*.

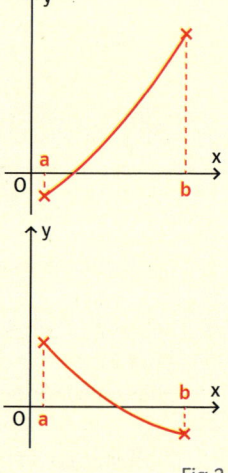

Fig. 2

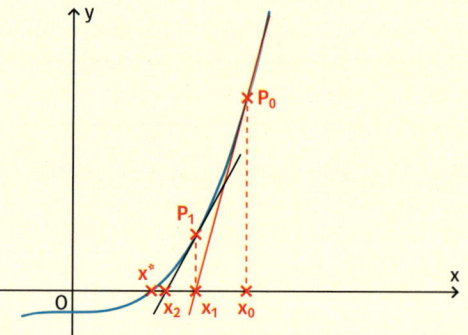

Fig. 3

Setzt man diese geometrischen Überlegungen in eine Rechnung um, ergibt dies als Abfolge:
Man stellt die Gleichung der Tangente im Punkt P_0 auf: $y = f'(x_0)(x - x_0) + f(x_0)$
Man berechnet die Stelle, an der die Tangente die x-Achse schneidet:
Aus $0 = f'(x_0)(x - x_0) + f(x_0)$ folgt (mit $f'(x_0) \neq 0$); $x = x_0 - \dfrac{f(x_0)}{f'(x_0)}$.
Dieser x-Wert ist der neue Näherungswert, man bezeichnet ihn mit x_1.
Mit x_1 als neuem Startwert wiederholt man die Berechnung eines neuen Näherungswertes:
$x_2 = x_1 - \dfrac{f(x_1)}{f'(x_1)}$, $x_3 = x_2 - \dfrac{f(x_2)}{f'(x_2)}$ usw.

Newton-Verfahren zur Berechnung einer Nullstelle einer Funktion f:
1. Ermitteln der Ableitungsfunktion f' von f.
2. Wahl eines Startwertes x_0.
3. Berechnung von Näherungswerten $x_1, x_2, \ldots$ nach der Iterationsvorschrift
$$x_{n+1} = x_n - \dfrac{f(x_n)}{f'(x_n)} \quad (\text{mit } n = 0, 1, 2, \ldots).$$

iterare (lat): wiederholen

Beachten Sie: Das Newton-Verfahren gilt für jede differenzierbare Funktion. Aber nicht immer führt das Verfahren zum Erfolg. Damit x_{n+1} berechnet werden kann, muss $f'(x_n) \neq 0$ sein. Aber auch wenn dies der Fall ist, kann es vorkommen, dass die errechneten x_n-Werte nicht gegen die gesuchte Nullstelle x^* streben (vgl. Fig.1 und Fig.2). In solchen Fällen kann man versuchen, einen Startwert zu wählen, der „dichter" an der gesuchten Nullstelle x^* liegt.

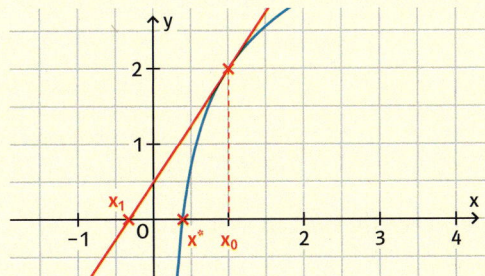

Fig.1

$f(x) = \sqrt{x} - \frac{1}{x} + 2;\ x_0 = 1$
Der x_1-Wert liegt außerhalb der Definitionsmenge D_f.

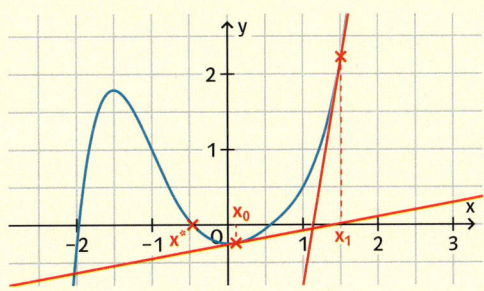

Fig.2

$f(x) = \frac{1}{4}x^5 - \frac{1}{2}x^3 + x^2 - \frac{1}{4};\ x_0 = 0{,}1$
Die x_n-Werte streben gegen eine „falsche" Nullstelle.

Beispiel 1 Durchführung des Newton-Verfahrens
Bestätigen Sie, dass die Funktion f mit $f(x) = x^3 + 2x - 5$ im Intervall $[1;\ 2]$ mindestens eine Nullstelle hat. Berechnen Sie diese auf vier Stellen nach dem Komma gerundet.
Lösung:
Für f mit $f(x) = x^3 + 2x - 5$ ist die Ableitung $f'(x) = 3x^2 + 2$. Man kann die Werte von n, x_n, $f(x_n)$ und $f'(x_n)$ übersichtlich in einer Tabelle zusammenstellen.
Wählt man als Startwert z. B. $x_0 = 1{,}5$, so erhält man:

n	x_n	$f(x_n)$	$f'(x_n)$
0	1,5	1,375	8,75
1	1,342 857 143	0,107 241 983	7,409 795 918
2	1,328 384 142	0,000 840 824	7,293 813 286
3	1,328 268 863	0,000 000 052 958 2	7,292 894 517
4	1,328 268 856	0	7,292 894 459

Man kann eine derartige Tabelle auch mit einem Tabellenkalkulationsprogramm erzeugen.

Auf vier Stellen nach dem Komma ergibt dies 1,3283.

Beispiel 2 Lösen einer Gleichung
Begründen Sie, dass die Gleichung $x^3 - 2x - 5 = 0$ mindestens eine Lösung hat. Ermitteln Sie einen Näherungswert für diese Lösung auf vier Stellen nach dem Komma.
Lösung:
Eine Lösung der Gleichung $x^3 - 2x - 5 = 0$ ist eine Nullstelle der Funktion f mit $f(x) = x^3 - 2x - 5$, und umgekehrt.
Für die Funktion f gilt $f(0) = -5;\ f(3) = 16$.
Folglich hat f im Intervall $[0;3]$ (mindestens) eine Nullstelle.
Es ist $f'(x) = 3x^2 - 2$. Mit dem Startwert $x_0 = 3$ ergibt dies nach fünf Schritten der Näherungswert $x^* \approx 2{,}0946$.

n	x_n	$f(x_n)$	$f'(x_n)$
0	3	16	25
1	2,36	3,424 256	14,708 8
2	2,127 196 78	0,371 099 846	11,574 898 42
3	2,095 136 037	0,006 526 626	11,168 785 04
4	2,094 551 674	0,000 000 214 614	11,161 440 14
5	2,094 551 482	0,000 000 000 000	11,161 437 73

Diese Gleichung hat Isaac Newton zur Demonstration seines Verfahrens behandelt. August de Morgan (1844) hat die Lösung auf 124 Stellen nach dem Komma berechnet.

Exkursion

Die auf der vorherigen Seite dargestellte Berechnung von Näherungswerten lässt sich vereinfachen, wenn der verwendete Taschenrechner bzw. das digitale Mathematikwerkzeug über die Möglichkeit verfügt, den Funktionswert an einer Stelle zu berechnen, die mit einer vorherigen Rechnung ermittelt wurde (typischerweise „f(ans)", wobei f das Funktionssymbol bezeichnet und „ans" den Zugriff auf das vorherigen Ergebnis ermöglicht).

Für Beispiel 2 könnte dies so aussehen:
1. Definition der Iterationsfunktion: $n(x) = x - \dfrac{x^3 - 2x - 5}{3x^2 - 2}$
2. Eingabe des Startwertes: 3
3. Wiederholte Eingabe: n(ans)

Falls nur der Buchstabe f als Bezeichnung für eine Funktion zur Verfügung steht, muss man f anstelle von n verwenden.

1 Ermitteln Sie einen Näherungswert für die Nullstelle von f in dem angegebenen Intervall auf vier Stellen nach dem Komma gerundet.
  a) $f(x) = x^3 + 2x - 1$; [0;1]
  b) $f(x) = x^4 + 3x - 3$; [0;2]
  c) $f(x) = \sin(x) + x - 2$; [1;2]

2 Ermitteln Sie ein Intervall, in dem die Funktion f eine Nullstelle hat. Wählen Sie einen Startwert und berechnen Sie die ersten drei Näherungswerte für die Nullstelle von f.
  a) $f(x) = x^3 - 3x - 1$
  b) $f(x) = \sin(x) - x^2 + 1$
  c) $f(x) = e^x + x^3 - 6x$

3 Ermitteln Sie einen Näherungswert für die Lösung der Gleichung auf drei Stellen nach dem Komma.
  a) $\frac{1}{4}x^3 - x^2 + x + 4 = 0$
  b) $\cos(x) + x - 2 = 0$
  c) $\frac{1}{2}e^{-2x} - 4x^3 + 2 = 0$

4 Berechnen Sie einen Näherungswert für die Koordinaten der Schnittpunkte der Graphen von f und g (Genauigkeit: drei Stellen nach dem Komma).
  a) $f(x) = -e^x + 4$; $g(x) = \frac{1}{2}x^2 + x$
  b) $f(x) = x^2 + x + 1$; $g(x) = -4\sin\left(\frac{1}{2}x\right)$

5 Das Newton-Verfahren kann vereinfacht werden, indem man im Nenner des Bruchs statt $f'(x_n)$ eine feste Steigung m wählt: $x_{n+1} = x_n - \dfrac{f(x_n)}{m}$.
  a) Erstellen Sie eine Skizze analog zu Fig. 3 auf Seite 96 und erläutern Sie, wieso man dieses Verfahren auch als „Sägezahnverfahren" bezeichnet.
  b) Führen Sie dieses Verfahren zur näherungsweisen Berechnung der positiven Nullstelle der Funktion f mit $f(x) = \frac{1}{12}x^3 - 1$ durch.

6 Mithilfe des Newton-Verfahrens kann man auch Quadratwurzeln und Kubikwurzeln berechnen.
  a) Für eine positive Zahl a ist $\sqrt{a}$ eine Nullstelle von f mit $f(x) = x^2 - a$. Berechnen Sie $\sqrt{2}$ mithilfe des Newton-Verfahrens auf vier Stellen nach dem Komma.
  b) Begründen Sie, dass sich zur Berechnung von $\sqrt{a}$ auch die Funktion g mit $g(x) = 1 - \dfrac{a}{x^2}$ eignet. Führen Sie das Newton-Verfahren zur Berechnung von $\sqrt{2}$ mit dieser Funktion durch.
  c) Geben Sie eine Funktion an, mit der man mithilfe des Newton-Verfahren die 3. Wurzel einer positiven Zahl näherungsweise berechnen kann. Führen Sie eine Berechnung an einem selbstgewählten Beispiel durch.

7 Betrachtet wird die Funktion f mit $f(x) = x^3 - 8x^2 + 19x - 12$.
  a) Zeigen Sie, dass 1; 3 und 4 Nullstellen der Funktion f sind.
  b) Ermitteln Sie durch Probieren ein möglichst großes Intervall von Startwerten, für die sich das Newton-Verfahren der Zahl 3 nähert.
  c) Zeigen Sie: Es gibt Startwerte $x > 3$, für die die Folge der Näherungswerte gegen 1 strebt.

Training

II Differenzialrechnung

1 Für einen US-Dollar erhält man zu einem Zeitpunkt 0,84 €, für einen Euro 1,07 Schweizer Franken.
a) Geben Sie jeweils eine Funktion an, die jedem Dollarbetrag den Betrag in Euro und jedem Euro-Betrag den Betrag in Schweizer Franken zuordnet.
b) Geben Sie die Funktion an, die jedem Dollarbetrag den Betrag in Franken zuordnet.

2 Zeichnen Sie in ein gemeinsames Koordinatensystem die Graphen von g und h. Zeichnen Sie mithilfe der Ordinatenaddition den Graphen von f = g + h.
a) $g(x) = x^2$; $h(x) = 2x$
b) $g(x) = x$; $h(x) = -2\sqrt{x}$
c) $g(x) = x$; $h(x) = e^{-x}$
d) $g(x) = 0{,}5x^3$; $h(x) = -2x$
e) $g(x) = \cos(x)$; $h(x) = 0{,}5x$
f) $g(x) = \sin(x)$; $h(x) = \cos(x)$

3 Gegeben sind die Funktionen g und h. Zeichnen Sie die Graphen von g und h in ein gemeinsames Koordinatensystem. Zeichnen Sie den Graphen von f = g + h mittels Ordinatenaddition. Geben Sie die Gleichung der Asymptote des Graphen von f an.
a) $g(x) = \frac{1}{x^2} + 1$; $h(x) = -x + 1$
b) $g(x) = -e^{-x} + 1$; $h(x) = -x + 2$

4 Leiten Sie die Funktion ab.
a) $f(x) = x^4 + x^2$
b) $f(x) = 7x^2 - x + 5$
c) $f(x) = x^5 + \frac{1}{8}x^4 - \frac{1}{3}x^3 + x$
d) $f(x) = 4x^3 + 6x^2 + x - 9$

5 Leiten Sie die Funktion f ab und bestimmen Sie f'(1).
a) $f(x) = 3 \cdot x^{-1}$
b) $f(x) = \frac{1}{x^2} + 3$
c) $f(x) = 3\sqrt{x} - x^2$
d) $f(x) = x^{\frac{3}{2}} - 3x^2 + \frac{1}{x^2}$

6 Leiten Sie die Funktion f einmal ab.
a) $f(x) = (3x - 1)^2$
b) $f(t) = 2\cos(\pi \cdot t + 2)$
c) $f(x) = \sqrt{x} \cdot (3x - 2)$
d) $f(x) = x \cdot \sqrt{x + 1}$
e) $f(t) = (t + 1) \cdot \sin(t)$
f) $f(t) = \sqrt{2t + 1}$

7 Bestimmen Sie f'(x).
a) $f(x) = \frac{1}{x} \cdot (2x + 1)^4$
b) $f(x) = x \cdot \sqrt{3x - 2}$
c) $f(x) = x \cdot \cos(2x)$
d) $f(x) = (4x - 3) \cdot \sin(x)$
e) $f(x) = (2x + 1) \cdot e^{-x}$
f) $f(x) = \sin(\pi x) \cdot e^x$

8 Bestimmen Sie die erste und die zweite Ableitung.
a) $f(x) = e^{2x}$
b) $f(x) = 3\sin(\pi x + 2)$
c) $f(x) = x \cdot e^{3x}$
d) $f(x) = 2^x + 3x$
e) $f(u) = 3 \cdot 5^{-u}$
f) $f(x) = \sin(x + 1) \cdot e^{0{,}5x}$

9 Bestimmen Sie den Punkt, in dem der Graph der Funktion f mit $f(x) = 2e^{0{,}5x + 1} - 1$
a) die Steigung 1 hat,
b) die Steigung e hat,
c) die Steigung 2 hat.

10 Die Abbildung zeigt den Graphen einer Ableitungsfunktion f'. Ist die Aussage über die dazugehörige Funktion f wahr? Begründen Sie.

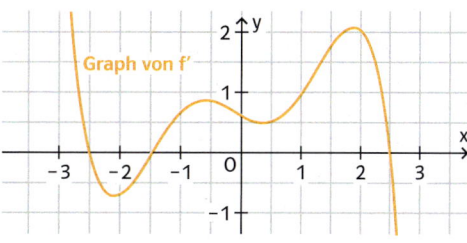

a) Die Steigung des Graphen von f ist zwischen −1 und 1 positiv.
b) Die Steigung des Graphen von f ist zwischen 2 und 2,5 negativ.
c) Die Steigung des Graphen von f ist für x = −2,5; für x = −1,5 und für x = 2,5 gleich groß.
d) Die Steigung des Graphen von f ist für x = −2,2; für x = −0,7; x = 0,3 und x = 1,8 gleich groß.
e) Die durchschnittliche Änderungsrate ist im Intervall [−1; 2] positiv.
f) Finden Sie weitere Aussagen zur Funktion f und lassen Sie sie von Ihrer Banknachbarin oder Ihrem Banknachbarn überprüfen.

11 Der Graph der Funktion g mit $g(x) = x + 2$ soll schiefe Asymptote des Graphen einer Funktion f sein. Bestimmen Sie zwei Beispiele für f so, dass sich der Graph der Funktion f
a) nur für $x \to +\infty$ der Asymptote nähert,
b) nur für $x \to -\infty$ der Asymptote nähert,
c) sowohl für $x \to +\infty$ als auch für $x \to -\infty$ der Asymptote nähert.

12 a) Berichtigen Sie diese fehlerhafte Rechnung: $f(x) = (2x - 8) \cdot e^x$; $f'(x) = 2e^x$
b) Welcher Fehler wurde gemacht? Korrigieren Sie.
$h(x) = x^2 \cdot \sin(3x - 1)$: $h'(x) = 2x \cdot \sin(3x - 1) + x^2 \cdot \cos(3x - 1)$
c) Begründen Sie, ohne die Ableitung zu bilden, warum die angegebene Ableitung nicht richtig sein kann:
$k(x) = (x^2 - 1)^2 \cdot x$; $k'(x) = 5x^3 - 12x^2 + 1$

13 Bestimmen Sie die Definitionsmenge der Funktion f. Untersuchen Sie die Funktion f auf Nullstellen.
a) $f(x) = \sqrt{x} \cdot (x + 2)$
b) $f(x) = e^{x-3} \cdot \sqrt{x - 2}$
c) $f(x) = \sqrt{x + 3} \cdot (x^2 - 9)$

14 Eine Bakterienkultur wächst in einer Schale. Die Fläche, die von Bakterien bedeckt ist, kann mithilfe der Funktion A modelliert werden: $A(t) = -0{,}001t^3 + 0{,}1t^2 + t + 1{,}5$ ($0 \leq t \leq 70$ in Stunden seit Beginn der Beobachtung, A(t) in cm²).
a) Bestimmen Sie die mittlere Änderungsrate der bakterienbesetzten Fläche für die ersten vier Stunden.
b) Bestimmen Sie die momentane Wachstumsgeschwindigkeit nach 6,5 Stunden.
c) Zu welchen Zeitpunkten ist die Wachstumsgeschwindigkeit $270 \frac{mm^2}{h}$?

15 Bei einem Kälteeinbruch wird die Temperatur modellhaft durch die Funktion $T(t) = \frac{12}{t} - 10$ beschrieben ($t \geq 1$ in Stunden seit Beobachtungsbeginn, T(t) in °C).
a) Wann sinkt die Temperatur unter 0°C?
b) Bestimmen Sie die momentane Änderungsrate der Temperatur zum Zeitpunkt $t = 20\,h$.
c) Begründen Sie, dass die Temperatur ständig sinkt.
d) Nach einem Tag geht die Temperaturabnahme in eine lineare Abnahme über, wobei beim Graphen kein Knick entsteht. Wann wird die Temperatur $-10\,°C$ erreicht?

16 Bestimmen Sie die Gleichung der Tangente an den Graphen von f im Punkt $P(x_0 | f(x_0))$.
a) $f(x) = x^3 - x$; $x_0 = 1$
b) $f(x) = -\cos(2x) + 1$; $x_0 = \frac{\pi}{4}$
c) $f(x) = x \cdot e^{-x}$; $x_0 = -1$

17 Begründen Sie: Der Graph der Funktion f mit $f(x) = e^{-x} + e \cdot x$ hat im Punkt $P(-1|f(-1))$ die x-Achse als Tangente.

18 Von welcher Funktion könnte die Ableitung stammen?
a) $f'(x) = 3x^2 \cdot e^{2x} + 2x^3 \cdot e^{2x}$
b) $f'(x) = 2\cos(x) - 2x \cdot \sin(x)$
c) $f'(x) = \pi\cos(\pi x) \cdot e^x + \sin(\pi x) \cdot e^x$
d) $f'(x) = (x^2 + 1)^3 + 6x^2(x^2 + 1)^2$

19 a) Für welche Werte von m ist die folgende Aussage richtig?
Zu jeder Geraden $y = mx + b$ gibt es (mindestens) eine parallele Tangente an den Graphen
(1) der Funktion f mit $f(x) = x^3$ bzw.
(2) der Funktion g mit $g(x) = x^5$.
b) Lassen sich die Ergebnisse aus Teilaufgabe a) verallgemeinern?

20 Mithilfe einer Funktion g wird die Funktion f gebildet mit $f(x) = (g(x))^n$; $n = 1; 2; 3; \ldots$
a) Ermitteln Sie mithilfe der Produktregel eine Formel für die Ableitung von $f(x) = (g(x))^2$.
b) Untersuchen Sie, wie die Ableitung von f für $n = 3$, $n = 4$ etc. berechnet werden kann.

Strategie | Seite 339
Orientieren an einem Beispiel

Rückblick

Durchschnittliche Änderungsrate, Differenzenquotient

Die durchschnittliche Änderungsrate bzw. der Differenzenquotient der Funktion f im Intervall $[x_0; x]$ ist der Quotient $\frac{\Delta y}{\Delta x} = \frac{f(x) - f(x_0)}{x - x_0}$.

Betrachtet man die Sekante durch die Punkte $P_0(x_0 | f(x_0))$ und $Q(x | f(x))$ des Graphen von f, so entspricht der Differenzenquotient der Steigung dieser Sekante. Setzt man $x = x_0 + h$, so wird der Differenzenquotient zu $\frac{\Delta y}{\Delta x} = \frac{f(x_0 + h) - f(x_0)}{h}$.

$f(x) = 0{,}2x^2$; Intervall $[3; 5]$
$\frac{\Delta y}{\Delta x} = \frac{f(5) - f(3)}{5 - 3} = \frac{0{,}2 \cdot 5^2 - 0{,}2 \cdot 3^2}{2} = 1{,}6$

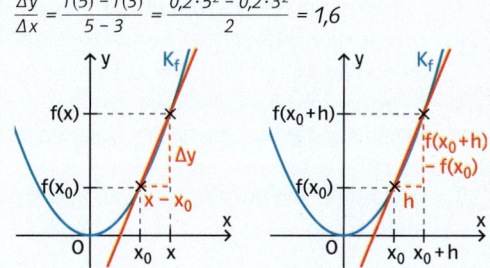

Lokale Änderungsrate, Differenzialquotient, Ableitung

Die lokale Änderungsrate, der Differenzialquotient bzw. die Ableitung ist der Grenzwert des Differenzenquotienten für $x \to x_0$ bzw. $h \to 0$. Man schreibt $f'(x_0) = \lim\limits_{x \to x_0} \frac{f(x) - f(x_0)}{x - x_0}$ bzw. $f'(x_0) = \lim\limits_{h \to 0} \frac{f(x_0 + h) - f(x_0)}{h}$.

Betrachtet man die Tangente an den Graphen von f im Punkt $P_0(x_0 | f(x_0))$, so entspricht die Ableitung an der Stelle x_0 der Steigung der Tangente.

$f(x) = x^2$; $x_0 = 1$
$\frac{\Delta y}{\Delta x} = \frac{f(x) - f(x_0)}{x - x_0} = \frac{x^2 - 1}{x - 1} = \frac{(x - 1)(x + 1)}{x - 1} = x + 1$
Grenzwert bilden: Für $x \to 1$ gilt $x + 1 \to 2$.
Also ist $f'(1) = 2$.

Ableitungsfunktion

Die Funktion, die jedem $x \in D_f$ die Ableitung $f'(x)$ an dieser Stelle zuordnet, heißt Ableitung oder Ableitungsfunktion f' von f.

$f(x) = x^3 - 4x^2 + 1$
$f'(x) = 3x^2 - 8x$

Tangente

Die Tangente an den Graphen von f im **Berührpunkt** $B(x_0 | f(x_0))$ ist die Gerade durch B mit der Steigung $m = f'(x_0)$.
Sie hat die Gleichung $y = f'(x_0) \cdot (x - x_0) + f(x_0)$.

Bei dem Ansatz $y = mx + b$ für die Tangente ist m die Ableitung $f'(x_0)$. Der y-Achsenabschnitt b wird durch Punktprobe mit B ermittelt.

$f(x) = x^2 + 2$; $B(2 | 6)$
$f'(x) = 2x$
$f(2) = 6$; $f'(2) = 4$
$y = 4 \cdot (x - 2) + 6$
$y = 4x - 2$
oder: $y = mx + b$
$m = 2 \cdot 2 = 4$;
Punktprobe:
$6 = 4 \cdot 2 + b$, also $b = -2$.
Damit ist die Gleichung der Tangente t:
$y = 4x - 2$.

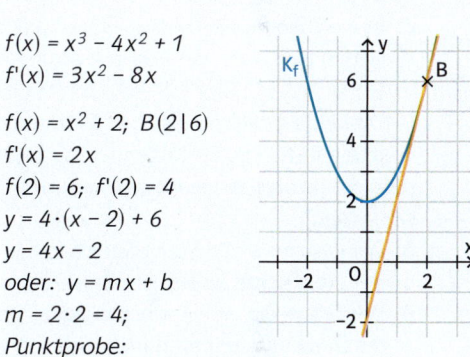

Ableitungen spezieller Funktionen

Potenzfunktion	$f(x) = x^r$	$f'(x) = r \cdot x^{r-1}$
natürliche Exponentialfunktion	$f(x) = e^x$	$f'(x) = e^x$
allgemeine Exponentialfunktion	$f(x) = q^x$; $(q > 0)$	$f'(x) = \ln(q) \cdot q^x$
trigonometrische Funktionen	$f(x) = \sin(x)$	$f'(x) = \cos(x)$
	$f(x) = \cos(x)$	$f'(x) = -\sin(x)$
	$f(x) = -\sin(x)$	$f'(x) = -\cos(x)$
	$f(x) = -\cos(x)$	$f'(x) = \sin(x)$

$f(x) = x^5$; $f'(x) = 5x^4$
$f(x) = \frac{1}{x} = x^{-1}$; $f'(x) = -1 \cdot x^{-2} = -\frac{1}{x^2}$
$f(x) = \sqrt{x} = x^{\frac{1}{2}}$; $f'(x) = \frac{1}{2} x^{-\frac{1}{2}} = \frac{1}{2\sqrt{x}}$
$f(x) = 3^x$; $f'(x) = \ln(3) \cdot 3^x$

Allgemeine Ableitungsregeln

Summenregel	$f(x) = g(x) + h(x)$	$f'(x) = g'(x) + h'(x)$
Faktorregel	$f(x) = c \cdot g(x)$	$f'(x) = c \cdot g'(x)$
lineare Kettenregel	$f(x) = g(mx + b)$	$f'(x) = m \cdot g'(mx + b)$
Produktregel	$f(x) = u(x) \cdot v(x)$	$f'(x) = u'(x) \cdot v(x) + u(x) \cdot v'(x)$

$f(x) = x^3 + e^x$; $f'(x) = 3x^2 + e^x$
$f(x) = -5 \cdot \sin(x)$; $f'(x) = -5 \cdot \cos(x)$
$f(x) = e^{-2x}$; $f'(x) = e^{-2x} \cdot (-2) = -2 \cdot e^{-2x}$
$f(x) = x \cdot \cos(x)$; $f'(x) = 1 \cdot \cos(x) - x \cdot \sin(x)$

Prüfungsvorbereitung

Aufgaben ohne Hilfsmittel

Lösungen | Seite 370

1 Gegeben sind die Funktionen g mit $g(x) = x^2 + 2$ und h mit $h(x) = 4x^3 - 2x$.
Untersuchen Sie, welche Symmetrieeigenschaft der Graph von $f = g \cdot h$ hat.

2 Gegeben sind die Funktionen g mit $g(x) = 4e^{-x} + 2x$ und h mit $h(x) = -2x + 2$. Geben Sie die Gleichung der Asymptote des Graphen von $f = g + h$ an.

3 Bestimmen Sie die Ableitung der Funktion f an der Stelle x_0.
a) $f(x) = 2x^3 - 5x$; $x_0 = 2$
b) $f(x) = -x^4 + x$; $x_0 = -1$
c) $f(x) = 3 \cdot \cos(x)$; $x_0 = \frac{\pi}{2}$

4 Ermitteln Sie die Ableitung von f.
a) $f(x) = x^2 + \cos(3x)$
b) $f(x) = e^{0,5x} \cdot \sin(x)$
c) $f(x) = x^3 \cdot \cos\left(\frac{\pi}{2}x\right)$

5 Berechnen Sie diejenige Stelle, an der die Steigung des Graphen von f den Wert m hat.
a) $f(x) = x^2 - 3x$; $m = 5$
b) $f(x) = e^{2x} - 1$; $m = e$
c) $f(x) = -\frac{4}{x^2}$; $m = 1$

6 Abgebildet ist eine Wertetabelle einer Polynomfunktion f. K ist der Graph von f.
a) Geben Sie den Schnittpunkt von K mit der y-Achse an.
b) Geben Sie die Intervalle an, in denen f eine Nullstelle hat.
c) In welchen Punkten hat K Tangenten, die parallel zur x-Achse verlaufen?
d) Geben Sie Paare von Punkten an, in denen die Tangenten an K zueinander parallel sind.

x	f(x)	f'(x)
-3	-17	24
-2	-1	9
-1	3	0
0	1	-3
1	-1	0
2	3	9
3	19	24

7 Die Abbildung rechts zeigt den Graphen einer Funktion f. Welche der folgenden Aussagen über die dazugehörige Ableitungsfunktion f' sind wahr?
A: Der Graph der Ableitungsfunktion f' schneidet die x-Achse an der Stelle $x = 2$.
B: Der Graph der Ableitungsfunktion f' geht durch den Koordinatenursprung.
C: Der Graph der Ableitungsfunktion f' verläuft zwischen $x = 1$ und $x = 2$ unterhalb der x-Achse.

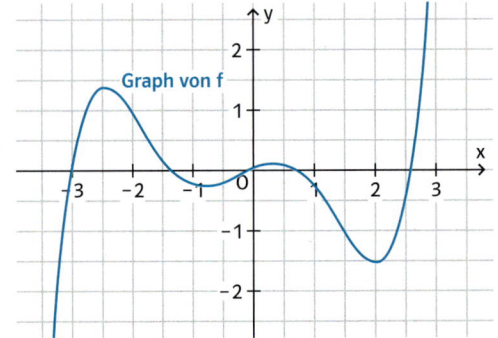

8 Ermitteln Sie die Gleichung der Tangente im Punkt $P(-1|1)$ des Graphen der Funktion f mit $f(x) = x^3 - 2x$. Bestimmen Sie den Punkt, in dem die Tangente die x-Achse schneidet.

9 Begründen Sie, warum die Aussage falsch ist.
a) Eine Tangente an den Graphen einer Funktion hat mit dem Graphen immer nur einen gemeinsamen Punkt.
b) Zwei Tangenten an den Graphen einer Funktion haben immer einen Schnittpunkt.

10 Für die natürliche Exponentialfunktion gilt, dass $f'(x) = f(x)$ ist für alle $x \in \mathbb{R}$. Begründen Sie, dass auch jedes Vielfache dieser Funktion diese Gleichung erfüllt.

11 Ergänzen Sie sinnvoll:
a) Hat der Graph der Funktion f nur Tangenten mit positiver Steigung, so verläuft der Graph der Ableitungsfunktion f' von f …
b) Wenn eine Funktion f linear ist, dann ist die zugehörige Ableitungsfunktion …
c) Wenn die Funktionswerte einer Funktion f konstant sind, dann ist die zugehörige Ableitungsfunktion f' …

Prüfungsvorbereitung

II Differenzialrechnung

12 Gegeben ist der Graph der Ableitungsfunktion f' einer Funktion f. Welche der Aussagen über den Graphen K_f der Funktion f sind wahr, welche falsch? Begründen Sie.

A: Die Steigung des Graphen K_f im Punkt $P(2,5|f(2,5))$ ist negativ.

B: Im Intervall $[0;1]$ verläuft K_f fallend.

C: Die Tangenten an K_f in den Stellen $x = -2$; 2 und 4 sind parallel zueinander.

D: Der globale Verlauf von K_f ist von links unten nach rechts oben.

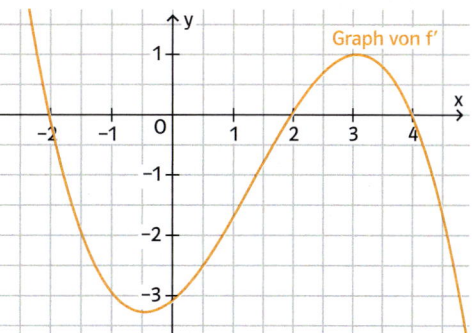

Aufgaben mit Hilfsmitteln

13 Berechnen Sie die durchschnittliche Änderungsrate in dem angegebenen Intervall I.
a) $f(x) = e^{0,5x}$; $I = [1;3]$
b) $f(x) = \sin(2x)$; $I = [0,5;1]$
c) $f(x) = (x^2 - 4)^2$; $I = [1;2]$

14 Bestimmen Sie die Stellen, an denen die Ableitung den Wert 2 hat.
a) $f(x) = \frac{2}{3}(4x - 2)^3 + 1$
b) $f(x) = e^{2x-1} - 4$
c) $f(x) = \frac{1}{x^2}$

15 Bestimmen Sie die Gleichung der Tangente t an den Graphen von f im Punkt P.
a) $f(x) = x^2 + 0,5x$; $P(-3|f(-3))$
b) $f(x) = x - x^3$; $P(1|f(1))$
c) $f(x) = \cos(x) - x$; $P\left(\frac{\pi}{2}\big|f\left(\frac{\pi}{2}\right)\right)$

16 Weisen Sie nach, dass die Gerade g Tangente an den Graphen von f ist, und berechnen Sie die Koordinaten des Berührpunktes B.
a) $f(x) = \sqrt{x} - \frac{x}{2}$; $g: y = -\frac{1}{4}x + 1$
b) $f(x) = e^x - e$; $g: y = e \cdot x - e$

17 Gegeben ist die Funktion f mit $f(x) = \cos(x) + 1$.
a) Begründen Sie, dass sich die Tangenten an den Graphen von f in den Punkten $P\left(\frac{\pi}{2}\big|f\left(\frac{\pi}{2}\right)\right)$ und $Q\left(\frac{3}{2}\pi\big|f\left(\frac{3}{2}\pi\right)\right)$ orthogonal schneiden.
b) Bestimmen Sie die Koordinaten des Schnittpunkts der beiden Tangenten.

18 Gegeben sind die Funktionen f mit $f(x) = -\frac{1}{8}x^3 - \frac{3}{4}x^2 + \frac{1}{2}x + 3$ und g mit $g(x) = x^2 + 2x + 3$. Die Graphen der beiden Funktionen berühren sich. Berechnen Sie die Koordinaten des Berührpunktes und ermitteln Sie die Gleichung der dazugehörenden gemeinsamen Tangente der Graphen.

19 Auf einer Südseeinsel werden Schafe angesiedelt. Ihre Anzahl zum Zeitpunkt t nach Beobachtungsbeginn kann modellhaft durch die Funktion s mit $s(t) = t^3 + 5t$ beschrieben werden (t in Jahren). Für $t \geq 5$ wächst die Anzahl der Schafe linear, wobei der Graph von s ohne Knick in eine Gerade übergeht. Berechnen Sie, wann man mit 950 Schafen auf der Insel rechnen kann.

20 Nach dem Eintauchen eines Steins in einen See breiten sich Wellen in konzentrischen Kreisen aus. Bei einem Radius von 4 m wächst der Radius mit einer Geschwindigkeit von $1,2 \frac{m}{s}$. Bestimmen Sie die Rate, mit der sich der von der kreisförmigen Welle eingeschlossene Flächeninhalt zu diesem Zeitpunkt vergrößert.

21 Die Funktion f ist das Produkt von zwei Funktionen g und h, $f(x) = g(x) \cdot h(x)$. Begründen Sie: Haben die Funktionen g und h eine gemeinsame Nullstelle, so hat der Graph von f an dieser Stelle eine waagerechte Tangente.

III Extremstellen und Wendestellen

Das Gipfelkreuz ist der höchste Punkt in einer Umgebung. Man muss zuerst aufsteigen und anschließend wieder absteigen.
Ein Hochpunkt ist ein Ort, bei dem eine steigende Funktion in eine fallende übergeht.

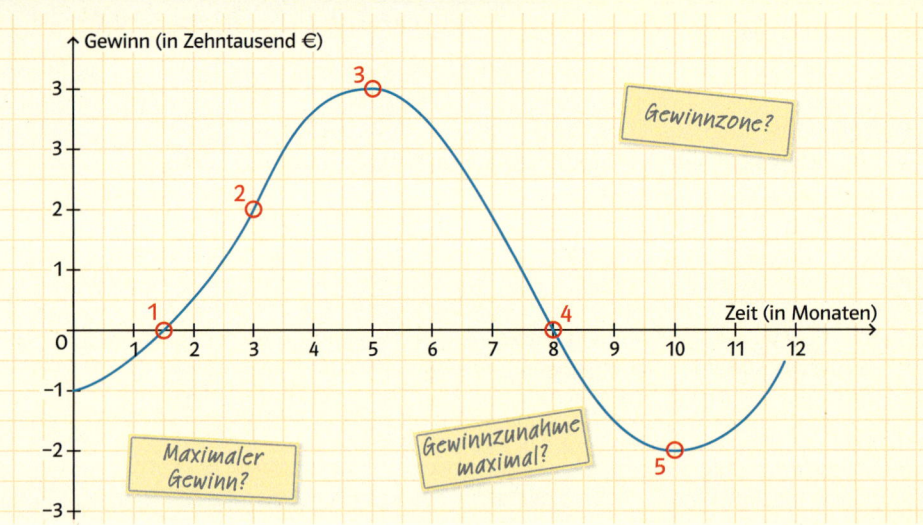

Das können Sie schon

- Graphen von Funktionen skizzieren
- Zu einem Funktionsgraphen den Graphen der Ableitungsfunktion skizzieren
- Die Ableitung einer Funktion bestimmen
- Die Steigung eines Graphen an einer Stelle bestimmen
- Nullstellen von Funktionen bestimmen

Das können Sie bald

- Das Monotonieverhalten einer Funktion ermitteln
- Die Hochpunkte, Tiefpunkte und Wendepunkte des Graphen einer Funktion bestimmen
- Den Graphen einer Funktion auf Basis des Graphen der Ableitung skizzieren

Check-in

So geht's:
(1) Checkliste übertragen.
(2) Fähigkeiten selbst einschätzen.
(3) Einschätzung mithilfe der Aufgaben überprüfen und gegebenenfalls Lerntipps beachten.

Schätzen Sie sich mithilfe der Checkliste ein.

1. Ich kann den Graphen einer Funktion skizzieren.
2. Ich kann zu einem Funktionsgraphen den Graphen der Ableitungsfunktion skizzieren.
3. Ich kann Grundfunktionen mit der Summenregel und der Faktorregel ableiten.
4. Ich kann lineare Verkettungen ableiten.
5. Ich kann Produkte von Funktionen ableiten.
6. Ich kann die Steigung eines Graphen an einer Stelle bestimmen.
7. Ich kann Nullstellen von Polynomfunktionen bestimmen.
8. Ich kann Exponentialgleichungen lösen.
9. Ich kann Gleichungen durch Substitution lösen.
10. Ich kann trigonometrische Gleichungen lösen.

Lerntipps

zu 2. **Grundwissen**, Seite 354
zu 3. **Beispiel 2**, Seite 59
zu 4. **Beispiel 2**, Seite 69
zu 5. **Beispiel 1**, Seite 75
zu 6. **Grundwissen**, Seite 354
zu 7. **Grundwissen**, Seite 352
zu 8. **Grundwissen**, Seite 353
zu 9. **Grundwissen**, Seite 352
zu 10. **Beispiel 1**, Seite 26

Überprüfen Sie Ihre Einschätzungen.

Lösungen | Seite 371

1 Den Graphen einer Funktion skizzieren
Skizzieren Sie den Graphen der Funktion in Ihrem Heft.
a) $f(x) = -x^2 + 1$
b) $f(x) = -x^3 + 3x$
c) $f(x) = -x(x+1)(2-x)$
d) $f(x) = x^4 - 4$
e) $f(x) = -x^2(x - 1{,}5)^2$
f) $f(x) = \sin(x)$, $x \in [0; 2\pi]$
g) $f(x) = \cos\left(\frac{\pi}{2} \cdot x\right)$; $x \in [0; 6]$
h) $f(x) = e^x - 2$
i) $f(x) = 4 - e^{-x}$

2 Den Graphen der Ableitungsfunktion einer Funktion skizzieren
Übertragen Sie den Graphen der Funktion f in Ihr Heft und skizzieren Sie den Graphen der Ableitungsfunktion.

a)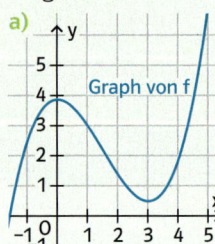
b)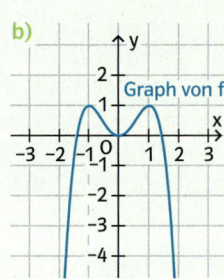
c)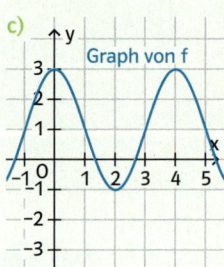
d)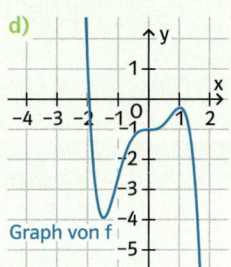

3 Ableitungen von Grundfunktionen mithilfe der Summenregel und der Faktorregel bestimmen
Bestimmen Sie die Ableitungsfunktion f′.
a) $f(x) = x^4 - x^2$
b) $f(x) = -2x^3 + x - 3$
c) $f(x) = 2e^x - x^{-2}$
d) $f(x) = -3x^2 + \frac{1}{x}$
e) $f(x) = \frac{3}{x} - e^x - x^2$
f) $f(x) = x + 2\sin(x)$
g) $f(x) = 1 - \cos(x)$
h) $f(x) = x - 1 + \frac{3}{x}$
i) $f(x) = \frac{7}{x^2} - 5x$

III Extremstellen und Wendestellen

4 Ableitung einer linearen Verkettung bestimmen
Bestimmen Sie die Ableitungsfunktion f'.
a) $f(x) = (3x - 5)^4$
b) $f(x) = \left(\frac{1}{2}x - 5\right)^3$
c) $f(x) = 2\sin\left(\frac{\pi}{2}x\right)$
d) $f(x) = 3\cos\left(\frac{x}{3}\right)$
e) $f(x) = e^{7x-5}$
f) $f(x) = \frac{1}{2x} - e^{2x}$
g) $f(x) = (2x - 1)^{-1}$
h) $f(x) = \frac{1}{(3-x)^2}$
i) $f(x) = -\cos(2x) - 1$

5 Produkt zweier Funktionen ableiten
Bestimmen Sie die Ableitungsfunktion f'.
a) $f(x) = (x^2 + 1) \cdot e^x$
b) $f(x) = (x - 1) \cdot e^{-x}$
c) $f(x) = x^2 \cdot (x - 2)^3$
d) $f(x) = x \cdot \sin(2x)$
e) $f(x) = x^{-1} \cdot e^{-2x}$
f) $f(x) = x \cdot \cos(0,5x)$

6 Steigung eines Graphen an einer Stelle berechnen
Berechnen Sie die Steigung des Graphen von f an der Stelle x_0.
a) $f(x) = x^4$; $x_0 = \frac{1}{2}$
b) $f(x) = -2x^2 + x$; $x_0 = -2$
c) $f(x) = e^{2x}$; $x_0 = 0$
d) $f(x) = x \cdot e^x$; $x_0 = 1$
e) $f(x) = \frac{1}{x}$; $x_0 = 2$
f) $f(x) = (2x - 3)^4$; $x_0 = 1$
g) $f(x) = \sin(2x)$; $x_0 = 0$
h) $f(x) = \cos\left(\frac{x}{2}\right)$; $x_0 = \pi$
i) $f(x) = \frac{2}{x}$; $x_0 = 0,25$

7 Nullstellen von Polynomfunktionen bestimmen
Bestimmen Sie die Nullstellen der Funktion f.
a) $f(x) = x(x - 3)(x + 1)$
b) $f(x) = x^2 - 5x + 6$
c) $f(x) = 2x^3(3x + 6)$
d) $f(x) = 3x^2 - 6x + 9$
e) $f(x) = x^3 - 16x$
f) $f(x) = x^2 - 7$
g) $f(x) = x^5 - 32$
h) $f(x) = 8x^3 - 2x$
i) $f(x) = 2x^3 - 8x^2 + 6x$

8 Exponentialgleichungen lösen
Lösen Sie die Gleichung.
a) $3^x = 9$
b) $3^x = \frac{1}{81}$
c) $2^{1-x} = 16$
d) $e^x = \sqrt{e}$
e) $2^x = 5$
f) $e^{2x-1} = 7$
g) $e^{2x} - 4e^x = 0$
h) $2 \cdot e^x - 4e^{-x} = 0$
i) $(x - 2)e^x = 0$

9 Gleichungen durch Substitution lösen
Lösen Sie die Gleichung mithilfe einer Substitution.
a) $x^4 - 10x^2 + 9 = 0$
b) $x^4 + 3x^2 - 10 = 0$
c) $2x^2 + \frac{4}{x^2} = 6$
d) $e^{2x} - 4e^x + 3 = 0$
e) $e^{2x} - e^x - 2 = 0$
f) $e^x + 6e^{-x} = 5$

10 Trigonometrische Gleichungen lösen
Geben Sie jeweils zwei Lösungen an.
a) $\sin(x) = 0$
b) $\cos(x) = 0$
c) $\sin(x) = 1$
d) $\cos(x) = -1$
e) $\cos(2x) = 0$
f) $\sin(4x) + 1 = 0$
g) $\sin\left(\frac{\pi}{2} \cdot x\right) - 1 = 0$
h) $3 \cdot \sin\left(\frac{\pi}{3}x\right) = 3$
i) $2 \cdot \cos\left(\frac{\pi}{5}x\right) = -2$
j) $\sin(x - 1) = 0$
k) $2\cos\left(x + \frac{1}{2}\right) = 2$
l) $\cos\left(x - \frac{3}{2}\right) + 1 = 0$

Check-in

1 Bedeutung der ersten Ableitung – Monotonie

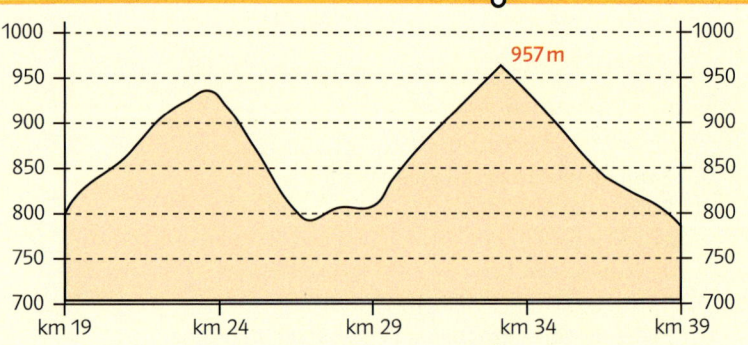

In der Umgebung von Bad Dürrheim gibt es eine schöne anspruchsvolle Radstrecke. Von einer Teilstrecke ist hier das Höhenprofil abgebildet.
Beschreiben Sie den Streckenverlauf des etwa 20 km langen Teilstücks.

Nehmen auf einem Intervall I mit zunehmenden x-Werten die Funktionswerte ausschließlich zu (ab), so nennt man eine Funktion **streng monoton wachsend (fallend)**.

f ist im Intervall I streng monoton wachsend,

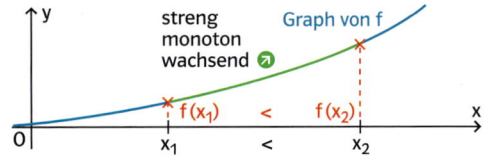

wenn für alle $x_1, x_2 \in I$ mit $x_1 < x_2$ gilt:
$f(x_1) < f(x_2)$.

f ist im Intervall I streng monoton fallend,

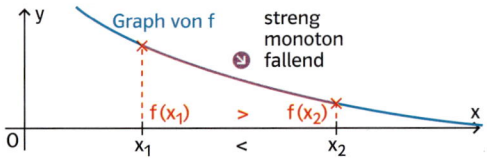

wenn für alle $x_1, x_2 \in I$ mit $x_1 < x_2$ gilt:
$f(x_1) > f(x_2)$.

Auch gebräuchlich sind die Begriffe „steigend" und „zunehmend" bzw. „abnehmend".

Bei differenzierbaren Funktionen kann man die Monotonie mithilfe der **Ableitung** beschreiben.
In der Abbildung erkennt man:

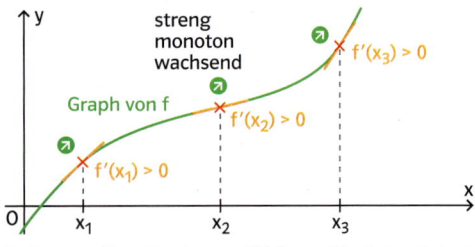

In Intervallen, in denen $f'(x)$ positiv ist, wächst f streng monoton.

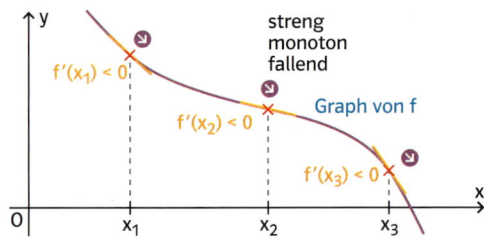

In Intervallen, in denen $f'(x)$ negativ ist, fällt f streng monoton.

Allgemein gilt das folgende Kriterium für Monotonie:

Monotoniekriterium
Für eine auf einem Intervall I definierte Funktion f gilt:
Wenn für alle $x \in I$
– $f'(x) > 0$ ist, dann ist f **streng monoton wachsend** auf I,
– $f'(x) < 0$ ist, dann ist f **streng monoton fallend** auf I.

Gilt $f'(x) \geq 0$, dann ist f monoton wachsend.
Gilt $f'(x) \leq 0$, dann ist f monoton fallend.

Die Funktion f mit $f(x) = x^3$ ist ein Beispiel dafür, dass umgekehrt eine streng monoton wachsende Funktion nicht überall eine positive Steigung haben muss. An der Stelle $x = 0$ gilt zwar $f'(x) = 0$, dennoch ist die Funktion f streng monoton wachsend auf $\mathbb{R}$.

Beispiel Monotonie-Intervalle mit der Ableitung bestimmen

Bestimmen Sie die Monotonie-Intervalle der Funktion f. Skizzieren Sie den Graphen von f.

a) $f(x) = \frac{1}{3}x^3 - 4x$
b) $f(x) = (x+2) \cdot e^{-x}$

Lösung

a) Die Ableitung f' mit $f'(x) = x^2 - 4$ hat die Nullstellen $x_1 = 2$ und $x_2 = -2$. Der Graph der Ableitung f' ist eine nach oben geöffnete Parabel.
Folglich gibt es drei maximale Intervalle:

$I_1 = \,]-\infty; -2[;\quad f'(x) > 0$, die Funktion f ist auf I_1 streng monoton wachsend.

$I_2 = \,]-2; 2[;\quad f'(x) < 0$, die Funktion f ist auf I_2 streng monoton fallend.

$I_3 = \,]2; \infty[;\quad f'(x) > 0$, die Funktion f ist auf I_3 streng monoton wachsend.

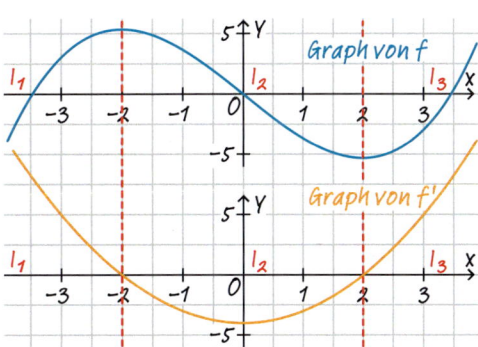

b) Die Ableitung f' mit $f'(x) = e^{-x} - (x+2) \cdot e^{-x} = -(x+1) \cdot e^{-x}$ hat die einzige Nullstelle $x = -1$. Der Graph der Ableitung f' kommt vom II. Quadranten und schneidet bei $x = -1$ die x-Achse. Anschließend verläuft der Graph der Ableitung f' unterhalb der x-Achse.
Damit gibt es für f zwei Monotonie-Intervalle:

$I_1 = \,]-\infty; -1[;\quad f'(x) > 0$, die Funktion f ist auf I_1 streng monoton wachsend.

$I_2 = \,]-1; \infty[;\quad f'(x) < 0$, die Funktion f ist auf I_2 streng monoton fallend.

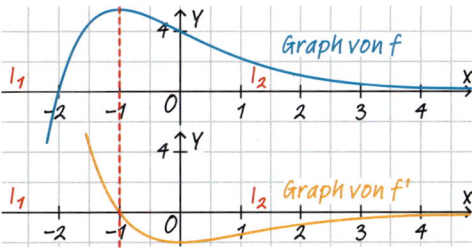

Aufgaben

1 Entnehmen Sie dem Graphen der Ableitungsfunktion f' möglichst große Monotonie-Intervalle der Funktion f.

a)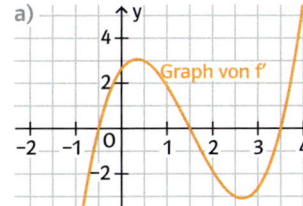
b)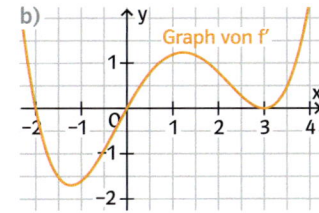
c)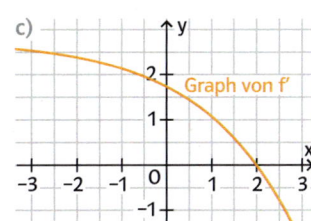

2 Untersuchen Sie mit dem Monotoniekriterium die Funktion f auf maximale Monotonie-Intervalle.

a) $f(x) = 3x - 2$
b) $f(x) = -x^2 + 3$
c) $f(x) = x^3 - \frac{3}{2}x^2$
d) $f(x) = \frac{1}{3}x^3 - x^2 - 3x$
e) $f(x) = -e^{-x}$
f) $f(x) = x - e^{-2x}$
g) $f(x) = \sin(x);\ x \in [0; 2\pi]$
h) $f(x) = \cos(x);\ x \in [0; \pi]$
i) $f(x) = -2{,}1x + \cos(2x)$

3 Weisen Sie nach, dass die Funktion f auf $\mathbb{R}$ streng monoton wachsend ist.

a) $f(x) = \frac{1}{2}x^3 + x$
b) $f(x) = 2x + \sin(x)$
c) $f(x) = x + e^x$

4 Zeigen Sie, dass die Funktion f im angegebenen Intervall I streng monoton fallend ist.

a) $f(x) = -2x;\ I = \mathbb{R}$
b) $f(x) = -x^2;\ I = \,]0; \infty[$
c) $f(x) = \frac{1}{x};\ I = \,]0; \infty[$

○ **Test** → Lösungen | Seite 373

5 Bestimmen Sie die maximalen Monotonie-Intervalle der Funktion f.
a) $f(x) = x^3 - 9x$
b) $f(x) = \frac{1}{x^2}; x \neq 0$
c) $f(x) = 2x - e^{-x}$
d) $f(x) = x - e^x$

6 Die Abbildung zeigt den Graphen der Ableitungsfunktion f′ einer Funktion f.
Welche der folgenden Aussagen sind wahr? Begründen Sie Ihre Antworten.
A: Die Funktion f ist im Intervall]−1; 1[streng monoton fallend.
B: Die Funktion f ist im Intervall]−3; 1[streng monoton wachsend.
C: Die Funktion f ist im Intervall]1,5; 2,5[streng monoton wachsend.

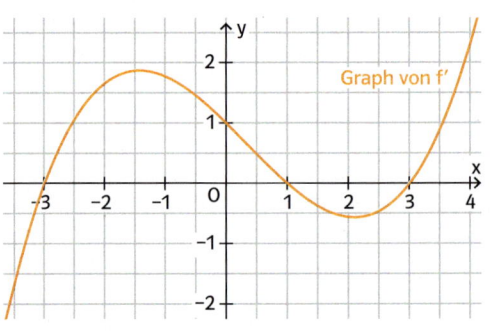

7 Bestimmen Sie die maximalen Monotonie-Intervalle der Funktion f.
a) $f(x) = 4x + x^2$
b) $f(x) = x^3 - 3x^2$
c) $f(x) = 1{,}5x + \sin(x)$
d) $f(x) = x \cdot e^x$
e) $f(x) = (x + 5) \cdot e^x$
f) $f(x) = 2 - \frac{1}{x}; x \in \mathbb{R}_+$

8 Zeigen Sie, dass die Aussagen A bis C wahr sind.
A: Lineare Funktionen haben nur ein maximales Monotonie-Intervall.
B: Quadratische Funktionen haben immer zwei maximale Monotonie-Intervalle.
C: Ist f eine streng monoton wachsende Funktion auf dem Intervall I, dann ist auch die Funktion g mit $g(x) = f(x) + 5$ streng monoton wachsend.

9 Begründen Sie mit einen Gegenbeispiel, dass die Aussage falsch ist.
a) Ist die Ableitungsfunktion f′ streng monoton wachsend, dann ist die Funktion f streng monoton wachsend.
b) Eine streng monoton fallende Funktion f hat eine ebenfalls streng monoton fallende Ableitungsfunktion f′.

● **Test** → Lösungen | Seite 373

10 Untersuchen Sie die Funktion f rechnerisch auf Monotonie.
a) $f(x) = -\frac{1}{5}x^5 + \frac{1}{3}x^3 + 20$
b) $f(x) = (x + 1) \cdot e^{-x}$

11 Die Abbildung zeigt den Graphen der Funktion f mit $f(x) = \frac{1}{5}x^5 - \frac{1}{12}x^4$.
Cemsi meint: „Es sieht so aus, als ob der Graph streng monoton steigend ist."
Nehmen Sie Stellung zu dieser Behauptung.

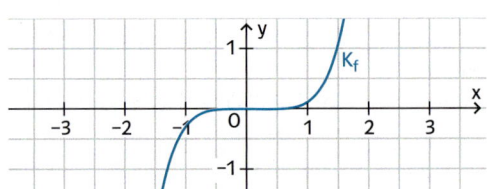

Grundwissen Test → Grundwissen Seite 352
Lösung | Seite 373

12 Lösen Sie die Gleichung.
a) $x^2 - 3x = 0$
b) $\frac{1}{3}x^3 - 3x = 0$
c) $\frac{1}{4}x^4 - 4 = 0$
d) $x^3 - 4x^2 = 0$
e) $\frac{1}{3}x^3 - 2x^2 + 3x = 0$
f) $\frac{1}{3}x^4 - \frac{10}{3}x^2 + 3 = 0$

2 Bedeutung der zweiten Ableitung – Krümmung

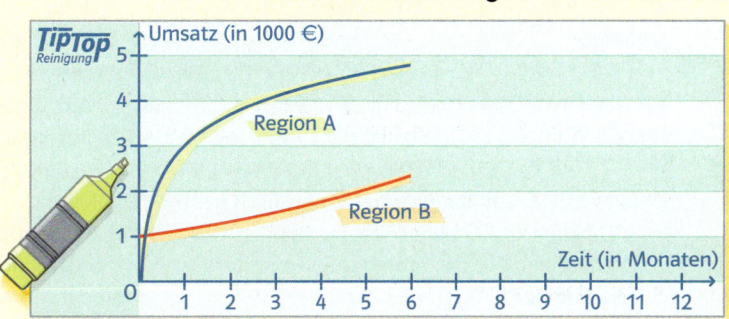

Die Grafik zeigt die Umsatzzahlen eines Unternehmens in zwei verschiedenen Regionen.

Beschreiben Sie Gemeinsamkeiten und Unterschiede der Umsatzentwicklung in den beiden Regionen und leiten Sie daraus Prognosen für die zweite Jahreshälfte ab.

Die momentane Änderungsrate f′ einer Funktion f kann verschiedene „Trends" aufweisen: Sie kann konstant bleiben, zunehmen oder abnehmen. Der Graph von f ist entsprechend unterschiedlich gekrümmt.

Ist die Ableitung f′ konstant, handelt es sich bei f um eine lineare Funktion, der Graph von f ist eine Gerade und weist somit keine Krümmung auf.

Ist die Ableitung f′ streng monoton wachsend, nimmt die Steigung des Graphen von f zu.

Ist die Ableitung f′ streng monoton fallend, nimmt die Steigung des Graphen von f ab.

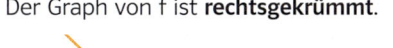

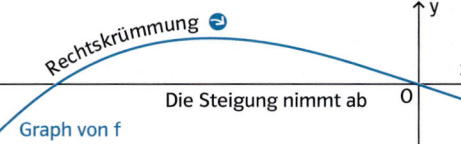

Der Graph von f ist **linksgekrümmt**.

Der Graph von f ist **rechtsgekrümmt**.

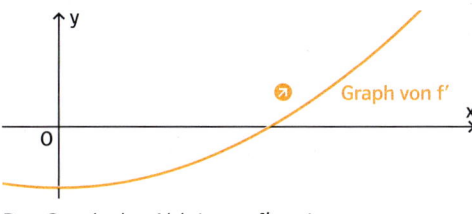

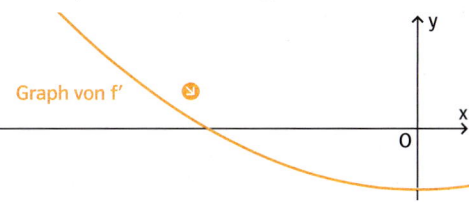

Der Graph der Ableitung f′ steigt.

Der Graph der Ableitung f′ fällt.

Der Graph einer Funktion f heißt **linksgekrümmt**, wenn die Ableitungsfunktion f′ von f streng monoton wachsend ist.
Der Graph einer Funktion f heißt **rechtsgekrümmt**, wenn die Ableitungsfunktion f′ von f streng monoton fallend ist.

Nach dem Monotoniekriterium ist auf einem Intervall I die erste Ableitung f′ einer Funktion f streng monoton wachsend (streng monoton fallend), wenn die zweite Ableitung (f′)′ positiv (negativ) ist. Das **Krümmungsverhalten** des Graphen der Funktion f kann mithilfe der **zweiten Ableitung f″** bestimmt werden:

Ist auf einem Intervall $f''(x) > 0$, dann ist der Graph von f **linksgekrümmt**.
Ist auf einem Intervall $f''(x) < 0$, dann ist der Graph von f **rechtsgekrümmt**.

Beispiel 1 Intervalle mit unterschiedlichem Krümmungsverhalten bestimmen

Bestimmen Sie die maximalen Intervalle, auf denen der Graph von f mit $f(x) = x^3 - 3x^2 + 1$ linksgekrümmt bzw. rechtsgekrümmt ist.

Lösung

$f'(x) = 3x^2 - 6x$; $f''(x) = 6x - 6 = 6(x - 1)$. f'' ist linear mit einer Nullstelle bei $x = 1$.
Für $x < 1$ ist $f''(x) < 0$, also ist der Graph von f für $x < 1$ rechtsgekrümmt.
Für $x > 1$ ist $f''(x) > 0$, also ist der Graph von f für $x > 1$ linksgekrümmt.

Skizze des Graphen von f

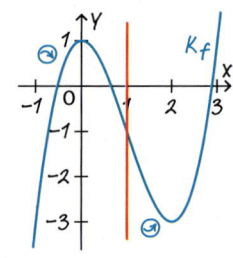

Beispiel 2 Krümmungsverhalten grafisch bestimmen

a) Fig. 1 zeigt den Graphen der Funktion g. Beschreiben Sie das Krümmungsverhalten des Graphen.

b) Fig. 2 zeigt den Graphen der Ableitung f' einer Funktion f. Geben Sie das Krümmungsverhalten des Graphen von f an.

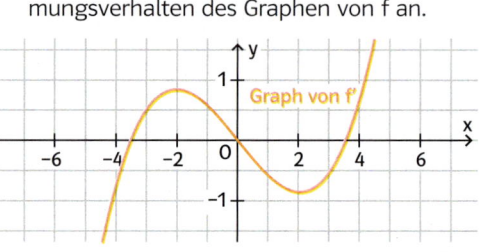

Fig. 1   Fig. 2

Lösung

a) Der Graph von g ist im Bereich $]-\infty; -1[$ linksgekrümmt, im Bereich $]-1; 1[$ rechtsgekrümmt und im Bereich $]1; \infty[$ linksgekrümmt.

b) Die Ableitung f' ist im Intervall $]-\infty; -2[$ streng monoton wachsend. Also ist in diesem Intervall $f''(x) > 0$. Somit ist der Graph von f im Intervall $]-\infty; -2[$ linksgekrümmt.
Im Intervall $]-2; 2[$ ist f' streng monoton fallend, d.h. es gilt $f''(x) < 0$. Der Graph von f ist in diesem Intervall rechtsgekrümmt. Im Intervall $]2; \infty[$ ist die Ableitung f' wieder streng monoton wachsend, es gilt $f''(x) > 0$ und der Graph von f linksgekrümmt.

Aufgaben

1 Ermitteln Sie die maximalen Intervalle, in denen der Graph von f linksgekrümmt bzw. rechtsgekrümmt ist.
 a) $f(x) = -x^2 + 2x - 1$
 b) $f(x) = -x^3 + 3x^2$
 c) $f(x) = \frac{1}{3}x^4 - 2x^2$
 d) $f(x) = e^x$
 e) $f(t) = (2 - t)^3 - 3t^2$
 f) $f(t) = (3t - 6)^4 + 3t$

2 Untersuchen Sie das Krümmungsverhalten des Graphen von f.
 a) $f(x) = 2x + e^x$
 b) $f(x) = x^2 - e^{-x}$
 c) $f(t) = 2t - e^{2t}$
 d) $f(x) = e^{-2x} + x^2$
 e) $f(x) = 3x^2 - e^{-3x}$
 f) $f(t) = \frac{1}{2}t^2 - e^{-t}$

3 Untersuchen Sie das Krümmungsverhalten des Graphen von f im angegebenen Intervall I.
 a) $f(x) = \cos(x)$; $I =]0; 2\pi[$
 b) $f(x) = \sin(2x) - 1$; $I =]0; 2\pi[$
 c) $f(x) = \cos\left(\frac{\pi}{2}x\right) + 2x$; $I =]-2; 2[$
 d) $f(x) = \sin(x - 1) + x$; $I =]0; 2[$

4 Die Abbildung zeigt den Graphen einer Funktion f. Übertragen Sie den Graphen von f in Ihr Heft.
 a) Skizzieren Sie den Graphen der Ableitungsfunktion f'.
 b) Geben Sie das Krümmungsverhalten des Graphen von f an, beachten Sie dabei die Monotonie-Intervalle der Ableitung.

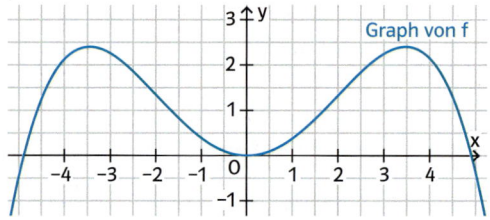

○ **Test** → Lösungen | Seite 373

5 Bestimmen Sie die maximalen Intervalle, auf denen der Graph von f links- bzw. rechtsgekrümmt ist.
   a) $f(x) = x^3 - 6x^2 + 12x$
   b) $f(x) = x^4 - 6x^2$
   c) $f(x) = 2x + e^{-x}$

6 Die Abbildung zeigt den Graphen einer Funktion f. Bestimmen Sie Intervalle, auf denen der Graph linksgekrümmt bzw. rechtsgekrümmt ist. Übertragen Sie den Graphen von f ins Heft, skizzieren Sie die Ableitung f'.

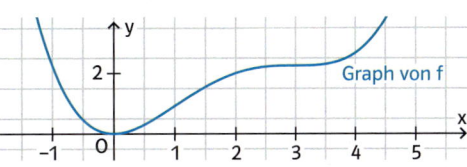

7 Bestimmen Sie den Parameter t im Funktionsterm der Funktion f mit $f(x) = \frac{1}{6}x^3 + tx^2 + x + 1$ so, dass der Graph von f im Bereich $]-\infty; 2[$ rechtsgekrümmt ist.

8 Die Abbildung zeigt den Graphen der ersten Ableitung von f. Begründen Sie, dass die folgenden Aussagen richtig sind:
   A: Die Funktion f fällt im Intervall $]-2; 0[$ streng monoton.
   B: Der Graph von f ist im Intervall $]-2; 0[$ linksgekrümmt.
   C: Der Graph von f ist im Intervall $]0; 2[$ rechtsgekrümmt.
   D: Die Funktion f fällt im Intervall $]-2; 2[$ streng monoton.

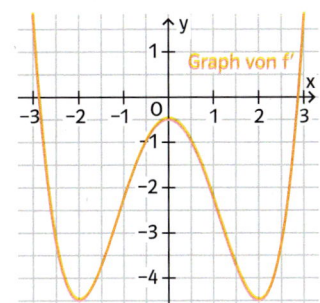

● **Test** → Lösungen | Seite 373

9 Die Abbildung zeigt den Graphen der ersten Ableitung f' einer Funktion f. Beschreiben Sie das Krümmungsverhalten des Graphen der Funktion f.

a) 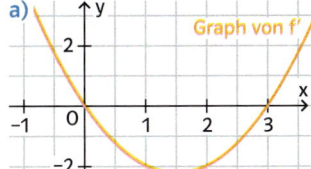   b) 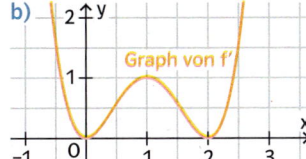   c)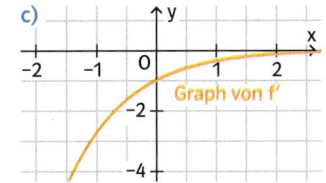

10 Die Abbildungen zeigen die Graphen einer Funktion f und ihrer zweiten Ableitung f". Ordnen Sie die Graphen der Funktion f bzw. zweiten Ableitung f" zu und begründen Sie ihre Entscheidung.

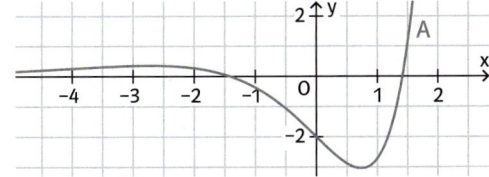   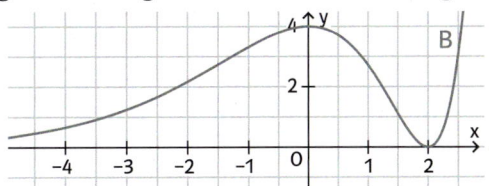

11 Der Graph der Funktion f ist auf einem Intervall rechtsgekrümmt. Untersuchen Sie, ob der Graph der Funktion g auf diesem Intervall ebenfalls rechtsgekrümmt ist.
   a) $g(x) = 2 + f(x)$
   b) $g(x) = x + f(2x)$
   c) $g(x) = x^2 + f(x)$

Grundwissen Test → Grundwissen Seite 352 Lösung | Seite 373

12 Lösen Sie die Gleichung.
   a) $x(x + 1) = 0$
   b) $(x - 2)(x + 3) = 0$
   c) $(2x + 1)(3x - 2) = 0$
   d) $x^2 - 4x = 0$
   e) $(x - 2)^2 = 9$
   f) $(x + 2)(x - 2) = 5$
   g) $x(x + 4) = 2x$
   h) $(x^2 - 4)(x^2 + 4) = 0$
   i) $(x - 3)\sin(x) = 0, x \in [0; \pi]$

2 Bedeutung der zweiten Ableitung – Krümmung

3 Extrempunkte eines Funktionsgraphen

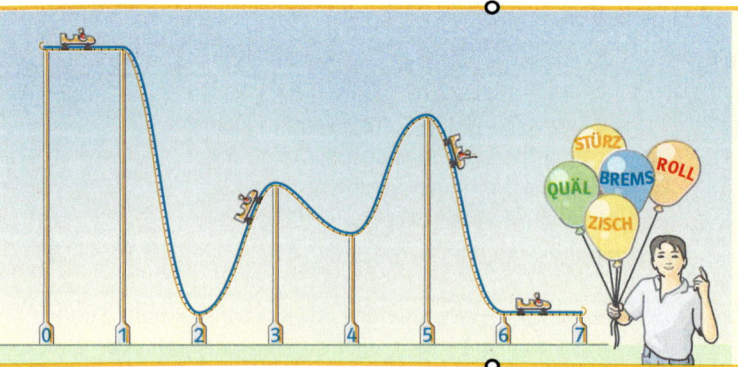

Der nebenstehende Graph zeigt den Verlauf einer Achterbahn.
Beschreiben Sie den Verlauf einer Fahrt und verwenden Sie dabei Worte wie „steigt", „fällt", „steiler" und „flacher".

In der Umgangssprache haben sich Begriffe herausgebildet, mit denen Messergebnisse verständlich beschrieben werden können.

Der Wasserpegel der Edertalsperre begann am 7. Januar zu steigen. Der Pegel erreichte am 12. Januar einen vorläufigen Höchststand von fast 241 m (über Normalnull, kurz NN).
Der Wasserstand fiel dann auf einen zwischenzeitlichen Tiefstwert (am 13. Januar), stieg danach aber wieder bis zum Höchststand im Beobachtungszeitraum von fast 245 m.
Danach sank der Wasserspiegel langsam und kontinuierlich.

Mathematisch beschreibt man den zeitlichen Verlauf des Wasserstandes durch eine Funktion. Eine Einheit entspricht einem Tag. Den Beginn der Beobachtungszeit am 7. Januar um 0:00 Uhr legt man als $x = 0$ fest. Der Beobachtungszeitraum entspricht dem Intervall $[0; 18]$.

Im Intervall $[0; 5]$ nehmen die Funktionswerte streng monoton zu. Im Intervall $[5; 7]$ nehmen die Funktionswerte ab. Danach steigen die Funktionswerte im Intervall $[7; 10,5]$. Für Das Intervall $[10,5; 18]$ fallen die Funktionswerte.
Von einem **lokalen Maximum** $f(x_0)$ spricht man, wenn in einer kleinen Umgebung von x_0 alle Funktionswerte höchstens so groß wie $f(x_0)$ sind.
Dies ist bei $x_0 = 5$ oder bei $x_0 = 10,5$ der Fall.

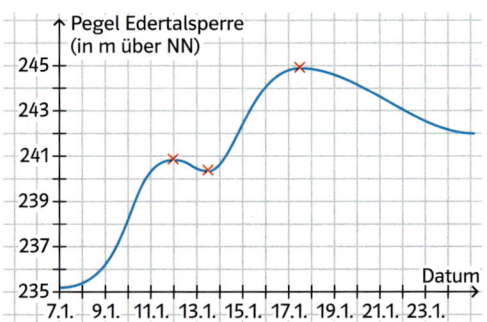

lokales Minimum $f(x_0)$
grün: Umgebung von x_0

Sind die Funktionswerte der Umgebung alle mindestens so groß wie $f(x_0)$, spricht man von einem **lokalen Minimum**. Dies ist bei $x_0 = 0$ oder bei $x_0 = 6,5$ der Fall. Bei $x_0 = 0$ ist der kleinste Funktionswert des gesamten Beobachtungszeitraums. Hier spricht man von einem **globalen Minimum**. Bei $x_0 \approx 10,5$ befindet sich entsprechend das **globale Maximum**. Die Stelle x_0 wird als **Extremstelle** bezeichnet, $f(x_0)$ als **Extremum**.

Ist eine Funktion auf einem abgeschlossenen Intervall definiert, so befinden sich an den Rändern lokale Extremstellen. Ein lokales Minimum oder Maximum am Rand wird auch als **Randextremum** bezeichnet.

III Extremstellen und Wendestellen

Für eine Funktion f, die auf einem Intervall [a; b] definiert ist, gilt:
Ist $f(x_0) \geq f(x)$ für alle $x \in [a; b]$, dann ist $f(x_0)$ ein **globales Maximum** von f.
Ist $f(x_0) \leq f(x)$ für alle $x \in [a; b]$, dann ist $f(x_0)$ ein **globales Minimum** von f.
Ist $f(x_0) \geq f(x)$ in einer Umgebung von x_0, dann ist $f(x_0)$ ein **lokales Maximum** von f.
Ist $f(x_0) \leq f(x)$ in einer Umgebung von x_0, dann ist $f(x_0)$ ein **lokales Minimum** von f.
Die Punkte auf dem Graphen an den Extremstellen werden als **Hochpunkt** (bei einem Maximum) oder als **Tiefpunkt** (bei einem Minimum) bezeichnet. An den Rändern a und b des Intervalls werden die Funktionswerte als **Randextrema** bezeichnet.

> Statt **lokal** und **global** verwendet man auch die Begriffe **relativ** und **absolut**.

Beispiel Extrema erkennen und benennen

Gegeben ist der Graph einer auf dem Intervall
I = [1; 15] definierten Funktion f.
a) Geben Sie alle lokalen Minima an.
b) An welchen Stellen hat f lokale Maxima?
c) Geben Sie die Bedeutung der Funktionswerte f(1), f(2), f(8), f(12) und f(15) an.
d) Nennen Sie im Intervall [8; 15] die Stellen, an denen f ein globales Extremum hat.

Lösung
a) Die lokalen Minima sind f(2) und f(12).
b) Die Funktion hat an den Stellen $x_1 = 1$, $x_3 = 8$ und $x_5 = 15$ lokale Maxima.
c) Die Funktionswerte f(1), f(8) und f(15) sind lokale Maxima. f(15) ist auch das globale Maximum. f(2) und f(12) sind lokale Minima. f(2) ist auch das globale Minimum.
d) Das globale Maximum ist an der Stelle $x_5 = 15$, das globale Minimum ist bei $x_4 = 12$.

Aufgaben

1 Entnehmen Sie der Abbildung die Werte aller Minima und Maxima. Geben Sie die Stellen der globalen Extrema an.

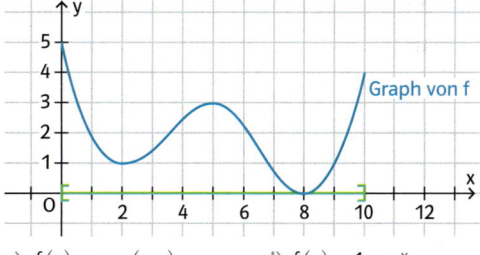

2 Skizzieren Sie den Graphen der Funktion f im Intervall I = [−2; 2]. Nennen Sie die Extremstellen, die lokalen und globalen Extremwerte im Intervall I.
a) $f(x) = x^2 - 4$
b) $f(x) = x(x - 2)$
c) $f(x) = \cos(\pi x)$
d) $f(x) = 1 - e^x$

3 Skizzieren Sie die Graphen von zwei verschiedenen auf ℝ definierten Funktionen mit den vorgegebenen Bedingungen.
a) Der Graph besitzt genau einen Hochpunkt und einen Tiefpunkt.
b) Der Graph besitzt unendlich viele Extrempunkte.
c) Die Funktion besitzt genau zwei lokale Maxima und genau zwei lokale Minima.

4 Lesen Sie die Koordinaten der Extrempunkte ab. Übertragen Sie mit ihrer Hilfe den Graphen der Funktion f in ihr Heft.

a)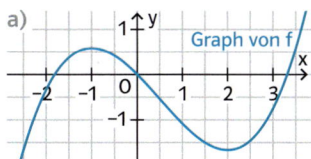
b)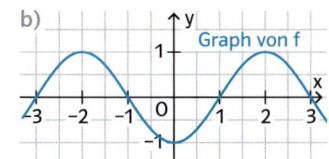
c)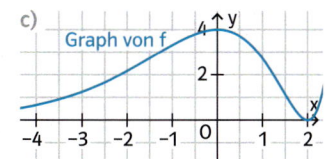

3 Extrempunkte eines Funktionsgraphen

5 Beschreiben Sie den Verlauf des Funktionsgraphen. Lesen Sie benötigte Koordinaten ab.

a)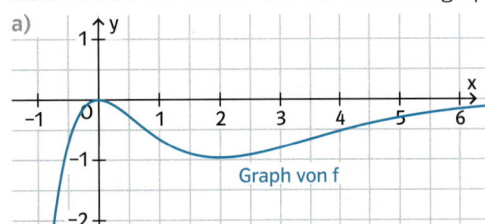
b)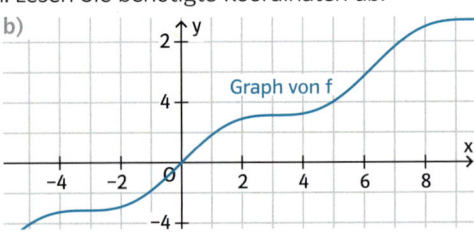

○ **Test** → Lösungen | Seite 373

6 Beschreiben Sie den Verlauf des Funktionsgraphen. Lesen Sie die dazu benötigten Koordinaten ab.

a)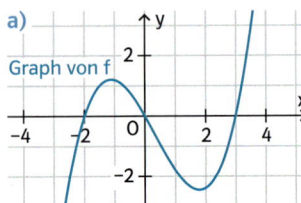
b)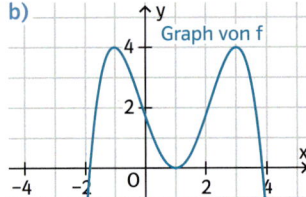
c)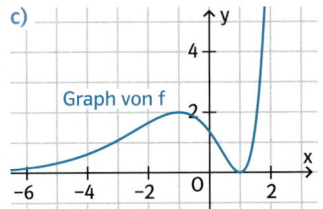

7 Skizzieren Sie jeweils den Graphen einer Funktion f mit der Definitionsmenge ℝ, die alle vorgegebenen Bedingungen erfüllt. Geben Sie den Term einer möglichen Funktion explizit an.
   a) f besitzt genau ein lokales Maximum, das gleichzeitig globales Maximum ist.
   b) f besitzt mindestens ein lokales Maximum, aber kein globales Maximum.
   c) Die Funktionswerte von f sind alle größer als 4, aber f besitzt kein Minimum.

8 Die Funktion f ist auf der Definitionsmenge D definiert. Bestimmen Sie alle lokalen und globalen Extrema.
   a) $f(x) = (x-2)^2 + 1$; $D = [0; 3]$
   b) $f(x) = -\frac{1}{2}x + 2$; $D = [5; 10]$
   c) $f(x) = -\sin(x)$; $D = \left[0; \frac{3}{2}\pi\right]$
   d) $f(x) = -2e^{-x}$; $D = [0; \ln(4)]$

9 Bestimmen Sie die Nullstellen der Funktion f. Skizzieren Sie den Graphen der Funktion f. Zwischen welchen Nullstellen liegt ein lokales Maximum, zwischen welchen ein lokales Minimum?
   a) $f(x) = x(x+1)(x-2)$
   b) $f(x) = x(x-1)^2(3-x)$
   c) $f(x) = x^4 - 3x^3 + 2x^2$

● **Test** → Lösungen | Seite 373

10 Die Funktion f ist auf dem Intervall $[-1; 4]$ definiert. Bestimmen Sie alle lokalen und globalen Extrema.
   a) $f(x) = (x-1)^2 - 2$
   b) $f(x) = -\frac{1}{3}x - 2$
   c) $f(x) = 2x^2 - 2x$
   d) $f(x) = e^x$
   e) $f(x) = 2\sin(\pi x)$
   f) $f(x) = -3\cos\left(\frac{\pi}{2}x\right) + 2$

11 Skizzieren Sie den Graphen von f. Welche Aussagen können Sie über Extrempunkte machen?
   a) $f(x) = (x-2) \cdot e^x$
   b) $f(x) = (x-2)^2 \cdot e^x$
   c) $f(x) = x^2 \cdot (x-2)^2 \cdot e^x$

Grundwissen Test → Grundwissen Seite 352 Lösung | Seite 374

12 Lösen Sie die Gleichung.
   a) $x^2 - 5x + 6 = 0$
   b) $x^2 + 4x + 2 = 0$
   c) $x^2 - 4x + 4 = 0$
   d) $x^2 - 4x + 5 = 0$
   e) $3x^2 + 5x - 2 = 0$
   f) $2x(x+1) = (x+1)(x-1)$
   g) $5x^2(x+1) - (x^2 - 2x) = 5x^3 + x$
   h) $(x-1)(2x^2 - 6x + 3) = 0$
   i) $x^3 - 7x^2 = -6x$

4 Berechnung lokaler Extremstellen

Die Abbildungen zeigen die Graphen zweier Funktionen und ihrer Ableitungen.
Ordnen Sie den Graphen der Funktion dem Graphen der zugehörigen Ableitung zu. Begründen Sie Ihre Entscheidung.

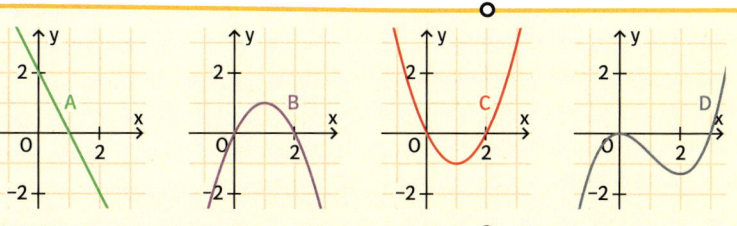

An Stellen, an denen sich das **Monotonieverhalten** einer Funktion ändert, hat der zugehörige Graph eine waagerechte Tangente. Aber es gibt auch Stellen, an denen der Graph eine waagerechte Tangente aufweist, ohne dass sich dort das Monotonieverhalten ändert.
Daher ist es für **lokale Extremstellen** zwar notwendig, dass dort $f'(x) = 0$ gilt. Ob an einer solchen Stelle tatsächlich eine Extremstelle vorliegt, muss noch weiter geprüft werden.

Man spricht von $f'(x) = 0$ als **notwendiger Bedingung**. Ob tatsächlich eine Extremstelle vorliegt, ist mit weiteren Bedingungen, so genannten **hinreichenden Bedingungen**, zu prüfen.

Die möglichen Fälle sind in den drei folgenden Abbildungen dargestellt:
Graph 1: Lokales Maximum Graph 2: Lokales Minimum Graph 3: kein Extremum

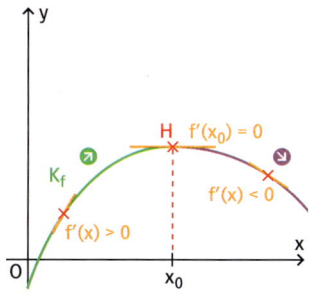 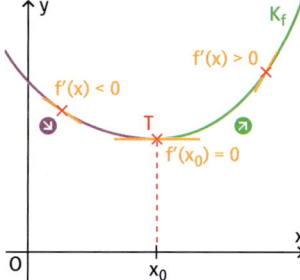 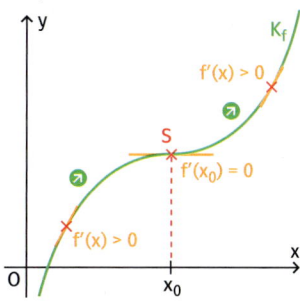

Bei Graph 3 ist zwar die Bedingung $f'(x_0) = 0$ erfüllt; die Funktion hat aber kein Extremum an der Stelle x_0. Einen solchen Punkt nennt man **Sattelpunkt**.

Nachfolgend werden Graphen einer Funktion f in der Umgebung einer Stelle x_0 betrachtet:
Der Graph von f steigt bis zum Hochpunkt.   Der Graph von f fällt bis zum Tiefpunkt.
Nach dem Hochpunkt fällt der Graph.   Nach dem Tiefpunkt steigt der Graph.
Im Hochpunkt beträgt die Steigung 0.   Im Tiefpunkt beträgt die Steigung 0.

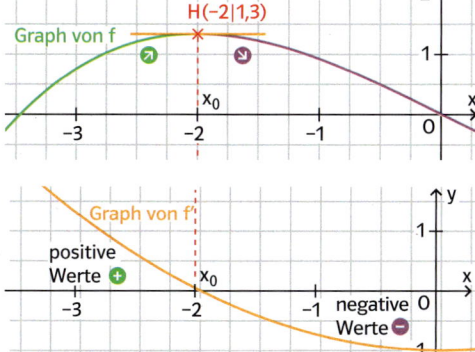 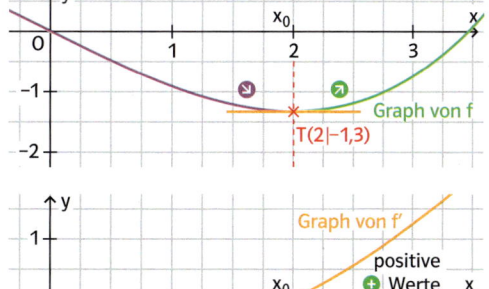

Die Ableitung f' von f hat bei $x_0 = -2$ einen Vorzeichenwechsel (VZW) von + nach –.
Die Ableitung f' ist streng monoton fallend, somit gilt $f''(x) < 0$, der Graph von f ist rechtsgekrümmt.
Insbesondere gilt $f''(x_0) < 0$.

Die Ableitung f' von f hat bei $x_0 = 2$ einen Vorzeichenwechsel (VZW) von – nach +.
Die Ableitung f' ist streng monoton wachsend, somit gilt $f''(x) > 0$, der Graph von f ist linksgekrümmt.
Insbesondere gilt $f''(x_0) > 0$.

Bestimmung von lokalen Extremstellen

Notwendige Bedingung: Die Gleichung $f'(x_0) = 0$ lösen, d.h. die Stellen mit waagerechter Tangente bestimmen.

Hinreichende Bedingung: Bedingung (1) oder (2) prüfen.

(1) Die Nullstelle x_0 von f' in f'' einsetzen und das Vorzeichen von $f''(x_0)$ ermitteln:

Ist $f''(x_0) < 0$, so liegt an der Stelle x_0 ein **Maximum** von f vor.

Ist $f''(x_0) > 0$, so liegt an der Stelle x_0 ein **Minimum** von f vor.

(2) Den Vorzeichenwechsel (VZW) der ersten Ableitung f' an der Nullstelle x_0 prüfen:

Hat f' bei x_0 einen **VZW von + nach −**, so liegt an der Stelle x_0 ein **Maximum** von f vor.

Hat f' bei x_0 einen **VZW von − nach +**, so liegt an der Stelle x_0 ein **Minimum** von f vor.

Bei einem **Randextremum** hat der Graph in der Regel keine waagerechte Tangente. Daher müssen Randextrema immer gesondert geprüft werden.

Gilt bei der zweiten Ableitung $f''(x_0) = 0$, so greift dieses Kriterium (1) nicht. In diesem Fall muss man den Vorzeichenwechsel von f' als Kriterium verwenden.

Bei der Funktion f mit $f(x) = x^4$ gilt $f'(x) = 4x^3$. Die Ableitung f' hat an der Stelle $x_0 = 0$ eine Nullstelle. Weil die zweite Ableitung f'' mit $f''(x) = 12x^2$ an der Stelle $x_0 = 0$ ebenfalls eine Nullstelle hat, kann das Kriterium (1) nicht verwendet werden. Man kann aber erkennen, dass $f'(x) = 4x^3$ an der Stelle $x_0 = 0$ das Vorzeichen von − nach + wechselt. Also hat der Graph von f bei $x_0 = 0$ einen Tiefpunkt.

Auch bei Produkten von Funktionen ist oft der Nachweis mithilfe des Vorzeichenwechsels einfacher.

Beispiel 1 Bestimmung von Hoch- und Tiefpunkten mithilfe der 2. Ableitung

Untersuchen Sie den Graphen der Funktion f mit $f(x) = \frac{1}{4}x^4 - \frac{1}{3}x^3 - x^2$ auf Hochpunkte und Tiefpunkte. Verwenden Sie die zweite Ableitung als hinreichende Bedingung.

Lösung

1. und 2. Ableitung von f bilden: $f'(x) = x^3 - x^2 - 2x$; $f''(x) = 3x^2 - 2x - 2$.

Stellen mit waagerechter Tangente finden: $f'(x) = 0$.

Aus $x(x^2 - x - 2) = 0$ erhält man mit dem Satz vom Nullprodukt und der Lösungsformel die Lösungen $x_1 = 0$, $x_2 = -1$ und $x_3 = 2$.

Die zweite Ableitung an den Stellen mit waagerechter Tangente prüfen:

$f''(0) = -2 < 0$ ergibt bei $x_1 = 0$ ein lokales Maximum.

$f''(-1) = 3 > 0$ ergibt bei $x_2 = -1$ ein lokales Minimum.

$f''(2) = 6 > 0$ ergibt bei $x_3 = 2$ ein lokales Minimum.

Die y-Werte berechnen und die Extrempunkte angeben:

$f(0) = 0$, d.h. ein Hochpunkt ist $H(0|0)$.

$f(-1) = -\frac{5}{12}$, d.h. ein Tiefpunkt ist $T_1\left(-1\left|-\frac{5}{12}\right.\right)$.

$f(2) = -\frac{8}{3}$, d.h. ein Tiefpunkt ist $T_2\left(2\left|-\frac{8}{3}\right.\right)$.

Beispiel 2 Mögliche Extremstellen grafisch mit Vorzeichenwechsel von f' prüfen

a) Bestimmen Sie die Stellen der Funktion f mit $f(x) = \frac{1}{5}x^5 - \frac{3}{2}x^4 + \frac{8}{3}x^3$, an denen ihr Graph eine waagerechte Tangente hat.

b) Skizzieren Sie den Graphen der Ableitungsfunktion f'.

c) Entscheiden Sie anhand der Skizze, ob an den Stellen mit waagerechter Tangente der Graph von f einen Hochpunkt, einen Tiefpunkt oder einen Sattelpunkt hat.

Lösung

a) Erste Ableitung der Funktion f bestimmen: $f'(x) = x^4 - 6x^3 + 8x^2 = x^2(x^2 - 6x + 8)$.

Nullstellen von f' berechnen: $x^2(x^2 - 6x + 8) = 0$

Mit dem Satz vom Nullprodukt und der Lösungsformel erhält man die Nullstellen $x_1 = 0$ (doppelte Nullstelle) sowie $x_2 = 2$ und $x_3 = 4$ (jeweils einfache Nullstelle).

Alle Nullstellen von f' liefern Stellen mit waagerechter Tangente an den Graphen von f.

b) Skizze: Der Graph der Ableitungsfunktion f' verläuft vom II. zum I. Quadranten, berührt die x-Achse im Ursprung und schneidet sie an den Stellen $x_2 = 2$ und $x_3 = 4$.

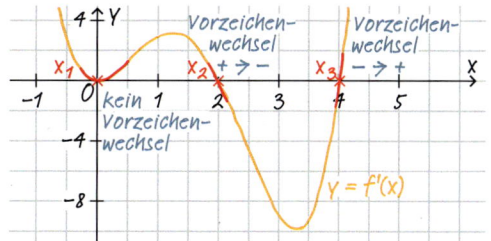

c) Bei $x_1 = 0$ berührt der Graph der Ableitung f' die x-Achse von oben, d.h. die Funktion f ist vor und nach der Stelle mit waagerechter Tangente streng monoton steigend.
Es handelt sich hier also nicht um einen Extrempunkt, sondern um einen Sattelpunkt.
Bei $x_2 = 2$ wechselt die Ableitung f' das Vorzeichen von + nach −, somit hat die Funktion f an dieser Stelle ein lokales Maximum. Der Graph von f hat einen Hochpunkt.
Bei $x_3 = 4$ wechselt die Ableitung f' das Vorzeichen von − nach +, somit hat die Funktion f an dieser Stelle ein lokales Minimum. Der Graph von f hat einen Tiefpunkt.

> Bei einer **doppelte Nullstelle** der Ableitung hat der Graph der Funktion f einen **Sattelpunkt**.

Beispiel 3 Extrempunkte einfacher trigonometrischer Funktionen direkt bestimmen

a) Bestimmen Sie die Extrempunkte des Graphen der Funktion f mit $f(x) = \sin\left(\frac{\pi}{4}x\right)$; $x \in \mathbb{R}$ innerhalb der ersten Periode. Skizzieren Sie den Graphen.
b) Geben Sie die Extrempunkte im Intervall [12; 20] an.

Lösung

a) Für die Skizze mithilfe der Periodenbox benötigt man die Periode p.
Sie beträgt $p = \frac{2\pi}{\frac{\pi}{4}} = 8$. Man teilt das Intervall [0; 8] in vier gleich große Teile. Die Sinuskurve geht durch den Ursprung.
Der Graph von f hat bei $x_1 = 2$ den Hochpunkt H(2|1). Anschließend fällt der Graph bis $x_2 = 6$. Dort befindet sich der Tiefpunkt T(6|−1). Ab $x_2 = 6$ steigt der Graph wieder.

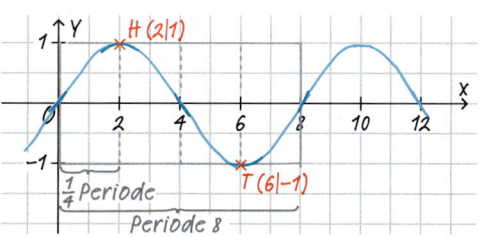

> Für die Skizze ist die Periodenbox hilfreich

b) Aufgrund der Periodizität ist liegen weitere Hochpunkte bei $x_2 = 10$ und bei $x_3 = 18$, ein weiterer Tiefpunkt bei $x_4 = 14$. Die gesuchten Extrempunkte sind T(14|−1) und H(18|1).

Aufgaben

1 Berechnen Sie die Koordinaten der Hochpunkte und der Tiefpunkte des Graphen von f. Verwenden Sie für die hinreichende Bedingung die zweite Ableitung.

a) $f(x) = -\frac{1}{2}x^3 + 6x - 1$ b) $f(x) = \frac{1}{4}x^4 - \frac{1}{2}x^2$ c) $f(x) = -\frac{1}{4}x^4 + \frac{1}{3}x^3 + x^2$

d) $f(x) = 3x^4 + 4x^3$ e) $f(x) = -(x^2 - 1)^2$ f) $f(x) = \frac{1}{4}x(x^2 - 12)$

g) $f(x) = (x^2 - 1)(x^2 - 3)$ h) $f(x) = x - \frac{1}{2}e^{2x} - 1$ i) $f(x) = 3x + e^{-x}$

2 Berechnen Sie die Stellen, an denen der Graph von f eine waagerechte Tangente hat. Skizzieren Sie den Graphen der Ableitung und entscheiden Sie, ob der Graph von f an diesen Stellen einen Hochpunkt, einen Tiefpunkt oder einen Sattelpunkt hat. Bestimmen Sie diesen.

a) $f(x) = \frac{1}{3}x^3 - 4x - 1$ b) $f(x) = 2x^3 - \frac{3}{4}x^4 + \frac{9}{2}x^2$ c) $f(x) = x^3 + \frac{1}{4}x^4 - 3$

d) $f(x) = \frac{1}{5}x^5 + \frac{1}{2}x^4 - 1$ e) $f(x) = x \cdot (2x - 3)^2$ f) $f(x) = x \cdot e^{-x}$

3 Untersuchen Sie die Funktion f auf lokale Extremstellen.

a) $f(x) = 2x - x^2$ b) $f(x) = 2x^3 - 6x$ c) $f(x) = 2x^3 - x^4$

d) $f(x) = x^2 \cdot (x^2 - 2)$ e) $f(x) = (1 - t) \cdot t^3$ f) $f(x) = x \cdot (3 - x)^2$

g) $f(x) = (1 - t) \cdot e^t$ h) $f(x) = x^2 \cdot e^x$ i) $f(x) = x^3 \cdot e^x$

4 Bestimmen Sie ohne Verwendung der Ableitung die Hoch- und Tiefpunkte des Graphen der Funktion f innerhalb der gegebenen Definitionsmenge.

a) $f(x) = 3\sin\left(\frac{\pi}{6}x\right)$; $D = [0; 12]$
b) $f(x) = \sin\left(\frac{\pi}{2}x\right) + 4$; $D = [0; 6]$
c) $f(x) = -\cos\left(\frac{\pi}{3}x\right) + 1$; $D = [0; 9]$
d) $f(x) = 3\cos(2x) + 1$; $D = [-\pi; 0]$
e) $f(x) = 2\sin\left(\frac{\pi}{3}x\right) - 1$; $D = [-3; 3]$
f) $f(x) = -\cos\left(\frac{1}{4}x\right) - 1$; $D = [-6\pi; 2\pi]$

5 Der Graph der Funktion f ist im Intervall $I = [-3; 3]$ gezeichnet. Was lässt sich über das Vorzeichen der ersten und der zweiten Ableitung im Intervall I aussagen? Begründen Sie.

a)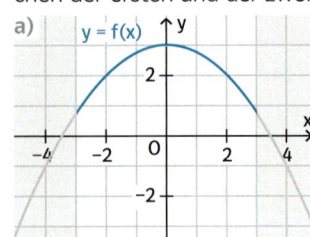
b)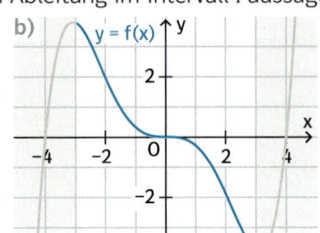
c)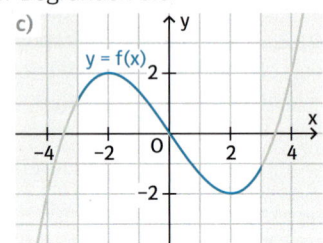

○ Test

→ Lösungen | Seite 374

6 Berechnen Sie die Koordinaten der Hochpunkte und die Tiefpunkte des Graphen von f sowie die Schnittstellen mit der x-Achse. Skizzieren Sie den Graphen von f mithilfe Ihrer Ergebnisse.

a) $f(x) = -\frac{1}{18}x^3 + \frac{3}{2}x$
b) $f(x) = \frac{1}{4}x^4 - \frac{1}{3}x^3 - x^2$
c) $f(x) = \frac{1}{4}(x^2 - 4)^2$
d) $f(x) = x^2 \cdot (3 - x)$

7 Skizzieren Sie einen Funktionsgraphen, der die angegebenen Eigenschaften zeigt.
 a) Der Graph hat den Hochpunkt $H(-2|3)$ und den Tiefpunkt $T(2|-3)$.
 b) Der Graph hat den Tiefpunkt $T(-1|-4)$, den Sattelpunkt $S(1|0)$ und den Hochpunkt $H(3|5)$.
 c) Der Graph hat den Tiefpunkt $T_1(-3|5)$, den Sattelpunkt $S(1|0)$ und den Tiefpunkt $T_2(3|-2)$.

8 Gegeben ist der Graph der Ableitungsfunktion f' einer Funktion f. Welche der folgenden Aussagen sind wahr, welche falsch? Begründen Sie Ihre Antwort.
 A: f hat bei $x = -3$ einen Hochpunkt.
 B: Für $-3 < x < 1$ ist f streng monoton fallend.
 C: Der Graph von f hat an der Stelle $x = 1{,}5$ einen Sattelpunkt.
 D: Der Graph von f ändert an der Stelle $x = 0$ sein Krümmungsverhalten.
 E: f'' hat in $[-3; 3]$ genau eine Nullstelle.

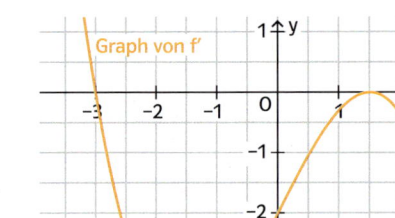

9 Berechnen Sie die Extremstellen der Funktion f. Begründen Sie, in welchen Fällen Sie für die hinreichende Bedingung den Vorzeichenwechsel der ersten Ableitung f' von f brauchen.
 a) $f(x) = x^4$
 b) $f(x) = (x-2)^3$
 c) $f(x) = x^4 - x^3$
 d) $f(x) = x^5 - x^4$
 e) $f(x) = x^6 + x^4 + 3$
 f) $f(x) = x^4 - 6x^2 - 2$

10 Untersuchen Sie den Graphen von f auf Extrempunkte. Skizzieren Sie ihn mit Ihren Ergebnissen.
 a) $f(x) = \frac{1}{3}x^3 - x$
 b) $f(x) = (6-x) \cdot x^2$
 c) $f(x) = (x^2 - 8) \cdot x^2$
 d) $f(x) = e \cdot x - e^x$
 e) $f(x) = e \cdot (x-1) + e^{-x}$
 f) $f(x) = \frac{1}{2}x + \cos(x)$

11 Die Abbildung zeigt den Graphen der ersten Ableitung f' einer Funktion f.
  a) Entnehmen Sie der Abbildung die Extremstellen und die Monotonie-Intervalle der Funktion f.
  b) Skizzieren Sie anhand Ihrer Ergebnisse einen möglichen Graphen von f.

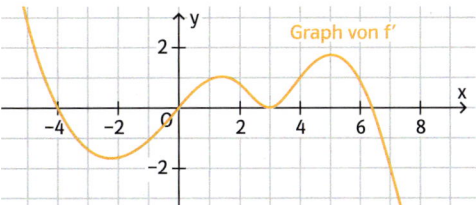

12 Gegeben ist der rechts dargestellte Graph der Ableitung f' einer Funktion f. Widerlegen und korrigieren Sie die folgenden Aussagen über den Graphen K der Funktion f.
  A: K hat an der Stelle $x = 0$ einen Tiefpunkt.
  B: K steigt im Intervall $[3; 3,5]$.
  C: K ist im Intervall $[1,5; 2,5]$ linksgekrümmt.
  D: K hat an der Stelle $x = 2$ einen Tiefpunkt.
  E: K hat im Intervall $[-1; 4]$ 3 Extremstellen.
  F: K fällt im Intervall $[1; 2[$.

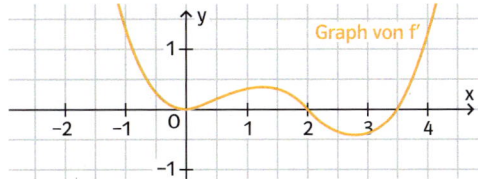

13 Von einer Funktion f und deren Ableitungen f' und f'' sind die folgenden Werte bekannt. Welche Aussagen lassen sich damit über den Graphen der Funktion treffen?
  a) $f(-2) = 1$; $f'(-2) = 0$ und $f''(-2) = -3$.
  b) $f(3) = 5$; $f'(3) = 0$ und $f''(3) = 0,5$.
  c) $f(1) = 0$; $f'(1) = 0$; $f''(1) = 0$ und $f'''(1) \neq 0$.
  d) Skizzieren Sie einen Graphen, der die Eigenschaften aus den Teilaufgaben a) bis c) erfüllt.

14 Zeigen Sie, dass alle Funktionswerte der Funktion f kleiner oder gleich a sind.
  a) $f(x) = 2 - x^2$; $a = 2$
  b) $f(x) = \frac{1}{2}x^2 - x^4$; $a = 0,07$
  c) $f(x) = 2x^2 \cdot \left(1 - \frac{1}{8}x^4\right)$; $a = 2,2$
  d) $f(x) = (2 - x) \cdot e^x$; $a = e$

15 Zeigen Sie, dass alle Funktionswerte der Funktion f größer oder gleich a sind.
  a) $f(x) = x^2 - 4x + 4$; $a = 0$
  b) $f(x) = \frac{1}{4}x^4 - 2x^2 + 5$; $a = 1$
  c) $f(x) = x^2 \cdot \left(\frac{1}{2}x^2 - 4\right)$; $a = -8$
  d) $f(x) = (x - 1) \cdot e^x$; $a = -1$

Test

16 Die Abbildung zeigt den Graphen der Ableitungsfunktion f'. Begründen oder widerlegen Sie die Aussagen für den Graphen K_f der Funktion f.
  A: K_f hat bei $x = 3$ einen Hochpunkt.
  B: K_f hat an der Stelle $x = 1$ einen Tiefpunkt.
  C: K_f steigt im Intervall $]0; 3[$.
  D: K_f besitzt einen Sattelpunkt.
  E: K_f ist im Intervall $]1; 2[$ rechtsgekrümmt.

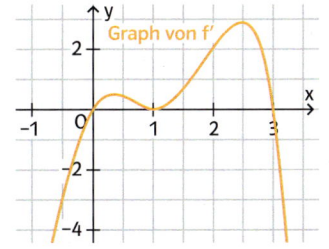

17 Der Punkt $P(x_0 | 0)$ ist Hochpunkt des Graphen einer Funktion f und es gilt $f''(x_0) < 0$. Weisen Sie nach, dass P ein Tiefpunkt des Graphen der Funktion g mit $g(x) = -x^2 \cdot f(x)$ ist.

Grundwissen Test

18 Lösen Sie die Gleichung.
  a) $x^4 - 4x^2 - 5 = 0$
  b) $x^4 + 0,5x^2 - 0,5 = 0$
  c) $x^4 + 2x^2 - 3 = 0$
  d) $4x^4 - 20x^2 + 25 = 0$
  e) $x^4 + x^2 - 6 = 0$
  f) $x^4 - 2x^2 + 2 = 0$

5 Berechnung von Wendestellen

Fährt man die abgebildete Küstenstraße mit dem Motorrad entlang, so befindet man sich abwechselnd in einer Linkskurve bzw. Rechtskurve.

Kann man anhand des Streckenverlaufs angeben, an welchen Stellen der Motorradfahrer die Neigungsrichtung wechselt?

Neben den Extrempunkten ist auch das Krümmungsverhalten des Graphen einer Funktion von Interesse.

Der nebenstehende Graph der Funktion f ist bis zur Stelle $x_1 = -1$ linksgekrümmt, von $x_1 = -1$ bis $x_2 = 1$ rechtsgekrümmt und anschließend wieder linksgekrümmt. Die Stellen am Übergang bei $x_1 = -1$ und bei $x_2 = 1$ nennt man **Wendestellen**.
Der Graph der Ableitungsfunktion f' steigt bis zur Wendestelle $x_1 = -1$. Dort hat er einen Hochpunkt. Anschließend fällt der Graph bis zur Wendestelle $x_2 = 1$. Dort hat er einen Tiefpunkt. Anschließend steigt der Graph der Ableitungsfunktion wieder.

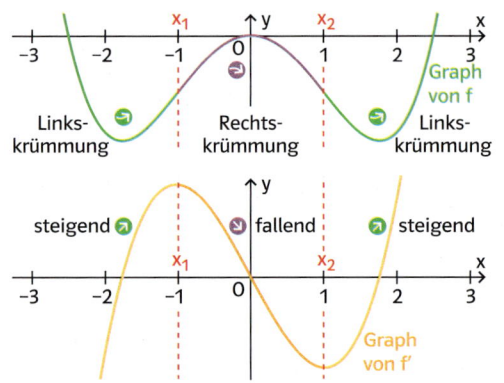

> Wechselt der Graph einer Funktion f an der Stelle x_0 sein Krümmungsverhalten, dann heißt x_0 **Wendestelle von f**. Den zugehörigen Punkt $W(x_0 | f(x_0))$ nennt man **Wendepunkt** des Graphen. An einer Wendestelle hat die Ableitungsfunktion f' eine Extremstelle.

Wendet man die Kriterien zur Bestimmung von Extremstellen auf die Ableitungsfunktion f' an, so erhält man Kriterien für die Bestimmung von Wendestellen der Funktion f.

Die Ableitung (f')' der Ableitungsfunktion f' ist die zweite Ableitung f''.

> **Kriterium für Wendestellen:**
> Die Stelle x_0 ist Wendestelle der Funktion f, wenn eine der beiden Aussagen erfüllt ist:
> (1) Es ist $f''(x_0) = 0$ und $f'''(x_0) \neq 0$.
> (2) Es ist $f''(x_0) = 0$ und die zweite Ableitung f'' hat bei x_0 einen Vorzeichenwechsel.

Gilt bei der **dritten Ableitung** $f'''(x_0) = 0$, so greift Kriterium (1) nicht. In diesem Fall muss man den Vorzeichenwechsel von f'' als Kriterium verwenden.
Die Funktion f mit $f(x) = x^5$ hat bei $x_0 = 0$ einen Wendepunkt, obwohl $f'''(0) = 0$ ist. Die zweite Ableitung f'' hat den Funktionsterm $f''(x) = 20x^3$. Sie hat bei $x_0 = 0$ einen VZW von – nach +.
Falls die Bestimmung der dritten Ableitung einen hohen Rechenaufwand benötigt, ist es ebenfalls sinnvoll, den Vorzeichenwechsel der zweiten Ableitung zu prüfen.
Die Tangente im Wendepunkt heißt **Wendetangente**. Ist ihre Steigung 0, so liegt ein Wendepunkt mit waagerechter Tangente vor. Hierbei handelt es sich um einen **Sattelpunkt**.

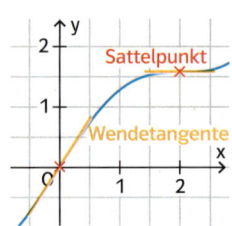

III Extremstellen und Wendestellen

Beispiel 1 Bestimmung von Wendestellen
Bestimmen Sie die Wendestellen der Funktion f mit $f(x) = x^3 - 3x^2$.
Lösung
Ableitungen: $f'(x) = 3x^2 - 6x$; $f''(x) = 6x - 6$; $f'''(x) = 6$
Die notwendige Bedingung $f''(x) = 0$ ergibt die einzige Lösung $x = 1$.
Da die dritte Ableitung $f'''(1) \neq 0$ ist, handelt es sich um eine Wendestelle.
Am Term der zweiten Ableitung lässt sich zudem erkennen, dass f'' bei $x = 1$ einen VZW von – nach + aufweist. So kann die Wendestelle ebenfalls nachgewiesen werden.

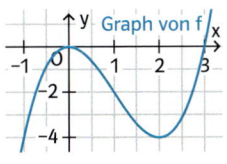

Beispiel 2 Untersuchung auf Wendepunkte
Untersuchen Sie den Graphen der Funktion f mit $f(x) = \frac{1}{5}x^5 - \frac{2}{3}x^4 + 3$ auf Wendepunkte.
Lösung
Ableitungen: $f'(x) = x^4 - \frac{8}{3}x^3$; $f''(x) = 4x^3 - 8x^2$;
$f'''(x) = 12x^2 - 16x$
Nullsetzen der zweiten Ableitung und Ausklammern von x^2 ergibt die Gleichung $4x^2(x - 2) = 0$. Bei der doppelten Nullstelle $x_1 = 0$ liegt kein VZW von f'' und damit keine Wendestelle vor. Folglich ändert der Graph der Funktion f bei $x_1 = 0$ sein Krümmungsverhalten nicht. Bei der einfachen Nullstelle $x_2 = 2$ weist f'' einen VZW von – nach + auf.

Mit $f(2) = -\frac{19}{15}$ erhält man $W\left(2 \left| -\frac{19}{15} \right.\right)$ als einzigen Wendepunkt des Graphen von f.

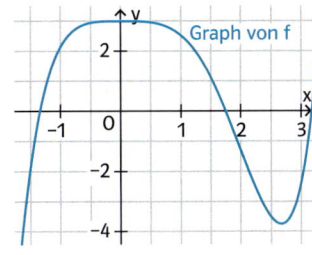 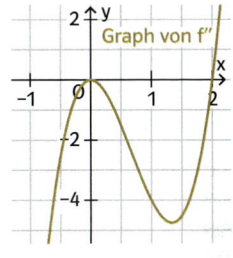

$x = 0$ ist doppelte Nullstelle von f''.
f'' hat keinen VZW, erkennbar am Graphen von f''.

Beispiel 3 Bestimmung einer Wendetangenten
Bestimmen Sie die Gleichung der Wendetangente für die Funktion f mit $f(x) = (1 - x) \cdot e^x$.
Lösung
Ableitungen: $f'(x) = -e^x + (1 - x) \cdot e^x = -x \cdot e^x$;
$f''(x) = -e^x - x \cdot e^x = -(x + 1) \cdot e^x$;
$f'''(x) = -(x + 2) \cdot e^x$.
Nullsetzen der zweiten Ableitung ergibt $-(x + 1) \cdot e^x = 0$.
Nach dem Satz vom Nullprodukt ist wegen $e^x \neq 0$ die einzige Nullstelle von f'' die Stelle $x_0 = -1$.
Diese Stelle ist wegen $f'''(-1) = -e^{-1} \neq 0$ eine Wendestelle von f.
Der Wendepunkt ist $W(-1 | f(-1)) = W\left(-1 \left| \frac{2}{e} \right.\right)$. Die Steigung im Punkt W beträgt $\frac{1}{e}$,
die Wendetangente hat die Gleichung $t: y = \frac{1}{e}(x + 1) + \frac{2}{e}$, vereinfacht $y = \frac{1}{e}x + \frac{3}{e}$.

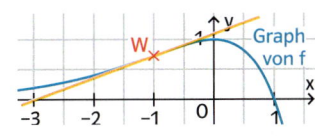

Beispiel 4 Wendepunkte einfacher trigonometrischer Funktionen direkt bestimmen
Bestimmen Sie die Wendepunkte des Graphen der Funktion f mit $f(x) = \sin(x) - 2$ im Intervall $[0; 3\pi]$.
Lösung
Die Sinuskurve (blau) ändert ihr Krümmungsverhalten an den Nullstellen. Da der Graph von f (rot) eine um 2 Einheiten nach unten verschobene Sinuskurve ist, ändern sich die Wendestellen nicht. Alle Wendepunkte haben den y-Wert -2. Die Wendepunkte im Intervall $[0; 3\pi]$ sind $W_1(0 | -2)$, $W_2(\pi | -2)$, $W_3(2\pi | -2)$ und $W_4(3\pi | -2)$.

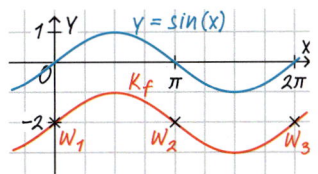

Eine Skizze ist hilfreich.

Aufgaben

1 a) Lesen Sie näherungsweise die Koordinaten der Wendepunkte des nebenstehenden Graphen ab.
b) Lesen Sie näherungsweise die Steigungen der Wendetangenten ab.

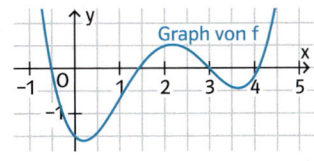

2 Bestimmen Sie die Wendepunkte des Graphen der Funktion f.
a) $f(x) = 3x^2 - x^3$
b) $f(x) = 2x^2 - \frac{1}{3}x^4 + 3$
c) $f(x) = x^4 - 6x^2$

3 Bestimmen Sie die Wendestellen von f. Skizzieren Sie für den Nachweis den Graphen der zweiten Ableitung und überprüfen Sie damit den Vorzeichenwechsel von f″.
a) $f(x) = \frac{1}{6}x^3 - x^2$
b) $f(x) = \frac{1}{3}x^4 - 8x^2$
c) $f(x) = \frac{1}{5}x^5 - 2x^4$
d) $f(x) = \frac{1}{2}x^2 - e^x$
e) $f(x) = 2x^2 - e^{-2x}$
f) $f(x) = x^2 - \frac{1}{x}$; $x > 0$

4 Bestimmen Sie die Wendepunkte des Graphen von f sowie die Gleichung der zugehörigen Wendetangente.
a) $f(x) = x^3 - 3x^2$
b) $f(x) = \frac{1}{2}x^4 - 3x^2$
c) $f(x) = \frac{1}{10}x^5 - \frac{4}{3}x^3$
d) $f(x) = (x - 2)^3 - 1$
e) $f(x) = x \cdot e^x$
f) $f(x) = x \cdot e^{-2x}$

5 Geben Sie ohne abzuleiten zwei Wendepunkte des Graphen der Funktion f an.
a) $f(x) = \sin(x) + 1$
b) $f(x) = 2\cos(x) - 3$
c) $f(x) = \cos(2x) + 1$
d) $f(x) = \sin\left(\frac{\pi}{2}x\right) - 1{,}5$
e) $f(x) = \frac{1}{2}\cos\left(\frac{\pi}{3}x\right) - \frac{1}{2}$
f) $f(x) = \sin(x) + x$

6 Zeigen Sie: Der Graph von f besitzt keine Wendepunkte. Geben Sie das Krümmungsverhalten des Graphen von f an.
a) $f(x) = x^2 - 1$
b) $f(x) = 4 + 2x - x^2$
c) $f(x) = x^4 - 2x$
d) $f(x) = 2 - e^x$
e) $f(x) = x + e^{-x}$
f) $f(x) = \sin(x) + x^2$

7 Berechnen Sie die Koordinaten des Schnittpunkts der beiden Wendetangenten des Graphen der Funktion f mit $f(x) = 6x^2 - x^4$. Begründen Sie die besondere Lage des Schnittpunkts.

○ **Test** → Lösungen | Seite 375

8 Untersuchen Sie den Graphen der Funktion f auf Wendepunkte und berechnen Sie die Gleichung der zugehörigen Wendetangente.
a) $f(x) = x(x^2 - 1)$
b) $f(x) = 2x^2 - \frac{1}{3}x^4$
c) $f(x) = (x + 2) \cdot e^{-x}$

9 Die Abbildung zeigt den Graphen der zweiten Ableitung f″ einer Funktion f. Entscheiden Sie, ob die Aussage falsch, richtig oder nicht entscheidbar ist. Begründen Sie Ihre Entscheidung.
A: Der Graph von f ist im Bereich $]0; 2[$ rechtsgekrümmt.
B: Der Graph von f hat im Bereich $[-0{,}3; 4{,}5]$ drei Wendepunkte.
C: Der Graph von f hat an der Stelle $x = 0$ einen Sattelpunkt.
D: Die Ableitung f′ der Funktion f ist im Intervall $]0; 2[$ streng monoton wachsend.
E: Der Graph von f ändert an der Stelle $x = 0{,}8$ sein Krümmungsverhalten.

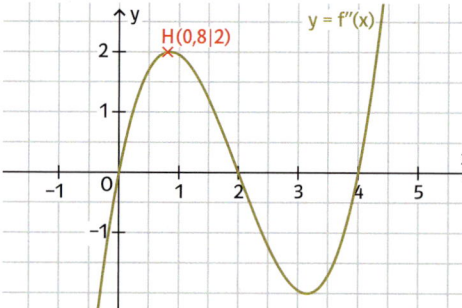

10 Skizzieren Sie einen passenden Graphen und geben Sie einen Funktionsterm von f an.
a) Der Graph von f ist rechtsgekrümmt und besitzt keinen Wendepunkt.
b) Der Graph von f hat genau zwei Wendepunkte und verläuft oberhalb der x-Achse.
c) Der Graph von f hat einen Wendepunkt im Ursprung, einen Hochpunkt und einen Tiefpunkt.
d) f′ und f″ haben nur negative Funktionswerte.

11 Berechnen Sie die Wendestellen von f.
Bestimmen Sie jeweils die Gleichung der Wendetangenten.
a) $f(x) = 4x^4 - 6x^2$
b) $f(x) = \frac{1}{4}x^4 - 6x^2 + 3$
c) $f(x) = \frac{1}{20}x^5 - \frac{1}{4}x^4 + x$
d) $f(x) = \sin(x); \ x \in \left[-\frac{\pi}{2}; 3\frac{\pi}{2}\right]$
e) $f(x) = \cos(x); \ x \in [0; 2\pi]$
f) $f(x) = \frac{1}{2}x^2 - e^x$

12 Die Abbildung zeigt den Graphen der Ableitung f′ einer Funktion f. Entscheiden Sie, ob die Aussage für das Intervall $[-3{,}5; 3{,}5]$ wahr oder falsch ist. Begründen Sie Ihre Entscheidung.

A: f hat drei Extremstellen.
B: f hat an der Stelle $x_0 = 0$ eine Wendestelle.
C: Es gilt $f(-2) > f(-1)$.
D: Der Graph von f hat an der Stelle $x_0 = 3$ einen Hochpunkt.
E: Der Graph von f hat genau zwei Wendepunkte.
F: Der Graph von f ist im Intervall $[-1; 1]$ rechtsgekrümmt.

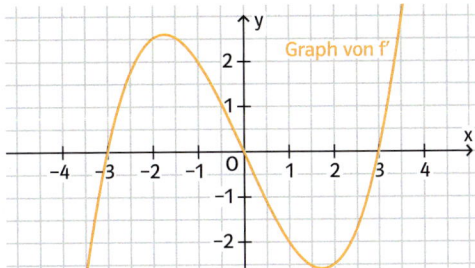

13 Begründen Sie oder widerlegen Sie die Aussage mit einem Gegenbeispiel.
A: Der Graph einer Polynomfunktion zweiten Grades hat keinen Wendepunkt.
B: Der Graph einer Polynomfunktion dritten Grades hat genau einen Wendepunkt.
C: Der Graph einer Polynomfunktion n-ten Grades hat genau $n - 2$ Wendepunkte.
D: Bei Polynomfunktionen liegt zwischen zwei Extrempunkten immer ein Wendepunkt.
E: Bei Polynomfunktionen liegt zwischen zwei Wendepunkten immer ein Extrempunkt.

14 a) Zeigen Sie: Die Funktion f mit $f(x) = x^3 + bx^2$ hat immer eine Wendestelle.
b) In welchem Verhältnis müssen a ($a \neq 0$) und b stehen, damit die Funktion f mit $f(x) = ax^3 + bx^2$ bei $x = 2$ eine Wendestelle hat?

→ Lösungen | Seite 375

15 Die Abbildung zeigt den Graphen von f′. Zeigen Sie, dass die Aussagen über den Graphen K_f der Funktion f wahr sind.
A: K_f hat im Intervall $[-1; 3{,}5]$ drei Wendepunkte.
B: K_f hat einen Sattelpunkt.
C: Die Steigung jeder Wendetangente ist kleiner als 0,5.

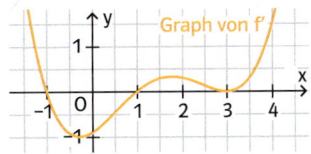

16 Zeigen Sie: Wenn die Funktion f bei $x = 3$ eine Wendestelle besitzt, so gilt dies auch für die Funktion g. Geben Sie ein Beispiel für die Funktion f an.
a) $g(x) = f(x) + x - 2$
b) $g(x) = 2 \cdot f(x) + 2x$
c) $g(x) = 5x - f(x)$

17 Der Punkt $S(x_0|0)$ ist ein Sattelpunkt des Graphen einer Funktion f mit $f'''(x_0) \neq 0$. Untersuchen Sie, ob S auch ein Sattelpunkt des Graphen der Funktion g mit $g(x) = x \cdot f(x)$ ist.

18 Zeigen Sie: Der Graph jeder beliebigen Polynomfunktion 3. Grades ist punktsymmetrisch zum Wendepunkt.

→ Strategie | Seite 339
Orientieren an einem Beispiel

Grundwissen Test

→ Grundwissen Seite 353
Lösung | Seite 375

19 Vereinfachen Sie so weit wie möglich.
a) $\log_2(2^5)$
b) $\log_2(8)$
c) $\log_2\left(\frac{1}{8}\right)$
d) $\log_2(\sqrt{2})$
e) $\log_4(1)$
f) $\log_3\left(\frac{1}{9}\right)$

6 Vom Funktionsterm zum Graphen

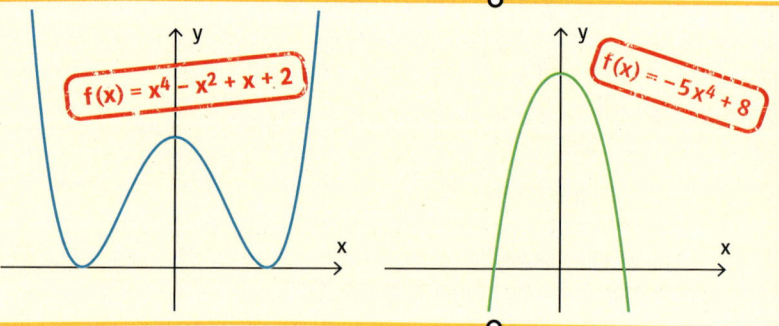

Tom: „Keiner der Funktionsterme passt zum jeweiligen Graphen."
Nora: „Da wäre ich mir nicht so sicher!"

Mithilfe des Funktionsterms einer Funktion lassen sich charakteristische Eigenschaften der Funktion und ihres Graphen finden. Diese sind in der folgenden Tabelle zusammengestellt.

Bedingung	Eigenschaft der Funktion	Eigenschaft des Graphen
$f(-x) = f(x)$	Zu betragsgleichen x-Werten gehören gleiche Funktionswerte.	**Achsensymmetrie** zur y-Achse
$f(-x) = -f(x)$	Zu betragsgleichen x-Werten gehören betragsgleiche Funktionswerte mit verschiedenen Vorzeichen.	**Punktsymmetrie** zum Ursprung
$f(x_0) = 0$	x_0 ist eine **Nullstelle**.	$N(x_0 \mid 0)$ ist ein **Schnittpunkt mit der x-Achse**.
$f(0) = y_0$	y_0 ist der Funktionswert an der Stelle 0.	$P(0 \mid y_0)$ ist der **Schnittpunkt mit der y-Achse**.
$f'(x_0) = 0$ und $f''(x_0) < 0$ oder $f'(x_0) = 0$ und f' hat dort einen Vorzeichenwechsel von „+" nach „−".	x_0 ist eine **Extremstelle**. $f(x_0)$ ist ein **Maximum**.	$H(x_0 \mid f(x_0))$ ist ein **Hochpunkt**.
$f'(x_0) = 0$ und $f''(x_0) > 0$ oder $f'(x_0) = 0$ und f' hat dort einen Vorzeichenwechsel von „−" nach „+".	x_0 ist eine **Extremstelle**. $f(x_0)$ ist ein **Minimum**.	$T(x_0 \mid f(x_0))$ ist ein **Tiefpunkt**.
$f''(x_0) = 0$ und $f'''(x_0) \neq 0$ oder $f''(x_0) = 0$ und f'' hat dort einen Vorzeichenwechsel.	x_0 ist eine **Wendestelle**.	$W(x_0 \mid f(x_0))$ ist ein **Wendepunkt**.
$f'(x_0) = 0$ und $f''(x_0) = 0$ und $f'''(x_0) \neq 0$ oder $f'(x_0) = 0$ und $f''(x_0) = 0$ und f'' hat dort einen Vorzeichenwechsel.	x_0 ist eine Wendestelle mit $f'(x_0) = 0$.	$S(x_0 \mid f(x_0))$ ist ein **Sattelpunkt**.

Wenn man auch noch das **Verhalten der Funktion für** $x \to +\infty$ **und** $x \to -\infty$ untersucht, ist es oft möglich, den Graphen zu skizzieren ohne weitere Werte berechnen zu müssen.

III Extremstellen und Wendestellen

Die folgenden Eigenschaften des Funktionsgraphen sind zum Skizzieren hilfreich:
- Symmetrie
- Schnittpunkte mit den Koordinatenachsen
- Extrempunkte
- Wendepunkte
- globales Verhalten

In vielen Fällen ist es nicht notwendig, alle Eigenschaften zu untersuchen, um eine Skizze eines Graphen zu erstellen (vgl. Beispiel 2). Bei trigonometrischen Funktionen ist dies bereits ohne Extrem- und Wendepunkte möglich.

Beispiel 1 Charakteristische Eigenschaften verwenden

Gegeben ist die Funktion f mit $f(x) = (x + 1)\left(\frac{1}{2}x^2 - 2x + 2\right)$. Untersuchen Sie den Graphen der Funktion auf Symmetrie, Achsenschnittpunkte, Hochpunkte und Tiefpunkte sowie auf Wendepunkte. Bestimmen Sie gegebenenfalls die Gleichung der Wendetangente. Skizzieren Sie den Graphen mithilfe der Ergebnisse.

Lösung

Symmetrie

Ausmultiplizieren des Funktionsterms ergibt $f(x) = \frac{1}{2}x^3 - \frac{3}{2}x^2 + 2$.
Der Graph ist weder zur y-Achse noch zum Ursprung symmetrisch, da der ausmultiplizierte Funktionsterm sowohl Potenzen von x mit geraden als auch mit ungeraden Exponenten enthält.

Globales Verhalten

Das globale Verhalten lässt sich am Term mit der höchsten Potenz ablesen: $\frac{1}{2}x^3$.
Da die Potenz ungerade und der Vorfaktor positiv ist, verläuft der Graph von f von links unten nach rechts oben.

Achsenschnittpunkte (Schnittpunkte mit den Koordinatenachsen)

Schnittpunkt mit der y-Achse: $f(0) = 2$, daher $P(0|2)$.
Schnittpunkte mit der x-Achse: Bedingung ist $f(x_0) = 0$.
$(x + 1)\left(\frac{1}{2}x^2 - 2x + 2\right) = 0$ ist erfüllt für $x + 1 = 0$ oder $\frac{1}{2}x^2 - 2x + 2 = 0$.

Daraus erhält man $x_1 = -1$ (einfach) und $x_{2/3} = 2 \pm \sqrt{4-4} = 2$ (doppelt).
Die Nullstellen der Funktion liegen bei $x_1 = -1$ und $x_2 = 2$ (doppelte Nullstelle).
Der Graph schneidet die x-Achse bei $N_1(-1|0)$ und berührt sie bei $N_2(2|0)$.

Extrempunkte, d.h. $f'(x_0) = 0$ und $f''(x_0) \neq 0$.

$f'(x) = \frac{3}{2}x^2 - 3x = \frac{3}{2}x(x - 2) = 0$ hat die Lösungen $x_3 = 0$ und $x_4 = 2$.
Mit $f''(x) = 3x - 3$ erhält man $f''(0) = -3 < 0$ und $f''(2) = 3 > 0$.
x_3 und x_4 sind Extremstellen von f. Zusammen mit $f(0) = 2$ und $f(2) = 0$ ergibt sich:
$H(0|2)$ ist ein Hochpunkt und $T(2|0)$ ist ein Tiefpunkt des Graphen von f.

Wendepunkte, d.h. $f''(x_0) = 0$ und $f'''(x_0) \neq 0$.

$f''(x) = 3x - 3 = 0$ ergibt $x_5 = 1$. Wegen $f'''(x) = 3 \neq 0$ ist x_5 eine Wendestelle von f.
Zusammen mit $f(1) = \frac{1}{2} \cdot 1^3 - \frac{3}{2} \cdot 1^2 + 2 = \frac{1}{2} - \frac{3}{2} + 2 = 1$ ergibt sich:
$W(1|1)$ ist ein Wendepunkt des Graphen von f.

Wendetangente

$f'(1) = \frac{3}{2} \cdot 1^2 - 3 \cdot 1 = -\frac{3}{2}$ ist die Steigung der Wendetangente.
Mit der Punkt-Steigungs-Form: $y = -\frac{3}{2}(x - 1) + 1$ erhält man die Gleichung $y = -\frac{3}{2}x + \frac{5}{2}$.

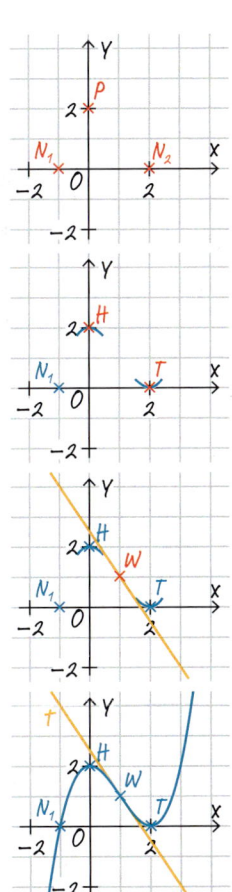

Beispiel 2 Graph skizzieren

Gegeben ist die Funktion f mit $f(x) = x^2 \cdot e^x$.

a) Ermitteln Sie das globale Verhalten von f, sowie die Nullstellen. Skizzieren Sie den groben Verlauf des Graphen mithilfe des globalen Verhaltens und der Nullstellen ohne Skalierung:
b) Berechnen Sie Hoch- und Tiefpunkte und skalieren Sie Ihre Skizze.

Lösung

a) Die Funktionswerte der Funktion u mit $u(x) = e^x$ nähern sich für sehr kleine Werte von x der Zahl 0. Aus der Wertetabelle der Funktion f erkennt man, dass sich auch die Funktionswerte der Funktion f der Zahl 0 annähern, d.h. die Exponentialfunktion mit der Variablen x im Exponenten ist dominant.

Für $x \to -\infty$ nähern sich die Funktionswerte dem Wert 0:

x	f(x)
-8	0,02
-7	0,04
-6	0,09
-5	0,17
-4	0,29
-3	0,45
-2	0,54
-1	0,37

Nach dem Satz vom Nullprodukt hat der Graph der Funktion f genau eine Nullstelle $x = 0$. Für alle anderen $x \in \mathbb{R}$ sind die Funktionswerte positiv. Daher verläuft der Graph nur oberhalb der x-Achse.

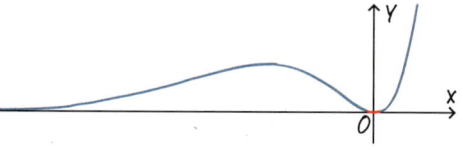

b) Ableitung: $f'(x) = (x^2 + 2x) \cdot e^x$.
Notwendige Bedingung $f'(x) = 0$:
$(x^2 + 2x) \cdot e^x = 0$ ergibt die Lösungen $x_1 = 0$ und $x_2 = -2$.
Der Faktor e^x hat ausschließlich positive Werte und beeinflusst den Vorzeichenwechsel nicht. Der Faktor $(x^2 + 2x)$ liefert die beiden Nullstellen $x_1 = 0$ und $x_2 = -2$. Der Graph von $u(x) = x^2 + 2x$ ist eine nach oben offene Parabel, der linke Schnittpunkt mit der x-Achse an der Stelle $x_2 = -2$ hat einen Vorzeichenwechsel von + nach – und der rechte Schnittpunkt an der Stelle $x_1 = 0$ einen Vorzeichenwechsel von – nach +. Folglich hat der Graph von f bei $x_2 = -2$ einen Hochpunkt und bei $x_1 = 0$ einen Tiefpunkt.
Mit $f(-2) = \frac{4}{e^2} \approx 0{,}54$ erhält man den Hochpunkt $H(-2 | 0{,}54)$, mit $f(0) = 0$ den Tiefpunkt $T(0|0)$. Mithilfe des Hochpunkts und weiterer Funktionswerte kann die Skizze skaliert werden.

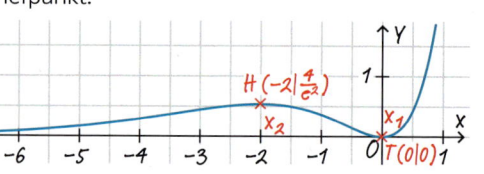

Aufgaben

1 Gegeben ist die Funktion f mit $f(x) = 2x^4 + 7x^3 + 5x^2$. Bestimmen Sie die Achsenschnittpunkte sowie die Hochpunkte, Tiefpunkte und Wendepunkte des Graphen von f. Skizzieren Sie den Graphen.

2 Gegeben ist die Funktion f mit $f(x) = x^3 \cdot e^{-x}$.
 a) Ermitteln Sie das globale Verhalten von f, sowie die Nullstellen. Skizzieren Sie damit ohne Skalierung der Achsen den Graphen von f.
 b) Berechnen Sie Hoch- und Tiefpunkte und skalieren Sie die x- und y-Achse Ihrer Skizze.

3 Untersuchen Sie den Graphen von f auf Symmetrie zur y-Achse bzw. zum Ursprung. Bestimmen Sie die Achsenschnittpunkte und die Extrempunkte des Graphen. Skizzieren Sie den Graphen.
 a) $f(x) = \frac{1}{3}x^3 - x$
 b) $f(x) = \frac{1}{2}x^2 - \frac{1}{8}x^3$
 c) $f(x) = \frac{1}{4}x^4 + x^3$
 d) $f(x) = \frac{5}{2}x^2 + x^4$
 e) $f(x) = \frac{1}{8}x^4 - \frac{3}{4}x^3 + \frac{3}{2}x^2$
 f) $f(x) = \frac{1}{20}x^5 - \frac{1}{6}x^3$

4 Untersuchen Sie den Graphen von f auf Symmetrie, Schnittpunkte mit den Koordinatenachsen, Extrempunkte und globales Verhalten. Zeichnen Sie den Graphen von f.
 a) $f(x) = x \cdot (x^2 - 1)$
 b) $f(x) = x^2 \cdot (3 - x)$
 c) $f(x) = x^2 \cdot (x^2 - 4)$
 d) $f(x) = \frac{1}{2}x^3 \cdot (4 - x^2)$

○ 5 Ordnen Sie die Funktionsterme den Graphen zu. Begründen Sie Ihre Entscheidung mit dem globalen Verhalten und den Nullstellen. Überprüfen Sie anschließend die Extremstellen.

 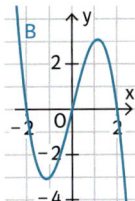 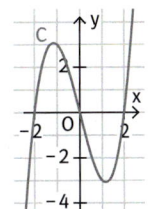

f(x) = −x³ + 4x   1   f(x) = x² − 4x   2

f(x) = x² − 4   3   f(x) = x³ − 4x   4

○ 6 Ermitteln Sie die Schnittpunkte des Graphen von f mit der x-Achse sowie die Koordinaten seiner Extrempunkte und Wendepunkte. Skizzieren Sie den Graphen der Funktion.
a) $f(x) = x^3 - x$
b) $f(x) = x^3 - 3x^2$
c) $f(x) = x^3 - \frac{1}{4}x^4$
d) $f(x) = -\frac{1}{e}x + e^x$
e) $f(x) = 2\sin\left(\frac{\pi}{3}x\right) + 2$ für $x \in [0; 6]$
f) $-\frac{1}{2}\cos\left(\frac{\pi}{4}x\right) + 2$ für $x \in [-2; 6]$

○ 7 Ordnen Sie zu. Zu einer Funktionsgleichung können mehrere Kärtchen gehören.
$f(x) = 4;$ $g(x) = 2x + 1;$ $h(x) = x^2 - 1;$ $i(x) = \frac{1}{3}x^3 + 2$

A: Die Funktion besitzt genau einen Extremwert.

B: Die Funktion ist auf ganz ℝ streng monoton steigend.

C: Die Funktion hat nur positive Funktionswerte.

D: Der Graph der Funktion ist weder zur y-Achse noch zum Ursprung symmetrisch.

E: Die Funktion hat mehr als zwei Nullstellen.

F: Der Graph der Funktion hat einen Wendepunkt.

○ Test   → Lösungen | Seite 375

8 Berechnen Sie die Extrem- und Wendestellen der Funktionen. Ordnen Sie anschließend die Funktionsterme den Graphen zu und begründen Sie ihre Entscheidung damit.

$f(x) = x^4 - x$ 1 $f(x) = -x^4 + 2x^2$ 2

$f(x) = \frac{1}{4}(x-1)^4 + \frac{1}{2}$ 3

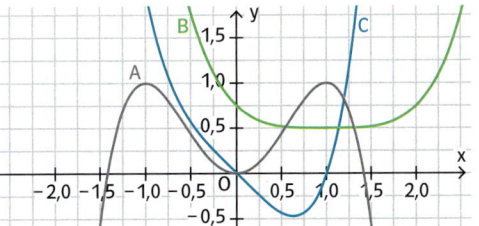

9 Bestimmen Sie Nullstellen von f. Berechnen Sie die Koordinaten der Extrempunkte und der Wendepunkte des Graphen; skizzieren Sie den Graphen mithilfe der gefundenen Ergebnisse.
a) $f(x) = (x+1)^2(x-2)$
b) $f(x) = -(x^2+1)^2 + 4$
c) $f(x) = 2 \cdot (x^3+1)^2$

● 10 Die folgenden Eigenschaften einer Funktion f sind bekannt:
$f(-1) = f(6) = 0$, $f(4) = f'(4) = f''(4) = 0$ und $f'''(4) \neq 0$.
a) Skizzieren Sie zwei Graphen, die zu einer solchen Funktion passen.
b) Untersuchen Sie, wie viele Extrempunkte der Graph mindestens haben muss.
c) Untersuchen Sie, wie viele Wendepunkte der Graph mindestens haben muss.

11 a) Eine Polynomfunktion 3. Grades hat nur die beiden Nullstellen $x_1 = 0$ und $x_2 = 3$. Skizzieren Sie vier grundsätzlich verschiedene mögliche Verläufe des Graphen.
b) Gegeben ist die Funktion f mit $f(x) = 2x^3 - 6x^2$. Entscheiden Sie, welche der vier in a) skizzierten Möglichkeiten auf den Graph von f zutrifft. Begründen Sie ihre Entscheidung.
c) Berechnen Sie die Extrempunkte und zeichnen Sie den Graphen von f, skalieren Sie dazu die y-Achse so, dass Sie Ihre Zeichnung höchstens 5 cm hoch ist.

12 a) Zeigen Sie rechnerisch, dass die Funktion f mit der Gleichung $f(x) = x - \sin(x)$ keine Extremwerte hat.
b) Bestimmen Sie die Wendepunkte des Graphen im Intervall $[-2\pi; 2\pi]$.
c) Prüfen Sie, welche der in b) bestimmten Wendepunkte zugleich Sattelpunkte sind.

13 Eine Polynomfunktion f hat folgende Eigenschaften:
(1) $f(0) = 4$, $f'(0) = 0$ und $f''(0) = -1$ (2) $f''(2) = 0$ und $f'''(2) \neq 0$
(3) $f(x) \to +\infty$ für $x \to \pm\infty$ (4) $f(-x) = f(x)$ für $x \in \mathbb{R}$
a) Welche Bedeutung haben diese Eigenschaften für den Graphen von f?
b) Skizzieren Sie zwei mögliche Graphen von f.

14 a) Gegeben ist die Funktion f mit $f(x) = x^2 \cdot e^{2x}$. Zeigen Sie, dass der Graph der Funktion g mit $g(x) = x^2 \cdot e^{-2x}$ der an der y-Achse gespiegelte Graph der Funktion f ist.
b) Zeigen Sie: Alle Funktionswerte von f sind kleiner als $\frac{1}{e^2}$ für $x < 0$. Übertragen Sie diese Aussage auf die Funktion g.

Test

Lösungen | Seite 377

15 a) Geben Sie möglichst viele Argumente an, warum der Graph der Funktion h mit $h(x) = x^4 - 5x^2 + 4$ nicht zu dem abgebildeten Graphen gehören kann.
b) Berechnen Sie die Nullstellen von h.
c) Skalieren Sie die Achsen des Koordinatensystems so, dass der Graph der Funktion f mit $f(x) = x \cdot h(x)$ abgebildet ist.

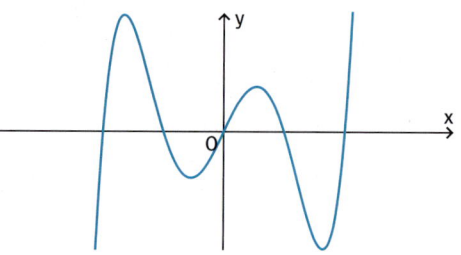

16 a) Skizzieren Sie möglichst viele Graphen einer Polynomfunktion vierten Grades, die nur die Nullstellen $x_1 = 0$ und $x_2 = 4$ hat.
b) Gegeben ist die Funktion f mit $f(x) = 0{,}25x^4 - 2x^3 + 4x^2$. Bestimmen Sie die Nullstellen von f sowie den globalen Verlauf des Graphen von f. Welche Ihrer Skizzen aus a) passt?
c) Bestimmen Sie die Hoch-, Tief- und Wendepunkte des Graphen und zeichnen Sie den Graphen von f.

17 Gegeben ist die Funktion f mit $f(x) = x^3 + ax^2 + bx + c$. Formulieren Sie eine Beziehung zwischen den Koeffizienten, wenn es nur eine Stelle gibt, an der die Tangente an den Graphen von f parallel zur x-Achse verläuft.

Grundwissen Test

Grundwissen
Seite 352
Lösung | Seite 377

18 Ordnen Sie die Karten der Funktionsterme nach Symmetrie-Eigenschaften ihrer Graphen.

$f_1(x) = e^x + e^{-x}$ $f_2(x) = x^4 - 2x^2$ $f_3(x) = x^2(x-1)^2$ $f_4(x) = x(x^2 - 4)$
$f_5(x) = 2 \cdot \sin(\pi x)$ $f_6(x) = \cos(2x) - 5$

7 Differenzialrechnung im Sachzusammenhang

Viele reale Situationen lassen sich mithilfe von Funktionen beschreiben. Dabei können viele Fragestellungen im Sachzusammenhang mithilfe der Funktion und ihren Ableitungen beantwortet werden.

Bei der Fahrt eines Heißluftballons ist die Höhe des Ballons eine Funktion der Zeit. Bezeichnet man mit t die Zeit nach der Abfahrt in Minuten und mit f(t) die Höhe in Metern, so lassen sich beispielsweise folgende Zusammenhänge herstellen:

Alltagsfrage	Mathematische Frage	Lösungsansatz
Wie hoch ist der Heißluftballon eine Viertelstunde nach der Abfahrt?	Wie groß ist der **Funktionswert** an der Stelle $t = 15$?	$f(15)$ berechnen.
Wie schnell steigt der Ballon 3 min. nach Abfahrt?	Wie groß ist die **Ableitung an der Stelle** $t = 3$?	$f'(3)$ berechnen.
Mit welcher Geschwindigkeit steigt der Ballon durchschnittlich in der ersten Stunde?	Welchen Wert besitzt der **Differenzenquotient** im Intervall $[0; 60]$?	$\frac{f(60) - f(0)}{60 - 0}$ berechnen.
Wann landet der Heißluftballon wieder?	Wo liegen die **Nullstellen** von f?	$f(t) = 0$ lösen und sinnvoll interpretieren.
In welchem Zeitraum steigt der Heißluftballon, in welchem sinkt er?	Welches sind die **Monotonieintervalle** von f?	Intervalle bestimmen, für die $f'(t) > 0$ bzw. $f'(t) < 0$ gilt.
Nach welcher Flugzeit ist der Heißluftballon innerhalb der ersten halben Stunde am höchsten?	An welcher Stelle im Intervall $[0; 30]$ besitzt die Funktion f ihr **Maximum**?	$f'(t) = 0$ lösen und auf VZW untersuchen (Extremstelle: t_0) und ggf. $f(t_0)$ berechnen. Randwerte von I, also $f(0)$ und $f(30)$, berechnen und mit $f(t_0)$ vergleichen.

> Beim **Lösen von Sachproblemen** ist folgendes Vorgehen sinnvoll:
> - Sachfragen in mathematische Fragen übersetzen.
> - Mathematische Lösungen mithilfe geeigneter Ansätze bestimmen.
> - Mathematische Lösungen im Sachzusammenhang interpretieren.

Beispiel 1 Wasserstand bei Hochwasser

Die Funktion h mit $h(t) = -0{,}004t^3 + 0{,}06t^2 + 8$ beschreibt näherungsweise den Wasserstand eines Flusses bei Hochwasser in den ersten 12 Stunden nach Beobachtungsbeginn ($0 \leq t \leq 12$, t in Stunden seit dem Beobachtungsbeginn um 6 Uhr morgens und $h(t)$ in Metern).

a) Berechnen Sie die Höhe des Wasserstandes um 7 Uhr.
b) Berechnen Sie die Geschwindigkeit, mit der der Wasserstand in den ersten zehn Stunden des Beobachtungszeitraumes durchschnittlich ansteigt.
c) Bestimmen Sie den Zeitpunkt, zu dem der Wasserstand am stärksten ansteigt. Wie groß ist die Anstiegsgeschwindigkeit zu diesem Zeitpunkt?
d) Begründen Sie, dass um 16 Uhr der höchste Wasserstand an der Messstation während des angegebenen Beobachtungszeitraumes erreicht wird.

Lösung

a) Da der Beobachtungszeitraum um 6 Uhr beginnt, muss $h(1)$ berechnet werden.
$h(1) = -0{,}004 + 0{,}06 + 8 = 8{,}056$. Die Höhe des Wasserstandes beträgt um 7 Uhr ca. 8,06 m.

b) Die durchschnittliche Anstiegsgeschwindigkeit entspricht dem Differenzenquotienten im Intervall $[0; 10]$: $\frac{h(10) - h(0)}{10 - 0} = \frac{(-4 + 6 + 8) - 8}{10} = \frac{10 - 8}{10} = \frac{2}{10} = 0{,}2$.
Der Wasserstand steigt also in den ersten zehn Stunden des Beobachtungszeitraums durchschnittlich um 0,2 m pro Stunde an.

c) Die momentane Anstiegsgeschwindigkeit entspricht der Ableitung h' der Funktion h. Der stärkste Anstieg liegt bei einer Extremstelle von h' bzw. an einer Wendestelle von h. Es ist $h'(t) = -0{,}012t^2 + 0{,}12t$ und $h''(t) = -0{,}024t + 0{,}12$. Die zweite Ableitung ist linear und hat bei $t = 5$ eine Nullstelle mit Vorzeichenwechsel von + nach −. Damit ist bei $t = 5$ der größte Anstieg mit $h'(5) = 0{,}3$. Fünf Stunden nach Beobachtungsbeginn, also um 11:00 Uhr, steigt der Wasserstand am stärksten mit einer Anstiegsgeschwindigkeit von $0{,}3\frac{m}{h}$.

d) Der höchste Wasserstand entspricht dem Maximum im angegebenen Intervall.
Es ist $h'(10) = -0{,}012 \cdot 10^2 + 0{,}12 \cdot 10 = 0$, also ist die notwendige Bedingung für eine Extremstelle erfüllt. Einsetzen in $h''(t) = -0{,}024t + 0{,}12$ ergibt $h''(10) = -2{,}4 + 0{,}12 < 0$. Durch Einsetzen in den Funktionsterm h erhält man $h(10) = 10$. Der Vergleich mit den Randwerten $h(0) = 8$ und $h(12) = 9{,}728$ ergibt, dass bei $t = 10$ ein globales Maximum ist. Um 16:00 Uhr ist der Wasserstand am höchsten.

Beispiel 2 Vulkanausbruch

Wird ein Körper mit einer Anfangsgeschwindigkeit v_0 (in $\frac{m}{s}$) vertikal nach oben geworfen, so lässt sich seine Höhe (in m) in Abhängigkeit von der Zeit t (in s) mit der Gleichung $h(t) = v_0 t - \frac{1}{2}gt^2$ berechnen. Dabei ist $g = 10\frac{m}{s^2}$ die Erdbeschleunigung. Bei einem Vulkanausbruch werden Gesteinsbrocken mit einer Anfangsgeschwindigkeit von $v_0 = 120\frac{m}{s}$ vertikal nach oben geschleudert. Bestimmen Sie die maximale Höhe, wenn der Luftwiderstand unberücksichtigt bleibt.

Lösung

Zur Bestimmung des höchsten Punktes setzt man $h'(t) = 0$. Die Ableitung h' von h ist $h'(t) = v_0 - gt$. Mit der Anfangsgeschwindigkeit v_0 und dem Wert von g ergibt sich die Gleichung $120 - 10t = 0$. Nach t aufgelöst erhält man $t = 12$. Nach 12 s erreicht der Gesteinsbrocken seinen höchsten Punkt. Mit $h(12) = 720$ erhält man das lokale Maximum.
Ohne Berücksichtigung des Luftwiderstandes fliegt der Gesteinsbrocken 720 m hoch.

Aufgaben

1 Eine Funktion f beschreibt die Höhe einer Sonnenblume (in Metern) in Abhängigkeit von der Zeit t (in Wochen). Geben Sie zu folgendem Schachverhalt die mathematischen Beschreibungen an.
   a) Nach zwei Wochen ist die Sonnenblume 0,30 m hoch.
   b) Nach 20 Wochen wächst die Sonnenblume nicht mehr.
   c) In den ersten fünf Wochen wächst die Sonnenblume um 0,60 m.
   d) Die Wachstumsgeschwindigkeit ist nach acht Wochen am höchsten.

2 Die Abbildung zeigt die Konzentration (in $\frac{mg}{l}$) eines Schmerzmittels im Blut eines Menschen, t (in Stunden) ist die Zeit nach der Einnahme des Medikaments
   a) Wann ist die Konzentration am höchsten?
   b) Wann fällt die Konzentration am stärksten ab?
   c) Wann sinkt die Konzentration unter 20 mg/l?

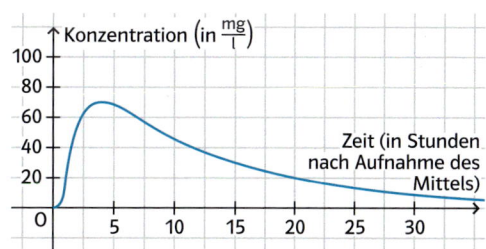

3 Der Pegelstand auf der Insel Föhr kann von Freitag 0:00 Uhr bis Samstag 0:00 Uhr durch die Funktion f mit $f(t) = \cos\left(\frac{\pi}{6}x\right) + 1{,}5$ (t in Stunden und f(t) in m) beschrieben werden.
   a) Berechnen Sie den Pegelstand morgens um 6:00 Uhr.
   b) Skizzieren Sie den Graphen von f.
   c) In welchen Zeitfenstern ist am Freitag der Pegelstand unter 1 m? Bestimmen Sie die Zeitfenster grafisch und mithilfe der Wertetabelle des Taschenrechners.
   d) Bestimmen Sie die durchschnittliche Pegelstandsänderung zwischen 14:00 Uhr und 18:00 Uhr.
   e) Wann am Nachmittag fällt der Pegelstand am stärksten?
   f) Bestimmen Sie die momentane Änderung des Pegelstands um 16:00 Uhr.

4 Die Funktion f beschreibt die Oberflächentemperatur eines Sees (in °C) in Abhängigkeit von der Zeit (in Tagen ab Beobachtungsbeginn). Wählen Sie die Kärtchen auf dem Rand aus, welche die gegebene Situation jeweils vollständig beschreiben.
   (I) Nach 24 Tagen beträgt die Temperatur 4 °C.
   (II) Die höchste Temperatur wird mit 24 °C nach 4 Tagen gemessen.
   (III) Die größte Temperaturänderung ist nach 24 Tagen.

Zu Aufgabe 4:

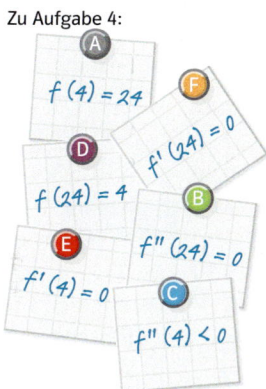

○ **Test**

5 Die Funktion v beschreibt die Geschwindigkeit eines Autos (in $\frac{m}{s}$) in Abhängigkeit von der Zeit t (in s). Beschreiben Sie die geschilderte Situation mithilfe der Funktion v.
   a) 10 s nach Beobachtungsbeginn beträgt die Geschwindigkeit 20 $\frac{m}{s}$.
   b) In den ersten 10 Sekunden nimmt die Geschwindigkeit ständig zu.
   c) Nach 30 Sekunden wird für 5 Sekunden abgebremst.
   d) Die stärkste Zunahme der Geschwindigkeit ist nach 15 Sekunden.

6 Um festzustellen, zu welchem Zeitpunkt ein 100-m-Läufer seine Höchstgeschwindigkeit erreicht, erstellt sein Trainer anhand einer Videoaufzeichnung ein Zeit-Weg-Diagramm. Der Lauf kann durch die Zeit-Weg-Funktion s mit $s(t) = 0{,}0056t^4 - 0{,}2t^3 + 2{,}4t^2$ beschrieben werden, wobei s in Metern und t in Sekunden angegeben wird.
   a) Berechnen Sie, wie weit der Läufer in den ersten 5 Sekunden gelaufen ist.
   b) Bestimmen Sie die durchschnittliche Geschwindigkeit des Läufers in den ersten 5 Sekunden.
   c) Berechnen Sie die Geschwindigkeit des Läufers nach 0,5 Sekunden.
   d) Zeigen Sie rechnerisch, dass der Läufer nach zehn Sekunden das Ziel noch nicht erreicht hat.
   e) Bestimmen Sie näherungsweise die Zeit, die der Läufer für den 100-m-Lauf benötigt.

7 Um Gletscherbewegungen zu erforschen, haben Wissenschaftler im Jahr 1950 Markierungen an einem Gletscher angebracht und diese über mehrere Jahrzehnte beobachtet. Nach der Analyse lässt sich die Strecke in m talwärts mit folgender Funktion s beschreiben:
$s(t) = 0{,}00252 \cdot t^3 - 0{,}1135 \cdot t^2 + 111t$, mit s in m und t in Jahren seit 1950.
 a) Welche Strecke haben die Markierungen im Zeitraum 1960 bis 2000 zurückgelegt?
 b) Vergleichen Sie die Durchschnittsgeschwindigkeit für die Zeiträume 1950 bis 1970 und von 2000 bis 2020.
 c) Bestimmen Sie eine Funktion v, die die momentane Geschwindigkeit der Markierungen beschreibt.
 d) Mit welcher Geschwindigkeit bewegen sich die Markierungen im Jahr 2030 talabwärts?

8 Die Anzahl der Besucher eines Schulfests soll von 7:30 Uhr bis 16:30 Uhr durch die Funktion f mit $f(t) = -t^3 + 24t^2 - 117t + 182$ beschrieben werden (t in Stunden, $7{,}5 \leq t \leq 16{,}5$). Bestimmen Sie
 a) die Anzahl der Besucher, die um 11 Uhr auf dem Schulfest waren.
 b) den Zeitraum, in dem die Zahl der Besucher fortwährend ansteigt.
 c) den Zeitpunkt, zu dem die meisten bzw. die wenigsten Besucher auf dem Schulfest waren.
 d) den Zeitpunkt, zu dem der Besucheranstieg am größten war.

9 Ein Fadenpendel führt bei kleinen Winkeln α eine harmonische Schwingung aus. Lenkt man das Pendel um 5 cm nach rechts aus und lässt es bei t = 0 los, kann man seine Bewegung durch $s(t) = 5\cos(2\pi t)$ beschreiben (s in cm, t in Sekunden).
 a) Nach welcher Zeitspanne ist das Pendel wieder in der Ausgangsposition? Wann schwingt es zum ersten Mal durch die Gleichgewichtslage (α = 0°)?
 b) Bestimmen Sie zwei Zeitpunkte, zu denen sich das Pendel im linken Umkehrpunkt befindet. Zeigen Sie, dass hier die Momentangeschwindigkeit v = s′ den Wert 0 hat.
 c) Welche Geschwindigkeit hat das Pendel beim Durchgang durch die Gleichgewichtslage, wenn es sich auf dem Weg nach links bzw. nach rechts befindet?

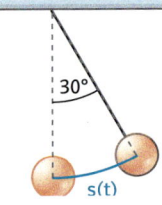

Test

Lösungen | Seite 378

10 Die Tagestemperatur in Stuttgart wird am 1. Mai ab 0:00 Uhr einen Tag lang aufgezeichnet. Daraus ergibt sich die Funktion f mit $f(t) = -5{,}5 \cdot \sin\left(\frac{\pi}{12}t\right) + 15{,}5$ (t in Stunden, f(t) in °C).
 a) Bestimmen Sie die Temperatur um 10:00 Uhr und um 20:45 Uhr.
 b) Wie groß ist die durchschnittliche Änderungsrate der Temperatur von 8:00 Uhr bis 16:30 Uhr?
 c) Berechnen Sie die momentane Änderungsrate der Temperatur um 10:00 Uhr.
 d) Zu welcher Uhrzeit herrscht die höchste Temperatur und wie groß ist diese?
 e) Bestimmen Sie den Zeitpunkt des stärksten Temperaturanstiegs.

11 Die Konzentration eines Medikaments im Blut wird durch die Funktion f mit $f(t) = 30t \cdot e^{-0{,}2t}$ beschrieben (t in Stunden nach der Einnahme und f(t) in $\frac{mg}{l}$).
 a) Bestimmen Sie die höchste Konzentration im Blut und den zugehörigen Zeitpunkt.
 b) Bestimmen Sie den Zeitpunkt, an dem die Konzentration am stärksten abnimmt.
 c) Wann sinkt die Konzentration unter $10 \frac{mg}{l}$?

Grundwissen Test

Grundwissen Lösung | Seite 378

12 Berechnen Sie den Flächeninhalt der Figur. Eine Kästchenlänge entspricht 0,5 cm.
 a)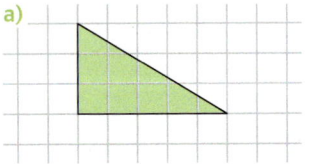
 b)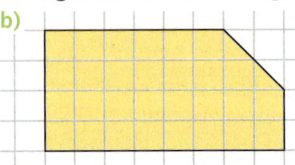
 c)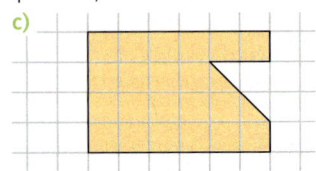

Exkursion

III Extremstellen und Wendestellen

Der Streit um die Ableitung

Der Ableitungsbegriff gehört zu den wohl größten geistigen Erkenntnissen in der Mathematik. Moderne Naturwissenschaft und Technik wären ohne den Ableitungskalkül kaum denkbar. Die Betrachtung beliebig kleiner Größen war seit der Antike von Interesse. Vollständig hergeleitet wurde die Ableitung im 17. Jahrhundert im Zusammenhang mit Extremwertaufgaben und der Bestimmung von Tangenten und Flächeninhalten.

Ein Kalkül ist eine Methode zur systematischen Lösung bestimmter Probleme.

Nach Vorarbeiten von Fermat, Descartes, Barrows, Gregory und anderen waren es der Engländer Newton (Barrows Schüler) und der Deutsche Leibniz, die den Ableitungsbegriff systematisch entwickelten, Newton von 1665 bis 1666 und Leibniz von 1672 bis 1676. Beide veröffentlichten ihre Ergebnisse erst viel später: Newton 1671 (in „De Methodis Serierum et Fluxiorum") und 1704 („Opticks"), Leibniz sogar erst 1684. Auch wenn sich die Ergebnisse von Newton und Leibniz formal unterschieden, waren sie inhaltlich gleichwertig.

Sir Isaac Newton (1643 – 1727)
Newton war Professor in Cambridge und einer der größten Mathematiker und Physiker aller Zeiten. Das von Newton verfasste Werk „Principia Mathematica", in dem er die Gravitation und die Bewegungsgesetze beschrieb, wird als eines der wichtigsten wissenschaftlichen Werke der Mathematik und Physik eingestuft.

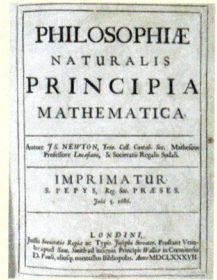

Newton fasste variable Größen wie x und y als zeitabhängig auf: $x(t)$ und $y(t)$. Diese nannte er „Fluenten" (Fließende). Mit $\dot{x}(t)$ und $\dot{y}(t)$ bezeichnete er die Zeitableitungen von x und y, also deren „Geschwindigkeiten", die er „Fluxionen" nannte. Wie Newton mit diesen Fluxionen arbeitete, soll an einem Beispiel verdeutlicht werden:

Eine Kugel wird von einem Tisch waagerecht aus einer Höhe von einem Meter mit einer waagerechten Anfangsgeschwindigkeit von $2{,}5 \frac{m}{s}$ gestoßen. Die horizontale Entfernung vom Abwurfpunkt x zur Zeit t lässt sich mit der Gleichung $x = 2{,}5 \frac{m}{s} \cdot t$ berechnen. Die Ableitung $\dot{x} = 2{,}5 \frac{m}{s}$ gibt die hier konstante horizontale Momentangeschwindigkeit der Kugel an. Die Höhe y kann man mit der Gleichung $y = 1m - \frac{1}{2} g \cdot t^2$ $g \approx \frac{10\,m}{s^2}$ bestimmen. Damit ist die vertikale Momentangeschwindigkeit $\dot{y} = -g \cdot t$. Newton deutete den Quotienten $\frac{\dot{y}}{\dot{x}}$ als Steigung

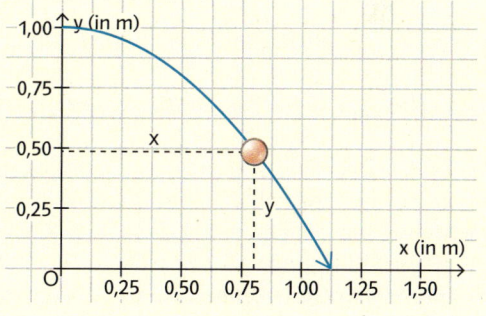

Die Schreibweise $\dot{x}$ wird heute noch in der Physik für die Ableitung einer zeitabhängigen Größe x verwendet.

der Bahnkurve: $\frac{\dot{y}}{\dot{x}} = -\frac{g \cdot t}{2{,}5 \frac{m}{s}} = -\frac{g \cdot \frac{x}{2{,}5 \frac{m}{s}}}{2{,}5 \frac{m}{s}} = -\frac{g \cdot x}{\left(2{,}5 \frac{m}{s}\right)^2} = -\frac{g}{\left(2{,}5 \frac{m}{s}\right)^2} \cdot x$. Dabei ersetzte er die Zeit t

durch $\frac{x}{2{,}5 \frac{m}{s}}$. Die Gleichung der Bahnkurve erhält man durch die gleiche Ersetzung aus

$y = 1m - \frac{1}{2} g \cdot t^2$, also $y = 1m - \frac{g}{2 \cdot \left(2{,}5 \frac{m}{s}\right)^2} \cdot x^2$. Die Bahnkurve ist der Graph der Funktion f mit

$f(x) = 1m - \frac{g}{2 \cdot \left(2{,}5 \frac{m}{s}\right)^2} \cdot x^2$. Leitet man diese nach den bekannten Regeln ab, so erhält man

mit $f'(x) = -\frac{g}{\left(2{,}5 \frac{m}{s}\right)^2} \cdot x$ das gleiche Ergebnis wie Newton für den Quotienten $\frac{\dot{y}}{\dot{x}}$.

Exkursion

Der Streit um die Ableitung

Gottfried Wilhelm Leibniz (1646–1716)
Leibniz gilt als letzter Universalgelehrter.
Er war Jurist, Diplomat, Politiker, Philosoph, Historiker, Theologe, Naturwissenschaftler und Mathematiker.
In einem Manuskript von Leibniz trat 1673 erstmals das Wort „functio" auf. Er gebrauchte dort „Funktion" im Sinne von „eine Funktion haben".

„Beim Erwachen hatte ich schon so viele Einfälle, dass der Tag nicht ausreichte, um sie niederzuschreiben."
Gottfried Wilhelm Leibniz

Leibniz ging bei der Lösung des Tangentenproblems ähnlich wie Newton vor, benutzte aber eine dem Problem besser angepasste Schreibweise.
Im Falle der quadratischen Funktion mit der Gleichung $y = x^2$ etwa bezeichnete er den Zuwachs von x mit dx und bestimmte damit den Zuwachs dy von y mit:
$dy = (x + dx)^2 - x^2 = x^2 + 2x \cdot dx + (dx)^2 - x^2 = 2x \cdot dx + (dx)^2$.
Indem er nun $(dx)^2$ vernachlässigte („weil es im Vergleich zu den restlichen Größen unendlich viel kleiner ist"), erhielt er $dy = 2x \cdot dx$ und damit $\frac{dy}{dx} = 2x$.

Für die verschwindend kleinen Größendifferenzen dx und dy führte Leibniz den Begriff „Differenziale" ein. Den „Quotienten" $\frac{dy}{dx}$ nannte Leibniz entsprechend Differenzialquotient.

Da dieser „Quotient" der Differenziale kein Quotient im üblichen Sinne ist, wird er „dy nach dx" gelesen und als Ganzes gesehen.
Betrachtet man die Ableitung, wie sie in diesem Buch eingeführt wurde, so ist der Differenzialquotient $\frac{dy}{dx}$ an der Stelle x_0: $\lim\limits_{h \to 0} \frac{f(x_0 + h) - f(x_0)}{h}$, also die Ableitung von f an der Stelle x_0.

Leibniz betrachtete den Differenzialquotienten nun geometrisch und beschrieb ihn mithilfe von verschwindend kleinen Dreiecken (heute würde man von Steigungsdreiecken sprechen). Die Ableitung ergibt sich dann über den Quotienten der Kathetenlängen dieser verschwindend kleinen Dreiecke, also der Differenziale $\frac{dy}{dx}$.

Der Teilbereich der Mathematik, der sich u.a. mit Ableitungen beschäftigt, wird inzwischen auch **Differenzialrechnung** genannt.

Auch wenn Leibniz noch nicht mathematisch exakt begründen konnte, wie man durch verschwindend kleine Größen dividieren soll, so konnte er doch mit dem von ihm entwickelten Ableitungsbegriff erfolgreich Probleme lösen, die zuvor nicht zugänglich waren. Hierzu nutzte er auch die in Kapitel II behandelten Ableitungsregeln, die also bereits von ihm gefunden wurden.

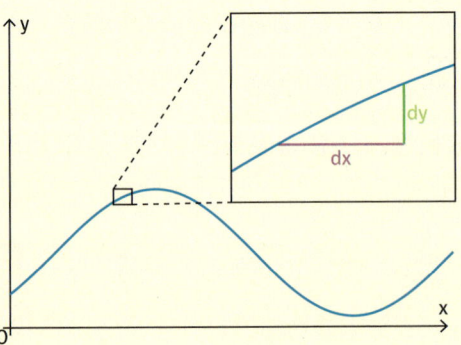

Zunächst wurde weder die Idee von Newton noch die von Leibniz von der Wissenschaft akzeptiert.
Berühmt wurde eine Schrift des Philosophen und Bischofs Berkeley: „Und was sind diese Fluxionen? Die Geschwindigkeiten von verschwindenden Zunahmen? Sie sind weder endliche Größen noch unendlich kleine Größen noch gar nichts. Sollten wir sie nicht die Geister dahingeschiedener Größen nennen?"

Nach Bischof Berkeley wurde später die Universitätsstadt in Kalifornien benannt.

III Extremstellen und Wendestellen

Der Streit um die Ableitung

Eine große Schwierigkeit lag darin, dass im 17. Jahrhundert der Grenzwertbegriff noch nicht zur Verfügung stand. Eine exakte Definition der Ableitung konnte daher weder von Newton noch von Leibniz gegeben werden, sondern nur jeweils eine mehr oder weniger anschauliche Beschreibung.

Da die damaligen Überlegungen zur Ableitung aber bereits zur Lösung von Extremwertproblemen oder zur Bestimmung von Tangenten sehr hilfreich waren, erkannte man schließlich doch die große Bedeutung der Ableitung. So kam es gegen Ende des 17. Jahrhunderts zu einem der wohl berühmtesten Prioritätenstreits in der Mathematik.

Der Konflikt schwelte zunächst für etwa ein Jahrzehnt, spitzte sich aber mit einer Antwort von Leibniz auf Newtons Veröffentlichung zu, die von Newtons Anhängern als Beleidigung angesehen wurde. Verschärft durch nationalistische Untertöne wurden dem Deutschen Leibniz 1710 aus dem britischen Umfeld Newtons heraus heftige Vorwürfe gemacht, er habe sich die Ideen von Newton aus zwei noch nicht veröffentlichten Schriften von diesem zunutze gemacht, ohne dies anzuerkennen.

Leibniz wehrte sich gegen die Vorwürfe durch einen förmlichen Einspruch. Eine von der Royal Society (deren Präsident übrigens Newton selbst war) eingesetzte Untersuchungskommission entschied 1712 jedoch gegen Leibniz, ohne diesen überhaupt anzuhören oder auch nur anzuschreiben. Damit war Leibniz kurz vor seinem Lebensende wissenschaftlich zutiefst diskreditiert. Auf dem Kontinent sah man zwar den Schuldspruch der Kommission der Royal Society als nicht stichhaltig an; eine endgültige historische Rehabilitierung von Leibniz ergab sich aber erst 1949 durch das Bekanntwerden der mathematischen Manuskripte der Pariser Zeit (1671–1676) in allen Details. Hierdurch wurde deutlich, dass Newton und Leibniz ihre Entdeckungen unabhängig voneinander gemacht hatten.

Die „Royal Society" wurde 1660 in London gegründet und widmete sich der Förderung der Mathematik und der Naturwissenschaften.

Von 1703 bis 1727 stand Sir Isaac Newton der Royal Society als Präsident vor.

Vermutlich wegen der einfacheren Darstellung hat sich der Formalismus von Leibniz später, vor allem unter dem Einfluss des Schweizer Mathematikers Leonhard Euler durchgesetzt. Euler erklärte, dass die unendlich kleinen Größen null seien, dass ihr Quotient aber durchaus einen endlichen Wert haben könne. Ihm gelang es, die Idee der Ableitung sowie deren Anwendungen maßgeblich weiterzuentwickeln.

Eine genaue Definition der Ableitung konnte im 19. Jahrhundert mithilfe des inzwischen exakt gefassten Grenzwertbegriffs unter anderem von dem Franzosen Augustin Louis Cauchy sowie dem deutschen Professor Karl Weierstraß geliefert werden.

Leonhard Euler (1707–1783)
Leonhard Euler gehörte zu den produktivsten Mathematikern des 18. Jahrhunderts. Insgesamt gibt es 866 Publikationen von ihm! Er führte unter anderem die Schreibweise f(x) für Funktionen und die Bezeichnung π für die Kreiszahl ein.

Karl Weierstraß (1815–1879)
Karl Weierstraß war zunächst 20 Jahre lang Gymnasiallehrer in Münster, bevor er als Professor in Berlin lehrte.

---

1 Erstellen Sie eine Präsentation über den Prioritätenstreit zur Ableitung. Erläutern Sie hierbei auch die mit der Ableitung verbundenen Schwierigkeiten sowie die Vor- und Nachteile der unterschiedlichen Ansätze.

Training

1 Bestimmen Sie anhand des Graphen der Funktion die Monotonie-Intervalle der auf ℝ definierten Funktion f.

a) 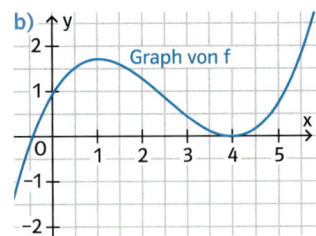 b) 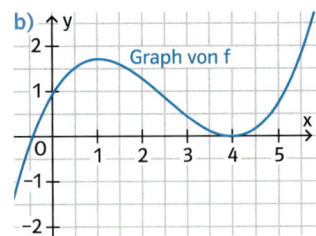 c)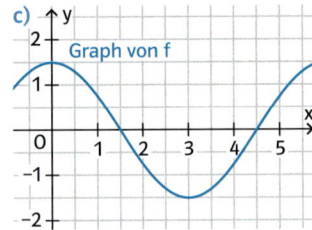

2 Gegeben ist der Graph einer Funktion f.
a) Geben Sie die Intervalle an, in denen der Graph linksgekrümmt bzw. rechtsgekrümmt ist.
b) Der rechts dargestellte Graph der Funktion f hat die Gleichung $f(x) = (x-1)e^{-x}$. Überprüfen Sie Ihre Aussagen aus Teilaufgabe a) rechnerisch.

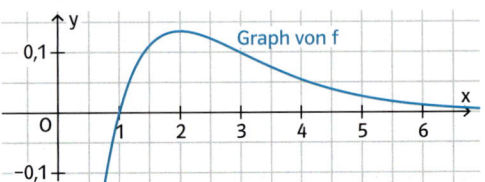

3 Übertragen Sie die Funktion in ihr Heft. Skizzieren Sie zum abgebildeten Graphen der Funktion f die Graphen der Ableitungsfunktionen f' und f". Markieren Sie in unterschiedlichen Farben die Intervalle, in denen der Graph von f links- bzw. rechtsgekrümmt ist.

a) 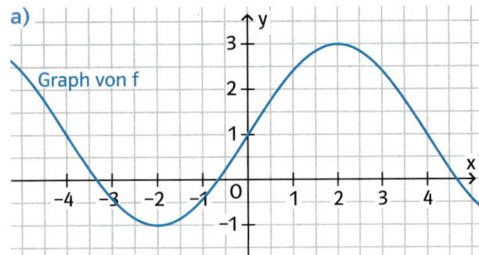 b)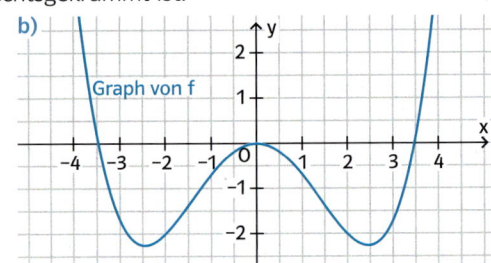

4 Untersuchen Sie den Graphen der Funktion f auf Achsenschnittpunkte sowie Hochpunkte, Tiefpunkte und Wendepunkte. Bestimmen Sie die Gleichung der Wendetangenten. Skizzieren Sie anschließend den Verlauf des Graphen von f mithilfe dieser Informationen.

a) $f(x) = -x^3 + 6x$
b) $f(x) = \frac{1}{12}x^4 - \frac{1}{2}x^2$
c) $f(x) = -\frac{1}{6}x^4 + x^3 - 2x^2$
d) $f(x) = e^x - 2x^2$

Hinweis zu 4 d)
Bestimmen Sie die Nullstellen der Funktion f und der Ableitung f' mit dem Taschenrechner.

5 Bestimmen Sie die Extrem- und Wendepunkte des Graphen der Funktion f im Intervall [0; 10]. Skizzieren Sie den Graphen von f in diesem Bereich.

a) $f(x) = 2\sin(x) + 3$
b) $f(x) = 1{,}5\cos(0{,}5x) - 2$
c) $f(x) = -\sin\left(\frac{\pi}{4}x\right) + 1{,}5$

6 Welche der Eigenschaften trifft auf die Funktion f bzw. den Graphen der Funktion f zu?

a) $f(x) = -(x-3)^2 + 2$
b) $f(x) = (x+1)^3 - 1$
c) $f(x) = \frac{1}{20}x^4$

Ⓐ Der Graph hat einen Hochpunkt.
Ⓑ Der Graph hat einen Tiefpunkt.
Ⓒ Der Graph von f ist eine Rechtskurve auf ganz ℝ.
Ⓓ Der Graph hat einen Wendepunkt.
Ⓔ f ist monoton steigend auf ganz ℝ.

7 Welche Eigenschaften der Funktion können anhand der Tabellenwerte begründet werden?

a)
x	−1	0	1	2
f(x)	0	−2	−4	2
f'(x)	0	−3	0	0
f''(x)	0	0	3	−5
f'''(x)	−2	2	1	−4

b)
x	−1	0	1	2	3
f(x)	$\frac{5}{4}$	0	$-\frac{3}{4}$	−4	−6,25
f'(x)	−4	0	−2	−4	0
f''(x)	−9	0	−3	0	9
f'''(x)	−12	−6	0	6	12

8 Die Menge eines Medikaments im Blut eines Patienten kann Studien zufolge dem gezeigten Diagramm entnommen werden. Dabei bedeutet t die Zeit (in Stunden) nach der Einnahme und f(t) die Menge des Medikaments (in ml).

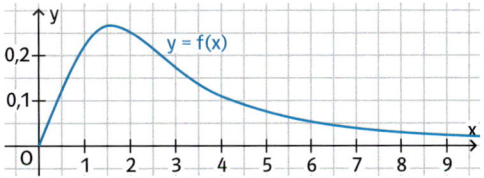

a) Wie hoch ist die Maximalmenge des Medikaments im Blut? Wann ist diese erreicht?
b) Wann wird das Medikament am stärksten abgebaut? Wie groß ist diese Abnahme?

9 Die Abbildung zeigt den Graphen einer Ableitungsfunktion f'. Ist die folgende Aussage zutreffend? Begründen Sie Ihre Antwort.

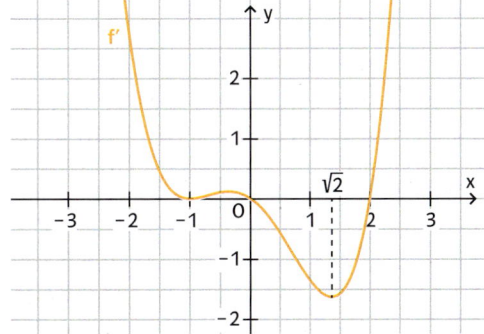

a) Die Funktion f ist im Intervall]0; 2[streng monoton fallend.
b) Der Graph von f hat an der Stelle $x_0 = \sqrt{2}$ einen Hochpunkt.
c) Der Graph von f hat an der Stelle $x_0 = 2$ einen Tiefpunkt.
d) Die zweite Ableitung von f hat genau drei Nullstellen.

10 Ist die Aussage wahr oder falsch? Begründen Sie oder geben Sie ein Gegenbeispiel an.
a) Ist $f'(x_0) \neq 0$, dann hat f an der Stelle x_0 keine Extremstelle.
b) Ist $f'(x_0) = 0$, dann hat f an der Stelle x_0 eine Extremstelle.
c) Ist $f'(x_0) = 0$ und $f''(x_0) = 0$, dann hat f an der Stelle x_0 keine Extremstelle.

11 Skizzieren Sie den Graphen einer Funktion f, der die folgende Bedingung erfüllt.
a) Der Graph von f ist rechtsgekrümmt und besitzt keinen Hochpunkt.
b) Der Graph von f hat einen Sattelpunkt auf der y-Achse, links davon ist der Graph rechtsgekrümmt und rechts davon linksgekrümmt.
c) Der Graph von f hat einen Hochpunkt im Ursprung und genau einen Wendepunkt.
d) f' und f'' haben nur positive Funktionswerte.
e) f' hat einen Hochpunkt, aber keine Nullstellen und keinen Tiefpunkt.
f) Der Graph von f ist eine Parabel und es gilt $f(3) = -2$, $f'(3) = 2$ sowie $f''(3) < 0$.

12 Die Gesamtkosten K in Euro bei der Produktion von x Bauteilen sind für $0 \leq x \leq 50$ gegeben durch $K(x) = 0{,}01x^3 - 0{,}6x^2 + 13x$. Jedes Bauteil wird zum Preis von 7 € verkauft.
a) Bestimmen Sie die Funktionsgleichung für die Funktion G, die den Gewinn bei der Produktion von x Teilen angibt.
b) Berechnen Sie, bei welcher Produktionsmenge der Gewinn am größten ist.
c) Durch ein Überangebot können die Bauteile jeweils nur noch für 4 € verkauft werden. Wie verändert sich die Situation des Unternehmens dadurch?

13 Maya geht zum Windsurfen auf die Insel Borkum. Die Strecke s, die vom Materiallager zum Meer zurückgelegt werden muss, ist wegen Ebbe und Flut unterschiedlich lang. Für den aktuellen Tag kann sie durch einen Funktionsterm s mit $s(t) = -100 \cdot \cos\left(\frac{\pi}{6}t\right) + 150$ berechnet werden. Dabei wird t in Stunden ab 2:00 Uhr und s in Metern gemessen.
   a) Bestimmen Sie die Strecke, die Maya mindestens zum Meer zurücklegen muss.
   b) Skizzieren Sie den Graphen der Funktion s für 24 Stunden.
   c) Maya möchte ihr Surfbrett nicht mehr als 100 m tragen. Bestimmen Sie mithilfe einer Skizze und rechnerisch ein Zeitfenster, in dem Maya bei Tageslicht windsurfen kann.
   d) Bestimmen Sie die momentane Änderungsrate der Strecke s um 16:00 Uhr.
   e) Zu welcher Uhrzeit ist am Nachmittag die momentane Zunahme der Strecke am größten?
   f) Maya möchte nach 16:00 Uhr noch länger auf dem Wasser bleiben. Sie schätzt die Strecke s für den Rückweg um 18:00 Uhr mit $s(16) \approx s(14) + 2 \cdot s'(14)$. Nehmen Sie Stellung dazu.

14 Ist die Aussage immer wahr, nie wahr oder nur unter bestimmten Bedingungen wahr? Begründen Sie Ihre Entscheidung.
   A: Eine Polynomfunktion vom Grad zwei hat keine Wendestelle.
   B: Wenn eine Polynomfunktion dritten Grades zwei Extremstellen besitzt, dann ist die Wendestelle genau in der Mitte..
   C: Eine Polynomfunktion vom Grad drei hat immer zwei Extremstellen.
   D: Der Graph einer Polynomfunktion vom Grad n hat genau n − 2 Wendepunkte.
   E: Zwischen zwei Extremstellen muss immer eine Wendestelle liegen, wenn man den Graphen ohne abzusetzen durchzeichnen kann.

15 Gegeben sind zwei Funktionen f und g. Für alle $x \in \mathbb{R}$ gilt $f'(x) = g'(x)$.
Nehmen Sie Stellung zu den Aussagen.
   A: Folglich gilt $f(x) = g(x)$ für alle x.
   B: Die Differenzfunktion h mit $h(x) = f(x) - g(x)$ ist eine konstante Funktion.
   C: Die Graphen von f und g haben entweder keine gemeinsamen Punkte oder sie sind identisch.

16 Zeigen Sie, dass sich die Graphen der Funktionen f und g nicht schneiden. Untersuchen Sie dazu die Funktion f − g auf Extremwerte und interpretieren Sie das Ergebnis.
   a) $f(x) = 3x^4 + 3$
      $g(x) = 4x^3 + 1$
   b) $f(x) = x^2 - 2$
      $g(x) = x^4 - x^2$
   c) $f(x) = e^x$
      $g(x) = 2x$

17 Der Landeanflug eines Flugzeugs kann in einem geeigneten Koordinatensystem durch die Funktion f mit $f(x) = \frac{3}{500}x^3 - \frac{9}{100}x^2 + 3$ für $0 \leq x \leq 10$ (x in 100 m, f(x): ist die Höhe über dem Boden in 100 m) modelliert werden.

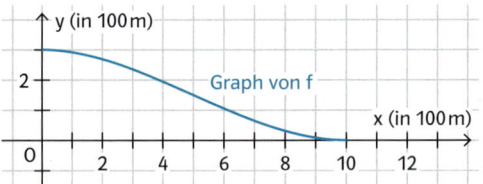

   a) Weisen Sie nach, dass das Flugzeug stets an Höhe verliert.
   b) Bestimmen Sie die momentane Höhenabnahme für x = 5.
   c) Wo und unter welchem Winkel würde das Flugzeug auf dem Boden aufsetzen, wenn es für $x \geq 5$ mit konstanter Höhenabnahme weiterfliegen würde?

18 Entscheiden und begründen Sie: Gilt immer – gilt nie – es kommt darauf an.
   a) Der Graph der Ableitungsfunktion f′ hat mit der x-Achse einen Schnittpunkt weniger als der Graph der Funktion f.
   b) Wenn man den Graphen der Funktion f an der x-Achse spiegelt, so wird auch der Graph der zugehörigen Ableitungsfunktion an der x-Achse gespiegelt.
   c) Verschiebt man den Graphen der Funktion f in x-Richtung, so verschiebt sich auch der Graph der zugehörigen Ableitungsfunktion.

Rückblick

Kriterium für Monotonie
Ist $f'(x) > 0$ für alle $x \in I$, dann ist f **streng monoton wachsend** in I.
Ist $f'(x) < 0$ für alle $x \in I$, dann ist f **streng monoton fallend** in I.

Kriterium für Krümmungsverhalten
Ist $f''(x) < 0$ für alle $x \in I$, dann ist der **Graph von f rechtsgekrümmt** in I. Die Ableitung f' von f ist streng monoton fallend in I.
Ist $f''(x) > 0$ für alle $x \in I$, dann ist der **Graph von f linksgekrümmt** in I. Die Ableitung f' von f ist streng monoton wachsend in I.

Extrempunkte eines Funktionsgraphen
Die Funktion f ist auf D definiert.
$f(x_1)$ ist **lokales Maximum**, wenn $f(x_1) \geq f(x)$ für alle x in einer Umgebung von x_1 gilt.
$f(x_2)$ ist **lokales Minimum**, wenn $f(x_2) \leq f(x)$ für alle x in einer Umgebung von x_2 gilt.
$f(x_3)$ ist **globales Maximum**, wenn $f(x_3) \geq f(x)$ für alle $x \in D$ gilt.
$f(x_4)$ ist **globales Minimum**, wenn $f(x_4) \leq f(x)$ für alle $x \in D$ gilt.
Eine **Extremstelle** ist eine Stelle, an der die Funktion ein **Extremum** (**Maximum** oder **Minimum**) besitzt.
Ein **Randextremum** ist ein Extremwert am Rand der Definitionsmenge D, wenn D ein abgeschlossenes Intervall ist.
Punkte auf dem Funktionsgraphen an den lokalen Extremstellen:
Hochpunkt $H(x_1 | f(x_1))$ **Tiefpunkt** $T(x_2 | f(x_2))$

Untersuchung auf lokale Extremstellen
1. Die Ableitungen f' und f'' werden bestimmt.
2. notwendige Bedingung: $f'(x_0) = 0$
3. hinreichende Bedingung:
   mit der 2. Ableitung f'':
      Gilt $f''(x_0) < 0$, dann hat f bei x_0 ein lokales Maximum.
      Gilt $f''(x_0) > 0$, dann hat f bei x_0 ein lokales Minimum.
   oder mit dem Vorzeichenwechsel der 1. Ableitung f':
      Wechselt $f'(x)$ das Vorzeichen an der Stelle x_0 von + auf –, so ist bei x_0 lokales Maximum.
      Wechselt $f'(x)$ das Vorzeichen an der Stelle x_0 von – auf +, so ist bei x_0 lokales Minimum.
4. Die **Randstellen** werden gesondert untersucht.

Untersuchung auf Wendestellen
1. Die Ableitungen f', f'' und f''' werden bestimmt.
2. notwendige Bedingung: $f''(x_0) = 0$
3. hinreichende Bedingung:
   mit der 3. Ableitung f''':
      Ist $f'''(x_0) \neq 0$, so ist x_0 eine Wendestelle,
   oder mit Vorzeichenwechsel der 2. Ableitung f'':
      Wechselt $f''(x)$ das Vorzeichen an der Stelle x_0, so ist x_0 eine Wendestelle.

$f(x) = x^2 - 4x$; $f'(x) = 2x - 4$
$f'(x) > 0$ für $x > 2$: f streng monoton wachsend.
$f'(x) < 0$ für $x < 2$: f streng monoton fallend.

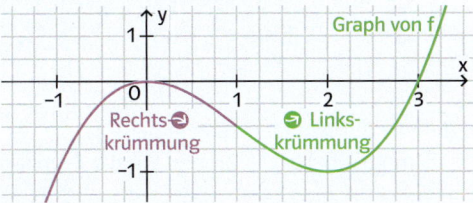

$f(x) = x^3 - 3x^2$; $f'(x) = 3x^2 - 6x$; $f''(x) = 6x - 6$
$f''(x) < 0$ für $x < 1$, also Graph von f rechtsgekrümmt auf $]-\infty; 1[$.
$f''(x) > 0$ für $x > 1$, also Graph von f linksgekrümmt auf $]1; \infty[$.

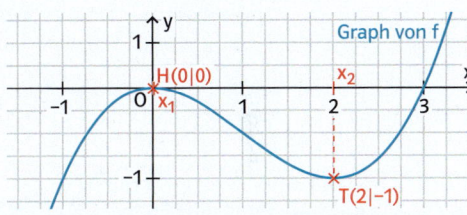

$f(x) = -x^4 + 4x^3$ auf $D = [-1; 4]$
1. $f'(x) = -4x^3 + 12x^2$; $f''(x) = -12x^2 + 24x$
2. notwendige Bedingung:
   $f'(x) = 0$ ergibt $x_1 = 0$ und $x_2 = 3$
3. hinreichende Bedingung:
   $f''(0) = 0$, kein VZW von f' an der Stelle $x_1 = 0$, d.h. der Graph von f hat im Ursprung $O(0|0)$ einen Sattelpunkt.
   $f''(3) = -36 < 0$, d.h. lokales Maximum; $f(3) = 27$; der Graph von f hat den Hochpunkt $H(3|27)$.
4. Randstellen auf Extrema prüfen:
   $f(-1) = -5$ und $f(4) = 0$.
   -5 ist das globale Minimum, 27 ist das globale Maximum, 0 ein lokales Minimum.

1. $f''(x) = -12x^2 + 24x$; $f'''(x) = -24x + 24$
2. $f''(x) = 0$ für $x_1 = 0$ und $x_3 = 2$
3. $f'''(0) = 24 \neq 0$, Wendestelle bei $x_0 = 0$
   $f'''(2) = -24 \neq 0$, Wendestelle bei $x_3 = 2$
   Wendepunkte $W_1(0|0)$ und $W_2(2|16)$

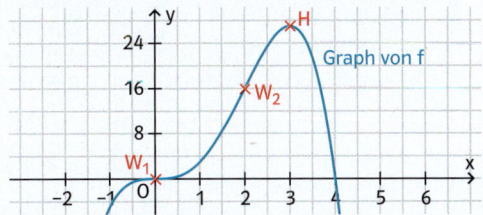

Prüfungsvorbereitung

Aufgaben ohne Hilfsmittel Lösungen | Seite 378

1. Von einer Funktion f und deren Ableitungsfunktionen f' und f'' sind die folgenden Werte bekannt. Skizzieren Sie damit einen möglichen Verlauf des Graphen von f.
   a) $f(0) = 0$; $f'(0) = 0$; $f''(0) > 0$; $f(2) = 3$; $f'(2) = 0$; $f''(2) < 0$.
   b) $f(1) = 2$; $f'(1) = 0$; $f''(1) < 0$; $f(4) = -3$; $f'(4) = 0$; $f''(4) > 0$.

2. Die Abbildungen zeigen die Graphen der Funktion f, der Ableitungfunktion f' und der 2. Ableitungsfunktion f''. Ordnen Sie die Graphen zu und begründen Sie Ihre Entscheidung.

   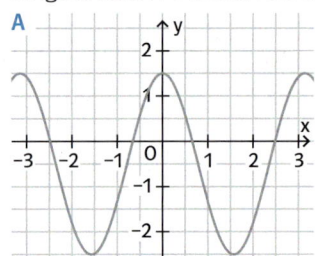
   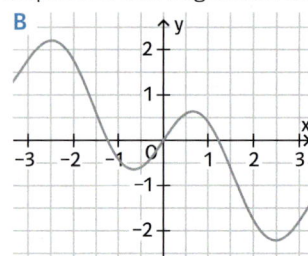
   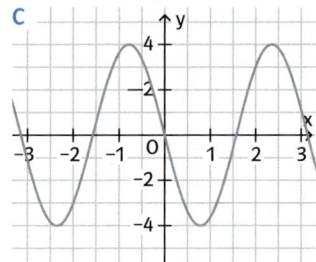

3. Bestimmen Sie die Extrem- und Wendestellen der Funktion f.
   a) $f(x) = x^3 - \frac{3}{2}x^2 - 6x$
   b) $f(x) = x^4 - 6x^2$
   c) $f(x) = \frac{1}{25}(x-5)^3 - 3x$

4. Gegeben ist die Funktion f mit $f(x) = \frac{1}{3}x^3 - 2x + 3$.
   a) Bestimmen Sie eine Gleichung der Tangente an den Graphen von f im Punkt $B(0 | f(0))$.
   b) Begründen Sie, dass der Graph von f für alle $x > 0$ linksgekrümmt ist.

5. Skizzieren Sie den Graphen einer Funktion f, die alle angegebenen Eigenschaften (I), (II) und (III) hat.

   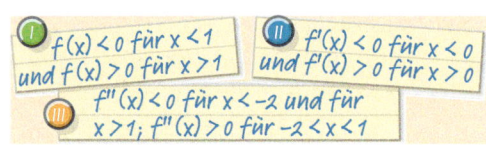

6. Prüfen Sie, ob die Aussage wahr oder falsch ist.
   a) Ist die zweite Ableitung f'' eine lineare Funktion, dann besitzt f genau eine Extremstelle.
   b) Jede Polynomfunktion 2. Grades hat ein lokales Minimum oder ein lokales Maximum.
   c) Jede Polynomfunktion 4. Grades besitzt mindestens eine Extremstelle.

7. Von einer Funktion und deren Ableitungen sind einige Werte bekannt. Geben Sie Eigenschaften des Graphen der Funktion f an, die mit diesen Werten begründet werden können.

   a)
x	-1	0	2	5
f(x)	0	-2	-3	0
f'(x)	0	-1	0	2
f''(x)	4	0	0	1
f'''(x)	0	2	-4	3

   b)
x	0	2	4	6
f(x)	2	3	5	10
f'(x)	-1	0	3	0
f''(x)	0	0	5	-2
f'''(x)	-2	1	-3	5

8. Gegeben ist die Funktion f mit $f(x) = \frac{1}{3}x^3 - 2x + 3$.
   a) Bestimmen Sie die Gleichung der Tangente an den Graphen von f im Wendepunkt.
   b) Untersuchen Sie das Krümmungsverhalten des Graphen von f.

Prüfungsvorbereitung
III Extremstellen und Wendestellen

9 Bestimmen Sie die Koordinaten aller Extrem- und Wendepunkte des Graphen der Funktion f mit $f(x) = \frac{1}{25}(x-5)^3 - 3x$.

10 Gegeben ist die Funktion f mit
$f(x) = \frac{1}{8}(x^4 - 6x^2 + 12)$.
a) Berechnen Sie die Wendepunkte des Graphen von f.
b) Untersuchen Sie das Krümmungsverhalten des Graphen von f.
c) Bestimmen Sie die Gleichungen der Wendetangenten.
d) Die Wendetangenten aus Teilaufgabe c) begrenzen mit der x-Achse ein Dreieck. Berechnen Sie dessen Inhalt und zeigen Sie, dass das Dreieck rechtwinklig ist.

11 Gegeben ist der Graph der Ableitungsfunktion f' einer Funktion f. Ist die Aussage wahr oder falsch? Begründen Sie Ihre Antwort.
a) Die Funktion f hat zwei Extremstellen für $-2,5 \leq x \leq 5$.
b) Die Funktion f hat zwei Wendestellen für $-2,5 \leq x \leq 5$.
c) Es ist $f''(0) = -2$.
d) Es gilt $f(4) \leq f(0)$.

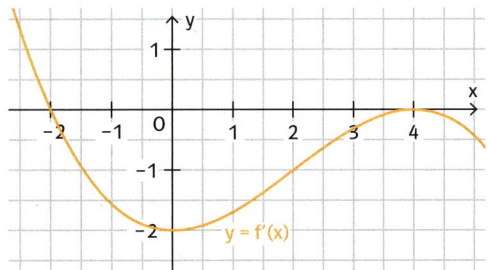

Aufgaben mit Hilfsmitteln

12 Prüfen Sie, ob die Abbildungen alle Extrempunkte des Graphen zeigen. Ist dies nicht der Fall, zeichnen Sie den Graphen vollständig in Ihr Heft.
a) $f(x) = \frac{1}{2}x^3 - x$
b) $g(x) = 2(3-2x) \cdot e^x$
c) $h(x) = 4x^2 - x^4$

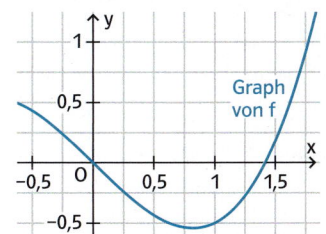
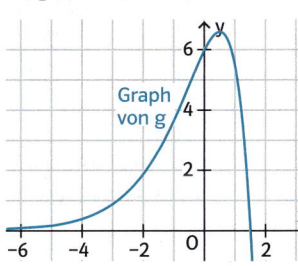
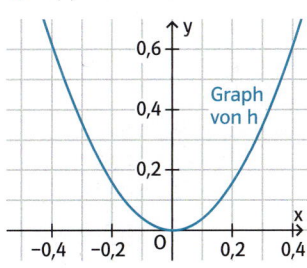

13 Ermitteln Sie die Extrempunkte und Wendepunkte des Graphen der Funktion und bestimmen Sie damit Monotonie und Krümmungsverhalten des Funktionsgraphen. Skizzieren Sie den Graphen.
a) $f(x) = 2 + 9x - 3x^3$
b) $f(x) = 4x^3 - 2x^4$
c) $f(x) = (3-x) \cdot e^x$

14 Bestimmen Sie alle Extrempunkte und Wendepunkte des Graphen von f. Berechnen Sie jeweils die Gleichung der Wendetangente.
a) $f(x) = \frac{1}{4}x^4 - 2x^2 + 1$; $x \in \mathbb{R}$
b) $f(x) = x + \sin(x)$; $-4 \leq x \leq 4$

15 Auf einer Insel wird eine schädliche Käferart festgestellt und bekämpft. Die Anzahl der Käfer kann mithilfe der Funktion f mit $f(t) = -\frac{1}{64}t^3 + \frac{1}{4}t^2 + 4$; $0 \leq t \leq 16,9$ (t in Wochen seit Beobachtungsbeginn, f(t) in 10 000 Käfern) beschrieben werden.
a) Zeichnen Sie den Graphen von f. Berechnen Sie, wie viele Käfer zu Beobachtungsbeginn registriert werden und zu welchem Zeitpunkt es wieder genauso viele Käfer wie zu Beginn gibt.
b) Untersuchen Sie, wie viele Käfer maximal vorhanden sind.
c) Bestimmen Sie den Zeitpunkt, an dem sich die Käfer am stärksten vermehren.

IV Integralrechnung

Wie viel fließt in 10 Minuten durch die Röhre?
Wie hoch ist der Heißluftballon?
Wie groß ist die Oberfläche des Bodensees?

Das kennen Sie schon

- Flächeninhalte geradlinig begrenzter Flächen berechnen
- Änderungsraten bestimmen und interpretieren
- Ableitungen berechnen
- Den Graphen der Ableitung aus dem Graphen einer Funktion ermitteln
- Aus Ableitungen Rückschlüsse auf die Funktion schließen

Das können Sie bald

- Von der Änderungsrate einer Größe auf deren Bestand schließen
- Stammfunktionen grafisch und rechnerisch bestimmen
- Inhalte von krummlinig begrenzten Flächen berechnen

Check-in

So geht's:
(1) Checkliste übertragen.
(2) Fähigkeiten selbst einschätzen.
(3) Einschätzung mithilfe der Aufgaben überprüfen und gegebenenfalls Lerntipps beachten.

Schätzen Sie sich mithilfe der Checkliste ein.

1. Ich kann die Flächeninhalte von Dreiecken und Trapezen berechnen.
2. Ich kann die Flächeninhalte von Figuren berechnen, die aus Rechtecken und Dreiecken zusammengesetzt sind.
3. Ich kann die momentane Änderungsrate in verschiedenen Sachsituationen deuten.
4. Ich kann die Ableitung einer Funktion grafisch ermitteln.
5. Ich kann Ableitungen einer Funktion rechnerisch ermitteln.
6. Ich kann Ableitungsregeln anwenden.
7. Ich kann aus dem Graphen der Ableitung Eigenschaften der Funktion herleiten.

Lerntipps

zu 3. **Lehrtext**, Seite 113
zu 4. **Grundwissen**, Seite 354
zu 5. **Beispiele 1 und 2**, Seite 59
zu 6. **Beispiele 1 und 2**, Seite 59
zu 7. **Beispiel**, Seite 91

Überprüfen Sie Ihre Einschätzungen.

○ **1 Inhalte von Dreiecksflächen und Trapezflächen berechnen** → Lösungen | Seite 381
Berechnen Sie den markierten Flächeninhalt.

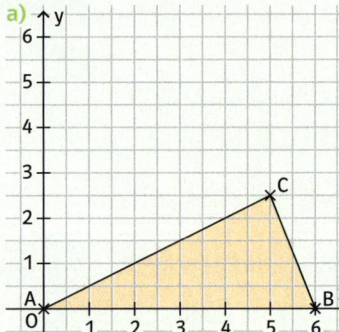
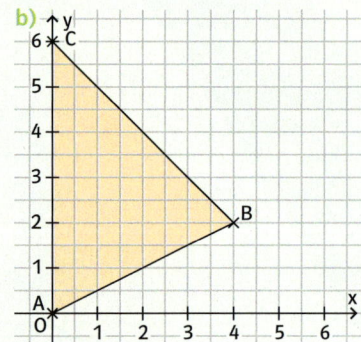
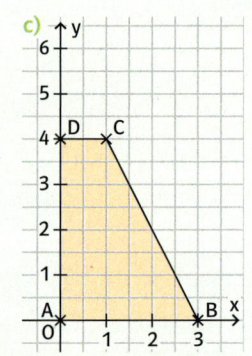

○ **2 Flächeninhalte zusammengesetzter Figuren berechnen**
Berechnen Sie den Flächeninhalt der Figur. Eine Kästchenlänge entspricht 0,5 cm.

a)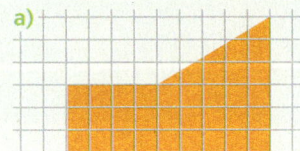
b)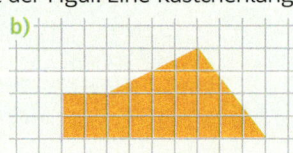
c)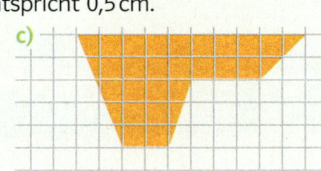

○ **3 Momentane Änderungsraten deuten**
Finden Sie unter den folgenden Begriffen Paare von „Größe" und zugehöriger „momentaner Änderungsrate der Größe".

Temperatur · Wasservolumen · Sinkgeschwindigkeit · Geschwindigkeit · Schüttung einer Quelle · Temperaturzunahme · zurückgelegter Weg · Zufluss · Wassermenge in einem Tank · Flughöhe

4 Grafisch ableiten

Gegeben ist der Graph einer Funktion f.
a) Ermitteln Sie grafisch die Ableitung der Funktion f an den Stellen x = −3; −2; −1; 0; 1 und 2.
b) Bestimmen Sie näherungsweise die Stellen, an denen die Ableitung f′ den Wert 0 hat.
c) Skizzieren Sie den Graphen der Ableitungsfunktion f′ von f.

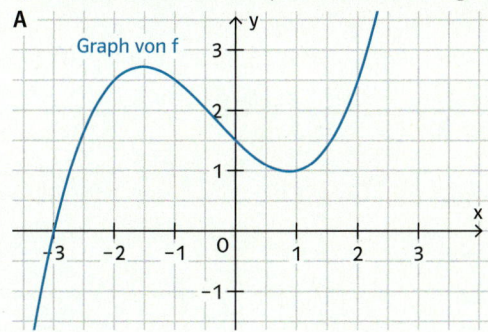
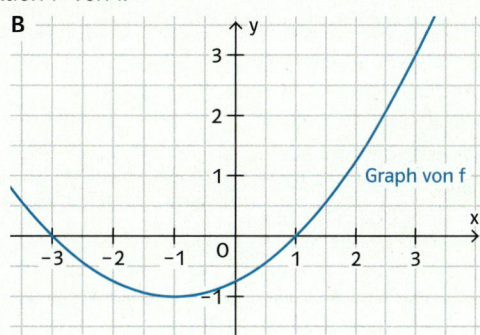

5 Ableitungen rechnerisch bestimmen

Bestimmen Sie die erste und zweite Ableitung der Funktion f.

a) $f(x) = x^3$
b) $f(x) = x^2 + x$
c) $f(x) = 3x^2$
d) $f(x) = \frac{1}{4}x^4$
e) $f(x) = e^x$
f) $f(x) = \frac{1}{x}$
g) $f(x) = \sin(x)$
h) $f(x) = \cos(x)$

6 Ableitungsregeln anwenden

Leiten Sie die Funktion ab.

a) $f(x) = (x - 3)^3$
b) $f(x) = (2x + 1)^5$
c) $f(x) = (2 - 4x)^5$
d) $f(x) = e^{2x}$
e) $f(x) = e^{-\frac{1}{2}x}$
f) $f(x) = \frac{1}{(2x+1)^2}$
g) $f(x) = \cos(\pi x - 1)$
h) $f(x) = \sin\left(\frac{\pi}{2}(x - 1)\right)$
i) $f(x) = x \cdot e^{-x}$
j) $f(x) = x^2 \cdot e^{2x-1}$
k) $f(x) = (x^2 - x) \cdot e^{-x}$
l) $f(x) = \frac{1}{x} \cdot e^{2x}$

7 Zusammenhänge zwischen Funktion und Ableitung herstellen

Gegeben ist der Graph der Ableitungsfunktion f′. Welche Aussagen können Sie im abgebildeten Bereich zu den Nullstellen, Extremstellen und dem Monotonieverhalten der Funktion f treffen? Begründen Sie Ihre Aussagen.

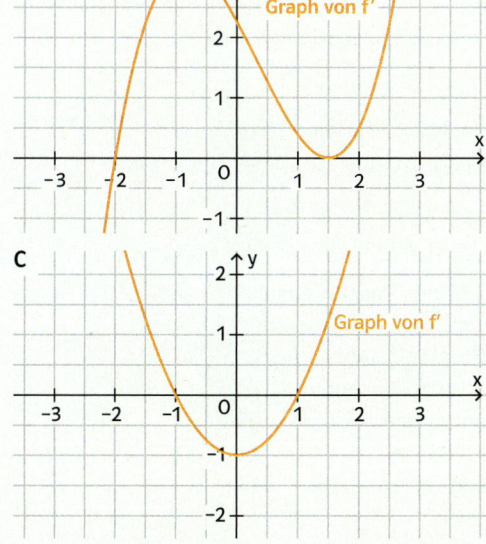
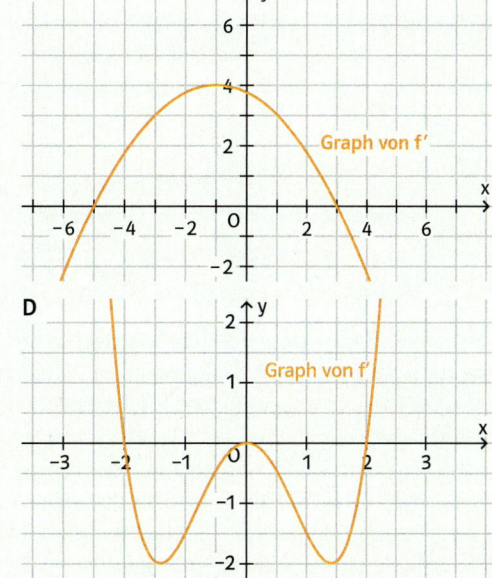

1 Rekonstruktion von Größen

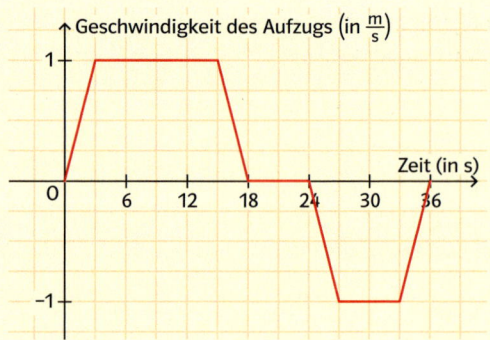

Der Graph zeigt modellhaft die Geschwindigkeit eines Aufzugs während einer Fahrt in einem Kaufhaus. Fährt der Aufzug nach oben, ist die Geschwindigkeit positiv.
Welche Informationen über die Fahrt bezüglich Dauer, Höhenunterschieden, Stockwerkshöhen usw. können Sie dem Graphen entnehmen?

In der Differenzialrechnung ist die Ableitung ein zentraler Begriff. Mit ihrer Hilfe kann zu einer gegebenen Größe die lokale Änderungsrate der Größe bestimmt werden. Liegt umgekehrt die lokale Änderungsrate einer Größe vor, kann man untersuchen, ob daraus die Größe selbst rekonstruierbar ist.

Ein Wassertank wird durch dieselbe Leitung befüllt und entleert. In der Grafik ist die lokale Durchflussrate der Leitung für das Intervall in den ersten sieben Minuten dargestellt.

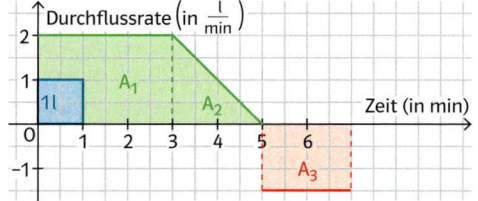

Im Intervall [0; 3] beträgt der Zufluss in jeder Minute 2 l. In drei Minuten fließen somit $3 \cdot 2\,l = 6\,l$ in den Tank.
Das Produkt $2\frac{l}{min} \cdot 3\,min$ lässt sich im Diagramm als Rechteckfläche A_1 mit den Seiten $2\frac{l}{min}$ und $3\,min$ interpretieren. Diese Fläche A_1 liegt im Intervall [0; 3] zwischen dem Graphen und der Zeitachse und hat den Inhalt 6.
Im Intervall [3; 5] geht der Zufluss gleichmäßig von 2 l auf 0 l zurück.
Der mittlere Zufluss beträgt jetzt noch $1\frac{l}{min}$. In zwei Minuten kommen somit 2 l dazu. Die Zahl 2 entspricht auch der Maßzahl des Flächeninhalts A_2.
Im Intervall [5; 7] ist die Durchflussrate negativ. Pro Minute fließen 1,5 l ab, sodass nach zwei Minuten 3 l abgeflossen sind. Die Zahl 3 entspricht der Maßzahl des Flächeninhalts A_3. Da die Durchflussrate negativ ist, liegt die Fläche unterhalb der x-Achse.
Wird der Inhalt einer Fläche unter der x-Achse negativ gezählt, spricht man vom **orientierten Flächeninhalt**.

Intervall	Durchflussrate	Geometrische Betrachtung	Kontextbezogene Betrachtung
[0; 3]	positiv	Fläche A_1 oberhalb der x-Achse mit Inhalt 6 FE	Zufluss einer Menge von 6 l
[3; 5]	positiv	Fläche A_2 oberhalb der x-Achse mit Inhalt 2 FE	Zufluss einer Menge von 2 l
[5; 7]	negativ	Fläche A_3 unterhalb der x-Achse mit Inhalt 3 FE	Abfluss einer Menge von 3 l

FE: Flächeneinheit

Liegt der Graph der lokalen Änderungsrate über der x-Achse, so entspricht der Flächeninhalt zwischen dem Graphen und der x-Achse der zugeflossenen Wassermenge. Liegt der Graph der Änderungsrate unter der x-Achse, so entspricht der Flächeninhalt zwischen Graph und x-Achse der entnommenen Wassermenge. Es können also die Wassermengen mit dem Flächeninhalt veranschaulicht werden. Insgesamt sind 8 l zugeflossen, es wurden 3 l entnommen. Damit ergibt sich eine Gesamtbilanz von 5 l mehr Wasser im Tank als zu Beginn.
Weiß man nicht, wie viel Wasser zu Beginn der Beobachtung im Tank war, kann man über die im Tank gespeicherte Wassermenge keine Aussage machen.

Ist der Graph der lokalen Änderungsrate einer Größe aus geradlinigen Teilstücken zusammengesetzt, so kann man die **Gesamtänderung dieser Größe** (Wirkung) rekonstruieren, indem man den **orientierten Flächeninhalt** zwischen dem Graphen der lokalen Änderungsrate und der x-Achse bestimmt.

Beispiel 1 Ermittlung einer Schadstoffmenge

Im Kamin eines Kraftwerks wird ständig die in der Abluft enthaltende Menge eines Schadstoffs gemessen. Die nebenstehende Grafik zeigt ein dazugehöriges Diagramm. Welche Schadstoffmenge ist in den dargestellten 50 Minuten ausgestoßen worden?

Lösung

Am einfachsten lässt sich die Schadstoffmenge zwischen 10 min und 30 min bestimmen: $M_2 = 20 \cdot 50 = 1000$. Sie entspricht dem Flächeninhalt unter dem momentanen Schadstoffausstoß im Intervall [10; 30].

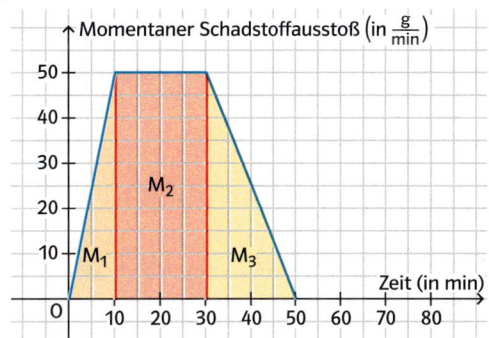

Für die Schadstoffmengen M_1 und M_3 gilt: $M_1 = \frac{1}{2} \cdot 10 \cdot 50 = 250$ und $M_3 = \frac{1}{2} \cdot 20 \cdot 50 = 500$. Sie entsprechen dem Inhalt der Dreiecksflächen in der nebenstehenden Grafik. Es ergibt sich ein Gesamtausstoß von 1750 g.

Beispiel 2 Position aus der Geschwindigkeit ermitteln

Bei einem Experiment wird die Geschwindigkeit v einer Kugel in Abhängigkeit von der Zeit t aufgezeichnet. Die Bewegung nach rechts wird als positive Geschwindigkeit dargestellt, die Bewegung nach links als negative Geschwindigkeit.

Bestimmen Sie mithilfe des orientierten Flächeninhalts die Position der Kugel nach 5 s im Vergleich zur Startposition (t = 0 s) und den Weg, den die Kugel in dieser Zeit insgesamt zurückgelegt hat.

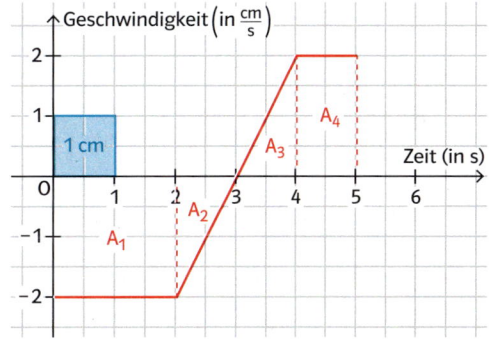

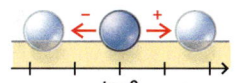

Alternativ lassen sich die Flächen $A_1 + A_2$ und $A_3 + A_4$ mit der Trapezformel berechnen.

Lösung

Eine Flächeneinheit entspricht einer Strecke von 1 cm. Zur Berechnung der zurückgelegten Strecke unterteilt man die zugehörige Fläche im Intervall [0; 5] in Rechtecke und Dreiecke.

Zeitpunkt	Position der Kugel zum Zeitpunkt t	Flächeninhalt	Bewegung der Kugel
t = 0		$A_1 = 2 \cdot 2 = 4$ unterhalb der x-Achse	4 cm nach links
t = 2		$A_2 = \frac{2 \cdot 1}{2} = 1$ unterhalb	1 cm nach links
t = 3		$A_3 = \frac{2 \cdot 1}{2} = 1$ oberhalb	1 cm nach rechts
t = 4			
t = 5		$A_4 = 2 \cdot 1 = 2$ oberhalb	2 cm nach rechts

Der orientierte Flächeninhalt ist $-A_1 - A_2 + A_3 + A_4 = -2$ FE. Die Kugel befindet sich nach 5 s also 2 cm links vom Startpunkt. Der gesamte Flächeninhalt von 8 FE entspricht der insgesamt zurückgelegten Strecke ohne Berücksichtigung der Richtung. Dies sind 8 cm.

Aufgaben

1 In der Abbildung ist die Durchflussrate einer Wasserleitung dargestellt, die einen Wassertank füllt bzw. leert. Bestimmen Sie den orientierten Flächeninhalt im Intervall [0; 6] und interpretieren Sie das Ergebnis.

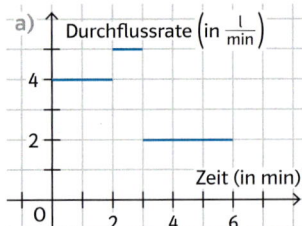
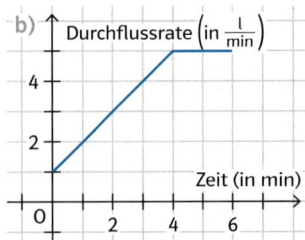
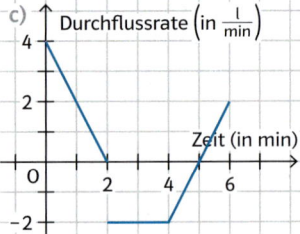

2 Welcher Größe entsprechen vier Kästchen in der Abbildung? Geben Sie die Größe mit der zugehörigen Einheit an.

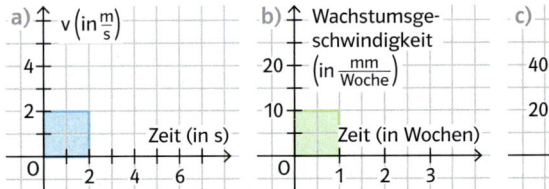
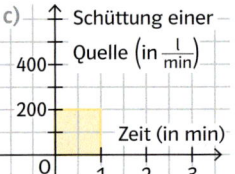
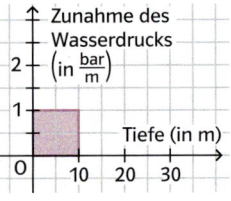

3 Die Graphen zeigen die Geschwindigkeiten von Körpern. Welchen Weg legen sie in 4 s zurück?

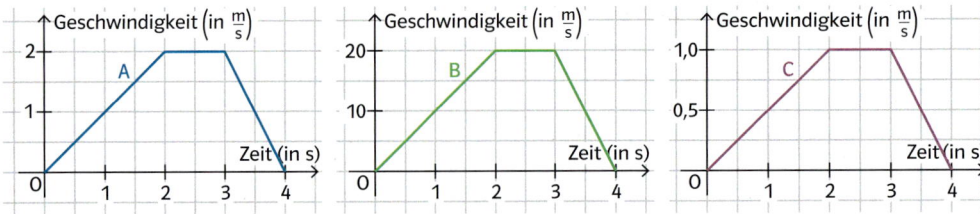

4 Der Graph in der Abbildung stellt für einen Zeitraum von 35 s die Vertikalgeschwindigkeit v eines Heißluftballons in $\frac{m}{s}$ dar.
  a) Beschreiben Sie die vertikale Bewegung des Ballons.
  b) Befindet sich der Ballon nach 35 s höher oder niedriger als bei 0 s? Begründen Sie.
  c) Bestimmen Sie die Höhendifferenz zwischen 0 s und 35 s.

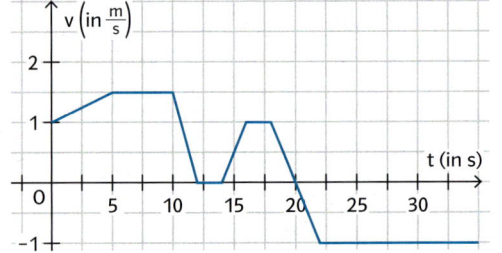

Vertikalgeschwindigkeit ist die Geschwindigkeit, mit der sich der Ballon in vertikaler Richtung bewegt, d.h. aufsteigt oder absteigt.

5 In einem Tank befinden sich 10 m³ einer Flüssigkeit. Der Tank wird mit der in der Abbildung dargestellten Zuflussrate befüllt.
  a) Bestimmen Sie die Menge der Flüssigkeit, die am Ende des Füllprozesses in dem Tank enthalten ist.
  b) Die Flüssigkeit wird mit einer konstanten Abflussrate von $3 \frac{m^3}{min}$ wieder aus dem Tank geleitet. Berechnen Sie, wie lange es dauert, bis der Tank leer ist.

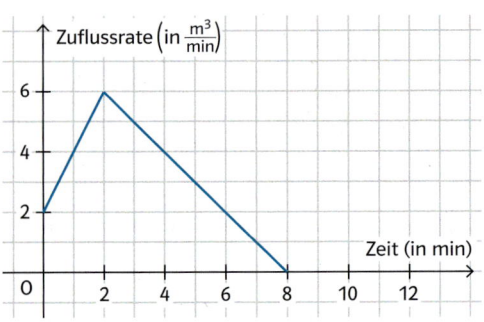

○ Test → Lösung | Seite 383

6 Ein Behälter mit Salzsäurelösung wird über eine Leitung befüllt und entleert. Zu Beginn befinden sich 17 m³ der Chemikalie im Behälter. Der Graph gibt die Durchflussrate der Chemikalie in der Leitung an. Wie viel m³ der Chemikalie befinden sich nach 5 min bzw. 10 min in dem Behälter?

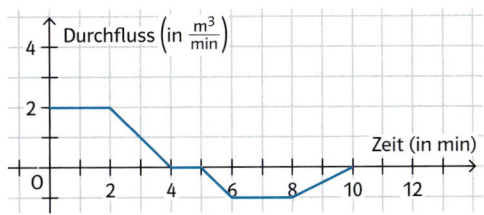

7 Die Abbildung zeigt die Durchflussrate einer Leitung, die einen Tank leert bzw. füllt.
a) Ermitteln Sie die Menge, die zu Beginn mindestens im Tank sein müsste.
b) Wann ist die Menge im Behälter maximal?
c) Zu Beginn sind noch 12 m³ im Tank. Welche Menge befindet sich maximal im Tank?
d) Skizzieren Sie einen Graphen, der die Füllmenge im Tank zeigt.

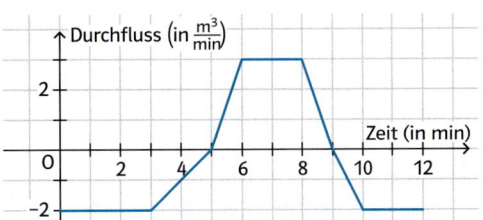

8 a) Bestimmen Sie den orientierten Flächeninhalt, den der Graph der Funktion f mit $f(x) = x - 1$ im Intervall $[0; 3]$ mit der x-Achse einschließt.
b) Geben Sie zwei verschiedene Intervalle an, sodass der orientierte Flächeninhalt zwischen dem Graphen der Funktion f und der x-Achse über dem Intervall 8 FE beträgt.
 (1) $f(x) = 2$ (2) $f(x) = x$ (3) $f(x) = -x$ (4) $f(x) = x - 2$

● Test → Lösung | Seite 383

9 Der abgebildete Graph modelliert die Vertikalgeschwindigkeit v eines Segelflugzeugs. Zu Beginn der Messung ist das Flugzeug 400 m hoch. Steigt das Flugzeug, so ist v positiv.
a) Bestimmen Sie die Höhe, auf der sich das Flugzeug nach 20 s und nach 45 s befindet.
b) Geben Sie den Zeitpunkt an, zu dem sich das Flugzeug auf maximaler Höhe befindet.
c) Bestimmen Sie den Zeitpunkt, zu dem das Flugzeug auf einer Höhe von 380 m fliegt.

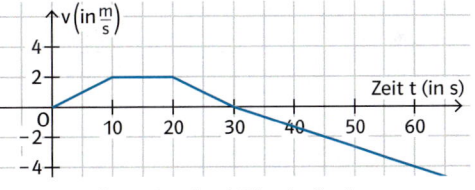

10 Ein Fußballspiel beginnt um 19:00 Uhr. Die Eingänge wurden 90 Minuten vor Spielbeginn geöffnet; es können dann 200 Personen pro Minute das Stadion betreten. Der Graph beschreibt die Ankunftsrate der vor dem Stadion eintreffenden Menschen.
a) Wie viele Personen warten 90 bzw. 70 Minuten vor Spielbeginn auf ihren Einlass?
b) Zu welchem Zeitpunkt ist die Warteschlange am längsten? Wie viele Personen warten dann?

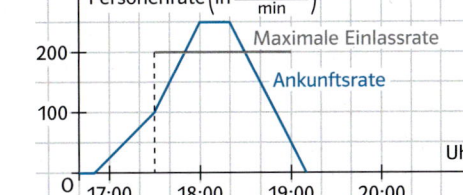

Grundwissen Test → Grundwissen Seite 351 Lösung | Seite 383

11 Beschreiben Sie, durch welche Transformationen der Graph von f aus dem Graphen von g entsteht.
a) $f(x) = -\frac{1}{2}(x-1)^2 + 2$
   $g(x) = x^2$
b) $f(x) = 3 - e^{x-1}$
   $g(x) = e^x$
c) $f(x) = 2\sin(3x) + 1$
   $g(x) = \sin(x)$

2 Berechnen von Flächeninhalten

Geradlinig begrenzte Flächeninhalte konnten schon sehr früh berechnet werden.
Archimedes (ca. 287–212 v. Chr.) wagte sich an die Berechnung eines krummlinig begrenzten Flächeninhalts, des Kreisinhalts, mit der sogenannten Ausschöpfungsmethode.
Wie könnte er vorgegangen sein?

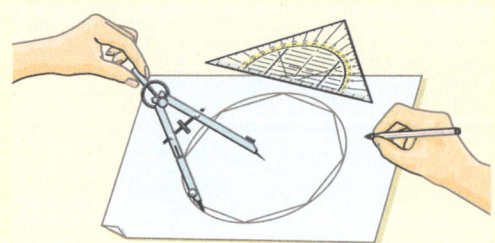

Verläuft der Graph der Änderungsrate geradlinig, so entspricht der Flächeninhalt, den dieser Graph mit der x-Achse einschließt, der Gesamtänderung der Größe. Im Folgenden betrachtet man Graphen, die krummlinig verlaufen. Man kann zeigen, dass auch dann der mit der x-Achse eingeschlossene Flächeninhalt der Gesamtänderung der Größe entspricht.

Eine Funktion f mit krummlinigem Graphen lässt sich durch eine abschnittsweise konstante Funktion g annähern, indem man z. B. das betrachtete Intervall in gleich große Teilintervalle teilt. Für jedes Teilintervall wählt man als Annäherung die konstante Funktion, deren Wert dem Funktionswert von f in der Mitte des Intervalls entspricht (Fig. 1).

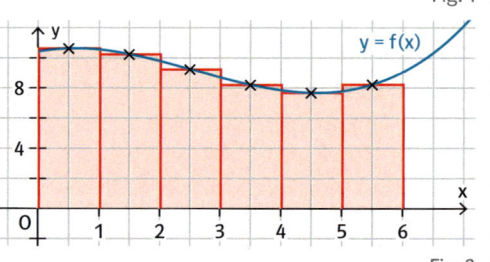

Fig. 1

Je kleiner die Teilintervalle werden, desto genauer wird die Annäherung an die Funktion f (Fig. 2).
Eine solche beliebig genaue Annährung einer Funktion f durch eine abschnittsweise konstante Funktion g ist für alle in der Schule betrachteten Funktionen möglich.

Fig. 2

Da für den abschnittsweise geradlinigen Graphen von g der orientierte Flächeninhalt der Gesamtänderung der zugehörigen Größe entspricht, gilt dies auch für den krummlinigen Graphen der Funktion f.

> **Definition:** Das **bestimmte Integral** von f über [a; b] ist der orientierte Flächeninhalt, den der Graph von f mit der x-Achse zwischen der unteren Grenze a und der oberen Grenze b einschließt.
>
> Man schreibt hierfür $\int_a^b f(x)\,dx$.

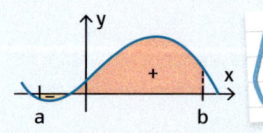

Man nennt die zu integrierende Funktion f auch **Integrand**.

Die Schreibweise $\int_a^b f(x)\,dx$ geht auf den Mathematiker Gottfried Wilhelm Leibniz (1646–1716) zurück. Er wollte mit den Zeichen $\int_a^b \ldots dx$ ausdrücken, dass die Flächeninhalte beliebig schmaler Rechtecke aufsummiert werden. Das Zeichen $\int$ erinnert an ein langgezogenes S für „Summe", das dx steht symbolisch für die immer kleiner werdende Breite der Rechtecke. Das „d" in „dx" kann man als Abkürzung für „unendlich kleine Differenz" zweier x-Werte interpretieren.

Im Ausdruck $\int_a^b f(x)\,dx$ nennt man **f(x)** Integrand und **x** Integrationsvariable. Die Grenzen **a** und **b** heißen untere und obere **Integrationsgrenze**.

Aus der Definition ergibt sich, dass zur Bestimmung von Integralen Intervalle aufgeteilt oder zusammengefasst werden können. Man nennt dies die **Intervalladditivität**:

$$\int_a^b f(x)\,dx + \int_b^c f(x)\,dx = \int_a^c f(x)\,dx$$

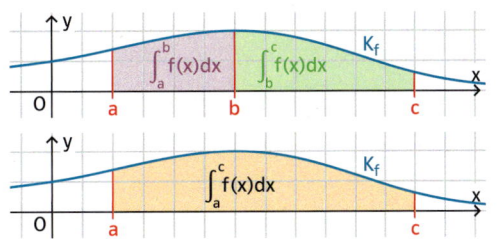

obere Grenze
Integrationsvariable
$\int_a^b f(x)\,dx$
Integrand
untere Grenze

Vertauscht man die Grenzen des Integrals, d.h. durchläuft man das Intervall von rechts nach links, so werden alle x-Differenzen Δx negativ. Daher gilt

$$\int_a^b f(x)\,dx = -\int_b^a f(x)\,dx.$$

Für Integrale gelten die folgenden Eigenschaften:
1. Sind die Funktionswerte einer Funktion f im Intervall [a; b] positiv (negativ), so ist auch das Integral $\int_a^b f(x)\,dx$ positiv (negativ).
2. Es gilt die Intervalladditivität: $\int_a^b f(x)\,dx + \int_b^c f(x)\,dx = \int_a^c f(x)\,dx$.

Beispiel 1 Integral bestimmen

Die lineare Funktion f ist durch ihren Graphen K_f gegeben. Zeichnen Sie die Gerade in Ihr Heft und markieren Sie die Flächen, die zur Bestimmung der folgenden Integrale benötigt werden. Bestimmen Sie jeweils das Integral.

a) $\int_1^3 f(x)\,dx$ b) $\int_{-1}^2 f(x)\,dx$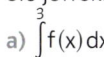

Lösung

a) Die markierte Fläche ist ein Trapez.
Die Trapezformel ergibt $\int_1^3 f(x)\,dx = \frac{1+3}{2}\cdot 2 = 4$.

b) Die markierte Fläche besteht aus zwei Dreiecken mit Flächeninhalt $A_1 = 0{,}5$ FE und $A_2 = 2$ FE. Da A_1 unter der x-Achse liegt, gilt $\int_{-1}^2 f(x)\,dx = -0{,}5 + 2 = 1{,}5$.

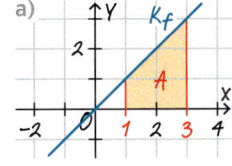
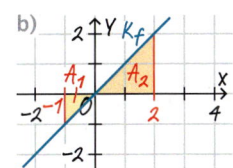

Beispiel 2 Beim Bestimmen von Integralen Symmetrieeigenschaften verwenden

Bestimmen Sie das Integral näherungsweise, nützen Sie dabei die Symmetrieeigenschaften des Graphen der Funktion.

a) $\int_{-2}^{2} \frac{1}{8}x^3\,dx$ b) $\int_{-3}^{3}\left(-\frac{1}{2}x^2\right)dx$

Lösung

a) Da der Graph punktsymmetrisch zum Ursprung ist, sind die beiden Teilflächen gleich groß, sie haben jedoch verschiedene Vorzeichen.
Somit gilt $\int_{-2}^{2} \frac{1}{8}x^3\,dx = -A_1 + A_2 = 0$.

b) Der Graph der Funktion f mit $f(x) = -\frac{1}{2}x^2$ ist achsensymmetrisch zur y-Achse. Beide Teilflächen liegen unterhalb der x-Achse und sind gleich groß. Den Flächeninhalt einer Teilfläche kann man durch Abzählen der Kästchen bestimmen, er beträgt etwa 4,5 Kästchen. Ein Kästchen entspricht einer Flächeneinheit.
Für das gesuchte Integral gilt damit: $\int_{-3}^{3}\left(-\frac{1}{2}x^2\right)dx \approx 2\cdot(-4{,}5) = -9$.

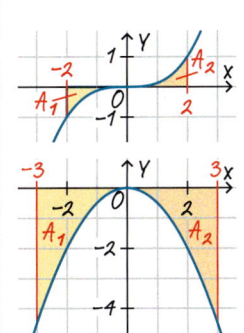

Aufgaben

1 Bestimmen Sie das Integral $\int_{-2}^{3} f(x)\,dx$ der Funktion f, die durch den Graphen gegeben ist.

a)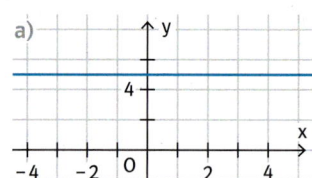
b)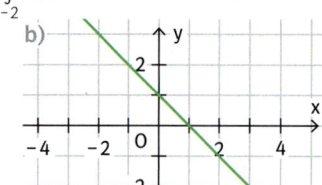
c)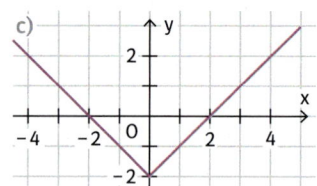

2 Bestimmen Sie das Integral mithilfe von Dreiecks- und Rechtecksflächen. Markieren Sie die Fläche in einer Skizze.

a) $\int_{-3}^{4} 3\,dx$
b) $\int_{0}^{4} x\,dx$
c) $\int_{2}^{6} \frac{1}{2}x\,dx$

d) $\int_{-1}^{2} (-2x)\,dx$
e) $\int_{-1}^{6} (x-3)\,dx$
f) $\int_{-2}^{4} (2-x)\,dx$

g) $\int_{-6}^{2} \left(\frac{1}{2}x + 2\right) dx$
h) $\int_{-1}^{8} \left(2 - \frac{1}{2}x\right) dx$
i) $\int_{-3}^{9} \left(1 - \frac{1}{3}x\right) dx$

3 Ordnen Sie die bestimmten Integrale A bis E den Flächen mit dem zugehörigen orientierten Flächeninhalt zu. Skizzieren Sie für das übrig gebliebene Integral das fehlende Schaubild.

A $\int_{-1}^{2} ((x+1)^2 - 1)\,dx$
B $\int_{-1}^{2} (x-1)^2\,dx$
C $\int_{-2}^{1} ((x-1)^2 - 1)\,dx$
D $\int_{-1}^{2} ((x-1)^2 - 1)\,dx$
E $\int_{-2}^{1} ((x+1)^2 - 1)\,dx$

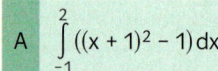
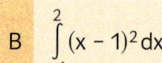
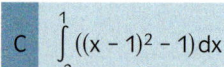
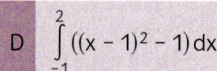

4 Hat das Integral den Wert 0? Begründen Sie ihre Entscheidung.

a) $\int_{-1}^{1} (-x)\,dx$
b) $\int_{-3}^{3} \frac{1}{4}x^2\,dx$
c) $\int_{-10}^{10} 2x^3\,dx$
d) $\int_{-\pi}^{\pi/2} \sin(x)\,dx$

5 Bestimmen Sie das Integral mithilfe der angegebenen Flächeninhalte.

a) $\int_{-2}^{-1} f(x)\,dx$
b) $\int_{-2}^{0} f(x)\,dx$

c) $\int_{0}^{3} f(x)\,dx$
d) $\int_{-1}^{3} f(x)\,dx$

e) $\int_{-1}^{2} f(x)\,dx$
f) $\int_{-2}^{3} f(x)\,dx$

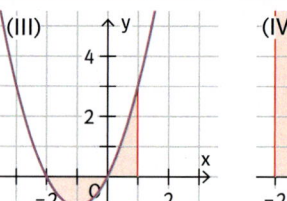

6 Schreiben Sie den orientierten Flächeninhalt der gefärbten Fläche als Integral.

a)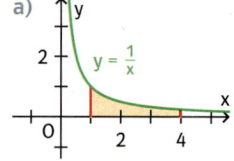
b)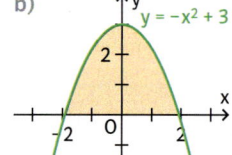
c)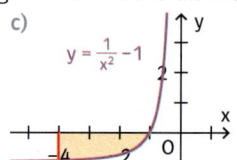
d)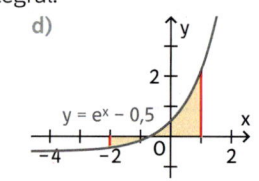

○ **Test** → Lösungen | Seite 383

7 Schreiben Sie den orientierten Inhalt der Flächen A_1, A_2 und A_3 in Fig.1 als Integral.

8 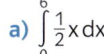 Bestimmen Sie das Integral mittels Dreiecks- und Rechtecksflächen.

a) $\int_0^6 \frac{1}{2}x\,dx$ b) $\int_{-1}^2 (2x-1)\,dx$ c) $\int_{-10}^0 -0{,}5\,dx$

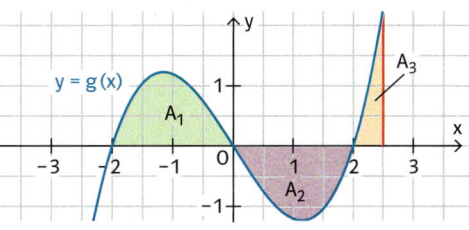

Fig.1

● **9** 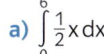 Entscheiden Sie, ob das Integral positiv, negativ oder null ist. Begründen Sie Ihre Entscheidung.

a) $\int_{10}^{80} x^2\,dx$ b) $\int_{10}^{11} (-x^4)\,dx$ c) $\int_{-4}^4 x^3\,dx$ d) $\int_{-3}^3 e^x\,dx$ e) $\int_0^{2\pi} \sin(x)\,dx$

● **10** Geben Sie mögliche Integrationsgrenzen a und b mit a < b an, sodass $\int_a^b f(x)\,dx = 0$ gilt.

a) $f(x) = -x + 1$ b) $f(x) = 2x - 1$ c) $f(x) = \frac{1}{2}(x-3)^3$ d) $f(x) = 2x - 3$

● **11** Begründen Sie, dass die Gleichung gilt.

a) $\int_{-5}^{-2} x^2\,dx = \int_2^5 x^2\,dx$ b) $\int_{-4}^4 3x^2\,dx = 2 \cdot \int_0^4 3x^2\,dx$ c) $\int_{-2}^0 (x-1)^2\,dx = \int_2^4 (x-1)^2\,dx$

● **12** Die Funktion v mit $v(t) = 0{,}5t$ beschreibt modellhaft die Geschwindigkeit eines Spielzeugautos beim Beschleunigen aus dem Stand in den ersten 5s (t in s, v(t) in $\frac{m}{s}$).

a) Zeichnen Sie den Graphen der Funktion v in ein Koordinatensystem.
b) Wie weit ist das Auto innerhalb der ersten 2s bzw. 4s gefahren?
c) Nach etwa 5s beschleunigt das Spielzeugauto nicht mehr, sondern fährt mit konstanter Geschwindigkeit weiter. Bestimmen Sie den Weg, den das Spielzeugauto in den ersten 15s nach dem Start zurücklegt.

● **Test** → Lösungen | Seite 383

13 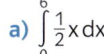 Entscheiden Sie, ob das Integral positiv, negativ oder null ist. Begründen Sie.

a) $\int_{-1}^2 (e^x - 1)\,dx$ b) $\int_0^6 (x-3)\,dx$ c) $\int_{-2}^3 -\frac{1}{5}x^3\,dx$

● **14** Geben Sie zur Funktion f mit $f(x) = 1 + x$ eine Funktion $g \neq f$ an mit $\int_1^3 f(x)\,dx = \int_1^3 g(x)\,dx$.

● **15** Beim nachfolgend gegebenen Integral ist die untere Grenze 0. Die obere Grenze ist variabel und wird mit t bezeichnet (t > 0). Bestimmen Sie den Wert des Integrals in Abhängigkeit von t. Beschreiben Sie, wie sich der Wert ändert, wenn die untere Grenze –1 ist.

a) $\int_0^t 2\,dx$ b) $\int_0^t -x\,dx$ c) $\int_0^t \frac{3}{2}x\,dx$ d) $\int_0^t (x+1)\,dx$

Grundwissen Test → Grundwissen Lösung | Seite 383

16 Bestimmen Sie die Ableitungsfunktion f '.

a) $f(x) = \frac{1}{2}x^2$ b) $f(x) = \frac{1}{5}x^5 + x^3$ c) $f(x) = x + 2$ d) $f(x) = x^3 - 3$

e) $f(x) = \frac{1}{2}e^{2x}$ f) $f(x) = x + e^{-3x}$ g) $f(x) = \frac{1}{3}\sin(3x)$ h) $f(x) = \cos(\pi x)$

i) $f(x) = x \cdot e^x$ j) $f(x) = x^2 \cdot e^{0{,}5x}$ k) $f(x) = x^2 + \sin(x)$ l) $f(x) = x \cdot \sin(x)$

3 Stammfunktionen

$f_1(x) = \frac{1}{3}x^3 - 2$ $f_4(x) = x^2$ $f_3(x) = \sin(x) + 1$ $f_2(x) = e^{2x} - e$

$f_{10}(x) = \frac{1}{3}x^3 - x$ $f_8(x) = e^{2x} - 1$ $f_6(x) = \cos(x)$

$f_9(x) \cos(x) + 1$ $f_5(x) = \frac{1}{2}e^{2x} - x$ $f_7(x) = \frac{1}{3}x^3 - \sqrt{2}$

a) Welche Funktion ist die Ableitung einer anderen Funktion?
b) Ordnen Sie die Karten entsprechend zu.

Zur Berechnung von Integralen können Funktionen F hilfreich sein, deren Ableitung eine vorgegebene Funktion f ist.

Eine Funktion F nennt man **Stammfunktion** einer Funktion f, wenn auf der gesamten Definitionsmenge gilt $F'(x) = f(x)$.
Für die Funktion f mit $f(x) = 3x^2$ sind sowohl die Funktion F mit $F(x) = x^3$ als auch z. B. die Funktion G mit $G(x) = x^3 + 5$ Stammfunktionen. Ist F eine Stammfunktion von f, so ist auch G mit $G(x) = F(x) + c$ für jedes $c \in \mathbb{R}$ eine Stammfunktion von f.
Eine Funktion f hat folglich unendlich viele Stammfunktionen.
Alle Stammfunktionen von f haben die Form $F(x) + c$.

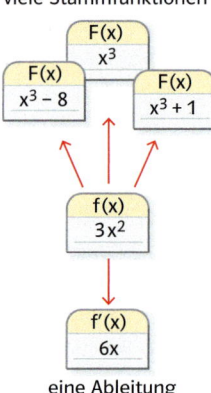

viele Stammfunktionen

eine Ableitung

				Stammfunktionen zu Grundfunktionen				
f(x)	x^2	x	1	$\frac{1}{x^2} = x^{-2}$	$\sqrt{x} = x^{\frac{1}{2}}$	$\sin(x)$	$\cos(x)$	e^x
F(x)	$\frac{1}{3}x^3$	$\frac{1}{2}x^2$	x	$-\frac{1}{x} = -x^{-1}$	$\frac{2}{3}x^{\frac{3}{2}} = \frac{2}{3}\sqrt{x^3}$	$-\cos(x)$	$\sin(x)$	e^x

Es gibt Regeln zur Bestimmung von Stammfunktionen, die sich aus der Umkehrung bereits bekannter Ableitungsregeln ergeben.

Potenzregel
Die Potenzregel lässt sich auf die Bildung von Stammfunktionen übertragen:
Für f mit $f(x) = x^r$, $x \in \mathbb{R}$ erhält man für $r \neq -1$ eine Stammfunktion F mit $F(x) = \frac{1}{r+1}x^{r+1}$, da $F'(x) = \frac{1}{r+1} \cdot (r+1) \cdot x^r = f(x)$ ergibt.
Für den Fall $r = -1$ kann diese Regel nicht angewendet werden. Es ergäbe sich als neuer Exponent 0, der Kehrwert von 0 ist aber nicht definiert.

Potenzregel:
Hochzahl um eins erhöhen und in den Nenner schreiben:
$f(x) = x^3$
$F(x) = \frac{1}{4}x^4$

Faktorregel
Konstante Faktoren werden beim Bilden einer Stammfunktion beibehalten.
So ist die Funktion F mit $F(x) = 5 \cdot \sin(x)$ eine Stammfunktion von f mit $f(x) = 5 \cdot \cos(x)$.

Summenregel
Bei Summen von Funktionen werden Stammfunktionen für jeden Summanden bestimmt.
So ist z. B. die Funktion F mit $F(x) = \frac{1}{2}x^2 - \cos(x)$ eine Stammfunktion der Funktion f mit $f(x) = x + \sin(x)$.

Lineare Kettenregel
Die lineare Kettenregel kann ebenfalls umgekehrt werden. So ist z. B. F mit $F(x) = \frac{1}{3}e^{3x-1}$ eine Stammfunktion der Funktion f mit $f(x) = e^{3x-1}$, da bei der Ableitung von F der Faktor 3 mit dem Kehrbruch $\frac{1}{3}$ aufgehoben wird. Ebenso kann man durch Ableiten erkennen, dass die Funktion G mit $G(x) = \frac{1}{\pi} \cdot \sin(\pi \cdot x)$ eine Stammfunktion der Funktion g mit $g(x) = \cos(\pi \cdot x)$ ist.

Sind G und H Stammfunktionen von g bzw. h, dann gilt für eine Stammfunktion F von f:

Funktion f	**Stammfunktion F von f**
$f(x) = g(x) + h(x)$	$F(x) = G(x) + H(x)$
$f(x) = a \cdot g(x) \quad (a \in \mathbb{R})$	$F(x) = a \cdot G(x)$
$f(x) = g(mx + b) \quad (m \in \mathbb{R}^*, b \in \mathbb{R})$	$F(x) = \frac{1}{m} \cdot G(mx + b)$

Beispiel 1 Bestimmung einer Stammfunktion
Geben Sie eine Stammfunktion von f an.

a) $f(x) = 5x^2 + 2e^x$
b) $f(x) = \frac{1}{2}\sin(\pi x)$
c) $f(x) = \sqrt{x} - \frac{1}{x^3}; \; x > 0$

Lösung

a) Eine Stammfunktion von $g(x) = 5x^2$ ist $G(x) = \frac{5}{3}x^3$. Eine Stammfunktion von $h(x) = 2e^x$ ist $H(x) = 2e^x$. Mit der Summenregel ergibt sich eine Stammfunktion F mit $F(x) = \frac{5}{3}x^3 + 2e^x$.

b) Eine Stammfunktion von $g(x) = \sin(x)$ ist $G(x) = -\cos(x)$. Mit der Kettenregel und Faktorregel erhält man eine Stammfunktion F mit $F(x) = -\frac{1}{2} \cdot \frac{1}{\pi} \cdot \cos(\pi x) = -\frac{1}{2\pi}\cos(\pi x)$.

c) Umschreiben der Funktion f in Potenzschreibweise: $f(x) = x^{\frac{1}{2}} - x^{-3}$.
Mit der Potenzregel erhält man die Stammfunktion F mit $F(x) = \frac{2}{3}x^{\frac{3}{2}} + \frac{1}{2}x^{-2} = \frac{2}{3}\sqrt{x^3} + \frac{1}{2x^2}$.

Beispiel 2 Eine Stammfunktion bestimmen, deren Graph durch einen Punkt geht.

a) Ermitteln Sie diejenige Stammfunktion von g mit $g(x) = \cos(x) - 3\sin(x)$, deren Graph durch den Punkt $P(2\pi | 2)$ verläuft.

b) Welche Stammfunktion der Funktion h mit $h(x) = (2x - 1)^3$ hat an der Stelle 1 den Funktionswert 2?

Lösung

a) Jede Stammfunktion von g hat die Form $G(x) = \sin(x) + 3\cos(x) + c$.
Punktprobe mit $P(2\pi | 2)$: Aus $G(2\pi) = \sin(2\pi) + 3\cos(2\pi) + c = 0 + 3 + c$ folgt $3 + c = 2$ und damit $c = -1$.
Die gesuchte Stammfunktion ist G mit $G(x) = \sin(x) + 3\cos(x) - 1$.

b) Die Funktion h ist die lineare Verkettung $h(x) = u(v(x))$ mit $u(x) = x^3$ und $v(x) = 2x - 1$.
Stammfunktionen von h haben folglich die Form $H(x) = \frac{1}{2}\left(\frac{1}{4}(2x - 1)^4\right) + c = \frac{1}{8}(2x - 1)^4 + c$.
Durch Punktprobe mit $H(1) = 2$ erhält man $\frac{1}{8}(2 \cdot 1 - 1)^4 + c = 2$ und somit $c = \frac{15}{8}$.
Die gesuchte Stammfunktion ist H mit $H(x) = \frac{1}{8}(2x - 1)^4 + \frac{15}{8}$.

Beispiel 3 Stammfunktionen nachweisen
Zeigen Sie, dass F mit $F(x) = x \cdot e^x$ eine Stammfunktion der Funktion f mit $f(x) = (x + 1) \cdot e^x$ ist.

Lösung

Man leitet die Stammfunktion F mit der Produktregel ab:
$F'(x) = 1 \cdot e^x + x \cdot e^x = (x + 1) \cdot e^x = f(x)$

Aufgaben

1 Ordnen Sie der Funktion f eine Stammfunktion F zu. Bestimmen Sie zu den übrig gebliebenen Funktionen f je eine Stammfunktion.

1	$F(x) = \frac{1}{2}x^3$	2	$F(x) = \frac{3}{2}x^2$	B	$f(x) = 3x$	D	$f(x) = \frac{2}{3}x^3$	4	$F(x) = \frac{3}{2}x^3$
A	$f(x) = \frac{9}{4}x^2$	C	$f(x) = \frac{2}{3}x$	3	$F(x) = \frac{1}{3}x^2$	E	$f(x) = 4{,}5x^2$	F	$f(x) = \frac{3}{2}x^2$

2 Bestimmen Sie eine Stammfunktion der Funktion f.

a) $f(x) = 6x$
b) $f(x) = x^2$
c) $f(x) = 5x^4$
d) $f(x) = e^x$
e) $f(x) = 11$
f) $f(x) = \frac{3}{4}x^3$
g) $f(x) = 7e^x$
h) $f(x) = -\frac{1}{3}x$

3 Zeigen Sie, dass F eine Stammfunktion von f ist.
  a) $f(x) = 5x^4 + x^3$; $F(x) = x^5 + \frac{1}{4}x^4$
  b) $f(x) = 3x^2 - 8x^3$; $F(x) = x^3 - 2x^4 - 3$
  c) $f(x) = \cos(x) + 1$; $F(x) = \sin(x) + x$
  d) $f(x) = \sin(\frac{1}{3}x)$; $F(x) = -3\cos(\frac{1}{3}x) + \pi$
  e) $f(x) = \frac{3}{2}x^2 + 4e^{2x}$; $F(x) = \frac{1}{2}x^3 + 2e^{2x}$
  f) $f(x) = (4x - 3)^2$; $F(x) = \frac{1}{12}(4x - 3)^3$

4 ⊠ Die Funktion F ist eine Stammfunktion der Funktion f. Geben Sie einen möglichen Wert von a an.
  a) $f(x) = 3x^2$; $F(x) = x^a$
  b) $f(x) = 2x$; $F(x) = x^2 - a$
  c) $f(x) = 4x^3$; $F(x) = x^4 + 1 + a$
  d) $f(x) = (a + 1) \cdot x$; $F(x) = x^{a+1}$

5 Bestimmen Sie eine Stammfunktion F der Funktion f.
  a) $f(x) = 5(x^2 + 2x - 1)$
  b) $f(x) = \frac{1}{2}(x^2 - 1)$
  c) $f(x) = x \cdot (x^2 - 1)$
  d) $f(x) = x \cdot (x^3 - 2)$
  e) $f(x) = x^2 \cdot (x + 1)$
  f) $f(x) = x^4 \cdot (x^2 - 4)$

6 Bestimmen Sie eine Stammfunktion F der Exponentialfunktion f.
  a) $f(x) = e^x$
  b) $f(x) = e^{-x}$
  c) $f(x) = e^{2x}$
  d) $f(x) = 3e^{0,5x}$
  e) $f(x) = 1 + e^{-0,2x}$
  f) $f(x) = 2 - e^{-0,1x}$

7 Bestimmen Sie eine Stammfunktion der trigonometrischen Funktion f.
  a) $f(x) = 2\sin(x)$
  b) $f(x) = 2\sin(\pi x)$
  c) $f(x) = \sin(\frac{\pi}{3}x) + 1$
  d) $f(x) = -4\cos(x) - 2$
  e) $f(x) = 2\cos(\frac{\pi}{2}x) - 0{,}5$
  f) $f(t) = \frac{1}{2}\cos(\frac{\pi}{2}t) - 1$

○ *Test* → Lösungen | Seite 383

8 Bestimmen Sie eine Stammfunktion der Funktion f.
  a) $f(x) = 4x^3 + 1$
  b) $f(x) = x^4 + x^3 + x$
  c) $f(x) = 2x^3 - 5x^4$
  d) $f(x) = e \cdot x + e^{-x}$
  e) $f(x) = \sin(\frac{\pi}{3}x)$
  f) $f(t) = 2\cos(\frac{\pi}{2}t) - 0{,}5$

9 Bestimmen Sie eine Stammfunktion der Potenzfunktion f mit linearer Verkettung.
  a) $f(x) = (2x + 2)^3$
  b) $f(x) = 2(1 - 3x)^4$
  c) $f(x) = (4x - 1)^3$
  d) $f(x) = (5 - x)^2$
  e) $f(t) = (3t - 4)^4$
  f) $f(t) = (2 - \frac{1}{4}t)^3$

10 Bestimmen Sie die Stammfunktion F der Funktion f mit $F(0) = -1$.
  a) $f(x) = 4x^3 - x^2 + 1$
  b) $f(x) = x \cdot (5x^3 - x)$
  c) $f(x) = (\frac{1}{2}x - \frac{1}{2})^3$
  d) $f(x) = 2e^{-2x} - 1$
  e) $f(x) = 3\sin(3x) + 3$
  f) $f(t) = \sin(2t)$

11 Bestimmen Sie die Stammfunktion der Exponentialfunktion f, deren Graph durch $P(0|1)$ verläuft.
  a) $f(x) = 2e^x + 1$
  b) $f(x) = e^{2x+1} + e \cdot x$
  c) $f(x) = e^{0,2x-1} + x - e$
  d) $f(x) = 3e^{0,1x-1} - 4$
  e) $f(x) = 0{,}5e^{4-2x} + 3$
  f) $f(z) = \frac{2}{5}e^{1-5z} - z^2$

12 Bestimmen Sie die Stammfunktion F der Funktion f mit $F(0) = 0{,}5$.
  a) $f(x) = x^4 - 3x^2 + 4$
  b) $f(x) = e^{2x} + e$
  c) $f(x) = \sin(2x)$

IV Integralrechnung

13 Bestimmen Sie eine Stammfunktion der Funktion f.
a) $f(x) = x^{-3}$; $x \neq 0$
b) $f(x) = (2x+1)^{-2}$; $x \neq \frac{1}{2}$
c) $f(x) = (5-x)^{-4}$; $x \neq 5$
d) $f(x) = 4(3x+1)^{-5}$; $x \neq \frac{1}{3}$
e) $f(x) = \frac{1}{x^2}$; $x \neq 0$
f) $f(x) = \frac{1}{(1-x)^3}$; $x \neq 1$

Hinweis
$x^{-n} = \frac{1}{x^n}$

14 Bestimmen Sie eine Stammfunktion der Funktion f.
a) $f(x) = 2x^{0,5}$; $x > 0$
b) $f(x) = 0{,}5\sqrt{x}$; $x > 0$
c) $f(x) = (2x)^{0,5}$; $x > 0$
d) $f(x) = \sqrt{0{,}5x}$; $x > 0$
e) $f(x) = (1-2x)^{0,5}$; $x < 0{,}5$
f) $f(x) = \sqrt{1-0{,}5x}$; $x < 2$

Hinweis
$\sqrt{x} = x^{\frac{1}{2}}$

15 Welche Stammfunktion der Funktion f hat an der Stelle 1 den Funktionswert 2?
a) $f(x) = x^2 - \frac{1}{x^2}$; $x \neq 0$
b) $f(x) = 3e^{2x} - e$
c) $f(x) = \sin\left(\frac{\pi}{2}x\right) + 1$
d) $f(x) = 2\cos\left(\frac{\pi}{2}x\right) - 1$
e) $f(x) = t^3 - \frac{1}{t}$; $t > 0$
f) $f(x) = \frac{1}{\sqrt{3+z}}$; $z > -3$

16 Geben Sie die Stammfunktion von f an, deren Graph durch P verläuft.
a) $f(x) = 3x^2 + 1$; $P(1|0{,}5)$
b) $f(x) = -x^4 + x$; $P(2|-5{,}4)$
c) $f(x) = \cos\left(\frac{\pi}{2}x\right)$; $P(2|1)$
d) $f(x) = \sin(\pi x) + 1$; $P\left(\frac{1}{2}\big|\frac{5}{2}\right)$
e) $f(x) = 1 + e^{-x}$; $P(0|0)$
f) $f(x) = x + e^{2x}$; $P\left(-1\big|\frac{2}{e^2}\right)$

17 Zeigen Sie, dass F eine Stammfunktion von f ist.
a) $f(x) = x \cdot \sin(x)$,
$F(x) = -x \cdot \cos(x) + \sin(x)$
b) $f(x) = x \cdot e^{3x}$;
$F(x) = \frac{1}{9}(3x-1) \cdot e^{3x}$

Tipp: Ableitung mit der Produktregel

18 Gegeben ist die Funktion f mit $f(x) = (x+2)e^x$.
a) Bestimmen Sie die ersten beiden Ableitungen von f.
b) Welche Vermutung ergibt sich daraus für die Stammfunktion F?
c) Überprüfen Sie Ihre Vermutung durch Ableiten.
d) Bestimmen Sie diejenige Stammfunktion F, deren Graph durch den Ursprung geht.

Test

Lösungen | Seite 384

19 Bestimmen Sie zur Funktion f diejenige Stammfunktion F mit $F(1) = -1$.
a) $f(x) = x^3 - x$
b) $f(x) = e^{2x-2}$
c) $f(x) = \cos(x-1)$

20 Weisen Sie nach, dass die Funktion F eine Stammfunktion der Funktion f ist.
a) $F(x) = (-x-1) \cdot e^{-x}$; $f(x) = x \cdot e^{-x}$
b) $F(x) = 2x \cdot e^{2x} - e^{2x}$; $f(x) = 4xe^{2x}$

21 Beim Bestimmen einer Stammfunktion F zur Funktion f sind Fehler unterlaufen. Korrigieren Sie.

A $f(x) = \frac{1}{2}(4x+3)^3$
$F(x) = \frac{1}{8}(4x+3)^4$

B $f(x) = \frac{2}{(x+1)^2}$
$F(x) = -\frac{1}{8} \cdot \frac{2}{(x+1)^3}$

C $f(x) = \cos(\pi x)$
$F(x) = \frac{1}{\pi}\sin(x)$

D $f(x) = 2x + 3e^{5x}$
$F(x) = x^2 + 15e^{5x}$

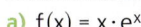

Grundwissen
Seite 352
Lösung | Seite 384

22 Bestimmen Sie alle Nullstellen der Funktion.
a) $f(x) = x \cdot e^x$
b) $f(x) = x^4 - 2x^2 + 1$
c) $f(x) = 2x^2 - 4{,}5$
d) $f(x) = e^x - 2$
e) $f(x) = 2x^3 - 4x^2 - 6x$
f) $f(x) = 5(x+5)^2(x-7)$
g) $f(x) = \frac{2x+1}{x^2-1}$
h) $f(x) = \frac{1}{x^2} + 2$

23 Geben Sie eine quadratische Funktion f an, die
a) keine Nullstelle hat.
b) genau eine Nullstelle hat.
c) die Nullstellen 1 und 5 hat.

3 Stammfunktionen

4 Der Hauptsatz der Differenzial- und Integralrechnung

Man kann Bewegungen durch die Angabe von Geschwindigkeiten beschreiben.
Die Funktionen v geben verschiedene Geschwindigkeit in $\frac{m}{s}$ wieder.
Was lässt sich jeweils über die zugehörige Bewegung aussagen?
Wie lässt sich der jeweils zurückgelegte Weg in den ersten zehn Sekunden bestimmen?

$v(t) = 10 - t$

$v(t) = 0$

$v(t) = 2t$

$v(t) = 5$

Integrale einer Funktion f kann man über eine Annäherung durch Rechtecksflächen bestimmen, was allerdings sehr aufwändig ist. Betrachtet man die Funktion f als Änderungsrate einer Größe, ergibt sich eine neue Herangehensweise zur Berechnung des Integrals.

Ein Hochgeschwindigkeitszug fährt in einem Bahnhof ab. Die Funktion s gibt die zurückgelegte Strecke zum Zeitpunkt t an. Ihre momentane Änderungsrate s' entspricht der Momentangeschwindigkeit v des Zuges, d.h. der zurückgelegte Weg s ist eine Stammfunktion von v.
Die zurückgelegte Strecke in der ersten Stunde kann man einerseits mit $\int_0^1 v(t)\,dt$ berechnen.

Andererseits ergibt sich die zurückgelegte Strecke in der ersten Stunde als Differenz der zurückgelegten Strecken zu den Zeitpunkten 0 und 1, also $s(1) - s(0)$.
Folglich gilt $\int_0^1 v(t)\,dt = s(1) - s(0)$, wobei s eine Stammfunktion von v ist.

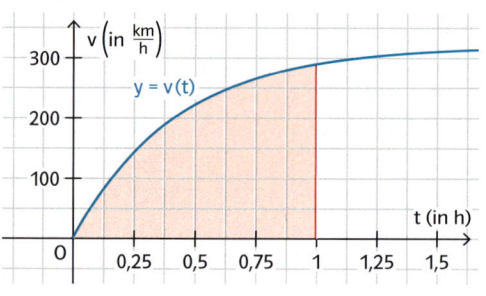

Dieses Vorgehen lässt sich auf beliebige Funktionen f übertragen. Man benötigt dazu eine Stammfunktion F der Funktion f. Für die Berechnung des Integrals gilt:

Hauptsatz der Differenzial- und Integralrechnung
Ist F eine Stammfunktion von f im Intervall [a; b], d.h. $F'(x) = f(x)$, so gilt:
$$\int_a^b f(x)\,dx = [F(x)]_a^b = F(b) - F(a).$$

Für die Berechnung des Integrals ist es unerheblich, welche Stammfunktion verwendet wird. Wird z.B. für f mit $f(x) = 3x^2$ die Stammfunktion G mit $G(x) = x^3 + 5$ statt F mit $F(x) = x^3$ verwendet, ergibt sich $\int_a^b f(x)\,dx = G(b) - G(a) = b^3 + 5 - (a^3 + 5) = b^3 - a^3 = F(b) - F(a)$.
Man sieht, dass der konstante Summand 5 in der Differenz $G(b) - G(a)$ wegfällt.

Zur Berechnung eines Integrals verwendet man folgende Schreibweise:

$$\int_a^b f(x)\,dx = [F(x)]_a^b = F(b) - F(a)$$

↗ eine Stammfunktion von f in eckigen Klammern
↘ obere und untere Grenze

Der Satz trägt den Titel „Hauptsatz", weil er einen äußerst wichtigen Zusammenhang zwischen Ableiten (Differenziation) und Integrieren beschreibt. Dies wurde etwa zeitgleich von den beiden Mathematikern Isaac Newton und Gottfried Wilhelm Leibniz entdeckt.

Gottfried Wilhelm Leibniz
(1646–1716)

Isaac Newton
(1643–1727)

Beispiel 1 Ein Integral mit dem Hauptsatz berechnen

Berechnen Sie das Integral.

a) $\int_{-1}^{3}(x^2-1)\,dx$ b) $\int_{0}^{\frac{\pi}{2}}\sin(x)\,dx$ c) $\int_{0}^{3}(x+e^{-x})\,dx$

Lösung

a) $\int_{-1}^{3}(x^2-1)\,dx = \left[\frac{1}{3}x^3 - x\right]_{-1}^{3} = \frac{1}{3}\cdot 3^3 - 3 - \left(\frac{1}{3}(-1)^3 - (-1)\right) = 6 - \frac{2}{3} = \frac{16}{3}$.

b) $\int_{0}^{\frac{\pi}{2}}\sin(x)\,dx = [-\cos(x)]_{0}^{\frac{\pi}{2}} = -\cos\left(\frac{\pi}{2}\right) - (-\cos(0)) = 0 - (-1) = 1$.

c) $\int_{0}^{3}(x+e^{-x})\,dx = \left[\frac{1}{2}x^2 - e^{-x}\right]_{0}^{3} = 4{,}5 - e^{-3} - (0 - e^{-0}) = 4{,}5 - e^{-3} - (-1) = 5{,}5 - e^{-3} \approx 5{,}45$.

Beispiel 2 Berechnung einer Größe aus ihrer Änderungsrate

Für eine Modellrechnung wird die Wachstumsgeschwindigkeit $w(t)$ $\left(\text{in } \frac{cm}{Tag}\right)$ einer zu Beginn 20 cm langen Wildrebe während der ersten 100 Tage in Abhängigkeit von ihrem Alter t (in Tagen) durch $w(t) = 0{,}001 \cdot t^2$ beschrieben.
Berechnen Sie den Längenzuwachs nach 100 Tagen und bestimmen Sie damit die Größe der Wildrebe nach 100 Tagen.

Lösung

Es ist $w(t)$ für $t \in [0; 100]$ die momentane Änderungsrate der Länge L.
Bei der Pflanzung war die Wildrebe 20 cm lang.
Die Gesamtänderung (den Längenzuwachs) $L(100) - L(0)$ erhält man mit dem Integral:

$L(100) - L(0) = \int_{0}^{100}(0{,}001 \cdot t^2)\,dt = \left[\frac{0{,}001}{3}\cdot t^3\right]_{0}^{100} = \frac{1000}{3} - 0 \approx 333$.

Die Länge nach 100 Tagen beträgt damit rund $333\,cm + 20\,cm = 353\,cm$.

Aufgaben

1 Berechnen Sie das Integral mithilfe des Hauptsatzes.

a) $\int_{1}^{3} 3x^2\,dx$ b) $\int_{0}^{4} 2x\,dx$ c) $\int_{2}^{4} x^2\,dx$ d) $\int_{100}^{150} 3\,dx$

2 Berechnen Sie das Integral mithilfe des Hauptsatzes.

a) $\int_{0}^{1} x\,dx$ b) $\int_{-1}^{0}(x-1)\,dx$ c) $\int_{0}^{2} 3x^2\,dx$ d) $\int_{0}^{2} x^3\,dx$

e) $\int_{0}^{\pi} \sin(x)\,dx$ f) $\int_{-\pi}^{\pi} \sin(x)\,dx$ g) $\int_{-\frac{\pi}{2}}^{\frac{\pi}{2}} \cos(x)\,dx$ h) $\int_{0}^{2\pi} \cos(3x)\,dx$

i) $\int_{0}^{1} e^x\,dx$ j) $\int_{0}^{\ln(3)} 2e^x\,dx$ k) $\int_{0}^{1}(e^{2x}+1)\,dx$ l) $\int_{-1}^{0} 6e^{3x}\,dx$

3 Berechnen Sie das Integral $\int_{1}^{5} f(x)\,dx$.

a) $f(x) = \frac{1}{5}x^4$ b) $f(x) = \frac{1}{2}x^2 - 3x + 2{,}5$ c) $f(x) = \sin\left(\frac{\pi}{2}x\right)$
d) $f(x) = \cos(\pi x)$ e) $f(x) = e^{5-x}$ f) $f(x) = 5 - e^{-x}$

4 Beschreiben Sie, wie man das Integral $\int_{-1}^{3} g(x)\,dx$ mithilfe des Hauptsatzes berechnen kann.

5 Berechnen Sie das Integral.

a) $\int_{-1}^{1}(3x^2 + e^x)\,dx$ b) $\int_{0}^{\frac{\pi}{2}} \cos(x)\,dx$ c) $\int_{0}^{\pi} \sin(2x)\,dx$

d) $\int_{2}^{3}\left(2 - \frac{1}{5}x\right)^3 dx$ e) $\int_{0}^{4} x(x-4)\,dx$ f) $\int_{-2}^{4} x(x-4)\,dx$

6 Setzen Sie die Rechnung fort: $\int_{-3}^{-1} -5\,dx = [-5x]_{-3}^{-1} = \ldots$

7 Berechnen Sie das Integral.

a) $\int_{0}^{4} -x\,dx$
b) $\int_{-1}^{1} -2x\,dx$
c) $\int_{-2}^{2} -x^2\,dx$
d) $\int_{-4}^{-2} -0{,}5x\,dx$
e) $\int_{-20}^{-10} -1\,dx$

○ **Test** ────────────────────────────── Lösungen | Seite 384

8 Berechnen Sie das Integral mithilfe des Hauptsatzes.

a) $\int_{1}^{3} 2x\,dx$
b) $\int_{1}^{3} -6\,dx$
c) $\int_{1}^{3} 6x^2\,dx$
d) $\int_{1}^{3} 6(2x-1)^2\,dx$

e) $\int_{-\pi}^{0} \cos(x)\,dx$
f) $\int_{1}^{2} \sin(\pi x)\,dx$
g) $\int_{0}^{\ln(2)} e^x\,dx$
h) $\int_{0}^{3} \left(2 - \tfrac{1}{3}x\right)^2 dx$

9 Anna, Bernd, Catharina und Dennis berechnen das Integral $\int_{-2}^{-1} -2x\,dx = [-x^2]_{-2}^{-1}$.

Wer rechnet richtig? Beschreiben Sie die Fehler der anderen.

Anna: $-1^2 - 2^2$ Bernd: $-(-1)^2 - (-(-2)^2)$ Catharina: $-1^2 - (-2)^2$ Dennis: $(-1)^2 - (-2)^2$
$= 1 - 4$ $= 1 - (-4)$ $= -1 - 4$ $= 1 - 4$
$= -5$ $= 3$ $= -5$ $= -3$

10 Welche Integrale können mit $[0{,}4x^2]_1^2$ berechnet werden?

I $\int_{1}^{2} \tfrac{4}{30}x^3\,dx$
II $\int_{1}^{2} (0{,}8x + 0{,}8)\,dx$
III $\int_{1}^{2} 0{,}8x\,dx$
IV $\int_{1}^{2} \left(x - \tfrac{1}{5}x\right) dx$

11 Gegeben ist der Graph einer Stammfunktion F von f.

a) An welchen Stellen ist F(x) = 0?
b) An welchen Stellen ist f(x) = 0?
c) Bestimmen Sie $\int_{1}^{3} f(x)\,dx$.
d) Ist f(1) < f(3)? Begründen Sie.

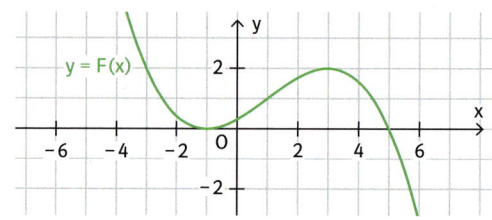

12 Fällt ein Körper im Vakuum im freien Fall senkrecht nach unten, so bewegt er sich t Sekunden nach Beginn des freien Falls mit der Geschwindigkeit $v(t) = 9{,}81 \cdot t$ ($v(t)$ in $\tfrac{m}{s}$).

a) Erläutern Sie, welche Bedeutung das Integral $\int_{1}^{5} v(t)\,dt$ in diesem Sachkontext hat.
b) Erklären Sie ohne zu rechnen, warum $\int_{0}^{1} v(t)\,dt < \int_{2}^{3} v(t)\,dt$ ist.
c) Bestimmen Sie die Stammfunktion V zu v mit V(0) = 0. Welche Bedeutung hat V hier?
d) Berechnen Sie $\int_{1}^{4} v(t)\,dt$.

13 Gegeben sind eine Funktion f und das Integral $\int_{0}^{3} f(x)\,dx$. Welche Bedeutung hat dieses Integral im folgenden Sachzusammenhang?

a) f stellt die Geschwindigkeit eines Fußgängers dar (x in Minuten, f(x) in Metern pro Minute).
b) f beschreibt den Durchfluss durch eine Ölpipeline $\left(x \text{ in s}, f(x) \text{ in } \tfrac{m^3}{s}\right)$.
c) f beschreibt die momentane Produktionsrate von Benzin in einer Raffinerie $\left(x \text{ in h}, f(x) \text{ in } \tfrac{1000\,t}{h}\right)$.

14 Eine Sonnenblume wird mit einer Größe von 0,2 m eingepflanzt. Ihre Wachstumsgeschwindigkeit wird durch die Funktion f mit $f(t) = 0{,}27 e^{-0{,}147 t}$ mit der Zeit t in Wochen und f(t) in Meter modelliert. Geben Sie ihre Größe nach 5 bzw. 10 Wochen an.

15
Die Wachstumsgeschwindigkeit eines Baumes kann im Alter zwischen 10 und 50 Jahren durch eine Funktion v mit $v(t) = 0{,}1 \cdot \sqrt{t+4}$ (t in Jahren, v(t) in Metern pro Jahr) beschrieben werden.

a) Welche Bedeutung hat $\int_{10}^{50} v(t)\,dt$ in diesem Sachzusammenhang?

b) Zeigen Sie: $V(t) = \frac{2}{30}(t+4)^{\frac{3}{2}}$ ist eine Stammfunktion von v und berechnen Sie damit $\int_{10}^{50} v(t)\,dt$.

c) Ein zehn Jahre alter Baum ist 15 Meter hoch. Wie hoch wird er nach weiteren zehn Jahren sein, wenn seine Wachstumsgeschwindigkeit mit der Funktion v modelliert werden kann?

d) Interpretieren Sie $\int_{t}^{t+10} v(x)\,dx = 5$ im Sachzusammenhang.

Test

16 Die Geschwindigkeit eines Boots bei einer Ruderregatta wird mithilfe der Funktion v mit $v(t) = 0{,}25 \sin(2\pi t) + 7{,}25$ modelliert (Zeit t in s, v(t) in $\frac{m}{s}$).
a) Welche Strecke hat das Boot in den ersten 10 s zurückgelegt? Ist dieser Wert realistisch?
b) Das Boot hatte im Ziel eine Zeit von 1 min 8,966 s. Wie lang war die Strecke?

17 Julia nimmt am Hirschauer Spitzberglauf teil. Die Laufstrecke beträgt 13,1 km. Ihre Laufgeschwindigkeit wird mit einer Pulsuhr aufgezeichnet. Bei der Auswertung der Daten kann die Funktion f mit $f(t) = 300 e^{-0{,}012t}$ als Modell (Zeit t in Minuten, f(t) in $\frac{m}{min}$) verwendet werden.
a) Welche Strecke hat Julia in 30 Minuten zurückgelegt?
b) Wann kommt Julia ins Ziel?

18
Geben Sie drei verschiedene Funktionen f an, sodass $\int_{-1}^{1} f(x)\,dx = 0$ gilt. Bestätigen Sie dies durch Berechnung des Integrals mit dem Hauptsatz.

19
Bestimmen Sie die positive Zahl z.
a) $\int_{0}^{z} x\,dx = 18$
b) $\int_{1}^{z} 4x\,dx = 30$
c) $\int_{z}^{10} 2x\,dx = 19$
d) $\int_{0}^{2z} 0{,}4\,dx = 8$

20
Beim gegebenen Integral ist die untere Grenze 0. Die obere Grenze ist variabel und wird mit t bezeichnet (t > 0). Bestimmen Sie den Wert des Integrals in Abhängigkeit von t. Für welches t hat das Integral den Wert 3? Beschreiben Sie, wie sich der Wert ändert, wenn die untere Grenze −1 ist.
a) $\int_{0}^{t} 2\,dx$
b) $\int_{0}^{t} -x\,dx$
c) $\int_{0}^{t} \frac{3}{2}x\,dx$
d) $\int_{0}^{t} (x+1)\,dx$

21
Zeigen Sie mithilfe des Hauptsatzes die folgenden Rechenregeln für Integrale.

→ Strategie | Seite 340
Rückführungsprinzip

a) $\int_{a}^{b} c \cdot f(x)\,dx = c \cdot \int_{a}^{b} f(x)\,dx$
b) $\int_{a}^{b} (f(x) + g(x))\,dx = \int_{a}^{b} f(x)\,dx + \int_{a}^{b} g(x)\,dx$

Grundwissen Test

22 Geben Sie an, wie sich die Funktionswerte f(x) der Funktion f für $x \to \pm \infty$ verhalten.
a) $f(x) = 2x^2 - x$
b) $f(x) = \frac{1}{100}x^3 + 100x^2$
c) $f(x) = x^2 - \frac{1}{2}x^5$
d) $f(x) = 100 - x^4 + x$
e) $f(x) = e^x - x^{10}$
f) $f(x) = \frac{x^{25}}{e^x}$
g) $f(x) = x \cdot e^x$
h) $f(x) = e^{-x} - x^2$

→ Grundwissen
Seite 351
Lösungen | Seite 384

5 Flächen oberhalb und unterhalb der x-Achse

Entwickeln Sie eine Strategie, wie Sie den Inhalt der gesamten gefärbten Fläche berechnen können.

Bisher wurde das Integral dazu verwendet, Gesamtänderungen von Größen bzw. orientierte Flächeninhalte zu bestimmen. Dabei werden die Inhalte von oberhalb der x-Achse liegenden Flächen positiv, die Inhalte von unterhalb der x-Achse liegenden Flächen negativ gezählt. Wenn man dagegen den Inhalt der gesamten Fläche zwischen einem Graphen und der x-Achse bestimmen will, ist zu beachten, dass Flächeninhalte immer positiv sind.

Betrachtet werden Flächen, die vom Graphen einer Funktion f, der x-Achse, der Geraden $x = a$ und $x = b$ begrenzt werden.

Liegt der Graph oberhalb der x-Achse (vgl. Fig. 1), entspricht der Flächeninhalt A dem Integral von f über $[a; b]$:

$$A = \int_a^b f(x)\,dx.$$

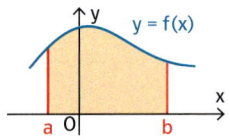

Fig. 1

Liegt der Graph unterhalb der x-Achse (vgl. Fig. 2) ist der Wert des Integrals negativ. Der Flächeninhalt A entspricht dem Betrag des Integrals, in diesem Fall gilt:

$$A = \left|\int_a^b f(x)\,dx\right| = -\int_a^b f(x)\,dx.$$

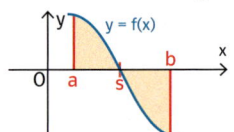

Fig. 2

Statt des Betrags kann man – wenn das Integral negativ ist – auch ein negatives Vorzeichen verwenden.

Liegt der Graph teilweise oberhalb und teilweise unterhalb der x-Achse (vgl. Fig. 3), entstehen zwei Flächenstücke. In diesem Fall werden die beiden Flächeninhalte getrennt berechnet und dann addiert:

$$A = \int_a^s f(x)\,dx + \left(-\int_s^b f(x)\,dx\right)$$

In solchen Situationen müssen zuerst die Nullstellen von f auf dem Intervall $[a; b]$ bestimmt werden.

Fig. 3

Bei der Berechnung des **Inhalts der Fläche zwischen dem Graphen einer Funktion f und der x-Achse** über dem Intervall $[a; b]$ geht man wie folgt vor:
1. Man bestimmt die Nullstellen von f auf $[a; b]$.
2. Man berechnet die Integrale über den Teilintervallen.
3. Man addiert die Inhalte der Teilflächen, d.h. die Beträge der einzelnen Integrale.

Beispiel 1 Fläche unterhalb der x-Achse
Berechnen Sie den Inhalt der markierten Fläche.
Lösung
Berechnen des Integrals:
$$\int_0^3 (e^{-x} - 1) = [-e^{-x} - x]_0^3 \approx -3{,}05 + 1 = -2{,}05.$$
Der Inhalt der markierten Fläche beträgt $A = |-2{,}05| = 2{,}05$.

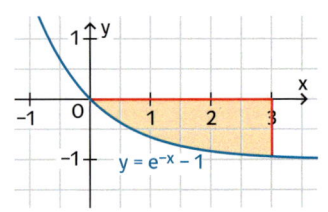

Nutzen Sie den Taschenrechner:
Geben Sie die Stammfunktion F ein und lassen Sie die Funktionswerte F(3) und F(0) ausgeben.

Beispiel 2 Berechnen des Flächeninhalts zwischen Graph und x-Achse

Gegeben ist die Funktion f mit $f(x) = x^2 - 2x$. Skizzieren Sie den Graphen von f. Berechnen Sie den Inhalt der Fläche, die vom Graphen von f, der x-Achse und den Geraden $x = -1$ und $x = 3$ eingeschlossen wird.

Lösung

1. Nullstellen von f bestimmen: $x^2 - 2x = 0$. Die Lösungen sind $x_1 = 0$ und $x_2 = 2$.
2. Skizze anfertigen und die gesuchten Teilflächen A_1, A_2 und A_3 markieren.
3. Integrale über den Teilintervallen $[-1; 0]$, $[0; 2]$ und $[2; 3]$ berechnen:

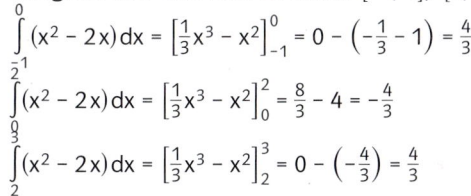
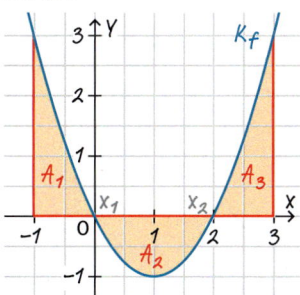

$$\int_{-1}^{0}(x^2 - 2x)\,dx = \left[\tfrac{1}{3}x^3 - x^2\right]_{-1}^{0} = 0 - \left(-\tfrac{1}{3} - 1\right) = \tfrac{4}{3}$$

$$\int_{0}^{2}(x^2 - 2x)\,dx = \left[\tfrac{1}{3}x^3 - x^2\right]_{0}^{2} = \tfrac{8}{3} - 4 = -\tfrac{4}{3}$$

$$\int_{2}^{3}(x^2 - 2x)\,dx = \left[\tfrac{1}{3}x^3 - x^2\right]_{2}^{3} = 0 - \left(-\tfrac{4}{3}\right) = \tfrac{4}{3}$$

Der Inhalt der Teilflächen beträgt:
$A_1 = \tfrac{4}{3}$; $A_2 = \left|-\tfrac{4}{3}\right| = \tfrac{4}{3}$; $A_3 = \tfrac{4}{3}$.

Gesamter Flächeninhalt ist $A = \tfrac{4}{3} + \tfrac{4}{3} + \tfrac{4}{3} = 4$.

Aufgaben

1 Der Graph von f, die x-Achse und die Geraden $x = a$ und $x = b$ begrenzen eine Fläche. Skizzieren Sie den Graphen von f und markieren Sie die gesuchte Fläche. Berechnen Sie den Inhalt dieser Fläche mithilfe der Integralrechnung. Überprüfen Sie Ihr Ergebnis mithilfe Ihrer Kenntnisse aus der Geometrie.

a) $f(x) = 2$; $a = 1$; $b = 5$
b) $f(x) = -5$; $a = 0$; $b = 4$
c) $f(x) = x - 2$; $a = 2$; $b = 3$
d) $f(x) = 2x + 2$; $a = 0$; $b = 3$
e) $f(x) = 3 - \tfrac{1}{2}x$; $a = 0$; $b = 4$
f) $f(x) = \tfrac{1}{3}x - 3$; $a = 0$; $b = 6$

2 Berechnen Sie den Inhalt der gefärbten Fläche.

a)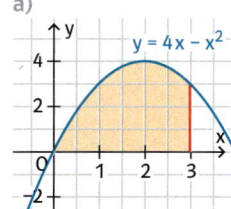
b)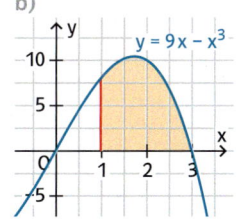
c)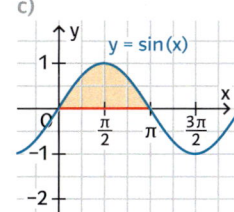
d)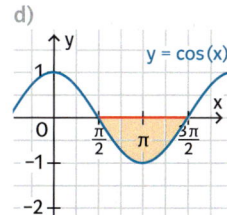

3 Der Graph der Funktion f, die x-Achse und die Geraden $x = a$ und $x = b$ begrenzen eine Fläche. Berechnen Sie den Inhalt dieser Fläche.

a) $f(x) = 8 - x^3$; $a = 0$; $b = 1$
b) $f(x) = 2 - e^{-x}$; $a = 1$; $b = 5$
c) $f(x) = 3x^2 - 9x$; $a = 1$; $b = 2$
d) $f(x) = \cos(x)$; $a = -\tfrac{\pi}{3}$; $b = \tfrac{\pi}{3}$

4 Der Graph von f und die beiden Koordinatenachsen begrenzen im I. Quadranten eine Fläche. Bestimmen Sie deren Inhalt.

a) $f(x) = 3x - x^2$
b) $f(x) = 2 - \tfrac{1}{2}x^2$
c) $f(x) = 8 - x^3$
d) $f(x) = 4x - x^3$
e) $f(x) = e - e^x$
f) $f(x) = 3 - \tfrac{1}{2}e^x$

Bezeichnung der Quadranten:

II	I
III	IV

5 Der Graph von f begrenzt mit der x-Achse im IV. Quadranten eine Fläche. Skizzieren Sie den Graphen, markieren Sie die Fläche und berechnen Sie deren Inhalt.

a) $f(x) = x^2 - 2x$
b) $f(x) = 3x^2 - 6x$
c) $f(x) = \tfrac{1}{2}x^2 - 2x + \tfrac{3}{2}$
d) $f(x) = 4x^3 - 8x^2$
e) $f(x) = \tfrac{1}{2}x^3 - x^2$
f) $f(x) = x^4 - 4x^2$

○ **Test** → Lösungen | Seite 384

6 Skizzieren Sie den Graphen der Funktion f und markieren Sie Fläche, die vom Graphen von f und der x-Achse begrenzt wird. Berechnen Sie ihren Inhalt.
a) $f(x) = 3x^2 - 3$
b) $f(x) = 80 - 5x^2$
c) $f(x) = 0{,}5x^2 - 3x$
d) $f(x) = x^4 - 8x$
e) $f(x) = 3(x+2)(x-3)$
f) $f(x) = \sin(x); \; x \in [0; 2\pi]$

7 Bestimmen Sie den Inhalt der gefärbten Fläche.

a) 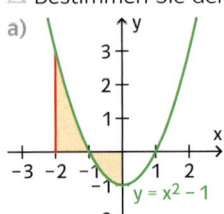 b) 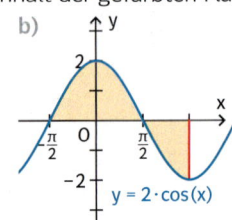 c) 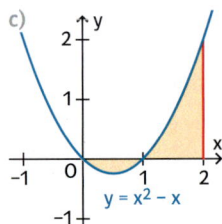 d)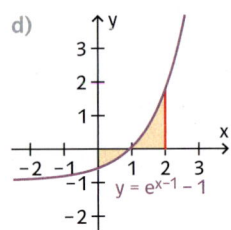

8 Der Graph der Funktion f, die x-Achse und die gegebenen Geraden begrenzen eine Fläche. Skizzieren Sie den Graphen, markieren Sie die Fläche und berechnen Sie deren Inhalt.
a) $f(x) = \frac{1}{2}(x^2 - 9); \; x = -2; \; x = 2$
b) $f(x) = -\frac{1}{4}x(x-5)^2; \; x = 1; \; x = 4$
c) $f(x) = -\cos(2x); \; x = -\frac{\pi}{2}; \; x = \frac{\pi}{2}$
d) $f(x) = e^{-x}; \; x = 0; \; x = 5$

9 Der Graph K von f, die x-Achse und die beiden Geraden g und h begrenzen zwei Flächen. Skizzieren Sie K, markieren Sie die zwei Flächen, zeigen Sie, dass diese gleich groß sind.
a) $f(x) = 3 - x^2; \; g: x = 0; \; h: x = 3$
b) $f(x) = \sin\left(\frac{\pi}{2}x\right); \; g: x = -1; \; h: x = 1$

● **Test** → Lösungen | Seite 385

10 Zeigen Sie, dass der Graph von f, die x-Achse und die angegebenen Geraden zwei gleich große Teilflächen begrenzen.
a) $f(x) = \frac{1}{3}x^3 + x^2$
    $x = -4$
b) $f(x) = e^x - e^{-x}$
    $x = -1; \; x = 1$
c) $f(x) = \frac{1}{2}\sin\left(\frac{\pi}{2}x\right)$
    $x = 3; \; x = 5$

● **11** Bestimmen Sie den Wert für $a > 0$ so, dass die Flächen oberhalb und unterhalb der x-Achse über dem Intervall $[0; a]$ gleich groß sind.
a) $f(x) = x^2 - 4x$
b) $f(x) = x^3 - 1$
c) $f(x) = x^3 - 2x$
d) $f(x) = \sin(x)$

Lösen Sie Aufgabe 11 ohne Berechnung der Nullstellen.

● **12** Die Gerade $x = a$ teilt die Fläche, die der Graph von f mit der x-Achse im I. Quadranten einschließt, in zwei gleich große Teile. Bestimmen Sie den Wert von a.
a) $f(x) = 5x - x^2$
b) $f(x) = 4x - x^3$
c) $f(x) = 3x^2 - x^3$

13 Zeigen Sie, dass die Graphen aller Funktionen, die einen Funktionsterm des Typs $f_t(x) = t \cdot \sin(tx)$ haben, mit der x-Achse Flächenstücke desselben Inhalts begrenzen.

→ Strategie | Seite 339
Orientieren am Beispiel

Grundwissen Test

→ Grundwissen Seite 352
Lösung | Seite 386

14 Untersuchen Sie, ob der Graph der Funktion f achsensymmetrisch zur y-Achse oder punktsymmetrisch zum Ursprung ist.
a) $f(x) = x^4 - x^2 + 1$
b) $f(x) = -x^5 + x - 1$
c) $f(x) = 2\sin(x)$
d) $f(x) = \frac{3}{x^2}$
e) $f(x) = e^x$
f) $f(x) = \cos(x) + 1$
g) $f(x) = e^{-x}$
h) $f(x) = \sqrt{x^4}$
i) $f(x) = \frac{x^2 + 3}{7}$

6 Flächen zwischen zwei Graphen

In der Abbildung sind verschiedene Flächen zu den Graphen der Funktionen f mit $f(x) = x^2 - 2$ und g mit $g(x) = \frac{1}{9} \cdot x^3 + 3$ farbig markiert. Welche Flächeninhalte können Sie berechnen?

Die Fläche A wird nach oben vom Graphen der Funktion f, nach unten vom Graphen der Funktion g sowie den Geraden mit den Gleichungen x = a und x = b begrenzt. Um den Inhalt dieser Fläche zu berechnen, bestimmt man zunächst den die Flächeninhalte A_1 und A_2, die die beiden Graphen mit der x-Achse einschließen, und bildet die Differenz.

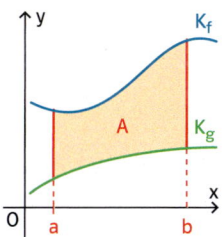
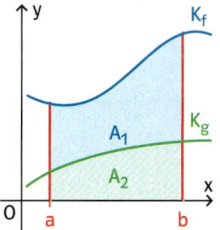

Mit den Stammfunktionen F von f und G von g ist damit

$$A = \int_a^b f(x)\,dx - \int_a^b g(x)\,dx = [F(x)]_a^b - [G(x)]_a^b = F(b) - F(a) - (G(b) - G(a))$$
$$= F(b) - G(b) - F(a) + G(a) = [F(x) - G(x)]_a^b = \int_a^b (f(x) - g(x))\,dx$$

Liegt ein Teil der Fläche unterhalb der x-Achse, kann man die Fläche durch Verschiebung der beiden Graphen über die x-Achse bringen. Der Flächeninhalt A_1 ändert sich durch die Verschiebung nicht, es gilt:

$$A_2 = \int_a^b ((f(x) + d) - (g(x) + d))\,dx$$
$$= \int_a^b (f(x) + d - g(x) - d)\,dx$$
$$= \int_a^b (f(x) - g(x))\,dx = A_1$$

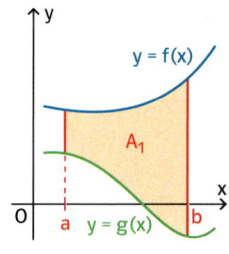
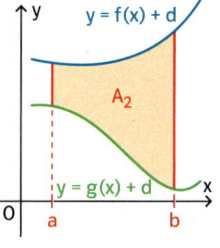

Bei dieser Berechnung spielt es keine Rolle, ob ein Teil der Fläche unter der x-Achse liegt.

Wird eine **Fläche** über dem Intervall [a; b] **von den Graphen zweier Funktionen f und g begrenzt** und gilt $f(x) \geq g(x)$ für alle $x \in [a; b]$, dann beträgt ihr Flächeninhalt A:

$$A = \int_a^b (f(x) - g(x))\,dx.$$

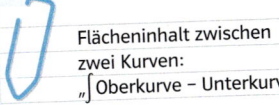

Flächeninhalt zwischen zwei Kurven: „$\int$ Oberkurve − Unterkurve"

Falls sich die Graphen von f und g im Intervall [a; b] schneiden, gilt teilweise $f(x) \geq g(x)$ und teilweise $g(x) \geq f(x)$.
Zur Bestimmung des Flächeninhaltes A geht man deshalb so vor:
1. Schritt: Berechnung der Schnittstellen von f und g.
2. Schritt: Bestimmung, in welchen Teilintervallen $f(x) \geq g(x)$ bzw. $g(x) \geq f(x)$ gilt.
3. Schritt: Berechnung des Flächeninhaltes.
$$A = \int_a^z (f(x) - g(x))\, dx + \int_z^b (g(x) - f(x))\, dx$$

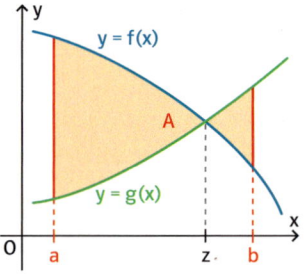

Beispiel 1 Fläche zwischen zwei Graphen, die sich schneiden

Die Graphen der Funktionen f mit $f(x) = x^3 - 6x^2 + 9x$ und g mit $g(x) = -\frac{1}{2}x^2 + 2x$ begrenzen eine Fläche, die aus zwei Teilen besteht. Berechnen Sie deren Flächeninhalt.

Lösung

Durch Gleichsetzen $f(x) = g(x)$ erhält man die Schnittstellen $x_1 = 0$, $x_2 = 2$ und $x_3 = 3{,}5$.
Das Intervall [0; 3,5] wird nun in zwei Teilintervalle [0; 2] und [2; 3,5] eingeteilt. Mithilfe des globalen Verhaltens und der Nullstellen der Funktionen f und g lässt sich eine Skizze anfertigen. Man erkennt, in welchem Intervall der Graph von f oberhalb des Graphen von g und in welchem Intervall er unterhalb des Graphen von g liegt.

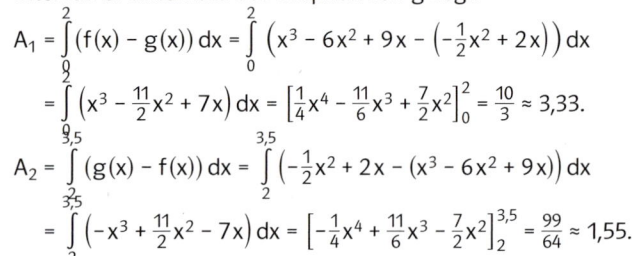

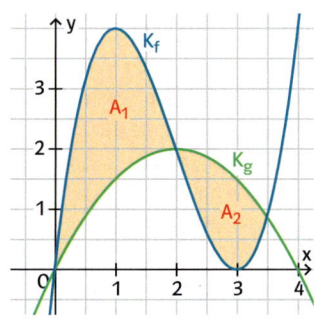

Wird eine Skizze aufwändiger, kann man auch
$$\int_a^b f(x) - g(x)\, dx$$
von Schnittstelle a bis zur nächsten Schnittstelle b berechnen. Am Vorzeichen des Ergebnisses kann man dann die Lage von f und g erkennen.

Damit ergibt sich eine Gesamtfläche von $A = A_1 + A_2 \approx 4{,}88$.

Beispiel 2 Zusammengesetzte Flächen

Berechnen Sie den Inhalt der Fläche, die vom Graphen der Funktion f mit $f(x) = \frac{1}{2}x^2$, der Tangente im Punkt $P(3 \mid f(3))$ und der x-Achse begrenzt wird.

Lösung

1. Strategie: Zerlegung der Fläche

Berechnung der Tangente: $y = f'(3) \cdot (x-3) + f(3) = 3 \cdot (x-3) + \frac{9}{2} = 3x - \frac{9}{2}$.
Da es sich hier nicht um eine Fläche zwischen einer oberen und einer unteren Kurve handelt, wird die Fläche in zwei Teilflächen mit den Flächeninhalten A_1 und A_2 zerlegt. Dazu braucht man die Schnittstelle $N(1{,}5 \mid 0)$ der Tangente mit der x-Achse.

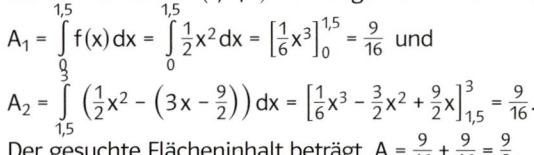

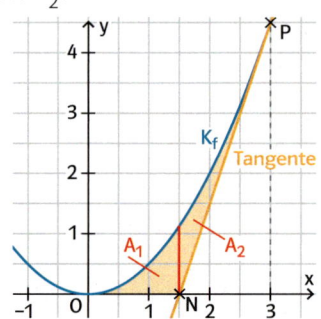

Der gesuchte Flächeninhalt beträgt $A = \frac{9}{16} + \frac{9}{16} = \frac{9}{8}$.

2. Strategie: Flächenstücke subtrahieren

Man berechnet den Flächeninhalt des Dreiecks mit den Eckpunkten $N(1{,}5 \mid 0)$; $(3 \mid 0)$; $P(3 \mid f(3))$:
$A_\Delta = \frac{1}{2} \cdot 1{,}5 \cdot f(3) = \frac{1}{2} \cdot 1{,}5 \cdot 4{,}5 = \frac{27}{8}$. Mit dem Integral $\int_0^3 f(x)\, dx = \int_0^3 \frac{1}{2}x^2\, dx = \left[\frac{1}{6}x^3\right]_0^3 = \frac{9}{2}$
berechnet man den Inhalt der Gesamtfläche zwischen x-Achse und dem Graphen über [0; 3].
Nun zieht man vom Integral den Inhalt A_Δ des Dreiecks ab und erhält den gesuchten Flächeninhalt: $A = \frac{9}{2} - \frac{27}{8} = \frac{9}{8}$.

Aufgaben

1 In der Abbildung sind die Graphen zweier Funktionen f und g gegeben. Drücken Sie den Inhalt der beschrieben Fläche mit $A_1, \ldots, A_5$ aus
  a) Fläche I: begrenzt vom Graphen von f und der x-Achse.
  b) Fläche II: begrenzt von den Graphen von f und g.
  c) Fläche III: im ersten Quadranten, begrenzt vom Graphen von f und den Koordinatenachsen.
  d) Fläche IV: im dritten Quadranten, begrenzt vom Graphen von f, der x-Achse und der Geraden $x = -2$.

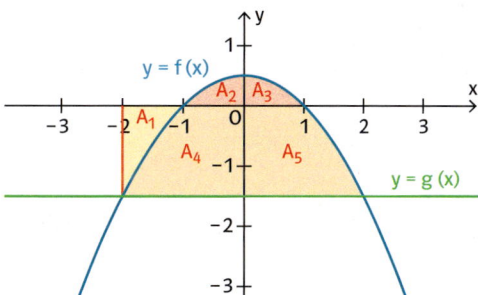

2 In der Abbildung sind die Graphen der Funktionen f und g gegeben. Geben Sie an, aus welchen Teilflächen die beschriebene Fläche besteht. Notieren Sie dann einen Integralausdruck, mit dem sich ihr Inhalt berechnen lässt.
  a) Fläche A: im ersten Quadranten; begrenzt durch den Graphen von g und der x-Achse.
  b) Fläche B: begrenzt durch den Graphen von f und der x-Achse.
  c) Fläche C: im zweiten Quadranten; begrenzt durch den Graphen von g und den Koordinatenachsen.
  d) Fläche D: begrenzt durch den Graphen von g und der x-Achse.
  e) Fläche E: begrenzt durch die Graphen von f und g.

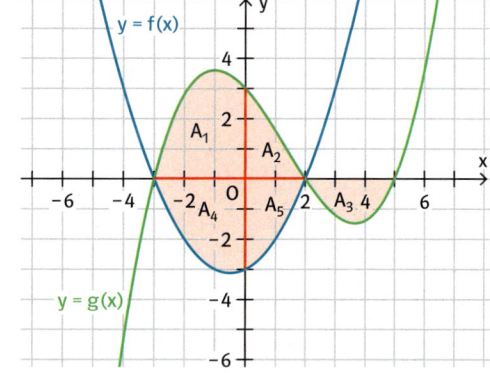

3 Berechnen Sie den Inhalt der gefärbten Fläche.

a) 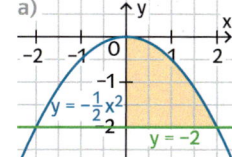   b) 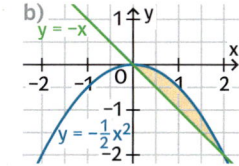   c) 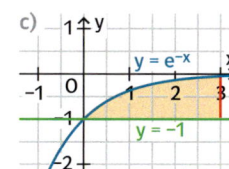   d)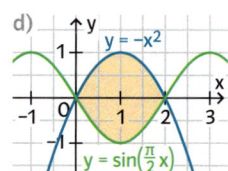

4 Berechnen Sie den Inhalt der Fläche, die der Graph der Funktion f mit $f(x) = x^2$ mit dem Graphen der Funktion g einschließt. Fertigen Sie eine Skizze an.
  a) $g(x) = 9$
  b) $g(x) = x$
  c) $g(x) = -2x$
  d) $g(x) = 2x + 3$
  e) $g(x) = 2 - x^2$
  f) $g(x) = \frac{1}{2}x^2 + \frac{9}{2}$
  g) $g(x) = 2x^2 - 4x$
  h) $g(x) = x^3$

○ **Test** → Lösungen | Seite 386

5 Berechnen Sie den Inhalt der Flächenstücke, die von den Graphen von f und g begrenzt werden.
  a) $f(x) = 1 - x^2$; $g(x) = x - 1$
  b) $f(x) = x^2 - 2$; $g(x) = 7$

6 Berechnen Sie den Inhalt der Flächenstücke, die vom Graphen von f und der ersten Winkelhalbierenden begrenzt werden. *Eine Skizze hilft!*
  a) $f(x) = x^3$
  b) $f(x) = x^4$
  c) $f(x) = 2x^3 - x$
  d) $f(x) = x \cdot (x-3)^2$
  e) $f(x) = \sin\left(\frac{\pi}{2}x\right)$
  f) $f(x) = 2\sin\left(\frac{\pi}{4}x\right)$

7 Berechnen Sie den Inhalt der Fläche, die von den Graphen der Funktionen f und g und den gegebenen Geraden begrenzt wird.
   a) $f(x) = x^2 + 4$; $g(x) = x + 3$; $x = -1$; $x = 1$
   b) $f(x) = x^2 + 4$; $g(x) = 2x + 4$; $x = -1$; $x = 1$
   c) $f(x) = \frac{1}{x}$; $g(x) = x$; $x = 1$; $x = e$
   d) $f(x) = \sin(x)$; $g(x) = \cos(x)$; $x = \frac{\pi}{2}$; $x = \pi$
   e) $f(x) = 1 - e^{-x}$; $g(x) = \frac{1}{5}x$; $x = 1$; $x = 4$
   f) $f(x) = \sin(x)$; $g(x) = \cos(x) + 1$; $x = \pi$; $x = 2\pi$

8 Berechnen Sie den Inhalt der Fläche, die von den Graphen der Funktionen f und g begrenzt wird. Nutzen Sie dabei die Symmetrie der Graphen.
   a) $f(x) = x^2 - 1$; $g(x) = 3 - x^2$
   b) $f(x) = \frac{1}{3}x^3$; $g(x) = x$
   c) $f(x) = \sin(x)$; $g(x) = -\sin(x)$; $x \in [-\pi; \pi]$
   d) $f(x) = -\frac{1}{5}x^2 + 3$; $g(x) = -2$

9 Sind die folgenden Flächenberechnungen mit den achsensymmetrischen Graphen von f und g korrekt? Korrigieren Sie gegebenenfalls.

   a) $A_4 + A_5 = 2 \cdot \int_0^{\sqrt{0,5}} g(x)\,dx$

   b) $A_7 + A_1 + A_2 = \int_{-2}^{0} f(x)\,dx$

   c) $A_2 = \int_{-1}^{0} (f(x) - g(x))\,dx$

   d) $A_6 = \int_{\sqrt{0,5}}^{\sqrt{2}} (g(x) - f(x))\,dx$

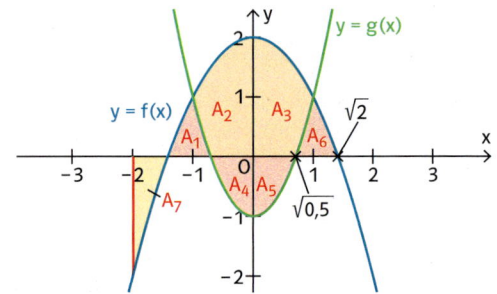

10 Berechnen Sie den Inhalt der Fläche, die vom Graphen von f, der Tangente im Punkt P und der x-Achse begrenzt wird.
   a) $f(x) = \frac{1}{3}x^3$; $P(3|9)$
   b) $f(x) = (x - 2)^4$; $P(0|16)$
   c) $f(x) = e^{-x} - 1$; $P(2|f(2))$

11 Berechnen Sie den Inhalt der Fläche, die vom Graphen von f, der Parallelen zur x-Achse durch den Hochpunkt und der y-Achse begrenzt wird.
   a) $f(x) = 4x - x^2$
   b) $f(x) = 3x^2 - x^3$
   c) $f(x) = 8x^2 - 4x^4$

Test

12 Berechnen Sie den Inhalt der Fläche, die begrenzt wird
   a) vom Graphen von g und der x-Achse,
   b) von den Graphen von f und g,
   c) vom Graphen von f, der y-Achse und der Geraden $y = 4$.

13 Zeigen Sie: Der Graph der Funktion f mit $f(x) = x^3 - 3x$ und die erste Winkelhalbierende begrenzen zwei gleich große Flächenstücke.

14 Begründen Sie: Der Graph von f mit $f(x) = x^2$, die Tangente an den Graphen von f in $P(a|f(a))$ und die y-Achse begrenzen eine Fläche mit dem Inhalt $A = \frac{1}{3}a^3$.

Grundwissen Test

15 Der Graph einer quadratischen Funktion f geht durch die Punkte A, B und C. Bestimmen Sie den Funktionsterm der Funktion f.
   a) $A(0|0)$; $B(2|-2)$; $C(-1|2,5)$
   b) $A(0|1)$; $B(3|4)$; $C(-1|-4)$
   c) $A(-3|0)$; $B(3|0)$; $C(5|4)$
   d) $A(2|0)$; $B(5|3)$; $C(-1|3)$

7 Graphen von Stammfunktionen

Gegeben sind die Graphen einer Funktion f und einer Stammfunktion F von f. Entscheiden Sie, welcher Graph zu f gehört, und begründen Sie Ihre Entscheidung.

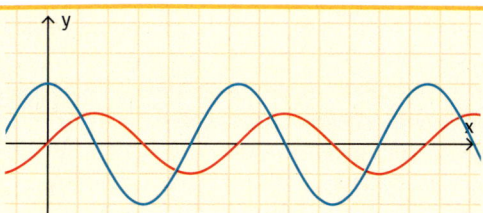

Ist der Graph einer Funktion f gegeben, lassen sich zugehörige Stammfunktionen F auch grafisch ermitteln. Dabei orientiert man sich wie beim grafischen Ableiten u.a. an charakteristischen Punkten des Graphen von f.

Nullstellen von f
Im in Fig. 1 dargestellten Beispiel hat die Funktion f bei $x_1 = -2$ eine Nullstelle mit einem VZW (Vorzeichenwechsel) von − nach +. Also hat F bei $x_1 = -2$ ein Minimum (Fig. 2)
Bei $x_2 = 1$ hat f eine Nullstelle ohne VZW. Also hat der Graph von F dort einen Sattelpunkt.

Extremstellen von f
Im Beispiel hat f bei $x_2 = 1$ und bei $x_3 = -1$ jeweils eine Extremstelle. Deshalb hat F bei $x_2 = 1$ und $x_3 = -1$ jeweils eine Wendestelle.

Monotonieverhalten von F
Im Beispiel sind die Funktionswerte $f(x)$ für alle $x < -2$ negativ. Also ist F für $x < -2$ streng monoton fallend.
Für alle $x > -2$ gilt für die Funktionswerte $f(x) > 0$ außer an der einzelnen Stelle $x_2 = 1$; hier ist $f(1) = 0$. Die einzelne Stelle mit Steigung 0 ändert nichts am Monotonieverhalten von F. Für $x > -2$ ist F streng monoton wachsend.

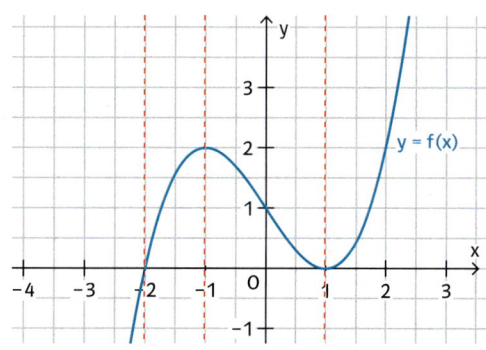

Fig. 1

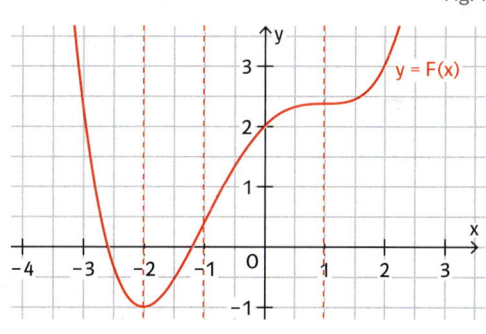

Fig. 2

Für die in der Schule betrachteten Funktionen (außer den konstanten Funktionen) gilt:

Für die besonderen Stellen einer Funktion f (mit $f(x) \neq c$; $c \in \mathbb{R}$) und einer Stammfunktion F von f gelten folgende Zusammenhänge.

Nullstelle von f			(innere) Extremstelle von f	
mit VZW von + nach −	mit VZW von − nach +	ohne VZW		
↕	↕	↕	↕	
(innere) Extremstelle von F		Sattelstelle von F	Wendestelle von F	
Maximumstelle	Minimumstelle		Änderung des Krümmungsverhaltens des Graphen von F	

Eine **Sattelstelle** einer Funktion ist eine Stelle, an der der Graph der Funktion einen Sattelpunkt aufweist.

Die Funktion F, deren Graph auf Seite 153 abgebildet ist, ist nicht die einzig mögliche Stammfunktion von f. Jede weitere Funktion G mit $G(x) = F(x) + c$ ist ebenfalls Stammfunktion von f, deren Graph im Vergleich zu dem von F um c in y-Richtung verschoben ist.

Beispiel Aussagen zum Graphen einer Stammfunktion beurteilen

F ist eine Stammfunktion der Funktion f, deren Graph rechts abgebildet ist. Untersuchen Sie, ob die Aussage wahr oder falsch ist. Begründen Sie Ihre Antwort.
a) F ist für alle $x > 1$ monoton steigend.
b) F hat bei $x = -1$ ein Maximum.
c) F besitzt keine Wendestelle.
d) $F(1) = 0$
e) $F(-1) > F(3)$
f) $F'(2) > 0$

Lösung
a) Falsch. F ist monoton wachsend, wenn f positiv ist. Dies gilt für alle $x < -1$ und für alle $x > 3$.
b) Wahr, denn f hat an der Stelle $x = -1$ eine Nullstelle mit VZW von + nach –.
c) Falsch. Da f ein Minimum bei $x = 1$ hat, hat F bei $x = 1$ eine Wendestelle.
d) Falsch. Dies gilt nur für genau eine Stammfunktion zu f, aber nicht für jede.
e) Wahr, da F zwischen –1 und 3 streng monoton fallend ist.
f) Falsch. Es ist $F'(2) = f(2)$ und am Graphen von f liest man $f(2) < 0$ ab.

Aufgaben

1 Ordnen Sie jedem Graphen einer Funktion aus der ersten Zeile den Graphen einer zugehörigen Stammfunktion aus der zweiten Zeile zu. Begründen Sie Ihre Zuordnung.

A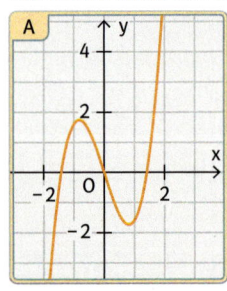
B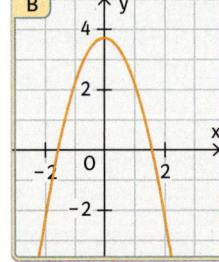
C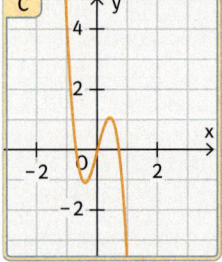
D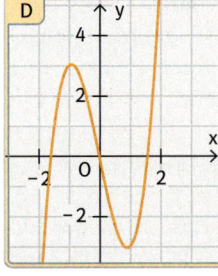

(1)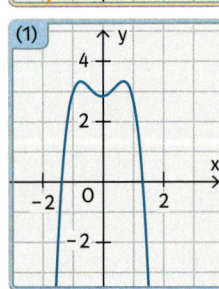
(2)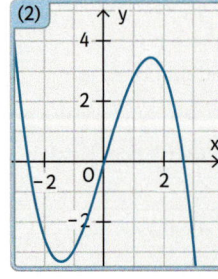
(3)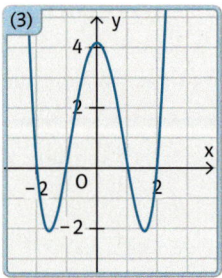
(4)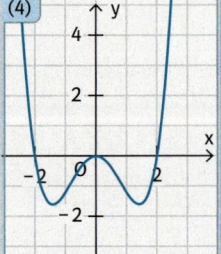

2 Skizzieren Sie zum Graphen von f den Graphen einer Stammfunktion F von f.

a)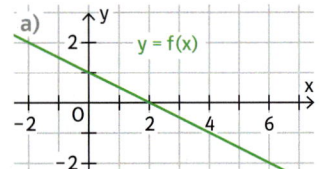
b)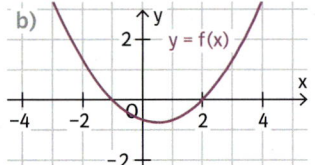
c)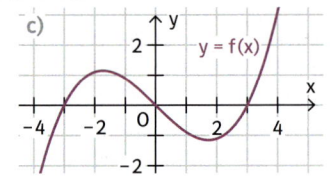

○ **3** Skizzieren Sie zum Graphen von f den Graphen der Stammfunktion F mit F(1) = 0. Beschreiben Sie, wie sich der Graph verändert, wenn F(1) = −2 ist.

a)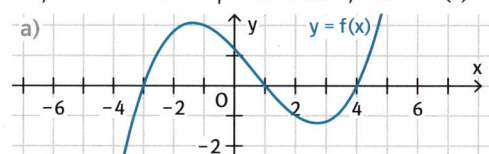

b)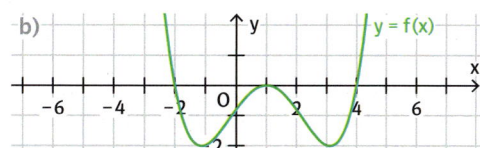

○ **4** Gegeben ist der Graph einer Funktion f. Entscheiden Sie, ob die Aussage für eine Stammfunktion F von f gilt. Begründen Sie Ihre Antwort.

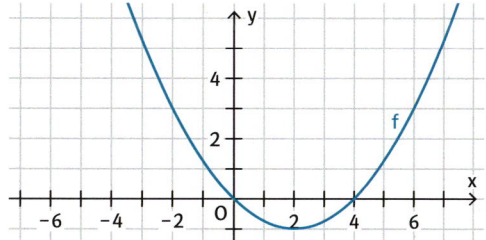

a) F ist im Intervall [−3; 2] monoton fallend.
b) Bei x = 2 ändert sich das Krümmungsverhalten des Graphen von F.
c) F hat bei x = 4 ein lokales Maximum.
d) F(0) = F(4)

○ **Test** → Lösung | Seite 386

5 Gegeben ist der Graph der Funktion f. Skizzieren Sie den Graphen der Stammfunktion F von f mit F(0) = 1. Beschreiben Sie, wie sich der Graph der Stammfunktion F verändert, wenn F(0) = 0 ist.

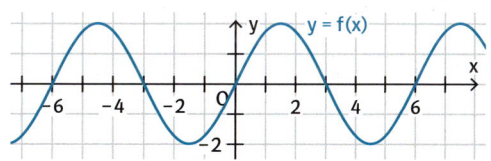

● **6** Gegeben ist der Graph einer Funktion f. F ist eine Stammfunktion von f. An welcher der markierten Stellen ist

a) F(x) am größten,
b) F(x) am kleinsten,
c) f'(x) am kleinsten,
d) F'(x) am kleinsten?

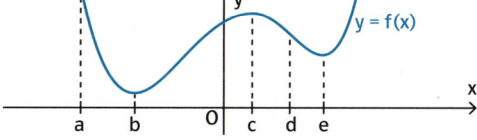

● **7** Gegeben ist der Graph einer Stammfunktion F von f.

a) An welchen Stellen ist F(x) = 0?
b) An welchen Stellen ist f(x) = 0?
c) Bestimmen Sie $\int_1^3 f(x)\,dx$.
d) Ist f(1) < f(3)? Begründen Sie.

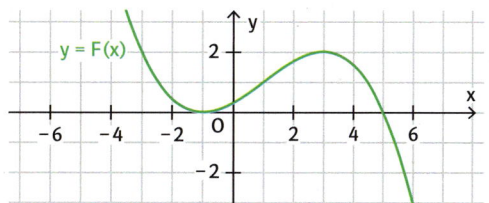

● **8** Die rechts dargestellte Vertikalgeschwindigkeit v eines Heißluftballons entspricht der Änderung seiner Flughöhe pro Zeiteinheit.

a) Welche Bedeutung hat in diesem Sachkontext die grau gefärbte Fläche?
b) Zu welchem Zeitpunkt hat der Ballon seine höchste Höhe erreicht? Begründen Sie.
c) Nach 60 min landet der Ballon. Begründen Sie anhand der Grafik, dass der Ballon an einer Stelle landet, die höher als der Startpunkt liegt.
d) Zum Startzeitpunkt t = 0 ist die Flughöhe 0 m. Skizzieren Sie den Graphen, der für den Zeitraum vom Start bis zur Landung die Höhe des Ballons in Abhängigkeit der Zeit darstellt.

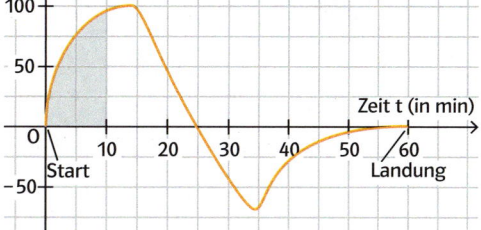

9 Gegeben ist der Graph einer Stammfunktion F von f. Entscheiden Sie, ob die Aussage wahr oder falsch ist. Begründen Sie Ihre Antwort.
   a) F ist die Stammfunktion von f mit F(0) = 2.
   b) Die Funktion f hat keine Nullstellen.
   c) $\int_{-2}^{2} f(x)\,dx > 2$
   d) F(−2) + f(−2) > 1

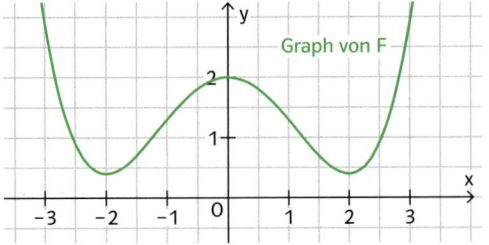

Test

Lösung | Seite 386

10 Gegeben ist der Graph der Funktion F, die eine Stammfunktion der Funktion f ist. Entscheiden Sie, ob die Aussage wahr oder falsch ist. Begründen Sie Ihre Antwort.
   a) f ist im Intervall [−2; −1] negativ.
   b) f' hat mindestens eine Nullstelle.
   c) f hat genau eine Nullstelle mit VZW.
   d) $\int_{0}^{3} f(x)\,dx > 2$ e) f(−2) > −1   f) F(0) + f(0) > 1

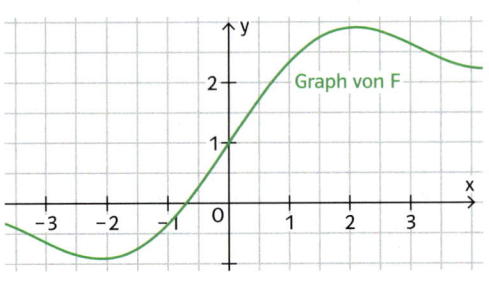

11 Gegeben sind die vier Graphen A, B, C und D. Drei dieser vier Graphen stellen den Graphen einer Funktion f, den einer ihrer Stammfunktionen F und den ihrer Ableitungsfunktion f' dar. Entscheiden Sie, welche drei Graphen dies sind, und ordnen Sie sie jeweils den Funktionen f, F und f' zu. Skizzieren Sie für den übrig gebliebenen Graphen den Graphen einer zugehörigen Stammfunktion und der Ableitungsfunktion.

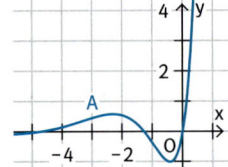 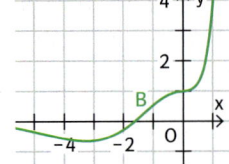 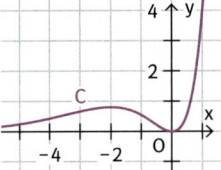 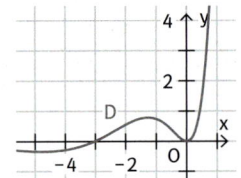

12 Dargestellt ist der Graph der Funktion f im Intervall [−2; 2]. Entscheiden Sie, ob die Aussage für den Graphen K jeder Stammfunktion wahr, falsch oder nur manchmal wahr ist. Begründen Sie ihre Entscheidung.
   A K hat drei Extrempunkte.
   B K besitzt den Hochpunkt H(1|4).
   C K hat drei Wendepunkte.
   D Bis x = 1 steigt der Graph K streng monoton.
   E K ist im Intervall [−1; 1] linksgekrümmt.
   F K liegt im Intervall I über der x-Achse.

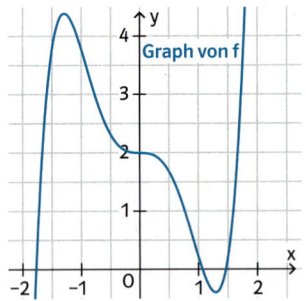

Grundwissen Test

Grundwissen Lösung | Seite 387

13 Lösen Sie das lineare Gleichungssystem.
   a) x + y = 4
      3y = 6
   b) x + y = 3
      x − y = 1
   c) 2x + 3y = 4
      x + y = 3
   d) x + y = 3
      3x − y = 1
   e) x + 2y = 4
      x + y = 3
   f) x + 2 = −2y
      −x + y = 5
   g) x − 2 = y
      y + 2x = 1
   h) x + y = 2
      4x + 1 = −y
   i) 8x − 2y + 6 = 0
      6x + y = 8

Exkursion
IV Integralrechnung

Rotationskörper und ihr Volumen

Mit einer sich schnell drehenden Töpferscheibe kann ein Töpfer Gefäße formen. Diese Gefäße sind im Idealfall rotationssymmetrisch, d.h., ihre Form verändert sich bei einer Drehung um eine Achse nicht.
Weiß man, dass ein Körper rotationssymmetrisch ist, genügt es zur Bestimmung seines Volumens die Kurve zu kennen, die seinen Rand beschreibt. Diese Kurve muss so gewählt sein, dass sich bei deren Rotation um die x-Achse der zugehörige Rotationskörper ergibt.

Problem
Gegeben ist eine 10 cm hohe Schale, deren äußerer Rand beschrieben ist durch den Graphen der Funktion f mit $f(x) = \sqrt{6x+4}$ ($0 \leq x \leq 10$). Ihr innerer Rand ist gegeben durch den Graphen der Funktion g mit $g(x) = \frac{7}{3}\sqrt{x-1}$ ($1 \leq x \leq 10$) (Maße in cm).
Wie lässt sich das Volumen dieses rotationssymmetrischen Körpers bestimmen? Mit wie viel Wasser lässt sich die Schale befüllen? Welche Menge an Ton wird für ihre Herstellung benötigt?

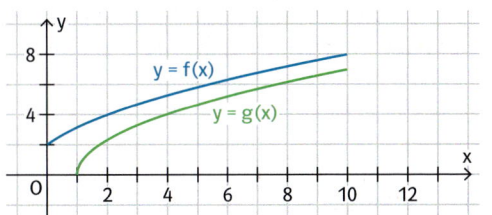

Erarbeitung
Die Herleitung einer Formel zur Berechnung des Volumens eines rotationssymmetrischen Körpers geschieht in Analogie zur Bestimmung von (orientierten) Flächeninhalten.

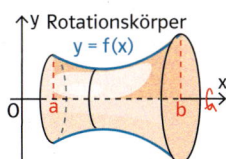

Orientierter Flächeninhalt A
Die Fläche, die der Graph einer Funktion f über [a; b] mit der x-Achse begrenzt, wird durch Rechtecke angenähert. Deren Inhalt A berechnet sich mit $A = l \cdot h$, wobei die Länge l durch einen zugehörigen Funktionswert f(z) gegeben ist.

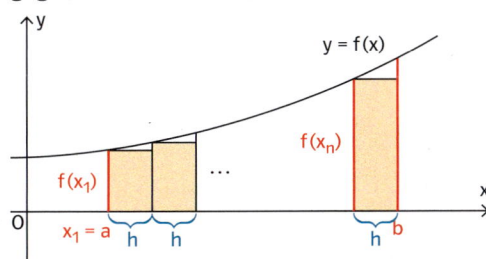

Rotationsvolumen V
Das Volumen des Körpers, der entsteht, wenn der Graph der Funktion f über [a; b] um die x-Achse rotiert, wird durch Zylinder angenähert. Deren Volumen V berechnet man mit $V = \pi r^2 h$, wobei der Radius r durch einen zugehörigen Funktionswert f(z) gegeben ist.

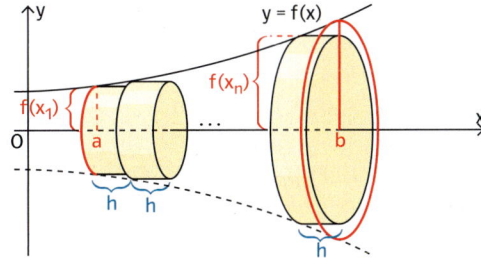

Eine Annäherung an den Inhalt der Fläche erhält man, wenn man die Flächeninhalte der Rechtecke aufsummiert. Sie wird umso genauer, je schmaler die Rechtecke werden, je kleiner also h wird.

Eine Annäherung des Rotationsvolumens erhält man, wenn man die Volumina der Zylinder aufsummiert. Sie wird umso genauer, je schmaler die Zylinder werden, je kleiner also h wird.

Im Grenzfall wird aus dieser Summe ein Integral. Für den (orientierten) Inhalt A der Fläche gilt also $A = \int_a^b f(x)\,dx$.

Im Grenzfall wird aus dieser Summe ein Integral. Für das Volumen V gilt also
$$V = \int_a^b \pi(f(x))^2\,dx = \pi\int_a^b (f(x))^2\,dx.$$

Damit lässt sich nun bestimmen, mit welcher Wassermenge sich die Schale befüllen lässt. Der Innenraum der Vase entsteht über dem Intervall [1; 10] durch Rotation des Graphen von g mit $g(x) = \frac{7}{3}\sqrt{x-1}$ um die x-Achse.

157

Exkursion

Also ergibt sich für das Volumen V_{innen}:

$$V_{innen} = \pi \int_1^{10} (g(x))^2 \, dx = \pi \int_1^{10} \left(\frac{7}{3}\sqrt{x-1}\right)^2 dx = \pi \int_1^{10} \frac{49}{9}(x-1) \, dx = \frac{49}{9}\pi \left[\frac{x^2}{2} - x\right]_1^{10} = \frac{49}{9}\pi \cdot 40{,}5 = 220{,}5\pi$$
$$\approx 692{,}7.$$

Die Schale lässt sich also mit ca. 692,7 cm³, also knapp 0,7 l Wasser füllen.

Für die benötigte Menge Ton muss zusätzlich das Volumen $V_{außen}$ desjenigen Rotationskörpers berechnet werden, der entsteht, wenn die äußere Kurve, also der Graph der Funktion f mit $f(x) = \sqrt{6x+4}$ über dem Intervall $[0; 10]$ um die x-Achse rotiert:

$$V_{außen} = \pi \int_0^{10} \left(\sqrt{6x+4}\right)^2 dx = \pi \int_0^{10} (6x+4) \, dx = \pi [3x^2 + 4x]_0^{10} = \pi \cdot 340 = 340\pi \approx 1068{,}1.$$

Die Differenz der beiden Volumina ergibt $V_{außen} - V_{innen} \approx 1068{,}1 - 692{,}7 = 375{,}4$.
Es wird eine Menge von ca. 375,4 cm³ Ton benötigt.

Ergebnis

Rotiert der Graph einer Funktion f über dem Intervall [a; b] um die x-Achse, so entsteht ein Rotationskörper. Sein Volumen V beträgt $V = \pi \int_a^b (f(x))^2 \, dx$.

Die Schale lässt sich mit etwa 0,69 l befüllen; sie besteht aus etwa 375 cm³ Ton.

---

1 Der Graph der Funktion f rotiert im Intervall I um die x-Achse. Beschreiben Sie die Form des dabei entstehenden Rotationskörpers und berechnen Sie dessen Volumen.
  a) $f(x) = \sqrt{x-1}$; $I = [1; 3]$
  b) $f(x) = \frac{1}{x}$; $I = [1; 4]$
  c) $f(x) = 2{,}5$; $I = [-2; 6]$

2 Durch Rotation des Graphen der Funktion f mit $f(x) = 0{,}5x + 1$ über dem Intervall $[0; 4]$ und des Graphen der Funktion g mit $g(x) = 1{,}5\sqrt{x-1}$ über dem Intervall $[1; 4]$ um die x-Achse entsteht der Glaskörper einer Schale (alle Angaben in cm).
  a) Wie viel Wasser passt in die Schale?
  b) Welches Volumen hat das zur Herstellung benötigte Glas?

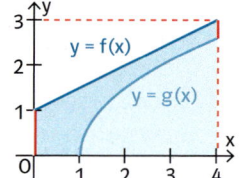

3 Für $0 \leq x \leq 1$ ist die Funktion f gegeben durch $f(x) = \sqrt{1-x^2}$.
Skizzieren Sie den Graphen der Funktion f und beschreiben Sie den Körper, der entsteht, wenn der Graph von f um die x-Achse rotiert. Berechnen Sie dann sein Volumen.

4 Eine Fläche A wird von den Funktionsgraphen der Funktionen g und h eingeschlossen. Rotiert die Fläche um die x-Achse, berechnet man das Volumen V des entstehenden Körpers mit
$$V = \pi \int_a^b (f(x))^2 \, dx - \pi \int_a^b (g(x))^2 \, dx = \pi \int_a^b ((f(x))^2 - (g(x))^2) \, dx.$$
Begründen Sie, warum man in der Regel nicht die Formel $\pi \int_a^b (f(x) - g(x))^2 \, dx$ benutzen kann.

5 Gegeben ist ein Kegel mit der Höhe h und dem Radius r. Leiten Sie eine allgemeingültige Formel zur Berechnung des Kegelvolumens her, indem Sie den Kegel als einen Körper betrachten, der durch Rotation eines Funktionsgraphen um die x-Achse entsteht.

6 Der Graph einer Funktion f rotiert über dem Intervall [a; b] um die x-Achse. Wie ändert sich das Volumen des entstehenden Rotationskörpers, wenn f durch $2 \cdot f$ bzw. durch $0{,}5 \cdot f$ ersetzt wird?

7 Durch Rotation des Graphen von f mit $f(x) = \sqrt{x}$ um die x-Achse entsteht der Hohlkörper eines liegenden Gefäßes. Dieses Gefäß wird aufgestellt und mit Wasser gefüllt. Bis zu welcher Höhe steht das Wasser, wenn die Füllmenge 30 VE beträgt?

VE: Volumeneinheit

Training

IV Integralrechnung

1 In Fig. 1 und 2 sind jeweils die Werte der momentanen Änderungsrate m gezeichnet. Beurteilen Sie, ob die Größe in Fig. 1 im Zeitraum zwischen 0 und 4 und in Fig. 2 zwischen 1 und 3 insgesamt zugenommen hat.

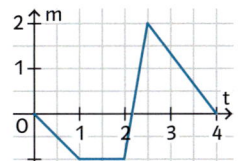
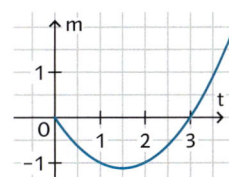

Fig. 1   Fig. 2

2 Bei einem live übertragenen Benefizkonzert können Zuschauer ab 20 Uhr einen Spendenanruf tätigen. Rechts ist die Entwicklung der momentanen Anrufrate m dargestellt.
a) Bestimmen Sie einen Schätzwert für die Zahl der Anrufe bis 22:00 Uhr.
b) Pro Stunden können 3000 Anrufe bearbeitet werden. Zu welcher Zeit ist die Zahl der Anrufer in der Warteschleife am größten?

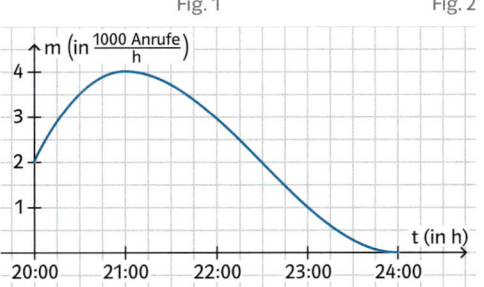

3 Bestimmen Sie eine Stammfunktion der Funktion f.
a) $f(x) = 0{,}5\,x^3$
b) $f(x) = \frac{1}{4}x^{-2}$
c) $f(x) = \frac{2}{5x^2}$
d) $f(x) = (2x + 2)^3$
e) $f(x) = 2\sin(x + 1)$
f) $f(x) = \cos(3x)$
g) $f(x) = x + 2\sin(2x)$
h) $f(x) = \cos(4x - \pi)$
i) $f(x) = \frac{1}{3}e^{x+5}$
j) $f(x) = 1 + e^{0{,}5x}$
k) $f(x) = e^{\frac{2}{3}x + 1}$
l) $f(x) = \frac{5}{2}e^{2x-2}$

4 Bestimmen Sie die Stammfunktion G der Funktion g, für die G(1) = 3 gilt.
a) $g(x) = 3 - 2x$
b) $g(x) = 2 \cdot e^{0{,}5 - 0{,}5x}$
c) $g(x) = \pi \cdot \sin(\pi x)$
d) $g(x) = 2\sqrt{3x + 1}$

5 Berechnen Sie das Integral.
a) $\int_{-1}^{3}(x^2 - 4x)\,dx$
b) $\int_{3}^{5} 2x^{-3}\,dx$
c) $\int_{1}^{2}(5 - x^{-2})\,dx$
d) $\int_{-2}^{3}\sin\!\left(\frac{\pi}{2}x\right)dx$
e) $\int_{0}^{\ln(3)} 2e^x\,dx$
f) $\int_{-3}^{2} 3(3x - 1)^2\,dx$
g) $\int_{-\pi}^{2\pi} 2\cos\!\left(\frac{1}{2}x\right)dx$
h) $\int_{2}^{4}(4e^{x-2} - 1)\,dx$

6 Entscheiden Sie zunächst, ob das Integral positiv, negativ oder null ist. Berechnen Sie anschließend das Integral.
a) $\int_{0}^{2}(-x^2 + 1)\,dx$
b) $\int_{-2}^{1}\!\left(\frac{1}{4}x^2 - 1\right)dx$
c) $\int_{0}^{\ln(5)}(2e^x - 2)\,dx$
d) $\int_{-2}^{2}(x^3 - x)\,dx$
e) $\int_{-3}^{3}\sin\!\left(\frac{\pi}{3}x\right)dx$
f) $\int_{0}^{4}\cos\!\left(\frac{\pi}{2}x\right)dx$

7 Weisen Sie nach, dass die Funktion F eine Stammfunktion der Funktion f ist, und berechnen Sie damit das Integral.
a) $F(x) = \sin(x) \cdot \cos(x)$
   $f(x) = (\cos(x))^2 - (\sin(x))^2;\ \int_{\frac{\pi}{2}}^{\pi} f(x)\,dx$
b) $F(x) = (x + 1) \cdot e^x$
   $f(x) = (x + 2) \cdot e^x;\ \int_{0}^{2} f(x)\,dx$

8 Berechnen Sie den Inhalt der Fläche, die der Graph der Funktion f mit der x-Achse einschließt.
a) $f(x) = -x^2 + 9$
b) $f(x) = x(x + 1)^2$
c) $f(x) = \frac{1}{3}x^2 + x - 6$
d) $f(x) = x^2 - 6x + 5$
e) $f(x) = x^2 + 10x + 24$
f) $f(x) = 2\sin(x);\ x \in [0;\pi]$

9 Die Funktion f schließt mit der x-Achse Flächen ein. Berechnen Sie deren Gesamtinhalt.
a) $f(x) = x^3 - x$
b) $f(x) = x^2(x^2 - 4)$
c) $f(x) = 2 \cdot \cos\!\left(\frac{1}{2}x\right);\ x \in [-\pi;\,3\pi]$

10 Gegeben sind die Funktionen f und g mit
$f(x) = e^{-x}$ und $g(x) = 2$.
Berechnen Sie den Inhalt der Fläche, der von
den Graphen der Funktionen f und g, der
y-Achse und der Geraden $x = 3$ begrenzt wird.

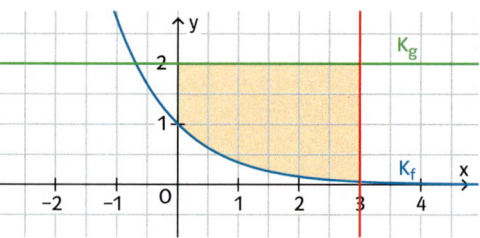

11 Berechnen Sie den Inhalt der gefärbten Fläche.

a) 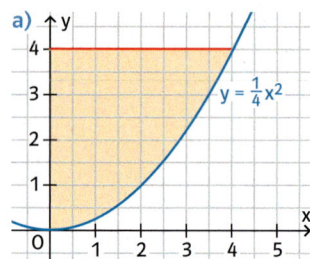   b) 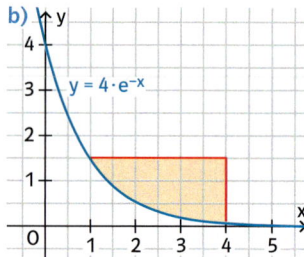   c)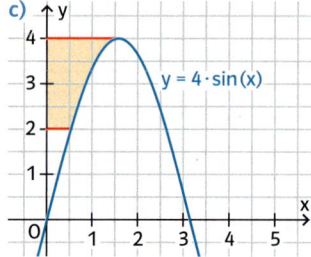

12 Gegeben ist die Funktion f mit $f(x) = (x + 1) \cdot e^x$.
  a) Leiten Sie die Funktion f zweimal ab. Welche Stammfunktion F von f vermuten Sie deshalb?
  b) Überprüfen Sie Ihre Vermutung durch Ableiten und berechnen Sie damit $\int_0^2 f(x)\,dx$.

13 Die Abbildung zeigt den Graphen einer Funktion f. Eine Stammfunktion von f ist F. Welche der folgenden Aussagen über F sind wahr, welche sind falsch? Begründen Sie.
  (I) F ist in $I = [-1; 0]$ streng monoton fallend.
  (II) F hat bei $x = 0$ eine Extremstelle.
  (III) F hat genau eine Extremstelle.
  (IV) F hat bei $x = 1$ eine Wendestelle.

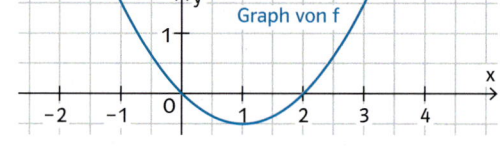

14 Die Abbildung zeigt den Graphen einer Funktion f. Eine Stammfunktion von f ist F.
  a) An welchen Stellen hat f Extremstellen?
  b) An welchen Stellen hat F Extremstellen?
  c) Zeigen Sie, dass gilt $\int_0^4 f(x)\,dx < 8$.

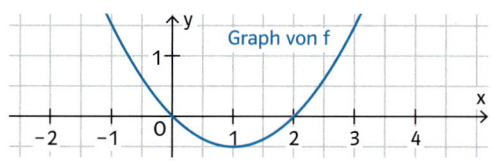

15 Berechnen Sie den Inhalt der Fläche, die vom Graphen von f, der Tangente in P und der x-Achse begrenzt wird (Fig. 1).
  a) $f(x) = 0{,}5\,x^2$; $P(3\,|\,4{,}5)$
  b) $f(x) = \frac{1}{x^2} - \frac{1}{4}$; $P(0{,}5\,|\,3{,}75)$

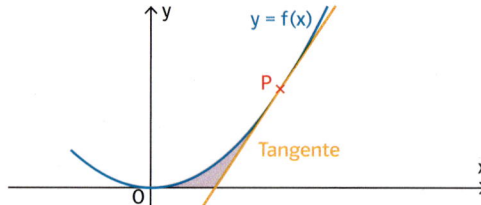

16 Für Abwasserkanäle werden 1 m lange vorgefertigte Segmente aus Beton verwendet. Die Abbildung zeigt ein Segment im Querschnitt. Der Ausschnitt ist parabelförmig.
Bestimmen Sie das Volumen und die Masse des in einem Segment verarbeiteten Betons. (1 m³ Beton hat eine Masse von 2,3 t.)

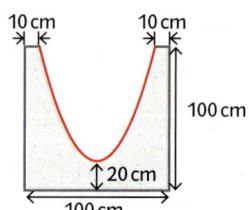

Rückblick

Rekonstruktion von Beständen
Ist der Graph der lokalen Änderungsrate einer Größe aus geradlinigen Teilstücken zusammengesetzt, so kann man die Gesamtänderung dieser Größe (Wirkung) rekonstruieren, indem man den orientierten Flächeninhalt zwischen dem Graphen der lokalen Änderungsrate und der x-Achse bestimmt.

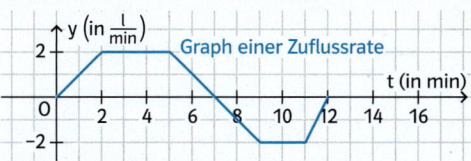

Der orientierte Flächeninhalt über $[0; 12]$ entspricht der Gesamtänderung in 12 min: Es sind 10 l zugeflossen und 7 l abgeflossen.

Das Integral
Gegeben ist eine auf dem Intervall $[a; b]$ definierte Funktion f. Mit der Summe von Rechtecksflächen über n Teilintervallen von $[a; b]$ wird der orientierte Flächeninhalt angenähert. Der Grenzwert
$$\int_a^b f(x)\,dx$$
wird als Integral der Funktion f mit den Grenzen a und b bezeichnet.

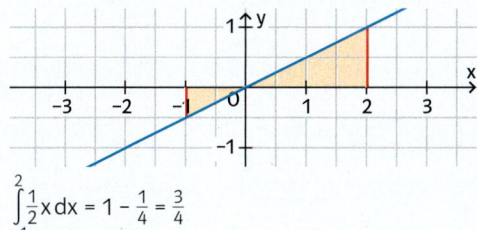

$$\int_{-1}^2 \tfrac{1}{2}x\,dx = 1 - \tfrac{1}{4} = \tfrac{3}{4}$$

Stammfunktionen
Eine Funktion F heißt Stammfunktion F einer stetigen Funktion f, wenn $F' = f$ gilt.

Alle Stammfunktionen zur Funktion f mit $f(x) = 3x$ haben den Funktionsterm $F(x) = \tfrac{3}{2}x^2 + c$ für ein $c \in \mathbb{R}$.

Regeln zur Bestimmung von Stammfunktionen
F und G sind Stammfunktionen zu f bzw. g.
Potenzregel:
Stammfunktion F zu f mit $f(x) = x^n$: z.B. F mit $F(x) = \tfrac{1}{n+1}x^{n+1}$ $(n \ne -1)$
Lineare Substitution:
Stammfunktion zu g mit $g(x) = f(mx + b)$: z.B. G mit $G(x) = \tfrac{1}{m}F(mx + b)$ $(m \ne 0)$

$f(x) = 5x^3 - \tfrac{1}{x^2} = 5x^3 - x^{-2}$
Eine Stammfunktion zu f ist z.B. F mit
$F(x) = 5 \cdot \tfrac{1}{4}x^4 - \left(\tfrac{1}{-1}\right)x^{-1} = \tfrac{5}{4}x^4 + \tfrac{1}{x}$ (Potenzregel).
$g(x) = 2\sin(3x - 4)$
Eine Stammfunktion zu g ist z.B. G mit
$G(x) = -\tfrac{2}{3}\cos(3x - 4)$ (lineare Substitution).

Hauptsatz der Differenzial- und Integralrechnung
Mithilfe einer Stammfunktion F von f im Intervall $[a; b]$ lässt sich das Integral $\int_a^b f(x)\,dx$ berechnen: $\int_a^b f(x)\,dx = [F(x)]_a^b = F(b) - F(a)$

$$\int_2^3 \left(\tfrac{1}{2}x^2 - 1\right) dx = \left[\tfrac{1}{6}x^3 - x\right]_2^3 = \tfrac{27}{6} - 3 - \left(\tfrac{8}{6} - 2\right) = \tfrac{13}{6}$$

Integral und Flächeninhalt
Für den Inhalt A einer Fläche oberhalb der x-Achse gilt:
$$A = \int_a^b f(x)\,dx = [F(x)]_a^b = F(b) - F(a)$$

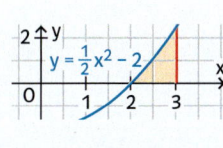 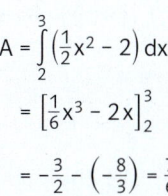

Für den Inhalt A einer Fläche unterhalb der x-Achse gilt:
$$A = -\int_a^b f(x)\,dx = -[F(x)]_a^b = -(F(b) - F(a))$$

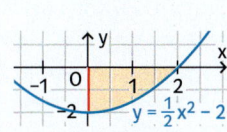 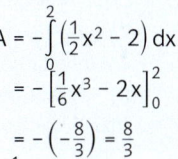

Liegt im Intervall $[a; b]$ der Graph von f oberhalb des Graphen von g, so gilt für den Inhalt der Fläche zwischen beiden Graphen:
$$A = \int_a^b (f(x) - g(x))\,dx = [F(x) - G(x)]_a^b = F(b) - G(b) - F(a) - G(a)$$

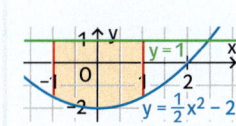 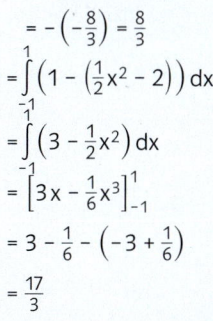

Prüfungsvorbereitung

Aufgaben ohne Hilfsmittel

Lösungen | Seite 387

1 Bestimmen Sie eine Stammfunktion von f.
a) $f(x) = 12x^3 - x + 1$
b) $f(x) = 10x^4 - 2x - 1$
c) $f(x) = (3x - 2)^4$
d) $f(x) = \sin\left(\frac{\pi}{4}x\right)$
e) $f(x) = e^{-x} + 1$
f) $f(x) = \frac{1}{4x^2}$

2 Zeigen Sie, dass die Funktion F mit $F(x) = x \cdot \sin(x) + \cos(x)$ eine Stammfunktion der Funktion f mit $f(x) = x \cdot \cos(x)$ ist.

3 Entscheiden Sie mithilfe einer Skizze, ob der Wert des Integrals positiv, negativ oder 0 ist.
a) $\int_{-\pi}^{\pi} \cos(x)\,dx$
b) $\int_{0}^{\frac{3}{2}\pi} \sin(x)\,dx$
c) $\int_{5\pi}^{6\pi} \sin(x)\,dx$

4 Berechnen Sie den Wert des Integrals
a) $\int_{0}^{3} \left(\frac{1}{3}x^2 - x\right)dx$
b) $\int_{-\pi}^{\frac{\pi}{4}} 3\sin(2x)\,dx$
c) $\int_{-\ln(2)}^{\ln(2)} e^{-x}\,dx$

5 Der Graph der Funktion f mit $f(x) = 3x^2 - 6x$ schließt mit der x-Achse eine Fläche ein. Berechnen Sie deren Inhalt.

6 Gegeben sind die Funktionen f und g mit $f(x) = 0{,}5\sin(x) + 2$ und $g(x) = 0{,}5\sin(x) + 1$ auf dem Intervall $\left[-\frac{3}{2}\pi;\ \frac{5}{2}\pi\right]$. Berechnen Sie den Inhalt der gefärbten Fläche.

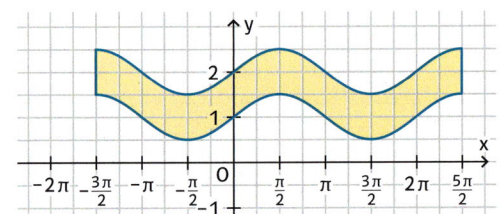

7 Rechts dargestellt sind die Graphen der Funktionen f und g. Beschreiben Sie zwei mögliche Wege, wie man den Inhalt der gefärbten Fläche berechnen kann.

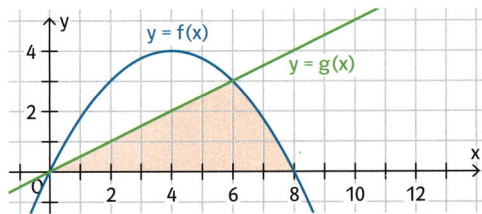

8 Die Abbildung zeigt den Graphen der Funktion f. Eine beliebige Stammfunktion von f ist F. Welche der folgenden Aussagen über F sind wahr, welche sind falsch? Begründen Sie.
(I) F fällt im Intervall $]0;\ 2[$ streng monoton.
(II) F hat bei $x \approx 1{,}2$ eine Extremstelle.
(III) F hat bei $x = -1$ ein lokales Minimum.
(IV) Ist $F(0) = 0$, so sind die Funktionswerte von F im Intervall $]0;\ 2[$ positiv.

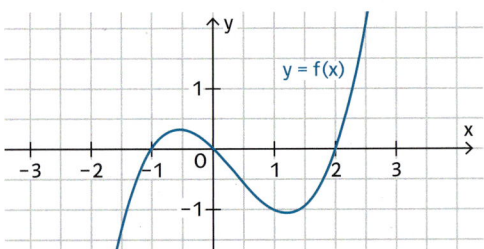

9 Bestimmen Sie die Stammfunktion von f, deren Graph die y-Achse in $S(0|1)$ schneidet.
a) $f(x) = 4x^3 - 2x + 1$
b) $f(x) = 6x^2 - x^3 - 2$
c) $f(x) = (2x - 1)^3 - 1$
d) $f(x) = e^{2x} + 1$
e) $f(x) = \frac{1}{3}\sin\left(\frac{1}{3}x\right) + 1$
f) $f(x) = e^x + \sin(x)$

Prüfungsvorbereitung — IV Integralrechnung

10 Die Abbildung zeigt den Graphen der Funktion f. F ist eine Stammfunktion von f. Entscheiden Sie, ob die folgenden Aussagen wahr, falsch oder unentscheidbar sind.
A: F fällt im Intervall $[-2; 2]$ streng monoton.
B: $f(1) \cdot f''(1) < 0$ C: $\int_{-1}^{1} f(x)\,dx = 8$
D: $F(1) = 3$ E: $F(1) - F(0) > 3$

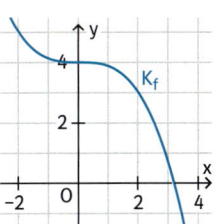

Aufgaben mit Hilfsmitteln

11 Prüfen Sie, ob F eine Stammfunktion von f ist.
a) $f(x) = (2x + x^2) \cdot e^x$; $F(x) = x^2 \cdot e^x$
b) $f(x) = 2x \cdot \cos(x)$; $F(x) = x^2 \cdot \sin(x)$

12 Bestimmen Sie zur Funktion f eine Stammfunktion F, deren Graph durch den Punkt P verläuft.
a) $f(x) = 8x^3 + 4x + 1$; $P(1|3)$
b) $f(x) = (2x - 4)^3$; $P(1|1)$
c) $f(x) = e^{2x} - 3$; $P(0|e)$
d) $f(x) = \sin(3x) + 1$; $P\left(\frac{\pi}{6}\big|0\right)$

13 Berechnen Sie den Wert des Integrals.
a) $\int_{-1}^{1} \left(\frac{1}{3}x^3 - 1\right) dx$
b) $\int_{2}^{4} e^{0,5x - 1}\,dx$
c) $\int_{-\pi}^{\frac{\pi}{2}} 2\cos(x)\,dx$

14 Die Graphen der Funktionen f und g begrenzen eine Fläche. Berechnen Sie deren Inhalt.
a) $f(x) = -\frac{1}{2}x^2 + 5$ und $g(x) = x + 1$
b) $f(x) = x^3 - 2x^2 + 3x$ und $g(x) = 3x$
c) $f(x) = \frac{1}{4}x^4 - 2x^2$ und $g(x) = -4$
d) $f(x) = 2\sin(x)$ und $g(x) = 2$ im Intervall $[-2\pi; \pi]$

15
a) Berechnen Sie den Inhalt der gelben Fläche für $b = 3$.
b) Die gelbe Fläche soll den Inhalt 36 haben. Berechnen Sie b.
c) Wie muss b gewählt werden, damit der Inhalt der blauen Fläche 36 beträgt?

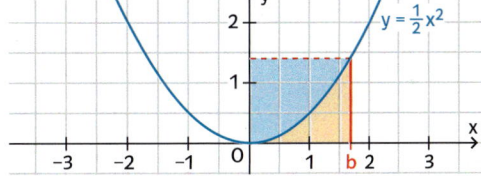

16 Gegeben ist der zu $Y(0|4)$ symmetrische Graph einer Funktion f. Eine Stammfunktion von f ist F. Entscheiden Sie, ob die Aussage wahr oder falsch ist. Begründen Sie.
a) F ist im Intervall $[-6; 8]$ streng monoton fallend.
b) $f(4) \cdot f'(4) < 0$
c) $\int_{-3}^{3} f(x)\,dx = 24$
d) Ist $F(-3) = -1$, so ist $F(3) = 23$.
e) $\int_{0}^{4} f(x)\,dx = 4$

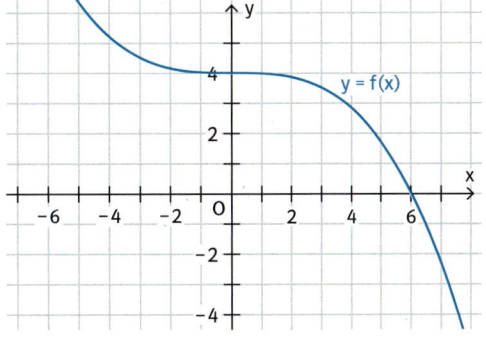

17 Ein Fahrzeug bewegt sich im Zeitraum $[0; 10]$ mit der Geschwindigkeit v mit
$v(t) = 0,02(3t^2 - 6t + 3)$ (t in s, v(t) in $\frac{m}{s}$).
a) Bestimmen Sie den Zeitpunkt, zu dem die Geschwindigkeit minimal ist.
b) Wie weit ist das Fahrzeug in den ersten zehn Sekunden gefahren?

V Lineare Gleichungssysteme; Funktionen bestimmen

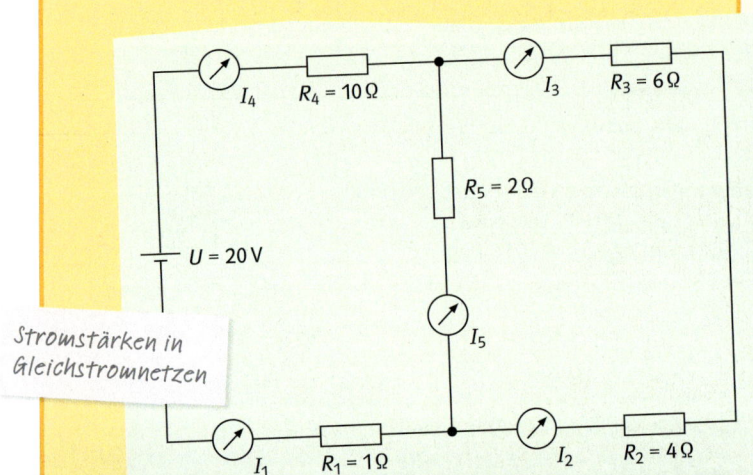

Stromstärken in Gleichstromnetzen

Philipp: Julia und ich sind zusammen 45 Jahre alt.
Julia: Zusammen sind wir 66 Jahre alt.
Anna: Vor 20 Jahren war Philipp dreimal so alt wie ich.

Das können Sie schon

- Die Lösungsmenge einer linearen Gleichung bestimmen
- Lineare Gleichungssysteme (LGS) mit 2 Variablen lösen
- Den Term einer Polynom- oder Exponentialfunktion aus ihrem Graphen ermitteln
- Extrem- und Wendepunkte mithilfe von Ableitungen bestimmen

In diesem Kapitel

- Ein LGS mit 3 Variablen mit dem Gauß-Algorithmus lösen
- Lösungsmenge eines LGS bestimmen und interpretieren
- Mithilfe eines LGS eine Polynomfunktion zu vorgegebenen Eigenschaften des Graphen bestimmen
- Die Parameter spezieller Funktionsterme aus vorgegebenen Eigenschaften ermitteln

Check-in

So geht's:
(1) Checkliste übertragen.
(2) Fähigkeiten selbst einschätzen.
(3) Einschätzung mithilfe der Aufgaben überprüfen und gegebenenfalls Lerntipps beachten.

Schätzen Sie sich mithilfe der Checkliste ein.

☺ 😐 ☹

1. Ich kann lineare Gleichungen lösen.
2. Ich kann die Anzahl der Lösungen einer linearen Gleichung angeben.
3. Ich kann ein lineares Gleichungssystem mit zwei Variablen mithilfe des Gleichsetzungs-, Einsetzungs- und Additionsverfahrens lösen.
4. Ich kann die verschiedenen Verfahren zum Lösen von linearen Gleichungssystemen geschickt anwenden.
5. Ich kann den Term einer Polynomfunktion oder einer Exponentialfunktion aus Eigenschaften ihres Graphen bestimmen.
6. Ich kann Eigenschaften des Graphen einer Funktion mithilfe von Bedingungen an den Funktionsterm und dessen Ableitungen ausdrücken.

Lerntipps

zu 5. **Grundwissen**, Seiten 352, 353

Überprüfen Sie Ihre Einschätzungen.

Lösungen | Seite 390

1 Lineare Gleichungen lösen
Bestimmen Sie die Lösung.
a) $5(x-4) = -6(3-x) + 2$
b) $\frac{1}{2}(4-6y) + y = \frac{4-y}{4}$
c) $2t - \frac{1}{3}(2-t) = \frac{2}{3}(4t-3)$
d) $3{,}5 \cdot (1{,}9 - a) = 3{,}8a - 0{,}3 \cdot (a - 1{,}4)$
e) $\frac{2}{3} - \frac{x}{6} = \frac{3-x}{2} + \frac{7}{6}$
f) $(2-x)^2 = (x+4)^2 - 3x$

2 Lösungsmenge einer linearen Gleichung bestimmen
Untersuchen Sie, ob die Gleichung genau eine, keine oder unendlich viele Lösungen besitzt; geben Sie die Lösungsmenge an.
a) $8 \cdot (2y-3) + 16 = 10y + 2 \cdot (-4+3y)$
b) $x - \frac{x+4}{6} = -\frac{2}{3}(x+3) + \frac{3x}{2}$
c) $(3-2a)^2 = -4 \cdot (a-1)(4-a)$
d) $\frac{2}{5} - \frac{3}{10}(x-1) = \frac{2-x}{2} - \frac{1-x}{5}$
e) $11 - (c+3)^2 = 2 \cdot \left(1 - \frac{c}{2} \cdot (c+6)\right)$
f) $\left(4 - \frac{x}{2}\right)^2 = -\left(x - \frac{1}{2}\right)^2 + \frac{5}{4}(x^2 - 3)$

3 Lineare Gleichungssysteme lösen
a) Lösen Sie das lineare Gleichungssystem mithilfe des Gleichsetzungsverfahrens.

1	2	3
$y = 3x - 2$	$b = -2a + 1$	$v = 0{,}5u + 2{,}5$
$y = -5x + 14$	$b = 2a - 3$	$v = -2{,}5u + 4$

b) Lösen Sie das lineare Gleichungssystem mithilfe des Einsetzungsverfahrens.

4	5	6
$y = x + 3$	$m - 3k = 1$	$2p - 5q = 4$
$x = 2y - 7$	$k = 2m + 8$	$q = 2 - p$

c) Lösen Sie das lineare Gleichungssystem mithilfe des Additionsverfahrens.

7	8	9
$a - 2b = 6$	$x + 3y = 2$	$3u + 2v = 8$
$a + 2b = -2$	$-2x - y = 6$	$7u - 5v = 9$

4 Verfahren zum Lösen eines LGS geschickt anwenden
a) Lösen Sie das lineare Gleichungssystem mit einem Verfahren Ihrer Wahl.

1	2	3
$3x - 4y = 9$	$y = 4x - 7$	$y = -4x + 2$
$-x - 2y = -8$	$-8x + 2y = -14$	$y = 2x - 0{,}5$

166

b) Formen Sie zunächst die Gleichungen so um, dass die Koeffizienten ganzzahlig werden, und lösen Sie dann das Gleichungssystem.

4 $\frac{1}{3}x - \frac{1}{5}y = -2$
   $\frac{1}{2}x + \frac{1}{4}y = -\frac{1}{4}$

5 $\frac{2}{5}x + \frac{1}{2}y = 3$
   $x - \frac{3}{2}y = 2$

6 $0{,}4x + 0{,}5y = -0{,}2$
   $1{,}5x - 0{,}2y = 3{,}4$

 5 Polynomfunktionen sowie Exponentialfunktionen aus Eigenschaften des Graphen bestimmen

Gegeben sind zwei Graphen von Polynomfunktionen sowie zwei Graphen von Exponentialfunktionen. Bestimmen Sie jeweils die Parameter im angegebenen Funktionsterm.

a)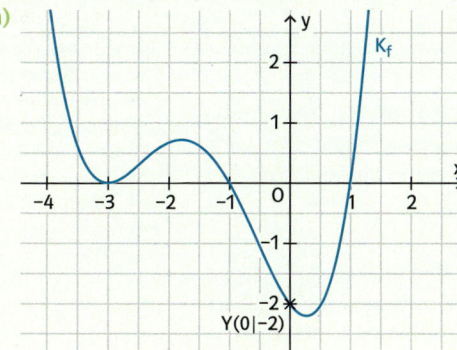

$f(x) = a \cdot (x^2 - b) \cdot (x - c)^2$

b)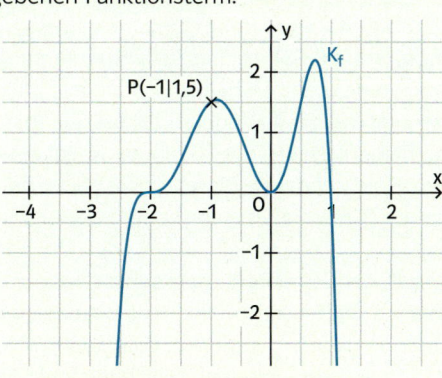

$f(x) = a \cdot x^2 \cdot (x - b) \cdot (x - c)^3$

c)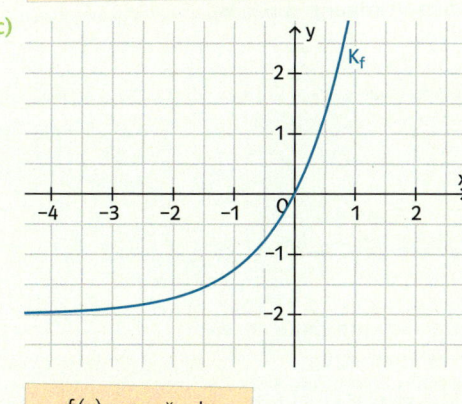

$f(x) = a \cdot e^x + b$

d)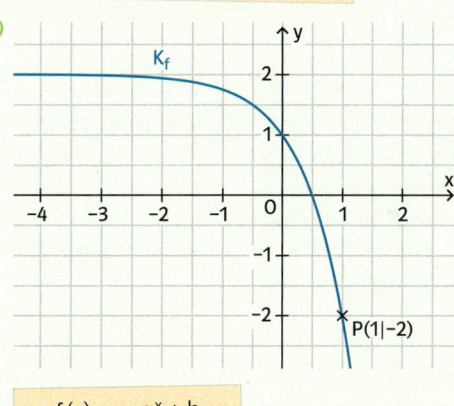

$f(x) = a \cdot q^x + b$

 6 Eigenschaften des Graphen mithilfe von f, f′, f″ und f‴ ausdrücken

Gegeben ist die Funktion f. Notieren Sie die Eigenschaften des Graphen von f mithilfe von Bedingungen für die Funktion f und ihre Ableitungen.

a) Der Graph von f hat an der Stelle 2 einen Extrempunkt.
b) Der Graph von f hat an der Stelle −1 einen Tiefpunkt.
c) Der Graph von f hat an der Stelle 0 einen Sattelpunkt.
d) Der Graph von f besitzt den Hochpunkt H(3|5).
e) Der Graph von f hat im Ursprung die Steigung 1.
f) Die Tangente an den Graphen von f im Punkt P(−2|3) hat die Steigung 1.
g) Der Graph von f besitzt in W(6|1) eine Wendetangente mit Steigung 2.
h) Im Schnittpunkt mit der y-Achse besitzt der Graph von f eine waagerechte Tangente.
i) Die Wendetangente in W(−1|2) verläuft parallel zur ersten Winkelhalbierenden.
j) Der Graph von f wird an der Stelle 3 von der Geraden g: y = 2x − 10 rechtwinklig geschnitten.

1 Der Gauß-Algorithmus

Beide linearen Gleichungssysteme haben jeweils genau eine Lösung. Warum ist das Bestimmen der Lösung so einfach? Welches Gleichungssystem ist übersichtlicher? Bestimmen Sie jeweils die Lösung.

a)
$$x_1 + 2x_2 - x_3 = -1$$
$$x_2 + 3x_3 = 0$$
$$2x_3 = 2$$

b)
$$x_1 + 2x_2 + 3x_3 = 7$$
$$4x_2 = 6$$
$$x_1 - 2x_2 = 0$$

Ein **lineares Gleichungssystem (LGS)** ist eine Zusammenfassung von mehreren Gleichungen, die n Variablen in der ersten Potenz enthalten und die alle gleichzeitig erfüllt sein sollen. Eine Lösung des LGS besteht also aus n geordneten Zahlen, die man als **n-Tupel** oder als **Vektor mit n Koordinaten** angibt. Bisher bestand das LGS in der Regel aus zwei Gleichungen mit zwei Variablen, die man mit dem Gleichsetzungs-, Einsetzungs- oder Additionsverfahren lösen konnte. Bei einem eindeutig lösbaren LGS erhielt man bisher ein Zahlenpaar als Lösung.

Je nachdem, wie viele Variablen vorkommen, schreibt man die Lösung des LGS als
– Paar   (2; –5)
– Tripel   (3; 0; –1)
– 4-Tupel   (1; –2; 1; 7)
– 5-Tupel   (–2; 0; 1; 3; –4)
usw.

In Anwendungen wie z.B. der Computertomographie oder der Wettervorhersage treten jedoch lineare Gleichungssysteme mit Tausenden von Variablen auf. Um ein LGS mit mehr als zwei Variablen zu lösen, muss man strukturiert vorgehen: Die Variablen werden systematisch mit x_1, x_2, x_3, ..., x_n benannt, innerhalb jeder einzelnen Gleichung werden die Variablen mit ihren **Koeffizienten** in sortierter Reihenfolge aufgelistet, und rechts vom Gleichheitszeichen stehen die **Absolutglieder**. Sollte dies nicht von vornherein so gegeben sein, muss diese Ordnung zunächst hergestellt werden.

Es zeigt sich, dass ein LGS in **Stufenform** leicht zu lösen ist, indem man von unten nach oben durch „**Rückwärtseinsetzen**" eine Variable nach der anderen bestimmt.
Aus der dritten Gleichung folgt $x_3 = -2$.
Setzt man $x_3 = -2$ in die zweite Gleichung ein, erhält man $2x_2 + 5 \cdot (-2) = -6$, also $x_2 = 2$.
Einsetzen von $x_2 = 2$ und $x_3 = -2$ in die erste Gleichung ergibt $2x_1 - 3 \cdot 2 + (-2) = -2$, also $x_1 = 3$. Das Lösungstripel lautet (3; 2; –2).

$$2x_1 - 3x_2 + x_3 = -2$$
$$2x_2 + 5x_3 = -6$$
$$-2x_3 = 4$$

Stu-	fen-	form
	fen-	form
		form

Man versucht ein LGS in Stufenform zu bringen durch sogenannte **Äquivalenzumformungen**, die die Lösungsmenge des LGS nicht verändern. Diese drei Äquivalenzumformungen sind:

(1) Zwei Gleichungen miteinander vertauschen:
Damit wird häufig erreicht, dass die Gleichung mit dem Koeffizienten 1 bei x_1 ganz oben steht.

$$-x_2 + 1{,}5x_3 = -1$$
$$x_1 - 2x_2 + 3x_3 = 1$$
$$3x_2 - 5x_3 = 2$$

Erlaubte Umformungen
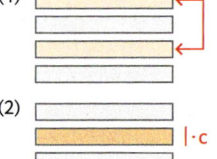

(2) Eine Gleichung mit einer Zahl c ≠ 0 multiplizieren:
Dadurch werden die Koeffizienten in der Gleichung einfacher.

$$x_1 - 2x_2 + 3x_3 = 1$$
$$-x_2 + 1{,}5x_3 = -1 \mid \cdot (-2)$$
$$3x_2 - 5x_3 = 2$$

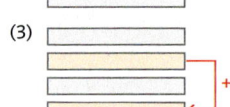

(3) Eine Gleichung durch die Summe von sich selbst und einer zweiten Gleichung ersetzen:
Dadurch kann eine Variable in dieser Gleichung „eliminiert" werden, um schrittweise die Stufenform zu erreichen.

$$x_1 - 2x_2 + 3x_3 = 1$$
$$2x_2 - 3x_3 = 2 \mid \cdot (-3)$$
$$3x_2 - 5x_3 = 2 \mid \cdot 2$$

Ist die Stufenform erreicht, kann durch Rückwärtseinsetzen die Lösung bestimmt werden. Man erhält nacheinander $x_3 = 2$, $x_2 = 4$ und $x_1 = 3$. Lösung ist das Zahlentripel (3; 4; 2).

$$x_1 - 2x_2 + 3x_3 = 1$$
$$2x_2 - 3x_3 = 2$$
$$-x_3 = -2 \mid \cdot (-1)$$

V Lineare Gleichungssysteme; Funktionen bestimmen

> Der **Gauß-Algorithmus** zum Lösen eines LGS mit n Variablen erfolgt in zwei Schritten:
> (1) Man bringt das LGS durch **Äquivalenzumformungen** auf **Stufenform**.
> (2) Man löst die Gleichungen der Stufenform schrittweise durch **Rückwärtseinsetzen** nach den Variablen auf.

Dieser Algorithmus zum Lösen eines LGS wurde von dem deutschen Mathematiker und Astronom **Carl Friedrich Gauß** (1777–1855) entwickelt.

Die zugehörige Koeffizientenmatrix:

$$\begin{pmatrix} 1 & -1 & 1 \\ 2 & -3 & 0 \\ 0 & 4 & 1 \end{pmatrix}$$

Durch die Vereinbarung, dass die Variablen in allen Gleichungen des LGS dieselbe Reihenfolge haben und dass die Absolutglieder rechts vom Gleichheitszeichen stehen, ist das LGS durch die Koeffizienten und die Zahlen auf der rechten Seite vollständig beschrieben. Die Koeffizienten werden zur **Koeffizientenmatrix** zusammengefasst. Durch Hinzunahme der Absolutglieder erhält man die **erweiterte Koeffizientenmatrix**, wobei die Gleichheitszeichen durch einen senkrechten Strich symbolisiert werden. Kommt eine Variable in einer Gleichung nicht vor, so steht an der entsprechenden Stelle in der Matrix eine Null. Man erhält aus der

Gleichungsschreibweise
$$\begin{aligned} x_1 - x_2 + x_3 &= 8 \\ 2x_1 - 3x_2 &= 9 \\ 4x_2 + x_3 &= 0 \end{aligned}$$
die **Matrixschreibweise**
$$\begin{pmatrix} 1 & -1 & 1 & | & 8 \\ 2 & -3 & 0 & | & 9 \\ 0 & 4 & 1 & | & 0 \end{pmatrix}.$$

Da bei den Äquivalenzumformungen nur mit den Koeffizienten gerechnet wird, kann der Gauß-Algorithmus sowohl in der Gleichungsschreibweise als auch in der Matrixschreibweise durchgeführt werden, wie die nachfolgende Gegenüberstellung zeigt.

Vorgehen	Gleichungsschreibweise	Matrixschreibweise $x_1\ x_2\ x_3$	Umformungen
Elimination von x_1 aus der 2. und 3. Gleichung/Zeile	$\begin{aligned} x_1 - x_2 + 2x_3 &= 7 \\ 3x_1 - 2x_2 + 2x_3 &= 3 \\ 2x_1 + 3x_2 + x_3 &= 9 \end{aligned}$	$\begin{pmatrix} 1 & -1 & 2 & | & 7 \\ 3 & -2 & 2 & | & 3 \\ 2 & 3 & 1 & | & 9 \end{pmatrix}$	$\cdot(-3)$, $\cdot(-2)$
Elimination von x_2 aus der 3. Gleichung/Zeile	$\begin{aligned} x_1 - x_2 + 2x_3 &= 7 \\ x_2 - 4x_3 &= -18 \\ 5x_2 - 3x_3 &= -5 \end{aligned}$	$\begin{pmatrix} 1 & -1 & 2 & | & 7 \\ 0 & 1 & -4 & | & -18 \\ 0 & 5 & -3 & | & -5 \end{pmatrix}$	$\cdot(-5)$
Rückwärtseinsetzen	$\begin{aligned} x_1 - x_2 + 2x_3 &= 7 \\ x_2 - 4x_3 &= -18 \\ 17x_3 &= 85 \end{aligned}$	$\begin{pmatrix} 1 & -1 & 2 & | & 7 \\ 0 & 1 & -4 & | & -18 \\ 0 & 0 & 17 & | & 85 \end{pmatrix}$	$:17$

Rückwärtseinsetzen ergibt $x_3 = 5$; $x_2 = 2$ und $x_1 = -1$. Die Lösung ist das Zahlentripel $(-1;\ 2;\ 5)$.

Beispiel 1 Lösungen überprüfen

Sind die angegebenen n-Tupel Lösungen des LGS?

a) $\begin{aligned} 4x_1 + 3x_2 &= 7 \\ -3x_1 + x_2 &= 11 \end{aligned}$
$(-2;\ 5)$ bzw. $(1;\ 1)$

b) $\begin{aligned} 2x_1 + x_2 - x_3 &= 8 \\ -x_1 + 3x_2 - 3x_3 &= 3 \\ 3x_1 - 7x_2 + 4x_3 &= 1 \end{aligned}$
$(3;\ 0;\ -2)$ bzw. $(3;\ -4;\ 5)$

c) $\begin{aligned} x_1 + x_2 + x_3 + x_4 &= 5 \\ 2x_1 - 3x_3 - 2x_4 &= 1 \\ -x_1 - 3x_2 + x_3 &= -11 \end{aligned}$
$(1;\ 3;\ -1;\ 2)$ bzw. $(2;\ 6;\ 9;\ -12)$

Lösung

Man setzt die Werte für die einzelnen Variablen in die Gleichungen ein und prüft, ob sich nur wahre Aussagen ergeben.

a) $(-2;\ 5)$: $-8 + 15 = 7$; $6 + 5 = 11$. Beide Gleichungen sind erfüllt, d.h. $(-2;\ 5)$ ist Lösung des LGS. $(1;\ 1)$ erfüllt die erste Gleichung $(4 + 3 = 7)$, nicht aber die zweite $(-3 + 1 \neq 11)$, und ist damit keine Lösung des LGS.

b) $(3;\ 0;\ -2)$: $6 + 2 = 8$; $-3 + 6 = 3$; $9 - 8 = 1$. Alle drei Gleichungen sind erfüllt, d.h. $(3;\ 0;\ -2)$ ist Lösung des LGS.
$(3;\ -4;\ 5)$: $2 \cdot 3 - 4 - 5 \neq 8$. 1. Gleichung nicht erfüllt; $(3;\ -4;\ 5)$ ist keine Lösung des LGS.

c) $(1;\ 3;\ -1;\ 2)$: $1 + 3 - 1 + 2 = 5$; $2 + 3 - 4 = 1$; $-1 - 9 - 1 = -11$.
$(2;\ 6;\ 9;\ -12)$: $2 + 6 + 9 - 12 = 5$; $4 - 27 + 24 = 1$; $-2 - 18 + 9 = -11$.
Alle Gleichungen sind erfüllt, d.h. $(1;\ 3;\ -1;\ 2)$ und $(2;\ 6;\ 9;\ -12)$ sind Lösungen des LGS.

Beispiel 2 Gauß-Algorithmus in Gleichungsschreibweise

Bestimmen Sie die Lösung des LGS.
$$4x_1 + 3x_2 + 2x_3 = 2$$
$$-x_1 + x_2 + 3x_3 = -4$$
$$x_1 + 2x_2 + 2x_3 = -3$$

Lösung:
Notieren des LGS mit vertauschten Gleichungen.

(1) $\quad x_1 + 2x_2 + 2x_3 = -3 \quad \cdot(-4)$
$\quad\;\, -x_1 + x_2 + 3x_3 = -4$
$\quad\;\, 4x_1 + 3x_2 + 2x_3 = 2$

(2) $\quad x_1 + 2x_2 + 2x_3 = -3$
$\quad\quad\quad\; 3x_2 + 5x_3 = -7 \quad \cdot 5$
$\quad\quad\quad -5x_2 - 6x_3 = 14 \quad \cdot 3$

Das Vertauschen der Gleichungen bewirkt, dass die Gleichung mit dem Koeffizienten 1 bei x_1 ganz oben steht.

(3) $\quad x_1 + 2x_2 + 2x_3 = -3$
$\quad\quad\quad\; 3x_2 + 5x_3 = -7$
$\quad\quad\quad\quad\quad\; 7x_3 = 7 \quad :7$

Aus der 3. Gleichung folgt zunächst $x_3 = 1$.
Rückwärtseinsetzen in die 2. Gleichung liefert $3x_2 + 5 = -7$, also $x_2 = -4$.
Einsetzen in die 1. Gleichung liefert $x_1 - 8 + 2 = -3$, also $x_1 = 3$.
Damit ist $(3; -4; 1)$ Lösung des linearen Gleichungssystems.

Beispiel 3 Gauß-Algorithmus in Matrixschreibweise

Bestimmen Sie die Lösung des LGS.
$$3x_1 + x_2 - 2x_3 = 2$$
$$5x_1 + 2x_2 - 3x_3 = 5$$
$$7x_1 - 5x_2 - 4x_3 = -16$$

Lösung
Ist keiner der Koeffizienten vor x_1 gleich 1, so lässt sich dies durch eine geschickte Umformung erreichen. LGS in Matrixschreibweise:

(1) $\begin{pmatrix} 3 & 1 & -2 & | & 2 \\ 5 & 2 & -3 & | & 5 \\ 7 & -5 & -4 & | & -16 \end{pmatrix} \quad \begin{matrix} \cdot 2 \\ \cdot(-1) \end{matrix}$

(2) $\begin{pmatrix} 1 & 0 & -1 & | & -1 \\ 5 & 2 & -3 & | & 5 \\ 7 & -5 & -4 & | & -16 \end{pmatrix} \quad \begin{matrix} \cdot(-5) & \cdot(-7) \end{matrix}$

(3) $\begin{pmatrix} 1 & 0 & -1 & | & -1 \\ 0 & 2 & 2 & | & 10 \\ 0 & -5 & 3 & | & -9 \end{pmatrix} \quad \cdot 2{,}5$

(4) $\begin{pmatrix} 1 & 0 & -1 & | & -1 \\ 0 & 2 & 2 & | & 10 \\ 0 & 0 & 8 & | & 16 \end{pmatrix} \quad :8$

Man könnte im ersten Schritt auch das (-5)-Fache der ersten Zeile zum 3-Fachen der zweiten Zeile addieren (usw.), müsste dann allerdings mit wesentlich größeren Zahlen rechnen.

Aus der 3. Gleichung folgt $x_3 = 2$.
Rückwärtseinsetzen in die 2. Gleichung liefert $2x_2 + 4 = 10$, also $x_2 = 3$.
Rückwärtseinsetzen in die 1. Gleichung liefert $x_1 - 2 = -1$, also $x_1 = 1$.
Damit ist $(1; 3; 2)$ Lösung des linearen Gleichungssystems.

Aufgaben

1 Welche der nebenstehenden n-Tupel sind Lösungen des LGS?

a) $x_1 - 5x_2 + x_3 = -4$
$\;\;\;\, 2x_1 - x_2 + 3x_3 = 3$
$\;\;\;\, 7x_1 + 9x_2 \quad\quad = 2$

b) $x_1 - x_2 - x_3 = -2$
$\;\;\;\, 3x_1 - 2x_2 \quad\quad = 8$
$\;\;\;\, 2x_1 - x_2 + x_3 = 10$

c) $x_1 \quad\quad + x_3 + x_4 = 1$
$\;\;\;\, x_1 + x_2 + x_3 \quad\quad = 2$
$\;\;\;\, x_1 + x_2 \quad\quad + x_4 = 3$
$\;\;\;\, \quad\;\, x_2 + x_3 + x_4 = 6$

zu Aufgabe 1:
a) $(-1; 1; 2)$
$(3; 1; 1)$
b) $(2; -1; 5)$
$(4; 2; 4)$
c) $(-2; 3; 1; 2)$
$(4; 0; -2; -1)$

2 Gibt es eine Zahl a, sodass das Tupel $(1; 2; a)$ Lösung des LGS ist?

a) $x_1 + x_2 + x_3 = 0$
$\;\;\;\, -x_1 \quad\quad + 2x_3 = -7$
$\;\;\;\, 2x_1 + x_2 - 3x_3 = 13$

b) $x_1 - x_2 + 2x_3 = 3$
$\;\;\;\, 3x_1 + 2x_2 \quad\quad = 7$
$\;\;\;\, -x_1 + 5x_2 - x_3 = 4$

c) $2x_1 \quad\quad + 3x_3 = -1$
$\;\;\;\, 4x_1 + x_2 - 2x_3 = 8$
$\;\;\;\, x_1 - x_2 - x_3 = 0$

3 Bestimmen Sie die Lösung für das LGS in Stufenform.

a) $2x_1 - 3x_2 - 5x_3 = -1$
$\quad\quad\;\, 2x_2 + x_3 = 0$
$\quad\quad\quad\quad\;\, 3x_3 = 6$

b) $3x_1 + 8x_2 - 3x_3 = 5$
$\quad\quad\;\, 4x_2 + x_3 = 1$
$\quad\quad\quad\quad\, -5x_3 = 10$

c) $3x_1 + 4x_2 + 6x_3 = 5$
$\quad\quad\;\, 17x_2 + 24x_3 = 16$
$\quad\quad\quad\quad\;\, 2x_3 = 7$

4 Bestimmen Sie die Lösung des LGS.

a) $2x_1 + 4x_2 + 2x_3 = 7$
$4x_2 + 2x_3 = 8$
$4x_2 - x_3 = -1$

b) $3x_1 - 4x_2 + x_3 = 4$
$3x_1 + x_2 - 2x_3 = 1$
$3x_3 = 6$

c) $4x_1 - 2x_2 + 2x_3 = 3$
$3x_2 + 3x_3 = -3$
$8x_1 + 2x_2 + 8x_3 = 10$

O Test
→ Lösungen | Seite 390

5 Bestimmen Sie die Lösung des LGS.

a) $10x_1 + 3x_2 - 2x_3 = 3$
$5x_3 = 10$
$2x_1 - x_2 - 3x_3 = 1$

b) $x_1 + 2x_2 - 2x_3 = 4$
$x_2 - 2x_3 = -1$
$4x_2 + 3x_3 = 7$

c) $2x_1 - 3x_2 - x_3 = 1$
$2x_2 + 3x_3 = 1$
$4x_1 + 2x_2 + 3x_3 = 6$

6 Lösen Sie das lineare Gleichungssystem mit dem Gauß-Algorithmus.

a) $2x_1 - 4x_2 + 5x_3 = 3$
$3x_1 + 3x_2 + 7x_3 = 13$
$4x_1 - 2x_2 - 3x_3 = -1$

b) $\begin{pmatrix} -1 & 7 & -1 & | & 5 \\ 4 & -1 & 1 & | & 1 \\ 5 & -3 & 1 & | & -1 \end{pmatrix}$

c) $0{,}6x_2 + 1{,}8x_3 = 3$
$0{,}3x_1 + 1{,}2x_2 = 0$
$0{,}5x_1 + x_3 = 1$

7 Sarah hat folgendes LGS gelöst. Raphael behauptet, das LGS mit weniger Rechenschritten lösen zu können. Erläutern Sie, was er meint.

$x_1 + 4x_2 - 4x_3 = 9$ $\cdot(-1)$	$x_1 + 4x_2 - 4x_3 = 9$	$x_1 + 4x_2 - 4x_3 = 9$
$x_1 - 8x_2 = 9$	$-12x_2 + 4x_3 = 0$	$-12x_2 + 4x_3 = 0$
$12x_2 = -12$	$12x_2 = -12$	$4x_3 = -12$

$x_3 = -3;\quad x_2 = -1;\quad x_1 = 1$

Lösung: $(1; -1; -3)$

8 Lösen Sie das lineare Gleichungssystem mit dem Gauß-Algorithmus.

a) $3x_1 - x_2 + 3x_3 = -17$
$2x_1 - x_2 - x_3 = -8$
$x_1 - x_2 + 3x_3 = -7$

b) $x_1 - 2x_2 + 6x_3 = -9$
$-x_1 + 3x_2 - 8x_3 = 12$
$2x_1 - x_2 + 7x_3 = -11$

c) $4x_1 - 4x_2 - 4x_3 = -12$
$-2x_1 + 3x_2 + x_3 = 6$
$3x_1 - x_2 - 4x_3 = -6$

9 Welche Fehler wurden bei der Umformung des LGS gemacht?

a) $2x_1 + 3x_2 - 4x_3 = 5 \;|\cdot(-1)$
$x_1 - 7x_2 + 12x_3 = -8$
$2x_1 + 5x_2 - 3x_3 = -4$

$2x_1 + 3x_2 - 4x_3 = 5$
$x_1 - 7x_2 + 12x_3 = -8$
$2x_2 + x_3 = 4$

b) $3x_1 - 4x_2 + 2x_3 = 4 \;|\cdot(-2)$
$6x_1 + 2x_2 + x_3 = -8$
$2x_1 + 5x_2 - 3x_3 = -4$

$3x_1 - 4x_2 + 2x_3 = 4$
$-6x_2 = -16$
$2x_1 + 5x_2 - 3x_3 = -4$

10 Die Familien Müller (2 Erw., 2 Kinder, 1 Student), Maier (3 Erw., 1 Kind) und Schmitt (1 Erw., 3 Kinder, 1 Student) gehen ins Planetarium. Familie Müller bezahlt 23,50 €, Familie Maier 21,50 € und Familie Schmitt 21,00 €. Wie hoch ist der Eintrittspreis jeweils für Erwachsene, für Kinder und für Studenten?

Familie Müller:
$2e + 2k + 1s = 23{,}50$

zu Aufgabe 11:

a) $(1; 2; 3)$
b) $(-2; 5; 1)$
c) $(1; 1; 1)$
d) $(0; 3; 6)$

11 Geben Sie ein LGS in Stufenform an, das die angegebene Lösung auf dem Rand hat.

● **Test**

→ Lösungen | Seite 391

12 Lösen Sie das lineare Gleichungssystem.

a) $x_2 = 3x_1 + 3x_3 + 17$
$x_2 = 2x_1 - x_3 + 8$
$x_2 = x_1 + 3x_3 + 7$

b) $2x_1 - (3x_2 + 2) = 2x_3 + 8$
$x_2 - (x_1 - x_3) = 2$
$x_3 + (x_1 - 1) = 3x_3 + 6$

c) $2(x_1 - 1) + 3(x_3 - x_2) = 2$
$5x_1 - 4(x_2 - 2x_3) = 22$
$3(x_2 + x_3) - 4(x_1 - 1) = 14$

13 Entscheiden Sie, ob die Aussage wahr oder falsch ist.

a) Das Vertauschen zweier Zeilen eines LGS ist eine Äquivalenzumformung.
b) Multiplikation einer Zeile eines LGS mit einer beliebigen Zahl ist eine Äquivalenzumformung.
c) Zum Erreichen der Stufenform bei einem LGS mit drei Gleichungen und drei Variablen sind in jedem Fall drei Äquivalenzumformungen erforderlich.

● **14** Wie muss man r wählen, damit man die angegebene Lösung erhält?

a) $2x_1 - 2x_2 + x_3 = 6$
$4x_1 + x_2 - 3x_3 = 4r$
$2x_1 + 3x_2 - 3x_3 = 8r$
$\left(\frac{18}{5}; \frac{18}{5}; 6\right)$

b) $2x_1 - x_2 + x_3 = 6r$
$3x_2 - x_3 = r - 2$
$x_1 + 3x_2 - x_3 = 3$
$(3; 3; 9)$

c) $2x_1 + x_2 - 4x_3 = -8r - 8$
$x_1 + 2x_2 - x_3 = -4r - 11{,}5$
$-4x_1 + 3x_2 + 2x_3 = 2r - 23$
$\left(0; -10; \frac{15}{2}\right)$

● **15** Bestimmen Sie die Lösungen in Abhängigkeit von r.

a) $3x_1 - 2x_2 = 4r$
$x_1 + 3x_2 = 5r$

b) $3x_1 + 4x_2 = 7r$
$5x_1 + 4x_2 = r$

c) $6x_1 - 3x_2 = 3r - 6$
$4x_1 - 3x_2 = 2r + 4$

d) $3x_1 + 3x_2 - 5x_3 = 3r$
$x_1 + 6x_2 - 10x_3 = r$
$15x_2 + 25x_3 = 0$

e) $3x_1 - 2x_2 + x_3 = 2r$
$5x_1 - 4x_2 - x_3 = 2$
$x_1 + 3x_2 - 2x_3 = 2r + 6$

f) $2x_1 + 2x_2 + 2x_3 = r + 2$
$4x_1 - 3x_2 + 2x_3 = 0$
$x_1 + x_2 + 3x_3 = 2r + 6$

In Aufgabe 15 enthält das Lösungstupel Terme mit r, ist also z. B. von der Form $(2r; r)$ oder $(1; r; 2 - r)$.

● **16** Ein kleines Kreuzfahrtschiff hat doppelt so viele Passagiere wie Kabinen. Die Anzahl der Passagiere zusammen mit der Anzahl des Servicepersonals ist um 30 weniger als die dreifache Anzahl der Kabinen. Die Anzahl der Kabinen, der Passagiere und des Servicepersonals beträgt zusammen das Fünffache des Alters des Kapitäns. Die Anzahl der Kabinen und des Servicepersonals zusammen mit dem Alter des Kapitäns übertrifft die Anzahl der Passagiere um 20.
Berechnen Sie die Anzahl der Kabinen, der Passagiere, des Servicepersonals und das Alter des Kapitäns.

● **17** Ein Schwimmbecken kann durch drei Leitungen gefüllt werden. Die ersten beiden Leitungen benötigen zusammen 45 Minuten. Die erste und die dritte Leitung brauchen zusammen eine Stunde. Die zweite und die dritte Leitung schaffen es gemeinsam in 1,5 Stunden.
Wie lange braucht jede Leitung alleine zum Füllen? Nach wie vielen Stunden ist das Becken gefüllt, wenn alle drei Leitungen zusammen benutzt werden?

Grundwissen Test

→ **Grundwissen**
Seite 352
Lösung | Seite 391

18 Gegeben ist der Graph einer Polynomfunktion. Bestimmen Sie einen Funktionsterm.

a)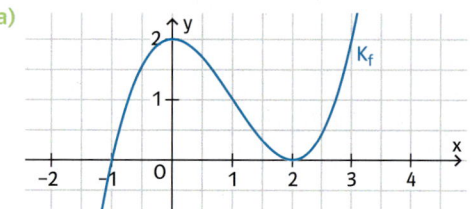

b)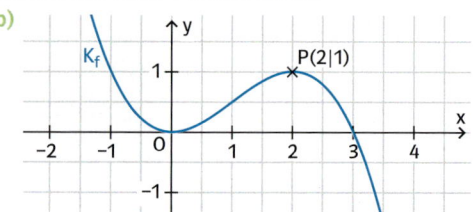

2 Lösungsmengen linearer Gleichungssysteme

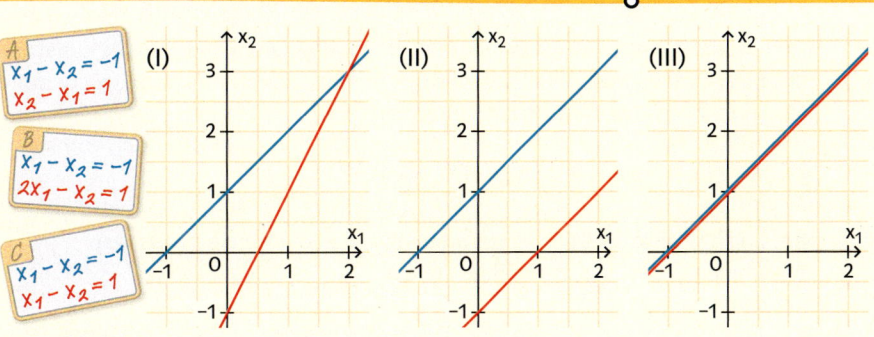

Jede Abbildung lässt sich mit einem linearen Gleichungssystem mit zwei Variablen in Verbindung bringen. Wie viele Lösungen hat das jeweilige Gleichungssystem? Lösen Sie zuerst die Gleichungssysteme und ordnen Sie dann zu.

Wie bei einem linearen Gleichungssystem mit zwei Gleichungen und zwei Variablen gibt es auch bei einem größeren LGS nur drei mögliche Lösungsfälle: Das LGS hat genau eine Lösung, keine Lösung oder unendlich viele Lösungen, die man in einer **Lösungsmenge** zusammenfasst.

1. Fall: Das lineare Gleichungssystem hat **genau eine Lösung**.

Gegebenes LGS
$$x_1 + 2x_2 + x_3 = 9$$
$$-2x_1 - x_2 + 5x_3 = 5$$
$$x_1 - x_2 + 3x_3 = 4$$

Matrixform
$$\begin{pmatrix} 1 & 2 & 1 & | & 9 \\ 0 & 3 & 7 & | & 23 \\ 0 & -3 & 2 & | & -5 \end{pmatrix}$$

Stufenform
$$\begin{pmatrix} 1 & 2 & 1 & | & 9 \\ 0 & 3 & 7 & | & 23 \\ 0 & 0 & 9 & | & 18 \end{pmatrix}$$

An der Stufenform erkennt man: Aus $9x_3 = 18$ folgt $x_3 = 2$. Durch Rückwärtseinsetzen ergibt dies $x_2 = 3$ und $x_1 = 1$. Das LGS ist eindeutig lösbar; die Lösungsmenge ist $L = \{(1; 3; 2)\}$.

2. Fall: Das lineare Gleichungssystem hat **keine Lösung**.

Gegebenes LGS
$$2x_1 - 3x_2 - x_3 = 4$$
$$x_1 + 2x_2 + 3x_3 = 1$$
$$3x_1 - 8x_2 - 5x_3 = 5$$

Matrixform
$$\begin{pmatrix} 1 & 2 & 3 & | & 1 \\ 0 & -7 & -7 & | & 2 \\ 0 & -14 & -14 & | & 2 \end{pmatrix}$$

Stufenform
$$\begin{pmatrix} 1 & 2 & 3 & | & 1 \\ 0 & -7 & -7 & | & 2 \\ 0 & 0 & 0 & | & -2 \end{pmatrix}$$

Die Gleichungen in der Matrixform wurden bereits vertauscht und umgeformt.

An der Stufenform erkennt man: Die dritte Gleichung $0 \cdot x_1 + 0 \cdot x_2 + 0 \cdot x_3 = -2$ hat keine Lösung; damit hat das gegebene LGS auch keine Lösung. Die Lösungsmenge L ist leer, kurz $L = \{\ \}$.

3. Fall: Das lineare Gleichungssystem hat **unendlich viele Lösungen**.

Gegebenes LGS
$$x_1 + 2x_2 - 3x_3 = 6$$
$$2x_1 - x_2 + 4x_3 = 2$$
$$4x_1 + 3x_2 - 2x_3 = 14$$

Matrixform
$$\begin{pmatrix} 1 & 2 & -3 & | & 6 \\ 0 & -5 & 10 & | & -10 \\ 0 & -5 & 10 & | & -10 \end{pmatrix}$$

Stufenform
$$\begin{pmatrix} 1 & 2 & -3 & | & 6 \\ 0 & 1 & -2 & | & 2 \\ 0 & 0 & 0 & | & 0 \end{pmatrix}$$

An der Stufenform erkennt man, dass die dritte Gleichung $0 \cdot x_1 + 0 \cdot x_2 + 0 \cdot x_3 = 0$ für beliebige Werte der Variablen erfüllt ist.
Wählt man für x_3 eine beliebige Zahl $t \in \mathbb{R}$, d.h. $x_3 = t$, so erhält man durch Rückwärtseinsetzen aus der zweiten Zeile $x_2 - 2t = 2$, d.h. $x_2 = 2 + 2t$; aus der ersten Zeile $x_1 + 2 \cdot (2 + 2t) - 3t = 6$, d.h. $x_1 = 2 - t$.
Für t kann eine beliebige Zahl eingesetzt werden, z.B. ist für $t = -2$ das Tripel $(4; -2; -2)$ eine Lösung.
Dieses LGS hat unendlich viele Lösungen. Die Lösungsmenge ist $L = \{(2 - t; 2 + 2t; t) \mid t \in \mathbb{R}\}$.

> Ein lineares Gleichungssystem hat entweder **genau eine** Lösung oder **keine** Lösung oder **unendlich viele** Lösungen.

Bei einem linearen Gleichungssystem muss die Anzahl der Gleichungen nicht mit der Anzahl der Variablen übereinstimmen. Besteht das LGS aus mehr Gleichungen als Variablen, so nennt man das LGS **überbestimmt**; sind es weniger Gleichungen als Variablen, so nennt man es **unterbestimmt**. Ein unterbestimmtes LGS kann keine eindeutige Lösung haben, da die zugehörige Stufenform nicht erreicht werden kann. Es wird so behandelt, als würde sich beim Überführen eines LGS in die Stufenform eine Zeile nur mit Nullen ergeben.

Über die Anzahl der Lösungen eines überbestimmten LGS lassen sich von vornherein keine Aussagen treffen. Dies wird im Beispiel 2 gezeigt.

Beispiel 1 Lineares Gleichungssystem mit unendlich vielen Lösungen

Bestimmen Sie die Lösungsmenge des LGS mit dem Gauß-Algorithmus.

$$x_1 - x_2 + 2x_3 = 5$$
$$x_1 + x_2 - x_3 = 7$$
$$2x_1 + x_3 = 12$$

Lösung

1. Schritt: Umschreiben des LGS in die Matrixform und Überführen in die Stufenform.

$$(1) \begin{pmatrix} 1 & -1 & 2 & | & 5 \\ 1 & 1 & -1 & | & 7 \\ 2 & 0 & 1 & | & 12 \end{pmatrix} \quad (2) \begin{pmatrix} 1 & -1 & 2 & | & 5 \\ 0 & 2 & -3 & | & 2 \\ 0 & 2 & -3 & | & 2 \end{pmatrix} \quad (3) \begin{pmatrix} 1 & -1 & 2 & | & 5 \\ 0 & 2 & -3 & | & 2 \\ 0 & 0 & 0 & | & 0 \end{pmatrix}$$

2. Schritt: Man setzt für die Variable x_3 den Parameter $t \in \mathbb{R}$ ein und löst nach den übrigen Variablen auf.

$x_3 = t$
$2x_2 - 3t = 2$, d.h. $x_2 = 1 + 1{,}5t$.
$x_1 - 1 + 1{,}5t + 2t = 5$, d.h. $x_1 = 6 - 0{,}5t$.

3. Schritt: Angabe der Lösungsmenge

$L = \{(6 - 0{,}5t; 1 + 1{,}5t; t) \mid t \in \mathbb{R}\}$

Bemerkung: Es ist nicht zwingend, $x_3 = t$ zu setzen. Man könnte auch $x_3 = 2r$ wählen und würde dann $x_2 = 1 + 3r$ sowie $x_1 = -r + 6$ erhalten. Die Lösungsmenge $L = \{(6 - r; 1 + 3r; 2r) \mid r \in \mathbb{R}\}$ ist dann zwar anders dargestellt als beim obigen Schritt 3, aber identisch mit dieser.

Durch eine geschickte Wahl des Parameters lässt es sich manchmal vermeiden, dass bei der Lösung Brüche oder Dezimalzahlen vorkommen.

Beispiel 2 Überbestimmtes lineares Gleichungssystem

Bestimmen Sie die Lösungsmenge des überbestimmten LGS in Matrixform.

a) $\begin{pmatrix} 1 & -2 & | & 3 \\ -1 & 2 & | & -3 \\ 0 & 1 & | & 5 \end{pmatrix}$
b) $\begin{pmatrix} 1 & -2 & | & 3 \\ -1 & 1 & | & 2 \\ -1 & 1 & | & -5 \end{pmatrix}$
c) $\begin{pmatrix} 1 & -2 & | & 3 \\ -1 & 2 & | & -3 \\ 3 & -6 & | & 9 \end{pmatrix}$

Lösung

a) Stufenform:

$\begin{pmatrix} 1 & -2 & | & 3 \\ 0 & 1 & | & 5 \\ 0 & 0 & | & 0 \end{pmatrix}$

LGS ist eindeutig lösbar: $L = \{(13; 5)\}$.

b) Stufenform:

$\begin{pmatrix} 1 & -2 & | & 3 \\ 0 & 1 & | & 5 \\ 0 & 0 & | & 7 \end{pmatrix}$

LGS ist wegen Zeile 3, dort steht $0 = 7$, unlösbar: $L = \{ \}$.

c) Stufenform:

$\begin{pmatrix} 1 & -2 & | & 3 \\ 0 & 0 & | & 0 \\ 0 & 0 & | & 0 \end{pmatrix}$

LGS hat unendlich viele Lösungen: $L = \{(3 + 2t; t) \mid t \in \mathbb{R}\}$.

Beispiel 3 Lineares Gleichungssystem mit Parameter auf der rechten Seite

Bestimmen Sie die Lösungsmenge in Abhängigkeit vom Parameter $r \in \mathbb{R}$.

$$x_1 + x_2 - 2x_3 = 0$$
$$2x_1 - 2x_2 + 3x_3 = 1 + 2r$$
$$x_1 - x_2 - x_3 = r$$

Lösung

$\begin{pmatrix} 1 & 1 & -2 & | & 0 \\ 2 & -2 & 3 & | & 1+2r \\ 1 & -1 & -1 & | & r \end{pmatrix}$ Dies ergibt die Stufenform: $\begin{pmatrix} 1 & 1 & -2 & | & 0 \\ 0 & -4 & 7 & | & 1+2r \\ 0 & 0 & 5 & | & 1 \end{pmatrix}$.

Auflösen nach Variablen ergibt: $x_3 = \frac{1}{5}$; $x_2 = \frac{1}{10} - \frac{1}{2}r$; $x_1 = \frac{3}{10} + \frac{1}{2}r$, also eine eindeutige Lösung.

Die Lösungsmenge lautet $L = \left\{ \left(\frac{3}{10} + \frac{1}{2}r; \frac{1}{10} - \frac{1}{2}r; \frac{1}{5} \right) \right\}$.

*Beispiel 3 hat im Gegensatz zu Beispiel 1 eine **einelementige Lösungsmenge**, da zu jedem Wert von r ein LGS gehört, das eindeutig lösbar ist.*

Aufgaben

1 Bestimmen Sie die Lösungsmenge des LGS.

a) $2x_1 - 4x_2 - x_3 = 1$
$5x_2 + 2x_3 = 16$
$3x_3 = 9$

b) $12x_1 + 5x_2 - 3x_3 = 7$
$7x_2 - 3x_3 = 1$
$0 \cdot x_3 = -2$

c) $2x_1 - 4x_2 - x_3 = 2$
$3x_2 - 6x_3 = 6$
$0 \cdot x_3 = 0$

2 Das LGS hat unendlich viele Lösungen. Bestimmen Sie die Lösungsmenge.

a) $x_1 - 3x_2 - 7x_3 = 8$
$x_2 - 3x_3 = -4$
$-2x_2 + 6x_3 = 8$

b) $x_1 - 2x_2 - x_3 = 2$
$2x_2 - 4x_3 = 1$
$3x_2 - 6x_3 = \frac{3}{2}$

c) $x_1 - 2x_2 + x_3 = -1$
$2x_1 - 3x_2 = 1$
$-x_1 + 3x_3 = -5$

3 Bestimmen Sie die Lösungsmenge.

a) $3x_1 + 4x_2 + 2x_3 = 5$
$2x_1 - 3x_2 + x_3 = 8$
$2x_3 = 6$

b) $3x_1 + 2x_2 + 3x_3 = 9$
$4x_2 - 3x_3 = 6$
$2x_1 + 4x_2 = 10$

c) $2x_1 - 3x_2 + 4x_3 = 1$
$3x_1 + x_2 - 5x_3 = 7$
$4x_1 + 5x_2 - 14x_3 = 13$

4 Bestimmen Sie die Lösungsmenge.

a) $\begin{pmatrix} 1 & 0 & 1 & | & 2 \\ 0 & 1 & 1 & | & 2 \\ 1 & 1 & 0 & | & 2 \end{pmatrix}$

b) $\begin{pmatrix} 1 & 1 & 0 & | & 1 \\ -1 & -1 & 0 & | & 2 \\ 2 & 3 & 1 & | & 2 \end{pmatrix}$

c) $\begin{pmatrix} -1 & 2 & -3 & | & 2 \\ 0 & -1 & 2 & | & 2 \\ 0 & -2 & 4 & | & 2 \end{pmatrix}$

d) $\begin{pmatrix} 2 & -1 & 1 & | & 3 \\ 1 & -1 & -2 & | & -2 \\ -1 & 2 & 7 & | & 9 \end{pmatrix}$

5 Ein lineares Gleichungssystem hat die Lösungsmenge $L = \{(1;\ 4+t;\ 5t) \mid t \in \mathbb{R}\}$. Prüfen Sie, ob das angegebene Zahlentripel eine Lösung des linearen Gleichungssystems ist.

a) $(1;\ 6;\ 10)$
b) $(1;\ -7;\ -55)$
c) $(0;\ 5;\ 5)$
d) $(1;\ 4;\ 0)$
e) $(1;\ 3{,}5;\ -2{,}5)$
f) $(1;\ 0;\ -5)$
g) $\left(1;\ \frac{5}{3};\ -\frac{35}{3}\right)$
h) $(1;\ 0;\ -20)$

○ Test — → Lösungen | Seite 391

6 Bestimmen Sie die Lösungsmenge.

a) $x_1 + x_2 + x_3 = 0$
$x_1 + x_2 = 2$
$2x_1 + 2x_3 = 4$

b) $4x_1 + x_2 + 7x_3 = 12$
$5x_1 + 10x_3 = 5$
$-x_1 - 2x_2 = -2$

c) $x_1 - x_2 + x_3 = -2$
$4x_1 + 2x_2 + x_3 = -5$
$6x_1 + 3x_3 = -9$

7 Bestimmen Sie die Lösungsmenge.

a) $3x_1 - x_2 + 2x_3 = 7$
$x_1 + x_2 + 3x_3 = 14$
$3x_1 - 5x_2 - 4x_3 = -21$

b) $4x_1 + x_2 + x_3 = 3$
$3x_1 + x_2 + 2x_3 = 0$
$5x_1 + 2x_2 + 5x_3 = -3$

c) $x_1 + x_2 + x_3 = 1$
$x_1 + 2x_2 + 2x_3 = 3$
$2x_1 + x_2 + x_3 = 1$

8 Lea und Julian haben gerechnet und kommen auf unterschiedliche Ergebnisse. Wer hat recht?

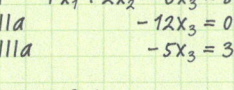
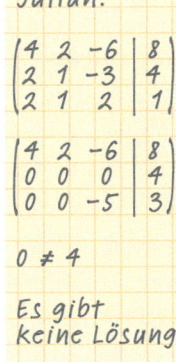

9 Geben Sie ein lineares Gleichungssystem an, das die folgende Lösungsmenge hat.

a) $L = \{(-2;\ 3;\ -4)\}$
b) $L = \{\ \}$
c) $L = \{(t;\ 0;\ t) \mid t \in \mathbb{R}\}$
d) $L = \{(r+1;\ -r+2;\ r) \mid r \in \mathbb{R}\}$

10 Für welche Werte der Variablen gibt es keine, unendlich viele bzw. genau eine Lösung?

a) $\begin{pmatrix} 2 & 1 & | & t \\ 0 & 0 & | & t-1 \end{pmatrix}$
b) $\begin{pmatrix} 1 & -2 & | & t \\ -2 & 4 & | & t+3 \end{pmatrix}$
c) $\begin{pmatrix} 1 & 3t & | & -1 \\ 0 & t & | & 2 \end{pmatrix}$

11 Bestimmen Sie die Lösungsmenge des linearen Gleichungssystems.

a) $2x_1 - 3x_2 + x_3 = -4$
$x_1 - 2x_2 + 2x_3 = 1$
$-x_1 + 3x_2 - 4x_3 = -3$

b) $2x_1 - x_2 + 2x_3 = 5$
$-x_1 + x_2 = -1$
$x_2 + 2x_3 = 3$

c) $4x_1 - 8x_2 + 3x_3 = -2$
$-2x_1 + 4x_2 + 2x_3 = 8$

12 Gilt immer – gilt nie – es kommt darauf an. Begründen Sie.

a) Jedes LGS mit drei Variablen und zwei Gleichungen hat unendlich viele Lösungen.
b) Jedes LGS mit zwei Variablen und drei Gleichungen besitzt keine Lösung.

● Test

Lösungen | Seite 391

13 Für welche Werte der Variablen a gibt es keine, unendlich viele bzw. genau eine Lösung?

a) $\begin{pmatrix} 1 & 2 & 3 & | & 4 \\ 0 & 2 & 1 & | & 5 \\ 0 & 0 & 0 & | & a \end{pmatrix}$
b) $\begin{pmatrix} 1 & 3 & 0 & | & -1 \\ 0 & 1 & 2 & | & -2 \\ 0 & 1 & 2 & | & a+1 \end{pmatrix}$
c) $\begin{pmatrix} 1 & -1 & 3 & | & 4 \\ 0 & 2 & 4 & | & 1 \\ 2 & -2 & 6 & | & 2a-2 \end{pmatrix}$

14 Ist die Aussage wahr oder falsch? Begründen Sie Ihre Antwort.

a) Jedes LGS mit vier Variablen und vier Gleichungen besitzt genau eine Lösung.
b) Jedes LGS kann durch Äquivalenzumformungen auf Stufenform gebracht werden.

15 Lösen Sie das unterbestimmte LGS mit dem Gauß-Algorithmus. Warum lässt sich nicht die übliche Stufenform erzeugen und $x_3 = t$ setzen? Welche Variable kann stattdessen mit dem Parameter t belegt werden? Geben Sie die Lösungsmenge an.

a) $x_1 - 2x_2 + 5x_3 = 2$
$-x_1 + 2x_2 - 4x_3 = 5$

b) $x_1 - 3x_2 - x_3 = 4$
$2x_1 - 6x_2 + 3x_3 = 3$

c) $2x_1 + 4x_2 - 6x_3 = 10$
$3x_1 + 6x_2 - x_3 = -1$

16 a) Gegeben ist das lineare Gleichungssystem in Stufenform. Bestimmen Sie die Lösungsmenge.

$\begin{pmatrix} 1 & 2 & -4 & 1 & | & 9 \\ 0 & 1 & -2 & 3 & | & 4 \\ 0 & 0 & 0 & 0 & | & 0 \end{pmatrix}$

b) Bringen Sie das lineare Gleichungssystem auf Stufenform und bestimmen Sie die Lösungsmenge.

$\begin{pmatrix} 1 & 2 & 5 & -4 & | & 3 \\ 2 & 0 & -2 & 0 & | & 2 \\ 0 & 1 & 3 & -2 & | & 1 \end{pmatrix}$

Zur Beschreibung der Lösungsmenge von Aufgabe 16 werden zwei Parameter benötigt.

17 Geben jeweils Sie eine weitere Gleichung an, sodass das LGS (I) keine Lösung, (II) unendlich viele Lösungen bzw. (III) genau eine Lösung hat. Jeder Koeffizient ist ungleich null zu wählen.

a) $x_1 + 3x_2 - 2x_3 = 4$
$-2x_1 - x_2 + x_3 = -2$

b) $a + b - c = 3$
$-a + b = -1$

c) $2x - 3y = 8$
$-4x + 6y = -16$

18 Bestimmen Sie die Lösungsmenge in Abhängigkeit vom Parameter r.

a) $x_1 - 2x_2 + x_3 = 3$
$2x_1 + x_2 - 3x_3 = 2r$
$x_1 + 3x_2 - 3x_3 = 4r$

b) $2x_1 - x_2 + x_3 = 2r$
$x_1 - 5x_2 + 2x_3 = 6$
$9x_2 - 3x_3 = r - 12$

c) $x_1 + 2x_2 + x_3 = 0$
$-4x_1 - 12x_2 + x_3 = r$
$3x_1 + 4x_2 + 2x_3 = r + 2$

Grundwissen Test

19 Leiten Sie die Funktion zweimal ab.

a) $f(x) = \frac{1}{2}x^2 - 3x + 5$
b) $f(x) = \frac{3}{4}x^4 - \frac{1}{2}x^3 + \frac{1}{4}x^2$
c) $f(x) = ax^4 + bx^2 + c$
d) $f(x) = \frac{x^2}{3}(x+2)$
e) $f(x) = \frac{x}{2}(x-1)^2$
f) $f(x) = ax^2(x-b)$

→ Grundwissen
Seite 60, Beispiel 3
Lösung | Seite 391

3 Bestimmen von Polynomfunktionen

a) Übertragen Sie jeweils die Abbildung mit Hoch-, Tief- und Wendepunkten in Ihr Heft. Skizzieren Sie jeweils einen dazu passenden Graphen einer Polynomfunktion.
b) Welchen Grad könnte die jeweilige Funktion haben? Begründen Sie.

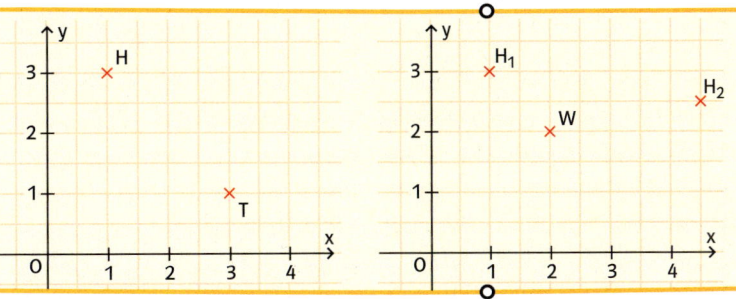

Ist eine Funktion gegeben, so kann man ihre Eigenschaften untersuchen und vorhandene Extremstellen oder Wendestellen bestimmen. Sind umgekehrt Eigenschaften einer Funktion, ihrer Ableitungen oder ihres Graphen bekannt, so kann man nach einem geeigneten Funktionsterm suchen. Bei Polynomfunktionen ergibt sich meist ein lineares Gleichungssystems (LGS) zur Bestimmung der Koeffizienten im Funktionsterm.

Eine mögliche Aufgabenstellung lautet:
Der Graph einer Polynomfunktion dritten Grades ist punktsymmetrisch zum Ursprung und hat den Hochpunkt $H(-3|4)$. Bestimmen Sie den Funktionsterm.

Bei der Lösung der Aufgabe geht man in mehreren Schritten vor:
(1) Aufstellen eines allgemeinen Funktionsterms und Bilden der benötigten Ableitung:
Wegen der Punktsymmetrie kann der gesuchte Funktionsterm nur ungerade Exponenten enthalten, also $f(x) = ax^3 + bx$; $f'(x) = 3ax^2 + b$.
(2) Die Eigenschaften aus dem Aufgabentext herauslesen und mithilfe von f und f' formulieren; die Bedingungen in die Ansätze für f und f' einsetzen:
Hochpunkt $H(-3|4)$ $f(-3) = 4$ $a \cdot (-3)^3 + b \cdot (-3) = 4$
Hochpunkt $H(-3|4)$ $f'(-3) = 0$ $3a \cdot (-3)^2 + b = 0$
(3) Das zugehörige LGS für a und b in Matrixform aufschreiben und lösen: $\begin{pmatrix} -27 & -3 & | & 4 \\ 27 & 1 & | & 0 \end{pmatrix}$
Lösung des LGS ist $a = \frac{2}{27}$ und $b = -2$.
Den Funktionsterm notieren: Der gesuchte Funktionsterm ist $f(x) = \frac{2}{27}x^3 - 2x$.
(4) Überprüfen, ob alle vorgegebenen Bedingungen erfüllt sind:
Bei der Bestimmung des Funktionsterms wurde die Bedingung $f'(-3) = 0$ benutzt, die auch für Tiefpunkte und Sattelpunkte gilt. Man muss daher noch überprüfen, ob $H(-3|4)$ wirklich ein Hochpunkt des Graphen von f ist.
Probe: Wegen $f''(x) = \frac{4}{9}x$ und $f''(-3) = -\frac{4}{3} < 0$ weiß man, dass $H(-3|4)$ tatsächlich ein Hochpunkt des Graphen von f ist; die Funktion f mit $f(x) = \frac{2}{27}x^3 - 2x$ erfüllt alle Vorgaben.

Hat man ein digitales Mathematikwerkzeug zur Verfügung, so kann man damit den Graphen zeichnen und die Eigenschaften überprüfen.

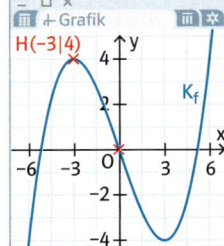

Bestimmung einer Polynomfunktion mit gegebenem Grad:
(1) Einen allgemeinen Funktionsterm mit Parametern aufstellen, dabei gegebenenfalls Symmetrien berücksichtigen; benötigte Ableitungen bilden.
(2) Die vorgegebenen Eigenschaften mithilfe von f, f' und f'' als Bedingungen formulieren; dabei prüfen, ob genügend Gleichungen zur Bestimmung der Parameter vorhanden sind.
(3) Das zugehörige LGS aufstellen und lösen; den Funktionsterm notieren.
(4) Überprüfen, ob die ermittelte Funktion tatsächlich die vorgegebenen Eigenschaften hat.

Beispiel 1 Funktion aus vorgegebenen Eigenschaften des Graphen bestimmen

Bestimmen Sie den Term einer Polynomfunktion dritten Grades, deren Graph durch den Ursprung verläuft und den Wendepunkt W(2|1) hat. Zudem besitzt die Tangente an den Graphen in W(2|1) die Steigung $m_t = -\frac{1}{2}$.

Lösung

(1) Allgemeine Polynomfunktion vom Grad 3: $f(x) = ax^3 + bx^2 + cx + d$
Ableitungen: $f'(x) = 3ax^2 + 2bx + c$; $f''(x) = 6ax + 2b$

(2) Formulieren der vorgegebenen Eigenschaften mithilfe von f, f' und f'':

Ursprung O(0|0)	$f(0) = 0$		$d = 0$
Wendepunkt W(2|1)	$f(2) = 1$	$a \cdot 2^3 + b \cdot 2^2 + c \cdot 2 + d$	$= 1$
Wendepunkt W(2|1)	$f''(2) = 0$	$6a \cdot 2 + 2b$	$= 0$
Steigung $m_t = -\frac{1}{2}$	$f'(2) = -\frac{1}{2}$	$3a \cdot 2^2 + 2b \cdot 2 + c$	$= -\frac{1}{2}$

(3) Aufstellen und Lösen des LGS für a, b und c;
d = 0 ist bereits bekannt:

$\begin{pmatrix} 8 & 4 & 2 & | & 1 \\ 12 & 2 & 0 & | & 0 \\ 12 & 4 & 1 & | & -\frac{1}{2} \end{pmatrix}$

Lösung des LGS ist $a = \frac{1}{4}$; $b = -\frac{3}{2}$ und $c = \frac{5}{2}$.

Der gesuchte Funktionsterm ist $f(x) = \frac{1}{4}x^3 - \frac{3}{2}x^2 + \frac{5}{2}x$.

(4) Überprüfen, ob alle vorgegebenen Eigenschaften erfüllt sind:

Zu prüfen ist, ob W(2|1) ein Wendepunkt ist. Es ist $f'''(x) = \frac{3}{2} \neq 0$.

Also besitzt die Funktion f mit $f(x) = \frac{1}{4}x^3 - \frac{3}{2}x^2 + \frac{5}{2}x$ die vorgegebenen Eigenschaften.

Beispiel 2 Untersuchen, ob eine Funktion mit vorgegebenen Eigenschaften existiert

Untersuchen Sie, ob es eine Polynomfunktion f vierten Grades mit folgenden Eigenschaften gibt, und bestimmen Sie gegebenenfalls deren Funktionsterm: Der Graph von f ist achsensymmetrisch zur y-Achse, enthält den Punkt P(1|−2) und hat den Wendepunkt W(0|−3).

Lösung

(1) Aufstellen des Terms einer Polynomfunktion vom Grad 4 mit der geforderten Achsensymmetrie zur y-Achse und Bilden von f' und f'':
$f(x) = ax^4 + bx^2 + c$; $f'(x) = 4ax^3 + 2bx$; $f''(x) = 12ax^2 + 2b$

(2) Formulieren der vorgegebenen Eigenschaften mithilfe von f, f' und f'':

Punkt P(1|−2)	$f(1) = -2$	$a \cdot 1^4 + b \cdot 1^2 + c = -2$
Wendepunkt W(0|−3)	$f(0) = -3$	$a \cdot 0^4 + b \cdot 0^2 + c = -3$
Wendepunkt W(0|−3)	$f''(0) = 0$	$12a \cdot 0^2 + 2b = 0$

(3) Aufstellen und Lösen des LGS für a, b und c:

$\begin{pmatrix} 1 & 1 & 1 & | & -2 \\ 0 & 0 & 1 & | & -3 \\ 0 & 2 & 0 & | & 0 \end{pmatrix}$

Lösung des LGS ist $a = 1$; $b = 0$ und $c = -3$

Der ermittelte Funktionsterm ist $f(x) = x^4 - 3$.

(4) Überprüfen, ob die Funktion alle vorgegebenen Eigenschaften erfüllt:

Zu prüfen ist, ob W(0|−3) ein Wendepunkt ist. Es ist $f''(x) = 12x^2$. Bei x = 0 besitzt f'' eine doppelte Nullstelle und weist daher keinen Vorzeichenwechsel auf. Der Graph von f hat an der Stelle 0 keinen Wendepunkt. Es gibt keine Polynomfunktion vom Grad 4 mit den geforderten Eigenschaften.

Aufgaben

1 Bestimmen Sie eine quadratische Funktion, deren Graph die angegebenen Punkte enthält.
a) A(−2|−11); B(−1|−6); C(1|−2)   b) A(−2|4); B(1|−0,5); C(2|0)

2 Bestimmen Sie eine Polynomfunktion f 3. Grades mit der folgenden Wertetabelle.

a)
x	0	1	−1	3
f(x)	0	−6	6	6

b)
x	0	1	−1	2
f(x)	1	0	4	−5

c)
x	0	1	−1	2
f(x)	−1	1	7	17

Lösungen zu Aufgabe 1:

$f(x) = -x^2 + 2x - 3$

$f(x) = \frac{1}{2}x^2 - x$

Hinweis zu Aufgabe 2:
Beachten Sie, dass jeweils f(0) bekannt ist.

3 Bestimmen Sie die Polynomfunktion vom Grad 3, deren Graph an der Stelle $x = -2$ die x-Achse schneidet, im Ursprung einen Tiefpunkt hat und durch den Punkt $P(-1|2)$ verläuft.

4 Bestimmen Sie die Polynomfunktion vom Grad 4, deren Graph achsensymmetrisch zur y-Achse ist, den Hochpunkt $H(2|6)$ hat und den Punkt $P(1|3)$ enthält.

○ Test → Lösungen | Seite 391

5 Bestimmen Sie einen Funktionsterm der Polynomfunktion f mit Graph K_f.
a) Der Grad von f ist 2. $H(3|2)$ ist Hochpunkt von K_f; der Punkt $P(0|-2,5)$ liegt auf K_f.
b) Der Grad von f ist 3. K_f ist punktsymmetrisch zum Ursprung; im Punkt $P(1|-2)$ hat K_f die Steigung 2.

6 Bestimmen Sie eine Polynomfunktion 4. Grades, deren Graph achsensymmetrisch zur y-Achse ist
a) und den Punkt $A(0|2)$ enthält sowie den Tiefpunkt $T(1|0)$ hat.
b) und in $W(1|0)$ eine Wendetangente mit der Steigung 8 hat.

7 Bestimmen Sie zu dem Graphen die dazugehörende Polynomfunktion mit möglichst geringem Grad. Verwenden Sie nur Bedingungen mit ganzzahligen x-Werten.

a) 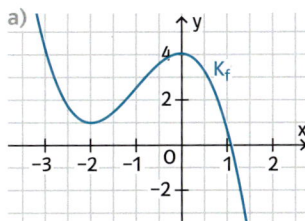 b) 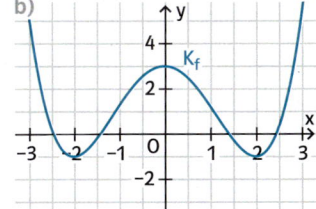 c)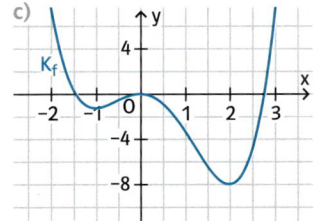

8 Max meint, dass es keine Polynomfunktion 4. Grades gibt, deren Graph den Wendepunkt $W(2|4)$ sowie den Hochpunkt $H(0|2)$ enthält und der achsensymmetrisch zur y-Achse ist. Stimmt das?

9 Der Aufsprunghang einer Skisprunganlage soll durch eine Funktion beschrieben werden. Im Aufsprunghang liegt der Punkt $P(0|0)$ im Wendepunkt des zugehörigen Graphen (Angaben in Metern). In diesem Punkt beträgt die Steigung $-0,58$. Im Übergang von Aufsprunghang und Auslauf liegt der Punkt $Q(80|-32)$.
a) Übertragen Sie die Skizze in Ihr Heft, tragen Sie die Informationen aus dem Text ein.
b) Bestimmen Sie eine Polynomfunktion 3. Grades, deren Graph den Aufsprunghang zwischen P und Q wiedergibt.

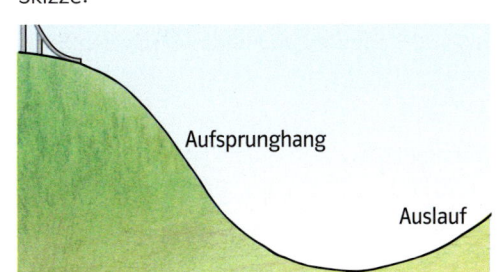

Skizze:

10 Bestimmen Sie eine Polynomfunktion 4. Grades, deren Graph die angegebenen Eigenschaften hat.
a) Verwenden Sie als Ansatz für den Term $f(x) = ax^4 + bx^3 + cx^2 + dx + e$.
b) Gehen Sie von einem Produktansatz der Form $f(x) = a(x - x_1) \cdot x \cdot (x - x_2)^2$ aus.
c) Zeigen Sie, dass die Ergebnisse aus den Teilaufgaben a) und b) identisch sind.

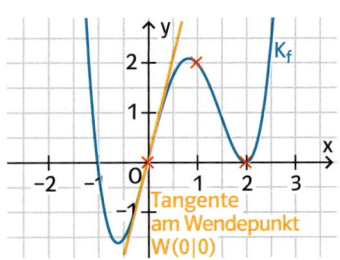

Tangente am Wendepunkt $W(0|0)$

11 Der Graph einer Polynomfunktion 5. Grades ist punktsymmetrisch zum Ursprung und weist in $S\left(1\mid\frac{8}{5}\right)$ einen Sattelpunkt auf. Bestimmen Sie einen passenden Funktionsterm.

12 Der Graph einer Polynomfunktion 3. Grades ist punktsymmetrisch zum Ursprung. Die Tangente an der Stelle 1 hat die Gleichung $y = 2x + 1$. Bestimmen Sie den Funktionsterm.

O Test
Lösungen | Seite 392

13 a) Der Graph einer Polynomfunktion 4. Grades ist achsensymmetrisch zur y-Achse, geht durch den Punkt $P(2\mid-7)$, hat einen Hochpunkt bei $x = 1$ und die Tangente an der Stelle $x = 0{,}5$ hat die Steigung 1,5. Bestimmen Sie den Funktionsterm.
b) Gesucht ist die Polynomfunktion 3. Grades, deren Graph punktsymmetrisch zum Ursprung ist und den Hochpunkt $H(1\mid2)$ hat.
c) Bestimmen Sie die Polynomfunktion 3. Grades, deren Graph durch $A(2\mid-7)$ und $B(0\mid3)$ geht und den Tiefpunkt $T(1\mid1)$ hat.
d) Der Graph einer Polynomfunktion 4. Grades hat im Punkt $W(0\mid2)$ einen Wendepunkt mit waagerechter Tangente. Er schneidet die x-Achse an der Stelle $x = -1$, die Tangente hat in diesem Kurvenpunkt die Steigung 4. Bestimmen Sie den Funktionsterm.

14 Von einer Polynomfunktion sind die Werte in der Tabelle bekannt. Außer den aufgeführten Nullstellen von f, f' und f'' gibt es keine weiteren Nullstellen.
a) Welchen Grad besitzt die Polynomfunktion mindestens? Begründen Sie.
b) Bestimmen Sie den Funktionsterm mit einem selbst gewählten Ansatz.

x	-1	0	1	2	3	4
f(x)	$-\frac{5}{4}$	0	$\frac{3}{4}$	4	$\frac{27}{4}$	0
f'(x)	-4	0	-2	-4	0	16
f''(x)	9	0	-3	0	9	24

15 In der Abbildung ist der Graph der Ableitung f' einer Polynomfunktion f vom Grad 4 dargestellt. Die Funktion f hat bei $x = -3$ eine Nullstelle. Bestimmen Sie den Funktionsterm von f.

16 Untersuchen Sie, ob es eine Polynomfunktion 3. Grades gibt, die die Extremstellen 0 und 3 aufweist und deren Graph den Wendepunkt $W(1\mid2)$ hat.

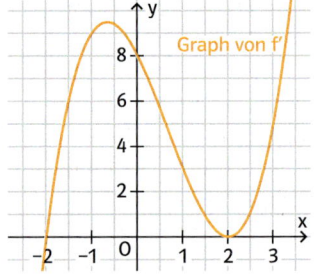

17 Der Graph einer Polynomfunktion f vom Grad 4 ist achsensymmetrisch zur y-Achse, berührt die Normalparabel an der Stelle 1 und schneidet die x-Achse an der Stelle 2. Bestimmen Sie den Funktionsterm von f.

18 Kim hat dieses LGS bei der Bestimmung eines Funktionsterms erhalten. Rekonstruieren Sie die dazugehörige Aufgabe und bestimmen Sie den gesuchten Term einer Polynomfunktion.

$$a + b + c = \frac{5}{4}$$
$$16a + 4b + c = -1$$
$$32a + 4b = 0$$

Strategie | Seite 338
Systematisches Probieren

Grundwissen Test
Grundwissen Seite 353
Lösung | Seite 392

19 Untersuchen Sie das Verhalten der Funktion f für $x \to +\infty$ und für $x \to -\infty$; geben Sie die Gleichung der waagerechten Asymptote an.
a) $f(x) = e^x - 2$
b) $f(x) = 1 - e^{-2x}$
c) $f(x) = 3 \cdot (4^x - 2)$
d) $f(x) = e^x \cdot (2 - e^{-x})$

4 Bestimmen von speziellen Funktionen

Die Temperatur T in einer Tasse Kaffee beträgt unmittelbar nach dem Einschenken 90 °C; nach 5 Minuten ist sie auf 60 °C gesunken. Die Raumtemperatur beträgt 20 °C. Die Temperatur des Kaffees nach x Minuten soll durch die Funktion $T(x) = a \cdot b^x + c$ beschrieben werden.

a) Begründen Sie ohne Rechnung, weshalb $a > 0$, $0 < b < 1$ sowie $c \neq 0$ sein muss.
b) Bestimmen Sie die Parameter a, b und c des Funktionsterms.

Bisher wurden Polynomfunktionen betrachtet, deren Bestimmung aus vorgegebenen Eigenschaften auf ein lineares Gleichungssystem für die Koeffizienten geführt hat. Auch die Parameter in speziellen Funktionstermen wie zum Beispiel $f_1(x) = a \cdot e^{kx} + b$, $f_2(x) = \frac{a}{x} + bx$ oder $f_3(x) = a \cdot \sin(bx) + d$ können aus vorgegebenen Eigenschaften bestimmt werden.
Man benötigt so viele Bedingungen wie zu bestimmende Parameter. Daraus kann sich je nach Funktionstyp ein lineares Gleichungssystem ergeben wie etwa bei den Polynomfunktionen. Es kommt aber auch vor, dass man als Bedingungen nichtlineare Gleichungen erhält, aus denen man die Parameter des speziellen Funktionsterms bestimmen muss.

Wie man geschickt vorgehen kann, zeigt das folgende Beispiel:

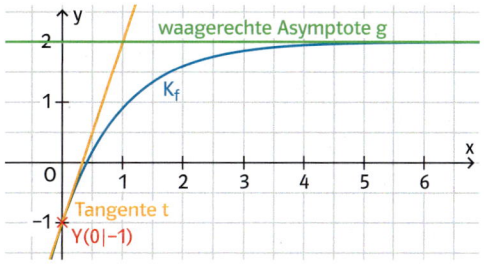

Der Graph einer Exponentialfunktion f mit $f(x) = a \cdot e^{kx} + b$ besitzt die Gerade g: $y = 2$ als waagerechte Asymptote. Außerdem hat der Graph im Schnittpunkt mit der y-Achse die Gerade t: $y = 3x - 1$ als Tangente.
Um den Funktionsterm zu bestimmen, betrachtet man zunächst das asymptotische Verhalten. Für $kx \to -\infty$ geht $e^{kx} \to 0$ und damit $f(x) \to b$. Es folgt: $b = 2$.
Die Tangente beinhaltet Informationen über die Steigung. Man bildet daher die Ableitung: $f'(x) = a \cdot k \cdot e^{kx}$. Zur Bestimmung der Parameter a und k bildet man aus den vorgegebenen Eigenschaften zwei Gleichungen:

Berührpunkt mit Tangente t bei $x = 0$ $f(0) = t(0)$ $a \cdot e^0 + 2 = -1$
Berührpunkt mit Tangente t bei $x = 0$ $f'(0) = t'(0)$ $a \cdot k \cdot e^0 = 3$
Lösung des linearen Gleichungssystems ist $a = -3$ und $k = -1$.
Somit lautet der gesuchte Funktionsterm $f(x) = -3 \cdot e^{-x} + 2$.

Bei der Bestimmung einer speziellen Funktion, deren Term mit entsprechenden Parametern vorgegeben ist, kann man wie folgt vorgehen:
(1) Den Funktionsterm analysieren und gegebenenfalls einzelne Parameter aus allgemeinen Eigenschaften wie z.B. Asymptote, Amplitude oder Ähnlichem bestimmen.
(2) Die weiteren Eigenschaften mithilfe von f, f' und f'' als Bedingungen formulieren.
(3) Mit dem entstehenden Gleichungssystem die gesuchten Parameter bestimmen.
(4) Gegebenenfalls prüfen, ob die ermittelte Funktion alle geforderten Eigenschaften hat.

Beispiel 1 Bestimmung einer Exponentialfunktion

Der Graph einer Funktion f mit $f(x) = a \cdot (x + b) \cdot e^{kx}$ schneidet die x-Achse bei 3 und die y-Achse bei –4. Er hat an der Stelle 1 einen Tiefpunkt. Bestimmen Sie f.

Lösung
Aus den Schnittpunkten mit den Koordinatenachsen kann man b und a bestimmen.
Punkt N(3|0) $f(3) = 0$ $a \cdot (3 + b) \cdot e^{3k} = 0$ Satz vom Nullprodukt: $b = -3$
Punkt Y(0|–4) $f(0) = -4$ $a \cdot (0 - 3) \cdot e^{0} = -4$ $a \cdot (-3) = -4$ $a = \frac{4}{3}$

Mit den bereits bestimmten Parametern lautet der Funktionsterm $f(x) = \frac{4}{3} \cdot (x - 3) \cdot e^{kx}$.

Nun bildet man die Ableitung für die Bedingung der Extremstelle: $f'(x) = \left(\frac{4}{3} + \frac{4}{3}kx - 4k\right)e^{kx}$.

Tiefpunkt bei $x = 1$ $f'(1) = 0$ $\left(\frac{4}{3} + \frac{4}{3}k - 4k\right)e^{k} = 0$ $\frac{4}{3} - \frac{8}{3}k = 0$ $k = \frac{1}{2}$

Der Funktionsterm lautet $f(x) = \frac{4}{3} \cdot (x - 3) \cdot e^{\frac{1}{2}x}$.

Kontrolle des Tiefpunktes: Die Ableitung $f'(x) = \left(\frac{2}{3}x - \frac{2}{3}\right) \cdot e^{\frac{1}{2}x}$ weist bei $x = 1$ einen Vorzeichenwechsel von – nach + auf. Somit besitzt f alle vorgegebenen Eigenschaften.

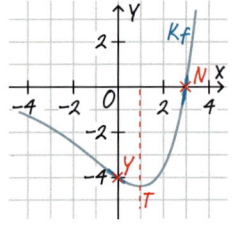

Beispiel 2 Bestimmung einer Sinusfunktion

Welche Funktion f mit $f(x) = a \cdot \sin(\pi \cdot x) + b$ hat für $x = 2$ die Steigung 3π und den Wert 4?

Lösung
Ableitung: $f'(x) = a \cdot \pi \cdot \cos(\pi \cdot x)$
Steigung 3π für $x = 2$ $f'(2) = 3\pi$ $a \cdot \pi \cdot \underbrace{\cos(\pi \cdot 2)}_{1} = 3\pi$ $a = 3$

Wert 4 für $x = 2$ $f(2) = 4$ $3 \cdot \pi \cdot \underbrace{\sin(\pi \cdot 2)}_{0} + b = 4$ $b = 4$

Der Funktionsterm lautet $f(x) = 3 \cdot \sin(\pi \cdot x) + 4$. Eine Probe ist nicht erforderlich.

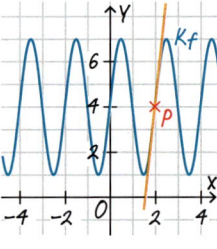

Beispiel 3 Funktionbestimmung mit Einsetzungsverfahren

Gegeben ist die Funktion f mit $f(x) = a \cdot e^{kx} + b$. Für $x \to \infty$ geht $f(x) \to \frac{4}{e}$. Die Funktion f hat bei $x = 2$ eine Nullstelle und der Graph besitzt dort die Steigung $\frac{2}{e}$. Bestimmen Sie f.

Lösung
Aus dem Grenzwert $\frac{4}{e}$ für $x \to \infty$ folgt $b = \frac{4}{e}$. Somit ist $f(x) = a \cdot e^{kx} + \frac{4}{e}$ und $f'(x) = a \cdot k \cdot e^{kx}$.

Nullstelle $x = 2$ $f(2) = 0$ $a \cdot e^{2k} + \frac{4}{e} = 0$ $a \cdot e^{2k} = -\frac{4}{e}$

Steigung $\frac{2}{e}$ bei $x = 2$ $f'(2) = \frac{2}{e}$ $a \cdot k \cdot e^{2k} = \frac{2}{e}$ $-\frac{4}{e} \cdot k = \frac{2}{e}$ $k = -\frac{1}{2}$

Die rot markierte Formel in der oberen Zeile ergibt $a \cdot e^{-1} = -\frac{4}{e}$ und damit $a = -4$.

Die gesuchte Funktion ist f mit $f(x) = -4 \cdot e^{-\frac{1}{2}x} + \frac{4}{e}$. Eine Probe ist nicht erforderlich.

Beispiel 4 Funktion nicht exakt bestimmbar

Der Graph der Funktion f mit $f(x) = a \cdot e^{kx}$ schneidet die y-Achse unter 45° und verläuft durch den Punkt P(1|3). Bestimmen Sie die Parameterwerte auf drei Dezimalen genau.

Lösung
Ableitung: $f'(x) = a \cdot k \cdot e^{kx}$
Schnittwinkel von 45° $f'(0) = 1$ $a \cdot k \cdot e^{0} = 1$ $a \cdot k = 1$ nach a aufgelöst: $a = \frac{1}{k}$

Punkt P(1|3) $f(1) = 3$ $a \cdot e^{k} = 3$ $\frac{1}{k} \cdot e^{k} = 3$ bzw. $e^{k} = 3k$

Die Gleichung $e^{k} = 3k$ kann nicht elementar nach k aufgelöst werden. Man löst sie mit einem geeigneten Näherungsverfahren und erhält zwei Lösungen: $k_1 \approx 0{,}619$ und $k_2 \approx 1{,}512$. Die zugehörigen a-Werte lauten $a_1 \approx 1{,}615$ und $a_2 \approx 0{,}661$. Man erhält zwei Funktionen mit den vorgegebenen Eigenschaften: $f_1(x) = 1{,}615 \cdot e^{0{,}619x}$ sowie $f_2(x) = 0{,}661 \cdot e^{1{,}512x}$.

Mit einem digitalen Mathematikwerkzeug kann man die Graphen der beiden Funktionen veranschaulichen.

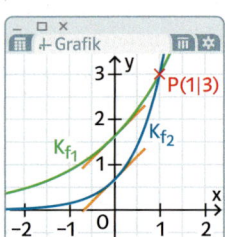

Aufgaben

1 Der Graph von f mit $f(x) = a \cdot e^{kx} + b$ besitzt die x-Achse als waagerechte Asymptote und im Schnittpunkt mit der y-Achse die Tangente t: $y = -x - 2$. Bestimmen Sie f.

2 Gegeben ist für $a \neq 0$; $b > 0$ die Funktion f mit $f(x) = a \cdot \sin(bx) + d$.
   a) Weisen Sie nach, dass der Schnittpunkt mit der y-Achse immer ein Wendepunkt des Graphen von f ist. Zeigen Sie außerdem, dass jeder Wendepunkt den y-Wert d hat.
   b) Der Graph von f besitzt $W(2|3)$ als ersten Wendepunkt rechts von der y-Achse und berührt bei $x = 1$ die x-Achse. Bestimmen Sie einen passenden Funktionsterm.
   c) Ermitteln Sie die Funktion f so, dass die Wertemenge $W_f = [-1; 3]$ ist und der Graph von f die y-Achse unter einem Winkel von 45° schneidet.

3 Der Graph der Funktion f mit $f(x) = a \cdot e^{kx} + b$ besitzt die waagerechte Asymptote mit der Gleichung g: $y = -2$. Bei $x = 1$ besitzt f eine Nullstelle mit der Steigung 2. Bestimmen Sie f.

4 Der Graph der Funktion f mit $f(x) = a \cdot e^{kx}$ besitzt im Schnittpunkt mit der y-Achse die Steigung $\frac{1}{2}$ und verläuft durch den Punkt $P(1|2)$. Zeigen Sie, dass es zwei solcher Funktionen gibt, und bestimmen Sie die jeweiligen Parameterwerte auf drei Dezimalen genau.

○ **Test** ────────────────────────── → Lösungen | Seite 392

5 Bestimmen Sie die Sinusfunktion f der Form $f(x) = a \cdot \sin(\pi x) + d$, deren Graph
   a) die y-Achse in $Y(0|4)$ schneidet und im Punkt $P(2|4)$ die Steigung 3π hat.
   b) den Tiefpunkt $T\left(\frac{1}{2}\big|\frac{1}{2}\right)$ besitzt und an der Wendestelle $x = 1$ die Steigung $\frac{\pi}{4}$ hat.

6 Bestimmen Sie eine Funktion f mit folgenden Eigenschaften.
   a) Der Graph der Funktion f mit $f(x) = a \cdot e^{kx} + b$ verläuft durch den Punkt $P\left(1\big|\frac{e}{2} - 3\right)$, hat eine waagerechte Asymptote mit der Gleichung $y = -3$ und besitzt im Schnittpunkt mit der y-Achse die Steigung $\frac{1}{2}$.
   b) Der Graph der Funktion f mit $f(x) = t \cdot x \cdot e^x$ hat in $O(0|0)$ die Gerade g: $y = 2x$ als Tangente.

7 Gegeben ist die Funktion f mit $f(x) = x + \frac{t}{x}$. Bestimmen Sie t so, dass der Graph von f an der Stelle $x = 2$ einen Extrempunkt hat. Um welche Art von Extrempunkt handelt es sich? Zeichnen Sie für diesen t-Wert den Graphen von f.

8 Kim hat bei der Bestimmung eines Funktionsterms der Form $f(x) = a \cdot e^{kx} + b$ folgendes Gleichungssystem aufgestellt.
   a) Rekonstruieren Sie die Eigenschaften des Graphen von f.
   b) Bestimmen Sie den Funktionsterm von f.

$$a + b = 0$$
$$a \cdot k = -2$$
$$a \cdot k \cdot e^k = -\frac{2}{e}$$

9 Gegeben ist die Funktion f mit $f(x) = (x + a) \cdot e^{kx}$. Bestimmen Sie aus den vorgegebenen Eigenschaften die Parameter a und k und beantworten Sie dann die Frage.
   a) Der Graph von f enthält den Punkt $Y(0|5)$ und hat bei $x = 1$ einen Extrempunkt. Um welche Art von Extrempunkt handelt es sich?
   b) Die Funktion f hat die Nullstelle 1 und die Wendestelle –3. Welchen y-Wert hat der Wendepunkt?

10 Gegeben ist für $t > 0$ die Funktion f mit $f(x) = t \cdot x \cdot e^{-x}$.
   a) Zeigen Sie, dass f genau eine Extremstelle besitzt, die von t unabhängig ist.
   b) Untersuchen Sie, um welche Art von Extremum es sich handelt.
   c) Bestimmen Sie t so, dass der Extrempunkt auf der ersten Winkelhalbierenden liegt.

11 Bestimmen Sie zu dem gegebenen Graphen einen passenden Funktionsterm.

a) $f(x) = \frac{a}{x} + b \cdot x$

b) $f(x) = a \cdot \sin(2\pi x) + m \cdot x$

c) $f(x) = a \cdot (x + b) \cdot e^{kx}$

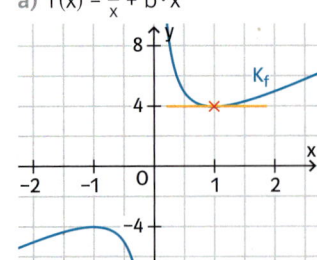
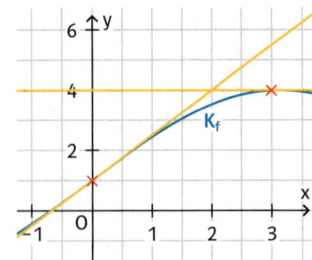
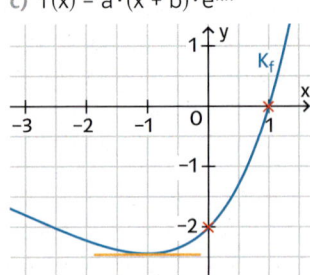

12 Gegeben sind die Funktionen f mit $f(x) = e^{kx}$ und g mit $g(x) = a \cdot x^2$. Bestimmen Sie k und a so, dass sich die Graphen von f und g bei $x = 1$ berühren.

Test

Lösungen | Seite 392

13 Bestimmen Sie zu den gegebenen Eigenschaften den Funktionsterm von f.
a) Der Graph von f mit $f(x) = \frac{a}{x^2} + b \cdot x$ besitzt den Tiefpunkt $T(2|3)$.
b) Der Graph einer Funktion f mit $f(x) = a \cdot (x + b) \cdot e^{kx}$ schneidet die x-Achse bei 3 und die y-Achse bei –4. Er hat an der Stelle 1 einen Tiefpunkt.

14 Auf Hawaii gibt es seit 1958 kontinuierliche Aufzeichnungen des CO_2-Gehaltes in der Luft, die sogenannte Keeling-Kurve. Hier sind die Messwerte ab Juli 2000 (für $x = 0$) dargestellt. Sie werden durch die Funktion f mit $f(x) = a \cdot \sin(bx) + m \cdot x + c$ angepasst.

a) Bestimmen Sie näherungsweise die Parameter a, b, m und c und beschreiben Sie Ihr Vorgehen.
b) Berechnen Sie, welcher CO_2-Gehalt sich für die Monate des aktuellen Jahres ergibt; vergleichen Sie mit recherchierten Werten.

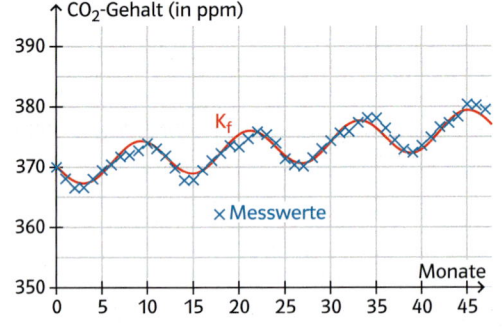

15 Die Graphen von f mit $f(x) = a \cdot x^2 + b$ und g mit $g(x) = \frac{c}{x^2}$ berühren sich bei $x = 2$; die gemeinsame Tangente schneidet die y-Achse bei –3. Bestimmen Sie die Parameter a, b und c.

16 Eine Polynomfunktion p_2 zweiten Grades und die Kosinusfunktion f mit $f(x) = \cos(x)$ stimmen für $x = 0$ im Funktionswert und den Werten der 1. und 2. Ableitung überein.
a) Bestimmen Sie die Funktion p_2. Zeichnen Sie den Graphen von p_2 und die Kosinuskurve für $-\pi \leq x \leq \pi$.
b) Bestimmen Sie die Polynomfunktion p_4 vierten Grades so, dass p_4 und die Kosinusfunktion für $x = 0$ denselben Funktionswert und dieselben Werte der 1. bis 4. Ableitung haben. Ergänzen Sie die Zeichnung aus Teilaufgabe a) mit dem Graphen von p_4.
c) Wie zeigt sich die Symmetrie der Kosinuskurve in den Koeffizienten von p_2 bzw. p_4?

Man nennt Funktionen, die wie p_2 und p_4 erzeugt werden, **Taylorpolynome** (nach Brook Taylor, englischer Mathematiker 1685–1731).
p_4 ist das Taylorpolynom vom Grad 4 an der Entwicklungsstelle $x = 0$.

Grundwissen Test

Grundwissen
Lösung | Seite 392

17 Lösen Sie die Gleichungen mit einem Näherungsverfahren auf vier Nachkommastellen genau.
a) $e^x + x = 0$
b) $\cos(x) = x^3$
c) $x \cdot e^x = 2$

Exkursion

V Lineare Gleichungssysteme; Funktionen bestimmen

Mischungen

Nährstoffe wie Eiweiß, Fett und Kohlenhydrate werden von allen Lebewesen aufgenommen und dienen der Lebenserhaltung. Der tägliche Nahrungsbedarf eines Oberstufenschülers beträgt pro Hauptmahlzeit und kg Körpergewicht etwa 0,35 g Eiweiß; 0,4 g Fett sowie etwa 2 g Kohlenhydrate. Mithilfe linearer Gleichungssysteme kann man berechnen, welche Mengen bestimmter Nahrungsmittel man zu sich nehmen muss, um ausreichend mit Nährstoffen versorgt zu werden.

Ernährungslehre 54
Die Nährstoffe

100 g Kabeljau:
Eiweiß 16,5 g
Fett 0,4 g
Kohlenhydrate 0,0 g

100 g Kartoffeln:
Eiweiß 2,0 g
Fett 0,2 g
Kohlenhydrate 20,9 g

100 g Butter:
Eiweiß 0,8 g
Fett 82,0 g
Kohlenhydrate 0,7 g

Die Angaben im LGS werden in Gramm angeben.

Problem
Welche Menge müsste man für ein Körpergewicht von z. B. 70 kg an Kabeljau, Kartoffeln und Butter wählen, um eine „ausgewogene" Hauptmahlzeit zu erhalten?

Erarbeitung

1. Anteile auf eine feste Menge beziehen
Aus einem Körpergewicht von 70 kg ergeben sich für eine „ausgewogene" Hauptmahlzeit etwa 24,5 g Eiweiß und 28 g Fett sowie 140 g Kohlenhydrate.

2. Variablen einführen

Menge an Kabeljau in 100 g: x_1
Menge an Kartoffeln in 100 g: x_2
Menge an Butter in 100 g: x_3

3. Lineares Gleichungssystem aufstellen

Eiweiß   I $16,5 x_1 + 2 x_2 + 0,8 x_3 = 24,5$
Fett   II $0,4 x_1 + 0,2 x_2 + 82 x_3 = 28$
Kohlenhydrate III $0,0 x_1 + 20,9 x_2 + 0,7 x_3 = 140$

4. Lösen des linearen Gleichungssystems
Man löst das LGS mit dem Gauß-Algorithmus und erhält $x_1 \approx 0,659$; $x_2 \approx 6,688$ und $x_3 \approx 0,322$.

Ergebnis
Um eine „ausgewogene" Hauptmahlzeit aus den drei Bestandteilen Kabeljau, Kartoffeln und Butter zu sich zu nehmen, sollten dies bei einem Körpergewicht von 70 kg etwa 66 g Kabeljau, 669 g Kartoffeln und 32 g Butter sein.

---

1 Die Tabelle gibt den Eiweiß-, Kohlenhydrat- und Fettgehalt von drei Speisebestandteilen A, B und C an. Untersuchen Sie, ob man aus A, B und C eine Speise
   a) mit 47 % Eiweiß, 35 % Kohlenhydraten und 18 % Fett,
   b) mit 40 % Eiweiß und 40 % Kohlenhydraten zusammenstellen kann.

	A	B	C
Eiweiß	30 %	50 %	20 %
Kohlenhydrate	30 %	30 %	70 %
Fett	40 %	20 %	10 %

2 Im Versuchslabor eines Getränkeherstellers soll aus den drei angegebenen Mischgetränken A, B und C eine neue Sorte PLOP mit 50 % Fruchtsaftgehalt gemischt werden. Wie kann man 1 l PLOP mit 20 % Maracujaanteil aus den drei Sorten mischen?

A Fruchtgehalte: Ananas 30 %, Kirsche 15 %, Maracuja 5 %
B Fruchtgehalte: Ananas 10 %, Kirsche 20 %, Maracuja 10 %
C Fruchtgehalte: Ananas 15 %, Kirsche 15 %, Maracuja 30 %

3 Chemische Reaktionsgleichungen geben an, wie viele Moleküle der Ausgangsstoffe wie viele Moleküle der Endstoffe liefern. Bestimmen Sie die kleinstmöglichen natürlichen Zahlen x_1, x_2 und x_3 für die Reaktion
   a) $x_1 Fe + x_2 O_2 \longrightarrow x_3 Fe_2O_3$ von Eisen in trockener Luft (Rosten),
   b) $x_1 N_2 + x_2 H_2 \longrightarrow x_3 NH_3$ von Stickstoff und Wasserstoff zu Ammoniak.

Training

1 Untersuchen Sie, ob das lineare Gleichungssystem eine, keine oder unendlich viele Lösungen besitzt. Bestimmen Sie die Lösungsmenge des LGS.

a) $2x_1 - 3x_2 = 19$
$4x_1 - 8x_3 = 20$
$ 5x_2 - 4x_3 = -7$

b) $x_1 + x_2 + 4x_3 = 14$
$2x_1 + x_2 + 2x_3 = 10$
$5x_1 + 2x_2 + 3x_3 = 18$

c) $3x_1 - 2x_2 + 5x_3 = 8$
$6x_1 + 5x_2 - 2x_3 = -5$
$9x_1 - 3x_2 - x_3 = -31$

d) $x_1 - x_2 - 2x_3 = 2$
$3x_1 - 2x_2 + x_3 = 4$
$7x_1 - 5x_2 = 10$

e) $3x_1 - x_2 + 2x_3 = 1$
$-6x_1 + 2x_2 - 4x_3 = -2$
$9x_1 - 3x_2 + 6x_3 = -3$

f) $x_1 - 2x_2 + x_3 = -1$
$2x_1 - x_2 + x_3 = 0$
$3x_1 - 2x_2 + 2x_3 = -1$

2 Untersuchen Sie, ob das lineare Gleichungssystem eine, keine oder unendlich viele Lösungen besitzt. Bestimmen Sie die Lösungsmenge des LGS.

a) $2x_1 + x_2 + x_3 = 201$
$x_1 + x_3 = 200$
$ -x_2 + x_3 = 200$

b) $2{,}01x_1 + x_2 + x_3 = 201$
$x_1 + x_3 = 200$
$ -x_2 + x_3 = 200$

c) $1{,}99x_1 + x_2 + x_3 = 201$
$x_1 + x_3 = 200$
$ -x_2 + x_3 = 200$

Beachten Sie: Geringe Unterschiede können große Auswirkungen haben.

3 Bestimmen Sie eine Polynomfunktion vom Grad 3, deren Graph den Extrempunkt $E(3|-8)$ und den Wendepunkt $W(0|0)$ besitzt. Welche Art von Extremum liegt vor?

4 Der Graph einer quadratischen Funktion enthält die Punkte $P(-1|-9)$, $Q(1|7)$ und $R(2|21)$. Bestimmen Sie den Funktionsterm und die Koordinaten des Scheitelpunktes des Graphen der Funktion.

5 Auf einem Hof leben Kühe, Hühner und Ziegen mit zusammen 120 Beinen und 36 Köpfen. Es sind doppelt so viele Hühner wie Kühe. Bestimmen Sie die Anzahl der Kühe, Hühner und Ziegen auf dem Hof.

6 a) Bestimmen Sie eine Polynomfunktion 3. Grades, deren Graph durch die Punkte $A(2|6)$, $B(0|4)$, $C(3|5{,}5)$ und $D(-2|8)$ geht.
b) Der Graph einer Polynomfunktion 3. Grades ist punktsymmetrisch zum Ursprung und hat bei $x = 2$ eine Extremstelle und bei $x = 1$ die Steigung 6. Bestimmen Sie den Funktionsterm. Welche Art von Extremum liegt vor?

7 Bestimmen Sie die Parameter im gegebenen Funktionsterm der Funktion f.

a) $f(x) = a \cdot e^{kx} + b$

b) $f(x) = a \cdot (x + b) \cdot e^{-x}$

c) $f(x) = a \cdot (x + b) \cdot e^{x}$

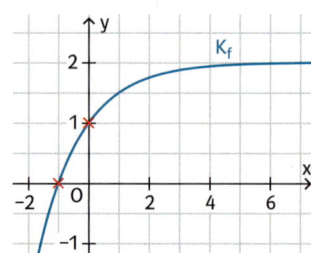
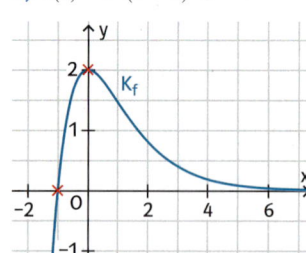
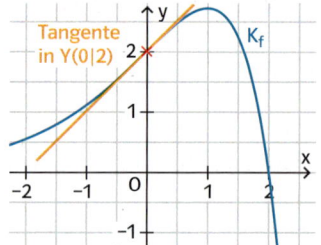

8 Bestimmen Sie die Lösungsmenge des linearen Gleichungssystems.

a) $x_1 + x_2 = -2$
$ x_2 + x_3 = -2$
$x_1 + x_3 = -2$

b) $x_1 + 2x_3 = 5$
$-x_1 + 8x_3 = 15$
$ x_3 = 2$

c) $x_1 = x_3$
$x_2 = x_1$
$x_3 = x_2$

V Lineare Gleichungssysteme; Funktionen bestimmen

9 Bestimmen Sie die Lösungsmenge des linearen Gleichungssystems.
a) $x_1 + 2x_2 + x_3 = 8$
   $-4x_1 + x_2 + 5x_3 = 11$
b) $2x_1 - x_2 + 4x_3 = 0$
   $3x_1 + x_2 + x_3 = 5$
c) $2x_1 + 2x_2 + 6x_3 = 2$
   $-x_1 + 3x_2 + 4x_3 = -5$

10 a) $x_1 + 3x_2 = 5$
      $-x_1 + 5x_2 = 11$
      $x_1 + 10x_2 = 19$
b) $2x_1 + 3x_2 = 0$
   $x_1 - 5x_2 = 11$
   $x_1 - x_2 = 3$
c) $2x_1 + 3x_2 = 6$
   $-6x_1 - 9x_2 = -18$
   $6x_1 + 9x_2 = 18$

11 Geben Sie eine weitere Gleichung an, sodass das LGS (I) keine Lösung, (II) unendlich viele Lösungen bzw. (III) genau eine Lösung hat.
a) $x_1 + 2x_2 - 3x_3 = -3$
   $-x_1 - x_2 + 2x_3 = 1$
b) $a + b + c + d = 2$
   $-8a + 4b - 2c + d = -2$
   $3a + 2b + c = 0$
c) $-x + 4y = 2$
   $3x - 12y = -6$

12 Für welche Werte der Variable a gibt es keine Lösung bzw. unendlich viele Lösungen?
a) $\begin{pmatrix} 1 & 0 & 3 & | & 4 \\ 0 & 2 & 3 & | & 5 \\ 0 & 0 & 0 & | & a-1 \end{pmatrix}$
b) $\begin{pmatrix} 1 & 3 & 1 & | & 4 \\ 0 & 2 & 4 & | & 12 \\ 0 & -1 & -2 & | & 2a \end{pmatrix}$
c) $\begin{pmatrix} 1 & -2 & 0 & | & -8 \\ 0 & 4 & 2 & | & 1 \\ -2 & 4 & 0 & | & a^2 \end{pmatrix}$

13 In einem Skigebiet kann man Skier (mit Stöcken), Snowboards und Schneeschuhe ausleihen. Familie Müller leiht für eine Woche 2 Paar Ski, 1 Snowboard und 2 Paar Schneeschuhe und bezahlt 420 €. Familie Mayer leiht 1 Paar Ski, 2 Snowboards und 1 Paar Schneeschuhe und bezahlt 360 €. Familie Schulz leiht 2 Snowboards und 3 Paar Ski und bezahlt 620 €.
Berechnen Sie den Leihpreis pro Woche für die unterschiedlichen Schneesportgeräte.

14 Ein lineares Gleichungssystem hat die Lösungsmenge $L = \{(2; 3 + t; 4t) | t \in \mathbb{R}\}$.
a) Prüfen Sie, ob das folgende Zahlentripel Lösung des linearen Gleichungssystems ist.
   (A) $(2; 4; 4)$ (B) $(0; 3; 0)$ (C) $(2; 0; -12)$ (D) $\left(2; \frac{5}{2}; -2\right)$ (E) $(2; 3; 4)$
b) Untersuchen Sie, zu welchem LGS die Lösungsmenge L gehören könnte.
   (I) $\begin{pmatrix} 1 & 0 & 0 & | & 2 \\ 0 & 1 & 4 & | & 3 \end{pmatrix}$
   (II) $\begin{pmatrix} 2 & -4 & 1 & | & -8 \\ 0 & 4 & -1 & | & 12 \end{pmatrix}$
   (III) $\begin{pmatrix} -3 & 8 & -2 & | & 18 \\ 2 & -1 & \frac{1}{4} & | & 1 \end{pmatrix}$

15 Geben Sie ein lineares Gleichungssystem an, das die folgende Lösungsmenge hat und bei dem alle Koeffizienten von null verschieden sind.
a) $L = \{(-2; 3; -4)\}$
b) $L = \{\ \}$
c) $L = \{(t; 2t; 3t) | t \in \mathbb{R}\}$
d) $L = \{(5; t + 1; t) | t \in \mathbb{R}\}$

16 Ist die Aussage wahr oder falsch? Begründen Sie Ihre Antwort.
a) Ein lineares Gleichungssystem mit drei Variablen und zwei Gleichungen kann keine eindeutige Lösung besitzen.
b) Hat ein lineares Gleichungssystem mit zwei Variablen und drei Gleichungen eine eindeutige Lösung, so kann man in der Matrixform durch Äquivalenzumformungen eine Zeile erzeugen, die nur Nullen enthält.
c) Ein lineares Gleichungssystem mit vier Variablen und drei Gleichungen besitzt immer unendlich viele Lösungen.

17 Geben Sie zu den beiden Gleichungen eine dritte Gleichung an, sodass das LGS (I) keine Lösung, (II) unendlich viele Lösungen oder (III) genau eine Lösung hat. Alle Koeffizienten aller Gleichungen sollen ungleich null sein.
a) $4x_1 - 2x_2 + 5x_3 = 1$
   $2x_1 + x_2 - 2x_3 = 3$
b) $-x_1 + 4x_2 - 7x_3 = -5$
   $3x_1 - 3x_2 + 2x_3 = 8$
c) $0{,}5x_1 - 0{,}6x_2 + 0{,}1x_3 = 2$
   $0{,}2x_1 - 0{,}1x_2 - 0{,}3x_3 = 4$

18 Ordnen Sie jeder der Aussagen A bis E eine oder mehrere Bedingungen vom Rand so zu, dass aus diesen Bedingungen die Aussage folgt. Die Aussagen betreffen jeweils verschiedene Funktionen. Jede Bedingung kann mehrfach verwendet werden, nicht jede Bedingung muss verwendet werden. Verwenden Sie keine überflüssigen Bedingungen.
(A): Die Graph von f hat den Wendepunkt W(3|0).
(B): Der Graph der Funktion hat den Tiefpunkt T(3|3).
(C): Der Punkt P(3|0) ist ein Sattelpunkt des Graphen von f.
(D): Die Tangente im Punkt P(3|3) ist eine Ursprungsgerade.
(E): Die Tangente im Punkt P(3|0) ist eine Parallele zur zweiten Winkelhalbierenden.

Bedingungen: $f'(3) = 0$; $f(3) = 0$; $f(0) = 3$; $f(3) = 3$; $f'(3) = -1$; $f'(3) = 1$; $f''(3) \neq 0$; $f''(3) > 0$; $f''(3) = 0$; $f''(3) < 0$; $f'(3) = 3$; $f'''(3) \neq 0$

19 Bestimmen Sie den Term der Polynomfunktion f aus den Eigenschaften des Graphen von f.
a) Die quadratische Funktion besitzt den Scheitel an der Stelle 2. Im Kurvenpunkt P(5|0) beträgt die Tangentensteigung –3.
b) Der Graph der Polynomfunktion 4. Grades ist achsensymmetrisch zur y-Achse und besitzt den Wendepunkt W(1|2). Die Wendetangente im Punkt W ist parallel zur Geraden g: y = 6x.
c) Der Graph der Polynomfunktion 5. Grades ist punktsymmetrisch zum Ursprung und besitzt den Wendepunkt W(1|8) mit waagerechter Tangente.

20 Zur Markierung des Kurses beim Segeln einer Regatta sind in einer Seekarte die Bojen als rote Punkte angegeben. Der Segler skizziert in der Karte einen möglichen Kurs als blaue Linie. Bestimmen Sie jeweils den Funktionsterm einer Polynomfunktion dritten Grades, deren Graph den Kurs des Seglers beschreibt.

a)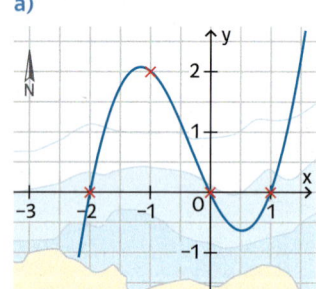
b)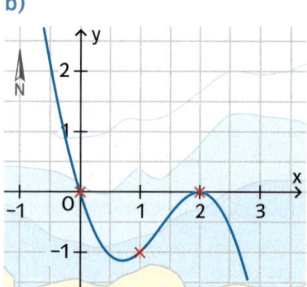
c)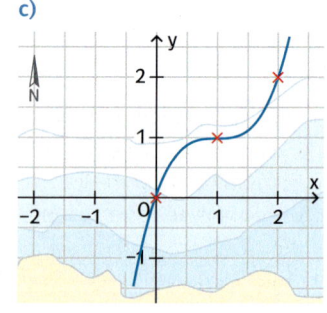

21 Gegeben ist die Funktion f mit $f(x) = \frac{4}{x^2}$.
a) Untersuchen Sie den Graphen von f auf Symmetrie. Geben Sie die Gleichungen der Asymptoten an. Zeichnen Sie den Graphen von f.
b) Berechnen Sie die Koeffizienten a und b so, dass der Graph der Funktion g mit $g(x) = ax^2 + b$ den Graphen von f an der Stelle $x_1 = 2$ berührt.
c) Wie lautet die Gleichung der Tangente t an den Graphen von f im Punkt P(2|1)?

22 Bestimmen Sie die trigonometrische Funktion f aus den Eigenschaften des Graphen von f.
a) Der Graph der Funktion f mit $f(x) = a \cdot \sin(bx) + d$ besitzt den Hochpunkt H(1|3) und im Schnittpunkt mit der y-Achse die Steigung 2π.
b) Der Graph der Funktion f mit $f(x) = a \cdot \cos(bx) + d$ besitzt als ersten Wendepunkt rechts von der y-Achse $W\left(\frac{\pi}{4} \big| \frac{3}{2}\right)$. Die Tangente in W ist parallel zur ersten Winkelhalbierenden.
c) Der Graph der Funktion f mit $f(x) = a \cdot \sin(bx) + d$ besitzt in $W\left(\frac{3\pi}{2} \big| \frac{\pi}{2}\right)$, dem ersten Wendepunkt rechts von der y-Achse, eine Ursprungsgerade als Tangente.

23 Gegeben ist die Funktion f mit $f(x) = x - t \cdot e^x$.
a) Für welchen Wert von t ist x = 1 eine Nullstelle von f?
b) Bestimmen Sie t so, dass der Graph von f einen Hochpunkt auf der y-Achse hat.

24 Bestimmen Sie die Parameter der Funktion f mit $f(x) = a \cdot e^{kx} + b$ aus folgenden Eigenschaften.

a) Der Graph von f besitzt die Gerade g als waagerechte Asymptote und hat im Ursprung die erste Winkelhalbierende als Tangente, siehe Abbildung.

b) Für $x \to \infty$ geht $f(x) \to \frac{2}{e}$. Die Funktion f hat bei $x = 1$ eine Nullstelle und weist dort die Steigung $\frac{2}{e}$ auf.

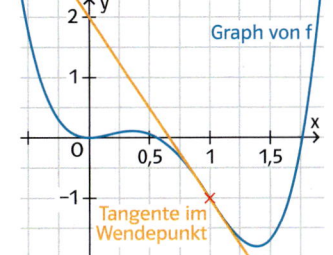

25 Der Graph der Funktion f mit $f(x) = a \cdot e^{kx}$ besitzt im Kurvenpunkt $P(1|4)$ die Steigung 8. Bestimmen Sie die Parameterwerte a und k.

26 In der Abbildung ist der Graph einer Polynomfunktion 4. Grades dargestellt. Bestimmen Sie ihren Funktionsterm.

27 Gibt es eine Polynomfunktion 3. Grades mit den Eigenschaften?

a) Der Graph der Funktion hat eine Nullstelle bei $x = -1$ und einen Tiefpunkt mit x-Wert 1,5. Die Tangentensteigung im Wendepunkt $W\left(\frac{2}{3} \mid -\frac{11}{3}\right)$ beträgt $-\frac{34}{3}$.

b) Der Graph geht durch den Punkt $P(2|4)$, hat den Wendepunkt $W(-0{,}5|6{,}5)$ und einen Hochpunkt für $x = -2$.

28 Der Graph der Funktion f mit $f(x) = a \cdot x^2 \cdot e^{kx}$ besitzt den Extrempunkt $E\left(-1 \mid \frac{1}{e}\right)$. Bestimmen Sie die Parameter a und k sowie die Art des Extremums.

29 Der Graph der Funktion f hat im Punkt $P(1|3)$ eine Tangente parallel zu der Geraden mit der Gleichung $4x + 2y = 6$. Bestimmen Sie eine Funktion f mit den folgenden Eigenschaften.

a) Der Graph der Polynomfunktion f vom Grad 3 ist zum Ursprung symmetrisch.

b) Der Graph der Funktion 4. Grades enthält den Ursprung und ist zur y-Achse symmetrisch.

c) f ist eine Funktion mit $f(x) = (ax + b)e^x$.

d) f hat einen Funktionsterm der Form $f(x) = ax + b \cdot \cos(\pi \cdot x)$.

30 Die Abbildung zeigt den Graphen der Ableitung f' einer Polynomfunktion f vom Grad 4. Die Funktion f hat an der Stelle $x = 0$ eine Nullstelle.
In der Zeichnung sind die Koordinaten der Extrempunkte des Graphen der Ableitung angegeben.

a) Bestimmen Sie einen Funktionsterm von f'.

b) Ermitteln Sie einen Funktionsterm der Funktion f.

c) Geben Sie ohne weitere Rechnung die Wendestellen von f an. Begründen Sie kurz.

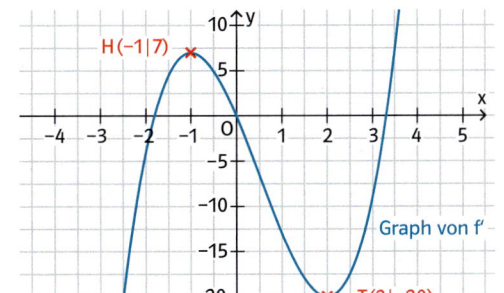

31 Es ist bekannt, dass sich die Summe der ersten natürlichen Zahlen $0 + 1 + 2 + \cdots + n$ unmittelbar mit einem quadratischen Polynom $an^2 + bn + c$ berechnen lässt.

a) Stellen Sie ein LGS auf und ermitteln Sie daraus die Koeffizienten a, b und c.

b) Bestätigen Sie, dass sich dieses Polynom in der Form $\frac{n \cdot (n+1)}{2}$ schreiben lässt.

c) Für die Summe der ersten Quadratzahlen $0^2 + 1^2 + 2^2 + \cdots + n^2$ gibt es eine vergleichbare Formel. Ermitteln Sie diese mit einem geeigneten Ansatz.

> **Strategie | Seite 339**
> **Orientieren an einem Beispiel**
>
> Diese Summenformel ist seit dem Altertum bekannt. Sie heißt auch „der kleine Gauß", da Carl Friedrich Gauß sie als Neunjähriger gefunden hat.

Rückblick

V Lineare Gleichungssysteme; Funktionen bestimmen

Der Gauß-Algorithmus zum Lösen linearer Gleichungssysteme

1. Man bringt das in **Matrixform** notierte lineare Gleichungssystem mithilfe der folgenden **Äquivalenzumformungen** auf **Stufenform**:
   - Zwei Gleichungen tauschen mit dem Ziel, dass die Gleichung mit dem einfachsten Koeffizienten von x_1 ganz oben steht.
   - Eine Gleichung mit einer Zahl $c \neq 0$ multiplizieren.
   - Eine Gleichung durch die Summe von sich selbst und einer zweiten Gleichung ersetzen.
2. Man löst die Gleichungen der Stufenform schrittweise durch **Rückwärtseinsetzen** nach den Variablen auf.

$$\begin{pmatrix} 1 & 1 & -2 & | & 0 \\ -2 & 3 & 1 & | & 9 \\ 3 & 8 & -7 & | & 13 \end{pmatrix} \begin{matrix} \cdot 2 \\ + \end{matrix} \begin{matrix} \cdot (-3) \\ + \end{matrix}$$

$$\begin{pmatrix} 1 & 1 & -2 & | & 0 \\ 0 & 5 & -3 & | & 9 \\ 0 & 5 & -1 & | & 13 \end{pmatrix} \begin{matrix} \cdot (-1) \\ + \end{matrix}$$

$$\begin{pmatrix} 1 & 1 & -2 & | & 0 \\ 0 & 5 & -3 & | & 9 \\ 0 & 0 & 2 & | & 4 \end{pmatrix} \quad \text{Lösungsmenge: } L = \{(1; 3; 2)\}$$

Lösungsmenge eines linearen Gleichungssystems

Nach der Umformung eines LGS in die Stufenform lassen sich drei Fälle unterscheiden:

1. Bei den Umformungen ist in jeder Gleichung mindestens immer ein Koeffizient ungleich null. Dann besitzt das LGS genau **eine Lösung**.
2. Bei den Umformungen ergibt sich eine Gleichung der Form $0 = c$ mit $c \neq 0$. Dann besitzt das LGS **keine Lösung**, die Lösungsmenge L ist leer.
3. Bei den Umformungen ergibt sich eine Stufenform, die abgesehen von Gleichungen der Form $0 = 0$ weniger Gleichungen als Variablen hat. Dann besitzt das LGS **unendlich viele Lösungen**. Die Lösungsmenge wird mit Parametern dargestellt.

$2x_1 - x_2 + 2x_3 = 11$
$\quad\quad -4x_2 + 4x_3 = -8$
$\quad\quad\quad\quad\quad 5x_3 = 15; \; L = \{(5; 5; 3)\}$

$2x_1 - x_2 + 7x_3 = 11$
$\quad\quad -4x_2 + 4x_3 = -8$
$\quad\quad\quad\quad\quad 0 = 2; \; L = \{\;\}$

$2x_1 - x_2 + 7x_3 = 12$
$\quad\quad -4x_2 + 4x_3 = -8$
$\quad\quad\quad\quad\quad 0 = 0; \; L = \{(7 - 3t; 2 + t; t) | t \in \mathbb{R}\}$

Bestimmen einer Polynomfunktion mit gegebenem Grad aus Eigenschaften des Graphen

1. **Aufstellen** eines allgemeinen **Funktionsterms mit Parametern**, dabei ggf. Symmetrie berücksichtigen; benötigte Ableitungen bilden.
2. Die vorgegebenen Eigenschaften mithilfe von f, f' und f'' als **Bedingungen** formulieren.
3. Das zugehörige **LGS aufstellen und lösen**; den **Funktionsterm notieren**.
4. **Überprüfen**, ob die ermittelte Funktion tatsächlich die vorgegebenen Eigenschaften hat.

Gesucht: Polynomfunktion 4. Grades mit Wendepunkt $W\left(1 \left| -\frac{1}{2}\right.\right)$ und Wendetangente im Punkt W mit Steigung -4; der Graph ist symmetrisch zur y-Achse.

Ansatz: $f(x) = ax^4 + bx^2 + c$;
$f'(x) = 4ax^3 + 2bx$; $f''(x) = 12ax^2 + 2b$

Wendepunkt $\quad f(1) = -\frac{1}{2}$
Wendepunkt $\quad f''(1) = 0 \quad \begin{pmatrix} 1 & 1 & 1 & | & -\frac{1}{2} \\ 12 & 2 & 0 & | & 0 \\ 4 & 2 & 0 & | & -4 \end{pmatrix}$
Steigung $\quad\quad f'(1) = -4$

Die Lösung des LGS ist $\left(\frac{1}{2}; -3; 2\right)$.

Funktionsterm: $f(x) = \frac{1}{2}x^4 - 3x^2 + 2$
Wegen $f'''(1) = 12 \neq 0$ besitzt die Funktion alle vorgegebenen Eigenschaften.

Bestimmen von speziellen Funktionen

Der Term der speziellen Funktion ist vorgegeben und enthält einen oder mehrere **Parameter**, die man wie folgt bestimmt:

1. Den speziellen Funktionsterm **analysieren** und gegebenenfalls einzelne Parameter aus allgemeinen Eigenschaften wie z.B. Asymptote, Amplitude oder Ähnlichem bestimmen.
2. Die weiteren Eigenschaften mithilfe von f, f' und f'' als **Bedingungen** formulieren.
3. Mit dem entstehenden **Gleichungssystem** die **Parameter bestimmen**.
4. Gegebenenfalls **prüfen**, ob die ermittelte Funktion alle geforderten Eigenschaften hat.

Gesucht: $f(x) = a \cdot e^{kx} + b$, sodass der Graph im Ursprung die Tangente $t: y = 6x$ sowie $g: y = -2$ als waagerechte Asymptote besitzt.
Ableitung: $f'(x) = a \cdot k \cdot e^{kx}$
Asymptote $\quad f(x) \to -2 \quad b = -2$
Ursprung $\quad\; f(0) = 0 \quad\quad a \cdot 1 - 2 = 0$
Steigung $\quad\; f'(0) = 6 \quad\quad a \cdot k \cdot 1 = 6$
Dies ergibt $a = 2$ und $k = 3$.
Funktionsterm: $f(x) = 2 \cdot e^{3x} - 2$
Hier muss keine Eigenschaft überprüft werden.

Prüfungsvorbereitung
V Lineare Gleichungssysteme; Funktionen bestimmen

Aufgaben ohne Hilfsmittel

Lösungen | Seite 392

1 Lösen Sie das LGS mit dem Gauß-Algorithmus:
$$\begin{aligned} x_1 - x_2 + 2x_3 &= -12 \\ 4x_1 + 2x_2 + x_3 &= -1 \\ -x_1 + 3x_2 - x_3 &= 11 \end{aligned}$$

2 Entscheiden Sie, wie viele Lösungen das LGS besitzt. Begründen Sie Ihre Entscheidung.

a) $2x_1 + 7x_2 + 4x_3 = 3$
   $10x_1 - x_2 = 0$
   $0 \cdot x_2 = 0$

b) $x_1 + 3x_2 = 1$
   $7x_1 = 28$
   $2x_1 - x_2 - 4x_3 = 1$

c) $2x_1 + 7x_2 + 4x_3 = 3$
   $0 \cdot x_2 = 45$
   $0 \cdot x_3 = 0$

3 Der Graph der Funktion f mit $f(x) = ax^4 - bx^2 + 5x - c$ verläuft durch den Punkt $P(2|-3)$ und hat den Wendepunkt $W(1|-5)$. Bestimmen Sie passende Werte für a, b und c.

4 Die Abbildung zeigt den Graphen der Ableitung f′ einer Polynomfunktion f vom Grad 4. Der Graph von f verläuft durch den Punkt $Y(0|1)$.
Bestimmen Sie einen Funktionsterm von f.

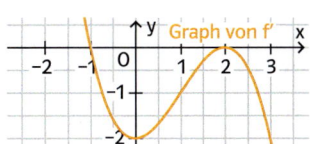

5 Eine Polynomfunktion f mit $f(x) = a \cdot (x - b) \cdot x^c$ hat bei $x = 2$ eine Nullstelle. Der Graph weist im Ursprung einen Sattelpunkt auf und verläuft durch $P\left(1 \left| \frac{3}{2}\right.\right)$. Bestimmen Sie f.

Aufgaben mit Hilfsmitteln

6 Bestimmen Sie die Lösungsmenge des linearen Gleichungssystem.

a) $\begin{pmatrix} 1 & 1 & 3 & | & -1 \\ -2 & -1 & 2 & | & -1 \\ 1 & -1 & 1 & | & 5 \end{pmatrix}$

b) $\begin{pmatrix} 1 & 1 & -1 & | & 2 \\ -2 & 1 & 2 & | & -4 \end{pmatrix}$

c) $3x_1 - 2x_2 + x_3 = 2r$
   $5x_1 - 4x_2 - x_3 = 2$
   $x_1 + 3x_2 - 2x_3 = 2r + 6$

7 Der Graph der Funktion f mit $f(x) = a \cdot (x + b) \cdot e^{kx}$ schneidet die x-Achse bei −2 und die y-Achse bei 3. Bei $x = -1$ ist eine Extremstelle. Bestimmen Sie f und die Art des Extremums. Zeichnen Sie den Graphen von f.

8 Untersuchen Sie, ob es eine Polynomfunktion vom Grad 3 gibt, deren Graph in $H(0|1)$ einen Hochpunkt und in $P(-3|1)$ die Steigung 9 hat.

9 Bestimmen Sie zu dem gegebenen Graphen einen passenden Funktionsterm.
a) Polynomfunktion mit möglichst kleinem Grad
b) $f(x) = a \cdot \sin(bx) + d$
c) $f(x) = a \cdot (x + b) \cdot e^{kx}$

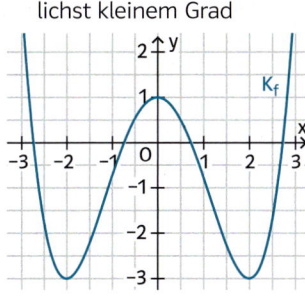
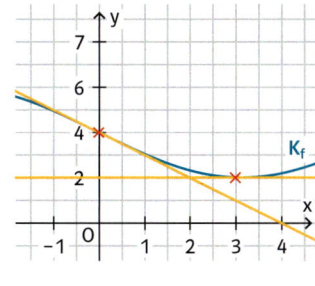
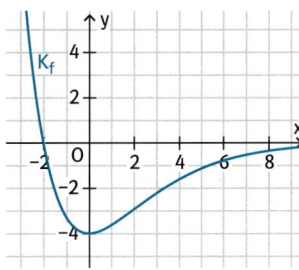

10 Der Graph der Funktion f mit $f(x) = a \cdot e^{kx}$ schneidet die y-Achse unter 45° und verläuft durch den Punkt $P(-1|2)$. Bestimmen Sie die Parameterwerte auf drei Dezimalen genau.

VI Optimieren und Modellieren

Kugelstoß optimieren
Unter welchem Winkel muss die Kugel für eine maximale Weite gestoßen werden?

Das können Sie schon

- Die Maße geometrischer Figuren und Körper mit Formeln beschreiben und berechnen
- Hoch- und Tiefpunkte mithilfe von Ableitungen bestimmen
- Das Grenzverhalten von Funktionen beschreiben
- Lokale und globale Extrema bestimmen
- Eine Funktion zu vorgegebenen Eigenschaften bestimmen

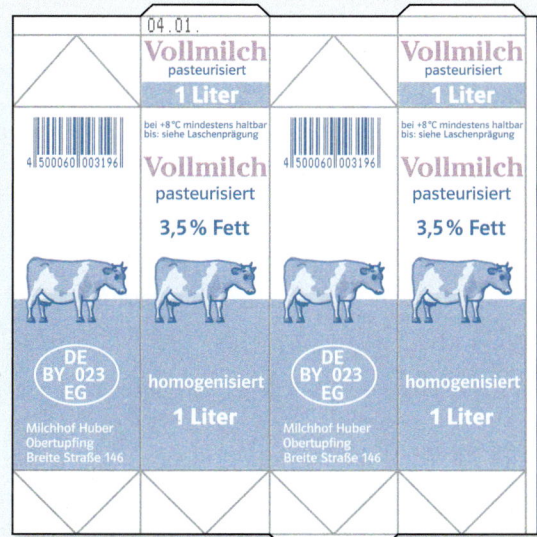

Mindesthaltbarkeitsdatum
Mindesthaltbarkeitshinweis
Milchsorte
Wärmebehandlungsverfahren
Fettgehaltsangabe

Identitätskennzeichen
Homogenisierung (wenn erfolgt)
Füllmengenangabe
Hersteller, Einfüller, Verkäufer

Netz einer Milchtüte
Die Einfachheit ist die Form echter Größe.
Francesco De Sanctis (1817 – 1883), ital. Literaturhistoriker und -kritiker

Wie hoch ist die optimale Milchtüte mit einem Liter Volumen und dem geringsten Materialverbrauch?

Das können Sie bald

- Bei Optimierungsproblemen eine Zielfunktion mit geeigneter Definitionsmenge ermitteln
- Globale Extrema im Sachzusammenhang bestimmen
- Bewegungen, Wachstumsvorgänge und vielfältige weitere reale Situationen modellieren
- Den Modellierungskreislauf anwenden

Check-in

So geht's:
(1) Checkliste übertragen.
(2) Fähigkeiten selbst einschätzen.
(3) Einschätzung mithilfe der Aufgaben überprüfen und gegebenenfalls Lerntipps beachten.

Schätzen Sie sich mithilfe der Checkliste ein.

	😊	😐	☹
1. Ich kann Größen von ebenen geometrischen Figuren berechnen.	☐	☐	☐
2. Ich kann Größen von dreidimensionalen Körpern berechnen.	☐	☐	☐
3. Ich kann Hoch- und Tiefpunkte mithilfe von Ableitungen bestimmen.	☐	☐	☐
4. Ich kann das Grenzverhalten von Funktionen beschreiben.	☐	☐	☐
5. Ich kann lokale und globale Extrema bestimmen.	☐	☐	☐
6. Ich kann eine Funktion aus vorgegebenen Eigenschaften mit einem linearen Gleichungssystem bestimmen.	☐	☐	☐
7. Ich kann die Parameter eines speziellen Funktionsterms aus vorgegebenen Eigenschaften bestimmen.	☐	☐	☐
8. Ich kann zu Messwerten eine geeignete Regression durchführen.	☐	☐	☐

Lerntipps

- zu 3. **Beispiel 1**, Seite 100
- zu 4. **Grundwissen**, Seiten 351 und 352
- zu 5. **Beispiel**, Seite 97
- zu 6. **Beispiel 1**, Seite 178
- zu 7. **Beispiel 2**, Seite 178
- zu 8. **Grundwissen**, Seite 352

Überprüfen Sie Ihre Einschätzungen.

Lösungen | Seite 393

1   Größen von ebenen geometrischen Figuren berechnen
Berechnen Sie den Wert der gesuchten Größe. Fertigen Sie bei Bedarf eine Skizze der Figur an.
a) Ein rechtwinkliges Dreieck besitzt eine Kathete der Länge 10 cm, die Länge der Hypotenuse beträgt 26 cm. Welchen Flächeninhalt besitzt das Dreieck?
b) Ein Rechteck hat einen Flächeninhalt von 240 cm². Die eine Seite ist 8 cm länger als die andere. Wie lang sind die beiden Seiten?
c) Bei einem Trapez sind die beiden parallelen Seiten 5 dm und 9 dm lang. Der Flächeninhalt beträgt 560 cm². Wie groß ist die Höhe des Trapezes?

2   Größen von dreidimensionalen Körpern berechnen
Berechnen Sie den Wert der gesuchten Größe. Fertigen Sie bei Bedarf eine Skizze des Körpers an.
a) Ein Quader besitzt eine quadratische Grundfläche mit Seitenlänge 8 cm und eine Höhe von 5 cm. Berechnen Sie sein Volumen und seinen Oberflächeninhalt.
b) Eine regelmäßige quadratische Pyramide besitzt eine Grundseite von 30 cm und eine Höhe von 20 cm. Berechnen Sie das Pyramidenvolumen sowie die Mantelfläche.
c) Bei einem geraden Kreiskegel beträgt die Länge der Mantellinie 10 cm und die Höhe 8 cm. Berechnen Sie den Oberflächeninhalt und das Kegelvolumen.
d) Eine Spielfigur besteht aus einem Zylinder mit aufgesetzter Halbkugel. Der Durchmesser des Zylinders ist gleich groß wie jener der Halbkugel und beträgt 6 cm, die Höhe des Zylinders ist 8 cm. Berechnen Sie das Volumen der Spielfigur.

3   Hoch- und Tiefpunkte mithilfe von Ableitungen bestimmen
Untersuchen Sie den Graphen der Funktion f auf Extrempunkte.
a) $f(x) = 2x^3 - 3x^2 + 4$
b) $f(x) = (x-3) \cdot e^x$
c) $f(x) = \cos(x) + 2x$

VI Optimieren und Modellieren

4 Das Grenzverhalten von Funktionen bestimmen
Untersuchen Sie das Verhalten der Funktion f für $x \to \pm\infty$ sowie ggf. für $x \to x_0$. Geben Sie, falls vorhanden, die Gleichung der horizontalen bzw. vertikalen Asymptote an.
a) $f(x) = e^{-x} + 3$
b) $f(x) = 2x \cdot e^x$
c) $f(x) = 3 + \frac{2}{x}$; $x_0 = 0$
d) $f(x) = \frac{1}{x+3} - 5$; $x_0 = -3$

5 Lokale und globale Extrema bestimmen
Bestimmen Sie die lokalen und globalen Extrema der Funktion f auf dem Intervall I.
a) $f(x) = -\frac{1}{2}x^2 + 3$; $I = [-1; 2]$
b) $f(x) = \frac{1}{3}x^3 - \frac{1}{2}x^2 + 2x$; $I = [-3; 4]$
c) $f(x) = 2x \cdot e^{-x}$; $I = [-1; 4]$
d) $f(x) = 3\sin\left(\frac{x}{2}\right) - 1$; $I = \left[-\frac{\pi}{2}; \frac{3\pi}{2}\right]$

6 Eine Funktion aus vorgegebenen Eigenschaften mit einem LGS bestimmen
Bestimmen Sie eine Polynomfunktion f mit möglichst niedrigem Grad so, dass ihr Graph folgende Eigenschaften aufweist:
a) Der Graph ist punktsymmetrisch zum Ursprung und besitzt den Hochpunkt H(−1|3).
b) Der Graph ist achsensymmetrisch zur y-Achse und hat im Wendepunkt W(2|−2) die Steigung −4.
c) Der Graph besitzt den Tiefpunkt T(0|2) und den Wendepunkt W(−2|3).

7 Parameter eines speziellen Funktionsterms bestimmen
Bestimmen Sie die Parameter im Term der Funktion f so, dass ihr Graph die geforderten Eigenschaften aufweist.
a) $f(x) = a \cdot e^{kx} + b$; der Graph besitzt eine waagerechte Asymptote mit der Gleichung $y = 3$ und weist im Punkt P(0|−1) die Steigung 2 auf.
b) $f(x) = \frac{a}{x} + b \cdot x$; der Graph besitzt den Tiefpunkt T(2|2).
c) $f(x) = a \cdot \cos(bx)$; der Graph besitzt W(π|0) als ersten Wendepunkt rechts von der y-Achse, die zugehörige Wendetangente ist orthogonal zur ersten Winkelhalbierenden.

8 Zu Messwerten eine geeignete Regression durchführen
Führen Sie eine Regression der Daten in der Tabelle mit den beiden genannten Regressionsfunktionen durch und vergleichen Sie die Bestimmtheitsmaße.

a)
x	−2	1	6
y	4	2,5	0

lineare Regression
$y = ax + b$

quadratische Regression
$y = ax^2 + bx + c$

b)
x	0,5	1,5	2,0
y	1,4	7,3	11,3

Potenzregression
$y = ax^b$

quadratische Regression
$y = ax^2 + bx + c$

c)
x	0,5	1,2	1,8
y	2,1	3,3	4,0

Potenzregression
$y = ax^b$

Exponentialregression
$y = ab^x$

1 Optimierung einbeschriebener Figuren

Zeichnen Sie ein rechtwinkliges Dreieck, dessen Katheten 8 cm und 6 cm lang sind. Wählen Sie drei verschiedene Punkte auf der Hypotenuse und zeichnen Sie zu diesen Punkten jeweils ein zugehöriges Rechteck.
a) Ermitteln Sie die Flächeninhalte Ihrer drei Rechtecke und vergleichen Sie.
b) Wie könnte man vorgehen, um dasjenige Rechteck zu bestimmen, das den größtmöglichen Flächeninhalt besitzt?

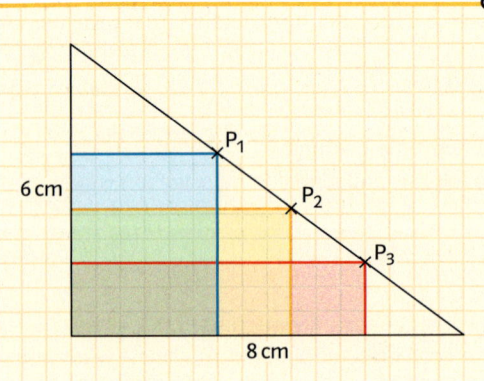

Bei wissenschaftlichen, technischen oder wirtschaftlichen Anwendungen besteht die Aufgabe oft darin, das Optimum einer bestimmten Größe zu bestimmen. Man spricht in solchen Fällen von einem **Optimierungs-** oder **Extremwertproblem**. Die zu optimierende Größe wird **Zielgröße** genannt.
Wie man beim Optimieren vorgehen kann, zeigt die folgende Fragestellung.
Die Funktion f mit $f(x) = \frac{1}{2}x^2 + \frac{5}{2}$ beschreibt für $x \in [0; 4]$ ein parabelförmiges Kurvenstück.
Der Kurvenpunkt $Q(u|f(u))$ legt mit dem Punkt $S(4|0)$, der Q diagonal gegenüber liegt, das achsenparallele Rechteck PQRS fest. Für welche Lage von Q wird der Inhalt des Rechtecks PQRS möglichst groß, und welchen Wert hat dieser maximale Flächeninhalt?

Achsenparallel bedeutet, dass die Seiten des Rechtecks auf den Koordinatenachsen oder parallel dazu verlaufen.

Man geht nun nach einer **Strategie in sechs Schritten** vor.

1. Aufstellen eines Terms für die Zielgröße
Zunächst gilt es, für ein besseres Verständnis den Sachverhalt zu veranschaulichen. Dazu skizziert man den Graphen von f. Auf dem Kurvenstück zwischen B und C wählt man einen Punkt Q und zeichnet dann ein Rechteck ein, das die Vorgaben erfüllt. Der Flächeninhalt A des Rechtecks soll möglichst groß werden. Diese **Zielgröße** beschreibt man durch einen Term, der noch zwei Variablen enthält: $A = a \cdot b$.

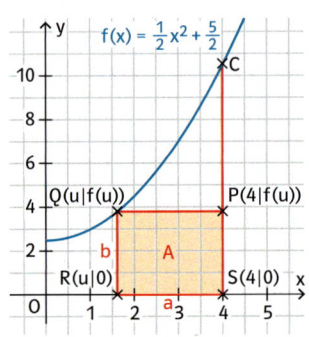

2. Ermitteln der Nebenbedingungen
Die beiden Seitenlängen a und b des Rechtecks können mithilfe der Variable u ausgedrückt werden: $a = x_S - x_R = 4 - u$ sowie $b = y_Q - y_R = f(u) - 0 = \frac{1}{2}u^2 + \frac{5}{2}$. Diese beiden Gleichungen bezeichnet man als **Nebenbedingungen**.

3. Aufstellen der Zielfunktion mit Definitionsmenge
Einsetzen der Nebenbedingungen in den Term der Zielgröße liefert eine Funktionsgleichung, die nur noch die Variable u enthält: $A(u) = (4 - u) \cdot \left(\frac{1}{2}u^2 + \frac{5}{2}\right)$. Diese Funktion wird **Zielfunktion** genannt. Da im nächsten Schritt die Extremwerte mithilfe der Differenzialrechnung bestimmt werden, ist es ratsam, den Term in eine zum Ableiten möglichst einfache Form zu bringen.
Zielfunktion: $A(u) = -\frac{1}{2}u^3 + 2u^2 - \frac{5}{2}u + 10$.
Wegen der Bedingung, dass Q auf dem Kurvenstück BC liegt, gilt für die **Definitionsmenge** der Zielfunktion: $D = [0; 4]$.

Streng genommen entsteht für $u = 4$ ein entartetes Rechteck, bei dem Q und P mit dem Punkt C zusammenfallen. Da $u = 4$ aber keine algebraischen Probleme verursacht, wird für die Definitionsmenge D das abgeschlossene Intervall verwendet.

4. Untersuchung der Zielfunktion auf lokale Extremwerte mithilfe der Ableitung

Ableitungen: $A'(u) = -\frac{3}{2}u^2 + 4u - \frac{5}{2}$; $A''(u) = -3u + 4$. Die notwendige Bedingung für lokale Extrema $A'(u) = 0$ führt auf $-\frac{3}{2}u^2 + 4u - \frac{5}{2} = 0$ mit den Lösungen $u_1 = \frac{5}{3}$ und $u_2 = 1$. Wegen $A''\left(\frac{5}{3}\right) = -1 < 0$ und $A''(1) = 1 > 0$ liegt bei $u_1 = \frac{5}{3}$ ein **lokales Maximum** vor mit $A\left(\frac{5}{3}\right) = \frac{245}{27} \approx 9{,}07$.

5. Untersuchung der Randwerte und Feststellen des globalen Extremums

Extremwerte können auch an den Rändern der Definitionsmenge D auftreten. Weil hier häufig die Bedingung $A'(u) = 0$ nicht erfüllt ist, fallen diese Extremwerte bei der Untersuchung der Zielfunktion mithilfe der Ableitung nicht auf. Man berechnet die **Randwerte** durch direktes Einsetzen: $A(0) = 10$; $A(4) = 0$. Das **globale Maximum** ist also $A_{max} = 10$ und liegt am linken Rand von D bei $u = 0$. Die nebenstehende Abbildung zeigt die Lage der Extrema.

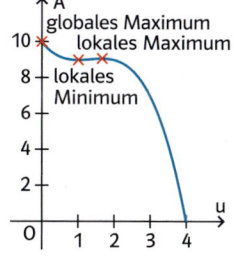

6. Formulierung der Ergebnisse

Ein Rechteck mit möglichst großem Flächeninhalt erhält man für $u = 0$ und wegen $f(0) = \frac{5}{2}$ für $Q\left(0 \mid \frac{5}{2}\right)$, d.h. Q fällt auf den Punkt B. Der **maximale Flächeninhalt** beträgt $A_{max} = 10$.

Strategie für das Lösen von Optimierungsaufgaben mithilfe der Differenzialrechnung:
1. Beschreiben der **Zielgröße**, die optimiert werden soll. Der Term kann mehrere Variablen enthalten.
2. Formulieren der **Nebenbedingung(en)**
3. Bestimmen der **Zielfunktion** und Angabe der Definitionsmenge
4. Untersuchung der Zielfunktion auf **lokale Extremwerte** mithilfe der Ableitung
5. Untersuchung der **Randwerte** und Feststellen des **globalen Extremums** der Zielfunktion
6. Formulierung der **Ergebnisse** im Kontext des Optimierungsproblems

---

Beispiel Rechteckige Glasscheibe mit möglichst großem Flächeninhalt

Gegeben sind zwei Glasplatten, bei denen jeweils die obere rechte Ecke abgebrochen ist. Die Bruchkanten verlaufen geradlinig. Aus jeder Glasplatte soll eine rechteckige Scheibe mit möglichst großem Flächeninhalt hergestellt werden.

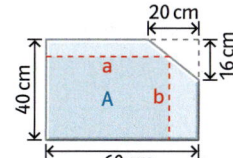 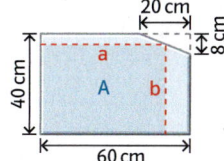

a) Bestimmen Sie die Längen der links eingezeichneten Schnittlinien so, dass der Flächeninhalt A maximal ist, und berechnen Sie diesen maximalen Flächeninhalt.
b) Bestimmen Sie die Abmessungen für die rechts dargestellte Glasplatte so, dass A maximal ist, und berechnen Sie den maximalen Flächeninhalt der neuen Scheibe.

Lösung

a) **1. Beschreibung der Zielgröße**

$A = a \cdot b$ soll maximal werden.

2. Nebenbedingung

Die gegebene Glasplatte wird achsenparallel in den ersten Quadranten eines Koordinatensystems gelegt.
Die Bruchkante BC kann als Teil einer Geraden aufgefasst werden mit der Gleichung $f(x) = -\frac{4}{5}x + 72$. Der Eckpunkt $P(u \mid v)$ mit $40 \leq u \leq 60$ bestimmt die Gestalt der neuen Scheibe. Da P auf der Geraden liegt, gilt $v = f(u)$, und der Flächeninhalt der Scheibe wird zu $A = u \cdot v = u \cdot f(u)$.

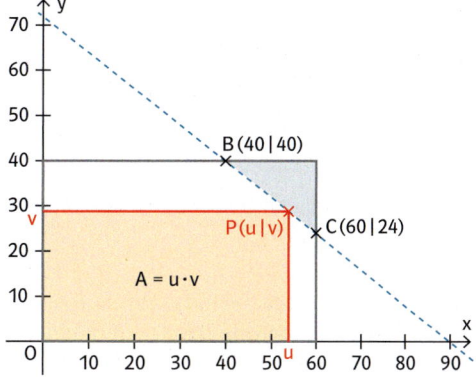

Als unabhängige Variable für die Zielfunktion wird meistens u verwendet.

3. Zielfunktion mit Definitionsmenge
$A(u) = u \cdot \left(-\frac{4}{5}u + 72\right) = -\frac{4}{5}u^2 + 72u$ mit $D = [40; 60]$

4. Untersuchung auf lokale Extremwerte
Ableitungen: $A'(u) = -\frac{8}{5}u + 72$; $A''(u) = -\frac{8}{5}$
Extrema: $A'(u) = 0$, also $-\frac{8}{5}u + 72 = 0$ mit der Lösung $u = 45$.
Diese Lösung ist Element der Definitionsmenge, das lokale Maximum ist $A(45) = 1620$.

5. Untersuchung der Randwerte und Feststellen des globalen Maximums
Es ist $A(40) = 1600$ sowie $A(60) = 1440$. Beide Werte sind kleiner als das lokale Maximum; das lokale Maximum ist somit das globale Maximum.

6. Formulierung der Ergebnisse
Durch Einsetzen in die Nebenbedingung ergibt sich: $v = f(45) = -\frac{4}{5} \cdot 45 + 72 = 36$.
Die optimalen Längen der Schnittlinien sind somit 45 cm und 36 cm. Der maximale Flächeninhalt der Glasscheibe ist $A = 45\,\text{cm} \cdot 36\,\text{cm} = 1620\,\text{cm}^2$.

b) Für die Glasplatte rechts ändert sich die Gleichung der Geraden, auf der der Punkt P liegt. Sie lautet jetzt $f(x) = -\frac{2}{5}x + 56$. Damit ändert sich die Nebenbedingung zu: $v = -\frac{2}{5}u + 56$.
Gleichung der Zielfunktion: $A(u) = -\frac{2}{5}u^2 + 56u$ mit Definitionsmenge: $[40; 60]$
Ableitungen: $A'(u) = -\frac{4}{5}u + 56$; $A''(u) = -\frac{4}{5}$
Nullsetzen der ersten Ableitung liefert: $u = 70 \notin D$, d.h. die Extremstelle liegt außerhalb des zulässigen Intervalls (heller Streifen in der Abbildung). Die Zielfunktion besitzt somit innerhalb der Definitionsmenge kein lokales Extremum.

Eine Scheibe mit maximalem Flächeninhalt kann also nur dann entstehen, wenn man für u einen der Randwerte des zulässigen Intervalls, also $u = 40$ oder $u = 60$ wählt.
Es gilt $A(40) = 1600$ und $A(60) = 1920$.
Die Scheibe mit dem größtmöglichen Flächeninhalt ist 60 cm lang und 32 cm breit und hat den Flächeninhalt 1920 cm².

Aufgaben

1 Der Punkt $Q(u|v)$ liegt auf der Strecke BC mit $B(0|3)$ und $C(5|0)$. Die Punkte $O(0|0)$ und Q bilden mit den Punkten $P(u|0)$ und $R(0|v)$ das Rechteck OPQR, dessen Flächeninhalt maximal werden soll.

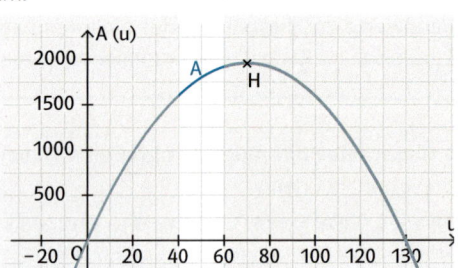

  a) Zeigen Sie, dass die Gerade durch B und C durch die Funktion f mit $f(x) = -\frac{3}{5}x + 3$ beschrieben wird.
  b) Berechnen Sie für $u = 1$ sowie für $u = 3$ den jeweiligen Flächeninhalt des Rechtecks.
  c) Zeigen Sie, dass für den Flächeninhalt des Rechtecks gilt: $A(u) = -\frac{3}{5}u^2 + 3u$.
  d) Bestimmen Sie die optimale Lage von Q sowie den maximalen Flächeninhalt des Rechtecks OPQR.

2 Die rechte obere Ecke Q eines Rechtecks soll auf dem Graphen der Funktion f mit $f(x) = -2x + 6$ liegen und die linke untere Ecke im Ursprung des Koordinatensystems. Die Seiten des Rechtecks liegen auf bzw. parallel zu den Koordinatenachsen.

  a) Bestimmen Sie die genaue Lage und Größe des Rechtecks mit dem größten Flächeninhalt.
  b) Bestimmen Sie, welchen maximalen Umfang das Rechteck besitzen kann.

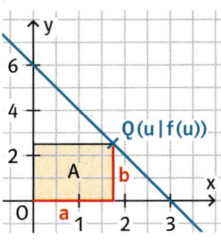

198

3 Gegeben ist die Funktion f mit $f(x) = -x^2 + 9$. Die Punkte $A(-u|0)$, $B(u|0)$, $C(u|f(u))$ und $D(-u|f(-u))$ mit $0 \leq u \leq 3$ bilden ein Rechteck.
  a) Berechnen Sie, für welchen Wert von u der Flächeninhalt des Rechtecks maximal wird, und den zugehörigen Flächeninhalt.
  b) Berechnen Sie, für welchen Wert von u der Umfang des Rechtecks maximal wird, und den zugehörigen Umfang.

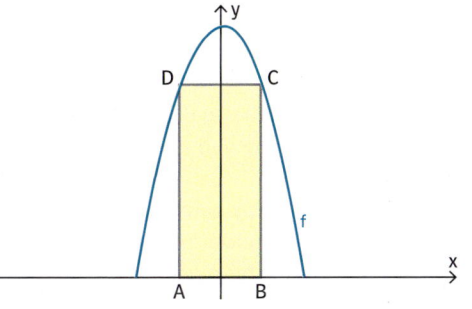

4 Mit einem Zaun der Länge 100 m soll ein rechteckiger Hühnerhof mit möglichst großem Flächeninhalt eingezäunt werden. Bestimmen Sie in den Fällen A, B und C aus der Zeichnung rechts die Breite x und den maximalen Flächeninhalt.

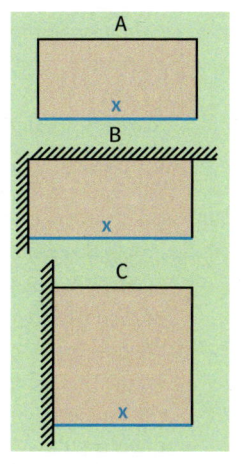

○ Test   Lösungen | Seite 395

5 Gegeben ist die Funktion f mit $f(x) = 16 - x^2$. Der Graph dieser Funktion schließt mit der x-Achse eine Fläche ein. In dieser Fläche soll ein Rechteck liegen, dessen Seiten auf bzw. parallel zu den Koordinatenachsen verlaufen. Die beiden oberen Eckpunkte sollen auf dem Graphen liegen, die unteren Eckpunkte liegen auf der x-Achse.
  a) Bestimmen Sie die Nullstellen von f und den Scheitelpunkt des Graphen. Fertigen Sie eine Skizze des Graphen und solch eines Rechtecks an.
  b) Berechnen Sie, wo die Eckpunkte liegen müssen, damit das Rechteck einen möglichst großen Flächeninhalt hat.

6 Die Funktion f mit $f(x) = -\frac{1}{3}x^2 + 3$ beschreibt einen Parabelbogen. Oberhalb der x-Achse wird darauf ein Punkt $Q(u|f(u))$ gewählt. Zusammen mit $N(-3|0)$ und $P(u|0)$ bildet Q ein Dreieck.
  a) Zeichnen Sie den Graphen von f. Zeichnen Sie für $u = 2$ das zugehörige Dreieck ein und berechnen Sie dessen Flächeninhalt.
  b) Bestimmen Sie die Koordinaten von Q so, dass der Flächeninhalt dieses Dreiecks möglichst groß wird, und berechnen Sie den maximalen Flächeninhalt.
  c) Nun werden die beiden Katheten des Dreiecks betrachtet. Wo muss der Punkt Q liegen, damit die Summe der Kathetenlängen maximal wird?

7 Gegeben ist die Funktion f mit $f(x) = 8 - \frac{1}{2}x^4$. Auf dem Graphen von f liegen oberhalb der x-Achse die Punkte $P(u|v)$ und $Q(-u|v)$, wobei $u \geq 0$ gilt. P und Q bilden mit den Punkten $R(-u|0)$ und $S(u|0)$ das Rechteck PQRS.
  a) Skizzieren Sie den Graphen von f sowie ein mögliches Rechteck PQRS.
  b) Bestimmen Sie den Wert für u so, dass der Umfang des Rechtecks maximal wird.

8 Gegeben ist die Funktion f mit $f(x) = -3{,}5 \cos\left(\frac{\pi}{6}x\right)$. Der Punkt $(u|f(u))$ auf dem Graphen von f ist Eckpunkt eines achsenparallelen Rechtecks (siehe Abbildung).
  a) Bestimmen Sie den Wert u mit $0 \leq u \leq 3$ so, dass das achsenparallele Rechteck einen möglichst großen Umfang hat. Wie groß ist dieser Umfang?
  b) Bestimmen Sie den Wert u mit $0 \leq u \leq 3$ so, dass das achsenparallele Rechteck einen möglichst geringen Umfang hat. Wie groß ist der minimale Umfang? Welche Besonderheit weist das zugehörige Rechteck demnach auf?

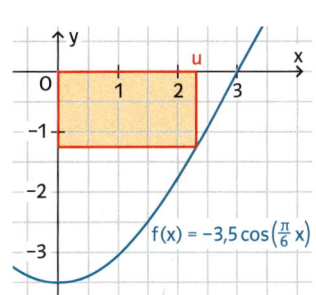

9 Bei einer Optimierungsaufgabe ergibt sich die Zielfunktion Z mit $Z(u) = \frac{1}{2}u^3 - 5u^2 + 14u - 6$.
   a) Bestimmen Sie für $u \in \mathbb{R}$ die lokalen Extrema der Zielfunktion und zeichnen Sie den Graphen von Z für $0 \leq u \leq 7$.
   b) Bestimmen Sie das globale Minimum von Z, wenn $D = [3; 5]$ bzw. wenn $D = [1; 6]$ ist.
   c) Bestimmen Sie das globale Maximum von Z, wenn $D = [1; 4]$ bzw. wenn $D = [0; 7]$ ist.

10 Die Giebelwand eines Hauses besteht aus einem Rechteck mit aufgesetztem gleichschenkligen Dreieck. Der Hausbesitzer möchte ein rechteckiges Panoramafenster einsetzen lassen, dessen Grundseite auf der 10 m langen Giebelbasis aufsitzt. Welche Maße besitzt das Fenster, wenn der Hausbesitzer einen möglichst großzügigen Ausblick genießen will? Berechnen Sie den maximalen Flächeninhalt des Fensters.

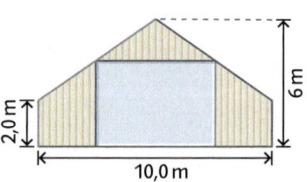

Test

Lösungen | Seite 395

11 Ein parabelförmiges Kurvenstück ist Teil des Graphen der Funktion f mit $f(x) = \frac{1}{2}x^2 + 2$ und verläuft zwischen den Punkten $B(0|2)$ und $C\left(3\left|\frac{13}{2}\right.\right)$. Der Kurvenpunkt $Q(u|v)$ bildet mit den Punkten $P(3|v)$, $R(u|0)$ und $S(3|0)$ das Rechteck PQRS.
   a) Fertigen Sie eine Zeichnung des Kurvenstücks BC an und zeichnen Sie ein mögliches Rechteck PQRS ein.
   b) Für welche Lage von Q wird der Inhalt des Rechtecks PQRS möglichst groß? Bestimmen Sie diesen maximalen Flächeninhalt.

12 Gegeben ist die Funktion f mit $f(x) = e^{-x}$. Die Gerade $x = u$ mit $u > 0$ schneidet die x-Achse im Punkt P und den Graphen von f im Punkt Q. Die Punkte P und Q bilden mit dem Ursprung O ein Dreieck mit dem Flächeninhalt A.
   a) Skizzieren Sie den Graphen von f und zeichnen Sie ein mögliches Dreieck ein.
   b) Bestimmen Sie den Flächeninhalt A in Abhängigkeit von u und zeichnen Sie den Graphen der Funktion A(u).
   c) Wie muss P liegen, damit der Flächeninhalt maximal wird? Bestimmen Sie, wie groß der maximale Flächeninhalt ist.

13 Die Funktion f mit $f(x) = 2\cos(2x) + 2{,}4$ beschreibt für $x \in \left[-\frac{\pi}{2}; \frac{\pi}{2}\right]$ den Verlauf eines Flusses, wobei eine Längeneinheit 100 m in der Realität bedeutet. Eine Straße verläuft längs der x-Achse. Eine Gemeinde plant ein neues rechteckiges Festgelände so, dass zwei Eckpunkte am Fluss und eine Seite an der Straße liegen. Der Bürgermeister möchte sparen und wünscht sich ein Festgelände, bei dem die Umzäunung möglichst wenig kostet.
Wie lang ist die minimale Zaunlänge um das Festgelände? Welchen Flächeninhalt in Hektar hat das Festgelände dann?

14 Gegeben ist die Funktion f mit $f(x) = 6x \cdot e^{-x}$. Der Ursprung $O(0|0)$ sowie die Punkte $A(a|0)$ und $B(a|f(a))$ mit $0 < a \leq 4$ bilden das Dreieck OAB.
   a) Erstellen Sie den Graphen von f für $0 \leq x \leq 4$ und zeichnen Sie ein mögliches Dreieck OAB ein.
   b) Berechnen Sie den maximalen Inhalt, den ein solches Dreieck annehmen kann.

Der Verlauf des Neckars zwischen Ludwigsburg und Heilbronn weist viele Flussschlingen auf. Diese heißen **Mäander**.

Grundwissen Test

Grundwissen
Lösung | Seite 396

15 Mit der Formel kann man eine Eigenschaft eines bestimmten Körpers berechnen. Erläutern Sie, um welche Größe und um welchen Körper es sich handelt. Lösen Sie außerdem die Formel nach der angegebenen Variable auf.
   a) $M = \pi r s$, nach s
   b) $V = \frac{4}{3}\pi r^3$, nach r
   c) $O = 2\pi r \cdot (r + h)$, nach h

2 Optimierung von Körpern und Verpackungen

Aus einem rechteckigen Stück Pappe der Länge 14 cm und der Breite 10 cm werden an den Ecken Quadrate der Seitenlänge x (in cm) ausgeschnitten und die überstehenden Teile zu einer nach oben offenen Schachtel hochgebogen.

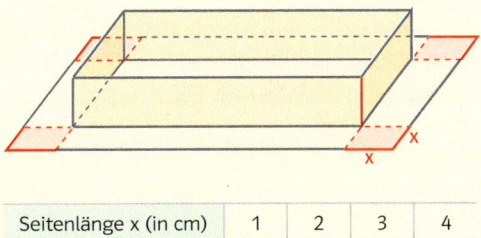

a) Bestimmen Sie das Volumen V (in cm³) der jeweiligen Schachtel gemäß der Tabelle.
b) Wie könnte man die Schachtel mit dem größtmöglichen Volumen ermitteln?

Seitenlänge x (in cm)	1	2	3	4
Volumen V (in cm³)				

Verpackungen wie Konservendosen oder Milchtüten werden häufig aus Spezialblechen oder Spezialpappe mit verschiedenen Beschichtungen angefertigt, deren Kosten bei der Gesamtkalkulation mitberücksichtigt werden müssen. Daher lohnt es sich, den Materialbedarf für die Verpackung bei gegebener Füllmenge zu minimieren.
Es spielen aber auch noch andere Gesichtspunkte eine Rolle, beispielsweise die Stabilität beim Stapeln oder die Vermeidung von Abfall beim Ausstanzen des Netzes. Speziell bei Luxusgütern wie zum Beispiel Pralinen oder Parfum geht es eher darum, durch das Design der Verpackung aufzufallen und Kunden anzulocken.

Auch für **dreidimensionale Körper** lässt sich die allgemeine **Strategie** für das **Lösen von Optimierungsaufgaben** anwenden. Neu ist, dass die Nebenbedingung nicht durch einen Funktionsgraphen vorgegeben ist, sondern dass vielmehr mehrere Größen (Länge, Breite, Oberfläche, Volumen) des Körpers miteinander verknüpft werden. Somit enthält die Nebenbedingung mehrere Variablen, und man muss sich entscheiden, welche Größe als unabhängige Variable für die Zielfunktion verwendet wird. Diese Wahl hat Einfluss auf die Bestimmung der Extremwerte.

Beispiel Die optimale Konservendose

Es sollen zylindrische Konservendosen mit dem Volumen V = 850 ml hergestellt werden. Dabei sollen der Radius und die Höhe so bestimmt werden, dass der Materialverbrauch minimal ist. Zuschläge für Falze und Nähte sollen unberücksichtigt bleiben. Wie viel Blech ist für die Konservendose mindestens erforderlich?

a) Drücken Sie als Nebenbedingung die Höhe h mithilfe des gegebenen Volumens durch r aus. Bestimmen Sie damit die Zielfunktion und die minimale Oberfläche.
b) Wählen Sie die Höhe h als Variable der Zielfunktion, führen Sie die Rechnung damit durch und vergleichen Sie mit Teilaufgabe a).

Lösung

a) **1. Zielgröße:** Der Materialverbrauch der Konservendose ergibt sich aus der Oberfläche des Zylinders: $O = 2\pi r^2 + 2\pi r h$. Dabei werden r und h in cm gemessen.

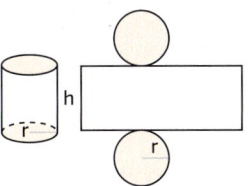

2. Nebenbedingung: Aus V = 850 ml, also 850 cm³ folgt mit $V = \pi r^2 h$: $h = \frac{850}{\pi r^2}$.

3. Zielfunktion: $O(r) = 2\pi r^2 + 2\pi r \cdot \frac{850}{\pi r^2}$, also $O(r) = 2\pi r^2 + \frac{1700}{r}$; $D =]0; \infty[$.

Eine Zahl in einem Rechteck steht für das sogenannte Randvollvolumen und wird heute meistens auf der Dose angegeben.

4. Untersuchung auf lokale Extremwerte: $O'(r) = 4\pi r - \frac{1700}{r^2}$; $O''(r) = 4\pi + \frac{3400}{r^3}$

Die Bedingung $O'(r) = 0$ führt auf $4\pi r - \frac{1700}{r^2} = 0$ mit der Lösung $r = \sqrt[3]{\frac{425}{\pi}} \approx 5{,}133$.

Wegen $O''(5{,}133) \approx 37{,}7 > 0$ liegt ein lokales Minimum vor; es ist $O(5{,}133) \approx 496{,}74$.

5. Randwerte und globales Extremum: Da die Definitionsmenge ein offenes Intervall ist, muss man sich an die Ränder von D annähern.

Für $r \to 0$ gilt $O(r) = \underbrace{2\pi r^2}_{\to 0} + \underbrace{\frac{1700}{r}}_{\to \infty} \to \infty$. Für $r \to \infty$ gilt $O(r) = \underbrace{2\pi r^2}_{\to \infty} + \underbrace{\frac{1700}{r}}_{\to 0} \to \infty$.

$O(r)$ strebt an beiden Rändern von D gegen unendlich. Das lokale Minimum ist also auch das globale Minimum.

6. Ergebnisse: Aus der Nebenbedingung ergibt sich als Höhe: $h = \frac{850}{\pi \cdot 5{,}133^2} \approx 10{,}267$.

Die optimale Konservendose mit dem Volumen $V = 850\,\text{ml}$ besitzt also den Radius $5{,}133\,\text{cm}$ und die Höhe $10{,}267\,\text{cm}$. Dafür wird $496{,}74\,\text{cm}^2$ Blech benötigt.

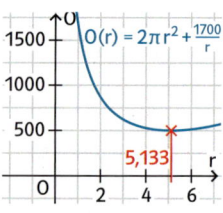

Ist die Zielfunktion Z auf einem abgeschlossenen Intervall [a; b] definiert, kann man Z(a) und Z(b) direkt berechnen.

Übrigens ist $h = 2r$, d.h. Höhe und Durchmesser der optimalen zylindrischen Dose sind gleich groß. Dies gilt unabhängig vom Volumen.

b) **1. Zielgröße:** Die Zielgröße ist dieselbe wie bei a): $O = 2\pi r^2 + 2\pi r h$.

2. Nebenbedingung: Aus $V = \pi r^2 h$ folgt mit $V = 850$: $r = \sqrt{\frac{850}{\pi h}}$.

3. Zielfunktion: $O(h) = 2\pi \cdot \frac{850}{\pi h} + 2\pi \sqrt{\frac{850}{\pi h}} \cdot h$, also $O(h) = \frac{1700}{h} + \sqrt{3400\pi} \cdot \sqrt{h}$; $D = \,]0;\infty[$.

4. Untersuchung auf lokale Extremwerte: $O'(h) = -\frac{1700}{h^2} + \frac{\sqrt{850\pi}}{\sqrt{h}}$; $O''(h) = \frac{3400}{h^3} - \frac{\sqrt{850\pi}}{2 \cdot h^{\frac{3}{2}}}$

Die Bedingung $O'(h) = 0$ führt auf $-\frac{1700}{h^2} + \frac{\sqrt{850\pi}}{\sqrt{h}} = 0$ mit der Lösung $h = \sqrt[3]{\frac{3400}{\pi}} \approx 10{,}267$.

Wegen $O''(10{,}267) \approx 2{,}356 > 0$ liegt ein lokales Minimum vor; es ist $O(10{,}267) \approx 496{,}74$.

5. Randwerte und globales Extremum:

Für $h \to 0$ gilt $O(h) = \underbrace{\frac{1700}{h}}_{\to \infty} + \underbrace{\sqrt{3400\pi} \cdot \sqrt{h}}_{\to 0} \to \infty$.

Für $h \to \infty$ gilt $O(h) = \underbrace{\frac{1700}{h}}_{\to 0} + \underbrace{\sqrt{3400\pi} \cdot \sqrt{h}}_{\to \infty} \to \infty$.

$O(h)$ strebt an beiden Rändern von D gegen unendlich. Das lokale Minimum ist also auch das globale Minimum.

6. Ergebnisse: Aus der Nebenbedingung ergibt sich als Radius: $r = \sqrt{\frac{850}{\pi \cdot 10{,}267}} \approx 5{,}133$.

Damit erhält man dieselben Werte wie in Teilaufgabe a): eine Höhe von $10{,}267\,\text{cm}$, ein Radius von $5{,}133\,\text{cm}$ und ein Blechbedarf von $496{,}74\,\text{cm}^2$.

Der rechnerische Aufwand ist aber bei Teilaufgabe b) durch die Wurzelterme höher. Dies ist bereits beim Auflösen der Nebenbedingung erkennbar und lässt sich daher vermeiden.

Aufgaben

1 Eine oben offene zylindrische Regenwassertonne soll aus Kunststoff hergestellt werden und ein Volumen von 200 l haben. Ermitteln Sie die Abmessungen der Tonne, wenn der Materialverbrauch möglichst gering sein soll.

2 Ein nach oben offener Karton mit quadratischer Grundfläche soll bei einer vorgegebenen Oberfläche von $100\,\text{cm}^2$ ein möglichst großes Volumen besitzen. Wie müssen die Maße des Kartons gewählt werden? Bestimmen Sie das maximale Volumen.

3 Ein Quader mit quadratischer Grundfläche hat das Volumen 1 l.
   a) Wie groß müssen seine Kantenlängen sein, damit sein Oberflächeninhalt minimal wird? Wie groß ist dieser dann?
   b) Welche Kantenlängen muss man wählen, wenn der Quader oben offen sein soll?

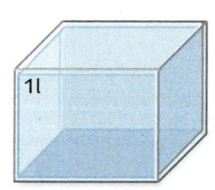

O Test

→ Lösungen | Seite 396

4 Eine oben offene Kiste mit quadratischer Grundfläche soll so hergestellt werden, dass bei einem Volumen von 40 l die Oberfläche möglichst klein wird. Wie sind die Maße zu wählen? Wie groß ist die minimale Oberfläche?

5 Es sollen zylindrische Kochtöpfe einfachster Bauart mit 2 l Volumen hergestellt werden. Wie sind der Durchmesser und die Höhe zu wählen, wenn die Länge der gesamten Schweißnaht, die am Bodenrand und längs einer Mantellinie verläuft, möglichst kurz werden soll?

6 Aus einem 40 cm langen und 20 cm breiten Karton soll durch Herausschneiden von 6 Quadraten eine Schachtel hergestellt werden, deren Deckel auf drei Seiten übergreift. Wie groß sind die Quadrate zu wählen, damit das Volumen der Schachtel möglichst groß wird? Welches Volumen und welche Maße hat diese Schachtel?

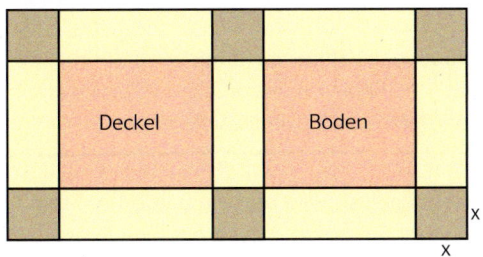

7 Ein rechtwinkliges Dreieck besitzt eine Hypotenuse der Länge 6 cm. Es soll um eine Kathete rotieren und dabei einen Rotationskörper mit möglichst großem Volumen erzeugen.
  a) Fertigen Sie eine Skizze des Rotationskörpers an. Um welchen Körper handelt es sich?
  b) Entscheiden Sie begründet, ob für die weitere Rechnung die Zielfunktion geschickter in der Variable r oder h zu ausgedrückt werden sollte.
  c) Bestimmen Sie die Längen der beiden Katheten für das maximale Volumen. Wie groß ist dieses?

8 Vier Stäbe der Länge 3 m bilden das Gerüst für ein pyramidenförmiges Zelt mit quadratischem Grundriss. Es soll ein Zelt mit größtmöglichem Rauminhalt entstehen.
  a) Begründen Sie, weshalb für die Zielfunktion die Variable h geschickter ist.
  b) Wie groß ist das maximale Zeltvolumen, und wie viele Quadratmeter Zeltplane werden für dieses Zelt benötigt?

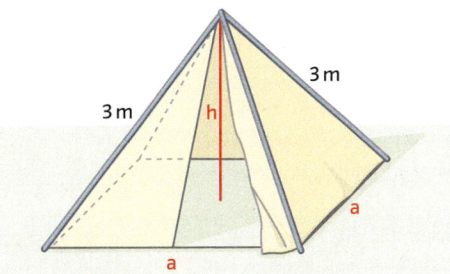

9 Für eine Wasserrinne wird ein Blech der Breite 40 cm und beliebiger Länge verwendet.
  a) Der Querschnitt der Rinne soll rechteckförmig sein. Die Rinne soll möglichst viel Wasser aufnehmen können. Dazu muss die Querschnittsfläche maximal werden. Berechnen Sie die optimale Höhe und Breite der Rinne und geben Sie die Querschnittsfläche an.
  b) Zeigen Sie, dass eine Rinne mit halbkreisförmigem Querschnitt, bei gleichem Materialverbrauch mehr Wasser aufnehmen kann als die optimale Rinne aus Teilaufgabe a). Wie viel Prozent an zusätzlicher Querschnittsfläche entspricht dies im Vergleich zur rechteckförmigen Rinne aus Teilaufgabe a)?

zu Aufgabe 9:

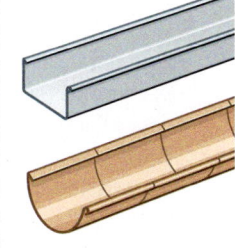

10 Einer Halbkugel mit Radius r wird eine auf der Spitze stehender Kegel einbeschrieben. Bestimmen Sie dessen Abmessungen so, dass sein Volumen maximal ist. Wie groß ist das maximale Volumen?

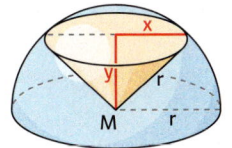

● **Test**

→ Lösungen | Seite 396

11 Schon die Römer bauten Abwasserkanäle. Deren Querschnitt ist üblicherweise ein Rechteck mit aufgesetztem Halbkreis.
   a) Die Querschnittsfläche soll $3\,m^2$ betragen. Wie müssen die Abmessungen des Kanals sein, damit der Umfang minimal ist?
   b) Der Abwasserkanal soll in der Mitte 2,5 m hoch sein. Bestimmen Sie seine Maße so, dass die Querschnittsfläche maximal wird. Wie groß ist diese?

12 Einer senkrechten Pyramide der Höhe 12 cm mit quadratischer Grundfläche der Seitenlänge 10 cm soll eine quadratische Säule mit maximalem Volumen einbeschrieben werden. Bestimmen Sie die Maße der Säule sowie das maximale Volumen.

● **13** Aus einem Kreis mit dem Radius r wird ein symmetrischer Stern ausgeschnitten und die vier Eckpunkte A, B, C und D zur Spitze einer quadratischen Pyramide hochgebogen. Wie groß kann das Volumen der entstehenden Pyramide höchstens werden? Wie groß ist in diesem Fall der Oberflächeninhalt der Pyramide?

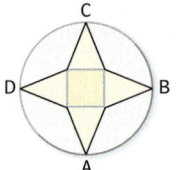

● **14** Es sollen zylinderförmige Dosen mit dem Volumen V = 2 Liter hergestellt werden. Wie sind r und h zu wählen, damit
   a) die Länge der Naht aus Mantellinie, Deckelrand und Bodenrand minimal wird?
   b) der Oberflächeninhalt möglichst klein wird?

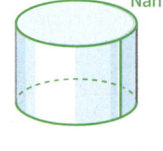

● **15** Eine Holzkugel soll so bearbeitet werden, dass
   a) ein Zylinder mit möglichst großem Volumen entsteht. Wie sind der Radius und die Höhe des Zylinders zu wählen?
   b) ein gerades Prisma mit einem gleichseitigen Dreieck als Grundfläche entsteht. Wie groß ist das maximal mögliche Volumen?

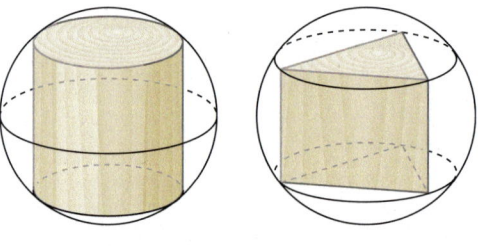

● **16** 1-Liter-Milchtüten haben z.T. die Form einer quadratischen Säule. Diese Tüten sind aus einem einzigen rechteckigen Stück Pappe durch Falten und Verkleben hergestellt.
Die nebenstehende Abbildung zeigt das Netz einer solchen Tüte. Die Tüten werden nur bis 2 cm unter dem oberen Rand gefüllt.
Bestimmen Sie den Flächeninhalt der verwendeten Pappe als Funktion der Grundkantenlänge x. Ist die reale Milchtüte hinsichtlich des Materialverbrauchs optimiert?

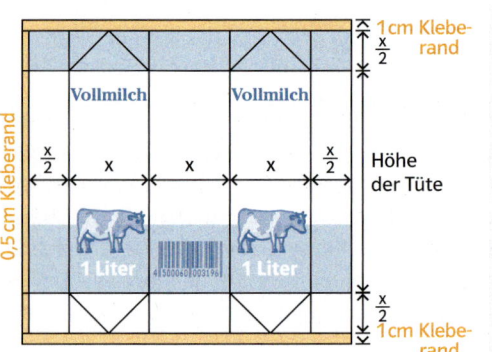

Grundwissen Test

→ **Grundwissen**
Seiten 350, 351, 353
Lösung | Seite 396

17 Bestimmen Sie die maximale Definitionsmenge D und die Wertemenge W der Funktion f.

a) $f(x) = \frac{2}{x} + 4$
b) $f(x) = 1 - \frac{3}{x^2}$
c) $f(x) = \sqrt{4 - x^2}$
d) $f(x) = 3 - 2e^{-x}$
e) $f(x) = 4\sin(\pi x) - 1$
f) $f(x) = x \cdot \sqrt{x^2 - 1}$

3 Der Modellierungskreislauf

Ein Fußball wird unter einem Winkel von 45° auf das 25 m entfernte Tor geschossen. Knapp unter der Querlatte gelangt er in einer Höhe von 2,3 m über dem Boden ins Tor. Vernachlässigt man den Luftwiderstand, so ergibt sich eine parabelförmige Flugbahn.
a) Modellieren Sie die Bahnkurve des Balles.
b) Berechnen Sie die maximale Höhe des Fußballes auf seiner Bahn.
c) Begründen Sie, weshalb solche Freistöße schwer zu halten sind.

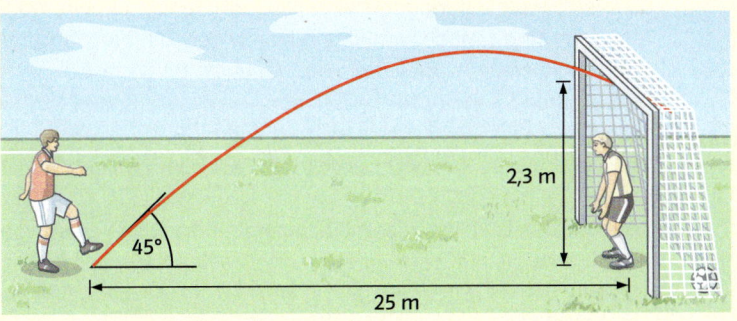

Bei den bisherigen Optimierungsproblemen konnte man die zugrunde liegende Abhängigkeit meistens durch geometrische Überlegungen ermitteln und dann durch eine Zielfunktion ausdrücken, deren Maximum oder Minimum zu bestimmen war. Reale Probleme sind jedoch häufig zu komplex, um diese Methode direkt anwenden zu können. Man geht daher anders vor. Informationen aus der **Realsituation** werden ermittelt, und durch Vereinfachungen entsteht ein **Realmodell**. Durch die Wahl eines mathematischen Ansatzes, das **Mathematisieren**, wird das Realmodell zu einem **mathematischen Modell**.

Das Arbeiten innerhalb des mathematischen Modells kann z. B. die Anpassung von Funktionsparametern an Daten erfordern. Dabei sind die Ergebnisse noch rein mathematischer Art und müssen erst im Zusammenhang mit der Realsituation **interpretiert** werden. Diese **realen Resultate** werden dann an der **Realsituation** überprüft und bewertet. Falls erforderlich, wird der **Modellierungskreislauf** mit einem verbesserten mathematischen Modell nochmals durchlaufen.

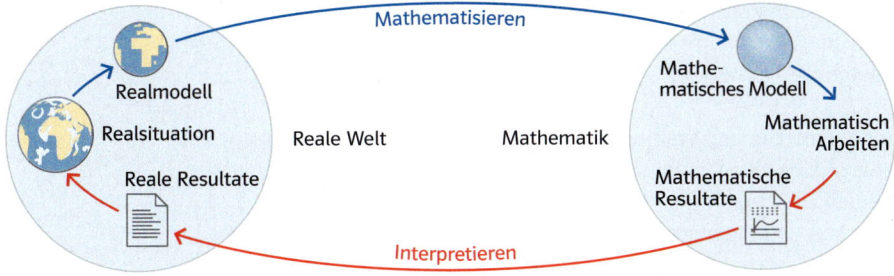

Das Arbeiten innerhalb des mathematischen Modells kann je nach Fragestellung eine große Bandbreite an Vorgehensweisen erfordern. Liegt eine große Datenmenge vor oder sind die Daten mit Messfehlern behaftet, lässt sich häufig ein Funktionsterm nur mithilfe einer Regression bestimmen. Außerdem erfolgt das Mathematisieren nicht immer anhand einer Funktion; auch in der Stochastik oder Vektorgeometrie gibt es Fragestellungen, bei deren Bearbeitung der Modellierungskreislauf hilfreich ist.

Um reale Problemstellungen mithilfe mathematischer Methoden zu lösen, benötigt man ein **mathematisches Modell**. Das Vereinfachen der Realsituation, Mathematisieren des Realmodells, das mathematische Arbeiten innerhalb des Modells, Interpretieren der mathematischen Resultate, Überprüfen der realen Resultate und Bewerten des mathematischen Modells nennt man **Modellierungskreislauf**.

Beispiel 1 Wahl eines Funktionstyps, Regression, Modellierungskreislauf

Im Physiklabor hat eine Schülergruppe Fallversuche mit einer Stahlkugel durchgeführt. In Fig. 1 ist die Fallstrecke s (in m) in Abhängigkeit der Falldauer t (in s) tabelliert.

a) Tragen Sie die Datenpunkte in ein Koordinatensystem ein. Wählen Sie einen geeigneten Funktionstyp für die Modellierung und begründen Sie Ihre Wahl. Bestimmen Sie mittels Regression den Funktionsterm. Bewerten Sie Ihr gewähltes Modell.

b) Bestimmen Sie die Auftreffgeschwindigkeit v am Boden und die Fallbeschleunigung g. Hinweis: Es ist $v(t) = s'(t)$ und $g = s''(t)$.

c) Beschreiben Sie Ihr Vorgehen mit den Fachbegriffen des Modellierungskreislaufes.

Lösung

a) Die Punktwolke (Fig. 2) lässt einen parabelförmigen Verlauf vermuten ($s \sim t^2$). Demzufolge wählt man die quadratische Regression $s(t) = at^2 + bt + c$, die folgenden Funktionsterm liefert: $s(t) = 4{,}7619 \cdot t^2 + 0{,}0071 \cdot t + 0{,}0002$ für $0 \leq t \leq 0{,}6$. Das Bestimmtheitsmaß liegt mit $r^2 = 0{,}999979$ nahe bei 1, und die Koeffizienten b und c sind nahezu null, sodass der quadratische Zusammenhang bestätigt wird.

Mit der ermittelten Regressionsfunktion können Fallstrecken berechnet und mit den gemessenen Werten verglichen werden (Fig. 3); die Übereinstimmung ist sehr gut.

b) Ableiten von $s(t)$ ergibt $v(t) = 9{,}5238 \cdot t + 0{,}0071$. Einsetzen der Fallzeit $t = 0{,}6$ liefert die Auftreffgeschwindigkeit: $v(0{,}6) \approx 5{,}72$. Die Fallbeschleunigung g erhält man durch nochmaliges Ableiten: $g = s''(t) = 9{,}5238 \approx 9{,}52$; sie ist konstant. Die Stahlkugel trifft also mit einer Geschwindigkeit von $5{,}72 \frac{m}{s}$ auf dem Boden auf und erfährt eine Fallbeschleunigung von $9{,}52 \frac{m}{s^2}$.

c) Die beim Fallversuch (Realsituation) erhaltenen Daten (Fig. 1) geben die Realität nur vereinfacht wieder, da sowohl die Zeitpunkte als auch die zugehörigen Fallstrecken mit einem Messfehler behaftet sind. Sie beschreiben somit ein Realmodell.

Der Vergleich einzelner Datenpunkte (Fig. 1) schließt einen linearen Zusammenhang der Größen s und t aus. Die Punktwolke (Fig. 2) lässt dagegen einen quadratischen Zusammenhang (mathematisches Modell) vermuten, der auch physikalisch sinnvoll ist. Mithilfe des ermittelten quadratischen Funktionsterms (mathematisches Resultat) lassen sich Auftreffgeschwindigkeit und Fallbeschleunigung (reale Resultate) bestimmen.

Bei längeren Fallstrecken muss man den tatsächlich vorhandenen Luftwiderstand mit berücksichtigen. Dies könnte in einem weiteren Durchlauf des Modellierungskreislaufs erfolgen. Allerdings werden hierdurch die Formeln komplizierter.

Messdaten:

Zeit t (in s)	Strecke s (in m)
0	0
0,1	0,05
0,2	0,19
0,3	0,43
0,4	0,77
0,5	1,19
0,6	1,72 (Boden)

Fig. 1

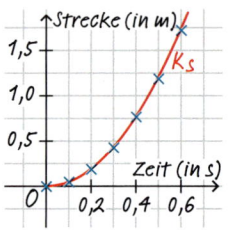

Fig. 2

Messdaten (grün) und modellierte Werte (blau):

Zeit t (in s)	Strecke s (in m)	Strecke s (in m)
0	0	0,000
0,1	0,05	0,049
0,2	0,19	0,192
0,3	0,43	0,431
0,4	0,77	0,765
0,5	1,19	1,194
0,6	1,72	1,719

Fig. 3

Beispiel 2 Ausnutzen der Symmetrie und Wahl eines geeigneten Koordinatensystems

Zwei parallele gerade Straßenstücke sollen verbunden werden (Fig.4). Modellieren Sie den Straßenverlauf zwischen A und B so mit einer Polynomfunktion, dass die Übergänge in A und B ohne Knick („knickfrei") erfolgen.

Lösung

Aufgrund der punktsymmetrischen Anordnung der beiden Straßenstücke wird der Ursprung des Koordinatensystems in die Mitte der beiden Punkte A und B gelegt (Fig. 5). Das Rechnen mit großen Zahlen wird vermieden durch Verwendung eines Maßstabs von einer Längeneinheit für 10 m in der Realität. Als Ansatz verwendet man eine Polynomfunktion vom Grad drei, die wegen der Punktsymmetrie zum Ursprung nur ungerade Exponenten enthält: $f(x) = ax^3 + bx$ mit der Ableitung $f'(x) = 3ax^2 + b$. Zur Bestimmung der beiden Parameter a und b genügen zwei Bedingungen für den Punkt B. Die entsprechenden Bedingungen für den Punkt A sind zwangsläufig ebenfalls erfüllt. Man stellt das folgende LGS auf:

Übergang bei B(2|1) $f(2) = 1$ $a \cdot 2^3 + b \cdot 2 = 1$

Knickfreiheit bei B(2|1) $f'(2) = 0$ $3a \cdot 2^2 + b = 0$

$\begin{pmatrix} 8 & 2 & | & 1 \\ 12 & 1 & | & 0 \end{pmatrix}$

Die Lösung des LGS ist $a = -\frac{1}{16}$; $b = \frac{3}{4}$.

Die gesuchte Polynomfunktion ist f mit $f(x) = -\frac{1}{16}x^3 + \frac{3}{4}x$ für $-2 \leq x \leq 2$ (Fig. 6).

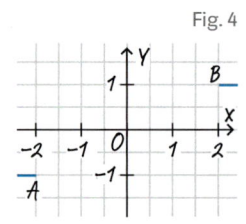

Fig. 4

Fig. 5

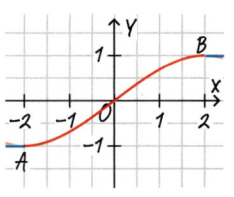

Fig. 6

Bemerkung: Man könnte die Verbindung der beiden Straßenstücke auch mit einer trigonometrischen Funktion modellieren.

Beispiel 3 Zweiter Durchlauf des Modellierungskreislaufes mit ruckfreiem Übergang

Bei der Verbindung realer Straßenverläufe wird manchmal zusätzlich darauf geachtet, dass an den Übergangsstellen kein Krümmungssprung auftritt. Bei einem Krümmungssprung müsste die Lenkradstellung ruckartig geändert werden. Verlaufen die vorhandenen Straßenstücke geradlinig (keine Krümmung), dann darf das Verbindungsstück an den Übergangsstellen auch keine Krümmung haben, d.h. an einer Übergangsstelle muss die zweite Ableitung null sein. Entwickeln Sie für Beispiel 2 ein Modell mit ruckfreiem Übergang in A und B.

Bei Modelleisenbahnen kann eine Lok beim Einfahren in eine Kurve aufgrund des dabei plötzlich auftretenden Krümmungssprungs entgleisen.

Ruckfrei bedeutet, dass die beiden verbundenen Straßenverläufe an der Übergangsstelle sowohl in der ersten als auch in der zweiten Ableitung übereinstimmen.

Lösung

Man geht von dem in Beispiel 2 gewählten Koordinatensystem aus (Fig. 1). Als Ansatz verwendet man eine Polynomfunktion vom Grad 5, die wegen der Punktsymmetrie zum Ursprung nur ungerade Exponenten enthält: $f(x) = ax^5 + bx^3 + cx$ mit den Ableitungen $f'(x) = 5ax^4 + 3bx^2 + c$; $f''(x) = 20ax^3 + 6bx$. Zur Bestimmung der drei Parameter a, b und c genügen drei Bedingungen für den Punkt B. Wieder sind die entsprechenden Bedingungen für den Punkt A aus Symmetriegründen auch erfüllt. Man stellt das folgende LGS auf:

Übergang bei $B(2|1)$ $f(2) = 1$ $a \cdot 2^5 + b \cdot 2^3 + c \cdot 2 = 1$

Knickfreiheit bei $B(2|1)$ $f'(2) = 0$ $5a \cdot 2^4 + 3b \cdot 2^2 + c = 0$

Ruckfreiheit bei $B(2|1)$ $f''(2) = 0$ $20a \cdot 2^3 + 6b \cdot 2 = 0$

$$\begin{pmatrix} 32 & 8 & 2 & | & 1 \\ 80 & 12 & 1 & | & 0 \\ 160 & 12 & 0 & | & 0 \end{pmatrix}$$

Die Lösung des LGS ist $a = \frac{3}{256}$; $b = -\frac{5}{32}$; $c = \frac{15}{16}$.

Der Straßenverlauf kann somit durch $f(x) = \frac{3}{256}x^5 - \frac{5}{32}x^3 + \frac{15}{16}x$ für $-2 \le x \le 2$ modelliert werden (roter Graph in Fig. 2), wobei 1 LE in beiden Richtungen jeweils 10 m in der Realität entsprechen. Zum Vergleich ist der Straßenverlauf aus Beispiel 2 als hellblauer Graph eingezeichnet.

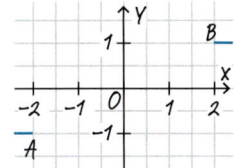

Fig. 1

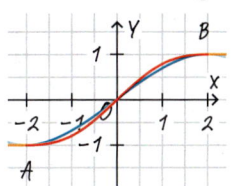

Fig. 2

Aufgaben

1 Wenn ein Radprofi eine Zeitdauer t (in Stunden) intensiv trainiert, muss er eine Flüssigkeitsmenge V (in Liter) zu sich nehmen. Untersuchungen ergaben die Werte in der Tabelle rechts.
   a) Ermitteln Sie durch Regression eine lineare Funktion, die die Werte in der Tabelle möglichst gut beschreibt, und geben Sie das Bestimmtheitsmaß an. Bestimmen Sie mit der linearen Funktion den Flüssigkeitsbedarf bei 2,5 Stunden bzw. bei 6 Stunden Training.
   b) An die Daten kann auch eine kubische Funktion angepasst werden. Bestimmen Sie deren Funktionsterm durch Regression. Vergleichen Sie den Flüssigkeitsbedarf bei 2,5 Stunden bzw. bei 6 Stunden Training mit den Ergebnissen von Teilaufgabe a).
   c) Jemand behauptet, die kubische Funktion müsse genauere Ergebnisse liefern, da das Bestimmtheitsmaß genau eins betrage. Nehmen Sie dazu begründet Stellung.

t (in h)	V (in l)
1	0,5
2	1,0
3	2,5
4	4,0

Eine Polynomfunktion dritten Grades heißt auch **kubische Funktion**.

2 Die Temperatur an der Oberfläche eines Teichs wird im Verlauf eines Tages gemessen. Um 0.00 Uhr beträgt die Temperatur an der Oberfläche 19 °C. Die niedrigste Tagestemperatur wird um 6.00 Uhr mit 17,8 °C gemessen, die höchste um 17.00 Uhr.
   a) Bestimmen Sie eine Polynomfunktion f vom Grad 3, die den Verlauf der Oberflächentemperatur im Verlauf des Tages modelliert.
   b) Zu welchem Zeitpunkt steigt die Temperatur nach diesem Modell am stärksten?
   c) Wie groß ist die momentane Änderungsrate um 22 Uhr? Kommentieren Sie den ermittelten Wert. Welche Schlüsse ziehen Sie aus diesem Ergebnis bezüglich der Modellierung?

Das Ermitteln einer Funktion aus Stützpunkten, um damit auch Werte an dazwischenliegenden Stellen näherungsweise zu bestimmen, heißt **Interpolation**.

Bei dem verwandten Problem der **Extrapolation** werden Werte geschätzt, die über den Bereich hinausgehen, in dem Daten vorliegen.

3 Heutige Pkws haben ein Display im Fahrzeug, auf dem man den momentanen Kraftstoffverbrauch ablesen kann. Die folgende Tabelle enthält die Daten einer Testfahrt im 4. Gang.

Geschwindigkeit (in km/h)	40	60	80	100	120
Verbrauch (in l/100 km)	3,5	4,2	4,5	5,8	7,7

Modellieren Sie die Daten mit einer quadratischen Funktion bzw. mit einer kubischen Funktion. Vergleichen Sie die beiden Modellierungen.

○ **4** Zwei Straßenstücke sollen verbunden werden. Dabei soll das Verbindungsstück in P und Q knickfrei in die Straßen einmünden. Modellieren Sie das Verbindungsstück mit einer geeigneten Polynomfunktion. Nutzen Sie, falls vorhanden, die Symmetrie aus und wählen Sie ein Koordinatensystem mit geeignetem Maßstab.

a)
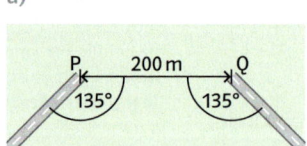

b)
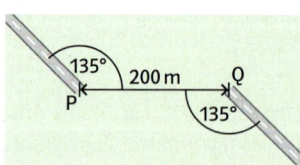

c)
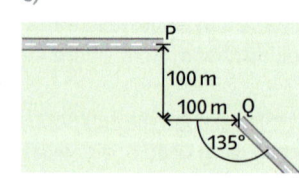

○ **5** Führen Sie Aufgabe 4 mit der zusätzlichen Forderung aus, dass die Übergänge ruckfrei sind. Vergleichen Sie die erhaltenen Modellfunktionen miteinander.

○ **Test** ── ○ → Lösungen | Seite 396

6 Ein Brückenbogen überspannt einen 50 m breiten Geländeeinschnitt. In A und B setzt der Brückenbogen orthogonal an den Böschungen auf. Modellieren Sie den Bogen mithilfe einer Parabel und berechnen Sie seine maximale Höhe über der Strecke AB.
Beschreiben Sie Ihr Vorgehen mit Fachbegriffen des Modellierungskreislaufes.

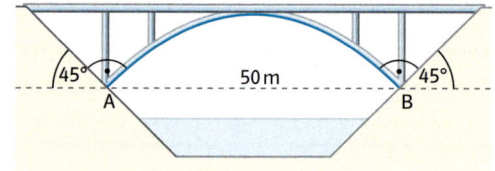

7 Zwei Straßenstücke sollen so verbunden werden, dass das Verbindungsstück in P und Q knickfrei in die Straßen einmündet.

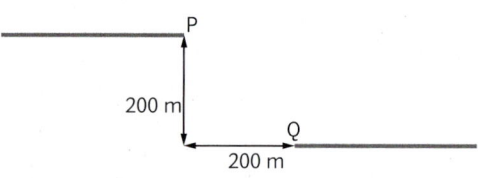

a) Modellieren Sie das Verbindungsstück mit einer Polynomfunktion.

b) Führen Sie die Modellierung mit einer trigonometrischen Funktion durch. Sind die Übergänge dann ruckfrei?

● **8** In einem Versuch wird untersucht, wie Wasser aus einem zylindrischen Gefäß ausfließt. Dazu wird ein Loch in eine PET-Flasche gebohrt und eine Skala so auf die Flasche geklebt, dass das Loch der Höhe h = 0 entspricht (Fig. 1). Die Flasche wird befüllt und die Höhe h (in cm) des Wasserspiegels in Abhängigkeit von der Zeit t (in min) gemessen. Es ergeben sich die Werte in Fig. 2.

a) Zeichnen Sie mit den Werten von Fig. 2 ein h(t)-Diagramm.

b) Wählen Sie begründet einen geeigneten Funktionstyp für die Modellierung des Zusammenhangs h(t) und bestimmen Sie mittels Regression den Funktionsterm.

c) Der italienische Physiker Evangelista Torricelli fand 1642 heraus, dass gilt: $h(t) = (a - b \cdot t)^2$. Bestimmen Sie die Parameter a und b.

d) Bestimmen Sie aus Ihrem Ergebnis von c) die Geschwindigkeit $v(t) = h'(t)$, mit der sich der Wasserspiegel in der Flasche senkt, in Abhängigkeit von der Zeit t. Wie groß ist v(0)? Wann senkt sich der Wasserspiegel nur noch halb so schnell wie zu Beginn?

e) Bestimmen Sie mithilfe von v(t), wann die Flasche leer ist. Vergleichen Sie den erhaltenen Wert mit den Ergebnissen der Teilaufgaben a) und b).

f) Führen Sie eigene Messungen mit Flaschen verschiedener Höhen, Durchmesser und unterschiedlich großen Ausflusslöchern durch.

Fig. 1

Messdaten:

Zeit t (in min)	Höhe h (in cm)
0	13,1
1	8,9
2	5,7
3	3,2
4	1,3

Fig. 2

9 Auf eine einseitig eingeklemmte Blattfeder wirken Kräfte, sodass das rechte Ende unter einem Winkel von 45° zur Horizontalen verläuft.

a) Modellieren Sie die Biegekurve mit einer quadratischen Funktion. Berechnen Sie die Auslenkung y. Beschreiben Sie Ihr Vorgehen unter Verwendung der Fachbegriffe des Modellierungskreislaufes.

b) Eine Messung liefert y = 1 dm. Bewerten Sie das in Teil a) verwendete mathematische Modell und führen Sie gegebenenfalls die Modellierung nochmals mit einer Polynomfunktion vom Grad drei durch.

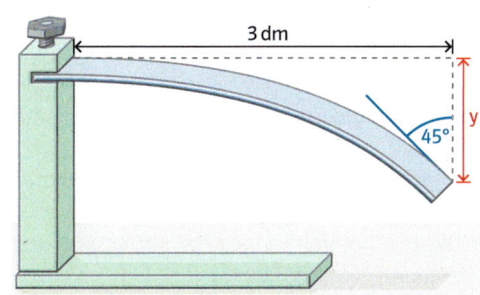

Test
→ Lösungen | Seite 397

10 Ein Metallstreifen ist im Punkt F(0|0) waagerecht befestigt und liegt im Abstand von 10 cm im Punkt L lose auf. Durch Belastung biegt sich der Streifen so durch, dass die maximale Durchbiegung 2 cm beträgt.

a) Beschreiben Sie die Form des Metallstreifens durch eine Polynomfunktion.

b) Wie groß ist die Durchbiegung in der Mitte zwischen F und L?

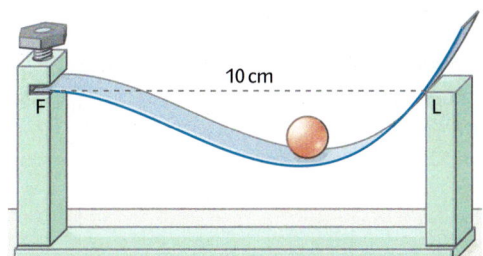

11 Die Tabelle rechts zeigt die Gesamtzahl der mit dem Coronavirus (COVID-19) infizierten Personen in Deutschland während der ersten Coronawelle im Frühjahr 2020.

a) Modellieren Sie die Daten mit einer Exponentialfunktion $f(x) = a \cdot b^x$. Wählen Sie für die Variable x die Anzahl der verstrichenen Monate seit Jahresbeginn (15. Februar entspricht x = 1,5). Beurteilen Sie, ob man zu Recht von einem exponentiellen Wachstum sprach.

b) An welchem Tag wäre gemäß diesem Modell die Grenze von einer Million Infizierten überschritten worden, wenn man keine Gegenmaßnahmen ergriffen hätte?

c) Wann wäre die Anzahl derjenigen, die sich innerhalb eines Tages neu infizieren, auf über 100 000 gestiegen?

Datum	Anzahl
15. Feb.	16
1. März	130
16. März	7272
1. April	77 981

12 Die Vereinten Nationen haben im Jahr 2012 eine Studie zur Entwicklung der Weltbevölkerung veröffentlicht. Die Tabelle enthält die Daten der „mittleren" Schätzung.

Jahr	2020	2030	2040	2050	2060	2070	2080	2090	2100
Anzahl in Mrd	7,72	8,42	9,04	9,55	9,96	10,28	10,52	10,72	10,85

a) Übertragen Sie die Daten in ein Koordinatensystem.

b) Modellieren Sie die Bevölkerungszahl (in Mrd) mit $f(x) = c - a \cdot b^x$, wobei x für die Anzahl der Jahre steht und x = 0 das Jahr 2020 bedeutet. Bilden Sie dazu die Hilfsfunktion $h(x) = c - f(x) = a \cdot b^x$, deren Term Sie mit einer exponentiellen Regression ermitteln.

c) Berechnen Sie die Wachstumsrate der Bevölkerungszahl für das Jahr 2030.

Grundwissen Test
→ Grundwissen Seite 19, Beispiel 1
Lösung | Seite 398

13 Ordnen Sie die Winkel so, dass die zugehörigen Sinuswerte absteigend sind. Die Buchstaben ergeben ein Lösungswort.

| $\frac{2\pi}{3}$ E | $\frac{4\pi}{3}$ E | $\frac{\pi}{2}$ K | $\frac{3\pi}{2}$ R | π L | $\frac{\pi}{6}$ P |

Exkursion

Optimierung mittels Ersatzfunktion

Optimierungsaufgaben können auf Zielfunktionen führen, deren Ableitungen schwierig zu bilden sind. Dies liegt meist an rechnerisch komplizierten Nebenbedingungen, beispielsweise wenn Streckenlängen verwendet werden, die schräg im Koordinatensystem liegen. Bei der weiteren Bestimmung der Extremwerte und deren Nachweis zieht dies mühsame Rechnungen nach sich.

Wie man das Problem möglicherweise vereinfachen kann, zeigt die folgende Situation: Einem Viertelkreis mit dem Radius $r = 5$ wird ein Dreieck OPQ einbeschrieben, dessen Flächeninhalt maximal werden soll. Die zugehörigen Längen der Katheten a und b sowie der maximale Flächeninhalt sollen bestimmt werden (Fig. 1).
Für den Flächeninhalt des Dreiecks gilt: $A = \frac{1}{2} \cdot a \cdot b$. Nach dem Satz des Pythagoras ist $a^2 + b^2 = 5^2$, also $b = \sqrt{25 - a^2}$.
Für die Zielfunktion folgt: $A(a) = \frac{1}{2} \cdot a \cdot \sqrt{25 - a^2}$ mit $a \in [0; 5]$. Das Ableiten der Zielfunktion erfordert es, den Wurzelterm abzuleiten und darüber hinaus die Produktregel und die – im Buch nicht behandelte – allgemeine Kettenregel anzuwenden.

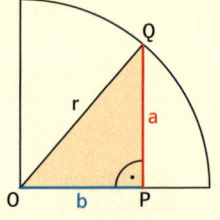

Fig. 1

Die Rechnung wird einfacher, wenn man den Term der Funktion A quadriert und dann anstelle von A die **Ersatzfunktion** E mit
$E(a) = (A(a))^2 = \frac{1}{4} \cdot a^2 \cdot (25 - a^2)$ untersucht, in ausmultiplizierter Form:
$E(a) = -\frac{1}{4} a^4 + \frac{25}{4} a^2$ mit $D = [0; 5]$.
An Fig. 2 erkennt man, dass die Ersatzfunktion E das Maximum an derselben Stelle hat wie die Funktion A.
Dies gilt für jede beliebige Funktion f, wenn ihr Graph nicht unterhalb der x-Achse verläuft (Fig. 3).

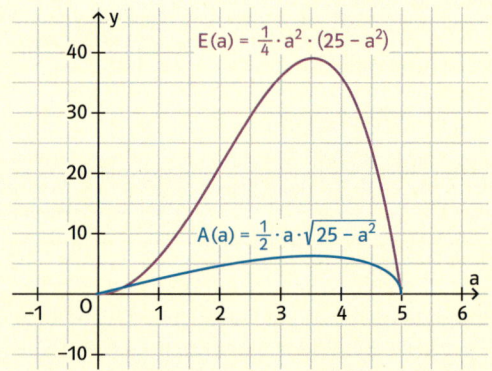

Fig. 2

Gilt $f(x) \geq 0$, so haben die Graphen von f und von f^2 dieselben Extremstellen. Auch die jeweilige Art des Extremums (Minimum oder Maximum) bleibt gleich.

Ableitungen: $E'(a) = -a^3 + \frac{25}{2}a$; $E''(a) = -3a^2 + \frac{25}{2}$

Extrema: $E'(a) = 0 \Rightarrow a\left(-a^2 + \frac{25}{2}\right) = 0$ mit den Lösungen $a_1 = 0$; $a_{2,3} = \pm \frac{5}{\sqrt{2}}$

Wegen $E''(0) > 0$; $E''\left(\frac{5}{\sqrt{2}}\right) < 0$; $-\frac{5}{\sqrt{2}} \notin D$ und dem rechten Randwert $E(5) = 0$ liegt für $a = \frac{5}{\sqrt{2}}$ ein globales Maximum vor. Es ist $b = \frac{5}{\sqrt{2}}$ und $A_{max} = \frac{25}{4}$.

Minimaler Abstand einer Kurve zu einem festen Punkt

Gegeben ist für $x \geq 0$ die Funktion f mit $f(x) = 2 \cdot \sqrt{x}$ sowie der Punkt $Q(4|0)$.
Gesucht ist derjenige Punkt $P(u|f(u))$, der von Q den kleinsten Abstand hat. Dieser minimale Abstand soll exakt berechnet werden.

Mit dem Satz des Pythagoras gilt:
$d^2 = (4 - u)^2 + (f(u))^2$ mit $f(u) = 2 \cdot \sqrt{u}$.
Zielfunktion: $d(u) = \sqrt{u^2 - 4u + 16}$; $u \in \mathbb{R}_+$.

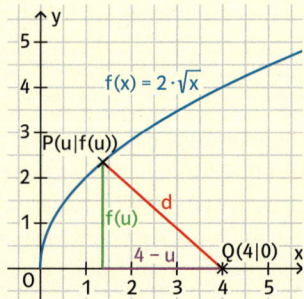

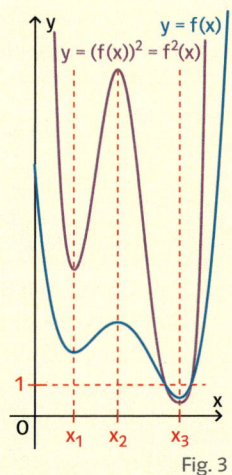

Fig. 3

Für die weitere Untersuchung auf Extremwerte ist die Ersatzfunktion $E = d^2$ vorteilhaft:
Ersatzfunktion: $E(u) = (d(u))^2 = u^2 - 4u + 16$; Ableitungen: $E'(u) = 2u - 4$; $E''(u) = 2$.
Extremum: $E'(u) = 0 \Rightarrow 2u - 4 = 0 \Rightarrow u = 2$. Nachweis: $E''(2) = 2 > 0 \Rightarrow$ Minimum, $E(2) = 12$.
Randwerte: $E(0) = 16$, $E(u) \to \infty$ für $u \to \infty$. Also liegt für $u = 2$ das globale Minimum vor.
Optimaler Punkt auf dem Graphen von f: $P(2|2\sqrt{2})$, minimaler Abstand von Q: $d(2) = \sqrt{12}$.

VI Optimieren und Modellieren

Flächengrößtes gleichschenkliges Dreieck

Bei einem gleichschenkligen Dreieck beträgt die Länge der beiden Schenkel 8 cm. Wie muss die Länge der Basis gewählt werden, damit der Flächeninhalt des Dreiecks maximal ist, und wie groß ist dieser?

Für den Flächeninhalt gilt: $A = \frac{1}{2} \cdot x \cdot h$.

Nebenbedingung: $\left(\frac{x}{2}\right)^2 + h^2 = 8^2$, nach h aufgelöst: $h = \sqrt{64 - \frac{1}{4}x^2}$

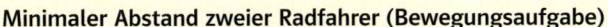

Zielfunktion: $A(x) = \frac{x}{2} \cdot \sqrt{64 - \frac{1}{4}x^2}$; $x \in [0; 16]$

Ersatzfunktion: $E(x) = (A(x))^2 = -\frac{1}{16}x^4 + 16x^2$; $E'(x) = -\frac{1}{4}x^3 + 32x$; $E''(x) = -\frac{3}{4}x^2 + 32$.

Extremum: $E'(x) = 0$ führt auf $x_1 = 0$; $x_{2,3} = \pm\sqrt{128}$. Wegen $E''(\sqrt{128}) < 0$; $-\sqrt{128} \notin D$ sowie den Randwerten $E(0) = 0$ und $E(16) = 0$ liegt für $x = \sqrt{128}$ das globale Maximum vor. Es ist $A_{max} = A(\sqrt{128}) = 32$.

Minimaler Abstand zweier Radfahrer (Bewegungsaufgabe)

Zwei Radfahrer R_1 und R_2 bewegen sich auf eine Straßenkreuzung zu. Zum dargestellten Zeitpunkt $t = 0$ (t in min) ist R_1 noch 700 m von der Kreuzung entfernt, R_2 noch 600 m. Beide Radfahrer fahren mit konstanter Geschwindigkeit: R_1 legt in einer Minute 300 m zurück, R_2 fährt 400 m in der Minute.

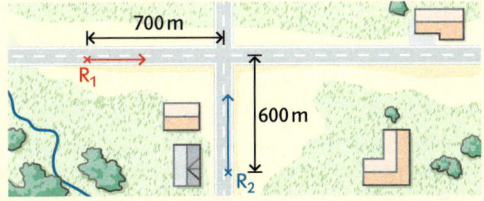

Zu welchem Zeitpunkt haben die beiden Radfahrer den kleinsten Abstand voneinander, und wie groß ist dieser minimale Abstand?

Die Straßenkreuzung kann als Ursprung eines Koordinatensystems aufgefasst werden, sodass R_1 längs der x-Achse und R_2 längs der y-Achse fährt. Für den Ort von R_1 bzw. von R_2 als Funktion der Zeit t folgt: R_1: $x(t) = -700 + 300 \cdot t$; R_2: $y(t) = -600 + 400 \cdot t$.

Für den gegenseitigen Abstand der beiden Radfahrer folgt: $d(t) = \sqrt{(x(t))^2 + (y(t))^2}$, das heißt: $d(t) = 100 \cdot \sqrt{(-7 + 3t)^2 + (-6 + 4t)^2} = 100 \cdot \sqrt{25t^2 - 90t + 85}$ mit $t \in \mathbb{R}$.

Ersatzfunktion: $E(t) = 10\,000 \cdot (25t^2 - 90t + 85)$; $E'(t) = 10\,000 \cdot (50t - 90)$; $E''(t) = 500\,000$.

Extremum: $E'(t) = 0 \Rightarrow t = 1{,}8$; $E''(1{,}8) > 0$; $E(1{,}8) = 40\,000$.

Randwerte: Für $|t| \to \infty$ geht $E(t) \to \infty$. Also liegt für $t = 1{,}8$ das globale Minimum vor.

Zum Zeitpunkt 1,8 min beträgt der minimale Abstand $d_{min} = 200$ m.

---

1 Gegeben ist die Funktion f mit $f(x) = \frac{4}{x}$ für $x > 0$. Welcher Punkt P auf dem Graphen von f hat vom Ursprung den geringsten Abstand? Berechnen Sie diesen Abstand exakt. Zeigen Sie außerdem, dass die Ursprungsgerade durch P den Graphen von f orthogonal schneidet.

2 Einem Halbkreis mit Radius $r = 6$ wird ein Dreieck so einbeschreiben, dass die Spitze im Mittelpunkt des Halbkreises liegt und die Grundseite parallel zum Durchmesser verläuft (siehe Abbildung). Wie lang muss die Basis sein, damit der Flächeninhalt des Dreiecks maximal ist? Berechnen Sie den maximalen Flächeninhalt.

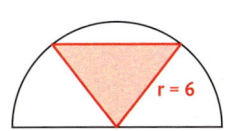

Exkursion

Training

1 Dem Quadrat ABCD wird das Dreieck PBQ einbeschrieben (siehe Abbildung).
   a) Berechnen Sie den Flächeninhalt des Dreiecks für x = 1 cm und für x = 2 cm.
   b) Für welchen Wert von x wird der Flächeninhalt des Dreiecks maximal? Wie groß ist dieser maximale Flächeninhalt?

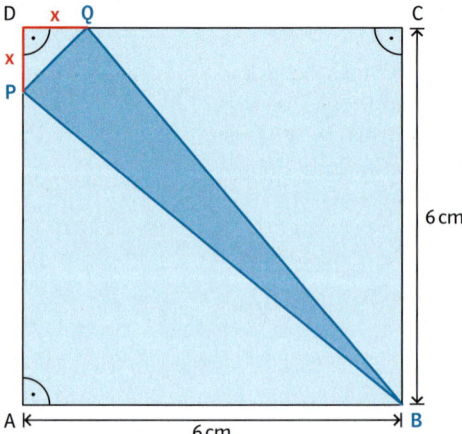

2 Karin und Peter wollen für ihre vier Kaninchen ein Gehege mit drei Abteilen bauen. Für die Einzäunung und die Abtrennungen stehen ihnen 20 m Zaun zur Verfügung.
Für welche Abmessungen a und b wird die Gesamtfläche des Geheges maximal?

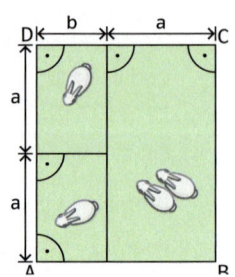

3 Eine Holzplatte hat die Form eines gleichschenkligen Dreiecks mit den Seitenlängen c = 60 cm und a = b = 50 cm. Daraus soll ein rechteckiges Brett mit möglichst großem Flächeninhalt herausgeschnitten werden.
   a) Welche Abmessungen und welchen Flächeninhalt hat das optimale Brett?
   b) Wie viel Prozent Abfall entstehen?

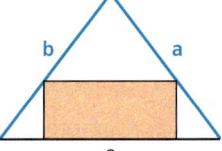

4 Bei einer Zirkusvorführung wird ein Feuerball unter einem Winkel von 45° aus einer „Kanone" abgeschossen und landet in einem 15 m entfernten Wasserbehälter, der gegenüber der Kanonenöffnung 3,75 m höher steht.
   a) Bestimmen Sie eine geeignete Funktion, welche die Flugbahn des Feuerballs beschreibt.
   b) Überprüfen Sie, ob die Vorführung in einem 4,80 m hohen Saal stattfinden kann.

5 Ein Fußballfeld ist von einer 400-m-Laufbahn umgeben, die sich aus zwei geraden Stücken der Länge x und zwei Halbkreisen mit dem Durchmesser d zusammensetzt. Welchen größtmöglichen Flächeninhalt A kann das Fußballfeld besitzen?

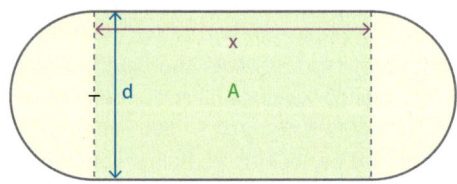

6 Vier Stangen von jeweils 4 m Länge sollen das Gerüst eines Zeltes in Form einer senkrechten quadratischen Pyramide bilden. Gesucht ist das Zelt mit dem größten Volumen. Bestimmen Sie dessen Maße. Wählen Sie als Variable für die Zielfunktion
   a) die Höhe h,
   b) die Grundkante a,
   c) den Neigungswinkel α der Stangen.

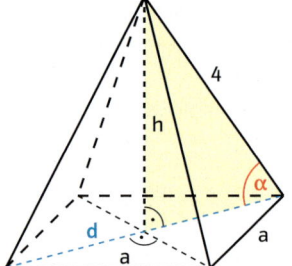

7 Die Tragfähigkeit T eines Holzbalkens ist proportional zur Balkenbreite b und zur Quadrat der Balkenhöhe h: $T = K \cdot b \cdot h^2$, wobei K = 10 eine Konstante ist, die das Holz beschreibt.
Aus einem zylindrischen Baumstamm mit dem Durchmesser d = 20 cm soll ein Balken maximaler Tragfähigkeit herausgeschnitten werden. Wie sind Breite und Höhe zu wählen?

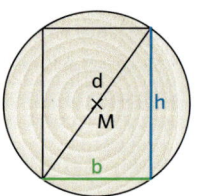

VI Optimieren und Modellieren

8 Ein Trainer für Fallschirmspringer berichtet: „Beim Fallschirmspringen werden bei der klassischen Freifallhaltung in Bauchlage innerhalb der ersten 10 Sekunden 300 Höhenmeter überwunden, bis Körpergewicht und Luftwiderstand so gegeneinander wirken, dass die weitere Fallgeschwindigkeit etwa konstant 180 $\frac{km}{h}$ beträgt."

a) In der Physik spricht man dann vom freien Fall, wenn außer der Schwerkraft keine weiteren Kräfte wirken. Dann gilt für den in der Zeitdauer t (in s) zurückgelegten Höhenunterschied h die Formel h = $\frac{1}{2}gt^2$ mit g = 9,81 $\frac{m}{s^2}$.
Wie groß ist demnach der in 2 s bzw. 5 s erreichte Höhenunterschied? Prüfen Sie, ob die obige Angabe für die ersten 10 Sekunden stimmt.

b) Will man die Geschwindigkeit v (in $\frac{m}{s}$) in Abhängigkeit von der Zeit t modellieren, eignet sich der Funktionsterm v(t) = a · e^{kt} + b. Führen Sie Gründe für diesen Ansatz an.

c) Melanie behauptet, die Bedingungen für die Bestimmung der drei Parameter seien:

v(0) = 0, v'(0) = g und $\lim_{t \to \infty}$ v(t) = 50.

Begründen Sie, dass dies stimmt, und bestimmen Sie damit die Parameter a, b und k.

d) Berechnen Sie mit der Funktion aus Teilaufgabe c) den Höhenunterschied nach 10 s und vergleichen Sie mit der obigen Angabe des Trainers.

Wegen v(t) = h'(t) erhält man den Höhenunterschied durch Integrieren von v(t).

e) Beschreiben Sie das Vorgehen in den Teilaufgaben a) bis d) unter Verwendung der Fachbegriffe des Modellierungskreislaufes.

9 Beim Bergwandern werden Höhenmesser benutzt, die den Luftdruck p (in hPa) messen und daraus die aktuelle Höhe x (in 1000 m) berechnen. Für diese Umrechnung benötigt man die barometrische Höhenformel p(x) = p_0 · e^{-kx}, in der p_0 den Luftdruck auf Meereshöhe x = 0 bezeichnet.

a) Bestimmen Sie mithilfe der Tabellenwerte die Parameter p_0 und k.

x (in 1000 m)	1	2	3	4	5
p (in hPa)	891	791	701	616	542

b) In welcher Höhe befindet man sich, wenn der Luftdruck 730 hPa beträgt?

*Die Druckeinheit Pascal ist folgendermaßen definiert: 1 Pa = 1 $\frac{N}{m^2}$.
Die Umrechnung in die ebenfalls gebräuchliche Einheit bar geschieht über 1 hPa = 100 Pa = 1 mbar.*

c) Als *barometrische Höhenstufe* bezeichnet man die vertikale Strecke, die zurückgelegt werden muss, um 1 hPa Luftdruckänderung zu erzielen. Jemand behauptet, auf Meereshöhe betrage diese 8 m. Nehmen Sie dazu Stellung. Berechnen Sie die barometrische Höhenstufe, wenn man von 2000 m bzw. von 4000 m Höhe startet.

d) Ein Nachteil der Höhenmesser ist, dass sich im Gebirge auch aufgrund eines Wetterumsturzes der Luftdruck ändern kann und der Höhenmesser dann einen falschen Wert anzeigt. Nehmen Sie an, der Luftdruck falle um 50 hPa. Um wieviel Höhenmeter zeigt dann der Höhenmesser falsch an, wenn man sich auf 2000 m bzw. auf 4000 m Höhe befindet?

10 Eine Residenzstadt wie zum Beispiel Ludwigsburg hatte im 18. Jahrhundert eine Bevölkerungsstruktur, die streng hierarchisch gegliedert war. Diese Rangfolge kann man durch ein *Zwiebeldiagramm* darstellen, in dem jeder Bevölkerungsgruppe eine Fläche zugeordnet wird, deren Inhalt der Größe der Gruppe entspricht. Die Höhe im Diagramm spiegelt das gesellschaftliche Ansehen wider.

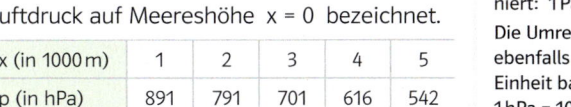

a) Verwenden Sie die Symmetrieachse des Zwiebeldiagramms als x-Achse. Modellieren Sie die linke Randkurve des Diagramms durch eine Polynomfunktion dritten Grades; benötigte Eigenschaften sind aus der Abbildung abzulesen.

b) Berechnen Sie mithilfe der Modellfunktion den Anteil der sozial Deklassierten sowie des Berufsbürgertums an der Gesamtbevölkerung.

Rückblick

VI Optimieren und Modellieren

Strategie für das Lösen von Optimierungsaufgaben mithilfe der Differenzialrechnung:
1. Beschreiben der **Zielgröße** mit einem Term, der mehrere Variablen enthalten kann
2. Formulieren der **Nebenbedingung(en)**
3. Bestimmen der **Zielfunktion** und Angabe der **Definitionsmenge**
4. Untersuchung der Zielfunktion auf **lokale Extremwerte** mithilfe der Ableitung
5. Untersuchung der **Randwerte** und Feststellen des **globalen Extremums** der Zielfunktion
6. Formulierung der **Ergebnisse** im Kontext des Optimierungsproblems

Optimierung von einbeschriebenen Figuren
Eine Funktion f beschreibt für $x \in [a; b]$ ein Kurvenstück, auf dem ein Eckpunkt $Q(u|f(u))$ einer Figur (Dreieck, Rechteck) liegt, deren Seiten zumeist parallel zu den Koordinatenachsen verlaufen. Somit bestimmt die Lage des Eckpunkts Q, wie groß beispielsweise der Flächeninhalt der Figur ist. Den gesuchten Extremwert des Flächeninhalts bestimmt man mit der obigen Strategie für das Lösen von Optimierungsaufgaben.

Optimierung von Körpern und Verpackungen
Bei einem **dreidimensionalen Körper** ist die Nebenbedingung nicht durch einen Funktionsgraphen vorgegeben, sondern es sind **mehrere Größen** (Länge, Breite, Oberfläche, Volumen) des Körpers miteinander verknüpft. Somit muss man sich entscheiden, welche Größe als unabhängige Variable für die Zielfunktion verwendet wird. Diese Wahl hat Einfluss auf die Bestimmung der Extremwerte.

Der Modellierungskreislauf

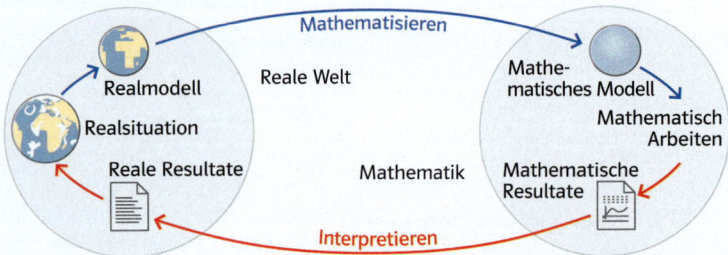

Um reale Problemstellungen mithilfe mathematischer Methoden zu lösen, benötigt man ein **mathematisches Modell**. Das Vereinfachen der Realsituation, Mathematisieren des Realmodells, das mathematische Arbeiten innerhalb des Modells, Ermitteln und Interpretieren der mathematischen Resultate, Überprüfen der realen Resultate und Bewerten des mathematischen Modells nennt man **Modellierungskreislauf**. Dieser kann bei Bedarf mit einem verbesserten Realmodell oder mathematischen Modell nochmals durchlaufen werden.

Der Punkt $Q(u|v)$ liegt auf der Strecke BC mit $B(0|2)$ und $C(3|0)$. Die Punkte $O(0|0)$, $P(u|0)$ und Q bilden das Dreieck OPQ. Wie groß kann der Flächeninhalt dieses Dreiecks maximal werden?

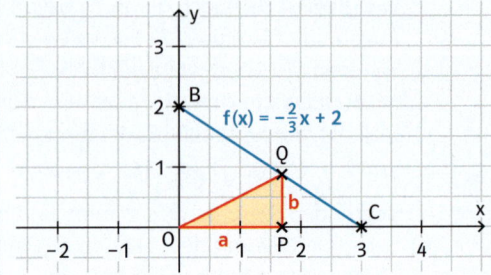

1. $A = \frac{1}{2} a \cdot b$
2. Geradengleichung für Strecke BC:
   $f(x) = -\frac{2}{3}x + 2$ mit $x \in [0; 3]$ $\Rightarrow$ $v = -\frac{2}{3}u + 2$
3. $A(u) = \frac{1}{2} \cdot u \cdot \left(-\frac{2}{3}u + 2\right) = -\frac{1}{3}u^2 + u$; $u \in [0; 3]$
4. $A'(u) = -\frac{2}{3}u + 1$; $A'(u) = 0$ führt auf $u = \frac{3}{2}$.
   $A''(u) = -\frac{2}{3} < 0$ $\Rightarrow$ Maximum; $A\left(\frac{3}{2}\right) = \frac{3}{4}$
5. Randwerte: $A(0) = 0$; $A(3) = 0$. Somit liegt bei $u = \frac{3}{2}$ das globale Maximum vor.
6. Der maximale Flächeninhalt beträgt $A_{max} = \frac{3}{4}$.

Um die zeitliche Entwicklung der Grundstückspreise (Realsituation) zu beschreiben, erhebt man Daten und ermittelt so die gerundeten Preise in €/m² (Realmodell). Diese kann man als Tabelle oder graphisch als Messpunkte darstellen:

Jahr	Preis (in €/m²)
2000	195
2005	230
2010	285
2015	355

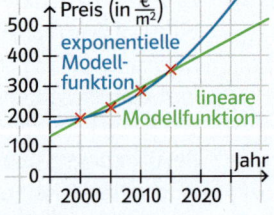

An die Datenpunkte kann eine lineare oder eine exponentielle Modellfunktion angepasst werden (mathematisches Modell). Der Vergleich der beiden Funktionsgraphen mit den Datenpunkten zeigt, dass sich die Grundstückspreise durch einen exponentiellen Verlauf besser beschreiben lassen (mathematisches Resultat).

Prüfungsvorbereitung

VI Optimieren und Modellieren

Aufgaben ohne Hilfsmittel

→ Lösungen | Seite 398

1. Aus einem Draht der Länge 50 cm soll ein Rechteck gebogen werden, das eine Fläche von maximalem Inhalt umrandet. Wie sind Länge und Breite des Rechtecks zu wählen? Bestimmen Sie den maximalen Flächeninhalt.

2. Gegeben sind die beiden Funktionen f und g durch $f(x) = \frac{1}{2}x^2 + 2$ und $g(x) = x^2 - 2x + 2$ mit $x \in [0; 4]$. Ihre Graphen sind nebenstehend abgebildet.
   a) Bestimmen Sie alle Stellen, an denen die Summe der Funktionswerte $f(x) + g(x)$ extremal wird. Ermitteln Sie jeweils die Art und den Wert des Extremums.
   b) Bestimmen Sie alle Stellen, an denen die Differenz der Funktionswerte $f(x) - g(x)$ extremal wird. Ermitteln Sie jeweils die Art und den Wert des Extremums.

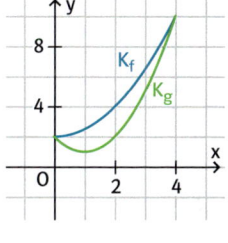

3. Gegeben ist die Funktion f mit $f(x) = (x - 3)^2$. Die Punkte $O(0|0)$, $P(u|0)$ und $Q(u|f(u))$ bilden für $0 \leq u \leq 3$ ein Dreieck.
   a) Skizzieren Sie den Graphen von f sowie ein mögliches Dreieck OPQ.
   b) Bestimmen Sie den Wert von u so, dass der Flächeninhalt des Dreiecks OPQ maximal wird, und berechnen Sie diesen maximalen Flächeninhalt.

Aufgaben mit Hilfsmitteln

4. Von einer rechteckigen Sandsteinplatte mit den Maßen 150 cm × 100 cm × 6 cm (L × B × T) ist durch einen Transportunfall eine Ecke abgebrochen. Aus der Platte soll eine rechteckige Tischplatte mit möglichst großem Flächeninhalt erstellt werden. Sandstein hat eine Dichte von $\frac{2{,}5\,g}{cm^3}$. Welche Abmessungen und welches Gewicht hat die fertige Tischplatte?

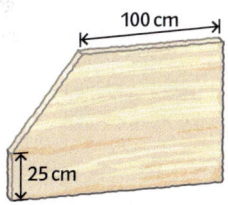

5. Die nebenstehende Tabelle zeigt die durchschnittliche Entwicklung der Körpergröße von Jungen und Mädchen im Alter von 10 bis 18 Jahren.
   a) Passen Sie für die beiden Geschlechter jeweils eine Funktion an die Tabellenwerte an.
   b) In welchem Alter ist das Wachstum (in $\frac{cm}{Jahr}$) jeweils am größten? Wie groß ist diese?

Alter (in Jahren)	Jungen Größe (cm)	Mädchen Größe (cm)
10	142	144
11	146	149
12	152	155
13	158	159
14	165	164
15	172	165
16	175	167
17	178	168
18	180	168

6. Die untere Berandung des Querschnitts eines 6 m breiten Betonfertigteils wird durch die Funktion f mit $f(x) = -\frac{1}{4}x^2 + \frac{3}{2}x$, die obere Berandung durch die Funktion g mit $g(x) = -\frac{1}{10}x^3 + \frac{9}{10}x^2 - \frac{9}{5}x + 4$ beschrieben (alle Maße in Meter).
Bestimmen Sie die Stellen, an denen die Höhe h des Betonfertigteils extremal ist, sowie die zugehörigen Höhen.

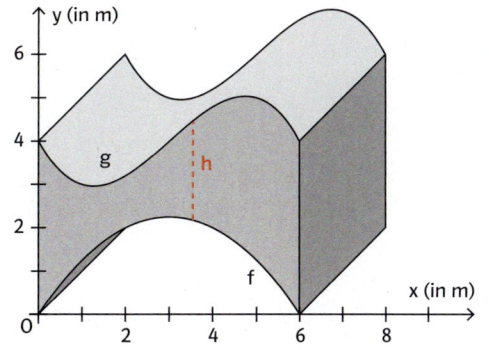

7. Die Punkte A und B sollen mit einer Rohrleitung verbunden werden. Die Verlegekosten betragen entlang der Straße 300 € pro Meter und über die Straße 500 € pro Meter. Punkt D soll so bestimmt werden, dass die Kosten der Verlegung von A über D nach B minimal sind.

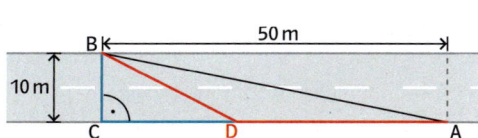

   a) Wählen Sie die Länge der Strecke CD (in m) als Variable x. Bestimmen Sie eine Funktion für die Kosten K (in €) in Abhängigkeit von x und geben Sie die Definitionsmenge an.
   b) Zeigen Sie, dass die Funktion K(x) bei $x = 7{,}5$ ein lokales Minimum aufweist und dass dies auch das globale Minimum ist.

VII Geometrie

Das können Sie schon

- Punkte und Vektoren im räumlichen Koordinatensystem einzeichnen
- Mit Vektoren rechnen
- Parallele und orthogonale Vektoren angeben
- Die Größe des Winkels zwischen zwei Vektoren bestimmen
- Lineare Gleichungssysteme lösen

Das können Sie bald

- Geraden und Ebenen im Raum mithilfe von Vektoren beschreiben
- Spurpunkte von Geraden und Ebenen bestimmen
- Die Lage von Geraden zueinander untersuchen
- Schnittpunkt, Schnittwinkel zweier Geraden berechnen
- Abstände zu Geraden berechnen

Check-in

So geht's:
(1) Checkliste übertragen.
(2) Fähigkeiten selbst einschätzen.
(3) Einschätzung mithilfe der Aufgaben überprüfen und gegebenenfalls Lerntipps beachten.

Schätzen Sie sich mithilfe der Checkliste ein.

1. Ich kann Punkte im Raum angeben und in ein Koordinatensystem eintragen.
2. Ich kann den Abstand zweier Punkte im Raum berechnen.
3. Ich kann Vektoren im Raum angeben und bestimmen.
4. Ich kann mit Vektoren mithilfe von Vektoraddition, s-Multiplikation und Skalarprodukt rechnen.
5. Ich kann Vektoren auf Kollinearität und Orthogonalität prüfen.
6. Ich kann zu einem Vektor kollineare und orthogonale Vektoren angeben.
7. Ich kann die Größe des Winkels zwischen zwei Vektoren berechnen.
8. Ich kann lineare Gleichungssysteme lösen und die Anzahl der Lösungen des LGS angeben.

Lerntipps

zu 1. **Grundwissen**, Seite 355
zu 2. **Grundwissen**, Seite 355
zu 3. **Grundwissen**, Seite 355
zu 4. **Grundwissen**, Seite 355
zu 5. **Grundwissen**, Seite 355
zu 6. **Grundwissen**, Seite 355
zu 7. **Grundwissen**, Seite 355
zu 8. **Lehrtext**, Seite 173

Überprüfen Sie Ihre Einschätzungen.

Lösungen | Seite 399

1 Punkte in ein Koordinatensystem eintragen bzw. angeben

a) Tragen Sie die folgenden Punkte in ein Koordinatensystem ein.
   A(3|0|0)   B(0|4|0)   C(0|0|−2)   D(2|−1|0)   E(0|−2|3)   F(3|−5|1)
b) Geben Sie die Koordinaten der Punkte A, B und C in Fig.1 an. Geben Sie zwei Punkte an, die durch den eingezeichneten Punkt D dargestellt werden können.
c) Der Punkt P(3|−4|2,5) wird nacheinander auf alle drei Koordinatenebenen projiziert. Bestimmen Sie die Koordinaten der Projektionspunkte.
d) Geben Sie mögliche Koordinaten für einen Punkt an, der
   (1) in der $x_1 x_2$-Ebene liegt,
   (2) nicht in der $x_2 x_3$-Ebene liegt,
   (3) in der $x_1 x_2$-Ebene und in der $x_1 x_3$-Ebene liegt, jedoch nicht in der $x_2 x_3$-Ebene liegt.

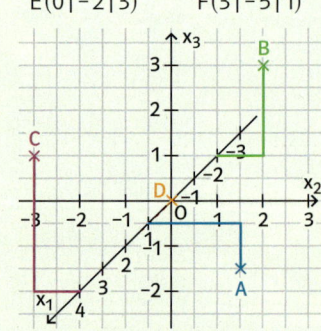

Fig.1

2 Abstand zweier Punkte berechnen

Berechnen Sie den Abstand des Punktes zum Punkt A(3|−5|1).
a) O(0|0|0)   b) B(7|2|1)   c) C(−2|17|9)

3 Mit Vektoren umgehen

a) Zeichnen Sie jeweils zwei verschiedene Repräsentanten der folgenden Vektoren.
   (1) $\vec{a} = \begin{pmatrix} 1 \\ 0 \\ 0 \end{pmatrix}$, $\vec{b} = \begin{pmatrix} 1 \\ -2 \\ 1 \end{pmatrix}$
   (2) $\vec{a} = \begin{pmatrix} 0 \\ 5 \\ -2 \end{pmatrix}$, $\vec{b} = \begin{pmatrix} -1 \\ 3 \\ -4 \end{pmatrix}$

b) Bestimmen Sie den Verbindungsvektor $\overrightarrow{AB}$, berechnen Sie seinen Betrag.
   (1) A(2|5|−1); B(4|4|1)
   (2) A(3|−2|−7); B(4|−1|8)

c) Der Vektor $\vec{v}$ wird nacheinander auf alle drei Koordinatenebenen projiziert. Geben Sie die Koordinaten der drei projizierten Vektoren an.
   (1) $\vec{v} = \begin{pmatrix} 1 \\ -2 \\ 5 \end{pmatrix}$
   (2) $\vec{v} = \begin{pmatrix} -17 \\ 28 \\ 12 \end{pmatrix}$

218

d) Es ist $\overrightarrow{AB} = \begin{pmatrix} 3 \\ 2 \\ 1 \end{pmatrix}$. Bestimmen Sie den fehlenden Punkt.

   (1) $A(0|0|0)$ (2) $A(1|5|-3)$ (3) $B(8|-4|-2)$

e) Das Dreieck mit den Eckpunkten $A(3|-1|1)$; $B(2|1|-1)$ und $C(-2|0|0)$ wird um den Vektor $\vec{r} = \begin{pmatrix} 1 \\ -2 \\ -1 \end{pmatrix}$ verschoben. Bestimmen Sie die Koordinaten der Bildpunkte A′, B′ und C′.

○ **4 Mit Vektoren rechnen**

a) Berechnen Sie die Linearkombination.

   (1) $\begin{pmatrix} 1 \\ 0 \\ 2 \end{pmatrix} + \begin{pmatrix} 3 \\ -1 \\ 2 \end{pmatrix} - \begin{pmatrix} 2 \\ -2 \\ 3 \end{pmatrix}$ (2) $3 \cdot \begin{pmatrix} 0{,}5 \\ 3 \\ -1 \end{pmatrix}$ (3) $\begin{pmatrix} 0 \\ 5 \\ -2 \end{pmatrix} - \begin{pmatrix} 8 \\ 15 \\ -4 \end{pmatrix} + 7{,}5 \cdot \begin{pmatrix} 1 \\ -3 \\ 2 \end{pmatrix}$

b) Berechnen Sie das Skalarprodukt $\vec{a} \cdot \vec{b}$.

   (1) $\vec{a} = \begin{pmatrix} 1 \\ -2 \\ 3 \end{pmatrix}$; $\vec{b} = \begin{pmatrix} -1 \\ 2 \\ -1 \end{pmatrix}$ (2) $\vec{a} = \begin{pmatrix} 2 \\ 0{,}5 \\ -1 \end{pmatrix}$; $\vec{b} = \begin{pmatrix} -0{,}5 \\ 4 \\ -1 \end{pmatrix}$ (3) $\vec{a} = \begin{pmatrix} -1 \\ 3 \\ 5 \end{pmatrix}$; $\vec{b} = \begin{pmatrix} -1 \\ -2 \\ 1 \end{pmatrix}$

○ **5 Vektoren auf Kollinearität und Orthogonalität prüfen**

a) Überprüfen Sie, ob die Vektoren $\vec{a}$ und $\vec{b}$ kollinear sind.

   (1) $\vec{a} = \begin{pmatrix} 2 \\ 1 \\ 5 \end{pmatrix}$; $\vec{b} = \begin{pmatrix} 8 \\ 4 \\ 15 \end{pmatrix}$ (2) $\vec{a} = \begin{pmatrix} -4 \\ 1 \\ -2 \end{pmatrix}$; $\vec{b} = \begin{pmatrix} 8 \\ -2 \\ 4 \end{pmatrix}$ (3) $\vec{a} = \begin{pmatrix} 15 \\ -0{,}6 \\ 9 \end{pmatrix}$; $\vec{b} = \begin{pmatrix} -10 \\ 0{,}4 \\ 6 \end{pmatrix}$

b) Überprüfen Sie, ob die Vektoren $\vec{v}$ und $\vec{w}$ orthogonal zueinander sind.

   (1) $\vec{v} = \begin{pmatrix} 2 \\ -1 \\ 2 \end{pmatrix}$; $\vec{w} = \begin{pmatrix} 3 \\ 8 \\ 1 \end{pmatrix}$ (2) $\vec{v} = \begin{pmatrix} 1 \\ 2 \\ 3 \end{pmatrix}$; $\vec{w} = \begin{pmatrix} -1 \\ 2 \\ -2 \end{pmatrix}$ (3) $\vec{v} = \begin{pmatrix} 3 \\ -2 \\ -1 \end{pmatrix}$; $\vec{w} = \begin{pmatrix} -1 \\ 2 \\ -7 \end{pmatrix}$

○ **6 Kollineare und orthogonale Vektoren angeben**

a) Geben Sie jeweils zwei Vektoren an, die zum Vektor $\vec{v}$ kollinear sind.

   (1) $\vec{v} = \begin{pmatrix} 3 \\ 2 \\ 1 \end{pmatrix}$ (2) $\vec{v} = \begin{pmatrix} -2 \\ 2 \\ -1 \end{pmatrix}$ (3) $\vec{v} = \begin{pmatrix} 1 \\ -5 \\ 0 \end{pmatrix}$

b) Gegeben ist der Vektor $\vec{a} = \begin{pmatrix} 1 \\ 1 \\ 0 \end{pmatrix}$. Bestimmen Sie die Koordinaten des Vektors $\vec{b}$ so, dass die Vektoren $\vec{a}$ und $\vec{b}$ orthogonal zueinander sind.

   (1) $\vec{b} = \begin{pmatrix} 3 \\ b_2 \\ 1 \end{pmatrix}$ (2) $\vec{b} = \begin{pmatrix} b_1 \\ 2 \\ 5 \end{pmatrix}$ (3) $\vec{b} = \begin{pmatrix} -1 \\ b_2 \\ b_3 \end{pmatrix}$ (4) $\vec{b} = \begin{pmatrix} b_1 \\ b_2 \\ b_3 \end{pmatrix}$

c) Gegeben ist der Vektor $\vec{x} = \begin{pmatrix} 1 \\ -2 \\ 3 \end{pmatrix}$. Bestimmen Sie die Koordinaten des Vektors $\vec{y}$ so, dass die Vektoren $\vec{x}$ und $\vec{y}$ orthogonal zueinander sind.

   (1) $\vec{y} = \begin{pmatrix} 6 \\ y_2 \\ -1 \end{pmatrix}$ (2) $\vec{y} = \begin{pmatrix} y_1 \\ 4 \\ 1 \end{pmatrix}$ (3) $\vec{y} = \begin{pmatrix} -1 \\ y_2 \\ y_3 \end{pmatrix}$ (4) $\vec{y} = \begin{pmatrix} y_1 \\ y_2 \\ 2 \end{pmatrix}$

○ **7 Winkel zwischen Vektoren bestimmen**

Bestimmen Sie mithilfe des Skalarprodukts den Winkel, den die Vektoren $\vec{v}$ und $\vec{w}$ einschließen.

a) $\vec{v} = \begin{pmatrix} 1 \\ 2 \\ -1 \end{pmatrix}$; $\vec{w} = \begin{pmatrix} 1 \\ 1 \\ 2 \end{pmatrix}$ b) $\vec{v} = \begin{pmatrix} 2 \\ 1 \\ -6 \end{pmatrix}$; $\vec{w} = \begin{pmatrix} 1 \\ 2 \\ 1 \end{pmatrix}$

○ **8 Lineare Gleichungssysteme lösen, Anzahl der Lösungen angeben**

Lösen Sie das lineare Gleichungssystem. Geben Sie die Anzahl der Lösungen an.

a) $2x + y - 2z = -3$
   $x + y + z = 3$
   $x - 2y - z = -4$

b) $3a + 2b + c = 6$
   $2a - b + 3c = -3$
   $5a + b + 4c = 3$

c) $-x_1 + 3x_2 + 5x_3 = 1$
   $3x_1 - 9x_2 - 15x_3 = 3$

1 Geraden im Raum

Jan trägt in der Schlossallee Werbeprospekte aus, die er am Opernplatz abholen muss. Welchen Weg kann er von dort aus wählen, wenn er alle Häuser in der Schlossallee erreichen möchte?

Mithilfe von Vektoren kann man sowohl Geraden in der Ebene als auch Geraden im Raum beschreiben.
In Fig. 1 liegen die Punkte P, Q, R und S auf derselben Geraden g. Mit dem Ortsvektor

$\vec{p} = \begin{pmatrix} 3 \\ 4 \\ 5 \end{pmatrix}$ des Stützpunkts P und dem Vektor

$\vec{u} = \begin{pmatrix} 1 \\ -1 \\ 1 \end{pmatrix}$ kann man die Ortsvektoren $\vec{q}$, $\vec{r}$ und

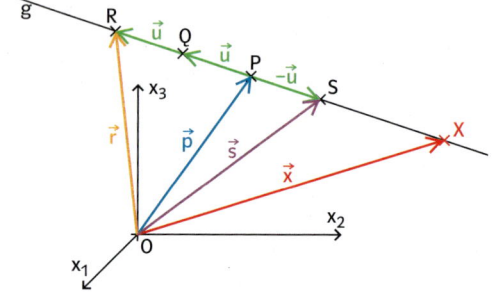

Fig. 1

$\vec{s}$ der anderen Punkte Q, R und S beschreiben:

$\begin{pmatrix} 3 \\ 4 \\ 5 \end{pmatrix} + 1 \cdot \begin{pmatrix} 1 \\ -1 \\ 1 \end{pmatrix} = \begin{pmatrix} 4 \\ 3 \\ 6 \end{pmatrix} = \vec{q}$; $\begin{pmatrix} 3 \\ 4 \\ 5 \end{pmatrix} + 2 \cdot \begin{pmatrix} 1 \\ -1 \\ 1 \end{pmatrix} = \begin{pmatrix} 5 \\ 2 \\ 7 \end{pmatrix} = \vec{r}$ und $\begin{pmatrix} 3 \\ 4 \\ 5 \end{pmatrix} + (-1) \cdot \begin{pmatrix} 1 \\ -1 \\ 1 \end{pmatrix} = \begin{pmatrix} 2 \\ 5 \\ 4 \end{pmatrix} = \vec{s}$.

Ein beliebiger Punkt X mit dem Ortsvektor $\vec{x}$ liegt auf der Geraden g in Fig. 1, wenn es eine reelle Zahl t gibt, so dass $\vec{x} = \begin{pmatrix} 3 \\ 4 \\ 5 \end{pmatrix} + t \cdot \begin{pmatrix} 1 \\ -1 \\ 1 \end{pmatrix}$.

Setzt man umgekehrt in die Gleichung $\vec{x} = \begin{pmatrix} 3 \\ 4 \\ 5 \end{pmatrix} + t \cdot \begin{pmatrix} 1 \\ -1 \\ 1 \end{pmatrix}$ für den Parameter t alle reellen Zahlen ein, dann erhält man die Ortvektoren aller Punkte der Geraden g. Deshalb bezeichnet man diese Gleichung als **Parametergleichung der Geraden g**.

Diese Gleichung g heißt auch kurz **Geradengleichung von g**.

> Jede Gerade g lässt sich durch eine **Parametergleichung** der Form $\vec{x} = \vec{p} + t \cdot \vec{u}$ (t ∈ ℝ) beschreiben.
> Der Vektor $\vec{p}$ heißt **Stützvektor**. Er ist der Ortsvektor eines Punktes P auf der Geraden.
> Der Punkt P heißt **Stützpunkt von g**.
> Der Vektor $\vec{u}$ ($\vec{u} \neq \vec{o}$) heißt **Richtungsvektor**. Er gibt die Richtung der Geraden an.
> Die Zahl t heißt **Parameter**. Zu jedem t ∈ ℝ gibt es einen Punkt auf der Geraden.

Eine Gerade kann durch mehrere Gleichungen beschrieben werden, z.B. sind
$\vec{x} = \begin{pmatrix} 3 \\ 4 \\ 5 \end{pmatrix} + r \cdot \begin{pmatrix} 3 \\ -3 \\ 3 \end{pmatrix}$ und $\vec{x} = \begin{pmatrix} 4 \\ 3 \\ 6 \end{pmatrix} + s \cdot \begin{pmatrix} -1 \\ 1 \\ -1 \end{pmatrix}$ ebenfalls Gleichungen der Geraden g.
Man kann also den Richtungsvektor durch ein Vielfaches des alten Richtungsvektors ersetzen oder den Stützvektor durch den Ortsvektor eines anderen Geradenpunktes ersetzen.

Um eine Gerade g in ein räumliches Koordinatensystem einzuzeichnen, wählt man zwei Punkte auf der Geraden aus, z.B. für t = 0 (Stützpunkt P) und t = 1 (von P aus um $\vec{u}$ weiter) und zeichnet durch diese Punkte die Gerade g. Dabei ist der räumliche Verlauf von g im Koordinatensystem jedoch nicht eindeutig erkennbar.

Um den Verlauf zu verdeutlichen, ist es hilfreich, die Schnittpunkte von g mit den Koordinatenebenen einzuzeichnen.
Man nennt diese Punkte die **Spurpunkte** der Geraden. Mit S_{12} wird der Spurpunkt mit der x_1x_2-Ebene bezeichnet. Für ihn gilt $x_3 = 0$.
S_{23} bzw. S_{13} sind die Spurpunkte mit den beiden anderen Koordinatenebenen. Für sie gilt $x_1 = 0$ bzw. $x_2 = 0$.
In Fig.1 kann man z.B. erkennen, dass sich die Geraden g und h nicht schneiden, da der scheinbare Schnittpunkt auf g unterhalb, auf h jedoch oberhalb der x_1x_2-Ebene liegt.

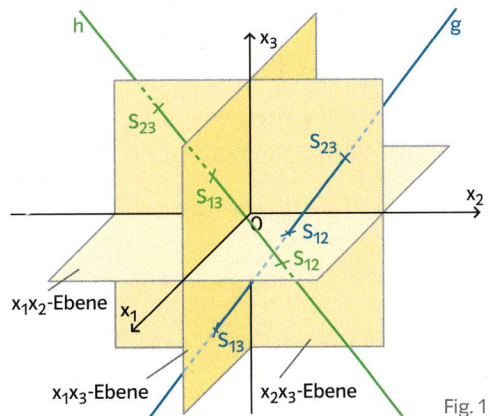

Fig. 1

Beispiel 1 Geradengleichung bestimmen
Die Gerade g geht durch die Punkte $P(2|4|3)$ und $Q(3|6|2)$. Bestimmen Sie drei verschiedene Gleichungen der Geraden g.
Lösung
Mögliche Gleichungen: $g: \vec{x} = \vec{p} + t \cdot \overrightarrow{PQ} = \begin{pmatrix} 2 \\ 4 \\ 3 \end{pmatrix} + t \cdot \begin{pmatrix} 3-2 \\ 6-4 \\ 2-3 \end{pmatrix} = \begin{pmatrix} 2 \\ 4 \\ 3 \end{pmatrix} + t \cdot \begin{pmatrix} 1 \\ 2 \\ -1 \end{pmatrix}$,

$g: \vec{x} = \vec{q} + t \cdot \overrightarrow{PQ} = \begin{pmatrix} 3 \\ 6 \\ 2 \end{pmatrix} + t \cdot \begin{pmatrix} 1 \\ 2 \\ -1 \end{pmatrix}$ oder $g: \vec{x} = \vec{p} + t \cdot (-0{,}5) \cdot \overrightarrow{PQ} = \begin{pmatrix} 2 \\ 4 \\ 3 \end{pmatrix} + t \cdot \begin{pmatrix} -0{,}5 \\ -1 \\ 0{,}5 \end{pmatrix}$

Beispiel 2 Punktprobe durchführen
Prüfen Sie, ob der Punkt $A(4|5|2)$ auf der Geraden $g: \vec{x} = \begin{pmatrix} 1 \\ 1 \\ 0 \end{pmatrix} + t \cdot \begin{pmatrix} 3 \\ 4 \\ -2 \end{pmatrix}$ liegt.

Lösung
Es wird geprüft, ob es eine Zahl t gibt mit $\begin{pmatrix} 4 \\ 5 \\ 2 \end{pmatrix} = \begin{pmatrix} 1 \\ 1 \\ 0 \end{pmatrix} + t \cdot \begin{pmatrix} 3 \\ 4 \\ -2 \end{pmatrix}$.

1. Zeile: $4 = 1 + 3t$ ergibt $t = $ **1**.
Wenn man $t = $ **1** in die zweite und dritte Zeile der Gleichung einsetzt, erhält man:
2. Zeile: $5 = 1 + $ **1** $\cdot 4$. Wahre Aussage.
3. Zeile: $2 = 0 + $ **1** $\cdot (-2)$. Falsche Aussage.
Die 3. Zeile der Gleichung ist nicht erfüllt. Also gibt es kein $t \in \mathbb{R}$, sodass $\begin{pmatrix} 4 \\ 5 \\ 2 \end{pmatrix} = \begin{pmatrix} 1 \\ 1 \\ 0 \end{pmatrix} + t \cdot \begin{pmatrix} 3 \\ 4 \\ -2 \end{pmatrix}$
gilt. Der Punkt A liegt nicht auf der Geraden g.

Beispiel 3 Spurpunkte und Zeichnung
Berechnen Sie die Spurpunkte der Geraden $g: \vec{x} = \begin{pmatrix} x_1 \\ x_2 \\ x_3 \end{pmatrix} = \begin{pmatrix} -1 \\ 3 \\ 8 \end{pmatrix} + t \cdot \begin{pmatrix} -2 \\ 3 \\ 4 \end{pmatrix}$, $t \in \mathbb{R}$, und zeichnen Sie die Gerade g.

Lösung:
Berechnen der Koordinaten von Spurpunkt S_{12}:
Für alle Punkte in der x_1x_2-Ebene gilt $x_3 = 0$.
Aus der dritten Koordinate der Geradengleichung liest man ab: $x_3 = 8 + 4t = 0$.
Das ist für $t = -2$ erfüllt. Einsetzen von $t = -2$ in die Geradengleichung von g ergibt

$\vec{x} = \begin{pmatrix} -1 \\ 3 \\ 8 \end{pmatrix} + (-2) \cdot \begin{pmatrix} -2 \\ 3 \\ 4 \end{pmatrix} = \begin{pmatrix} 3 \\ -3 \\ 0 \end{pmatrix}$.

Somit ist $S_{12}(3|-3|0)$ der Spurpunkt von g in der x_1x_2-Ebene. Spurpunkt der x_2x_3-Ebene ist $S_{23}(0|1{,}5|6)$ für $t = -0{,}5$. Spurpunkt der x_1x_3-Ebene ist $S_{13}(1|0|4)$ für $t = -1$.

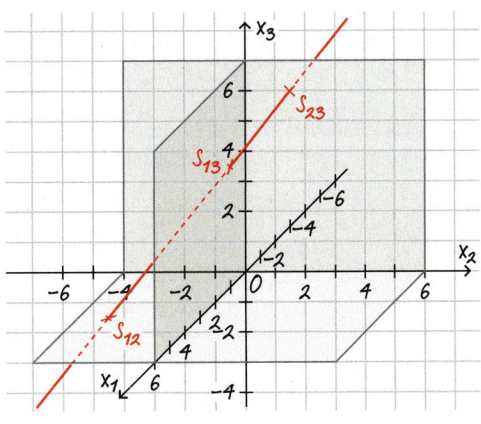

1 Geraden im Raum

Aufgaben

1 Gegeben ist die Gerade $g: \vec{x} = \begin{pmatrix} 1 \\ 1 \\ 2 \end{pmatrix} + t \cdot \begin{pmatrix} 0 \\ -2 \\ 7 \end{pmatrix}$.

a) Bestimmen Sie zu den Parameterwerten $t = -2$, $t = 1$ und $t = 3$ die zugehörigen Punkte.
b) Geben Sie einen weiteren Stützpunkt und einen weiteren Richtungsvektor von g an.

2 Die Gerade g geht durch die Punkte A und B. Geben Sie eine Gleichung dieser Geraden an.
a) $A(2|1|3)$, $B(1|5|-6)$
b) $A(0|1|2)$, $B(0|3|-3)$
c) $A(1|4|6)$, $B(0|0|0)$
d) $A(2|2|2)$, $B(5|2|-2)$

3 Gegeben ist die Gerade g. Geben Sie eine weitere Gleichung für g an.

a) $g: \vec{x} = \begin{pmatrix} 0 \\ 1 \\ 0 \end{pmatrix} + t \cdot \begin{pmatrix} 12 \\ 12 \\ -6 \end{pmatrix}$

Ändern Sie nur den Richtungsvektor ab.

b) $g: \vec{x} = \begin{pmatrix} 2 \\ -2 \\ 4 \end{pmatrix} + s \cdot \begin{pmatrix} 1 \\ 5 \\ 3 \end{pmatrix}$

Ändern Sie nur den Stützvektor ab.

4 Prüfen Sie, ob die Punkte A bzw. B auf der Geraden g liegen, und geben Sie gegebenenfalls den Wert des zugehörigen Parameters an.

a) $g: \vec{x} = \begin{pmatrix} 2 \\ -1 \\ 0 \end{pmatrix} + t \cdot \begin{pmatrix} 0 \\ 2 \\ 1 \end{pmatrix}$, $A(2|1|1)$, $B(2|3|1)$

b) $g: \vec{x} = \begin{pmatrix} 1 \\ 5 \\ -2 \end{pmatrix} + r \cdot \begin{pmatrix} 1 \\ -2 \\ 1 \end{pmatrix}$, $A(0|3|-1)$, $B(3|1|0)$

c) $g: \vec{x} = \begin{pmatrix} 1 \\ 2 \\ 3 \end{pmatrix} + s \cdot \begin{pmatrix} -2 \\ 1 \\ -3 \end{pmatrix}$, $A(3|1|6)$, $B(2|3|1)$

d) $g: \vec{x} = \begin{pmatrix} 2 \\ 2 \\ 1 \end{pmatrix} + u \cdot \begin{pmatrix} 1 \\ 0 \\ 2 \end{pmatrix}$, $A(1|2|4)$, $B(6|2|9)$

5 Überprüfen Sie, ob die Gleichungen dieselbe Gerade beschreiben.

a) $\vec{x} = \begin{pmatrix} 1 \\ 0 \\ 5 \end{pmatrix} + t \cdot \begin{pmatrix} 2 \\ 2 \\ -2 \end{pmatrix}$, $\vec{x} = \begin{pmatrix} 1 \\ 0 \\ 5 \end{pmatrix} + s \cdot \begin{pmatrix} -1 \\ -1 \\ 1 \end{pmatrix}$

b) $\vec{x} = \begin{pmatrix} 2 \\ 7 \\ 9 \end{pmatrix} + t \cdot \begin{pmatrix} 1 \\ 2 \\ 3 \end{pmatrix}$, $\vec{x} = \begin{pmatrix} 2 \\ 7 \\ 9 \end{pmatrix} + s \cdot \begin{pmatrix} 2 \\ 3 \\ 4 \end{pmatrix}$

6 Berechnen Sie die drei Spurpunkte der Geraden g und zeichnen Sie g in ein Koordinatensystem.

a) $g: \vec{x} = \begin{pmatrix} 3 \\ 6 \\ -2 \end{pmatrix} + u \cdot \begin{pmatrix} -1 \\ 3 \\ 2 \end{pmatrix}$

b) $g: \vec{x} = \begin{pmatrix} 2 \\ 4 \\ 6 \end{pmatrix} + t \cdot \begin{pmatrix} 5 \\ -2 \\ 3 \end{pmatrix}$

c) $g: \vec{x} = \begin{pmatrix} -3 \\ 5 \\ 7 \end{pmatrix} + k \cdot \begin{pmatrix} 2 \\ -3 \\ 4 \end{pmatrix}$

d) $g: \vec{x} = \begin{pmatrix} -4 \\ 1 \\ 3 \end{pmatrix} + r \cdot \begin{pmatrix} 2 \\ 0 \\ -1 \end{pmatrix}$

e) $g: \vec{x} = \begin{pmatrix} 6 \\ 8 \\ -2 \end{pmatrix} + s \cdot \begin{pmatrix} -3 \\ 2 \\ 1 \end{pmatrix}$

f) $g: \vec{x} = \begin{pmatrix} -2 \\ 1 \\ -1 \end{pmatrix} + w \cdot \begin{pmatrix} 3 \\ 0 \\ 0 \end{pmatrix}$

O Test

→ Lösungen | Seite 400

7 Betrachtet wird die Gerade $g: \vec{x} = \begin{pmatrix} 4 \\ -3 \\ 5 \end{pmatrix} + t \cdot \begin{pmatrix} -3 \\ 2 \\ -9 \end{pmatrix}$.

a) Bestimmen Sie die Koordinaten zweier Punkte P und Q, die auf der Geraden g liegen.
b) Liegen die Punkte $A(1|0|-7)$ und $B(7|-5|14)$ auf der Geraden g?
c) Zeichnen Sie die Gerade g mithilfe der Spurpunkte in ein Koordinatensystem.

8 Geben Sie eine Gleichung der Geraden an, auf der die Punkte A und B liegen.
a) $A(4|5|7)$, $B(7|5|4)$
b) $A(1|2|3)$, $B(3|2|1)$

9 Gegeben ist die Gerade $g: \vec{x} = \begin{pmatrix} 4 \\ 3 \\ -1 \end{pmatrix} + s \cdot \begin{pmatrix} -2 \\ 3 \\ 1 \end{pmatrix}$ sowie der Punkt $A(2|2|-2)$.

a) Berechnen Sie die Spurpunkte von g. Zeichnen Sie g und A in ein Koordinatensystem.
b) Felix sagt: „Der Punkt A liegt auf der Geraden g!" Nehmen Sie dazu Stellung.

10 Welche der folgenden Geradengleichungen stellen dieselbe Gerade dar?

$g_1: \vec{x} = \begin{pmatrix} 1 \\ 2 \\ 3 \end{pmatrix} + t_1 \cdot \begin{pmatrix} 1 \\ -1 \\ 2 \end{pmatrix}$; $\quad g_2: \vec{x} = \begin{pmatrix} 1 \\ 1 \\ 1 \end{pmatrix} + t_2 \cdot \begin{pmatrix} -1 \\ 1 \\ 2 \end{pmatrix}$; $\quad g_3: \vec{x} = \begin{pmatrix} -3 \\ 6 \\ -5 \end{pmatrix} + t_3 \cdot \begin{pmatrix} -2 \\ 2 \\ -4 \end{pmatrix}$; $\quad g_4: \vec{x} = t_4 \cdot \begin{pmatrix} -1 \\ 1 \\ -2 \end{pmatrix}$

11 Prüfen Sie, ob die Punkte A, B und C auf einer Geraden liegen.
a) A(2|3|1), B(−1|5|6), C(8|−1|−9)   b) A(8|2|−7), B(4|2|3), C(1|2|1)

12 Geben Sie für ein räumliches Koordinatensystem Gleichungen für die drei Geraden an, welche die Koordinatenachsen beschreiben.

13 Die nebenstehende Abbildung zeigt einen Würfel ABCDEFGH. Geben Sie eine Gleichung der Geraden
a) durch die Punkte A und C an,
b) durch die Punkte B und D an,
c) durch die Punkte E und G an,
d) durch die Punkte A und G an,
e) durch die Punkte B und H an,
f) durch die Punkte C und D an.

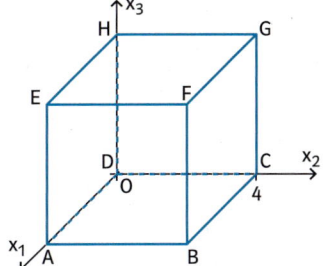

Test

Lösungen | Seite 400

14 Prüfen Sie, ob die Punkte A, B und C auf einer Geraden liegen.
a) A(1|0|−2); B(3|1|−1); C(7|3|1)   b) A(−4|1|3); B(1|1|0); C(2|6|−4)

15 a) Gegeben ist die Gerade $g: \vec{x} = \begin{pmatrix} 3 \\ 2 \\ 1 \end{pmatrix} + s \cdot \begin{pmatrix} 8 \\ 4 \\ 2 \end{pmatrix}$.

Prüfen Sie, ob es einen Punkt auf der Geraden g gibt, der auf der x_1-Achse liegt.

b) Gegeben ist die Gerade $g: \vec{x} = \begin{pmatrix} 1 \\ -3 \\ 2 \end{pmatrix} + r \cdot \begin{pmatrix} 2 \\ 2 \\ 2 \end{pmatrix}$.

Prüfen Sie, ob es einen Punkt auf der Geraden g gibt, der auf der x_3-Achse liegt.

16 Beschreiben Sie, welche besonderen Lagen im räumlichen Koordinatensystem Geraden aufweisen, die
a) nur zwei Spurpunkte besitzen,   b) genau einen Spurpunkt besitzen.

17 Die Gerade g besitzt die angegebenen Spurpunkte. Bestimmen Sie gegebenenfalls den dritten Spurpunkt.
a) $S_{12}(6|5|0)$, $S_{13}(-4|0|15)$ b) $S_{12}(8|3|0)$, $S_{23}(0|15|18)$ c) $S_{13}(24|0|9)$, $S_{23}(0|6|9)$

18 Erläutern Sie die besondere Lage der Geraden g im Koordinatensystem.

a) $g: \vec{x} = s \cdot \begin{pmatrix} 1 \\ 0 \\ 1 \end{pmatrix}$ b) $g: \vec{x} = s \cdot \begin{pmatrix} 0 \\ 1 \\ 1 \end{pmatrix}$ c) $g: \vec{x} = s \cdot \begin{pmatrix} 1 \\ 1 \\ 1 \end{pmatrix}$ d) $g: \vec{x} = \begin{pmatrix} 0 \\ 0 \\ 2 \end{pmatrix} + s \cdot \begin{pmatrix} 0 \\ 1 \\ 0 \end{pmatrix}$

Grundwissen Test

Grundwissen
Seite 173
Lösung | Seite 400

19 Lösen Sie das lineare Gleichungssystem und geben Sie die Anzahl der Lösungen an.

a) $4a + 3b = 7$
$2a - 3b = -1$
$2a + b = 2$

b) $7x + 5y = 7$
$3x + 4y = -10$
$x + y = -1$

c) $5s - 2t = 4$
$-10s + 4t = -8$
$3s - t = 2$

1 Geraden im Raum

2 Gegenseitige Lage von Geraden – zueinander parallele Geraden

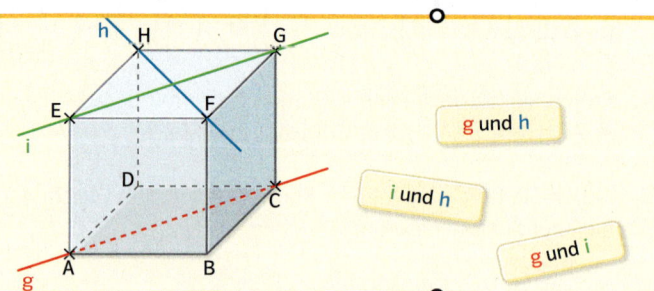

Welche der Aussagen treffen auf die Geradenpaare jeweils zu?
(1) Die Geraden sind zueinander parallel.
(2) Die Geraden schneiden sich.
(3) Die Geraden schneiden sich nicht.

g und h

i und h

g und i

Bei der gegenseitigen Lage zweier Geraden $g: \vec{x} = \vec{p} + r \cdot \vec{u}$ und $h: \vec{x} = \vec{q} + s \cdot \vec{v}$ im Raum unterscheidet man vier Fälle:

1. Fall: parallel und nicht identisch
Die Geraden g und h sind zueinander parallel und verschieden.
Das ist genau dann der Fall, wenn $\vec{u}$ und $\vec{v}$ Vielfache voneinander (**kollinear**) sind, und P nicht auf h liegt.

2. Fall: parallel und identisch
Die Geraden g und h sind zueinander parallel und identisch.
Das ist genau dann der Fall, wenn $\vec{u}$ und $\vec{v}$ kollinear sind und P auf h liegt.

Die Vektoren $\vec{a}$ und $\vec{b}$ sind **kollinear** bzw. parallel, wenn sie gegenseitig Vielfache voneinander sind.

Es gilt:
$\vec{a} = r \cdot \vec{b}$.

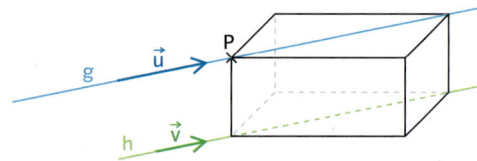
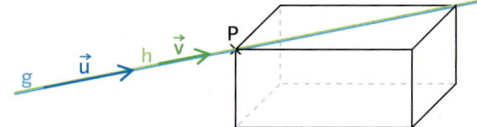

3. Fall: mit Schnittpunkt
Die Geraden g und h schneiden sich in einem Punkt S.
Das ist genau dann der Fall, wenn $\vec{u}$ und $\vec{v}$ nicht kollinear sind und g und h nur einen gemeinsamen Punkt S haben.

4. Fall: windschief
Die Geraden wg und h sind nicht zueinander parallel und schneiden sich nicht.
Das ist genau dann der Fall, wenn $\vec{u}$ und $\vec{v}$ nicht kollinear sind und g und h keinen gemeinsamen Punkt haben.

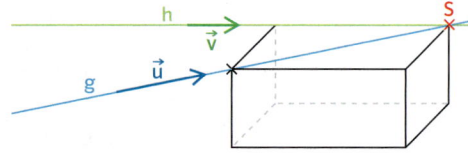
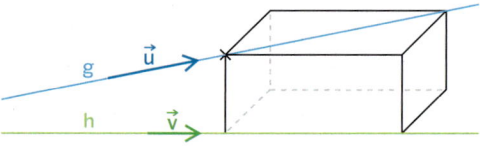

Zunächst wird nur untersucht, ob zwei gegebene Geraden zueinander parallel sind oder nicht und gegebenenfalls, ob sie verschieden oder identisch sind. Nicht parallele Geraden folgen später.

> Gegeben sind die beiden Geraden g und h im Raum mit $g: \vec{x} = \vec{p} + r \cdot \vec{u}$ und $h: \vec{x} = \vec{q} + s \cdot \vec{v}$.
> Sie heißen **parallel zueinander**, wenn die Richtungsvektoren $\vec{u}$ und $\vec{v}$ kollinear sind. Dabei gibt es zwei Möglichkeiten:
> Sie sind parallel **und nicht identisch**, wenn zusätzlich der Geradenpunkt P von g nicht auf h liegt.
> Sie sind parallel **und identisch**, wenn zusätzlich der Geradenpunkt P von g auch auf h liegt.

Beispiel Gegenseitige Lage zueinander paralleler Geraden untersuchen

Gegeben sind die Geraden g: $\vec{x} = \begin{pmatrix} 1 \\ 2 \\ 5 \end{pmatrix} + s \cdot \begin{pmatrix} 1 \\ 1 \\ -2 \end{pmatrix}$, h: $\vec{x} = \begin{pmatrix} -2 \\ -1 \\ 11 \end{pmatrix} + s \cdot \begin{pmatrix} 2 \\ 2 \\ -4 \end{pmatrix}$ und i: $\vec{x} = \begin{pmatrix} 3 \\ 5 \\ 2 \end{pmatrix} + s \cdot \begin{pmatrix} -3 \\ -3 \\ 6 \end{pmatrix}$.

Zeigen Sie, dass die Geraden zueinander parallel sind, und untersuchen Sie, ob sie verschieden oder identisch sind.

Lösung

Die Richtungsvektoren von h und i sind kollinear zum Richtungsvektor von g, denn es ist

$\begin{pmatrix} 2 \\ 2 \\ -4 \end{pmatrix} = 2 \cdot \begin{pmatrix} 1 \\ 1 \\ -2 \end{pmatrix}$ und $\begin{pmatrix} -3 \\ -3 \\ 6 \end{pmatrix} = -3 \cdot \begin{pmatrix} 1 \\ 1 \\ -2 \end{pmatrix}$. Also sind die Geraden zueinander parallel.

(I) Lage von g und h:

Man prüft, ob der Punkt P(1|2|5) von g auch auf der Geraden h liegt, ob es also eine Zahl t gibt mit

$\begin{pmatrix} -2 \\ -1 \\ 11 \end{pmatrix} + t \cdot \begin{pmatrix} 2 \\ 2 \\ -4 \end{pmatrix} = \begin{pmatrix} 1 \\ 2 \\ 5 \end{pmatrix}$.

1. Zeile: $-2 + 2t = 1$ ergibt $t = 1{,}5$.
$t = 1{,}5$ eingesetzt in die 2. Zeile ergibt $-1 + 1{,}5 \cdot 2 = 2$. Wahre Aussage.
$t = 1{,}5$ eingesetzt in die 3. Zeile ergibt $11 + 1{,}5 \cdot (-4) = 5$. Wahre Aussage.

P liegt auch auf h. Die Geraden g und h sind zueinander parallel und identisch.

(II) Lage von g und i:

Man prüft, ob der Punkt P(1|2|5) von g auch auf der Geraden i liegt, ob es also eine Zahl t gibt

mit $\begin{pmatrix} 3 \\ 5 \\ 2 \end{pmatrix} + t \cdot \begin{pmatrix} -3 \\ -3 \\ 6 \end{pmatrix} = \begin{pmatrix} 1 \\ 2 \\ 5 \end{pmatrix}$.

1. Zeile: $3 - 3t = 1$ ergibt $t = \frac{2}{3}$.
$t = \frac{2}{3}$ eingesetzt in die 2. Zeile ergibt $5 + \frac{2}{3} \cdot (-3) = 2$ bzw.

$3 = 2$. Falsche Aussage.

P liegt nicht auf i. Die Geraden g und i sind zueinander parallel und verschieden.

(III) Lage von h und i:

Da die Geraden h und g identisch sind, sind auch die Geraden h und i zueinander parallel und verschieden.

Aufgaben

1 Gegeben sind die Geraden g, h, i und j.

g: $\vec{x} = \begin{pmatrix} 3 \\ 4 \\ 6 \end{pmatrix} + t \cdot \begin{pmatrix} 5 \\ 2 \\ -1 \end{pmatrix}$ h: $\vec{x} = \begin{pmatrix} 5 \\ 5 \\ 1 \end{pmatrix} + t \cdot \begin{pmatrix} 1 \\ 1 \\ 2 \end{pmatrix}$ i: $\vec{x} = \begin{pmatrix} 2 \\ 2 \\ 7 \end{pmatrix} + t \cdot \begin{pmatrix} -15 \\ -6 \\ 3 \end{pmatrix}$ j: $\vec{x} = \begin{pmatrix} 5 \\ 7 \\ 3 \end{pmatrix} + t \cdot \begin{pmatrix} 5 \\ 5 \\ 10 \end{pmatrix}$

Sortieren Sie die verschiedenen Geradenpaare in die passende Kiste.

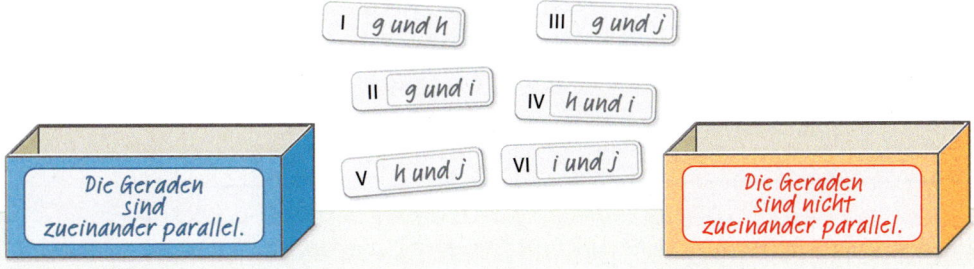

2 Zeigen Sie, dass die Geraden g und h zueinander parallel sind, und untersuchen Sie, ob sie verschieden oder identisch sind.

a) g: $\vec{x} = \begin{pmatrix} 1 \\ 2 \\ 3 \end{pmatrix} + s \cdot \begin{pmatrix} 2 \\ 4 \\ 1 \end{pmatrix}$; h: $\vec{x} = \begin{pmatrix} 3 \\ 6 \\ 4 \end{pmatrix} + s \cdot \begin{pmatrix} 4 \\ 8 \\ 2 \end{pmatrix}$

b) g: $\vec{x} = \begin{pmatrix} 0 \\ 7 \\ 3 \end{pmatrix} + s \cdot \begin{pmatrix} 1 \\ 3 \\ 9 \end{pmatrix}$; h: $\vec{x} = \begin{pmatrix} 6 \\ 2 \\ 0 \end{pmatrix} + s \cdot \begin{pmatrix} \frac{1}{3} \\ 1 \\ 3 \end{pmatrix}$

c) g: $\vec{x} = \begin{pmatrix} 1 \\ 1 \\ 0 \end{pmatrix} + s \cdot \begin{pmatrix} 2 \\ 2 \\ -1 \end{pmatrix}$; h: $\vec{x} = \begin{pmatrix} 1 \\ 1 \\ 0 \end{pmatrix} + s \cdot \begin{pmatrix} -1 \\ -1 \\ 0{,}5 \end{pmatrix}$

d) g: $\vec{x} = \begin{pmatrix} 3 \\ 9 \\ 8 \end{pmatrix} + s \cdot \begin{pmatrix} -8 \\ -7 \\ 0 \end{pmatrix}$; h: $\vec{x} = \begin{pmatrix} 0 \\ 4 \\ 0 \end{pmatrix} + s \cdot \begin{pmatrix} 4 \\ 3{,}5 \\ 0 \end{pmatrix}$

3 Mithilfe der Eckpunkte des Würfels in Fig. 1 werden Vektoren definiert. Untersuchen Sie, ob die Geraden parallel sind oder nicht.
a) $g: \vec{x} = \vec{a} + t \cdot \overrightarrow{EG}$, $h: \vec{x} = \vec{g} + t \cdot \overrightarrow{CA}$
b) $g: \vec{x} = \vec{a} + t \cdot \overrightarrow{GE}$, $h: \vec{x} = \vec{c} + t \cdot \overrightarrow{AC}$
c) $g: \vec{x} = \vec{e} + t \cdot \overrightarrow{EG}$, $h: \vec{x} = \vec{f} + t \cdot \overrightarrow{FH}$
d) $g: \vec{x} = \vec{b} + t \cdot \overrightarrow{BD}$, $h: \vec{x} = \vec{a} + t \cdot \overrightarrow{AH}$

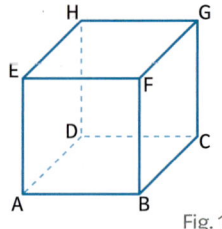
Fig. 1

○ **Test** → Lösung | Seite 400

4 Zeigen Sie, dass die Geraden $g: \vec{x} = \begin{pmatrix} 11 \\ 5 \\ 2 \end{pmatrix} + s \cdot \begin{pmatrix} 2 \\ 3 \\ -1 \end{pmatrix}$ und $h: \vec{x} = \begin{pmatrix} 7 \\ -1 \\ 4 \end{pmatrix} + s \cdot \begin{pmatrix} -2 \\ -3 \\ 1 \end{pmatrix}$ zueinander parallel sind, und untersuchen Sie, ob sie identisch oder verschieden sind.

5 Überprüfen Sie, ob die Gerade g durch die Punkte A und B parallel zur Geraden $h: \vec{x} = \begin{pmatrix} 0 \\ 0 \\ 5 \end{pmatrix} + s \cdot \begin{pmatrix} -2 \\ 3 \\ 6 \end{pmatrix}$ ist. Wenn ja, untersuchen Sie, ob g und h identisch oder verschieden sind.
a) $A(0|0|0)$, $B(-4|6|12)$
b) $A(3|8|2)$, $B(3|5|7)$
c) $A(-4|6|17)$, $B(2|-3|-1)$
d) $A(0|0|7)$, $B(2|-3|1)$

6 Gegeben ist die Gerade $g: \vec{x} = \begin{pmatrix} 1 \\ 1 \\ 0 \end{pmatrix} + s \cdot \begin{pmatrix} 5 \\ -4 \\ 2 \end{pmatrix}$.
a) Geben Sie eine Gleichung der zu g parallelen Geraden durch den Punkt $Q(6|1|-2)$ an.
b) Bestimmen Sie den Punkt B auf der x_3-Achse so, dass die Gerade durch $A(10|-8|-3)$ und B parallel zur Geraden g ist.
c) Geben Sie eine zu g parallele Gerade h an, die durch den Mittelpunkt der Strecke AB mit $A(2|1|5)$ und $B(8|9|13)$ geht.

7 Auf dem Radarschirm sind zwei Flugzeuge auf ihrer geradlinigen Flugbahnen sichtbar. Flugzeug GLX 1378 hat die Position $(1|2|0)$, während Flugzeug JET 2222 die Position $(-4|7|9)$ hat. Kurze Zeit später hat GLX 1378 die Position $(-1|3|1)$ und JET 2222 befindet sich bei $(-2|6|8)$. Die Koordinaten sind in Kilometern angegeben.
a) Stellen Sie für beide Flugbahnen die entsprechende Geradengleichung auf.
b) Beurteilen Sie, ob eine Kollision der beiden Flugzeuge möglich ist.

● **Test** → Lösung | Seite 401

8 Zeigen Sie, dass die Gerade g durch die Punkte $A(3|5|2)$ und $B(7|7|1)$ nicht durch den Ursprung geht, und geben Sie die Gleichung einer zu g parallelen Gerade h an, welche durch den Ursprung geht.

9 Zeigen Sie, dass die Geraden $g: \vec{x} = \begin{pmatrix} 2 \\ 5 \\ 6 \end{pmatrix} + s \cdot \begin{pmatrix} 1 \\ 1 \\ -2 \end{pmatrix}$ und $h: \vec{x} = \begin{pmatrix} 4 \\ 7 \\ 8 \end{pmatrix} + t \cdot \begin{pmatrix} -2 \\ -2 \\ 4 \end{pmatrix}$ zueinander parallel und verschieden sind. Geben Sie eine Gleichung für die Mittelparallele zu g und h an.

Grundwissen Test → Grundwissen Seite 63, Beispiel 1 Lösung | Seite 401

10 Bestimmen Sie die Gleichung der Tangente des Graphen der Funktion f an der Stelle u.
a) $f(x) = 3x^3 - 4x^2$, $u = 1$
b) $f(x) = 0{,}5 e^x + 7x$, $u = 0$
c) $f(x) = \cos(x) + 1$, $u = 1{,}5 \cdot \pi$

3 Gegenseitige Lage von Geraden – nicht-parallele Geraden

Kann man sicher sein, dass sich die Wege der beiden Flugzeuge gekreuzt haben? Begründen Sie Ihre Antwort.

Die Geraden $g: \vec{x} = \begin{pmatrix} 1 \\ 1 \\ 2 \end{pmatrix} + r \cdot \begin{pmatrix} 2 \\ 3 \\ 1 \end{pmatrix}$ und $h: \vec{x} = \begin{pmatrix} 1 \\ -2 \\ 1 \end{pmatrix} + t \cdot \begin{pmatrix} 1 \\ 3 \\ 1 \end{pmatrix}$ sind nicht zueinander parallel, da ihre Richtungsvektoren nicht kollinear sind.

Wenn man überprüfen möchte, ob die Geraden sich in einem Punkt schneiden, setzt man die rechten Seiten der Geradengleichungen gleich: $\begin{pmatrix} 1 \\ 1 \\ 2 \end{pmatrix} = r \cdot \begin{pmatrix} 2 \\ 3 \\ 1 \end{pmatrix} = \begin{pmatrix} 1 \\ -2 \\ 1 \end{pmatrix} = t \cdot \begin{pmatrix} 1 \\ 3 \\ 1 \end{pmatrix}$.

Wenn es Zahlen r und t gibt, sodass die Gleichung erfüllt ist, dann **schneiden** sich die Geraden. Wenn es keine Zahlen r und t gibt, sodass die Gleichung erfüllt ist, dann gibt es keinen Schnittpunkt. Man bezeichnet diese nicht-parallelen Geraden dann als **zueinander windschief**.

Der Begriff „windschief" kommt aus der Holzverarbeitung: Holz kann sich beim Trocknen krümmen („winden"). Eine ursprünglich ebene rechteckige Platte verformt sich, die Kanten sind dann nicht mehr parallel, sondern windschief.

Die obige Vektorgleichung ist äquivalent zum folgenden linearen Gleichungssystem (LGS) mit zwei Variablen und drei Gleichungen:

1 + 2r = 1 + t	Aus der ersten Gleichung folgt t = 2r.
1 + 3r = −2 + 3t	t = 2r in die zweite Gleichung eingesetzt ergibt r = 1.
2 + r = 1 + t	t = 2r und r = 1 in die dritte Gleichung eingesetzt, ergibt 3 = 3. Das ist eine wahre Aussage.

Somit ist r = 1 und t = 2 eine Lösung des LGS bzw. der Vektorgleichung.
Man berechnet die Koordinaten des Schnittpunktes S, indem man r = 1 in die Gleichung für g oder t = 2 in die Gleichung für h einsetzt:

$\vec{s} = \begin{pmatrix} 1 \\ 1 \\ 2 \end{pmatrix} + 1 \cdot \begin{pmatrix} 2 \\ 3 \\ 1 \end{pmatrix} = \begin{pmatrix} 3 \\ 4 \\ 3 \end{pmatrix}$ bzw. $\vec{s} = \begin{pmatrix} 1 \\ -2 \\ 1 \end{pmatrix} + 2 \cdot \begin{pmatrix} 1 \\ 3 \\ 1 \end{pmatrix} = \begin{pmatrix} 3 \\ 4 \\ 3 \end{pmatrix}$,

also S(3|4|3).

Gegeben sind die beiden Geraden g und h im Raum mit $g: \vec{x} = \vec{p} + r \cdot \vec{u}$ und $h: \vec{x} = \vec{q} + s \cdot \vec{v}$.
Wenn g und h nicht parallel sind und keine gemeinsamen Punkte haben, heißen sie **zueinander windschief**.

Die Geraden g und h ($\vec{u}$, $\vec{v}$ nicht kollinear) schneiden sich in einem Punkt, wenn die Gleichung $\vec{p} + r \cdot \vec{u} = \vec{q} + s \cdot \vec{v}$ eine Lösung besitzt.
Die Geraden sind zueinander windschief, wenn diese Gleichung keine Lösung besitzt.

Zusammenfassung:
Die Grafik zeigt, wie man die Lagebeziehung von zwei Geraden g: $\vec{x} = \vec{p} + r \cdot \vec{u}$ und h: $\vec{x} = \vec{q} + s \cdot \vec{v}$ prüfen kann.

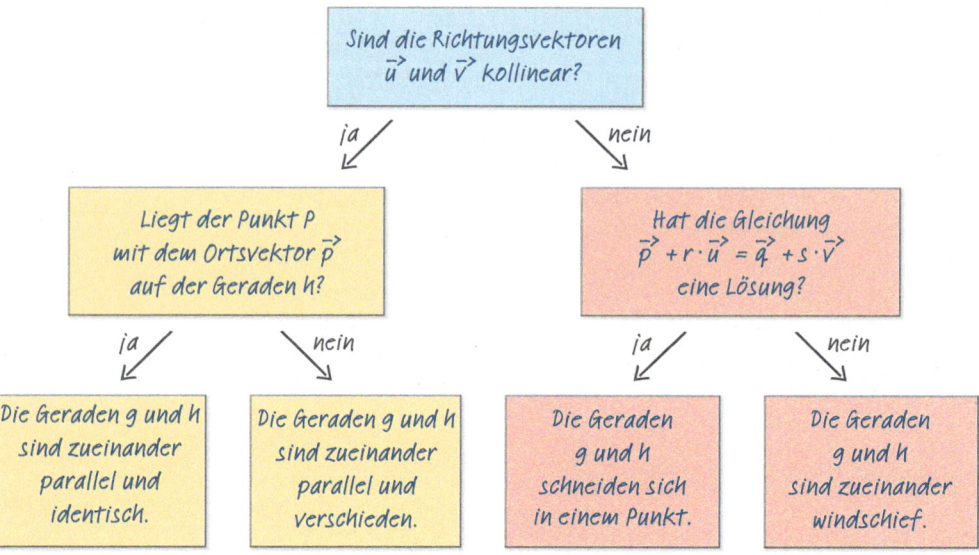

Beispiel Gegenseitige Lage nicht-paralleler Geraden untersuchen

Bestimmen Sie die gegenseitige Lage der Geraden g: $\vec{x} = \begin{pmatrix} 1 \\ 2 \\ 3 \end{pmatrix} + r \cdot \begin{pmatrix} 2 \\ 4 \\ 1 \end{pmatrix}$ und h.

a) Gerade h: $\vec{x} = \begin{pmatrix} 2 \\ 1 \\ 8 \end{pmatrix} + s \cdot \begin{pmatrix} 1 \\ 1 \\ 2 \end{pmatrix}$ b) Gerade h: $\vec{x} = \begin{pmatrix} 2 \\ 5 \\ 7 \end{pmatrix} + t \cdot \begin{pmatrix} 1 \\ 1 \\ 1 \end{pmatrix}$

Lösung

a) Gleichsetzen der Parameterdarstellungen führt auf die Vektorgleichung

$\begin{pmatrix} 1 \\ 2 \\ 3 \end{pmatrix} + r \cdot \begin{pmatrix} 2 \\ 4 \\ 1 \end{pmatrix} = \begin{pmatrix} 2 \\ 1 \\ 8 \end{pmatrix} + s \cdot \begin{pmatrix} 1 \\ 1 \\ 2 \end{pmatrix}$. Dies entspricht dem LGS $\begin{array}{r} 1 + 2r = 2 + s \\ 2 + 4r = 1 + s \\ 3 + r = 8 + 2s \end{array}$ bzw. $\begin{array}{r} 2r - s = 1 \\ 4r - s = -1 \\ r - 2s = 5 \end{array}$.

Matrixschreibweise: $\begin{pmatrix} 2 & -1 & | & 1 \\ 4 & -1 & | & -1 \\ 1 & -2 & | & 5 \end{pmatrix}$. Elementare Umformungen ergeben z. B. $\begin{pmatrix} 2 & -1 & | & 1 \\ 0 & 1 & | & -3 \\ 0 & 0 & | & 0 \end{pmatrix}$.

Dieses LGS hat als einzige Lösung $r = -1$; $s = -3$. Also schneiden sich die Geraden g und h. Setzt man in der Parameterdarstellung von g für r die Zahl -1 bzw. von h für s die -3 ein, erhält man als Vektor $\vec{p} = \begin{pmatrix} -1 \\ -2 \\ 2 \end{pmatrix}$. Somit schneiden sich g und h im Punkt $P(-1|-2|2)$.

b) Gleichsetzen der Parameterdarstellungen führt auf die Vektorgleichung

$\begin{pmatrix} 1 \\ 2 \\ 3 \end{pmatrix} + r \cdot \begin{pmatrix} 2 \\ 4 \\ 1 \end{pmatrix} = \begin{pmatrix} 2 \\ 5 \\ 7 \end{pmatrix} + t \cdot \begin{pmatrix} 1 \\ 1 \\ 1 \end{pmatrix}$. Dies entspricht dem LGS $\begin{array}{r} 1 + 2r = 2 + t \\ 2 + 4r = 5 + t \\ 3 + r = 7 + t \end{array}$ bzw. $\begin{array}{r} 2r - t = 1 \\ 4r - t = 3 \\ r - t = 4 \end{array}$.

Matrixschreibweise: $\begin{pmatrix} 2 & -1 & | & 1 \\ 4 & -1 & | & 3 \\ 1 & -1 & | & 4 \end{pmatrix}$. Elementare Umformungen ergeben z. B. $\begin{pmatrix} 2 & -1 & | & 1 \\ 0 & 1 & | & -7 \\ 0 & 0 & | & 8 \end{pmatrix}$.

Dieses LGS hat keine Lösung. Also haben die Geraden g und h keine gemeinsamen Punkte.

Da ferner die Richtungsvektoren $\begin{pmatrix} 2 \\ 4 \\ 1 \end{pmatrix}$ und $\begin{pmatrix} 1 \\ 1 \\ 1 \end{pmatrix}$ keine Vielfachen voneinander sind, sind die Geraden g und h zueinander windschief.

Aufgaben

1 Zu jedem Geradenpaar gehört ein Kärtchen. Ordnen Sie ohne Rechnung zu.

(1) $g: \vec{x} = \begin{pmatrix} 3 \\ 2 \\ 5 \end{pmatrix} + t \cdot \begin{pmatrix} 2 \\ 5 \\ -4 \end{pmatrix}$, $h: \vec{x} = \begin{pmatrix} 3 \\ 2 \\ 5 \end{pmatrix} + s \cdot \begin{pmatrix} 2 \\ 0 \\ 1 \end{pmatrix}$

(2) $g: \vec{x} = \begin{pmatrix} 6 \\ 1 \\ -5 \end{pmatrix} + t \cdot \begin{pmatrix} 1 \\ 1 \\ 0 \end{pmatrix}$, $h: \vec{x} = \begin{pmatrix} 6 \\ 1 \\ 5 \end{pmatrix} + s \cdot \begin{pmatrix} 7 \\ -3 \\ 5 \end{pmatrix}$

(3) $g: \vec{x} = \begin{pmatrix} 3 \\ 8 \\ 4 \end{pmatrix} + t \cdot \begin{pmatrix} 1 \\ 1 \\ 2 \end{pmatrix}$, $h: \vec{x} = \begin{pmatrix} 2 \\ -3 \\ 1 \end{pmatrix} + s \cdot \begin{pmatrix} 2 \\ 2 \\ 4 \end{pmatrix}$

- g und h schneiden sich.
- g und h sind zueinander parallel.
- g und h sind zueinander windschief.

2 Die Geraden g und h schneiden sich. Bestimmen Sie die Koordinaten des Schnittpunktes.

a) $g: \vec{x} = \begin{pmatrix} 1 \\ 7 \\ 9 \end{pmatrix} + s \cdot \begin{pmatrix} 0 \\ 1 \\ 2 \end{pmatrix}$, $h: \vec{x} = \begin{pmatrix} 3 \\ 5 \\ 5 \end{pmatrix} + t \cdot \begin{pmatrix} 1 \\ 1 \\ 2 \end{pmatrix}$
b) $g: \vec{x} = \begin{pmatrix} 9 \\ 0 \\ 6 \end{pmatrix} + r \cdot \begin{pmatrix} 3 \\ 2 \\ 1 \end{pmatrix}$, $h: \vec{x} = \begin{pmatrix} 7 \\ -2 \\ 2 \end{pmatrix} + s \cdot \begin{pmatrix} 1 \\ 1 \\ 2 \end{pmatrix}$

c) $g: \vec{x} = \begin{pmatrix} 2 \\ -1 \\ 3 \end{pmatrix} + s \cdot \begin{pmatrix} 1 \\ -1 \\ 1 \end{pmatrix}$, $h: \vec{x} = \begin{pmatrix} -2 \\ -12 \\ 5 \end{pmatrix} + t \cdot \begin{pmatrix} 2 \\ 3 \\ 0 \end{pmatrix}$
d) $g: \vec{x} = \begin{pmatrix} 7 \\ 3 \\ 9 \end{pmatrix} + q \cdot \begin{pmatrix} 1 \\ 4 \\ 0 \end{pmatrix}$, $h: \vec{x} = \begin{pmatrix} 3 \\ -13 \\ 9 \end{pmatrix} + r \cdot \begin{pmatrix} 2 \\ 1 \\ 1 \end{pmatrix}$

3 Untersuchen Sie die gegenseitige Lage der Geraden g und h. Bestimmen Sie gegebenenfalls die Koordinaten des Schnittpunktes S.

a) $g: \vec{x} = \begin{pmatrix} 5 \\ 0 \\ 1 \end{pmatrix} + t \cdot \begin{pmatrix} 2 \\ 1 \\ -1 \end{pmatrix}$, $h: \vec{x} = \begin{pmatrix} -6 \\ -22 \\ -22 \end{pmatrix} + s \cdot \begin{pmatrix} 5 \\ 8 \\ 7 \end{pmatrix}$
b) $g: \vec{x} = \begin{pmatrix} 1 \\ 2 \\ 1 \end{pmatrix} + r \cdot \begin{pmatrix} 2 \\ 0 \\ 1 \end{pmatrix}$, $h: \vec{x} = \begin{pmatrix} 2 \\ 3 \\ 4 \end{pmatrix} + t \cdot \begin{pmatrix} 0 \\ 1 \\ -1 \end{pmatrix}$

c) $g: \vec{x} = \begin{pmatrix} 0 \\ 1 \\ 1 \end{pmatrix} + s \cdot \begin{pmatrix} 1 \\ 0 \\ 1 \end{pmatrix}$, $h: \vec{x} = \begin{pmatrix} 4 \\ 2 \\ 4 \end{pmatrix} + t \cdot \begin{pmatrix} 2 \\ 1 \\ 1 \end{pmatrix}$
d) $g: \vec{x} = \begin{pmatrix} 5 \\ 5 \\ 1 \end{pmatrix} + r \cdot \begin{pmatrix} 1 \\ 2 \\ 0 \end{pmatrix}$, $h: \vec{x} = \begin{pmatrix} -5 \\ -15 \\ 1 \end{pmatrix} + s \cdot \begin{pmatrix} 1 \\ 1 \\ 0 \end{pmatrix}$

○ **Test** ── ○→ Lösung | Seite 401

4 Gegeben sind die Geraden

$g: \vec{x} = \begin{pmatrix} 1 \\ 0 \\ 1 \end{pmatrix} + s \cdot \begin{pmatrix} 0 \\ 1 \\ 1 \end{pmatrix}$, $h: \vec{x} = \begin{pmatrix} 3 \\ 2 \\ 5 \end{pmatrix} + t \cdot \begin{pmatrix} 2 \\ 0 \\ 2 \end{pmatrix}$ und $i: \vec{x} = \begin{pmatrix} 3 \\ 2 \\ 5 \end{pmatrix} + r \cdot \begin{pmatrix} 1 \\ -2 \\ 1 \end{pmatrix}$.

Untersuchen Sie die gegenseitige Lage und bestimmen Sie gegebenenfalls die Koordinaten des Schnittpunktes der Geraden

a) g und h,   b) h und i,   c) g und i.

5 Untersuchen Sie die Lage der Geraden $g: \vec{x} = \begin{pmatrix} 1 \\ 5 \\ -3 \end{pmatrix} + t \cdot \begin{pmatrix} 1 \\ -1 \\ 10 \end{pmatrix}$ zur Geraden h.

a) $h: \vec{x} = \begin{pmatrix} 2 \\ 4 \\ 7 \end{pmatrix} + s \cdot \begin{pmatrix} 1 \\ 3 \\ 6 \end{pmatrix}$
b) $h: \vec{x} = \begin{pmatrix} 1 \\ 1 \\ 1 \end{pmatrix} + s \cdot \begin{pmatrix} 1 \\ -1 \\ 6 \end{pmatrix}$

c) $h: \vec{x} = \begin{pmatrix} 2 \\ 4 \\ 7 \end{pmatrix} + s \cdot \begin{pmatrix} -2 \\ 2 \\ -20 \end{pmatrix}$
d) $h: \vec{x} = \begin{pmatrix} 3 \\ 2 \\ 1 \end{pmatrix} + s \cdot \begin{pmatrix} -1 \\ 1 \\ -10 \end{pmatrix}$

e) $h: \vec{x} = \begin{pmatrix} -1 \\ -1 \\ 35 \end{pmatrix} + s \cdot \begin{pmatrix} 3 \\ 1 \\ 1 \end{pmatrix}$
f) $h: \vec{x} = \begin{pmatrix} -1 \\ -1 \\ 30 \end{pmatrix} + s \cdot \begin{pmatrix} 3 \\ 1 \\ 1 \end{pmatrix}$

6 Gegeben ist die Gerade $g: \vec{x} = \begin{pmatrix} 2 \\ 2 \\ 1 \end{pmatrix} + s \cdot \begin{pmatrix} 1 \\ 2 \\ 0 \end{pmatrix}$. Geben Sie die Gleichung

a) für eine Gerade h an, die die Gerade g schneidet,
b) für eine Gerade i an, die zur Geraden g parallel und verschieden von g ist und
c) für eine Gerade j an, die zur Geraden g windschief ist.

7 a) Überprüfen Sie, ob sich die Geraden g und h in Fig. 1 schneiden. Bestimmen Sie gegebenenfalls die Koordinaten des Schnittpunktes.
b) Geben Sie mithilfe der eingezeichneten Eckpunkte des Quaders ohne weitere Rechnung zwei Geraden an, die sich schneiden, und zwei Geraden, die zueinander windschief sind.

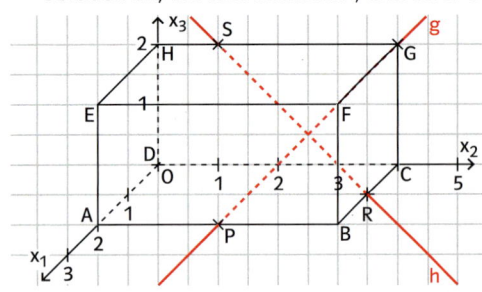

Fig. 1   Fig. 2

8 a) Untersuchen Sie die gegenseitige Lage der Geraden g und h in Fig. 2 und bestimmen Sie gegebenenfalls die Koordinaten des Schnittpunktes. Die Punkte E und F sind Kantenmitten.
b) Berechnen Sie den Flächeninhalt des blau eingezeichneten Dreiecks.

9 Eine Leuchtkugel startet vom Punkt P(4|0|0) aus und fliegt geradlinig in Richtung des Punktes Q(0|0|3). Eine zweite Leuchtkugel startet vom Punkt R(0|3|0) und fliegt geradlinig in Richtung des Punktes T(0|0|7).
a) Überprüfen Sie, ob sich die beiden Leuchtkugeln treffen könnten.
b) Berechnen Sie, wie weit beide Leuchtkugeln am Startpunkt von einem Flugzeug entfernt sind, welches sich am Punkt (3|4|9) befindet.

Test
Lösung | Seite 401

10 Gegeben ist die Gerade $g: \vec{x} = \begin{pmatrix} 2 \\ 3 \\ 7 \end{pmatrix} + t \cdot \begin{pmatrix} 1 \\ 1 \\ -3 \end{pmatrix}$.

a) Untersuchen Sie die Lage der Geraden $h: \vec{x} = \begin{pmatrix} 8 \\ 4 \\ 3 \end{pmatrix} + s \cdot \begin{pmatrix} 1 \\ 4 \\ 11 \end{pmatrix}$ zur Geraden g.

b) Geben Sie die Gleichung je einer Geraden an, die g schneidet, zu g windschief ist bzw. zu g parallel und verschieden von g ist.

11 Untersuchen Sie die gegenseitige Lage der Geraden g und h. Erläutern Sie, welche Besonderheiten beim Lösen des linearen Gleichungssystems auftreten.

a) $g: \vec{x} = \begin{pmatrix} 1 \\ 2 \\ 3 \end{pmatrix} + s \cdot \begin{pmatrix} 2 \\ 4 \\ 1 \end{pmatrix}$, $h: \vec{x} = \begin{pmatrix} 5 \\ 10 \\ 7 \end{pmatrix} + s \cdot \begin{pmatrix} 1 \\ 2 \\ 8 \end{pmatrix}$ b) $g: \vec{x} = \begin{pmatrix} 1 \\ 2 \\ -3 \end{pmatrix} + s \cdot \begin{pmatrix} 3 \\ 0 \\ 2 \end{pmatrix}$, $h: \vec{x} = \begin{pmatrix} 5 \\ 4 \\ -3 \end{pmatrix} + s \cdot \begin{pmatrix} 1 \\ 0 \\ 6 \end{pmatrix}$

12 Entscheiden Sie begründet, ob die Aussage wahr oder falsch ist.
a) Wenn die Richtungsvektoren zweier Geraden im Raum nicht kollinear sind, dann sind die Geraden zueinander windschief.
b) Wenn die Richtungsvektoren zweier Geraden im Raum kollinear sind, dann sind die Geraden zueinander parallel.

Grundwissen Test
Grundwissen
Lösung | Seite 401

13 Berechnen Sie die Längen der Strecken d, e und f.
a) a = 2, b = 4, c = 3   b) a = 5, h = 10   c) a = 12

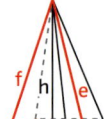
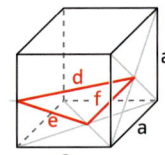

4 Abstand und Winkel

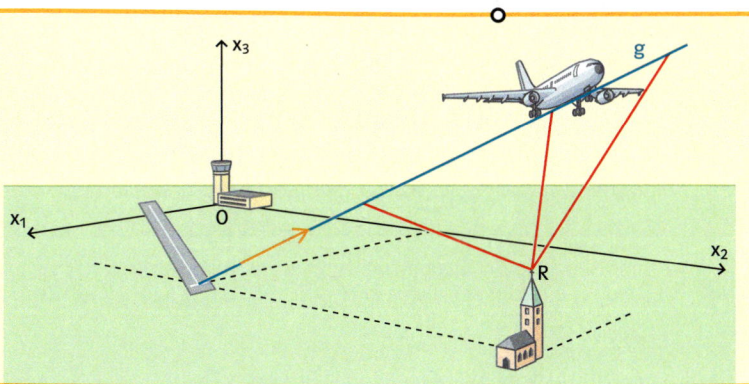

Ein Flugzeug bewegt sich kurz nach dem Abheben entlang einer Geraden g.
Es soll untersucht werden, ob die Flugbahn entlang der Geraden g einen bestimmten Mindestabstand zur Kirchturmspitze R einhält. Welche Bedingung muss für die Verbindungsstrecke von R zu einem Punkt von g gelten, wenn man die kleinste Entfernung von R zur Geraden g bestimmen möchte?

Man versteht unter dem **Abstand d(Q, g) eines Punktes Q von einer Geraden g** die kleinste Entfernung von Q zu g. Diese Entfernung wird orthogonal zur Geraden g gemessen.

Will man den Abstand des Punktes $Q(3|-2|5)$ von der Geraden

$g: \vec{x} = \begin{pmatrix} 2 \\ 1 \\ -2 \end{pmatrix} + t \cdot \begin{pmatrix} 1 \\ -2 \\ 3 \end{pmatrix}$ bestimmen, so wählt man zuerst einen

beliebigen Punkt X auf g und bestimmt damit den allgemeinen Verbindungsvektor $\vec{QX}$:

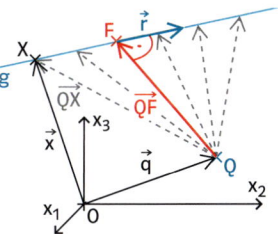
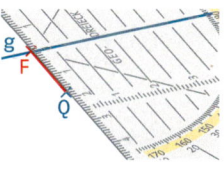

„Methode des laufenden Punktes"

$\vec{QX} = \vec{x} - \vec{q} = \begin{pmatrix} 2+1t \\ 1-2t \\ -2+3t \end{pmatrix} - \begin{pmatrix} 3 \\ -2 \\ 5 \end{pmatrix} = \begin{pmatrix} -1+t \\ 3-2t \\ -7+3t \end{pmatrix}.$

Von allen Punkten X auf g braucht man den Punkt, an dem der Verbindungsvektor $\vec{QX}$ orthogonal zum Richtungsvektor $\vec{r}$ der Geraden g ist.

Dieser Punkt heißt **Lotfußpunkt** F des Punktes Q. Es muss also gelten: $\vec{QX} \cdot \vec{r} = 0$, d.h.

$\begin{pmatrix} -1+t \\ 3-2t \\ -7+3t \end{pmatrix} \cdot \begin{pmatrix} 1 \\ -2 \\ 3 \end{pmatrix} = (-1+t) + (-6+4t) + (-21+9t) = -28 + 14t = 0$, also $t = 2$.

Mit diesem Wert kann man die Koordinaten des Lotfußpunktes berechnen sowie den Betrag des Verbindungsvektors $\vec{QF}$: Setzt man $t = 2$ in die Geradengleichung bzw. in $\vec{QX}$ ein, erhält man den

Lotfußpunkt $F(4|-3|4)$ und den Vektor $\vec{QF} = \begin{pmatrix} 1 \\ -1 \\ -1 \end{pmatrix}$ und damit $d(Q; g) = |\vec{QF}| = \sqrt{3}$.

Den **Abstand d(Q; g) eines Punktes Q von einer Geraden g** mit $g: \vec{x} = \vec{p} + t \cdot \vec{u}$ berechnet man folgendermaßen:
1. Aufstellen eines allgemeinen Geradenpunktes X mit der Geradengleichung.
2. Berechnen des allgemeinen Verbindungsvektors $\vec{QX}$.
3. Aufstellen der Bedingung $\vec{QX} \cdot \vec{u} = 0$ und berechnen von t, ermitteln der Koordinaten des Lotfußpunktes F zum Punkt Q.
4. Bestimmen des Verbindungsvektors $\vec{QF}$ zum Lotfußpunkt F und dessen Betrag $|\vec{QF}| = d(Q; g)$.

Abstand zweier paralleler Geraden

Sind zwei Geraden parallel und nicht identisch, so haben sie überall denselben Abstand. Deshalb wählt man von einer der Geraden einen beliebigen Punkt, z.B. den Stützpunkt, und berechnet den Abstand dieses Punktes zur anderen Geraden.

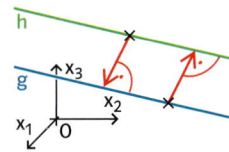

Schnittwinkel Gerade – Gerade

Wenn zwei Geraden sich schneiden, entstehen vier Winkel, je zwei der Größe α ($\alpha \leq 90°$) und je zwei der Größe $180° - \alpha$ (Fig. 1). Unter dem **Schnittwinkel zweier Geraden** versteht man den Winkel, der kleiner oder gleich 90° ist.

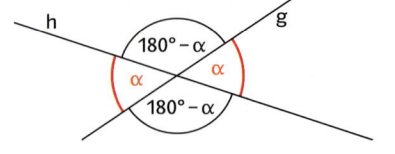

Fig. 1

Sind $\vec{u}$ und $\vec{v}$ Richtungsvektoren der Geraden g und h, erhält man durch die Formel $\cos(\alpha) = \frac{\vec{u} \cdot \vec{v}}{|\vec{u}| \cdot |\vec{v}|}$ unter Umständen den Kosinus des Winkels, der größer als 90° ist. Setzt man im Zähler Betragsstriche, so erhält man immer den Kosinus des gesuchten Schnittwinkels. Für den Schnittwinkel α zweier Geraden g und h mit den Richtungsvektoren $\vec{u}$ und $\vec{v}$ gilt daher $\cos(\alpha) = \frac{|\vec{u} \cdot \vec{v}|}{|\vec{u}| \cdot |\vec{v}|}$.

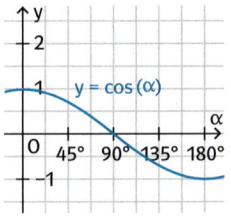

> Haben die zwei sich schneidenden Geraden g und h die Richtungsvektoren $\vec{u}$ und $\vec{v}$, so gilt für den **Schnittwinkel** α der Geraden g und h: $\cos(\alpha) = \frac{|\vec{u} \cdot \vec{v}|}{|\vec{u}| \cdot |\vec{v}|}$ für $0° \leq \alpha \leq 90°$.

Ob zwei sich schneidende Geraden orthogonal zueinander sind, kann man vorab auch mithilfe des Skalarprodukts prüfen. Ist $\vec{u} \cdot \vec{v} = 0$, so schneiden sich die Geraden orthogonal.

In diesem Fall ist $\cos(90°) = 0$.

Schnittwinkel einer Geraden mit einer Koordinatenebene

Hierfür betrachtet man die **Projektionsgerade** der Geraden g in der entsprechenden Koordinatenebene. Die Gerade schneidet die Ebene in dem Spurpunkt und als neuen Richtungsvektor wählt man den projizierten Richtungsvektor.

Zur Bestimmung des Winkels α zwischen der Geraden g und der x_1x_2-Ebene benötigt man die Projektionsgerade g_{12} mit dem Spurpunkt S_{12} als Stützpunkt und dem Richtungsvektor $\vec{u_{12}}$. Der Winkel α zwischen den Richtungsvektoren $\vec{u}$ und $\vec{u_{12}}$ wird wieder mithilfe der Formel $\cos(\alpha) = \frac{|\vec{u} \cdot \vec{u_{12}}|}{|\vec{u}||\vec{u_{12}}|}$ bestimmt.

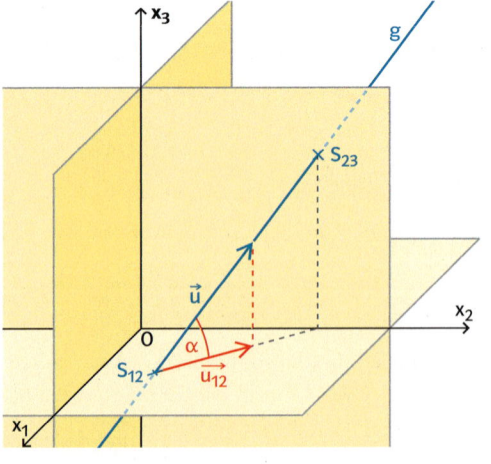

Die Betragsstriche sind eigentlich nicht nötig

Ist der Richtungsvektor z.B. $\vec{u} = \begin{pmatrix} -2 \\ 2 \\ 4 \end{pmatrix}$, ist der **Projektionsvektor** auf die x_1x_2-Ebene $\vec{u_{12}} = \begin{pmatrix} -2 \\ 2 \\ 0 \end{pmatrix}$.

Erinnerung:
x_1x_2-Ebene: $x_3 = 0$
x_2x_3-Ebene: $x_1 = 0$
x_1x_3-Ebene: $x_2 = 0$

Einsetzen in die Formel ergibt: $\cos(\alpha) = \frac{\left|\begin{pmatrix}-2\\2\\4\end{pmatrix} \cdot \begin{pmatrix}-2\\2\\0\end{pmatrix}\right|}{\sqrt{4+4+16} \cdot \sqrt{4+4}} = \frac{8}{8\sqrt{3}}$. Damit ist $\alpha \approx 54{,}7°$.

Der Schnittwinkel von g mit der x_1x_2-Ebene beträgt ungefähr 54,7°.

> **Schnittwinkel zwischen einer Geraden und einer Koordinatenebene**
> Zur Berechnung des Winkels einer Geraden g mit einer Koordinatenebene bestimmt man
> 1. die Projektion des Richtungsvektors und dann
> 2. den Winkel zwischen dem Richtungsvektor $\vec{u}$ der Geraden g und dem auf die x_ix_j-Ebene projizierten Richtungsvektor $\vec{u_{ij}}$.

Beispiel 1 Abstand zwischen Punkt und Gerade

Berechnen Sie den Abstand des Punktes Q(10|4|5) von der Geraden $g: \vec{x} = \begin{pmatrix} -3 \\ 4 \\ 1 \end{pmatrix} + t \cdot \begin{pmatrix} -2 \\ 1 \\ 2 \end{pmatrix}$

sowie den zugehörigen Lotfußpunkt F, d.h. den Punkt auf g, dessen Verbindungsvektor mit Q orthogonal zur Geraden g steht.

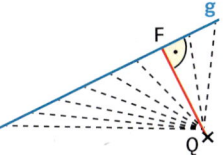

Der kürzeste Weg zur Geraden g ist orthogonal zu g.

Lösung

Betrachtet man zunächst einen beliebigen Punkt X auf g, so gilt für den Verbindungsvektor von X(−3 − 2t|4 + t|1 + 2t) und Q:

$\overrightarrow{QX} = \vec{x} - \vec{q} = \begin{pmatrix} -3 - 2t \\ 4 + t \\ 1 + 2t \end{pmatrix} - \begin{pmatrix} 10 \\ 4 \\ 5 \end{pmatrix} = \begin{pmatrix} -13 - 2t \\ t \\ -4 + 2t \end{pmatrix}$.

Den Punkt X lässt man auf der Geraden g „laufen" und hält ihn dort fest, wo der Vektor $\overrightarrow{QX}$ orthogonal zum Richtungsvektor $\vec{u}$ der Geraden g ist.

Es muss also gelten:

$\overrightarrow{QX} \cdot \vec{u} = 0$, d.h. $\begin{pmatrix} -13 - 2t \\ t \\ -4 + 2t \end{pmatrix} \cdot \begin{pmatrix} -2 \\ 1 \\ 2 \end{pmatrix} = (26 + 4t) + t + (-8 + 4t) = 18 + 9t = 0$, woraus $t = -2$ folgt.

Eingesetzt in die Geradengleichung ergibt dies den Lotfußpunkt F(1|2|−3).

Der Betrag des Vektors $\overrightarrow{QF} = \begin{pmatrix} -9 \\ -2 \\ -8 \end{pmatrix}$ beträgt $\overrightarrow{QF} = \sqrt{81 + 4 + 64} = \sqrt{149}$.

Für den Abstand des Punktes Q zur Geraden g gilt also $d(Q; g) = \sqrt{149}$.

Beispiel 2 Schnittwinkel zwischen zwei Geraden

Gegeben sind die sich schneidenden Geraden $g: \vec{x} = \begin{pmatrix} 2 \\ 1 \\ -1 \end{pmatrix} + r \cdot \begin{pmatrix} 1 \\ 3 \\ 2 \end{pmatrix}$ und $h: \vec{x} = \begin{pmatrix} 2 \\ 1 \\ -1 \end{pmatrix} + s \cdot \begin{pmatrix} -2 \\ 1 \\ 1 \end{pmatrix}$.

Bestimmen Sie die Größe des Schnittwinkel von g und h.

Lösung

Die Richtungsvektoren sind $\vec{u_g} = \begin{pmatrix} 1 \\ 3 \\ 2 \end{pmatrix}$ und $\vec{u_h} = \begin{pmatrix} -2 \\ 1 \\ 1 \end{pmatrix}$.

$\cos(\alpha) = \dfrac{\left| \begin{pmatrix} 1 \\ 3 \\ 2 \end{pmatrix} \cdot \begin{pmatrix} -2 \\ 1 \\ 1 \end{pmatrix} \right|}{\sqrt{1^2 + 3^2 + 2^2} \cdot \sqrt{(-2)^2 + 1^2 + 1^2}} = \dfrac{|-2 + 3 + 2|}{\sqrt{14} \cdot \sqrt{6}} = \dfrac{3}{2\sqrt{21}} \approx 0{,}327$.

Somit ist $\alpha \approx 70{,}9°$. Der Schnittwinkel der Geraden g und h beträgt etwa 70,9°.

Beispiel 3 Schnittwinkel zwischen Gerade und Koordinatenebene

Berechnen Sie, unter welchem Winkel die Gerade $g: \vec{x} = \begin{pmatrix} -2 \\ -1 \\ 6 \end{pmatrix} + s \cdot \begin{pmatrix} 2 \\ 1 \\ -3 \end{pmatrix}$

a) die $x_1 x_2$-Ebene schneidet,   b) die $x_1 x_3$-Ebene schneidet.

Lösung

a) $x_1 x_2$-Ebene, d.h. $x_3 = 0$. Die Projektion des Richtungsvektors $\vec{u} = \begin{pmatrix} 2 \\ 1 \\ -3 \end{pmatrix}$ auf die $x_1 x_2$-Ebene ist

$\vec{u_{12}} = \begin{pmatrix} 2 \\ 1 \\ 0 \end{pmatrix}$. Mit der Formel erhält man $\cos(\alpha) = \dfrac{\left| \begin{pmatrix} 2 \\ 1 \\ -3 \end{pmatrix} \cdot \begin{pmatrix} 2 \\ 1 \\ 0 \end{pmatrix} \right|}{\sqrt{4 + 1 + 9} \cdot \sqrt{4 + 1}} = \dfrac{4 + 1 + 0}{\sqrt{14} \cdot \sqrt{5}} = \dfrac{5}{\sqrt{70}}$, damit $\alpha \approx 53{,}3°$.

Der Schnittwinkel α beträgt ungefähr 53,3°.

b) $x_1 x_3$-Ebene, d.h. $x_2 = 0$. Die Projektion des Richtungsvektors $\vec{u} = \begin{pmatrix} 2 \\ 1 \\ -3 \end{pmatrix}$ auf die $x_1 x_3$-Ebene ist

$\vec{u_{13}} = \begin{pmatrix} 2 \\ 0 \\ -3 \end{pmatrix}$. Mit der Formel erhält man $\cos(\beta) = \dfrac{\left| \begin{pmatrix} 2 \\ 1 \\ -3 \end{pmatrix} \cdot \begin{pmatrix} 2 \\ 0 \\ -3 \end{pmatrix} \right|}{\sqrt{4 + 1 + 9} \cdot \sqrt{4 + 9}} = \dfrac{4 + 0 + 9}{\sqrt{14} \cdot \sqrt{13}} = \dfrac{13}{\sqrt{182}}$, damit $\beta \approx 15{,}5°$.

Der Schnittwinkel β beträgt ungefähr 15,5°.

Aufgaben

1 Berechnen Sie den Abstand des Punktes Q von der Geraden g.

a) $Q(2|3|-1)$, $g: \vec{x} = \begin{pmatrix} 7 \\ 0 \\ 4 \end{pmatrix} + t \cdot \begin{pmatrix} 5 \\ -3 \\ 5 \end{pmatrix}$

b) $Q(-3|1|11)$, $g: \vec{x} = \begin{pmatrix} 1 \\ 0 \\ 1 \end{pmatrix} + t \cdot \begin{pmatrix} 1 \\ 2 \\ 2 \end{pmatrix}$

c) $Q(9|0|2)$, $g: \vec{x} = \begin{pmatrix} -7 \\ 5 \\ 4 \end{pmatrix} + t \cdot \begin{pmatrix} -2 \\ 4 \\ 3 \end{pmatrix}$

d) $Q(-1|2|-2)$, $g: \vec{x} = \begin{pmatrix} 2 \\ -5 \\ 6 \end{pmatrix} + t \cdot \begin{pmatrix} 4 \\ 3 \\ -4 \end{pmatrix}$

> Q ∉ g, minimaler Abstand d = 9 für t = 2.
> Q ∉ g, minimaler Abstand d = 9 für t = 1.
> Q ∉ g, minimaler Abstand d = 13 für t = -2.
> Q ∈ g für t = -1.

2 Berechnen Sie den Abstand der zueinander parallelen Geraden mit den Gleichungen

a) $\vec{x} = \begin{pmatrix} -5 \\ 6 \\ 8 \end{pmatrix} + s \cdot \begin{pmatrix} 1 \\ 0 \\ -2 \end{pmatrix}$, $\vec{x} = \begin{pmatrix} 6 \\ 4 \\ 1 \end{pmatrix} + t \cdot \begin{pmatrix} -1 \\ 0 \\ 2 \end{pmatrix}$,

b) $\vec{x} = \begin{pmatrix} 5 \\ 8 \\ -7 \end{pmatrix} + s \cdot \begin{pmatrix} -3 \\ 4 \\ 4 \end{pmatrix}$, $\vec{x} = \begin{pmatrix} 6 \\ -1 \\ 13 \end{pmatrix} + t \cdot \begin{pmatrix} 3 \\ -4 \\ -4 \end{pmatrix}$.

3 Berechnen Sie den Flächeninhalt des Dreiecks ABC.

a) $A(1|1|1)$, $B(7|4|7)$, $C(5|6|-1)$
b) $A(1|-6|0)$, $B(5|-8|4)$, $C(5|7|7)$
c) $A(3|2|1)$, $B(5|2|1)$, $C(4|5|5)$
d) $A(2|1|0)$, $B(1|1|0)$, $C(5|1|1)$

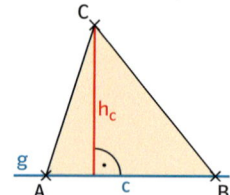

4 Bestimmen Sie die Größe des Schnittwinkels der sich schneidenden Geraden g und h.

a) $g: \vec{x} = \begin{pmatrix} 1 \\ 1 \\ 0 \end{pmatrix} + r \cdot \begin{pmatrix} 1 \\ 0 \\ 3 \end{pmatrix}$; $h: \vec{x} = \begin{pmatrix} 1 \\ 1 \\ 0 \end{pmatrix} + s \cdot \begin{pmatrix} 1 \\ -1 \\ 3 \end{pmatrix}$

b) $g: \vec{x} = \begin{pmatrix} 2 \\ 0 \\ 7 \end{pmatrix} + r \cdot \begin{pmatrix} 1 \\ 1 \\ 1 \end{pmatrix}$; $h: \vec{x} = \begin{pmatrix} 2 \\ 0 \\ 7 \end{pmatrix} + s \cdot \begin{pmatrix} 5 \\ 2 \\ 10 \end{pmatrix}$

c) $g: \vec{x} = \begin{pmatrix} 2 \\ 7 \\ 11 \end{pmatrix} + r \cdot \begin{pmatrix} 3 \\ 9 \\ -1 \end{pmatrix}$; $h: \vec{x} = \begin{pmatrix} 2 \\ 7 \\ 11 \end{pmatrix} + s \cdot \begin{pmatrix} 1 \\ 2 \\ 3 \end{pmatrix}$

d) $g: \vec{x} = r \cdot \begin{pmatrix} 4 \\ 5 \\ 7{,}5 \end{pmatrix}$; $h: \vec{x} = s \cdot \begin{pmatrix} -2 \\ 1 \\ 0{,}5 \end{pmatrix}$

5 Berechnen Sie die Größen der Schnittwinkel der Geraden $g: \vec{x} = \begin{pmatrix} 3 \\ 1 \\ 1 \end{pmatrix} + t \cdot \begin{pmatrix} 2 \\ 1 \\ 1 \end{pmatrix}$ mit den Koordinatenebenen.

O Test

Lösungen | Seite 401

6 Gegeben sind die Geraden $g: \vec{x} = \begin{pmatrix} 1 \\ 1 \\ 0 \end{pmatrix} + t \cdot \begin{pmatrix} 1 \\ -1 \\ 1 \end{pmatrix}$ und $h: \vec{x} = \begin{pmatrix} 5 \\ -3 \\ 4 \end{pmatrix} + s \cdot \begin{pmatrix} 2 \\ 1 \\ -1 \end{pmatrix}$ sowie die Punkte $P(-2|-1|1)$ und $R(9|8|3)$.

a) Berechnen Sie den Abstand des Punktes P von der Geraden g sowie den Abstand des Punktes R von der Geraden h.
b) Die Geraden g und h schneiden sich. Berechnen Sie den Schnittpunkt S und den Schnittwinkel α, den die Geraden g und h einschließen.
c) Bestimmen Sie den Schnittwinkel der Geraden g mit der $x_2 x_3$-Ebene sowie den Schnittwinkel der Geraden h mit der $x_1 x_3$-Ebene.

7 Die Punkte $A(1|1|2)$, $B(3|5|-2)$, $C(4|4|2)$ und $D(5|6|0)$ sind die Ecken eines Trapezes. Berechnen Sie seinen Flächeninhalt.

8 Gegeben sind der Punkt $A(2|3|19)$ sowie die Gerade g durch die Punkte $B(4|9|11)$ und $C(3|4|7)$. Zeigen Sie, dass B derjenige Punkt der Geraden g ist, der die kleinste Entfernung vom Punkt A hat.

9 Die Punkte $A(4|0|0)$, $B(0|0|3)$, $C(7|12|4)$ und $D(8|5|9)$ sind die Ecken einer Dreieckspyramide mit der Grundfläche ABC und der Spitze D. Berechnen Sie den Oberflächeninhalt dieser Pyramide.

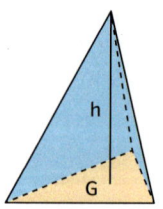

Dreieckspyramide

10 Gegeben ist die Dreieckspyramide in Fig.1 mit der Grundfläche ABC und den Seitenflächen ABD, BCD und ACD.
  a) Berechnen Sie die Größen der Innenwinkel der Grundfläche ABC.
  b) Berechnen Sie die Größe des Winkels, den die Kanten AD, BD und CD jeweils mit der Grundfläche ABC einschließen.

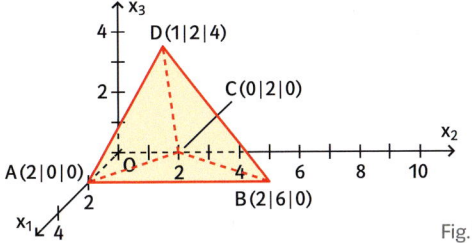
Fig.1

11 Der Winkel zwischen den Vektoren $\vec{a} = \begin{pmatrix} -3 \\ 2 \\ 5 \end{pmatrix}$ und $\vec{b} = \begin{pmatrix} 4 \\ 2 \\ 7 \end{pmatrix}$ ist α. Geben Sie Gleichungen zweier Geraden mit dem Schnittwinkel α an.

12 Die Gerade g geht durch die Punkte A und B, die Gerade h geht durch die Punkte C und D. Prüfen Sie, ob sich die Geraden g und h schneiden, und berechnen Sie ggf. ihren Schnittwinkel.
  a) A(0|2|1), B(−1|3|3), C(2|−6|4), D(−1|3|−2)
  b) A(0|0|0), B(1|1|2), C(4|4|11), D(2|2|4)

> Auch wenn die Geraden sich nicht schneiden, kann man mit der Formel auf Seite 232 einen Winkel berechnen. Das ist dann aber nicht der Schnittwinkel.

● **Test** → Lösungen | Seite 401

13 Die Gerade g durch den Punkt A(5|7|9) hat den Richtungsvektor $\vec{u} = \begin{pmatrix} 12 \\ 4 \\ 3 \end{pmatrix}$.

  a) Bestimmen Sie die Koordinaten des Lotfußpunktes F von R(−7|−3|14) auf die Gerade g. Berechnen Sie den Flächeninhalt des Dreiecks ARF.
  b) Die Strecke AR rotiert um die Gerade g. Berechnen Sie das Volumen des so gebildeten Kegels (vgl. Abbildung rechts).

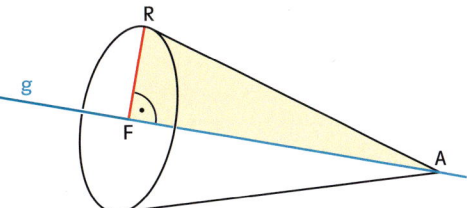

14 Die Gerade g geht durch die Punkte A und B, die Gerade h geht durch die Punkte C und D. Prüfen Sie, ob sich die Geraden g und h schneiden, und berechnen Sie ggf. ihren Schnittwinkel.
  a) A(0|0|0), B(1|1|3), C(2|2|6), D(5|2|5)   b) A(1|2|1), B(−1|8|3), C(1|0|1), D(2|−3|0)

15 Gegeben ist die Gerade $g: \vec{x} = \begin{pmatrix} 2 \\ 0 \\ -3 \end{pmatrix} + t \cdot \begin{pmatrix} 1 \\ 2 \\ -1 \end{pmatrix}$.

Geben Sie die Gleichung von zwei verschiedenen Geraden an, die g orthogonal schneiden.

16 Bestimmen Sie den Wert von c so, dass der Winkel zwischen der x_1x_2-Ebene und der Geraden $g: \vec{x} = r \cdot \begin{pmatrix} 3 \\ 4 \\ c \end{pmatrix}$ die Größe 45° hat.

17 Begründen Sie, dass man den Abstand d(R; g) des Punktes R von der Geraden g auch mit folgender Formel berechnen kann: $d(R; g) = \sqrt{\overrightarrow{PR}^2 - (\overrightarrow{PR} \cdot \vec{u_0})^2}$. Dabei ist P der zum Stützvektor der Geraden gehörende Punkt und $\vec{u_0}$ ein Richtungsvektor von g mit Betrag 1.

zu Aufgabe 17:

→ Grundwissen
Seite 109, Beispiel 1
Lösung | Seite 401

● **Grundwissen Test**

18 Überprüfen Sie den Graphen der Funktion auf Hochpunkte, Tiefpunkte und Wendepunkte.
  a) $f(x) = 3x^2 - 6x - 3$
  b) $f(x) = -2x^3 - 6x^2 + 8$
  c) $f(x) = 4x^3 - 12x^2 + 12x + 4$
  d) $f(x) = x^4 - 2x^2 - 1$
  e) $f(x) = 2e^{-x} + 4$
  f) $f(x) = x \cdot e^x + 1$

5 Modellieren mit Geraden

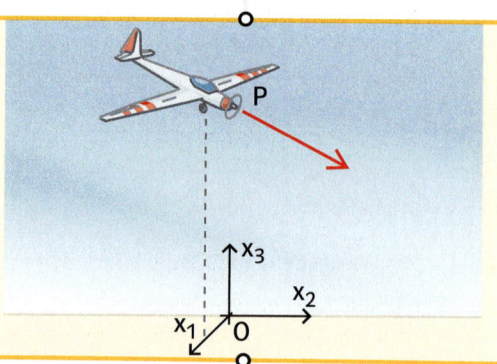

Zum Zeitpunkt $t = 0$ befindet sich ein Motorsegler im Punkt $P(200|0|300)$ und fliegt in Richtung $\vec{r} = \begin{pmatrix} 10 \\ 15 \\ -20 \end{pmatrix}$.
In welchem Punkt setzt der Motorsegler auf dem Boden auf?

Viele reale Situationen lassen sich mit Geraden und Punkten modellieren. Eine Gerade in der Mathematik stellt jedoch immer eine Idealisierung dar, wie sie in der Realität nicht gegeben ist. Ein Punkt z.B. ist „unendlich klein", eine Gerade ist „unendlich dünn" und weist keinerlei Krümmungen auf. Man muss deshalb genau prüfen, ob die Realität mithilfe geometrischer Objekte genügend genau abgebildet wird.
Bei der **Modellierung realer Situationen** wird in der Regel zunächst ein Koordinatensystem festgelegt, in dem die betrachteten Objekte möglichst einfach dargestellt werden können.

So kann man z.B. Laser- und Sonnenstrahlen als Geraden interpretieren und Fragestellungen zu Auftreffpunkten oder Schattenlängen bearbeiten.
Befindet sich z.B. die Spitze eines Fabrikschornsteins im Punkt P und fallen die Sonnenstrahlen in Richtung $\vec{r}$ ein, so modelliert die Gerade $g: \vec{x} = \vec{p} + s \cdot \vec{r}$ den Verlauf der Sonnenstrahlen durch die Spitze des Schornsteins. Die x_1x_2-Ebene ist der Erdboden.
Der Schatten des Schornsteins endet am Spurpunkt S_{12} der Geraden g, den man über den Ansatz $x_3 = 0$ berechnen kann. Damit kann man nun z.B. die Länge des Schattens bestimmen.

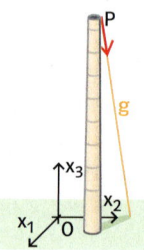

> Sachverhalte mit geradlinigem Verlauf, z.B. Schattenwürfe, lassen sich durch Geraden **modellieren**:
> Ein Punkt, den die Strahlen passieren, wird als Stützpunkt der Geraden, die Richtung, in die die Strahlen verlaufen, wird als Richtungsvektor der Gerade eingesetzt. Mit Hilfe der Koordinatenebenen lassen sich somit Fragen zu Auftreffpunkten, z.B. Schattenendpunkten, beantworten.

Beispiel Schattenwurf einer Pyramide
Eine senkrechte Pyramide mit den Eckpunkten $A(0|0|0)$, $B(4|0|0)$, $C(4|4|0)$, $D(0|4|0)$ und der Spitze $S(2|2|6)$ wird mit parallelem Licht der Richtung $\vec{v} = \begin{pmatrix} 2 \\ 4 \\ -3 \end{pmatrix}$ beleuchtet und wirft einen Schatten auf die x_1x_2-Ebene. Berechnen Sie die Koordinaten des Schattens der Spitze S und zeichnen Sie die Pyramide mit ihrem Schatten in ein räumliches Koordinatensystem.

Lösung
Der Schatten der Spitze $S(2|2|6)$ ist der Spurpunkt der Geraden $g: \vec{x} = \begin{pmatrix} 2 \\ 2 \\ 6 \end{pmatrix} + r \cdot \begin{pmatrix} 2 \\ 4 \\ -3 \end{pmatrix}$
in der x_1x_2-Ebene: $x_3 = 0$ führt auf $r = 2$ und damit $S_{12}(6|10|0)$. Die Verbindungsstrecken von S_{12} mit den Ecken der Pyramide begrenzen den Schatten der Pyramide.

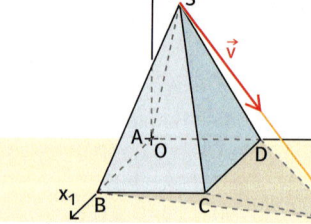

Aufgaben

1 Auf einer Wiese, die durch die x_1x_2-Ebene modelliert wird, steht im Punkt $P(-10|50|0)$ eine Silberpappel der Höhe h (in m). Die Sonnenstrahlen verlaufen in Richtung $\vec{u}$.
Berechnen Sie den Schattenpunkt der Pappelspitze sowie die Länge des Schattens.

a) $h = 9$; $\vec{u} = \begin{pmatrix} 5 \\ 2 \\ -1 \end{pmatrix}$
b) $h = 18$; $\vec{u} = \begin{pmatrix} -4 \\ 5 \\ -4 \end{pmatrix}$
c) $h = 22$; $\vec{u} = \begin{pmatrix} -3 \\ -6 \\ -4 \end{pmatrix}$

2 In einer Kunstgalerie wird ein dreieckiges Kunstwerk mit den Eckpunkten $P(1|4|2)$, $Q(6|1|4)$ und $R(3|2|0)$ vormittags mit parallelen Lichtstrahlen, die in Richtung $\begin{pmatrix} -2 \\ -3 \\ 0 \end{pmatrix}$ verlaufen, und nachmittags mit einer punktförmigen Lichtquelle vom Punkt $L(2|9|0)$ angestrahlt. Der Schatten trifft auf die Wand, die sich in der x_1x_3-Ebene befindet. (Alle Angaben in Metern.)
Bestimmen Sie die Eckpunkte der beiden Schattendreiecke.

> **Test** → Lösungen | Seite 402

3 Ein dreieckiges Sonnensegel hat die Eckpunkte $A(1|0|3)$, $B(4|1|2)$ und $C(0|3|2,5)$.
Die parallelen Sonnenstrahlen verlaufen in die Richtung $\begin{pmatrix} 2 \\ 1 \\ -4 \end{pmatrix}$.
Berechnen Sie die Koordinaten der Schattenpunkte auf der x_1x_2-Ebene.

4 In einer Modellierung befindet sich ein U-Boot im Punkt $A(25|45|-20)$, das in Richtung $\vec{u} = \begin{pmatrix} -5 \\ -10 \\ 2,5 \end{pmatrix}$ auftaucht. Die Wasseroberfläche ist die x_1x_2-Ebene.
Berechnen Sie die Koordinaten des Auftauchpunktes sowie die Länge der zurückgelegten Strecke.

5 Die Wände eines Museumsraumes sind die x_1x_3- sowie die x_2x_3-Ebene. Ein dort ausgestellter Quader hat die Eckpunkte $A(1|2|0)$, $B(5|2|0)$, C, $D(1|8|0)$, $E(1|2|4)$, F, G und H (in m).
a) Bestimmen Sie für den Punkt B jeweils den Abstand zu den Koordinatenebenen.
b) Bestimmen Sie die Koordinaten der fehlenden Eckpunkte des Quaders und berechnen Sie sein Volumen.
c) Der Quader wird von einem Strahler im Punkt $P(0|12|2)$ angeleuchtet.
Berechnen Sie die Schattenpunkte von G und H auf der x_1x_3-Ebene.
Der Museumsraum ist 9 m hoch. Kann man die Schattenpunkte auf der Wand sehen?

> **Test** → Lösungen | Seite 402

6 Eine quadratische Pyramide mit den Eckpunkten $A(5|2|0)$, $B(5|6|0)$, $C(1|6|0)$, $D(1|2|0)$ und der Spitze $S(3|4|5)$ wird mit einem Scheinwerfer vom Punkt $L(8|5|0)$ aus beleuchtet.
Berechnen Sie das Volumen der Pyramide und bestimmen Sie die Schattenpunkte von S.

7 In einem Computerspiel soll vom Punkt $P(7,5|1,5|1)$ mit einem Laserpointer in Richtung $\begin{pmatrix} -3 \\ 1 \\ 0,2 \end{pmatrix}$ auf eine Zielscheibe in der x_2x_3-Ebene gezielt werden. (Alle Angaben in Metern.)
Die Zielscheibe hat das Zentrum $Z(0|3,5|1,8)$ und einen Radius von 40 cm.
Trifft der Laserstrahl die Zielscheibe?

> **Grundwissen Test** → **Grundwissen** Lösung | Seite 402

8 Bestimmen Sie die Lösungsmenge des linearen Gleichungssystems.

a) $2x_1 + x_2 - x_3 = 4$
$-x_1 + x_2 + 2x_3 = 6$
$x_1 + 2x_2 + x_3 = 10$

b) $-5a + b + 4c = -1$
$a + b + 4c = 5$

c) $3x + 2y - z = 3$
$3x - 2y - z = 9$

5 Modellieren mit Geraden

6 Vektorielle Beschreibung von Ebenen

Der Mähroboter kann sich nur nach vorne und hinten sowie nach links und rechts bewegen. Kann er trotzdem jeden Grashalm auf dem Fußballfeld erreichen,
a) wenn man ihn parallel zum Spielfeldrand aufstellt;
b) wenn man ihn schräg dazu aufstellt?

Ähnlich wie man mithilfe von Vektoren Geraden beschreiben kann, kann man auch Ebenen beschreiben. Dies wird in Fig. 1 und Fig. 2 verdeutlicht.

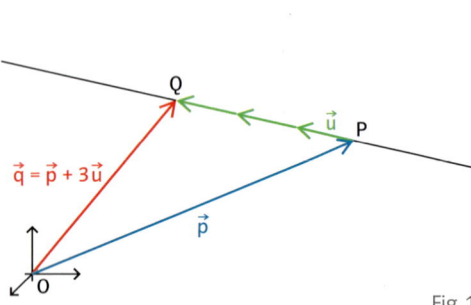

Fig. 1

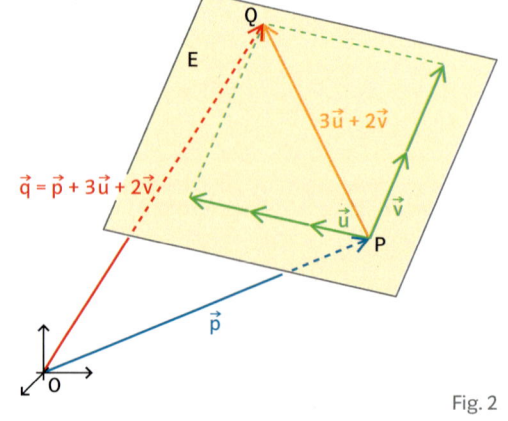

Fig. 2

Eine Gerade g kann durch einen Stützvektor $\vec{p}$ und einen Richtungsvektor $\vec{u}$ beschrieben werden:
g: $\vec{x} = \vec{p} + r \cdot \vec{u}$.

Der zu $\vec{p}$ gehörige Punkt P heißt Stützpunkt. Setzt man in die Gleichung $\vec{x} = \vec{p} + r \cdot \vec{u}$ für r reelle Zahlen ein, dann erhält man jeweils Ortsvektoren, die zu Punkten auf der Geraden g gehören.
Für jeden Punkt Q der Geraden g gibt es eine reelle Zahl r, sodass der Vektor $\vec{q}$ mit $\vec{q} = \vec{p} + r \cdot \vec{u}$ Ortsvektor von Q ist.

Eine Ebene E kann durch einen **Stützvektor** $\vec{p}$ und zwei Vektoren $\vec{u}$ und $\vec{v}$, die keine Vielfachen voneinander sind, beschrieben werden:
E: $\vec{x} = \vec{p} + r \cdot \vec{u} + s \cdot \vec{v}$.
Die Vektoren $\vec{u}$ und $\vec{v}$ heißen **Spannvektoren**.
Der zu $\vec{p}$ gehörige Punkt P heißt **Stützpunkt**. Setzt man in die Gleichung
$\vec{x} = \vec{p} + r \cdot \vec{u} + s \cdot \vec{v}$ für r und s reelle Zahlen ein, dann erhält man jeweils Ortsvektoren, die zu Punkten der Ebene E gehören.
Für jeden Punkt Q der Ebene E gibt es reelle Zahlen r und s, sodass der Vektor $\vec{q}$ mit $\vec{q} = \vec{p} + r \cdot \vec{u} + s \cdot \vec{v}$ Ortsvektor von Q ist.

Der Ortsvektor jedes Ebenenpunkts kann als Stützvektor der Ebene verwendet werden.

Jede Ebene lässt sich durch eine Gleichung der Form
$\vec{x} = \vec{p} + r \cdot \vec{u} + s \cdot \vec{v}$ (r, s ∈ ℝ)
beschreiben. Hierbei ist $\vec{p}$ ein Stützvektor und $\vec{u}$, $\vec{v}$ sind zwei Spannvektoren.
Die Spannvektoren einer Ebene dürfen keine Vielfachen voneinander sein.

Man nennt die Gleichung $\vec{x} = \vec{p} + r \cdot \vec{u} + s \cdot \vec{v}$ eine **Ebenengleichung in Parameterform** oder **Parametergleichung** der beschriebenen Ebene E mit den Parametern r und s.
Man schreibt kurz E: $\vec{x} = \vec{p} + r \cdot \vec{u} + s \cdot \vec{v}$.

Eine Ebene kann auf verschiedene Arten mithilfe von Punkten und Geraden festgelegt werden.

(I) **Drei Punkte** A, B, C, die nicht auf einer Geraden liegen.

(II) **Zwei sich schneidende Geraden**
g: $\vec{x} = \vec{p} + r \cdot \vec{u}$
h: $\vec{x} = \vec{q} + s \cdot \vec{v}$

(III) **Zwei parallele Geraden g ∦ h**
g: $\vec{x} = \vec{p} + r \cdot \vec{u}$
h: $\vec{x} = \vec{q} + s \cdot \vec{v}$

(IV) **Gerade g und Punkt A ∉ g**
g: $\vec{x} = \vec{p} + r \cdot \vec{u}$

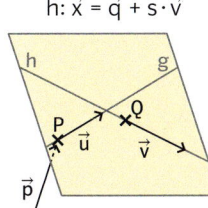
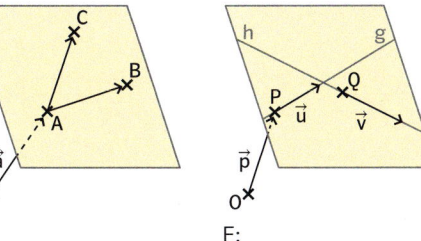
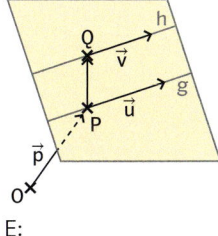
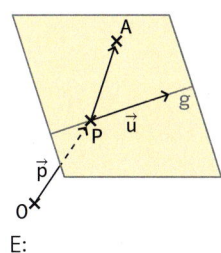

E:
$\vec{x} = \vec{a} + r \cdot \overrightarrow{AB} + s \cdot \overrightarrow{AC}$

E:
$\vec{x} = \vec{p} + r \cdot \vec{u} + s \cdot \vec{v}$

E:
$\vec{x} = \vec{p} + r \cdot \vec{u} + s \cdot \overrightarrow{PQ}$

E:
$\vec{x} = \vec{p} + r \cdot \vec{u} + s \cdot \overrightarrow{PA}$

Beispiel 1 Aufstellen von Ebenengleichungen

Bestimmen Sie eine Parametergleichung der Ebene. Gegeben sind
a) drei Punkte A(1|1|0), B(1|0|1) und C(0|1|1);

b) zwei sich schneidende Geraden g: $\vec{x} = \begin{pmatrix} -1 \\ 1 \\ -2 \end{pmatrix} + r \cdot \begin{pmatrix} 1 \\ -2 \\ 3 \end{pmatrix}$ und h: $\vec{x} = \begin{pmatrix} -1 \\ 1 \\ -2 \end{pmatrix} + s \cdot \begin{pmatrix} 2 \\ 1 \\ 1 \end{pmatrix}$;

c) zwei parallele Geraden g: $\vec{x} = \begin{pmatrix} 1 \\ 1 \\ 0 \end{pmatrix} + r \cdot \begin{pmatrix} 2 \\ -1 \\ 3 \end{pmatrix}$ und h: $\vec{x} = \begin{pmatrix} -2 \\ 0 \\ 1 \end{pmatrix} + s \cdot \begin{pmatrix} 2 \\ -1 \\ 3 \end{pmatrix}$;

d) eine Gerade g: $\vec{x} = \begin{pmatrix} 1 \\ 2 \\ -1 \end{pmatrix} + t \cdot \begin{pmatrix} 3 \\ -2 \\ 1 \end{pmatrix}$ und ein nicht auf g liegender Punkt A(2|−1|1).

Lösung

a) Man wählt z.B. die Vektoren $\overrightarrow{AB}$ und $\overrightarrow{AC}$ als Spannvektoren der Ebene.

$\overrightarrow{AB} = \begin{pmatrix} 1 \\ 0 \\ 1 \end{pmatrix} - \begin{pmatrix} 1 \\ 1 \\ 0 \end{pmatrix} = \begin{pmatrix} 0 \\ -1 \\ 1 \end{pmatrix}$, $\overrightarrow{AC} = \begin{pmatrix} 0 \\ 1 \\ 1 \end{pmatrix} - \begin{pmatrix} 1 \\ 1 \\ 0 \end{pmatrix} = \begin{pmatrix} -1 \\ 0 \\ 1 \end{pmatrix}$

Diese Vektoren sind keine Vielfachen voneinander, d.h. die Punkte A, B, C liegen nicht auf einer Geraden. Wählt man z.B. A als Stützpunkt, so lautet die Gleichung der Ebene

E: $\vec{x} = \begin{pmatrix} 1 \\ 1 \\ 0 \end{pmatrix} + r \cdot \begin{pmatrix} 0 \\ -1 \\ 1 \end{pmatrix} + s \cdot \begin{pmatrix} -1 \\ 0 \\ 1 \end{pmatrix}$.

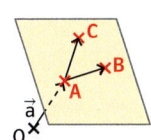

Vorsicht:
Die Ortsvektoren von B und C sind nicht die Spannvektoren der Ebene!

b) Der gemeinsame Stützpunkt von g und h ist der Schnittpunkt der Geraden. Man wählt diesen als Stützpunkt sowie die Richtungsvektoren von g und h als Spannvektoren der Ebene:

E: $\vec{x} = \begin{pmatrix} -1 \\ 1 \\ -2 \end{pmatrix} + r \cdot \begin{pmatrix} 1 \\ -2 \\ 3 \end{pmatrix} + s \cdot \begin{pmatrix} 2 \\ 1 \\ 1 \end{pmatrix}$.

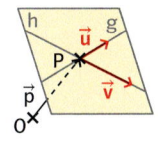

c) Man wählt einen der beiden Stützvektoren, z.B. den von g, als Stützvektor sowie den Richtungsvektor von g als einen Spannvektor. Aufgrund der Parallelität von g und h eignet sich der Richtungsvektor von h nicht als zweiter Spannvektor. Man wählt stattdessen den Verbindungsvektor $\overrightarrow{PQ}$ der beiden Stützpunkte von g und h als zweiten Spannvektor.

Es ist $\overrightarrow{PQ} = \begin{pmatrix} -2 \\ 0 \\ 1 \end{pmatrix} - \begin{pmatrix} 1 \\ 1 \\ 0 \end{pmatrix} = \begin{pmatrix} -3 \\ -1 \\ 1 \end{pmatrix}$ und damit E: $\vec{x} = \begin{pmatrix} 1 \\ 1 \\ 0 \end{pmatrix} + r \cdot \begin{pmatrix} 2 \\ -1 \\ 3 \end{pmatrix} + s \cdot \begin{pmatrix} -3 \\ -1 \\ 1 \end{pmatrix}$.

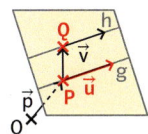

d) Man wählt z.B. den Stützpunkt P von g als Stützpunkt und den Richtungsvektor von g als ersten Spannvektor sowie den Verbindungsvektor von P mit A als zweiten Spannvektor von E.

Es ist $\overrightarrow{PA} = \begin{pmatrix} 2 \\ -1 \\ 1 \end{pmatrix} - \begin{pmatrix} 1 \\ 2 \\ -1 \end{pmatrix} = \begin{pmatrix} 1 \\ -3 \\ 2 \end{pmatrix}$ und damit E: $\vec{x} = \begin{pmatrix} 1 \\ 2 \\ -1 \end{pmatrix} + r \cdot \begin{pmatrix} 3 \\ -2 \\ 1 \end{pmatrix} + s \cdot \begin{pmatrix} 1 \\ -3 \\ 2 \end{pmatrix}$.

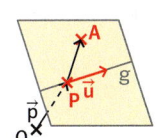

Da die beiden Spannvektoren keine Vielfachen voneinander sind, liegt A nicht auf g.

Beispiel 2 Punktprobe

Gegeben ist die Ebene $E: \vec{x} = \begin{pmatrix} 2 \\ 0 \\ 1 \end{pmatrix} + r \cdot \begin{pmatrix} 1 \\ 3 \\ 5 \end{pmatrix} + s \cdot \begin{pmatrix} 2 \\ -1 \\ 1 \end{pmatrix}$.

Prüfen Sie, ob der Punkt $P(7|1|-1)$ bzw. der Punkt $Q(-1|5|4)$ in der Ebene E liegt.

Lösung

Überprüfung des Punktes P:

Einsetzen des Ortsvektors von P in die Parametergleichung von E führt auf die Vektorgleichung

$\begin{pmatrix} 7 \\ 1 \\ -1 \end{pmatrix} = \begin{pmatrix} 2 \\ 0 \\ 1 \end{pmatrix} + r \cdot \begin{pmatrix} 1 \\ 3 \\ 5 \end{pmatrix} + s \cdot \begin{pmatrix} 2 \\ -1 \\ 1 \end{pmatrix}$. Diese entspricht dem LGS $\begin{matrix} 7 = 2 + r + 2s \\ 1 = 3r - s \\ -1 = 1 + 5r + s \end{matrix}$ bzw. $\begin{matrix} r + 2s = 5 \\ 3r - s = 1 \\ 5r + s = -2 \end{matrix}$.

In Matrixschreibweise: $\begin{pmatrix} 1 & 2 & | & 5 \\ 3 & -1 & | & 1 \\ 5 & 1 & | & -2 \end{pmatrix}$. Elementare Umformungen ergeben z.B. $\begin{pmatrix} 1 & 2 & | & 5 \\ 0 & 1 & | & 2 \\ 0 & 0 & | & 1 \end{pmatrix}$.

Wegen des Widerspruchs $0 = 1$ in der letzten Zeile hat die ursprüngliche Vektorgleichung keine Lösung, d.h. der Punkt P liegt nicht in der Ebene E.

Überprüfung des Punktes Q:

Einsetzen des Ortsvektors von Q in die Parametergleichung von E führt auf die Vektorgleichung

$\begin{pmatrix} -1 \\ 5 \\ 4 \end{pmatrix} = \begin{pmatrix} 2 \\ 0 \\ 1 \end{pmatrix} + r \cdot \begin{pmatrix} 1 \\ 3 \\ 5 \end{pmatrix} + s \cdot \begin{pmatrix} 2 \\ -1 \\ 1 \end{pmatrix}$. Diese entspricht dem LGS $\begin{matrix} -1 = 2 + r + 2s \\ 5 = 3r - s \\ 4 = 1 + 5r + s \end{matrix}$ bzw. $\begin{matrix} r + 2s = -3 \\ 3r - s = 5 \\ 5r + s = 3 \end{matrix}$.

In Matrixschreibweise: $\begin{pmatrix} 1 & 2 & | & -3 \\ 3 & -1 & | & 5 \\ 5 & 1 & | & 3 \end{pmatrix}$. Elementare Umformungen ergeben z.B. $\begin{pmatrix} 1 & 2 & | & -3 \\ 0 & 1 & | & -2 \\ 0 & 0 & | & 0 \end{pmatrix}$.

Die ursprüngliche Vektorgleichung hat somit die Lösung $r = 1$; $s = -2$,

d.h. es gilt $\begin{pmatrix} -1 \\ 5 \\ 4 \end{pmatrix} = \begin{pmatrix} 2 \\ 0 \\ 1 \end{pmatrix} + 1 \cdot \begin{pmatrix} 1 \\ 3 \\ 5 \end{pmatrix} + (-2) \cdot \begin{pmatrix} 2 \\ -1 \\ 1 \end{pmatrix}$. Der Punkt Q liegt in der Ebene E.

Aufgaben

1 Die Punkte A, B und C legen eine Ebene fest. Geben Sie zwei verschiedene Parametergleichungen an, bei denen weder die Stützvektoren, noch die Spannvektoren übereinstimmen.

a) $A(2|0|3)$, $B(1|-1|5)$, $C(3|-2|0)$
b) $A(0|0|0)$, $B(2|1|5)$, $C(-3|1|-3)$
c) $A(1|1|1)$, $B(2|2|2)$, $C(-2|3|5)$
d) $A(2|5|7)$, $B(7|5|2)$, $C(1|2|3)$

2 Der abgebildete Quader, dessen Seitenflächen parallel zu den Koordinatenebenen liegen, hat die Eckpunkte $A(3|0|0)$ und $G(0|5|4)$. Bestimmen Sie jeweils eine Parametergleichung der Ebenen E_1 und E_2.

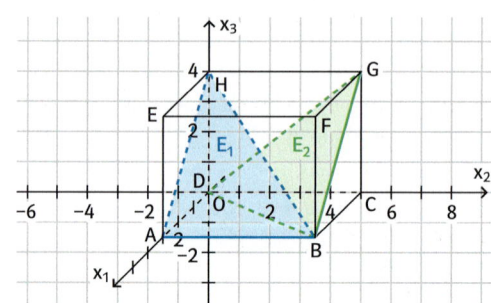

3 Prüfen Sie, ob die beiden Geraden g_1 und g_2 sich schneiden. Geben Sie, falls möglich, eine Parametergleichung der Ebene an, die durch die Geraden g_1 und g_2 festgelegt wird.

a) $g_1: \vec{x} = \begin{pmatrix} 1 \\ 1 \\ 2 \end{pmatrix} + t \cdot \begin{pmatrix} 2 \\ 3 \\ 1 \end{pmatrix}$; $g_2: \vec{x} = \begin{pmatrix} 3 \\ 4 \\ 3 \end{pmatrix} + t \cdot \begin{pmatrix} 1 \\ 0 \\ 1 \end{pmatrix}$

b) $g_1: \vec{x} = \begin{pmatrix} 1 \\ 2 \\ 5 \end{pmatrix} + t \cdot \begin{pmatrix} 3 \\ 4 \\ 0 \end{pmatrix}$; $g_2: \vec{x} = \begin{pmatrix} 2 \\ 3 \\ 1 \end{pmatrix} + t \cdot \begin{pmatrix} 3 \\ 4 \\ 5 \end{pmatrix}$

c) $g_1: \vec{x} = \begin{pmatrix} 3 \\ 0 \\ -1 \end{pmatrix} + t \cdot \begin{pmatrix} 1 \\ 1 \\ 2 \end{pmatrix}$; $g_2: \vec{x} = \begin{pmatrix} 2 \\ 1 \\ -3 \end{pmatrix} + t \cdot \begin{pmatrix} 2 \\ 2 \\ 4 \end{pmatrix}$

d) $g_1: \vec{x} = \begin{pmatrix} 5 \\ 1 \\ 4 \end{pmatrix} + t \cdot \begin{pmatrix} 1 \\ 1 \\ 3 \end{pmatrix}$; $g_2: \vec{x} = \begin{pmatrix} 1 \\ 1 \\ 1 \end{pmatrix} + t \cdot \begin{pmatrix} 2 \\ 2 \\ 6 \end{pmatrix}$

Achtung!
Beim Berechnen des Schnittpunkts müssen die Parameter in den Geradengleichungen unterschiedlich bezeichnet werden.

4 Gegeben ist die Ebene $E: \vec{x} = \begin{pmatrix} 3 \\ 0 \\ 2 \end{pmatrix} + r \cdot \begin{pmatrix} 2 \\ 1 \\ 7 \end{pmatrix} + s \cdot \begin{pmatrix} 3 \\ 2 \\ 5 \end{pmatrix}$.

a) Geben Sie drei Punkte an, die in der Ebene E liegen.
b) Liegen die Punkte A(8|3|14), B(1|1|0), C(4|0|11) in der Ebene E?

O Test

Lösungen | Seite 402

5 Gegeben ist die Ebene E, in der die Punkte A(1|0|0), B(0|1|0) und C(0|0|1) liegen.
   a) Geben Sie zwei Parametergleichungen von E an, bei denen weder die Stützvektoren noch die Spannvektoren übereinstimmen.
   b) Liegen die Punkte P(1|1|1) und Q(2|2|2) in der Ebene E?

6 Gegeben sind die Geraden $g: \vec{x} = \begin{pmatrix} 2 \\ -3 \\ 1 \end{pmatrix} + r \cdot \begin{pmatrix} 1 \\ -1 \\ 1 \end{pmatrix}$ und $h: \vec{x} = \begin{pmatrix} 5 \\ 2 \\ -2 \end{pmatrix} + s \cdot \begin{pmatrix} 1 \\ 3 \\ -2 \end{pmatrix}$.

Zeigen Sie, dass sich die Geraden g und h schneiden, und geben Sie eine Gleichung der Ebene an, in der g und h liegen.

7 Untersuchen Sie, ob die Punkte A, B, C und D in einer gemeinsamen Ebene liegen.
   a) A(0|1|−1), B(2|3|5), C(−1|3|−1), (D2|2|2)   b) A(3|0|2), B(5|1|9), C(6|2|7), D(8|3|14)
   c) A(5|0|5), B(6|3|2), C(2|9|0), D(3|12|−3)   d) A(1|1|1), B(3|3|3), C(−2|5|1), D(3|4|−2)

8 Prüfen Sie, ob die Gerade g und der Punkt P eine Ebene E festlegen. Falls ja, bestimmen Sie eine Gleichung der Ebene E.
   a) $g: \vec{x} = \begin{pmatrix} 1 \\ 0 \\ 1 \end{pmatrix} + t \cdot \begin{pmatrix} 2 \\ 1 \\ 3 \end{pmatrix}$; P(5|−|5|3)
   b) $g: \vec{x} = \begin{pmatrix} 2 \\ 0 \\ 1 \end{pmatrix} + t \cdot \begin{pmatrix} 3 \\ 1 \\ 5 \end{pmatrix}$; P(2|7|11)

9 Geben Sie falls möglich eine Parametergleichung der Ebene E an, die durch die Punkte A, B und C festgelegt ist. Begründen Sie gegebenenfalls, warum dies nicht möglich ist.
   a) A(1|2|5), B(3|0|2), C(2|1|3)   b) A(0|0|0), B(1|2|−3), C(−1|−2|3)
   c) A(1|0|0), B(1|1|0), C(1|1|1)   d) A(1|2|4), B(−2|0|2), C(7|6|8)

10 Gegeben sind die Geraden $g: \vec{x} = \begin{pmatrix} 4 \\ 1 \\ 2 \end{pmatrix} + r \cdot \begin{pmatrix} -2 \\ 1 \\ 0 \end{pmatrix}$, $h: \vec{x} = \begin{pmatrix} 1 \\ 3 \\ 5 \end{pmatrix} + s \cdot \begin{pmatrix} 2 \\ -1 \\ 0 \end{pmatrix}$ und $k: \vec{x} = t \cdot \begin{pmatrix} 1 \\ 1 \\ 1 \end{pmatrix}$.

Prüfen Sie, welche zwei dieser Geraden eine Ebene E festlegen, und geben Sie gegebenenfalls jeweils eine Gleichung dieser Ebenen an.

11 a) Bestimmen Sie für A(8|0|0) und S(4|4|10) eine Gleichung der Ebene, in der die Seitenfläche OAS der quadratischen Pyramide liegt.
   b) Der Punkt P(4|p_2|4) soll in Seitenfläche durch O, A und S liegen. Bestimmen Sie p_2.

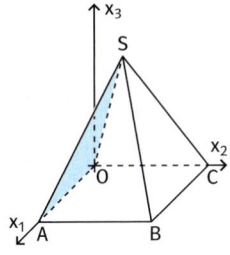

12 a) Stellen Sie jeweils eine Parametergleichung der $x_1 x_2$-Ebene, der $x_1 x_3$-Ebene und der $x_2 x_3$-Ebene auf.
   b) Geben Sie zur $x_1 x_2$-Ebene, zur $x_1 x_3$-Ebene und zur $x_2 x_3$-Ebene jeweils eine weitere Parametergleichung an.
   c) Erläutern Sie, wie man an der Parametergleichung erkennen kann, ob sie eine der drei Koordinatenebenen beschreibt.
   d) Geben Sie die Gleichung einer zur $x_1 x_3$-Ebene parallelen Ebene durch P(2|−3|1) an.

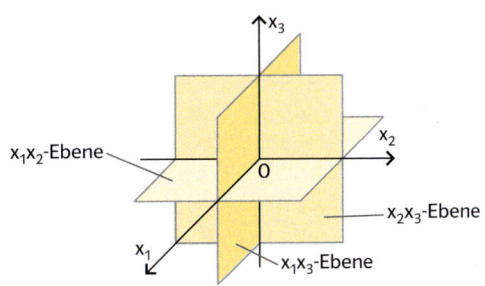

13 Gegeben ist die Ebene $E: \vec{x} = \begin{pmatrix} 2 \\ 0 \\ 1 \end{pmatrix} + r \cdot \begin{pmatrix} 1 \\ 2 \\ 4 \end{pmatrix} + s \cdot \begin{pmatrix} -1 \\ 1 \\ 2 \end{pmatrix}$.

a) Überprüfen Sie, ob die Punkte $A(2|3|7)$, $B(0|6|9)$ und $C(5|0|1)$ in E liegen.
b) Bestimmen Sie einen Wert für a so, dass der Punkt P in E liegt.
   (1) $P(4|1|a)$ (2) $P(3|a|11)$ (3) $P(a+2|2a|a+4)$ (4) $P(a|-1|-1)$

14 Die Ebene E ist festgelegt durch die Punkte $A(1|-1|1)$, $B(1|0|1)$ und $O(0|0|0)$.
a) Geben Sie eine Gleichung der Ebene E an sowie die Parametergleichungen zweier Geraden g und h, die in der Ebene E liegen und zueinander parallel sind.
b) Geben Sie die Parametergleichungen zweier Geraden k und l an, die in der Ebene E liegen und sich schneiden.

Test
Lösungen | Seite 402

15 Geben Sie eine Parametergleichung der Ebene E an, die die Gerade g und den Punkt P enthält.

a) $g: \vec{x} = \begin{pmatrix} 2 \\ -1 \\ 3 \end{pmatrix} + r \cdot \begin{pmatrix} -3 \\ 1 \\ 2 \end{pmatrix}$, $P(1|0|-2)$
b) $g: \vec{x} = \begin{pmatrix} 1 \\ 4 \\ 2 \end{pmatrix} + r \cdot \begin{pmatrix} 1 \\ -1 \\ 1 \end{pmatrix}$, $P(0|0|0)$

16 Untersuchen Sie die gegenseitige Lage der Geraden g_1 und g_2 und geben Sie gegebenenfalls eine Parametergleichung der Ebene an, die beide Geraden enthält.

a) $g_1: \vec{x} = \begin{pmatrix} 4 \\ 3 \\ 1 \end{pmatrix} + r \cdot \begin{pmatrix} 1 \\ -3 \\ 2 \end{pmatrix}$; $g_2: \vec{x} = \begin{pmatrix} 1 \\ 0 \\ -3 \end{pmatrix} + s \cdot \begin{pmatrix} 2 \\ 1 \\ 5 \end{pmatrix}$
b) $g_1: \vec{x} = \begin{pmatrix} 1 \\ 0 \\ 1 \end{pmatrix} + r \cdot \begin{pmatrix} -2 \\ 4 \\ 6 \end{pmatrix}$; $g_2: \vec{x} = \begin{pmatrix} 2 \\ 1 \\ 5 \end{pmatrix} + s \cdot \begin{pmatrix} 3 \\ -6 \\ -9 \end{pmatrix}$

17 Begründen Sie, dass die Aussage wahr ist.

a) Die Ebene $E: \vec{x} = \begin{pmatrix} 0 \\ 0 \\ 1 \end{pmatrix} + r \cdot \begin{pmatrix} 0 \\ 1 \\ 0 \end{pmatrix} + s \cdot \begin{pmatrix} 1 \\ 0 \\ 0 \end{pmatrix}$ ist parallel zur $x_1 x_2$-Ebene.

b) Die Ebene $E: \vec{x} = r \cdot \begin{pmatrix} 1 \\ -2 \\ 3 \end{pmatrix} + s \cdot \begin{pmatrix} 0 \\ 0 \\ -2 \end{pmatrix}$ enthält die x_3-Achse.

c) Die Gerade $g: \vec{x} = t \cdot \begin{pmatrix} 1 \\ 2 \\ 5 \end{pmatrix}$ liegt in der Ebene $E: \vec{x} = r \cdot \begin{pmatrix} 2 \\ 0 \\ 1 \end{pmatrix} + s \cdot \begin{pmatrix} -1 \\ 2 \\ 4 \end{pmatrix}$.

18 Bestimmen Sie, für welchen Wert von a

a) die Ebene $E: \vec{x} = \begin{pmatrix} 1 \\ 3 \\ a \end{pmatrix} + r \cdot \begin{pmatrix} 3 \\ 3 \\ 2 \end{pmatrix} + s \cdot \begin{pmatrix} 2 \\ 1 \\ 0 \end{pmatrix}$ den Ursprung enthält,

b) die Gleichung $\vec{x} = \begin{pmatrix} 2 \\ -1 \\ 5 \end{pmatrix} + r \cdot \begin{pmatrix} 1 \\ 1 \\ a \end{pmatrix} + s \cdot \begin{pmatrix} a \\ a \\ 4 \end{pmatrix}$ keine Ebene beschreibt,

c) die Gerade $g: \vec{x} = \begin{pmatrix} 1 \\ 2 \\ 3 \end{pmatrix} + r \cdot \begin{pmatrix} 3 \\ 2 \\ a \end{pmatrix}$ parallel zur Ebene $E: \vec{x} = \begin{pmatrix} 3 \\ 1 \\ 0 \end{pmatrix} + r \cdot \begin{pmatrix} 2 \\ -1 \\ 5 \end{pmatrix} + s \cdot \begin{pmatrix} 1 \\ 3 \\ -2 \end{pmatrix}$ ist.

19 Die Gerade g verläuft durch die Punkte $P(1|0|-1)$ und $Q(2|1|-1)$. Die Gerade h verläuft durch die Punkte $R(2|a|0)$ und $S(0|-2|-a^2)$.
Für welche Werte von a liegen die Geraden g und h in einer Ebene? Stellen Sie jeweils eine Gleichung dieser Ebene auf.

Strategie | Seite 347
Fallunterscheidung

Grundwissen Test

Grundwissen
Seite 356
Lösung | Seite 402

20 Wobei handelt es sich um ein Laplace-Experiment?
a) Werfen einer Münze
b) Werfen eines Spielwürfels
c) Werfen eines Reißnagels
d) Werfen eines Kronkorkens
e) Drehen eines Glücksrades
f) Ziehen einer Kugel aus einer Urne

7 Koordinatengleichung einer Ebene

Welcher Bleistift steht (sicher) orthogonal zur Tischfläche?
Bauen Sie dazu beide Situationen auf dem Tisch auf.

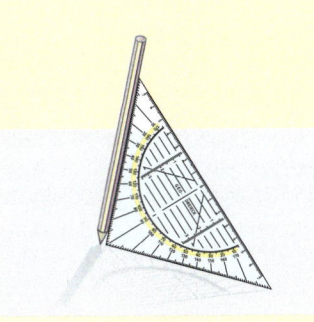
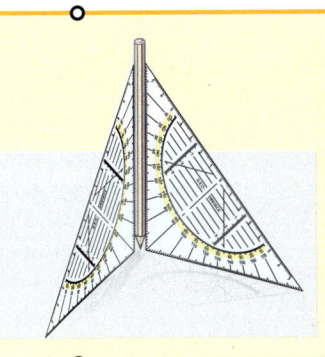

Bisher wurde eine Ebene $E: \vec{x} = \vec{p} + r \cdot \vec{u} + s \cdot \vec{v}$ mithilfe des Stützvektors $\vec{p}$ sowie zweier Spannvektoren $\vec{u}$ und $\vec{v}$ beschrieben. Eine weitere Möglichkeit, eine Ebene im Raum vektoriell zu beschreiben, erhält man mithilfe des sogenannten **Normalenvektors** $\vec{n}$ der beiden Spannvektoren $\vec{u}$ und $\vec{v}$, der orthogonal zu $\vec{u}$ und zu $\vec{v}$ ist. Für diesen Vektor gilt also $\vec{n} \cdot \vec{u} = 0$ und $\vec{n} \cdot \vec{v} = 0$.
Multipliziert man die Parametergleichung der Ebene $E: \vec{x} = \vec{p} + r \cdot \vec{u} + s \cdot \vec{v}$ mit dem Normalenvektor $\vec{n}$, so ergibt sich mithilfe dieser sogenannten Orthogonalitätsbedingungen:
$\vec{n} \cdot \vec{x} = \vec{n} \cdot \vec{p} + r \cdot \vec{n} \cdot \vec{u} + s \cdot \vec{n} \cdot \vec{v} = \vec{n} \cdot \vec{p}$.

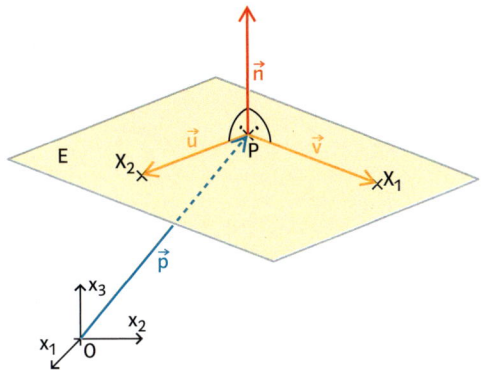

Mit $\vec{x} = \begin{pmatrix} x_1 \\ x_2 \\ x_3 \end{pmatrix}$ und $\vec{n} = \begin{pmatrix} a \\ b \\ c \end{pmatrix}$ erhält man aus $\vec{n} \cdot \vec{x} = \vec{n} \cdot \vec{p}$ die **Koordinatengleichung** der Ebene
$E: a x_1 + b x_2 + c x_3 = d$, wobei $d = \vec{n} \cdot \vec{p}$ eine reelle Zahl ist.
Ist umgekehrt zum Beispiel $2 x_1 + 5 x_2 + 3 x_3 = 12$ eine Koordinatengleichung einer Ebene E, so ist der Vektor $\begin{pmatrix} 2 \\ 5 \\ 3 \end{pmatrix}$ ein Normalenvektor der Ebene E.

Jede Ebene E mit den Spannvektoren $\vec{u}$ und $\vec{v}$ lässt sich beschreiben durch eine **Koordinatengleichung**

$$E: a x_1 + b x_2 + c x_3 = d,$$

bei der mindestens einer der Koeffizienten a, b, c ungleich null ist. Dabei ist $\vec{n} = \begin{pmatrix} a \\ b \\ c \end{pmatrix}$ ein **Normalenvektor** der Ebene E, d.h. $\vec{n}$ ist orthogonal zu beiden Spannvektoren $\vec{u}$ und $\vec{v}$ der Ebene E. Es gelten die **Orthogonalitätsbedingungen** $\vec{n} \cdot \vec{u} = 0$; $\vec{n} \cdot \vec{v} = 0$.

*Im Gegensatz zu einer Parametergleichung $\vec{x} = \vec{p} + r \cdot \vec{u} + s \cdot \vec{v}$ (mit den Parametern r und s) wird die Koordinatengleichung als **parameterfreie Gleichung** bezeichnet.*

Koordinatengleichungen, die bis auf einen Faktor übereinstimmen, legen dieselbe Ebene fest. Multipliziert man z.B. die Koordinatengleichung der Ebene $E: 3 x_1 - x_2 + 2 x_3 = 5$ mit dem Faktor 2, beschreibt die entstehende Gleichung $E: 6 x_1 - 2 x_2 + 4 x_3 = 10$ dieselbe Ebene E, da sie von denselben Koordinaten erfüllt wird. Man ersetzt dabei den Normalenvektor
$\vec{n} = \begin{pmatrix} 3 \\ -1 \\ 2 \end{pmatrix}$ durch $2 \cdot \vec{n} = \begin{pmatrix} 6 \\ -2 \\ 4 \end{pmatrix}$.

Mit $\vec{n}$ ist auch $r \cdot \vec{n}$, $r \neq 0$, ein Normalenvektor der Ebene E.

Beispiel 1 Koordinatengleichung aufstellen mithilfe des Normalenvektors; Punktprobe

Die Ebene E enthält den Punkt P(4|1|3) und hat den Normalenvektor $\vec{n} = \begin{pmatrix} 2 \\ -1 \\ 5 \end{pmatrix}$.

a) Bestimmen Sie eine Koordinatengleichung der Ebene E.
b) Prüfen Sie, ob der Punkt A(1|-3|4) in der Ebene E liegt.

Lösung

a) Mit dem Normalenvektor $\vec{n} = \begin{pmatrix} 2 \\ -1 \\ 5 \end{pmatrix}$ ergibt sich für die Koordinatengleichung der Ansatz
E: $2x_1 - x_2 + 5x_3 = d$.
Den Wert für d berechnet man, indem man für x_1, x_2 und x_3 die Koordinaten des Punktes P(4|1|3) einsetzt:
$d = 2 \cdot 4 - 1 \cdot 1 + 5 \cdot 3 = 22$.
Koordinatengleichung: E: $2x_1 - x_2 + 5x_3 = 22$.

b) Punktprobe: Einsetzen der Koordinaten des Punktes A(1|-3|4) in die Koordinatengleichung von E ergibt $2 \cdot 1 - 1 \cdot (-3) + 5 \cdot 4 = 25 \neq 22$.
Der Punkt A liegt nicht in der Ebene E.

> Die Punktprobe ist mit der Koordinatenform wesentlich einfacher als mit der Parameterform.

Beispiel 2 Von der Parametergleichung zur Koordinatengleichung

Bestimmen Sie eine Koordinatengleichung der Ebene E: $\vec{x} = \begin{pmatrix} 1 \\ -1 \\ 1 \end{pmatrix} + r \cdot \begin{pmatrix} 1 \\ 2 \\ 2 \end{pmatrix} + s \cdot \begin{pmatrix} 2 \\ 1 \\ -2 \end{pmatrix}$.

Lösung

Ein Normalenvektor $\vec{n} = \begin{pmatrix} n_1 \\ n_2 \\ n_3 \end{pmatrix}$ muss zu den Spannvektoren $\begin{pmatrix} 1 \\ 2 \\ 2 \end{pmatrix}$ und $\begin{pmatrix} 2 \\ 1 \\ -2 \end{pmatrix}$ orthogonal sein.

Also ist $\begin{pmatrix} n_1 \\ n_2 \\ n_3 \end{pmatrix} \cdot \begin{pmatrix} 1 \\ 2 \\ 2 \end{pmatrix} = 0$ und $\begin{pmatrix} n_1 \\ n_2 \\ n_3 \end{pmatrix} \cdot \begin{pmatrix} 2 \\ 1 \\ -2 \end{pmatrix} = 0$. Ausmultiplizieren führt auf das LGS

$n_1 + 2n_2 + 2n_3 = 0$, was sich umformen lässt zu $\begin{matrix} n_1 + 2n_2 + 2n_3 = 0 \\ -3n_2 - 6n_3 = 0 \end{matrix}$, also $n_2 = -2n_3$; $n_1 = 2n_3$.
$2n_1 + n_2 - 2n_3 = 0$

Wählt man z.B. $n_3 = 1$, so erhält man $n_1 = 2$ und $n_2 = -2$ und damit $\vec{n} = \begin{pmatrix} 2 \\ -2 \\ 1 \end{pmatrix}$.

Analog zu Beispiel 1 hat die Koordinatengleichung nun die Form E: $2x_1 - 2x_2 + x_3 = d$.
Einsetzen des Stützpunkts P(1|-1|1) der Ebene E liefert $d = 5$ und damit die Koordinatengleichung E: $2x_1 - 2x_2 + x_3 = 5$.

> Einen geeigneten Normalenvektor kann man auch mit dem Vektorpunkt berechnen, vgl. Infobox auf S. 246

Beispiel 3 Von der Koordinatengleichung zur Parametergleichung

Bestimmen Sie eine Parametergleichung der Ebene E: $2x_1 - 3x_2 + 5x_3 = 4$.

Lösung

Zwei zum Normalenvektor $\vec{n} = \begin{pmatrix} 2 \\ -3 \\ 5 \end{pmatrix}$ orthogonale Vektoren sind z.B. $\vec{u} = \begin{pmatrix} 3 \\ 2 \\ 0 \end{pmatrix}$ und $\vec{v} = \begin{pmatrix} 0 \\ 5 \\ 3 \end{pmatrix}$.

Es ist dabei darauf zu achten, dass die beiden Spannvektoren $\vec{u}$ und $\vec{v}$ nicht kollinear sind.
Ein Punkt, dessen Koordinaten die Koordinatengleichung von E erfüllen, ist z.B. P(2|0|0).

Damit erhält man eine Parametergleichung von E: $\vec{x} = \begin{pmatrix} 2 \\ 0 \\ 0 \end{pmatrix} + r \cdot \begin{pmatrix} 3 \\ 2 \\ 0 \end{pmatrix} + s \cdot \begin{pmatrix} 0 \\ 5 \\ 3 \end{pmatrix}$.

> Sucht man z.B. einen zu $\begin{pmatrix} 1 \\ 2 \\ 3 \end{pmatrix}$ orthogonalen Vektor, so setzt man eine Koordinate null, vertauscht die beiden anderen und dreht bei einer das Vorzeichen um. Man erhält so z.B. $\begin{pmatrix} 3 \\ 0 \\ -1 \end{pmatrix}$.

Aufgaben

1 Die Ebene E geht durch den Punkt P und hat den Normalenvektor $\vec{n}$. Bestimmen Sie eine Koordinatengleichung der Ebene E.

a) P(-1|2|1); $\vec{n} = \begin{pmatrix} 3 \\ -2 \\ 7 \end{pmatrix}$
b) P(9|1|-2); $\vec{n} = \begin{pmatrix} 0 \\ 8 \\ 3 \end{pmatrix}$
c) P(0|0|0); $\vec{n} = \begin{pmatrix} 7 \\ -7 \\ 3 \end{pmatrix}$

2 Bestimmen Sie eine Koordinatengleichung der Ebene E.

a) $E: \vec{x} = \begin{pmatrix} 2 \\ 1 \\ -2 \end{pmatrix} + r \cdot \begin{pmatrix} 1 \\ 3 \\ 0 \end{pmatrix} + s \cdot \begin{pmatrix} 0 \\ -2 \\ 1 \end{pmatrix}$
b) $E: \vec{x} = \begin{pmatrix} 1 \\ 0 \\ 2 \end{pmatrix} + r \cdot \begin{pmatrix} 1 \\ 2 \\ 1 \end{pmatrix} + s \cdot \begin{pmatrix} 3 \\ 4 \\ 2 \end{pmatrix}$
c) $E: \vec{x} = r \cdot \begin{pmatrix} 1 \\ 1 \\ 1 \end{pmatrix} + s \cdot \begin{pmatrix} 5 \\ 2 \\ 3 \end{pmatrix}$

d) $E: \vec{x} = \begin{pmatrix} 1 \\ 2 \\ 3 \end{pmatrix} + r \cdot \begin{pmatrix} 3 \\ 2 \\ 1 \end{pmatrix} + s \cdot \begin{pmatrix} 1{,}5 \\ 1 \\ 4 \end{pmatrix}$
e) $E: \vec{x} = r \cdot \begin{pmatrix} -2 \\ 0 \\ 1 \end{pmatrix} + s \cdot \begin{pmatrix} 4 \\ 3 \\ -2 \end{pmatrix}$
f) $E: \vec{x} = r \cdot \begin{pmatrix} 7 \\ 3 \\ 0 \end{pmatrix} + s \cdot \begin{pmatrix} 1 \\ -4 \\ 0 \end{pmatrix}$

3 Welche der Punkte $A(1|-2|3)$, $B(-5|4|0)$, $C(-4|3|-2)$ liegen in der Ebene E?
a) $E: x_1 + 3x_2 + 2x_3 = 1$
b) $E: 2x_1 + 4x_2 - x_3 = 6$
c) $E: x_1 + x_2 = -1$

4 Die Ebene E enthält den Punkt $P(2|-3|5)$ und hat den Normalenvektor $\vec{n} = \begin{pmatrix} -2 \\ 1 \\ 2 \end{pmatrix}$. Untersuchen Sie, ob auch der Punkt Q in der Ebene E liegt.
a) $Q(0|1|1)$
b) $Q(2|4|2)$
c) $Q(3|-3|6)$

5 Die Punkte A, B und C legen eine Ebene fest. Bestimmen Sie eine Koordinatengleichung dieser Ebene. Liegt der Punkt $D(-7|1|3)$ in dieser Ebene?
a) $A(1|1|1)$, $B(1|0|1)$, $C(0|1|1)$
b) $A(-1|2|0)$, $B(-3|1|1)$, $C(1|-1|-1)$
c) $A(1|1|-1)$, $B(1|3|-2)$, $C(2|0|-1)$
d) $A(1|0|1)$, $B(2|1|0)$, $C(1|-4|-1)$

Hinweis zu Aufgabe 5: Bestimmen Sie zunächst eine Parametergleichung der Ebene.

○ **Test** → Lösungen | Seite 402

6 Die Ebene E ist durch die Punkte A, B und C festgelegt. Bestimmen Sie eine Parametergleichung und eine Koordinatengleichung von E. Liegt der Punkt $P(-2|5|1)$ in der Ebene E?
a) $A(0|2|-1)$, $B(6|-5|0)$, $C(1|0|1)$
b) $A(7|2|-1)$, $B(4|1|3)$, $C(1|3|2)$
c) $A(1|2|-1)$, $B(4|-1|-3)$ $C(3|2|0)$
d) $A(9|3|-3)$, $B(8|4|-9)$, $C(11|13|-7)$

7 Bestimmen Sie eine Parametergleichung der Ebene E.
a) $E: x_1 - 2x_2 + 2x_3 = 4$
b) $E: -3x_1 + x_2 + 2x_3 = -6$
c) $E: x_1 + 2x_2 = 3$
d) $E: 2x_1 - 5x_2 + 3x_3 = 0$
e) $E: x_1 - x_3 = -2$
f) $E: 2x_2 = -3$

8 Eine Ebene ist zur Geraden g orthogonal und enthält den Punkt A. Bestimmen Sie eine Koordinatengleichung dieser Ebene.
a) $g: \vec{x} = \begin{pmatrix} -2 \\ 0 \\ 7 \end{pmatrix} + t \cdot \begin{pmatrix} 3 \\ -2 \\ 1 \end{pmatrix}$; $A(1|2|3)$
b) $g: \vec{x} = \begin{pmatrix} 5 \\ 17 \\ 43 \end{pmatrix} + t \cdot \begin{pmatrix} 1 \\ 3 \\ -5 \end{pmatrix}$; $A(0|0|0)$

● **Test** → Lösungen | Seite 402

9 Gegeben ist die Koordinatengleichung einer Ebene E. Bestimmen Sie eine Parametergleichung von E. Prüfen Sie, ob der Punkt $A(3|5|-1)$ in E liegt.
a) $E: 2x_1 - 3x_2 + x_3 = 5$
b) $E: x_1 + x_2 + 7x_3 = 1$
c) $E: 3x_1 - x_2 + 4x_3 = 0$

10 Bestimmen Sie für die Ebene E in Fig. 1 eine Gleichung.

11 Geben Sie eine Koordinatengleichung der Ebene E an.
a) E ist die x_1x_2-Ebene.
b) E ist die x_1x_3-Ebene.
c) Die Ebene E ist parallel zur x_1x_2-Ebene und enthält den Punkt $P(4|-5|6)$.
d) Die Ebene E ist parallel zur x_2x_3-Ebene und hat vom Koordinatenursprung den Abstand 3.

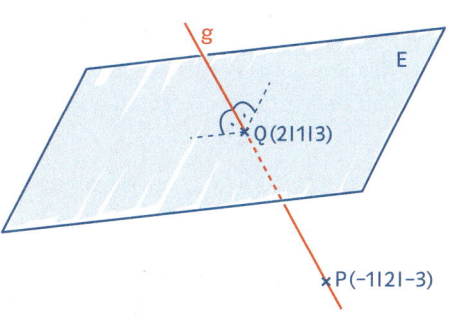

Fig. 1

● 12 Für jedes $a \in \mathbb{R}$ ist eine Ebene E: $3ax_1 + 2ax_2 - 5x_3 = 10a$ gegeben.
   a) Für welchen Wert von a liegt der Punkt $P(1|1|3)$ in der Ebene E?
   b) Für welchen Wert von a ist die Gerade g: $\vec{x} = \begin{pmatrix} 1 \\ 1 \\ 0 \end{pmatrix} + t \cdot \begin{pmatrix} 3 \\ 2 \\ 1 \end{pmatrix}$ orthogonal zur Ebene E?

   Für welchen Wert von a ist die Gerade g parallel zur Ebene E?
   c) Für welchen Wert von a geht die Ebene E durch den Ursprung? Um welche besondere Ebene handelt es sich in diesem Fall?

Info

Das Vektorprodukt

In Beispiel 2 wurde der Normalenvektor $\vec{n}$ der Ebene E: $\vec{x} = \vec{p} + r \cdot \vec{u} + s \cdot \vec{v}$ ausgehend von den Orthogonalitätsbedingungen $\vec{n} \cdot \vec{u} = 0$ und $\vec{n} \cdot \vec{v} = 0$ mithilfe eines linearen Gleichungssystems bestimmt.

Führt man dieses Vorgehen allgemein, d.h. für beliebige Vektoren $\vec{a} = \begin{pmatrix} a_1 \\ a_2 \\ a_3 \end{pmatrix}$ und $\vec{b} = \begin{pmatrix} b_1 \\ b_2 \\ b_3 \end{pmatrix}$

durch, so ergibt sich nach aufwändiger Rechnung, dass alle möglichen Normalenvektoren Vielfache des Vektors $\vec{n}$ sind mit

$\vec{n} = \begin{pmatrix} a_2 b_3 - a_3 b_2 \\ a_3 b_1 - a_1 b_3 \\ a_1 b_2 - a_2 b_1 \end{pmatrix}$.

Diesen Vektor nennt man das **Vektorprodukt** (oder **Kreuzprodukt**) von $\vec{a}$ und $\vec{b}$ und schreibt $\vec{n} = \vec{a} \times \vec{b}$ (lies: „a Kreuz b"). Die Schreibweise verdeutlicht die Art und Weise, wie hierbei die Koordinaten von $\vec{a}$ und $\vec{b}$ über Kreuz multipliziert werden. Dabei geht das Produkt „links oben mal rechts unten" positiv, das Produkt „links unten mal rechts oben" negativ in die entsprechende Koordinate des Vektorprodukts ein.

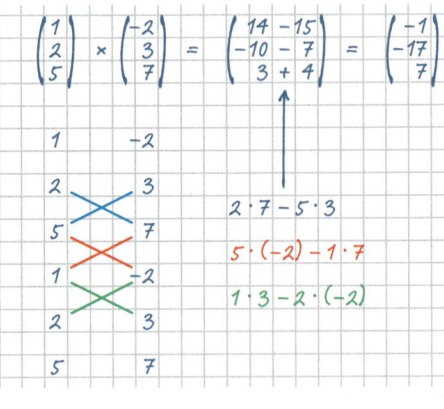

Bei dieser Art zwei Vektoren zu multiplizieren ist das Ergebnis wieder ein Vektor. Daher kommt der Name **Vektor**produkt, im Gegensatz zum **Skalar**produkt, dessen Ergebnis ein Skalar, d.h. eine reelle Zahl, ist.

● 13 a) Berechnen Sie die Vektorprodukte. Was fällt Ihnen auf?

$\begin{pmatrix} 1 \\ 3 \\ 5 \end{pmatrix} \times \begin{pmatrix} 2 \\ -1 \\ 1 \end{pmatrix}$; $\begin{pmatrix} 1 \\ -2 \\ 3 \end{pmatrix} \times \begin{pmatrix} 3 \\ -6 \\ 9 \end{pmatrix}$; $\begin{pmatrix} 2 \\ 0 \\ -5 \end{pmatrix} \times \begin{pmatrix} 3 \\ -4 \\ 1 \end{pmatrix}$; $\begin{pmatrix} 4 \\ -2 \\ 6 \end{pmatrix} \times \begin{pmatrix} -6 \\ 3 \\ -9 \end{pmatrix}$; $\begin{pmatrix} 1 \\ 0 \\ 0 \end{pmatrix} \times \begin{pmatrix} 0 \\ 1 \\ 0 \end{pmatrix}$; $\begin{pmatrix} 0 \\ 1 \\ 0 \end{pmatrix} \times \begin{pmatrix} 0 \\ 0 \\ 1 \end{pmatrix}$

   b) Zeigen Sie für die Vektoren in a) jeweils durch Nachrechnen, dass das Vektorprodukt orthogonal zu den beiden Ausgangsvektoren ist.
   c) Zeigen Sie allgemein, dass das Vektorprodukt $\vec{n} = \vec{a} \times \vec{b}$ die beiden Orthogonalitätsbedingungen $\vec{n} \cdot \vec{a} = 0$ und $\vec{n} \cdot \vec{b} = 0$ erfüllt.

● 14 Berechnen Sie die Vektorprodukte $\vec{a} \times \vec{b}$ und $\vec{b} \times \vec{a}$. Formulieren Sie eine Vermutung und begründen Sie diese anhand der Definition des Vektorprodukts.

   a) $\vec{a} = \begin{pmatrix} 3 \\ 1 \\ -4 \end{pmatrix}$; $\vec{b} = \begin{pmatrix} 7 \\ 2 \\ -9 \end{pmatrix}$ b) $\vec{a} = \begin{pmatrix} 1 \\ 1 \\ 1 \end{pmatrix}$; $\vec{b} = \begin{pmatrix} 2 \\ 5 \\ 4 \end{pmatrix}$ c) $\vec{a} = \begin{pmatrix} 3 \\ 7 \\ 3 \end{pmatrix}$; $\vec{b} = \begin{pmatrix} -1 \\ 5 \\ -1 \end{pmatrix}$

Grundwissen Test

15 Zwei Würfel werden gleichzeitig geworfen. Wie groß ist die Wahrscheinlichkeit für
   a) die Augensumme 9;
   b) eine Differenz der Augenzahlen von 3?

→ Grundwissen
Seite 356
Lösung | Seite 402

8 Zeichnerische Darstellung von Ebenen

Lässt sich jedes beliebige Dreieck in eine Zimmerecke legen, sodass alle Seiten an den Wänden bzw. dem Boden anliegen? Schneiden Sie unterschiedliche Dreiecke aus einem Karton aus und probieren Sie es aus.

Um eine Ebene in einem Koordinatensystem zu veranschaulichen, zeichnet man einen Ausschnitt der Ebene. Dabei orientiert man sich an den jeweiligen Schnittpunkten der Ebene mit den Koordinatenachsen. Diese Punkte heißen **Spurpunkte**.

Die Ebene besitzt drei Spurpunkte
Die Ebene E ist durch die Gleichung
$2x_1 + 6x_2 + 3x_3 = 12$ gegeben.
Um den Spurpunkt von E mit der x_1-Achse zu erhalten, setzt man $x_2 = x_3 = 0$ in die Gleichung von E ein. Man erhält $x_1 = 6$ und somit den Spurpunkt $S_1(6|0|0)$.
Analog bestimmt man die Spurpunkte
$S_2(0|2|0)$ und $S_3(0|0|4)$.

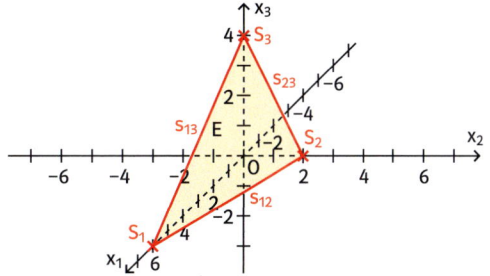

Die gemeinsamen Punkte einer Ebene mit den Koordinatenebenen liegen auf den **Spurgeraden**. Um einen Ausschnitt der Ebene E zu zeichnen, markiert man die drei Spurpunkte auf den Koordinatenachsen und verbindet diese zu einem Dreieck. Die Seiten des Dreiecks sind dabei Ausschnitte der jeweiligen Spurgeraden.

Die Spurgeraden werden mit s_{12}, s_{13} und s_{23} bezeichnet.

Die Ebene besitzt genau zwei Spurpunkte
Die Ebene F ist durch die Gleichung
$2x_1 + 6x_2 = 12$ gegeben.
Setzt man $x_2 = 0$ in die Gleichung von F ein, erhält man wie oben $S_1(6|0|0)$.
Entsprechend bestimmt man den Spurpunkt $S_2(0|2|0)$. Da es keinen Punkt $(0|0|a)$ gibt, der in F liegt, gibt es keinen Schnittpunkt von F mit der x_3-Achse. F besitzt nur zwei Spurpunkte und ist parallel zur x_3-Achse. Die Spurgeraden s_{13} und s_{23} verlaufen parallel zur x_3-Achse durch die Punkte S_1 und S_2.

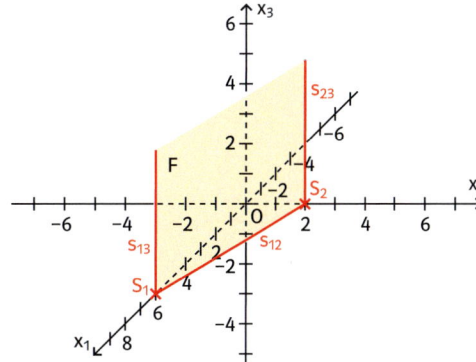

Die Ebene besitzt genau einen Spurpunkt
Die Ebene G ist durch die Gleichung
$4x_1 = 12$ gegeben.
Sie besitzt $S_1(3|0|0)$ als einzigen Spurpunkt und ist parallel zur x_2x_3-Ebene.
G hat nur zwei Spurgeraden s_{12} und s_{13}, die sich im Punkt S_1 orthogonal schneiden.

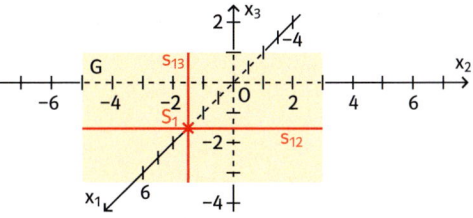

Die Schnittpunkte einer Ebene mit den Koordinatenachsen heißen **Spurpunkte**. Die Schnittgeraden einer Ebene mit den Koordinatenebenen heißen **Spurgeraden**. Man veranschaulicht eine Ebene in einem räumlichen Koordinatensystem mithilfe ihrer Spurpunkte und Spurgeraden.

Beispiel Ebenen veranschaulichen

Veranschaulichen Sie die Ebenen $E: 10x_1 - 16x_2 - 40x_3 = 80$, $F: 5x_2 - x_3 = 5$ und $G: 2x_3 = 7$ mithilfe ihrer Spurpunkte und Spurgeraden in einem Koordinatensystem.

Lösung

Ebene E: Einsetzen von $x_2 = x_3 = 0$ in die Gleichung von E ergibt den Spurpunkt $S_1(8|0|0)$, Einsetzen von $x_1 = x_3 = 0$ liefert $S_2(0|-5|0)$ und von $x_1 = x_2 = 0$ den Spurpunkt $S_3(0|0|-2)$. Das Dreieck $S_1 S_2 S_3$ veranschaulicht die Ebene E.

Ebene F: Die Ebene F besitzt die Spurpunkte $S_2(0|1|0)$ und $S_3(0|0|-5)$. Es gibt keinen Schnittpunkt mit der x_1-Achse, F ist parallel zur x_1-Achse. Die Spurgeraden s_{12} und s_{13} verlaufen parallel zur x_1-Achse durch die Punkte S_2 und S_3.

Ebene G: Die Ebene G besitzt nur den Spurpunkt $S_3(0|0|3,5)$. G ist also parallel zur $x_1 x_2$-Ebene. G hat die zwei Spurgeraden s_{13} und s_{23}, die sich im Punkt S_3 orthogonal schneiden.

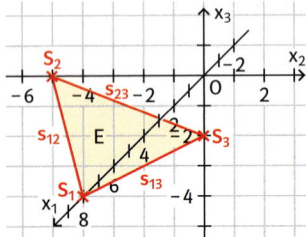 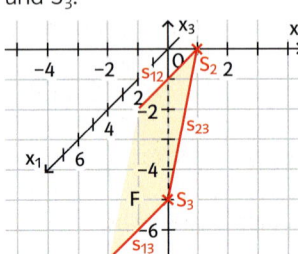 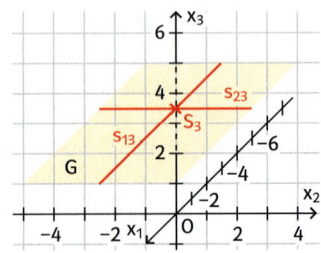

Aufgaben

1 Ermitteln Sie die Koordinaten der Spurpunkte und veranschaulichen Sie damit die Ebene E in einem Koordinatensystem.
a) $E: x_1 + x_2 + x_3 = 4$
b) $E: 2x_1 + 4x_2 + 3x_3 = 6$
c) $E: x_1 - 2x_2 + 3x_3 = -6$
d) $E: 3x_1 + 4,5x_2 + 6x_3 = -9$

2 Geben Sie die besondere Lage der Ebene E an.
a) $E: x_1 = 0$
b) $E: x_2 = 0$
c) $E: x_3 = 0$
d) $E: x_1 = 5$
e) $E: x_2 = -3$
f) $E: x_3 = 4$
g) $E: x_1 + x_2 = 3$
h) $E: x_2 + x_3 = -7$
i) $E: 2x_1 + 3x_3 = 1$
j) $E: 3x_1 - 9x_2 = 5$
k) $E: -2x_1 - 7x_2 = -1$
l) $E: x_1 + x_3 = 0$

3 Veranschaulichen Sie die Ebene E mithilfe ihrer Spurgeraden in einem Koordinatensystem.
a) $E: 5,5x_1 + 11x_3 = 22$
b) $E: x_1 + 2x_2 = -8$
c) $E: -x_3 = 4$
d) $E: 2x_2 = 5$

4 Entscheiden Sie, welche Gleichung zu welcher Ebene gehört. Eine Gleichung bleibt übrig. Begründen Sie Ihre Entscheidung.

$E_1: x_2 + 3x_3 = 6$ $E_2: x_2 - 3x_3 = 6$ $E_3: -x_1 - 3x_3 = 6$ $E_4: 3x_1 + x_2 = -6$

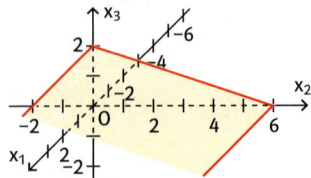 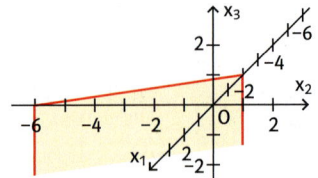 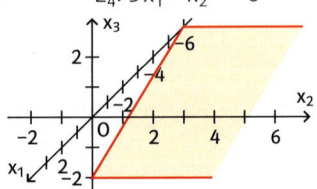

5 Bestimmen Sie eine Gleichung für die Ebene E. Geben Sie bei den Teilaufgaben b) und c) die besondere Lage der Ebenen an.

a) 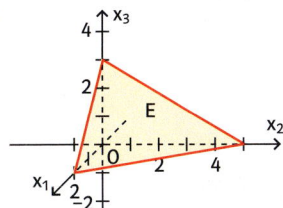   b) 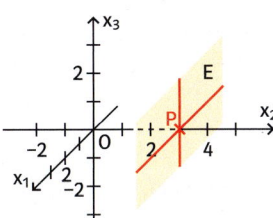   c)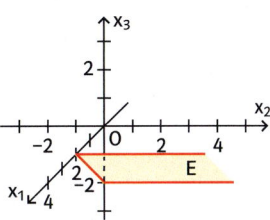

○ **Test** — Lösungen | Seite 403

6 Veranschaulichen Sie die Ebene E in einem Koordinatensystem.
   a) $E: -2x_1 - 4x_2 + 2x_3 = -8$ b) $E: 2x_1 + x_2 + 2x_3 = 4$

7 Welche besondere Lage hat die in der nebenstehenden Grafik dargestellte Ebene E? Geben Sie eine Gleichung der Ebene an.

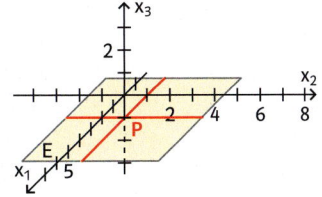

8 Wie kann man an der Gleichung einer Ebene E erkennen, dass zwei Spurgeraden parallel sind? Zeichnen Sie die drei Spurgeraden und schraffieren Sie einen Ebenenausschnitt.
   a) $E: 4x_1 + x_2 = 8$ b) $E: 2x_1 - x_3 = 6$ c) $E: 2x_2 + 4x_3 = 8$

9 Eine Spurgerade der Ebene E enthält die Punkte $P(1|0|0)$ und $R(0|5|0)$, eine andere Spurgerade der Ebene E enthält die Punkte $S(0|0|4)$ und $R(0|5|0)$.
Bestimmen Sie eine Parametergleichung und eine Koordinatengleichung von E.

10 Die Ebene E hat nur die angegebenen Spurpunkte. Bestimmen sie eine bruchfreie Koordinatengleichung und veranschaulichen Sie E in einem Koordinatensystem.
   a) $S_1(3|0|0)$, $S_2(0|2|0)$, $S_3(0|0|6)$ b) $S_1(5|0|0)$, $S_3(0|0|3)$ c) $S_2(0|5|0)$

11 Ist die Aussage wahr oder falsch? Begründen Sie Ihre Antwort.
   a) Jede Ebene hat mindestens zwei Spurgeraden.
   b) Eine Ebene mit nur einem Spurpunkt ist parallel zu einer der Koordinatenebenen.
   c) Eine Ebene, die parallel zu einer Koordinatenachse liegt, hat zwei parallele Spurgeraden.
   d) Jede Ebene hat höchstens drei Spurpunkte.

● **Test** — Lösungen | Seite 403

12 Die Ebene E hat nur die angegebenen Spurpunkte. Bestimmen Sie eine bruchfreie Koordinatengleichung von E und veranschaulichen Sie E in einem Koordinatensystem.
   a) $S_1(-2|0|0)$, $S_2(0|3|0)$, $S_3(0|0|-0,5)$ b) $S_1(-3|0|0)$, $S_2(0|-2|0)$

13 Dem Würfel in Fig. 1 ist ein Oktaeder einbeschrieben. Ordnen Sie die Ebenengleichungen den Flächen des Oktaeders zu. Bestimmen Sie die beiden fehlenden Gleichungen.
   $E_1: x_1 - x_2 - x_3 = 0$ $E_2: x_1 + x_2 - x_3 = 6$ $E_3: x_1 + x_2 + x_3 = 6$
   $E_4: x_1 + x_2 + x_3 = 12$ $E_5: -x_1 + x_2 + x_3 = 6$ $E_6: x_1 + x_2 - x_3 = 0$

Fig. 1

Grundwissen Test

→ **Grundwissen** Seite 356
Lösung | Seite 403

14 Zwei Würfel werden gleichzeitig geworfen. Wie groß ist die Wahrscheinlichkeit für die Ereignisse A = „Augensumme kleiner als 5", B = „zwei gleiche Augenzahlen"?

Exkursion – Winkel bei Ebenen

Mithilfe des Winkels zwischen zwei Vektoren kann man auch den Winkel zwischen geometrischen Objekten wie Geraden und Ebenen festlegen. Ergänzend zu dem bereits beschriebenen Winkel zwischen zwei Geraden wird hier der Winkel zwischen zwei Ebenen bzw. zwischen einer Ebene und einer Geraden betrachtet.

Schnittwinkel Ebene – Ebene
Unter dem **Schnittwinkel α zweier Ebenen** E und F versteht man den Schnittwinkel zweier sich schneidender Geraden g und h, die in der Ebene E bzw. F liegen und orthogonal zur Schnittgeraden s der Ebenen sind (Fig. 1).

In Fig. 2 sind $\vec{n_E}$ und $\vec{n_F}$ Normalenvektoren der Ebenen E und F. Dreht man in Fig. 2 die Geraden g und h jeweils um 90° um S, so wird deutlich, dass der Winkel zwischen g und h identisch ist mit dem Winkel zwischen $\vec{n_E}$ und $\vec{n_F}$. Für den Schnittwinkel α der beiden Ebenen E und F gilt somit $\cos(\alpha) = \frac{|\vec{n_E} \cdot \vec{n_F}|}{|\vec{n_E}| \cdot |\vec{n_F}|}$.

Fig. 1

Fig. 2

Analog zur Winkelberechnung bei Geraden benötigt man auch bei Ebenen im Zähler den Betrag des Skalarprodukts, um einen spitzen Winkel α zu erhalten.

Betrachtet man z.B. die Ebenen E_1: $2x_1 + x_2 - x_3 = 12$ und E_2: $-3x_1 + x_2 + x_3 = 7$, so gilt für den Schnittwinkel α zwischen E_1 und E_2:

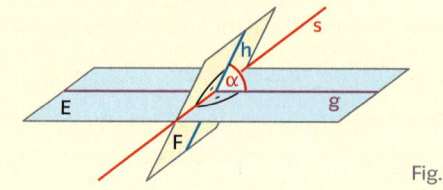

$\cos(\alpha) = \frac{\left|\begin{pmatrix}2\\1\\-1\end{pmatrix} \cdot \begin{pmatrix}-3\\1\\1\end{pmatrix}\right|}{\sqrt{2^2+1^2+(-1)^2} \cdot \sqrt{(-3)^2+1^2+1^2}} = \frac{6}{\sqrt{6} \cdot \sqrt{11}}$. Somit ist α ≈ 42,4°.

Schnittwinkel Gerade – Ebene
Unter dem **Schnittwinkel einer Geraden g mit einer Ebene E** versteht man den Schnittwinkel zwischen der Geraden g und der Geraden g′, die entsteht, wenn man die Gerade g senkrecht in die Ebene E projiziert (Fig. 3).

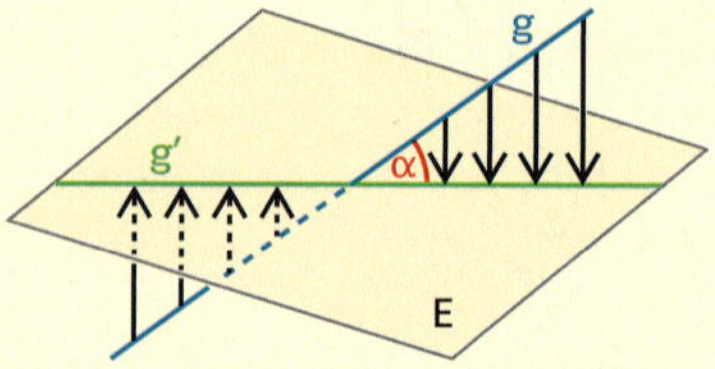

In Fig. 4 erkennt man, dass der Winkel β zwischen dem Normalenvektor $\vec{n}$ der Ebene und dem Richtungsvektor $\vec{u}$ der Geraden den Schnittwinkel α zu 90° ergänzt.
Deshalb gilt $\cos(\beta) = \cos(90° - \alpha) = \frac{|\vec{u} \cdot \vec{n}|}{|\vec{u}| \cdot |\vec{n}|}$
bzw. $\sin(\alpha) = \frac{|\vec{u} \cdot \vec{n}|}{|\vec{u}| \cdot |\vec{n}|}$.

Fig. 3

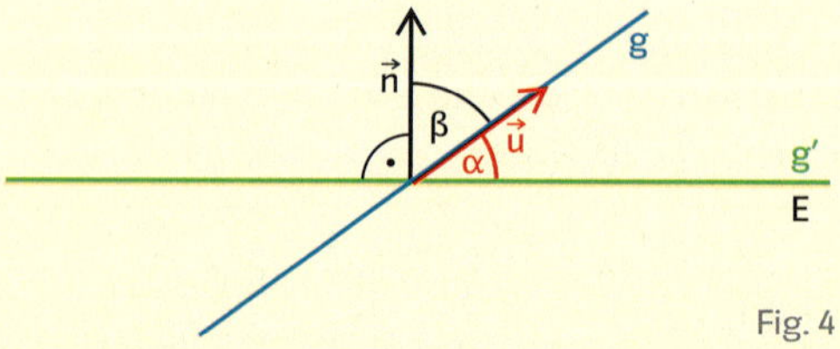

Fig. 4

Allgemein gilt $\cos(90° - \alpha) = \sin(\alpha)$.

Betrachtet man z.B. die Gerade g: $\vec{x} = \begin{pmatrix}1\\-2\\3\end{pmatrix} + r \cdot \begin{pmatrix}1\\5\\1\end{pmatrix}$ sowie die Ebene E: $x_1 - x_2 + x_3 = 6$, so gilt für den Schnittwinkel α zwischen g und E:

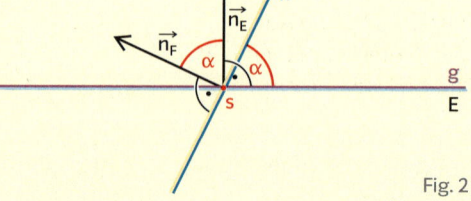

$\sin(\alpha) = \frac{\left|\begin{pmatrix}1\\5\\1\end{pmatrix} \cdot \begin{pmatrix}1\\-1\\1\end{pmatrix}\right|}{\sqrt{1^2+5^2+1^2} \cdot \sqrt{1^2+(-1)^2+1^2}} = \frac{3}{\sqrt{27} \cdot \sqrt{3}} = \frac{1}{3}$. Somit ist α ≈ 19,5°.

1 Bestimmen Sie den Schnittwinkel der Ebenen E_1 und E_2.
   a) E_1: $x_1 + x_2 + x_3 = 10$, E_2: $x_1 - x_2 + 7x_3 = 0$
   b) E_1: $x_1 + x_2 + x_3 = 10$, E_2: $x_1 - x_2 + 7x_3 = 0$
   c) E_1: $3x_1 + 5x_2 = 0$, E_2: $2x_1 - 3x_2 - 3x_3 = 13$
   d) E_1: $x_2 = 3$, E_2: $x_1 = 5$

2 Bestimmen Sie den Schnittwinkel der Geraden $g: \vec{x} = \begin{pmatrix}1\\4\\9\end{pmatrix} + t \cdot \begin{pmatrix}1\\2\\1\end{pmatrix}$ mit der Ebene E.
   a) E: $3x_1 + 5x_2 - 2x_3 = 7$
   b) E: $x_1 + 2x_2 + x_3 = 5$
   c) E: $6x_1 + 3x_2 - 5x_3 = 8$
   d) E: $2x_1 + 3x_2 + 4x_3 = 12$

3 a) Berechnen Sie den Winkel zwischen der x_3-Achse und der Ebene E: $2x_1 + x_3 = -4$.
   b) Berechnen Sie jeweils den Schnittwinkel der Geraden $g: \vec{x} = \begin{pmatrix}3\\1\\1\end{pmatrix} + t \cdot \begin{pmatrix}2\\1\\0\end{pmatrix}$ mit den Koordinatenebenen.

4 Gegeben ist die dreiseitige Pyramide in Fig. 1 mit der Grundfläche ABC und den Seitenflächen ABD, BCD und ACD. Berechnen Sie
   a) die Innenwinkel der Grundfläche ABC,
   b) den Winkel, den die Kanten AD, BD und CD jeweils mit der Grundfläche ABC einschließen.

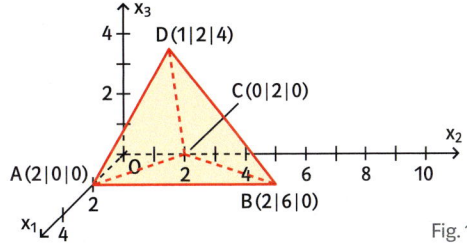
Fig. 1

5 Das Haus in Fig. 2 ist 6 m hoch.
Bestimmen Sie die Winkel zwischen den Dachflächen und den angrenzenden Hauswänden.
Beachten Sie: Der Winkel ist ein stumpfer Winkel.

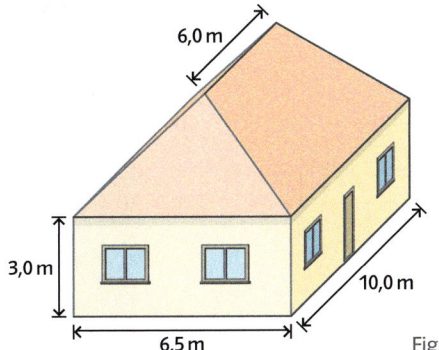
Fig. 2

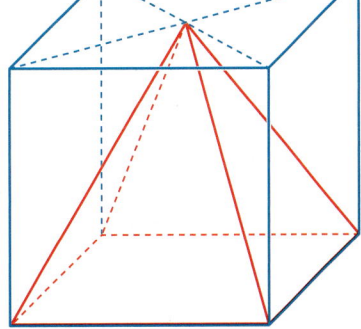
Fig. 3

6 Dem Würfel in Fig. 3 ist eine gerade Pyramide einbeschrieben.
Bestimmen Sie den Winkel zwischen der Grundfläche und einer Seitenfläche der Pyramide.

7 a) Geben Sie vereinfachte Formeln für die Berechnung von Schnittwinkeln an, wenn man nur Einheitsvektoren benutzt.
   b) Philipp behauptet, dass man bei allen Formeln für die Berechnung von Schnittwinkeln die Betragsstriche im Zähler weglassen kann, wenn man hinterher nur das Ergebnis richtig deutet. Nehmen Sie dazu Stellung.
   c) Albrecht bezweifelt, dass man bei der Berechnung von Schnittwinkeln einen eindeutigen Wert erhält: „Schließlich gibt es ja zu jeder Geraden unendlich viele Richtungsvektoren und zu jeder Ebene unendlich viele Normalenvektoren." Was meinen Sie dazu?

Exkursion

Training

1 Überprüfen Sie, ob die beiden Gleichungen dieselbe Gerade beschreiben.

a) $\vec{x} = \begin{pmatrix} 1 \\ 0 \\ 5 \end{pmatrix} + s \cdot \begin{pmatrix} 2 \\ 2 \\ -2 \end{pmatrix}$, $\vec{x} = \begin{pmatrix} 1 \\ 0 \\ 5 \end{pmatrix} + t \cdot \begin{pmatrix} -1 \\ -1 \\ 1 \end{pmatrix}$

b) $\vec{x} = \begin{pmatrix} 2 \\ 7 \\ 9 \end{pmatrix} + s \cdot \begin{pmatrix} 1 \\ 2 \\ 3 \end{pmatrix}$, $\vec{x} = \begin{pmatrix} 2 \\ 7 \\ 9 \end{pmatrix} + t \cdot \begin{pmatrix} 2 \\ 3 \\ 4 \end{pmatrix}$

2 Prüfen Sie, ob der Punkt A auf der Geraden g liegt.

a) $A(1|1|2)$, $g: \vec{x} = \begin{pmatrix} 7 \\ 3 \\ 2 \end{pmatrix} + t \cdot \begin{pmatrix} -2 \\ 3 \\ 7 \end{pmatrix}$

b) $A(2|3|-1)$, $g: \vec{x} = \begin{pmatrix} 7 \\ 0 \\ 4 \end{pmatrix} + t \cdot \begin{pmatrix} 5 \\ -3 \\ 5 \end{pmatrix}$

c) $A(-8|-3|-3)$, $g: \vec{x} = t \cdot \begin{pmatrix} 1 \\ 1 \\ 2 \end{pmatrix}$

d) $A(17|10|-3)$, $g: \vec{x} = \begin{pmatrix} 8 \\ 1 \\ -9 \end{pmatrix} + t \cdot \begin{pmatrix} 3 \\ 2 \\ -2 \end{pmatrix}$

3 Überprüfen Sie, ob die Punkte A, B und C auf einer gemeinsamen Geraden liegen.
a) $A(2|1|0)$, $B(5|5|-1)$, $C(-4|-7|2)$
b) $A(1|-2|5)$, $B(8|-7|3)$, $C(7|11|4)$
c) $A(6|-1|13)$, $B(-2|7|5)$, $C(9|-4|16)$
d) $A(2|17|-8)$, $B(-5|17|13)$, $C(1|17|-3)$

4 Bestimmen Sie die Spurpunkte der Geraden g und zeichnen Sie g in ein räumliches Koordinatensystem.

a) $g: \vec{x} = \begin{pmatrix} -5 \\ 7 \\ 3 \end{pmatrix} + v \cdot \begin{pmatrix} 2 \\ -7 \\ 5 \end{pmatrix}$

b) $g: \vec{x} = \begin{pmatrix} 6 \\ -4 \\ -3 \end{pmatrix} + s \cdot \begin{pmatrix} -3 \\ 2 \\ 1 \end{pmatrix}$

c) $g: \vec{x} = \begin{pmatrix} -4 \\ 5 \\ 3 \end{pmatrix} + t \cdot \begin{pmatrix} 2 \\ 0 \\ -1 \end{pmatrix}$

5 Überprüfen Sie, ob die Punkte A, B, C und D in einer gemeinsamen Ebene liegen.
a) $A(8|1|-3)$, $B(7|5|9)$, $C(-11|4|3)$, $D(6|-1|0)$
b) $A(2|1|0)$, $B(8|7|-3)$, $C(5|5|-1)$, $D(-4|-7|2)$
c) $A(3|-4|1)$, $B(6|7|-13)$, $C(-9|8|1)$, $D(5|-10|5)$

6 Zeichnen Sie die Ebenen E_1 und E_2 und ihre Schnittgerade in ein Koordinatensystem.
a) $E_1: x_1 + x_2 + x_3 = 4$; $E_2: 15x_1 + 10x_2 + 6x_3 = 30$
b) $E_1: 3x_1 + 2x_2 + x_3 = 6$; $E_2: x_1 + x_2 + 2x_3 = 4$
c) $E_1: 3x_1 + 4x_2 + 6x_3 = 12$; $E_2: 2x_1 + 5x_2 = 10$
d) $E_1: 3x_1 + 5x_3 = 15$; $E_2: x_1 + x_2 + x_3 = 4$

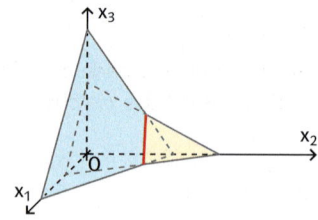

7 Bestimmen Sie den Abstand des Punktes $P(2|6|9)$
a) zum Ursprung,
b) zu den Koordinatenebenen,
c) zu den Koordinatenachsen.

8 Die Geraden $g: \vec{x} = \begin{pmatrix} 0 \\ 0 \\ 3 \end{pmatrix} + r \cdot \begin{pmatrix} 4 \\ 0 \\ -3 \end{pmatrix}$ und $h: \vec{x} = \begin{pmatrix} 0 \\ 0 \\ 3 \end{pmatrix} + s \cdot \begin{pmatrix} 0 \\ 2 \\ -3 \end{pmatrix}$ legen die Ebene E fest.

Bestimmen Sie eine Koordinatengleichung der Ebene E.
Veranschaulichen Sie die Lage der Ebene in einem Koordinatensystem.

9 Gegeben sind zwei Punkte A und B. Eine Ebene E hat $\overrightarrow{AB}$ als einen Normalenvektor und geht durch den Mittelpunkt der Strecke AB. Bestimmen Sie eine Gleichung für die Ebene E.
a) $A(0|0|0)$; $B(6|3|-4)$
b) $A(3|-1|7)$; $B(7|3|-7)$

10 Auf dem Dach eines Clubs sind im Abstand von 3 m zwei sogenannte Laserkanonen angebracht (Fig. 3). Ihre Lichtstrahlen zeichnen Geraden mit wechselnder Richtung in den Abendhimmel. Beschreiben Sie mithilfe von Vektoren jeweils eine solche rote und blaue Gerade, die
a) sich schneiden,
b) zueinander parallel sind,
c) zueinander windschief sind.

11 Geben Sie drei verschiedene zur Geraden

$g: \vec{x} = \begin{pmatrix} 2 \\ 4 \\ 7 \end{pmatrix} \cdot t \cdot \begin{pmatrix} 2 \\ 1 \\ 0 \end{pmatrix}$ parallele Geraden an, die den Abstand 3 vom Punkt $P(3|5|0)$ haben.

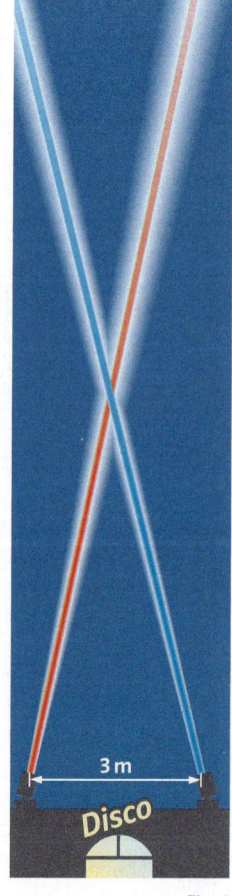

Fig. 1

12 In Fig. 1 und Fig. 2 sind die rot eingezeichneten Punkte jeweils Mittelpunkte einer Seitenfläche bzw. einer Kante. Bestimmen Sie eine Parametergleichung für jede eingezeichnete Gerade.

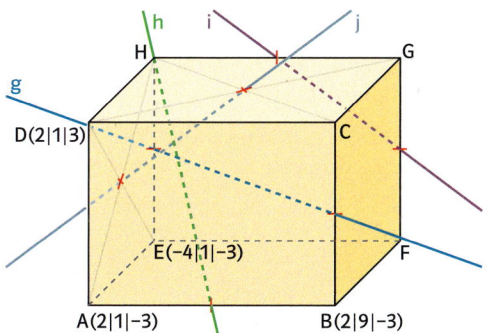

Fig. 1   Fig. 2

13 a) Bestimmen Sie den Abstand der Geraden g von der Spitze S der quadratischen Pyramide in der Abbildung.
b) Bestimmen Sie den Winkel, in dem
(I) eine Seitenkante zur Grundfläche steht,
(II) eine Seitenfläche zur Grundfläche steht.

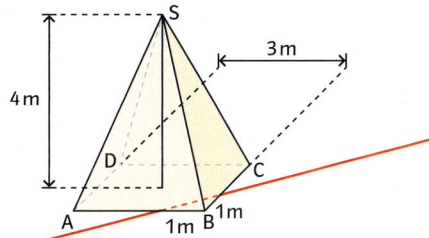

Fig. 3

14 Gegeben ist die Gerade $g: \vec{x} = \begin{pmatrix} 1 \\ 1 \\ 0 \end{pmatrix} + s \cdot \begin{pmatrix} 5 \\ -4 \\ 2 \end{pmatrix}$.

a) Geben Sie eine Gleichung der zu g parallelen Geraden durch den Punkt Q(6|1|−2) an.
b) Bestimmen Sie den Punkt B auf der x_3-Achse so, dass die Gerade durch A(10|−8|−3) und B parallel zur Geraden g ist.
c) Geben Sie eine zu g parallele Gerade h an, die durch den Mittelpunkt der Strecke AB mit A(2|1|5) und B(8|9|13) geht.

15 Welche Gleichungen passen zum abgebildeten Ebenenausschnitt?

a) I: $x_1 = -3$ II: $x_1 = 3$

III: $\vec{x} = t \cdot \begin{pmatrix} 3 \\ 0 \\ 0 \end{pmatrix} + s \cdot \begin{pmatrix} 0 \\ 0 \\ 1 \end{pmatrix}$ IV: $\vec{x} = \begin{pmatrix} 3 \\ 0 \\ 0 \end{pmatrix} + t \cdot \begin{pmatrix} 0 \\ 1 \\ 0 \end{pmatrix} + s \cdot \begin{pmatrix} 0 \\ 0 \\ 1 \end{pmatrix}$

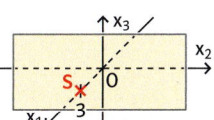

Fig. 4

b) I: $2x_1 + x_3 = 4$ II: $2x_1 + 4x_3 = 0$

III: $\vec{x} = \begin{pmatrix} 0 \\ 0 \\ 4 \end{pmatrix} + t \cdot \begin{pmatrix} 0 \\ 1 \\ 0 \end{pmatrix} + s \cdot \begin{pmatrix} 1 \\ 0 \\ -2 \end{pmatrix}$ IV: $\vec{x} = \begin{pmatrix} 2 \\ -1 \\ 2 \end{pmatrix} + t \cdot \begin{pmatrix} 1 \\ 4 \\ -2 \end{pmatrix} + s \cdot \begin{pmatrix} 1 \\ 3 \\ -2 \end{pmatrix}$

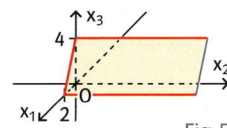

Fig. 5

c) I: $2x_1 - x_2 + 3x_3 = 12$ II: $6x_1 - 12x_2 + 4x_3 = 1$

III: $\vec{x} = \begin{pmatrix} 6 \\ -12 \\ 4 \end{pmatrix} + t \cdot \begin{pmatrix} 1 \\ 0 \\ 0 \end{pmatrix} + s \cdot \begin{pmatrix} 0 \\ 1 \\ 1 \end{pmatrix}$ IV: $\vec{x} = \begin{pmatrix} 3 \\ 0 \\ 2 \end{pmatrix} + t \cdot \begin{pmatrix} 1 \\ 2 \\ 0 \end{pmatrix} + s \cdot \begin{pmatrix} 1 \\ -1 \\ -1 \end{pmatrix}$

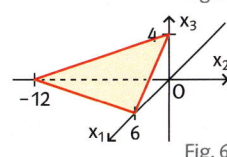

Fig. 6

16 Gegeben sind die Punkte P(1|−3|4), Q(3|−1|5) und R(−1|1|9).
a) Berechnen Sie den Flächeninhalt des Dreiecks PQR.
b) Bestätigen Sie anhand Ihres Ergebnisses aus a) die Formel von Heron für die Fläche A eines Dreiecks mit den Seiten a, b, c und dem halben Umfang $s = \frac{a+b+c}{2}$:
$A = \sqrt{s(s-a)(s-b)(s-c)}$.

17 Welche der folgenden Aussagen über Geraden g_1, g_2, g_3 und Ebenen E_1, E_2, E_3 im Raum ist richtig, welche falsch? Begründen Sie ggf. mit einem Gegenbeispiel.
(A) Ist g_1 parallel zu g_2 und g_2 parallel zu g_3, dann ist auch g_1 parallel zu g_3.
(B) Ist E_1 parallel zu E_2 und E_2 parallel zu E_3, dann ist auch E_1 parallel zu E_3.
(C) Ist g_1 orthogonal zu g_2 und g_2 orthogonal zu g_3, dann ist g_1 parallel zu g_3.
(D) Ist E_1 orthogonal zu E_2 und E_2 orthogonal zu E_3, dann ist E_1 parallel zu E_3.
(E) Ist g_1 parallel zu E und E parallel zu g_2, dann ist auch g_1 parallel zu g_2.
(F) Ist g_1 orthogonal zu E und E orthogonal zu g_2, dann ist auch g_1 orthogonal zu g_2.
(G) Ist g_1 orthogonal zu E und E orthogonal zu g_2, dann ist g_1 parallel zu g_2.
(H) Ist g_1 parallel zu E und E orthogonal zu g_2, dann ist g_1 orthogonal zu g_2.
(I) Ist E orthogonal zu g_1 und g_1 orthogonal zu g_2, dann ist E parallel zu g_2.

18 Ermitteln Sie die Koordinaten des Bildpunktes P' von P(3|7|9) bei Spiegelung von P
a) am Ursprung,
b) an der x_1-Achse,
c) an der x_1x_2-Ebene,
d) an der Ebene E: $x_1 - 3x_2 - 5x_3 = 7$.

19 $g_1: \vec{x} = s \cdot \begin{pmatrix} 0 \\ 0 \\ 1 \end{pmatrix}$, $g_2: \vec{x} = \begin{pmatrix} 0 \\ 0 \\ 5 \end{pmatrix} + t \cdot \begin{pmatrix} 7 \\ 3 \\ -5 \end{pmatrix}$, $g_3: \vec{x} = \begin{pmatrix} 0 \\ 0 \\ 5 \end{pmatrix} + v \cdot \begin{pmatrix} 0 \\ 3 \\ -5 \end{pmatrix}$, $g_4: \vec{x} = \begin{pmatrix} 0 \\ 0 \\ 5 \end{pmatrix} + w \cdot \begin{pmatrix} 7 \\ 0 \\ -5 \end{pmatrix}$ sind vier Geraden und P(1|0|8) die Position eines Scheinwerfers.
a) Zeigen Sie, dass die vier Geraden und die x_1x_2-Ebene eine Pyramide einschließen. Zeichnen Sie die Pyramide in ein Koordinatensystem und berechnen Sie ihr Volumen.
b) Vom Punkt P aus wird die Pyramide angestrahlt. Bestimmen Sie den Schattenpunkt des Punktes S(0|0|5) auf der x_1x_2-Ebene und bestimmen Sie seinen Abstand zu dem Pyramidenpunkt, der ihm am nächsten ist.

20 Die drei Geraden sind im räumlichen Koordinatensystem eingezeichnet. Entscheiden Sie, ob die Aussage „sicher richtig", „sicher falsch" oder „nicht entscheidbar" ist.
a) Die Geraden g und h sind parallel.
b) Die Geraden g und j schneiden sich.
c) Die Geraden h und j sind nicht parallel.
d) Der Spurpunkt S_{12} der Geraden g hat positive x_1- und x_2-Koordinaten.
e) Die Gerade j und die x_3-Achse sind windschief.
f) Die Gerade h verläuft nicht durch den Ursprung.
g) Die Geraden g und j sind orthogonal.

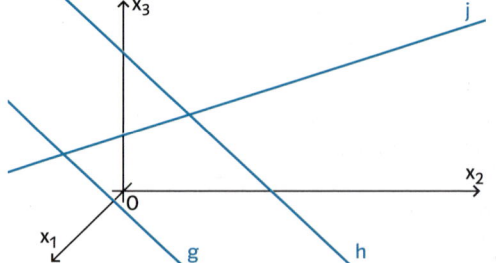

21 Die Punkte A(1|1|2), B(6|2|2), C(2|9|2) sind gegeben. Berechnen Sie die Koordinaten des Schwerpunkts (= Schnittpunkt der Seitenhalbierenden) des Dreiecks. Zeigen Sie: In jedem Dreieck teilt der Schwerpunkt jede Seitenhalbierende im Verhältnis 2:1.

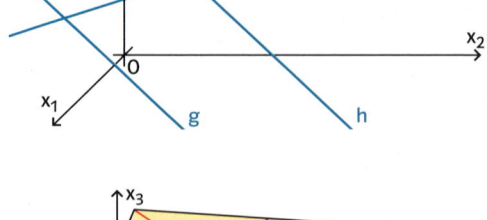

Strategie |
Seiten 341, 342
Vorwärtsarbeiten;
Rückwärtsarbeiten

22 Die Ebene E ist gegeben durch drei nicht kollineare Punkte A, B, C mit den Ortsvektoren $\vec{a}, \vec{b}, \vec{c}$.
a) Zeigen Sie, dass die Ebene E durch die folgende Gleichung dargestellt wird:
$\vec{x} = r \cdot \vec{a} + s \cdot \vec{b} + t \cdot \vec{c}$ mit $r, s, t \in \mathbb{R}$; $r + s + t = 1$.
b) Wie erhält man aus der Darstellung in a) eine Parametergleichung der Ebene E?
c) Geben Sie drei weitere Punkte an, die in der durch A(1|1|1), B(0|3|2), C(3|-3|-1) gegebenen Ebene liegen.
d) Übertragen Sie die Darstellung von Teilaufgabe a) auf eine Gerade durch die Punkte A und B.

Man nennt r, s, und t die baryzentrischen Koordinaten von X bezüglich der Punkte A, B und C.

Rückblick

Parametergleichung einer Geraden
Eine Gleichung der Form g: $\vec{x} = \vec{p} + t \cdot \vec{u}$, $t \in \mathbb{R}$, $\vec{u} \neq \vec{o}$ beschreibt eine Gerade g im Raum. Der Vektor $\vec{p}$ heißt **Stützvektor**. Der zum Ortsvektor $\vec{p}$ gehörende Punkt heißt **Stützpunkt**. Der Vektor $\vec{u}$ heißt **Richtungsvektor**; die Zahl t **Parameter**.

Gerade durch $A(-1|1|1)$ und $B(3|6|4)$:
$$g: \vec{x} = \vec{a} + t \cdot \overrightarrow{AB} = \begin{pmatrix} -1 \\ 1 \\ 1 \end{pmatrix} + t \cdot \begin{pmatrix} 4 \\ 5 \\ 3 \end{pmatrix}$$

Gegenseitige Lage von Geraden
Zwei Geraden im Raum können
- zueinander parallel sein,
- identisch sein,
- sich schneiden,
- zueinander windschief sein.

Gegeben sind die beiden Geraden g und h im Raum, g mit
g: $\vec{x} = \vec{p} + t \cdot \vec{u}$ und h mit h: $\vec{x} = \vec{q} + s \cdot \vec{v}$.
Sind $\vec{u}$ und $\vec{v}$ **kollinear**, dann sind die Geraden entweder zueinander **parallel und identisch** oder zueinander **parallel und verschieden**.
Das lineare Gleichungssystem (LGS) zu $\vec{p} + t \cdot \vec{u} = \vec{q} + s \cdot \vec{v}$ hat unendlich viele oder keine Lösungen.
Sind $\vec{u}$ und $\vec{v}$ nicht kollinear, dann sind die Geraden g und h entweder **zueinander windschief** oder sie **schneiden sich**.
Das LGS hat keine oder genau eine Lösung.

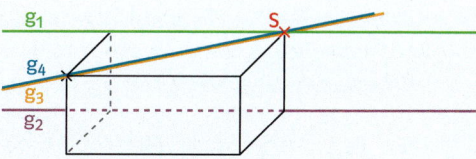

g und h: $\vec{x} = \begin{pmatrix} -2 \\ 7 \\ 6 \end{pmatrix} + s \cdot \begin{pmatrix} -5 \\ 1 \\ 2 \end{pmatrix}$ sind nicht zueinander parallel, die Gleichung
$$\begin{pmatrix} -1 \\ 1 \\ 1 \end{pmatrix} + t \cdot \begin{pmatrix} 4 \\ 5 \\ 3 \end{pmatrix} = \begin{pmatrix} -2 \\ 7 \\ 6 \end{pmatrix} + s \cdot \begin{pmatrix} -5 \\ 1 \\ 2 \end{pmatrix}$$
hat die Lösung $t = 1$ und $s = -1$
Die Geraden schneiden sich im Punkt $S(3|6|4)$.

Abstand Punkt–Gerade
Der Abstand eines Punktes Q zu einer Geraden g: $\vec{x} = \vec{p} + t \cdot \vec{u}$ ist dessen Abstand vom Lotfußpunkt F von Q auf g.
$d(Q;g) = d(Q;F) = |\overrightarrow{QF}|$

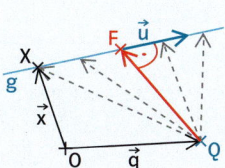

Abstand von $Q(6|3|5)$ zu g:
$\vec{x} = \begin{pmatrix} -1+4t \\ 1+5t \\ 1+3t \end{pmatrix}$, $\overrightarrow{QX} = \begin{pmatrix} -7+4t \\ -2+5t \\ -4+3t \end{pmatrix}$, $\overrightarrow{QX} \cdot \vec{u} = 0$

$\overrightarrow{QX} \cdot \vec{u} = \begin{pmatrix} -7+4t \\ -2+5t \\ -4+3t \end{pmatrix} \cdot \begin{pmatrix} 4 \\ 5 \\ 3 \end{pmatrix} = 0$,

also $-50 + 50t = 0$; Lösung: $t = 1$, damit $F(3|6|4)$.

Abstand zweier paralleler Geraden
Man wählt einen Punkt der einen Geraden und berechnet den Abstand dieses Punktes zur anderen Geraden.

Schnittwinkel zwischen zwei Geraden
Haben die sich schneidenden Geraden g und h die Richtungsvektoren $\vec{u_1}$ und $\vec{u_2}$, so gilt für den Schnittwinkel α: $\cos(\alpha) = \frac{|\vec{u_1} \cdot \vec{u_2}|}{|\vec{u_1}| \cdot |\vec{u_2}|}$.

Winkel zwischen g und h:
$$\cos(\alpha) = \frac{\left| \begin{pmatrix} 4 \\ 5 \\ 3 \end{pmatrix} \cdot \begin{pmatrix} -5 \\ 1 \\ 2 \end{pmatrix} \right|}{\sqrt{4^2+5^2+3^2} \cdot \sqrt{(-5)^2+1^2+2^2}} = \frac{|-9|}{\sqrt{50} \cdot \sqrt{30}}$$
$= \frac{9}{10\sqrt{15}}$; d.h. $\alpha \approx 76{,}6°$.

Ebenen
Jede Ebene lässt sich beschreiben durch:
- eine **Parametergleichung** der Form $\vec{x} = \vec{p} + r \cdot \vec{u} + s \cdot \vec{v}$. Hierbei sind die Spannvektoren $\vec{u}$ und $\vec{v}$ nicht zueinander parallel. Der Vektor $\vec{p}$ heißt Stützvektor.
- eine **Koordinatengleichung** $ax_1 + bx_2 + cx_3 = d$, bei der mindestens einer der Koeffizienten a, b, c ungleich null ist.

E: $\vec{x} = \begin{pmatrix} 5 \\ 2 \\ 3 \end{pmatrix} + r \cdot \begin{pmatrix} 1 \\ 0 \\ 2 \end{pmatrix} + s \cdot \begin{pmatrix} 0 \\ -5 \\ 8 \end{pmatrix}$

E: $-10x_1 + 8x_2 + 5x_3 = -19$

Ist $ax_1 + bx_2 + cx_3 = d$ eine Koordinatengleichung einer Ebene E, so ist $\vec{n} = \begin{pmatrix} a \\ b \\ c \end{pmatrix}$ ein Normalenvektor von E.

E: $2x_1 - 3x_2 + 7x_3 = 12$;
also ist $\begin{pmatrix} 2 \\ -3 \\ 7 \end{pmatrix}$ ein Normalenvektor von E.

Prüfungsvorbereitung

Aufgaben ohne Hilfsmittel 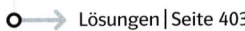 Lösungen | Seite 403

1 Die Gerade g geht durch die Punkte $A(-1|2|-3)$ und $B(5|8|7)$.
   a) Bestimmen Sie eine Parametergleichung der Geraden g.
   b) Prüfen Sie, ob der Punkt $P(8|11|12)$ auf der Geraden g liegt.
   c) Geben Sie eine zu g parallele Gerade an, die durch den Ursprung geht.
   d) Bestimmen Sie die Spurpunkte der Geraden g.

2 Untersuchen Sie die gegenseitige Lage der Geraden $g: \vec{x} = \begin{pmatrix}1\\1\\1\end{pmatrix} + t \cdot \begin{pmatrix}2\\0\\4\end{pmatrix}$ und
$h: \vec{x} = \begin{pmatrix}1\\2\\6\end{pmatrix} + s \cdot \begin{pmatrix}-2\\1\\1\end{pmatrix}$ und geben Sie gegebenenfalls die Koordinaten des Schnittpunktes an.

3 Geben Sie die Gleichungen zweier Geraden g und h des Raumes an, die
   a) sich schneiden,   b) zueinander parallel sind,   c) zueinander windschief sind.

4 Ein Pfeil startet zum Zeitpunkt $t = 0$ im Punkt $P(4|-1|7)$ in Richtung des Vektors $\begin{pmatrix}-1\\2\\-1\end{pmatrix}$.
Berechnen Sie, in welcher Reihenfolge er die Koordinatenebenen durchschlägt. Bestimmen Sie jeweils die Koordinaten der Durchschusspunkte.

5 Die Ebene E geht durch $S(1|-3|5)$ und ist orthogonal zur Geraden $g: \vec{x} = \begin{pmatrix}2\\1\\-1\end{pmatrix} + t \cdot \begin{pmatrix}-3\\1\\4\end{pmatrix}$.
   a) Bestimmen Sie eine Koordinatengleichung der Ebene E.
   b) Liegt der Punkt $P(-3|1|1)$ in der Ebene E?
   c) Stellen Sie eine Parametergleichung der Ebene E auf.

6 Gegeben ist die Ebene $E: 4x_1 + x_2 = 8$.
   a) Wie kann man an der Ebenengleichung erkennen, dass eine Koordinatenachse parallel zu dieser Ebene ist?
   b) Zeichnen Sie einen Ebenenausschnitt.

7 In den drei Grafiken ist jeweils ein Ausschnitt einer Ebene gezeichnet.
Bestimmen Sie für die Ebenen E_1, E_2 und E_3 jeweils eine Gleichung. Der Punkt $P(0|3|2)$ liegt in der Ebene E_3.

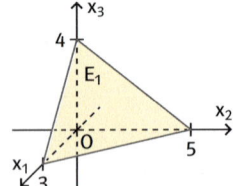 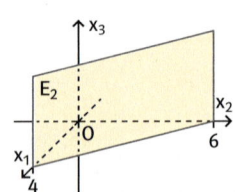 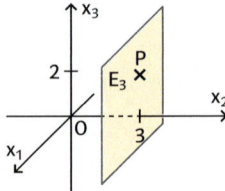

8 a) Begründen Sie: Multipliziert man die Koordinatengleichung einer Ebene mit einer Zahl $q \neq 0$, so verändert sich die Ebene dabei nicht.
   b) Wie verändert sich eine Ebene, wenn man ihre Parameterdarstellung (d.h. sowohl den Stützvektor, als auch die beiden Spannvektoren) mit einer Zahl $q \neq 0$ multipliziert?

9 Untersuchen Sie die Gerade $g: \vec{x} = \begin{pmatrix}2\\0\\1\end{pmatrix} + t \cdot \begin{pmatrix}1\\3\\-2\end{pmatrix}$ und die Ebene E auf Orthogonalität und Parallelität.
   a) $E: \vec{x} = \begin{pmatrix}3\\3\\3\end{pmatrix} + r \cdot \begin{pmatrix}-3\\1\\0\end{pmatrix} + s \cdot \begin{pmatrix}-1\\1\\1\end{pmatrix}$ b) $E: x_1 + 3x_2 + 2x_3 = 7$ c) $E: x_1 + 3x_2 + 5x_3 = -13$

Prüfungsvorbereitung

Aufgaben mit Hilfsmitteln

10 Die Gerade g geht durch die Punkte A(−1|5|14) und B(0|3|11), die Gerade h durch C(−2|1|13) und D(−4|2|17). Bestimmen Sie den Schnittpunkt und den Schnittwinkel der beiden Geraden.

11 Bestimmen Sie den Abstand des Punktes P von der Geraden g sowie den Lotfußpunkt F des Punktes P auf g.

a) $g: \vec{x} = \begin{pmatrix} 2 \\ 0 \\ -1 \end{pmatrix} + t \cdot \begin{pmatrix} 6 \\ 2 \\ -3 \end{pmatrix}$; P(−2|1|8)

b) $g: \vec{x} = \begin{pmatrix} -3 \\ 1 \\ 5 \end{pmatrix} + t \cdot \begin{pmatrix} 1 \\ 0 \\ -2 \end{pmatrix}$; P(4|5|1)

12 Untersuchen Sie die gegenseitige Lage der Geraden g und h. Berechnen Sie gegebenenfalls die Koordinaten des Schnittpunktes.

a) $g: \vec{x} = \begin{pmatrix} 1 \\ 0 \\ 3 \end{pmatrix} + r \cdot \begin{pmatrix} 3 \\ 4 \\ 0 \end{pmatrix}$; $h: \vec{x} = \begin{pmatrix} 5 \\ 6 \\ 0 \end{pmatrix} + s \cdot \begin{pmatrix} -1 \\ 1 \\ 1 \end{pmatrix}$

b) $g: \vec{x} = \begin{pmatrix} 2 \\ 5 \\ 7 \end{pmatrix} + r \cdot \begin{pmatrix} 2 \\ 1 \\ -4 \end{pmatrix}$; $h: \vec{x} = \begin{pmatrix} 1 \\ 5 \\ 1 \end{pmatrix} + s \cdot \begin{pmatrix} -4 \\ -2 \\ 8 \end{pmatrix}$

13 Im Punkt P(2|3|0) steht ein 12 m hoher Maibaum auf dem Erdboden (x_1x_2-Ebene). Das Sonnenlicht fällt in Richtung $\begin{pmatrix} -1 \\ 2 \\ -4 \end{pmatrix}$ ein. Berechnen Sie die Länge des Schattens.

14 Gegeben sind die Geraden $g: \vec{x} = \begin{pmatrix} 1 \\ 3 \\ 1 \end{pmatrix} + r \cdot \begin{pmatrix} 1 \\ -1 \\ 0 \end{pmatrix}$ und $h: \vec{x} = \begin{pmatrix} 1 \\ 3 \\ 1 \end{pmatrix} + r \cdot \begin{pmatrix} 1 \\ 0 \\ -1 \end{pmatrix}$.

a) Begründen Sie, dass sich die Geraden g und h schneiden.
b) Berechnen Sie den Schnittwinkel der Geraden g und h.
c) Stellen Sie eine Koordinatengleichung der von g und h aufgespannten Ebene E auf.
d) Bestimmen Sie die Spurpunkte der Ebene E.

15 Gegeben sind die Punkte P(0|5|1), Q(10,5|−3|3,5) und R(3|0|−1). Die Gerade g verläuft durch die Punkte Q und R.

a) Die Ebene E ist orthogonal zu g und enthält den Punkt P. Stellen Sie eine Gleichung von E auf.
b) Bestimmen Sie den Abstand des Punktes P von der Geraden g.
c) Berechnen Sie das Volumen des Kegels, der entsteht, wenn die Strecke PQ um die Gerade g rotiert. Es gibt einen Punkt Q' auf g, der so liegt, dass ein Kegel mit demselben Volumen entsteht. Bestimmen Sie die Koordinaten des Punktes Q'.

16 Die Punkte A(7|0|0), B(7|7|0) und D(7|0|7) legen eine Ebene E fest.

a) Bestimmen Sie eine Parametergleichung der Ebene E.
b) Zeigen Sie, dass das Dreieck ABD gleichschenklig und rechtwinklig ist.
c) Bestimmen Sie die Koordinaten des Punktes C so, dass das Viereck ABCD ein Quadrat ist.

17 An einem Wohnhaus schließt ein Schuppen mit rechteckiger Grundfläche und den abgebildeten Maßen an.

a) Legen Sie ein geeignetes Koordinatensystem fest und bestimmen Sie eine Koordinatengleichung der Ebene, in der die Dachfläche EFGH liegt.
b) Weisen Sie nach, dass die Dachfläche ein Parallelogramm ist.
c) Die Hausbesitzerin steht im Punkt R in 1 m Entfernung vom Haus. Ihre Augenhöhe beträgt 1,50 m. Kann sie von dort aus den Eckpunkt H des Daches sehen?

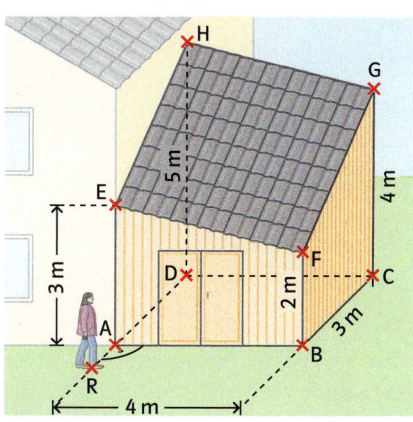

VIII Zufallsexperimente und Wahrscheinlichkeiten

Das können Sie schon

- Absolute und relative Häufigkeiten bestimmen
- Daten in Diagrammen grafisch veranschaulichen
- Baumdiagramme erstellen
- Wahrscheinlichkeiten mithilfe der Pfadregeln (Produkt- und Summenregel) bestimmen
- Den Erwartungswert in konkreten Situationen berechnen

Wahrscheinlichkeiten helfen uns dabei, Prognosen nicht nur „aus dem Bauch heraus" zu treffen.

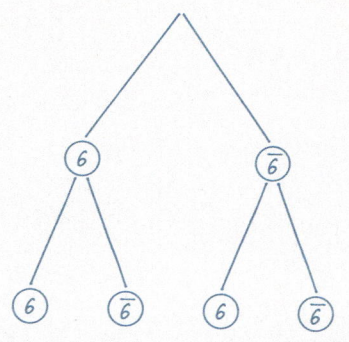

Das können Sie bald

- Ereignisse bei Zufallsexperimenten beschreiben
- Wahrscheinlichkeiten bei mehrstufigen Zufallsexperimenten bestimmen
- Bedingte Wahrscheinlichkeiten berechnen
- Ereignisse auf stochastische Unabhängigkeit prüfen
- Erwartungswerte, Standardabweichungen bestimmen

Check-in

So geht's:
(1) Checkliste übertragen.
(2) Fähigkeiten selbst einschätzen.
(3) Einschätzung mithilfe der Aufgaben überprüfen und gegebenenfalls Lerntipps beachten.

Schätzen Sie sich mithilfe der Checkliste ein.

1. Ich kann absolute und relative Häufigkeiten (auch in Prozent) bestimmen.
2. Ich kann absolute und relative Häufigkeiten in Kreisdiagrammen und in Säulendiagrammen darstellen.
3. Ich kann Ergebnisse eines Zufallsexperiments benennen.
4. Ich kann Baumdiagramme zeichnen.
5. Ich kann Wahrscheinlichkeiten bei einstufigen Zufallsexperimenten bestimmen.
6. Ich kann Wahrscheinlichkeiten bei zweistufigen Zufallsexperimenten mithilfe der Pfadregeln bestimmen.
7. Ich kann den Erwartungswert in einer konkreten Situation bestimmen.

Lerntipps

zu 3. **Grundwissen**, Seite 356
zu 4. **Grundwissen**, Seite 356
zu 5. **Grundwissen**, Seite 357
zu 6. **Grundwissen**, Seite 356
zu 7. **Grundwissen**, Seite 357

Überprüfen Sie Ihre Einschätzungen.

→ Lösungen | Seite 405

○ **1 Absolute und relative Häufigkeiten bestimmen**
  a) Jan hat 20-mal in eine Lostrommel hineingegriffen und dabei 18 „Nieten" gezogen. Bestimmen Sie (im Kopf) die relative Häufigkeit für „Gewinn" als Bruch und in Prozent.
  b) Jana erreichte bei 12 Ziehungen die Gewinnquote 25 %. Bestimmen Sie die absolute und die relative Häufigkeit der Nieten.

○ **2 Häufigkeitsverteilungen in Diagrammen darstellen**
Die Tabelle zeigt die Verteilung von Haarfarben in einer Eingangsklasse des beruflichen Gymnasiums.

Haarfarbe	Blond	Braun	Schwarz	Rot
Häufigkeit H	9	10	5	1

  a) Geben Sie die relativen Häufigkeiten an.
  b) Erstellen Sie für die absoluten Häufigkeiten ein Säulendiagramm und für die relativen Häufigkeiten ein Kreisdiagramm.

○ **3 Ergebnisse angeben**
Welche möglichen Ergebnisse haben folgende Zufallsexperimente?

a) Ein Streichholz wird gezogen.

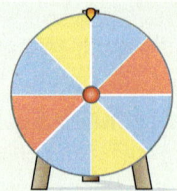
b) Das Glücksrad wird einmal gedreht.

c) Zwei Würfel werden geworfen. Es wird die Augensumme gebildet.

VIII Zufallsexperimente und Wahrscheinlichkeiten

○ 4 **Baumdiagramme zeichnen**
Zeichnen Sie ein Baumdiagramm zu den gegebenen Zufallsexperimenten.
a) Das Glücksrad wird zweimal gedreht.
b) Aus der Schale werden nacheinander zwei Kugeln ohne Zurücklegen gezogen.

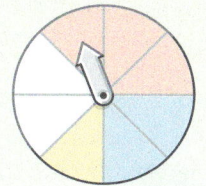
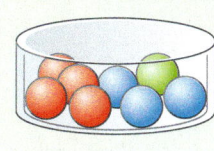

○ 5 **Wahrscheinlichkeiten bei einstufigen Zufallsexperimenten bestimmen**
a) Bei einer Verlosung wird eine Kugel aus einem Eimer mit 45 schwarzen, 20 roten und 15 weißen Kugeln gezogen. Berechnen Sie die Wahrscheinlichkeiten P(rote Kugel) und P(keine rote Kugel).
b) In einer U-Bahn sitzen 120 Personen, sechs haben keine Fahrkarte und vier haben eine falsche Fahrkarte. Bestimmen Sie die Wahrscheinlichkeit, dass die erste Person, die der Kontrolleur fragt, eine gültige Fahrkarte hat.

○ 6 **Wahrscheinlichkeiten bei zweistufigen Zufallsexperimenten bestimmen**
a) In einer Schale liegen blaue und rote Kugeln. Es wird zweimal eine Kugel mit Zurücklegen gezogen. Bestimmen Sie die Wahrscheinlichkeiten.
  (1) P(Blau; Blau)
  (2) P(Rot; Blau)
  (3) P(zwei verschiedene Farben)
b) In einer Kasse befinden sich 25 Ein-Euro-Münzen, darunter 12 aus Deutschland (D), fünf aus Belgien (B) und acht aus Frankreich (F). Es werden nacheinander zwei Münzen entnommen. Bestimmen Sie die Wahrscheinlichkeiten.
  (1) P(D; D)
  (2) P(zwei gleiche Münzen)

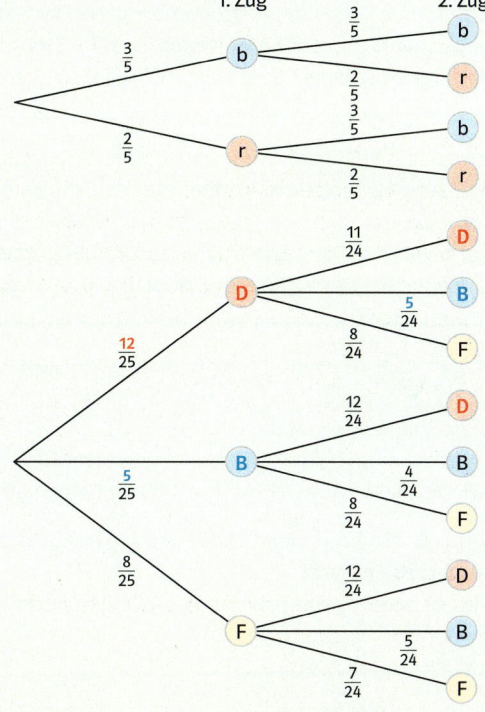

○ 7 **Erwartungswert in einer konkreten Situation bestimmen**
Bei einer Tombola mit 120 Losen kann man 2 Spiele, 10 Bücher und 48 Stifte gewinnen:

Ergebnis	Spiel	Buch	Stift	Niete
Wert der Sachpreise	30,00 €	6,00 €	0,75 €	0,00 €
Wahrscheinlichkeit	$\frac{2}{120}$	$\frac{10}{120}$	$\frac{48}{120}$	$\frac{60}{120}$

Berechnen Sie den Erwartungswert für den Wert des Gewinns des Spielers.

1 Zufallsexperimente

Die „6" gewinnt, wenn nach der Drehung des Glücksrads der Zeiger auf einer 6 steht.

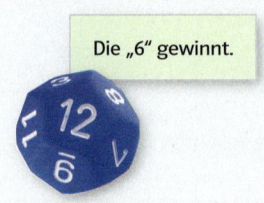

Die „6" gewinnt.

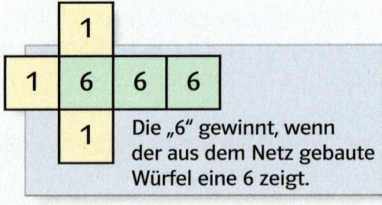

Die „6" gewinnt, wenn der aus dem Netz gebaute Würfel eine 6 zeigt.

Entscheiden Sie, welches der Zufallsgeräte Sie nutzen würden, wenn Sie mit der „6" einen Gewinn erzielen wollen: das Glücksrad, den 12-flächigen Dodekaeder oder den Würfel?

Beim Glücksrad auf dem Rand kann der Zeiger auf einem weißen, hellgelben, blauen oder schwarzen Feld stehen bleiben. Es sind mehrere verschiedene Ergebnisse möglich. Welche Farbe man bei einer Drehung erhält, kann man nicht vorhersagen. Das Drehen des Glücksrads auf dem Rand ist ein **Zufallsexperiment** mit den **Ergebnissen** „weiß", „hellgelb", „schwarz" und „blau". Man fasst diese in der Ergebnismenge S = {weiß; hellgelb; schwarz; blau} zusammen.

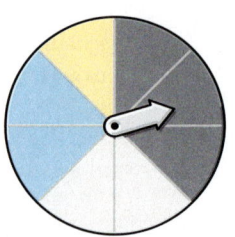

Ein **Zufallsexperiment** kann beliebig oft unter denselben Voraussetzungen durchgeführt werden. Dabei sind mindestens zwei verschiedene **Ergebnisse** möglich. Es ist nicht vorhersagbar, welches dieser Ergebnisse eintritt.
In der **Ergebnismenge S** werden alle Ergebnisse e_i zusammengefasst. Sind bei einem Zufallsexperiment n unterschiedliche Ergebnisse möglich, schreibt man kurz S = {e_1; …; e_n}.

Man kann mehrere Ergebnisse zu einem **Ereignis** zusammenfassen. So gehören zum Beispiel zum Ereignis „helle Farbe" beim Glücksrad auf dem Rand die Ergebnisse „weiß" und „hellgelb". Jedes Ereignis A ist eine Teilmenge von S.
Alle Ergebnisse, die nicht zum Ereignis A gehören, bilden das **Gegenereignis $\overline{A}$** von A.
Das Gegenereignis von A: „helle Farbe" ist $\overline{A}$: „keine helle Farbe", also ist $\overline{A}$ = {schwarz; blau}.

Das Ereignis A = S enthält alle Ergebnisse, die möglich sind. Dieses Ereignis tritt auf jeden Fall ein und heißt daher **sicheres Ereignis**.
Das Gegenereignis des sicheren Ereignisses ist $\overline{A}$ = { }. Man nennt dieses Ereignis auch **unmögliches Ereignis**.

Bei einem Zufallsexperiment mit der Ergebnismenge S nennt man jede Teilmenge A von S ein **Ereignis**. Ein Ereignis besteht aus einem oder mehreren Ergebnissen.
Man sagt: Das Ereignis A tritt ein, wenn das Zufallsexperiment mit einem Ergebnis aus der Menge A endet. Alle Ergebnisse, die nicht zum Ereignis A gehören, bilden das **Gegenereignis von A**. Dieses wird mit $\overline{A}$ bezeichnet.

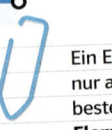

Ein Ereignis, das nur aus einem Ergebnis besteht, nennt man **Elementarereignis**.

Das Glücksrad auf dem Rand wurde 300-mal gedreht. Dabei trat 117-mal „schwarz" ein. Die Zahl 117 nennt man die **absolute Häufigkeit H** des Ergebnisses „schwarz". Das Verhältnis zur Gesamtzahl der Durchführungen, also $\frac{117}{300}$, wird als **relative Häufigkeit h** bezeichnet (siehe Tabelle).

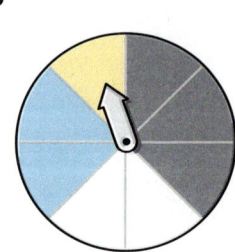

Ergebnis	schwarz	blau	weiß	hellgelb
Absolute Häufigkeit H	117	69	81	33
Relative Häufigkeit h = $\frac{H}{n}$	$\frac{117}{300}$ = 39 %	$\frac{69}{300}$ = 23 %	$\frac{81}{300}$ = 27 %	$\frac{33}{300}$ = 11 %

262

> Wird ein Zufallsexperiment n-mal durchgeführt und kommt dabei das Ergebnis e k-mal vor, so hat dieses Ergebnis die **absolute Häufigkeit** H = k und die **relative Häufigkeit** $h = \frac{k}{n}$.

Beispiel 1 Ziehen aus einer Urne – Ergebnismenge, Ereignis und Gegenereignis angeben

Aus der Urne rechts wird ohne hinzusehen eine Kugel gezogen.

a) Geben Sie die Ergebnismenge S_1 an, wenn man die Farbe notiert, und die Ergebnismenge S_2, wenn man die Zahl notiert.

b) Geben Sie jeweils das Gegenereignis des Ereignisses an.
   A: Eine rote Kugel wird gezogen.   B: Eine Primzahl wird gezogen.

c) Es wird 50-mal eine Kugel gezogen und wieder zurückgelegt. Dabei wird 15-mal eine rote Kugel gezogen. Bestimmen Sie die relative Häufigkeit der Ereignisse A und $\overline{A}$.

Lösung

a) S_1 = {weiß; rot} bzw. S_2 = {1; 2; 3; 4; 5; 6; 7; 8; 9}

b) $\overline{A}$ = {weiß}; $\overline{B}$: Keine Primzahl wird gezogen, also $\overline{B}$ = {1; 4; 6; 8; 9}.

c) $h(A) = \frac{15}{50} = 0{,}3$; $h(\overline{A}) = \frac{35}{50} = 0{,}7$

Beispiel 2 Würfeln – Ereignisse und Gegenereignisse angeben

Beim Werfen eines Würfels mit der Ergebnismenge S = {1; 2; 3; 4; 5; 6} werden folgende Ereignisse betrachtet:

A: Augenzahl ist 6.   B: Augenzahl ist gerade.
C: Augenzahl ist kleiner als 5.   D: Augenzahl ist mindestens 4.

a) Geben Sie die Ereignisse in aufzählender Schreibweise an.
b) Geben Sie die Gegenereignisse in Worten und in aufzählender Schreibweise an.
c) Bei einem Wurf fällt die 2. Welche der angegebenen Ereignisse sind eingetreten?

Lösung

a) A = {6}   B = {2; 4; 6}   C = {1; 2; 3; 4}   D = {4; 5; 6}

b) $\overline{A}$: Augenzahl ist keine 6. $\overline{B}$: Augenzahl ist ungerade.
   $\overline{A}$ = {1; 2; 3; 4; 5} $\overline{B}$ = {1; 3; 5}
   $\overline{C}$: Augenzahl ist größer oder gleich 5. $\overline{D}$: Augenzahl ist höchstens 3.
   $\overline{C}$ = {5; 6} $\overline{D}$ = {1; 2; 3}

c) Eingetreten sind die Ereignisse B und C.

Man sagt: **Ein Ereignis A ist eingetreten**, wenn das Zufallsexperiment mit einem Ergebnis aus A endet.

Beispiel 3 Relative Häufigkeiten bestimmen

Bei der Durchsicht eines Buchmanuskripts wurden die Rechtschreibfehler pro Seite notiert: 778 Seiten waren fehlerfrei, 85 Seiten enthielten 1 Fehler, 15 Seiten enthielten 2 Fehler und auf 2 Seiten waren 3 oder mehr Fehler.
Bestimmen Sie die relativen Häufigkeiten der Ergebnisse.

Lösung

Das Buch hat insgesamt 778 + 85 + 15 + 2 = 880 Seiten.

Fehler pro Seite	0	1	2	3 und mehr	Summe
absolute Häufigkeit	778	85	15	2	880
relative Häufigkeit	$\frac{778}{880} \approx 0{,}8841$	$\frac{85}{880} \approx 0{,}0966$	$\frac{15}{880} \approx 0{,}0170$	$\frac{2}{880} \approx 0{,}0023$	1

Aufgaben

1 Das Glücksrad rechts wird gedreht. Welche der folgenden Mengen ist eine Ergebnismenge?

a) S = {gelb; gelb; rot; rot; blau; blau; blau; blau} b) S = {rot; gelb; blau}
c) S = {blau; blau; rot; gelb}   d) S = {rot; blau}

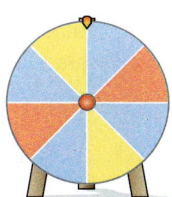

2 Die Urne rechts enthält weiße und rote Kugeln mit Ziffern. Geben Sie die Ergebnismenge an.
  a) Ziehen einer Kugel und Feststellen ihrer Ziffer.
  b) Ziehen einer Kugel und Feststellen ihrer Farbe.
  c) Ziehen von zwei Kugeln mit einem Griff und Feststellen der Summe ihrer Ziffern.
  d) Ziehen von zwei Kugeln mit einem Griff und Feststellen des Produktes ihrer Ziffern.

3 Entscheiden Sie, ob es sich bei dem beschriebenen Ereignis ggf. um das sichere Ereignis handelt. Begründen Sie.
  a) Beim Würfeln zweier Würfel ist die Augensumme kleiner als 12.
  b) Beim Würfeln zweier Würfel ist die Augensumme größer als 1.
  c) Beim Würfeln zweier Würfel ist das Produkt eine Primzahl.

○ Test — Lösungen | Seite 406

4 Ein Kasten enthält neun Kugeln mit den Zahlen 1 bis 9. Eine Kugel wird gezogen und die Zahl notiert. Betrachtet werden die folgenden Ereignisse:
  A: Die Zahl ist gerade.   B: Die Zahl ist durch 5 teilbar.
  C: Die Zahl ist eine Primzahl.   D: Die Zahl ist größer als 8.
  E: Die Zahl ist kleiner oder gleich 5.   F: Die Zahl ist eine Quadratzahl.
  a) Geben Sie die Ereignisse in aufzählender Schreibweise an.
  b) Geben Sie die Gegenereignisse in Worten und in aufzählender Schreibweise an.
  c) Welche der bei A bis F angegebenen Ereignisse sind eingetreten, wenn die Kugel mit der Zahl 4 gezogen wurde?

5 Fünf Schülerinnen haben mit dem Quader auf dem Rand je 100-mal gewürfelt. Ihre Ergebnisse sind in der Tabelle aufgelistet.
  a) Bestimmen Sie die relativen Häufigkeiten der Ergebnisse von Paulas und Elaines Würfen.
  b) Bestimmen Sie die absoluten und relativen Häufigkeiten der Ergebnisse der Würfe der gesamten Fünfer-Gruppe.

Name	1	2	3	4	5	6	Summe
Paula	11	6	34	32	7	10	100
Elaine	14	10	28	24	9	15	100
Marie	4	6	41	32	11	6	100
Marga	10	6	34	29	7	14	100
Sandra	7	4	30	37	4	18	100

Quader
(1,3 cm × 2,0 cm × 2,3 cm)

● Test — Lösungen | Seite 406

6 In einer Klinik wurde ein Jahr lang die Körpergröße von Neugeborenen gemessen.

Geburtsgröße (in cm)	unter 50	50	51	52	53	54	über 54
absolute Häufigkeit	52	97	103	75	74	43	17

  a) Bestimmen Sie die relativen Häufigkeiten der Ergebnisse.
  b) Bestimmen Sie die relative Häufigkeit des Ereignisses A: Ein Neugeborenes ist größer als 53 cm.

Grundwissen Test — Grundwissen Lösung | Seite 406

7 Geben Sie jeweils den prozentualen Anteil der gefärbten Felder an.

a)    b)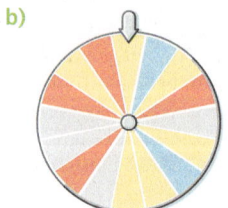

264

2 Versuchsreihe; Wahrscheinlichkeitsverteilung

Der Verschluss einer Wasserflasche wird 20-mal geworfen. Auf welcher Seite bleibt er wohl häufiger liegen?

Das Ergebnis einer einmaligen Durchführung eines Zufallsexperimentes kann man nicht vorhersagen, aber man kann Aussagen darüber machen, wie wahrscheinlich es ist, dass ein bestimmtes Ergebnis eintritt. Hierzu orientiert man sich an der relativen Häufigkeit, mit der dieses Ergebnis bei mehrfacher Durchführung des Experimentes auftritt. Die Erfahrung zeigt, dass sich relative Häufigkeiten stabilisieren, wenn man ein Zufallsexperiment sehr oft durchführt.

Wenn man z.B. einen „Lego-Quader" sehr oft wirft (Fig.1), so kann man die sich stabilisierende relative Häufigkeit zur Grundlage nehmen, um die sogenannte „Wahrscheinlichkeit", z.B. für das Auftreten des Ergebnisses „4", festzulegen. Die Tabelle zeigt die relativen Häufigkeiten von drei solchen Serien sowie ein zugehöriges Diagramm.

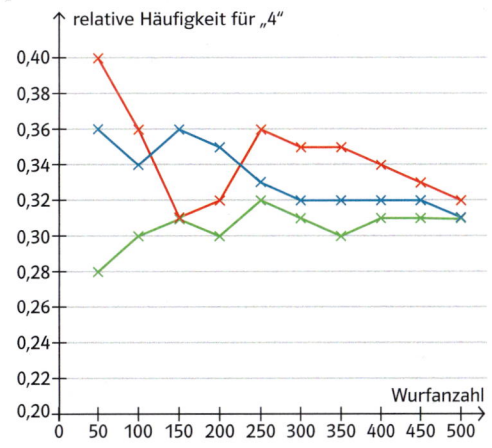

Fig.1
Die Anordnung der Zahlen ist wie beim 6er-Würfel. Gegenüberliegende Seiten haben die Augensumme 7.

Anzahl der Würfe	relative Häufigkeit für „4" bei		
	Serie 1	Serie 2	Serie 3
50	0,28	0,40	0,36
100	0,30	0,36	0,34
150	0,31	0,31	0,36
200	0,30	0,32	0,35
250	0,32	0,36	0,33
300	0,31	0,35	0,32
350	0,30	0,35	0,32
400	0,31	0,34	0,32
450	0,31	0,33	0,32
500	0,31	0,32	0,31

Man erkennt, dass die relativen Häufigkeiten mit steigender Anzahl der Würfe immer weniger schwanken. Dieses sogenannte **empirische Gesetz der großen Zahlen** kann auch mit einem digitalen Mathematikwerkzeug simuliert werden.

Siehe Info-Box auf Seite 268 und Aufgabe 11 auf Seite 268.

> **Empirisches Gesetz der großen Zahlen**
> Wenn man ein Zufallsexperiment sehr oft durchführt, stabilisieren sich die relativen Häufigkeiten für die Ergebnisse.

Bei einer Serie von 500 Würfen wurden die relativen Häufigkeiten für alle Seiten des Lego-Quaders ermittelt. Bei der Festlegung einer Wahrscheinlichkeitsverteilung fließen weitere Überlegungen ein: So nimmt man an, dass aufgrund der Symmetrie des Legosteins die Augenzahlen 1 und 6 gleich wahrscheinlich sind. Durch Mittelwertbildung erhält man z.B. eine Wahrscheinlichkeitsverteilung, die die Symmetrie berücksichtigt.

Augenzahl	absolute Häufigkeit	relative Häufigkeit	Wahrscheinlichkeit
1	44	0,088	0,100
2	2	0,004	0,005
3	238	0,476	0,480
4	155	0,310	0,310
5	3	0,006	0,005
6	58	0,116	0,100
Summe	500	1	1

Nicht immer ist es möglich, ein Zufallsexperiment sehr häufig durchzuführen. In diesem Fall kann es auch mit einem digitalen Mathematikwerkzeug simuliert werden.

Aufgrund relativer Häufigkeiten bei langen Versuchsreihen können **Wahrscheinlichkeitsverteilungen** festgelegt werden: Jedem Ergebnis e_i wird eine Wahrscheinlichkeit $P(e_i)$ zugeordnet. Dabei achtet man auf mögliche Symmetrien und darauf, dass die Summe der **Wahrscheinlichkeiten** aller Ergebnisse 1 bzw. 100% ergibt.
Für die Wahrscheinlichkeiten $P(e_i)$ eines Zufallsexperimentes mit $S = \{e_1; e_2; \ldots; e_n\}$ gilt:
(1) $0 \leq P(e_i) \leq 1$ für alle i,
(2) $P(e_1) + P(e_2) + \ldots + P(e_n) = 1$.

Die Wahrscheinlichkeit eines Ereignisses A ist die Summe der Wahrscheinlichkeiten der Ergebnisse, die zu A gehören. Damit ergibt sich $P(A) + P(\overline{A}) = 1$ bzw. $P(\overline{A}) = 1 - P(A)$.

Beispiel Wahrscheinlichkeitsverteilung festlegen

Die Tabelle zeigt die absoluten Häufigkeiten, mit der die Seiten 1 bis 5 beim Werfen des gleichseitigen Dreieckwürfels (Fig.1) aufgetreten sind. Geben Sie eine mögliche Wahrscheinlichkeitsverteilung an.

Augenzahl	1	2	3	4	5
absolute Häufigkeit	104	37	29	34	96

Lösung
$104 + 37 + 29 + 34 + 96 = 300$
Insgesamt wurde 300-mal gewürfelt.
Die Wahrscheinlichkeiten für 1 und 5 werden aufgrund der Symmetrie als gleich angesehen, d.h. man verwendet den Mittelwert der relativen Häufigkeiten beider Zahlen (33,5%) als Schätzwert. Aus demselben Grund legt man für 2, 3 und 4 die Wahrscheinlichkeiten auf je 11% fest.

Augenzahl	1	2	3	4	5
abs. Häuf.	104	37	29	34	96
rel. Häuf.	0,35	0,12	0,10	0,11	0,32
festgelegte Wahrsch.	0,335 / 33,5%	0,11 / 11%	0,11 / 11%	0,11 / 11%	0,335 / 33,5%

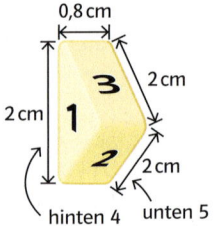
Fig.1

Da die Summe der Wahrscheinlichkeiten aller Ergebnisse 1 ist, muss beim Runden ggf. „ausgeglichen" werden

Aufgaben

○ **1** Wenn man eine Flügelmutter auf den Seiten weiß bzw. schwarz markiert, gibt es beim „Würfeln" drei Ergebnisse (Fig.2). Geben Sie aufgrund der Häufigkeiten in der Tabelle verschiedene plausible Wahrscheinlichkeitsverteilungen an.

weiß	schwarz	Boden
35	31	12

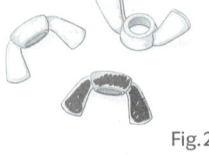
Fig.2

○ **2** Der Kronkorken einer Limonadenflasche wurde 170-mal geworfen. Dabei landete er 69-mal auf der „Oberseite" und 101-mal auf der „Unterseite". Geben Sie eine mögliche Wahrscheinlichkeitsverteilung an.

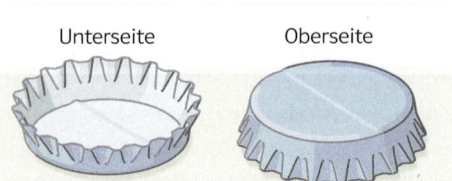

○ **3** In einem Kasten liegen Kugeln, die jeweils einen der Buchstaben a, b, c, d tragen. Es wurde sehr oft jeweils eine Kugel gezogen, der Buchstabe notiert und alle Kugeln wieder durchmischt. Nach einer Vielzahl von Durchführungen stellt man fest, dass die Buchstaben a, b, c und d im Verhältnis $7:4:6:8$ gezogen wurden. Geben Sie eine entsprechende Wahrscheinlichkeitsverteilung an.

Tipp:
Zum Beispiel bedeutet das **Verhältnis** $1:2:4$ für die Verteilung der Wahrscheinlichkeiten: $\frac{1}{7}, \frac{2}{7}, \frac{4}{7}$.

○ **Test**   Lösungen | Seite 406

4 Die Tabelle zeigt die Ergebnisse von Blutgruppenuntersuchungen bei verschiedenen Populationen.
Legen Sie für jede Population eine mögliche Wahrscheinlichkeitsverteilung fest.

Population	0	A	B	AB
Deutsche	9376	10 918	3725	1670
Japaner	5269	6671	3862	1752
Isländer	501	289	86	24
Inuit	149	119	0	2

5 Ein Holzzylinder wird geworfen. Dabei fällt 76-mal die „2", 14-mal die „1" und 10-mal die „3".
a) Legen Sie eine Wahrscheinlichkeitsverteilung fest. Beachten Sie dabei die symmetrische Form.
b) Geben Sie an, wie oft man bei 500 Würfen die „1" erwarten kann.

hinten 3

6 Paul hat die Wahrscheinlichkeiten für Lego-Achter, -Sechser und -Vierer geschätzt.
a) Geben Sie an, welche Schätzung zu welchem Stein gehört. Begründen Sie.
b) Würfeln Sie mit dem Lego-Achter, -Sechser und -Vierer jeweils 50-mal und ermitteln Sie die absoluten und relativen Häufigkeiten der Augenzahlen 1 bis 6.
c) Können Sie die Schätzungen von Paul verbessern? Nutzen Sie dazu alle Ergebnisse der Klasse.

Augenzahl	1	2	3	4	5	6
Schätzung 1	10%	10%	40%	20%	10%	10%
Schätzung 2	11%	1,5%	45%	30%	1,5%	11%
Schätzung 3	10%	0,5%	47%	32%	0,5%	10%

7 Bei einem Würfelspiel mit einem Würfel gewinnt, wer eine 3 würfelt. Nach 30 Spielen hat Frank dreimal gewonnen. Er sagt darum: „Der Würfel ist gezinkt, die 3 kommt nur mit einer Wahrscheinlichkeit von 10%." Nehmen Sie Stellung zu Franks Vorwurf. Begründen Sie.

● **Test**   Lösungen | Seite 406

8 Helena wirft einen Reißnagel 250-mal und erhält 177-mal Kopf. Susanne erhielt in 500 Würfen 322-mal Kopf und Pascal in 750 Würfen 466-mal Kopf. Geben Sie vier mögliche Wahrscheinlichkeitsverteilungen für die Ergebnisse Kopf und Seite an.

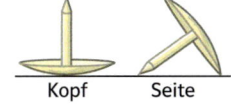
Kopf   Seite

9 Nach 6000 Versuchsdurchführungen bei einer Simulation eines 6er-Würfels weist der Zufallsgenerator einer Tabellenkalkulationssoftware 1331-mal das Ergebnis „3" aus.
a) Führen Sie 6000 Simulationen mit einem Tabellenkalkulationsprogramm durch.
b) Tragen Sie die Ergebnisse in der Klasse zusammen.
c) Wie beurteilen Sie den Zufallsgenerator der ersten Simulation?

10 Der Fürst der Toskana war ein begeisterter Würfelspieler. Ihm fiel auf, dass beim Würfeln mit drei Würfeln die Augensumme 10 wahrscheinlicher ist als die Augensumme 9, obwohl beide Summen auf sechs Arten auftreten können:
10 = 1 + 3 + 6 = 1 + 4 + 5 = 2 + 2 + 6 = 2 + 4 + 4 = 2 + 3 + 5 = 3 + 3 + 4,
9 = 1 + 2 + 6 = 1 + 3 + 5 = 1 + 4 + 4 = 2 + 2 + 5 = 2 + 3 + 4 = 3 + 3 + 3.
Begründen Sie, warum diese Beobachtung zutreffend ist.

Info

Simulation von Zufallsexperimenten mit Tabellenkalkulationssoftware

Tabellenkalkulationssoftware bietet verschiedene Funktionen für Zufallsexperimente und deren Auswertung.

Die Funktion =ZUFALLSZAHL() liefert eine Zufallszahl zwischen 0 und 1.

Die Funktion =ZUFALLSBEREICH(kleinsteZahl;größteZahl) liefert eine ganze Zufallszahl im Bereich von der angegebenen kleinsten bis zur angegebenen größten Zahl.

Damit lässt sich zum Beispiel das Würfeln simulieren:

In den Zellen B2 bis B1001 steht jeweils =ZUFALLSBEREICH(1;6).

In Zelle D2 wird die Häufigkeit des Ergebnisses „1" mit der Funktion =ZÄHLENWENN($B$2:$B$1001;C2) gezählt.

D3 bis D7 lassen sich durch „Herunterziehen" entsprechend für die Ergebnisse „2" bis „6" ausfüllen.

Mit der Taste F9 (bei Microsoft Excel) oder der Kombination Strg + Umschalt + F9 (bei OpenOfficeCalc) wird eine neue Simulation der 1000 Würfelvorgänge durchgeführt. Das Säulendiagramm zeigt die relativen Häufigkeiten der verschiedenen Würfelergebnisse.

	A	B	C	D	E
1	Anzahl Versuche	Würfelzahl	Ergebnis	absolute Häufigkeit H	relative Häufigkeit h
2	1	5	1	152	0,152
3	2	4	2	184	0,184
4	3	4	3	163	0,163
5	4	2	4	168	0,168
6	5	2	5	176	0,176
7	6	4	6	157	0,157
8	7	1	gesamt	1000	
9	8	2			
10	9	3			
11	10	6			
12	11	1			
999	998	6			
1000	999	3			
1001	1000	3			

Der Zufallszahlengenerator des Tabellenkalkulationsprogramms liefert immer Zufallszahlen, bei denen jede mögliche Zahl die gleiche Wahrscheinlichkeit hat. Um Versuche mit unterschiedlichen Wahrscheinlichkeiten zu simulieren, lässt er sich auch nutzen. Dabei hilft ein Trick:

Beispiel:
Bei einem Glücksrad gibt es folgende Wahrscheinlichkeitsverteilung.

Ergebnis	1	2	3
Wahrscheinlichkeit	0,5	0,3	0,2

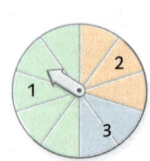

Dies ergibt
$P(1) = \frac{5}{10} = 0,5;$
$P(2) = \frac{3}{10} = 0,3$ und
$P(3) = \frac{2}{10} = 0,2.$

Für die Simulation der Wahrscheinlichkeitsverteilung wird der Zufallszahlenbereich der Tabellenkalkulation auf die Zahlen 1 bis 10 festgelegt. Für das Zählen der absoluten Häufigkeiten wird die Funktion ZÄHLENWENN(Bereich;Suchkriterium) wie folgt verwendet:

Ergebnis „1": bekommt die Zufallszahlen 1 bis 5 zugewiesen (=ZÄHLENWENN(Bereich;"<=5")),
Ergebnis „2": die Zufallszahlen 6 bis 8 (=ZÄHLENWENN(Bereich;"<=8")-ZÄHLENWENN(Bereich;"<=5"))
Ergebnis „3": die Zufallszahlen 9 bis 10 (=ZÄHLENWENN(Bereich;">=9")).

Aufgabe 11

● 11 Erstellen Sie mithilfe einer Tabellenkalkulationssoftware eine Simulation für das Werfen
(1) einer Münze. (2) eines Tetraeders. (3) eines Dodekaeders.
Was erwarten Sie? Beobachten Sie, ob die relative Häufigkeit mit der erwarteten Wahrscheinlichkeit übereinstimmt.

Grundwissen Test

Grundwissen
Lösung | Seite 406

12 Berechnen Sie.

a) $\frac{1}{2} + \frac{1}{8} + \frac{1}{4}$ b) $2 \cdot \frac{1}{3} + \frac{1}{6}$ c) $\frac{1}{5} \cdot \frac{1}{4} \cdot \frac{1}{3} + \frac{1}{5}$ d) $\frac{5}{12} \cdot \frac{4}{11} + \frac{7}{11} \cdot \frac{1}{12}$

3 Laplace-Experimente

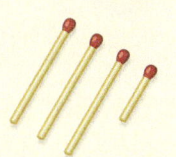     

Geben Sie für jedes Zufallsgerät eine mögliche Wahrscheinlichkeitsverteilung an. Vergleichen Sie.

In vielen Fällen sind bei Zufallsexperimenten die Wahrscheinlichkeiten für das Auftreten der verschiedenen möglichen Ergebnisse alle gleich. Solche Zufallsexperimente nennt man **Laplace-Experimente**. Das dabei zugrunde liegende Zufallsgerät heißt dann ideal.

Beim Würfeln ist die Ergebnismenge $S = \{1; 2; 3; 4; 5; 6\}$. Bei einem idealen Würfel sind alle sechs möglichen Ergebnisse gleich wahrscheinlich. Da alle Wahrscheinlichkeiten zusammen 1 ergeben müssen, gilt $P(1) = P(2) = \cdots = P(6) = \frac{1}{6}$.

Zum Ereignis A: „höchstens die Zahl 5 würfeln" gehören die fünf günstigen Ergebnisse 1; 2; 3; 4 und 5. Somit ist $P(A) = P(1) + P(2) + P(3) + P(4) + P(5) = \frac{1}{6} + \frac{1}{6} + \frac{1}{6} + \frac{1}{6} + \frac{1}{6} = \frac{5}{6}$.
Zum Gegenereignis $\overline{A}$ von A gehört nur das Ergebnis „6". Somit ist $P(\overline{A}) = \frac{1}{6}$ und es gilt $P(\overline{A}) = 1 - P(A)$.

Ein Zufallsexperiment, bei dem jedes Ergebnis die gleiche Wahrscheinlichkeit hat, heißt **Laplace-Experiment**.
Gehören zu einem Ereignis A mehrere Ergebnisse, so gilt für die Wahrscheinlichkeit P dieses
Ereignisses: $P(A) = \frac{\text{Anzahl der zu A gehörenden Ergebnisse}}{\text{Anzahl aller möglichen Ergebnisse}}$ **(Formel von Laplace)**

Ist g die Anzahl der zu A gehörenden günstigen Ergebnisse und n die Anzahl der möglichen Ergebnisse so schreibt man kurz $P(A) = \frac{g}{n}$.

Wie bei allen Zufallsexperimenten, so gilt auch hier:
Alle Ergebnisse, die nicht zum Ereignis E gehören, bilden das **Gegenereignis** $\overline{A}$ von A.
Somit gilt $P(\overline{A}) = 1 - P(A)$.

Pierre-Simon Laplace (1749–1827) war französischer Mathematiker. Er war wesentlich an der Entwicklung der Wahrscheinlichkeitsrechnung beteiligt.

Beim Lego-„Würfel" rechts sind die 6 Flächen nicht gleich groß. Daher ist die Wahrscheinlichkeit für das Eintreten des Ergebnisses „2" kleiner als die Wahrscheinlichkeit für das Ergebnis „6". Das Werfen des Lego-„Würfels" ist somit kein Laplace-Experiment.

Beispiel Wahrscheinlichkeiten bei Laplace-Experimenten bestimmen
Ein Tetraeder wird geworfen. Als Ergebnis gilt die Zahl, auf der das Tedraeder liegen bleibt.
Bestimmen Sie die Wahrscheinlichkeit der folgenden Ereignisse.
A = {2}   B: gerade Zahl   C: Zahl kleiner als 4
Lösung

$P(A) = \frac{1}{4}$ $B = \{2; 4\};\ P(B) = \frac{2}{4} = \frac{1}{2}$ $\overline{C} = \{4\};\ P(\overline{C}) = \frac{1}{4}$
$P(C) = 1 - P(\overline{C}) = \frac{3}{4}$

Aufgaben

1 Handelt es sich bei dem Zufallsexperiment um ein Laplace-Experiment? Begründen Sie.
  a) Eine vierstellige Geheimzahl wird zufällig getippt.
  b) Eine verbeulte Münze wird geworfen.
  c) Ein Glücksrad mit acht gleich großen Feldern wird gedreht.

2 Entscheiden Sie, ob die Aussage (annähernd) gerechtfertigt oder falsch ist.
  a) Die Wahrscheinlichkeit, dass eine Person im Januar Geburtstag hat, ist $\frac{1}{12} \approx 8{,}3\,\%$.
  b) Die Wahrscheinlichkeit, dass der 1. Advent auf einen Montag fällt, ist $\frac{1}{7} \approx 14{,}3\,\%$.
  c) Die Wahrscheinlichkeit, dass eine Skatkarte beim Wurf auf die Rückseite fällt, ist $\frac{1}{2} = 50\,\%$.

3 a) Geben Sie zu jedem Glücksrad eine Wahrscheinlichkeitsverteilung an.
  b) Bestimmen Sie die Wahrscheinlichkeit der Ereignisse A: „Zahl 5" und B: „gerade Zahl".

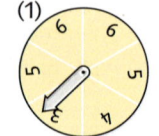  

○ **Test** → Lösungen | Seite 406

4 a) Geben Sie zu jeder Urne zwei mögliche Ergebnismengen und deren Wahrscheinlichkeitsverteilungen an.
  b) Bestimmen Sie die Wahrscheinlichkeit der Ereignisse.
  A = {3}; B = {1; 4}; C = {rot; gelb}

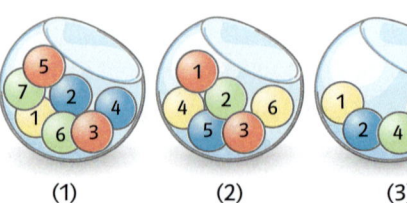

5 a) Geben Sie für jedes der Glücksräder (I) und (II) rechts eine Wahrscheinlichkeitsverteilung an.
  b) Geben Sie jeweils das Gegenereignis $\overline{E}$ des Ereignisses E: „grün" in aufzählender Schreibweise an und bestimmen Sie $P(\overline{E})$.

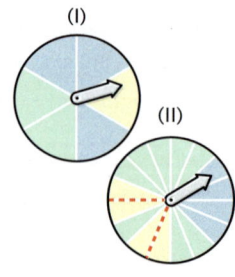

6 Beschreiben Sie mögliche Zufallsexperimente, die zu den gegebenen Wahrscheinlichkeitsverteilungen gehören könnten.

a)
Ergebnis	rot	grün	blau
Wahrscheinlichkeit	0,50	0,25	0,25

b)
Ergebnis	ungerade	gerade
Wahrscheinlichkeit	$\frac{4}{7}$	$\frac{3}{7}$

● **Test** → Lösungen | Seite 407

7 Das Glücksrad wird einmal gedreht. Bestimmen Sie die Wahrscheinlichkeit der folgenden Ereignisse.
  A: hellblau   B: gerade Zahl
  C: Primzahl   D: Zahl ist teilbar durch 4.
  E: Zahl ist größer als 1.   F: Zahl ist höchstens 8.

Grundwissen Test

8 In einer Urne liegen eine grüne Kugel, drei blaue Kugeln und vier rote Kugeln. Zeichnen Sie ein Baumdiagramm.
  a) Es werden zwei Kugeln mit Zurücklegen gezogen.
  b) Es werden zwei Kugeln ohne Zurücklegen gezogen.

→ **Grundwissen** Seite 356
Lösung | Seite 407

4 Mehrstufige Zufallsexperimente

Sebastian und Sabine sind im Tanzsport erfolgreich. Ihre Trainingsgruppe besteht aus sechs Paaren. An einem Abend werden für zwei Tanzrunden die Partner ausgelost. Wie groß ist die Wahrscheinlichkeit, dass Sebastian und Sabine aufgrund der Auslosung in beiden Runden miteinander tanzen?

Setzt sich ein Zufallsexperiment aus mehreren einzelnen Experimenten zusammen, so spricht man von einem **mehrstufigen Zufallsexperiment**. Man beschreibt das Zufallsexperiment durch ein Baumdiagramm und berechnet die Wahrscheinlichkeiten mit den Pfadregeln.

Dreht man das Glücksrad rechts einmal, hat man ein Zufallsexperiment mit zwei Ergebnissen r (rot) und b (blau). Die Ergebnismenge S enthält also zwei Elemente: $S = \{r; b\}$.
Dreht man zweimal hintereinander, hat man ein zweistufiges Zufallsexperiment mit vier möglichen Ergebnissen. Die Ergebnismenge ist $S = \{rr; rb; br; bb\}$. Die Menge besteht aus Folgen von Einzelergebnissen, die man als **Pfade im Baumdiagramm** wiederfindet.

Die Wahrscheinlichkeit eines Ergebnisses (eines Pfades im Baumdiagramm) wird bestimmt, indem man die Wahrscheinlichkeiten entlang des dazugehörigen Pfades multipliziert (Produktregel), z. B. $P(rb) = \frac{3}{4} \cdot \frac{1}{4} = \frac{3}{16}$.
Das ist plausibel, denn – wenn man das Experiment sehr oft durchführt – kann man in $\frac{3}{4}$ aller Fälle erwarten, dass zunächst rot eintritt und anschließend noch in $\frac{1}{4}$ dieser Fälle blau.

Somit erhält man in $\frac{1}{4}$ von $\frac{3}{4}$ aller Fälle das Ergebnis rb. Insgesamt erhält man die dargestellte **Wahrscheinlichkeitsverteilung**.

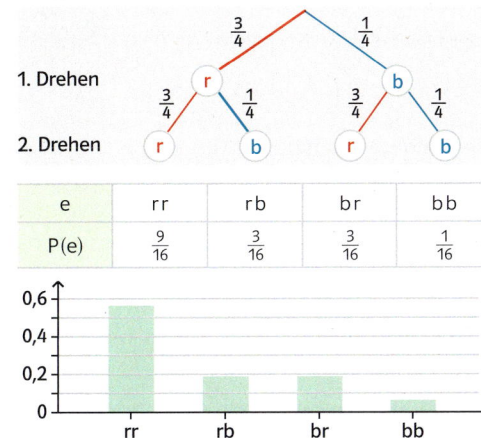

e	rr	rb	br	bb
P(e)	$\frac{9}{16}$	$\frac{3}{16}$	$\frac{3}{16}$	$\frac{1}{16}$

Die Wahrscheinlichkeit des Ereignisses A: „mindestens einmal rot" bestimmt man mithilfe der Summenregel. Es ist $A = \{rr; rb; br\}$, also $P(A) = P(rr) + P(rb) + P(br) = \frac{9}{16} + \frac{3}{16} + \frac{3}{16} = \frac{15}{16}$.
Da in A nur das Ergebnis „bb" fehlt, kann man die Wahrscheinlichkeit schneller über das Gegenereignis $\overline{A} = \{bb\}$ erhalten, denn es gilt: $P(A) = 1 - P(\overline{A}) = 1 - \frac{1}{16} = \frac{15}{16}$.

Mehrstufige Zufallsexperimente bestehen aus mehreren nacheinander ausgeführten Zufallsexperimenten. Diese lassen sich zusammen mit ihren Wahrscheinlichkeiten durch Baumdiagramme darstellen.

Anhand dieser Baumdiagramme kann man die Wahrscheinlichkeiten mithilfe der beiden **Pfadregeln** bestimmen:
1. Pfadregel: Die Wahrscheinlichkeit für ein Ergebnis erhält man, indem man die Wahrscheinlichkeiten längs des dazugehörigen Pfades multipliziert **(Produktregel)**.
2. Pfadregel: Die Wahrscheinlichkeit P(A) eines Ereignisses A erhält man, indem man die Wahrscheinlichkeiten der zugehörigen Ergebnisse addiert **(Summenregel)**.

Beispiel 1 Pfadregeln anwenden

Versuchsreihen eines Medikamentes haben gezeigt, dass es mit 80-prozentiger Wahrscheinlichkeit eine heilende Wirkung zeigt. Ein Arzt behandelt drei Patienten mit diesem Medikament.

a) Zeichnen Sie dazu ein Baumdiagramm und bestimmen Sie die Wahrscheinlichkeitsverteilung.

b) Berechnen Sie die Wahrscheinlichkeit für das Ereignis
A: Alle Patienten werden geheilt.
B: Nur ein Patient wird geheilt.
C: Mindestens ein Patient wird geheilt.

Lösung

a) Baumdiagramm siehe rechts.
Die Wahrscheinlichkeiten werden mithilfe der Pfadregeln bestimmt.

Ergebnis e_i	HHH	HHK	HKH	HKK	KHH	KHK	KKH	KKK
$P(e_i)$	$\frac{64}{125}$	$\frac{16}{125}$	$\frac{16}{125}$	$\frac{4}{125}$	$\frac{16}{125}$	$\frac{4}{125}$	$\frac{4}{125}$	$\frac{1}{125}$

b) Anwenden der Produktregel ergibt: $P(A) = P(HHH) = \left(\frac{4}{5}\right)^3 = \frac{64}{125}$.

Anwenden der Summen- und der Produktregel: $P(B) = P(HKK; KHK; KKH) = 3 \cdot \frac{4}{5} \cdot \left(\frac{1}{5}\right)^2 = \frac{12}{125}$.

$\overline{C}$: Kein Patient wird geheilt, also $P(C) = 1 - P(\overline{C}) = 1 - \frac{1}{125} = \frac{124}{125}$.

Beispiel 2 Baumdiagramme zeichnen

Ein Glücksspielgerät besteht aus einer Kugeltrommel mit angebauter Kugelrinne. Die Trommel wird mit einer roten, zwei schwarzen und fünf weißen Kugeln gefüllt. Durch Drehen der Trommel werden die Kugeln gemischt. Ein Greifarm legt eine Kugel nach der anderen in die Kugelrinne.

a) Es werden drei Kugeln entnommen. Bestimmen Sie die Wahrscheinlichkeit des Ereignisses A: „mindestens zwei weiße Kugeln". Zeichnen Sie dazu ein geeignetes Baumdiagramm.

b) Bei einer anderen Ziehung werden bis zu drei Kugeln nacheinander entnommen und in dieser Reihenfolge in die Rinne gelegt. Eine Ziehung endet, wenn eine rote Kugel entnommen wird, spätestens jedoch nach der dritten Kugel. Zeichnen Sie ein Baumdiagramm und bestimmen Sie die Wahrscheinlichkeit des Ereignisses B: Die Ziehung endet nach dem dritten Zug.

Lösung

a) w: weiß
$\overline{w}$: nicht weiß

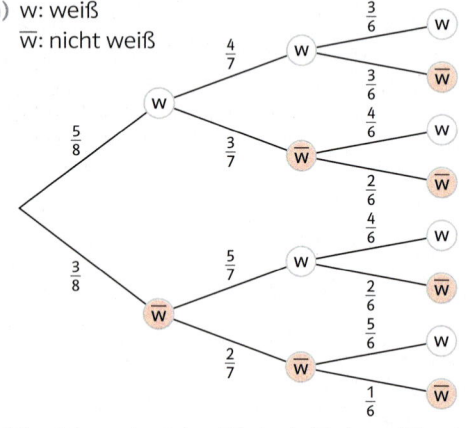

b) r: rot
$\overline{r}$: nicht rot

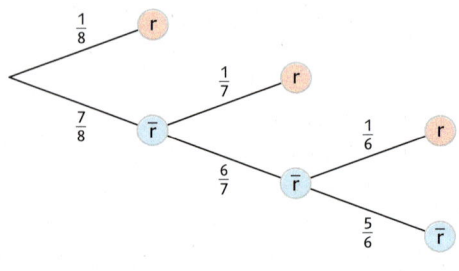

$P(A) = P(www) + P(ww\overline{w}) + P(w\overline{w}w) + P(\overline{w}ww)$
$= \frac{5}{8} \cdot \frac{4}{7} \cdot \frac{3}{6} + \frac{5}{8} \cdot \frac{4}{7} \cdot \frac{3}{6} + \frac{5}{8} \cdot \frac{3}{7} \cdot \frac{4}{6} + \frac{3}{8} \cdot \frac{5}{7} \cdot \frac{4}{6} = \frac{5}{7}$

$P(B) = \frac{7}{8} \cdot \frac{6}{7} \cdot \frac{1}{6} + \frac{7}{8} \cdot \frac{6}{7} \cdot \frac{5}{6} = \frac{6}{8} = \frac{3}{4}$

Aufgaben

1 Eine Schale enthält vier rote und drei blaue Kugeln.
   a) Es werden nacheinander zwei Kugeln mit Zurücklegen gezogen. Zeichnen Sie ein Baumdiagramm und bestimmen Sie die Wahrscheinlichkeiten der Ereignisse:
   A: zwei rote Kugeln
   B: eine rote und ein blaue Kugel
   C: mindestens eine rote Kugel
   D: höchstens eine blaue Kugel
   b) Bestimmen Sie die Wahrscheinlichkeiten der Ereignisse aus Teilaufgabe a), wenn die Kugel nach dem ersten Zug nicht zurückgelegt wird.

2 In einem Gefäß liegen sechs Kugeln. Man entnimmt daraus – ohne hinzusehen – nacheinander zwei Kugeln mit Zurücklegen. Vor jedem Zug werden die Kugeln gut gemischt. Ergebnisse werden in der Form 31 notiert, falls z.B. die erste Kugel die Nummer 3 und die zweite Kugel die Nummer 1 trägt. Betrachten Sie die Ereignisse E: „Die Summe der Zahlen auf den Kugeln beträgt höchstens 3." und F = {11, 21, 31, 41}.

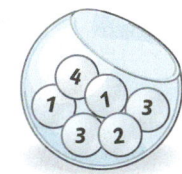

   a) Geben Sie E in aufzählender Schreibweise an.
   Beschreiben Sie das Ereignis F und die Gegenereignisse von E und F in Worten.
   b) Bestimmen Sie die Wahrscheinlichkeiten $P(E)$, $P(\overline{E})$, $P(F)$ und $P(\overline{F})$.

3 Das Glücksrad wird dreimal gedreht. Geben Sie die Ergebnismenge an und bestimmen Sie die Wahrscheinlichkeit für das Ereignis E.
   a) E: „Gelb erscheint dreimal."
   b) E: „Blau erscheint genau einmal."
   c) E: „Gelb erscheint mindestens einmal."
   d) E: „Blau erscheint mindestens zweimal."

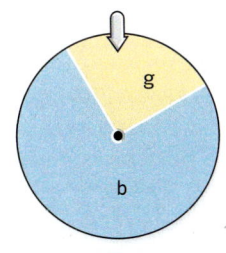

O Test ————————————————————————— Lösungen | Seite 407

4 Angenommen, ein Basketballprofi trifft beim Freiwurf jeweils mit der Wahrscheinlichkeit $\frac{9}{10}$. Er macht drei Freiwürfe. Ein mögliches Ergebnis ist TNT (im 1. Wurf trifft er, im 2. Wurf trifft er nicht und im 3. Wurf trifft er wieder).
   a) Geben Sie die Ergebnismenge sowie die Wahrscheinlichkeitsverteilung in Tabellenform an.
   b) Geben Sie das Ereignis E: „Der Profi trifft mindestens zweimal." in aufzählender Schreibweise an und bestimmen Sie $P(E)$. Beschreiben Sie das Gegenereignis von E in Worten und geben Sie seine Wahrscheinlichkeit an.
   c) Berechnen Sie die Wahrscheinlichkeit, dass der Profi höchstens zweimal trifft.

5 Die Wahrscheinlichkeit für eine Jungengeburt beträgt in Deutschland 0,515. Bestimmen Sie die Wahrscheinlichkeit, mit der eine Familie mit fünf Kindern
   a) zuerst vier Söhne und dann eine Tochter bekommt.
   b) zuerst vier Töchter und dann einen Sohn bekommt.

Tipp: Zeichnen Sie jeweils den relevanten Ast des zugehörigen Baumdiagramms.

6 Das Baumdiagramm gibt die Wahrscheinlichkeiten von Mängeln bei der Produktion von Toastern wieder. Dabei wird zunächst auf optische Mängel (OM) und dann auf technische Mängel (TM) untersucht.
Übertragen Sie das Baumdiagramm in Ihr Heft und füllen Sie die leeren Felder aus.

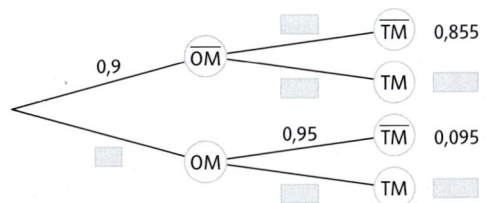

7 Berechnen Sie die Wahrscheinlichkeit, bei fünf Würfen mit einem Würfel
   a) mindestens eine Sechs zu werfen,
   b) lauter verschiedene Augenzahlen zu erhalten,
   c) die erste Sechs erst beim fünften Wurf zu erzielen.

8 Beim „Mini-Lotto 3 aus 10" werden auf dem Tippschein drei Zahlen zwischen 1 und 10 angekreuzt. Anschließend wird aus einer Urne mit 10 entsprechend nummerierten Kugeln dreimal ohne Zurücklegen gezogen.
   a) Berechnen Sie die Wahrscheinlichkeit, dass man alle drei Zahlen richtig getippt hat, wenn es auf die Reihenfolge der Ziehung nicht ankommt.
   b) Berechnen Sie die Wahrscheinlichkeit für zwei „Richtige".

9 Glücksrad ändere dich! Das Glücksrad rechts wird gedreht. Nach Stillstand des Rades zeigt der Zeiger auf einen Sektor. Die Farbe des Sektors gilt als gezogen. Anschließend wird, wenn weiß oder gelb gezogen wurde, die Markierung des betreffenden Sektors durch eine rote Markierung ersetzt. Wird rot gezogen, bleibt der Sektor unverändert. Man erhält einen Gewinn, wenn bei drei Ziehungen mindestens zweimal rot gezogen wurde.
Zeichnen Sie hierzu ein Baumdiagramm und bestimmen Sie die Wahrscheinlichkeiten, mit welcher ein Gewinn erzielt wird.

Test

→ Lösungen | Seite 407

10 Bei einem Spiel dürfen Lena und Ben je einmal würfeln. Der Spieler mit der höheren Augenzahl gewinnt. Bei gleicher Augenzahl ist das Spiel unentschieden.
   a) Bestimmen Sie die Wahrscheinlichkeit, mit welcher Ben das erste Spiel gewinnt.
   b) Sie wiederholen das Spiel so oft, bis zum ersten Mal ein Spiel unentschieden ausgeht. Dann hören sie auf zu spielen. Mit welcher Wahrscheinlichkeit machen sie genau drei Spiele?

11 Beim Mensch-ärgere-dich-nicht-Spiel darf man zum Starten dreimal würfeln um eine „6" zu bekommen.
   a) Wie groß ist die Wahrscheinlichkeit, beim dreimaligen Würfeln mindestens eine „6" zu würfeln?
   b) Wie häufig müssen Sie mindestens würfeln dürfen, damit mit mindestens 70 % Wahrscheinlichkeit mindestens einmal „6" erscheint.

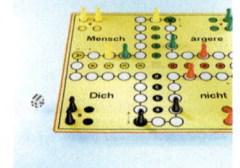

Tipp:
Arbeiten Sie mit der Gegenwahrscheinlichkeit.

12 Eine Basketballspielerin trifft mit einer Wahrscheinlichkeit von 61 % bei einem Freiwurf in den Korb. Wie oft muss sie mindestens werfen, damit sie mit einer Wahrscheinlichkeit von wenigstens 99 % mindestens einmal trifft?

13 Es stehen eine Münze, 7 rote und 4 grüne Kugeln zur Verfügung. Die Kugeln dürfen beliebig auf zwei Gefäße verteilt werden. Das Experiment geht wie folgt: Zunächst wird mit einem Münzwurf (Kopf = Gefäß 1; Zahl = Gefäß 2) ein Gefäß ausgelost, aus dem anschließend mit geschlossenen Augen eine Kugel gezogen wird. Wer eine grüne Kugel zieht, gewinnt.
Wie muss ein Spieler die Kugeln auf die Gefäße verteilen, damit seine Gewinnwahrscheinlichkeit am größten ist? Wie groß ist diese maximale Gewinnwahrscheinlichkeit?

Grundwissen Test

→ **Grundwissen**
Lösung | Seite 407

14 Gegeben sind die Mengen A = {1; 2; 3; 4; 5; 6}; B = {2; 4; 6} und C = {4; 5; 6}.
Geben Sie die Menge in der aufzählenden Schreibweise an.
   a) A ∩ B
   b) B ∩ C
   c) B ∪ C
   d) A\B
   e) A\C
   f) B\C

5 Verknüpfen von Ereignissen – Additionssatz

„Pfötchen hoch oder es gibt kein Leckerli."

Im Fernsehen muss nach der Werbung für ein Medikament der Zusatz „Zu Risiken und Nebenwirkungen fragen Sie Ihren Arzt oder Apotheker." gesendet werden.

Vergleichen Sie die beiden Aussagen.

In der deutschen Sprache werden die Wörter „und" und „oder" oft zweideutig gebraucht. Die mathematische Sprache dagegen ist eindeutig. Deshalb wird die mathematische Bedeutung von „und" und „oder" hier erklärt.

In einer Urne liegen acht nummerierte Kugeln (Fig.1). Es wird blind eine Kugel gezogen und ihre Zahl notiert. Ist A das Ereignis „Die Zahl auf der Kugel ist höchstens 6.", also A = {1; 2; 3; 4; 5; 6}, dann ist das Gegenereignis $\overline{A}$ = {7; 8} das Ereignis, in dem alle Ergebnisse liegen, die „nicht in A" enthalten sind (Fig.2).

Fig.1

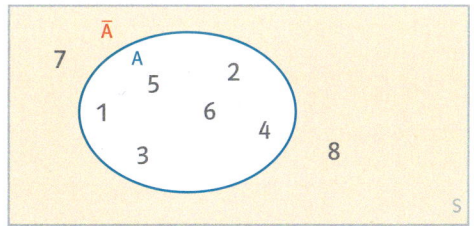

Fig.2

Ein solches Mengendiagramm heißt auch **Venn-Diagramm**.

Ein weiteres Ereignis B ist „Die Kugel trägt eine gerade Zahl.".
In der **Schnittmenge** von A und B (Fig.3) liegen alle Ergebnisse, die in A **und** in B liegen.
Man sagt „A geschnitten B" und schreibt
A ∩ B = {2; 4; 6}.
Das „und" bedeutet hier, dass alle Ergebnisse gemeint sind, die in beiden Ereignissen liegen, d.h. sowohl in A als auch in B.

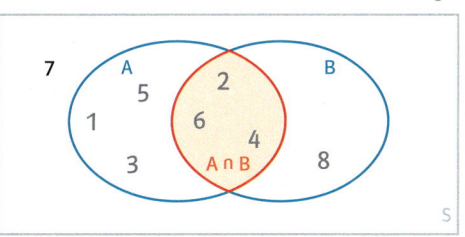

Fig.3

A ∩ B ist die Menge, bei der die Zahlen auf der Kugel höchstens 6 sind **und** die gerade sind.

In der **Vereinigungsmenge** von A und B (Fig.4) liegen alle Ergebnisse, die in A **oder** in B liegen.
Man sagt „A vereinigt B" und schreibt
P(A ∪ B) = {1; 2; 3; 4; 5; 6; 8}.
Das **„oder"** bedeutet hier, dass alle Ergebnisse gemeint sind, die in A oder in B oder in beiden Mengen liegen.

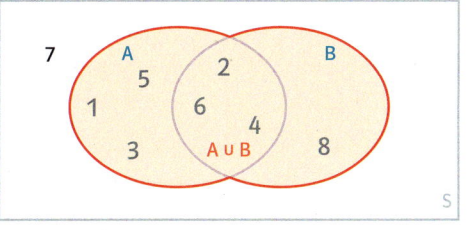

Fig.4

In der Mathematik spricht man von einem nicht-ausschließenden **„oder"**.

Um die Wahrscheinlichkeit P(A ∪ B) zu berechnen, darf man nicht einfach die Wahrscheinlichkeiten P(A) und P(B) addieren, denn P(A) = $\frac{6}{8}$, P(B) = $\frac{4}{8}$ und P(A ∪ B) = $\frac{7}{8}$.
Im Mengenbild erkennt man, dass die Ergebnisse 2; 4 und 6 sowohl zum Ereignis A als auch zu B gehören. Berechnet man P(A) + P(B) = $\frac{10}{8}$, wird die Schnittmenge A ∩ B doppelt gezählt.
Man muss daher die Wahrscheinlichkeit P(A ∩ B) einmal von der Summe P(A) + P(B) abziehen.
Damit erhält man P(A ∪ B) = P(A) + P(B) − P(A ∩ B).

Sind zwei Ereignisse A und B gegeben, so gehören
- zur **Schnittmenge** A ∩ B alle Ergebnisse, die zugleich in A **und** in B liegen,
- zur **Vereinigungsmenge** A ∪ B alle Ergebnisse, die in A **oder** in B liegen.

Es gilt der **Additionssatz** P(A ∪ B) = P(A) + P(B) − P(A ∩ B).

Beispiel 1 Verknüpfen von Ereignissen

Der Würfel wird einmal geworfen. Dabei werden die Ereignisse
E = {1; 3; 5}, F = {4; 5; 6} und G = {1; 2; 3} betrachtet.
Geben Sie das folgende Ereignis in aufzählender Schreibweise an.

a) E ∪ F   b) E ∩ F   c) $\overline{E}$ d) $\overline{E \cap G}$

Lösung

a) Es sind alle Ergebnisse gesucht, die in E oder in F enthalten sind: E ∪ F = {1; 3; 4; 5; 6}.
b) Es sind alle Ergebnisse gesucht, die in E und in F enthalten sind. Dies ist ausschließlich die „5":
   E ∩ F = {5}.
c) Das Gegenereignis von E enthält alle Ergebnisse, die nicht zu E gehören: $\overline{E}$ = {2; 4; 6}.
d) Zunächst bestimmt man E ∩ G = {1; 3}. Damit ergibt sich das gesuchte Gegenereignis
   $\overline{E \cap G}$ = {2; 4; 5; 6}.

Beispiel 2 Additionssatz anwenden

a) Das Glücksrad rechts wird einmal gedreht. Berechnen Sie mithilfe des Additionssatzes, mit welcher Wahrscheinlichkeit es rot oder eine gerade Zahl zeigt.

b) Das Glücksrad wird zweimal gedreht. Berechnen Sie, mit welcher Wahrscheinlichkeit es beim ersten Drehen rot zeigt oder die Summe der Zahlen 5 beträgt.

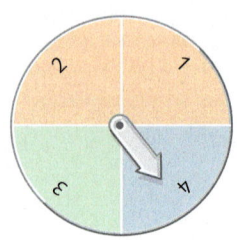

Lösung

a) A: „rot"; P(A) = $\frac{2}{4}$ = $\frac{1}{2}$.
   B: „gerade Zahl", also B = {2; 4}; P(B) = $\frac{2}{4}$ = $\frac{1}{2}$.
   A ∩ B = {2}; P(A ∩ B) = $\frac{1}{4}$, also ist P(A ∪ B) = $\frac{1}{2}$ + $\frac{1}{2}$ − $\frac{1}{4}$ = $\frac{3}{4}$.

b) C: „Beim ersten Drehen rot"; P(C) = $\frac{1}{2}$.
   D: „Die Summe der Zahlen beträgt 5.", also D = {14; 23; 32; 41}; P(D) = $\frac{4}{16}$.
   C ∩ D = {14; 23}; P(C ∩ D) = $\frac{2}{16}$, also P(C ∪ D) = $\frac{1}{2}$ + $\frac{4}{16}$ − $\frac{2}{16}$ = $\frac{5}{8}$.

Das Ergebnis „14" bedeutet beim 1. Drehen 1 und beim 2. Drehen 4.

Aufgaben

1 Eine 10-Cent-Münze und eine 20-Cent-Münze werden geworfen. Es sei E: „Die 10-Cent-Münze zeigt Zahl." und F: „Die 20-Cent-Münze zeigt Wappen.". Drücken Sie durch E und F aus:
A: „Die 10-Cent-Münze zeigt Wappen."   B: „Beide Münzen zeigen Zahl."
C: „Mindestens eine Münze zeigt Zahl."

2 Eine Box enthält 20 Kugeln mit den Zahlen 0 bis 19. Es wird eine Kugel blind gezogen. Es sei E: „Die Zahl auf der Kugel ist eine Primzahl" und F: „Die Zahl auf der Kugel ist durch 5 teilbar". Geben Sie das folgende Ereignis in aufzählender Schreibweise und in Worten an.
a) E ∩ F   b) E ∪ F   c) $\overline{E}$ d) $\overline{E \cup F}$

3 Mit welcher Wahrscheinlichkeit wird beim Würfeln
a) eine gerade Zahl oder eine Sechs geworfen,
b) keine gerade Zahl oder keine Sechs geworfen?

4 Eine Schale enthält jeweils 5 rote, blaue, grüne und gelbe Kugeln. Die roten Kugeln sind mit den Zahlen 1 bis 5 beschriftet, die blauen mit den Zahlen 6 bis 10, die grünen mit den Zahlen 11 bis 15 und die gelben mit Zahlen 16 bis 20. Es wird blind eine Kugel gezogen. Es ist A: „Die Zahl ist durch 3 teilbar." und B: „Die Kugel ist blau oder grün.".
  a) Geben Sie die folgenden Ereignisse in aufzählender Schreibweise und in Worten an.
     (1) A (2) B (3) A∪B (4) A∩B
  b) Bestimmen Sie die Wahrscheinlichkeiten der Ereignisse aus Teilaufgabe a).

○ Test   Lösungen | Seite 407

5 Ein Würfel wird einmal geworfen. Dabei werden die Ereignisse A: „Zahl kleiner als 5" und B: „gerade Zahl" betrachtet.
  a) Geben Sie das folgende Ereignis in aufzählender Schreibweise an:
     (1) A (2) B (3) A∪B (4) A∩B
  b) Bestimmen Sie die Wahrscheinlichkeit, eine Zahl kleiner als 5 oder eine gerade Zahl zu würfeln.

6 Beim Skatspiel wird eine Karte ausgespielt. Wie groß ist die Wahrscheinlichkeit,
  a) dass es eine rote Bildkarte ist,
  b) dass es eine Kreuzkarte oder eine Herzkarte ist,
  c) dass es eine Trumpfkarte ist, wenn Julius einen „Karo-Solo" spielt? Beim „Karo-Solo" sind alle Buben sowie alle Karokarten Trumpf.

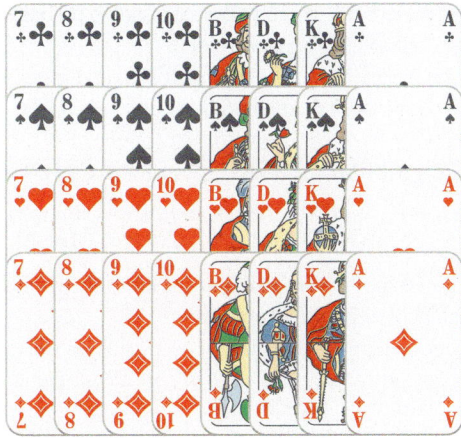

7 Das Glücksrad in Fig.1 wird zweimal gedreht. Mit welcher Wahrscheinlichkeit zeigt es
  a) beim ersten Drehen mindestens 3 an oder beim zweiten Drehen höchstens 2 an,
  b) beim ersten Drehen mindestens 3 an oder beträgt die Summe der Zahlen 4,
  c) beim ersten Drehen Blau an oder beim zweiten Drehen Rot an?
  d) Lösen Sie die Teilaufgaben a), b) und c) mithilfe eines Baumdiagramms.

8 In einem grünen Strumpf befinden sich 5 rote und 3 blaue Kugeln. In einem blauen Strumpf sind 5 rote und 3 grüne Kugeln. Es wird aus jedem Strumpf eine Kugel gezogen.
  a) Bestimmen Sie die Wahrscheinlichkeit, dass eine rote Kugel gezogen wird.
  b) Wie groß ist die Wahrscheinlichkeit, dass aus dem grünen Strumpf eine blaue oder aus dem blauen Strumpf eine grüne Kugel gezogen wird?

Fig.1

○ Test   Lösungen | Seite 407

9 Aus der Schale werden nacheinander und ohne Zurücklegen zwei Kugeln gezogen. Bestimmen Sie die Wahrscheinlichkeit der Ereignisse.
A: Die erste Kugel ist rot oder die Summe der Zahlen auf den Kugeln ist 6.
B: Die Zahl auf der ersten Kugel ist größer als die Zahl auf der zweiten Kugel oder die zweite Kugel ist grün.

● 10 Bei der Produktion von Stiften weisen 15 % der Stifte eine falsche Länge, 10 % eine falsche Dicke und 4 % beide Fehler auf. Berechnen Sie die Wahrscheinlichkeit, mit der ein zufällig herausgegriffener Stift
a) mindestens einen dieser Fehler hat,
b) fehlerfrei ist.

● 11 Eine Urne enthält 10 Kugeln mit den Nummern 1 bis 10. Eine Kugel wird zufällig entnommen. Es werden die Ereignisse A: „Die Kugelnummer ist gerade." und B: „Die Kugelnummer ist eine Quadratzahl." betrachtet.
a) Geben Sie die Ereignisse A; B; $\overline{A}$; $\overline{B}$; A∪B; A∩B; $\overline{A \cup B}$; $\overline{A \cap B}$; $\overline{A} \cup \overline{B}$ und $\overline{A} \cap \overline{B}$ in aufzählender Schreibweise an.
b) Was fällt Ihnen auf, wenn Sie die Ereignismengen aus Teilaufgabe a) vergleichen? Überprüfen Sie Ihre Vermutung mithilfe passender Mengenbilder (Fig. rechts).

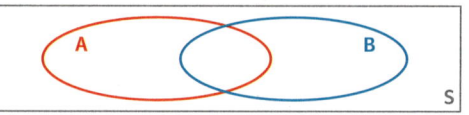

● 12 Frau Kuhl besucht ein Spielcasino, sie setzt beim Roulette auf die ungeraden Zahlen („Impair") und auf die Zahlen von 1 bis 12 („Douze premier").
a) Bestimmen Sie, mit welcher Wahrscheinlichkeit sie richtig gesetzt hat.
b) Mit welcher Wahrscheinlichkeit tritt sowohl „Impair" als auch „Douze premier" ein?

● 13 Für zwei Ereignisse A, B gilt: $P(A) = \frac{1}{2}$, $P(B) = \frac{2}{5}$ und $P(A \cup B) = \frac{4}{5}$. Bestimmen Sie die Wahrscheinlichkeiten $P(\overline{A})$; $P(\overline{B})$; $P(A \cap B)$; $P(\overline{A \cup B})$; $P(\overline{A} \cup \overline{B})$ und $P(\overline{A} \cap \overline{B})$.

● 14 A und B seien beliebige Ereignisse. Geben Sie mithilfe der Schreibweisen P(A), P(B) und P(A∩B) die Wahrscheinlichkeiten dafür an, dass
a) mindestens eines der Ereignisse eintritt,
b) keines der beiden Ereignisse eintritt,
c) nicht beide Ereignisse eintreten,
d) entweder A oder B eintritt.

● 15 Eine axiomatische Beschreibung der Wahrscheinlichkeit wurde im Jahre 1933 von dem russischen Mathematiker Andrei Kolmogorow angegeben. Dabei verzichtete er darauf zu sagen, was Wahrscheinlichkeit ist und wie man sie erhält. Er legte nur fest, welche Eigenschaften Wahrscheinlichkeiten haben. Dabei ließ er sich von den Eigenschaften relativer Häufigkeiten bei den Ergebnissen von Zufallsexperimenten leiten. Er gab folgende Axiome an:

> Jedem Ereignis E einer Ergebnismenge S wird eine reelle Zahl P(E) zugeordnet.
> Man nennt P(E) die Wahrscheinlichkeit von E, wenn gilt:
> (Positivität) $P(E) \geq 0$
> (Normiertheit) $P(S) = 1$
> (Additivität)   Wenn für zwei Ereignisse E und F gilt, dass $E \cap F = \{\}$, dann gilt $P(E \cup F) = P(E) + P(F)$.

a) Man nennt die Ergebnismenge S eines Zufallsexperiments auch „sicheres" Ereignis. Erläutern Sie, welches Axiom das ausdrückt.
b) Ein Ereignis, das nur ein einziges Ergebnis enthält, nennt man auch **Elementarereignis**. Erläutern Sie, was die Positivität für ein Elementarereignis aussagt.
c) Begründen Sie die Summenregel mithilfe der Kolmogorow-Axiome.

Grundwissen Test

● 16 Lösen Sie die Gleichung.
a) $5x^2 - 9x = 2$
b) $(x - 1)^2(x + 3) = 0$
c) $-\frac{1}{4}x^4 + 2x = 0$
d) $-x^4 + 6x^2 - 5 = 0$

→ Grundwissen
Seite 352
Lösung | Seite 408

6 Vierfeldertafel – bedingte Wahrscheinlichkeit

Bei einer Verkehrszählung an einem Radweg wurden 500 Radfahrer nach ihrem Alter befragt. Er wurde auch erfasst, ob sie mit einem E-Bike unterwegs waren.
Die Auswertung ergab, dass 75 % der 300 E-Bike-Fahrer über 50 Jahre alt waren, während 80 % der unter 50-Jährigen auf einem klassischen Fahrrad fuhren.
Eric schaut sich die Zahlen an und sagt: „Da kann doch etwas nicht stimmen. Das sind doch mehr als 100 %!". Was meinen Sie?

Wenn man in statistischen Erhebungen zwei Merkmale wie z. B. Geschlecht und Körpergröße gleichzeitig untersucht, kann das Vorwissen über ein Merkmal die Wahrscheinlichkeit des anderen Merkmals beeinflussen. Man spricht von einer **bedingten Wahrscheinlichkeit**.

Das lässt sich am Urnenmodell verdeutlichen.
Aus der Urne in Fig. 1 wird eine Kugel gezogen. Die Anzahl der roten (R) und nicht roten ($\overline{R}$) Kugeln mit bzw. ohne Markierung (M bzw. $\overline{M}$) kann mithilfe einer sog. **Vierfeldertafel** (siehe Fig. 2) übersichtlich dargestellt werden.

	M	$\overline{M}$	Σ
R	3	1	4
$\overline{R}$	2	4	6
Σ	5	5	10

Fig. 2

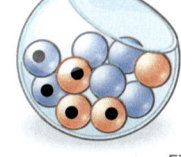

Fig. 1

Σ ist eine abkürzende Schreibweise für **Summe**.

Aus der Vierfeldertafel lassen sich einige Wahrscheinlichkeiten direkt entnehmen, z. B. ist die Wahrscheinlichkeit eine markierte rote Kugel zu ziehen $P(R \cap M) = \frac{3}{10}$ (erstes Feld, erste Zeile in Fig. 2), denn drei der zehn Kugeln sind rot und haben eine Markierung.
Die Wahrscheinlichkeit eine markierte Kugel zu ziehen ist $P(M) = \frac{5}{10} = \frac{1}{2}$ (erstes Feld, letzte Zeile).
Wenn man weiß, dass die gezogene Kugel rot ist, ist in Fig. 2 nur die erste Zeile relevant. Die Wahrscheinlichkeit für das Ereignis „Markierung" erhöht sich auf $\frac{3}{4}$, denn es kommen nur noch vier Kugeln infrage, von denen drei markiert sind. Das Vorwissen über die Farbe ändert also die Wahrscheinlichkeit für eine markierte Kugel.
Man bezeichnet die Wahrscheinlichkeit für eine Markierung (M) unter der Bedingung „rot" (R) als bedingte Wahrscheinlichkeit und schreibt $P_R(M) = \frac{3}{4}$. Man erhält die Wahrscheinlichkeit, indem man den Inhalt des ersten Feldes von Fig. 2 durch die zugehörige Zeilensumme teilt.
Ebenso verändert das Wissen über die Markierung die Wahrscheinlichkeit der Farbe: Wenn man weiß, dass eine gezogene Kugel markiert ist, ist die Wahrscheinlichkeit dafür, dass sie rot ist, $P_M(R) = \frac{3}{5}$. Man teilt den Inhalt des ersten Feldes von Fig. 2 durch die zugehörige Spaltensumme.
Je nachdem, welches Merkmal man zuerst betrachtet, lassen sich die Informationen aus der Vierfeldertafel in unterschiedlichen Baumdiagrammen darstellen.

Das bedingende Ereignis R wird als Index notiert.
Man liest $P_R(M)$: „Wahrscheinlichkeit von M unter der Bedingung R".

Bei Fig. 3 ist R das bedingende Ereignis für das bedingte Ereignis M.
Bei Fig. 4 ist M das bedingende Ereignis für das bedingte Ereignis R.

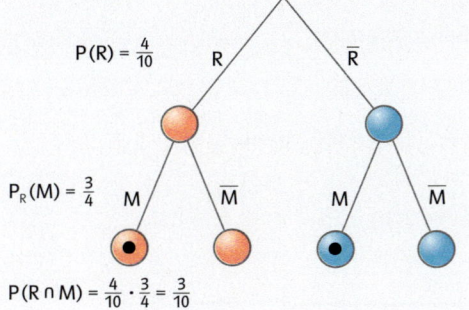

erst Farbe, dann Markierung Fig. 3

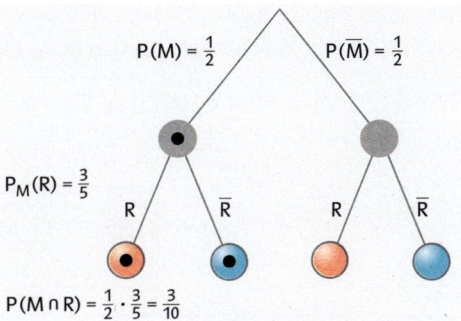

erst Markierung, dann Farbe Fig. 4

Man findet die bedingten Wahrscheinlichkeiten an den Pfaden der zweiten Stufe wieder und erkennt, dass sich die Wahrscheinlichkeiten für das Ereignis (R ∩ M) auf zwei Arten bestimmen lässt:
$P(R \cap M) = P(R) \cdot P_R(M)$ bzw. $P(R \cap M) = P(M) \cdot P_M(R)$.
Damit erhält man $P_R(M) = \frac{P(R \cap M)}{P(R)}$ und $P_M(R) = \frac{P(R \cap M)}{P(M)}$.

In einer **Vierfeldertafel** werden die jeweiligen Wahrscheinlichkeiten (bzw. absolute oder relative Häufigkeiten) von zwei Ereignissen A und B, deren Gegenereignissen und deren Schnittmengen übersichtlich dargestellt.

	A	$\overline{A}$	
B	$P(A \cap B)$	$P(\overline{A} \cap B)$	$P(B)$
$\overline{B}$	$P(A \cap \overline{B})$	$P(\overline{A} \cap \overline{B})$	$P(\overline{B})$
	$P(A)$	$P(\overline{A})$	1

$P_A(B)$ ist die Wahrscheinlichkeit für das Ereignis B unter der Bedingung, dass Ereignis A eingetreten ist. Man nennt $P_A(B)$ **bedingte Wahrscheinlichkeit**. Es gilt: $P_A(B) = \frac{P(A \cap B)}{P(A)}$.

Beispiel 1 Vierfeldertafel zur Bestimmung von Wahrscheinlichkeiten verwenden
Gegeben ist die nebenstehende Vierfeldertafel.
a) Bestimmen Sie $P(A)$, $P(B)$, $P(A \cap B)$, $P_A(B)$ und $P_B(A)$ sowie $P_{\overline{A}}(B)$.
b) Stellen Sie die Informationen der Vierfeldertafel in zwei verschiedenen Baumdiagramm dar.

	A	$\overline{A}$	
B	0,1	0,05	0,15
$\overline{B}$	0,5	0,35	0,85
	0,6	0,40	1,00

Lösung
a) $P(A) = 0{,}1 + 0{,}5 = 0{,}6$; $P(\overline{A}) = 0{,}4$; $P(B) = 0{,}1 + 0{,}05 = 0{,}15$; $P(A \cap B) = 0{,}1$; $P(\overline{A} \cap B) = 0{,}05$;

also $P_A(B) = \frac{P(A \cap B)}{P(A)} = \frac{0{,}1}{0{,}6} = \frac{1}{6}$; $P_B(A) = \frac{P(A \cap B)}{P(B)} = \frac{0{,}1}{0{,}15} = \frac{2}{3}$; $P_{\overline{A}}(B) = \frac{P(\overline{A} \cap B)}{P(\overline{A})} = \frac{0{,}05}{0{,}4} = \frac{1}{8}$.

b) Variante 1   Variante 2

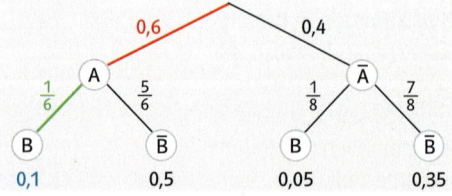
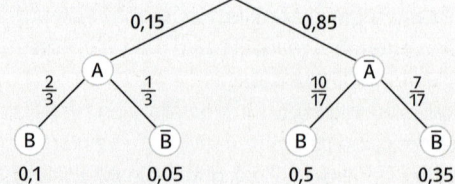

Beispiel 2 Vierfeldertafel erstellen, Wahrscheinlichkeiten bestimmen
Es wurde eine Umfrage zu Thema Fußball durchgeführt. 40 % der befragten Personen waren weiblich. Insgesamt interessierten sich 50 % der befragten Personen für Fußball.
Nur 10 % der befragten Personen waren weiblich und interessierten sich für Fußball.
Bestimmen Sie die Wahrscheinlichkeit, dass
a) eine zufällig ausgewählte Person weiblich ist und sich nicht für Fußball interessiert,
b) ein zufällig ausgewählter Mann sich für Fußball interessiert.
Lösung
Es ist W: „Eine Person ist weiblich." und
F: „Eine Person interessiert sich für Fußball."
Mithilfe der Vierfeldertafel ergibt dies:
a) $P(\overline{F} \cap W) = 0{,}3$.
b) $P_{\overline{W}}(F) = \frac{P(\overline{W} \cap F)}{P(\overline{W})} = \frac{0{,}4}{0{,}6} = \frac{2}{3}$.

	F	$\overline{F}$	Summe
W	10 %	30 %	40 %
$\overline{W}$	40 %	20 %	60 %
	50 %	50 %	100 %

Aufgaben

1 Eine Münze wird dreimal geworfen. Berechnen Sie $P_E(F)$ und $P_F(E)$. Beschreiben Sie die gesuchten Wahrscheinlichkeiten in Worten.
   a) E: „Beim zweiten Wurf liegt Zahl oben."   F: „Es liegt dreimal Zahl oben."
   b) E: „Beim ersten Wurf liegt Zahl oben."   F: „Es liegt genau einmal Zahl oben."

2 Gegeben ist die nebenstehende Vierfeldertafel (Fig. 1).
   a) Übertragen Sie die Vierfeldertafel in Ihr Heft und vervollständigen Sie diese.
   b) Berechnen Sie die bedingten Wahrscheinlichkeiten $P_F(U)$ und $P_U(F)$.
   c) Zeichnen Sie zwei zugehörige Baumdiagramme und beschriften Sie diese vollständig. Wo finden Sie im Baumdiagramm die in Teilaufgabe b) berechneten Wahrscheinlichkeiten wieder?
   d) Fassen Sie die Informationen der Tabelle in Worte. Dabei sollen die Ereignisse wie folgt interpretiert werden: F: „weiblich"; U: „macht wöchentlich mehr als 7h Hausaufgaben".

	U	$\overline{U}$	Σ
F	0,3	0,2	
$\overline{F}$	0,4		
Σ			1

Fig. 1

3 Zur Eindämmung der Corona-Pandemie wurde im Jahr 2021 ein Coronavirus-Antigen-Schnelltest entwickelt. Zur Prüfung der Qualität dieses Schnelltests, wurden insgesamt 223 Personen getestet und deren Ergebnisse mit einem Labortest (sog. PCR-Test) überprüft. (Fig. 1). Dabei ist L_+: Labortest ist positiv; L_-: Labortest negativ und S_+: Schnelltest ist positiv; S_-: Schnelltest negativ.
   a) Übertragen Sie die Vierfeldertafel (Fig. 2) in Ihr Heft. Ergänzen Sie die fehlenden Werte.
   b) Bestimmen Sie $P_{L_+}(S_+)$ und $P_{L_-}(S_-)$. Interpretieren Sie dies im Sachzusammenhang.

	L_+	L_-	
S_+		1	
S_-	5		
		108	223

Fig. 2

4 An einem beruflichen Gymnasium spielen 20 Schüler und 12 Schülerinnen ein Musikinstrument. Jeder vierte Schüler und drei von vier Schülerinnen sind Mitglied im Schulorchester. Die Lehrerin Frau Jäger hört im Musikzimmer jemanden musizieren.
Bestimmen Sie die Wahrscheinlichkeit, dass es sich um eine Schülerin handelt.

5 In einer Fabrik werden von Montag bis Freitag täglich 200 Autos produziert. Dabei werden montags die meisten Mängel produziert. Ab Dienstag sinkt die Mängelrate auf 4% täglich. Vervollständigen Sie die Vierfeldertafel und bestimmen Sie die Wahrscheinlichkeit,

	Mo.	Di.–Fr.	Summe
ohne Mängel	180		
mit Mängeln			
Summe	200	800	1000

   a) ein Auto mit Mängeln zu erhalten,
   b) ein Auto mit Mängeln zu erhalten, das an einem Montag produziert wurde,
   c) dass das Auto an einem Montag produziert wurde, wenn man weiß, dass es Mängel hat.

O Test

Lösungen | Seite 408

6 a) Übersetzen Sie das nebenstehende Baumdiagramm in eine Vierfeldertafel.
   b) Konstruieren Sie ein zweites Baumdiagramm, das zur Vierfeldertafel passt.
   c) Denken Sie sich einen Kontext aus, zu dem die Baumdiagramme passen könnten.

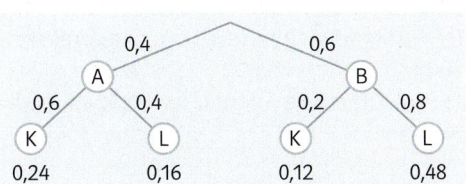

7 a) Ergänzen Sie die unvollständige Vierfeldertafel. Notieren Sie zwei zugehörige Baumdiagramme.
   b) Bestimmen Sie möglichst viele bedingte Wahrscheinlichkeiten

	Z	$\overline{Z}$	
R	30%		40%
$\overline{R}$		30%	
	60%		

8 Eine der Zahlen 1, 2, 3, ..., 100 wird zufällig ausgewählt.
a) Berechnen Sie die Wahrscheinlichkeit, dass diese Zahl ein Vielfaches von 5 ist, wenn man weiß, dass diese Zahl ein Vielfaches von 4 ist.
b) Berechnen Sie die Wahrscheinlichkeit, dass diese Zahl ein Vielfaches von 5 ist, wenn man weiß, dass diese Zahl ein Vielfaches von 4 und ein Vielfaches von 3 ist.

9 a) Geben Sie eine mögliche Zusammensetzung einer Klasse mit 30 Kindern an, in der die meisten Jungen Fußball spielen, aber die meisten Fußballspieler Mädchen sind.
b) A bedeute „Junge", B „Fußballspieler".
Berechnen Sie für Ihr Beispiel $P_A(B)$, $P(B)$, $P_B(A)$ und $P(A)$.

Test

Lösungen | Seite 408

10 Für die Automodelle A, B und C stehen die Farben blau und rot zur Verfügung. 30 % der gekauften Fahrzeuge sind vom Modell A, 50 % vom Modell B.
Von Modell A weiß man, dass es in 30 % der Fälle mit blauer Farbe gewählt wird; von Modell B, dass es in 45 % der Fälle mit roter Farbe genommen wird und von Modell C, dass es in 15 % der Fälle mit blauer Farbe gewählt wird.
a) Erstellen Sie die zugehörige Sechsfeldertafel.
b) Wie groß ist die Wahrscheinlichkeit dafür, dass ein Fahrzeug blau ist?
c) Ermitteln Sie die Wahrscheinlichkeit dafür, dass ein Fahrzeug Modell B und blau ist.
d) Mit welcher Wahrscheinlichkeit ist ein Fahrzeug weder Modell A noch ein blaues Modell C?
e) Mit welcher Wahrscheinlichkeit ist ein rotes Fahrzeug Modell A?

11 Ein Universitätsgremium soll die Gleichberechtigung bei der Zulassung zum Studium überprüfen. Es gab bei insgesamt 540 Studienplätzen in zwei Studiengängen diese Zahlen:

Strategie | Seite 339
Orientieren an einem Beispiel

insgesamt: 540 Studienplätze	weibl.	männl.
Bewerber	500	500
zugelassen	240	300
Quote	48 %	60 %

Studiengang 1: 360 Studienplätze	weibl.	männl.
Bewerber	100	400
zugelassen	80	280
Quote	80 %	70 %

Studiengang 2: 180 Studienplätze	weibl.	männl.
Bewerber	400	100
zugelassen	160	20
Quote	40 %	20 %

Es gibt also insgesamt eine höhere Zulassungsquote bei den Männern, aber in jedem Studiengang höhere Zulassungsquoten bei den Frauen. Wie kommt dieses kuriose Ergebnis zustande?

12 a) Erstellen Sie eine Vierfeldertafel und überprüfen Sie, ob $P_A(B) > P(B)$ und $P_B(A) > P(A)$ gilt.
b) Beweisen Sie durch eine Termumformung, dass aus $P_A(B) > P(B)$ sogar immer $P_B(A) > P(A)$ folgt, dass also aus „A begünstigt F" stets „B begünstigt A" folgt.
c) Von der Tatsache in Teilaufgabe b) machen Werbepsychologen häufig Gebrauch.
Die Werbung signalisiert: „Marke und Erfolg gehören zusammen.".
Erläutern Sie dies an den Ereignissen A: „Eine Person ist erfolgreich." und B: „Die Person benutzt ein teures Parfüm.".

	A	$\overline{A}$
B	x	y
$\overline{B}$	u	v

$x + y + u + v = 1$

Hier geht es darum, ob bedingte Wahrscheinlichkeit und kausaler Zusammenhang gleich aufgefasst werden können.

Tipp:
Rechnen Sie mit den Variablen x, y, u und v in der nebenstehenden Tafel.

Grundwissen Test

Grundwissen
Seite 353
Lösung | Seite 408

13 Lösen Sie die Gleichung.
a) $2 \cdot 3^{-0,5x} = 6$
b) $2^x(2^x - 1) = 0$
c) $4e^{2x} - 8e^x = 0$
d) $\frac{1}{4}e^{-x} + 5e^x - 3 = 0$

7 Stochastische Unabhängigkeit

In einer Jahrgangsstufe wurde eine Umfrage zur Beliebtheit der Fächer Deutsch und Englisch durchgeführt.
Gibt es einen Zusammenhang zwischen den Vorlieben dieser Fächer?

	E	$\overline{E}$	Gesamt
D	37	35	72
$\overline{D}$	4	18	22
Gesamt	41	53	94

D: mögen Deutsch E: mögen Englisch
$\overline{D}$: mögen Deutsch nicht $\overline{E}$: mögen Englisch nicht

Bei der Betrachtung zweier Ereignisse A und B kann es vorkommen, dass man die Wahrscheinlichkeit für Ereignis A anders einschätzt, wenn man weiß, dass das Ereignis B bereits eingetreten ist. Wenn z. B. bekannt ist, dass jemand einen Ferrari fährt, ist die Wahrscheinlichkeit für die Farbe Rot für sein Auto größer, als wenn es nicht bekannt ist. Man sagt dann, das Ereignis A: „Das Auto hat eine rote Lackierung." hängt vom Ereignis B: „Das Auto ist ein Ferrari." ab.
Wie mathematisch geprüft werden kann, ob zwei Ereignisse voneinander abhängig oder unabhängig sind, wird am Urnenmodell erläutert.
Aus einem Gefäß mit 6 roten und 4 blauen Kugeln werden nacheinander zwei Kugeln zufällig gezogen. Es gibt die vier möglichen Ergebnisse rr, rb, br und bb, deren Wahrscheinlichkeiten man den beiden Baumdiagrammen unten entnimmt. Wir betrachten die Ereignisse E: „Im ersten Zug rot." mit E = {rr; rb} und F: „Im zweiten Zug rot." mit F = {rr; br}.

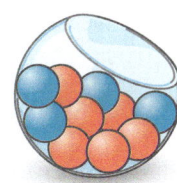

Ziehen mit Zurücklegen:

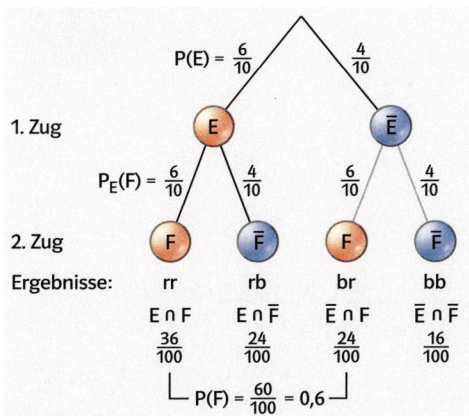

Ziehen ohne Zurücklegen:

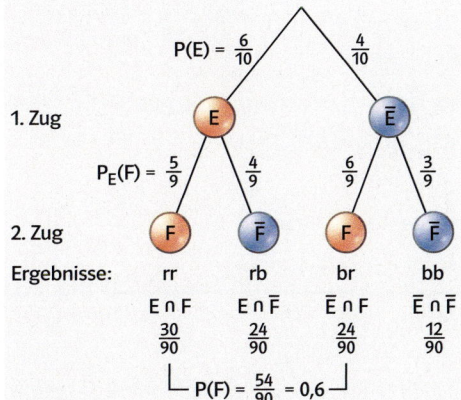

Man erkennt: $P(F) = P_E(F) = 0{,}6$.
D.h. das Eintreten des Ereignisses E beeinflusst $P_E(F)$ nicht.

Man erkennt: $0{,}6 = P(F) \neq P_E(F) = \frac{5}{9}$.
D.h. das Eintreten des Ereignisses E beeinflusst $P_E(F)$.

Beim Ziehen mit Zurücklegen gilt ebenso $P_F(E) = P(E)$, denn $P_F(E) = \frac{P(E \cap F)}{P(F)} = \frac{0{,}36}{0{,}6} = 0{,}6$ und $P(E) = 0{,}6$. Man sagt „Die Ereignisse E und F sind **stochastisch unabhängig**".
Setzt man die Bedingung für stochastische Unabhängigkeit $P(F) = P_E(F)$ in die Pfadregel ein, so erhält man $P(E \cap F) = P(E) \cdot P(F)$.

Zwei Ereignisse E und F heißen **stochastisch unabhängig**, wenn gilt:
$P_E(F) = P(F)$ und $P_F(E) = P(E)$.
Zwei Ereignisse E und F sind genau dann unabhängig, wenn $P(E \cap F) = P(E) \cdot P(F)$.

Den Zusatz „stochastisch" lässt man meistens weg.

Nicht immer ist es offensichtlich, dass sich zwei Ereignisse E und F nicht beeinflussen. Dann verwendet man die Beziehung $P(E \cap F) = P(E) \cdot P(F)$ als Test, ob zwei Ereignisse voneinander unabhängig sind.

Beispiel 1 Unabhängigkeit voraussetzen

Eine Pumpanlage ist aus zwei einzelnen Pumpen zusammengesetzt. Jede Pumpe arbeitet mit 95-prozentiger Wahrscheinlichkeit einwandfrei. Der Hersteller gibt an, dass die Anlage mit mehr als 90-prozentiger Wahrscheinlichkeit funktioniert. Wie hat der Hersteller diesen Wert wohl berechnet?

Pumpenkette
Die Anlage funktioniert, wenn beide Pumpen einwandfrei arbeiten.

Lösung:
Der Hersteller geht davon aus, dass die Pumpen voneinander unabhängig arbeiten.
Es sei E: „Pumpe 1 funktioniert.", P(E) = 0,95 und F: „Pumpe 2 funktioniert.", P(F) = 0,95.
Wegen der Unabhängigkeit von E und F ist dann $P(E \cap F) = 0{,}95 \cdot 0{,}95 = 0{,}9025$.
Also funktioniert die Anlage mit einer Wahrscheinlichkeit von 90,25 %.

Beispiel 2 Unabhängigkeit nachweisen, bedingte Wahrscheinlichkeiten bestimmen

Ein idealer Würfel wird zweimal geworfen und jedes Mal die Augenzahl notiert. Untersuchen Sie die Ereignisse E und F auf Unabhängigkeit und bestimmen Sie $P_E(F)$.
Dabei ist E: „Der erste Würfel zeigt eine 6." und

a) F: „Die Augensumme beträgt 7." b) F: „Die Augensumme beträgt 8."

Lösung

E = {61; 62; 63; 64; 65; 66}; $P(E) = \frac{6}{36} = \frac{1}{6}$

a) F = {16; 25; 34; 43; 52; 61}; E ∩ F = {61}; $P(F) = \frac{6}{36} = \frac{1}{6}$

$P(E \cap F) = \frac{1}{36} = \frac{1}{6} \cdot \frac{1}{6} = P(E) \cdot P(F)$

Also sind E und F stochastisch unabhängig. Es gilt: $P_E(F) = P(F) = \frac{1}{6}$.

b) F = {26; 35; 44; 53; 62}; E ∩ F = {62}, $P(F) = \frac{5}{36}$

$P(E \cap F) = \frac{1}{36} \ne \frac{1}{6} \cdot \frac{5}{36} = P(E) \cdot P(F)$

Also sind E und F stochastisch abhängig.

Die bedingte Wahrscheinlichkeit ist: $P_E(F) = \frac{P(E \cap F)}{P(E)} = \frac{1}{6}$.

Aufgaben

1 In einer Fabrik werden Fahrzeuge produziert, die erfahrungsgemäß mit einer Wahrscheinlichkeit von 2 % im ersten Jahr eine Panne haben. Ein Unternehmen kauft vier solche Fahrzeuge. Man nimmt an, dass die Fahrzeuge unabhängig voneinander eine Panne haben.
a) Wie groß ist die Wahrscheinlichkeit, dass kein Fahrzeug im ersten Jahr eine Panne hat?
b) Diskutieren Sie, ob die Annahme der Unabhängigkeit gerechtfertigt ist.

2 Aus der Urne in Fig. 1 werden nacheinander zwei Kugeln entnommen.
Es sei E: „Die erste Kugel trägt den Buchstaben a." und
F: „Die zweite Kugel trägt den Buchstaben h.".
a) Die erste Kugel wird nach dem Ziehen zurückgelegt.
Weisen Sie nach, dass $P(E \cap F) = P(E) \cdot P(F)$.
b) Die erste Kugel wird nach dem Ziehen nicht zurückgelegt.
Weisen Sie nach: $P(E \cap F) \ne P(E) \cdot P(F)$. Berechnen Sie $P_E(F)$.

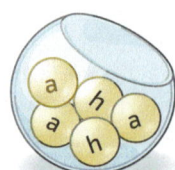

Fig. 1

○ 3 Ein Medikament wirkt bei der Behandlung einer Krankheit mit einer Wahrscheinlichkeit von 90 % heilend. Drei an der Krankheit leidende Patienten werden damit behandelt.
   a) Ein Arzt überlegt sich, dass das Medikament mit einer Wahrscheinlichkeit von 72,9 % alle drei Patienten heilt. Wie kommt er zu diesem Ergebnis?
   b) Bevor der dritte Patient das Medikament erhält, erfährt er, wie es bei den anderen beiden wirkt. Wie könnte sich das auf die Wahrscheinlichkeit in Teilaufgabe a) auswirken?

○ 4 In einem Gefäß befinden sich drei schwarze und drei weiße Kugeln. Es werden nacheinander zwei Kugeln ohne Zurücklegen gezogen. Die Ereignisse E: „Die erste Kugel ist schwarz." und F: „Die zweite Kugel ist weiß.", sollen auf Unabhängigkeit untersucht werden.
   a) Stellen Sie die Situation in einem Baumdiagramm dar.
   b) Übersetzen Sie die Situation in eine Vierfeldertafel.
   c) Berechnen Sie $P_E(F)$ und $P_F(E)$.
   d) Begründen Sie die Abhängigkeit der Ereignisse E und F auf möglichst vielen Wegen.

○ 5 Das Glücksrad wird zweimal gedreht. Es sei E: „Beim ersten Drehen erscheint rot." Untersuchen Sie, ob E und das Ereignis F: „Beim zweiten Drehen erscheint blau." unabhängig sind. Berechnen Sie $P_E(F)$ und $P_F(E)$.
Rot zählt 1 Punkt, gelb zählt 2 Punkte und blau zählt 3 Punkte. Untersuchen Sie, ob dann die Ereignisse E und F: „Man erzielt zusammen höchstens 3 Punkte." unabhängig sind.

○ **Test**   Lösungen | Seite 408

6 In einem schwarzen Strumpf befinden sich vier rote und drei blaue Kugeln, in einem weißen Strumpf befinden sich acht rote und sechs blaue Kugeln. Es wird ein Strumpf ausgewählt und eine Kugel aus dem gewählten Strumpf gezogen.
Untersuchen Sie, ob die Ereignisse E: „Der schwarze Strumpf wird gewählt." und F: „Man zieht eine blaue Kugel." unabhängig sind. Wie ist es mit $\overline{E}$ und $\overline{F}$; sind diese unabhängig?

7 Man wirft eine Münze zweimal hintereinander und betrachtet die Ereignisse.
A: „Die erste Münze zeigt Wappen."   B: „Die zweite Münze zeigt Wappen."
C: „Beide Münzen zeigen Wappen."   D: „Beide Münzen zeigen die gleiche Seite."
Untersuchen Sie die Ereignisse auf Unabhängigkeit, indem Sie eine Vierfeldertafel erstellen.
   a) A und B   b) A und C   c) C und D   d) A und D
   e) Entnehmen Sie der Vierfeldertafel die bedingten Wahrscheinlichkeiten $P_A(B)$ und $P_B(A)$.
   f) Zeichnen Sie ein Baumdiagramm und überprüfen Sie Ihre Ergebnisse aus Teilaufgabe e).

● 8 Die Vierfeldertafel zeigt, wie viele Schülerinnen und Schüler am Theodor-Heuss-Gymnasium (THG) und am Lise-Meitner-Gymnasium (LMG) einheimisch bzw. auswärtig sind.

	THG	LMG	gesamt
einheimisch	240	180	420
auswärtig	360	270	630
gesamt	600	450	1050

   a) Untersuchen Sie, ob „Einheimischsein" und „Zum-THG-Gehen" unabhängig sind.
   b) Ein Schüler verlässt das THG. Diskutieren Sie die Auswirkung auf die Unabhängigkeit in a).

● 9 Der Engländer Francis Galton, ein Vetter von Charles Darwin, ermittelte Daten zu Vätern und ihren Söhnen und dabei speziell die Farbe der Augen, die Helläugigkeit.
Untersuchen Sie mithilfe der Vierfeldertafel, ob Helläugigkeit beim Vater und Helläugigkeit beim Sohn unabhängig sind.

	Sohn helläugig	Sohn nicht helläugig	gesamt
Vater helläugig	471	151	622
Vater nicht helläugig	148	230	378
gesamt	619	381	1000

10 Bei einer Reihenuntersuchung zum Nachweis einer Infektionskrankheit kommt ein Test mit der Sensitivität 99,9 % und der Spezifität 99,8 % zum Einsatz. Man geht aufgrund von statistischen Erhebungen davon aus, dass 0,1 % der Bevölkerung infiziert sind. Frank, der an der Reihenuntersuchung teilgenommen hat, erfährt von seinem positiven Testergebnis.
a) Berechnen Sie die Wahrscheinlichkeit, dass Frank tatsächlich infiziert ist.
b) Frank unterzieht sich einem zweiten Test mit gleicher Sensitivität und Spezifität. Berechnen Sie die Wahrscheinlichkeit, dass Frank infiziert ist, wenn auch dieser Test positiv ist.
c) Diskutieren Sie, ob sich die Wahrscheinlichkeit in Teilaufgabe a) ändern würde, wenn Frank sich dem Test unterzogen hätte, weil die Infektion in seiner Familie auftrat.

> Ein Test hat eine **Sensitivität** von 99,9 %, wenn er bei einem infizierten Probanden mit 99,9 % Wahrscheinlichkeit positiv (+) ausfällt.
>
> Ein Test hat eine **Spezifität** von 99,8 %, wenn er bei einem gesunden Probanden mit 99,8 % Wahrscheinlichekti negativ (−) ausfällt.

11 Die Vierfeldertafel zeigt das Auftreten des plötzlichen Kindstodes SIDS (Sudden Infant Death Syndrom) bei 100 000 000 Familien mit zwei Kindern.

	SIDS 1. Kind	$\overline{\text{SIDS 1. Kind}}$	gesamt
SIDS 2. Kind	8	11 792	11 800
$\overline{\text{SIDS 2. Kind}}$	11 792	99 976 408	99 988 200
gesamt	11 800	99 988 200	100 000 000

a) Untersuchen Sie die Ereignisse „SIDS beim 1. Kind" und „SIDS beim 2. Kind" auf Unabhängigkeit.
b) In einem Gerichtsprozess im Jahr 1999 hat ein englischer Kinderarzt behauptet, die Wahrscheinlichkeit für das zweimalige Auftreten des plötzlichen Kindstodes in einer Familie läge bei 1:12,5 Mio. Welcher stochastische Denkfehler ist dem Arzt unterlaufen?

> Die stochastische Ahnungslosigkeit der Prozessbeteiligten hat Sally Clark im Jahr 1999 unschuldig wegen zweifachen Kindsmordes ins Gefängnis gebracht.

● Test

Lösungen | Seite 409

12 a) Ein medizinischer Test kann positiv (+) oder negativ (−) ausfallen. Erläutern Sie, welche Information Sie der Vierfeldertafel entnehmen können.

	gesund	krank	
+	0,01	0,09	0,1
−	0,89	0,01	0,9
	0,9	0,1	

b) Untersuchen Sie die Ereignisse „−" und „gesund" auf Unabhängigkeit.
c) Berechnen Sie die Wahrscheinlichkeit, dass eine Person
 (I) mit positivem Testergebnis krank ist,   (II) mit negativem Testergebnis gesund ist.

13 Zwei Ereignisse E und F sollen stochastisch unabhängig sein. Geben Sie ein Beispiel mithilfe einer Vierfeldertafel an. Erläutern Sie, wie man daran die Unabhängigkeit erkennt.

14 Sandra hat bemerkt, dass sie bei Prüfungen gut abschneidet (+), wenn sie am Morgen Tee (T) trinkt. Die Ereignisse + und T scheinen stochastisch abhängig zu sein.

	+	−	
T			
$\overline{T}$			
	60 %	40 %	100 %

a) Skizzieren Sie eine Vierfeldertafel mit Wahrscheinlichkeiten, die zu dieser Situation passen. Berechnen Sie vier bedingte Wahrscheinlichkeiten und erläutern Sie deren Bedeutung.
b) Untersuchen Sie die Aussage: Wenn die Ereignisse + und T unabhängig sind, sind auch − und $\overline{T}$ unabhängig. Erläutern Sie Ihre Aussage an einem Beispiel.

Grundwissen Test

15 Lösen Sie die Gleichung für $x \in [-\pi; \pi]$.
a) $2 \cdot \cos(2x) = -2$
b) $12 \cdot \sin\left(\frac{\pi}{2}x\right) - 6 = 0$
c) $-\cos\left(\frac{2\pi}{3}x\right) + 1 = 0$
d) $1 + \sin\left(2x + \frac{\pi}{6}\right) = 0$

> Grundwissen
> Seite 26
> Lösung | Seite 409

8 Kombinatorik – Bestimmung von Anzahlen

Bei einem Basketballturnier von Schulen spielen fünf Mannschaften. Wie viele Möglichkeiten für die Reihenfolge auf den Plätzen 1 bis 5 gibt es?

Spielplan
1 Carl-Benz-Schule – Erhart-Schott-Schule
2 Carl-Bosch-Schule – Helene-Lange-Schule
3 Friedrich-List-Schule – Carl-Benz-Schule

Beim Berechnen von Laplace-Wahrscheinlichkeiten bei mehrstufigen Zufallsexperimenten mithilfe von günstigen und möglichen Ergebnissen müssen Anzahlen berechnet werden. Hierbei gibt es verschiedene Fälle, da berücksichtigt werden muss, ob beispielsweise das mehrmalige Ziehen aus einer Urne mit oder ohne Zurücklegen erfolgt und ob die Reihenfolge der einzelnen Ergebnisse beachtet werden muss oder nicht.
Aus einer Urne mit fünf Kugeln, die die Nummern 1 bis 5 tragen, werden zwei Kugeln gezogen. Beim „Abzählen" der möglichen Kombinationen, müssen folgende Fälle unterschieden werden:

Das Gebiet der Mathematik, das sich mit solchen Methoden beschäftigt, nennt man **Kombinatorik**.

Ziehen mit Zurücklegen – mit Beachtung der Reihenfolge

An dem Baumdiagramm kann man die möglichen Ergebnisse ablesen. Zu jeder der ersten fünf Ziehungen sind fünf Kugeln als zweite Ziehung **möglich**. Im Baumdiagramm sind nur die Möglichkeiten dargestellt, bei denen die erste Kugel 2 ist.
Für die Ergebnismenge S gilt:
S = {11; 12; 13; 14; 15; 21; 22; 23; 24; 25; 31; 32; 33; 34; 35; 41; 42; 43; 44; 45; 51; 52; 53; 54; 55}
Es gibt also $5 \cdot 5 = 5^2 = 25$ Ergebnisse.
Wird aus der Urne 3-mal bzw. k-mal gezogen, dann gibt es 5^3 bzw. 5^k Ergebnisse.

Aus einer Urne mit n nummerierten Kugeln werden nacheinander k Kugeln gezogen und anschließend wieder zurückgelegt. Berücksichtigt man bei den Ergebnissen die Reihenfolge der Ziehung, dann gibt es n^k mögliche Ergebnisse.
Man nennt diese Ergebnisse **Variationen**.

Wenn eine Gleichverteilung vorliegt, ist $\frac{1}{n^k}$ die Wahrscheinlichkeit eines Ergebnisses.

Ziehen ohne Zurücklegen – mit Beachtung der Reihenfolge

An diesem Baumdiagramm kann man die möglichen Ergebnisse ablesen. Zu jeder der ersten fünf Ziehungen sind jetzt nur noch vier Kugeln als zweite Ziehung möglich, da die erste Kugel nicht zurückgelegt wird. Im Baumdiagramm sind nur die Möglichkeiten dargestellt, bei denen die erste Kugel 2 ist.
S = {12; 13; 14; 15; 21; 23; 24; 25; 31; 32; 34; 35; 41; 42; 43; 45; 51; 52; 53; 54}
Es gibt also $5 \cdot 4 = 20$ Ergebnisse.

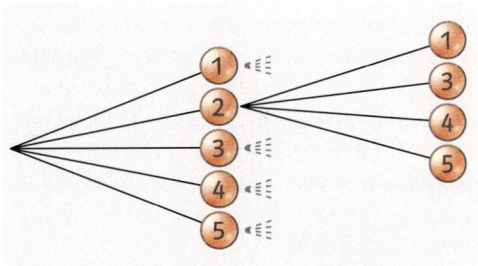

Zieht man alle Kugeln ohne Zurücklegen, so zieht man genau 5-mal. Jedes Ergebnis dieser Ziehung ist eine Umsortierung der nummerierten Kugeln. Die Anzahl dieser so genannten **Permutationen** ist dann $5 \cdot 4 \cdot 3 \cdot 2 \cdot 1 = 120$. Für dieses Produkt der Zahlen 1 bis 5 schreibt man kurz 5! (sprich „5 **Fakultät**"). Allgemein gilt: $n! = n \cdot (n-1) \cdot \ldots \cdot 1$.

Es ist $1! = 1$, $2! = 2 \cdot 1$, $3! = 3 \cdot 2 \cdot 1 = 6$. Allgemein gilt für $n > 1$: $n! = n \cdot (n-1)!$ Erweitert man diese Eigenschaft auf $n = 1$ ergibt dies $1! = 1 \cdot 0!$ Daher definiert man $0! = 1$.

Werden aus einer Urne mit n nummerierten Kugeln nur k Kugeln (k < n) ohne Zurücklegen gezogen, so gibt es $n \cdot (n-1) \cdot \ldots \cdot (n-k+1)$ unterschiedliche Ergebnisse. Dieser Ausdruck kann mithilfe der Fakultät kürzer geschrieben werden:
Durch Erweitern von $n \cdot (n-1) \cdot \ldots \cdot (n-k+1)$ mit $(n-k)!$ erhält man
$n \cdot (n-1) \cdot \ldots \cdot (n-k+1) \cdot \frac{(n-k)!}{(n-k)!} = \frac{n \cdot (n-1) \cdot \ldots \cdot (n-k+1) \cdot (n-k) \cdot \ldots \cdot 1}{(n-k)!} = \frac{n!}{(n-k)!}$.

> Aus einer Urne mit n nummerierten Kugeln werden nacheinander k Kugeln gezogen, ohne die Kugeln wieder zurückzulegen. Berücksichtigt man bei den Ergebnissen die Reihenfolge der gezogenen Kugeln, dann gibt es $\frac{n!}{(n-k)!} = n \cdot (n-1) \cdot \ldots \cdot (n-k+1)$ mögliche Ergebnisse.
> Zieht man alle n Kugeln ohne Zurücklegen, so gibt es $n! = n \cdot (n-1) \cdot \ldots \cdot 1$ mögliche Ergebnisse (**Permutationen**).

Auch hier ist die Wahrscheinlichkeit eines Ergebnisses
$P = \frac{1}{\text{Anzahl der möglichen Ergebnisse}}$.

Ziehen ohne Zurücklegen und ohne Beachtung der Reihenfolge (d.h. mit einem Griff)

Betrachtet man zunächst die Ziehung mit Beachtung der Reihenfolge, ergibt sich beim Ziehen von zwei Kugeln aus der Urne die Ergebnismenge {12, 13, 14, 15, 21, 23, 24, 25, 31, 32, 34, 35, 41, 42, 43, 45, 51, 52, 53, 54}.
Da aber die Reihenfolge nicht berücksichtigt werden soll, fallen von diesen Ergebnissen jeweils zwei zusammen, z.B. 12 und 21 oder 34 und 43. Die Zahl der Ergebnisse halbiert sich also.
Da $2 = 2!$, gibt dies somit $\frac{5!}{2! \cdot (5-2)!} = 10$ Ergebnisse.

Werden drei Kugeln gezogen, so liefern jeweils sechs Ziehungen dasselbe Ergebnis, z.B. 123, 132, 213, 231, 312, 321. Das sind genau die 3! Anordnungen der Kugeln 1, 2 und 3. Für die Anzahl der möglichen Ergebnisse gilt daher $\frac{5!}{3! \cdot (5-3)!} = 10$.

Zieht man allgemein k Kugeln, so liefern bei der Ergebnismenge mit Berücksichtigung der Reihenfolge k! Ziehungen dasselbe Ergebnis. Da es mit Berücksichtigung der Reihenfolge $\frac{n!}{(n-k)!}$ Ziehungen gibt, erhält man ohne Berücksichtigung der Reihenfolge $\frac{1}{k!} \cdot \frac{n!}{(n-k)!} = \frac{n!}{k! \cdot (n-k)!}$ Ergebnisse. Dafür schreibt man kurz $\binom{n}{k}$ und sagt „n über k" oder „k aus n".

Das Ziehen „**mit einem Griff**" entspricht dem Ziehen ohne Zurücklegen und ohne Berücksichtigung der Reihenfolge.

> Aus einer Urne mit n nummerierten Kugeln werden nacheinander k Kugeln gezogen, ohne die Kugeln wieder zurückzulegen. Berücksichtigt man bei den Ergebnissen die Reihenfolge der Ziehung nicht, dann gibt es $\binom{n}{k} = \frac{n!}{k! \cdot (n-k)!}$ mögliche Ergebnisse (**Kombinationen**).
> $\binom{n}{k}$ nennt man **Binomialkoeffizienten**.

Fakultäten und Binomialkoeffizienten können Sie mit Ihrem Taschenrechner bestimmen.

Beispiel 1 Ziehen mit Zurücklegen – die Reihenfolge wird berücksichtigt
Ein Computerzeichen (Byte) besteht aus 8 Bit. Jedes Bit kann den Wert 0 oder 1 haben. Berechnen Sie, wie viele verschiedene Zeichen in einem Byte dargestellt werden können.
Lösung
Das Zufallsexperiment „Bestimmen eines Computerzeichens" entspricht dem achtmaligen Ziehen mit Zurücklegen aus einer Urne mit zwei Kugeln, beschriftet mit 0 und 1. Die Reihenfolge ist zu berücksichtigen. Es gibt also $2^8 = 256$ verschiedene Zeichen.

Ein Computerzeichen

In diesem Byte ist z.B. der Buchstabe A gespeichert.

Beispiel 2 Ziehen ohne Zurücklegen
Bei einem Rennen mit acht Pferden werden zwei Wetten angeboten. Man wettet auf
(1) den Einlauf der ersten drei Pferde in der richtigen Reihenfolge.
(2) den Einlauf der ersten drei Pferde, wobei die Reihenfolge keine Rolle spielt.
a) Berechnen Sie die Anzahl der Möglichkeiten bei den beiden Wetten.
b) Berechnen Sie bei (1) und (2) die Gewinnwahrscheinlichkeit, wenn man annimmt, dass alle Pferde gleiche Gewinnchancen haben.

Lösung

a) (1) Es gibt $8 \cdot 7 \cdot 6 = \frac{8!}{5!} = 336$ Wettmöglichkeiten.   b) $P((1)) = \frac{1}{336}$

(2) Es gibt $\binom{8}{3} = \frac{8!}{3! \cdot 5!} = 56$ Wettmöglichkeiten.   bzw. $P((2)) = \frac{1}{56}$.

Beispiel 3 Ziehen ohne Zurücklegen – die Reihenfolge wird nicht berücksichtigt.
Berechnen Sie die Wahrscheinlichkeit, beim Lotto „6 aus 49" sechs Richtige zu erzielen.
Lösung
Beim Lotto werden sechs Kugeln aus einer Urne mit 49 nummerierten Kugeln ohne Zurücklegen und ohne Berücksichtigung der Reihenfolge gezogen.

Es gibt also $\binom{49}{6} = \frac{49!}{6! \cdot 43!} = 13\,983\,816$ Ziehungsmöglichkeiten. Nur eine davon ergibt sechs Richtige. Da alle Ziehungsmöglichkeiten gleich wahrscheinlich sind, ist die Wahrscheinlichkeit, beim Lotto sechs Richtige zu erzielen, $P(\text{„6 Richtige"}) = \frac{1}{13\,983\,816}$.

Auf dasselbe Ergebnis kommt man mithilfe eines Baumdiagramms und der Pfadregel:

$P(\text{„6 Richtige"}) = \frac{6}{49} \cdot \frac{5}{48} \cdot \frac{4}{47} \cdot \frac{3}{46} \cdot \frac{2}{45} \cdot \frac{1}{44} = \frac{1}{13\,983\,816}$.

Aufgaben

1 Ein idealer Würfel wird dreimal geworfen. Bestimmen Sie die Wahrscheinlichkeit der Ereignisse A: „alle Augenzahlen gerade" und B: „alle Augenzahlen größer als 4".

2 a) Wie viele verschieden Telefonnummern mit sechs Ziffern sind möglich, wenn die erste Ziffer keine 0 sein darf? Wie viele von diesen Telefonnummern enden auf 77?
   b) Ein Zahlenschloss besteht aus 5 Rädern zu je 10 Ziffern. Wie lange dauert es höchstens, das Schloss zu knacken, wenn für jede versuchte Einstellung 3 Sekunden benötigt werden?

3 a) Eine Münze wird sechsmal geworfen. Berechnen Sie, wie viele Ergebnisse möglich sind.
   b) Berechnen Sie, wie viele verschiedene Zahlen man aus den Ziffern 1, 2, 3 und 4 bilden kann, wenn jede Zahl genau einmal vorkommen darf.
   c) Berechnen Sie, wie viele fünfstellige Zahlen man aus den Ziffern 1, 2 und 3 bilden kann, wenn jede Ziffer beliebig oft vorkommen darf.

4 Das Glücksrad rechts wird viermal gedreht. Berechnen Sie,
   a) wie viele Ergebnisse möglich sind, wenn die Reihenfolge der Farben berücksichtigt wird,
   b) die Wahrscheinlichkeit, dass   (1) das Ergebnis rot-gelb-orange-blau erscheint,
      (2) jede Farbe genau einmal erscheint,   (3) mindestens einmal rot erscheint.

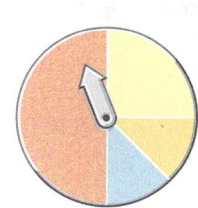

5 Drei Tetraeder werden geworfen. „Eins" ist geworfen, wenn die 1 an der unteren Kante steht.
   a) Berechnen Sie die Anzahl verschiedener möglicher Ergebnisse.
   b) Berechnen Sie die Wahrscheinlichkeit, dass mindestens eine 4 dabei ist.
   c) Berechnen Sie, wie viele Ergebnisse mit verschiedenen Augenzahlen möglich sind.

6 An einem 100-m-Lauf nehmen sechs Läufer teil, die nacheinander durchs Ziel gehen. Bestimmen Sie die Anzahl der möglichen Reihenfolgen, in der
   a) alle sechs Läufer,   b) die ersten drei Läufer,   c) die letzten beiden Läufer
   durch das Ziel gehen.

7 Bei Annas Geburtstag sind Barbara, Christian, Dennis, Elisa und Felix eingeladen. Berechnen Sie
   a) in wie vielen Reihenfolgen die Gäste eintreffen können, wenn alle alleine kommen,
   b) die Wahrscheinlichkeit, dass Felix als Letzter kommt,
   c) die Wahrscheinlichkeit, dass Barbara als Erste und Elisa als Zweite kommt.

O Test

8 Berechnen Sie die Anzahl der vierstelligen Zahlen aus den Ziffern 1, 2, 3, 4 und 5. Geben Sie ein Urnenexperiment an, mit dem man die Zahlen als Ergebnisse ermitteln kann. Es soll gelten:
a) Jede Ziffer darf beliebig oft auftreten.   b) Jede Ziffer darf nur einmal auftreten.

9 Bei einer Pferdewette wettet man auf den Einlauf der ersten drei von insgesamt 15 Pferden. Man erreicht Gewinnklasse I, wenn man die ersten drei Pferde in der richtigen Reihenfolge ihres Einlaufs richtig vorhersagt, und Gewinnklasse II, wenn man die ersten drei Pferde in beliebiger Reihenfolge richtig vorhersagt. Bestimmen Sie die Wahrscheinlichkeiten für die beiden Gewinnklassen – gleiche Gewinnchancen für alle Pferde angenommen.

10 Bei der 13er-Ergebniswette im Fußballtoto kreuzt man als Vorhersage bei 13 Fußballspielen an, ob die Heimmannschaft gewinnt (1), ob der Gast gewinnt (2) oder ob das Spiel unentschieden ausgeht (0). Ein möglicher Tipp ist z. B. 1201022012201, d.h. das erste Spiel gewinnt der Gastgeber, das zweite der Gast, das dritte endet unentschieden usw.

a) Begründen Sie, warum bei einem Toto-Tipp die Reihenfolge der Ziffern 0; 1 und 2 eine Rolle spielt.
b) Berechnen Sie die Wahrscheinlichkeit, bei einem Tipp alle Spiele richtig zu tippen. Welche Annahme macht man dabei?
c) Berechnen Sie die Anzahl möglicher Tipps, bei denen kein Spiel richtig getippt wird.

11 Fünf Würfel werden gleichzeitig geworfen. Berechnen Sie die Wahrscheinlichkeit des Ereignisses.
a) A: fünf verschiedene Augenzahlen   b) B: fünf gleiche Augenzahlen
c) C: „große Straße" (fünf aufeinanderfolgende Zahlen)

12 In einem Hotel sind noch vier Zimmer frei, aber am Empfang stehen sechs Gäste, die alle ein eigenes Zimmer haben wollen. Die Zimmer werden zufällig unter den Gästen verteilt.
a) Berechnen Sie die Anzahl der Möglichkeiten, die Zimmer zu verteilen.
b) Berechnen Sie die Wahrscheinlichkeit, dass ein bestimmter Gast ein Zimmer erhält.
c) Die Hotelfachkraft tippt auf die vier Gäste, denen die Hotelleitung ein Zimmer geben wird. Berechnen Sie die Wahrscheinlichkeit, dass sie richtig rät.

13 Wie viele Permutationen können mit folgenden Buchstaben gebildet werden?
a) JENS   b) ANNA   c) STUTTGART   d) MISSISSIPPI

14 Wie viele Möglichkeiten gibt es?
a) Im Sportunterricht werden von 16 Schülerinnen drei zum Aufbau der Turngeräte ausgewählt.
b) Von 8 freien Sitzplätzen werden im Kino fünf Plätze reserviert.
c) Aus einem Skatspiel mit 32 Karten werden 4 Karten gezogen.

15 Aus 21 Schülerinnen werden sechs für ein Festkomitee bestimmt.
a) Bestimmen Sie die Anzahl der möglichen Sechsergruppen.
b) Bestimmen Sie, wie viele Sechsergruppen möglich sind, wenn die beiden Klassensprecherinnen auf jeden Fall dabei sein sollen.

16 Unter 50 LED-Lampen in einem Karton befinden sich zwei defekte Lampen. Jemand wählt zwei Lampen aus. Bestimmen Sie die Wahrscheinlichkeit, dass beide Lampen in Ordnung sind.

17 In einer Urne befinden sich zehn Kugeln mit den Nummern 1 bis 10. Bestimmen Sie die Wahrscheinlichkeit,
a) stets die gleiche Nummer zu erhalten, wenn man dreimal mit Zurücklegen zieht.
b) drei verschiedene Nummern zu erhalten, wenn man dreimal mit Zurücklegen zieht.
c) drei Nummern größer als 5 zu erhalten, wenn man drei Kugeln mit einem Griff zieht.

18 Ein Kartenspiel besteht aus 5 weißen und 7 schwarzen Karten.
a) Es werden vier Karten ohne Zurücklegen gezogen. Berechnen Sie die Wahrscheinlichkeiten der Ereignisse. A: Alle Karten sind weiß. B: Genau zwei Karten sind weiß.
b) Alle Karten werden nacheinander ohne Zurücklegen gezogen. Bestimmen Sie die Wahrscheinlichkeit, mit der man zuerst alle Karten der einen Farbe und dann alle Karten der anderen Farbe erhält.
c) Es werden 5 Karten mit einem Griff gezogen. Mit welcher Wahrscheinlichkeit sind genau 3 Karten schwarz?

● Test

 → Lösungen | Seite 409

19 a) In Österreich wird Lotto „6 aus 45" gespielt. Berechnen Sie die Wahrscheinlichkeit, bei einem Tipp sechs Richtige zu erzielen.
b) In einer feierlichen Runde stößt jeder der fünf Gäste mit jedem anderen Gast einmal mit seinem Sektglas an. Berechnen Sie, wie oft die Gläser klingen.
c) In einer Kleinstadt gibt es 1000 Telefonanschlüsse. Berechnen Sie die Anzahl der möglichen Verbindungen zwischen jeweils zwei Telefonanschlüssen.

20 Um die Wahrscheinlichkeit für vier Richtige beim Lotto 6 aus 49 zu bestimmen, kann man während der Ziehung „r" für eine richtig getippte und „f" für eine falsch getippte Zahl notieren.
a) Bestimmen Sie die Wahrscheinlichkeit für eine Ziehung, bei der man rrrrff notiert.
b) Schreiben Sie alle Möglichkeiten mit vier Richtigen auf, also rrrrff, rrrfrf, rrfrrf usw. Begründen Sie, dass es $\binom{6}{4} = 15$ Kombinationen gibt.
c) Berechnen Sie die Wahrscheinlichkeit für jede der Kombinationen in Teilaufgabe b) sowie die Wahrscheinlichkeit für vier Richtige.
d) Bestimmen Sie die Wahrscheinlichkeit für zwei Richtige beim Lotto.
e) Beim Lotto erzielt man bei einem Spieltipp einen Gewinn, wenn man mindestens drei Richtige hat. Zeigen Sie, dass die Wahrscheinlichkeit für einen Gewinn pro Spiel nur etwa 1,86 % beträgt. Berechnen Sie die Wahrscheinlichkeit, dass man bei 50 (100, 1000) Spielen mindestens einen Gewinn erzielt.

21 Im Pascal'schen Zahlendreieck werden die Binomialkoeffizienten $\binom{n}{k}$ für n, k ≥ 0 dargestellt.
a) Erläutern Sie das Bildungsgesetz und lesen Sie $\binom{2}{1}$, $\binom{4}{2}$, $\binom{5}{3}$ und $\binom{6}{5}$ im Dreieck ab.
b) Multiplizieren Sie $(a+b)^2$, $(a+b)^3$ und $(a+b)^4$ aus. Was fällt Ihnen auf? Geben Sie bei $(a+b)^6$ den Koeffizienten von a^2b^4 an, ohne die Klammern auszumultiplizieren.

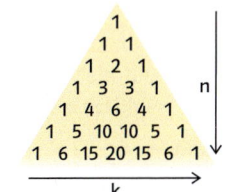

Pascal'sches Zahlendreieck

22 Begründen Sie:
a) $\binom{n}{0} = \binom{n}{n} = 1$ b) $\binom{n}{1} = n$ c) $\binom{n}{n-1} = n$ d) $\binom{n}{k} = \binom{n}{n-k}$

Grundwissen Test

→ Grundwissen
Seite 59
Lösung | Seite 409

23 Bestimmen Sie die erste und die zweite Ableitung der Funktion f.
a) $f(x) = -3x^4 + 6x^2 + x - 1$
b) $f(x) = 2x^3 - \sqrt{2}x + \frac{1}{2}\sqrt{2}$
c) $f(x) = \frac{3}{2}x^3 + \frac{3}{x}$
d) $f(x) = \frac{1}{3}(4x - 2)^3$

9 Diskrete Zufallsgrößen

Ein Spielautomat besteht aus drei Glücksrädern, die nacheinander gedreht werden.
Der Einsatz beträgt 1 Euro.
Bei dreimal „rot" zahlt der Automat 5 € aus, und bei zweimal „rot" 2 €.
a) Zeichnen Sie ein Baumdiagramm; notieren Sie an jeden Ast die Auszahlung und den Gewinn.
b) Mit welchen Wahrscheinlichkeiten tritt ein Ereignis ein, sodass man gewinnt?

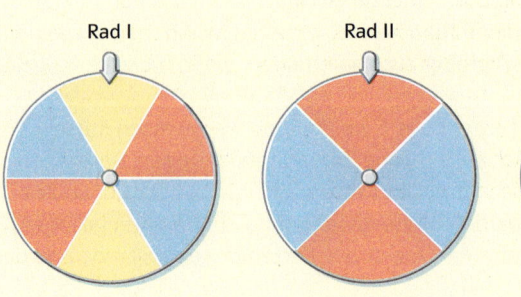

Entnimmt man z. B. einer Sendung von Gläsern mit einem Ausschussanteil von 3 % nacheinander zwei Gläser, interessiert man sich nur für die Anzahl der schadhaften Gläser, nicht dafür, welche Gläser schadhaft sind (Fig. 1).
Man führt eine Funktion X ein, die jedem Ergebnis die Anzahl der schadhaften Gläser zuordnet. Somit kann X hier nur die Werte 0; 1 und 2 annehmen.
Eine solche Funktion X nennt man (diskrete) **Zufallsgröße** oder auch **Zufallsvariable**.
Da z. B. der Wert $X = 1$ für die beiden Ergebnisse „se" und „es" angenommen wird, erhält man die Wahrscheinlichkeit $P(X = 1)$ als Summe der Wahrscheinlichkeiten der beiden Ergebnisse „se" und „es": $P(X = 1) = 0{,}03 \cdot 0{,}97 + 0{,}97 \cdot 0{,}03 = 0{,}0582$. Hierfür schreibt man kurz: $P(X = 1) = 0{,}0582$.
Entsprechend gilt: $P(X = 0) = 0{,}97 \cdot 0{,}97 = 0{,}9409$ und $P(X = 2) = 0{,}03 \cdot 0{,}03 = 0{,}0009$.

Fig. 1

Wenn ein Zufallsgröße X nur endlich viele Werte annimmt, wird sie als **diskret** bezeichnet.

Allgemein bezeichnet man die von einer Zufallsgröße X angenommenen Werte mit x_i und die zugehörigen Wahrscheinlichkeiten mit $P(X = x_i)$. Damit ergibt sich die Tabelle in Fig. 2.

x_i	0	1	2
$P(X = x_i)$	0,9409	0,0582	0,0009

Fig. 2

Der Index i nimmt hier die Werte 1, 2 und 3 an. Es ist $x_1 = 0$, $x_2 = 1$ und $x_3 = 2$.

> Eine **Zufallsgröße** ordnet jedem Ergebnis eines Zufallsexperimentes eine reelle Zahl zu.
> Die Funktion, die jedem x_i (i = 1; …; n) der Zufallsgröße X die Wahrscheinlichkeit $P(X = x_i)$ zuordnet, heißt **Wahrscheinlichkeitsverteilung der Zufallsgröße X** oder **Wahrscheinlichkeitsfunktion der Zufallsgröße X**.

Bei der Bestimmung der Wahrscheinlichkeitsverteilung einer Zufallsgröße X klärt man zunächst, welche Werte X annehmen kann. Die zugehörigen Wahrscheinlichkeiten ermittelt man dann meistens mithilfe der Pfadregeln (s. Beispiel 1) oder der Kombinatorik (s. Beispiel 2).

Beispiel 1 Wahrscheinlichkeitsverteilung einer Zufallsgröße X mit Pfadregel
Das Glücksrad rechts wird so oft gedreht, bis die Summe der auftretenden Zahlen mindestens 3 ist. Ermitteln Sie die Wahrscheinlichkeitsverteilung der Zufallsgröße X, welche die Anzahl der hierfür benötigten Drehungen beschreibt.

292

Lösung
Da die kleinste Zahl auf dem Glücksrad 1 ist, muss das Rad höchstens dreimal gedreht werden. Wegen der Zahlen 3 und 5 kann auch schon eine Drehung ausreichen. Die Zufallsgröße X kann somit die Werte 1, 2 und 3 annehmen.
Die Wahrscheinlichkeiten erhält man mit der Pfadregel. Wahrscheinlichkeitsverteilung:

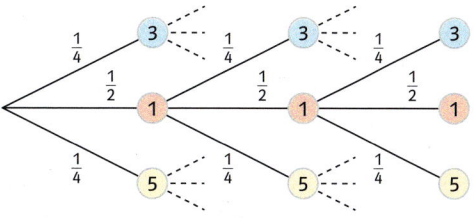

Anzahl Drehungen x_i	1	2	3
Ergebnisse	3; 5	13; 15	111; 113; 115
$P(X = x_i)$	$\frac{1}{4} + \frac{1}{4} = \frac{1}{2}$	$\frac{1}{2} \cdot \frac{1}{4} + \frac{1}{2} \cdot \frac{1}{4} = \frac{1}{4}$	$\frac{1}{2} \cdot \frac{1}{2} \cdot \left(\frac{1}{2} + \frac{1}{4} + \frac{1}{4}\right) = \frac{1}{4}$

Beispiel 2 Wahrscheinlichkeitsverteilung der Zufallsgröße X mithilfe der Kombinatorik
Eine Urne enthält fünf rote und zehn schwarze Kugeln. Man entnimmt mit einem Griff drei Kugeln. Die Zufallsgröße X beschreibt die Anzahl der roten Kugeln unter den gezogenen. Ermitteln Sie die Wahrscheinlichkeitsverteilung von X.

Lösung
Da man Ziehen mit einem Griff auch deuten kann als Ziehen ohne Zurücklegen, kann man die Wahrscheinlichkeiten mit einem Baumdiagramm und den Pfadregeln bestimmen. Mithilfe von Binomialkoeffizienten erhält man die Wahrscheinlichkeitsverteilung wie folgt:

x_i	0	1	2	3
$P(X = x_i)$	$\frac{\binom{10}{3}}{\binom{15}{3}} = \frac{120}{455} = \frac{24}{91}$	$\frac{\binom{5}{1} \cdot \binom{10}{2}}{\binom{15}{3}} = \frac{255}{455} = \frac{45}{91}$	$\frac{\binom{5}{2} \cdot \binom{10}{1}}{\binom{15}{3}} = \frac{100}{455} = \frac{20}{91}$	$\frac{\binom{5}{3}}{\binom{15}{3}} = \frac{10}{455} = \frac{2}{91}$

Beispiel 3 Wahrscheinlichkeitsverteilung bei Glücksspielen berechnen
Max und Jan spielen folgendes Spiel: Ein Reißnagel mit der Wahrscheinlichkeit $\frac{2}{3}$ für Kopf wird dreimal geworfen. Jan zahlt an Max 1 €, wenn höchstens einmal Seite fällt; Max zahlt an Jan 2 €, wenn zweimal Seite fällt. Keiner zahlt etwas, wenn dreimal Seite fällt. Die Zufallsgröße X ordnet jedem Ergebnis des dreistufigen Zufallsexperimentes den Gewinn von Max (in Euro) zu.
a) Zeichnen Sie ein Baumdiagramm und bestimmen Sie die Wahrscheinlichkeiten, mit denen die einzelnen Ergebnisse eintreten.
b) Bestimmen Sie die Wahrscheinlichkeitsverteilung der Zufallsgröße X.

Kopf Seite

Lösung
a)

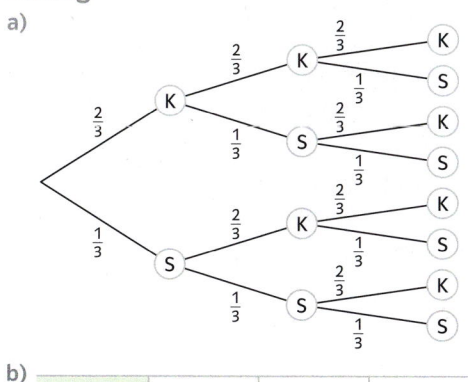

e_i	$P(e_i)$	Gewinn von Max (in Euro)
KKK	$\frac{8}{27}$	0
KKS	$\frac{4}{27}$	−2
KSK	$\frac{4}{27}$	−2
KSS	$\frac{2}{27}$	1
SKK	$\frac{4}{27}$	−2
SKS	$\frac{2}{27}$	1
SSK	$\frac{2}{27}$	1
SSS	$\frac{1}{27}$	1

b)

x_i	−2	0	1
$P(X = x_i)$	$\frac{12}{27}$	$\frac{8}{27}$	$\frac{7}{27}$

Aufgaben

1 Eine Urne enthält drei schwarze und sieben weiße Kugeln. Der Urne werden mit einem Griff drei Kugeln entnommen. Die Zufallsgröße X beschreibt die Anzahl der gezogenen schwarzen Kugeln. Ermitteln Sie die Wahrscheinlichkeitsverteilung der Zufallsgröße X
a) mithilfe der Pfadregel.
b) mithilfe der Kombinatorik.

2 Ein Tetraeder wird so lange geworfen, bis die Augensumme mindestens 4 beträgt. Die Zufallsgröße X beschreibt die Anzahl der hierzu benötigten Würfe. Bestimmen Sie die Wahrscheinlichkeitsverteilung von X.

3 Vor einem Fahrstuhl steht eine Gruppe von sieben Personen: Drei Personen wiegen je 72 kg, zwei wiegen je 80 kg und zwei weitere Personen wiegen 82 und 85 kg. Zwei zufällig ausgewählte Personen betreten den Fahrstuhl. Die Zufallsgröße X ordnet diesen beiden Personen das Gesamtgewicht zu. Ermitteln Sie die Wahrscheinlichkeitsverteilung von X.

Test
→ Lösungen | Seite 409

4 Ein Autofahrer muss bei seiner Fahrt zum Arbeitsplatz drei Ampeln passieren, die unabhängig voneinander den Verkehr regeln. Jede der Ampeln steht mit der Wahrscheinlichkeit 0,4 auf Rot. Die Zufallsgröße X ordnet jeder Fahrt die Anzahl der Ampeln zu, die der Fahrer ohne Halt passieren kann.
a) Ermitteln Sie die Wahrscheinlichkeitsverteilung von X.
b) Mit welcher Wahrscheinlichkeit muss der Fahrer mindestens zweimal anhalten?

5 Ein Spieler zieht aus der abgebildeten Urne zwei Kugeln ohne Zurücklegen. Laut „Gewinnplan" erhält er für zwei weiße Kugeln 1,00 €; für zwei rote Kugeln 0,25 € und für eine weiße und eine rote Kugel 0,20 €. Ist die schwarze Kugel unter den gezogenen, so muss der Spieler 1,00 € bezahlen. Ermitteln Sie die Wahrscheinlichkeitsverteilung für den Gewinn des Spielers.

6 Bei einem Glücksspiel beim Altstadtfest besteht die Spielunterlage aus sechs Feldern mit den Zahlen 1 bis 6. Ein Spieler setzt auf eines der Felder. Dann werden drei Würfel geworfen. Erscheint die Zahl des gewählten Feldes ein-, zwei- oder dreimal, erhält der Spieler ein bzw. zwei oder drei Bonbons als Gewinn.
a) Bestimmen Sie die Wahrscheinlichkeitsverteilung für den Spieler.
b) Mit welcher Wahrscheinlichkeit erhält ein Spieler mindestens zwei Bonbons?

Test
→ Lösungen | Seite 409

7 Beim Würfelspiel „2 & 12" werden zwei Würfel gleichzeitig geworfen. Die Bank zahlt dem Spieler das Zehnfache der Augensumme in Cent aus, wenn die Augensumme 2 oder 12 ist. Bei der Augensumme 3 oder 11 erhält er das Fünffache in Cent und bei der Augensumme 4 oder 10 das Doppelte in Cent. Bei den Augensummen 5 bis 9 wird so viel in Cent ausbezahlt, wie die Augensumme angibt.
Geben Sie die Wahrscheinlichkeitsverteilung der Zufallsgröße „Auszahlung der Bank (in Cent)" an.

Grundwissen Test

8 Bestimmen Sie die 1. und 2. Ableitung der Funktion f.
a) $f(x) = 5 \cdot e^{x-2} - 5$
b) $f(x) = e^x \cdot (e^x - 0{,}2)$
c) $f(x) = (1{,}5x - 0{,}5) \cdot e^{2x}$
d) $f(x) = 2 \cdot 3^x - 6$

Grundwissen
Seite 72, Beispiel 1
Lösung | Seite 409

10 Erwartungswert und Standardabweichung bei Zufallsgrößen

Für ein Spiel stehen ein idealer Würfel und ein Würfelquader zur Verfügung. Die Würfel wurden 1800-mal bzw. 2000-mal geworfen und die entsprechenden Häufigkeiten der Augenzahlen notiert.

Würfel I

1	2	3	4	5	6
307	293	305	296	295	304

Würfel II

1	2	3	4	5	6
602	295	103	97	305	598

a) Mit welcher durchschnittlichen Augenzahl kann man bei beiden Würfeln rechnen, wenn man sehr oft würfelt?

b) Worin unterscheiden sich vermutlich die Wahrscheinlichkeitsverteilungen der beiden Würfel?

Die Tabelle gibt z. B. die Häufigkeiten der Zahlen 1 bis 6 an, nachdem das Glücksrad rechts 10-mal gedreht wurde. Es interessiert, welcher Wert durchschnittlich zu erwarten ist. Als Mittelwert $\bar{x}$ der gedrehten Zahlen erhält man

Zahl	1	2	3	4	5	6
Häufigkeit	3	2	2	0	2	1

$$\bar{x} = \frac{1 \cdot 3 + 2 \cdot 2 + 3 \cdot 2 + 4 \cdot 0 + 5 \cdot 2 + 6 \cdot 1}{10}$$
$$= 1 \cdot \frac{3}{10} + 2 \cdot \frac{2}{10} + 3 \cdot \frac{2}{10} + 4 \cdot \frac{0}{10} + 5 \cdot \frac{2}{10} + 6 \cdot \frac{1}{10}$$
$$= 2{,}9.$$

Überträgt man diese Vorgehensweise auf ein Experiment, welches sehr oft durchgeführt wird, so ersetzt man die relativen Häufigkeiten durch die zugeordneten Wahrscheinlichkeiten und erhält damit eine Abschätzung des zu erwartenden Mittelwerts

$$\mu = 1 \cdot \frac{3}{12} + 2 \cdot \frac{3}{12} + 3 \cdot \frac{2}{12} + 4 \cdot \frac{2}{12} + 5 \cdot \frac{1}{12} + 6 \cdot \frac{1}{12} = 3{,}5.$$

Diese Abschätzung nennt man den **Erwartungswert**; er wird mit μ oder mit $E(X)$ bezeichnet.

Der Buchstabe μ (lies: mü) für den Erwartungswert soll an „Mittelwert" erinnern.

Bei einem Glücksspiel darf man bei einem Einsatz von 1,00 € das Glücksrad einmal drehen. Bleibt das Glücksrad auf einer der Zahlen 5 oder 6 stehen, erhält man eine Auszahlung von jeweils 3,00 €; bei den Zahlen 3 oder 4 jeweils 1,00 € und bei den Zahlen 1 und 2 keine Auszahlung. Betrachtet man als Zufallsgröße X die Auszahlung an den Spieler, so gilt:

$P(X = 3) = \frac{1}{12} + \frac{1}{12} = \frac{1}{6}$, $P(X = 1) = \frac{2}{12} + \frac{2}{12} = \frac{1}{3}$ und $P(X = 0) = \frac{3}{12} + \frac{3}{12} = \frac{1}{2}$.

Entsprechend zu den oben genannten Überlegungen erhält man für die Zufallsgröße X eine mittlere zu erwartende Auszahlung von $\mu = 3 \cdot \frac{1}{6} + 1 \cdot \frac{1}{3} + 0 \cdot \frac{1}{2} = \frac{5}{6} \approx 0{,}83 \, €$.

Der Spieler kann also davon ausgehen, dass er beim häufigen Spielen im Mittel eine Auszahlung von etwa 0,83 € erhält. Bei einem Einsatz von 1,00 € macht man daher langfristig pro Spiel ca. 1,00 € − 0,83 € = 0,17 € Verlust.

Kann eine Zufallsgröße X die Werte $x_1, x_2, ..., x_n$ annehmen, so heißt die reelle Zahl

$$\mu = E(X) = \sum_{i=1}^{n} x_i \cdot P(X = x_i) = x_1 \cdot P(X = x_1) + x_2 \cdot P(X = x_2) + \cdots + x_n \cdot P(X = x_n)$$

Erwartungswert der Zufallsgröße X.

Beträgt bei einem Glücksspiel der Erwartungswert für den Gewinn 0, so wird ein Spieler langfristig weder Geld gewinnen noch verlieren. Man sagt in diesem Fall, das **Spiel ist fair**.

Neben dem Erwartungswert gibt es eine weitere charakteristische Größe einer Wahrscheinlichkeitsverteilung. Die beiden Verteilungen rechts haben denselben Erwartungswert $\mu = 25$, aber die Verteilungen „streuen" verschieden um diesen Erwartungswert.
Es liegt nahe, diese „Streuung" der Daten x_i durch die Summe ihrer Abweichungen $x_i - \mu$ vom Erwartungswert zu messen. Diese Summe hat jedoch den Wert 0, da sich die positiven und negativen Abweichungen gegenseitig aufheben.

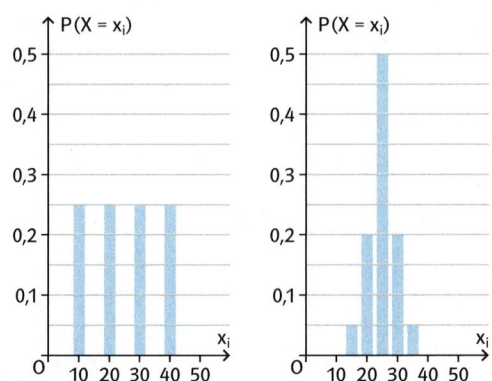

Die Verschiedenheit im Vorzeichen dieser Abweichungen lässt sich durch den Betrag $|x_i - \mu|$ oder durch Quadrieren $(x_i - \mu)^2$ beseitigen. Aufgrund theoretischer Überlegungen wählt man das Quadrieren, hier werden die großen Abweichungen stärker gewichtet. Um zu verhindern, dass mit zunehmender Anzahl n der Daten das Streuungsmaß größer wird, dividiert man die Summe der quadrierten Abweichungen durch die Gesamtzahl n der Durchführungen. Man erhält damit den Mittelwert der Abweichungsquadrate, die **Varianz V(X)** einer Wahrscheinlichkeitsverteilung. Um dieses quadratische Streuungsmaß mit der tatsächlichen Abweichung vergleichen zu können, ist es sinnvoll aus der Varianz wieder die Wurzel zu ziehen. Man erhält damit die **Standardabweichung σ** einer Zufallsgröße X, also $\sigma = \sqrt{V(X)}$.

Die Varianz wird sehr oft auch mit σ^2 bezeichnet

> Ist X eine Zufallsgröße, welche die Werte $x_1, x_2, \ldots, x_n$ annehmen kann und den Erwartungswert μ hat, so heißt die reelle Zahl $\sigma = \sqrt{(x_1 - \mu)^2 \cdot P(X = x_1) + \cdots + (x_n - \mu)^2 \cdot P(X = x_n)}$
> **Standardabweichung von X**.

Viele Taschenrechner haben eine Funktion zur einfachen Berechnung von Erwartungswert und Standardabweichung.

Beispiel 1 Erwartungswert und Standardabweichung einer Zufallsgröße bestimmen
Gegeben ist die Zufallsgröße X: „Augensumme beim Würfeln mit zwei Würfeln".
Bestimmen Sie die Wahrscheinlichkeitsverteilung von X, den Erwartungswert E(X) und die Standardabweichung σ von X.

Lösung
Die Zufallsgröße kann die Werte 2; 3; …; 12 annehmen. Die Wahrscheinlichkeitsverteilung (siehe Grafik rechts) erhält man mithilfe eines Baumdiagramms.
So gehören zum Ereignis X = 5 die Ergebnisse 14; 23; 32 und 41. Da alle vier Ergebnisse gleich wahrscheinlich sind, ist $P(X = 5) = \frac{4}{36}$.

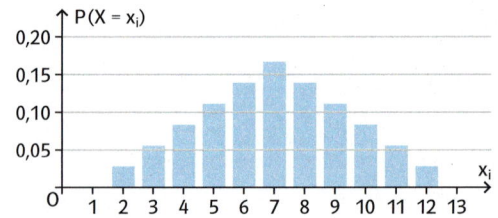

Augensumme: 1 + 4 = 5

Wahrscheinlichkeitsverteilung:

x_i	2	3	4	5	6	7	8	9	10	11	12
$P(X = x_i)$	$\frac{1}{36}$	$\frac{2}{36}$	$\frac{3}{36}$	$\frac{4}{36}$	$\frac{5}{36}$	$\frac{6}{36}$	$\frac{5}{36}$	$\frac{4}{36}$	$\frac{3}{36}$	$\frac{2}{36}$	$\frac{1}{36}$

Für den Erwartungswert μ und die Standardabweichung σ gelten:

$\mu = 2 \cdot \frac{1}{36} + 3 \cdot \frac{2}{36} + 4 \cdot \frac{3}{36} + 5 \cdot \frac{4}{36} + 6 \cdot \frac{5}{36} + 7 \cdot \frac{6}{36} + 8 \cdot \frac{5}{36} + 9 \cdot \frac{4}{36} + 10 \cdot \frac{3}{36} + 11 \cdot \frac{2}{36} + 12 \cdot \frac{1}{36} = 7;$

$\sigma = \sqrt{(2-7)^2 \cdot \frac{1}{36} + (3-7)^2 \cdot \frac{2}{36} + (4-7)^2 \cdot \frac{3}{36} + \cdots + (11-7)^2 \cdot \frac{2}{36} + (12-7)^2 \cdot \frac{1}{36}} = \sqrt{\frac{109}{36}} \approx 2{,}41.$

Beispiel 2 Faires Spiel

Man setzt zunächst einen Euro. Dann werden aus einer Urne mit zwei roten und drei blauen Kugeln zwei Kugeln ohne Zurücklegen gezogen (Fig.1). Man erhält eine Auszahlung von a Euro, wenn zwei gleiche Kugeln gezogen werden. Wie groß ist der Betrag a, wenn das Spiel fair ist?

Lösung:

Das Spiel ist fair, wenn der Erwartungswert für den Gewinn 0 ist. Der Gewinn ergibt sich, indem man vom Auszahlungsbetrag a den Einsatz von einem Euro abzieht: Die Zufallsgröße X: „Gewinn in €" kann also die Werte −1 (es wurden zwei verschiedenartige Kugeln gezogen) und a − 1 (es wurden zwei gleichartige Kugeln gezogen) annehmen.

$P(X = -1) = P(\{br, rb\}) = \frac{3}{5} \cdot \frac{2}{4} + \frac{2}{5} \cdot \frac{3}{4} = 0{,}6;$

$P(X = a - 1) = 1 - P(X = -1) = 0{,}4.$

Es muss $\mu(X) = 0$ gelten, also $-1 \cdot 0{,}6 + (a - 1) \cdot 0{,}4 = 0$

Lösung der Gleichung a = 2,5.

Für ein faires Spiel muss die Auszahlung 2,50 € betragen.

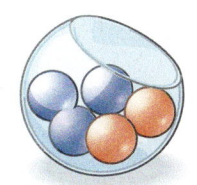

Fig.1

g	−1	a − 1
P(X = g)	0,6	0,4

Aufgaben

1 Berechnen Sie den Erwartungswert und die Standardabweichung der Zufallsgröße X mit der folgenden Wahrscheinlichkeitsverteilung.

a)

x_i	0	1	2	4
$P(X = x_i)$	0,5	0,2	0,2	0,1

b)

x_i	−3	−2	−1	0	1	2
$P(X = x_i)$	0,1	0,1	0,3	0,2	0,2	0,1

2 Berechnen Sie den Erwartungswert μ und die Standardabweichung σ für die folgenden Zufallsgrößen.

a) Werfen mit einem Würfel; die Zufallsgröße X beschreibt die gefallene Augenzahl.
b) Werfen mit zwei Würfeln; die Zufallsgröße Y zählt die Augensumme.
c) Werfen von drei Münzen; die Zufallsgröße Z zählt die Anzahl der gefallenen Wappen.

kein Wappen = 0

3 Zur automatischen Abfüllung von Mehl werden einer Firma zwei Maschinen A und B angeboten. Ein Test, bei dem die Maschinen A und B auf den Sollwert 500 Gramm eingestellt waren, hatte das folgende Ergebnis.

Füllgewicht (in g)	494	496	498	500	502	504	506
Wahrscheinlichkeit bei A	0,02	0,05	0,19	0,50	0,16	0,05	0,03
Wahrscheinlichkeit bei B	0,02	0,07	0,13	0,55	0,15	0,06	0,02

Welche der beiden Maschinen hält den Sollwert genauer ein?

Wappen = 1

○ **Test**

Lösungen | Seite 410

4 Berechnen Sie für die Zufallsgröße X mit der Wahrscheinlichkeitsverteilung in der Tabelle den Erwartungswert und die Standardabweichung.

x_i	−2	1	4	7
$P(X = x_i)$	5%	20%	40%	35%

5 Beim Volleyball ist diejenige Mannschaft Sieger, die zuerst drei Sätze gewonnen hat.
Wie viele Sätze sind zu erwarten, wenn zwei gleich starke Mannschaften gegeneinander spielen? Bestimmen Sie auch die entsprechende Standardabweichung.

6 Bei einer Lotterie zahlt man einen Einsatz von 50 Cent und dreht das Glücksrad zwei Mal. Bei zwei gleichen Farben wird ein Euro ausbezahlt, sonst nichts.
  a) Geben Sie die Wahrscheinlichkeitsverteilung der Zufallsgröße „Gewinn in Euro" an.
  b) Berechnen Sie den Erwartungswert und die Standardabweichung für den Gewinn.
  c) Kann man den Einsatz so ändern, dass die Lotterie fair ist?

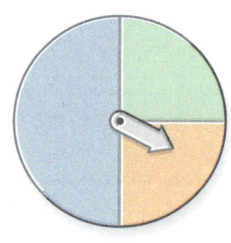

7 Eine Firma stellt Teile her, die zu 95 % einwandfrei sind. Die Herstellungskosten betragen 10 € pro Teil. Ist ein Teil nicht einwandfrei, so darf es der Kunde behalten und bekommt kostenlos ein einwandfreies Teil. Zu welchem Preis muss die Firma ihre Teile anbieten, wenn sie pro Teil einen Gewinn von 0,50 € erzielen will?

8 Eine Zeitschrift veröffentlicht wöchentlich ein Kreuzworträtsel, an dem sich viele Leserinnen und Leser beteiligen. Unter den Einsendern des richtigen Lösungswortes wird ein Preis zu 1000 €, vier Preise zu je 300 € und 200 Preise zu je 20 € verlost.
  a) Wie groß ist der Erwartungswert eines Einsenders für den Gewinn (in €), wenn man von 10 000 richtig eingegangenen Lösungen ausgeht? Wie groß ist die Standardabweichung?
  b) Wie viele Lösungen müssten eingehen, damit der zu erwartende Gewinn gerade dem Porto für eine Briefmarke für eine Postkarte von 0,60 € entspricht (Stand 2021)?

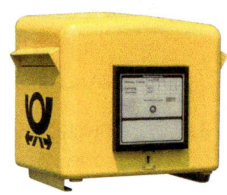

Test

Lösungen | Seite 410

9 Die Zufallsgröße X gibt den Gewinn in Euro bei einem Glücksspiel mit einem Einsatz von 1 € an. Die Tabelle gibt ihre Wahrscheinlichkeitsverteilung an.

x_i	−1	0	1	4
$P(X = x_i)$	$\frac{2}{3}$	$\frac{1}{6}$	$\frac{1}{10}$	$\frac{1}{15}$

  a) Berechnen Sie den Erwartungswert und die Standardabweichung von X.
  b) Wie groß muss der Einsatz sein, damit das Spiel fair ist?
  c) Ändern Sie die maximale Auszahlung so ab, dass das Spiel bei einem Einsatz von 1 € fair ist.

10 Bei Glücksrad I steht z für eine Zahl. Die beiden Ergebnisse „2" und „z" treten mit gleicher Wahrscheinlichkeit auf. Bei Glücksrad II treten die „2" mit der Wahrscheinlichkeit p und die „5" mit der Wahrscheinlichkeit 1 − p auf.

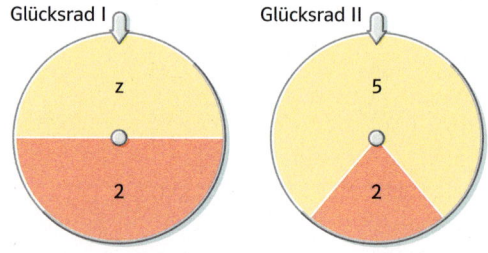

  a) Die Zufallsgröße X beschreibt die Summe der ermittelten Zahlen bei drei Drehungen des Glücksrades I. Bestimmen Sie die Zahl z so, dass $\mu_X = 12$ ist.
  b) Die Zufallsgröße Y beschreibt die Summe der angezeigten Zahlen bei drei Drehungen des Glücksrades II. Bestimmen Sie p so, dass auch $\mu_Y = 12$ ist. Welchen Winkel müsste demnach der Sektor mit der „2" haben?
  c) Bei Glücksrad II tritt die „2" mit der Wahrscheinlichkeit $p = \frac{1}{3}$ auf. Bei wie vielen Drehungen des Glücksrades II lohnt es sich, darauf zu wetten, dass mindestens einmal die „2" auftritt?

Grundwissen Test

Grundwissen
Seite 66, Beispiel
Lösung | Seite 410

11 Bestimmen Sie die 1. und 2. Ableitung der Funktion f.
  a) $f(x) = 4 \cdot \cos(0{,}5x) - 4$
  b) $f(x) = 0{,}5 \cdot \sin(\pi x) - x$
  c) $f(x) = -\sin(x + 3) + 3$
  d) $f(x) = -0{,}1 \cdot \cos(2(x + 1{,}5)) - 3$

Exkursion — VIII Zufallsexperimente und Wahrscheinlichkeiten

Das Ziegenproblem

Wechseln oder nicht? Immer wieder gibt es Fragestellungen, die von Menschen kontrovers diskutiert werden. Oft liegt dies daran, dass es keine eindeutige Antwort gibt. Erstaunlicherweise gibt es auch in der Mathematik solche Fragestellungen. „Erstaunlich" deshalb, weil man eigentlich annehmen könnte, dass die Mathematik immer klare und eindeutige Antworten liefert. Mit dem Ziegenproblem wird nun eine interessante Fragestellung aufgezeigt, bei der viele Menschen durch das Vertrauen auf ihre Intuition zu einer falschen Antwort gelangen.

Am Ende einer Quizsendung darf der Kandidat eine von drei Türen wählen. Hinter einer der Türen verbirgt sich der Hauptgewinn: ein Auto. Hinter den beiden anderen Türen befindet sich je eine Ziege. Nachdem der Kandidat eine Tür ausgewählt hat, öffnet der Quizmaster eine der beiden anderen Türen. Eine Ziege meckert. Der Quizmaster bietet dem Kandidaten die Möglichkeit, seine ursprüngliche Wahl zu ändern und die andere noch geschlossene Tür zu nehmen. Was soll der Kandidat tun: Wechseln, die 1. Wahl beibehalten oder ist es egal?

1 Spielen Sie das Auto-Ziege-Spiel, um auf die Frage des Kandidaten vielleicht eine Antwort zu finden. Erstellen Sie dazu folgenden Spielplan.

Nummer des Spiels	1	2	3	4	5	6	7	8	9	10
Tür 1										
Tür 2										
Tür 3										
Wechsel										
Gewinn										

- Der Quizmaster (einer von Ihnen) schreibt auf ein Blatt – geheim! – die Tür, hinter der das Auto steht, der Kandidat (der andere) kreuzt die Tür seiner Wahl an.
- Der Quizmaster „öffnet" dem Kandidaten eine Tür (mit Kreis ○ markieren), der Kandidat kann auf die verbleibende Tür wechseln (Karo ◊ eintragen) oder er bleibt bei seiner Wahl.
- Der Quizmaster löst das Spiel auf und trägt bei Wechsel ein Kreuz X ein, wenn der Kandidat gewechselt hat, und bei Gewinn noch ein Kreuz in das entsprechende Kästchen.
- Nach 10 Spielen werden die Rollen gewechselt.
- Notieren Sie am Ende die Zahl der Spiele mit und ohne Wechsel sowie die Zahl der Gewinne mit bzw. ohne Wechsel. Können Sie einen Trend entdecken?

2 Man kann das Spiel auch simulieren. Erstellen Sie selbst eine Simulation, z.B. mit einer Tabellenkalkulation, oder laden Sie die entsprechende Datei über den Code auf dem Rand herunter. Simulieren Sie z.B. 100 Durchführungen der Quizsendung. Was stellen Sie fest?

3 Begründen Sie mithilfe von Wahrscheinlichkeiten und erläutern Sie Ihr Ergebnis.
a) Der Quizmaster wählt jedes Mal zufällig eine Tür, hinter der das Auto versteckt wird. Bestimmen Sie die Wahrscheinlichkeit, mit der der Quizmaster jede Tür wählt.
b) Bestimmen Sie die Wahrscheinlichkeit, mit der der Kandidat sofort die richtige Tür wählt.
c) Der Quizmaster öffnet eine der nicht gewählten Türen, hinter der sicher eine Ziege steht. Bestimmen Sie die Wahrscheinlichkeit, mit der das Auto hinter der anderen Tür steht.

Exkursion

Peinliche Fragen

Um herauszufinden, wie hoch der Anteil der Personen in einer Bevölkerung ist, die schon einmal in einem Kaufhaus gestohlen haben, wird man bei einer direkten Befragung nur selten eine wahre Antwort erhalten. Einen realistischen Prozentsatz wird man nur dann bekommen, wenn es gelingt, trotz einer persönlichen Befragung, die Privatsphäre der befragten Person zu wahren.

Wie aber kann man das erreichen? Untersuchungsmethoden bei „peinlichen" Fragen gehen auf das Jahr 1965 zurück. Seitdem haben sich die Methoden rasant weiterentwickelt. Die Grundidee ist einfach.

1. Haben Sie schon einmal im Kaufhaus gestohlen?
2. Haben Sie noch nie in einem Kaufhaus gestohlen?

Gesucht ist der Anteil p der Personen in einer Bevölkerungsgruppe, die schon einmal in einem Kaufhaus gestohlen haben. 200 Personen dieser Bevölkerungsgruppe sind bereit, an einer Untersuchung teilzunehmen, wenn sie nicht direkt befragt werden. Jede Versuchsperson erhält das Glücksrad I und den Zettel mit den Fragen 1. und 2. (siehe oben).
Die Versuchsperson dreht unbeobachtet das

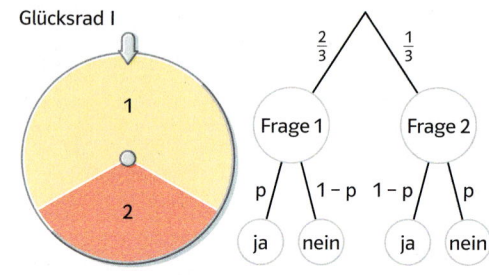

Glücksrad und beantwortet wahrheitsgemäß mit „ja" oder „nein" die Frage, die durch das Glücksrad festgelegt wurde. Da derjenige, der die Untersuchung durchführt, nicht weiß, welche Frage beantwortet wurde, bleibt die Anonymität gewahrt.

Die Befragung kann als zweistufiges Zufallsexperiment aufgefasst werden (vgl. das Baumdiagramm). Bei dem Glücksrad I erscheint die „1" mit der Wahrscheinlichkeit $\frac{2}{3}$. Mit Hilfe der Pfadregel ergibt dies für die Ja-Antworten: $\quad P(\text{„ja"}) = \frac{2}{3} \cdot p + \frac{1}{3} \cdot (1-p) = \frac{1}{3} \cdot p + \frac{1}{3}$.

Wir nehmen an, dass von den 200 Personen 86 Personen mit „ja" antworteten. Setzt man für $P(\text{„ja"})$ diesen Anteil ein, ergibt dies für den gesuchten Anteil $\frac{86}{200} = \frac{1}{3} \cdot p + \frac{1}{3}$ bzw. $p = 0{,}29$; d.h. fast 30 % dieser Bevölkerungsgruppe hat schon einmal in einem Kaufhaus gestohlen.

1 Untersuchen Sie, ob man bei dem oben angegebenen Verfahren anstelle von Glücksrad I auch ein Glücksrad verwenden kann, bei dem die „1" bzw. die „2" jeweils mit der Wahrscheinlichkeit 0,5 erscheint. Interpretieren Sie Ihr Ergebnis.

2 Bei der ursprünglichen Methode sind die beiden Fragen abhängig voneinander. Um die Methode zu verbessern, erhält die befragte Person jetzt zwei Glücksräder II und III sowie einen Zettel, bei dem die zweite Frage völlig harmlos ist. In diesem Fall bezieht sich die Frage direkt auf das Glücksrad III.
Beim Glücksrad II erscheint die „1" mit der Wahrscheinlichkeit r, beim Glücksrad III erscheint der Buchstabe A mit der Wahrscheinlichkeit s. Weiterhin nehmen wir an, dass w der Anteil der Personen ist, die bei einer Untersuchung mit „ja" geantwortet haben.

1. Haben Sie schon einmal in einem Kaufhaus gestohlen?
2. Zeigt das Glücksrad III auf das Feld mit den Buchstaben A?

a) Zeichnen Sie ein Baumdiagramm.
b) Kann bei dieser Methode das Glücksrad II so eingestellt werden, dass r = 0,5 ist?

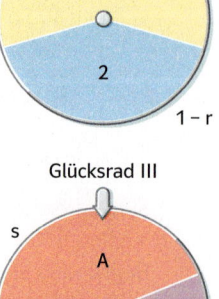

300

Training

VIII Zufallsexperimente und Wahrscheinlichkeiten

○ **1** Eine Umfrage zum Bau einer neuen Mülldeponie ergab die als Kreisdiagramm dargestellte Häufigkeitsverteilung. Ermitteln Sie, mit welcher Wahrscheinlichkeit ein zufällig herausgegriffener Befragter dazu
   a) Zustimmung äußerte.
   b) weder zustimmend noch ablehnend votierte.

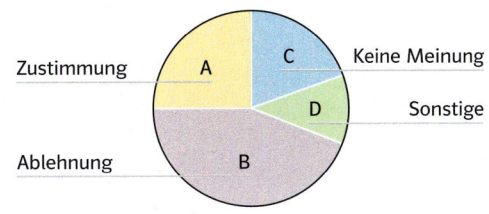

Votieren bedeutet die Meinung sagen.

○ **2** a) Geben Sie für jeden der beiden Würfel die Wahrscheinlichkeitsverteilung der Augenzahlen beim Werfen an.
   b) Jeder Würfel wird 300-mal geworfen. Wie oft erwartet man jeweils eine Zahl unter „5"?

○ **3** Die PIN für eine Bankkarte besteht aus vier Ziffern.
   a) Wie groß ist die Wahrscheinlichkeit dafür, dass die letzte Ziffer durch 4 teilbar ist?
   b) Mit welcher Wahrscheinlichkeit ist die erste Ziffer eine Primzahl?
   c) Wie groß ist die Wahrscheinlichkeit dafür, dass alle vier Ziffern gleich sind?
   d) Was ist wahrscheinlicher, dass die PIN 1234 oder 5439 lautet?

○ **4** Ein Laplace-Würfel wird zweimal geworfen. Beschreiben Sie das folgende Ereignis in der aufzählenden Schreibweise und bestimmen Sie die zugehörige Wahrscheinlichkeit.
   a) Mindestens ein Würfel zeigt die 6.
   b) Beide Augenzahlen sind gleich.
   c) Beide Augenzahlen sind unterschiedlich.
   d) Die Augensumme ist größer als 10.

○ **5** Von einem Medikament ist bekannt, dass es in $\frac{3}{4}$ aller Fälle eine Krankheit heilt. Drei Patienten werden damit behandelt. Bestimmen Sie die Wahrscheinlichkeit für das Ereignis und beschreiben Sie das Gegenereignis in Worten.
   a) Es wird kein Patient geheilt.
   b) Genau ein Patient wird geheilt.
   c) Nur ein Patient wird nicht geheilt.
   d) Höchstens zwei Patienten werden geheilt.

○ **6** Lukas hat vier Pilze gefunden. Er hält sie für Champignons, lässt sie aber sicherheitshalber bei der Pilzberatung überprüfen. Geben Sie das Gegenereignis in Worten an.
   A: Kein Pilz ist giftig.
   B: Höchstens ein Pilz ist giftig.
   C: Nicht alle Pilze sind giftig.

○ **7** Die Fernbedienung funktioniert nicht mehr. In der Schublade sind 8 leere und 12 volle Batterien.
   a) Bestimmen Sie die Wahrscheinlichkeit, dass zufällig eine volle Batterie aus der Schublade genommen wird.
   b) Es werden zwei volle Batterien benötigt. Im ersten Zug wurde bereits eine volle Batterie genommen. Bestimmen Sie die Wahrscheinlichkeit, dass beim nächsten Zug wieder eine volle Batterie genommen wird.

○ **8** Ein historisches Problem
   Der Chevalier de Méré, ein Philosoph und Literat am Hofe von Ludwig XIV, wandte sich im Jahre 1654 mit folgendem Problem an den Mathematiker Blaise Pascal:
   Was ist wahrscheinlicher – bei vier Würfen mit einem Würfel mindestens eine Sechs oder bei 24 Würfen mit zwei Würfeln mindestens eine Doppelsechs zu werfen?

9 Ein Supermarkt bietet Essbestecke zu reduziertem Preis an, da Teile der Bestecke kleine Fehler aufweisen können. Es sei G (L; M) das Ereignis: „Die Gabel (der Löffel; das Messer) ist fehlerhaft". Drücken Sie folgende Ereignisse mit G, L, M aus.
E_1: Die Gabel ist fehlerfrei.
E_2: Nur der Löffel hat keinen Fehler.
E_3: Genau eines der drei Besteckteile ist fehlerhaft.
E_4: Nicht alle Bestecke sind in Ordnung.

10 In einer Urne liegen n Kugeln, durchnummeriert mit den Zahlen 1; …; n. Berechnen Sie jeweils die Wahrscheinlichkeit, eine Primzahl zu ziehen für n = 10; n = 50 und n = 100.

11 Nach einer Statistik der Deutschen Bahn verkehren etwa 95 Prozent der Fernzüge „pünktlich" (d.h. mit maximal 5 Minuten Verspätung). Tim fährt 5-mal mit einem Fernzug.
a) Er berechnet die Wahrscheinlichkeit, dass mindestens ein Zug nicht pünktlich ist, mit der Formel $1 - 0{,}95^5$. Erklären Sie den Ansatz zur Rechnung.
b) Nehmen Sie Stellung zur Annahme: „Die Pünktlichkeit der Züge ist voneinander unabhängig."

12 Zeichnen Sie ein Glücksrad mit den Farben blau, gelb und grün, bei dem der Zeiger mit der Wahrscheinlichkeit 50 % auf „gelb" oder „blau" und mit
a) der Wahrscheinlichkeit 70 % auf „gelb" oder „grün" stehen bleibt.
b) der Wahrscheinlichkeit 90 % auf „blau" oder „grün" stehen bleibt.

13 a) Ergänzen Sie die fehlenden Wahrscheinlichkeiten im Baumdiagramm.
b) Übersetzen Sie das nebenstehende Baumdiagramm in eine Vierfeldertafel.
c) Erstellen Sie ein Baumdiagramm, in dem C und D auf der ersten Stufe stehen.
d) Bestimmen Sie die bedingten Wahrscheinlichkeiten $P_A(C)$ und $P_C(A)$. Formulieren Sie eine Aussage im Kontext von Haarfarben.
e) Untersuchen Sie A und D auf Unabhängigkeit.

A: „Mutter ist blond"
C: „Tochter ist blond"

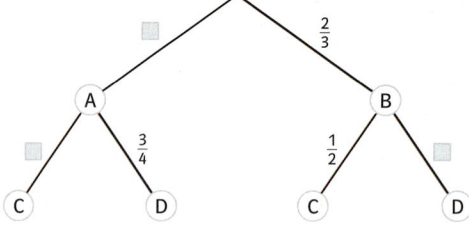

14 Von den 640 Schülerinnen und Schülern des Albert-Einstein-Gymnasiums haben 30 % Französisch als Fremdsprache und 20 % sind Oberstufenschüler. In der Oberstufe haben 37,5 % Französisch als Fremdsprache. Eine Karteikarte wird zufällig aus der Schülerkartei gezogen.
O bezeichnet das Ereignis „Der Schüler auf der Karteikarte ist in der Oberstufe" und F bezeichnet das Ereignis „Der Schüler auf der Karteikarte hat Französisch als Fremdsprache".
a) Beschreiben Sie das Gegenereignis zu O in Worten. Bestimmen Sie seine Wahrscheinlichkeit.
b) Wie viele Schüler gehören zu O∪F? Beschreiben Sie das Ereignis O∪F in Worten.
c) Beschreiben Sie das Gegenereignis zu O∩F in Worten. Mit welcher Wahrscheinlichkeit gehört der Schüler von der gezogenen Karteikarte nicht zu O∩F?

15 Eine Spielzeugfirma stellt Spielmarken her in den Farben rot, grün, gelb, blau, braun und schwarz, in den Formen rund, dreieckig, viereckig und fünfeckig sowie in 3 verschiedenen Größen. Bestimmen Sie, wie viele verschiedene Sorten von Spielmarken die Firma produziert.

16 a) Wie viele vierstellige Passwörter gibt es, die aus 4 Kleinbuchstaben gebildet werden?
b) Wie viele Passwörter sind es, wenn man eine Länge von 8 Zeichen vorschreibt und Groß- und Kleinbuchstaben, Zahlen und 8 Sonderzeichen zulässt?

Passwort 4-stellig
☐☐☐☐
Passwort 8-stellig
☐☐☐☐☐☐☐☐

VIII Zufallsexperimente und Wahrscheinlichkeiten

17 Aus einem 12-köpfigen Gremium eines Tennisclubs sollen ein Präsident, ein Schriftführer und ein Kassenwart gewählt werden. Bestimmen Sie die Anzahl der Wahlmöglichkeiten.

18 Das Personal einer Firma setzt sich zusammen aus 8 Frauen und 5 Männern. Für den Besuch einer Messe in Frankfurt soll eine Delegation von 4 Personen durch Losentscheid ausgewählt werden. Mit welcher Wahrscheinlichkeit besteht die Delegation
   a) nur aus Frauen?   b) nur aus Männern?   c) aus 2 Frauen und 2 Männern?

19 Der Anteil der Autofahrerinnen und Autofahrer, die während der Fahrt den Sicherheitsgurt nicht anlegen (sog. Gurtmuffel), sei 5 %.
   a) Mit welcher Wahrscheinlichkeit ist unter zehn vorbeifahrenden Autos kein Gurtmuffel?
   b) Wie viele Autofahrer müsste die Polizei überprüfen, um mit einer Wahrscheinlichkeit von mehr als 90 % mindestens einen Gurtmuffel anzutreffen?

20 Ein biologisches Experiment mit sehr teuren Pflanzen gelingt in 40 % aller Durchführungen. Wie viele Pflanzen muss ein Biologe mindestens kaufen, wenn er möchte, dass mit einer Wahrscheinlichkeit von mehr als 95 % mindestens ein Experiment erfolgreich ist?

21 Bei der Überprüfung von Fahrgästen der städtischen Verkehrsbetriebe wurde ermittelt, dass etwa 2 % Schwarzfahrer unterwegs sind, davon sind 75 % männlich. Allerdings wurden insgesamt auch 55 % männliche Fahrgäste gezählt. Ein Fahrgast wird überprüft.
   a) Erstellen Sie eine Vierfeldertafel.
   b) Bestimmen Sie die Wahrscheinlichkeit dafür, dass bei einer Überprüfung eine weibliche Person mit Fahrschein angetroffen wird.
   c) Bestimmen Sie die Wahrscheinlichkeit, auf eine männliche oder eine Person mit Fahrschein zu treffen.

22 Seit einigen Jahren gibt es in Deutschland einen flächendeckenden Mammographie-Test, also ein Brustscreening zur Aufdeckung von Brustkrebs. Dieser Test liefert folgende Werte: 94 % aller gesunden Frauen werden als gesund, 90 % aller erkrankten Frauen als erkrankt diagnostiziert. In der Bevölkerung kommt Brustkrebs mit der Wahrscheinlichkeit 8 von 1000 vor.
   a) Zeichnen Sie ein Baumdiagramm, das die Situation abbildet, und eine passende Vierfeldertafel.
   b) Bestimmen Sie die Wahrscheinlichkeit, dass eine gesunde Frau als erkrankt diagnostiziert wird.
   c) Eine Frau wird als krank diagnostiziert. Mit welcher Wahrscheinlichkeit ist sie trotz dieser Diagnose gesund?

23 Welche Aussage ist wahr, welche falsch? Begründen Sie Ihre Antwort.
   (A) Wird in einer Zahlenreihe mit acht Zahlen eine Zahl um 8 erhöht, so erhöht sich der Mittelwert um 1.
   (B) Wird in einer Zahlenreihe mit acht Zahlen jeder Wert um 2 erhöht, so ändert sich die Standardabweichung nicht.
   (C) Wird in einer Zahlenreihe mit sieben Zahlen ein Wert verdoppelt, so wird die Standardabweichung größer.
   (D) Wird in einer Zahlenreihe mit acht Zahlen jeder Wert verdoppelt, so ändert sich die Standardabweichung nicht.

24 Die 8-Feldertafel zeigt, wie die Schriftbilder einer Klassenarbeit von einem großen Gremium aus Schülern und Lehrern bewertet wurden. Bestimmen Sie die bedingten Wahrscheinlichkeiten dafür, dass eine mit 1 bzw. 2; 3; 4 bewertete Arbeit von einem Jungen stammt.

Note	1	2	3	4
Junge	29	103	127	45
Mädchen	142	232	88	17

25 Bei dem abgebildeten Glücksrad erscheint jedes der sieben Felder mit der gleichen Wahrscheinlichkeit.

a) Das Glücksrad wird 10-mal gedreht. Mit welcher Wahrscheinlichkeit erhält man häufiger „1" als „2"?

b) Das Glücksrad wird so oft gedreht, bis man eine „1" erhält, höchstens jedoch 4-mal. Die Zufallsgröße X beschreibt die Anzahl der hierfür benötigten Drehungen. Ermitteln Sie die Wahrscheinlichkeitsverteilung von X; berechnen Sie den Erwartungswert von X und interpretieren Sie das Ergebnis.

c) Bei einem Spiel wird das Glücksrad 2-mal gedreht. Der Einsatz beträgt 0,50 €. Man erhält: 1 € bei einmal „1", 2 € bei zweimal „1". In allen anderen Fällen wird nichts ausbezahlt. Mit welchem durchschnittlichen Gewinn pro Spiel kann der Spieler auf lange Sicht rechnen?

d) Das Spiel aus Teilaufgabe c) wird mit einem Glücksrad gespielt, bei dem die „1" mit der Wahrscheinlichkeit p und die „2" mit der Wahrscheinlichkeit $1 - p$ eintritt. Für welchen Wert von p ist das Spiel fair?

26 In der Bundesrepublik Deutschland sind etwa 0,5 % der Bevölkerung aktiv an Tuberkulose (kurz TBC) erkrankt. Man weiß aufgrund langjähriger Erfahrungen, dass ein spezieller TBC-Röntgentest 90 % der Kranken und 99 % der Gesunden richtig diagnostiziert.
Herr Lampe hat am Röntgentest teilgenommen. Das Untersuchungs-Ergebnis weist ihn als TBC-krank aus (Testergebnis positiv).

a) Berechnen Sie die Wahrscheinlichkeit, mit der Herr Lampe wirklich an TBC erkrankt ist. Erklären Sie das Ergebnis.

b) Untersuchen Sie, ob die Ergebnisse „Test positiv" und „nicht an TBC erkrankt" unabhängig sind.

27 Beim Lotto 6 aus 49 gibt es neben den sechs gezogenen Zahlen noch eine Superzahl, die bei 2, 3, 4, 5 oder 6 Richtigen eine Rolle spielt. Als Superzahl wird eine Ziffer zwischen 0 und 9 gezogen.
Überprüfen Sie, ob die von der Lottogesellschaft angegebenen theoretischen Chancen stimmen.
Hinweis: Die Ziehung besteht aus zwei Teilen, die nacheinander ausgeführt werden.
Im Zähler der Wahrscheinlichkeitsberechnung stehen daher vier Aufteilungen:
6 gezogene Zahlen, 43 nicht gezogene, 1 gezogene Ziffer und 9 nicht gezogene Ziffern.

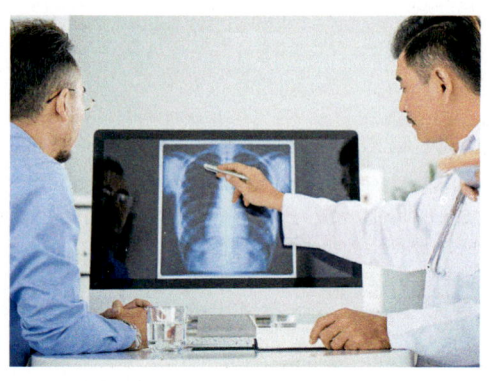

	GEWINNPLAN	
KLASSE	TREFFER	CHANCE
1	6 RICHTIGE + SZ	1 : 139 838 160
2	6 RICHTIGE	1 : 15 537 573
3	5 RICHTIGE + SZ	1 : 542 008
4	5 RICHTIGE	1 : 60 223
5	4 RICHTIGE + SZ	1 : 110 324
6	4 RICHTIGE	1 : 1 147
7	3 RICHTIGE + SZ	1 : 567
8	3 RICHTIGE	1 : 63
9	2 RICHTIGE + SZ	1 : 76

SZ = SUPERZAHL

28 a) Übersetzen Sie die Vierfeldertafel in zwei beschriftete Baumdiagramme.

b) Begründen Sie durch eine Termumformung: Wenn A und B unabhängig sind, sind auch A und $\overline{B}$ unabhängig.

c) Welche Aussage können Sie über die Vierfeldertafel machen, wenn sie zu einem bewährten medizinischen Test zur Reihendiagnose einer seltenen Infektion gehört, bei dem A für „infiziert" und B für „Test fällt positiv aus" steht?

	A	$\overline{A}$	
B	x	y	x + y
$\overline{B}$	u	v	u + v
	x + u	y + v	1

Rückblick

VIII Zufallsexperimente und Wahrscheinlichkeiten

Zufallsexperiment, Ergebnis, Ereignis, Gegenereignis
Ein Experiment, bei dem man das Ergebnis nicht vorhersagen kann, nennt man **Zufallsexperiment**.
Die **Ergebnismenge** S enthält alle möglichen Ergebnisse.
Eine Teilmenge A von S nennt man **Ereignis**.
Sind alle Ergebnisse gleich wahrscheinlich (**Laplace-Experiment**), gilt
$P(A) = \frac{\text{Anzahl der zu A gehörenden Ergebnisse}}{\text{Anzahl der möglichen Ergebnisse}}$.
Alle Ergebnisse, die nicht zum Ereignis A gehören, bilden das **Gegenereignis** $\overline{A}$ von A. Es gilt $P(\overline{A}) = 1 - P(A)$.

Ein idealer Würfel wird geworfen.
$S = \{1; 2; 3; 4; 5; 6\}$

A: Augenzahl ist mindestens 5, also $A = \{5; 6\}$.
$\overline{A}$: Augenzahl ist höchstens 4, also $\overline{A} = \{1; 2; 3; 4\}$.
Es ist $P(A) = \frac{2}{6} = \frac{1}{3}$ und $P(\overline{A}) = 1 - P(A) = \frac{2}{3}$.

Pfadregeln, Wahrscheinlichkeiten bei Baumdiagrammen
1. Pfadregel (Produktregel): Die Wahrscheinlichkeit eines Ergebnisses erhält man, indem man die Wahrscheinlichkeiten entlang des zugehörigen Pfades multipliziert.
2. Pfadregel (Summenregel): Die Wahrscheinlichkeiten eines Ereignisses erhält man, indem man die Wahrscheinlichkeiten der zugehörigen Ergebnisse addiert.

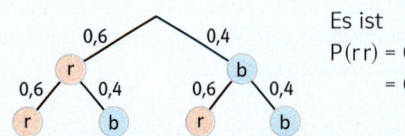

Es ist
$P(rr) = 0{,}6 \cdot 0{,}6$
$= 0{,}36$

Für das Ereignis A: „genau eine rote Kugel" gilt:
$P(A) = P(rb) + P(br) = 0{,}6 \cdot 0{,}4 + 0{,}4 \cdot 0{,}6 = 0{,}48$
Ereignis B: „die erste Kugel ist blau". Dann gilt:
$P(B) = P(br) + P(bb) = 0{,}4 \cdot 0{,}6 + 0{,}4 \cdot 0{,}4 = 0{,}4$
Es ist $A \cap B = \{br\}$, $P(A \cap B) = 0{,}24$;
$A \cup B = \{rb; br; bb\}$.
$P(A \cup B) = 0{,}48 + 0{,}4 - 0{,}24 = 0{,}64$.

Verknüpfen von Ereignissen; Additionssatz
$A \cap B$: A und B tritt ein, wenn sowohl A als auch B eintritt.
$A \cup B$: A oder B tritt ein, wenn A oder B oder beide Ereignisse eintreten.
Additionssatz: $P(A \cup B) = P(A) + P(B) - P(A \cap B)$.

Vierfeldertafeln, bedingte Wahrscheinlichkeiten, stochastische Unabhängigkeit
In einer **Vierfeldertafel** werden die Daten von zweistufigen Zufallsexperimenten mit den Ereignissen A und B und ihren jeweiligen Gegenereignissen dargestellt.
Die **bedingte Wahrscheinlichkeit** $P_A(B)$ ist die Wahrscheinlichkeit für Ereignis B, wenn Ereignis A bereits eingetreten ist. Es gilt: $P_A(B) = \frac{P(A \cap B)}{P(A)}$.
Die Ereignisse A und B sind genau dann **stochastisch unabhängig**, wenn gilt: $P(A \cap B) = P(A) \cdot P(B)$.

	A	$\overline{A}$	
B	0,24	0,16	0,4
$\overline{B}$	0,24	0,36	0,6
	0,48	0,52	1

$P_B(A) = \frac{0{,}24}{0{,}4} = 0{,}6$
$P(A \cap B) = 0{,}24$; $P(A) \cdot P(B) = 0{,}48 \cdot 0{,}4 = 0{,}192$
Die Ereignisse A und B sind stochastisch abhängig voneinander, da $P(A \cap B) \neq P(A) \cdot P(B)$.

Kombinatorik
Anzahl der Möglichkeiten beim Ziehen von k Kugeln aus einer Urne mit n verschiedenen Kugeln:
1) mit Berücksichtigung der Reihenfolge:
   a) mit Zurücklegen: n^k
   b) ohne Zurücklegen: $n \cdot (n-1) \cdot \ldots \cdot (n-k+1)$
2) Reihenfolge beliebig: Ziehen mit einem Griff: $\binom{n}{k} = \frac{n!}{k! \cdot (n-k)!}$

Aus einer Urne mit 5 verschiedenen Kugeln werden 3 Kugeln gezogen; d.h. $n = 5$ und $k = 3$.
1) a) mit Zurücklegen: $5^3 = 125$ Möglichkeiten
   b) ohne Zurücklegen: $5 \cdot 4 \cdot 3 = 60$ Mög.
2) Ziehen mit einem Griff: $\binom{5}{3} = \frac{5!}{3! \cdot (5-3)!} = 10$

Wahrscheinlichkeitsverteilung einer Zufallsgröße
Die Funktion, die jedem x_i (i = 1; ...; n) der Zufallsgröße X die Wahrscheinlichkeit $P(X = x_i)$ zuordnet, heißt **Wahrscheinlichkeitsverteilung der Zufallsgröße X**.

Aus einer Urne mit 3 roten und 2 blauen Kugeln werden mit einem Griff 2 Kugeln gezogen. Die Zufallsgröße X beschreibt die Anzahl der roten Kugeln.

x_i	0	1	2
$P(X = x_i)$	$\frac{1}{10}$	$\frac{6}{10}$	$\frac{3}{10}$

Erwartungswert, Standardabweichung
Kann eine Zufallsgröße X die Werte $x_1, x_2, \ldots, x_n$ annehmen, so heißt
$\mu = E(X) = x_1 \cdot P(X = x_1) + \ldots + x_n \cdot P(X = x_n)$ **Erwartungswert der Zufallsgröße X** und $\sigma = \sqrt{(x_1 - \mu)^2 \cdot P(X = x_1) + \ldots + (x_n - \mu)^2 \cdot P(X = x_n)}$ **Standardabweichung von X**.

$\mu = 0 \cdot 0{,}1 + 1 \cdot 0{,}6 + 2 \cdot 0{,}3 = 1{,}2$
$\sigma = \sqrt{(-1{,}2)^2 \cdot 0{,}1 + (1 - 1{,}2)^2 \cdot 0{,}6 + (2 - 1{,}2)^2 \cdot 0{,}3}$
$= 0{,}6$

Prüfungsvorbereitung

Aufgaben ohne Hilfsmittel → Lösungen | Seite 410

1 Bei einem Test werden einer Testfrage vier mögliche Antworten gegeben, von denen zwei richtig sind. Eine Testperson kreuzt zwei Antworten zufällig an. Man interessiert sich für die angekreuzten Antworten.
   a) Geben Sie die Ergebnismenge an.
   b) Geben Sie das Ereignis A an, dass die beiden richtigen Antworten unter den ersten drei Antworten zu finden sind.
   c) Formulieren Sie das Gegenereignis von A in Worten und geben Sie es in aufzählender Schreibweise an.

2 Anna, Barbara, Christian und Donald laufen um die Wette. Alle sind gleich gute Läuferinnen und Läufer. Wie groß ist die Wahrscheinlichkeit, dass
   a) Christian Letzter wird?
   b) ein Mädchen gewinnt?

3 Eine Lostrommel enthält 400 Lose. Die Hälfte davon sind Nieten, 80 % des Restes ergeben Trostpreise, die übrigen Lose sind Gewinne. Mit welcher Wahrscheinlichkeit ist das erste gezogene Los
   a) ein Gewinnlos?   b) ein Trostpreis?   c) eine Niete?   d) keine Niete?

4 Eine Münze wird so lange geworfen, bis eine Seite zum zweiten Mal erscheint. Bestimmen Sie die Wahrscheinlichkeitsverteilung der Zufallsgröße X: „Anzahl der Würfe" sowie den Erwartungswert und die Standardabweichung von X.

5 Ein Zufallsexperiment hat 6 Ergebnisse $e_1, …, e_6$. Geben Sie die Verteilung an, wenn gilt:
   a) Alle Ergebnisse besitzen die gleiche Wahrscheinlichkeit.
   b) Die Wahrscheinlichkeit für e_6 ist doppelt so groß wie für die übrigen fünf Ergebnisse.
   c) Die Wahrscheinlichkeit von e_1 ist 0,2; die Wahrscheinlichkeiten aller anderen Ergebnisse sind gleich groß.
   d) Die Wahrscheinlichkeiten von e_1, e_2, e_3, e_4, e_5 und e_6 verhalten sich wie $1:3:2:1:2:1$.

6 Bei einem Wettkampf aus drei Spielen soll A abwechselnd gegen B und C spielen. Spieler A hat den Wettkampf gewonnen, wenn er von den drei Spielen zwei hintereinander gewonnen hat. Spieler B ist stärker als Spieler C. Sollte A zuerst gegen B oder gegen C spielen?

7 Eine Fliesenfabrik sondert Fliesen als unbrauchbar aus, wenn sie sowohl einen Formfehler als auch einen Farbfehler haben; die Fabrik verkauft Fliesen als II. Wahl, wenn sie nur einen Farbfehler aufweisen. Die Erfahrung zeigt, dass eine produzierte Fliese mit der Wahrscheinlichkeit 5 % unbrauchbar ist und mit 20 % Wahrscheinlichkeit als II. Wahl verkauft werden muss. Mit welcher Wahrscheinlichkeit hat eine Fliese mit Farbfehler außerdem einen Formfehler?

8 In einem Land wurde eine statistische Erhebung durchgeführt. Dabei wurden folgende Anteile an der Bevölkerung ermittelt:
Der Anteil der Berufstätigen beträgt 60 %.
Der Anteil der politisch Interessierten beträgt 55 %. Der Anteil der politisch Interessierten, die nicht berufstätig sind, beträgt 15 %.

Anteile	berufstätig	nicht berufstätig	gesamt
politisch interessiert		0,15	
nicht politisch interessiert			
gesamt	0,60		

   a) Berechnen Sie die in der Tabelle fehlenden Werte.
   b) Unter allen politisch Interessierten wird zufällig eine Person ausgewählt. Bestimmen Sie die Wahrscheinlichkeit, dass sie berufstätig ist.
   c) Unter allen Berufstätigen wird eine Person zufällig ausgewählt. Wie groß ist die Wahrscheinlichkeit, dass sie politisch interessiert ist?

Aufgaben mit Hilfsmitteln

9 Aufgrund einer Verkehrszählung an einer Zählstelle wurde die nebenstehende Wahrscheinlichkeitsverteilung festgelegt.
Mit welcher Wahrscheinlichkeit sind unter drei vorbeifahrenden Fahrzeugen

e_i	L	P	M	S
$P(e_i)$	0,15	0,70	0,08	0,07

L: Lkw; P: Pkw; M: Motorrad; S: sonstige Fahrzeuge

a) drei Pkw?
b) ein Pkw und zwei Lkw?
c) zwei Motorräder und ein Lkw?

10 Ein Glücksrad trägt auf seinen zehn gleich großen Sektoren die Ziffern 0 bis 9.
a) Es wird dreimal gedreht. Berechnen Sie die Wahrscheinlichkeiten folgender Ereignisse:
   A: Drei gleiche Ziffern,
   B: Jedesmal eine gerade Ziffer,
   C: Jedesmal eine andere Ziffer,
   D: Die Ziffern 1, 2, 3 in beliebiger Folge.
b) Wie oft muss man das Glücksrad mindestens drehen, um mit einer Wahrscheinlichkeit von mindestens 95 % mindestens einmal die Ziffer 0 zu erhalten?

11 Ein Gerät besteht aus fünf Bauteilen, die unabhängig voneinander arbeiten. Jedes Bauteil arbeitet mit der Wahrscheinlichkeit 0,95. Fällt ein Teil aus, arbeitet das Gerät nicht mehr.
a) Mit welcher Wahrscheinlichkeit fällt das Gerät aus?
b) Welche Funktionswahrscheinlichkeit müssen die Bauteile mindestens haben, wenn das Gerät mit einer Wahrscheinlichkeit von mehr als 0,95 funktionieren soll?

12 Gegeben sind drei Bauteile T_1, T_1 und T_3, die mit den Wahrscheinlichkeiten $p_1 = 0{,}05$; $p_2 = 0{,}10$ bzw. $p_3 = 0{,}15$ ausfallen.

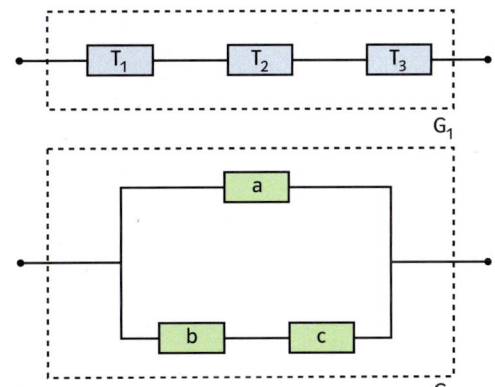

Ein Gerät fällt aus, wenn mindestens eines der Bauteile ausfällt.

a) Im Gerät G_1 sind die Bauteile in einer Reihenschaltung zusammengebaut. Berechnen Sie die Wahrscheinlichkeiten der Ereignisse
   A: Das Gerät G_1 fällt aus.
   B: Genau ein Bauteil in G_1 fällt aus.
b) Es wird eine neue Schaltung vorgenommen. Wie muss man in Gerät G_2 die Bauteile T_1, T_2 und T_3, auf die Plätze a, b bzw. c verteilen, damit die Ausfallwahrscheinlichkeit von Gerät G_2 möglichst gering ist?

13 Um fehlerhafte Elektrogeräte auszusortieren, lässt eine Firma die produzierten Geräte prüfen. Von den einwandfreien Geräten werden 90 %, von den fehlerhaften irrtümlich 7 % für den Verkauf freigegeben. Aus langjähriger Erfahrung ist bekannt, dass 93 % der hergestellten Elektrogeräte einwandfrei sind. Ein für den Verkauf freigegebenes Gerät wird zufällig ausgewählt. Mit welcher Wahrscheinlichkeit ist es tatsächlich einwandfrei?

14 Beim Roulette wird eine Kugel in den Rouletteapparat geworfen. Sie landet in einem von 37 Feldern mit den Zahlen von 0 bis 36. Ein Spieler hat 150 € und spielt nach folgender Verdoppelungsstrategie: Bei Gewinn aufhören, bei Verlust den Einsatz verdoppeln. Er beginnt mit 10 € und setzt immer nur auf „Ungerade Zahl". Tritt das Ereignis „Ungerade Zahl" ein, wird der doppelte Einsatz ausbezahlt.
Berechnen Sie den Erwartungswert des Gewinns für den Spieler bei dieser Strategie.

IX Binomialverteilung

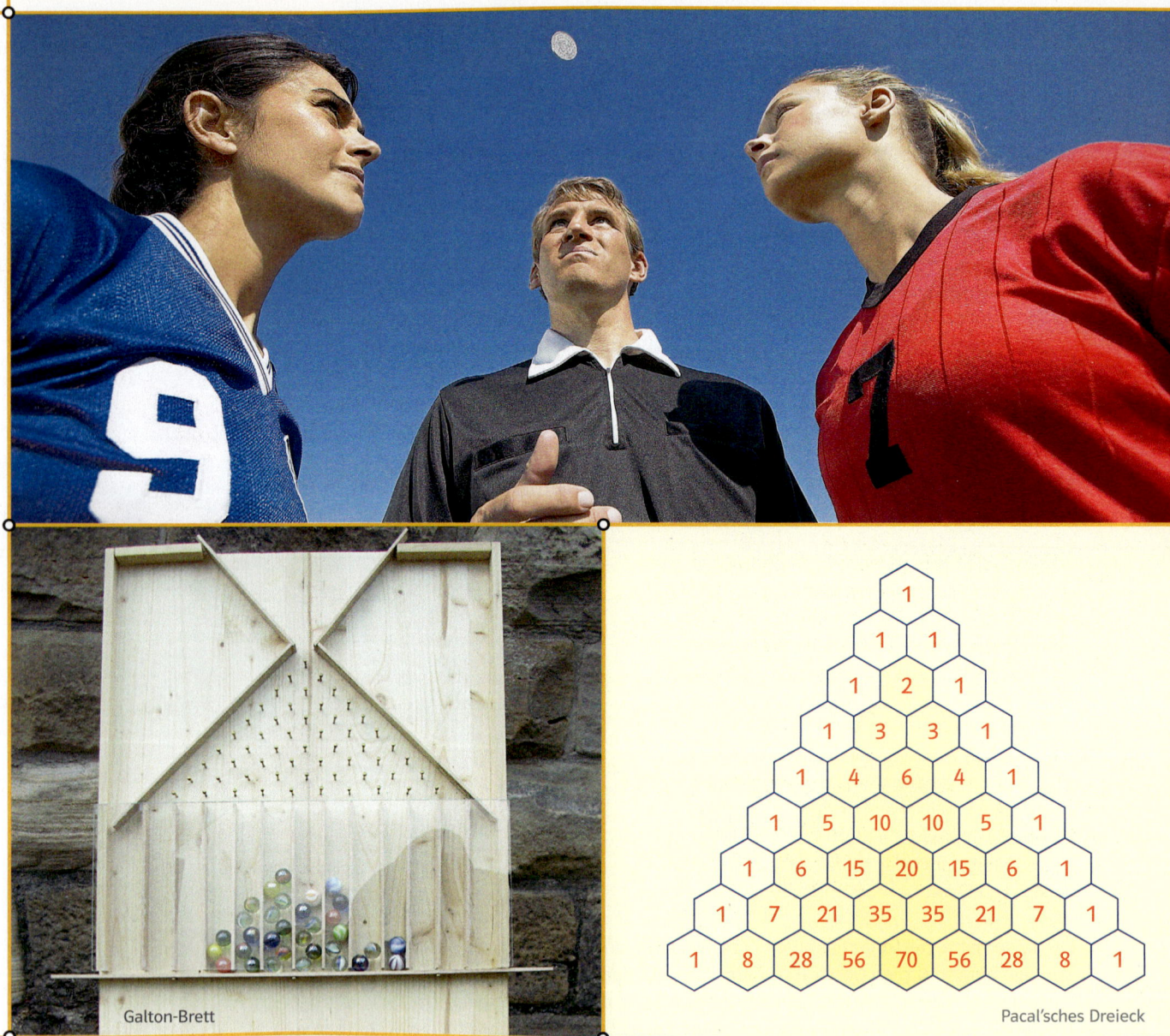

Galton-Brett

Pacal'sches Dreieck

Das können Sie schon

- Wahrscheinlichkeiten aus relativen Häufigkeiten schätzen
- Wahrscheinlichkeiten von Ergebnissen und Ereignissen mithilfe der Pfadregeln bestimmen
- Kombinatorische Fragestellungen lösen
- Wahrscheinlichkeitsverteilungen, Erwartungswert und Standardabweichung von Zufallsgrößen bestimmen

Clara liebt die Farbe Orange.
In der rechten Box sind 15% der Kugeln orange.
Clara zieht 20 Kugeln.
Wie viele orange Kugeln kann sie erwarten?

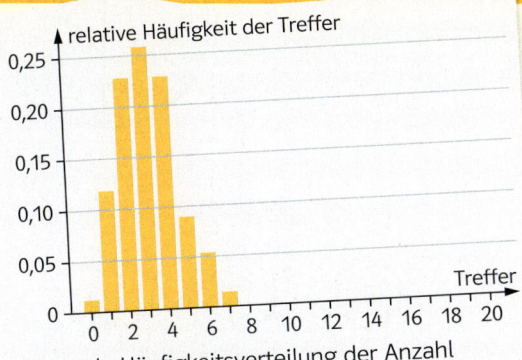

Die reale Häufigkeitsverteilung der Anzahl oranger Kugeln (Das Experiment „20 Kugeln ziehen" ist 100-mal wiederholt worden.).

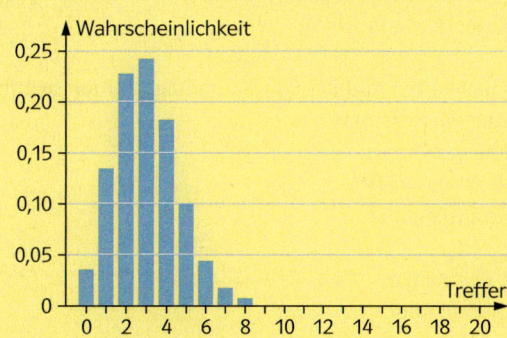

Die Binomialverteilung als Modell für die Wahrscheinlichkeitsverteilung oranger Kugeln beim Experiment „20 Kugeln ziehen".

Das können Sie bald

- Wahrscheinlichkeiten mit der Bernoulli-Formel berechnen
- Erwartungswert und Standardabweichung von binomialverteilten Zufallsgrößen berechnen
- Fragen bei Binomialverteilungen bearbeiten
- Wahrscheinlichkeiten schätzen

Check-in

So geht's:
(1) Checkliste übertragen.
(2) Fähigkeiten selbst einschätzen.
(3) Einschätzung mithilfe der Aufgaben überprüfen und gegebenenfalls Lerntipps beachten.

Schätzen Sie sich mithilfe der Checkliste ein.

1. Ich kann Baumdiagramme zur Darstellung mehrstufiger Zufallsexperimente erstellen.
2. Ich kann Wahrscheinlichkeiten bei mehrstufigen Zufallsexperimenten mithilfe von Baumdiagrammen bestimmen.
3. Ich kann die Anzahl der Möglichkeiten beim Ziehen mit und ohne Zurücklegen bestimmen.
4. Ich kann die Wahrscheinlichkeitsverteilung einer Zufallsgröße bestimmen.
5. Ich kann den Erwartungswert und die Standardabweichung einer Zufallsgröße berechnen.

Lerntipps

zu 1. **Beispiel 2**, Seite 272
zu 2. **Beispiel 1**, Seite 272
zu 3. **Lehrtext**, Seite 287
zu 4. **Beispiel**, Seite 266
zu 5. **Beispiel 1**, Seite 296

Überprüfen Sie Ihre Einschätzungen.

1 Baumdiagramme erstellen
Erstellen Sie zu dem Zufallsexperiment ein geeignetes Baumdiagramm.
a) Ein idealer Würfel wird dreimal geworfen. Es wird jedes Mal notiert, ob eine „6" erzielt wurde.
b) Das Glücksrad rechts wird so lange gedreht, bis zum zweiten Mal grün erscheint, höchstens jedoch vier Mal.
c) In einer Urne befinden sich fünf rote, vier blaue, drei schwarze und zwei gelbe Kugeln. Es werden nacheinander drei Kugeln ohne Zurücklegen gezogen und jedes Mal notiert, ob eine gelbe Kugel gezogen wurde.

Lösungen | Seite 411

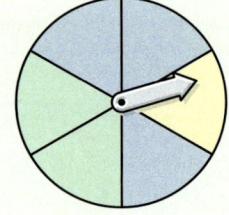

2 Wahrscheinlichkeiten mithilfe von Baumdiagrammen bestimmen
Ein Reißnagel wird dreimal nacheinander geworfen. Bestimmen Sie die Wahrscheinlichkeit folgender Ereignisse:
A: dreimal Seitenlage
B: genau einmal Kopf
C: mindestens zweimal Kopf
D: Es fällt mindestens zweimal Kopf, nachdem bereits im ersten Wurf Kopf eingetreten ist.

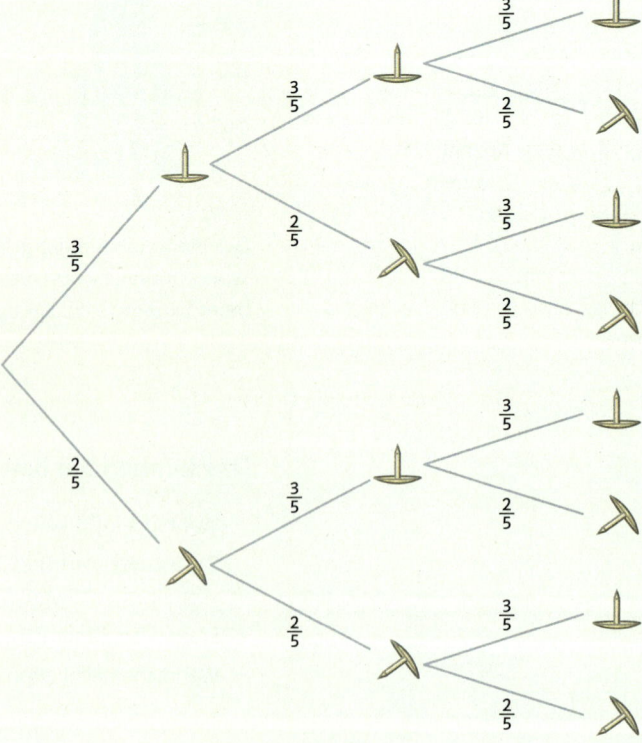
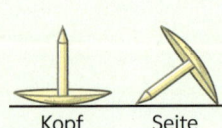

Kopf   Seite

○ 3 **Anzahl der Möglichkeiten bestimmen**
   a) Ein Zahlencode besteht aus vier Ziffern zwischen 0 und 9. Wie lange dauert es höchstens, den Code zu knacken, wenn für das Ausprobieren jeder Zahlenfolge eine Sekunde benötigt wird? Wie lange dauert es, wenn der Code aus acht Ziffern besteht?
   b) Wie viele verschieden Handynummern mit sieben Ziffern sind möglich, wenn die erste Ziffer keine 0 sein darf? Wie viele von diesen Handynummern enden mit 999?
   c) Aus einem Kurs mit 21 Schülerinnen und Schülern werden sechs Freiwillige gesucht, die beim Schulfest helfen. Wie viele Möglichkeiten gibt es für die Zusammensetzung der Sechsergruppe?
   d) Auf wie viele Arten können sich zehn Skifahrerinnen auf zwei Gondeln verteilen, wenn in einer Gondel noch sechs und in der anderen Gondel noch vier Plätze frei sind?
   e) Von sieben Frauen und sechs Männern, die in einer Firma beschäftigt sind, werden drei Personen durch Losentscheid für eine Fortbildungsmaßnahme ausgewählt. Bestimmen Sie, wie viele verschiedene Dreiergruppen möglich sind. Wie viele Möglichkeiten gibt es für die Dreiergruppen, wenn auf jeden Fall eine Frau und ein Mann dabei sein sollen?

○ 4 **Wahrscheinlichkeitsverteilung angeben**
Der Würfel, dessen Netz abgebildet ist, wird zweimal geworfen.
   a) Die Zufallsgröße X zählt die Summe der gewürfelten Zahlen. Geben Sie die Wahrscheinlichkeitsverteilung an.
   b) Die Zufallsgröße X zählt das Produkt der gewürfelten Zahlen. Geben Sie die Wahrscheinlichkeitsverteilung an.

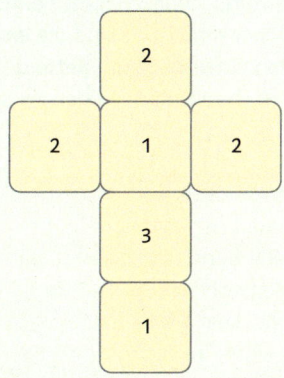

○ 5 **Erwartungswert und Standardabweichung einer Zufallsgröße berechnen**
   a) Das Glücksrad rechts wird so oft gedreht, bis man eine „1" erhält, höchstens jedoch 4-mal. Die Zufallsgröße X beschreibt die Anzahl der hierfür benötigten Drehungen. Ermitteln Sie die Wahrscheinlichkeitsverteilung von X, berechnen Sie den Erwartungswert und die Standardabweichung von X.
   b) Bei einem Spiel wird das Glücksrad zweimal gedreht. Der Einsatz beträgt 0,50 €. Man erhält 1,00 € bei einmal „1" und 2,00 € bei zweimal „1" ausbezahlt, sonst wird nichts ausbezahlt. Berechnen Sie, mit welchem durchschnittlichen Gewinn pro Spiel der Spieler auf lange Sicht rechnen kann.

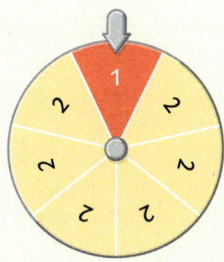

1 Bernoulli-Experimente

Aus der Statistik eines Basketballklubs:
Sarah trifft bei 60% ihrer Freiwürfe, Mario trifft bei 80% seiner Freiwürfe.
Beide erhalten drei Freiwürfe.
Würden Sie eher darauf wetten, dass Sarah oder darauf, dass Mario genau zweimal den Korb trifft?

Bei Freiwürfen im Basketball oder beim Schießen eines Elfmeters im Fußball können zwei verschiedene Ergebnisse eintreten: „Treffer" oder „kein Treffer". Auch beim Testen eines Medikaments („es hilft" oder „es hilft nicht") und beim Überprüfen von Bauteilen („in Ordnung" oder „defekt") werden genau zwei Ergebnisse betrachtet. Zufallsexperimente, bei denen nur die zwei Ergebnisse „Treffer" und „kein Treffer" möglich sind, nennt man **Bernoulli-Experimente**. Wiederholt man ein Bernoulli-Experiment n-mal und sind die einzelnen Durchführungen voneinander unabhängig, so spricht man von einer **Bernoulli-Kette** der Länge n. Die Zufallsgröße X zählt die Anzahl der Treffer; die Werte der Zufallsgröße liegen zwischen 0 und n.

Ein Multiple-Choice-Test enthält drei Fragen mit jeweils vier Antworten, von denen nur eine richtig ist. Wenn ein Kandidat rein zufällig eine Antwort ankreuzt, liegt eine Bernoulli-Kette der Länge 3 vor. Ist die Antwort richtig, gilt das als „Treffer" (r), sonst als „kein Treffer" (f). Die Wahrscheinlichkeit für einen Treffer beträgt $p = \frac{1}{4}$, für keinen Treffer $q = 1 - p = \frac{3}{4}$.
Die Wahrscheinlichkeitsverteilung der Zufallsgröße X, welche die Anzahl der richtigen Antworten angibt, berechnet man mit den Pfadregeln.
Die Wahrscheinlichkeit für zwei richtige Antworten erhält man folgendermaßen:
Zu dem Ereignis „X = 2" gehören **drei Ergebnisse**, deren Wahrscheinlichkeit jeweils $p^2 \cdot (1 - p)$ beträgt. Die Anzahl der Pfade mit zwei Treffern bei drei Durchführungen ist $\binom{3}{2} = \frac{3!}{2! \cdot 1!} = 3$. Diese Pfade sind in Fig. 1 rot markiert. Somit ist
$P(X = 2) = 3 \cdot p^2 \cdot (1 - p) = 3 \cdot \left(\frac{1}{4}\right)^2 \cdot \frac{3}{4} = \frac{9}{64}$.

Wenn der Test n Fragen enthält, kann man $P(X = k)$ mithilfe eines entsprechenden Pfades des Baumdiagramms bestimmen. Jeder der $\binom{n}{k}$ Pfade mit k Treffern hat die Wahrscheinlichkeit $p^k \cdot (1 - p)^{n-k}$. Somit gilt die sogenannte **Formel von Bernoulli**:
$P(X = k) = \binom{n}{k} \cdot p^k \cdot (1 - p)^{n-k}$.

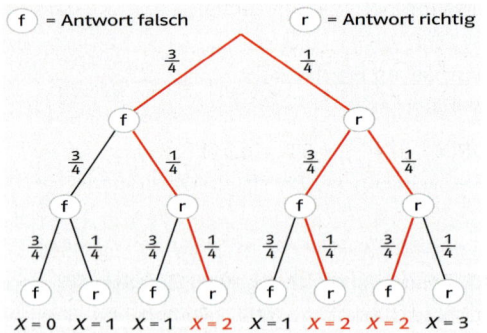

Fig. 1

k	0	1	2	3
P(X = k)	$\frac{27}{64}$	$\frac{27}{64}$	$\frac{9}{64}$	$\frac{1}{64}$
Zahl der Pfade	$\binom{3}{0} = 1$	$\binom{3}{1} = 3$	$\binom{3}{2} = 3$	$\binom{3}{3} = 1$

Wahrscheinlichkeitsverteilung n = 3; $p = \frac{1}{4}$

Die Anzahl der Pfade bestimmt man durch Abzählen – wie beim Ziehen ohne Zurücklegen und ohne Beachtung der Reihenfolge.
Wenn unter n gegebenen Antworten k richtig sein sollen, erhält man die Anzahl möglicher Kombinationen mit
$\binom{n}{k} = \frac{n!}{k!(n-k)!}$.
Auf dem Taschenrechner gibt es dafür die Taste [nCr].

312

IX Binomialverteilung

Ein Zufallsexperiment heißt **Bernoulli-Experiment**, wenn es genau zwei mögliche Ergebnisse hat. Eine **Bernoulli-Kette** der Länge n besteht aus n unabhängigen Durchführungen eines Bernoulli-Experiments. Beschreibt die Zufallsgröße X die Anzahl der Treffer und ist p die Wahrscheinlichkeit dafür, dass bei einem einzelnen Bernoulli-Experiment ein Treffer vorliegt, so erhält man die Wahrscheinlichkeit für k Treffer mithilfe der **Formel von Bernoulli**:

$P(X = k) = \binom{n}{k} \cdot p^k \cdot (1-p)^{n-k}$; für $k = 0; \ldots; n$.

Der Binomialkoeffizient $\binom{n}{k} = \frac{n!}{k! \cdot (n-k)!}$ gibt die Anzahl der Pfade mit k Treffern an.

Viele Taschenrechner haben eine Funktion zur Berechnung solcher Wahrscheinlichkeiten.

Beispiel Anwenden der Formel von Bernoulli

Beim Würfeln freut man sich über hohe Augenzahlen, d.h. die Augenzahlen „5" oder „6". Man würfelt 8-mal und notiert Anzahl der gewürfelten „Fünfen" und „Sechsen".
a) Begründen Sie, dass eine Bernoulli-Kette vorliegt.
b) Mit welcher Wahrscheinlichkeit fallen   (1) genau dreimal hohe Augenzahlen,
    (2) höchstens einmal hohe Augenzahl,   (3) mindestens einmal hohe Augenzahlen?

Lösung
a) Es liegt eine Bernoulli-Kette der Länge 8 mit Trefferwahrscheinlichkeit $p = \frac{1}{3}$ vor, weil für hohe Augenzahlen (Treffer) die Wahrscheinlichkeit $\frac{1}{3}$ beträgt und die Würfe voneinander unabhängig erfolgen.
b) X: Anzahl der Würfe mit hohen Augenzahlen.

(1) $P(X = 3) = \binom{8}{3} \cdot \left(\frac{1}{3}\right)^3 \cdot \left(\frac{2}{3}\right)^5 \approx 0{,}273$.

(2) $P(X \leq 1) = P(X = 0) + P(X = 1) = \binom{8}{0} \cdot \left(\frac{1}{3}\right)^0 \cdot \left(\frac{2}{3}\right)^8 + \binom{8}{1} \cdot \left(\frac{1}{3}\right)^1 \cdot \left(\frac{2}{3}\right)^7 \approx 0{,}195$.

(3) $P(X \geq 1) = 1 - P(X = 0) \approx 1 - 0{,}039 = 0{,}961$.

Anstatt 8-mal zu würfeln können auch acht Würfel gleichzeitig geworfen werden, da die Reihenfolge egal ist.

Aufgaben

1 Prüfen Sie, ob es sich bei dem Zufallsexperiment um eine Bernoulli-Kette handelt. Geben Sie gegebenenfalls ihre Länge n und die Trefferwahrscheinlichkeit p an.
a) Eine Spritzgießmaschine produziert Kunststoffteile, darunter 3% Ausschuss. Es werden 50 Teile überprüft und es wird jedes Mal notiert, ob das geprüfte Teil in Ordnung ist.
b) Ein Fußballspieler hat beim Elfmeterschießen eine Trefferquote von 75%. Er schießt fünf Elfmeter und es wird jedes Mal notiert, ob er trifft.
c) Beim Lotto 6 aus 49 kreuzt ein Spieler sechs der Zahlen von 1 bis 49 auf einem Tippschein an. Danach werden sechs von 49 Kugeln gezogen, welche die Nummern 1 bis 49 tragen. Der Spieler notiert, wie viele Kugeln mit seinem Tipp übereinstimmen.

2 Das Glücksrad in Fig.1 wird dreimal gedreht. Es wird jeweils notiert, ob „blau" erscheint.
a) Begründen Sie, dass es sich dabei um eine Bernoulli-Kette handelt. Geben Sie ihre Länge n sowie die Trefferwahrscheinlichkeit p an.
b) Vervollständigen Sie das Baumdiagramm in Ihrem Heft.
c) Geben Sie alle Ergebnisse an, die zu den folgenden Ereignissen gehören, und bestimmen Sie die Wahrscheinlichkeiten dieser Ereignisse.
A: „Dreimal blau."   B: „Zuerst nicht blau, dann zweimal blau."
C: „Genau einmal blau."   D: „Mindestens einmal blau."

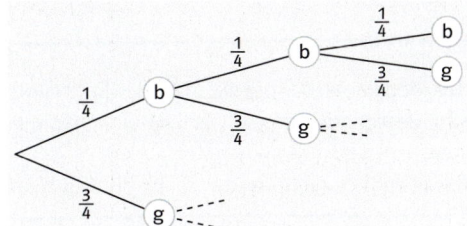

Fig.1

3 Bei einer verbogenen Münze ist die Wahrscheinlichkeit für „Zahl" 0,4. Die Münze wird dreimal geworfen und es wird jedes Mal notiert, ob „Zahl" erscheint.
   a) Begründen Sie, dass es sich dabei um eine Bernoulli-Kette handelt, und geben Sie ihre Länge n sowie die Trefferwahrscheinlichkeit p an.
   b) Zeichnen Sie das zugehörige Baumdiagramm.
   c) Bestimmen Sie die Wahrscheinlichkeit dafür, dass genau einmal „Zahl" erscheint.

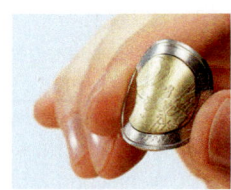

○ Test　　　　　　　　　　　　　　　　　　　　　　　　　　　　　　　　　　　　Lösung | Seite 412

4 Aus einer Urne mit sechs roten und vier schwarzen Kugeln wird dreimal mit Zurücklegen gezogen. Es wird jedes Mal notiert, ob eine rote Kugel gezogen wurde.
   a) Begründen Sie, dass es sich dabei um eine Bernoulli-Kette handelt, und geben Sie ihre Länge sowie die Trefferwahrscheinlichkeit an.
   b) Bestimmen Sie die Wahrscheinlichkeiten für die folgenden Ereignisse.
      E: „Dreimal rot."　　　　　　　　　　F: „Genau zweimal rot."
      G: „Mindestens einmal rot."　　　　　H: „Zuerst zweimal schwarz, dann rot."
   c) Handelt es sich um eine Bernoulli-Kette, wenn ohne Zurücklegen gezogen wird?

5 Ein Basketballspieler hat bei Freiwürfen eine Trefferquote von 85 %. Er wirft fünf Freiwürfe. Das Zufallsexperiment wird als Bernoulli-Kette betrachtet.
   a) Geben Sie zu den Ereignissen A bis E jeweils alle Ergebnisse an, die zu dem Ereignis gehören.
   b) Ordnen Sie Ereignisse gleicher Wahrscheinlichkeit einander zu.
   c) Berechnen Sie die Wahrscheinlichkeit der Ereignisse A bis E.

„Nur der erste Wurf ist kein Treffer." A
„Es gibt genau vier Treffer." B
„Der Spieler wirft genau einmal daneben." D
„Die ersten vier Würfe sind Treffer." C
„Nur der dritte Wurf ist kein Treffer." E

6 Ein Würfel wird dreimal geworfen.
   a) Geben Sie alle Ergebnisse an, die zu den folgenden Ereignissen gehören.
      A: „Nur im zweiten Wurf eine Sechs."　　B: „Erst im zweiten Wurf eine Sechs."
      C: „Im zweiten Wurf eine Sechs."　　　　D: „Im zweiten Wurf keine Sechs."
   b) Berechnen Sie die Wahrscheinlichkeiten der Ereignisse aus Teilaufgabe a).

7 Das nebenstehende Glücksrad wird viermal gedreht. Geben Sie an, mit welchen Termen sich die Wahrscheinlichkeit für „genau einmal rot" berechnen lässt.

A $\frac{2}{3} \cdot \left(\frac{1}{3}\right)^3$　　B $\frac{2}{3} \cdot \left(\frac{1}{3}\right)^3 + \frac{1}{3} \cdot \frac{2}{3} \cdot \left(\frac{1}{3}\right)^2 + \left(\frac{1}{3}\right)^2 \cdot \frac{2}{3} \cdot \frac{1}{3} + \left(\frac{1}{3}\right)^3 \cdot \frac{2}{3}$　　C $\left(\frac{2}{3} \cdot \left(\frac{1}{3}\right)^3\right)^4$　　D $4 \cdot \frac{2}{3} \cdot \left(\frac{1}{3}\right)^3$

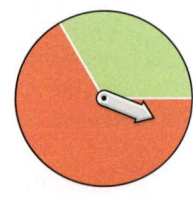

● Test　　　　　　　　　　　　　　　　　　　　　　　　　　　　　　　　　　　　Lösung | Seite 412

8 Ein blutdrucksenkendes Medikament führt bei 20 % der Patienten, die es einnehmen, nicht zur Senkung des Blutdrucks. Bestimmen Sie die Wahrscheinlichkeit, dass von 20 Patienten, die das Medikament einnehmen,
   a) genau bei einem der Blutdruck nicht sinkt,　　b) nur beim letzten der Blutdruck nicht sinkt.

Grundwissen Test

9 Bestimmen Sie die Koordinaten der Extrempunkte des Graphen der Funktion f.
   a) $f(x) = -\frac{1}{12}x^4 + \frac{1}{3}x^3$　　b) $f(x) = 3 \cdot \sin(2x) + 1; x \in [0; \pi]$　　c) $f(x) = -e^{-3x} - \frac{1}{4}x + 2$

Grundwissen
Seite 100, Beispiel 1
Lösung | Seite 412

2 Binomialverteilung, kumulierte Wahrscheinlichkeit

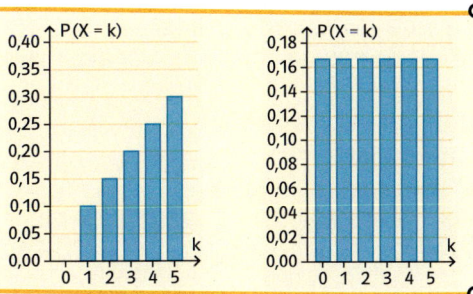

Welche Wahrscheinlichkeitsverteilung könnte die Trefferzahl einer Bernoulli-Kette darstellen?

Wirft man einen Reißnagel, so landet dieser auf der Seite oder auf dem Kopf. Dabei gilt P(„Seite") = 0,4 und P(„Kopf") = 0,6. Beim vierfachen Wurf eines Reißnagels zählt die Zufallsgröße X, wie oft der Reißnagel auf der Seite landet. X beschreibt also die Trefferzahl bei einer Bernoulli-Kette der Länge 4 und der Trefferwahrscheinlichkeit 0,4. Man sagt: X ist **binomialverteilt mit den Parametern n = 4 und p = 0,4**.
Zur Berechnung der Binomialverteilung wird die Formel von Bernoulli angewandt.

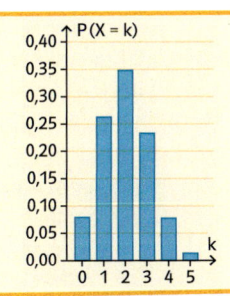

Kopf   Seite

Z.B. gilt für $P(X = 3) = \binom{4}{3} \cdot 0{,}4^3 \cdot 0{,}6 \approx 0{,}1536$.
Die Tabelle zeigt die gerundeten Werte.

k	0	1	2	3	4
P(X = k)	0,1296	0,3456	0,3456	0,1536	0,0256

Mit der Formel von Bernoulli kann man die Wahrscheinlichkeit P(X = k) für genau k Treffer berechnen. Somit kann man auch die Wahrscheinlichkeit für höchstens k Treffer berechnen, indem man die einzelnen Wahrscheinlichkeiten für 0 Treffer, 1 Treffer usw. bis k Treffer addiert; z.B. ist $P(X \leq 2) = P(X = 0) + P(X = 1) + P(X = 2) \approx 0{,}82108$.
Eine solche Wahrscheinlichkeit heißt **kumulierte Wahrscheinlichkeit**.
Dieses Vorgehen kann sehr aufwendig werden. Deshalb benutzt man Rechner, mit denen sich diese Wahrscheinlichkeiten direkt bestimmen lassen. Dabei schreibt man statt P(X = k) auch $B_{n;p}(k)$ und statt P(X ≤ k) auch $F_{n;p}(k)$.

Mithilfe eines digitalen Mathematikwerkzeugs können Säulendiagramme erzeugt werden.

> Die Wahrscheinlichkeitsverteilung einer Zufallsgröße X heißt **Binomialverteilung** mit den Parametern n (n > 0) und p, wenn X die Anzahl der Treffer bei einem Bernoulli-Experiment beschreibt, welches n-mal durchgeführt wird. Dabei ist p die Wahrscheinlichkeit für Treffer. Für die Wahrscheinlichkeit P(X = k) für k Treffer (0 ≤ k ≤ n) schreibt man auch $B_{n;p}(k)$.
> Für die **kumulierte Wahrscheinlichkeit** P(X ≤ k) schreibt man auch $F_{n;p}(k)$.

Mithilfe von kumulierten Wahrscheinlichkeite P(X ≤ k) lassen sich auch Wahrscheinlichkeiten der Form P(X ≥ k), P(k ≤ X ≤ m) usw. berechnen:

(1) $P(X \leq k) = F_{n;p}(k)$
 „höchstens k Treffer"
(2) $P(X < k) = P(X \leq k - 1) = F_{n;p}(k - 1)$
 „weniger als k Treffer"
(3) $P(X \geq k) = 1 - P(X \leq k - 1) = 1 - F_{n;p}(k - 1)$
 „mindestens k Treffer"
(4) $P(X > k) = 1 - P(X \leq k) = 1 - F_{n;p}(k)$
 „mehr als k Treffer"
(5) $P(k \leq X \leq m) = P(X \leq m) - P(X \leq k - 1)$
 $= F_{n;p}(m) - F_{n;p}(k - 1)$
 „mindestens k und höchstens m Treffer"

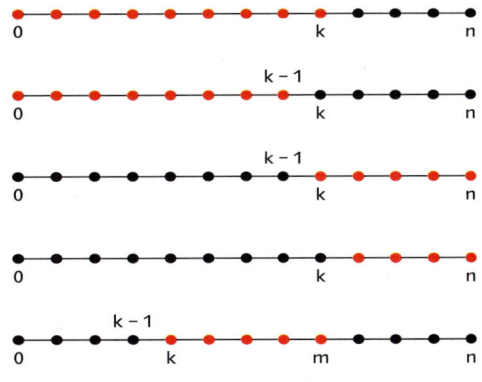

P(X ≤ k) kann direkt mit dem Taschenrechner bestimmt werden.

Beispiel 1 Wahrscheinlichkeiten bei einer Bernoulli-Kette
Bestimmen Sie für die Trefferanzahl X bei einer Bernoulli-Kette der Länge $n = 20$ und der Trefferwahrscheinlichkeit $p = 0{,}3$ die Wahrscheinlichkeit.
a) $P(X \leq 8)$ b) $P(X < 6)$ c) $P(X \geq 10)$ d) $P(8 \leq X \leq 12)$

Lösung
Es gilt: $n = 20$ und $p = 0{,}3$.
a) $P(X \leq 8) = F_{20;0{,}3}(8) \approx 0{,}8867$
b) $P(X < 6) = P(X \leq 5) = F_{20;0{,}3}(5) \approx 0{,}4163$
c) $P(X \geq 10) = 1 - P(X \leq 9) = 1 - F_{20;0{,}3}(9) \approx 1 - 0{,}9520 = 0{,}0480$
d) $P(8 \leq X \leq 12) = P(X \leq 12) - P(X \leq 7) = F_{20;0{,}3}(12) - F_{20;0{,}3}(7) \approx 0{,}2264$

Beispiel 2 Wahrscheinlichkeiten bei einer binomialverteilten Zufallsgröße
Bei einer verbogenen Münze fällt „Zahl" mit einer Wahrscheinlichkeit von 0,6.
Bestimmen Sie die Wahrscheinlichkeit, dass bei zehn Würfen
a) mindestens fünfmal „Zahl" fällt,
b) weniger als siebenmal „Zahl" fällt,
c) genau dreimal in Folge „Wappen" und sonst „Zahl" fällt.

Lösung
X zählt wie oft „Zahl" fällt. X ist binomialverteilt mit $n = 10$ und $p = 0{,}6$.
a) $P(X \geq 5) = 1 - P(X \leq 4) = 1 - F_{10;0{,}6}(4) \approx 1 - 0{,}166 = 0{,}834$
   Die Wahrscheinlichkeit, dass mindestens fünfmal „Zahl" fällt, beträgt ca. 83,4 %.
b) $P(X < 7) = P(X \leq 6) = F_{10;0{,}6}(6) \approx 0{,}618$
   Die Wahrscheinlichkeit, dass weniger als siebenmal „Zahl" fällt, beträgt 61,8 %.
c) E ist das Ereignis „Es fällt genau dreimal in Folge Wappen, sonst Zahl".
   Dreimal in Folge „Wappen" kann bei den Würfen 1, 2 und 3; bei den Würfen 2, 3 und 4 usw. bis zu den Würfen 8, 9 und 10 auftreten. Also gibt es acht zugehörige Ergebnisse.
   Die Wahrscheinlichkeit beträgt für jeden Pfad $0{,}6^7 \cdot 0{,}4^3$. Da es acht Pfade sind, ist $P(E) = 8 \cdot 0{,}6^7 \cdot 0{,}4^3 \approx 0{,}014$. Mit einer Wahrscheinlichkeit von etwa 1,4 % fällt genau dreimal in Folge „Wappen" und sonst „Zahl".

Aufgaben

○ 1 Bestimmen Sie für die binomialverteilte Zufallsgröße X mit den Parametern n und p die angegebene Wahrscheinlichkeit.
a) $n = 30$; $p = 0{,}3$; $P(X < 8)$
b) $n = 50$; $p = 0{,}5$; $P(X \leq 28)$
c) $n = 8$; $p = \frac{1}{5}$; $P(X < 3)$
d) $n = 14$; $p = \frac{5}{6}$; $P(X \leq 10)$
e) $n = 100$; $p = 0{,}9$; $P(X < 95)$
f) $n = 80$; $p = \frac{1}{3}$; $P(X < 30)$

○ 2 Gegeben ist eine Bernoulli-Kette der Länge $n = 10$. Das Ereignis „Mindestens 6 Treffer." kann man wie rechts gezeigt darstellen. Veranschaulichen Sie auf gleiche Weise das Ereignis
a) „Mindestens vier Treffer."
b) „Höchstens drei Treffer."
c) „Weniger als fünf Treffer."
d) „Mehr als null Treffer."
e) „Höchstens vier Treffer."
f) „Weniger als acht Treffer."
g) „Mindestens drei und höchstens sieben Treffer."
h) „Mehr als fünf und weniger als zehn Treffer."

○ 3 Beschreiben Sie das Ereignis in Worten und bestimmen Sie für die binomialverteilte Zufallsgröße X mit den Parametern $n = 15$ und $p = 0{,}3$ die Wahrscheinlichkeit.
a) $P(X \geq 6)$ b) $P(X \leq 3)$ c) $P(X \geq 7)$ d) $P(X < 6)$
e) $P(X \geq 4)$ f) $P(X < 9)$ g) $P(X \geq 3)$ h) $P(X > 1)$

4 Ordnen Sie Karten, die dasselbe Ereignis beschreiben, einander zu.

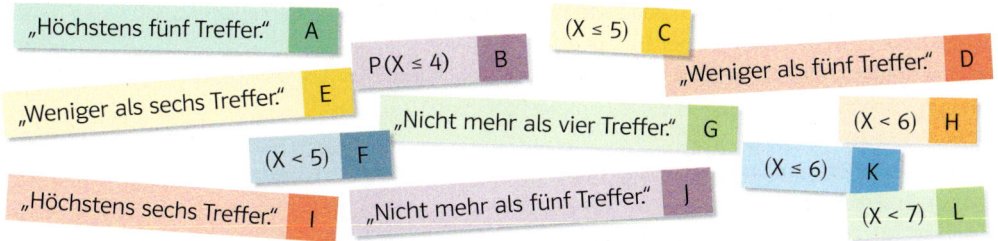

5 Bestimmen Sie für die binomialverteilte Zufallsgröße X mit den Parametern n = 20 und p = 0,5 die Wahrscheinlichkeit.
- a) $P(2 \leq X \leq 6)$
- b) $P(3 \leq X \leq 7)$
- c) $P(4 < X \leq 10)$
- d) $P(4 \leq X \leq 8)$
- e) $P(7 < X < 12)$
- f) $P(8 \leq X \leq 15))$
- g) $P(5 \leq X < 10)$
- h) $P(8 < X \leq 15)$

6 Etwa 20 % der Bevölkerung sind Linkshänder. Bestimmen Sie die Wahrscheinlichkeit, dass in einer Schulklasse mit 28 Schülerinnen und Schülern
- a) genau sechs Linkshänder sind,
- b) höchstens fünf Linkshänder sind,
- c) mindestens neun Linkshänder sind,
- d) mindestens zwölf Linkshänder sind,
- e) mindestens fünf und höchstens 12 Linkshänder sind.

7 Ein Blumenhändler gibt für Blumenzwiebeln eine Keimgarantie von 90 % an. Jemand kauft ein Dutzend. Geben Sie jeweils die Wahrscheinlichkeit dafür an, dass
- a) genau zehn Blumenzwiebeln keimen,
- b) alle Blumenzwiebeln keimen,
- c) mindestens zehn Blumenzwiebeln keimen,
- d) höchstens neun Blumenzwiebeln keimen,
- e) mindestens sieben und höchstens elf Blumenzwiebeln keimen.

Ein **Dutzend** sind 12.
Ein halbes Dutzend sind 6

Test

Lösungen | Seite 412

8 Bestimmen Sie für die binomialverteilte Zufallsgröße X mit den Parametern n = 12 und p = 0,6 die Wahrscheinlichkeit.
- a) $P(X \leq 5)$
- b) $P(X \geq 8)$
- c) $P(X < 10)$
- d) $P(4 \leq X < 8)$

9 Eine Münze wird 50-mal geworfen. Bestimmen Sie die Wahrscheinlichkeit, dass
- a) höchstens 20-mal „Zahl" fällt,
- b) mindestens 20-mal „Zahl" fällt,
- c) weniger als 25-mal „Zahl" fällt,
- d) mehr als 30-mal „Zahl" fällt.

10 Ein Knopf wird zehnmal geworfen. Die Wahrscheinlichkeit, dass die Vorderseite oben liegt, beträgt 0,4. Berechnen Sie, mit welcher Wahrscheinlichkeit
- a) höchstens dreimal „Vorderseite" fällt,
- b) in den ersten drei Würfen „Vorderseite" und sonst „Rückseite" fällt,
- c) nur im zweiten, im vierten und im achten Wurf „Vorderseite" fällt,
- d) höchstens zweimal oder mindestens siebenmal „Vorderseite" fällt,
- e) in den ersten drei Würfen „Vorderseite", insgesamt aber viermal „Rückseite" fällt,
- f) genau dreimal in Folge „Vorderseite" fällt, sonst „Rückseite".

11 Die Ausschusswahrscheinlichkeit einer bestimmten Sorte von Schrauben beträgt 3 %. Berechnen Sie, welches der folgenden Ereignisse am wahrscheinlichsten ist:
A: „Es sind keine unbrauchbaren Schrauben in einer Dutzendpackung."
B: „Es ist wenigstens eine unbrauchbare Schraube in einer Zwanzigerpackung."
C: „Es ist mehr als eine unbrauchbare Schraube in einer Fünfzigerpackung."

Ein Dutzend sind 12.

12 Das Glücksrad wird achtmal gedreht. Bestimmen Sie die Wahrscheinlichkeit, dass
a) mindestens dreimal „gelb" erscheint,
b) weniger als dreimal „rot" erscheint,
c) genau zweimal in Folge „blau" erscheint, sonst „rot" oder „gelb",
d) in den ersten beiden Versuchen „blau" erscheint,
e) nur in den letzten beiden Versuchen „gelb" erscheint.

13 Durchschnittlich einer von zehn Schaltern ist nach Angabe eines Herstellers defekt. Deshalb werden die Schalter zum Sonderpreis angeboten.
Nehmen Sie Stellung zur Überlegung rechts.

Wenn ich 16 Schalter brauche und 18 kaufe, also gut 10 % mehr als benötigt, dann sind mit Sicherheit 16 funktionierende dabei.

Test

Lösungen | Seite 413

14 Ein Fußballspieler hat beim Elfmeterschießen eine Trefferquote von 75 %. Er schießt fünf Elfmeter. Bestimmen Sie die Wahrscheinlichkeit, mit der er
a) mindestens vier Elfmeter verwandelt,
b) mehr als einen, aber höchstens vier Elfmeter verwandelt,
c) genau zwei Elfmeter in Folge verwandelt, sonst nicht trifft.

15 Ein Bauteil wird von zwei Maschinen produziert. Bei Maschine A sind erfahrungsgemäß 5 % der Teile defekt, bei Maschine B sind es 8 %. Eine Lieferung enthält 20 dieser Bauteile, davon stammen 15 von Maschine A und fünf von Maschine B.
a) Berechnen Sie, mit welcher Wahrscheinlichkeit unter den Bauteilen, die von Maschine B produziert wurden, höchstens eines defekt ist.
b) Berechnen Sie, mit welcher Wahrscheinlichkeit in der Lieferung insgesamt höchstens ein Bauteil defekt ist.

16 Folgende Ereignisse für Bernoulli-Ketten der Länge n und Trefferwahrscheinlichkeit p sind gleich wahrscheinlich:
A: „30 Treffer bei n = 50 und p = 0,7." B: „20 Treffer bei n = 50 und p = 0,3."
a) Geben Sie analoge Beispiele an und formulieren Sie dann eine allgemeine Regel.
b) Begründen Sie diese Regel.

Grundwissen Test

Grundwissen
Seiten 352, 22
Lösung | Seite 413

17 Bestimmen Sie zu den Graphen jeweils einen passenden Funktionsterm.

a)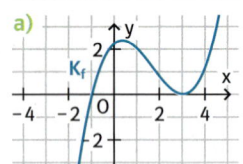
b)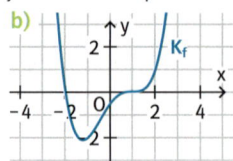
c)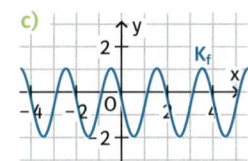

3 Problemstellungen bei der Binomialverteilung

Nele, Lea und Finn spielen „Mensch ärgere dich nicht".
Lea sagt: „Ich brauche zum Starten eine Sechs und darf jetzt dreimal würfeln. Ist es wahrscheinlicher, eine Sechs oder keine Sechs zu würfeln?"
Finn fragt: „Wie oft muss ich eigentlich würfeln, um sicher eine Sechs zu erhalten?"
Nele antwortet: „Ich kann dir sagen, wie oft du würfeln musst, um mit mindestens 90% Wahrscheinlichkeit eine Sechs zu werfen!"

Bei einem Bernoulli-Experiment waren bisher die Größen n (Anzahl der Versuche), p (Trefferwahrscheinlichkeit) und k (Anzahl der Treffer) gegeben oder konnten aus den Textangaben bestimmt werden, sodass daraus Wahrscheinlichkeiten wie $P(X = k)$ bzw. $P(X \leq k)$ berechnet wurden.
Es gibt aber auch Probleme, bei denen nur zwei der drei Größen n, p und k bekannt sind.
Es wird nun gezeigt, wie sich daraus die dritte unbekannte Größe bestimmen lässt.
Beispiele hierfür sind:

(1) Wie oft muss man mit einem idealen Würfel mindestens würfeln, um mit einer Wahrscheinlichkeit von mindestens 75% mindestens zweimal „1" zu würfeln?
   Gegeben: $p = \frac{1}{6}$; $k = 2$; $P(X \geq 2) \geq 0{,}75$ Gesucht: n

(2) Wie groß muss bei einem gezinkten Würfel die Wahrscheinlichkeit p für „1" mindestens sein, damit beim zehnmaligen Würfeln die Wahrscheinlichkeit für genau zweimal „1" höchstens 20% beträgt?
   Gegeben: $n = 10$; $k = 2$; $P(X = 2) \leq 0{,}2$ Gesucht: p

Zugrunde liegt jeweils das Bernoulli-Experiment, eine „1" oder „keine 1" zu würfeln. Treffer bedeutet, dass eine „1" fällt. Die Länge n der zugehörigen Bernoulli-Kette entspricht der Anzahl der Würfe. Die Zufallsgröße X beschreibt die Anzahl der gewürfelten „1".

Bei Beispiel (1) ist die Trefferwahrscheinlichkeit $p = \frac{1}{6}$ und für die Trefferzahl k soll gelten $k \geq 2$; n ist unbekannt. Da $P(X \geq 2)$ mindestens 75% sein soll, muss gelten:
$P(X \geq 2) = 1 - P(X \leq 1) \geq 0{,}75$. Daraus folgt $P(x \leq 1) \leq 0{,}25$.
Diese Ungleichung kann man durch Probieren oder mithilfe einer Tabelle lösen (Fig. 1).
Man wählt einen beliebigen Startwert, z. B. $n = 20$. Es ist $F_{20;\frac{1}{6}}(1) \approx 0{,}1304 < 0{,}25$.
Daher muss ein kleinerer Wert für n gewählt werden. $F_{15;\frac{1}{6}}(1) \approx 0{,}2596 > 0{,}25$ und $F_{16;\frac{1}{6}}(1) \approx 0{,}2272 < 0{,}25$. Es muss mindestens 16-mal gewürfelt werden.

Bei Beispiel (2) ist $n = 10$ und $k = 2$. Die Trefferwahrscheinlichkeit p ist gesucht.
Da $P(X = 2)$ höchstens 20% sein soll, muss $P(X = 2) \leq 0{,}2$ gelten. Fig. 2 zeigt eine Näherungslösung. Die Wahrscheinlichkeit für zweimal „1" kann durch Einschachteln beliebig genau bestimmt werden. Der Wert für p muss mindestens bei ca. 0,33 liegen.
Das Problem kann man also durch systematisches Ausprobieren lösen.

n	$F_{n;\frac{1}{6}}(1)$
20	0,1304
15	0,2596
16	0,2272

Fig. 1

p	$B_{10;p}(2)$
0,5	0,0439
0,3	0,2335
0,35	0,1757
0,33	0,1990
0,32	0,2107
0,329	0,2002

Fig. 2

Bei der Lösung mithilfe der Binomialverteilung überlegt man:
- Was bedeutet „Treffer"?
- Welche der Größen n (Versuchsanzahl), p (Trefferwahrscheinlichkeit), k (Trefferzahl) sind gegeben? Welche Größe ist gesucht?

Dann stellt man eine den Angaben entsprechende Gleichung oder Ungleichung auf und löst sie. Häufig ist nur eine Näherungslösung durch systematisches Ausprobieren möglich.

Beispiel 1 Wahrscheinlichkeiten bei gegebenen Parametern n und p berechnen

In Deutschland sind 8 % der männlichen Bevölkerung farbenblind. In einer Klasse sind 23 männliche Schüler.
a) Mit welcher Wahrscheinlichkeit sind weniger als drei Schüler farbenblind?
b) Mit welcher Wahrscheinlichkeit sind mindestens vier Schüler farbenblind?

Lösung
Die Zufallsgröße X beschreibt die Anzahl X der farbenblinden Schüler (= Treffer). X ist binomialverteilt mit den Parametern $n = 23$ und $p = 0{,}08$.
a) $P(X < 3) = P(X \leq 2) = F_{23;0,8}(2) \approx 0{,}722$.
Mit einer Wahrscheinlichkeit von etwa 72,2 % sind weniger als drei Schüler farbenblind.
b) $P(X \geq 4) = 1 - P(X \leq 3) = 1 - F_{23;0,8}(3) \approx 0{,}107$
Mit einer Wahrscheinlichkeit von etwa 10,7 % sind mindestens vier Schüler farbenblind.

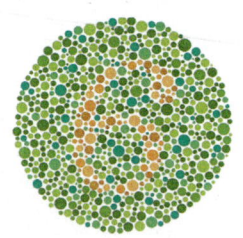

Beispiel 2 Parameter n bestimmen

Ein Flugzeug hat 94 Plätze. Die Fluggesellschaft verkauft aber mehr als 94 Tickets, weil laut ihrer Statistik durchschnittlich nur 90 % aller Fluggäste, die gebucht haben, den Flug auch tatsächlich antreten. Erscheinen mehr als 94 Fluggäste, müssen diejenigen, die keinen Platz bekommen, entschädigt werden.
a) Um abschätzen zu können, ob der Flug überbucht ist, überlegt sich die Fluggesellschaft, die Fluggäste kurz vor dem Flug stichprobenartig zu kontaktieren. Wie viele Fluggäste müssen mindestens kontaktiert werden, um mit einer Wahrscheinlichkeit von mindestens 95 % mindestens einen zu erreichen, der den Flug nicht antritt?
b) Wie viele Tickets darf die Fluggesellschaft höchstens verkaufen, damit die Wahrscheinlichkeit, dass mindestens zwei erscheinende Fluggäste entschädigt werden müssen, höchstens 15 % beträgt?

Lösung
Man nimmt an, dass die Fluggäste, die ein Ticket gekauft haben, unabhängig voneinander mit einer Wahrscheinlichkeit von $p = 0{,}9$ zum Flug erscheinen. Die Zufallsgröße X beschreibt die Anzahl der Fluggäste, die zum Flug erscheinen (= Treffer). X ist binomialverteilt mit Trefferwahrscheinlichkeit $p = 0{,}9$. Die Versuchsanzahl n ist gesucht.

a) Es dürfen mit einer Wahrscheinlichkeit von höchstens 5 % alle n kontaktierten Fluggäste erscheinen, d.h. es gilt: $P(x = n) \leq 0{,}05$. Wegen $P(X = n) = 0{,}9^n$ löst man die die Ungleichung $0{,}9^n \leq 0{,}05$. Logarithmieren ergibt $n \geq \log_{0,9}(0{,}05) \approx 28{,}4$. Die Fluggesellschaft muss mindestens 29 Fluggäste kontaktieren.

b) Wenn mindestens zwei Fluggäste entschädigt werden müssen, treten mindestens 96 von n Fluggästen ihren Flug an.
Es soll gelten: $P(X \geq 96) = 1 - P(X \leq 95) \leq 0{,}15$; d.h.
$P(X \leq 95) \geq 0{,}85$. Mit dem Rechner bestimmt man
$P(X \leq 95) = F_{n;0,9}(95)$ für verschiedene n (vgl. Tabelle).
Es dürfen maximal 102 Tickets verkauft werden.

n	$F_{n;0,9}(95)$
100	0,9763
101	0,9458
102	0,8945
103	0,8197

Beispiel 3 Parameter p bestimmen

Jedes Bauteil in einer Produktionsserie fällt mit der Wahrscheinlichkeit p aus. Der Ausfall der Bauteile geschieht unabhängig voneinander. Bestimmen Sie, wie groß p höchstens sein darf, damit mit einer Wahrscheinlichkeit von mindestens 90 % bei einer Produktionsserie von 100 Bauteilen höchstens zehn Bauteile ausfallen.

Lösung
Die Zufallsgröße X zählt die ausfallenden Bauteile bei einer Serie von 100 Stück. X ist binomialverteilt mit $n = 100$, p ist gesucht. Es muss gelten: $P(X \leq 10) \geq 0{,}9$.
Mit dem Rechner bestimmt man $P(X \leq 10)$ für verschiedene p (vgl. Fig. 2). Dies ergibt, dass für $P(x \leq 10) \geq 0{,}9$ die Wahrscheinlichkeit p zwischen 0,075 und 0,070 liegen muss.
Die Ausfallwahrscheinlichkeit darf höchstens $p = 0{,}07$ bzw. 7 % betragen.

Verschiedene Werte von p werden in einer Tabelle aufgelistet.

p	$P(X \leq 10)$
0,080	0,824
0,075	0,871
0,070	0,909

Fig. 1

Beispiel 4 Parameter k bestimmen

Ein Multiple-Choice-Test besteht aus 20 Fragen. Zu jeder gibt es drei Antwortmöglichkeiten, von denen jeweils genau eine richtig ist. Die Wahrscheinlichkeit, dass jemand nur durch Raten den Test besteht, soll höchstens 5% betragen. Bestimmen Sie die Mindestanzahl an richtigen Antworten, die für das Bestehen des Tests verlangt werden muss.

Lösung
Die Zufallsgröße X zählt die Anzahl der richtigen Antworten. X ist binomialverteilt mit $n = 20$ und $p = \frac{1}{3}$. Es ist die kleinste natürliche Zahl k gesucht, für die gilt: $P(X \geq k) \leq 0{,}05$. Wegen $P(X \geq k) = 1 - P(X \leq k - 1)$ muss dann $P(X \leq k - 1) \geq 0{,}95$ sein. Dies ergibt $k - 1 = 10$ bzw. $k = 11$ (s. Fig. 1). Man muss mindestens 11 richtige Antworten verlangen.

Die Listenfunktion des Taschenrechners liefert die Tabelle.

k − 1	P(X ≤ k − 1)
8	0,810
9	0,908
10	0,962

Fig. 1

Aufgaben

1 Die Zufallsgröße X ist binomialverteilt mit $n = 60$ und $p = 0{,}20$. Bestimmen Sie, wie groß der Parameter k mindestens sein muss, damit Folgendes gilt:
a) $P(X \leq k) \geq 0{,}5$ b) $P(X \leq k) \geq 0{,}8$ c) $P(X \geq k) \leq 0{,}2$ d) $P(X \geq k) \leq 0{,}4$

2 Berechnen Sie, wie oft man mindestens würfeln muss, um mit einer Wahrscheinlichkeit von mindestens 99% das angegebene Ergebnis zu erzielen.
a) Mindestens eine Sechs
b) Mindestens sechs Sechsen
c) Mindestens 15 gerade Zahlen
d) Mindestens 20 Zahlen unter sechs

3 Die Zufallsgröße X ist binomialverteilt mit $p = 0{,}3$. Bestimmen Sie, wie groß der Parameter n mindestens sein muss, damit Folgendes gilt:
a) $P(X = 0) \leq 0{,}1$ b) $P(X \leq 1) \leq 0{,}05$ c) $P(X > 5) \geq 0{,}9$ d) $P(X \geq 10) \geq 0{,}75$

4 Bei einer verbogenen Münze fällt „Wappen" mit der Wahrscheinlichkeit p. Bei 50 Würfen beträgt die Wahrscheinlichkeit 50%, dass höchstens 20-mal „Wappen" fällt. Bestimmen Sie p.

5 Bei der Herstellung von Schrauben ist eine Schraube mit der Wahrscheinlichkeit p in Ordnung. Die Wahrscheinlichkeit, dass bei einer Stichprobe von 100 Schrauben weniger als 90 Schrauben in Ordnung sind, darf höchstens 5% betragen. Bestimmen Sie die Werte von p, für die dies der Fall ist, auf zwei Nachkommastellen gerundet.

6 Ein Verkehrsunternehmen gibt an, dass 85% seiner Fahrgäste zufrieden sind.
a) Bestimmen Sie die Wahrscheinlichkeit, dass von 50 Fahrgästen höchstens drei mit dem Verkehrsunternehmen unzufrieden sind.
b) Berechnen Sie, wie viele Fahrgäste mindestens befragt werden müssen, damit mit einer Wahrscheinlichkeit von mindestens 90% mindestens zehn davon unzufrieden sind.

O Test

Lösungen | Seite 413

7 Die Wahrscheinlichkeit für die Geburt eines Jungen beträgt etwa 0,51. Bestimmen Sie die Anzahl an Kindern, die an einem Tag in einer Klinik mindestens geboren werden müssen, damit mit einer Wahrscheinlichkeit von mindestens 99% mindestens fünf Jungen dabei sind.

8 Ein Feriendorf nimmt 50 Buchungen entgegen, obwohl es nur 48 Wohnungen gibt, denn in den letzten Jahren wurden 10% der Buchungen storniert.
a) Mit welcher Wahrscheinlichkeit wurden zu viele Buchungen angenommen?
b) Mit welcher Wahrscheinlichkeit war sogar noch mehr als ein Platz übrig?
c) Wieso würden Sie vielleicht sogar noch mehr Buchungen entgegennehmen?

9 Benjamin behauptet, er erkenne seine Lieblings-Cola allein am Geschmack. Davina glaubt ihm nicht. Sie gibt ihm achtmal hintereinander drei gleich aussehende Gläser, von denen eines einen Schluck mit seiner Lieblings-Cola und zwei mit Colas anderer Marken enthält. Wenn Benjamin mindestens viermal richtig liegt, glaubt ihm Davina.
  a) Angenommen, Benjamin rät nur. Bestimmen Sie, mit welcher Wahrscheinlichkeit Benjamin den Test besteht.
  b) Berechnen Sie die Anzahl der richtigen Antworten, die Davina verlangen muss, damit die Wahrscheinlichkeit kleiner als 2 % ist, dass Benjamin allein durch Raten besteht.

10 Eine Ferienwohnanlage hat 80 Wohnungen. Erfahrungsgemäß werden 15 % der Buchungen wieder storniert. Der Besitzer nimmt für die Pfingstferien 95 Buchungen an.
  a) Berechnen Sie die Wahrscheinlichkeit, dass zu viele Buchungen angenommen wurden.
  b) Bestimmen Sie die Anzahl an Buchungen, die der Besitzer für die Pfingstferien annehmen sollte, damit die Wahrscheinlichkeit, dass zu viele Buchungen angenommen wurden, kleiner als 5 % ist.

Test

Lösung | Seite 413

11 Ein Würfel hat das nebenstehende Netz.
  a) Bestimmen Sie, wie oft man den Würfel mindestens werfen muss, damit mit mindestens 95 % Wahrscheinlichkeit mindestens dreimal eine „Vier" fällt.
  b) Man wirft den Würfel siebenmal. Wenn man eine bestimmte Anzahl an „Dreien" wirft, gewinnt man. Bestimmen Sie, wie groß diese Anzahl mindestens sein muss, damit man mit einer Wahrscheinlichkeit von höchstens 10 % gewinnt.
  c) Bestimmen Sie, wie viele Seiten des Würfels eine „Vier" tragen müssen, damit bei 10 Würfen mit der Wahrscheinlichkeit 90 % mindestens dreimal eine „Vier" fällt.

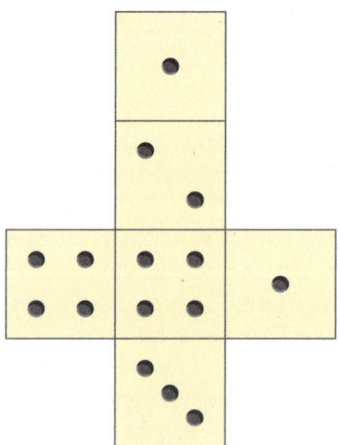

12 Die Zufallsgröße X ist binomialverteilt mit den Parametern n und p. Entscheiden Sie, ob die Aussage wahr oder falsch ist. Begründen Sie.
  a) Wenn $k < m$ ist, dann ist auch $P(X \leq k) < P(X \leq m)$.
  b) Wenn man k verdoppelt, dann verdoppelt sich auch $P(X \leq k)$.
  c) Wenn man p vergrößert, dann vergrößert sich auch $P(X \leq k)$.

Grundwissen Test

Grundwissen
Seite 63
Lösung | Seite 413

13 Zeichnen Sie die Graphen der Funktion f und bestimmen Sie die Tangente an den Graphen der Funktion f an der Stelle x_0.
  a) $f(x) = -\frac{1}{2}x^4 + 2x^2$; $x_0 = 2$
  b) $f(x) = 0{,}25\,e^{-2x} + 3$; $x_0 = 0$
  c) $f(x) = 3 \cdot \sin\left(\frac{\pi}{2}x\right) + 2$; $x_0 = -3$
  d) $f(x) = \cos(x) + 0{,}5x$; $x_0 = \frac{\pi}{2}$

4 Erwartungswert und Standardabweichung

Die Abbildungen zeigen Graphen von Binomialverteilungen $B_{n;p}(k)$. Welches könnten die Parameter sein?

(1) $n = 20$; $p = 0{,}3$
(2) $n = 20$; $p = 0{,}5$
(3) $n = 20$; $p = \frac{2}{3}$
(4) $n = 15$; $p = 0{,}8$
(5) $n = 15$; $p = \frac{2}{3}$

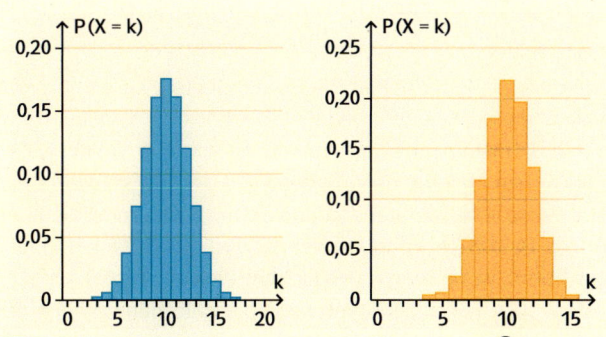

Die Binomialverteilung $B_{n;p}(k)$ wird durch die Parameter n und p beschrieben. Damit lassen sich auch der Erwartungswert μ und die Standardabweichung σ berechnen. Im Folgenden wird untersucht, wie sich diese Parameter auf die Form und Lage des Graphen auswirken.

Abhängigkeit der Verteilungen

vom Parameter n: Man wählt p fest, z.B. $p = 0{,}6$, und verändert n.

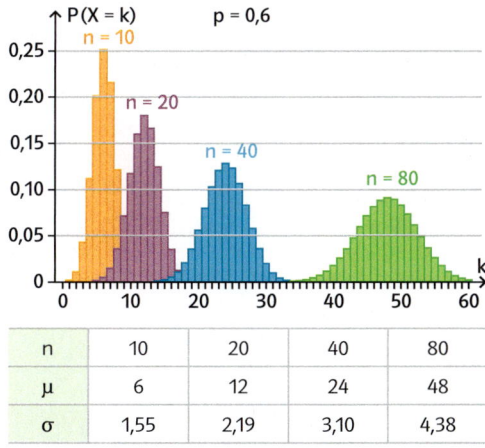

n	10	20	40	80
μ	6	12	24	48
σ	1,55	2,19	3,10	4,38

Mit wachsendem n wird der Graph breiter und flacher und der Graph liegt weiter rechts.

vom Parameter p: Man wählt n fest, z.B. $n = 50$, und verändert p.

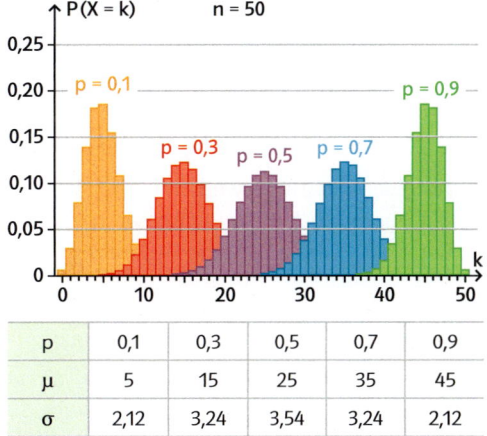

p	0,1	0,3	0,5	0,7	0,9
μ	5	15	25	35	45
σ	2,12	3,24	3,54	3,24	2,12

Für $p \to 0$ und $p \to 1$ wird der Graph schmaler und höher. Je größer p ist, umso weiter rechts liegt der Graph.

Der Graph einer binomialverteilten Zufallsgröße ist glockenförmig. An den Graphen der Binomialverteilungen erkennt man, dass die höchste Säule bei $k = n \cdot p$ liegt. Durch die annähernd symmetrische Form des Graphen liegt die Vermutung nahe, dass dieser Wert auch der Erwartungswert μ ist, dass also gilt: $μ = n \cdot p$. Dies lässt sich für beliebiges n und p beweisen.

Ein Bernoulli-Experiment wird n-mal durchgeführt. Dabei bezeichnet $X_i = 1$ „Treffer" und $X_i = 0$ „kein Treffer" bei der i-ten Durchführung. Dann ist $E(X_i) = 1 \cdot p + 0 \cdot (1-p) = p$.

X_i	1	0
$P(X = X_i)$	p	1 − p

Zählt X die Anzahl der „Treffer" in der Bernoulli-Kette, so ist $X = X_1 + X_2 + \cdots + X_n$, wobei alle X_i denselben Erwartungswert haben. Somit ist $μ = E(X_1) + \cdots + E(X_n) = n \cdot p$.
Entsprechend gilt für die Varianz VAR bzw. Standardabweichung σ jedes Ereignisses
$VAR(X_i) = (1-p)^2 \cdot p + (0-p)^2 \cdot (1-p) = (1-p) \cdot ((1-p) \cdot p + p^2) = (1-p) \cdot p$.
Somit ist $σ = \sqrt{VAR(X_1) + \cdots + VAR(X_n)} = \sqrt{n \cdot p \cdot (1-p)}$.

Es kann sein, dass μ nicht ganzzahlig ist. Dann liegt das Maximum bei einem (oder beiden) der ganzzahligen Werte daneben.

Formel von Seite 296:
$σ = \sqrt{(x_1 - μ)^2 \cdot P(X = x_1) + \cdots + (x_n - μ)^2 \cdot P(X = x_n)}$;
$σ^2$ nennt man **Varianz**.

Eine binomialverteilte Zufallsgröße X mit den Parametern n und p hat den **Erwartungswert** $\mu = n \cdot p$ und die **Standardabweichung** $\sigma = \sqrt{n \cdot p \cdot (1-p)}$.

Die Standardabweichung σ einer Binomialverteilung kann man grafisch veranschaulichen. Man zeichnet eine glockenförmige Randkurve des Graphen und betrachtet diese als Funktionsgraph (Fig.1). An Fig.2 ist zu sehen, dass σ dem Abstand der Wendestellen der Glockenkurve zur Extremstelle μ entspricht. Die Standardabweichung bestimmt die Form der Glockenkurve. Da σ zu $\sqrt{n}$ proportional ist, wird die Kurve z.B. doppelt (dreimal) so breit, wenn man n vervierfacht (verneunfacht).
In Fig.2 ist p = 0,3. Für andere Werte von p erhält man entsprechende Diagramme.

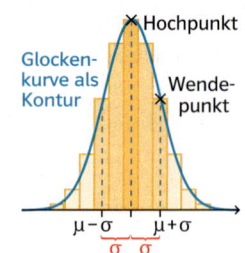

Fig.1

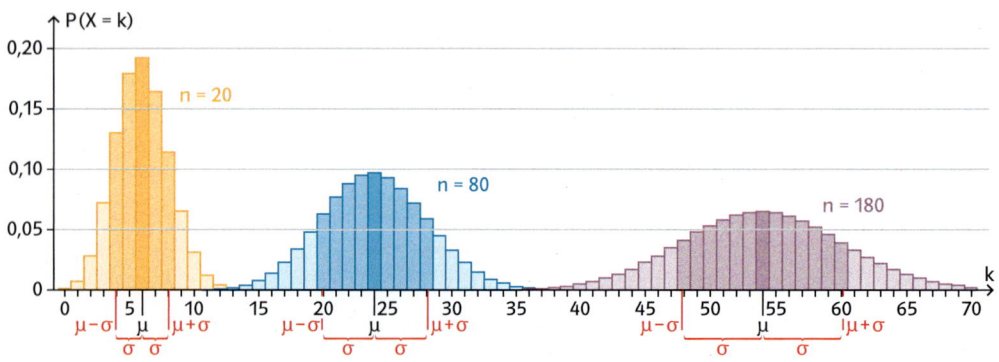

Fig.2

Beispiel 1 Nicht ganzzahliger Erwartungswert
Eine binomialverteilte Zufallsgröße X hat die Parameter n = 65 und p = 0,3. Bestimmen Sie ihren Erwartungswert und beschreiben Sie seine Bedeutung.
Lösung
μ = 65 · 0,3 = 19,5. Dies ist kein Wert von X, da er nicht ganzzahlig ist. In diesem Fall ist bei einem der benachbarten Werte 19 oder 20 die Wahrscheinlichkeit P(X = k) am größten. Es ist P(X = 19) = 0,1073 und P(X = 20) = 0,1057. Also ist P(X = 19) am größten.

Beispiel 2 Erwartungswert und Standardabweichung einer Binomialverteilung
Ein idealer Würfel wird 50-mal geworfen. Die Zufallsgröße X gibt die Anzahl der Sechsen an.
a) Berechnen Sie den Erwartungswert μ und die Standardabweichung σ.
b) Mit welcher Wahrscheinlichkeit weicht die Anzahl der Sechsen um höchstens σ vom Erwartungswert ab? Markieren Sie den entsprechenden Bereich im Diagramm.

Lösung
a) X ist binomialverteilt mit n = 50 und $p = \frac{1}{6}$. Also ist $\mu = 50 \cdot \frac{1}{6} \approx 8{,}333$

und $\sigma = \sqrt{50 \cdot \frac{1}{6} \cdot \frac{5}{6}} = \sqrt{\frac{125}{18}} \approx 2{,}635$.

b) μ − σ ≈ 5,698 und μ + σ ≈ 10,968. Die gesuchten Trefferanzahlen sind 6, 7, 8, 9 und 10 (siehe Fig.3).
P(6 ≤ X ≤ 10) = P(X ≤ 10) − P(X ≤ 5)
≈ 0,7986 − 0,1388 = 0,6598

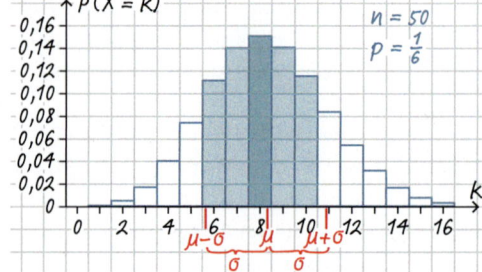

Fig.3

Die Anzahl der Sechsen weicht mit einer Wahrscheinlichkeit von ca. 66 % um höchstens σ vom Erwartungswert ab.

Aufgaben

1 Berechnen Sie den Erwartungswert, die Varianz und die Standardabweichung der binomialverteilten Zufallsgröße mit den Parametern n und p.
a) n = 20, p = 0,3   b) n = 20, p = 0,5   c) n = 50, p = 0,7   d) n = 80, p = $\frac{2}{3}$

Veranschaulichen Sie ggf. bei allen Aufgaben die jeweilige Binomialverteilung mit einem digitalen Mathematikwerkzeug.

2 Eine ideale Münze wird wiederholt geworfen. Die Zufallsgröße X gibt an, wie oft „Zahl" erscheint. Bestimmen Sie den Erwartungswert und die Standardabweichung von X, wenn
a) die Münze 5-mal geworfen wird,
b) die Münze 10-mal geworfen wird,
c) die Münze 15-mal geworfen wird,
d) die Münze 20-mal geworfen wird.

3 Zeichnen Sie die Graphen der Binomialverteilungen und bestimmen Sie jeweils den Erwartungswert μ und die Standardabweichung σ.
a) p = 0,5 und n = 8 bzw. 16; 32; 64
b) n = 40 und p = 0,25 bzw. 0,4; 0,65; 0,8

4 Das Säulendiagramm gehört zu einer binomialverteilten Zufallsgröße mit den Parametern n und p. Untersuchen Sie, ob der Bereich markiert ist, in dem die Werte von X liegen, die von μ höchstens um σ abweichen.

a)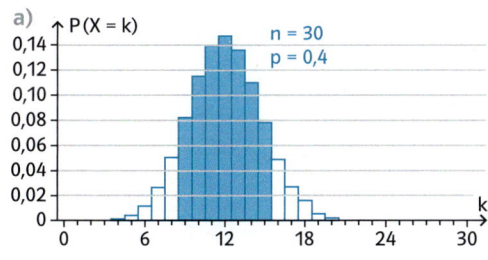
b)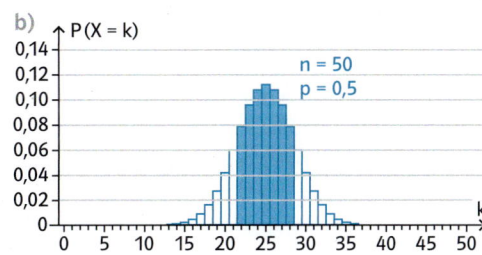

5 Gegeben ist die binomialverteilte Zufallsgröße mit den Parametern n und p. Bestimmen Sie den Erwartungswert μ sowie die Standardabweichung σ und geben Sie die Trefferanzahlen an, die höchstens um σ von μ abweichen.
a) n = 15, p = 0,5   b) n = 25, p = 0,2   c) n = 80, p = 0,6   d) n = 80, p = 0,8

6 Lesen Sie an den Säulendiagrammen der Binomialverteilungen rechts den Erwartungswert ab und bestimmen Sie damit die Parameter n und p. Prüfen Sie anschließend mit dem Taschenrechner.

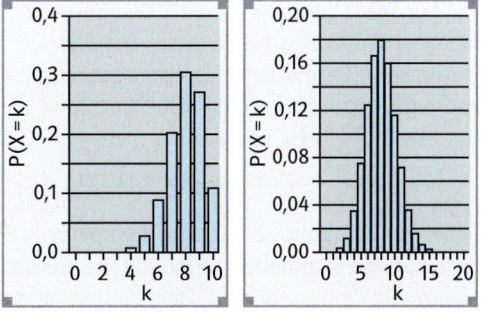

Tipp: Der größte auf der Achse angegebene Wert von k entspricht dem Parameter n.

○ **Test** → Lösungen | Seite 413

7 Berechnen Sie den Erwartungswert und die Standardabweichung der binomialverteilten Zufallsgröße mit den Parametern n = 25 und p = 0,3.

8 Wenn Tom und Paul Tischfußball spielen, dann gewinnt Tom mit einer Wahrscheinlichkeit von 60 %. Sie vereinbaren, zehn Spiele gegeneinander auszutragen. Die Zufallsgröße X zählt die Anzahl von Toms Siegen. Ermitteln Sie die Wahrscheinlichkeitsverteilung von X und berechnen Sie μ und σ.

9 Nach einer Studie halten 26 % der Jugendlichen den Umweltschutz für ein zentrales Thema.
   a) Wie viele Schülerinnen bzw. Schüler sind demnach in einem Kurs mit 30 Schülern zu erwarten, welche den Umweltschutz für ein zentrales Thema halten?
   b) Mit welcher Wahrscheinlichkeit liegt die Zahl der Schüler in einem Kurs mit 30 Schülern, welche den Umweltschutz für ein zentrales Thema halten, um höchstens σ von μ entfernt?

10 Laut Statistischem Bundesamt besitzen ca. 80 % der Erwachsenen in Deutschland einen Pkw-Führerschein. Es werden zufällig 30 Personen ausgewählt. Die Zufallsgröße X beschreibt die Anzahl der Personen mit Führerschein.
   a) Berechnen Sie $P(X \geq 25)$.
   b) Bestimmen Sie den Erwartungswert und die Standardabweichung von X.
   c) Bestimmen Sie die Trefferanzahlen, die um höchstens σ von μ abweichen.

11 In einer Fabrik werden die hergestellten Teile von einem Computer kontrolliert. Dieser beurteilt jedes Teil mit einer Wahrscheinlichkeit von 95 % richtig. X ist die Anzahl der falschen Entscheidungen des Computers bei 100 Kontrollen.
   a) Berechnen Sie den Erwartungswert μ und interpretieren Sie die ermittelte Zahl.
   b) Bestimmen Sie, mit welcher Wahrscheinlichkeit die Anzahl der falsch beurteilten Teile im Intervall $[\mu - \sigma;\ \mu + \sigma]$ liegt.

12 X ist eine binomialverteilte Zufallsgröße mit den Parametern n und p. Wie verändert sich der Erwartungswert und wie die Standardabweichung, wenn man
   a) n vervierfacht,   b) n verdoppelt,   c) n verneunfacht,   d) n halbiert?

Test

13 Ein Basketballspieler hat beim Freiwurf eine Trefferquote von 70 %. Er wirft fünf Freiwürfe. Die Zufallsgröße X zählt die verwandelten Freiwürfe.
   a) Berechnen Sie $P(X \geq 3)$.
   b) Bestimmen Sie den Erwartungswert und die Standardabweichung von X.
   c) Bestimmen Sie die Trefferanzahlen, die um höchstens σ vom Erwartungswert abweichen.

14 Von den Einwohnern einer Stadt befürworten 60 % den Bau einer neuen Konzerthalle. Es werden zufällig 100 Einwohner ausgewählt und befragt. Bestimmen Sie, mit welcher Wahrscheinlichkeit unter den Befragten die Anzahl der Befürworter des Baus um höchstens 2σ vom Erwartungswert abweicht.

15 a) X ist eine binomialverteilte Zufallsgröße mit dem Parameter n = 75 und dem Erwartungswert μ = 33,75. Bestimmen Sie den Parameter p und die Standardabweichung σ.
   b) X ist eine binomialverteilte Zufallsgröße mit dem Parameter n = 40 und der Standardabweichung $\sigma = \sqrt{9{,}6}$. Geben Sie die möglichen Werte für den Parameter p an.

16 Begründen Sie: Wenn bei einer binomialverteilten Zufallsgröße σ = 0 gilt, dann muss n = 0 oder p = 0 oder p = 1 sein.

Grundwissen Test

17 Bestimmen Sie die Koordinaten der Wendepunkte des Graphen der Funktion f.
   a) $f(x) = -\frac{1}{12}x^4 + \frac{1}{3}x^3$
   b) $f(x) = x^3 - 6x^2 + 12x - 7$
   c) $f(x) = 3 \cdot \sin(2x) + 1;\ x \in [0; \pi]$
   d) $f(x) = -\cos\left(\frac{1}{2}x\right) - 3;\ x \in [0; 6]$

Exkursion

IX Binomialverteilung

Weitere Verteilungen

Die Binomialverteilung mit den Parametern n und p lässt sich auf n Ziehungen mit Zurücklegen aus einer Urne zurückführen, in der sich weiße und schwarze Kugeln befinden und das Verhältnis der weißen Kugeln zu der Gesamtzahl aller Kugeln p ist. X ist die Anzahl der weißen Kugeln und $P(X = k)$ ist die Wahrscheinlichkeit, bei n Ziehungen genau k weiße Kugeln zu ziehen. Dies kann man für jede Aufgabe zur Binomialverteilung als Modell-Experiment heranziehen.

Da bei einer Bernoulli-Kette die Ziehungen voneinander unabhängig sein müssen, muss die gezogene Kugel nach jeder Ziehung zurückgelegt werden, weil sich sonst die Wahrscheinlichkeit für die Ziehung einer weißen Kugel verändert.

Die hypergeometrische Verteilung

Es gibt jedoch Anwendungsbeispiele, bei denen die Kugeln nicht zurückgelegt werden. Ein typisches Beispiel ist das Lottospiel 6 aus 49. Wenn man 6 Zahlen getippt hat und nun die Ziehung verfolgt, befinden sich in der Lostrommel bei der ersten Ziehung 6 mögliche Treffer (weiße Kugeln) und 43 Nieten (schwarze Kugeln). Die Wahrscheinlichkeit für einen Treffer ist also $\frac{6}{49}$. Da die Kugel nicht zurückgelegt wird, ist die Wahrscheinlichkeit, bei der nächsten Ziehung wieder einen Treffer zu haben, nur noch $\frac{5}{48}$ usw. Insgesamt ist also nach der Pfadregel die Wahrscheinlichkeit für 6 Richtige (bzw. 6 weiße Kugeln) $\frac{6}{49} \cdot \frac{5}{48} \cdot \frac{4}{47} \cdot \frac{3}{46} \cdot \frac{2}{45} \cdot \frac{1}{44}$.

Die Wahrscheinlichkeit für k Richtige beschreibt die **hypergeometrische Verteilung**.

Zufallsexperiment: In einer Urne befinden sich N Kugeln, von denen M weiß und die anderen schwarz sind. Es werden n Kugeln **ohne Zurücklegen** aus der Urne gezogen.

Zufallsgröße X: Anzahl der weißen Kugeln, die gezogen wurden.

Wahrscheinlichkeitsverteilung: $P(X = k) = \dfrac{\binom{M}{k} \cdot \binom{N-M}{n-k}}{\binom{N}{n}}$, $0 \leq k \leq n$; $M \leq N$; $n \leq N$.

X heißt **hypergeometrisch verteilt** mit den Parametern n, M und N.

Begründung der Formel

Um k weiße Kugeln von den M vorhandenen weißen Kugeln zu ziehen, hat man $\binom{M}{k}$ Möglichkeiten. Für jede dieser Möglichkeiten muss man n − k schwarze Kugeln aus den N − M schwarzen Kugeln ziehen. Dafür gibt es $\binom{N-M}{n-k}$ Möglichkeiten. Insgesamt sind das also $\binom{M}{k} \cdot \binom{N-M}{n-k}$ günstige Fälle. Dies setzt man als Laplace-Wahrscheinlichkeit ins Verhältnis zu der gesamten Anzahl der Möglichkeiten, n Kugeln aus N vorhandenen Kugeln zu ziehen.

Der Erwartungswert einer hypergeometrisch verteilten Zufallsgröße ist $\mu = n \cdot \frac{M}{N}$. Er ist z. B. beim Lotto $6 \cdot \frac{6}{49} = \frac{36}{49} < 1$. Das heißt man kann beim Lotto nicht einmal mit einer einzigen richtigen Zahl rechnen.

Der entscheidende Unterschied zwischen der Binomialverteilung und der hypergeometrischen Verteilung liegt im Zurücklegen bzw. Nichtzurücklegen der gezogenen Kugel.

Wenn man sehr viele schwarze und weiße Kugeln in einer Urne hat und nur wenige Kugeln zieht, fällt das Nichtzurücklegen nicht besonders ins Gewicht. Die Wahrscheinlichkeit für den nächsten Zug verändert sich nur sehr wenig. Dann kann man statt der hypergeometrischen Verteilung die Binomialverteilung näherungsweise verwenden. Die Wahrscheinlichkeit p für das Ziehen einer weißen Kugel ist dann $p = \frac{M}{N}$.

Exkursion

Beispiel 1:
Im Tanzkurs von Veronika gibt es unter den zehn jungen Männern drei sehr gute Tänzer. Der Tanzlehrer weist ihr während der Tanzstunde nacheinander fünf verschiedene Tanzpartner zu. Mit welcher Wahrscheinlichkeit sind unter ihren Tanzpartnern mindestens zwei gute Tänzer?

Lösung:
Es handelt sich um eine hypergeometrische Verteilung mit den Parametern $n = 5$, $M = 3$ und $N = 10$.

$$P(X \geq 2) = P(X = 2) + P(X = 3) = \frac{\binom{3}{2} \cdot \binom{10-3}{5-2}}{\binom{10}{5}} + \frac{\binom{3}{3} \cdot \binom{10-3}{5-3}}{\binom{10}{5}} = \frac{3 \cdot 35}{252} + \frac{1 \cdot 21}{252} = \frac{105}{252} + \frac{21}{252} = \frac{126}{252} = 0{,}5.$$

Veronika kann mit einer Wahrscheinlichkeit von 50 % mit mindestens zwei guten Tänzern rechnen.

Die Poisson-Verteilung

In Anwendungsfällen, bei denen man insgesamt sehr viele Kugeln aus einer Urne mit verhältnismäßig wenigen weißen Kugeln zieht, kann man die Binomialverteilung ziemlich genau mit der folgenden Formel berechnen: $P(X = k) \approx \frac{\mu^k}{k!} \cdot e^{-\mu}$ mit $\mu = n \cdot p$.

Die zugehörige Verteilung $P(X = k) = \frac{\mu^k}{k!} \cdot e^{-\mu}$ mit Parameter μ ($\mu > 0$) heißt **Poisson-Verteilung**.

Das nebenstehende Diagramm zeigt, wie die Poisson-Verteilung die Binomialverteilung mit $\mu = 1$ für große n annähert.

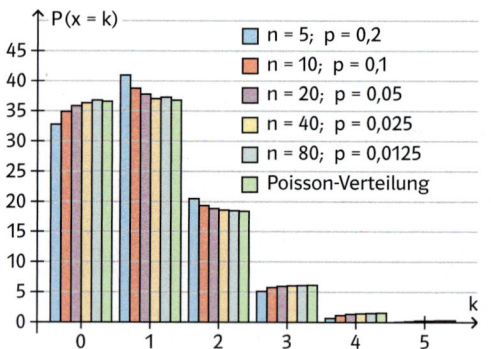

Siméon Deuis Poisson (1781–1840)

Beispiel 2:
Viele Fluggesellschaften verkaufen mehr Tickets als Sitzplätze in ihren Flugzeugen sind. Es werden z. B. für 195 Plätze 200 Tickets verkauft, weil man aus Erfahrung weiß, dass 5 % der Fluggäste ihren Flug nicht antreten. Mit welcher Wahrscheinlichkeit reichen die Plätze nicht aus?

Lösung:
Die Plätze reichen nicht aus, wenn 196 oder mehr Personen den Flug antreten, bzw. wenn 4 oder weniger Personen den Flug nicht antreten.
Man kann hier mit der Poisson-Verteilung rechnen, weil unter den 200 Tickets nur wenige gezogen werden, die keinen Platz garantieren.

$$P(X \leq 4) = e^{-10} \cdot \left(\frac{10}{1!} + \frac{10^2}{2!} + \frac{10^3}{3!} + \frac{10^4}{4!} \right) \approx 0{,}029$$

Das Risiko für die Fluggesellschaft ist mit etwa 3 % nicht besonders groß.

---

1 Bestimmen Sie die Wahrscheinlichkeit für drei Richtige im Lotto 6 aus 49.

2 Rechnen Sie das Beispiel 2 mit einer Binomialverteilung nach.

Training

IX Binomialverteilung

1 Gegeben ist die binomialverteilte Zufallsgröße X mit den Parametern n und p. Bestimmen Sie die gesuchte Wahrscheinlichkeit mithilfe der Formel von Bernoulli.
a) n = 8; p = 0,3; P(X = 2)   b) n = 20; p = $\frac{1}{3}$; P(X = 5)   c) n = 30; p = 0,7; P(X = 25)

2 Gegeben ist eine Bernoulli-Kette der Länge n = 12 und der Trefferwahrscheinlichkeit p = 0,6. Bestimmen Sie die gesuchte Wahrscheinlichkeit, wenn die Zufallsgröße X die Anzahl der Treffer zählt.
a) P(X ≤ 5)   b) P(X ≤ 8))   c) P(X ≥ 6)
d) P(X > 7)   e) P(3 ≤ X ≤ 6)   f) P(5 < X < 10)

3 Ein Brett wird mit kleinen symmetrischen Holzklötzen in gleichmäßigen Abständen bestückt. Eine Kugel läuft so das Brett hinunter, dass sie jeweils genau auf die Spitze der Holzklötzchen trifft. Sie fällt dann jeweils mit gleicher Wahrscheinlichkeit nach links bzw. rechts und landet schließlich in einem der Fächer. Die Zufallsgröße X beschreibt die Nummer des Fachs, in das die Kugel fällt.
a) Bestimmen Sie die Wahrscheinlichkeitsverteilung, den Erwartungswert und die Standardabweichung von X.
b) 16 Kugeln durchlaufen das Brett. Wie viele Kugeln erwartet man in den Fächern?

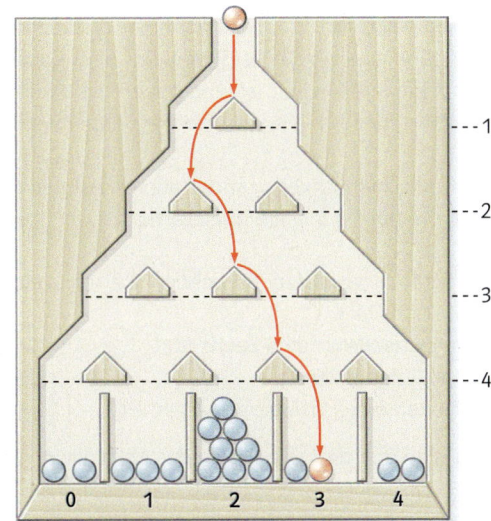

4 Ein medizinisches Haarshampoo gegen Schuppen enthält einen Wirkstoff, der bei 5% aller Patienten eine leichte Nebenwirkung hervorruft. Ein Arzt behandelt im Jahr 15 Patienten mit diesem Mittel.
a) Wie groß ist die Wahrscheinlichkeit, dass der Arzt innerhalb eines Jahres mindestens einen Patienten mit einer leichten Nebenwirkung hat?
b) Wie groß ist die Wahrscheinlichkeit, dass der Arzt in fünf Jahren mindestens zweimal feststellt, dass innerhalb eines Jahres mindestens ein Patient eine leichte Nebenwirkung verspürt?

5 Bei einem Multiple-Choice-Test gibt es acht Fragen mit jeweils drei Antworten, von denen nur eine richtig ist. Ein Kandidat kreuzt bei jeder Frage rein zufällig eine Antwort an. Bestimmen Sie die Wahrscheinlichkeit für
a) genau vier richtige Antworten,
b) höchstens eine richtige Antwort,
c) mindestens drei richtige Antworten,
d) mindestens sieben falsche Antworten.

6 Ein Glücksrad besteht aus fünf gleich großen Feldern, von denen eines mit „Hauptgewinn" beschriftet ist. Die Zufallsgröße X gibt die Anzahl der Hauptgewinne bei n-maligem Drehen an. Der Erwartungswert ist ganzzahlig. Das abgebildete Histogramm gehört zur Wahrscheinlichkeitsverteilung von X.
a) Geben Sie den Parameter n an.
b) Lesen Sie näherungsweise die Wahrscheinlichkeit P(X = 2) ab.
c) Bestimmen Sie näherungsweise die Wahrscheinlichkeit P(X ≥ 3).

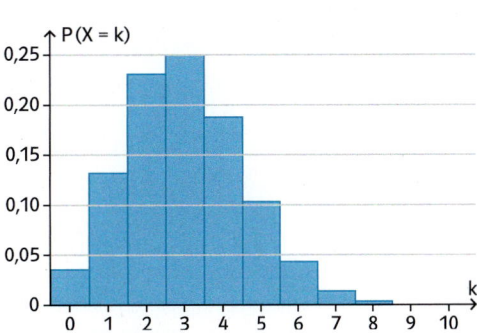

Training

7 Auf einer Hühnerfarm sind die Eier mit einer Wahrscheinlichkeit p nach dem Legen unbeschädigt. Wie groß ist p (auf zwei Dezimalen gerundet), damit von 80 Eiern mindestens 70 mit einer Wahrscheinlichkeit von
a) mindestens 90 % unbeschädigt sind?
b) mindestens 99 % unbeschädigt sind?

8 Handelt es sich um die Formel von Bernoulli? Wenn ja, formulieren Sie ein Zufallsexperiment und ein Ereignis in Worten, dessen Wahrscheinlichkeit sich auf diese Weise berechnen lässt.

a) $P(X = 2) = \binom{5}{2} \cdot 0{,}3^2 \cdot 0{,}7^3$ b) $P(X = 4) = \binom{10}{4} \cdot \left(\frac{3}{5}\right)^4 \cdot \left(\frac{2}{5}\right)^4$ c) $P(X = 9) = \binom{15}{9} \cdot 0{,}1^6 \cdot 0{,}9^9$

9 Ein Reißnagel wird 30-mal geworfen. Er landet mit einer Wahrscheinlichkeit von 65 % auf dem Kopf. Die Zufallsgröße X zählt, wie oft der Reißnagel auf dem Kopf landet.
a) Begründen Sie, dass X binomialverteilt ist, und geben Sie die Parameter an.
b) Bestimmen Sie die Wahrscheinlichkeit, dass der Reißnagel weniger als 15-mal auf dem Kopf landet.
c) Bestimmen Sie die Wahrscheinlichkeit, mit der die Anzahl der Würfe, bei denen der Reißnagel auf dem Kopf landet, um höchstens σ vom Erwartungswert abweicht.

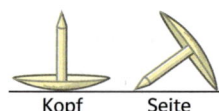
Kopf   Seite

10 Ein idealer Würfel wird fünfmal geworfen. Berechnen Sie, mit welcher Wahrscheinlichkeit
a) mehr als einmal eine Sechs fällt.
b) zum ersten Mal beim dritten Wurf eine Sechs fällt.
c) genau zwei Sechsen in Folge fallen.
d) Für die Wahrscheinlichkeit eines Ereignisses A gilt $P(A) = \binom{a}{3} \cdot b^c \cdot \left(\frac{5}{6}\right)^d$. Geben Sie geeignete Werte für a, b, c und d an und formulieren Sie das Ereignis in Worten.

11 a) Sie würfeln einmal bzw. zweimal. Bestimmen Sie jeweils auf zwei Arten den Erwartungswert μ, die Varianz $σ^2$ sowie die Standardabweichung σ für die Anzahl der Sechsen.
b) Bei einem Bernoulli-Experiment hat die Zufallsgröße Z den Wert 0, falls kein Treffer erzielt wird bzw. 1, wenn ein Treffer erzielt wird. Das Bernoulli-Experiment wird n-mal durchgeführt, wobei X die Treffer zählt.
Berechnen Sie für Z den Erwartungswert μ, die Varianz $σ^2$ sowie die Standardabweichung σ. Was fällt auf, wenn Sie das Ergebnis mit den entsprechenden Kenngrößen von X vergleichen?

12 Das Kreisdiagramm zeigt die Häufigkeitsverteilung der Blutgruppen in Deutschland. Es werden zufällig 30 Personen, die in Deutschland wohnen, ausgewählt.
a) Mit welcher Wahrscheinlichkeit, haben mehr als 15 der Personen Blutgruppe A?
b) Bestimmen Sie die Wahrscheinlichkeit, dass höchstens fünf der Personen Blutgruppe B oder AB haben.
c) Bestimmen Sie die Wahrscheinlichkeit, dass die Anzahl der Personen mit Blutgruppe 0 um höchstens σ vom Erwartungswert abweicht.
d) Berechnen Sie, wie viele Personen man mindestens zufällig auswählen müsste, um mit einer Wahrscheinlichkeit von mindestens 90 % mindestens drei Personen mit der Blutgruppe AB zu bekommen.

Wissenswertes für Blutspender
Das menschliche Blut wird nach dem 1901 von Karl Landsteiner entwickelten AB0-System in vier Blutgruppen eingeteilt. Bei einer Bluttransfusion muss auf die Kompatibilität der unterschiedlichen Antigene

Blutgruppen und ihre Häufigkeit
A 43 %
B 11 %
AB 5 %
0 41 %

13 In einer Urne befinden sich 18 Kugeln, die rot oder schwarz sind. Wenn man zehnmal mit Zurücklegen eine Kugel zieht, beträgt die Wahrscheinlichkeit, höchstens sechs rote Kugeln zu ziehen, ca. 95 %. Bestimmen Sie die Anzahl der roten Kugeln in der Urne.

Rückblick

Bernoulli-Experiment
Ein Zufallsexperiment mit genau zwei Ergebnissen („Treffer" und „kein Treffer") heißt Bernoulli-Experiment. Die Trefferwahrscheinlichkeit wird mit p bezeichnet.

Bernoulli-Kette der Länge n
Eine n-malige Wiederholung eines Bernoulli-Experiments nennt man Bernoulli-Kette der Länge n. Dabei sind die Durchführungen voneinander unabhängig.

Das 10-malige Drehen des Glücksrads ist eine Bernoulli-Kette, weil die Drehungen unabhängig voneinander sind.
Treffer: „Gelb"
Trefferwahrscheinlichkeit: $p = \frac{1}{4}$
10-maliges Drehen: n = 10.

Binomialverteilung
Die Wahrscheinlichkeitsverteilung einer Zufallsgröße X heißt **Binomialverteilung** mit den Parametern n und p, wenn X die Anzahl der Treffer bei einer Bernoulli-Kette der Länge n zählt und p die Wahrscheinlichkeit für Treffer ist.

Das Glücksrad wird 50-mal gedreht.
X beschreibt die Anzahl der Drehungen, bei denen der Zeiger auf „Rot" stehen bleibt.
X ist binomialverteilt mit den Parametern n = 50 und p = 0,5.

Formel von Bernoulli, Binomialkoeffizient
Wenn die Zufallsgröße X die Anzahl der Treffer bei einer Bernoulli-Kette beschreibt, dann ist die Wahrscheinlichkeit für genau k Treffer
$P(X = k) = \binom{n}{k} \cdot p^k \cdot (1-p)^{n-k}$ für $0 \leq k \leq n$.
Statt $P(X = k)$ schreibt man auch $B_{n;p}(k)$.

Der **Binomialkoeffizient** $\binom{n}{k}$ gibt die Anzahl der Pfade mit k Treffern an.

Das Glücksrad wird 5-mal gedreht.
Wahrscheinlichkeit für „genau 3-mal Gelb":
$P(X = 3) = B_{5;\frac{1}{4}}(3)$
$= \binom{5}{3} \cdot \left(\frac{1}{4}\right)^3 \cdot \left(1 - \frac{1}{4}\right)^2$
$\approx 0,0879.$

Dabei gibt es $\binom{5}{3} = 10$ Ergebnisse die zum Ereignis „genau 3-mal Gelb" gehören.

Kumulierte Wahrscheinlichkeiten
$P(X \leq k) = P(X = 0) + \cdots + P(X = k)$ heißt **kumulierte Wahrscheinlichkeit**.
Statt $P(X \leq k)$ schreibt man auch $F_{n;p}(k)$.
Kumulierte Wahrscheinlichkeiten lassen sich mithilfe der entsprechenden Funktion des Taschenrechners bestimmen.

Das Glücksrad wird 8-mal gedreht.
Wahrscheinlichkeit für „höchstens 2-mal Gelb":
$P(X \leq 2) = P(X = 0) + P(X = 1) + P(X = 2)$
$= F_{8;\frac{1}{4}}(2)$
$\approx 0,6785.$
Wahrscheinlichkeit für „mindestens 3, aber höchstens 5-mal Gelb":
$P(3 \leq X \leq 5) = P(X = 3) + P(X = 4) + P(X = 5)$
$= F_{8;\frac{1}{4}}(5) - F_{8;\frac{1}{4}}(2)$
$\approx 0,9958 - 0,6785$
≈ 03173

Erwartungswert, Standardabweichung
Eine binomialverteilte Zufallsgröße X mit den Parametern n und p hat den
Erwartungswert $\mu = n \cdot p$
und die
Standardabweichung $\sigma = \sqrt{n \cdot p \cdot (1-p)}$.

Das Glücksrad wird 5-mal gedreht.
X beschreibt die Anzahl der Drehungen, bei denen der Zeiger auf „Blau" stehen bleibt.
X ist binomialverteilt mit n = 5 und $p = \frac{1}{4}$.
Wahrscheinlichkeitsverteilung (Werte gerundet):

k	0	1	2	3	4	5
P(X = k)	0,24	0,40	0,26	0,09	0,01	0,00

$\mu = 5 \cdot \frac{1}{4} = \frac{5}{4}$
$\sigma = \sqrt{5 \cdot \frac{1}{4} \cdot \left(1 - \frac{1}{4}\right)} = \sqrt{\frac{15}{16}} \approx 0,968$

Prüfungsvorbereitung

Aufgaben ohne Hilfsmittel → Lösungen | Seite 414

1. Bei einem Glücksrad erscheint durchschnittlich in einem Viertel aller Fälle die Farbe Rot.
   a) Das Glücksrad wird dreimal gedreht. Berechnen Sie, mit welcher Wahrscheinlichkeit es genau zweimal Rot zeigt.
   b) Formulieren Sie ein Ereignis A, für das $P(A) = 7 \cdot \frac{1}{4} \cdot \left(\frac{3}{4}\right)^6 + \binom{7}{2} \cdot \left(\frac{1}{4}\right)^2 \cdot \left(\frac{3}{4}\right)^5$ gilt.

2. Die Abbildung rechts zeigt das unvollständige Säulendiagramm einer binomialverteilten Zufallsgröße X mit n = 10.
   a) Geben Sie mithilfe des Säulendiagramms $P(X = 5)$ an.
   b) Lesen Sie den Erwartungswert µ ab und bestimmen Sie die Wahrscheinlichkeit p.
   c) Bestimmen Sie $P(X = 0)$, $P(X \leq 3)$, $P(X > 3)$ und $P(2 \leq X \leq 4)$.

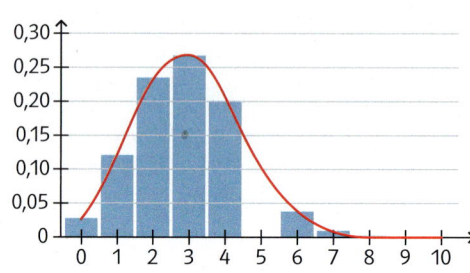

3. In einer Urne befinden sich sechs Kugeln. Davon sind vier Kugeln schwarz und zwei Kugeln weiß. Es werden nacheinander zwei Kugeln ohne Zurücklegen gezogen. Ermitteln Sie die Wahrscheinlichkeit der folgenden Ereignisse:
   A: „Es werden nur schwarze Kugeln gezogen."
   B: „Es wird genau eine weiße Kugel gezogen."
   C: „Die erste Kugel ist weiß."

4. X_1 und X_2 sind binomialverteilte Zufallsgrößen mit Trefferwahrscheinlichkeiten $p_1 = 0{,}3$ und $p_2 = 0{,}7$. Durch X_1 und X_2 werden die Treffer bei jeweils fünf Durchführungen eines Bernoulli-Experiments gezählt.
   a) Geben Sie einen Term an, mit dem $P(X_1 = 2)$ berechnet werden kann.
   b) Die Abbildung zeigt die Wahrscheinlichkeitsverteilung von X_1. Stellen Sie die Wahrscheinlichkeitsverteilung von X_2 dar.

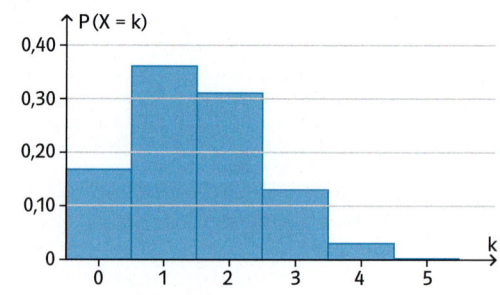

5. Entscheiden Sie, ob folgende Aussagen wahr oder falsch sind. Begründen Sie.
   Bei einer binomialverteilten Zufallsgröße X mit den Parametern n und p sowie dem Erwartungswert µ und der Standardabweichung σ
   a) ist µ immer eine ganze Zahl,
   b) ist µ proportional zu n (falls p konstant ist),
   c) ist σ proportional zu $\sqrt{n}$, wenn p beibehalten wird.

6. Ein Reiseunternehmer nimmt höchstens 50 Buchungen für ein Feriendorf mit 45 Betten an, da erfahrungsgemäß 10 % der Buchungen wieder rückgängig gemacht werden. Beschreiben Sie, wie man die Wahrscheinlichkeit berechnet, dass der Reiseunternehmer zu viele Buchungen angenommen hat.

7. Eine Zufallsgröße X, die die Werte 1, 2, …, n je mit der Wahrscheinlichkeit $\frac{1}{n}$ annimmt, hat den Erwartungswert $\mu = \frac{n+1}{2}$ und die Standardabweichung $\sigma = \sqrt{\frac{n^2 - 1}{12}}$.
   a) Begründen Sie: Für n = 2 ergibt dies die Standardabweichung eines Bernoulli-Experiments.
   b) Kontrollieren Sie die Formeln für n = 6 (z. B. Würfel) durch Nachrechnen.

Prüfungsvorbereitung

Aufgaben mit Hilfsmitteln

8 Bei einer Reißzwecke ist die Wahrscheinlichkeit 60 %, dass sie auf dem Kopf landet. Hanna wirft 100 Reißzwecken. Die Zufallsgröße X zählt die Reißzwecken, die auf dem Kopf landen.
   a) Begründen Sie, dass X binomialverteilt ist.
   b) Bestimmen Sie den Erwartungswert μ und die Standardabweichung σ von X.
   c) Berechnen Sie $P(X \leq 60)$, $P(X > 50)$, $P(50 \leq X \leq 60)$ sowie $P(\mu - 2\sigma \leq X \leq \mu + 2\sigma)$.
   d) Bestimmen Sie die kleinste Zahl a, sodass $P(\mu - a \leq X \leq \mu + a) \geq 80\%$.

9 Beim Basketball trifft ein Spieler Freiwürfe mit einer Wahrscheinlichkeit von 75 %. Es wird davon ausgegangen, dass die einzelnen Würfe voneinander unabhängig sind.
   a) Bestimmen Sie die Wahrscheinlichkeit, dass der Spieler drei von drei Freiwürfen verwandelt.
   b) Bestimmen Sie die Wahrscheinlichkeit, dass der Spieler im Training mindestens 8 von 10 Freiwürfen verwandelt.

10 Auf einer Hühnerfarm werden Eier in Schachteln zu zehn Stück verpackt. Aus Erfahrung ist bekannt, dass im Durchschnitt ein Ei pro Schachtel eine Bruchstelle hat.
   a) Mit welcher Wahrscheinlichkeit enthält eine Schachtel mindestens ein schadhaftes Ei?
   b) Der Besitzer der Hühnerfarm vereinbart mit seinen Kunden, dass eine Lieferung von zehn Schachteln nur zur Hälfte berechnet wird, wenn mehr als sieben Schachteln mindestens ein schadhaftes Ei enthalten. Er berechnet für ein Ei normalerweise 20 ct. Mit welchen Einnahmen kann er auf lange Sicht pro Schachtel rechnen?

11 Klinische Tests für ein Medikament haben gezeigt, dass es den Anteil p der behandelten Patienten heilt. Die Zufallsgröße X zählt die geheilten Patienten, wenn n Patienten mit dem Medikament behandelt werden.
   a) Es sei $p = 0{,}9$ und $n = 60$. Berechnen Sie $P(X \geq 50)$.
   b) Es sei $n = 60$. Bestimmen Sie das kleinstmögliche p, sodass $P(X \geq 50) \geq 0{,}5$ ist.
   c) Es sei $p = 0{,}9$. Bestimmen Sie das kleinstmögliche n, damit mit einer Wahrscheinlichkeit von mehr als 99 % mindestens 50 Patienten geheilt werden.

12 Die Zufallsgröße X ist binomialverteilt mit dem Parameter $n = 20$. Der Erwartungswert ist ganzzahlig. Einen Teil der Wahrscheinlichkeitsverteilung von X zeigt die folgende Tabelle.

k	0	1	2	3	4	5	6
P(X = k)	0,0388	0,1368	0,2293	0,2428	0,1821	0,1028	0,0454

   a) Bestimmen Sie den Parameter p.
   b) Bestimmen Sie die Wahrscheinlichkeit $P(2 \leq X \leq 4)$.
   c) Bestimmen Sie die Wahrscheinlichkeit $P(X \geq 2)$.

13 Jeremias behauptet, hellseherische Fähigkeiten zu besitzen. Um dies zu überprüfen, wird er zehnmal einem Test unterzogen, bei dem er unter vier möglichen Farben die zufällig ausgewählte Farbe vorhersagen soll. Angenommen Jeremias rät nur.
   a) Die Wahrscheinlichkeit, dass er mindestens k Treffer erzielt, soll höchstens 5 % betragen. Bestimmen Sie die kleinste Trefferzahl k, für die das erfüllt ist.
   b) Bestimmen Sie, wie oft der Test mindestens durchgeführt werden muss, damit Jeremias mit höchstens 5 % Wahrscheinlichkeit mindestens 50 % Treffer erzielt, obwohl er nur rät.

14 Die Wahrscheinlichkeit eines Pixelfehlers bei Bildschirmen wird mit p bezeichnet. In einer Stichprobe vom Umfang $n = 20$ soll mit mindestens 99 % Wahrscheinlichkeit kein Pixelfehler vorkommen. Welchen Wert darf p höchstens annehmen?

Strategisch vorgehen

Für das Lösen von Aufgaben, bei denen man den Lösungsweg nicht unmittelbar erkennt, sogenannte **Problemlöseaufgaben**, werden im Folgenden verschiedene Hilfsmittel und Strategien vorgestellt. Oft sind mehrere dieser Strategien oder auch Mischformen zum Lösen einer Aufgabe hilfreich bzw. notwendig. Bei den erläuternden Beispielen und Aufgaben bildet die jeweilige Strategie den Schwerpunkt des Problemlöseprozesses und wird an Problemstellungen aus unterschiedlichen Themengebieten umgesetzt.
Die Beispiele dienen der Erläuterung der Strategie, weshalb die Lösung meist sehr ausführlich dargestellt wird. Von einer Schülerlösung kann diese Ausführlichkeit jedoch nicht erwartet werden.

Strategisch Vorgehen, der Problemlösekreislauf

Ähnlich wie beim Modellieren gibt es auch beim Problemlösen einen Kreislauf, da man oft nicht schon beim ersten Anlauf die korrekte bzw. vollständige Lösung der Aufgabe findet.

1. Schritt: Analysieren und Verstehen des Problems
Hierbei ist es oft bereits hilfreich, die Aufgabe in eigenen Worten zu formulieren, und sich dabei klarzumachen, was gegeben und was gesucht ist. Eventuell lassen sich die Informationen ordnen, indem man eine Skizze anfertigt oder eine Tabelle erstellt. Man kann hier auch weitere Fragen stellen und erste Vermutungen äußern.

2. Schritt: Durchführung des Lösungsprozesses
Ausgehend von der Analyse des Problems geht es nun um die Auswahl und Ausführung geeigneter Strategien, die man sich bereits in anderen Zusammenhängen angeeignet hat. Hierbei können sowohl mathematische Methoden als auch digitale oder analoge Mathematikwerkzeuge zum Einsatz kommen.

3. Schritt: Reflexion des Lösungsprozesses
Hat man eine Lösung gefunden, so wird eine Überprüfung und Analyse dieser Lösung vorgenommen. Dabei stellen sich oftmals folgende Fragen:
– Ist die Lösung exakt oder nur eine Näherung?
– Ist die Lösung vollständig oder könnte es noch weitere Lösungen geben?
– Wie kann ich meinen Lösungsweg verändern, um ggf. eine exakte bzw. vollständige Lösung zu erhalten?
– Kann ich die Aufgabenstellung verallgemeinern und ist mein Lösungsweg hierfür noch geeignet?

Führt die Reflexion des Lösungsprozesses zu einer möglichen Verbesserung oder Verallgemeinerung der Lösung, so beginnt der Kreislauf von vorn. Dabei können einzelne Punkte der erneuten Analyse des Problems bereits in der vorangegangenen Reflexion enthalten sein.

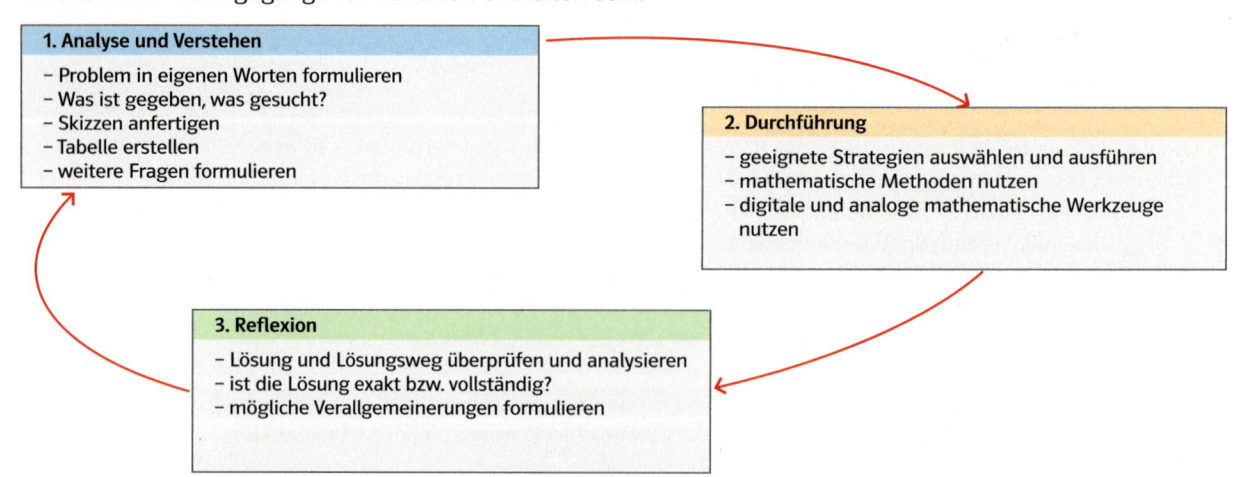

Die Umsetzung des Problemlösekreislaufs wird an folgendem Beispiel erläutert.

Beispiel: Tangente an Funktionsgraphen
Gegeben ist die Funktion f durch $f(x) = x^3 - 6x^2 + 3x + 10$ mit Graph K_f. Bestimmen Sie die Gleichung einer Tangente an den Graphen von f, die durch den Punkt $P(-1|7)$ verläuft.

Lösung:
Erster Durchgang des Problemlösekreislaufs.

1.1 Analyse: Gegeben ist eine Polynomfunktion f vom Grad 3 sowie der Punkt $P(-1|7)$. Gesucht ist eine Tangente an den Graphen K_f von f, die durch P verläuft.
Mithilfe eines digitalen Mathematikwerkzeugs oder des Taschenrechners erzeugt man den Graphen der Funktion und zeichnet den Punkt P ein. Dabei stellt man fest, dass der Punkt P nicht auf K_f liegt. Somit kann die Gleichung der Tangente nicht mit der bekannten Formel aufgestellt werden, da der Berührpunkt $B(u|f(u))$ nicht bekannt ist.
Auf den ersten Blick erkennt man, dass man durch P eine Tangente legen kann, die K_f in der Nähe der y-Achse berührt.

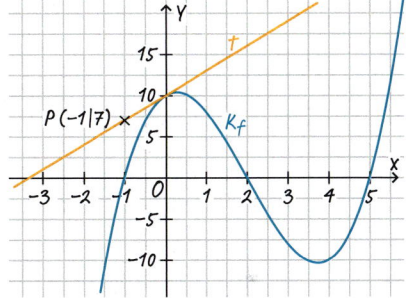

1.2 Durchführung: Man zeichnet die bereits in der Analyse angesprochene Tangente näherungsweise in das Koordinatensystem ein (Strategie „Veranschaulichung"). Diese Tangente berührt K_f anscheinend auf der y-Achse, was aber nicht genau abzulesen ist, da sowohl K_f als auch die Tangente ungenau gezeichnet sein können. Dennoch kann man als ersten Versuch den Kurvenpunkt $B(0|10)$ auf der y-Achse als Berührpunkt annehmen und diese Vermutung nachprüfen.
Aufstellen der Gleichung der Geraden t durch die Punkte $P(-1|7)$ und $B(0|10)$: Die Gerade hat die Steigung $m = 3$ und den y-Achsenabschnitt $b = 10$; die Gleichung lautet also t: $y = 3x + 10$.
Wenn dies tatsächlich die Tangente an K_f ist, muss K_f an der Stelle $x = 0$ ebenfalls die Steigung 3 haben.
Die Ableitung von f lautet $f'(x) = 3x^2 - 12x + 3$ und die Steigung an der Stelle 0 ist $f'(0) = 3$.
Die Gerade t: $y = 3x + 10$ ist also tatsächlich eine Tangente an K_f mit Berührpunkt $B(0|10)$.

1.3 Reflexion: Die zunächst anschaulich und daher nur näherungsweise gefundene Tangente ist durch die Rechnung als exakte Lösung bestätigt, sodass die Aufgabe, eine Tangente zu finden, gelöst ist. Bei genauerem Hinsehen erkennt man aber, dass man durch P eine weitere Tangente an K_f legen kann, die K_f in der Nähe von $x = 3$ berührt, aber offenbar nicht genau bei 3. Diesen Berührpunkt und die zugehörige Tangente kann man also aus der Zeichnung nicht exakt ablesen. Hierzu wird ein algebraischer Ansatz benötigt.
Der eingeschlagene Lösungsweg, die Tangente einzuzeichnen und die Gleichung abzulesen, ist im Allgemeinen also weder exakt noch vollständig. Möchte man alle Tangenten an K_f bestimmen, so ist ein zweites Durchlaufen des Problemlösekreislaufs notwendig.

Zweiter Durchgang des Problemlösekreislaufs.

2.1 Analyse: Gesucht werden weitere Tangenten, deren Berührstellen nicht bekannt sind und die auch nicht exakt abgelesen werden können.

2.2 Durchführung: Da man die Berührstelle nicht kennt, kann man nicht vorwärts arbeiten (Strategie: „Vorwärtsarbeiten"). Man versucht deshalb, von der unbekannten Tangente auszugehen und diese dann mithilfe der Vorgaben zu bestimmen (Strategie: „Rückwärtsarbeiten").
Die Gleichung der Tangente an der unbekannten Stelle u lautet
t: $y = f'(u) \cdot (x - u) + f(u)$.
Man benötigt hierzu noch die Ableitung von f. Diese ist $f'(x) = 3x^2 - 12x + 3$.

Damit lautet die Gleichung der Tangente
t: $y = (3u^2 - 12u + 3) \cdot (x - u) + u^3 - 6u^2 + 3u + 10$.
Diese Tangente soll durch den Punkt P verlaufen.
Die Punktprobe mit $P(-1|7)$ führt auf $7 = (3u^2 - 12u + 3) \cdot (-1 - u) + u^3 - 6u^2 + 3u + 10$.
Diese Gleichung lässt sich umformen zu $u \cdot (2u^2 - 3u - 12) = 0$. Nach dem Satz vom Nullprodukt ist eine Lösung dieser Gleichung die bereits im ersten Durchgang gefundene Stelle $u_1 = 0$.
Zwei weitere Lösungen erhält man durch Nullsetzen des Klammerausdrucks:
$2u^2 - 3u - 12 = 0$

abc-Formel: $u_2 = \frac{3 + \sqrt{105}}{4} \approx 3{,}31$; $u_3 = \frac{3 - \sqrt{105}}{4} \approx -1{,}81$.

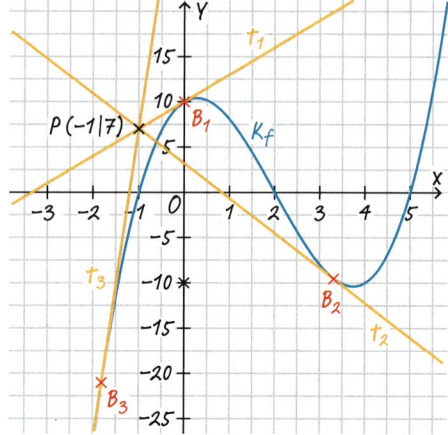

Die Stelle $u_2 \approx 3{,}31$ ist die vermutete Stelle in der Nähe von 3.
Die Stelle $u_3 \approx -1{,}81$ ist eine weitere Stelle, die man in der Abbildung aber nicht gesehen hat, da der Berührpunkt nicht mehr im Fensterausschnitt liegt.
Einsetzen von u_2 und u_3 in die obige Tangentengleichung liefert die beiden weiteren Tangenten t_2, t_3 mit den Berührpunkten B_2, B_3:
t_2: $y = -3{,}85 \cdot (x - 3{,}31) - 9{,}54 = -3{,}85x + 3{,}20$;
Berührpunkt $B_2(3{,}31 | -9{,}54)$;
t_3: $y = 34{,}55 \cdot (x + 1{,}81) - 21{,}02 = 34{,}55x + 41{,}52$;
Berührpunkt $B_3(-1{,}81 | -21{,}02)$

2.3 Reflexion: Der Lösungsweg liefert alle drei Berührstellen, in diesem Fall sogar exakt. Im Allgemeinen ist die entstehende Gleichung 3. Grades jedoch nicht exakt lösbar. Mit einem digitalen Mathematikwerkzeug oder der table-Funktion des Taschenrechners lässt sich eine sehr gute Näherungslösung bestimmen. Dieser Lösungsweg ist für alle Funktionstypen geeignet.

Im Folgenden wird nicht bei jedem Beispiel der komplette Problemlösekreislauf explizit durchlaufen. Das Hauptaugenmerk liegt jeweils auf dem 2. Schritt, der Durchführung. Bei der Durchführung werden meist mehrere Strategien angewendet. Die Zuordnung zu einer bestimmten Strategie erfolgt dann anhand der Hauptstrategie, die zur Problemlösung verwendet wird.

1. Veranschaulichung durch Skizze/Zeichnung

Bei vielen Aufgabenstellungen, insbesondere in der Geometrie, ist es hilfreich, sich den Sachverhalt zunächst mit einer Skizze/Zeichnung zu veranschaulichen. Hieraus lassen sich dann oft algebraische Ansätze ableiten.

Beispiel: Anzahl Nullstellen
Für jede reelle Zahl $m > 0$ ist eine Funktion f gegeben durch $f(x) = \sin(x) - m \cdot x$. Bestimmen Sie die Anzahl der Nullstellen von f in Abhängigkeit von m.

Lösung:
Die Gleichung $\sin(x) - m \cdot x = 0$ kann man nicht durch Umformen lösen und auf diese Weise kann man auch nicht die Anzahl der Lösungen bestimmen. Man muss sich den Sachverhalt mithilfe des Graphen veranschaulichen.
Es ist jedoch sehr mühsam, für verschiedene Werte von m jeweils den Graphen von f zu betrachten. Mit einem digitalen Mathematikwerkzeug kann man hier in einem ersten Durchgang des Problemlösekreislaufs durch systematisches Probieren zwar erkennen, wie sich die Anzahl der Nullstellen verändert. Man kann jedoch nur schwer eine allgemeine Gesetzmäßigkeit daraus ableiten.

Einfacher und auch ohne digitales Mathematikwerkzeug kann man sich die Gleichung veranschaulichen, wenn man sie interpretiert als Schnittbestimmung der Funktionsgraphen der beiden Funktionen g mit $g(x) = \sin(x)$ und h mit $h(x) = m \cdot x$, da die von m abhängigen Graphen der Funktion h Ursprungsgeraden mit der Steigung m sind.

Man erkennt sofort, dass alle Geraden den Ursprung mit der Sinuskurve K_g gemeinsam haben. Die Anzahl der Schnittpunkte hängt nun davon ab, wie oft die Gerade im ersten Quadranten einen „Berg" der Sinuskurve schneidet. Aus Symmetriegründen erhält man dieselbe Anzahl an Schnittpunkten im 3. Quadranten. Es genügt also, die Schnittpunkte im 1. Quadranten zu betrachten.
Da die Sinuskurve im Ursprung die Steigung 1 hat, erkennt man direkt, dass alle Geraden mit $m \geq 1$ nur den Ursprung mit K_g gemeinsam haben können. Die Funktion f hat also für $m \geq 1$ genau eine Nullstelle.

Verkleinert man die Steigung m ausgehend von 1, so erhält man zunächst genau einen weiteren Schnittpunkt mit dem ersten Berg von K_g im Bereich $0 < x < \pi$, bis die Gerade den zweiten Berg von K_g kurz vor dem Hochpunkt im Punkt $B_2(x \mid g(x))$ berührt.

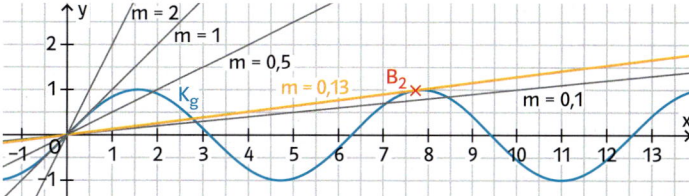

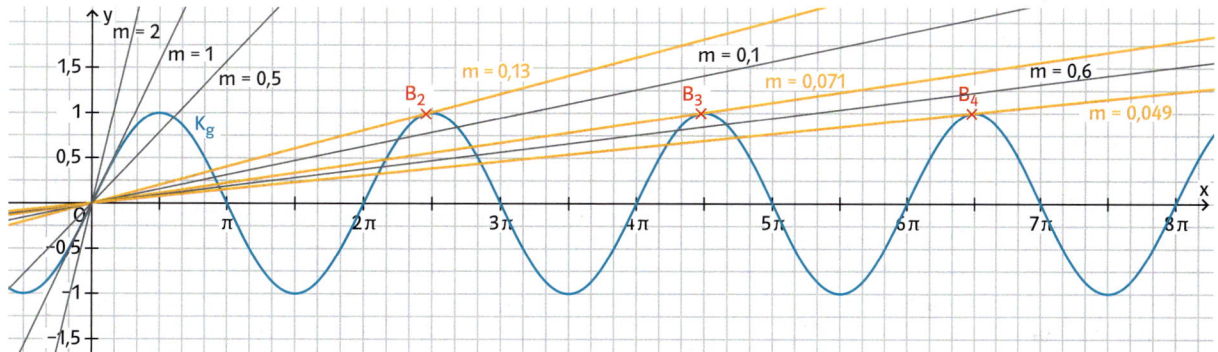

Dort gilt für die Steigung m der Geraden h:
$m = \frac{\Delta y}{\Delta x} = \frac{g(x)}{x} = \frac{\sin(x)}{x}$.

Diese muss bei Berührung genauso groß sein wie die Steigung von g, also
$\frac{\sin(x)}{x} = g'(x) = \cos(x)$.

Dies lässt sich umformen zu
$x = \frac{\sin(x)}{\cos(x)} = \tan(x)$.

Die Berührstellen sind also die Schnittstellen des Graphen der Tangensfunktion mit der ersten Winkelhalbierenden.
Diese lassen sich näherungsweise mit einem digitalen Mathematikwerkzeug bzw. der table-Funktion des Taschenrechners bestimmen. Die Berührstellen liegen alle in der Nähe der Hochpunkte der Sinuskurve an den Stellen
$k \cdot 2\pi + \frac{\pi}{2}; \ k \in \mathbb{Z}$.

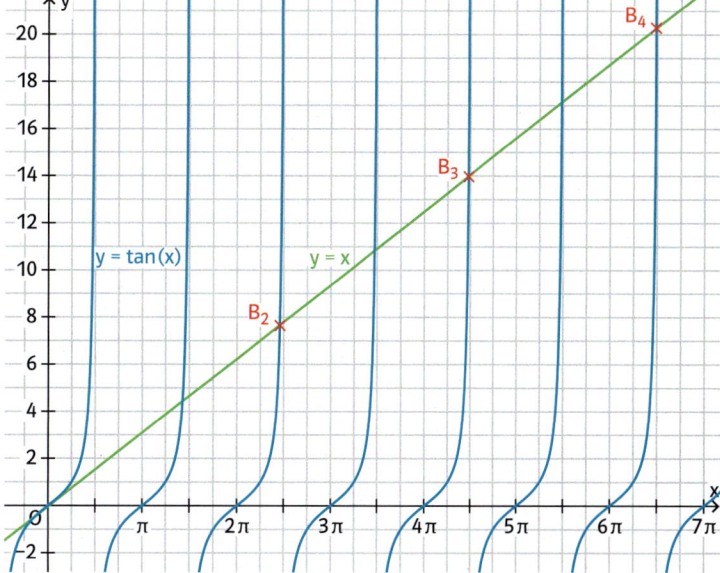

Zu beachten ist dabei, dass nur jede zweite Schnittstelle einen Berührpunkt der Sinuskurve im 1. Quadranten liefert. Die dazwischenliegenden Schnittstellen gehören zu Berührpunkten im 4. Quadranten.
Berührstellen mit Berührpunkten im 1. Quadranten sind $x_1 = 0$; $x_2 \approx 7{,}7253$; $x_3 \approx 14{,}0662$; $x_4 \approx 20{,}3713$, usw.
Die zugehörigen Steigungen $m = \cos(x)$ sind $m_1 = 1$; $m_2 \approx 0{,}1283$; $m_3 \approx 0{,}0709$; $m_4 \approx 0{,}0490$; usw.
Berücksichtigt man auch die Schnittpunkte im 3. Quadranten, so gilt für die Anzahl der Nullstellen in Abhängigkeit von m:

$m \geq 1$:	1 Nullstelle
$0{,}1283 < m < 1$:	3 Nullstellen
$m \approx 0{,}1283$:	5 Nullstellen
$0{,}0709 < m < 0{,}1283$:	7 Nullstellen
$m \approx 0{,}0709$:	9 Nullstellen
$0{,}0490 < m < 0{,}0709$:	11 Nullstellen
$m \approx 0{,}0490$:	13 Nullstellen
usw.	

Aufgabe: Parallelogrammfläche

Die Punkte $P(a|b)$, $Q(a+c|b+d)$ und $R(c|d)$ bilden für $a, b, c, d > 0$ zusammen mit dem Ursprung ein Parallelogramm OPQR. Zeigen Sie, dass der Flächeninhalt des Parallelogramms $A = a\,d - b\,c$ beträgt.

2. Systematisches Probieren

Bei vielen Aufgaben soll mit einem unbekannten Startwert durch unterschiedliche Vorgaben ein bestimmter Endwert erreicht werden. Dabei ist der zu bestimmende Startwert oftmals nicht durch einfache Überlegungen zu bestimmen. In diesem Fall bietet es sich an, diesen Wert durch systematisches Probieren zu bestimmen. D.h. man wählt einen beliebigen Startwert und vergleicht das Ergebnis mit dem zu erreichenden Endwert. Je nachdem, wie der Vergleich ausfällt, korrigiert man den Startwert nach oben oder unten und wiederholt diesen Vorgang so lange, bis man einen Startwert gefunden hat, der hinreichend genau den gewünschten Endwert liefert.

Beispiel: Optimierung in der Stochastik, Überbuchung
Ein Budget-Hotel vermietet seine 35 Betten zum Preis von 50 € pro Person. Während einer Messe ist das Hotel komplett ausgebucht. Erfahrungsgemäß reisen jedoch 8 % der Gäste nicht an, obwohl sie ihr Bett schon bezahlt haben. Deshalb nimmt der Geschäftsführer zu Messezeiten mehr Buchungen an, als Betten vorhanden sind. Reisen dann tatsächlich mehr als 35 Personen an, muss er die überzähligen Gäste im benachbarten 4-Sterne-Hotel zum Preis von 120 € unterbringen. Wie viele Buchungen sollte der Geschäftsführer annehmen, um auf lange Sicht den höchsten Gewinn zu erzielen?

Lösung:
Würden genau 8 % der Gäste nicht anreisen, so würde der Geschäftsführer die größte Einnahme erzielen, wenn mit den anreisenden Gästen genau alle 35 Betten belegt wären, d.h. $35 = 92\,\%$ also $n = \frac{35}{0{,}92} \approx 38$.
Dies stellt eine erste Vermutung für die Lösung der Aufgabe dar. Die Lösung hängt jedoch stark von der Höhe der Zusatzkosten bei Überbuchung ab. Je höher der Preis im Ausweichhotel ist, umso geringer wird die optimale Überbuchung sein.
Betrachte zunächst für $n = 38$ die Zufallsgröße X, die die zusätzlichen Kosten bei Überbuchung der Betten beschreibt. Dabei schlägt jedes überbuchte Bett mit 120,- € zu Buche. Für $k \leq 35$ fallen keine Zusatzkosten an.

Die Berechnung mit dem Taschenrechner wird hier beispielhaft anhand des TI-30X Plus durchgeführt.
Erster Versuch: $n = 38$: Binomialpdf
(k = ALL; $n = 38$; $p = 0{,}92$) → L1

k	34	35	36	37	38
X	0	0	120	240	360
P(X = k)	0,177	0,233	0,224	0,139	0,042
k·P(…)	0	0	26,88	33,36	15,12

Die Summe der letzten Zeile ergibt die zu erwartenden Zusatzausgaben: Σ = 75,36 € = E(X).
Im Vergleich zu den Mehreinnahmen von (38 − 35) · 50 € = 150 € stellt dies ein Plus von ca. 75 € dar gegenüber der Buchung von genau 35 Zimmern.
Diese Rechnung wiederholt man nun für n = 36; 37; 39; 40; 41; … und beobachtet, wie sich bei weiterer Überbuchung die Zusatzausgaben gegenüber den höheren Einnahmen entwickeln. Dies wird für wachsendes n natürlich immer aufwändiger und lässt sich durch Ausnutzen der TR-Funktionen vereinfachen:
- 3. Zeile der Tabelle („P(X) = k)") ist in L1 gespeichert.
- 2. Zeile der Tabelle („X") in L2 von Hand eingeben (data). Bis k = 35 werden die Werte dabei auf 0 gesetzt.
- 4. Zeile der Tabelle („k · P(…)") in L3 definieren als L3 = L1 · L2:
  data → Cursor in 3. Spalte setzen → data → FORMULA → enter (L3 = …) → data-NAMES-1:
  → enter (L3 = L1 …) → × (mal) → data-NAMES-2: → enter (L3 = L1 · L2).
- Summe der Werte in L3 kann ebenfalls mit dem TR ermittelt werden:
  data → OPS → 4: Sum List… → enter → L3 → calc (enter-enter)

Dabei ergibt sich die folgende Tabelle (Werte auf ganze Euro gerundet)
Die Rechnung zeigt, dass in diesem Fall bei der zunächst angenommenen Anzahl von 38 Buchungen tatsächlich der größte Gewinn in Höhe von 75 € durch Überbuchung erwartet werden kann.

n	Zusatzkosten Z = E(X)	Mehreinnahmen M = (n − 35) · 50 €	Saldo M − Z
36	6 €	50 €	44 €
37	29 €	100 €	71 €
38	75 €	150 €	75 €
39	145 €	200 €	55 €
40	234 €	250 €	16 €

Aufgabe: Flächenhalbierungen

Der Graph der Funktion f mit $f(x) = x^3 - 6x^2 + 9x$ schließt mit der x-Achse im 1. Quadranten eine Fläche ein. Diese Fläche soll durch eine zur x-Achse parallele Gerade halbiert werden. Bestimmen Sie näherungsweise die Gleichung dieser Geraden auf drei Dezimalen genau.
Versuchen Sie, die Anzahl der einzelnen Rechenschritte möglichst gering zu halten.

3. Orientieren an einem Beispiel

Bei Aufgaben mit einer allgemeinen Aussage ist es meist hilfreich, sich mit einem oder mehreren konkreten Zahlenbeispielen zunächst einen Eindruck über die Aussage zu verschaffen.

Beispiel: Ableitung mit e-Funktion
Gegeben ist die Funktion f mit $f(x) = x \cdot e^x$.
a) Bestimmen Sie eine Formel zur Berechnung der n-ten Ableitung von f.
b) Verallgemeinern Sie die Formel von Teilaufgabe a), indem Sie den Funktionsterm von f variieren.

Lösung:
a) Mit der Produktregel $(uv)' = u'v + uv'$ und $f(x) = u(x) \cdot v(x)$ kann man die ersten Ableitungen von f bestimmen:
$f'(x) = 1 \cdot e^x + x \cdot e^x = (x + 1) \cdot e^x$
$f''(x) = 1 \cdot e^x + (x + 1) \cdot e^x = (x + 2) \cdot e^x$
$f'''(x) = 1 \cdot e^x + (x + 2) \cdot e^x = (x + 3) \cdot e^x$
Die n-te Ableitung von f ist also $f^{(n)}(x) = (x + n) \cdot e^x$. Dies lässt sich auch allgemein begründen.
Da hier immer $u' = 1$ und $v' = e^x = v$ gilt, ist die Ableitung des Produkts $u \cdot v$ stets
$(u v)' = u'v + uv' = 1 \cdot v + u \cdot v = (u + 1) \cdot v$,
d.h. der erste Faktor erhöht sich mit jeder Ableitung um 1, während der zweite Faktor $v = e^x$ gleich bleibt.

Strategisch vorgehen

b) Erste Verallgemeinerung: Die Argumentation in a) bleibt erhalten, wenn die Ableitung des ersten Faktors $u' = 1$ ist, d.h. wenn $u(x) = x + b$ mit einem beliebigen $b \in \mathbb{R}$.
Die n-te Ableitung von f mit $f(x) = (x + b) \cdot e^x$ ist also $f^{(n)}(x) = (x + b + n) \cdot e^x$.
Zweite Verallgemeinerung: Ist $u' = a$, d.h. $u(x) = a \cdot x + b$, so erhöht sich der erste Faktor mit jeder Ableitung um a.
Für f mit $f(x) = (ax + b) \cdot e^x$ ist also $f^{(n)}(x) = (ax + b + na) \cdot e^x$.
Dritte Verallgemeinerung: Ersetzt man im Funktionsterm von f den Faktor e^x durch e^{kx}, also
$f(x) = x \cdot e^{kx}$, so ergibt sich
$f'(x) = 1 \cdot e^{kx} + kx \cdot e^{kx} = (kx + 1) \cdot e^{kx}$;
$f''(x) = k \cdot e^{kx} + k(kx + 1) \cdot e^{kx} = (k^2x + 2k) \cdot e^{kx}$;
$f'''(x) = k^2 \cdot e^{kx} + k(k^2x + 2k) \cdot e^{kx} = (k^3x + 3k^2) \cdot e^{kx}$;
$f^{(4)}(x) = k^3 \cdot e^{kx} + k(k^3x + 3k^2) \cdot e^{kx} = (k^4x + 4k^3) \cdot e^{kx}$.
Allgemein gilt also $f^{(n)}(x) = (k^n x + n \cdot k^{n-1}) \cdot e^{kx}$.
Um dies zu beweisen, benötigt man allerdings das Beweisverfahren der „vollständigen Induktion".
Weitere Verallgemeinerungen wären z.B. $f(x) = x^2 \cdot e^x$ oder $f(x) = x^k \cdot e^x$ oder $f(x) = x \cdot \sin(x)$.

Aufgabe: Kreuzprodukt
Betrachten Sie die folgenden Quadrate: $(\vec{a} \times \vec{b})^2$; $\vec{a}^2$; $\vec{b}^2$; $(\vec{a} \cdot \vec{b})^2$.

a) Wie hängt $(\vec{a} \times \vec{b})^2$ mit $\vec{a}^2$; $\vec{b}^2$; und $(\vec{a} \cdot \vec{b})^2$ zusammen?

b) Beweisen Sie Ihre Vermutung aus Teilaufgabe a).

4. Auf Bekanntes zurückführen (Rückführungsprinzip)

Ein sehr häufiges Vorgehen in der Mathematik ist das Zurückführen eines neuen Problems auf ein bereits bekanntes (und gelöstes) Problem. Zum Beispiel gibt es beim Lösen von Gleichungen einige Standardverfahren, mit denen man eine Gleichung auf einen bereits bekannten Gleichungstyp zurückführen kann, z.B. durch Faktorisierung oder Substitution.

Beispiel: Ableiten von Quotienten
Bestimmen Sie die Ableitung der Funktion f mit $f(x) = \frac{x^2 - 3x + 5}{2x - 1}$.

Lösung:
Für die Ableitung von Quotientenfunktionen gibt es eine spezielle Regel, die man hier jedoch nicht benötigt.
Mithilfe der Potenzdefinition $q^{-1} = \frac{1}{q}$ lässt sich die Funktion f auch als Produkt zweier Funktionen schreiben:
$f(x) = u(x) \cdot v(x)$ mit $u(x) = x^2 - 3x + 5$; $v(x) = \frac{1}{2x - 1} = (2x - 1)^{-1}$.

Damit hat man die Aufgabe, eine Quotientenfunktion abzuleiten, auf bekannte Ableitungsregeln zurückgeführt, die man hier anwenden muss: die Produktregel, die Potenzregel und die Kettenregel.
Es ist $u'(x) = 2x - 3$. Mithilfe der Potenz- und Kettenregel ergibt sich $v'(x) = -(2x-1)^{-2} \cdot 2 = \left(\frac{-2}{(2x-1)^2}\right)$.
Setzt man dies in die Produktregel ein, so erhält man

$$f'(x) = u'(x) \cdot v(x) + u(x) \cdot v'(x) = (2x - 3) \cdot \frac{1}{2x-1} + (x^2 - 3x + 5) \cdot \left(\frac{-2}{(2x-1)^2}\right)$$

$$= \frac{(2x-3) \cdot (2x-1) - 2 \cdot (x^2 - 3x + 5)}{(2x-1)^2} = \frac{4x^2 - 2x - 6x + 3 - 2x^2 + 6x - 10}{(2x-1)^2} = \frac{2x^2 - 2x - 7}{(2x-1)^2}.$$

Aufgabe: Produktregel mit drei Faktoren
Finden Sie eine Formel für die Ableitung f' eines Produkts aus drei Funktionen: $f(x) = u(x) \cdot v(x) \cdot w(x)$.

5. Vorwärtsarbeiten

Bei vielen Aufgaben kann man anhand der gegebenen Größen bereits erkennen, welche weiteren Größen man damit berechnen kann, um sich so Schritt für Schritt zur gesuchten Größe bzw. zum Ergebnis vorzuarbeiten. Man fragt sich dabei: „Welche Größen sind gegeben?"; „Was kann ich damit berechnen bzw. bestimmen?"; „Welche weiteren Größen, die für die Lösung hilfreich sein können, ergeben sich daraus?".

Beispiel: Jacobi-Identität
Beweisen Sie die sogenannte Jacobi-Identität: $\vec{a} \times (\vec{b} \times \vec{c}) + \vec{b} \times (\vec{c} \times \vec{a}) + \vec{c} \times (\vec{a} \times \vec{b}) = \vec{o}$

Lösung:
Mit der Definition des Vektorprodukts gilt: $\vec{a} \times (\vec{b} \times \vec{c})$

$$= \begin{pmatrix} a_1 \\ a_2 \\ a_3 \end{pmatrix} \times \begin{pmatrix} b_2 c_3 - b_3 c_2 \\ b_3 c_1 - b_1 c_3 \\ b_1 c_2 - b_2 c_1 \end{pmatrix} = \begin{pmatrix} a_2 (b_1 c_2 - b_2 c_1) - a_3 (b_3 c_1 - b_1 c_3) \\ a_3 (b_2 c_3 - b_3 c_2) - a_1 (b_1 c_2 - b_2 c_1) \\ a_1 (b_3 c_1 - b_1 c_3) - a_2 (b_2 c_3 - b_3 c_2) \end{pmatrix} = \begin{pmatrix} a_2 b_1 c_2 - a_2 b_2 c_1 - a_3 b_3 c_1 + a_3 b_1 c_3 \\ a_3 b_2 c_3 - a_3 b_3 c_2 - a_1 b_1 c_2 + a_1 b_2 c_1 \\ a_1 b_3 c_1 - a_1 b_1 c_3 - a_2 b_2 c_3 + a_2 b_3 c_2 \end{pmatrix}.$$

Weiter erhält man durch zyklisches Vertauschen $(a \to b \to c \to a)$

$$\vec{b} \times (\vec{c} \times \vec{a}) = \begin{pmatrix} b_2 c_1 a_2 - b_2 c_2 a_1 - b_3 c_3 a_1 + b_3 c_1 a_3 \\ b_3 c_2 a_3 - b_3 c_3 a_2 - b_1 c_1 a_2 + b_1 c_2 a_1 \\ b_1 c_3 a_1 - b_1 c_1 a_3 - b_2 c_2 a_3 + b_2 c_3 a_2 \end{pmatrix};$$

$$\vec{c} \times (\vec{a} \times \vec{b}) = \begin{pmatrix} c_2 a_1 b_2 - c_2 a_2 b_1 - c_3 a_3 b_1 + c_3 a_1 b_3 \\ c_3 a_2 b_3 - c_3 a_3 b_2 - c_1 a_1 b_2 + c_1 a_2 b_1 \\ c_1 a_3 b_1 - c_1 a_1 b_3 - c_2 a_2 b_3 + c_2 a_3 b_2 \end{pmatrix}$$

und damit $\vec{a} \times (\vec{b} \times \vec{c}) + \vec{b} \times (\vec{c} \times \vec{a}) + \vec{c} \times (\vec{a} \times \vec{b})$

$$= \begin{pmatrix} a_2 b_1 c_2 - a_2 b_2 c_1 - a_3 b_3 c_1 + a_3 b_1 c_3 \\ a_3 b_2 c_3 - a_3 b_3 c_2 - a_1 b_1 c_2 + a_1 b_2 c_1 \\ a_1 b_3 c_1 - a_1 b_1 c_3 - a_2 b_2 c_3 + a_2 b_3 c_2 \end{pmatrix} + \begin{pmatrix} b_2 c_1 a_2 - b_2 c_2 a_1 - b_3 c_3 a_1 + b_3 c_1 a_3 \\ b_3 c_2 a_3 - b_3 c_3 a_2 - b_1 c_1 a_2 + b_1 c_2 a_1 \\ b_1 c_3 a_1 - b_1 c_1 a_3 - b_2 c_2 a_3 + b_2 c_3 a_2 \end{pmatrix}$$

$$+ \begin{pmatrix} c_2 a_1 b_2 - c_2 a_2 b_1 - c_3 a_3 b_1 + c_3 a_1 b_3 \\ c_3 a_2 b_3 - c_3 a_3 b_2 - c_1 a_1 b_2 + c_1 a_2 b_1 \\ c_1 a_3 b_1 - c_1 a_1 b_3 - c_2 a_2 b_3 + c_2 a_3 b_2 \end{pmatrix}$$

In den einzelnen Koordinaten kommt jeder Summand zweimal vor, einmal mit positivem und einmal mit negativem Vorzeichen. Damit heben sich alle Summanden gegenseitig auf und es gilt
$\vec{a} \times (\vec{b} \times \vec{c}) + \vec{b} \times (\vec{c} \times \vec{a}) + \vec{c} \times (\vec{a} \times \vec{b}) = \vec{o}$.

Strategisch vorgehen

Aufgabe: Taylorpolynome
a) Gegeben sind die Funktionen f, g, h mit $f(x) = e^x$, $g(x) = \sin(x)$, $h(x) = \cos(x)$. Finden Sie Polynomfunktionen f_n bzw. g_n bzw. h_n vom Grad n, die mit f bzw. g bzw. h in den ersten n Ableitungen an der Stelle $x = 0$ übereinstimmen. Vergleichen Sie jeweils die Graphen mit einem digitalen Mathematikwerkzeug.
b) Bestimmen Sie jeweils die Ableitung und eine Stammfunktion von f_n bzw. g_n bzw. h_n. Was fällt Ihnen auf?
c) Wie könnte man damit eine Näherung für die unbekannte Stammfunktion z.B. von k mit $k(x) = e^{-x^2}$ finden? Überprüfen Sie Ihre Überlegung an der Berechnung von $\int_{-0,5}^{0,5} e^{-x^2} dx$

Hinweise:
Zu a): Bei der Überprüfung Ihrer Rechnung ist ein digitales Mathematikwerkzeug hilfreich (Taylor-Polynome, vgl. Aufgabe 16, Seite 184).
Zu c): Einen sehr genauen Kontrollwert des Integrals in Teilaufgabe c) können Sie mithilfe eines digitalen Mathematikwerkzeugs bestimmen.

6. Rückwärtsarbeiten

Es gibt Aufgaben, bei denen es viele Möglichkeiten gibt, aus den gegebenen Größen neue Größen zu ermitteln, von denen jedoch nur wenige zum Ziel führen. Eventuell enthält die Aufgabenstellung auch Angaben, die für die Lösung nicht relevant sind. In diesen Fällen kann es hilfreich sein, die Aufgabe rückwärts, d.h. vom gesuchten Ergebnis her, anzugehen und zu fragen: „Welche Größe ist gesucht? Wie kann ich diese bestimmen? Welche weiteren Größen brauche ich dazu? Wie kann ich diese bestimmen?" Oftmals kommt man mit diesen Fragen direkt zu den Vorgaben in der Aufgabenstellung, sodass man die Aufgabe damit lösen kann.

Beispiel 1: Labyrinth
In nebenstehendem Labyrinth sollen Sie den Verbindungsweg zwischen Ein- und Ausgang finden. Welcher Weg ist einfacher zu finden, vom Ein- zum Ausgang, oder vom Aus- zum Eingang? Bearbeiten Sie die Aufgabe zu zweit in den beiden unterschiedlichen Richtungen. Wer ist schneller?

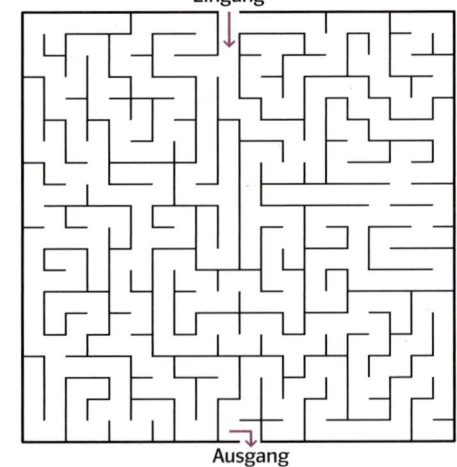

Lösung:
Auf dem Weg vom Eingang zum Ausgang gibt es bereits direkt hinter dem Eingang drei mögliche Abzweigungen, die man ausprobieren muss.
Geht man jedoch vom Ausgang zum Eingang, so sind die „falschen" Abzweigungen so kurz, dass man sie sofort erkennt. Die Verbindung von Ausgang und Eingang ist in dieser Richtung leichter zu finden.

Beispiel 2: Doppeltangente
Gegeben ist die Funktion f durch $f(x) = x^4 - 4x^3 - 2x^2 + 10x + 12$ mit Graph K_f. Gesucht ist eine Tangente an K_f, die K_f sogar in zwei Punkten berührt.

Lösung:
Erster Durchgang des Problemlösekreislaufs

1.1 Analyse: Eine Tangente berührt den Graphen K_f normalerweise lokal in einem Punkt. Im Allgemeinen kann es jedoch weitere Schnittpunkte einer Tangente mit K_f geben. Die hier gesuchte Tangente schneidet K_f nicht nur, sondern berührt K_f sogar in einem weiteren Punkt. Dies muss eine besondere Tangente sein. Da man beide Berührpunkte nicht kennt, kann man die Gleichung der Tangente nicht mit der bekannten Tangentenformel berechnen.

1.2 Durchführung: Es handelt sich um eine geometrische Fragestellung, sodass hier zunächst die bereits bekannte Strategie „Skizze/Zeichnung" angesagt ist. Mit einem digitalen Mathematikwerkzeug erzeugt man zunächst den Graphen K_f. Die gesuchte Tangente ist offensichtlich die Gerade, die man „von unten" an K_f anlegen kann, sodass sie an beiden „Tälern" anliegt. Diese Tangente kann man näherungsweise einzeichnen. Nun kann man die Koordinaten der Berührpunkte ablesen und daraus die Gleichung der Tangente bestimmen. Man erhält näherungsweise $B_1(-1|5)$, $B_2(3|-3)$ und damit $t(x) = -2x + 3$.
Da die Koordinaten der Berührpunkte nur aus der Zeichnung abgelesen wurden, sind dies Näherungswerte und man kann nicht sicher sein, dass man die exakten Berührpunkte bestimmt hat.

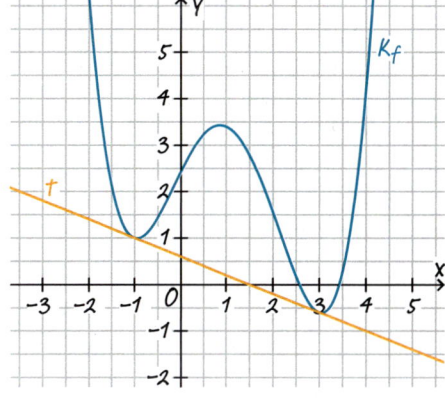

Ob man tatsächlich die exakten Berührpunkte bestimmt hat, lässt sich jedoch leicht nachrechnen:
K_f muss durch die Punkte B_1 und B_2 verlaufen und dort die Steigung -2 haben.
Es ist $f(-1) = 1 + 4 - 2 - 10 + 12 = 5$ und $f(3) = 81 - 108 - 18 + 30 + 12 = -3$,
d.h. B_1 und B_2 liegen auf dem Graphen K_f.

Mit $f'(x) = 4x^3 - 12x^2 - 4x + 10$ ist weiter
$f'(-1) = -4 - 12 + 4 + 10 = -2$ und $f'(3) = 108 - 108 - 12 + 10 = -2$,
d.h. die Steigung von K_f in den Punkten B_1 und B_2 ist -2. Es liegen Berührpunkte vor.

1.3 Rückblick: Die Berührpunkte sowie die Gleichung der Tangente wurden zwar nur näherungsweise aus der Zeichnung abgelesen, durch die nachträgliche Überprüfung der Berührungsbedingungen wurden diese Ergebnisse jedoch bestätigt, sodass die gegebene Aufgabe vollständig gelöst ist.
Da man jedoch nicht immer erwarten kann, dass sich die Koordinaten der Berührpunkte exakt ablesen lassen, ist ein rechnerisches Vorgehen zur allgemeinen Lösung des Problems „Doppeltangente" bei einer beliebigen Polynomfunktion 4. Grades notwendig. Dies erfordert einen weiteren Durchgang des Problemlösekreislaufs.

Zweiter Durchgang des Problemlösekreislaufs

2.1 Analyse: Da man zunächst keinerlei Anhaltspunkte für die Berührstellen der gesuchten Tangente hat, müsste man die Berührungsbedingungen für zwei unbekannte Stellen aufstellen, was auf ein System mit Gleichungen 4. Grades führen würde. Dies lässt sich vermutlich nicht elementar lösen, sodass man eine andere Strategie anwenden muss. Die doppelte Berührung erinnert an zwei doppelte Nullstellen einer Funktion 4. Grades, wofür man einen Produktansatz kennt. Diese Überlegung legt einen solchen Ansatz nahe, in der Hoffnung durch Rückwärtsarbeiten die Parameter der gesuchten Tangente aus der gegebenen Funktion bestimmen zu können.

Strategisch vorgehen

2.2 Durchführung: Man geht zunächst von der Gleichung der Tangentenfunktion t aus:
$t(x) = m \cdot x + c$ mit den noch unbekannten Parametern m und c.
Die Differenzfunktion $f - t$ hat dann offenbar zwei doppelte Nullstellen a, b und damit die Produktdarstellung $f(x) - t(x) = (x - a)^2(x - b)^2$.
Diese lässt sich ausmultiplizieren und mit dem gegebenen Funktionsterm von f vergleichen.

$$f(x) - t(x) = (x - a)^2(x - b)^2 = (x^2 - 2ax + a^2)(x^2 - 2bx + b^2)$$
$$= x^4 - (2a + b) \cdot x^3 + (a^2 + 4ab + b^2) \cdot x^2 - 2(ab^2 + a^2b) \cdot x + a^2b^2$$
$$= x^4 - 2(a + b) \cdot x^3 + ((a + b)^2 + 2ab) \cdot x^2 - 2ab(a + b) \cdot x + (ab)^2$$

Andererseits ist $f(x) - t(x) = x^4 - 4x^3 - 2x^2 + 10x + 12 - mx - c$.

Vergleich der beiden Terme:

$$f(x) - t(x) = x^4 \;\boxed{-2(a+b)} \cdot x^3 \;\boxed{+((a+b)^2 + 2ab)} \cdot x^2 \;\boxed{} \cdot x^2 \;\boxed{-2ab(a+b)} \cdot x \;\boxed{+(ab)^2}$$
$$= x^4 \;\boxed{-4} \cdot x^3 \;\boxed{+(-2)} \cdot x^2 \;\boxed{+(10-m)} \cdot x \;\boxed{+12-c}$$

Die Koeffizienten in den beiden Funktionstermen müssen übereinstimmen.
Der Koeffizient bei x^3 liefert $-2(a + b) = -4$, d.h. $a + b = 2$.
Setzt man dies in den Vergleich der Koeffizienten bei x^2 ein, so erhält man aus $-2 = (a + b)^2 + 2ab$
$-2 = 2^2 + 2ab$ und damit $ab = -3$.
Zusammen mit $a + b = 2$ führt dies auf eine quadratische Gleichung mit der Lösung
$a = -1$, $b = 3$ (und umgekehrt).
Dies sind also die gesuchten Berührstellen.
Schaut man sich die beiden restlichen Koeffizienten an, so erkennt man, dass man die Werte von a und b nicht benötigt, um die Parameter m und c der Tangente zu bestimmen. Es genügen $a + b$ und $a \cdot b$.
Aus $-2ab(a + b) = 10 - m$ folgt $m = 10 + 2ab(a + b) = 10 - 6 \cdot 2 = -2$.
Der Vergleich $(ab)^2 = 12 - c$ liefert $c = 12 - (ab)^2 = 12 - (-3)^2 = 3$.
Die Gleichung der Doppeltangente lautet somit
$t(x) = -2x + 3$ mit den Berührpunkten $B_1(-1|5)$, $B_2(3|-3)$.

2.3 Rückblick: Mit dem Vorgehen lässt sich die Gleichung der Doppeltangente rein rechnerisch bestimmen, auch wenn es keine exakt ablesbaren Berührstellen gibt. Man kann die Gleichung der Doppeltangente angeben, ohne die Berührstellen a und b explizit auszurechnen. Dabei ist allerdings Vorsicht geboten! Es könnte sein, dass die quadratische Gleichung zur Bestimmung von a und b keine Lösung besitzt. Dann gibt es natürlich auch keine Doppeltangente. Dies ist dann der Fall, wenn der Graph K_f überall dieselbe Krümmungsrichtung besitzt, d.h. wenn f" keine oder nur eine Nullstelle besitzt. Dies zu prüfen, ist jedoch aufwändiger, als die Berührstellen zu berechnen.
Führt man die obige Rechnung mit einer allgemeinen Funktion f mit $f(x) = x^4 + a_3x^3 + a_2x^2 + a_1x + a_0$ durch, so lassen sich sogar Formeln für die Bestimmung von m und c in der Tangentengleichung angeben:

$$m = a_1 + \tfrac{1}{2}a_3 \cdot \left(\tfrac{1}{4}a_3^2 - a_2\right); \quad c = a_0 - \tfrac{1}{4} \cdot \left(a_2 - \tfrac{1}{4}a_3^2\right).$$

Die zugehörige Tangentengleichung $t(x) = m \cdot x + c$ ist nur dann eine Lösung des Problems, wenn $3a_3^2 - 8a_2 > 0$ gilt.

Besitzt x^4 einen Vorfaktor $a_4 \neq 1$, so dividiert man den gesamten Funktionsterm von f durch a_4 und betrachtet die Funktion g mit $g(x) = \frac{f(x)}{a_4}$.

7. Invarianzprinzip

Es gibt Problemstellungen, bei denen es eine Größe gibt, die sich im Zusammenhang der Aufgabe nicht verändert. Diese Größe nennt man Invariante. Mit dieser ist es oft möglich, eine konkrete Problemstellung sehr schnell zu lösen. Vorhandene Invarianten müssen zunächst gefunden werden.

Beispiel: Rutschende Leiter
Eine 6 Meter lange Leiter ist steil an eine Wand gelehnt (Fig. 1). Nun beginnt die Leiter zu rutschen, wobei das untere Ende der Leiter immer den Boden und das obere Ende die Wand berührt. Auf welcher Kurve bewegt sich der Mittelpunkt M der Leiter bei dieser Bewegung?

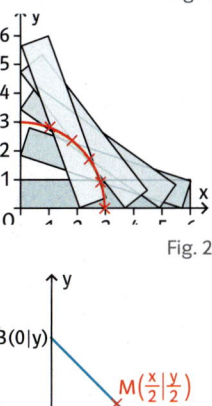

Fig. 1

Lösung:
Zur Veranschaulichung legt man die Leiter in ein Koordinatensystem mit Längeneinheit 1 cm. Dazu schneidet man einen 6 cm langen Papierstreifen aus, der die Leiter symbolisiert. Auf dem Streifen markiert man den Mittelpunkt und legt den Streifen so in das Koordinatensystem, dass beide Enden die Achsen berühren, und markiert die Lage des Mittelpunkts im Koordinatensystem (Fig. 2). Dann verändert man mehrmals diese Lage des Streifens und markiert jeweils den Mittelpunkt, bis man eine Vermutung für die Kurve erkennt. Offenbar liegen die Mittelpunkte immer auf einer Kreislinie, deren Mittelpunkt der Ursprung O ist. Der Radius ist die halbe Streifenlänge, also 3 cm. Dies gilt es nun nachzuweisen.

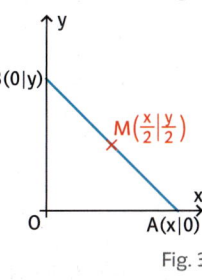

Fig. 2

Man zeichnet die Leiter in ein Koordinatensystem als Strecke AB mit $A(x|0)$ und $B(0|y)$ (Fig. 3). Die Länge der Leiter, d.h. die Länge der Strecke AB ist konstant 6 und stellt somit eine Invariante bei diesem Problem dar. Nach Pythagoras gilt also immer $x^2 + y^2 = 6^2 = 36$. Der Mittelpunkt der Strecke AB hat die Koordinaten $M\left(\frac{x}{2}\bigg|\frac{y}{2}\right)$. Sein Abstand zum Ursprung beträgt somit

$$d = \sqrt{\left(\frac{x}{2}\right)^2 + \left(\frac{y}{2}\right)^2} = \sqrt{\frac{x^2}{4} + \frac{y^2}{4}} = \frac{1}{2} \cdot \sqrt{x^2 + y^2} = \frac{1}{2} \cdot 6 = 3.$$

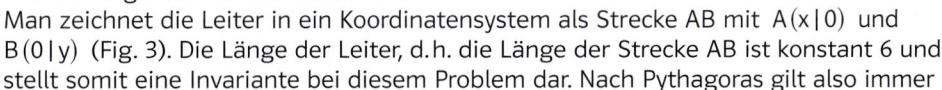

Fig. 3

Der Abstand des Leitermittelpunkts vom Ursprung ist also konstant 3 m, d.h. er bewegt sich auf einem Kreisbogen um den Ursprung mit Radius 3 m, also der halben Leiterlänge.
Die Aufgabenstellung lässt sich verallgemeinern, indem man nicht den Mittelpunkt der Leiter betrachtet, sondern einen beliebigen Punkt auf der Leiter. Auf welcher Art von Kurve bewegt sich ein solcher Punkt?

Aufgabe 1: Tangente den Graphen einer Polynomfunktion vom Grad 3
Betrachten Sie mithilfe eines digitalen Mathematikwerkzeugs eine quadratische Funktion f, deren Graph eine verschobene Normalparabel mit Scheitel $S(x_S|y_S)$ ist, sowie die Funktion g mit $g(x) = x \cdot f(x)$. Legen Sie eine Tangente an den Graphen von g an der Stelle x_S.
a) Was fällt Ihnen auf?
   Welcher Zusammenhang besteht zwischen der Steigung dieser Tangente und der ursprünglichen Parabel? Formulieren Sie Vermutungen, und prüfen Sie diese nach. Beweisen Sie gegebenenfalls Ihre Vermutung.
b) Formulieren Sie Ihre Vermutung so, dass Sie nur die Nullstellen von g dabei verwenden.
c) Wie lassen sich die Voraussetzungen der Aufgabe verallgemeinern, ohne dass sich die Kernaussage Ihrer Vermutung ändert?

Strategisch vorgehen

Aufgabe 2: Jagdhund
Ein Jäger geht mit seinem Hund nach erfolgreicher Jagd zurück zur Jagdhütte. Als sie noch 1 km von der Hütte entfernt sind, läuft der Hund mit der doppelten Geschwindigkeit wie der Jäger voraus zur Hütte. Dort angekommen, läuft er wieder dem Jäger entgegen, bis er diesen trifft. Dann läuft er wieder zur Hütte und zurück zum Jäger usw., bis der Jäger an der Hütte angekommen ist. Welche Strecke hat der Hund insgesamt zurückgelegt?

8. Symmetrieprinzip

Ein wichtiges Merkmal von geometrischen Figuren und Funktionsgraphen ist die Symmetrie. Mit ihrer Hilfe lassen sich oft Größen und Werte bestimmen, die für die Lösung der Aufgabe benötigt werden.

Beispiel: Flächenberechnung
Gegeben sind die beiden Polynomfunktionen f vom Grad 3 und g vom Grad 2. Die beiden Funktionen haben an den drei äquidistanten Stellen $x_0 - h$, x_0 und $x_0 + h$ jeweils denselben Funktionswert. Zeigen Sie, dass dann auch die beiden Integrale von $x_0 - h$ bis $x_0 + h$ gleich groß sind:

$$\int_{x_0-h}^{x_0+h} f(x)\,dx = \int_{x_0-h}^{x_0+h} g(x)\,dx$$

Lösung:
Betrachtet man die Differenzfunktion $d = f - g$, so ist für das zugehörige Integral zu zeigen

$$\int_{x_0-h}^{x_0+h} d(x)\,dx = \int_{x_0-h}^{x_0+h} (f(x) - g(x))\,dx = 0.$$

Die Differenzfunktion d hat den Grad 3 und die drei Nullstellen $x_0 - h$, x_0 und $x_0 + h$. Zur Vereinfachung verschiebt man den Graphen dieser Funktion um $-x_0$ in x-Richtung. Dadurch ändert sich nichts an der Integral- bzw. Flächenbetrachtung. Die Nullstellen stellen sich dadurch jedoch wesentlich einfacher dar. Sie sind nun $-h$, 0 und h.

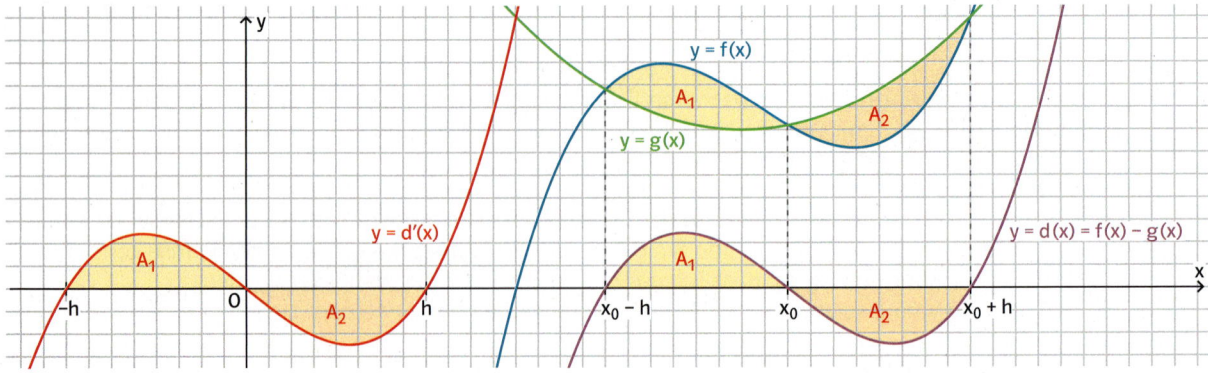

Mit diesen Werten kann man die so entstandene Funktion d* in Produktform darstellen:
$d^*(x) = a \cdot x \cdot (x + h) \cdot (x - h)$ oder $d^*(x) = a \cdot (x^3 - h^2 x)$.
Der Graph von d* ist somit punktsymmetrisch zum Ursprung. Deshalb hat das Integral zwischen den zu 0 symmetrischen Grenzen –h und h den Wert null.
Bemerkung: Dies ist auch der Grund, warum sich bei der Flächenberechnung mithilfe der Kepler'schen Fassregel (vgl. S. 187) bei Funktionen 3. Grades exakte Werte ergeben, obwohl die Kurve durch eine Funktion 2. Grades angenähert wird. Man kann das Integral übrigens nur mit den Funktionswerten an den Stellen $x_0 - h$, x_0 und $x_0 + h$ berechnen: $\int_{x_0 - h}^{x_0 + h} d(x)\,dx = \frac{h}{3} \cdot (f(x_0 - h) + 4 \cdot f(x_0) + f(x_0 + h))$.

Aufgabe: Abstand Punkt – Gerade
Zeigen Sie, dass der Punkt P(–2|1|3) von den Punkten A(5|–3|7) und B(1|7|–3) denselben Abstand hat. Bestimmen Sie den Abstand des Punktes P von der Geraden durch A und B.

9. Fallunterscheidung

Es gibt Aufgaben, bei denen der Lösungsweg nicht in allen Fällen derselbe ist. Dann muss man die Fälle getrennt betrachten und unabhängig voneinander lösen. Dies nennt man Fallunterscheidung. Am Ende führt man die Ergebnisse der einzelnen Fälle zusammen.

Beispiel: Bestimmung einer Polynomfunktion
Eine Polynomfunktion f vom Grad 3 besitzt die beiden einzigen Nullstellen –1 und 2. Der Graph von f schneidet die y-Achse im Punkt $S_y(0|2)$. Bestimmen Sie alle möglichen Funktionsterme von f.

Lösung:
Aufgrund ihres globalen Verlaufs kann eine Funktion 3. Grades nicht nur zwei einfache Nullstellen haben. Eine der beiden Nullstellen muss doppelt sein. Man muss also zwei Fälle unterscheiden:
Erster Fall: –1 ist doppelte und 2 ist einfache Nullstelle.
Mit dem Produktansatz $f(x) = a \cdot (x + 1)^2 (x - 2)$ und der Punktprobe mit $S_y(0|2)$ erhält man $a = -1$ und damit
$f_1(x) = -(x + 1)^2 (x - 2) = -x^3 - 3x + 2$.
Zweiter Fall: 2 ist doppelte und –1 ist einfache Nullstelle.
Mit dem Produktansatz $f(x) = a \cdot (x + 1)(x - 2)^2$ und der Punktprobe mit $S_y(0|2)$ erhält man $a = \frac{1}{2}$ und damit
$f_2(x) = \frac{1}{2}(x + 1)(x - 2)^2 = \frac{1}{2}x^3 - \frac{3}{2}x^2 + 2$.

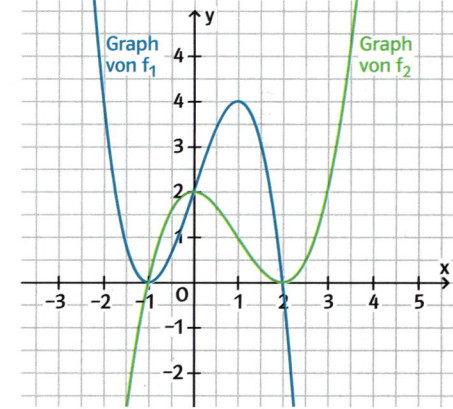

Aufgabe:
Gegeben ist die Funktion f mit $f(x) = a \cdot x + b \cdot e^{cx}$. Der Graph von f verläuft durch den Punkt P(2|5) und schneidet die y-Achse im Punkt Q(0|2) unter einem Winkel von 45°. Bestimmen Sie alle möglichen Funktionsterme von f.

Strategisch vorgehen

10. Analogieprinzip

Es gibt Aufgabenstellungen, die zwar neu, in ihrer Grundidee jedoch einer bekannten Aufgabenstellung sehr ähnlich sind. In diesem Fall versucht man, die bekannte Grundidee auf die neue Aufgabenstellung zu übertragen und vergleichbare Überlegungen und Vorgehensweisen anzuwenden. Diese Übertragbarkeit nennt man Analogie.

Beispiel: Schwerpunkt
Den Mittelpunkt M zweier Punkte $A(a_1|a_2|a_3)$ und $B(b_1|b_2|b_3)$ kann man auch als Schwerpunkt bezeichnen. Unterstützt man einen Stab mit den Endpunkten A und B im Punkt M, so kippt der Stab nicht.

Die Koordinaten des Mittelpunkts berechnen sich bekanntlich folgendermaßen: $M\left(\frac{a_1+b_1}{2}\Big|\frac{a_2+b_2}{2}\Big|\frac{a_3+b_3}{2}\right)$.
Die Koordinaten von M sind also die Mittelwerte der Koordinaten von A und B.
Wie lässt sich dies sinnvoll auf 3 bzw. 4 Punkte verallgemeinern?

Lösung:
Erste Analogie: Verallgemeinerung auf drei Punkte
Drei Punkte A, B, C, die nicht auf einer Geraden liegen, bilden ein Dreieck. Aus der Elementargeometrie ist bekannt, dass der Schwerpunkt eines Dreiecks der Schnittpunkt der Seitenhalbierenden ist. Analog zum Mittelwert der Koordinaten zweier Punkte kann man die Koordinaten eines Punktes S als Mittelwerte der Koordinaten der drei Punkte A, B, C berechnen, in der Hoffnung, damit den Schwerpunkt des Dreiecks bestimmt zu haben. Dies lässt sich leicht nachprüfen, indem man prüft, ob dieser Punkt auf allen drei Seitenhalbierenden des Dreiecks liegt.
Dies lässt sich an einem beliebig gewählten Beispiel durchführen: $A(2|6|-4)$, $B(8|-2|6)$, $C(-4|8|-8)$.
Bildet man die Mittelwerte der Koordinaten, so erhält man den Punkt $S(2|4|-2)$.
Die Mittelpunkte der Seiten $a = BC$, $b = AC$, $c = AB$ berechnen sich zu $M_a(2|3|-1)$, $M_b(-1|7|-6)$, $M_c(5|2|1)$.
Daraus ergeben sich die drei Seitenhalbierenden (= Verbindungsgeraden der Eckpunkte mit den Mittelpunkten der gegenüberliegenden Seiten):

$s_A: \vec{x} = \overrightarrow{OM_A} + t \cdot \overrightarrow{M_A A} = \begin{pmatrix} 2 \\ 3 \\ -1 \end{pmatrix} + t \cdot \begin{pmatrix} 0 \\ 3 \\ -3 \end{pmatrix}$; ebenso $s_B: \vec{x} = \begin{pmatrix} -1 \\ 7 \\ -6 \end{pmatrix} + t \cdot \begin{pmatrix} 9 \\ -9 \\ 12 \end{pmatrix}$ und $s_C: \vec{x} = \begin{pmatrix} 5 \\ 1 \\ 1 \end{pmatrix} + t \cdot \begin{pmatrix} -9 \\ 6 \\ -9 \end{pmatrix}$.

Man prüft nun leicht nach, dass der Punkt S auf allen drei Geraden liegt, und zwar jeweils für $t = \frac{1}{3}$.

Dies ist kein Zufall, denn der Schwerpunkt teilt bekanntlich die drei Seitenhalbierenden im Verhältnis 2:1. Der Schwerpunkt des Dreiecks lässt sich also tatsächlich mit den Mittelwerten der Koordinaten der drei Eckpunkte bestimmen. Dies kann man auch durch eine allgemeine Rechnung zeigen.

Zweite Analogie: Verallgemeinerung auf vier Punkte
Vier Punkte A, B, C, D, die nicht in einer Ebene liegen, bilden eine dreiseitige Pyramide. Eine Analogie zum Dreieck wäre nun, wenn man den Schwerpunkt der Pyramide aus den Mittelwerten der Koordinaten der vier Punkte bildet und dieser dann auf allen vier Verbindungsgeraden der Eckpunkte mit den Schwerpunkten der gegenüberliegenden Seitenflächen liegt.
Dies wird wieder anhand eines Beispiels durchgerechnet:
$A(3|9|-6)$, $B(12|-3|9)$, $(C-6|12|-12)$, $D(15|-6|-3)$.
Die Mittelwerte der Koordinaten liefern den Schwerpunkt $S(6|3|-3)$.
Für die Schwerpunkte der Seitenflächen erhält man
$S_{ABC}(3|6|-3)$, $S_{ABD}(10|0|0)$, $S_{ACD}(4|5|-7)$, $S_{BCD}(7|1|-2)$.

Verbindungsgeraden der Eckpunkte mit den Schwerpunkten der Seitenflächen:

$s_A: x = \begin{pmatrix} 7 \\ 1 \\ -2 \end{pmatrix} + t \cdot \begin{pmatrix} -4 \\ 8 \\ -4 \end{pmatrix}$; $s_B: x = \begin{pmatrix} 4 \\ 5 \\ -7 \end{pmatrix} + t \cdot \begin{pmatrix} 8 \\ -8 \\ 16 \end{pmatrix}$; $s_C: x = \begin{pmatrix} 10 \\ 0 \\ 0 \end{pmatrix} + t \cdot \begin{pmatrix} -16 \\ 12 \\ -12 \end{pmatrix}$; $s_D: x = \begin{pmatrix} 3 \\ 6 \\ -3 \end{pmatrix} + t \cdot \begin{pmatrix} 12 \\ -12 \\ 0 \end{pmatrix}$

Tatsächlich liegt der Schwerpunkt S der Pyramide auf allen Verbindungsgeraden, nämlich für $t = \frac{1}{4}$. Der Schwerpunkt teilt hier offenbar die Verbindungsgerade im Verhältnis 3:1.

Diese Analogie kann man nun sogar in höhere Dimensionen fortsetzen, wobei es jedoch schwierig wird, sich im vierdimensionalen Raum eine Pyramide mit lauter dreiseitigen Pyramiden als Seiten vorzustellen.

Aufgabe 1: Verallgemeinerung des Satzes von Thales
Lässt sich der Satz des Thales auf eine beliebige Sehne im Kreis verallgemeinern?

Aufgabe 2: Teilbarkeitsregeln
Eine natürliche Zahl ist durch zwei teilbar, wenn die Division durch 2 wieder eine natürliche Zahl ergibt. Es sind dies die geraden Zahlen, die man bekanntlich an ihrer letzten Ziffer erkennt. Ist diese durch 2 teilbar, so ist die Zahl durch 2 teilbar. Z.B. ist 12 345 678 durch 2 teilbar, also eine gerade Zahl, weil ihre letzte Ziffer 8 durch 2 teilbar ist.
Gibt es eine solche Regel auch für die Teilbarkeit durch 4, 8, 5 bzw. 25?

Grundwissen

Lineare und quadratische Funktionen

Funktionsterm, Tabelle, Graph
Abhängigkeiten zwischen zwei Größen können durch Tabellen dokumentiert, durch Graphen veranschaulicht, mit Worten beschrieben oder durch eine Gleichung ausgedrückt werden.

$f(x) = 2 + \sqrt{x}$

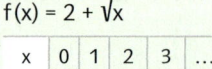
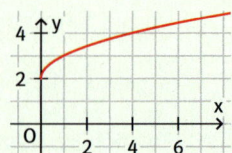

Funktionen, Bezeichnungen
Eine **Funktion f** ordnet jedem x-Wert genau einen y-Wert zu.
Der **Funktionsterm** wird mit f(x) bezeichnet.
$f(x_0)$ ist der **Funktionswert** (y-Wert) an der **Stelle** x_0.
Die **Definitionsmenge D** ist die Menge aller zulässigen x-Werte.
Die **Wertemenge W** ist die Menge aller Funktionswerte f(x).
Der **Graph K_f von f** sind alle Punkte P(x|y) mit y = f(x).

$f(x) = 2 + \sqrt{x}$
$D = [0; \infty[$ und $W = [2; \infty[$
Punktprobe mit P(9|5):
$f(9) = 2 + \sqrt{9} = 2 + 3 = 5$
Also liegt der Punkt P(9|5) auf dem Graphen von f.

Lineare Funktion, Gerade, Steigungswinkel einer Geraden
Eine Funktion f mit $f(x) = m \cdot x + b$ **heißt lineare Funktion**.
Der Graph einer linearen Funktion ist eine **Gerade** mit der **Steigung m** und mit dem **y-Achsenabschnitt b**.
Für b = 0 nennt man diese Gerade **Ursprungsgerade**.
Liegen zwei Punkte $P(x_P|y_P)$ und $Q(x_Q|y_Q)$ auf einer Geraden, so gilt für die Steigung $m = \dfrac{\Delta y}{\Delta x} = \dfrac{y_Q - y_P}{x_Q - x_P}$ (für $x_P \neq x_Q$).

Für den **Steigungswinkel** α gilt: $\tan(\alpha) = m$.

$f(x) = 0{,}5x + 1{,}5$
K_f hat die Steigung m = 0,5 und den y-Achsenabschnitt b = 1,5.
Der Graph von g mit $g(x) = 0{,}5x$ ist eine Ursprungsgerade.
Mit P(2|2,5) und Q(4|3,5): $m = \dfrac{3{,}5 - 2{,}5}{4 - 2} = 0{,}5$
Steigungswinkel: $\tan(\alpha) = 0{,}5$; $\alpha \approx 26{,}57°$

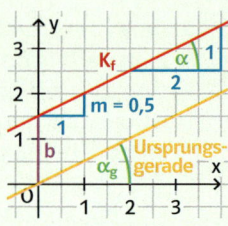

Lage von Geraden
Zwei Geraden g und h sind zueinander parallel, wenn sie dieselbe Steigung haben: $m_g = m_h$.
g und h heißen **orthogonal** zueinander, wenn sie sich rechtwinklig schneiden. Für ihre Steigungen gilt $m_g \cdot m_h = -1$.

f: y = 0,5x + 1,5; g: y = 0,5x; h: y = −2x + 1
f und g sind parallel, denn $m_f = m_g = 0{,}5$.
h ist orthogonal zu f und g, denn $m_f \cdot m_h = 0{,}5 \cdot (-2) = -1$.

Besondere Geraden
Die Gleichung y = b beschreibt eine Parallele zur x-Achse,
die Gleichung x = a beschreibt eine Parallele zur y-Achse.
Die Gerade mit der Gleichung y = x heißt **1. Winkelhalbierende**.
Die Gerade mit der Gleichung y = −x heißt **2. Winkelhalbierende**.

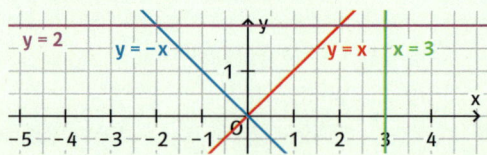

Ungleichungen
Ungleichungen können mit Äquivalenzumformungen gelöst werden.
Wird eine Ungleichung mit einer negativen Zahl multipliziert oder dividiert, muss das Ungleichheitszeichen umgedreht werden.

$3 - x < 2x + 6 \quad |-3 \quad |-2x$
$-3x < 3 \quad |:(-3)$
$x > -1 \quad L =]-1; \infty[$

Quadratische Funktionen; Streckung und Verschiebung
Eine Funktion f mit $f(x) = ax^2 + bx + c$ $(a \neq 0)$ heißt **quadratische Funktion**. Ihr Graph ist eine Parabel.
Mithilfe des Scheitels $S(x_S|y_S)$ kann der Funktionsterm in der **Scheitelform** dargestellt werden: $f(x) = a \cdot (x - x_S)^2 + y_S$.
Die zugehörige Parabel geht aus der Normalparabel hervor durch Streckung in y-Richtung mit Faktor a, Verschiebung um x_S in x-Richtung und Verschiebung um y_S in y-Richtung.
Hat eine quadratische Funktion f die beiden Nullstellen x_1 und x_2, so kann man den Funktionsterm auch in der Produktform
$f(x) = a \cdot (x - x_1)(x - x_2)$ schreiben.
Ist $x_1 = x_2$, so spricht man von einer **doppelten Nullstelle**.
Es ist $f(x) = a \cdot (x - x_1)^2$. Der Scheitel der Parabel liegt auf der x-Achse.

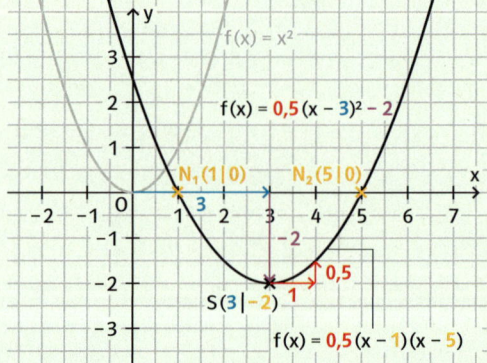

Grundwissen

Potenzfunktionen

Potenzen mit nicht-positiven Exponenten
Für die Potenz a^{-n} mit $a \neq 0$ und $n \in \mathbb{N}^*$ gilt: $a^{-n} = \frac{1}{a^n}$.
Potenzen mit Exponent null haben den Wert 1: $a^0 = 1$.

$5^{-3} = \frac{1}{5^3} = \frac{1}{125}$; $\quad (-4)^{-2} = \frac{1}{(-4)^2} = \frac{1}{16}$
$5^0 = 1$; $\quad (-4)^0 = 1$

Potenzen mit rationalen Exponenten
Ist der Exponent einer Potenz ein Bruch $\frac{m}{n}$ ($n \in \mathbb{N}^*$, $m \in \mathbb{Z}$), so gilt:
$a^{\frac{m}{n}} = \sqrt[n]{a^m} = \left(\sqrt[n]{a}\right)^m$. Sonderfall ist $a^{\frac{1}{n}} = \sqrt[n]{a}$.

$8^{\frac{5}{3}} = \sqrt[3]{8^5} = \left(\sqrt[3]{8}\right)^5 = 2^5 = 32$
$243^{-\frac{2}{5}} = 243^{\frac{-2}{5}} = \left(\sqrt[5]{243}\right)^{-2} = 3^{-2} = \frac{1}{9}$

Potenzgesetze für allgemeine Exponenten $p, q \in \mathbb{Q}$
P1: $a^p \cdot a^q = a^{p+q}$; P2: $\frac{a^p}{a^q} = a^{p-q}$; P3: $(a^p)^q = a^{p \cdot q}$;
P4: $a^p \cdot b^p = (a \cdot b)^p$; P5: $\frac{a^p}{b^p} = \left(\frac{a}{b}\right)^p$ mit $b \neq 0$.

$x^{\frac{4}{3}} \cdot x^{\frac{2}{3}} = x^{\frac{4}{3}+\frac{2}{3}} = x^2$; $\frac{y^2}{y^{-3}} = y^5$; $(z^{-2})^{-3} = z^6$
$12^{\frac{3}{2}} \cdot 3^{\frac{3}{2}} = 36^{\frac{3}{2}} = 216$; $\frac{c^{-4}}{d^{-4}} = \left(\frac{c}{d}\right)^{-4} = \left(\frac{d}{c}\right)^4$; $c, d \neq 0$

Potenzfunktionen mit natürlichem Exponenten $n \in \mathbb{N}^*$
Eine Funktion f mit $f(x) = a \cdot x^n$ und $a \neq 0$ heißt **Potenzfunktion**.

Globales Verhalten des Graphen K von f für $a > 0$:
- n gerade: K kommt von links oben und geht nach rechts oben.
- n ungerade: K kommt von links unten, geht nach rechts oben.

Potenzfunktionen mit negativem Exponenten
Eine Funktion f mit $f(x) = a \cdot \frac{1}{x^n}$ bzw. $f(x) = a \cdot x^{-n}$ ($n \in \mathbb{N}^*$, $a \neq 0$) heißt ebenfalls **Potenzfunktion**.
f hat an der Stelle $x = 0$ eine **Definitionslücke**, d.h. $D = \mathbb{R}^*$.
Der Graph von f hat
- die vertikale Asymptote $x = 0$, wegen $f(x) \to \pm\infty$ für $x \to 0$ und
- die horizontale Asymptote $y = 0$, wegen $f(x) \to 0$ für $x \to \pm\infty$.

Symmetrieeigenschaft bei ganzzahligem Exponenten $z \in \mathbb{Z}^*$
Für den Graphen K der Funktion f mit $f(x) = a \cdot x^z$ ($a \neq 0$) gilt:
- Ist z gerade, so ist K achsensymmetrisch zur y-Achse.
- Ist z ungerade, so ist K punktsymmetrisch zum Ursprung.

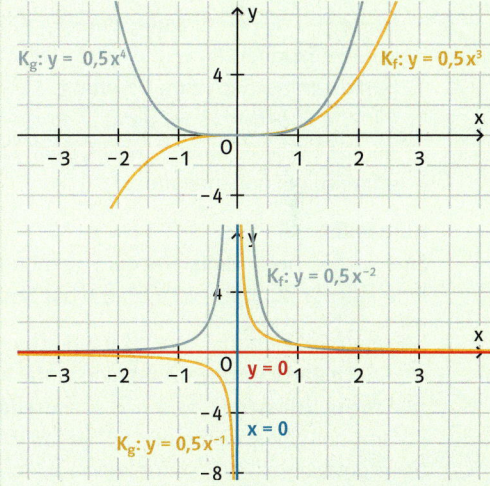

Wurzelfunktionen
Eine Funktion f mit $f(x) = x^{\frac{1}{n}}$ bzw. $f(x) = \sqrt[n]{x}$ ($n \in \mathbb{N} \setminus \{0; 1\}$) heißt **Wurzelfunktion**. $D = \mathbb{R}_+$.
Die Punkte $O(0|0)$ und $P(1|1)$ liegen auf dem Graphen von f.

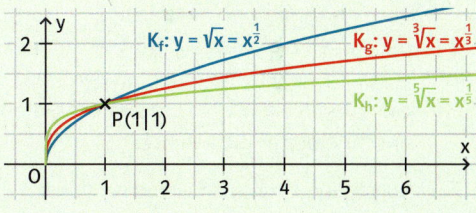

Transformationen von Funktionsgraphen
Streckungen, Spiegelungen und Verschiebungen von Graphen werden **Transformationen** genannt. Wird der Funktionsterm einer Funktion f verändert, wirkt sich das auf den Graphen K aus:
$g(x) = a \cdot f(x)$ Streckung von K mit Faktor a in y-Richtung.
$\quad$ $a < 0$ beinhaltet Spiegelung an der x-Achse.
$h(x) = f(x) + d$ Verschiebung von K um d in y-Richtung.
$i(x) = f(x - c)$ Verschiebung von K um c in x-Richtung.
Bei der Hintereinanderausführung spielt die Reihenfolge der Transformationen eine Rolle.

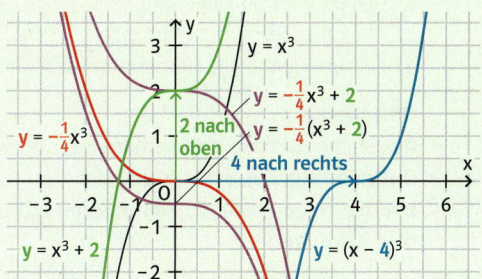

Potenzgleichungen mit natürlichem Exponenten $n \neq 0$
Die Gleichung $x^n = a$ hat entweder zwei, eine oder keine Lösung.

	n gerade	n ungerade
$a > 0$	$x = \pm\sqrt[n]{a}$	$x = \sqrt[n]{a}$
$a < 0$	keine Lösung	$x = -\sqrt[n]{-a}$

Für $a = 0$ hat die Gleichung $x^n = 0$ die Lösung $x = 0$.

	n gerade	n ungerade
$a > 0$	$x^4 = 3$ $x = \pm\sqrt[4]{3}$	$x^5 = 3$ $x = \sqrt[5]{3}$
$a < 0$	$x^4 = -3$ keine Lösung	$x^5 = -3$ $x = -\sqrt[5]{3}$

Grundwissen

Polynomfunktionen

Polynomfunktionen
Eine Funktion f mit $f(x) = a_n x^n + a_{n-1} x^{n-1} + \ldots a_2 x^2 + a_1 x + a_0$
($n \in \mathbb{N}$; $a_n, \ldots a_0 \in \mathbb{R}$; $a_n \neq 0$) heißt **Polynomfunktion n-ten Grades**.

Globales Verhalten
Für $x \to \pm\infty$ wird das Verhalten durch den Summanden $a_n x^n$ mit dem größten Exponenten bestimmt. Der Graph von f verhält sich für $x \to \pm\infty$ wie der Graph der Vergleichsfunktion g mit $g(x) = a_n x^n$.

Symmetrie
Der Graph einer Funktion f mit der Definitionsmenge D ist
- **achsensymmetrisch zur y-Achse**, wenn $f(-x) = f(x)$ für alle $x \in D$ gilt. Die Funktion f wird dann auch als **gerade Funktion** bezeichnet. Ist f eine Polynomfunktion, dann kommen im Funktionsterm nur gerade Exponenten vor.
- **punktsymmetrisch zum Ursprung**, wenn $f(-x) = -f(x)$ für alle $x \in D$ gilt. Die Funktion f wird dann auch als **ungerade Funktion** bezeichnet. Ist f eine Polynomfunktion, dann kommen im Funktionsterm nur ungerade Exponenten vor.

Nullstellen
Eine Zahl x_0 heißt **Nullstelle** der Funktion f, wenn $f(x_0) = 0$ ist.
Eine Polynomfunktion vom Grad n hat höchstens n Nullstellen.

Bei einer Polynomfunktion f wie z.B. $f(x) = (x-2)(x-4)^2(x-7)^3$ heißt $(x-2)$ **Linearfaktor**, $x = 2$ ist eine **einfache Nullstelle**, $x = 4$ eine **zweifache Nullstelle** und $x = 7$ eine **dreifache Nullstelle** von f.
Kommt der Linearfaktor $(x - x_0)$ genau in der k-ten Potenz des Funktionsterms einer Polynomfunktion vor, dann heißt x_0 **k-fache Nullstelle**.
Bei einer einfachen, dreifachen, … Nullstelle x_0 wechselt f sein Vorzeichen an der Stelle x_0. Bei einer zweifachen, vierfachen, … Nullstelle x_0 behält f sein Vorzeichen an der Stelle x_0. Ist x_0 eine k-fache Nullstelle von f und ist $k > 1$, so berührt der Graph von f die x-Achse. Ist $k = 1$, so schneidet er die x-Achse.

Nullstellen kann man ermitteln durch
1) Auflösen einer Gleichung
2) Ablesen in den Linearfaktoren
3) Ausklammern von x-Potenzen
4) Substitution
5) Näherungsweises Berechnen (Intervallverfeinerung)

Optimieren
Die Suche nach dem Maximum oder Minimum einer Größe nennt man **Optimierung**. Zur Berechnung des Optimums ermittelt man die **Nebenbedingungen**, stellt die **Zielfunktion** auf und ermittelt deren Maximum bzw. Minimum.

Regression
Bei der **linearen Regression** kann eine Punktwolke $(x_1|y_1)$, $(x_2|y_2)$, … $(x_n|y_n)$ durch eine **Regressionsgerade (Ausgleichsgerade)** angenähert werden.
Bei größeren Datenmengen sowie bei **quadratischer Regression** etc. verwendet man zur Ermittlung der **Trendlinie** einen Taschenrechner oder ein digitales Mathematikwerkzeug.

$f(x) = 7x^3 - 4x + 5$
Der Grad von f ist 3. Die Koeffizienten sind $a_3 = 7$; $a_2 = 0$; $a_1 = -4$; $a_0 = 5$.

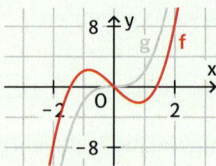 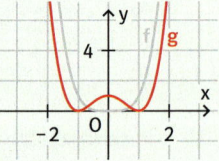

$f(x) = 2x^3 - 4x$ $g(x) = x^4 - 2x^2 + 1$
f ungerade; $x \to \pm\infty$ g gerade; $x \to \pm\infty$
wie $g(x) = 2x^3$ wie $f(x) = x^4$

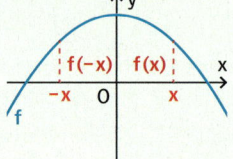 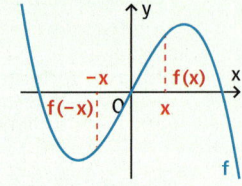

$f(x) = x^4 - 5x^2 + 1$ gerade Funktion, da
$f(-x) = (-x)^4 - 5(-x)^2 + 1 = x^4 - 5x^2 + 1 = f(x)$

$f(x) = 2x^3 - 7x$ ungerade Funktion, da
$f(-x) = 2(-x)^3 - 7(-x) = -2x^3 + 7x = -(2x^3 - 7x)$
$= -f(x)$.

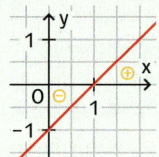 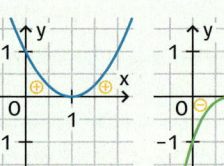

einfache Nullstelle   zweifache Nullstelle   dreifache Nullstelle

Beispiele zur Nullstellenbestimmung:
1) $f(x) = 0{,}5x^4 - 8 = 0$; $x_1 = -2$; $x_2 = 2$
2) $f(x) = 2(x-3)(x+4)(x-1)^2$
   $x_1 = 3$; $x_2 = -4$; $x_3 = 1$
3) $f(x) = x^3 + 3x^2 + 2x = x(x^2 + 3x + 2) = 0$
   $x_1 = 0$ oder $x^2 + 3x + 2 = 0$, d.h. $x_2 = -2$;
   $x_3 = -1$
4) $f(x) = x^4 - 2x^2 - 8 = 0$; $z = x^2$
   $z^2 - 2z - 8 = 0$ mit $z = 4$ oder $z = -2$
   Resubstitution: $x^2 = 4$ mit $x_1 = 2$; $x_2 = 2$;
   $x^2 = -2$ hat keine Lösung.

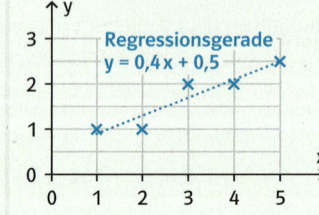

x	y
1	1
2	1
3	2
4	2
5	2,5

Grundwissen

Exponentialfunktionen

Lineares Wachstum
Beim linearen Wachstum ist die absolute Änderung d in einer Zeiteinheit konstant. Funktionsgleichung bei einem Anfangsbestand a_0:
$f(x) = a_0 + d \cdot x$; $f(0) = a_0$.
Ist $d < 0$, so liegt ein negatives Wachstum (Abnahme) vor.

x (in Jahren)	0	1	2	3
Bestand f(x)	29	23	17	11

Der Bestand verändert sich jährlich um -6:
$d = -6$ und $f(x) = 29 - 6 \cdot x$

Exponentielles Wachstum
Beim exponentiellen Wachstum ist der Wachstumfaktor q in einer Zeiteinheit konstant. Funktiongleichung bei einem Anfangsbestand a_0:
$f(x) = a_0 \cdot q^x$, $f(0) = a_0$.
Für $0 < q < 1$ liegt ein negatives Wachstum (Abnahme) vor.

x (in Jahren)	0	1	2	3
Bestand f(x)	24	36	54	81

Der Bestand verändert sich jährlich um den Faktor $q = 1{,}5$. Dies entspricht einer Zunahme um 50%. Es ist $f(x) = 24 \cdot 1{,}5^x$.

Exponentialfunktion
Eine Funktion f mit $f(x) = q^x$ ($q > 0$, $q \neq 1$) heißt Exponentialfunktion. Ihre Definitionsmenge ist $D = \mathbb{R}$.
(1) Alle Graphen von Exponentialfunktionen f mit $f(x) = q^x$ verlaufen oberhalb der x-Achse und gehen durch den Punkt $S_y(0|1)$.
(2) Der Graph von f steigt für $q > 1$ und fällt für $0 < q < 1$.
(3) Die x-Achse ist Asymptote des Graphen von f.
(4) Spiegelt man den Graphen von f mit $f(x) = q^x$ an der y-Achse, so erhält man den Graphen von g mit $g(x) = q^{-x} = \left(\frac{1}{q}\right)^x$.

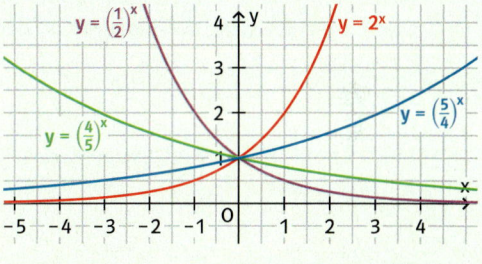

Transformationen von Graphen
Im Vergleich zum Graphen K_f der Exponentialfunktion f mit $f(x) = q^x$ ist der Graph der Funktion g mit $g(x) = a \cdot q^x + d$ mit dem Faktor a in y-Richtung gestreckt und er ist um d in y-Richtung verschoben (Asymptote $y = d$).
Ist $a < 0$, so beinhaltet dies eine Spiegelung an der x-Achse.
Der Graph der Funktion h mit $h(x) = q^{x-c}$ geht aus K_f durch eine Verschiebung um c in x-Richtung hervor.
Der Graph der Funktion k mit $k(x) = q^{bx}$ geht aus K_f durch eine Streckung mit dem Faktor $\frac{1}{b}$ in x-Richtung hervor.

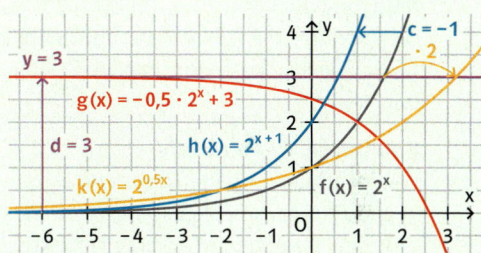

K_g ist mit dem Faktor $-0{,}5$ in y-Richtung gestreckt und um 3 in y-Richtung verschoben.
K_h ist um -1 in x-Richtung verschoben.
K_g ist mit dem Faktor 2 in x-Richtung gestreckt.

Logarithmus
Der Logarithmus von b zur Basis a ($a > 0$, $a \neq 1$, $b > 0$) ist derjenige Exponent, mit dem man a potenzieren muss, um b zu erhalten. Man schreibt kurz $\log_a(b)$. Die Exponentialgleichung $a^x = b$ ist gleichbedeutend mit der Gleichung $x = \log_a(b)$.

Aus $2^x = 8$ folgt $x = \log_2(8) = 3$.
Aus $2^x = 1$ folgt $x = \log_2(1) = 0$.
Aus $2^x = 2$ folgt $x = \log_2(2) = 1$

Exponentialgleichungen
Exponentialgleichungen können mit unterschiedlichen Verfahren gelöst werden:
a) durch Exponentenvergleich
b) durch Logarithmieren
c) durch Ausklammern und Anwenden des Satzes vom Nullprodukt
d) durch Substitution

a) $2^{3x-1} = 2^5$, also $3x - 1 = 5$ und damit $x = 2$.
b) $1{,}5^{4x} = 12 \Leftrightarrow 4x = \log_{1{,}5}(12) \approx 6{,}13$ und somit $x \approx 1{,}53$.
c) $5^{2x} - 0{,}2 \cdot 5^x = 0$ führt zu $5^x(5^x - 0{,}2) = 0$. Wegen $5^x \neq 0$ muss $5^x = 0{,}2$ sein. Somit ist $x = \log_5(0{,}2) = -1$.
d) $3^{2x} + 2 \cdot 3^x - 8 = 0$; Substitution $3^x = u$
$u^2 + 2u - 8 = 0$; abc-Formel: $u_1 = 2$; $u_2 = -4$
Resubstitution: $3^x = 2 \Leftrightarrow x_1 = \log_3(2)$
Die Gleichung $3^x = -4$ ist unlösbar.

Grundwissen

Änderungsrate und grafisches Differenzieren

Durchschnittliche Änderungsrate – Differenzenquotient

Der **Differenzenquotient** $\frac{f(x_2) - f(x_1)}{x_2 - x_1}$ ist die **durchschnittliche Änderungsrate** einer Funktion f im Intervall I = $[x_1; x_2]$.

Er gibt die **Steigung** m_{Sek} **der Sekante** durch die Punkte $P(x_1|f(x_1))$ und $Q(x_2|f(x_2))$ des Graphen von f an.

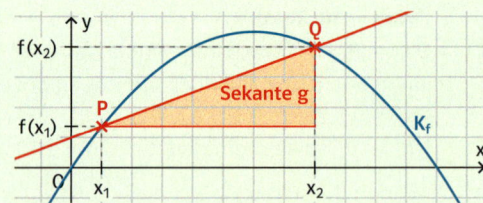

Für $f(x) = -\frac{1}{8}x^2 + \frac{3}{2}x$ und $x_1 = 1$; $x_2 = 8$ ist

$m_{Sek} = \frac{f(8) - f(1)}{8 - 1} = \frac{4 - 1{,}375}{7} = \frac{3}{8}$

die durchschnittliche Änderungsrate in [1; 8].

Lokale Änderungsrate – Ableitung

Der Grenzwert des Differenzenquotienten $\frac{f(x_0 + h) - f(x_0)}{h}$ für $h \to 0$ nennt man **lokale Änderungsrate** oder **Ableitung von f an der Stelle x_0**. Dies ist die **Steigung der Tangente** an den Graphen von f im Punkt $P(x_0|f(x_0))$:

$m_{Tan} = f'(x_0) = \lim\limits_{h \to 0} \frac{f(x_0 + h) - f(x_0)}{h}$

Man nennt $f'(x_0)$ auch die **Steigung des Graphen K_f** im Punkt $P(x_0|f(x_0))$.

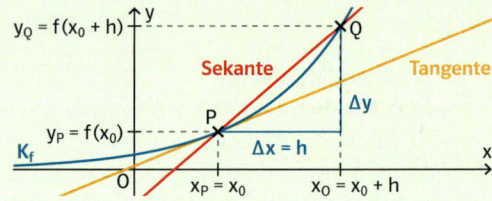

Für $f(x) = x^2$ nähert sich der Wert der Sekantensteigung im Intervall [1; 1 + h] für $h \to 0$ immer mehr der Zahl 2 an.
Es ist also $m_{Tan} = f'(1) = 2$.

Ableitungsfunktion

Die Funktion, die jedem x aus der Definitionsmenge von f die Ableitung $f'(x)$ an dieser Stelle zuordnet, heißt **Ableitungsfunktion f′** oder **Ableitung von f**.

Grafisches Differenzieren

Zeichnet man einzelne Tangenten an den Graphen K_f einer Funktion f und überträgt die Steigungswerte in ein Koordinatensystem, so erhält man den Graphen der Ableitungsfunktion f′ von f. Dieses Vorgehen nennt man **grafisches Differenzieren**.

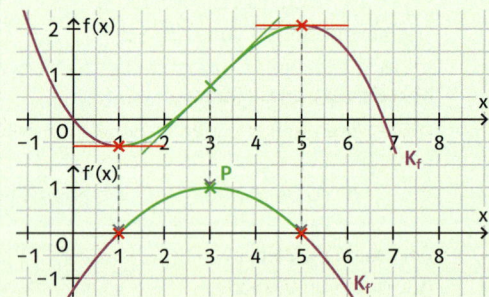

Ableitung der Exponentialfunktionen, Euler'sche Zahl e

Die Ableitung einer Exponentialfunktion f mit $f(x) = q^x$ ist ein Vielfaches der Funktion selbst: Für $f(x) = q^x$ gilt $f'(x) = c \cdot q^x$. Diejenige Basis q, für die f und f′ übereinstimmen, also c = 1 ist, heißt **Euler'sche Zahl** e = 2,718281828459...

$f(x) = 2^x$; $f'(x) \approx 0{,}693 \cdot 2^x$
$f(x) = 3^x$; $f'(x) \approx 1{,}099 \cdot 3^x$
$f(x) = 5^x$; $f'(x) \approx 1{,}609 \cdot 5^x$

$f(x) = e^x$; $f'(x) = 1 \cdot e^x$

Natürliche Exponentialfunktion – natürlicher Logarithmus

Die Exponentialfunktion mit der Basis e heißt **natürliche Exponentialfunktion** oder kurz **e-Funktion** f mit $f(x) = e^x$.
Die Gleichung ihrer Ableitung f′ lautet $f'(x) = e^x$.
Der Logarithmus zur Basis e heißt **natürlicher Logarithmus (logarithmus naturalis)**: $\log_e(u) = \ln(u)$
Es gilt: $e^{\ln(u)} = u$ bzw. $\ln(e^x) = x$

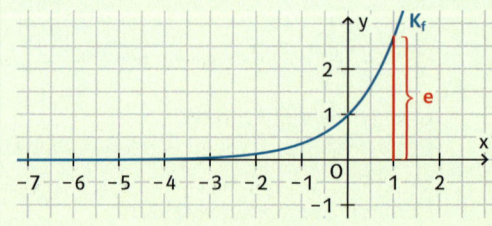

Darstellung von Exponentialfunktionen mithilfe der e-Funktion

Jede Exponentialfunktion f mit $f(x) = q^x$ lässt sich mithilfe der e-Funktion darstellen, und umgekehrt:
$f(x) = q^x = e^{\ln(q) \cdot x} = e^{k \cdot x}$ mit $k = \ln(q)$
$f(x) = e^{k \cdot x} = (e^k)^x = q^x$ mit $q = e^k$

$f(x) = 3^x = e^{\ln(3) \cdot x} \approx e^{1{,}099 \cdot x}$
$g(x) = 0{,}4^x = e^{\ln(0{,}4) \cdot x} \approx e^{-0{,}916 \cdot x}$
$h(x) = e^{1{,}8 \cdot x} = (e^{1{,}8})^x \approx 6{,}05^x$

Grundwissen

Vektoren

Punkte und Vektoren im räumlichen Koordinatensystem
Die Lage von Punkten im Raum gibt man durch ihre drei Koordinaten an: $P(p_1|p_2|p_3)$ bzw. $Q(q_1|q_2|q_3)$.

Der Vektor $\vec{p} = \overrightarrow{OP} = \begin{pmatrix} p_1 \\ p_2 \\ p_3 \end{pmatrix}$ heißt **Ortsvektor** des Punktes $P(p_1|p_2|p_3)$.

Für den **Verbindungsvektor** von P nach Q gilt:

$\overrightarrow{PQ} = \overrightarrow{OQ} - \overrightarrow{OP} = \vec{q} - \vec{p} = \begin{pmatrix} q_1 - p_1 \\ q_2 - p_2 \\ q_3 - p_3 \end{pmatrix}$.

Der **Gegenvektor** $-\vec{p}$ zu einem Vektor $\vec{p}$ ist $-\vec{p} = \begin{pmatrix} -p_1 \\ -p_2 \\ -p_3 \end{pmatrix}$. Er verläuft in die zu $\vec{p}$ entgegengesetzte Richtung.

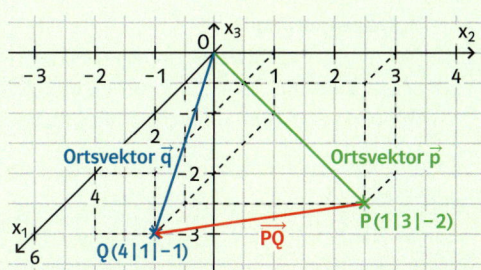

Ortsvektor $\vec{p} = \begin{pmatrix} 1 \\ 3 \\ -2 \end{pmatrix}$, Gegenvektor $-\vec{p} = \begin{pmatrix} -1 \\ -3 \\ 2 \end{pmatrix}$

Verbindungsvektor von P nach Q:

$\overrightarrow{PQ} = \overrightarrow{OQ} - \overrightarrow{OP} = \vec{q} - \vec{p} = \begin{pmatrix} 4 - 1 \\ 1 - 3 \\ -1 - (-2) \end{pmatrix} = \begin{pmatrix} 3 \\ -2 \\ 1 \end{pmatrix}$

Betrag eines Vektors $\vec{a}$, Einheitsvektor
Der Betrag des Vektors $\vec{a} = \begin{pmatrix} a_1 \\ a_2 \\ a_3 \end{pmatrix}$ ist $|\vec{a}| = \sqrt{a_1^2 + a_2^2 + a_3^2}$.

Ist $\vec{a} \neq \vec{o}$, so heißt $\vec{a_0} = \frac{1}{|\vec{a}|} \cdot \vec{a}$ **Einheitsvektor** von $\vec{a}$. Es gilt: $|\vec{a_0}| = 1$.

$\vec{a} = \begin{pmatrix} 3 \\ 2 \\ 6 \end{pmatrix}$; $|\vec{a}| = \sqrt{3^2 + 2^2 + 6^2} = \sqrt{49} = 7$

$\vec{a_0} = \frac{1}{7} \cdot \begin{pmatrix} 3 \\ 2 \\ 6 \end{pmatrix}$

Abstand zweier Punkte
Abstand zweier Punkte $P(p_1|p_2|p_3)$ und $Q(q_1|q_2|q_3)$:

$PQ = |\overrightarrow{PQ}| = \sqrt{(q_1 - p_1)^2 + (q_2 - p_2)^2 + (q_3 - p_3)^2}$

$P(2|2|-1)$; $Q(0|-2|2)$

$PQ = |\overrightarrow{PQ}| = \sqrt{(-2)^2 + (-4)^2 + 3^2} = \sqrt{29}$

Mittelpunkt einer Strecke
Der Mittelpunkt M von PQ hat die Koordinaten $M\left(\frac{p_1 + q_1}{2} \middle| \frac{p_2 + q_2}{2} \middle| \frac{p_3 + q_3}{2}\right)$.

Berechnung mit Vektoren: $\vec{m} = \frac{1}{2}(\vec{p} + \vec{q})$

$M\left(\frac{2+0}{2} \middle| \frac{2-2}{2} \middle| \frac{-1+2}{2}\right)$, also $M\left(1|0|\frac{1}{2}\right)$.

$\vec{m} = \frac{1}{2} \cdot \left(\begin{pmatrix} 2 \\ 2 \\ -1 \end{pmatrix} + \begin{pmatrix} 0 \\ -2 \\ 2 \end{pmatrix}\right) = \frac{1}{2} \cdot \begin{pmatrix} 2 \\ 0 \\ 1 \end{pmatrix} = \begin{pmatrix} 1 \\ 0 \\ \frac{1}{2} \end{pmatrix}$

Rechnen mit Vektoren
Addition von Vektoren

$\begin{pmatrix} a_1 \\ a_2 \\ a_3 \end{pmatrix} + \begin{pmatrix} b_1 \\ b_2 \\ b_3 \end{pmatrix} = \begin{pmatrix} a_1 + b_1 \\ a_2 + b_2 \\ a_3 + b_3 \end{pmatrix}$

Multiplikation mit einer Zahl

$r \cdot \begin{pmatrix} a_1 \\ a_2 \\ a_3 \end{pmatrix} = \begin{pmatrix} r \cdot a_1 \\ r \cdot a_2 \\ r \cdot a_3 \end{pmatrix}$

$\vec{a} = \begin{pmatrix} 1 \\ 1 \\ 2 \end{pmatrix}$; $\vec{b} = \begin{pmatrix} -2 \\ 3 \\ 5 \end{pmatrix}$

$\vec{a} + \vec{b} = \begin{pmatrix} 1 + (-2) \\ 1 + 3 \\ 2 + 5 \end{pmatrix} = \begin{pmatrix} -1 \\ 4 \\ 7 \end{pmatrix}$, $3 \cdot \vec{a} = \begin{pmatrix} 3 \\ 3 \\ 6 \end{pmatrix}$

Gilt für Vektoren $\vec{u}$ und $\vec{v}$, dass $r \cdot \vec{u} = \vec{v}$, dann heißen die beiden Vektoren $\vec{u}$ und $\vec{v}$ **kollinear**, die dazugehörenden Pfeile sind parallel.

$\vec{v} = \begin{pmatrix} 3 \\ -4{,}5 \\ -7{,}5 \end{pmatrix} = -1{,}5 \cdot \vec{b}$

$\vec{v}$ und $\vec{b}$ sind kollinear, ihre Pfeile sind parallel.

Skalarprodukt, zueinander orthogonale Vektoren
Das Skalarprodukt der Vektoren $\vec{a} = \begin{pmatrix} a_1 \\ a_2 \\ a_3 \end{pmatrix}$ und $\vec{b} = \begin{pmatrix} b_1 \\ b_2 \\ b_3 \end{pmatrix}$ berechnet man: $\vec{a} \cdot \vec{b} = a_1 b_1 + a_2 b_2 + a_3 b_3$.

$\vec{a}$ und $\vec{b}$ sind genau dann zueinander orthogonal, wenn $\vec{a} \cdot \vec{b} = 0$ ist.

$\vec{a} = \begin{pmatrix} 3 \\ -2 \\ 1 \end{pmatrix}$, $\vec{b} = \begin{pmatrix} 1 \\ 4 \\ 5 \end{pmatrix}$, $\vec{c} = \begin{pmatrix} -3 \\ 1 \\ 2 \end{pmatrix}$

$\vec{a} \cdot \vec{b} = 3 \cdot 1 + (-2) \cdot 4 + 1 \cdot 5 = 0$, also $\vec{a} \perp \vec{b}$.

Winkel zwischen Vektoren
Für den Winkel α zwischen den Vektoren $\vec{a}$ und $\vec{b}$ gilt $\cos(\alpha) = \frac{\vec{a} \cdot \vec{b}}{|\vec{a}| \cdot |\vec{b}|}$.

Winkel zwischen $\vec{a}$ und $\vec{c}$:

$\cos(\alpha) = \frac{\begin{pmatrix} 3 \\ -2 \\ 1 \end{pmatrix} \cdot \begin{pmatrix} -3 \\ 1 \\ 2 \end{pmatrix}}{\sqrt{14} \cdot \sqrt{14}} = \frac{-9}{14}$,

also $\alpha \approx 130°$.

Grundwissen

Stochastik

Zufallsexperiment
Bei einem **Zufallsexperiment** erhält man verschiedene zufällige Ergebnisse. Wird ein Zufallsexperiment einmal durchgeführt, heißt es einstufig, wird es zweimal durchgeführt, nennt man es zweistufig.

Zufallsexperimente sind z. B. Würfeln oder das Ziehen von Kugeln.

Würfeln ist ein Zufallsexperiment, bei dem alle Ergebnisse gleich wahrscheinlich sind.

Ergebnis, Ereignis, Wahrscheinlichkeit
Zu einem **Ereignis** können mehrere Ergebnisse gehören.
Die Chance, dass ein bestimmtes Ergebnis eintritt, nennt man **Wahrscheinlichkeit**.

Beim Münzwurf gilt
$P(\text{Wappen}) = P(\text{Zahl}) = \frac{1}{2}$.
Zum Ereignis „zweimal gleiche Münzseite" gehören die Ergebnisse (W, W) und (Z, Z).
Es gilt $P(\text{zweimal gleiche Münzseite})$
$= P(W, W) + P(Z, Z) = \frac{1}{4} + \frac{1}{4} = \frac{1}{2}$

Laplace-Experiment
Haben alle möglichen Ergebnisse die gleiche Wahrscheinlichkeit, spricht man von einem **Laplace-Experiment**. Es gilt dann:

$P(\text{Erg.}) = \frac{1}{\text{Anzahl aller möglichen Erg.}}$

Gehören mehrere gleich wahrscheinliche Ergebnisse zu einem Ereignis, dann gilt:
$P(\text{Ereignis}) = \frac{\text{Anzahl der günstigen Erg.}}{\text{Anzahl aller möglichen Erg.}}$

Ein Ereignis, das auf jeden Fall eintritt, ist ein **sicheres Ereignis**.
Gibt es kein günstiges Ergebnis, nennt man dies ein **unmögliches Ereignis**.

Das Ziehen einer Kugel aus der obigen Schale ist ebenfalls ein Laplace-Experiment. Es gilt z. B. $P(\text{Rot}) = \frac{2}{12} = \frac{1}{6}$ bzw. $P(\text{Gelb}) = \frac{5}{12}$.

Das Werfen des Schweinchens ist kein Laplace-Experiment, da die verschiedenen Ergebnisse mit unterschiedlicher Wahrscheinlichkeit eintreten.

Z. B. ist $P(\text{Seitenlage}) = 0{,}65$, $P(\text{Backe}) = 0{,}01$

Das Ereignis „beliebige Lage" ist ein sicheres Ereignis, also $P(\text{beliebige Lage}) = 1$

Baumdiagramm, Pfadregeln
Alle möglichen Ergebnisse eines Zufallsexperiments und deren Wahrscheinlichkeiten lassen sich in einem **Baumdiagramm** veranschaulichen.

Produktregel (1. Pfadregel):
Die Wahrscheinlichkeit eines Ergebnisses ist gleich dem Produkt der Wahrscheinlichkeiten entlang des zugehörigen Pfades

Summenregel (2. Pfadregel):
Gehören mehrere Ergebnisse zu einem Ereignis, so werden die Wahrscheinlichkeiten der zugehörigen Ergebnisse addiert.

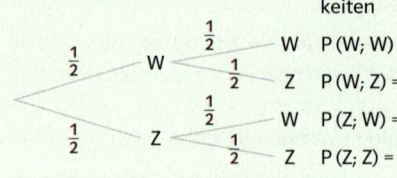

Grundwissen

Berechnen der Wahrscheinlichkeit

Ziehen mit Zurücklegen
Beim **Ziehen mit Zurücklegen** sind alle Wahrscheinlichkeiten im ersten und zweiten Durchgang gleich.

In einer Schale sind 3 rote und 5 blaue Kugeln. Es werden nacheinander zwei Kugeln entnommen. Die erste Kugel wird wieder zurückgelegt.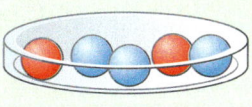
P(zwei gleichfarbige Kugeln)
= P(Blau, Blau) + P(Rot, Rot) = $\frac{5}{8} \cdot \frac{5}{8} + \frac{3}{8} \cdot \frac{3}{8}$
= $\frac{34}{64} = \frac{17}{32}$ = 53,1 %

Ziehen ohne Zurücklegen
Beim **Ziehen ohne Zurücklegen** ändert sich die Wahrscheinlichkeit eines Ergebnisses im zweiten Durchgang, da die Zahl der möglichen Ergebnisse um eins kleiner ist als beim ersten Zug.

In einer Schale sind 3 rote und 5 blaue Kugeln. Es werden nacheinander zwei Kugeln entnommen. Die erste Kugel wird aber nicht zurückgelegt.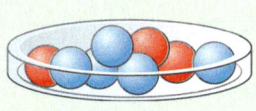

$\frac{3}{8}$ Rot $\frac{2}{7}$ Rot   P(R; R) = $\frac{3}{8} \cdot \frac{2}{7} = \frac{6}{56}$
       $\frac{5}{7}$ Blau P(R; B) = $\frac{3}{8} \cdot \frac{5}{7} = \frac{15}{56}$
$\frac{5}{8}$ Blau $\frac{3}{7}$ Rot   P(B; R) = $\frac{5}{8} \cdot \frac{3}{7} = \frac{15}{56}$
       $\frac{4}{7}$ Blau P(B; B) = $\frac{5}{8} \cdot \frac{4}{7} = \frac{20}{56}$

P(zwei gleichfarbige Kugeln)
= P(R, R) + P(B, B) = $\frac{6}{56} + \frac{20}{56} = \frac{26}{56} = \frac{13}{28}$

Ziehen mit und ohne Reihenfolge
Führt man zwei Zufallsexperimente gleichzeitig durch, so erhält man als Ergebnis kein geordnetes Paar. Man betrachtet daher das zugehörige zweistufige Zufallsexperiment und addiert die Wahrscheinlichkeiten der entsprechenden geordneten Paare.

Es werden gleichzeitig zwei Kugeln entnommen. Die Wahrscheinlichkeiten der Ereignisse können mithilfe des obigen Baumdiagramms bestimmt werden.
P(eine rote und eine blaue Kugel)
= P(R, B) + P(B, R) = $\frac{15}{56} + \frac{15}{56} = \frac{30}{56}$

Gegenereignis
Das Gegenereignis besteht aus allen Ergebnissen, die nicht zum Ereignis gehören. Für die Wahrscheinlichkeit des Gegenereignisses gilt
P(Gegenereignis) = 1 – P(Ereignis)

Das Gegenereignis von „zwei gleichfarbigen Kugeln" ist „eine rote und eine blaue Kugel":
P(zwei gleichfarbige Kugeln)
= 1 – P(eine rote und eine blaue Kugel)
= 1 – $\frac{30}{56} = \frac{26}{56}$

Erwartungswert
Zur Berechnung des Erwartungswertes wird jedem Ergebnis eines Zufallsexperi
ments ein Zahlenwert zugeordnet und dieser mit den zugehörigen Wahrscheinlichkeiten multipliziert. Addiert man diese Produkte, erhält man den Erwartungswert.
Ein Spiel ist fair, wenn die durchschnittlich zu erwartende Auszahlung dem Einsatz entspricht.

Gegen 2 € Einsatz kann man mit dem Würfel würfeln. Der angezeigte Wert wird ausbezahlt. Erwartungswert:
1 € · $\frac{3}{6}$ + 2 € · $\frac{1}{6}$
+ 3 € · $\frac{1}{6}$ + 4 € · $\frac{1}{6}$ = 2 €
Das Spiel ist fair, da die durchschnittlich zu erwartende Auszahlung dem Einsatz entspricht.

Lösungen

I Trigonometrische Funktionen

Seite 8

1

a) $\sin(\alpha) = \frac{a}{c}$; $\sin(\beta) = \frac{b}{c}$; $\cos(\alpha) = \frac{b}{c}$; $\cos(\beta) = \frac{a}{c}$

b) $\sin(\gamma) = \frac{q}{p}$; $\sin(\delta) = \frac{r}{p}$; $\cos(\gamma) = \frac{r}{p}$; $\cos(\delta) = \frac{q}{p}$

Tipp: p ist die Hypotenuse.

2

a) $\sin(45°) = \frac{\sqrt{2}}{2} \approx 0{,}707$
b) $\cos(45°) = \frac{\sqrt{2}}{2} \approx 0{,}707$
c) $\sin(10°) \approx 0{,}174$
d) $\cos(10°) \approx 0{,}985$
e) $\cos(30°) = \frac{\sqrt{3}}{2} \approx 0{,}866$
f) $\sin(50°) \approx 0{,}766$

3

a) $\alpha = 30°$ b) $\alpha = 60°$ c) $\alpha = 90°$ d) $\alpha \approx 72{,}5°$

4

a) $c = \frac{b}{\sin(\beta)} \approx 7{,}3\,\text{cm}$; $a = \sqrt{c^2 - b^2} \approx 5{,}4\,\text{cm}$; $\alpha = 90° - 43° = 47°$

b) $r = \frac{s}{\cos(\gamma)} \approx 4{,}3\,\text{cm}$; $q = \sqrt{r^2 - s^2} \approx 1{,}7\,\text{cm}$; $\delta = 90° - 23° = 67°$

c) $\sin(\gamma) = \frac{q}{r} \approx 0{,}714$, also $\gamma \approx 45{,}6°$; $s = \sqrt{r^2 - q^2} \approx 4{,}9\,\text{cm}$; $\delta \approx 90° - 45{,}6° = 44{,}4°$

d) $a = c \cdot \cos(\beta) \approx 5{,}9\,\text{cm}$; $b = \sqrt{c^2 - a^2} \approx 13{,}8\,\text{cm}$; $\alpha = 90° - 67° = 23°$

Seite 9

5

a) (1) $g(x) = 3x^2$; (2) $g(x) = -x^2$; (3) $g(x) = -0{,}5x^2$

b) (1) $g(x) = x^3 + 4$; (2) $g(x) = (x-3)^3$; (3) $g(x) = (x+5)^3 - 2$

6

a) Der Graph K_g entsteht aus **dem Graphen K_f** durch Verschieben um 3 nach unten: $g(x) = x^2 - 3$.
Der Graph K_h entsteht aus **dem Graphen K_f** durch Verschieben um 3 nach rechts: $h(x) = (x-3)^2$.

b) K_g entsteht aus K_f durch Spiegeln an der x-Achse und Verschieben um 4 nach oben: $g(x) = -x^2 + 4$.
K_h entsteht aus K_f durch Spiegeln an der x-Achse und Verschieben um 5 nach links und 6 nach oben: $h(x) = -(x+5)^2 + 6$.

c) K_g entsteht aus K_f durch Strecken in y-Richtung mit dem Faktor $\frac{1}{4}$ und Verschieben um 3 nach rechts: $g(x) = \frac{1}{4}(x-3)^2$.
K_h entsteht aus K_f durch Strecken in y-Richtung mit dem Faktor $-\frac{1}{4}$ (bzw. Spiegeln an der x-Achse und Strecken in y-Richtung mit dem Faktor $\frac{1}{4}$) und Verschieben um 3 nach rechts: $h(x) = -\frac{1}{4}(x-3)^2$.

d) K_g entsteht aus K_f durch Strecken in y-Richtung mit dem Faktor $-\frac{1}{2}$ und Verschieben um 2 nach rechts: $g(x) = -\frac{1}{2}(x-2)^3$.
K_h entsteht aus K_f durch Strecken in y-Richtung mit dem Faktor $-\frac{1}{2}$ und Verschieben um 1 nach links und 2,5 nach unten: $h(x) = -\frac{1}{2}(x+1)^3 - 2{,}5$.

e) K_g entsteht aus K_f durch Verschieben um 1 nach unten: $g(x) = 2^x - 1$.
K_h entsteht aus K_f durch Spiegeln an der x-Achse und Verschieben um 1 nach oben: $h(x) = -2^x + 1$.

f) K_g entsteht aus K_f durch Spiegeln an der y-Achse (bzw. Streckung in x-Richtung mit dem Faktor -1): $g(x) = 3^{-x}$.
K_h entsteht K_f durch Spiegeln an der y-Achse und Verschieben um 2 nach links: $h(x) = 3^{-(x+2)}$.

Seite 12

4

a) $\sin(50°) \approx 0{,}766$; $\cos(50°) \approx 0{,}643$
b) $\sin(200°) \approx -0{,}342$; $\cos(200°) \approx -0{,}940$
c) $\sin(-70°) \approx -0{,}940$; $\cos(-70°) \approx 0{,}342$
d) $\sin(450°) = \sin(360° + 90°) = \sin(90°) = 1$;
$\cos(360° + 90°) = \cos(90°) = 0$

5

a) $\cos(45°) > 0$ b) $\cos(200°) < 0$
c) $\cos(270°) = 0$ d) $\cos(300°) > 0$

9

a) $\cos(\alpha) = 0{,}7$; TR: $\alpha_1 \approx 45{,}6°$; $\alpha_2 \approx 360° - 45{,}6° = 314{,}4°$

(1) (2)

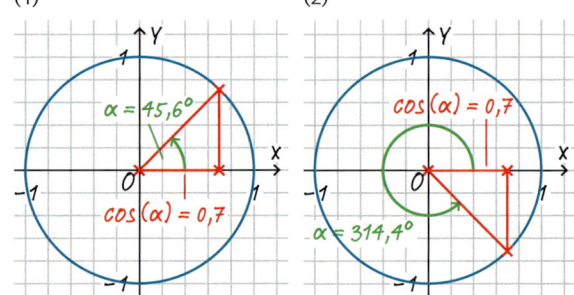

b) $\sin(\alpha) = -0{,}3$; TR: $\alpha \approx -17{,}5°$,
aber $-17{,}5° < 0°$, daher keine Lösung
$\alpha_1 \approx 360° - 17{,}5° = 342{,}5°$ und $\alpha_2 \approx 180° + 17{,}5° = 197{,}5°$

(1) (2)

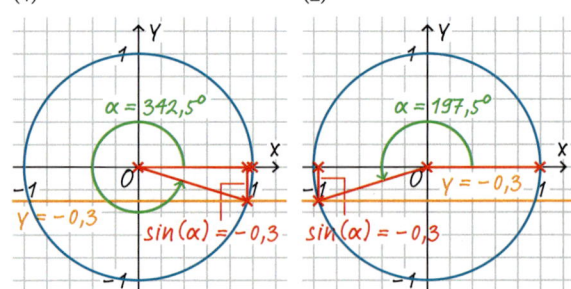

10

a) $\beta = 360° - 70° = 290°$ b) $\beta = 360° - 200° = 160°$
c) $\beta = 450° - 360° = 90°$ oder $\beta = 360° - 90° = 270°$
d) $\beta = -50° + 360° = 310°$ oder $\beta = 360° - 310° = 50°$

13

Für Umfang u eines Kreises mit Radius $r = 6\,\text{cm}$ gilt:
$u = 2\pi r = 12\pi\,\text{cm} \approx 37{,}7\,\text{cm}$.

a) $\alpha = 360°$: Die Kreisbogenlänge b beträgt $b = u \approx 37{,}7\,\text{cm}$.
b) $\alpha = 180°$: $b = \frac{1}{2}u \approx 18{,}8\,\text{cm}$ c) $\alpha = 90°$: $b = \frac{1}{4}u \approx 9{,}4\,\text{cm}$
d) $\alpha = 60°$: $b = \frac{1}{6}u \approx 6{,}3\,\text{cm}$ e) $\alpha = 45°$: $b = \frac{1}{8}u \approx 4{,}7\,\text{cm}$
f) $\alpha = 30°$: $b = \frac{1}{12}u \approx 3{,}1\,\text{cm}$

Seite 14

4

a) $\frac{x}{2\pi} = \frac{\alpha}{360°}$; $x = \frac{30°}{360°} \cdot 2\pi = \frac{1}{12} \cdot 2\pi = \frac{\pi}{6}$

b) $\frac{\alpha}{360°} = \frac{x}{2\pi}$; $\alpha = \frac{0,5\pi}{2\pi} \cdot 360° = 90°$

c) $\frac{x}{2\pi} = \frac{\alpha}{360°}$; $x = \frac{180°}{360°} \cdot 2\pi = \pi$ d) $x = \frac{150°}{360°} \cdot 2\pi = \frac{5 \cdot 2\pi}{12} = \frac{5\pi}{6}$

e) $\alpha = \frac{1,5\pi}{2\pi} \cdot 360° = \frac{3 \cdot 360°}{4} = 270°$ f) $\alpha = \frac{\frac{\pi}{10}}{2\pi} \cdot 360° = \frac{360°}{20} = 18°$

7

a) $\alpha = \frac{-5\pi}{2\pi} \cdot 360° = -900°$ b) $x = \frac{450°}{360°} \cdot 2\pi = 2,5\pi$

c) $x = \frac{-45°}{360°} \cdot 2\pi = -\frac{\pi}{4}$ d) $\alpha = \frac{-2}{2\pi} \cdot 360° \approx -114,6°$

8

a) $f(-x) = 6 - 3(-x)^2 = f(x)$; Der Graph K_f ist achsensymmetrisch zur y-Achse.

x	-2	-1,5	-1	-0,5	0
f(x)	-6	-0,75	3	5,25	6

x	0,5	1	1,5	2
f(x)	5,25	3	-0,75	-6

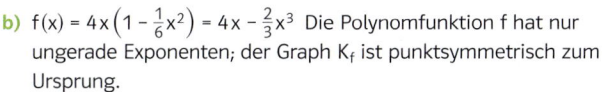

b) $f(x) = 4x \cdot \left(1 - \frac{1}{6}x^2\right) = 4x - \frac{2}{3}x^3$ Die Polynomfunktion f hat nur ungerade Exponenten; der Graph K_f ist punktsymmetrisch zum Ursprung.

x	-3	-2,5	-2	-1,5	-1	-0,5	0
f(x)	6	0,42	-2,67	-3,75	-3,33	-1,92	0

x	0,5	1	1,5	2	2,5	3
f(x)	1,92	3,33	3,75	2,67	0,42	-6

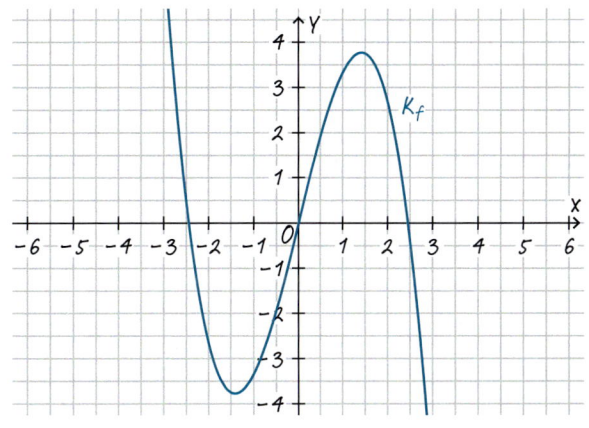

c) $f(-x) = \frac{5}{1+(-x)^2} = \frac{5}{1+x^2} = f(x)$ Der Graph K_f ist achsensymmetrisch zur y-Achse.

x	-3	-2,5	-2	-1,5	-1	-0,5	0
f(x)	0,5	0,69	1	1,54	2,5	4	5

x	0,5	1	1,5	2	2,5	3
f(x)	4	2,5	1,54	1	0,69	0,5

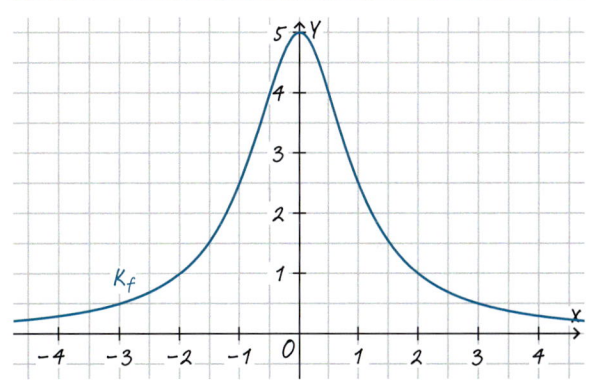

Bemerkung: Die x-Achse ist eine Asymptote des Graphen K_f.

Seite 17

4

Die Sinuskurve ist punktsymmetrisch zum Ursprung:

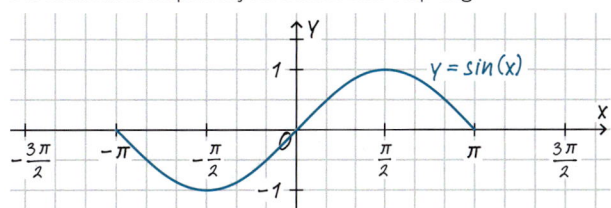

Die Kosinuskurve ist achsensymmetrisch zur y-Achse:

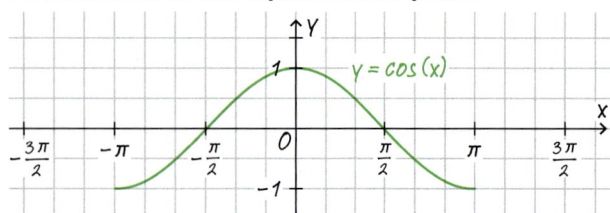

5
a) $f(7\pi) = \sin(7\pi) = \sin(\pi) = 0$; $g(7\pi) = \cos(7\pi) = \cos(\pi) = -1$
b) $f\left(-\frac{\pi}{2}\right) = \sin\left(\frac{3\pi}{2}\right) = -1$; $g\left(-\frac{\pi}{2}\right) = \cos\left(\frac{3\pi}{2}\right) = 0$
c) $f(3) = \sin(3) \approx 0{,}14$; $g(3) = \cos(3) \approx -0{,}99$

Seite 18

10
Die Aussage
a) gilt für die Sinusfunktion, da $\sin\left(\frac{3\pi}{2}\right) = -1$;
gilt nicht für die Kosinusfunktion, da $\cos\left(\frac{3\pi}{2}\right) = 0$.
b) gilt sowohl für die Sinus- als auch für die Kosinusfunktion, da
$\sin(2\pi) < \sin(x) < \sin\left(\frac{5\pi}{2}\right)$;
denn $0 < \sin(x) < 1$ für alle $x \in \left[2\pi; \frac{5\pi}{2}\right]$ und
$\cos(2\pi) > \cos(x) > \cos\left(\frac{5\pi}{2}\right)$;
denn $1 > \cos(x) > 0$ für alle $x \in \left[2\pi; \frac{5\pi}{2}\right]$.
c) gilt nicht für die Sinusfunktion, da $\sin(10\pi) = 0$;
gilt für die Kosinusfunktion, da $\cos(10\pi) = 1$.

11
a) Drei mögliche Intervalle der Sinusfunktion sind $[\pi; 2\pi]$, $[3\pi; 4\pi]$ und $[17\pi; 18\pi]$.
(Die Intervalle haben die Gestalt $[a; a + \pi]$, wobei a ein ungeradzahliges Vielfaches von π ist.)
b) Drei mögliche Intervalle der Kosinusfunktion sind $\left[\frac{\pi}{2}; \frac{3\pi}{2}\right]$, $\left[\frac{5\pi}{2}; \frac{7\pi}{2}\right]$ und $\left[\frac{17\pi}{2}; \frac{19\pi}{2}\right]$.
(Die Intervalle haben die Gestalt $[a; a + \pi]$, wobei a ein ungeradzahliges Vielfaches von $\frac{\pi}{2}$ ist.)

13
Der Graph K_g entsteht aus dem Graphen K_f
a) durch Verschiebung um 3 nach unten.
b) durch Streckung in y-Richtung mit dem Faktor $\frac{1}{3}$.
c) durch Verschiebung um 4 nach links.
d) durch Streckung in y-Richtung mit dem Faktor 5 und Verschiebung um 2 nach oben.
e) durch Streckung in y-Richtung mit dem Faktor 3 und Verschiebung um 1 nach rechts.
f) durch Streckung in y-Richtung mit dem Faktor $\frac{1}{2}$; Verschiebung um 5 nach links und um 1 nach unten.

Seite 23

8
a) Für die Funktion f: $A = 1{,}5$ und $p = \frac{2\pi}{2} = \pi$.
Für die Funktion g: $A = 1{,}5$ und $p = \frac{2\pi}{3}$.
Für die Funktion h: $A = 1{,}5$ und $p = \frac{2\pi}{0{,}5} = 4\pi$.
b) Anhand der berechneten Perioden aus Teilaufgabe a) ergibt sich: Der Graph bei (1) gehört zur Funktion h, der Graph bei (2) gehört zur Funktion f und der Graph bei (3) gehört zur Funktion g.

9
$a = -2$, $b = 1$, $c = \pi$, $d = -1$: $g(x) = -2 \cdot \cos(x - \pi) + 1$
Amplitude: $A = |-2| = 2$; Periode: $p = \frac{2\pi}{1} = 6\pi$

Seite 24

12
a) Periode π; Amplitude 3; $f(x) = -3\sin(2 \cdot x)$ aufgrund einer Spiegelung an der x-Achse.
Alternative: Verschiebung um $\frac{\pi}{2}$ nach rechts:
$f(x) = 3\sin\left(2\left(x - \frac{\pi}{2}\right)\right)$.
b) Periode 4; Amplitude 1; $f(x) = \sin(0{,}5\pi(x - 1)) - 1$
c) Periode 1; Amplitude 2; $f(x) = 2 \cdot \sin\left(\frac{\pi}{4} \cdot x\right) + \frac{1}{2}$

13
Am Funktionsterm $f(x) = 3 \cdot \cos(2x) - 1$ sind die Parameter a, b, c, und d direkt ablesbar: $a = 3$, $b = 2$, $c = 1$, $d = -1$.
Der Graph K_f geht aus dem Graphen der Kosinusfunktion durch Strecken in y-Richtung mit dem Faktor 3, Strecken in x-Richtung mit dem Faktor $\frac{1}{2}$, Verschieben nach unten um 1 hervor.

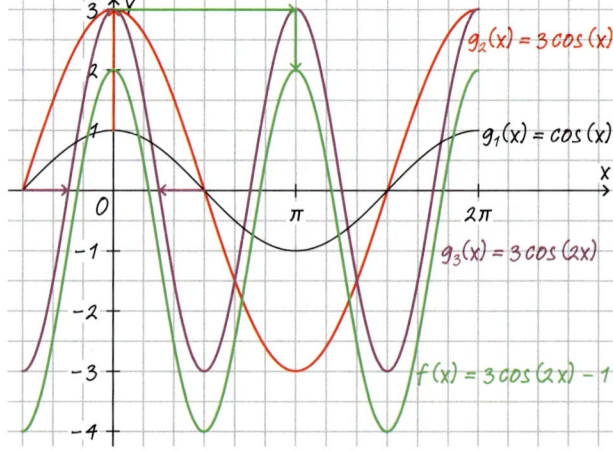

Größter Funktionswert der Funktion f ist $a + d = 2$, z.B. an der Stelle $x = 0$; $H(0 | 2)$.
Kleinster Funktionswert der Funktion f ist $-a + d = -4$, z.B. an Stelle $x = 0 + \frac{p}{2}$; mit $p = \frac{2\pi}{b} = \frac{2\pi}{2} = \pi$; $x = \frac{\pi}{2}$; $T\left(\frac{\pi}{2} | -4\right)$

17
a) $5x^2 - 15 = 0$; $x^2 = 3$; $x_1 = +\sqrt{3}$; $x_2 = -\sqrt{3}$
b) $5 - \sqrt{x - 3} = 0$;
$\sqrt{x - 3} = 5$ | quadrieren;
$x - 3 = 25$; $x = 28$
Probe: $5 - \sqrt{28 - 3} = 0$ (wahr)

c) $x^4 - x^2 = 2$

Substitution: $z = x^2$

$z^2 - z - 2 = 0$

$z = -\frac{1}{2} \pm \sqrt{\left(-\frac{1}{2}\right)^2 + 2} = -\frac{1}{2} \pm \frac{3}{2}$

$z_1 = 1$ oder $z_2 = -2$

Resubstitution: $x^2 = z$

$x^2 = 1$ Lösungen sind $x_1 = 1$ und $x_2 = -1$.

$x^2 = -2$ hat keine Lösungen.

Die Lösungen von $x^4 - x^2 = 2$ sind $x_1 = 1$ und $x_2 = -1$.

Seite 28

8

a) $\cos(x) = \frac{1}{2}$; $D = [0; 2\pi]$

$x_1 = \arccos\left(\frac{1}{2}\right) = \frac{\pi}{3} \in D$

$x_2 = -x_1 = -\frac{\pi}{3} \notin D$

$x_3 = x_2 + 2\pi = \frac{5}{3}\pi \in D$

$L = \left\{\frac{\pi}{3}; \frac{5}{3}\pi\right\}$

b) $\sin(x) = \frac{\sqrt{3}}{2}$; $D = [0; 9]$

$x_1 = \arcsin\left(\frac{\sqrt{3}}{2}\right) = \frac{\pi}{3} \in D$;

$x_2 = \pi - x_1 = \frac{2}{3}\pi \in D$

$x_3 = x_1 + 2\pi = \frac{7}{3}\pi \approx 7{,}3 \in D$

$x_4 = x_2 + 2\pi = \frac{8}{3}\pi \approx 8{,}4 \in D$

$L = \left\{\frac{\pi}{3}; \frac{2}{3}\pi; \frac{7}{3}\pi; \frac{8}{3}\pi\right\}$

c) $\cos(x) = 0{,}7$; $D = [-2\pi; 3\pi]$

$x_1 = \arccos(0{,}7) \approx 0{,}8 \in D$ · $x_2 = -x_1 = -0{,}8 \in D$

$x_3 = x_1 + 2\pi \approx 7{,}1 \in D$

$x_4 = x_1 - 2\pi \approx -5{,}5 \in D$

$x_5 = x_2 + 2\pi \approx 5{,}5 \in D$

$x_6 = x_2 + 2 \cdot 2\pi \approx 11{,}8 \notin D$

$L = \{-5{,}5; -0{,}8; 0{,}8; 5{,}5; 7{,}1\}$

d) $2 \cdot \sin(x) - \sqrt{2} = 0$; $D = [-4; 8]$

$\sin(x) = \frac{\sqrt{2}}{2}$

$x_1 = \arcsin\left(\frac{\sqrt{2}}{2}\right) = \frac{\pi}{4} \in D$

$x_2 = \pi - x_1 = \frac{3}{4}\pi \in D$

$x_3 = \frac{\pi}{4} + 2\pi = \frac{9}{4}\pi \approx 7{,}1 \in D$

$x_4 = \frac{3}{4}\pi + 2\pi = \frac{11}{4}\pi \approx 8{,}6 \notin D$

$x_5 = \frac{3}{4}\pi - 2\pi = -\frac{5}{4}\pi \approx -3{,}9 \in D$

$L = \left\{-\frac{5}{4}\pi; \frac{1}{4}\pi; \frac{3}{4}\pi; \frac{9}{4}\pi\right\}$

12

a) $2{,}5 \sin\left(x + \frac{\pi}{8}\right) = -2{,}5$; $x \in [-\pi; 4\pi]$

$\sin\left(x + \frac{\pi}{8}\right) = -1$

Substitution: $z = x + \frac{\pi}{8}$

$\sin(z) = -1$

$z_1 = \arcsin(-1) = -\frac{\pi}{2}$

$z_2 = \pi - z_1 = \frac{3}{2}\pi$

Resubstitution: $x = z - \frac{\pi}{8}$

$x_1 = -\frac{\pi}{2} - \frac{\pi}{8} = -\frac{5}{8}\pi \in D$

$x_2 = \frac{3}{2}\pi - \frac{\pi}{8} = \frac{11}{8}\pi \in D$

$x_3 = x_1 + 2\pi = \frac{11}{8}\pi = x_2$

$x_4 = x_2 - 2\pi = -\frac{5}{8}\pi = x_1$

$x_5 = x_1 + 2 \cdot 2\pi = \frac{27}{8}\pi \in D$

$L = \left\{-\frac{5}{8}\pi; \frac{11}{8}\pi; \frac{27}{8}\pi\right\}$

b) $20 \cos(0{,}5x) = 8$; $x \in [-\pi; 4\pi]$

$\cos(0{,}5x) = 0{,}4$

Substitution: $z = 0{,}5x$

$\cos(z) = 0{,}4$

$z_1 = \arccos(0{,}4) \approx 1{,}16$; $z_2 = -z_1 \approx -1{,}16$

Resubstitution: $x = 2z$

$x_1 \approx 2{,}32 \in D$; $x_2 \approx -2{,}32 \in D$

Periode $p = \frac{2\pi}{0{,}5} = 4\pi$

$x_1 \approx 2{,}32 \in D$; $x_2 \approx -2{,}32 \in D$

$x_3 = x_2 + 4\pi \approx 10{,}2 \in D$

$L = \{-2{,}32; 2{,}32; 10{,}2\}$

15

a) Scheitel $S(2|-1)$ und Punkt $P(3|-0{,}5)$:

Ansatz: $f(x) = a \cdot (x - 2)^2 - 1$

Einsetzen von $P(3|-0{,}5)$:

$a \cdot (3 - 2)^2 - 1 = -0{,}5$; $a = 0{,}5$;

$f(x) = 0{,}5(x - 2)^2 - 1$;

$0{,}5x^2 - 2x + 1$

b) Schnittpunkte mit der x-Achse $N_1(-1|0)$, $N_2(3|0)$ und Punkt $P(2|3)$:

Ansatz: $f(x) = a \cdot (x + 1) \cdot (x - 3)$

Einsetzen von $P(2|3)$:

$a \cdot (2 + 1) \cdot (2 - 3) = 3$; $a = -1$;

$f(x) = -(x + 1)(x - 3)$

$f(x) = -x^2 + 2x + 3$

Seite 32

4

Höhe der Mittellinie: $d = \frac{66 + 18}{2} = \frac{84}{2} = 42$

Da dieser Wert im März erreicht wird, wählt man den Ursprung des Koordinatensystems so, dass $t = 0$ der März ist.

Amplitude: $a = \frac{66 - 18}{2} = \frac{48}{2} = 24$

Periode: $p = 12$; $b = \frac{2\pi}{12} = \frac{\pi}{6}$

Funktionsterm: $f(x) = 24 \cdot \sin\left(\frac{\pi}{6} \cdot t\right) + 42$

Lösungen

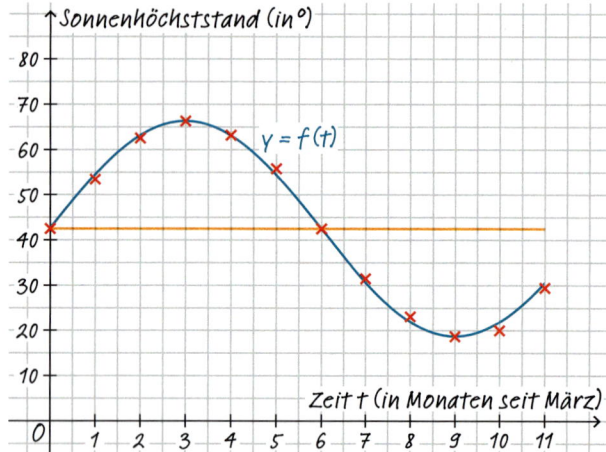

6

a) Aus der Tabelle wurden die Punkte (0|0) (Neumond), (7,25|50) (Halbmond), (14,5|100) (Vollmond) und (21,75|50) (Halbmond) entnommen.
Graph:

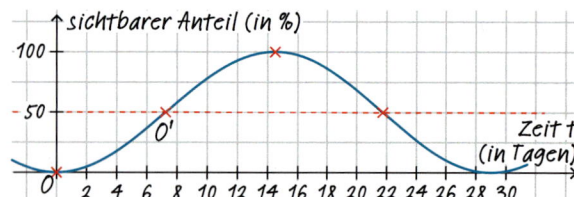

Dem Graphen entnimmt man:
A = 50; a = −50 (Spiegelung an der x-Achse)
p = 29; $b = \frac{2\pi}{29}$
d = 50
$f(t) = -50 \cdot \cos\left(\frac{2\pi}{29} \cdot t\right) + 50$

b) f(3,625) ≈ 14,645 f(10,875) ≈ 85,355
   f(18,125) ≈ 85,355 f(25,375) ≈ 14,645

7

a) Punkte P(0|2), Q(1|0,5) und R(2|0):
Ansatz mit
P(0|2); f(0) = 2; c = 2: f(x) = ax² + bx + 2
Q(1|0,5):   a + b + 2 = 0,5   (I)
R(2|0):   4a + 2b + 2 = 0   (II)
(I):   b = −a − 1,5
(I) in (II):   2a − 1 = 0
a = 0,5; b = −2
f(x) = 0,5x² − 2x + 2

b) Punkte P(1|4), Q(5|4) und $R\left(0\left|\frac{11}{4}\right.\right)$
Scheitelstelle: $x_s = \frac{1+5}{2} = 3$
Ansatz: f(x) = a(x − 3)² + c
P(1|4):   a(1 − 3)² + c = 4   (I)
$R\left(0\left|\frac{11}{4}\right.\right)$: $a(0-3)^2 + c = \frac{11}{4}$ (II)
(I):   4a + c = 4
(II): $9a + c = \frac{11}{4}$

(II) − (I): $5a = \frac{11}{4} - 4$; $a = -\frac{1}{4}$; c = 5
$f(x) = -\frac{1}{4}(x-3)^2 + 5$
$f(x) = -\frac{1}{4}(x^2 - 6x + 9) + 5$
$f(x) = -\frac{1}{4}x^2 + \frac{3}{2}x + \frac{11}{4}$

Seite 40

Prüfungsvorbereitung – Aufgaben ohne Hilfsmittel

1

a) $x = \frac{45°}{360°} \cdot 2\pi = \frac{\pi}{4}$ b) $\alpha = \frac{\frac{\pi}{3}}{2\pi} \cdot 360° = 60°$

c) $x = \frac{270°}{360°} \cdot 2\pi = 1,5\pi$ d) $x = \frac{1°}{360°} \cdot 2\pi = \frac{\pi}{180} \approx 0,017$

e) $\alpha = \frac{0,1\pi}{2\pi} \cdot 360° = 18°$ f) $\alpha = \frac{\frac{\pi}{9}}{2\pi} \cdot 360° = 20°$

2

a) $f\left(\frac{3\pi}{2}\right) = \sin\left(\frac{3\pi}{2}\right) = -1$; $g\left(\frac{3\pi}{2}\right) = \cos\left(\frac{3\pi}{2}\right) = 0$
b) $f(15\pi) = \sin(\pi + 14\pi) = 0$ $g(15\pi) = \cos(\pi + 14\pi) = 1$
c) $f(8,5\pi) = \sin(0,5\pi + 8\pi) = 1$ $g(8,5\pi) = \cos(0,5\pi + 8\pi) = 0$
d) $f\left(-\frac{\pi}{2}\right) = \sin\left(-\frac{\pi}{2}\right) = -1$ $g\left(-\frac{\pi}{2}\right) = \cos\left(-\frac{\pi}{2}\right) = 0$
e) $f(-9\pi) = \sin(\pi - 10\pi) = 0$ $g(-9\pi) = \cos(\pi - 10\pi) = -1$
f) $f\left(-\frac{11\pi}{2}\right) = \sin\left(\frac{\pi}{2} - 6\pi\right) = 1$ $g\left(-\frac{11\pi}{2}\right) = \cos\left(\frac{\pi}{2} - 6\pi\right) = 0$

3

Der Graph der Sinusfunktion ist punktsymmetrisch zum Ursprung.

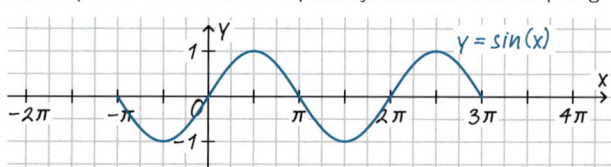

Die Schnittpunkte mit der x-Achse sind $S_1(-\pi|0)$; $S_2(0|0)$; $S_3(\pi|0)$; $S_4(2\pi|0)$ und $S_5(3\pi|0)$.

Der Graph der Kosinusfunktion ist achsensymmetrisch zur y-Achse.

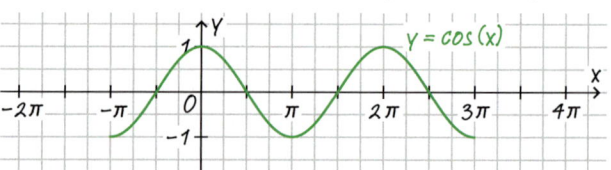

Die Schnittpunkte mit der x-Achse sind $S_1\left(-\frac{\pi}{2}\left|0\right.\right)$; $S_2\left(\frac{\pi}{2}\left|0\right.\right)$; $S_3\left(\frac{3\pi}{2}\left|0\right.\right)$ und $S_4\left(\frac{5\pi}{2}\left|0\right.\right)$.

4

a) $\sin\left(\frac{5\pi}{2}\right) = \sin\left(\frac{\pi}{2}\right) = 1$; $\cos\left(\frac{5\pi}{2}\right) = \cos\left(\frac{\pi}{2}\right) = 0$
Die Aussage trifft nur auf die Sinusfunktion zu.

b) Für $\frac{3\pi}{2} < x < 2\pi$ ist $\sin(x) < 0$.
Für $\frac{3\pi}{2} < x < \frac{5\pi}{2}$ ist $\cos(x) > 0$.
Die Aussage trifft nur auf die Kosinusfunktion zu.

c) $\sin(9\pi) = \sin(\pi) = 0$;
$\cos(9\pi) = \cos(\pi) = -1$
Die Aussage trifft auf keine der Funktionen zu.

5

a) $a = 2$; $b = 2$;
Amplitude $A = 2$; Periode $p = \pi$;
$H\left(\frac{\pi}{4}\,\middle|\,2\right)$; $T\left(\frac{3\pi}{4}\,\middle|\,-2\right)$

b) $a = 1$; $b = 1$; $c = \pi$; $d = 2$;
Amplitude $A = 1$; Periode $p = 2\pi$;
$H\left(\frac{3}{2}\pi\,\middle|\,1\right)$; $T\left(\frac{5}{2}\pi\,\middle|\,-1\right)$

c) $a = 1$; $b = \pi$; $c = 0$; $d = 1$;
Amplitude $A = 1$; Periode $p = 2$;
$H(0,5\,|\,2)$; $T(1,5\,|\,0)$

d) $a = 1,5$; $b = 2$; $c = 0$; $d = -3$
Amplitude $A = 1,5$; Periode $p = \pi$;
$H\left(\frac{\pi}{4}\,\middle|\,-1,5\right)$; $T\left(\frac{3}{4}\pi\,\middle|\,-4,5\right)$

6

a) Amplitude $A = 1$; Periode $p = 2\pi$; $d = 1$
$f(x) = \sin(x) + 1$

b) Amplitude $A = 1,5$; Periode $p = \pi$; $d = 0$
$f(x) = 1,5 \cdot \sin(2x)$

c) Amplitude $A = 2$; Periode $p = 4\pi$; $c = 0$; $d = 0$
$f(x) = 2 \cdot \sin\left(\frac{1}{2}x\right)$

7

Am Funktionsterm $f(x) = 2 \cdot \sin\left(x - \frac{\pi}{2}\right) - 1$ ist direkt ablesbar:
$a = 2$, $b = 1$, $c = \frac{\pi}{2}$ und $d = -1$.
Der Graph K_g geht aus dem Graphen der Sinusfunktion durch Streckung in y-Richtung mit dem Faktor 2 und Verschiebungen um -1 in y-Richtung und $\frac{\pi}{2}$ in x-Richtung hervor.

8

$\cos(x) = -1$

a) $x_1 = \pi$
b) $x_1 = \pi$; $x_2 = 3\pi$;
c) $x_1 = \pi$; $x_2 = 3\pi$; $x_3 = 5\pi$; $x_4 = -\pi$
d) $x_1 = -\pi$; $x_2 = -3\pi$; $x_3 = -5\pi$; $x_4 = \pi$

9

a) $\cos(x) = 0$ für $x \in [0;\,2\pi]$; $x_1 = \frac{\pi}{2}$, $x_2 = \frac{3\pi}{2}$
b) $\sin(x) = 1$ für $\in [0;\,3\pi]$; $x_1 = \frac{\pi}{2}$, $x_2 = \frac{5\pi}{2}$
c) $\sin(x) = -1$ für $x \in [-\pi;\,4\pi]$; $x_1 = -\frac{\pi}{2}$, $x_2 = \frac{3\pi}{2}$, $x_3 = \frac{7\pi}{2}$
d) $\cos(x) = 1$ für $x \in [-3\pi;\,5\pi]$; $x_1 = 0$; $x_2 = 2\pi$; $x_3 = 4\pi$; $x_4 = -2\pi$

10

$\sin(x) = \frac{1}{2}$

a) Die Gleichung hat z. B. im Intervall $\left[\frac{\pi}{6};\,\frac{5}{6}\pi\right]$ genau zwei Lösungen.

b) Die Gleichung hat z. B. im Intervall $\left[\frac{\pi}{6};\,\frac{13}{6}\pi\right]$ genau drei Lösungen.

c) Die Gleichung hat z. B. im Intervall $\left[-\frac{11}{6}\pi;\,-\frac{7}{6}\pi\right]$ genau zwei negative Lösungen.

11

a) (1) gehört zum Graphen B, er hat als einziger Graph den y-Achsenschnittpunkt 0,5. Es passen das Minuszeichen vor $2\sin(2x)$, die Amplitude $a = 2$, Periode $p = 4\pi$ und die Verschiebung um 0,5 in y-Richtung zum Funktionsterm.
(2) gehört zu keinem Graphen; die Periode ist $p = \pi$. Kein Graph besitzt diese Periode.
(3) gehört zum Graphen D; der Hochpunkt liegt auf der y-Achse bei $H(0\,|\,4)$. Es passen das Minuszeichen, die Amplitude $a = 2$, Periode $p = 4\pi$ und die Verschiebung um 2 in y-Richtung zum Funktionsterm.
(4) gehört zum Graphen A; die Amplitude ist $a = 2$, die Periode $p = 4\pi$ und der Graph schneidet die y-Achse in $S_y(0\,|\,2)$. Es ist um 2 in y-Richtung verschoben.
Zum Graphen C und der Periode 4π gehört der Funktionsterm $f(x) = 0,5\sin(0,5x) + 2$.

Seite 41

Prüfungsvorbereitung – Aufgaben mit Hilfsmitteln

12

a) $\sin(50°) \approx 0,766$ b) $\cos(170°) \approx -0,985$ c) $\sin(5°) \approx 0,087$
d) $\sin(5) \approx -0,959$ e) $\cos(-2,5) \approx -0,801$

13

a) $\alpha = \frac{0,4\pi}{2\pi} \cdot 360° = 72°$
b) $x = \frac{455°}{360°} \cdot 2\pi \approx 3,97$

c) $x = \frac{-75°}{360°} \cdot 2\pi = -\frac{5}{12}\pi \approx -1,31$
d) $\alpha = \frac{0,1}{2\pi} \cdot 360° \approx 5,73°$

e) $\alpha = \frac{1}{2\pi} \cdot 360° \approx 57,3°$
f) $\alpha = \frac{-2,5}{2\pi} \cdot 360° \approx -143,2°$

14

α	x	$\sin(x)$
30°	$\frac{\pi}{6}$	0,5
180°	π	0
$\frac{180°}{\pi} = 57,3°$	1	$\approx 0,84$
251°	$\frac{251\pi}{180} \approx 4,38$	$\approx -0,95$

15

a)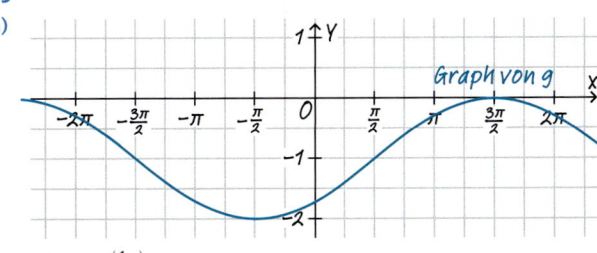

$g(x) = \sin\left(\frac{1}{2}x\right) - 1$

b) $h(x) = 1,5 \cdot \sin(\pi x)$

16

Parameter: $a = -3$, $b = \frac{1}{4}$, $c = 0$, $d = 5$:

Funktionsterm: $g(x) = -3\sin\left(\frac{1}{4}x\right) + 5$

Amplitude $A = 3$; Periode $p = 8\pi$; $W = [2; 8]$

17

Die Hochpunkte sind $H(-2|10)$ und $H(2|10)$, die Tiefpunkte $T(0|-2)$ und $T(4|-2)$. Die Periode beträgt also $p = 4$, so dass zwei Einheiten auf der y-Achse einer Kästchenbreite entsprechen. Auf der x-Achse entspricht eine Einheit einer Kästchenbreite.

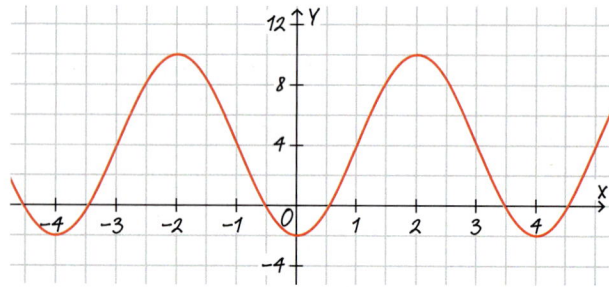

Die Einteilung der Achsen ist unterschiedlich.

18

a) $\sin(x) = -\frac{1}{2}\sqrt{3}$; $x \in [0; 2\pi]$;
$x_1 = -\frac{\pi}{3} \notin [0; 2\pi]$, $x_2 = \frac{4}{3}\pi$; $x_3 = \frac{5}{3}\pi$; $L = \left\{\frac{4}{3}\pi; \frac{5}{3}\pi\right\}$

b) $\cos(x) = 0{,}65$; $x \in [0; 11]$
$x_1 \approx 0{,}86$, $x_2 \approx -0{,}86 \notin [0; 2\pi]$;
$x_3 = x_1 + 2\pi \approx 7{,}15$; $x_4 = x_2 + 2\pi \approx 5{,}42$
$L = \{0{,}86; 5{,}42; 7{,}15\}$

c) $\cos\left(\frac{1}{3}x\right) = -0{,}5$; $x \in [-6\pi; 2\pi]$
Substitution: $z = \frac{1}{3}x$
$\cos(z) = -0{,}5$
$z_1 = \frac{2}{3}\pi$; $z_2 = -\frac{2}{3}\pi$;
Resubstitution: $x = 3z$
$x_1 = 2\pi$; $x_2 = -2\pi$
Periode $p = 6\pi$
$L = \{-4\pi; -2\pi; 2\pi\}$

d) $\sin\left(x - \frac{\pi}{4}\right) = 0{,}8$; $D = [-4; 4]$
Substitution: $z = x - \frac{\pi}{4}$
$\sin(z) = 0{,}8$
$z_1 \approx 0{,}93$; $z_2 \approx 2{,}21$
Resubstitution: $x = z + \frac{\pi}{4}$
$x_1 \approx 1{,}71 \in D$; $x_2 \approx 3{,}00 \in D$
Periode $p = 2\pi$
$x_3 = x_2 - 2\pi \approx -3{,}28 \in D$
$x_4 = x_1 - 2\pi \approx -4{,}57 \notin D$
$L = \{-3{,}28; 1{,}71; 3{,}00\}$

19

a) Periode $p = 24$; Amplitude $A = 6$;
Die mittlere Temperatur ist $4\,°C$.

b) Die Ungleichung beschreibt die Zeitspannen, in denen die Temperatur höchstens $6\,°C$ beträgt.

20

a) $a = 2$; $d = 2$

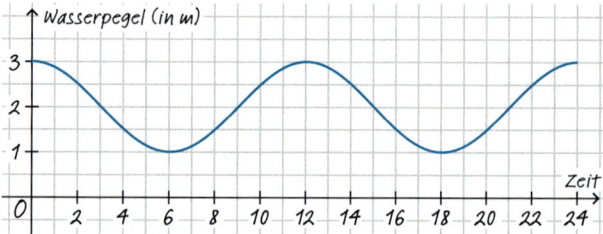

b) $h(3) = 2$; das Wasser steht 3 Stunden nach Hochwasser $2\,m$ hoch.

c) $h(t) = 1{,}5$ hat die Lösungen $x_1 = 4$; $x_2 = 8$; $x_3 = 16$ und $x_4 = 20$. Zwischen 4 und 8 Uhr sowie zwischen 16 und 20 Uhr liegt der Wasserpegel unter $1{,}50\,m$.

II Differenzialrechnung

Seite 44

1

a) $f(x) = \frac{1}{2}x - 2$

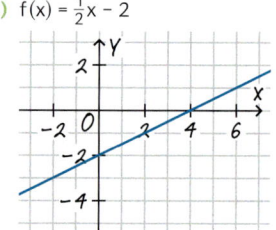

b) $f(x) = \frac{1}{2}x^3 - 2$

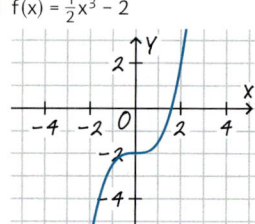

c) $f(x) = \frac{2}{x}$

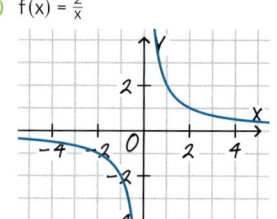

d) $f(x) = 0{,}5e^{-x}$

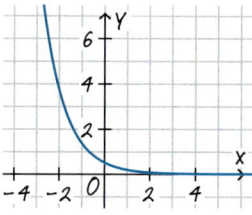

e) $f(x) = \sin(\pi x)$

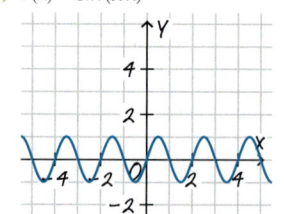

f) $f(x) = \sqrt{x - 1}$

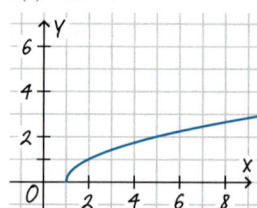

2

a) $f(x) = x + 1$

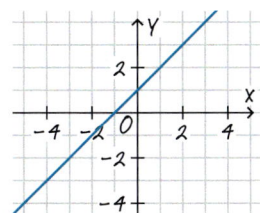

$D = \mathbb{R}$ und $W = \mathbb{R}$

b) $f(x) = 2x^2 - 1$

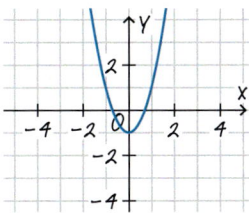

$D = \mathbb{R}$ und $W = [-1; \infty[$

c) $f(x) = x^3$

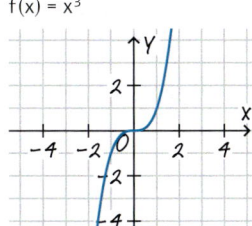

$D = \mathbb{R}$ und $W = \mathbb{R}$

d) $f(x) = \frac{1}{x}$

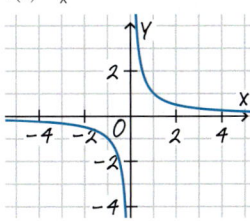

$D = \mathbb{R}^*$ und $W = \mathbb{R}^*$

e) $f(x) = -\frac{3}{x^2}$

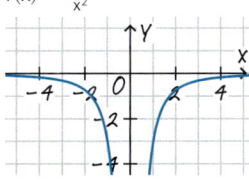

$D = \mathbb{R}^*$ und $W =]-\infty; 0[$

f) $f(x) = \sin(x)$

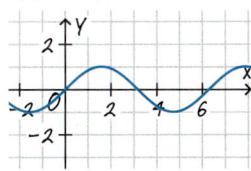

$D = \mathbb{R}$ und $W = [-1; 1]$

g) $f(x) = -2\cos(x)$

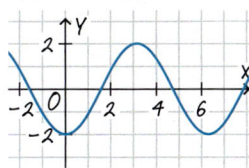

$D = \mathbb{R}$ und $W = [-2; 2]$

h) $f(x) = \sqrt{x + 3}$

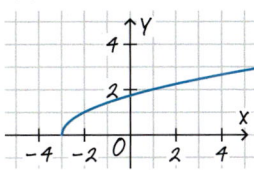

$D = [-3; \infty[$ und $W = [0; \infty[$

i) $f(x) = -\sqrt{x - 1}$

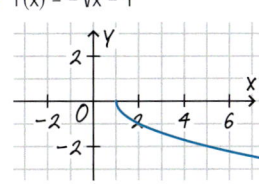

$D = [1; \infty[; W =]-\infty; 0]$

3

a) $f(x) = \frac{1}{x} + 2$

Asymptote: $y = 2$

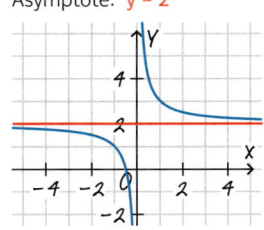

b) $f(x) = -\frac{3}{x^2} + 1$

Asymptote: $y = 1$

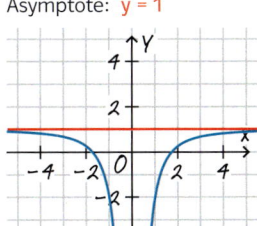

c) $f(x) = 2e^{-x} + 1$

Asymptote: $y = 1$

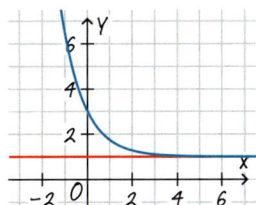

4

a) $2x - 3 = 0$ d.h. Nullstelle ist $x = \frac{3}{2}$.

b) $x^2 - 3 = 0$ d.h. Nullstellen sind $x_1 = \sqrt{3}$ und $x_2 = -\sqrt{3}$.

c) $x(x + 4) = 0$ d.h. Nullstellen sind $x_1 = 0$ und $x_2 = -4$.

d) $(x + 1)(x - 2) = 0$ d.h. Nullstellen sind $x_1 = -1$ und $x = 2$.

e) $e^x - 3 = 0$ d.h. Nullstelle ist $x = \ln(3)$.

f) $e^{2x} - 4e^x = 0$ | e^x ausklammern
$e^x(e^x - 4) = 0$ | Satz vom Nullprodukt
$e^x = 0$ hat keine Lösung.
$e^x - 4 = 0$ hat die Lösung $x = \ln(4)$.
Nullstelle ist $x = \ln(4)$.

5

a) $\frac{\Delta y}{\Delta x} = \frac{f(x_2) - f(x_1)}{x_2 - x_1} = \frac{3^2 - 1^2}{3 - 1} = \frac{8}{2} = 4$

b) $\frac{\Delta y}{\Delta x} = \frac{f(x_2) - f(x_1)}{x_2 - x_1} = \frac{\frac{1}{3} - 1}{3 - 1} = -\frac{1}{3}$

c) $\frac{\Delta y}{\Delta x} = \frac{f(x_2) - f(x_1)}{x_2 - x_1} = \frac{(e^1 - 1) - (e^0 - 1)}{1 - 0} = e - 1$

Seite 45

6

a) $\frac{\Delta s}{\Delta t} = \frac{s(t_2) - s(t_1)}{t_2 - t_1} = \frac{5 \cdot 2^2 - 5 \cdot 1^2}{2 - 1} = 15$

Die durchschnittliche Änderungsrate ist $15 \frac{m}{s}$.

b) $\frac{\Delta v}{\Delta t} = \frac{\sin(\frac{3}{2}\pi) - \sin(\frac{1}{2}\pi)}{\frac{3}{2}\pi - \frac{1}{2}\pi} = \frac{-1 - 1}{\pi} = -\frac{2}{\pi}$

Die durchschnittliche Änderungsrate ist $-\frac{2}{\pi} \frac{m}{s^2}$.

c) $\frac{\Delta w}{\Delta t} = \frac{(15 - e^{-0,5 \cdot 3}) - (15 - e^{-0,5 \cdot 1})}{3 - 1} \approx 0,19$

Die durchschnittliche Änderungsrate ist $0,19 \frac{m^3}{min}$.

7

a) $\frac{\Delta y}{\Delta x} = \frac{2}{1} = 2$

Steigung der Tangente im Punkt $P_0(1|1)$.

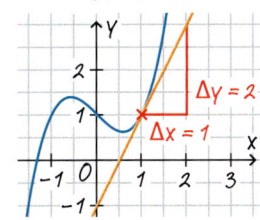

b) $\frac{\Delta y}{\Delta x} = \frac{1}{1} = 1$

Steigung der Tangente im Punkt $P_0(0|2)$.

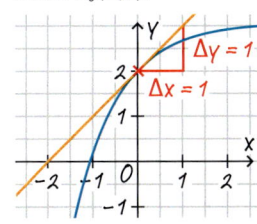

c) $\frac{\Delta y}{\Delta x} = \frac{2}{-1{,}5} = -\frac{4}{3}$

Steigung der Tangente im Punkt $P_0(-1|0)$.

d) $\frac{\Delta y}{\Delta x} = \frac{-3}{2} = -\frac{3}{2}$

Steigung der Tangente im Punkt $P_0(-1|2)$.

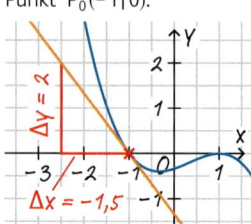
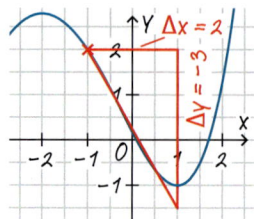

8

a) (1) $\frac{\Delta y}{\Delta x} = \frac{f(x_0 + h) - f(x_0)}{h} = \frac{0{,}5 \cdot (2{,}5 + h)^4 - 0{,}5 \cdot 2{,}5^4}{h}$

h	$\frac{0{,}5 \cdot (2{,}5 + h)^4 - 0{,}5 \cdot 2{,}5^4}{h}$
0,1	33,1755
0,01	31,4380
0,001	31,268755
0,0001	31,2518751

Der Näherungswert ist etwa 31,25.

(2) $\frac{\Delta y}{\Delta x} = \frac{f(x_0 + h) - f(x_0)}{h} = \frac{\sqrt{3 + h + 1} - \sqrt{3 + 1}}{h} = \frac{\sqrt{4 + h} - 2}{h}$

h	$\frac{\sqrt{4 + h} - 2}{h}$
0,1	0,24845673
0,01	0,24984395
0,001	0,24998438
0,0001	0,24999844

Der Näherungswert ist etwa 0,25.

b) (1) $\frac{\Delta y}{\Delta x} = \frac{f(x_0 + h) - f(x_0)}{h} = \frac{\cos\left(\frac{\pi}{2} + h\right) - \cos\left(\frac{\pi}{2}\right)}{h} = \frac{\cos\left(\frac{\pi}{2} + h\right)}{h}$

Für $h = 0{,}0001$ ergibt dies $-0{,}999\ldots$, gerundet also -1.

(2) $\frac{\Delta y}{\Delta x} = \frac{f(x_0 + h) - f(x_0)}{h} = \frac{3^{2 + h} - 3^2}{h}$

Für $h = 0{,}0001$ ergibt dies gerundet 9,888.

9

a)

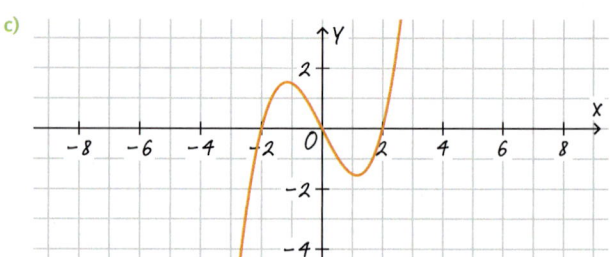

c)

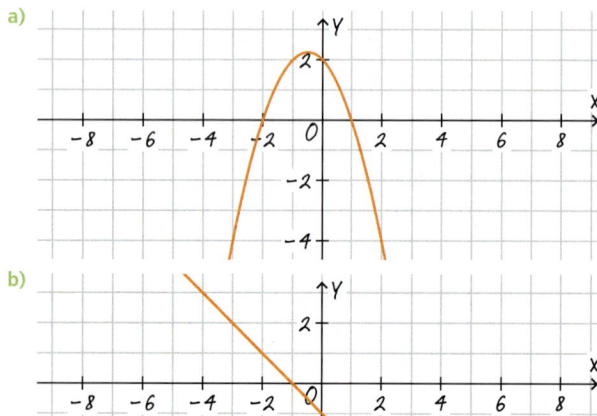

10

(A) gehört zu (3); (B) gehört zu (4);
(C) gehört zu (2); (D) gehört zu (1).

Seite 49

4

a) $f'(1) = 1$; $f'(-2) = 3$
b) $f'(-1) \approx 1$; $f'(2) = -3$; $f'(0) \approx 1{,}5$

5

Δx	0,1	0,01	0,001	0,0001
$\frac{f(x) - f(3)}{x - 3}$	4,27	4,207	4,2007	4,20007

Der Differenzenquotient nähert sich immer mehr der Zahl 4,2 an. Also ist $f'(3) = 4{,}2$ die Ableitung der Funktion f an der Stelle $x = 3$.

8

Kleiner Wert für Δt: 0,01

$\frac{\Delta s}{\Delta t} = \frac{s(2 + \Delta t) - s(2)}{\Delta t}$

$= \frac{2{,}5(2 + \Delta t)^2 - 2{,}5 \cdot 2^2)}{0{,}01}$

$= 10{,}025$

Die Momentangeschwindigkeit zum Zeitpunkt $t = 2\,\text{s}$ beträgt ungefähr $10{,}0\,\frac{m}{s}$.

9

$f(x) = 4x^2$; $x_0 = 3$.

$\frac{\Delta y}{\Delta x} = \frac{f(x) - f(3)}{x - 3} = \frac{4x^2 - 4 \cdot 3^2}{x - 3}$

$= \frac{4(x^2 - 3^2)}{x - 3} = 4 \cdot \frac{(x - 3)(x + 3)}{x - 3}$

$= 4(x + 3)$

Für $x \to 3$ gilt $4(x + 3) \to 24$.
Also ist $f'(3) = 24$.

11

a) $f'(-0{,}5) = -4{,}1$; $f'(0{,}5) = 0{,}9$; $f'(1) = 0{,}75$;
$f'(3) = -0{,}3$ und $f'(4) = -0{,}3$.

b) Die Steigung beträgt 0 an den Stellen $x = 0$ und $x = 2$.

c)

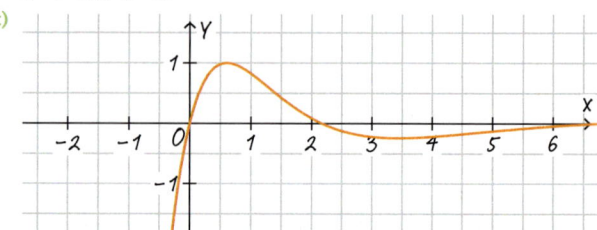

b)

Seite 52

4

Gründe, warum g nicht die Ableitungsfunktion von f sein kann:
- Der Graph von f hat für $x < 1$ eine negative Steigung. Also müsste der Graph von g in diesem Bereich unterhalb der x-Achse verlaufen.
- Der Graph von f hat an der Stelle $x = 1$ die Steigung 0. Also müsste der Graph von g bei $x = 1$ die x-Achse schneiden.
- Der Graph von f hat an der Stelle $x = 0$ die Steigung -1. Also müsste $g(0) = -1$ sein.

Es sind weitere Gründe denkbar.

Gründe, warum f nicht die Ableitungsfunktion von g sein kann:
- Der Graph von g hat überall eine positive Steigung. Also müsste der Graph von f überall oberhalb der x-Achse verlaufen.
- Der Graph von g hat an der Stelle $x = 1$ ungefähr die Steigung $\frac{1}{4}$. Also müsste $f(1) \approx \frac{1}{4}$ sein.
- Der Graph von g hat an der Stelle $x = 0$ die Steigung 1. Also müsste $f(0) = 1$ sein.

Es sind weitere Gründe denkbar.

5

a) $f(x) = -2x^2$

$\frac{\Delta y}{\Delta x} = \frac{f(x) - f(x_0)}{x - x_0} = \frac{-2x^2 - (-2x_0^2)}{x - x_0}$
$= \frac{-2(x^2 - x_0^2)}{x - x_0} = -2 \cdot \frac{(x - x_0)(x + x_0)}{x - x_0}$
$= -2(x + x_0)$

Für $x \to x_0$ gilt $-2(x + x_0) \to -4x_0$.
Also gilt für die Ableitungsfunktion $f'(x) = -4x$.

b) $f'(-3) = 12$; $f(-3) = -18$
Der Punkt ist $P(-3|-18)$.
Die Steigung des Graphen im Punkt $P(-3|-18)$ ist 12.

Seite 53

13

a) $f'(-1) = 4$; $f'(2) = 13$
b) $f'(x) = 4$ d.h. $3x^2 + 1 = 4$.
   Die Lösungen sind $x_1 = 1$ und $x_2 = -1$.
c) $f'(x) = 28$, d.h. $3x^2 + 1 = 28$. Die Gleichung hat die Lösungen $x_1 = 3$ und $x_2 = -3$.

16

a) $x = 0$ oder $x = 4$
b) $x = 3$ oder $x = -5$
c) $x = -2$ oder $x = 3$ oder $x = -3$

Seite 57

8

$f(0) = g(0) + h(0) = 1 + 1 = 2$
$k(0) = g(0) \cdot h(0) = 1 \cdot 1 = 1$
Also gehört A zu f und B zu k.

9

a) Die Gleichung $\frac{x}{4} \cdot (x - 2)(x - 5) = 0$ hat nach dem Satz vom Nullprodukt die Lösungen $x_1 = 0$; $x_2 = 2$ und $x_3 = 5$.

b) Die Gleichung $(x - 3)(e^x - 5) = 0$ hat nach dem Satz vom Nullprodukt die Lösungen $x_1 = 3$ und $x_2 = \ln(5)$.

13

Individuelle Lösungen, z.B. $f(x) = \frac{1}{x} - x - 1$ und $g(x) = 2e^{-x} - x - 1$.

16

a) Der Graph von g entsteht aus dem Graphen von f durch Streckung mit dem Faktor 2 in x-Richtung.
b) Der Graph von g entsteht aus dem Graphen von f durch Streckung mit dem Faktor 0,5 in y-Richtung und Spiegelung an der x-Achse.

Seite 60

5

a) $f'(x) = 8x^3 + 6x$; $f''(x) = 24x^2 + 6$
b) $f'(x) = 5x^4 - 9x^2$; $f''(x) = 20x^3 - 18x$
c) $f'(x) = \frac{1}{2}x - 4$; $f''(x) = \frac{1}{2}$
d) $f'(z) = 2z^2 + \frac{8}{z^3}$; $f''(z) = 4z - \frac{24}{z^4}$

6

a) $A(4|f(4)) = A(4|10)$;
$f'(x) = \frac{3}{8}x^2 - \frac{5}{4}x$; $f'(4) = \frac{3}{8} \cdot 16 - \frac{5}{4} \cdot 4 = 6 - 5 = 1$
Die Steigung des Graphen im Punkt $A(4|10)$ beträgt 1.

b) $A(4|f(4)) = A(4|2)$;
$f'(x) = \frac{3}{4}x + 16x^{-2}$; $f'(4) = \frac{3}{4} \cdot 4 + 16 \cdot 4^{-2} = 3 + 1 = 4$
Die Steigung des Graphen im Punkt $A(4|2)$ beträgt 4.

Seite 61

13

a) $f'(x) = 3x^2$. Die Gleichung $3x^2 = 27$, d.h. $x^2 = 9$, hat die Lösungen $x_1 = -3$; $x_2 = 3$.
$P_1(-3|-27)$; $P_2(3|27)$

b) $f(x) = \frac{1}{(x^2)} = x^{-2}$; $f'(x) = -2x^{-3} = -\frac{2}{x^3}$.
Die Gleichung $-\frac{2}{x^3} = -16$, d.h. $x^3 = \frac{1}{8}$, hat die Lösung $x = \frac{1}{2}$.
$P\left(\frac{1}{2}\middle|4\right)$

c) $f(x) = \sqrt{x} = x^{\frac{1}{2}}$; $f'(x) = \frac{1}{2}x^{-\frac{1}{2}} = \frac{1}{2\sqrt{x}}$.
Die Gleichung $\frac{1}{2}x^{-\frac{1}{2}} = \frac{1}{8}$ hat die Lösung $x = 16$. $P(16|4)$

20

a) $y = mx + b$; $m = 2$ d.h. $y = 2x + b$
$P(3|5)$: $5 = 2 \cdot 3 + b$ ergibt $b = -1$.
Die Geradengleichung lautet $y = 2x - 1$.
b) Die Geradengleichung lautet $y = -4x + 5$.
c) Die Geradengleichung lautet $y = 2$.

Seite 64

5

a) $f'(x) = -6x + 2$
$f(-1) = -4$; $f'(-1) = 8$
Tangente t: $y = f'(-1)(x - 1) + f(-1)$
d.h. t: $y = 8x + 4$
Schnittpunkt mit der x-Achse: $y = 0$ d.h. $0 = 8x + 4$ hat die Lösung $x = -\frac{1}{2}$; $N\left(-\frac{1}{2}\middle|0\right)$.

b) $f'(x) = 2x^3 - 3x$
$f(2) = 2$; $f'(2) = 10$
Tangente t: $y = f'(2)(x - 2) + f(2)$
d.h. t: $y = 10x - 18$
Schnittpunkt mit der x-Achse: $y = 0$ d.h. $0 = 10x - 18$ hat die Lösung $x = 1{,}8$; $N(1{,}8|0)$.

Seite 65

10

a) $f'(x) = -\frac{2}{x^3}$; $g'(x) = -2x$
$f(1) = 1$; $g(1) = 1$; $f'(1) = -2$; $g'(1) = -2$
Die Funktionen f und g stimmen an der Stelle $x_0 = 1$ mit Funktionswert und Ableitung überein, d.h. die beiden Graphen berühren sich. Berührpunkt ist $B(1|1)$. Gemeinsame Tangente ist: $y = f'(1)(x - 1) + f(1)$ d.h. $y = -2x + 3$.

b) $f'(x) = 3x^2 + 2$; $g'(x) = -2x$
$f(1) = 3$; $g(1) = 3$; $f'(1) = 5$; $g'(1) = -2$
Die beiden Graphen schneiden sich an der Stelle $x_0 = 1$, sie berühren sich aber nicht, da die Tangentensteigungen verschieden sind.

11
$f(x) = 0{,}005x^3 - 0{,}5x^2 + 12{,}5x + 10$;
$f'(x) = 0{,}015x^2 - x + 12{,}5$
$f(20) = 100$, $f'(20) = -1{,}5$
Tangente t in $A(20|100)$:
t: $y = -1{,}5 \cdot (x - 20) + 100 = -1{,}5x + 130$
Schnittpunkt mit $y = 10$:
$10 = -1{,}5x + 130$ ergibt $x = 80$.
Nach 80 Tagen nimmt RhinoFlight das Spiel vom Markt.

12

a) $f'(x) = x^2 - 10$; $f'(x) = -1$;
also $x^2 - 10 = -1$, somit $x^2 = 9$.
Lösungen sind $x_1 = 3$ und $x_2 = -3$.
$f(3) = -21$; $P_1(3|-21)$;
$f(-3) = 21$; $P_2(-3|21)$
In den Punkten $P_1(3|-21)$ und $P_2(-3|21)$ verlaufen die Tangenten an den Graphen von f parallel zur 2. Winkelhalbierenden.

b) $f'(x) = 5x^4 - 6x^2$; $5x^4 - 6x^2 = -1$
Substitution $x^2 = z$ d.h. $5z^2 - 6z = -1$
$z_1 = 1$ und $z_2 = \frac{1}{5}$
d.h. $x_1 = 1$; $x_2 = -1$; $x_3 = \frac{1}{\sqrt{5}}$ und $x_4 = -\frac{1}{\sqrt{5}}$.
In den Punkten $P_1(1|6)$; $P_2(-1|0)$; $P_3\left(\frac{1}{\sqrt{5}}\Big|2{,}83\right)$ und
$P_4\left(-\frac{1}{\sqrt{5}}\Big|3{,}16\right)$ verlaufen die Tangenten an den Graphen von f parallel zur 2. Winkelhalbierenden.

15
a)

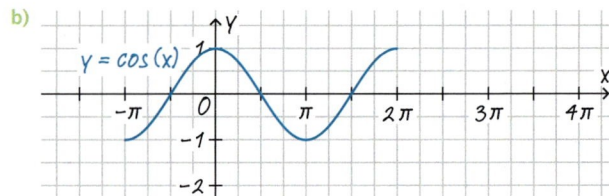

b)

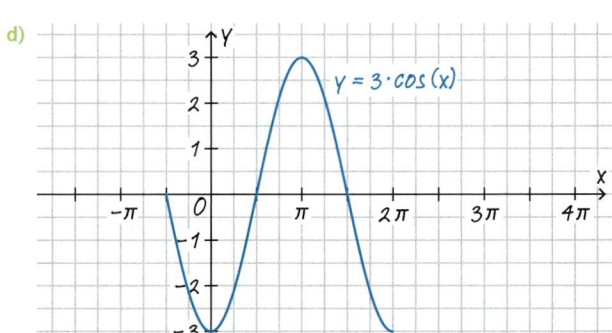

Seite 67

5

$f'(x) = 2\cos(x) + 3\sin(x) + 4$

6

$f'(x) = \cos(x)$

a) $f'\left(\frac{\pi}{4}\right) = \cos\left(\frac{\pi}{4}\right) = \frac{1}{2}\sqrt{2}$
Die Steigung an der Stelle $x_0 = \frac{\pi}{4}$ ist $\frac{1}{2}\sqrt{2}$.

b) $f'(2{,}8) = \cos(2{,}8) \approx -0{,}94$
Die Steigung an der Stelle $x_0 = 2{,}8$ ist $-0{,}94$.

c) $f'(2\pi) = \cos(2\pi) = 1$
Die Steigung an der Stelle $x_0 = 2\pi$ ist 1.

7

a) $f\left(\frac{\pi}{2}\right) = 1$; $f'(x) = -2\sin(x)$

$f'\left(\frac{\pi}{2}\right) = -2\sin\left(\frac{\pi}{2}\right) = -2$

$y = f'\left(\frac{\pi}{2}\right)\left(x - \frac{\pi}{2}\right) + f\left(\frac{\pi}{2}\right)$ ergibt $y = -2x + \pi + 1$.

b) $f(\pi) = -2\pi$

$f'(x) = \cos(x) - 2$
$f'(\pi) = -3$
$y = f'(\pi)(x - \pi) + f(\pi)$ ergibt $y = -3x + \pi$.

10
a) $f'(x) = 1 + \cos(x)$
$f'(x) = 2$ ergibt $\cos(x) = 1$ mit den Lösungen
$x = 0 + 2\pi k$, $k \in \mathbb{Z}$.
$g'(x) = 1 - \sin(x)$
$g'(x) = 2$ ergibt $\sin(x) = -1$ mit den Lösungen
$x = \frac{3}{2}\pi + 2\pi k$, $k \in \mathbb{Z}$.

b) $f'(x) = 0$ ergibt $\cos(x) = -1$ mit den Lösungen
$x = \pi + 2\pi k$, $k \in \mathbb{Z}$.
$g'(x) = 0$ ergibt $\sin(x) = 1$ mit den Lösungen
$x = \frac{\pi}{2} + 2\pi k$, $k \in \mathbb{Z}$.

c) Der Graph von $f'(x) = 1 + \cos(x)$ entsteht aus dem Graphen der Kosinusfunktion durch Verschieben um 1 in y-Richtung.
Der Graph von $g'(x) = 1 - \sin(x)$ entsteht aus dem Graphen der Sinusfunktion durch Spiegelung an der x-Achse und anschließender Verschieben um 1 in y-Richtung.

12

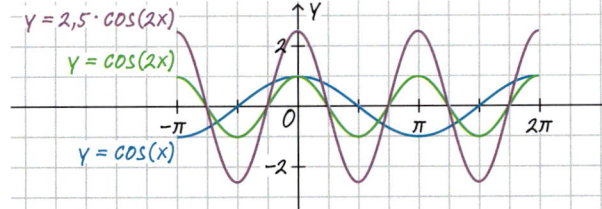

Seite 70

7
Äußere Funktion: $u(x) = -3x^5$
Innere Funktion: $v(x) = x - 4$; $m = 1$; $b = -4$
Ableitung: $f'(x) = -15(x - 4)^4$

8
a) $f'(x) = -7 \cdot (-2) \cdot (7x - 5)^{-3} = 14 \cdot (7x - 5)^{-3}$
b) $f(t) = 6 \cdot (4 - 2t)^{\frac{1}{2}}$
$f'(t) = (-2) \cdot 6 \cdot \frac{1}{2}(4 - 2t)^{-\frac{1}{2}} = -6 \cdot (4 - 2t)^{-\frac{1}{2}}$
c) $f'(x) = \frac{1}{2} \cdot \left(-\sin\left(\frac{1}{2}x + 2\right)\right) = -\frac{1}{2} \sin\left(\frac{1}{2}x + 2\right)$

Seite 71

19
a) $f'(x) = 2 \cdot 3(2x - 1)^2 = 6(2x - 1)^2$
$f'(1) = 6$
Im Punkt $P(1|1)$ hat der Graph die Steigung 6.
b) $g(x) = (x - 1)^{-2}$
$g'(x) = -2(x - 1)^{-3}$
Ansatz: $g'(a) = -2$, also $-2(a - 1)^{-3} = -2$
$\Leftrightarrow (a - 1)^3 = 1 \quad | \sqrt[3]{}$
$\Leftrightarrow a - 1 = 1$
$\Leftrightarrow a = 2$
An der Stelle $a = 2$ gilt $g'(a) = -2$.

c) $h(x) = (3x + 5)^{\frac{1}{2}}$
$h'(x) = 3 \cdot \frac{1}{2}(3x + 5)^{-\frac{1}{2}} = \frac{3}{2}(3x + 5)^{-\frac{1}{2}} = \frac{3}{2\sqrt{3x + 5}}$
Ansatz: $h'(x) = 0$, also $\frac{3}{2\sqrt{3x + 5}} = 0 \quad | \cdot 2\sqrt{3x + 5}$
$\Leftrightarrow 3 = 0$
Es gibt keine Stelle, an der der Graph der Funktion h eine waagerechte Tangente hat.

23
a) $x = \ln(20)$
b) $x = \log_2(7)$
c) $x = \frac{1}{2}\ln\left(\frac{1}{3}\right)$

24
a) $2^x = e^{b \cdot x} \quad | \ln$
$\ln(2^x) = b \cdot x$
$x \cdot \ln(2) = b \cdot x$
Da dies für alle x gelten soll muss $b = \ln(2)$ sein.
b) $b = \ln(5)$
c) $b = \ln(0,6)$

Seite 73

4
a) $f'(x) = 3,5 e^x$
b) $f'(x) = -e^x + 4x^3$
c) $f'(x) = \ln(5) \cdot 5^x$
d) $f'(x) = e^{(x + 1)} + 2e$

Seite 74

11
$f'(x) = \ln(3) \cdot 3^x - 2$
$f(0) = 3^0 = 1$
$f'(0) = \ln(3) \cdot 3^0 - 2 = \ln(3) - 2$
$y = f'(0) \cdot x + f(0)$
d.h. die Tangentengleichung lautet $y = (\ln(3) - 2) \cdot x + 1$

17
$f(x) = g(x) \cdot h(x)$ mit
a) $g(x) = 2x - 4$ und $h(x) = e^{3x}$
b) $g(x) = \frac{2}{x}$ und $h(x) = (x - 4)^2$
c) $g(x) = 3x^2$ und $h(x) = \sin(x)$

Seite 76

5
a) $f'(x) = 2\cos(x) - (2x - 3)\sin(x)$
$g'(x) = (1 - x)^2 - 2x(1 - x) = (1 - x)(1 - 3x)$
$h'(x) = 18x(2x - 3)^2 + 3(2x - 3)^3 = 3(2x - 3)^2(6x + 2x - 3)$
$= 3(2x - 3)^2(8x - 3)$
$i'(x) = -\frac{1}{x^2} \cdot \sin(x) + \frac{1}{x} \cdot \cos(x)$
b) $f'(0) = 2$
c) $g'(x) = (1 - x)(1 - 3x) = 0$; Lösungen: $x_1 = \frac{1}{3}$; $x_2 = 1$;
$g\left(\frac{1}{3}\right) = \frac{4}{27}$; $g(1) = 0$; damit $P_1\left(\frac{1}{3}\bigg|\frac{4}{27}\right)$; $P_2(1|0)$
d) $S_1(0|0)$; $S_2(1,5|0)$; $h'(0) = -81$; $h'(1,5) = 0$.

Lösungen

Seite 77

12

Für f gilt: $f(0) = 1$; $f'(0) = 0$
$g'(x) = f'(x) \cdot \cos(x) - f(x) \cdot \sin(x)$
$g(0) = f(0) \cdot \cos(0) = 1 \cdot 1 = 1$; $g'(0) = 0 \cdot 1 - 1 \cdot 0 = 0$. Der Graph von g hat also ebenfalls im Punkt $P(0|1)$ eine waagerechte Tangente.

15

a) $f'(x) = 3 \cdot x^2 + 1 > 0$ für alle $x \in \mathbb{R}$.
   f' hat auf ganz $\mathbb{R}$ nur positive Werte.
b) $f'(x) = -e^{-x} < 0$ für alle $x \in \mathbb{R}$.
   f' hat auf ganz $\mathbb{R}$ nur negative Werte.
c) $f'(x) = 2 \cdot \cos(x)$
   $f'(x) = 2 \cdot \cos(x) = 0$ für $x_1 = \frac{\pi}{2}$ und $x_2 = \frac{3}{2}\pi$.
   $f'(x) = 2 \cdot \cos(x) > 0$ in den Intervallen $]0; \frac{\pi}{2}[$, und $]\frac{3}{2}\pi; 2\pi[$.
   $f'(x) = 2 \cdot \cos(x) < 0$ in dem Intervall $]\frac{\pi}{2}; \frac{3}{2}\pi[$.

Seite 84

Prüfungsvorbereitung – Aufgaben ohne Hilfsmittel

1

Der Graph von g ist achsensymmetrisch zur y-Achse, denn es kommen nur gerade Potenzen von x vor.
Der Graph von h ist punktsymmetrisch zum Ursprung, denn es kommen nur ungerade Potenzen von x vor.
Damit gilt für $f(x) = g(x) \cdot h(x)$:
$f(-x) = g(-x) \cdot h(-x)$
$= g(x) \cdot (-h(x))$
$= -g(x) \cdot h(x) = -f(x)$.
Der Graph von f ist somit punktsymmetrisch zum Ursprung.

2

$f(x) = g(x) + h(x) = 4e^{-x} + 2$
Gleichung der Asymptote ist $y = 2$.

3

a) $f'(x) = 6x^2 - 5$; $f'(2) = 19$
b) $f'(x) = -4x^3 + 1$; $f'(-1) = 5$
c) $f'(x) = -3\sin(x)$; $f'\left(\frac{\pi}{2}\right) = -3$

4

a) $f'(x) = 2x - 3\sin(3x)$
b) $f'(x) = 0,5 \cdot e^{0,5x} \cdot \sin(x) + e^{0,5x} \cdot \cos(x)$
c) $f'(x) = 3x^2 \cdot \cos\left(\frac{\pi}{2}x\right) + x^3 \cdot \frac{\pi}{2} \cdot \sin\left(\frac{\pi}{2}x\right)$

5

a) $f'(x) = 2x - 3$;
   $2x - 3 = 5$ hat die Lösung $x = 4$.
b) $f'(x) = 2e^{2x}$;
   $2e^{2x} = e$ führt auf $e^{2x-1} = \frac{1}{2}$;
   Lösung ist $x = \frac{1}{2}(1 - \ln(2))$.
c) $f'(x) = \frac{8}{x^3}$;
   $\frac{8}{x^3} = 1$ führt $x^3 = 8$.
   Lösung ist $x = 2$.

6

a) $S_y(0|1)$
b) $[-2; -1]$; $[0; 1]$; $[1; 2]$
c) $P(-1|3)$; $Q(1|-1)$
d) Steigung 24: $P_1(-3|-17)$ und $P_2(3|19)$
   Steigung 9: $Q_1(-2|-1)$ und $Q_2(2|3)$
   Steigung 0: P und Q (Teilaufgabe c))
e) $y = f'(0) \cdot x + f(0)$, also
   $y = -3x + 1$

7

Aussage A ist wahr, da die Steigung im Punkt $(2|-1,5)$ null ist.
Aussage B ist falsch, die Steigung im Punkt $(0|0)$ ist positiv, also ist $f'(0) \neq 0$.
Aussage C ist wahr, da der Graph der Funktion f zwischen $x = 1$ und $x = 2$ fallend verläuft und somit die Steigung des Graphen von f dort in allen Punkten negativ ist.

8

$f(-1) = 1$; $f'(x) = 3x^2 - 2$; $f'(-1) = 1$
Tangente: t: $y = f'(1)(x + 1) + f(1)$,
d.h. t: $y = x + 2$
Schnittpunkt mit der x-Achse ist $S(-2|0)$.

9

a) Die Aussage ist falsch, weil eine Tangente in einem Punkt den Graphen der Funktion an anderer Stelle schneiden kann.
b) Diese Aussage ist falsch. Tangenten an Hoch- und Tiefpunkte haben die Steigung 0.

10

$f(x) = c \cdot e^x$ | Ableiten
$f'(x) = (c \cdot e^x)'$ | Faktorregel
$= c \cdot (e^x)'$ | Ableitung von e^x ist e^x
$= c \cdot e^x$

11

a) Hat der Graph der Funktion f nur Tangenten mit positiver Steigung, so verläuft der Graph der Ableitungsfunktion f' von f oberhalb der x-Achse.
b) Wenn eine Funktion f linear ist, dann ist die zugehörige Ableitungsfunktion konstant.
c) Wenn die Funktionswerte einer Funktion f konstant sind, dann ist die zugehörige Ableitungsfunktion f' die Funktion $f'(x) = 0$ für alle zugelassenen x-Werte.

Seite 85

12

A Falsch, da $f'(2,5) > 0$, d.h. die Steigung des Graphen im Punkt $P(2,5|f(2,5))$ ist positiv.
B Wahr, da im Intervall $[0; 1]$ alle Werte von f' negativ sind.
C Wahr, da an allen drei Stellen $f'(x) = 0$ gilt.
D Falsch; da $f'(x) < 0$ für $x > 4$ verläuft der Graph K_f nach rechts unten.

Prüfungsvorbereitung – Aufgaben mit Hilfsmitteln

13
a) $\frac{\Delta y}{\Delta x} = \frac{f(x_2) - f(x_1)}{x_2 - x_1} = \frac{e^{1,5} - e^{0,5}}{3 - 1} \approx 1,42$

b) $\frac{\Delta y}{\Delta x} = \frac{f(x_2) - f(x_1)}{x_2 - x_1} = \frac{\sin(2) - \sin(1)}{1 - 0,5} \approx 0,136$

c) $\frac{\Delta y}{\Delta x} = \frac{f(x_2) - f(x_1)}{x_2 - x_1} = \frac{(2^2 - 4)^2 - (1^2 - 4)^2}{2 - 1} = -9$

14
a) $f'(x) = 128x^2 - 128x + 32$;
die Gleichung $f'(x) = 2$ hat die Lösungen $\frac{3}{8}$; $\frac{5}{8}$.

b) $f'(x) = 2e^{2x-1}$; die Gleichung $f'(x) = 2$ hat die Lösung $\frac{1}{2}$.

c) $f'(x) = -\frac{2}{x^3}$; die Gleichung $f'(x) = 2$ hat die Lösung -1.

15
a) $y = -\frac{11}{2}x - 9$ b) $y = -2x + 2$ c) $y = -2x + \frac{\pi}{2}$

16
a) $f'(x) = \frac{1}{2\sqrt{x}} - \frac{1}{2}$; Berührpunkt $B(4|0)$

b) $f'(x) = e^x$; Berührpunkt $B(1|0)$

17
a) Tangentensteigung: $m = f'(x) = -\sin(x)$

$f'\left(\frac{\pi}{2}\right) = -\sin\left(\frac{\pi}{2}\right) = -1$

$f'\left(\frac{3}{2}\pi\right) = -\sin\left(\frac{3}{2}\pi\right) = 1$

Das Produkt der beiden Tangentensteigungen ist -1. Folglich schneiden sich die Tangenten orthogonal.

b) Die Tangenten schneiden sich im Punkt $p(\pi|0)$

18
$f(x) = -\frac{3}{8}x^2 - \frac{3}{2}x + \frac{1}{2}$
$g'(x) = 2x + \frac{1}{2}$
Die Gleichung $f'(x) = g'(x)$ hat die Lösungen $x_1 = 0$ und $x_2 = -\frac{28}{3}$.
Es ist $f(x_1) = 3$ und $g(x_1) = 3$. Folglich berühren sich die beiden Graphen im Punkt $S_y(0|3)$.
Gemeinsame Tangente: $y = f'(0) \cdot x + f(0)$, also $y = \frac{1}{2}x + 3$
Es ist $f(x_2) \approx 34,6$ und $g(x_2) \approx 85,4$. Folglich schneiden sich die beiden Graphen nicht und können sich somit auch nicht berühren.

19
$s'(t) = 3t^2 + 5$, $s'(5) = 80$, $s(5) = 150$
Die Gerade ist die Tangente an den Graphen von s im Punkt $(5|150)$.
Tangentengleichung für die Tangente im Punkt $(5|150)$:
$t: y = 80(x - 5) + 150 = 80x - 250$.
Es ist $950 = 80x - 250$ für $x = 15$.
Nach 15 Jahren kann man mit 950 Schafen rechnen.

20
Es ist $A(t) = \pi(r(t))^2 = \pi \cdot r(t) \cdot r(t)$
Nach der Produktregel ist dann $A'(t) = \pi \cdot r'(t) \cdot r(t) + \pi \cdot r(t) \cdot r'(t)$
$= 2\pi \cdot r(t) \cdot r'(t)$.
Mit $r'(t_0) = 1,2 \frac{m}{s}$ ergibt sich
$A'(t_0) = 2\pi \cdot 4 \cdot 1,2 \approx 30,2$.
Der Flächeninhalt verändert sich zu dem betrachteten Zeitpunkt mit einer Änderungsrate von ca. $30,2 \frac{m^2}{s}$.

21
Für $g(x) = (f(x))^2$ ergibt sich nach der Produktregel:
$g'(x) = f'(x) \cdot f(x) + f(x) \cdot f'(x)$.
Gilt $f(x_0) = 0$, so ist $g'(x_0) = 2f(x_0) \cdot f'(x_0) = 0$.
Also besitzt der Graph von g an dieser Stelle eine waagerechte Tangente.

III Extremstellen und Wendestellen

Seite 88

1
a) $f(x) = -x^2 + 1$

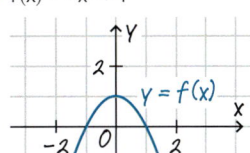

b) $f(x) = -x^3 + 3x$

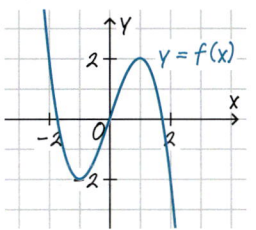

c) $f(x) = -x(x + 1)(2 - x)$

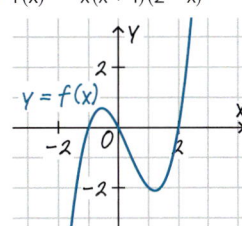

d) $f(x) = x^4 - 4$

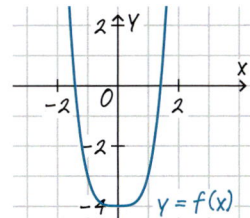

e) $f(x) = x^2(x - 1,5)^2$

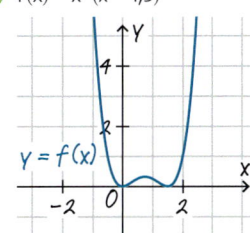

f) $f(x) = \sin(x)$, $x \in [0; 2\pi]$

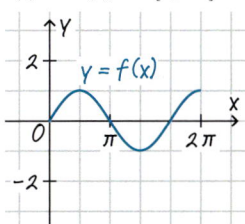

g) $f(x) = \cos\left(\frac{\pi}{2}x\right)$; $x \in [-3; 3]$

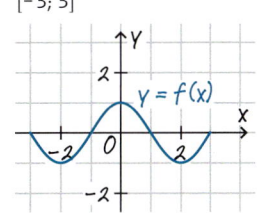

h) $f(x) = e^x - 2$

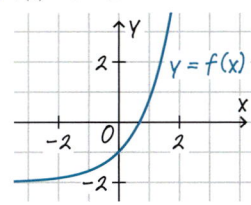

Lösungen

i) $f(x) = 4 - e^{-x}$

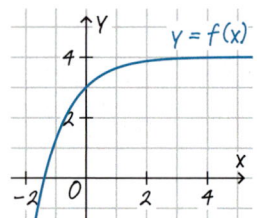

2

a)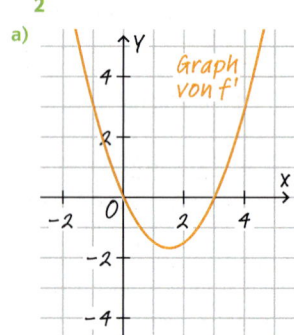
Graph von f'

b)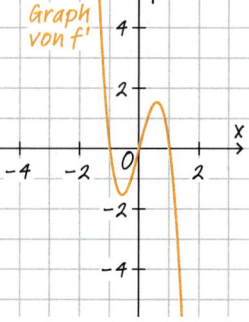
Graph von f'

c) Graph von f'

d)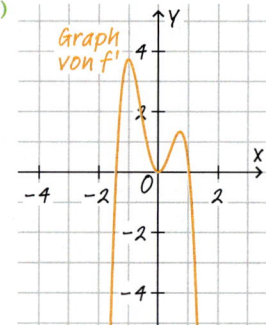
Graph von f'

3

a) $f'(x) = 4x^3 - 2x$
b) $f'(x) = -6x^2 + 1$
c) $f'(x) = 2e^x + 2x^{-3}$
d) $f'(x) = -6x - \frac{1}{x^2}$
e) $f'(x) = -\frac{3}{x^2} - e^x - 2x$
f) $f'(x) = 1 + 2\cos(x)$
g) $f'(x) = \sin(x)$
h) $f'(x) = 1 - \frac{3}{x^2}$
i) $f'(x) = -\frac{14}{x^3} - 5$

Seite 89

4

a) $f'(x) = 12 \cdot (3x - 5)^3$
b) $f'(x) = 3x \left(\frac{1}{2}x^2 - 5\right)^2$
c) $f'(x) = \pi \cdot \cos\left(\frac{\pi}{2}x\right)$
d) $f'(x) = -\sin\left(\frac{x}{3}\right)$
e) $f'(x) = 7e^{7x-5}$
f) $f'(x) = -\frac{1}{2x^2} - 2e^{2x}$
g) $f'(x) = -2(2x - 1)^{-2}$
h) $f'(x) = -2 \cdot \frac{1}{(3-x)^3}$
i) $f'(x) = 2\sin(2x)$

5

a) $f'(x) = (x^2 + 2x + 1) \cdot e^x$
b) $f'(x) = -x \cdot e^{-x}$
c) $f'(x) = (5x^2 - 4x) \cdot (x - 2)^2$
d) $f'(x) = \sin(2x) + 2x \cdot \cos(2x)$
e) $-x^{-2} \cdot e^{-2x} + x^{-1} \cdot (-2)e^{-2x} = e^{-2x} \cdot (-x^{-2} - 2x^{-1})$
f) $\cos(0,5x) - 0,5 \cdot x \cdot \sin(0,5x)$

6

a) $f'(x) = 4x^3$; $\quad f'\left(\frac{1}{2}\right) = \frac{1}{2}$
b) $f'(x) = -4x + 1$; $\quad f'(-2) = 9$
c) $f'(x) = 2e^{2x}$; $\quad f'(0) = 2$
d) $f'(x) = (x + 1)e^x$; $\quad f'(1) = 2e$
e) $f'(x) = -\frac{1}{x^2}$; $\quad f'(2) = -\frac{1}{4}$
f) $f'(x) = 8(2x - 3)^3$; $\quad f'(1) = -8$
g) $f'(x) = 2\cos(2x)$; $\quad f'(0) = 2$
h) $f'(x) = -\frac{1}{2}\sin\left(\frac{x}{2}\right)$; $\quad f'(\pi) = -\frac{1}{2}$
i) $f'(x) = -2x^{-2} = -\frac{2}{x^2}$; $\quad f'(0,25) = -32$

7

a) $x_1 = 0$; $x_2 = 3$ und $x_3 = -1$
b) $x_1 = 2$ und $x_2 = 3$
c) $x_1 = 0$ dreifache Nullstelle und $x_2 = -2$
d) keine Nullstellen
e) $x_1 = 0$; $x_2 = 4$ und $x_3 = -4$
f) $x_1 = \sqrt{7}$ und $x_2 = -\sqrt{7}$
g) $x_1 = 2$
h) $x_1 = 0$; $x_2 = \frac{1}{2}$ und $x_3 = -\frac{1}{2}$
i) $x_1 = 0$; $x_2 = 1$ und $x_3 = 3$

8

a) $x = 2$
b) $x = -4$
c) $x = -3$
d) $x = \frac{1}{2}$
e) $x = \log_2 5$
f) $x = \frac{1}{2}\ln(7) + \frac{1}{2}$
g) $x = \ln(4)$
h) $x = \frac{1}{2}\ln(2)$
g) $x = 2$

9

a) $x_1 = 1$; $x_2 = -1$; $x_3 = 3$; $x_4 = -3$
b) $x_1 = \sqrt{2}$; $x_2 = -\sqrt{2}$
c) $x_1 = 1$; $x_2 = -1$; $x_3 = \sqrt{2}$; $x_4 = -\sqrt{2}$
d) $x_1 = 0$; $x_2 = \ln(3)$
e) $x_1 = \ln(2)$
f) $\ln(2)$; $\ln(3)$

10

Individuelle Lösungen, z.B.

a) $x_1 = 0$; $x_2 = \pi$
b) $x_1 = \frac{\pi}{2}$; $x_2 = \frac{3\pi}{2}$
c) $x_1 = \frac{\pi}{2}$; $x_2 = \frac{5\pi}{2}$
d) $x_1 = \pi$; $x_2 = -\pi$
e) $x_1 = \frac{\pi}{4}$; $x_2 = \frac{3\pi}{4}$
f) $x_1 = \frac{3\pi}{8}$; $x_2 = \frac{7\pi}{8}$
g) $x_1 = 1$; $x_2 = 5$
h) $x_1 = 1,5$; $x_2 = 7,5$
i) $x_1 = 5$; $x_2 = -5$
j) $x_1 = 1$; $x_2 = \pi + 1$
k) $x_1 = -\frac{1}{2}$; $x_2 = 2\pi - \frac{1}{2}$
l) $x_1 = \pi + \frac{3}{2}$; $x_2 = -\pi + \frac{3}{2}$

Seite 92

5

a) $f(x) = x^3 - 9x$; $f'(x) = 3x^2 - 9$;
Nullstellen der Ableitungsfunktion sind $x_1 = \sqrt{3}$ und $x_2 = -\sqrt{3}$, der Graph von f' ist eine nach oben geöffnete Parabel. Im Intervall $]-\sqrt{3}; \sqrt{3}[$ sind die Werte der Ableitung negativ, d.h. f ist in diesem Intervall streng monoton fallend.
Für $x > \sqrt{3}$ und für $x < -\sqrt{3}$ sind die Werte der Ableitung positiv, und damit ist f in diesen beiden Bereichen streng monoton wachsend.

b) $f(x) = \frac{1}{x^2}$; $f'(x) = -\frac{2}{x^3}$
$f'(x) > 0$ für alle $x \in \mathbb{R}_-$, also ist f für positive x-Werte streng monoton wachsend.
$f'(x) < 0$ für alle $x \in \mathbb{R}_+$, also ist f für negative x-Werte streng monoton fallend.

c) $f(x) = 2x - e^{-x}$; $f'(x) = 2 + e^{-x}$.
Die Ableitungsfunktion hat kein Nullstellen. Die Ableitung ist auf ganz $\mathbb{R}$ positiv. Daher wächst die Funktion f streng monoton.

d) $f(x) = x - e^x$; $f'(x) = 1 - e^x$
Nullstelle der Ableitungsfunktion ist $x = 0$.
$f'(x) = 1 - e^x > 0$ für alle $x \in \mathbb{R}_-$, also ist f für negative x-Werte streng monoton wachsend.
$f'(x) = 1 - e^x < 0$ für alle $x \in \mathbb{R}_+$, also ist f für positive x-Werte streng monoton fallend.

6

A: Die Aussage ist falsch, da im Intervall $]-1; 1[$ die Ableitung positive Funktionswerte hat und deshalb f in diesem Bereich streng monoton wachsend ist.

B: Die Aussage ist wahr, da im Intervall $]-3; 1[$ der Graph von f' über der x-Achse liegt. Folglich ist $f'(x) > 0$ im Intervall $]-3; 1[$, die Funktion f ist also streng monoton wachsend.

C: Die Aussage ist falsch, da im Intervall $]1,5; 2,5[$ die Ableitung negative Werte besitzt.

10

a) $f'(x) = -x^4 + x^2 = -x^2(x^2 - 1)$ hat die Nullstellen $x_1 = 0$; $x_2 = 1$ und $x_3 = -1$. Für $x < -1$ und für $x > 1$ hat f' negative Funktionswerte, dort ist die Funktion f streng monoton fallend.
In den Intervallen $]-1; 0[$ und $]0; 1[$ hat f' positive Funktionswerte, dort steigt die Funktion f streng monoton.

b) $f'(x) = e^{-x} - (x + 1) \cdot e^{-x} = -x \cdot e^{-x}$ hat eine Nullstelle bei $x_0 = 0$. Für $x < 0$ hat die Ableitung f' positive Funktionswerte, die Funktion f wächst streng monoton. Für $x > 0$ hat die Ableitung f' negative Funktionswerte, die Funktion f fällt streng monoton.

12

a) $x \cdot (x - 3) = 0$ d.h. $x_1 = 0$; $x_2 = 3$
b) $x \cdot (x^2 - 9) = 0$ d.h. $x_1 = 0$; $x_2 = 3$; $x_3 = -3$
c) $x^4 - 16 = 0$ d.h. $x_1 = 2$; $x_2 = -2$
d) $x^2 \cdot (x - 4) = 0$ d.h. $x_1 = 0$; $x_2 = 4$
e) $\frac{1}{3}x \cdot (x^2 - 6x + 9) = 0$; $\frac{1}{3}x \cdot (x - 3)^2 = 0$ d.h. $x_1 = 0$; $x_2 = 3$
f) Substitution $z = x^2$; $\frac{1}{3} \cdot (z^2 - 10z + 9) = 0$;
$z_1 = 1$, also $x^2 = 1$ hat die Lösungen $x_1 = 1$; $x_2 = -1$;
$z_2 = 9$, also $x^2 = 9$ hat die Lösungen $x_3 = 3$; $x_4 = -3$.

Seite 95

5

a) $f'(x) = 3x^2 - 12x + 12$; $f''(x) = 6x - 12$
Nullstelle von f'' ist $x = 2$.
Der Graph von f ist für $x > 2$ linksgekrümmt und für $x < 2$ rechtsgekrümmt.

b) $f'(x) = 4x^3 - 12x$; $f''(x) = 12x^2 - 12$.
Nullstellen sind $x_1 = 1$ und $x_2 = -1$.
Für $x > 1$ und für $x < -1$ ist $f''(x) > 0$, der Graph von f ist dort linksgekrümmt; für $-1 < x < 1$, ist der Graph von f rechtsgekrümmt.

c) $f'(x) = 2 - e^{-x}$; $f''(x) = e^{-x} > 0$ für alle $x \in \mathbb{R}$.
Daher ist der Graph von f überall linksgekrümmt.

9

a) Die zweite Ableitung hat eine Nullstelle bei $x = 1,5$.
Der Graph f ist für $x < 1,5$ rechtsgekrümmt und für $x > 1,5$ linksgekrümmt.

b) Die zweite Ableitung hat Nullstellen bei $x_1 = 0$; $x_2 = 1$ und $x_3 = 2$. Der Graph der Funktion f ist in den Bereichen $]-\infty; 0[$; $]1; 2[$ rechtsgekrümmt; in den Bereichen $]0; 1[$ und $]2; \infty[$ linksgekrümmt.

c) Für die zweite Ableitung gilt: $f''(x) < 0$ für alle $x \in \mathbb{R}$.
Der Graph f ist für alle $x \in \mathbb{R}$ rechtsgekrümmt.

12

a) Lösungen: $x_1 = 0$ und $x_2 = -1$.
b) Lösungen: $x_1 = 2$ und $x_2 = -3$.
c) Lösungen: $x_1 = -0,5$ und $x_2 = \frac{2}{3}$.
d) Lösungen: $x_1 = 0$ und $x_2 = 4$.
e) Lösungen: $x_1 = 1$ und $x_2 = 5$.
f) Lösungen: $x_1 = -3$ und $x_2 = 3$.
g) Lösungen: $x_1 = -2$ und $x_2 = 0$.
h) Lösungen: $x_1 = -2$ und $x_2 = 2$.
i) Lösungen: $x_1 = 0$, $x_2 = 3$ und $x_3 = \pi$.

Seite 98

6

a) Der Graph kommt von links unten und steigt bis zum lokalen Hochpunkt $H(-1,1|1,1)$, fällt dann bis zu einem lokalen Tiefpunkt $T(1,8|-2,2)$ und steigt danach wieder.

b) Der Graph kommt von links unten, steigt bis zum lokalen Hochpunkt $H(-1|4)$ und fällt dann bis zu einem lokalen Tiefpunkt $T(1|0)$. Danach verläuft er achsensymmetrisch zu $x = 1$ weiter.

c) Der Graph verläuft oberhalb der x-Achse und steigt an bis zu einem lokalen Hochpunkt $H(-1|2)$. Er fällt danach stark ab bis zum globalen Tiefpunkt $T(1|0)$ und steigt dann steil an.

10

a) Der Graph von f ist eine um 2 Einheiten nach unten und 1 Einheit nach rechts verschobene Normalparabel mit Scheitel $S(1|-2)$. Die Funktion f hat auf der Definitionsmenge D das globale Minimum -2 an der Stelle $x = 1$.
Randextrema: $f(-1) = 2$ ist lokales Maximum und $f(4) = 7$ ist globales Maximum.

b) Es handelt sich um eine lineare Funktion. Sie ist streng monoton fallend. Somit ist $f(-1) = -\frac{5}{3}$ globales Maximum und $f(4) = -\frac{10}{3}$ globales Minimum.

c) Der Graph von f ist eine nach oben geöffnete Parabel mit den Nullstellen 0 und 1, ihr Scheitel ist $S(0,5|-0,5)$. Das globale Minimum von f ist $-0,5$.
f hat auf D das lokale Maximum $f(-1) = 4$ und das globale Maximum $f(4) = 24$.

d) f ist eine streng monoton wachsende Funktion auf D. Somit ist $f(-1) = \frac{1}{e}$ ein globales Minimum und $f(4) = e^4$ ein globales Maximum.

e) Die Sinusfunktion hat die Periode 2 und eine Amplitude von 2. Somit besitzt die Funktion bei $x_1 = 0,5$ und bei $x_2 = 2,5$ das globale Maximum 2. Bei $x_3 = -0,5$, bei $x_4 = 1,5$ und bei $x_5 = 3,5$ hat f das globale Minimum -2. An den Rändern hat f jeweils das lokale Maximum 0.

f) Der Graph von f ist die mit dem Faktor 3 gestreckte und an der x-Achse gespiegelte Kosinuskurve, die anschließend um 2 Einheiten nach oben verschoben wurde. Die Periode von f beträgt 4. Die Wertemenge von f ist $[-1; 5]$.
Bei $x = 2$ hat f das globale Maximum 5, bei $x = 0$ und bei $x = 4$ das globale Minimum -1. Bei $x = -1$ ist das lokales Maximum 2.

12
a) Lösungen: $x_1 = 2$ und $x_2 = 3$.
b) Lösungen: $x_1 = -2 - \sqrt{2}$ und $x_2 = -2 + \sqrt{2}$.
c) Lösung: $x = 2$.
d) Es gibt keine Lösung.
e) Lösungen: $x_1 = -2$ und $x_2 = \frac{1}{3}$.
f) Lösung: $x = -1$.
g) Lösungen: $x_1 = -\frac{1}{4}$ und $x_2 = 0$.
h) Lösungen: $x_1 = \frac{3}{2} - \frac{1}{2}\sqrt{3}$, $x_2 = 1$ und $x_3 = \frac{3}{2} + \frac{1}{2}\sqrt{3}$.
i) Lösungen: $x_1 = 0$, $x_2 = 1$ und $x_3 = 6$.

Seite 102

6
a) $f(x) = -\frac{1}{18}x^3 + \frac{3}{2}x$; $f'(x) = -\frac{1}{6}x^2 + \frac{3}{2}$; $f''(x) = -\frac{1}{3}x$
Notwendige Bedingung ist $f'(x) = 0$.
$-\frac{1}{6}x^2 + \frac{3}{2} = 0$ ergibt die Lösungen $x_1 = 3$ und $x_2 = -3$.
Hinreichende Bedingung ist $f''(3) = -1 < 0$, folglich ist $H(3|f(3))$ ein Hochpunkt.
$f''(-3) = 1 > 0$, folglich ist $T(-3|f(-3))$ ein Tiefpunkt.
$O(0|0)$ ist Schnittpunkt mit der y-Achse; Schnittpunkte mit der x-Achse sind $N_1(-\sqrt{27}|0)$; $O(0|0)$ und $N_2(\sqrt{27}|0)$.
Extrempunkte sind $H(3|3)$ und $T(-3|-3)$.

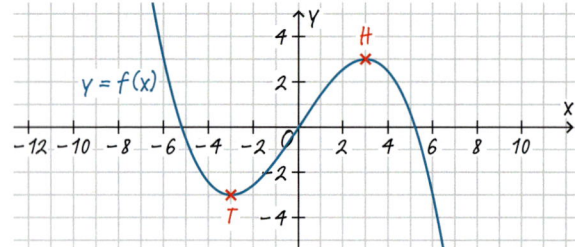

b) $f(x) = \frac{1}{4}x^4 - \frac{1}{3}x^3 - x^2$;
$f'(x) = x^3 - x^2 - 2x$; $f''(x) = 3x^2 - 2x - 2$
Notwendige Bedingung ist $f'(x) = 0$.
$x \cdot (x^2 - x - 2) = 0$ ergibt die Lösungen $x_1 = 0$; $x_2 = -1$ und $x_3 = 2$. Hinreichende Bedingung ist
$f''(0) = -2$, folglich ist $H(0|f(0))$ ein Hochpunkt.
$f''(-1) = 3$, folglich ist $T_1(-1|f(-1))$ ein Tiefpunkt.
$f''(2) = 6$, folglich ist $T_2(2|f(2))$ ein Tiefpunkt.
$H(0|0)$ ist Schnittpunkt mit y-Achse.
Schnittpunkte mit der x-Achse sind
$N_1\left(\frac{4-\sqrt{160}}{6}\Big|0\right) \approx N_1(-1,442|0)$; $H(0|0)$ und
$N_2\left(\frac{4+\sqrt{160}}{6}\Big|0\right) \approx N_2(2,775|0)$.
Extrempunkte sind $H(0|0)$; $T_1\left(-1\Big|-\frac{5}{12}\right)$ und $T_2\left(2\Big|-\frac{8}{3}\right)$.

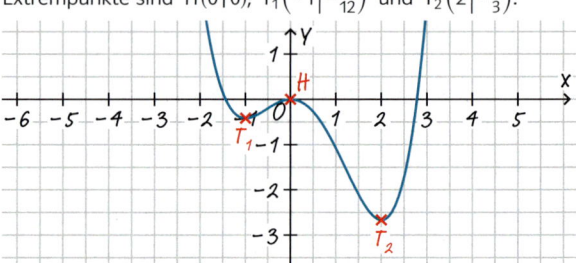

c) $f(x) = \frac{1}{4}(x^2 - 4)^2$; $f'(x) = x(x^2 - 4) = x^3 - 4x$; $f''(x) = 3x^2 - 4$
Notwendige Bedingung ist $f'(x) = 0$.
$x(x^2 - 4) = 0$ ergibt die Lösungen $x_1 = 0$; $x_2 = -2$ und $x_3 = 2$.
Hinreichende Bedingung ist
$f''(0) = -4 < 0$, folglich ist $H(0|f(0))$ ein Hochpunkt.
$f''(2) = 8 > 0$ und $f''(-2) = 8 > 0$, folglich sind $T_1(2|f(2))$ und $T_2(-2|f(-2))$ Tiefpunkte.
Schnittpunkt mit der y-Achse ist $H(0|4)$;
Berührpunkte mit der x-Achse sind $T_1(2|0)$ und $T_2(-2|0)$.
Extrempunkte sind $H(0|4)$ und $T_1(2|0)$ und $T_2(-2|0)$.

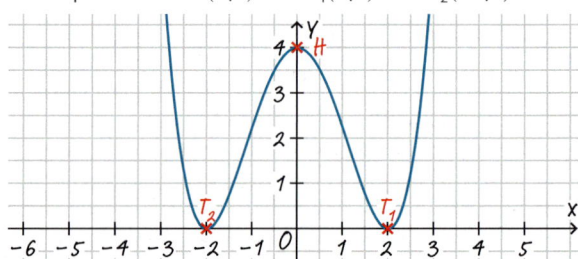

d) $f(x) = 3x^2 - x^3$; $f'(x) = 6x - 3x^2$; $f''(x) = 6 - 6x$
Notwendige Bedingung ist $f'(x) = 0$.
$6x - 3x^2 = 0$ ergibt die Lösungen $x_1 = 0$ und $x_2 = 2$
Hinreichende Bedingung ist
$f''(0) = 6 > 0$, folglich ist $T(0|f(0))$ ein Tiefpunkt.
$f''(2) = 6 - 12 = -6 < 0$, folglich ist $H(2|f(2))$ ein Hochpunkt.
Schnittpunkt sowohl mit der y-Achse als auch mit der x-Achse ist $T(0|0)$.
Extrempunkte sind $T(0|0)$ und $H(2|4)$.

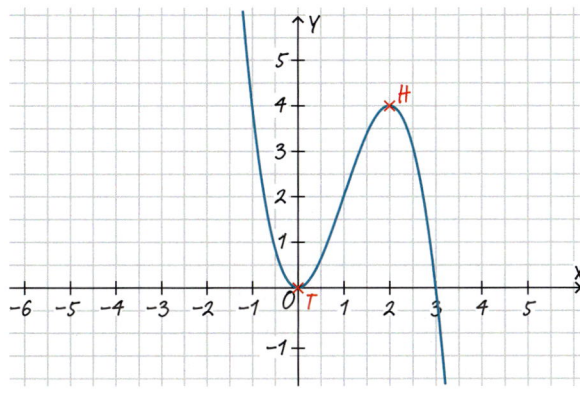

Seite 103

16
- A: Aussage A ist richtig, da der Graph der Ableitungsfunktion f', bei x = 3 eine Nullstelle mit Vorzeichenwechsel von + nach – besitzt.
- B: Aussage B ist falsch, der Graph f' hat zwar eine Nullstelle, jedoch an dieser Stelle keinen Vorzeichenwechsel.
- C: Aussage C ist richtig, da K im Intervall]0; 3[über der x-Achse verläuft, d.h. die Ableitungsfunktion hat dort positive Funktionswerte.
- D: Aussage D ist richtig, an der Stelle x = 1 hat der Graph von f' eine Nullstelle ohne Vorzeichenwechsel
- E: Aussage E ist falsch, im Intervall]1; 2[steigt der Graph f' streng monoton, daher hat der Graph von f dort eine Linkskrümmung.

18
a) Lösungen: $x_1 = -\sqrt{5}$ und $x_2 = \sqrt{5}$.
b) Lösungen: $x_1 = -\sqrt{\frac{1}{2}}$ und $x_2 = \sqrt{\frac{1}{2}}$.
c) Lösungen: $x_1 = -1$ und $x_2 = 1$.
d) Lösungen: $x_1 = -\sqrt{\frac{5}{2}}$ und $x_2 = \sqrt{\frac{5}{2}}$.
e) Lösungen: $x_1 = -\sqrt{2}$ und $x_2 = \sqrt{2}$.
f) Es gibt keine Lösung.

Seite 106

8
a) $f(x) = x(x^2 - 1) = x^3 - x$; $f'(x) = 3x^2 - 1$;
$f''(x) = 6x$; $f'''(x) = 6$
Nullstelle von f'': $x_0 = 0$; $f'''(x) = 6 \neq 0$, somit hat der Graph den Wendepunkt W(0|0).
Steigung in $x_0 = 0$: $f'(0) = -1$
Gleichung der Wendetangente in W: $y = -x$

b) $f(x) = 2x^2 - \frac{1}{3}x^4$; $f'(x) = 4x - \frac{4}{3}x^3$;
$f''(x) = 4 - 4x^2$; $f'''(x) = -8x$
Nullstellen von f'': $x_1 = 1$; $x_2 = -1$
$f'''(-1) = 8 \neq 0$, $f'''(1) = -8 \neq 0$;
$f(1) = \frac{5}{3}$; $f(-1) = \frac{5}{3}$, somit hat der Graph die Wendepunkte $W_1\left(-1\big|\frac{5}{3}\right)$ und $W_2\left(1\big|\frac{5}{3}\right)$.
Steigung in $x_1 = -1$: $f'(-1) = -\frac{8}{3}$ und
Steigung in $x_2 = 1$: $f'(1) = \frac{8}{3}$.
Gleichung der Wendetangente in W_1:
$y = \frac{8}{3}(x - 1) + \frac{5}{3}$; $y = \frac{8}{3}x - 1$
Gleichung der Wendetangente in W_2:
$y = -\frac{8}{3}(x + 1) + \frac{5}{3}$; $y = -\frac{8}{3}x - 1$

c) $f(x) = (x + 2) \cdot e^{-x}$;
$f'(x) = e^{-x} - (x + 2) \cdot e^{-x} = (-1 - x) \cdot e^{-x}$
$f''(x) = -e^{-x} - (-1 - x) \cdot e^{-x} = x \cdot e^{-x}$
$f'''(x) = e^{-x} - x \cdot e^{-x} = (1 - x) \cdot e^{-x}$
Nullstelle von f'': $x_0 = 0$; $f'''(0) = 1 \neq 0$, somit hat der Graph den Wendepunkt W(0|2).
Steigung in $x_0 = 0$: $f'(0) = -1$
Gleichung der Wendetangenten: $y = -x + 2$

Seite 107

15
- A: Im Intervall [-1; 3,5] hat der Graph der Ableitungsfunktion f' drei Extremstellen. Dort befinden sich die Wendestellen von K.
- B: Der Graph von f' hat an der Stelle 3 die Steigung 0 und keinen VZW. Also hat K an dieser Stelle einen Sattelpunkt.
- C: Die größte Tangentensteigung an einer Wendestelle befindet sich im Intervall [1; 2], dort ist die Steigung aber unter 0,5.

19
a) 5 b) 3 c) -3 d) $\frac{1}{2}$ e) 0 f) -2

Seite 111

8
A: Graph A gehört zum Funktionsterm 2: $f(x) = -x^4 + 2x^2$
Begründung mit f: Eine doppelte Nullstelle ist bei x = 0. Der Graph verläuft wegen des negativen Vorzeichens von links unten nach rechts unten.
Begründung mit f': $f'(x) = -4x^3 + 4x = 4x(1 - x^2)$ hat drei Nullstellen mit Vorzeichenwechsel bei $x_1 = 1$; bei $x_2 = -1$ und bei $x_3 = 0$, und der Graph von f hat an diesen Stellen Extrempunkte.
Begründung mit f'': $f''(x) = -12x^2 + 4$ Der Graph von f'' ist eine zur y-Achse symmetrische Parabel, die nach unten offen ist und zwei Nullstellen aufweist.
Der Graph der Funktion f hat drei Krümmungsbereiche:
- von links bis zur linken Nullstelle der Parabel ist $f''(x) < 0$, der Graph von f ist dort rechtsgekrümmt.
- zwischen den beiden Nullstellen ist $f''(x) > 0$, der Graph von f ist dort linksgekrümmt.
- rechts der zweiten Nullstelle der Parabel ist der Graph von f wieder rechtsgekrümmt.

B: Graph B gehört zum Funktionsterm 3: $f(x) = \frac{1}{4}(x-1)^4 + \frac{1}{2}$

Begründung mit f: Der Graph von g mit $g(x) = \frac{1}{4} \cdot x^4$ wurde um eine Einheit nach rechts und eine halbe Einheit nach oben verschoben; $f(0) = \frac{1}{4} + \frac{1}{2} = \frac{3}{4} = 0{,}75$.

Begründung mit f': $f'(x) = (x-1)^3$ hat bei $x = 1$ eine Nullstelle mit Vorzeichenwechsel von − nach +.

Graph B hat an der Stelle $x = 1$ einen Tiefpunkt.

Begründung mit f'': $f''(x) = 3(x-1)^2$; $f''(x) \geq 0$ für alle $x \in \mathbb{R}$.

Graph B ist für $x \neq 0$ linksgekrümmt.

C: Der Graph C gehört zum Funktionsterm 1: $f(x) = x^4 - x = x(x^3 - 1)$

Begründung mit f: f hat Nullstellen bei $x = 0$ und $x = 1$.

Graph C hat zwei Schnittpunkt mit der x-Achse bei $x = 0$ und bei $x = 1$.

Begründung mit f': $f'(x) = 4x^3 - 1$ ist streng monoton wachsend. C ist linksgekrümmt.

Begründung mit f'': $f''(x) = 12x^2$; $f''(x) \geq 0$ für alle $x \in \mathbb{R}$.

Der Graph C ist für $x \neq 0$ linksgekrümmt und hat bei $x = 0$ eine doppelte Nullstelle, daher keine Änderung des Krümmungsverhalten, kein Wendepunkt.

9

a) $f(x) = (x+1)^2(x-2)$

Nullstellen von f: $x_1 = -1$ (doppelte Nst.) und $x_2 = 2$

Durch Ausmultiplizieren erhält man: $f(x) = x^3 - 3x - 2$.

$f'(x) = 3x^2 - 3$; $f''(x) = 6x$; $f'''(x) = 6$

Nullstellen von f': $x_1 = -1$ und $x_3 = 1$

$f''(-1) = -6 < 0$; $f''(1) = 6 > 0$

Hochpunkt $H(-1|0)$; Tiefpunkt $T(1|-4)$

mögliche Wendestelle: $f''(x) = 0$ bei $x_4 = 0$;

$f'''(0) \neq 0$ für alle x; also Wendepunkt $W(0|-2)$

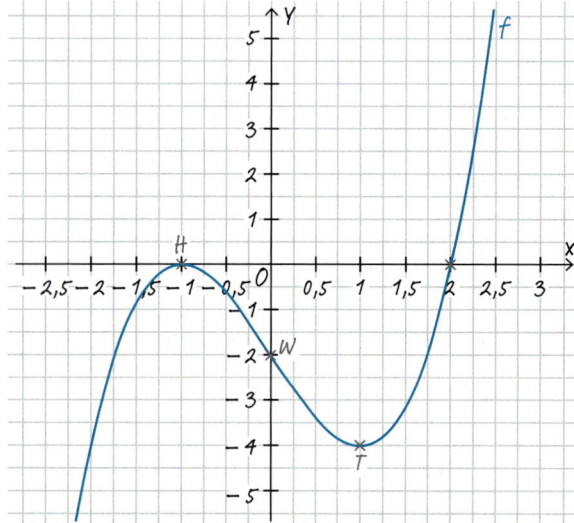

b) $f(x) = -(x^2+1)^2 + 4 = -x^4 - 2x^2 + 3$

Berechnen der Nullstellen mithilfe der Substitution $z = x^2$

$f(z) = -z^2 - 2z + 3$. Nullstellen: $z_1 = 1$, $z_2 = -3$.

Resubstitution $1 = x^2$

Nullstellen von f: $x_1 = -1$ und $x_2 = 1$

$f'(x) = -4x^3 - 4x$; $f''(x) = -12x^2 - 4$; $f'''(x) = -24x$

einzige Nullstelle von f': $x = 0$

$f''(0) = -4 < 0$; Hochpunkt $H(0|3)$

Da $f''(x) = -4(3x^2 + 1) \neq 0$ für alle x-Werte gilt, hat der Graph von f keine Wendepunkte.

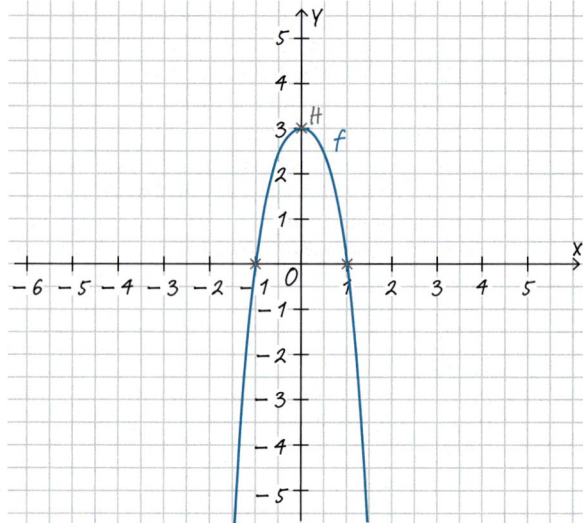

c) $f(x) = 2(x^3 + 1)^2$

Nullstellen von f:

$2(x^3 + 1)^2 = 0$ bedeutet $x^3 + 1 = 0$; also $x = \sqrt[3]{-1} = -1$

Ausmultiplizieren: $f(x) = 2x^6 + 4x^3 + 2$

$f'(x) = 12x^5 + 12x^2$; $f''(x) = 60x^4 + 24x$; $f'''(x) = 240x^3 + 24$

Nullstellen von f':

$f'(x) = 12x^5 + 12x^2 = 12x^2(x^3 + 1) = 0$. Aus der Produktform folgt $x = 0$ oder $x^3 + 1 = 0$; also $x_1 = 0$ und $x_2 = -1$.

$f''(0) = 0$; $f''(-1) = 36 > 0$

$f(0) = 2$; $f(-1) = 0$

Stelle $x = -1$: Tiefpunkt $T(-1|0)$;

Stelle $x = 0$: Wegen $f''(0) = 0$ überprüfen mithilfe von $f'''(0)$: $f'''(0) = 24 \neq 0$ d.h. Wendestelle bei $x_1 = 0$.

Damit ist $S(0|2)$ kein Extrempunkt sondern Sattelpunkt.

Weitere mögliche Wendestellen:

$f''(x) = 60x^4 + 24x = 12x(5x^3 + 2) = 0$ bedeutet $x = 0$ oder $5x^3 + 2 = 0$.

An der Stelle $x_3 = -\sqrt[3]{\frac{2}{5}} \approx -0{,}737$ nimmt f'' ebenfalls den Wert null an.

$f'''(x_3) = 120 \neq 0 \Rightarrow$ Wendestelle bei x_3

Wendepunkt $W\left(-\sqrt[3]{\frac{2}{5}} \middle| \frac{18}{25}\right)$

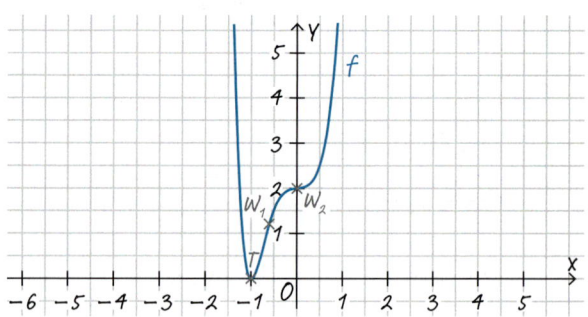

Seite 112

15

a) Der Graph von h geht nicht wie in der Abbildung durch den Ursprung, sondern durch den Punkt $S_y(0|4)$.
Die Funktion h ist eine Polynomfunktion vom Grad 4, d.h. h hat höchstens vier Nullstellen. Die Abbildung zeigt aber einen Graphen mit fünf Schnittpunkten mit der x-Achse.
Der Graph von h ist achsensymmetrisch zur y-Achse, weil der Term nur gerade Potenzen hat. Der abgebildete Graph der Abbildung ist aber punktsymmetrisch zum Ursprung.

b) Der Funktionsterm von h ist eine biquadratische Gleichung:
Substitution $z = x^2$ führt auf $z^2 - 5z + 4 = 0$.
Mit der Lösungsformel erhält man: $z_1 = 1$ und $z_2 = 4$.
Resubstitution ergibt die Lösungen $x_1 = 1$; $x_2 = -1$; $x_3 = 2$ und $x_4 = -2$.

c) Bei der Skalierung der x-Achse helfen die Nullstellen von h. Neben den Nullstellen von h ist 0 eine weitere Nullstelle von f. Für die Skalierung der y-Achse ist die Berechnung der Extrempunkte hilfreich:
$f'(x) = 5x^4 - 15x^2 + 4$, es soll gelten $f'(x) = 0$
Setze $z = x^2$: $5z^2 - 15z + 4 = 0$ hat die Lösungen
$z_1 = \frac{15 - \sqrt{145}}{10} \approx 0{,}3$ und $z_2 = \frac{15 + \sqrt{145}}{10} \approx 2{,}7$.
Resubstitution ergibt die Lösungen $x_1 \approx +0{,}55$ und $x_2 \approx -0{,}55$; $x_3 \approx +1{,}64$ und bei $x_4 \approx -1{,}64$.
Einsetzen in f'' mit $f''(x) = 20x^3 - 30x$:

$f''(\sqrt{0{,}3}) \approx -13{,}1 < 0$, also Hochpunkt bei $x \approx 0{,}55$;
$f(\sqrt{0{,}3}) \approx 1{,}41$, $H_1(0{,}55|1{,}41)$.
$f''(-\sqrt{0{,}3}) \approx 13{,}1 > 0$, also Tiefpunkt bei $x \approx -0{,}55$;
$f(-\sqrt{0{,}3}) \approx -1{,}41$, $T_1(-0{,}55|-1{,}41)$
$f''(\sqrt{2{,}7}) \approx 39{,}4 > 0$, also Tiefpunkt bei $x \approx 1{,}64$;
$f(\sqrt{2{,}7}) \approx -3{,}6$, $T_1(1{,}64|-3{,}6)$
$f''(-\sqrt{2{,}7}) \approx -39{,}4 < 0$, also Hochpunkt bei $x \approx -1{,}64$;
$f(-\sqrt{2{,}7}) \approx 3{,}6$; und $H_2(-1{,}6|3{,}6)$.

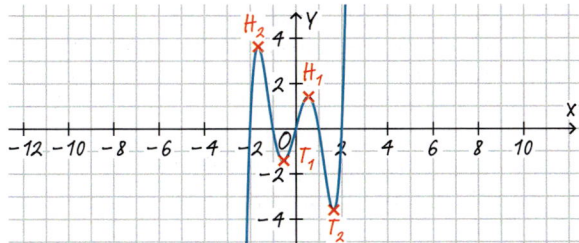

16

a) Möglichkeit A

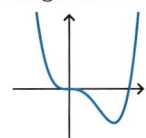

Möglichkeit B:

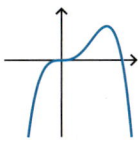

Möglichkeit C

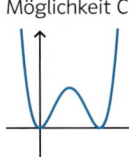

Möglichkeit D:

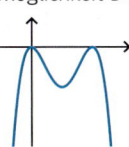

Möglichkeit E

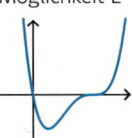

Möglichkeit F:

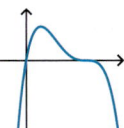

b) $f(x) = 0{,}25x^4 - 2x^3 + 4x^2$
$= 0{,}25x^2(x^2 - 8x + 16) = 0{,}25x^2(x - 4)^2$
Globales Verhalten: Für $x \to -\infty$ geht $f(x) \to +\infty$ und für $x \to +\infty$ geht $f(x) \to +\infty$.
Wegen der beiden doppelten Nullstellen und des globalen Verhaltens trifft Möglichkeit C aus Teilaufgabe a) zu.

c) $f'(x) = x^3 - 6x^2 + 8x$;
$f''(x) = 3x^2 - 12x + 8$; $f'''(x) = 6x - 12$
Extrempunkte: $f'(x) = 0$, $x(x^2 - 6x + 8) = 0$ hat die Lösungen 0 oder $(x^2 - 6x + 8) = 0$ mit den Lösungen 2 und 4.
$x_1 = 0$; $f''(0) = 8 > 0$, also Tiefpunkt bei $x_1 = 0$; $T_1(0|0)$.
$x_2 = 2$; $f''(2) = -4 < 0$, also Hochpunkt bei $x_2 = 2$; $H(2|f(2)) = H(2|4)$.
$x_3 = 4$; $f''(4) = 8$, also Tiefpunkt bei $x_3 = 4$; $T_2(4|0)$.
Wendepunkte: $f''(x) = 0$, $3x^2 - 12x + 8 = 0$
Die Lösungsformel ergibt $x_1 = \frac{6 - 2\sqrt{3}}{3}$ und $x_2 = \frac{6 + 2\sqrt{3}}{3}$.
$x_1 \approx 0{,}85$; $f'''(0{,}85) = -6{,}9 \neq 0$; $f(0{,}85) \approx 1{,}8$, ergibt $W_1(0{,}85|1{,}8)$
$x_2 \approx 3{,}15$; $f'''(3{,}15) = 6{,}9 \neq 0$; $f(3{,}15) \approx 1{,}8$, ergibt $W_2(3{,}15|1{,}8)$

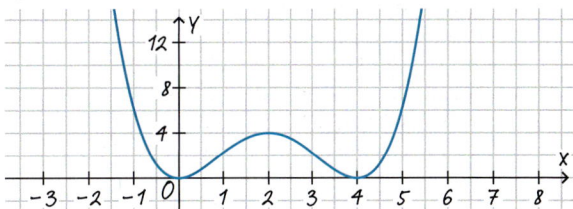

18

Achsensymmetrie zur x-Achse:
Graph von f_1 mit $f_1(x) = e^x + e^{-x}$, denn es gilt
$f_1(-x) = e^{-x} + e^x = f_1(x)$.
Graph von f_2 mit $f_2(x) = x^4 - 2x^2$, denn es gilt
$f_2(-x) = x^4 - 2x^2 = f_2(x)$.
Graph von f_6 mit, $f_6(x) = \cos(2x) - 5$, denn es gilt
$f_6(-x) = \cos(-2x) - 5 = \cos(2x) - 5 = f_6(x)$.

Punktsymmetrie zum Ursprumg:
Graph von f_4 mit $f_4(x) = x(x^2 - 4)$, denn es gilt
$f_2(-x) = -x(x^2 - 4) = -f_2(x)$.
Graph von f_5 mit $f_5(x) = 2\sin(\pi x)$, denn es gilt
$f_5(-x) = 2\sin(-\pi x) = -2\sin(\pi x) = -f_5(x)$.

Weder Achsensymmetrie zur y-Achse noch Punktsymmetrie zum Ursprung:
Graph von f_3, denn es kommen nach dem Ausmultiplizieren sowohl gerade als auch negative Exponenten vor.

Seite 115

5

a) $v(10) = 20$

b) $v'(t) > 0$ für $0 \leq t \leq 10$ bzw. v ist streng monoton steigend für $0 \leq t \leq 10$

Lösungen

c) v'(t) < 0 für 30 ≤ t ≤ 35

d) Dies bedeutet: Der Graph von v hat bei t = 15 einen Wendepunkt mit positiver Steigung.
Es gilt also v'(15) > 0 und v''(15) = 0.

Seite 116

10

a) $f(10) = -5{,}5 \sin\left(\frac{\pi}{12} \cdot 10\right) + 15{,}5 = 15{,}5 - 2{,}75 = 12{,}75$

Um 10:00 Uhr wurden 12,75 °C gemessen.
Die Zeit 20:45 Uhr entspricht t = 20,75.

$f(20{,}75) = -5{,}5 \sin\left(\frac{\pi}{12} \cdot 20{,}75\right) + 15{,}5 = 19{,}64$.

Um 20:45 Uhr wurden 19,64 °C gemessen.

b) $\frac{f(16{,}5) - f(8)}{16{,}5 - 8} = \frac{9{,}84}{8{,}5} \approx 1{,}16$

Die durchschnittliche Temperaturzunahme zwischen 8:00 Uhr und 16:30 Uhr beträgt ca. 1,16 °C pro Stunde.

c) $f'(t) = -5{,}5 \cdot \frac{\pi}{12} \cos\left(\frac{\pi}{12} t\right)$

$f'(10) = -5{,}5 \cdot \frac{\pi}{12} \cos\left(\frac{5}{6}\pi\right) \approx 1{,}25$

Um 10:00 Uhr beträgt die momentane Änderungsrate 1,25 °C pro Stunde.

d) Die Funktion hat Periode 24; sie ist zunächst monoton fallend. Ihr Graph erreicht bei t = 6 einen Tiefpunkt und bei t = 18 einen Hochpunkt. Größter Funktionswert ist 15,5 + 5,5 = 21
Die höchste Temperatur wurde um 18:00 Uhr gemessen, sie beträgt 21°C.

e) Der stärkste Temperaturanstieg befindet sich in der Mitte zwischen Tiefpunkt und Hochpunkt, dies ist bei t = 12.
Um 12:00 Uhr ist der stärkste Temperaturanstieg, er beträgt 1,44 °C pro Stunde.

12

a) A = 2,5 · 1,5 · 0,5 = 1,875
Das Dreieck hat einen Flächeninhalt von 1,875 cm².

b) A = 1 · 4 + (4 + 3) · 0,5 = 7,5
Das Fünfeck hat einen Flächeninhalt von 7,5 cm².

c) A = 3 · 2 − 0,5 · 1 · 1 = 5,5
Das Vieleck hat einen Flächeninhalt von 5,5 cm².

Seite 124

Prüfungsvorbereitung – Aufgaben ohne Hilfsmittel

1

a) Der Graph von f hat im Ursprung einen Tiefpunkt und bei H(2|3) einen Hochpunkt.

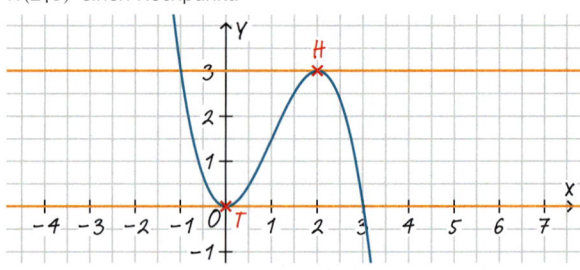

b) Der Graph hat den Hochpunkt H(1|2) und den Tiefpunkt T(4|−3).

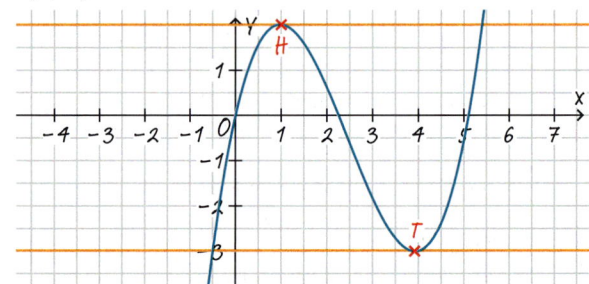

2

Der Graph B gehört zur Funktion f, er ist punktsymmetrisch zum Ursprung und hat im Ursprung einen Wendepunkt.
Seine Ableitung hat bei x = 0 eine Extremstelle. Dies ist beim Graphen A der Fall, der bei x = 0 einen Hochpunkt hat.
Graph C hat bei x = 0 einen Schnittpunkt mit der x-Achse. Das Vorzeichen wechselt dort von + nach −. C ist die zweite Ableitung von f.

3

a) Ableitungen: $f'(x) = 3x^2 - 3x - 6$, $f''(x) = 6x - 3$ und $f'''(x) = 6$.

Mögliche Extremstellen:
$f'(x) = 0 \Leftrightarrow 3x^2 - 3x - 6 = 3(x^2 - x - 2) = 0$,
also $x_1 = -1$ und $x_2 = 2$ (Lösungsformel).
Überprüfung der möglichen Extremstellen:
1. $x_1 = -1$: $f''(-1) = -9 < 0$. Die Stelle $x_1 = -1$ ist eine Extremstelle (Maximum).
2. $x_2 = 2$: $f''(2) = 9 > 0$. Die Stelle $x_2 = 2$ ist eine Extremstelle (Minimum).

Mögliche Wendestellen: $f''(x) = 0 \Leftrightarrow 6x - 3 = 0$, also $x_3 = \frac{1}{2}$.

Überprüfung der möglichen Wendestelle: $f'''\left(\frac{1}{2}\right) = 6 \neq 0$.

Die Stelle $x_3 = \frac{1}{2}$ ist eine Wendestelle.

b) Ableitungen: $f'(x) = 4x^3 - 12x$, $f''(x) = 12x^2 - 12$ und $f'''(x) = 24x$.

Mögliche Extremstellen: $f'(x) = 0 \Leftrightarrow 4x^3 - 12x = 4x(x^2 - 3) = 0$, also $x_1 = 0$, $x_2 = -\sqrt{3}$ und $x_3 = \sqrt{3}$.
Überprüfung der möglichen Extremstellen:
1. $x_1 = 0$: $f''(0) = -12 < 0$.
   Die Stelle $x_1 = 0$ ist eine Extremstelle (Maximum).
2. $x_2 = -\sqrt{3}$: $f''(-\sqrt{3}) = 24 > 0$.
   Die Stelle $x_2 = -\sqrt{3}$ ist eine Extremstelle (Minimum).
3. $x_3 = \sqrt{3}$: $f''(\sqrt{3}) = 24 > 0$.
   Die Stelle $x_3 = \sqrt{3}$ ist eine Extremstelle (Minimum).

Mögliche Wendestellen: $f''(x) = 0 \Leftrightarrow 12x^2 - 12 = 0$, also $x_4 = -1$ und $x_5 = 1$.
Überprüfung der möglichen Wendestellen:
1. $x_4 = -1$: $f'''(-1) = -24 \neq 0$.
   Die Stelle $x_5 = -1$ ist eine Wendestelle.
2. $x_5 = 1$: $f'''(1) = 24 \neq 0$.
   Die Stelle $x_5 = 1$ ist eine Wendestelle.

c) Ableitungen: $f'(x) = \frac{3}{25}(x-5)^2 - 3$; $f''(x) = \frac{6}{25}(x-5)$; $f'''(x) = \frac{6}{25}$

Mögliche Extremstellen: $f'(x) = 0 \Leftrightarrow \frac{3}{25}(x-5)^2 - 3 = 0$
$\Leftrightarrow (x-5)^2 = 25 \Leftrightarrow x^2 + 10x + 25 = 25 \Leftrightarrow x(x-10) = 0$,
also $x_1 = 0$ und $x_2 = 10$.
Überprüfung der möglichen Extremstellen:
1. $f''(0) = -\frac{6}{5} < 0$: An der Stelle $x_1 = 0$ ist eine Extremstelle (Maximum).
2. $f''(10) = \frac{6}{5} > 0$: An der Stelle $x_2 = 10$ ist eine Extremstelle (Minimum).

Mögliche Wendestellen: $f''(x) = 0 \Leftrightarrow \frac{6}{25}(x-5) = 0$, also $x_3 = 5$
Überprüfung der Wendestelle: $f'''(5) = \frac{6}{25} \neq 0$.
Die Stelle $x_3 = 5$ ist eine Wendestelle.

4
$f'(x) = x^2 - 2$; $f''(x) = 2x$
a) $f'(0) = -2$; $f(0) = 3$; Tangentengleichung: $y = 3 - 2x$
b) Für $x > 0$ ist $f''(x) = 2x > 0$, d.h., der Graph von f ist linksgekrümmt.

5
Individuelle Lösung, z.B.:

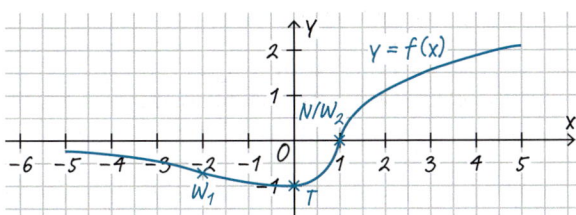

6
a) Die Aussage ist falsch. Die zweite Ableitung hat als lineare Funktion immer eine Nullstelle mit Vorzeichenwechsel. Deshalb hat die Funktion f genau eine Wendestelle, muss jedoch keine Extremstelle haben, wie zum Beispiel die Funktion mit $f(x) = x^3$.

b) Die Aussage ist wahr. Eine Polynomfunktion 2. Grades hat eine lineare Funktion als Ableitung. Diese hat immer genau eine Nullstelle mit Vorzeichenwechsel. Je nachdem wie der VZW verläuft, hat f ein lokales Minimum oder ein lokales Maximum.

c) Die Aussage ist wahr. Die Ableitung einer Polynomfunktion 4. Grades hat Grad 3; Funktionen dritten Grades müssen aufgrund ihres Verlaufs die x-Achse mit einem Vorzeichenwechsel schneiden.

7
a) Tiefpunkt $T(-1|0)$, weil $f(-1) = 0$, $f'(-1) = 0$ und $f''(-1) = 4 > 0$ ist.
Wendepunkt $W(0|-2)$, weil $f(0) = -2$, $f''(0) = 0$ und $f'''(0) = 2 \neq 0$ ist.
Sattelpunkt $S(2|-3)$, weil $f(2) = 3$, $f'(2) = 0$, $f''(2) = 0$ und $f'''(2) = -4 \neq 0$ ist.
$f(5) = 0$, folglich ist bei $N(5|0)$ ein Schnittpunkt mit der x-Achse

b) Wendepunkt $W(0|2)$, weil $f(0) = 2$, $f''(0) = 0$ und $f'''(0) = -2 \neq 0$ ist.
Sattelpunkt $S(2|3)$, weil $f(2) = 3$, $f'(2) = 0$ und $f''(2) = 0 \neq 1$ ist.
Hochpunkt $H(6|10)$, weil $f(6) = 10$, $f'(6) = 0$ und $f''(6) = -2 < 0$ ist.

8
a) $f'(x) = x^2 - 2$, $f''(x) = 2x$. f'' hat bei $x = 0$ ein Nullstelle mit VZW. Der Wendepunkt ist $W(0|3)$, die Steigung in W ist $f'(0) = -2$. Tangentengleichung t: $y = -2x + 3$

b) Für $x < 0$ ist $f''(x) < 0$. Der Graph ist im negativen x-Bereich rechtsgekrümmt. Für $x > 0$ ist $f''(x) > 0$. Der Graph ist im positiven x-Bereich linksgekrümmt.

Seite 125

9
Ableitungen: $f'(x) = \frac{3}{25}(x-5)^2 - 3$; $f''(x) = \frac{6}{25}(x-5)$; $f'''(x) = \frac{6}{25}$
Extrempunkte:
Ansatz: $f'(x) = 0$ mit den Lösungen $x_1 = 0$ und $x_2 = 10$.
Es ist $f''(0) = -\frac{6}{5} < 0$ und $f(0) = -5$.
Es ist $f''(10) = \frac{6}{5} > 0$ und $f(10) = -25$.
Wendepunkte:
Ansatz: $f''(x) = 0$ mit der Lösung $x_3 = 5$.
Es ist $f'''(5) \neq 0$ mit $f(5) = -15$.
Der Graph von f hat den Hochpunkt $H(0|-5)$, den Tiefpunkt $T(10|-25)$ und den Wendepunkt $W(5|-15)$.

10
a) $f(x) = \frac{1}{8}(x^4 - 6x^2 + 12)$; $f'(x) = \frac{1}{2}x^3 - \frac{3}{2}x$;
$f''(x) = \frac{3}{2}x^2 - \frac{3}{2}$; $f'''(x) = 3x$
Nullstellen von f'': $\frac{3}{2}x^2 - \frac{3}{2} = 0$ sind
$x_1 = 1$ und $x_2 = -1$. $f'''(1) = 3 \neq 0$; $f'''(-1) = -3 \neq 0$.
f hat an den Stellen $x_1 = 1$ und $x_2 = -1$ zwei Wendestellen.
$f(x_1) = \frac{1}{8}(1 - 6 + 12) = \frac{7}{8}$; $f(x_2) = \frac{1}{8}(1 - 6 + 12) = \frac{7}{8}$
Die Wendepunkte des Graphen von f sind $W_1\left(-1\left|\frac{7}{8}\right.\right)$ und $W_2\left(1\left|\frac{7}{8}\right.\right)$.

Lösungen

b) Krümmungsverhalten:
   Für $x < -1$ ist $f''(x) > 0$; somit ist der Graph linksgekrümmt.
   Für $x \in\,]-1;\,1[$ ist $f''(x) < 0$; somit ist der Graph in diesem Bereich rechtsgekrümmt.
   Für $x > 1$ ist $f''(x) > 0$; somit ist der Graph in diesem Bereich linksgekrümmt

c) Steigung in W_1: $f'(1) = -1$;
   Tangente in W_1: $y = -(x - 1) + \frac{7}{8}$
   Ergebnis: t_1: $y = -x + \frac{15}{8}$
   Steigung in W_2: $f'(-1) = 1$
   Tangente in W_2: $y = (x + 1) + \frac{7}{8}$
   Ergebnis: t_2: $y = x + \frac{15}{8}$

d) Schnittpunkte der Wendetangenten mit der x – Achse sind
   $S_1\left(+\frac{15}{8}\,\big|\,0\right)$ und $S_2\left(-\frac{15}{8}\,\big|\,0\right)$.
   Grundseite des Dreiecks: $g = \frac{30}{8}$;
   Höhe des Dreiecks $h = \frac{15}{8}$.
   Das Dreieck hat den Flächeninhalt $A = \frac{225}{64}$ FE.
   Da die Wendetangenten die Steigung –1 und 1 haben und das Produkt der Steigungen –1 beträgt, schneiden sie sich rechtwinklig.

11

a) Falsch. Die Funktion f' hat für $-2{,}5 \leq x \leq 5$ nur eine Nullstelle mit VZW. Also hat f nur eine Extremstelle für $-2{,}5 \leq x \leq 5$.

b) Wahr. f hat genau dort Wendestellen, wo f' Extremstellen hat, also bei $x_1 = 0$ und $x_2 = 4$.

c) Falsch. $f''(x)$ entspricht der Steigung des Graphen von f' an der Stelle x. Also ist $f''(0) = 0$.

d) Wahr. Für $0 < x < 4$ ist $f'(x) < 0$. Also ist f dort streng monoton fallend und somit ist $f(4) < f(0)$.

Prüfungsaufgaben – Aufgaben mit Hilfsmitteln

12

a) Alle Potenzen von x sind ungerade, der Graph von f ist symmetrisch zum Ursprung, hat also für $x < 0$ einen Hochpunkt: Folglich sind nicht alle Extrempunkte dargestellt.
   Es ist $f'(x) = \frac{3}{2}x^2 - 1 = \frac{3}{2}\cdot\left(x + \sqrt{\frac{2}{3}}\right)\cdot\left(x - \sqrt{\frac{2}{3}}\right)$; $f''(x) = 3x$.
   $N_1(-\sqrt{2}\,|\,0)$ und $N_2(\sqrt{2}\,|\,0)$; $H(-0{,}82\,|\,0{,}54)$ und $T(0{,}82\,|\,-0{,}54)$; $W(0\,|\,0)$.

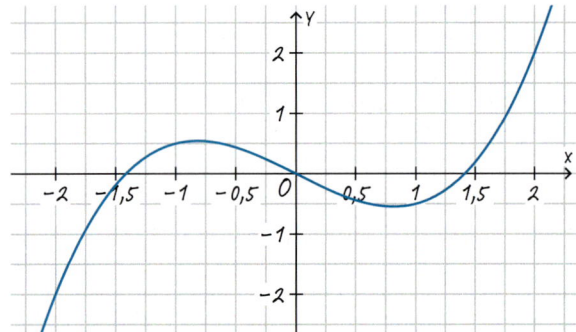

b) $g'(x) = 2\cdot(1 - 2x)\cdot e^x$ und $g''(x) = -2\cdot(1 + 2x)\cdot e^x$
   $N\left(\frac{3}{2}\,\big|\,0\right)$; $H\left(\frac{1}{2}\,\big|\,4\sqrt{e}\right)$ und $W\left(-\frac{1}{2}\,\big|\,\frac{8}{\sqrt{e}}\right)$.
   Die Abbildung zeigt alle charakteristischen Punkte des Graphen von g.

c) Nicht alle charakteristischen Punkte des Graphen sind zu sehen, da die Werte dieser Funktion vierten Grades für $x \to \infty$ negativ werden (und bleiben).
   $h'(x) = 8x - 4x^3 = -4x\left(x + \sqrt{2}\right)\left(x - \sqrt{2}\right)$ und
   $h''(x) = 8 - 12x^2 = -12\left(x + \sqrt{\frac{2}{3}}\right)\left(x - \sqrt{\frac{2}{3}}\right)$.
   $N_1(-2\,|\,0)$, $N_2(2\,|\,0)$; $H_1(-\sqrt{2}\,|\,4)$, $T(0\,|\,0)$, $H_2(\sqrt{2}\,|\,4)$ und
   $W_1\left(-\sqrt{\frac{2}{3}}\,\big|\,\frac{20}{9}\right)$, $W_2\left(\sqrt{\frac{2}{3}}\,\big|\,\frac{20}{9}\right)$.

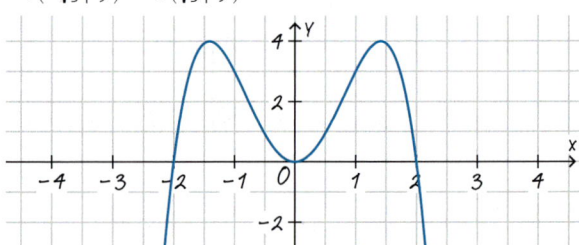

13

a) $f'(x) = 9 - 9x^2 = -9(x + 1)(x - 1)$ und $f''(x) = -18x$.
   $T(-1\,|\,-4)$ und $H(1\,|\,8)$, $W(0\,|\,2)$.
   Der Graph der Ableitung f' von f ist eine nach unten geöffnete Parabel mit den Nullstellen $x_1 = -1$ und $x_2 = 1$:
   - f ist also streng monoton fallend für $x < -1$ und für $x > 1$
   - f ist streng monoton wachsend für $-1 < x < 1$.
   Der Graph von f'' ist eine Gerade mit negativer Steigung:
   - Der Graph von f ist also linksgekrümmt für $x < 0$ und rechtsgekrümmt für $x > 0$.

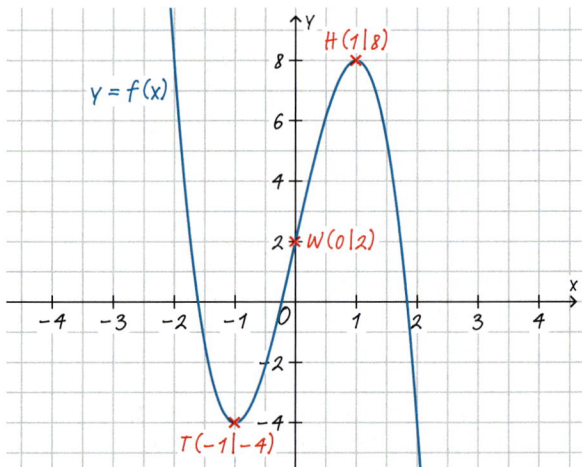

b) $f'(x) = 12x^2 - 8x^3 = -8x^2(x - 1{,}5)$ und $f''(x) = 24x - 24x^2$.
   $S(0\,|\,0)$, $H\left(1{,}5\,\big|\,\frac{27}{8}\right)$, $W_1(0\,|\,0)$ und $W_2(1\,|\,2)$.
   Prüfung des Vorzeichens von f':
   - für $x \in\,]-\infty;\,1{,}5[$: $f'(1) = 4 > 0$
   - für $x \in\,]1{,}5;\,\infty[$: $f'(2) = -16 < 0$.
   f ist also streng monoton wachsend für $x < 1{,}5$ und streng monoton fallend für $x > 1{,}5$.
   Der Graph von f'' ist eine nach unten geöffnete Parabel mit den Nullstellen $x_1 = 0$ und $x_2 = 1$:
   - Der Graph von f ist also rechtsgekrümmt für $x < 0$, linksgekrümmt für $0 < x < 1$ und rechtsgekrümmt für $x > 1$.

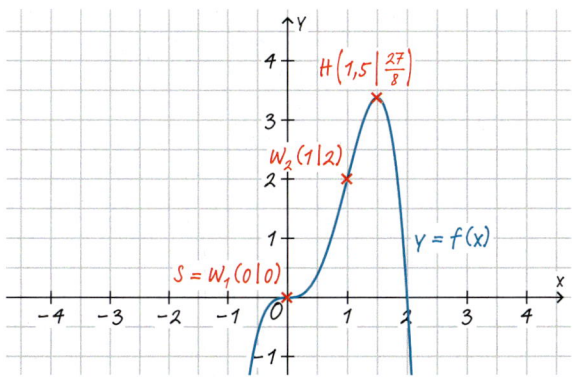

c) $f'(x) = (2-x) \cdot e^x$ und $f''(x) = (1-x) \cdot e^x$.
$H(2|e^2)$ und $W(1|2e)$.
Prüfung des Vorzeichens von f'
- für $x \in \,]-\infty;\, 2[$: $f'(0) = 2 > 0$
- für $x \in \,]2;\, \infty[$: $f'(3) = -e^3 < 0$.

Also ist f streng monoton wachsend für $x < 2$ und streng monoton fallend für $x > 2$.
Prüfung des Vorzeichens von f''
- für $x \in \,]-\infty;\, 1[$: $f''(0) = 1 > 0$
- für $x \in \,]1;\, \infty[$: $f''(2) = -e^2 < 0$.

Der Graph von f ist also linksgekrümmt für $x < 1$ und rechtsgekrümmt für $x > 1$.

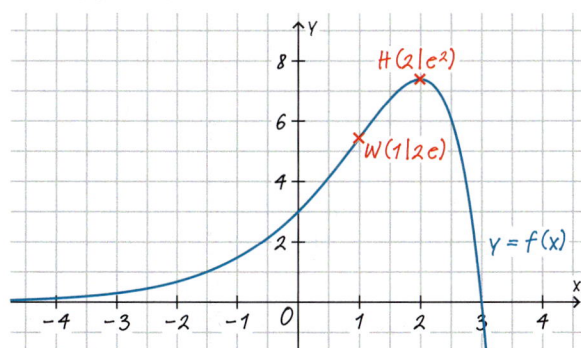

14
a) $f'(x) = x^3 - 4x = x(x^2 - 4)$; $f''(x) = 3x^2 - 4$; $f'''(x) = 6x$
$f'(x) = 0$ hat die Lösungen $x_1 = -2$; $x_2 = 0$ und $x_3 = 2$.
$f''(-2) = 8 > 0$, also ist -2 Minimumstelle;
$f''(0) = -4 < 0$, also ist 0 Maximumstelle;
$f''(2) = 8 > 0$, also ist 2 Minimumstelle;
$f''(x) = 0$ hat die Lösungen $x_4 = -\frac{2}{\sqrt{3}}$ und $x_5 = \frac{2}{\sqrt{3}}$. Da f''' an diesen Stellen ungleich null ist, sind dies die Wendestellen.
$H(0|1)$, $T_1(-2|-3)$, $T_2(2|-3)$, $W_1\left(-\frac{2}{\sqrt{3}} \mid -\frac{11}{9}\right)$, $W_2\left(\frac{2}{\sqrt{3}} \mid -\frac{11}{9}\right)$
t_1: $y = \frac{16}{9}\sqrt{3} \cdot x + \frac{7}{3}$; t_2: $y = -\frac{16}{9}\sqrt{3} \cdot x + \frac{7}{3}$

b) $f'(x) = 1 + \cos(x)$; $f''(x) = -\sin(x)$; $f'''(x) = -\cos(x)$
f hat im Intervall $[-4;\, 4]$ keine lokalen Extrema, $f(-4) \approx -3{,}24$ ist globales Minimum, $f(4) \approx 3{,}24$ ist globales Maximum. Wendestellen im Intervall $[-4;\, 4]$ sind $x_1 = -\pi$, $x_2 = \pi$ und $x_3 = 0$.
$W_1(-\pi|-\pi)$ und $W_2(\pi|\pi)$ sind Wendepunkte mit waagerechter Tangente (Sattelpunkte), $W_3(0|0)$ ist Wendepunkt mit Steigung 2: t_1: $y = -\pi$; t_2: $y = \pi$; t_3: $y = 2x$.

15
a) Zeichnung:

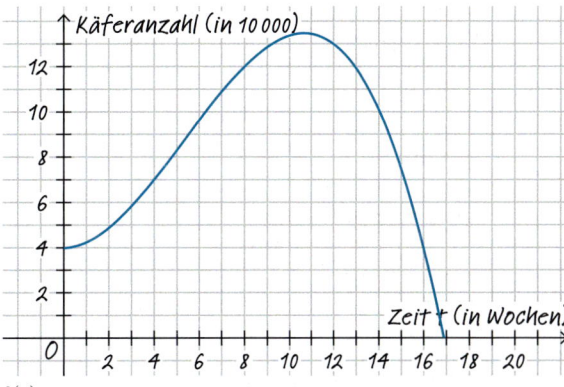

$f(0) = 4$
Ansatz: $f(t) = 4$, also $-\frac{1}{64}t^3 + \frac{1}{4}t^2 + 4 = 4$; $\frac{1}{64}t^2(-t + 16) = 0$
Lösungen mit dem Satz vom Nullprodukt: $t_1 = 0$; $t_2 = 16$
Zu Beobachtungsbeginn werden 40 000 Käfer registriert. Nach 16 Wochen sind es ebenfalls 40 000 Käfer.

b) Ableitungen: $f'(t) = -\frac{3}{64}t^2 + \frac{1}{2}t$; $f''(t) = -\frac{3}{32}t + \frac{1}{2}$; $f'''(t) = -\frac{3}{32}$
Ansatz: $f'(t) = 0$ mit den Lösungen $t_1 = 0$ und $t_3 = \frac{32}{3} \approx 10{,}67$.
$f''(0) = \frac{1}{2} > 0$, also ist t_1 eine Minimumstelle.
$f''\left(\frac{32}{3}\right) = -\frac{1}{2} < 0$ und $f\left(\frac{32}{3}\right) \approx 13{,}4815$.
Es sind maximal ca. 134 815 Käfer vorhanden.

c) Gesucht ist eine Wendestelle t_4 von f mit $f'(t_4) > 0$.
Ansatz: $f''(t) = 0$ mit der Lösung $t_4 = \frac{16}{3} \approx 5{,}33$.
Es ist $f'''(t) \neq 0$ und $f'\left(\frac{16}{3}\right) = \frac{4}{3} > 0$.
Etwa 5,33 Wochen nach Beobachtungsbeginn vermehren sich die Käfer am stärksten.

IV Integralrechnung

Seite 128

1
a) $A = \frac{1}{2} \cdot 6 \cdot 2{,}5 = 7{,}5$
Der Flächeninhalt beträgt 7,5 FE.
b) $A = \frac{1}{2} \cdot 6 \cdot 4 = 12$
Der Flächeninhalt beträgt 12 FE.
c) $A = \frac{1+3}{2} \cdot 4 = 8$
Der Flächeninhalt beträgt 8 FE.

2
a) $A = A_1 + A_2 = (4{,}5 \cdot 1{,}5)\,\text{cm}^2 + \left(\frac{1}{2} \cdot 2{,}5 \cdot 1{,}5\right)\text{cm}^2 = 8{,}625\,\text{cm}^2$

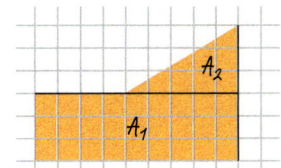

b) $A = A_1 + A_2 + A_3 = 3\,cm^2 + 1\,cm^2 + 1,5\,cm^2 = 5,5\,cm^2$

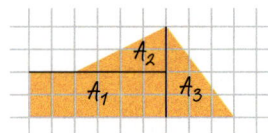

c) $A = A_1 + A_2 + A_3 + A_4 + A_5 + A_6 = 1,25\,cm^2 + 1,5\,cm^2 + 1,5\,cm^2$
$\quad + 0,5\,cm^2 + 1,5\,cm^2 + 0,375\,cm^2 = 6,625\,cm^2$

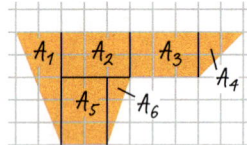

3

Wasservolumen – Schüttung einer Quelle
Zurückgelegter Weg – Geschwindigkeit
Wassermenge in einem Tank – Zufluss
Flughöhe – Sinkgeschwindigkeit
Temperatur – Temperaturzunahme

Seite 129

4

a) A: $f'(-3) = 4{,}25$; $f'(-2) = 1$;
$f'(-1) = -\frac{3}{4}$; $f'(0) = -1$;
$f'(1) = \frac{1}{4}$; $f'(2) = 3$
B: $f'(-3) = -1$; $f'(-2) = -0{,}5$;
$f'(-1) = 0$; $f'(0) = 0{,}5$;
$f'(1) = 1$; $f'(2) = 1{,}5$

b) A: $f'(x) = 0$ für $x_1 \approx -1{,}5$ und $x_2 \approx 0{,}9$
B: $f'(x) = 0$ für $x_1 = -1$

c) Graph der Ableitungsfunktion f':

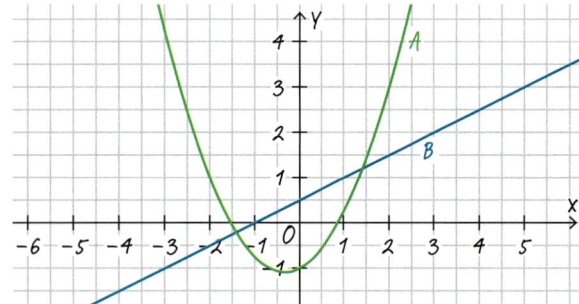

5

a) $f'(x) = 3x^2$
$f''(x) = 6x$

b) $f'(x) = 2x + 1$
$f''(x) = 2$

c) $f'(x) = 6x$
$f''(x) = 6$

d) $f'(x) = x^3$
$f''(x) = 3x^2$

e) $f'(x) = e^x$
$f''(x) = e^x$

f) $f'(x) = -\frac{1}{x^2}$
$f''(x) = \frac{2}{x^3}$

g) $f'(x) = \cos(x)$
$f''(x) = -\sin(x)$

h) $f'(x) = -\sin(x)$
$f''(x) = -\cos(x)$

6

a) $f'(x) = 3(x-3)^2$
b) $f'(x) = 10(2x+1)^4$
c) $f'(x) = -20(2-4x)^4$
d) $f'(x) = 2e^{2x}$
e) $f'(x) = -\frac{1}{2}e^{-\frac{1}{2}x}$
f) $f'(x) = -\frac{4}{(2x+1)^3}$
g) $f'(x) = -\pi\sin(\pi x - 1)$
h) $f'(x) = \frac{\pi}{2}\cos\left(\frac{\pi}{2}(x-1)\right)$
i) $f'(x) = (1-x)\cdot e^{-x}$
j) $f'(x) = (2x^2 + 2x)\cdot e^{2x-1}$
k) $f'(x) = (3x - x^2 - 1)e^{-x}$
l) $f'(x) = \left(\frac{2}{x} - \frac{1}{x^2}\right)\cdot e^{2x}$

7

Hinweis: Alle Graphen zeigen die Ableitungen. Daher können nur Aussagen zu den Änderungen der Funktionswerte und nicht zu den Funktionswerten selbst beurteilt werden. Zu den Nullstellen von f ist keine Aussage möglich.

A:
- Extremstellen von f liegen dort, wo f' Nullstellen mit Vorzeichenwechsel hat, also bei $x_1 = -2$. Dies ist eine Minimumstelle (Vorzeichenwechsel von minus nach plus).
- Bis $x = -2$ verläuft der Graph von f' unterhalb der x-Achse. Also ist f in diesem Bereich streng monoton fallend. Ab $x = -2$ verläuft der Graph von f' oberhalb der x-Achse. Hier ist f also streng monoton steigend.

B:
- Extremstellen von f liegen dort, wo f' Nullstellen mit Vorzeichenwechsel hat, also bei $x_1 = -5$ und bei $x_2 = 3$.
$x_1 = -5$ ist eine Minimumstelle (Vorzeichenwechsel bei f' von minus nach plus)
$x_2 = 3$ ist eine Maximumstelle (Vorzeichenwechsel bei f' von plus nach minus).
- Bis $x = -5$ und ab $x = 3$ verläuft der Graph von f' unterhalb der x-Achse. Also ist f in diesem Bereich streng monoton fallend. Zwischen $x = -5$ und $x = 3$ verläuft der Graph von f' oberhalb der x-Achse. Hier ist f also streng monoton steigend.

C:
- Bei $x = -1$ hat f' eine Nullstelle mit Vorzeichenwechsel von + nach –, der Graph von f hat also einen Hochpunkt.
Bei $x = 1$ hat f' eine Nullstelle mit VZW von – nach +. Der Graph von f hat dort einen Tiefpunkt.
- Im Intervall $]-1;1[$ verläuft der Graph von f' unterhalb der x-Achse. Also ist f in diesem Bereich streng monoton fallend. Für $x > 1$ und für $x < -1$ verläuft der Graph von f' oberhalb der x-Achse. Also ist f dort streng monoton steigend.

D:
- Bei x = −2 hat f' eine Nullstelle mit Vorzeichenwechsel von + nach −, der Graph von f hat also einen Hochpunkt. Bei x = 2 hat f' eine Nullstelle mit VZW von − nach +. Der Graph von f hat folglich dort einen Tiefpunkt.
- Im Intervall]−2; 2[verläuft der Graph von f' unterhalb der x-Achse. Also ist f in diesem Bereich streng monoton fallend. Für x > 2 und für x < −2 verläuft der Graph von f' oberhalb der x-Achse. Also ist f dort streng monoton steigend.

Seite 133

6
Nach 5 min befinden sich 23 m³, nach 10 min befinden sich 19,5 m³ der Chemikalie in dem Behälter.

9
a) Nach 20 s befindet sich das Segelflug auf 430 m Höhe; nach 45 s auf 425 m Höhe.
b) Die maximale Flughöhe wird nach 30 s erreicht.
c) Zum Zeitpunkt t = 60 s befindet sich das Segelflugzeug auf der Flughöhe 380 m.

11
a) Der Graph von f wurde mit dem Faktor 0,5 in y-Richtung gestreckt und an der x-Achse gespiegelt. Er wurde um eine Einheit nach rechts und zwei Einheiten nach oben verschoben.
b) Der Graph von f wurde an der x-Achse gespiegelt. Er wurde um drei Einheiten nach oben und um eine Einheit nach rechts verschoben.
c) Der Graph der Sinuskurve wurde in y-Richtung mit dem Faktor 2, in x-Richtung mit dem Faktor $\frac{1}{3}$ gestreckt. Er wurde um eine Einheit nach oben verschoben.
Tipp:
Statt eine Einheit nach links sagt man auch −1 in x-Richtung.

Seite 137

7
$A_1 = \int_{-2}^{0} g(x)\,dx$ $\quad A_2 = \int_{0}^{2} g(x)\,dx$ $\quad A_3 = \int_{2}^{2,5} g(x)\,dx$

8
a) $\int_{0}^{6} \frac{1}{2}x\,dx = 9$

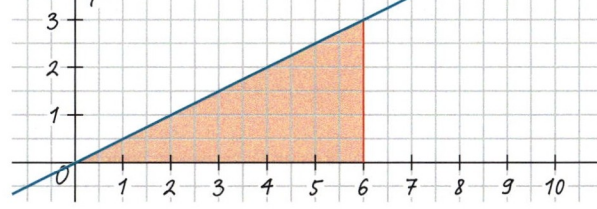

b) $\int_{-1}^{2} (2x - 1)\,dx = 0$

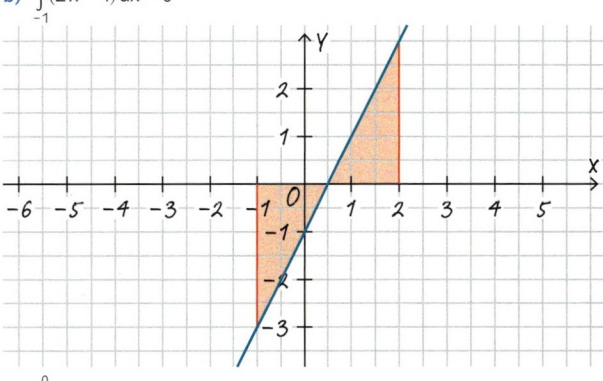

c) $\int_{-10}^{0} -0{,}5\,dx = -5$

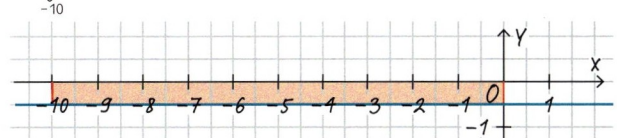

13
a) Das Integral ist positiv, da der Graph von f mit f(x) = e^x − 1 für −1 ≤ x < 0 unterhalb der x-Achse verläuft und dort eine kleinere Fläche mit der x-Achse einschließt als der Teil des Graphen, der für 0 < x ≤ 2 oberhalb der x-Achse verläuft.
b) Das Integral ist null. Für 0 ≤ x < 3 verläuft der Graph von f mit f(x) = x − 3 unterhalb der x-Achse, für 3 < x ≤ 6 oberhalb. Die Flächen, die der Graph in beiden Bereichen mit der x-Achse einschließt, sind zwei gleich große Dreiecke.
c) Aufgrund der Punktsymmetrie des Graphen von f mit $f(x) = -\frac{1}{5}x^3$ ist $\int_{-2}^{2} f(x)\,dx = 0$. Da f(x) für x > 2 negativ ist, ist $\int_{2}^{3} f(x)\,dx$ negativ. Also ist auch $\int_{-2}^{3} f(x)\,dx = \int_{-2}^{2} f(x)\,dx + \int_{2}^{3} f(x)\,dx$ negativ.

16
a) f'(x) = x
b) f'(x) = x⁴ + 3x²
c) f'(x) = 1
d) f'(x) = 3x²
e) f'(x) = e^{2x}
f) f'(x) = 1 − 3e^{−3x}
g) f'(x) = cos(3x)
h) f'(x) = π sin(πx)
i) f'(x) = (x + 1) · e^x
j) f'(x) = $\left(2x + \frac{1}{2}x^2\right) \cdot e^{0,5x}$
k) f'(x) = 2x + cos(x)
l) f'(x) = sin(x) + x · cos(x)

Seite 140

8
a) F(x) = x⁴ + x
b) F(x) = $\frac{1}{5}x^5 + \frac{1}{4}x^4 + \frac{1}{2}x^2$
c) F(x) = $\frac{1}{2}x^4 - x^5$

d) $F(x) = \frac{e}{2}x^2 - e^x$

e) $F(x) = -\frac{3}{\pi}\cos\left(\frac{\pi}{3}x\right)$

f) $F(t) = \frac{4}{\pi}\sin\left(\frac{\pi}{2}t\right) - 0{,}5t$

Seite 141

19

a) $F(x) = \frac{1}{4}x^4 - \frac{1}{2}x^2 - \frac{3}{4}$

b) $F(x) = \frac{1}{2}e^{2x-2} - \frac{3}{2}$

c) $F(x) = \sin(x-1) - 1$

20

a) $F'(x) = -e^{-x} + (-x-1)(-e^{-x}) = -e^{-x} + e^{-x} + xe^{-x} = xe^{-x}$

b) $F'(x) = 2e^{2x} + 4xe^{2x} - 2e^{2x} = 4xe^{2x}$

22

a) $x = 0$
b) $x_1 = 1$; $x_2 = -1$
c) $x_1 = 1{,}5$; $x_2 = -1{,}5$
d) $x = \ln(2)$
e) $x_1 = -1$; $x_2 = 0$; $x_3 = 3$
f) $x_1 = -5$; $x_2 = 7$
g) $x = -\frac{1}{2}$
h) keine Lösung

23

Individuelle Lösung, z. B.:

a) $f(x) = x^2 + 1$

b) $f(x) = x^2$

c) $f(x) = (x-1)(x-5) = x^2 - 6x + 5$

Seite 144

8

a) $\int_1^3 2x\,dx = [x^2]_1^3 = 9 - 1 = 8$

b) $\int_1^3 -6\,dx = [-6x]_1^3 = -18 - (-6) = -12$

c) $\int_1^3 6x^2\,dx = [2x^3]_1^3 = 54 - 2 = 52$

d) $\int_1^3 6(2x-1)^2\,dx = \left[6 \cdot \frac{1}{3}(2x-1)^2 \cdot \frac{1}{2}\right]_1^3 = [(2x-1)^3]_1^3 = 125 - 1 = 124$

e) $\int_{-\pi}^0 \cos(x)\,dx = [\sin(x)]_{-\pi}^0 = 0 - 0 = 0$

f) $\int_1^2 \sin(\pi x)\,dx = \left[-\frac{1}{\pi}\cos(\pi x)\right]_1^2 = -\frac{1}{\pi} - \frac{1}{\pi} = -\frac{2}{\pi} \approx -0{,}64$

g) $\int_0^{\ln(2)} e^x\,dx = [e^x]_0^{\ln(2)} = 2 - 1 = 1$

h) $\int_0^3 \left(2 - \frac{1}{3}x\right)^2 dx = \left[\frac{1}{3}\left(2 - \frac{1}{3}x\right)^3 \cdot (-3)\right]_0^3 = \left[-\left(2 - \frac{1}{3}x\right)^3\right]_0^3$
$= -1 - (-2^3) = 7$

Seite 145

16

a) Für die zurückgelegte Strecke s gilt:
$s(t) = \int_0^t (0{,}25\sin(2\pi x) + 7{,}25)\,dx$
$s(t) = \left[-\frac{1}{8}\pi\cos(2\pi x) + 7{,}25x\right]_0^t$
$s(t) = -\frac{1}{8}\pi\cos(2\pi t) + 7{,}25t + \frac{1}{8}\pi$
$s(10) = 72{,}5\,m$. Der reale Wert ist geringer, da das Boot am Start noch nicht die Geschwindigkeit von $7{,}25\,\frac{m}{sec}$ hat.

b) $s(68{,}966) \approx 500\,m$. Die gefahrene Strecke ist etwa 500 m lang.

17

Die gelaufene Strecke kann mit der Funktion s mit
$s(t) = \int_0^t 300 \cdot e^{-0{,}012x}\,dx = [-25\,000\,e^{-0{,}012x}]_0^t$
$= 25\,000 - 25\,000\,e^{-0{,}012t} = 25\,000(1 - e^{-0{,}012t})$
modelliert werden.

a) In 30 Minuten ist Julia $25\,000(1 - e^{-0{,}012 \cdot 30}) \approx 7558\,m$ gelaufen.

b) Gesucht ist t mit $s(t) = 13\,100$
$25\,000(1 - e^{-0{,}012t}) = 13\,100$
$(1 - e^{-0{,}012t}) = \frac{13\,100}{25\,000}$
$-e^{-0{,}012t} = -0{,}476$
$-0{,}012t = \ln(0{,}476)$
$t = \frac{\ln(0{,}476)}{-0{,}012}$
$t \approx 61{,}833$
Julias Zeit im Ziel ist 61 min und etwa 52 sec.

22

a) Für $x \to \infty$ gilt $f(x) \to \infty$ und für $x \to -\infty$ gilt $f(x) \to \infty$.
b) Für $x \to \infty$ gilt $f(x) \to \infty$ und für $x \to -\infty$ gilt $f(x) \to -\infty$.
c) Für $x \to \infty$ gilt $f(x) \to -\infty$ und für $x \to -\infty$ gilt $f(x) \to \infty$.
d) Für $x \to \infty$ gilt $f(x) \to -\infty$ und für $x \to -\infty$ gilt $f(x) \to -\infty$.
e) Für $x \to \infty$ gilt $f(x) \to \infty$ und für $x \to -\infty$ gilt $f(x) \to -\infty$.
f) Für $x \to \infty$ gilt $f(x) \to 0$ und für $x \to -\infty$ gilt $f(x) \to \infty$.
g) Für $x \to \infty$ gilt $f(x) \to \infty$ und für $x \to -\infty$ gilt $f(x) \to 0$.
h) Für $x \to \infty$ gilt $f(x) \to -\infty$ und für $x \to -\infty$ gilt $f(x) \to \infty$.

Seite 148

6

a) Die Nullstellen der Funktion f mit $f(x) = 3x^2 - 3$ sind $x_1 = -1$ und $x_2 = 1$.

$\int_{-1}^1 (3x^2 - 3)\,dx = [x^3 - 3x]_{-1}^1$
$= 1 - 3 - 3 + 1 = -4$

Der Flächeninhalt beträgt $A = |-4| = 4$ FE.

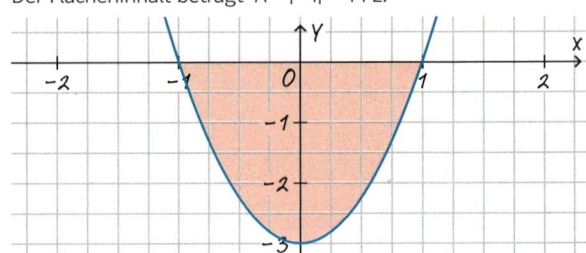

b) Die Nullstellen der Funktion f mit
$f(x) = 80 - 5x^2$ sind bei $x_1 = -4$ und $x_2 = 4$.

$$\int_{-4}^{4}(80 - 5x^2)\,dx = \left[80x - \tfrac{5}{3}x^3\right]_{-4}^{4}$$

$= 320 - \tfrac{320}{3} - 320 + \tfrac{320}{3}$

$= 640 - \tfrac{640}{3} = \tfrac{1280}{3} \approx 426{,}67$

Der Flächeninhalt beträgt $A \approx 426{,}67$ FE.

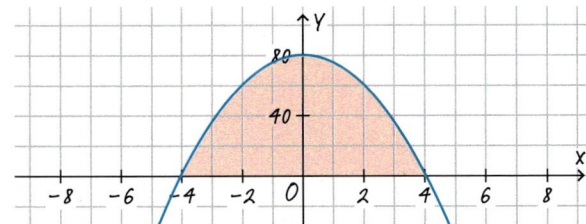

c) Die Nullstellen der Funktion f mit
$f(x) = 0{,}5x^2 - 3x = 0{,}5x(x - 6)$ sind $x_1 = 0$ und $x_2 = 6$.

$$\int_{0}^{6}(0{,}5x^2 - 3x)\,dx = \left[\tfrac{1}{6}x^3 - \tfrac{3}{2}x^2\right]_{0}^{6}$$

$= 36 - 54 = -18$

Der Flächeninhalt beträgt $A = |-18| = 18$ FE.

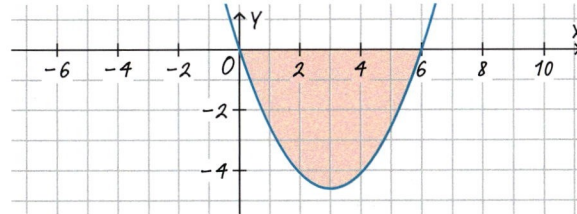

d) Die Nullstellen der Funktion f mit
$f(x) = x^4 - 8x = x(x^3 - 8)$ sind $x_1 = 0$ und $x_2 = 2$.

$$\int_{0}^{2}(x^4 - 8x)\,dx = \left[\tfrac{1}{5}x^5 - 4x^2\right]_{0}^{2}$$

$= \tfrac{32}{5} - 16 = -\tfrac{48}{5} = -9{,}6$

Der Flächeninhalt beträgt $A = |-9{,}6| = 9{,}6$ FE.

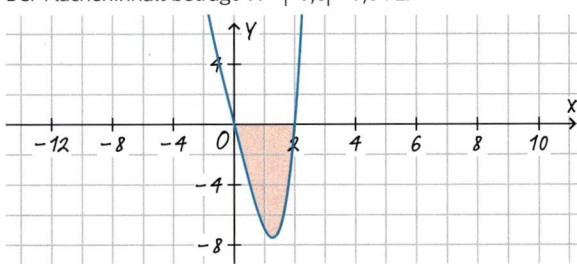

e) Die Nullstellen der Funktion f mit
$f(x) = 3(x + 2)(x - 3)$ sind $x_1 = -2$ und $x_2 = 3$.
$f(x) = 3(x^2 - x - 6)$

$$\int_{-2}^{3} 3(x^2 - x - 6)\,dx = \left[3\left(\tfrac{1}{3}x^3 - \tfrac{1}{2}x^2 - 6x\right)\right]_{-2}^{3}$$

$= 3 \cdot \left(-\tfrac{27}{2} - \tfrac{22}{3}\right) = -\tfrac{125}{2} = -62{,}5$

Der Flächeninhalt beträgt $A = |-62{,}5| = 62{,}5$ FE.

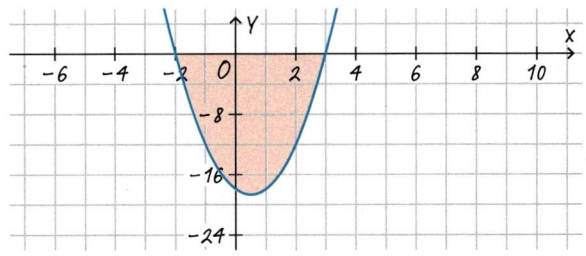

f) Die Nullstellen der Funktion f mit $f(x) = \sin(x)$ sind
$x_1 = 0$ und $x_2 = \pi$ und bei $x_3 = 2\pi$.

Die Sinuskurve ist symmetrisch zum Ursprung, daher haben beide Flächen dieselbe Größe.

Inhalt einer Fläche: $\int_{0}^{\pi} \sin(x)\,dx = [-\cos(x)]_{0}^{\pi}$

$= -(-1) - (-1) = 2$

Der Flächeninhalt beträgt $A = 2 \cdot 2 = 4$ FE.

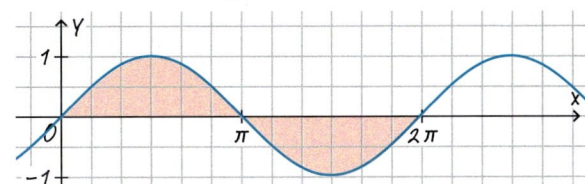

10

a) Es gilt $\int_{-4}^{0} \tfrac{1}{3}x^3 + x^2\,dx = \left[\tfrac{1}{12}x^4 + \tfrac{1}{3}x^3\right]_{-4}^{0} = 0 - \left(\tfrac{64}{3} - \tfrac{64}{3}\right) = 0$.

Die Bilanz der beiden Flächeninhalte ist 0, daher sind die beiden Flächen gleich groß.

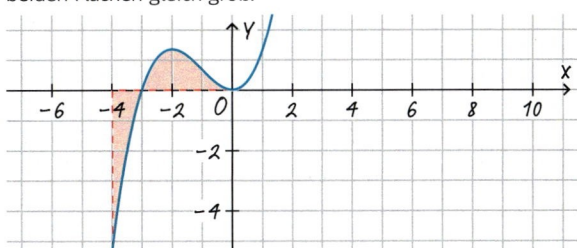

b) Es gilt $\int_{-1}^{1}(e^x - e^{-x})\,dx = [e^x + e^{-x}]_{-1}^{1} = e + \tfrac{1}{e} - \left(\tfrac{1}{e} + e\right) = 0$.

Die Bilanz der beiden Flächeninhalte ist 0, daher sind die beiden Flächen gleich groß.

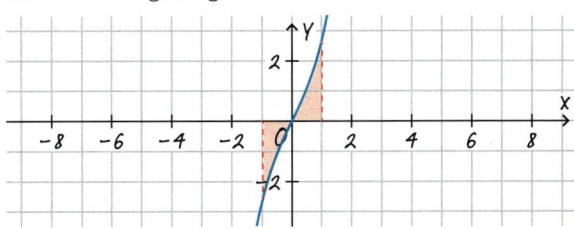

c) Es gilt $\int_{3}^{5} \tfrac{1}{2}\sin\left(\tfrac{\pi}{2}x\right)\,dx = \left[-\tfrac{1}{\pi}\cos\left(\tfrac{\pi}{2}x\right)\right]_{3}^{5} = 0 - 0 = 0$.

Die Bilanz der beiden Flächeninhalte ist 0, daher sind die beiden Flächen gleich groß.

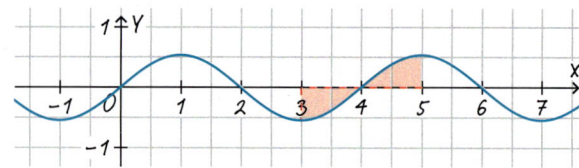

14
a) achsensymmetrisch zur y-Achse
b) weder achsensymmetrisch zur y-Achse noch punktsymmetrisch zum Ursprung
c) punktsymmetrisch zum Ursprung
d) achsensymmetrisch zur y-Achse
e) weder achsensymmetrisch zur y-Achse noch punktsymmetrisch zum Ursprung
f) achsensymmetrisch zur y-Achse
g) weder achsensymmetrisch zur y-Achse noch punktsymmetrisch zum Ursprung
h) achsensymmetrisch zur y-Achse
i) achsensymmetrisch zur y-Achse

Seite 151

5
a) Schnittstellen der Funktionen g und h sind die Lösungen der Gleichung $x^2 + x - 2 = 0$, also $x_1 = 1$; $x_2 = -2$.
Im Intervall $]-2; 1[$ ist $g(x) > h(x)$. Also ergibt sich für den Flächeninhalt der eingeschlossenen Fläche:
$$A = \int_{-2}^{1} (1 - x^2) - (x - 1)\,dx = \int_{-2}^{1} (-x^2 - x + 2)\,dx = \left[-\frac{x^3}{3} - \frac{x^2}{2} + 2x\right]_{-2}^{1} = \frac{9}{2}.$$

b) Schnittstellen der Funktionen g und h sind die Lösungen der Gleichung $x^2 - 9 = 0$, also $x_1 = 3$; $x_2 = -3$.
Im Intervall $]-3; 3[$ ist $h(x) > g(x)$. Also ergibt sich für den Flächeninhalt der eingeschlossenen Fläche:
$$A = \int_{-3}^{3} (7 - (x^2 - 2))\,dx = \int_{-3}^{3} (9 - x^2)\,dx = \left[9x - \frac{x^3}{3}\right]_{-3}^{3} = 36.$$

Seite 152

12
a) $A = \int_{0}^{3} (-x^3 + 3x^2)\,dx = \left[-\frac{x^4}{4} + x^3\right]_{0}^{3} = -\frac{81}{4} + 27 = \frac{27}{4}$

b) $A = \int_{0}^{2} (f(x) - g(x))\,dx = \int_{0}^{2} (x^3 - 4x^2 + 4x)\,dx = \left[\frac{x^4}{4} - \frac{4}{3}x^3 + 2x^2\right]_{0}^{2} = \frac{4}{3}$

c) $A = \int_{0}^{2} (4 - (-x^2 + 4x))\,dx = \int_{0}^{2} (x^2 - 4x + 4)\,dx = \left[\frac{x^3}{3} - 2x^2 + 4x\right]_{0}^{2} = \frac{8}{3}$

15
$f(x) = ax^2 + bx + c$
a) $A(0|0)$, folglich ist $f(0) = 0$, dies ergibt $c = 0$.
$B(2|-2)$, folglich ist $f(2) = -2$, dies ergibt
$4a + 2b = -2$ (1).
$C(-1|2,5)$, folglich ist $f(-1) = 2,5$, dies ergibt
$a - b = 2,5$ (2).
Auflösen des LGS ergibt $a = 0,5$ und $b = -2$.
Funktionsterm ist $f(x) = 0,5x^2 - 2x$.

b) $A(0|1)$, folglich ist $f(0) = 1$, dies ergibt $c = 1$.
$B(3|4)$, folglich ist $f(3) = 4$, dies ergibt
$9a + 3b + 1 = 4$ $|-1$
$9a + 3b = 3$ $|:3$
$3a + b = 1$ (1)
$C(-1|-4)$, folglich ist $f(-1) = -4$, dies ergibt
$a - b + 1 = -4$ $|-1$
$a - b = -5$ (2)
Auflösen des LGS ergibt $a = -1$ und $b = 4$.
Funktionsterm ist $f(x) = -x^2 + 4x + 1$.

c) Zwei Nullstellen sind bekannt: Die Produktform ergibt
$f(x) = a(x - 3)(x + 3)$.
Einsetzen der Koordinaten von C; also $f(5) = 4$:
$a(5 - 3)(5 + 3) = 4$.
Auflösen nach a: $16a = 4$; dies ergibt: $a = \frac{1}{4}$.
Funktionsterm ist
$f(x) = \frac{1}{4}(x - 3)(x + 3) = \frac{1}{4}x^2 - \frac{9}{4}$.

d) $A(2|0)$, d.h. $f(2) = 0$, dies ergibt
$4a + 2b + c = 0$ (1).
$B(5|3)$, d.h. $f(5) = 3$, dies ergibt
$25a + 5b + c = 3$ (2).
$C(-1|3)$, f d.h. $f(-1) = 3$, dies ergibt
$a - b + c = 3$ (3).
(2) + (-1)·(1): $21a + 3b = 3$ (4)
(1) + (-1)·(3): $3a + 3b = -3$ (5)
(4) + (-1)·(5): $18a = 6$; also $a = \frac{1}{3}$,
damit erhält man $b = -\frac{4}{3}$ und $c = \frac{4}{3}$.
Funktionsterm ist $f(x) = \frac{1}{3}x^2 - \frac{4}{3}x + \frac{4}{3}$.

Seite 155

5

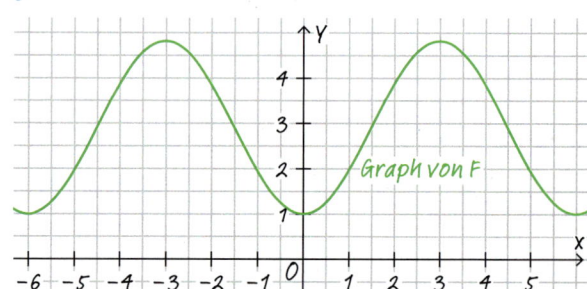

Soll für F die Bedingung $F(0) = 0$ gelten, so verschiebt sich der obige Graph in y-Richtung so, dass er durch den Punkt $(0|0)$ verläuft, d.h. also um -1 in y-Richtung.

Seite 156

10
a) Falsch. F ist im Intervall $[-2; -1]$ streng monoton steigend. Also ist f hier positiv.
b) Wahr, da F (mindestens) eine Wendestelle hat, etwa bei $x = 0$.
c) Falsch. F hat (mindestens) zwei Extremstellen (bei $x_1 = -2$ und $x_2 = 2$). An diesen Stellen muss f eine Nullstelle mit VZW haben.

d) Falsch, denn es gilt $\int_0^3 f(x)\,dx = F(3) - F(0)$; durch Ablesen ermittelt man: $F(3) \approx 2{,}6$; $F(0) \approx 1$.
Also ist $\int_0^3 f(x)\,dx = F(3) - F(0) \approx 1{,}6 < 2$.

e) Wahr, denn $f(-2)$ entspricht $F'(2)$, also der Steigung der Tangente an den Graphen von F an der Stelle 2. Diese ist 0 und es gilt $0 > -1$.

f) Wahr. $f(0)$ entspricht der Steigung der Tangente an der Stelle 0; sie beträgt etwas mehr als 1. Durch Ablesen ergibt sich $F(0) = 1$; damit ist $F(0) + f(0)$ sicher größer als 1.

13

a) $x + y = 4$ (1)
$3y = 6$ (2) $|:3$
Aus (2) folgt $y = 2$, Einsetzen in (1) ergibt $x = 2$.

b) $x + y = 3$ (1)
$x - y = 1$ (2)
Aus (1) + (2) folgt: $2x = 4$ und somit $x = 2$.
Einsetzen in (1) ergibt $y = 1$.

c) $2x + 3y = 4$ (1)
$x + y = 3$ (2) $|\cdot(-2)$
$2x + 3y = 4$ (1)
$-2x - 2y = -6$ (2')
Aus (1) + (2') folgt: $y = -2$.
Einsetzen in Gleichung (2) ergibt $x = 5$.

d) $x + y = 3$ (1)
$3x - y = 1$ (2)
Aus (1) + (2) folgt: $4x = 4$ und somit $x = 1$.
Einsetzen in (1) ergibt $y = 2$.

e) $x + 2y = 4$ (1)
$x + y = 3$ (2)
Aus (1) − (2) folgt: $y = 1$.
Einsetzen in (2) ergibt $x = 2$.

f) $x + 2 = -2y$ (1)
$-x + y = 5$ (2)
$x + 2y = -2$ (1')
Aus (1') + (2) folgt: $3y = 3$ und somit $y = 1$.
Einsetzen in (1) ergibt $x = -4$.

g) $x - 2 = y$ (1)
$y + 2x = 1$ (2)
Setzt man Gleichung (1) in Gleichung (2) ein, erhält man $x - 2 + 2x = 1$.
Man erhält $3x = 3$, somit ist $x = 1$.
Durch Einsetzen in (1) erhält man $y = -1$.

h) $x + y = 2$ (1)
$4x + 1 = -y$ (2) $|\cdot(-1)$
$-4x - 1 = y$ (2')
Setzt man (2') in Gleichung (1) ein, erhält man $x - 4x - 1 = 2$, zusammengefasst $-3x = 3$. Man erhält die Lösung $x = -1$.
Durch Einsetzen in (1) erhält man $y = 3$.

i) $8x - 2y + 6 = 0$ (1) $|-6$
$6x + y = 8$ (2) $|\cdot 2$
$8x - 2y = -6$ (1')
$12x + 2y = 16$ (2')
Durch Addition der beiden Gleichungen erhält man $20x = 10$, somit $x = \frac{1}{2}$.
Durch Einsetzen in (1) erhält man $y = 5$.

Seite 162

Prüfungsvorbereitung – Aufgaben ohne Hilfsmittel

1

a) $F(x) = 3x^4 - \frac{1}{2}x^2 + x$ b) $F(x) = 2x^5 - x^2 - x$

c) $F(x) = \frac{1}{5}(3x-2)^5 \cdot \left(\frac{1}{3}\right) = \frac{1}{15}(3x-2)^5$

d) $F(x) = -\frac{4}{\pi}\cos\left(\frac{\pi}{4}x\right)$ e) $F(x) = -e^{-x} + x$

f) $f(x) = \frac{1}{4}x^{-2}$; $F(x) = \frac{1}{4}(-x^{-1}) = -\frac{1}{4x}$

2

$F'(x) = \sin(x) + x \cdot \cos(x) - \sin(x) = x \cdot \cos(x) = f(x)$

3

a)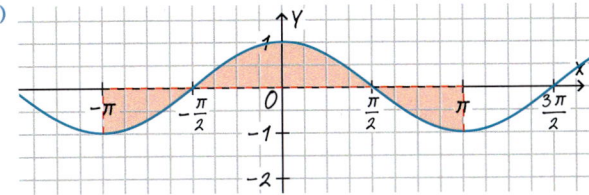

Das Integral ist 0, da die Flächen über und unter der x-Achse gleich groß sind.

b)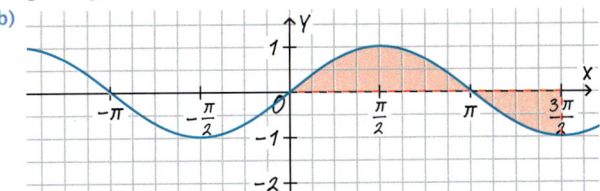

Die Fläche unter der x-Achse ist kleiner als die über der x-Achse, daher ist das Integral positiv.

c)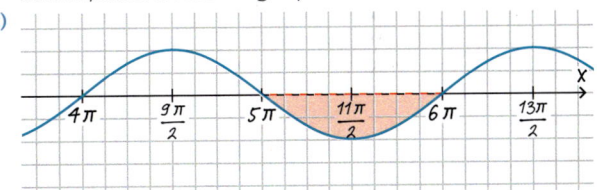

Die Fläche liegt nur unter der x-Achse, daher ist das Integral negativ.

4

a) $\int_3^3 \left(\frac{1}{3}x^3 - x\right) dx = \left[\frac{1}{12}x^4 - \frac{1}{2}x^2\right]_0^3 = \frac{9}{4} - \frac{9}{2} = -\frac{9}{4}$

b) $\int_{-\pi}^{\frac{\pi}{4}} 3\sin(2x + \pi)\,dx = \left[-\frac{3}{2}\cos(2x + \pi)\right]_{-\pi}^{\frac{\pi}{4}}$
$= -\frac{3}{2}\cos\left(\frac{3}{2}\pi\right) - \left(-\frac{3}{2}\cos(-\pi)\right) = -\frac{3}{2}$.

c) $\int_{-\ln(2)}^{\ln(2)} e^{-x}\,dx = [-e^{-x}]_{-\ln(2)}^{\ln(2)} = -e^{-\ln(2)} + e^{\ln(2)} = -\frac{1}{2} + 2 = \frac{3}{2}$.

Lösungen

5

$f(x) = 3x^2 - 6x = 3x(x - 2)$;

Nullstellen sind $x_1 = 0$ und $x_2 = 2$.

$\int_0^2 (3x^2 - 6x)\,dx = [x^3 - 3x^2]_0^2 = 8 - 12 = -4$

Der Flächeninhalt beträgt $A = |-4| = 4\,FE$.

6

$\int_{-\frac{3}{2}\pi}^{\frac{5}{2}\pi} (f(x) - g(x))\,dx = \int_{-\frac{3}{2}\pi}^{\frac{5}{2}\pi} 1\,dx = 4\pi$

7

Erster Weg:

Man berechnet die Schnittstelle s der beiden Funktionen und die Nullstellen $n_1 = 0$ und n_2 von f.

Dann ist der Inhalt A der gesuchten Fläche:

$A = \int_0^s g(x)\,dx + \int_s^{n_2} f(x)\,dx$

Zweiter Weg:

Man berechnet den Inhalt der Fläche, den der Graph von f mit der x-Achse einschließt und subtrahiert davon den Inhalt der Fläche, den die Graphen der Funktionen f und g einschließen. Dazu muss wieder die Schnittstelle s berechnet werden. Dann ist der Inhalt A der gesuchten Fläche: $A = \int_0^{n_2} f(x)\,dx - \int_0^s (f(x) - g(x))\,dx$

8

(I) Im gesamten Intervall hat die Funktion f nur negative Funktionswerte. Daher fällt eine Stammfunktion F in diesem Intervall streng monoton. Die Aussage ist wahr.

(II) Falsch. Dazu müsste f bei $x \approx 1{,}2$ eine Nullstelle mit VZW haben.

(III) Wahr, denn f hat hier eine Nullstelle mit VZW von Minus nach Plus.

(IV) Die Funktionswerte der Stammfunktion nehmen im gesamten Bereich $[0; 2]$ ab. Da $F(0) = 0$ ist und die Funktionswerte von F abnehmen, müssen die Funktionswerte negativ sein. Die Aussage ist also falsch.

9

a) $F(x) = x^4 - x^2 + x + c$; Wegen $P(0|1)$ muss gelten $F(0) = c = 1$, daher $F(x) = x^4 - x^2 + x + 1$

b) $F(x) = 2x^3 - \frac{1}{4}x^4 - 2x + c$; $F(0) = c = 1$, daher
$F(x) = 2x^3 - \frac{1}{4}x^4 - 2x + 1$

c) $F(x) = \frac{1}{4}(2x - 3)^4 \cdot \frac{1}{2} - x + c = \frac{1}{8}(2x - 3)^4 - x + c$;
$F(0) = -\frac{81}{8} + c = 1$, daher $F(x) = \frac{1}{8}(2x - 3)^4 - x + \frac{89}{8}$

d) $F(x) = \frac{1}{2}e^{2x} + x + c$; $F(0) = \frac{1}{2} + c = 1$, daher $F(x) = \frac{1}{2}e^{2x} + x + \frac{1}{2}$

e) $F(x) = -\frac{1}{3}\cos\left(\frac{1}{3}x\right) \cdot 3 + x + c = -\cos\left(\frac{1}{3}x\right) + c$; $F(0) = -1 + c = 1$,
daher $F(x) = -\cos\left(\frac{1}{3}x\right) + 2$

f) $F(x) = e^x - \cos(x) + c$; $F(0) = 1 - 1 + c = 1$, daher
$F(x) = e^x - \cos(x) + 1$

Seite 163

10

A: Der Graph von f hat von -2 bis 2 positive Funktionswerte. Also steigen die Funktionswerte von F im angegebenen Intervall. Die Aussage ist falsch.

B: $f(1) \approx 3{,}8 > 0$.

Für $x > 0$ ist K_f rechtsgekrümmt, folglich ist $f''(1) < 0$. Da das Produkt dann negativ ist, ist die Aussage wahr.

C: Da der Graph von f im Bereich $[-1; 1]$ über der x-Achse liegt, entspricht der Integralwert dem Flächeninhalt der Fläche, die vom Graphen von f, den Geraden $x = -1$ und $x = 1$ sowie der x-Achse begrenzt wird. Der Graph von f ist punktsymmetrisch zum Punkt $S_y(0|4)$. Folglich ist der Flächeninhalt der Fläche A_1 über der Geraden $y = 4$ gleich dem Inhalt der Fläche A_2 im Rechteck oberhalb des Graphen. Folglich ist der Integralwert gleich dem Flächeninhalt von 8 FE des Rechtecks. Die Aussage ist wahr.

D: Die Aussage unentscheidbar. Unter allen Stammfunktionen von f gibt es nur eine mit dieser Eigenschaft.

E: Die Aussage ist wahr. Es ist $F(1) - F(0) = \int_0^1 f(x)\,dx$. Da der Graph von f über der x-Achse verläuft, entspricht der Integralwert dem Flächeninhalt der Fläche, die vom Graphen, den Koordinatenachsen und der Gerade $x = 1$ begrenzt wird. Diese Fläche ist größer als das Rechteck mit den Ecken $A(0|0); B(1|0); C(1|3);$ und $D(0|3)$.

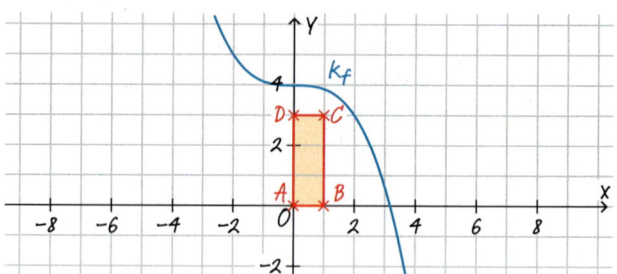

Prüfungsvorbereitung – Aufgaben mit Hilfsmitteln

11

a) Ja, da $F'(x) = f(x)$.

b) Nein, da $F'(x) = 2x \cdot \sin(x) + x^2 \cdot \cos(x) \neq f(x)$.

12

a) $F(x) = 2x^4 - 2x^2 + x + c$;

Punktprobe: $F(1) = 3$:

$2 + 2 + 1 + c = 3$ ergibt $c = -2$.

$F(x) = 3x^4 - \frac{1}{2}x^2 + x - 2$.

b) $F(x) = \frac{1}{4} \cdot \frac{1}{2}(2x - 4)^4 + c = \frac{1}{8} \cdot (2x - 4)^4 + c$

Punktprobe: $F(1) = 1$:

$\frac{1}{8} \cdot (2 - 4)^4 + c = 1$; $2 + c = 1$ ergibt $c = -1$.

$F(x) = \frac{1}{8} \cdot (2x - 4)^4 - 1$

c) $F(x) = \frac{1}{2}e^{2x} - 3x + c$

Punktprobe $F(0) = e$:

$\frac{1}{2}e^0 - 3 \cdot 0 + c = e$ ergibt $c = e - \frac{1}{2}$.

$F(x) = \frac{1}{2}e^{2x} - 3x + e - \frac{1}{2}$

d) $F(x) = -\frac{1}{3}\cos(3x) + x + c$
Punktprobe $F\left(\frac{\pi}{6}\right) = 0$:
$-\frac{1}{3}\cos\left(3 \cdot \frac{\pi}{6}\right) + \frac{\pi}{6} + c = 0$ ergibt $c = -\frac{\pi}{6}$.
$F(x) = -\frac{1}{3}\cos(3x) + x - \frac{\pi}{6}$

13
a) $\int_{-1}^{1}\left(\frac{1}{3}x^3 - 1\right)dx = -2$
b) $\int_{2}^{4} e^{0,5x-1}dx = 2e - 2$
c) $\int_{-\pi}^{\frac{\pi}{2}} 2\cos(x)dx = 2$

14
a) Bestimmung der Schnittpunkte: $-\frac{1}{2}x^2 + 5 = x + 1$. Mit der Lösungsformel der Gleichung $\frac{1}{2}x^2 + x - 4 = 0$ erhält man die beiden Schnittstellen: $x_1 = -4$ und $x_2 = 2$.
Da die Parabel nach unten geöffnet ist, verläuft der Graph von f im Intervall $]-4; 2[$ oberhalb der Geraden g.
Der Flächeninhalt beträgt
$A = \int_{-4}^{2}\left(-\frac{1}{2}x^2 + 5 - (x+1)\right)dx = \int_{-4}^{2}\left(-\frac{1}{2}x^2 - x + 4\right)dx$
$= \left[-\frac{1}{6}x^3 - \frac{1}{2}x^2 + 4x\right]_{-4}^{2}$
$= \frac{14}{3} - \left(-\frac{40}{3}\right) = 18$

b) Bestimmung der Schnittpunkte: $x^3 - 2x^2 + 3x = 3x$. Mit dem Satz vom Nullprodukt erhält man aus der Gleichung $x^2(x-2) = 0$ die beiden Schnittstellen: $x_1 = 0$ und $x_2 = 2$.
Der Graph von f liegt im Intervall $[0; 2]$ unterhalb des Graphen von g und damit gilt für die Fläche:
$A = \int_{0}^{2}(3x - (x^3 - 2x^2 + 3x))dx = \int_{0}^{2}(-x^3 + 2x^2)dx = \left[-\frac{1}{4}x^4 + \frac{2}{3}x^3\right]_{0}^{2}$
$= -4 + \frac{16}{3} = \frac{4}{3}$

c) Bestimmung der Schnittpunkte: $\frac{1}{4}x^4 - 2x^2 = -4$. Man erhält die Gleichung $x^4 - 8x^2 + 16 = 0$. Mit Substitution und der Lösungsformel erhält man die beiden Schnittstellen: $x_1 = -2$ und $x_2 = 2$.
Der Graph von f liegt im Intervall $[-2; 2]$ oberhalb von $y = -4$.
Damit gilt für die Fläche:
$A = \int_{-2}^{2}\left(\frac{1}{4}x^4 - 2x^2 + 4\right)dx = \left[\frac{1}{20}x^5 - \frac{2}{3}x^3 + 4x\right]_{-2}^{2} = \frac{64}{15} - \left(-\frac{64}{15}\right)$
$= \frac{128}{15} \approx 8,53$

d) Bestimmung der Schnittpunkte: $2\sin(x) = 2$. Man erhält die Gleichung $\sin(x) = 1$ und damit die beiden Lösungen $x_1 = -\frac{3}{2}\pi$ und $x_2 = \frac{\pi}{2}$.
Der Graph von f liegt im Intervall $[-2; 2]$ unterhalb von $y = 2$.
Damit gilt für die Fläche:
$A = \int_{-\frac{3}{2}\pi}^{\frac{\pi}{2}}(2 - 2\sin(x))dx = [2x + 2\cos(x)]_{-\frac{3}{2}\pi}^{\frac{\pi}{2}} = \pi - (-3\pi) = 4\pi$
$\approx 12,57$

15
a) Der Graph liegt über der x-Achse, der Flächeninhalt zwischen dem Graphen und der x-Achse entspricht dem Integralwert.
$A = \int_{0}^{3}\left(\frac{1}{2}x^2\right)dx = \left[\frac{1}{6}x^3\right]_{0}^{3} = \frac{27}{6} = \frac{9}{2} = 4,5$.

b) $A = \int_{0}^{b}\left(\frac{1}{2}x^2\right)dx = \left[\frac{1}{6}x^3\right]_{0}^{b} = \frac{1}{6}b^3$. Wegen $A = 36$ muss gelten $\frac{1}{6}b^3 = 36$. Daraus erhält man $b = 6$.

c) Die Begrenzung der Fläche nach oben hängt von b ab, es gilt $f(b) = \frac{1}{2}b^2$. Für die blaue Fläche gilt:
$A = \int_{0}^{b}\left(\frac{1}{2}b^2 - \frac{1}{2}x^2\right)dx = \left[\frac{1}{2}b^2 \cdot x - \frac{1}{6}x^3\right]_{0}^{b} = \frac{1}{2}b^3 - \frac{1}{6}b^3 = \frac{1}{3}b^3$.
Wegen $A = 36$ gilt $\frac{1}{3}b^3 = 36$. Daraus erhält man $b = \sqrt[3]{108}$
$\approx 4,76$.

16
a) Falsch, da f im Intervall $[-6, 6]$ positiv ist. In diesem Intervall ist F streng monoton steigend.

b) Wahr. Da der Graph bei $x = 4$ streng monoton fällt, ist $f'(4) < 0$. Der Graph verläuft bei $x = 4$ oberhalb der x-Achse, daher ist $f(4) > 0$.
Das Produkt ist folglich negativ.

c) Wahr. Betrachtet man das Rechteck $A(-3|0)$; $B(3|0)$; $C(3|4)$ und $D(-3|4)$ so hat dieses den Flächeninhalt 24. Die Fläche, die vom Graphen von f und der x-Achse über $[-3; 3]$ begrenzt wird, ist im negativen Bereich etwas größer, im positiven Bereich etwas kleiner als das Rechteck. Da der Graph von f punktsymmetrisch zum Punkt $S(0|4)$ verläuft, passt das Flächenstück über dem Rechteck links von der y-Achse genau in das Flächenstück rechts, das im Rechteck fehlt.

d) Wahr, denn die Differenz von $F(3)$ und $F(-3)$ entspricht dem Inhalt der Fläche, die der Graph von f im Intervall $[-3; 3]$ mit der x-Achse einschließt. Diese ist genau 24 Flächeneinheiten groß, was sich aus der Symmetrie des Graphen zum Punkt $Y(0|4)$ ergibt. Es ist also $F(3) = F(-3) + 24 = 23$.

e) Falsch, denn die Fläche, die der Graph von f im Intervall $[0; 4]$ mit der x-Achse einschließt, ist deutlich größer als 4. Durch Kästchenzählen ergeben sich ca. 15 Flächeneinheiten.

17
a) $v'(t) = 0,02(6t - 6)$; $v''(t) = 0,12$
Aus $v'(t) = 0$ ergibt sich $t_1 = 1$; da $v''(1) > 0$ ist, ist die Geschwindigkeit zum Zeitpunkt $t = 1$ minimal.

b) Zurückgelegte Strecke s in den ersten zehn Sekunden:
$s = \int_{0}^{10}(0,02(3t^2 - 6t + 3))dt = [0,02(t^3 - 3t^2 + 3t)]_{0}^{10}$
$= 0,02(1000 - 300 + 30) = 0,02 \cdot 730 = 14,6$
Das Fahrzeug legt in den ersten zehn Sekunden 14,6 Meter zurück.

V Lineare Gleichungssysteme; Funktionen bestimmen

Seite 166

1
a) $5x - 20 = -18 + 6x + 2$; $x = -4$
b) $2 - 3y + y = 1 - \frac{1}{4}y$; $y = \frac{4}{7}$
c) $2t - \frac{2}{3} + \frac{1}{3}t = \frac{8}{3}t - 2$; $t = 4$
d) $6{,}65 - 3{,}5a = 3{,}8a - 0{,}3a + 0{,}42$; $a = 0{,}89$
e) $\frac{2}{3} + \frac{1}{6}x = \frac{3}{2} - \frac{1}{2}x + \frac{7}{6}$; $x = 6$
f) $4 - 4x + x^2 = x^2 + 8x + 16 - 3x$
   $4 - 4x = 5x + 16$; $x = -\frac{4}{3}$

2
a) $L = \mathbb{R}$ b) $L = \{\}$ c) $L = \{\frac{7}{8}\}$
d) $L = \{\}$ e) $L = \mathbb{R}$ f) $L = \{4\}$

3
a) (1) $3x - 2 = -5x + 14$
   $8x = 16$; d.h. $x = 2$
   $y = 3 \cdot 2 - 2 = 4$ Lösung ist $L = \{(2; 4)\}$.
   (2) $-2a + 1 = 2a - 3$; d.h. $a = 1$.
   $b = 2 \cdot 1 - 3$ d.h. $b = -1$.
   Lösung ist $L = \{(1; -1)\}$.
   (3) $0{,}5u + 2{,}5 = -2{,}5u + 4$ d.h. $u = 0{,}5$.
   $v = 0{,}5 \cdot 0{,}5 + 0{,}5$ d.h. $v = 2{,}75$.
   Lösung ist $L = \{(0{,}5; 2{,}75)\}$.
b) (4) $y = 2y - 7 + 3$ d.h. $y = 4$.
   $x = 2y - 7$ d.h. $x = 1$. $L = \{(1; 4)\}$.
   (5) $m = 3(2m + 8) + 1$ d.h. $m = -5$.
   $k = 2 \cdot (-5) + 8 = 2$. $L = \{(-5; 2)\}$.
   (6) $2p - 5 \cdot (2 - p) = 4e$ d.h. $p = 2$.
   $q = 2 - 2$ d.h. $q = 0$. $L = \{(2; 0)\}$.
c) (7) Addieren der Gleichungen: $2a = 4$, also $a = 2$. Einsetzen ergibt $b = -2$. $L = \{(2; -2)\}$.
   (8) $L = \{(-4; 2)\}$
   (9) $L = \{(2; 1)\}$.

4
a) (1) $L = \{(5; 1{,}5)\}$
   (2) unendlich viele Lösungen; $L = \{(x; 4x - 7) | x \in \mathbb{R}\}$.
   (3) $L = \{\left(\frac{5}{12}; \frac{1}{3}\right)\}$

Seite 167

b) (4) $L = \{(-3; 5)\}$
   (5) $L = \{(5; 2)\}$
   (6) $L = \{(2; -2)\}$

5
a) $x = -3$ ist eine doppelte Nullstelle;
$x = 1$ und $x = -1$ sind einfache Nullstellen. Den Streckfaktor mithilfe des Punktes $Y(0|-2)$ zu bestimmen, führt auf $f(x) = a(x + 1)(x - 1)(x + 3)^2$.
$f(x) = \frac{2}{9} \cdot (x^2 - 1) \cdot (x + 3)^2$
b) $f(x) = -\frac{3}{4} \cdot x^2 \cdot (x - 1) \cdot (x + 2)^3$
c) $f(x) = 2 \cdot e^x - 2$
d) $f(x) = -1 \cdot 4^x + 2$

6
a) $f'(2) = 0$ und Vorzeichenwechsel (VZW) von f' bei $x = 2$ oder $f''(2) \neq 0$.
b) $f'(-1) = 0$ und VZW von f' bei $x = -1$ von – nach + oder $f''(-1) > 0$.
c) $f'(0) = 0$ und $f''(0) = 0$ und VZW von f'' bei $x = 0$ oder $f'''(0) \neq 0$.
d) $f(3) = 5$ und $f'(3) = 0$ und VZW von f' bei $x = 3$ von + nach – oder $f''(3) < 0$.
e) $f'(0) = 1$
f) $f(-2) = 3$ und $f'(-2) = 1$
g) $f(6) = 1$ und $f''(6) = 0$ und $f'(6) = 2$ und VZW von f'' bei $x = 6$ oder $f'''(6) \neq 0$
h) $f'(0) = 0$
i) $f(-1) = 2$ und $f''(-1) = 0$ und $f'(-1) = 1$ und VZW von f'' bei $x = -1$ oder $f'''(-1) \neq 0$.
j) $f(3) = -4$ und $f'(3) = -\frac{1}{2}$

Seite 171

5
a) Aus der zweiten Zeile folgt $x_3 = 2$, so dass das vereinfachte LGS mit zwei Unbekannten gelöst werden kann:
$10x_1 + 3x_2 = 7$
$2x_1 - x_2 = 7$
$x_1 = \frac{7}{4}$ und $x_2 = -\frac{7}{2}$.
b) Zunächst wird das LGS
$x_2 - 2x_3 = -1$
$4x_2 + 3x_3 = 7$
gelöst: $x_2 = 1$ und $x_3 = 1$.
Rückwärtseinsetzen in die erste Gleichung ergibt: $x_1 = 4$.
c) Die zweite Zeile wird mit (-1) multipliziert und zur dritten Zeile hinzuaddiert. Es folgt $x_1 = 0$. Das vereinfachte LGS mit zwei Unbekannten wird anschließend gelöst:
$-3x_2 - x_3 = 1$
$2x_2 + 3x_3 = 1$
$x_2 = -\frac{4}{7}$ und $x_3 = \frac{5}{7}$.

6
a) In Matrixschreibweise:

$\begin{pmatrix} 2 & -4 & 5 & | & 3 \\ 3 & 3 & 7 & | & 13 \\ 4 & -2 & -3 & | & -1 \end{pmatrix} \; |\cdot 2$

$\begin{pmatrix} 4 & -8 & 10 & | & 6 \\ 3 & 3 & 7 & | & 13 \\ 4 & -2 & -3 & | & -1 \end{pmatrix} \; |\cdot(-1)$

$\begin{pmatrix} 1 & -11 & 3 & | & -7 \\ 3 & 3 & 7 & | & 13 \\ 0 & 6 & -13 & | & -7 \end{pmatrix} \; |\cdot(-3)$

$\begin{pmatrix} 1 & -11 & 3 & | & -7 \\ 0 & 36 & -2 & | & 34 \\ 0 & 6 & -13 & | & -7 \end{pmatrix} \; |\cdot(-6)$

$\begin{pmatrix} 1 & -11 & 3 & | & -7 \\ 0 & 36 & -2 & | & 34 \\ 0 & -36 & 78 & | & 42 \end{pmatrix}$

$$\begin{pmatrix} 1 & -11 & 3 & | & -7 \\ 0 & 36 & -2 & | & 34 \\ 0 & 0 & 76 & | & 76 \end{pmatrix}$$

Rückwärtseinsetzen ergibt: $x_3 = 1$; $x_2 = 1$; $x_1 = 1$.
Lösung ist $(1; 1; 1)$.

b) $(0; 1; 2)$

c) $\left(-\frac{8}{7}; \frac{2}{7}; \frac{11}{7}\right)$

Seite 172

12

a) $L = \{(-5; -1; -1)\}$

b) $L = \{(-39; -14; -23)\}$

c) $L = \{(2; 3; 3)\}$

13

a) Die Aussage ist wahr.

b) Die Aussage ist falsch. Die Zahl muss ungleich 0 sein.

c) Die Aussage ist falsch, denn das LGS könnte bereits in Stufenform gegeben sein.

18

a) $x = 2$ ist eine doppelte Nullstelle; $x = -1$ ist eine einfache Nullstelle. Der Streckfaktor kann mit dem Punkt $P(1|1)$ bzw. $R(3|2)$ bzw. $S(0|2)$ bestimmt werden.

$f(x) = \frac{1}{2} \cdot (x + 1) \cdot (x - 2)^2$

b) $f(x) = -\frac{1}{4} \cdot x^2 \cdot (x - 3)$

Seite 175

6

a) Stufenform z.B. $\begin{pmatrix} 1 & 1 & 1 & | & 0 \\ 0 & -2 & 0 & | & 4 \\ 0 & 0 & -1 & | & 2 \end{pmatrix}$

Rückwärtseinsetzen ergibt $x_3 = -2$; $x_2 = -2$; $x_1 = 4$
Die Lösungsmenge ist $L = \{(4; -2; -2)\}$.

b) Stufenform z.B. $\begin{pmatrix} 1 & 2 & 0 & | & 2 \\ 0 & 1 & -1 & | & 0,5 \\ 0 & 0 & 0 & | & 1 \end{pmatrix}$

Die dritte Zeile ergibt $0 = 1$, d.h. das LGS ist unlösbar.
Die Lösungsmenge ist $L = \{\}$.

c) Stufenform z.B. $\begin{pmatrix} 1 & -1 & 1 & | & -2 \\ 0 & 2 & -1 & | & 1 \\ 0 & 0 & 0 & | & 0 \end{pmatrix}$

z.B. $x_3 = t$; $x_2 = 0,5t + 0,5$; $x_1 = -0,5t - 1,5$
Die Lösungsmenge ist
$L = \{(-0,5t - 1,5; 0,5t + 0,5; t) | t \in \mathbb{R}\}$.

7

a) Stufenform z.B. $\begin{pmatrix} 1 & 1 & 3 & | & 14 \\ 0 & -4 & -7 & | & -35 \\ 0 & 0 & 1 & | & 7 \end{pmatrix}$

Rückwärtseinsetzen ergibt $x_3 = 7$; $x_2 = -3,5$; $x_1 = -3,5$
Lösungsmenge ist $L = \{(-3,5; -3,5; 7)\}$.

b) Stufenform z.B. $\begin{pmatrix} 1 & 0 & -1 & | & 3 \\ 0 & 1 & -5 & | & -9 \\ 0 & 0 & 0 & | & 0 \end{pmatrix}$

z.B. $x_3 = t$; $x_2 = 5t - 9$; $x_1 = t + 3$
Die Lösungsmenge ist $L = \{(t + 3; 5t - 9; t) | t \in \mathbb{R}\}$.

c) Stufenform z.B. $\begin{pmatrix} 0 & 0 & 0 & | & 0 \\ 0 & 1 & 1 & | & 2 \\ 0 & 0 & 0 & | & 1 \end{pmatrix}$

Die dritte Zeile ergibt $0 = 1$, d.h. das LGS ist nicht lösbar. Die Lösungsmenge ist $L = \{\}$.

Seite 176

13

a) Für $a = 0$ gibt es unendlich viele Lösungen, für $a \neq 0$ gibt es keine Lösung.

b) Für $a = -3$ gibt es unendlich viele Lösungen, für $a \neq -3$ gibt es keine Lösung.

c) Für $a = 5$ gibt es unendlich viele Lösungen, für $a \neq 5$ gibt es keine Lösung.

14

a) Falsch, denn nach Äquivalenzumformungen kann man auch Widerspruchzeilen (keine Lösung) oder Nullzeilen (unendlich viele Lösungen) erhalten.

b) Falsch, denn Äquivalenzumformungen können auch auf lauter Nullzeilen (außer der 1. Zeile) führen.

19

a) $f'(x) = x - 3$; $f''(x) = 1$.

b) $f'(x) = 3x^3 - \frac{3}{2}x^2 + \frac{1}{2}x$;
$f''(x) = 9x^2 - 3x + \frac{1}{2}$

c) $f'(x) = 4ax^3 + 2bx$;
$f''(x) = 12ax^2 + 2b$

d) $f(x) = \frac{1}{3}x^3 + \frac{2}{3}x^2$;
$f'(x) = x^2 + \frac{4}{3}x$;
$f''(x) = 2x + \frac{4}{3}$

e) $f(x) = \frac{1}{2}x^3 - x^2 + \frac{1}{2}x$;
$f'(x) = \frac{3}{2}x^2 - 2x + \frac{1}{2}$;
$f''(x) = 3x - 2$

f) $f(x) = ax^3 - abx^2$;
$f'(x) = 3ax^2 - 2abx$;
$f''(x) = 6ax - 2ab$

Seite 179

5

a) Ansatz: $f(x) = a \cdot x^2 + b \cdot x + c$;
1. Ableitung $f'(x) = 2a \cdot x + b$
Hochpunkt $H(3|2)$: $f(3) = 2$, d.h. $9a + 3b + c = 2$
$f'(3) = 0$, d.h. $6a + b = 0$
Punkt $P(0|-2,5)$: $f(0) = -2,5$, d.h. $c = -2,5$
Durch Einsetzen von $c = -2,5$ in die 1. Gleichung ergibt sich das LGS: $\begin{array}{l} 9a + 3b = 4,5 \\ 6a + b = 0 \end{array}$ mit der Lösung: $a = -0,5$; $b = 3$.
Also ist $f(x) = -0,5x^2 + 3x - 2,5$.

b) Wegen der Punktsymmetrie zum Ursprung kommen nur ungerade Exponenten vor: $f(x) = a \cdot x^3 + b \cdot x$;
1. Ableitung: $\quad f'(x) = 3a \cdot x^2 + b$
Punkt P(1|−2): $\quad f(1) = −2$, d.h. $a + b = −2$
Steigung in P: $\quad f'(1) = 2$; d.h. $3a + b = 2$
Durch Lösen des linearen Gleichungssystems erhält man:
$a = 2$; $b = −4$; also $f(x) = 2x^3 − 4x$.

6
a) Wegen Achsensymmetrie hat der Term nur gerade Exponenten.
Ansatz: $f(x) = ax^4 + cx^2 + e$, $f'(x) = 4ax^3 + 2cx$,
$f''(x) = 12ax^2 + 2c$
Es gilt: $f(0) = 2$: $\qquad\qquad e = 2$
$\qquad\quad f(1) = 0$: $\quad a + c + 2 = 0$
$\qquad\quad f'(1) = 0$: $\quad 4a + 2c = 0$
Lösen des LGS liefert $f(x) = 2x^4 − 4x^2 + 2$; $f''(1) > 0$;
f ist die gesuchte Funktion

b) Ansatz: $f(x) = ax^4 + cx^2 + e$, $f'(x) = 4ax^3 + 2cx$,
$f''(x) = 12ax^2 + 2c$, $f'''(x) = 24ax$
Es gilt: $f(1) = 0$: $\quad a + c + e = 0$
$\qquad\quad f''(1) = 0$: $\quad 12a + 2c = 0$
$\qquad\quad f'(1) = 8$: $\quad 4a + 2c = 8$
Lösen des LGS liefert $f(x) = −x^4 + 6x^2 − 5$; $f'''(1) \neq 0$; f ist die gesuchte Funktion.

Seite 180

13
a) Ansatz: $f(x) = ax^4 + bx^3 + cx^2 + dx + e$;
Bedingungen: $b = d = 0$;
$f(2) = −7$: $16a + 4c + e = −7$;
$f'(1) = 0$: $4a + 2c = 0$;
$f'(0,5) = 1,5$: $0,5a + c = 1,5$;
Lösen des LGS: $a = −1$; $c = 2$; $e = 1$
$f(x) = −x^4 + 2x^2 + 1$.

b) Ansatz: $f(x) = ax^3 + bx^2 + cx + d$;
Bedingungen: $b = d = 0$;
$f(1) = 2$: $a + c = 2$;
$f'(1) = 0$: $3a + c = 0$;
Lösen des LGS: $a = −1$; $c = 3$
$f(x) = −x^3 + 3x$.

c) Ansatz: $f(x) = ax^3 + bx^2 + cx + d$;
Bedingungen:
$f(2) = −7$: $8a + 4b + 2c + d = −7$;
$f(0) = 3$: $d = 3$;
$f(1) = 1$: $a + b + c + d = 1$;
$f'(1) = 0$: $3a + 2b + c = 0$;
Lösen des LGS: $a = −5$; $b = 12$; $c = −9$
$f(x) = −5x^3 + 12x^2 − 9x + 3$.

d) Ansatz: $f(x) = ax^4 + bx^3 + cx^2 + dx + e$;
Bedingungen:
$f(0) = 2$: $e = 2$;
$f''(0) = 0$: $c = 0$;
$f'(0) = 0$: $d = 0$;
$f(−1) = 0$: $a − b + 2 = 0$;
$f'(−1) = 4$: $−4a + 3b = 4$;
Lösen des LGS: $a = 2$; $b = 4$
$f(x) = 2x^4 + 4x^3 + 2$.

19
a) Für $x \to −\infty$ geht $f(x) \to −2$.
Waagerechte Asymptote ist $y = −2$.
b) Für $x \to \infty$ geht $f(x) \to 1$.
Waagerechte Asymptote ist $y = 1$.
c) Für $x \to −\infty$ geht $f(x) \to −6$.
Waagerechte Asymptote ist $y = −6$.
d) Umformung: $f(x) = 2e^x − 1$; für $x \to −\infty$ geht $f(x) \to −1$.
Waagerechte Asymptote: $y = −1$.

Seite 183

5
a) $f(x) = 3 \cdot \sin(\pi x) + 4$
b) $f(x) = -\frac{1}{4} \cdot \sin(\pi x) + \frac{3}{4}$

6
a) $f(x) = \frac{1}{2} \cdot e^x − 3$
b) $f(x) = 2 \cdot x \cdot e^x$

Seite 184

13
a) $f(x) = \frac{4}{x^2} + x$

b) $f(x) = \frac{4}{3} \cdot (x − 3) \cdot e^{\frac{1}{2}x}$

17
a) $x \approx −0{,}5671$
b) $x \approx 0{,}8655$
c) $x \approx 0{,}8526$

Seite 191

Prüfungsvorbereitung – Aufgaben ohne Hilfsmittel

1
$\begin{pmatrix} 1 & -1 & 2 & | & -12 \\ 4 & 2 & 1 & | & -1 \\ -1 & 3 & -1 & | & 11 \end{pmatrix}$
II a = II + (−4 · I)
III a = I + III

$\begin{pmatrix} 1 & -1 & 2 & | & -12 \\ 0 & 6 & -7 & | & 47 \\ 0 & 2 & 1 & | & -1 \end{pmatrix}$

III b = 3 · III a + (−II a)

$\begin{pmatrix} 1 & -1 & 2 & | & -12 \\ 0 & 6 & -7 & | & 47 \\ 0 & 0 & 10 & | & -50 \end{pmatrix}$

Lösung des LGS ist (0; 2; −5).

2
a) Das LGS besitzt Stufenform und enthält eine Gleichung der Form $0 = 0$, es besitzt also unendlich viele Lösungen.
b) L = {(4; −1; 2)}
c) Das LGS enthält eine Gleichung der Form $0 = 1$, es besitzt also keine Lösung.

3
$a = 1$; $b = 6$; $c = 5$; $f(x) = x^4 − 6x^2 + 5x − 5$

4
$f'(x) = -\frac{1}{2} \cdot (x + 1) \cdot (x − 2)^2 = -\frac{1}{2}x^3 − \frac{3}{2}x^2 − 2$;
$f(0) = 1$, d.h. $f(x) = -\frac{1}{8}x^4 − \frac{1}{2}x^3 − 2x + 1$

5
$f(x) = -\frac{3}{2} \cdot (x - 2) \cdot x^3$

Prüfungsvorbereitung – Aufgaben mit Hilfsmitteln

6
a) $L = \{(2; -3; 0)\}$
b) $L = \{(2 + r; 0; r) | r \in \mathbb{R}\}$
c) $L = \{(+1; r + 1; r - 1)\}$

7
$f(x) = \frac{3}{2} \cdot (x + 2) \cdot e^{-x}$
Die Ableitung f' weist bei $x = -1$ einen Vorzeichenwechsel von + nach – auf. Es liegt ein Maximum vor.

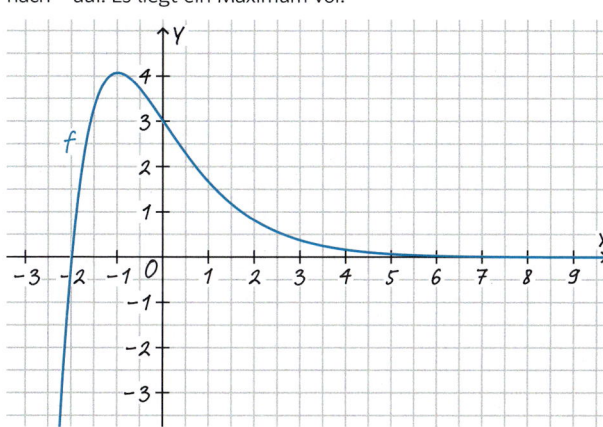

8
$f(x) = x^3 + 3x^2 + 1$.
Wegen $f''(0) = 6 > 0$ liegt allerdings ein Tiefpunkt $T(0|1)$ vor.

9
a) $f(x) = \frac{1}{4}x^4 - 2x^2 + 1$
b) $f(x) = -2\sin\left(\frac{1}{2}x\right) + 4$
c) $f(x) = -2 \cdot (x + 2) \cdot e^{-\frac{1}{2}x}$

10
$a \approx 2{,}843; \; k \approx 0{,}352$

VI Optimieren und Modellieren

Seite 194

1
a) $a^2 + 10^2 = 26^2$ d.h. $a = 24$;
$A = \frac{1}{2}ab = \frac{1}{2} \cdot 10 \cdot 24$ d.h. $A = 120\,cm^2$
Der Flächeninhalt des Dreiecks beträgt $120\,cm^2$.
b) $a = b + 8$; $A = a \cdot b$
$(b + 8) \cdot b = 240$ d.h.
$b = 12\,cm$; $a = 20\,cm$
Die Seiten des Rechtecks sind 12 cm und 20 cm lang.
Hinweis: Die zweite Lösung $b = -20$ entfällt.
c) $A = \frac{1}{2} \cdot (a + c) \cdot h$ d.h.

$\frac{1}{2} \cdot (50 + 90) \cdot h = 560$ d.h. $h = 8\,cm$
Das Trapez ist 8 cm hoch.

2
a) $V = a^2 \cdot h = 8^2 \cdot 5$ d.h. $V = 320\,cm^3$
Das Volumen beträgt $320\,cm^3$.
$O = 2a^2 + 4ab = 2 \cdot 8^2 + 4 \cdot 8 \cdot 5$
$O = 288\,cm^2$
Der Oberflächeninhalt beträgt $288\,cm^2$.
b) $V = \frac{1}{3}a^2 \cdot h = \frac{1}{3} \cdot 30^2 \cdot 20$ d.h.
$V = 6000\,cm^3 = 6\,l$
Das Volumen der Pyramide beträgt 6 l.
$h_s^2 = \left(\frac{a}{2}\right)^2 + h^2 = 15^2 + 20^2$
$h_s = 25\,cm$
$M = 4 \cdot \frac{1}{2} \cdot a \cdot h_s = 2 \cdot 30 \cdot 25$
$M = 1500\,cm^2$
Der Flächeninhalt des Mantels beträgt $1500\,cm^2$.
c) $r^2 + h^2 = s^2$; $r^2 = 10^2 - 8^2$ d.h. $r = 6\,cm$.
$O = \pi r^2 + \pi rs = \pi \cdot 6^2 + \pi \cdot 6 \cdot 10$
$O = 96\pi \approx 301{,}6\,cm^2$
Der Oberflächeninhalt beträgt $301{,}6\,cm^2$.
$V = \frac{1}{3}\pi r^2 \cdot h = \frac{1}{3}\pi \cdot 6^2 \cdot 8$
$V = 96\pi \approx 301{,}6\,cm^3$
Das Volumen beträgt $301{,}6\,cm^3$.
d) $V_{Zyl} = \pi r^2 h = \pi \cdot 3^2 \cdot 8$ d.h. $V_{Zyl} = 72\pi$.
$V_{Halbkugel} = \frac{1}{2} \cdot V_{Kugel} = \frac{1}{2} \cdot \frac{4}{3} r^3 \cdot \pi = \frac{2}{3} \cdot 3^3 \cdot \pi$
$V_{Halbkugel} = 18\pi$
$V_{Spielfigur} = V_Z + V_{HK} = 72\pi + 18\pi$
$V_{Spielfigur} = 90\pi \approx 282{,}7\,cm^3$
Das Volumen der Spielfigur beträgt $282{,}7\,cm^3$.
$O_{Spielfigur} = A_{Kreis} + M_{Zyl} + A_{Halbkugel} = \pi r^2 + 2\pi rh + 2\pi r^2$
$O_{Spielfigur} = \pi \cdot 3^2 + 2\pi \cdot 3 \cdot 8 + 2\pi \cdot 3^2$
$= 75\pi$ d.h. $O_{Spielfigur} \approx 235{,}6\,cm^2$
Der Oberflächeninhalt beträgt $235{,}6\,cm^2$.

3
a) $f(x) = 2x^3 - 3x^2 + 4$;
$f'(x) = 6x^2 - 6x$; $f''(x) = 12x - 6$
$f'(x) = 0$ für $x_1 = 0$ und $x_2 = 1$.
$f''(0) = -6 < 0$ d.h. $H(0|4)$ ist ein Hochpunkt.
$f''(1) = 6 > 0$ d.h. $T(1|3)$ ist ein Tiefpunkt.
b) $f(x) = (x - 3) \cdot e^x$;
$f'(x) = (x - 2) \cdot e^x$; $f''(x) = (x - 1) \cdot e^x$
$f'(x) = 0$ für $x = 2$; $f''(2) = e^2 > 0$
d.h. $T(2|-e^2)$ ist ein Tiefpunkt.
c) $f(x) = \cos(x) + 2x$; $f'(x) = -\sin(x) + 2$
$f'(x) = 0 \Rightarrow -\sin(x) + 2 = 0$.
Wegen $-1 \leq \sin(x) \leq 1$ besitzt diese Gleichung keine Lösung. Es gibt also keine Extrempunkte.

Seite 195

4
a) Für $x \to \infty$ geht $f(x) \to 3$, horizontale Asymptote: $y = 3$.
b) Für $x \to -\infty$ geht $f(x) \to 0$, waagerechte Asymptote: $y = 0$.

Lösungen

c) Für $x \to \pm\infty$ geht $\frac{2}{x} \to 0$, horizontale Asymptote: $y = 3$.
Für $x \to 0$ und $x > 0$ geht $f(x) \to \infty$; für $x \to 0$ und $x < 0$ geht $f(x) \to -\infty$, vertikale Asymptote: $x = 0$.

d) Für $x \to \pm\infty$ geht $\frac{1}{x+3} \to 0$, horizontale Asymptote: $y = -5$.
Für $x \to -3$ und $x > -3$ geht $f(x) \to \infty$; für $x \to -3$ und $x < -3$ geht $f(x) \to -\infty$, vertikale Asymptote: $x = -3$.

5

a) $f(x) = -\frac{1}{2}x^2 + 3$;
$f'(x) = -x$; $f''(x) = -1$
$f'(x) = 0$ für $x = 0$; $f''(0) = -1 < 0$, also Maximum; $f(0) = 3$.
Randwerte: $f(-1) = \frac{5}{2}$; $f(2) = 1$
lokales Maximum: $f(0) = 3$;
lokale Minima: $f(-1) = \frac{5}{2}$; $f(2) = 1$
globales Maximum: $f(0) = 3$;
globales Minimum: $f(2) = 1$

b) $f(x) = \frac{1}{3}x^3 - \frac{1}{2}x^2 + 2x$;
$f'(x) = x^2 - x + 2$; $f''(x) = 2x - 1$
$f'(x) = 0$ hat keine Lösung.
Randwerte: $f(-3) = -\frac{39}{2}$; $f(4) = \frac{64}{3}$
lokales und globales Maximum: $f(4) = \frac{64}{3}$
lokales und globales Minimum: $f(-3) = -\frac{39}{2}$

c) $f(x) = 2x \cdot e^{-x}$; $f'(x) = 2(1-x) \cdot e^{-x}$
$f'(x) = 0$ für $x = 1$;
VZW von f' bei $x = 1$ von + nach –, also Maximum; $f(1) = \frac{2}{e}$.
Randwerte: $f(-1) = -2e$; $f(4) = \frac{8}{e^4}$
lokales Maximum: $f(1) = \frac{2}{e}$;
lokale Minima: $f(-1) = -2e$; $f(4) = \frac{8}{e^4}$
globales Maximum: $f(1) = \frac{2}{e}$;
globales Minimum: $f(-1) = -2e$

d) $f(x) = 3\sin\left(\frac{x}{2}\right) - 1$;
$f'(x) = \frac{3}{2}\cos\left(\frac{x}{2}\right)$; $f''(x) = -\frac{3}{4}\sin\left(\frac{x}{2}\right)$
$f'(x) = 0$ für $x = \pi$; $f''(\pi) = -\frac{3}{4} < 0$, also Maximum; $f(\pi) = 2$.
Randwerte: $f\left(-\frac{\pi}{2}\right) \approx -3{,}12$; $f\left(\frac{3\pi}{2}\right) \approx 1{,}12$
lokales Maximum: $f(\pi) = 2$;
lokale Minima: $f\left(-\frac{\pi}{2}\right) \approx -3{,}12$; $f\left(\frac{3\pi}{2}\right) \approx 1{,}12$
globales Maximum: $f(\pi) = 2$;
globales Minimum: $f\left(-\frac{\pi}{2}\right) \approx -3{,}12$

6

a) Ansatz: $f(x) = ax^3 + bx$;
$f'(x) = 3ax^2 + b$
Bedingungen: Hochpunkt: $f(-1) = 3$
Hochpunkt: $f'(-1) = 0$
LGS in Matrixform: $\begin{pmatrix} -1 & -1 & | & 3 \\ 3 & 1 & | & 0 \end{pmatrix}$
Lösung des LGS ist $a = \frac{3}{2}$ und $b = -\frac{9}{2}$.
Funktionsgleichung ist $f(x) = \frac{3}{2}x^3 - \frac{9}{2}x$.
Probe: $f'(x) = \frac{9}{2}x^2 - \frac{9}{2}$;
$f''(x) = 9x$; $f''(-1) = -9 < 0$
H$(-1|3)$ ist tatsächlich ein Hochpunkt.

b) Ansatz: $f(x) = ax^4 + bx^2 + c$;
$f'(x) = 4ax^3 + 2bx$;
$f''(x) = 12ax^2 + 2b$
Bedingungen: Wendepunkt: $f(2) = -2$

Wendepunkt: $f''(2) = 0$
Steigung: $f'(2) = -4$
LGS in Matrixform: $\begin{pmatrix} 16 & 4 & 1 & | & -2 \\ 48 & 2 & 0 & | & 0 \\ 32 & 4 & 0 & | & -4 \end{pmatrix}$
Lösung des LGS ist $a = \frac{1}{16}$; $b = -\frac{3}{2}$ und $c = 3$.
Funktionsgleichung ist $f(x) = \frac{1}{16}x^4 - \frac{3}{2}x^2 + 3$.
Probe: $f'(x) = \frac{1}{4}x^3 - 3x$;
$f''(x) = \frac{3}{4}x^2 - 3$; $f'''(x) = \frac{3}{2}x$;
$f'''(2) = 3 \neq 0$
W$(2|-2)$ ist tatsächlich ein Wendepunkt.

c) Ansatz: $f(x) = ax^3 + bx^2 + cx + d$;
$f'(x) = 3ax^2 + 2bx + c$;
$f''(x) = 6ax + 2b$
Bedingungen: Tiefpunkt: $f(0) = 2$ d.h. $d = 2$.
Tiefpunkt: $f'(0) = 0$ d.h. $c = 0$
Wendepunkt: $f(-2) = 3$
Wendepunkt: $f''(-2) = 0$
LGS für a und b: $\begin{pmatrix} -8 & 4 & | & 1 \\ -12 & 2 & | & 0 \end{pmatrix}$
Lösung des LGS ist $a = \frac{1}{16}$; $b = \frac{3}{8}$.
Funktionsgleichung ist
$f(x) = \frac{1}{16}x^3 + \frac{3}{8}x^2 + 2$.
Probe: $f'(x) = \frac{3}{16}x^2 + \frac{3}{4}x$;
$f''(x) = \frac{3}{8}x + \frac{3}{4}$; $f'''(x) = \frac{3}{8} \neq 0$
W$(2|-2)$ ist tatsächlich ein Wendepunkt.
$f''(0) = \frac{3}{4} > 0$
T$(0|2)$ ist tatsächlich ein Tiefpunkt.

7

a) $f(x) = a \cdot e^{kx} + b$; $f'(x) = a \cdot k \cdot e^{kx}$
horizontale Asymptote: $y = 3$ d.h. $b = 3$.
Punkt P$(0|-1)$, also $f(0) = -1$ d.h. $a = -4$.
Steigung in P: $f'(0) = 2$, also $-4 \cdot k = 2$ d.h. $k = -\frac{1}{2}$.

b) $f(x) = \frac{a}{x} + b \cdot x$; $f'(x) = -\frac{a}{x^2} + b$
Bedingungen: Tiefpunkt: $f(2) = 2$
Tiefpunkt: $f'(2) = 0$
LGS in Matrixform: $\begin{pmatrix} 0{,}5 & 2 & | & 2 \\ -0{,}25 & 1 & | & 0 \end{pmatrix}$
Lösung des LGS ist $a = 2$; $b = \frac{1}{2}$;
Funktionsgleichung ist $f(x) = \frac{2}{x} + \frac{1}{2} \cdot x$
Probe: $f'(x) = -\frac{2}{x^2} + \frac{1}{2}$;
$f''(x) = \frac{4}{x^3}$; $f''(2) = \frac{1}{2} > 0$
T$(2|2)$ ist tatsächlich ein Tiefpunkt.

c) $f(x) = a \cdot \cos(bx)$; $f'(x) = -ab \cdot \sin(bx)$
erste Wendestelle $x = \pi$
Periode $p = 4\pi$ d.h. $b = \frac{1}{2}$
Steigung: $f'(\pi) = -1$ d.h. $-a \cdot \frac{1}{2} = -1$, also $a = 2$.
Funktionsgleichung ist $f(x) = 2\cos\left(\frac{1}{2}x\right)$.

8

a) Die lineare und die quadratische Regression ergeben übereinstimmend $f(x) = -0{,}5 \cdot x + 3$ mit einem Bestimmtheitsmaß von $r^2 = 1$.
Die drei Punkte liegen also auf einer Geraden.

b) Die Potenzregression ergibt $f(x) = 3{,}973 \cdot x^{1{,}5055}$ mit $r^2 = 0{,}999996873$, die quadratische Regression ergibt $f(x) = 1{,}4 \cdot x^2 + 3{,}1 \cdot x - 0{,}5$ mit $r^2 = 1$.
Die Potenzregression mit nur zwei Parametern liefert also eine hervorragende Beschreibung der Lage der drei Punkte, die quadratische Regression mit drei Parametern eine perfekte Beschreibung.

c) Die Potenzregression ergibt $f(x) = 2{,}9875 \cdot x^{0{,}5052}$ mit $r^2 = 0{,}999608$, die Exponentialregression ergibt $f(x) = 1{,}6893 \cdot 1{,}6484^x$ mit $r^2 = 0{,}966463$.
Beide Modelle geben die Lage der Punkte gut wieder, wobei die Potenzregression wegen des näher an 1 liegenden Bestimmtheitsmaßes eine bessere Beschreibung liefert.

Seite 199

5

a) Nullstellen sind $x = -4$ und $x = 4$.
Scheitelpunkt $S(0 \mid 16)$
Skizze siehe rechts.

b) Zu maximieren: $A = 2a \cdot b$
Nebenbedingung: $b = f(a) = 16 - a^2$
Zielfunktion: $A(a) = 2a \cdot (16 - a^2)$
$= 32a - 2a^3$; $a \in D = [0; 4]$
Mit $A'(a) = 32 - 6a^2$ und $A''(a) = -12a$ erhält man unter Berücksichtigung der Randwerte $a = 0$ und $a = 4$ den maximalen Flächeninhalt für $a = \sqrt{\frac{16}{3}} \approx 2{,}3$.
Die entsprechenden Eckpunkte sind dann $A\left(\sqrt{\frac{16}{3}} \mid 0\right)$, $B\left(\sqrt{\frac{16}{3}} \mid \frac{32}{3}\right)$, $C\left(-\sqrt{\frac{16}{3}} \mid \frac{32}{3}\right)$ und $D\left(\sqrt{\frac{16}{3}} \mid 0\right)$.
Der größte Flächeninhalt beträgt $A = \frac{226}{9} \cdot \sqrt{3} \approx 49{,}3$ FE.

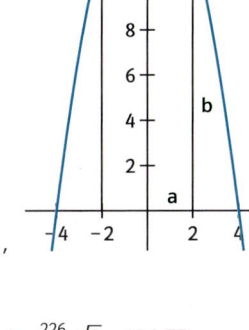

6

a)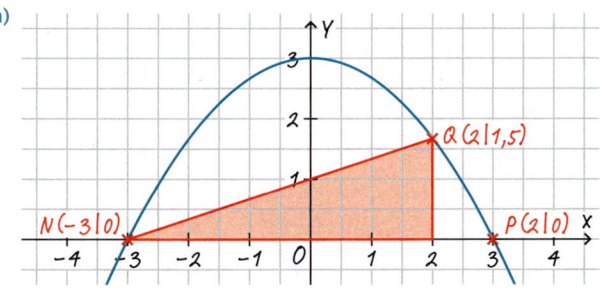

$A = \frac{1}{2} \cdot 5 \cdot \frac{5}{3} = \frac{25}{6}$

b) $A(u) = \frac{1}{2} \cdot (u - 3) \cdot f(u) = \frac{1}{2} \cdot (u + 3) \cdot \left(-\frac{1}{3}u^2 + 3\right)$
$A(u) = -\frac{1}{6}u^3 - \frac{1}{2}u^2 + \frac{3}{2}u + \frac{9}{2}$;
$D = [-3; 3]$
$A'(u) = -\frac{1}{2}u^2 - u + \frac{3}{2}$; $A''(u) = -u - 1$
Extrema:
$A'(u) = 0$ d.h. $u_1 = 1$; $u_2 = -3$;
$A''(1) = -2 < 0$

Bei $x = 1$ liegt das Maximum.
Randwerte: $A(-3) = 0$; $A(3) = 0$
Optimale Lage von Q: $Q\left(1 \mid \frac{8}{3}\right)$;
maximaler Flächeninhalt ist $A_{max} = A(1) = \frac{16}{3}$.
Hinweis: Wegen der x-Koordinate -3 beträgt die Breite des Dreiecks $(u - 3)$.

c) Summe der Katheten:
$S(u) = (u + 3) + \left(-\frac{1}{3} \cdot u^2 + 3\right) = -\frac{1}{3}u^2 + u + 6$; $D = [-3; 3]$
$S'(u) = -\frac{2}{3}u + 1$; $S''(u) = -\frac{2}{3} < 0$ d.h. es liegt ein Maximum vor.
Extremum: $S'(u) = 0$ für $u = \frac{3}{2}$; $S\left(\frac{3}{2}\right) = \frac{27}{4}$.
Randwerte: $S(-3) = 0$; $S(3) = 6$
Optimale Lage von Q: $Q\left(\frac{3}{2} \mid \frac{9}{4}\right)$;
maximale Summe der Katheten ist $\frac{27}{4}$.

Seite 200

11

a)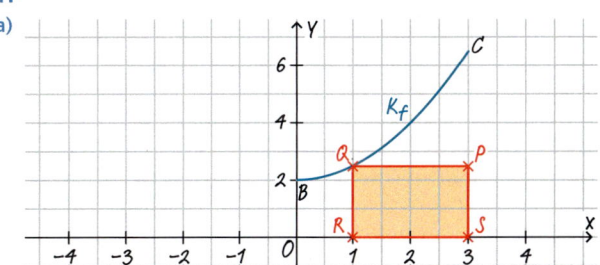

b) $A(u) = (3 - u) \cdot f(u)$
$A(u) = -\frac{1}{2}u^3 + \frac{3}{2}u^2 - 2u + 6$; $u \in [0; 3]$
$A'(u) = -\frac{3}{2}u^2 + 3u - 2$; $A''(u) = -3u + 3$
Extrema: $A'(u) = 0 \Rightarrow -\frac{3}{2}u^2 + 3u - 2 = 0$
Diese quadratische Gleichung besitzt keine Lösung. Also gibt es kein lokales Extremum.
Randwerte: $A(0) = 6$; $A(3) = 0$
Somit wird der Flächeninhalt des Rechtecks maximal, wenn Q auf den Punkt $B(0 \mid 2)$ fällt.
Der Flächeninhalt beträgt dann $A_{max} = 6$.

12

a)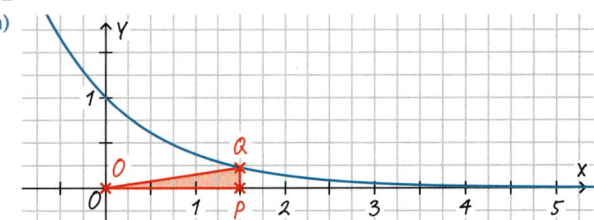

b) $A(u) = \frac{1}{2} \cdot u \cdot f(u) = \frac{1}{2} \cdot u \cdot e^{-u}$; $D = [0; +\infty[$

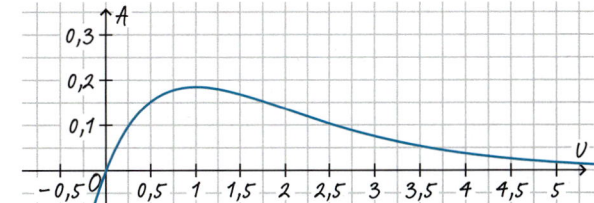

c) $A'(u) = \frac{1}{2}(1-u) \cdot e^{-u}$

Extremum: $A'(u) = 0$ für $u = 1$;
VZW bei $A'(u)$ von + nach –, es liegt ein Maximum vor.
Randwerte: $A(0) = 0$; $\lim\limits_{u \to \infty} A(u) = 0$

Optimale Lage von P: $P(1|0)$;
maximaler Flächeninhalt: $A_{max} = A(1) = \frac{1}{2e}$

15

a) Mantelfläche eines Kreiskegels, $s = \frac{M}{\pi r}$
b) Volumen einer Kugel, $r = \sqrt[3]{\frac{V}{4\pi}}$
c) Oberfläche eines Zylinders, $h = \frac{O}{2\pi r} - r$

Seite 203

4

Zielgröße: Oberfläche: $O = x^2 + 4 \cdot xy$ mit $x, y \geq 0$;
Variablen: Kante der Grundfläche x (in dm), Höhe y (in dm).
Nebenbedingung: $V = x^2 \cdot y = 40$;
Zielfunktion: $O(x) = x^2 + \frac{160}{x}$.

Globales Minimum für $x \approx 4{,}31$ und $y \approx 2{,}15$;
minimale Oberfläche: $O \approx 55{,}7$.
Die gesuchte Kiste hat die ungefähren Maße
$43{,}1\,cm \times 43{,}1\,cm \times 21{,}5\,cm$. Ihre Oberfläche beträgt dann etwa $5570\,cm^2$.

5

Zielgröße: Länge der Nahtlinie (in dm): $N = \pi x + h$.
Variablen: Durchmesser x (in dm), Höhe h (in dm);
Nebenbedingung: Volumen $V = \frac{\pi}{4}x^2 \cdot h = 2$ liefert $h = \frac{8}{\pi x^2}$
mit $x > 0$.
Zielfunktion: $N(x) = \pi x + \frac{8}{\pi x^2}$
$N'(x) = \pi - \frac{16}{\pi x^3} = 0$ liefert $x_1 = \left(\frac{16}{\pi^2}\right)^{\frac{1}{3}} \approx 1{,}175$.
Da $N'(x) < 0$ für $0 < x < x_1$ und $N'(x) > 0$ für $x > x_1$ gilt, ist aufgrund des Monotoniesatzes die Funktion N für $0 < x < x_1$ streng monoton fallend und für $x > x_1$ streng monoton wachsend. Damit besitzt N genau einen Extremwert, das lokale Minimum $x \approx 1{,}175$.
Bei absolut kürzester Schweißnaht muss der Durchmesser des Topfes etwa 11,8 cm und seine Höhe 18,5 cm sein.

Seite 204

11

a) Zielfunktion: $u = a + 2b + \pi r$
Nebenbedingungen:
$a = 2r$ und $A = a \cdot b + \frac{\pi}{2}r^2 = 3$ d.h. $b = \frac{3}{2r} - \frac{\pi}{4}r$.
Zielfunktion: $u(r) = \left(2 + \frac{\pi}{2}\right)r + \frac{3}{r}$; $D = \mathbb{R}_+^*$
$u'(r) = \left(2 + \frac{\pi}{2}\right) - \frac{3}{r^2}$; $u''(r) = \frac{6}{r^3} > 0$
Es liegt ein Minimum vor.
Extremum: $u'(r) = 0$ für $r = \sqrt{\frac{3}{2 + \frac{\pi}{2}}} \approx 0{,}9166$
Randwerte: Für $r \to 0$ geht $u \to \infty$, für
$r \to \infty$ geht $u \to \infty$, es gibt also keine Minima am Rand.
Optimale Abmessungen: $a \approx 1{,}8332$; $b \approx 0{,}8511$; $r \approx 0{,}9166$;
$u_{min} \approx 6{,}55$ (in Metern).
Der minimale Umfang beträgt etwa 6,55 m.

b) Zielgröße: $A = a \cdot b + \frac{\pi}{2}r^2$
Nebenbedingungen: $a = 2r$ und $b + r = 2{,}5$ d.h. $b = 2{,}5 - r$.
Zielfunktion:
$A(r) = \left(\frac{\pi}{2} - \frac{1}{2}\right)r^2 + \frac{5}{4}r$; $D = [0; 2{,}5]$
$A'(r) = (\pi - 1)r + \frac{5}{4}$;
Extremum: $A'(r) = 0$ d.h. $r = -\frac{5}{4(\pi-1)} \notin D$
Randwerte: Für $A(0) = 0$, $A(2{,}5) \approx 9{,}8175$
Optimale Abmessungen: $a = 5$; $b = 0$;
$r = 2{,}5$ (in Metern), $A_{max} \approx 9{,}8175\,m^2$

12

Skizze

Es gilt nach dem Strahlensatz: $\frac{12-y}{12} = \frac{\frac{x}{2}}{5}$; also $y = 12 - \frac{6}{5}x$.
$V = x^2 y$; also $V(x) = x^2\left(12 - \frac{6}{5}x\right) = 12x^2 - \frac{6}{5}x^3$ mit $0 \leq x \leq 10$.
$V'(x) = 24x - \frac{18}{5}x^2$; $V''(x) = 24 - \frac{36}{5}x$.
$V'(x) = 24x - \frac{18}{5}x^2 = 0$ ergibt $x_1 = 0$ und $x_2 = \frac{20}{3}$.
Da $V''\left(\frac{20}{3}\right) = -24 < 0$ ist, liegt ein lokales Maximum vor.
Wegen $V(0) = 0$ und $V(10) = 0$ ist das Maximum auch ein globales. Man erhält für die Höhe $y = 12 - \frac{6}{5} \cdot \frac{20}{3} = 4$. Damit ist die Seitenlänge der quadratischen Grundfläche $x = \frac{30}{3}\,m \approx 6{,}7\,cm$ und ihre Höhe ist $y = 4\,cm$, $V\left(\frac{20}{3}\right) = \frac{1600}{9} \approx 178$. Das Volumen beträgt etwa 178 VE.

17

a) $D = \mathbb{R}^*$; $W = \mathbb{R}\setminus\{4\}$
b) $D = \mathbb{R}^*$; $W = \,]-\infty; 1[$
c) $D = [-2; 2]$; $W = [0; 2]$
d) $D = \mathbb{R}$; $W = \,]-\infty; 3[$
e) $D = \mathbb{R}$; $W = [-5; 3]$
f) $D = \mathbb{R}\setminus\,]-1; 1[$; $W = \mathbb{R}$

Seite 208

6

Die Grafik ist eine vereinfachte Darstellung (Realmodell) der 50 m langen Brücke (Realsituation). Der Grafik können für das mathematische Modell (Brückenbogens als Parabel) die Winkel und der Abstand entnommen werden.
Ansatz: $\quad f(x) = a \cdot x^2 + b \cdot x + c$ mit x in m und f(x) in m.
Ableitung: $\quad f'(x) = 2a \cdot x + b$.
Als Ursprung des Koordinatensystems wird der Punkt A gewählt.
Bedingungen für Punkt $A(0|0)$:
Lage: $\quad f(0) = 0 \quad\quad$ I $\quad a \cdot 0^2 + b \cdot 0 + c = 0$; $c = 0$.
Steigung: $\quad f'(0) = 1 \quad\quad$ II $\quad 2a \cdot 0 + b = 1$; $b = 1$.
Diese beiden Koeffizienten eingesetzt vereinfachen den Funktionsterm zu $f(x) = a \cdot x^2 + x$.
Bedingung für Punkt $B(50|0)$:

Lage: f(50) = 0   III $a \cdot 50^2 + 50 = 0$; $a = -\frac{1}{50}$.
Dies eingesetzt ergibt den Funktionsterm $f(x) = -\frac{1}{50} \cdot x^2 + x$.
Überprüfung, ob die vierte Bedingung (–45° Steigung in B) auch erfüllt ist:
$f'(50) = 2\left(-\frac{1}{50}\right)50 + 1 = -1$ (Das entspricht einer Steigung von –45°).
Der Verlauf des Brückenbogens kann durch $f(x) = -\frac{1}{50} \cdot x^2 + x$ für $x \in [0; 50]$ modelliert werden.
Bei einer Parabel befindet sich die Extremstelle genau zwischen den beiden Nullstellen. An dieser Extremstelle gilt: $f(25) = 12{,}5$ (mathematisches Resultat).
Da x im mathematischen Modell für den waagerechten Abstand vom Punkt A steht und f(x) für die Höhe des Brückenbogens, bedeutet das mathematische Resultat in die Realität übertragen: Die maximale Höhe des Brückenbogens beträgt 12,5 m (reales Resultat).

Weiterer Lösungsweg unter Ausnutzung der Symmetrie zur y-Achse:
Als Ursprung des Koordinatensystems wird die Mitte der beiden Punkte A und B gewählt.

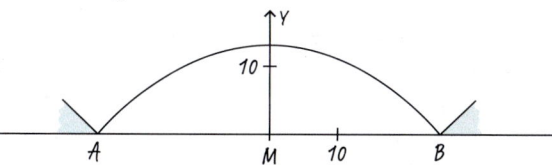

Aufgrund der Symmetrie zur y-Achse enthält der Ansatz nur gerade Potenzen: $g(x) = a \cdot x^2 + b$.
Ableitung: $g'(x) = 2a \cdot x$
Bedingungen für Punkt B(25|0):
Lage: $g(25) = 0$ I $a \cdot 25^2 + b = 0$; $b = -625a$
Steigung: $g'(25) = -1$ II $2a \cdot 25 = -1$; $a = -\frac{1}{50}$
II eingesetzt in I: $b = -625\left(-\frac{1}{50}\right) = \frac{25}{2}$
Aufgrund des Symmetrieansatzes sind die Bedingungen für den Punkt A ebenso erfüllt.
Der Verlauf des Brückenbogens kann durch $g(x) = -\frac{1}{50} \cdot x^2 + \frac{25}{2}$ für $x \in [-25; 25]$ modelliert werden.
Der Ansatz wurde so gewählt, dass die Extremstelle bei x = 0 liegt.
An dieser Extremstelle gilt: $g(0) = 12{,}5$ (mathematisches Resultat).
Dieses mathematische Resultat bedeutet in die Realität übertragen: Die maximale Höhe des Brückenbogens beträgt 12,5 m (reales Resultat).

7

a) Um die Punktsymmetrie auszunutzen, wird der Ursprung des Koordinatensystems in die Mitte der beiden Punkte P und Q gelegt. Als Maßstab kann z. B. für 100 m in der Realität eine Längeneinheit verwendet werden.
Damit alle vier Bedingungen (zwei Punkte mit jeweils vorgegebener Steigung) erfüllt werden, kann als Ansatz eine Polynomfunktion vom Grad 3 verwendet werden (eine an der x-Achse gespiegelte Sinusfunktion wäre auch möglich).
Aufgrund der Punktsymmetrie enthält der Ansatz nur ungerade Potenzen: $f(x) = a \cdot x^3 + b \cdot x$.
Ableitung: $f'(x) = 3a \cdot x^2 + b$

Bedingungen für Punkt Q(1|–1):
Lage: $f(1) = -1$ I $a \cdot 1^3 + b \cdot 1 = -1$
gleiche Steigung: $f'(1) = 0$ II $3a \cdot 1^2 + b = 0$ liefert   IIa $b = -3a$

IIa eingesetzt in I: $a = \frac{1}{2}$ und eingesetzt in   IIa $b = -\frac{3}{2}$.
Aufgrund des Symmetrieansatzes sind die Bedingungen für den Punkt P ebenso erfüllt.
Der Straßenverlauf kann durch $f(x) = \frac{1}{2}x^3 - \frac{3}{2}x$ für $x \in [-1; 1]$ modelliert werden, wobei 1 LE in beiden Richtungen jeweils 100 m in der Realität entsprechen.

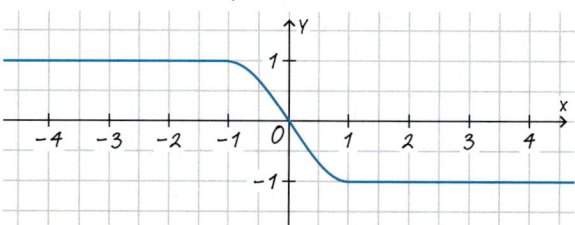

b) Der Ursprung des Koordinatensystems wird in die Mitte der beiden Punkte P und Q gelegt. Wegen der Punktsymmetrie ist der Ansatz eine trigonometrische Funktion $f(x) = a \cdot \sin(bx)$.
$x_Q - x_P = 2$ ist eine halbe Periodenlänge, deshalb ist $b = \frac{1}{2}\pi$.
Aus $f(1) = -1$ folgt $a \cdot \sin\left(\frac{1}{2}\pi\right) = -1$ bzw. $a = -1$:
$f(x) = -\sin\left(\frac{1}{2}\pi x\right)$.

Seite 209

10

a) Ansatz: $f(x) = ax^3 + bx^2 + cx + d$
(mit a > 0, da $f(x) \to \infty$ für $x \to \infty$)
Bedingungen: $f(0) = 0$; $f(10) = 0$ und $f'(0) = 0$; Funktionswert am Minimum: –2
Aus den drei ersten Bedingungen ergibt sich das lineare Gleichungssystem:
(I):   d = 0
(II): 1000a + 100b + 10c   = 0
(III):   c   = 0
Aus (II) und (III) erhält man: 10a + b = 0, also b = –10a
Insgesamt ist:
$f(x) = ax^3 - 10ax^2 = ax^2(x - 10)$ und damit
$f'(x) = 3ax^2 - 20ax = ax(3x - 20)$;
$f''(x) = 6ax - 20a$
Nullstellen von f': $x_1 = 0$ und $x_2 = \frac{20}{3}$
$f''(0) = -20a < 0$ (da a > 0) und $f''\left(\frac{20}{3}\right) = 20a > 0$ (da a > 0), also Maximum bei x_1 und Minimum bei x_2.
Damit kann die vierte Bedingung verwendet werden:
Aus $f\left(\frac{20}{3}\right) = -2$ folgt $a = \frac{27}{2000}$.
Also ist $f(x) = \frac{27}{2000} \cdot (x^3 - 10x^2)$.

b) $f(5) = -\frac{27}{16}$; Durchbiegung: 1,6875 cm

11

a) Taschenrechner: $f(x) = 0{,}001\,789\,921 \cdot 364{,}975\,232\,64^x$;
$r^2 = 0{,}985\,471\,86$
Das Bestimmtheitsmaß liegt nahe bei eins. Man konnte daher zu Recht von einem exponentiellen Wachstum sprechen. Berechnet man allerdings mit der Regressionsfunktion die Funktionswerte zu den gegebenen Zeitpunkten, erkennt man deutliche Abweichungen zu den Tabellenwerten.

b) $f(x) = 1\,000\,000$ für $x \approx 3{,}414$.
Am 13. April wäre die Grenze von einer Million Infizierten überschritten worden.

c) $f\!\left(x + \tfrac{1}{30}\right) - f(x) \geq 100\,000$ für $x \geq 3{,}2823$, also im Laufe des 10. Aprils.

13

Auf dem Graphen der Sinusfunktion sind die Punkte mit den gegebenen x-Werten markiert.
Sortiert man die y-Koordinaten absteigend, ergibt sich das Lösungswort KEPLER.

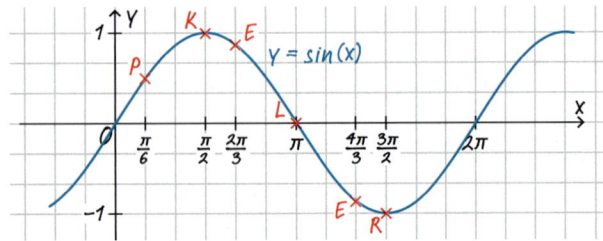

Seite 215

Prüfungsvorbereitung – Aufgaben ohne Hilfsmittel

1

Zielgröße: $A = a \cdot b$; Nebenbedingung: $2b = 50 - 2a$;
Zielfunktion: $A(a) = -a^2 + 25a$; $D = [0; 25]$
$A'(a) = -2a + 25$; $A''(a) = -2 < 0$, es liegt ein Maximum vor.
$A'(a) = 0$ für $a = 12{,}5$;
Randwerte: $A(0) = 0$; $A(25) = 0$
Optimale Maße: $a = b = 12{,}5\,\text{cm}$;
$A_{max} = 156{,}25\,\text{cm}^2$
Der maximale Flächeninhalt beträgt $156{,}25\,\text{cm}^2$.

2

a) Summe:
$s(x) = f(x) + g(x) = \tfrac{3}{2}x^2 - 2x + 4$; $D = [0; 4]$;
$s'(x) = 3x - 2$; $s''(x) = 3 > 0$, es liegt ein Minimum vor.
$s'(x) = 0$ für $x = \tfrac{2}{3}$; $s\!\left(\tfrac{2}{3}\right) = \tfrac{10}{3}$;
Randwerte: $s(0) = 4$; $s(4) = 20$
Lokale Maxima: $s(0) = 4$; $s(4) = 20$;
Globales Maximum: $s(4) = 20$
Lokales und globales Minimum: $s\!\left(\tfrac{2}{3}\right) = \tfrac{10}{3}$

b) Differenz:
$d(x) = f(x) - g(x) = -\tfrac{1}{2}x^2 + 2x$;
$D = [0; 4]$;
$d'(x) = -x + 2$; $d''(x) = -1 < 0$; es liegt ein Maximum vor.
$d'(x) = 0$ für $x = 2$;

Randwerte: $d(0) = 0$; $d(4) = 0$; $d(2) = 2$
Lokales und globales Maximum: $d(2) = 2$
Lokale und globale Minima: $d(0) = 0$; $d(4) = 0$

3

a)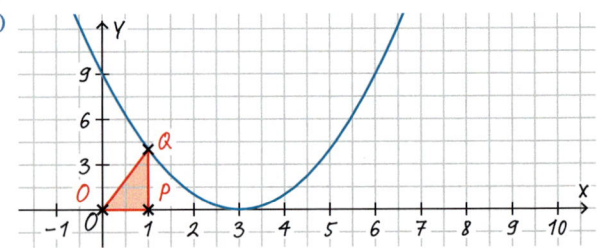

b) $A(u) = \tfrac{1}{2} \cdot u \cdot f(u) = \tfrac{1}{2}u^3 - 3u^2 + \tfrac{9}{2}u$;
$D = [0; 3]$
$A'(u) = \tfrac{3}{2}u^2 - 6u + \tfrac{9}{2}$; $A''(u) = 3u - 6$
Extrema:
$A'(u) = 0$ für $u_1 = 1$ und $u_2 = 3$;
$A''(1) = -3 < 0$, also Maximum für $u = 1$.
Randwerte: $A(0) = 0$; $A(3) = 0$; Randminima für $u = 0$ und $u = 3$.
Maximaler Flächeninhalt: $A_{max} = A(1) = 2$

Prüfungsvorbereitung – Aufgaben mit Hilfsmitteln

4

Funktionsgleichung für Gerade längs der Bruchkante:
$f(x) = 1{,}5x + 25$
Funktionsgleichung für Flächeninhalt der Rechteckfläche:
$A(u) = (150 - u) \cdot f(u) = -1{,}5u^2 + 200u + 3750$; $D = [0; 50]$
$A'(u) = -3u + 200$; $A'(u) = 0$ für $u = \tfrac{200}{3} \notin D$.
Randwerte: $A(0) = 3750$; $A(50) = 10\,000$;
$A_{max} = 10\,000\,\text{cm}^2$
Volumen: $V = 10\,000\,\text{cm}^2 \cdot 6\,\text{cm} = 60\,000\,\text{cm}^3$
Masse: $m = 60\,000\,\text{cm}^3 \cdot 2{,}5\,\tfrac{\text{g}}{\text{cm}^3} = 150\,000\,\text{g} = 150\,\text{kg}$

5

a) Anpassung mit kubischer Regression ergibt:
Jungen:
$f(x) = -0{,}098\,484\,85\,x^3 + 3{,}874\,459\,x^2 - 44{,}280\,303\,x + 295{,}629\,87$;
$R^2 \approx 0{,}998\,228\,4$
Mädchen:
$g(x) = -0{,}005\,892\,26\,x^3 - 0{,}195\,166\,x^2 + 12{,}048\,82\,x + 48{,}5772$;
$R^2 \approx 0{,}996\,226\,8$

b) Jungen: $f'(x) = 0$ für $x \approx 13{,}114$ mit $f(13{,}114) \approx 6{,}5276\,\tfrac{\text{cm}}{\text{Jahr}}$.
Mädchen: $g'(x) = 0$ hat keine Lösung in $[10; 18]$;
Randmaximum von g' bei $x = 10$ mit $g'(10) \approx 6{,}3778\,\tfrac{\text{cm}}{\text{Jahr}}$.

6
Gleichung der Zielfunktion:
h(x) = g(x) − f(x) = $-\frac{1}{10}x^3 + \frac{23}{20}x^2 - \frac{33}{10}x + 4$; $0 \leq x \leq 6$
Nullstellen der ersten Ableitung bei $x_1 \approx 1{,}911$ und $x_2 \approx 5{,}755$. Die zweite Ableitung gibt Auskunft über die Extremstelle. Durch Untersuchung der Ränder $x = 0$ und $x = 6$ ergibt sich:
absolutes Minimum: h(1,911) ≈ 1,196
absolutes Maximum: h(5,755) ≈ 4,036
Deutung: Die kleinste Höhe des Fertigteils wird nach etwa 1,911 m erreicht. Sie beträgt dort etwa 1,196 m.
Die maximale Höhe von etwa 4,036 m ergibt sich etwa nach 5,755 m.

7
a) K(x) = $500 \cdot \sqrt{x^2 + 10^2} + 300 \cdot (50 - x)$
= $500 \cdot \sqrt{x^2 + 100} - 300x + 15000$; $x \in [0; 50]$
b) K'(x) = $\frac{500x}{\sqrt{x^2 + 100}} - 300$; K'(7,5) = 0; K' weist bei $x = 7{,}5$ einen VZW von − nach + auf.
K(7,5) = 19 000; Randwerte: K(0) = 20 000; K(50) = 25 495,10
⇒ Das globale Minimum liegt bei $x = 7{,}5$.

VII Geometrie

Seite 218

1
a)

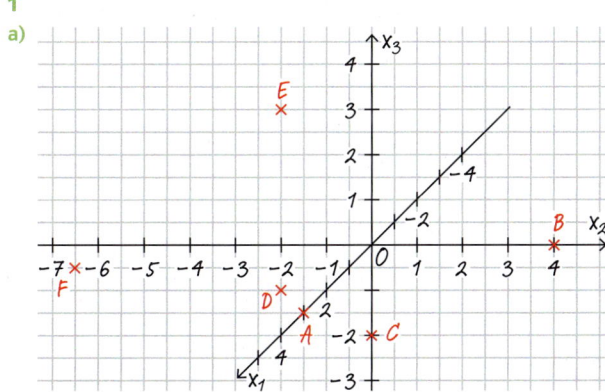

b) A(1|2|−1); B(−2|1|2); C(4|−1|3);
z.B. D(0|0|0); D(2|1|1) oder D(4|2|2)
c) P_{12}(3|−4|0); P_{13}(3|0|2,5); P_{23}(0|−4|2,5)
d) Individuelle Lösung, z.B.:
   (1) P(1|1|0)   (2) P(1|1|1)   (3) P(5|0|0)

2
a) $\sqrt{35}$
b) $\sqrt{16 + 49} = \sqrt{65}$
c) $\sqrt{25 + 484 + 64} = \sqrt{573}$

3
a) (1)

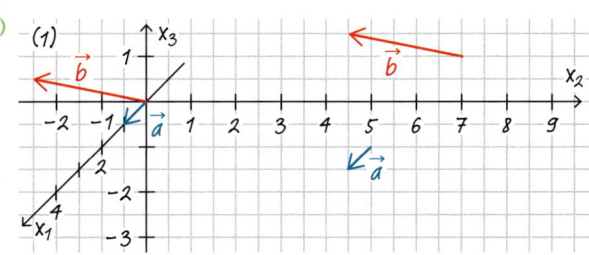

b) (1) $\vec{AB} = \begin{pmatrix} 2 \\ -1 \\ 2 \end{pmatrix}$; $|\vec{AB}| = \sqrt{4 + 1 + 4} = \sqrt{9} = 3$,

(2) $\vec{AB} = \begin{pmatrix} 1 \\ 1 \\ 15 \end{pmatrix}$; $|\vec{AB}| = \sqrt{227} \approx 15{,}1$

c) (1) $\vec{v_{12}} = \begin{pmatrix} 1 \\ -2 \\ 0 \end{pmatrix}$; $\vec{v_{13}} = \begin{pmatrix} 1 \\ 0 \\ 5 \end{pmatrix}$; $\vec{v_{23}} = \begin{pmatrix} 0 \\ -2 \\ 5 \end{pmatrix}$

(2) $\vec{v_{12}} = \begin{pmatrix} -17 \\ 28 \\ 0 \end{pmatrix}$; $\vec{v_{13}} = \begin{pmatrix} -17 \\ 0 \\ 12 \end{pmatrix}$; $\vec{v_{23}} = \begin{pmatrix} 0 \\ 28 \\ 12 \end{pmatrix}$

Seite 219

d) (1) B(3|2|1)
   (2) B(3 + 1|5 + 2|−3 + 1) = B(4|7|−2)
   (3) A(8 − 3|−4 − 2|−2 − 1) = A(5|−6|−3)
e) A'(4|−3|0); B'(3|−1|−3); C'(−1|−2|−1)

4
a) (1) $\begin{pmatrix} 2 \\ 1 \\ 1 \end{pmatrix}$; (2) $\begin{pmatrix} 1{,}5 \\ 9 \\ -3 \end{pmatrix}$; (3) $\begin{pmatrix} -0{,}5 \\ -32{,}5 \\ 17 \end{pmatrix}$

b) (1) $1 \cdot (-1) + (-2) \cdot 2 + 3 \cdot (-1) = -8$
   (2) $2 \cdot (-0{,}5) + 0{,}5 \cdot 4 + (-1) \cdot (-1) = 2$
   (3) $(-1) \cdot (-1) + 3 \cdot (-2) + 5 \cdot 1 = 0$

5
a) Die Vektoren $\vec{a}$ und $\vec{b}$ sind
   (1) nicht parallel.
   (2) parallel, weil $-2 \cdot \vec{a} = \vec{b}$.
   (3) nicht parallel.
b) Die Vektoren $\vec{v}$ und $\vec{w}$ sind
   (1) orthogonal, da
       $\vec{v} \cdot \vec{w} = 2 \cdot 3 - 1 \cdot 8 + 2 \cdot 1 = 0$.
   (2) nicht orthogonal, da
       $\vec{v} \cdot \vec{w} = 1 \cdot (-1) + 2 \cdot 2 + 3 \cdot (-2) = -3 \neq 0$.
   (3) orthogonal, da
       $\vec{v} \cdot \vec{w} = 3 \cdot (-1) + (-2) \cdot 2 + (-1) \cdot (-7) = 0$.

6
a) (1) z.B. $\vec{w} = 2\vec{v} = \begin{pmatrix} 6 \\ 4 \\ 2 \end{pmatrix}$; $\vec{x} = -\vec{v} = \begin{pmatrix} -3 \\ -2 \\ -1 \end{pmatrix}$

(2) z.B. $\vec{w} = 3\vec{v} = \begin{pmatrix} -6 \\ 6 \\ -3 \end{pmatrix}$; $\vec{x} = -2\vec{v} = \begin{pmatrix} 4 \\ -4 \\ 2 \end{pmatrix}$

(3) z.B. $\vec{w} = \frac{1}{2}\vec{v} = \begin{pmatrix} 0{,}5 \\ -2{,}5 \\ 0 \end{pmatrix}$; $\vec{x} = -\frac{1}{2}\vec{v} = \begin{pmatrix} -0{,}5 \\ 2{,}5 \\ 0 \end{pmatrix}$

b) (1) $b_2 = -3$
   (2) $b_1 = -2$
   (3) $b_2 = 1$, b_3 beliebig, da $0 \cdot b_3 = 0$ für alle b_3 z.B. $b_3 = 7$.
   (4) $b_1 = -b_2$, b_3 beliebig, z.B. $b_1 = 5$; $b_2 = -5$; $b_3 = 1$.

c) (1) $6 - 2y_2 - 3 = 0$ d.h. $3 = 2y_2$, also $y_2 = 1,5$.
   (2) $y_1 - 8 + 3 = 0$, also $y_1 = 5$.
   (3) $-1 - 2y_2 + 3y_3 = 0$ z.B. $y_3 = 1$, $y_2 = 1$
   (4) $y_1 - 2y_2 + 6 = 0$; $y_1 = 2$; $y_2 = -6$; z.B. $y_2 = 0$; $y_1 = -6$.

7

a) $\alpha = 65,9°$ b) $\alpha = 97,3°$

8

a) $x = 0$; $y = 1$; $z = 2$
   Es gibt genau eine Lösung.
b) $a = -t$; $b = 3 + t$; $c = t$
   Es gibt beliebig viele Lösungen.
c) $0 \neq 6$ Es gibt keine Lösung.

Seite 222

7

a) $\vec{x} = \begin{pmatrix} 4 \\ -3 \\ 5 \end{pmatrix} + t \cdot \begin{pmatrix} -3 \\ 2 \\ -9 \end{pmatrix}$;
   z.B. $P(4|-3|5)$ für $t = 0$ und $Q(1|-1|-4)$ für $t = 1$.

b) $\begin{pmatrix} 1 \\ 0 \\ -7 \end{pmatrix} = \begin{pmatrix} 4 \\ -3 \\ 5 \end{pmatrix} + t \cdot \begin{pmatrix} -3 \\ 2 \\ -9 \end{pmatrix}$
   hat keine Lösung; der Punkt A liegt nicht auf der Geraden g.

   $\begin{pmatrix} 7 \\ -5 \\ 14 \end{pmatrix} = \begin{pmatrix} 4 \\ -3 \\ 5 \end{pmatrix} + t \cdot \begin{pmatrix} -3 \\ 2 \\ -9 \end{pmatrix}$
   hat die Lösung $t = -1$; der Punkt B liegt auf der Geraden g.

c) Spurpunkte sind $S_{23}\left(0\left|-\frac{1}{3}\right|-7\right)$ für $t = \frac{4}{3}$;
   $S_{13}\left(-\frac{1}{2}\left|0\right|-\frac{17}{2}\right)$ für $t = \frac{3}{2}$; $S_{12}\left(\frac{7}{3}\left|\frac{17}{9}\right|0\right)$ für $t = \frac{5}{9}$.

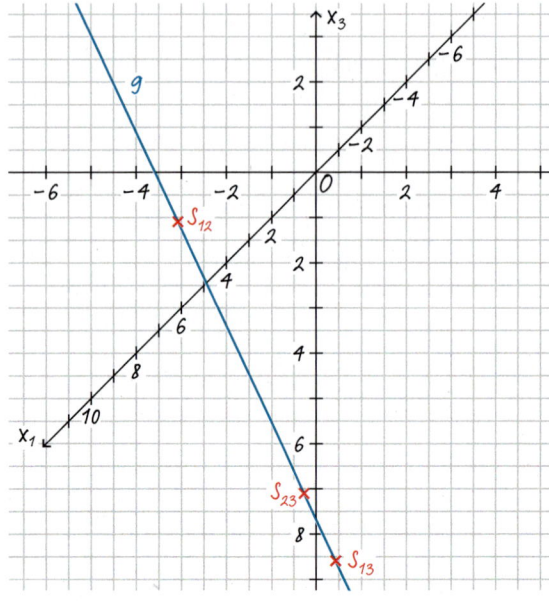

8

a) $g: \vec{x} = \begin{pmatrix} 4 \\ 5 \\ 7 \end{pmatrix} + t \cdot \begin{pmatrix} 7-4 \\ 5-5 \\ 4-7 \end{pmatrix} = \begin{pmatrix} 4 \\ 5 \\ 7 \end{pmatrix} + t \cdot \begin{pmatrix} 3 \\ 0 \\ -3 \end{pmatrix}$

b) $h: \vec{x} = \begin{pmatrix} 1 \\ 2 \\ 3 \end{pmatrix} + t \cdot \begin{pmatrix} 3-1 \\ 2-2 \\ 1-3 \end{pmatrix} = \begin{pmatrix} 1 \\ 2 \\ 3 \end{pmatrix} + t \cdot \begin{pmatrix} 2 \\ 0 \\ -2 \end{pmatrix}$

9

a) Spurpunkte sind $S_{23}(0|9|1)$ für $s = 2$; $S_{13}(6|0|-2)$ für $s = -1$; $S_{12}(2|6|0)$ für $s = 1$.

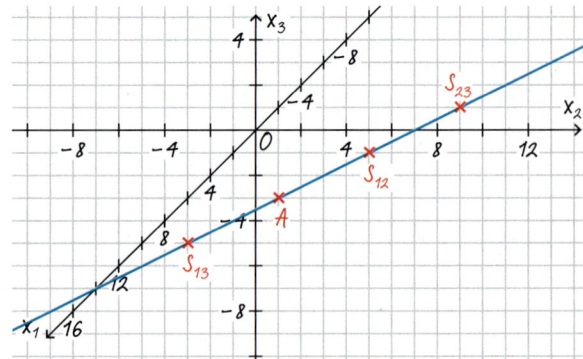

b) $\begin{pmatrix} 2 \\ 2 \\ -2 \end{pmatrix} = \begin{pmatrix} 4 \\ 3 \\ -1 \end{pmatrix} + s \cdot \begin{pmatrix} -2 \\ 3 \\ 1 \end{pmatrix}$ hat keine Lösung; der Punkt A liegt nicht auf der Geraden g.

Seite 223

14

a) $\begin{pmatrix} 1 \\ 0 \\ -2 \end{pmatrix} = \begin{pmatrix} 3 \\ 1 \\ -1 \end{pmatrix} + t \cdot \begin{pmatrix} 7-3 \\ 3-1 \\ 1-(-1) \end{pmatrix}$

   $\begin{pmatrix} 1 \\ 0 \\ -2 \end{pmatrix} = \begin{pmatrix} 3 \\ 1 \\ -1 \end{pmatrix} + t \cdot \begin{pmatrix} 4 \\ 2 \\ 2 \end{pmatrix}$ gilt für $t = -\frac{1}{2}$.
   Die Punkte A, B und C liegen auf einer Geraden.

b) $\begin{pmatrix} -4 \\ 1 \\ 3 \end{pmatrix} = \begin{pmatrix} 1 \\ 1 \\ 0 \end{pmatrix} + t \cdot \begin{pmatrix} 2-1 \\ 6-1 \\ -4-0 \end{pmatrix}$

   $\begin{pmatrix} -4 \\ 1 \\ 3 \end{pmatrix} = \begin{pmatrix} 1 \\ 1 \\ 0 \end{pmatrix} + t \cdot \begin{pmatrix} 1 \\ 5 \\ -4 \end{pmatrix}$ hat keine Lösung.
   Die Punkte A, B und C liegen nicht auf einer Geraden.

19

a) Es gibt keine Lösung.
b) $x = 6$; $y = -7$ Es gibt genau eine Lösung.
c) $s = 0$, $t = -2$ Es gibt genau eine Lösung.

Seite 226

4

Die Geraden sind zueinander parallel, denn ihre Richtungsvektoren sind kollinear:
$\begin{pmatrix} 2 \\ 3 \\ -1 \end{pmatrix} = -1 \cdot \begin{pmatrix} -2 \\ -3 \\ 1 \end{pmatrix}$.
Die Geraden sind außerdem identisch, denn
$\begin{pmatrix} 11 \\ 5 \\ 2 \end{pmatrix} = \begin{pmatrix} 7 \\ -1 \\ 4 \end{pmatrix} - 2 \cdot \begin{pmatrix} -2 \\ -3 \\ 1 \end{pmatrix}$.

8

$g: \vec{x} = \begin{pmatrix} 3 \\ 5 \\ 2 \end{pmatrix} + s \cdot \begin{pmatrix} 4 \\ 2 \\ -1 \end{pmatrix}$

Punktprobe für $O(0|0|0)$:

Aus der Vektorgleichung $\begin{pmatrix} 3 \\ 5 \\ 2 \end{pmatrix} + s \cdot \begin{pmatrix} 4 \\ 2 \\ -1 \end{pmatrix} = \begin{pmatrix} 0 \\ 0 \\ 0 \end{pmatrix}$ folgt das LGS

$3 + 4s = 0$
$5 + 2s = 0$
$2 - s = 0$

Aus der dritten Gleichung folgt $s = 2$. Setzt man $s = 2$ in die erste oder zweite Gleichung ein, so erhält man eine falsche Aussage. Also liegt der Ursprung nicht auf g.

Zu g parallele Gerade h durch O: $h: \vec{x} = s \cdot \begin{pmatrix} 4 \\ 2 \\ -1 \end{pmatrix}$.

10

a) $t(x) = x - 2$
b) $t(x) = \frac{15}{2}x + \frac{1}{2}$
c) $t(x) = x - \frac{3\pi - 2}{2}$

Seite 229

4

a) g und h schneiden sich im Punkt $A(1|2|3)$
   (Parameter $s = 2$ und $t = -1$).
b) h und i schneiden sich im Punkt $B(3|2|5)$
   (gemeinsamer Stützvektor).
c) g und i sind zueinander windschief.

Seite 230

10

a) Die Gerade g und die Gerade h sind zueinander windschief.
b) Gerade, die g schneidet:
   Man wählt denselben Stützvektor wie für g und einen Richtungsvektor, der nicht kollinear zu g ist.

   Mögliche Lösung: $h: \vec{x} = \begin{pmatrix} 2 \\ 3 \\ 7 \end{pmatrix} + s \cdot \begin{pmatrix} 1 \\ 0 \\ 0 \end{pmatrix}$.

   Gerade, die zu g windschief ist:
   Man kann die Gerade aus Teilaufgabe a) nehmen.

   Eine weitere Möglichkeit ist $h: \vec{x} = \begin{pmatrix} 2 \\ 3 \\ 6 \end{pmatrix} + s \cdot \begin{pmatrix} 1 \\ 0 \\ 0 \end{pmatrix}$.

   Wenn man das zur Vektorgleichung

   $\begin{pmatrix} 2 \\ 3 \\ 7 \end{pmatrix} + t \cdot \begin{pmatrix} 1 \\ 1 \\ -3 \end{pmatrix} = \begin{pmatrix} 2 \\ 3 \\ 6 \end{pmatrix} + s \cdot \begin{pmatrix} 1 \\ 0 \\ 0 \end{pmatrix}$ gehörende LGS betrachtet,

   stellt man fest:
   Aus der 1. Zeile folgt $s = t$. Eingesetzt in die 2. Zeile ergibt sich $s = t = 0$. Das führt zu einer falschen Aussage in der 3. Zeile. Also besitzt die Vektorgleichung keine Lösung und die Geraden sind zueinander windschief.

   Gerade, die zu g parallel ist:
   Man wählt den Ortsvektor eines Punktes, der nicht auf g liegt, z.B. $C(2|3|6)$, und z.B. denselben Richtungsvektor wie bei g.

   Mögliche Lösung: $h: \vec{x} = \begin{pmatrix} 2 \\ 3 \\ 6 \end{pmatrix} + s \cdot \begin{pmatrix} 1 \\ 1 \\ -3 \end{pmatrix}$.

13

a) $d = 5$; $e = \sqrt{13} \approx 3{,}6$; $f = \sqrt{29} \approx 5{,}4$
b) $d = 5\sqrt{2} \approx 7{,}1$; $e = \frac{5}{2}\sqrt{17} \approx 10{,}3$;
   $f = \frac{15}{2}\sqrt{2} \approx 10{,}6$
c) Mithilfe von Vektoren: $d = 6\sqrt{5} \approx 13{,}4$;
   $e = 6\sqrt{3} \approx 10{,}4$; $f = 6\sqrt{2} \approx 8{,}5$

Seite 234

6

a) $d(P; g) = \sqrt{14} \approx 3{,}7$;
   $d(R; h) = \frac{1}{3}\sqrt{642} \approx 8{,}4$
b) Schnittpunkt ist $S(5|-3|4)$ für $t = 4$ und $s = 0$;
   Schnittwinkel ist $\alpha = 90°$.
c) Schnittwinkel der Geraden g mit der x_2x_3-Ebene ist $\alpha = 35{,}3°$;
   Schnittwinkel der Geraden h mit der x_1x_3-Ebene ist $\alpha = 24{,}1°$.

Seite 235

13

a) $F(-7|3|6)$
   $A = \frac{1}{2}|\overrightarrow{AF}| \cdot |\overrightarrow{RF}| = \frac{1}{2} \cdot 13 \cdot 10 = 65$
   Der Flächeninhalt des Dreiecks ARF beträgt 65 FE.
b) $V = \frac{1}{3}\pi r^2 \cdot h = \frac{1}{3}\pi \cdot |\overrightarrow{RF}|^2 \cdot |\overrightarrow{AF}| = \frac{1}{3}\pi \cdot 10^2 \cdot 13 \approx 1361{,}4$

14

a) $g: \vec{x} = s \cdot \begin{pmatrix} 1 \\ 1 \\ 3 \end{pmatrix}$, $h: \vec{x} = \begin{pmatrix} 2 \\ 2 \\ 6 \end{pmatrix} + t \cdot \begin{pmatrix} 3 \\ 0 \\ -1 \end{pmatrix}$
   $g = h$ ergibt den Schnittpunkt $S(2|2|6)$;
   Schnittwinkel ist $\alpha = 90°$.

b) $g: \vec{x} = \begin{pmatrix} 1 \\ 2 \\ 1 \end{pmatrix} + s \cdot \begin{pmatrix} -2 \\ 6 \\ 2 \end{pmatrix}$, $h: \vec{x} = \begin{pmatrix} 1 \\ 0 \\ 1 \end{pmatrix} + t \cdot \begin{pmatrix} 1 \\ -3 \\ -1 \end{pmatrix}$
   Die Geraden haben keinen Schnittpunkt, sie sind parallel, da die Richtungsvektoren kollinear sind.

18

a) $f'(x) = 6x - 6$; $f''(x) = 6$; $f'''(x) = 0$;
   $T(1|-6)$ ist ein Tiefpunkt.
b) $f'(x) = -6x^2 - 12x$; $f''(x) = -12x - 12$;
   $f'''(x) = -12$;
   $H(0|8)$ ist ein Hochpunkt. $T(-2|0)$ ist ein Tiefpunkt. $W(-1|4)$ ist ein Wendepunkt.
c) $f'(x) = 12x^2 - 24x + 12$; $f''(x) = 24x - 24$; $f'''(x) = 24$;
   $S(1|4)$ ist ein Sattelpunkt.
d) $f'(x) = 4x^3 - 4x$; $f''(x) = 12x^2 - 4$; $f'''(x) = 24x$;
   Hochpunkt $H(0|-1)$; Tiefpunkte $T_1(-1|-2)$ und $T_2(1|-2)$;
   Wendepunkte $W_1\left(-\frac{\sqrt{3}}{3}\Big|-\frac{14}{9}\right)$ und $W_2\left(\frac{\sqrt{3}}{3}\Big|-\frac{14}{9}\right)$.
e) $f'(x) = -2e^{-x}$; $f''(x) = 2e^{-x}$; $f'''(x) = -2e^{-x}$;
   es gibt weder Hochpunkte noch Tief- oder Wendepunkte.
f) $f'(x) = (x+1) \cdot e^x$; $f''(x) = (x+2) \cdot e^x$; $f'''(x) = (x+3) \cdot e^x$;
   Tiefpunkt ist $T(-1|-e^{-1} + 1) \approx T(-1|0{,}632)$; Wendepunkt ist $W(-2|-2e^{-2} + 1) \approx W(-2|0{,}729)$.

Lösungen

Seite 237

3
A'(2,5|0,75|0), B'(5|1,5|0), C'(1,25|3,625|0)

6
x_1x_2-Ebene: S'(-2|3|0),
x_1x_3-Ebene: S'(-17|0|-15),
x_2x_3-Ebene: S'(0|3,4|2)

8
a) $L = \left\{\left(t - \frac{2}{3} \mid \frac{16}{3} - t \mid t\right); t \in \mathbb{R}\right\}$
b) $L = \{(1|4 - 4t|t); t \in \mathbb{R}\}$
c) $L = \left\{\left(t \mid -\frac{3}{2} \mid 3t - 6\right); t \in \mathbb{R}\right\}$

Seite 241

5
a) Individuelle Lösungen, zum Beispiel:
$E: \vec{x} = \begin{pmatrix} 1 \\ 0 \\ 0 \end{pmatrix} + r \cdot \begin{pmatrix} -1 \\ 1 \\ 0 \end{pmatrix} + s \cdot \begin{pmatrix} -1 \\ 0 \\ 1 \end{pmatrix}$;

$E: \vec{x} = \begin{pmatrix} -1 \\ 1 \\ 1 \end{pmatrix} + r \cdot \begin{pmatrix} -2 \\ 2 \\ 0 \end{pmatrix} + s \cdot \begin{pmatrix} -3 \\ 0 \\ 3 \end{pmatrix}$

b) Die Punkte P und Q liegen nicht in der Ebene E.

6
a) LGS $\begin{pmatrix} 1 & -1 & | & 3 \\ -1 & -3 & | & 5 \\ 1 & 2 & | & -3 \end{pmatrix}$ führt auf $\begin{pmatrix} 1 & -1 & | & 3 \\ 0 & 1 & | & -2 \\ 0 & 0 & | & 0 \end{pmatrix}$, ist also lösbar mit

r = 1, s = -2. Schnittpunkt S(3|-4|2)

z.B. $E: \vec{x} = \begin{pmatrix} 3 \\ -4 \\ 2 \end{pmatrix} + r \cdot \begin{pmatrix} 1 \\ -1 \\ 1 \end{pmatrix} + s \cdot \begin{pmatrix} 1 \\ 3 \\ -2 \end{pmatrix}$

Seite 242

15
a) $E: \vec{x} = \begin{pmatrix} 2 \\ -1 \\ 3 \end{pmatrix} + r \cdot \begin{pmatrix} -3 \\ 1 \\ 2 \end{pmatrix} + s \cdot \begin{pmatrix} 3 \\ 1 \\ -5 \end{pmatrix}$

b) $E: \vec{x} = s \cdot \begin{pmatrix} 1 \\ 4 \\ 2 \end{pmatrix} + r \cdot \begin{pmatrix} 1 \\ -1 \\ 1 \end{pmatrix}$

16
a) Die Geraden g_1 und g_2 sind windschief und liegen somit nicht in einer Ebene.

b) $\begin{pmatrix} 3 \\ -6 \\ -9 \end{pmatrix} = -\frac{3}{2} \cdot \begin{pmatrix} -2 \\ 4 \\ 6 \end{pmatrix}$, d.h. die Geraden g_1 und g_2 sind parallel und liegen in der Ebene $E: \vec{x} = \begin{pmatrix} 1 \\ 0 \\ 1 \end{pmatrix} + r \cdot \begin{pmatrix} -2 \\ 4 \\ 6 \end{pmatrix} + s \cdot \begin{pmatrix} 1 \\ 1 \\ 4 \end{pmatrix}$.

(Individuelle Lösungen für E.)

20
a) Laplace-Experiment, da P(Wappen) = P(Zahl) = 0,5.
b) Laplace-Experiment, da
   $P(1) = P(2) = P(3) = P(4) = P(5) = P(6) = \frac{1}{6}$.
c) Kein Laplace-Experiment, da P(Seitenlage) ≠ P(Kopf).
d) Kein Laplace-Experiment, da
   P(Zacken unten) ≠ P(Zacken oben).
e) Laplace-Experiment, wenn alle Sektoren gleich groß sind; kein Laplace-Experiment, wenn die Sektoren unterschiedlich groß sind.
f) Laplace-Experiment, wenn jede Kugel mit derselben Wahrscheinlichkeit gezogen werden kann.

Seite 245

6
a) Zum Beispiel: $E: \vec{x} = \begin{pmatrix} 0 \\ 2 \\ -1 \end{pmatrix} + r \cdot \begin{pmatrix} 6 \\ -7 \\ 1 \end{pmatrix} + s \cdot \begin{pmatrix} 1 \\ -2 \\ 2 \end{pmatrix}$;

$E: 12x_1 + 11x_2 + 5x_3 = 17$;
P(-2|5|1) einsetzen in E, d.h.
$12 \cdot (-2) + 11 \cdot 5 + 5 \cdot 1 = (-24) + 55 + 5 = 36 \neq 17$.
P(-2|5|1) liegt nicht in E.

b) Zum Beispiel: $E: \vec{x} = \begin{pmatrix} 7 \\ 2 \\ -1 \end{pmatrix} + r \cdot \begin{pmatrix} -3 \\ -1 \\ 4 \end{pmatrix} + s \cdot \begin{pmatrix} -6 \\ 1 \\ 3 \end{pmatrix}$;

$E: 7x_1 + 15x_2 + 9x_3 = 70$;
P(-2|5|1) einsetzen in E, d.h.
$7 \cdot (-2) + 15 \cdot 5 + 9 \cdot 1 = (-14) + 75 + 9 = 70$.
P(-2|5|1) liegt nicht in E.

c) Zum Beispiel: $E: \vec{x} = \begin{pmatrix} 1 \\ 2 \\ -1 \end{pmatrix} + r \cdot \begin{pmatrix} 3 \\ -3 \\ -2 \end{pmatrix} + s \cdot \begin{pmatrix} 2 \\ 0 \\ 1 \end{pmatrix}$;

$E: 3x_1 + 7x_2 - 6x_3 = 23$;
P(-2|5|1) einsetzen in E, d.h.
$3 \cdot (-2) + 7 \cdot 5 - 6 \cdot 1 = (-6) + 35 - 6 = 23$.
P(-2|5|1) liegt in E.

d) Zum Beispiel: $E: \vec{x} = \begin{pmatrix} 9 \\ 3 \\ -3 \end{pmatrix} + r \cdot \begin{pmatrix} -1 \\ 1 \\ -6 \end{pmatrix} + s \cdot \begin{pmatrix} 2 \\ 10 \\ -4 \end{pmatrix}$;

$E: 14x_1 - 4x_2 - 3x_3 = 123$;
P(-2|5|1) einsetzen in E, d.h.
$14 \cdot (-2) - 4 \cdot 5 - 3 \cdot 1 = (-28) - 20 - 3 = (-51) \neq 123$.
P(-2|5|1) liegt nicht in E.

9
a) Parametergleichung z.B. $\vec{x} = \begin{pmatrix} 0 \\ 0 \\ 5 \end{pmatrix} + r \cdot \begin{pmatrix} 3 \\ 2 \\ 0 \end{pmatrix} + s \cdot \begin{pmatrix} 0 \\ 1 \\ 3 \end{pmatrix}$;
   Punktprobe: A liegt nicht in E

b) Parametergleichung z.B. $E: \vec{x} = \begin{pmatrix} 1 \\ 0 \\ 0 \end{pmatrix} + r \cdot \begin{pmatrix} 1 \\ -1 \\ 0 \end{pmatrix} + s \cdot \begin{pmatrix} 0 \\ 7 \\ -1 \end{pmatrix}$;
   Punktprobe: A liegt in E

c) Parametergleichung z.B. $E: \vec{x} = r \cdot \begin{pmatrix} 1 \\ 3 \\ 0 \end{pmatrix} + s \cdot \begin{pmatrix} 0 \\ 4 \\ 1 \end{pmatrix}$;
   Punktprobe: A liegt in E

Seite 246

15
a) Die Augensumme 9 erhält man mit den Würfen 45; 54; 63 und 36. $P(45; 54; 36; 63) = \frac{4}{36} = \frac{1}{9}$
b) Eine Differenz von 3 hat man bei den Würfen 14; 41; 25; 52; 36 und 63. $P(14; 41; 25; 52; 36; 63) = \frac{6}{36} = \frac{1}{6}$

Seite 249

6

a)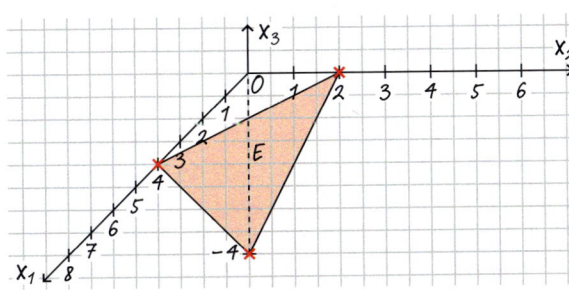

b)

7

E ist parallel zur x_1x_2-Ebene; E $x_3 = -1$

12

a) E: $3x_1 - 2x_2 + 12x_3 = -6$

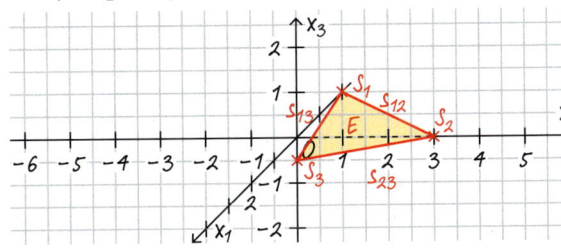

b) E: $2x_1 + 3x_2 = -6$

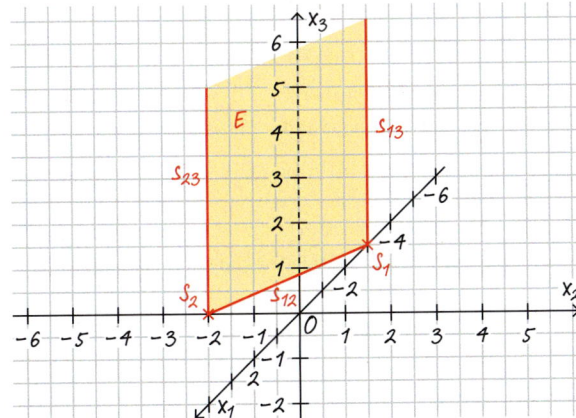

14

$P(A) = P(11; 12; 13; 21; 22; 31) = \frac{6}{36} = \frac{1}{6}$;

$P(B) = P(11; 22; 33; 44; 55; 66) = \frac{6}{36} = \frac{1}{6}$

Seite 256

Prüfungsvorbereitung – Aufgaben ohne Hilfsmittel

1

a) g: $\vec{x} = \begin{pmatrix} -1 \\ 2 \\ -3 \end{pmatrix} + s \cdot \begin{pmatrix} 6 \\ 6 \\ 10 \end{pmatrix}$

b) Ja, der Punkt P liegt auf der Geraden; s = 1,5.

c) z.B. h: $\vec{x} = t \cdot \begin{pmatrix} 6 \\ 6 \\ 10 \end{pmatrix}$

d) $S_{12}(0,8|3,8|0)$, $S_{13}\left(-3\left|0\right|-\frac{19}{3}\right)$ und $S_{23}\left(0\left|3\right|-\frac{4}{3}\right)$

2

Die Geraden schneiden sich im Punkt $S(3|1|5)$.

3

a) z.B. g: $\vec{x} = \begin{pmatrix} 1 \\ 1 \\ 1 \end{pmatrix} + r \cdot \begin{pmatrix} 2 \\ 1 \\ 2 \end{pmatrix}$ und h: $\vec{x} = \begin{pmatrix} 1 \\ 1 \\ 1 \end{pmatrix} + s \cdot \begin{pmatrix} -1 \\ -2 \\ -1 \end{pmatrix}$

b) z.B. g: $\vec{x} = \begin{pmatrix} 1 \\ 1 \\ 1 \end{pmatrix} + r \cdot \begin{pmatrix} 2 \\ 1 \\ 2 \end{pmatrix}$ und h: $\vec{x} = \begin{pmatrix} 3 \\ 1 \\ 2 \end{pmatrix} + s \cdot \begin{pmatrix} 2 \\ 1 \\ 2 \end{pmatrix}$

c) z.B. g: $\vec{x} = r \cdot \begin{pmatrix} 1 \\ 0 \\ 0 \end{pmatrix}$ und h: $\vec{x} = \begin{pmatrix} 0 \\ 0 \\ 1 \end{pmatrix} + s \cdot \begin{pmatrix} 0 \\ 1 \\ 0 \end{pmatrix}$

4

Gerade durch P in Richtung des Pfeils g: $\vec{x} = \begin{pmatrix} 4 \\ -1 \\ 7 \end{pmatrix} + t \begin{pmatrix} -1 \\ 2 \\ -1 \end{pmatrix}$.

Schnitt mit den Koordinatenebenen: Es muss jeweils eine Koordinate 0 werden.

x_1x_2-Ebene: t = 7
x_2x_3-Ebene: t = 4
x_1x_3-Ebene: t = 0,5.

Daraus ergibt sich die Reihenfolge:

x_1x_3-Ebene (3,5|0|6,5);
x_2x_3-Ebene (0|7|3);
x_1x_2-Ebene (-3|13|0)

5

a) $-3x_1 + x_2 + 4x_3 = 14$

b) Punktprobe: $(-3) \cdot (-3) + 1 \cdot 1 + 4 \cdot 1 = 14$; d.h. P liegt in E.

c) Individuelle Lösungen, z.B. E: $\vec{x} = \begin{pmatrix} 1 \\ -3 \\ 5 \end{pmatrix} + r \cdot \begin{pmatrix} 1 \\ 3 \\ 0 \end{pmatrix} + s \cdot \begin{pmatrix} 4 \\ 0 \\ 3 \end{pmatrix}$

6

a) Da der Koeffizient von x_3 null ist, ist die x_3-Achse parallel zu E.

b)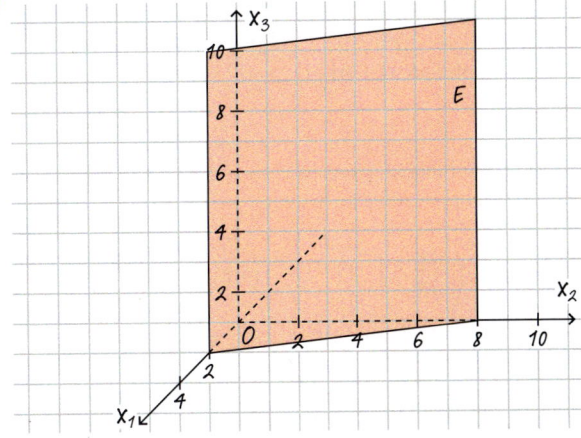

Lösungen

7 $E_1: 20x_1 + 12x_2 + 15x_3 = 60$; $E_2: 3x_1 + 2x_2 = 12$; $E_3: x_2 = 3$

8

a) Die Lösung der Gleichung $ax_1 + bx_2 + cx_3 = d$ ändert sich nicht, wenn man sie mit einer Zahl $q \neq 0$ multipliziert.

b) $E: \vec{x} = \vec{p} + s \cdot \vec{u} + t \cdot \vec{v}$
Neue Ebene $F: \vec{x} = r \cdot \vec{p} + s \cdot r \cdot \vec{u} + t \cdot r \cdot \vec{v}$
Die Ebene F ist parallel zu E, da die Spannvektoren Vielfache voneinander sind.
Der Stützpunkt P der Ebene E verändert sich. Durch Multiplikation mit r wird die Ebene in Richtung $\vec{p}$ parallel verschoben.
Verläuft die Ebene durch den Ursprung O, so verändert sie sich nicht.

9

a) $\begin{pmatrix} 1 \\ 3 \\ -2 \end{pmatrix} \cdot \begin{pmatrix} -3 \\ 1 \\ 0 \end{pmatrix} = 0 = \begin{pmatrix} 1 \\ 3 \\ -2 \end{pmatrix} \cdot \begin{pmatrix} -1 \\ 1 \\ 1 \end{pmatrix}$; d.h. g und E sind orthogonal.

b) Der Richtungsvektor $\vec{u} = \begin{pmatrix} 1 \\ 3 \\ -2 \end{pmatrix}$ der Geraden g und der Normalenvektor $\vec{n} = \begin{pmatrix} 1 \\ 3 \\ 2 \end{pmatrix}$ der Ebene E sind weder Vielfache voneinander noch orthogonal, d.h. die Gerade g und die Ebene E sind weder orthogonal noch parallel zueinander.

c) $\vec{u} \cdot \vec{n} = \begin{pmatrix} 1 \\ 3 \\ -2 \end{pmatrix} \cdot \begin{pmatrix} 1 \\ 3 \\ 5 \end{pmatrix} = 0$; d.h. die Gerade g und die Ebene E sind parallel.

Seite 257

Prüfungsvorbereitung – Aufgaben mit Hilfsmitteln

10
$g: \vec{x} = \begin{pmatrix} -1 \\ 5 \\ 14 \end{pmatrix} + s \begin{pmatrix} 1 \\ -2 \\ -3 \end{pmatrix}$, $\quad h: \vec{x} = \begin{pmatrix} -2 \\ 1 \\ 13 \end{pmatrix} + t \begin{pmatrix} -2 \\ 1 \\ 4 \end{pmatrix}$

Schnittpunkt ist $S(2|-1|5)$ für $s = 3$ und $t = -2$, Schnittwinkel ist $\alpha = 21{,}1°$.

11

a) $\vec{PF} \cdot \vec{u} = \begin{pmatrix} 6t+4 \\ 2t-1 \\ -3t-9 \end{pmatrix} \cdot \begin{pmatrix} 6 \\ 2 \\ -3 \end{pmatrix} = 49t + 49 = 0$ d.h. $t = -1$

Lotfußpunkt $F(-4|-2|2)$; $d(P, g) = |\vec{PF}| = 7$

b) $\vec{PF} \cdot \vec{u} = \begin{pmatrix} t-7 \\ -4 \\ -2t+4 \end{pmatrix} \cdot \begin{pmatrix} 1 \\ 0 \\ -2 \end{pmatrix} = 5t - 15 = 0$ d.h. $t = 3$

Lotfußpunkt $F(0|1|-1)$; $d(P, g) = |\vec{PF}| = 6$

12

a) Die Geraden g und h sind zueinander windschief.

b) Die Geraden g und h sind zueinander parallel, aber nicht identisch.

13
$g: \vec{x} = \begin{pmatrix} 2 \\ 3 \\ 12 \end{pmatrix} + t \begin{pmatrix} -1 \\ 2 \\ -4 \end{pmatrix}$; $S_{12}(-1|9|0)$

Die Schattenlänge beträgt $3\sqrt{5} \approx 6{,}71$ Meter.

14

a) g und h haben denselben Stützpunkt. Dieser ist der Schnittpunkt von g und h.

b) $\cos(\alpha) = \frac{|\vec{u} \cdot \vec{v}|}{|\vec{u}| \cdot |\vec{v}|} = \frac{1}{\sqrt{2} \cdot \sqrt{2}} = \frac{1}{2}$, d.h. $\alpha = 60°$.

c) $\vec{n} = \vec{u} \times \vec{v} = \begin{pmatrix} 1 \\ -1 \\ 0 \end{pmatrix} \times \begin{pmatrix} 1 \\ 0 \\ -1 \end{pmatrix} = \begin{pmatrix} 1 \\ 1 \\ 1 \end{pmatrix}$; $P(1|3|1)$; $E: x_1 + x_2 + x_3 = 5$

d) Spurpunkte: $S_1(5|0|0)$, $S_2(0|5|0)$, $S_3(0|0|5)$

15

Gleichung von $g: \vec{x} = \begin{pmatrix} 3 \\ 0 \\ -1 \end{pmatrix} + t \cdot \begin{pmatrix} 5 \\ -2 \\ 3 \end{pmatrix}$

a) $E: 5x_1 - 2x_2 + 3x_3 = -7$

b) Lotfußpunkt von Punkt P auf der Geraden $g: F\left(\frac{1}{2}\middle|1\middle|\frac{-5}{2}\right)$;
$d(P; g) = |\vec{PF}| = \frac{1}{2} \cdot \sqrt{114} \approx 5{,}34$

c) Radius des Kegels: $r = |\vec{PF}| = \frac{1}{2} \cdot \sqrt{114}$
Höhe des Kegels: $h = |\vec{QF}| = 2 \cdot \sqrt{38}$
Volumen des Kegels:
$V = \frac{1}{3} r^2 h = \frac{1}{3} \cdot \frac{1}{4} \cdot 114 \cdot 2 \cdot \sqrt{38}$
$= 19 \cdot \sqrt{38} \approx 117{,}12$

Q' ist der Spiegelpunkt von Q an F, also $Q'(-9{,}5|5|-8{,}5)$.

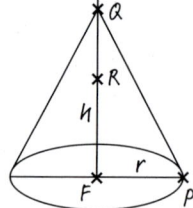

16

a) $E: \vec{x} = \begin{pmatrix} 7 \\ 0 \\ 0 \end{pmatrix} + r \cdot \begin{pmatrix} 0 \\ 7 \\ 0 \end{pmatrix} + s \cdot \begin{pmatrix} 0 \\ 0 \\ 7 \end{pmatrix}$

b) $\overline{AB} = 7$; $\overline{BD} = 7 \cdot \sqrt{2}$ und $\overline{AD} = 7$, d.h. gleichschenklig;
$\vec{AB} \cdot \vec{AD} = \begin{pmatrix} 0 \\ 7 \\ 0 \end{pmatrix} \cdot \begin{pmatrix} 0 \\ 0 \\ 7 \end{pmatrix} = 0$; d.h. rechter Winkel bei A

c) $C(7|7|7)$

17

a) Man wählt zum Beispiel $D(0|0|0)$. Dann ist $E(3|0|3)$, $F(3|4|2)$, $G(0|4|4)$ und $H(0|0|5)$ sowie
$E_{Dach}: 8x_1 + 3x_2 + 12x_3 = 60$.

b) Wegen $\vec{EF} = \begin{pmatrix} 0 \\ 4 \\ -1 \end{pmatrix} = \vec{HG}$ ist die Dachfläche ein Parallelogramm.

c) $R(4|0|0)$; „Blickgerade": $g: \vec{x} = \begin{pmatrix} 4 \\ 0 \\ 1{,}5 \end{pmatrix} + r \begin{pmatrix} -4 \\ 0 \\ 3{,}5 \end{pmatrix}$.

Der Schnitt von g mit der Geraden $h: \vec{x} = \begin{pmatrix} 3 \\ 0 \\ 0 \end{pmatrix} + s \cdot \begin{pmatrix} 0 \\ 0 \\ 1 \end{pmatrix}$ durch die Punkte $A(3|0|0)$ und $E(3|0|3)$ liefert $r = \frac{1}{4}$. Die x_3-Koordinate des Schnittpunktes ist 2,375. Die Hausfront hat im Punkt E aber eine Höhe von 3 Metern. Deswegen kann die Hausbesitzerin vom Punkt R aus den Eckpunkt H nicht sehen.

VIII Zufallsexperimente und Wahrscheinlichkeiten

Seite 260

1
a) P(Gewinn) = $\frac{2}{20} = \frac{1}{10}$ = 0,1 = 10%
b) Die relative Häufigkeit der Nieten beträgt 75% = $\frac{3}{4}$.
Jana hat also $\frac{3}{4} \cdot 12 = 9$ Nieten gezogen.

2
a) Blond: $\frac{9}{25}$ = 36%; Braun: $\frac{10}{25}$ = 40%; Schwarz: $\frac{5}{25}$ = 20%; Rot: $\frac{1}{25}$ = 4%
b)

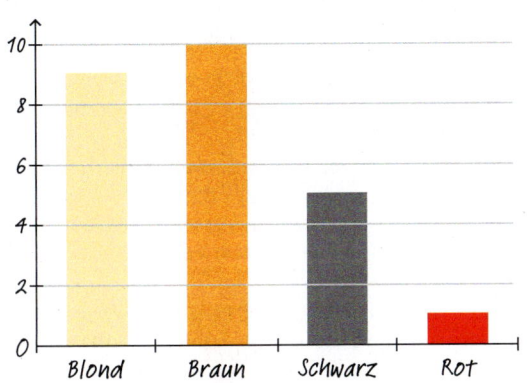

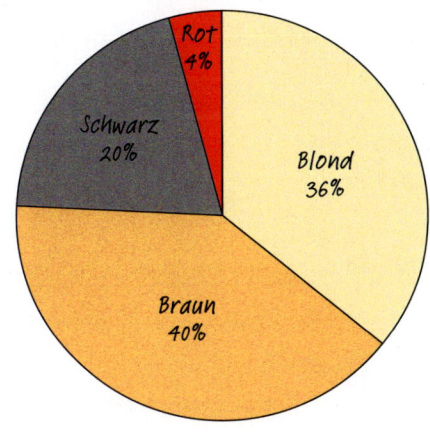

3
a) langes Streichholz; kurzes Streichholz
b) Farben: Rot; Gelb; Blau
c) Die Augensummen können sein
2; 3; 4; 5; 6; 7; 8; 9; 10; 11; oder 12.

Seite 261

4
a)

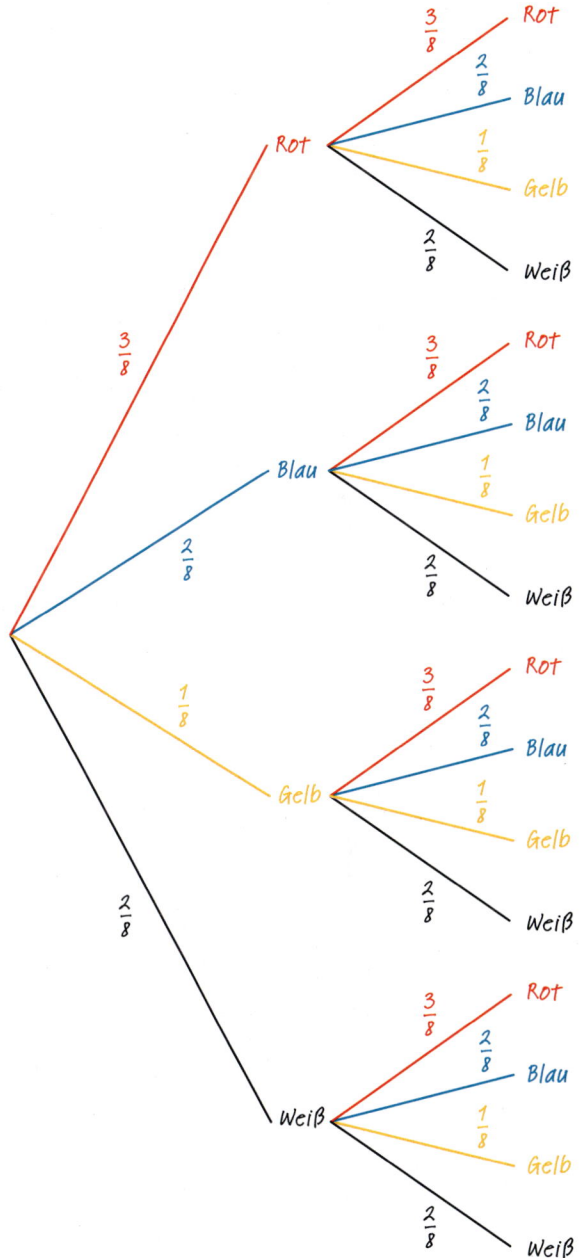

Lösungen

b)

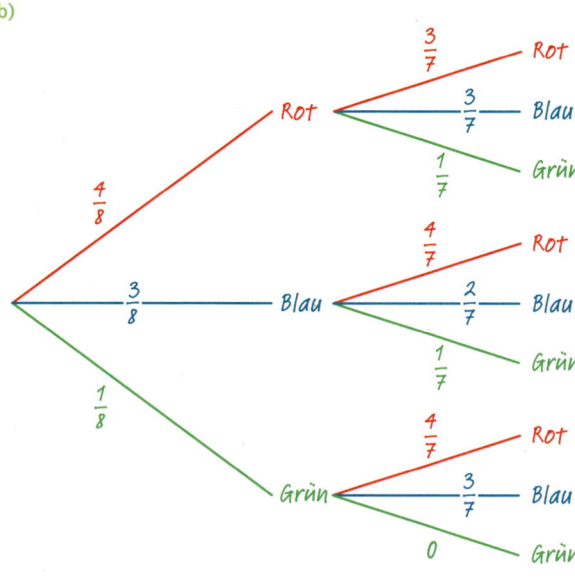

5

a) $P(\text{rote Kugel}) = \frac{20}{80} = \frac{1}{4}$
  $P(\text{keine rote Kugel}) = \frac{60}{80} = \frac{3}{4}$

b) $P(\text{gültige Fahrkarte}) = \frac{110}{120} = \frac{11}{12}$

6

a) (1) $P(\text{blau; blau}) = \frac{3}{5} \cdot \frac{3}{5} = \frac{9}{25}$

  (2) $P(\text{rot; blau}) = \frac{2}{5} \cdot \frac{3}{5} = \frac{6}{25}$

  (3) $P(\text{zwei verschiedene Farben}) = 2 \cdot \frac{6}{25} = \frac{12}{25}$

b) (1) $P(D;D) = \frac{12}{25} \cdot \frac{11}{24} = \frac{11}{50}$

  (2) P(zwei gleichen Münzen)
  $= \frac{12}{25} \cdot \frac{11}{24} + \frac{5}{25} \cdot \frac{4}{24} + \frac{8}{25} \cdot \frac{7}{24} = \frac{208}{600} = \frac{26}{75}$

7

Erwartungswert für den Wert des Gewinns:
$30\,€ \cdot \frac{2}{120} + 6\,€ \cdot \frac{10}{120} + 0{,}75\,€ \cdot \frac{48}{120} + 0\,€ \cdot \frac{60}{120} = 1{,}30\,€$

Die Sachpreise haben auf lange Sicht einen durchschnittlichen Wert von 1,30 €. Bei einem Lospreis von 1,30 € pro Los wäre das Spiel fair.

Seite 264

4

a) A = {2; 4; 6; 8} B = {5}
   C = {2; 3; 5; 7} D = {9}
   E = {1; 2; 3; 4; 5} F = {1; 4; 9}

b) $\overline{A}$ = {1; 3; 5; 7; 9} $\overline{A}$: Die Zahl ist ungerade.
   $\overline{B}$ = {1; 2; 3; 4; 6; 7; 8; 9} $\overline{B}$: Die Zahl ist nicht durch 5 teilbar.
   $\overline{C}$ = {1; 4; 6; 8; 9} $\overline{C}$: Die Zahl ist keine Primzahl.
   $\overline{D}$ = {1; 2; 3; 4; 5; 6; 7; 8} $\overline{D}$: Die Zahl ist kleiner als 9.
   $\overline{E}$ = {6; 7; 8; 9} $\overline{E}$: Die Zahl ist größer als 5.
   $\overline{F}$ = {2; 3; 5; 6; 7; 8} $\overline{F}$: Die Zahl ist keine Quadratzahl.

c) Es sind die Ereignisse A, E und F eingetreten.

6

a) Insgesamt wurden 461 Kinder geboren.

Geburtsgröße (in cm)	unter 50	50	51	52	53	54	über 54
relative Häufigkeit	0,12	0,21	0,22	0,16	0,16	0,09	0,04

Hinweis: Hier wurde P(unter 50 cm) ausgeglichen.

b) P(A) = 0,13

7

a) rot: 6,25 %; gelb: 18,75 %; blau: 25 %; weiß: 50 %

b) rot: 25 %; gelb: 37,5 %; blau: 12,5 %; weiß: 25 %

Seite 267

4

Deutsche: Insgesamt wurden 25 689 Personen untersucht.
P(0) = 0,36; P(A) = 0,43; P(B) = 0,14 (ausgeglichen);
P(AB) = 0,07

Japaner: Insgesamt wurden 17 554 Personen untersucht.
P(0) = 0,30; P(A) = 0,38; P(B) = 0,22; P(AB) = 0,10

Isländer: Insgesamt wurden 900 Personen untersucht.
P(0) = 0,55 (ausgeglichen); P(A) = 0,32; P(B) = 0,10;
P(AB) = 0,03

Inuit: Insgesamt wurden 270 Personen untersucht.
P(0) = 0,55; P(A) = 0,44; P(B) = 0; P(AB) = 0,01

8

Die relativen Häufigkeiten für „Kopf" betragen für Helena ca. 0,708; für Susanne ca. 0,644; für Pascal ca. 0,621. Mögliche Wahrscheinlichkeitsverteilung:

	Helena	Susanne	Pascal	alle Würfe
Kopf	0,7	0,64	0,62	0,64
Seite	0,3	0,36	0,38	0,36

Seite 268

12 a) $\frac{7}{8}$ b) $\frac{5}{6}$ c) $\frac{13}{60}$ d) $\frac{9}{44}$

Seite 270

4

a) (1) S_1 = {rot; gelb; grün; blau}; S_2 = {1; 2; 3; 4; 5; 6; 7}
   (2) S_1 = {rot; gelb; grün; blau}; S_2 = {1; 2; 3; 4; 5; 6}
   (3) S_1 = {rot; gelb; grün; blau}; S_2 = {1; 2; 3; 4}

	Ergebnis e_i	rot	gelb	grün	blau
(1)	$P(e_i)$	$\frac{2}{7}$	$\frac{1}{7}$	$\frac{2}{7}$	$\frac{2}{7}$
(2)	$P(e_i)$	$\frac{2}{6} = \frac{1}{3}$	$\frac{2}{6} = \frac{1}{3}$	$\frac{1}{6}$	$\frac{1}{6}$
(3)	$P(e_i)$	$\frac{1}{4}$	$\frac{1}{4}$	$\frac{1}{4}$	$\frac{1}{4}$

Ergebnis e_i	1	2	3	4	5	6	7
(1) P(e_i)	$\frac{1}{7}$	$\frac{1}{7}$	$\frac{1}{7}$	$\frac{1}{7}$	$\frac{1}{7}$	$\frac{1}{7}$	$\frac{1}{7}$
(2) P(e_i)	$\frac{1}{6}$	$\frac{1}{6}$	$\frac{1}{6}$	$\frac{1}{6}$	$\frac{1}{6}$	$\frac{1}{6}$	—
(3) P(e_i)	$\frac{1}{4}$	$\frac{1}{4}$	$\frac{1}{4}$	$\frac{1}{4}$	—	—	—

b) (1) P(A) = $\frac{1}{7}$; P(B) = $\frac{2}{7}$; P(C) = $\frac{3}{7}$

(2) P(A) = $\frac{1}{6}$; P(B) = $\frac{1}{3}$; P(C) = $\frac{2}{3}$

(3) P(A) = $\frac{1}{4}$; P(B) = $\frac{1}{2}$; P(C) = $\frac{1}{2}$

7 P(A) = 0,4; P(B) = 0,5; P(C) = 0,4;
P(D) = 0,3; P(E) = 0,8; P(F) = 0,9

8
a)

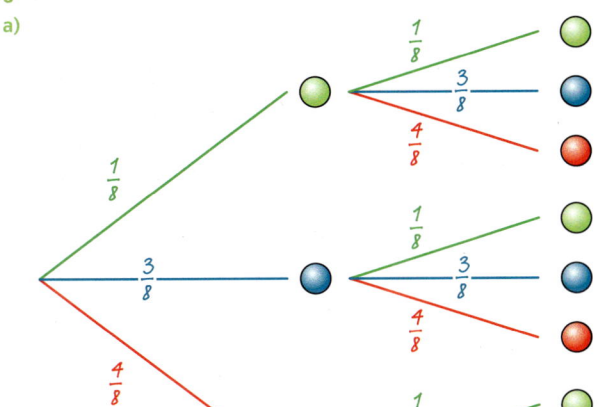

b)

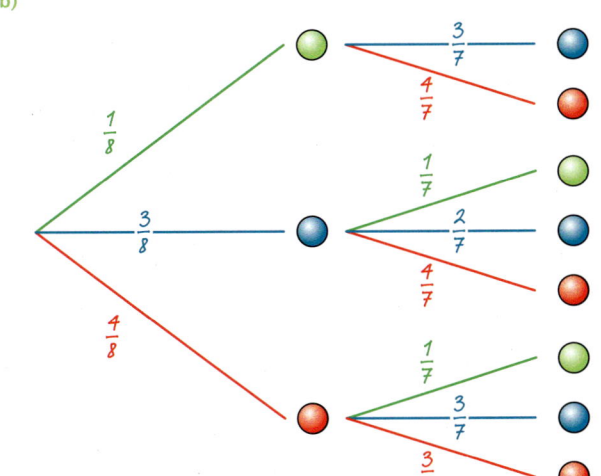

Seite 273

4
a) S = {TTT; TTN; TNT; NTT; TNN; NTN; NNT; NNN}

e_i	TTT	TTN	TNT	NTT	TNN	NTN	NNT	NNN
P(e_i)	0,729	0,081	0,081	0,081	0,009	0,009	0,009	0,001

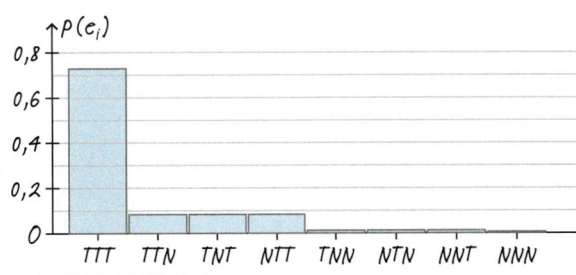

b) E = {TTT, TTN, TNT, NTT}
P(E) = $0,9^3$ + 0,9 · 0,9 · 0,1 + 0,9 · 0,1 · 0,9 + 0,1·0,9·0,9 = 0,972
$\overline{E}$: „Der Profi trifft höchstens einmal".
P($\overline{E}$) = 1 − 0,972 = 0,028

c) P(„Der Profi trifft höchstens zweimal.")
= 1 − P(„Der Profi trifft dreimal.")
= 1 − $0,9^3$ = 0,271

Seite 274

10
a) P(Ben gewinnt) = $\frac{15}{36}$ = $\frac{5}{12}$

b) P(3 Spiele) = $\frac{30}{36} \cdot \frac{30}{36} \cdot \frac{6}{36}$ = $\frac{25}{216}$

14
a) A ∩ B = {2; 4; 6}   **b)** B ∩ C = {4; 6}   **c)** B ∪ C = {2; 4; 5; 6}
d) A \ B = {1; 3; 5}   **e)** A \ C = {1; 2; 3}   **f)** B \ C = {2}

Seite 277

5
a) (1) A = {1; 2; 3; 4}
(2) B = {2; 4; 6}
(3) A ∪ B = {1; 2; 3; 4; 6}
(4) A ∩ B = {2; 4}
b) P(A ∪ B) = $\frac{5}{6}$

9
A: Es gibt 20 verschiedene Ergebnisse.
P(1. Kugel ist rot) = $\frac{3}{5}$;
P(Summe der Zahlen ist 6) = $\frac{4}{20}$ = $\frac{1}{5}$.
P(1. Kugel ist rot und die Summe ist 6) = $\frac{2}{20}$ = $\frac{1}{10}$
P(A) = $\frac{3}{5} + \frac{1}{5} - \frac{1}{10} = \frac{7}{10}$.

B: P(1. Zahl ist größer als 2. Zahl) = $\frac{10}{20}$ = $\frac{1}{2}$

P(2. Kugel ist grün) = $\frac{3}{5} \cdot \frac{2}{4} + \frac{2}{5} \cdot \frac{1}{4} = \frac{8}{20} = \frac{2}{5}$

P(1. Zahl ist größer als 2. Zahl und 2. Kugel grün) = $\frac{3}{20}$

P(B) = $\frac{10}{20} + \frac{8}{20} - \frac{3}{20} = \frac{15}{20} = \frac{3}{4}$

Lösungen

Seite 278

16
a) $x_1 = -0{,}2$; $x_2 = 2$
b) $x_1 = 1$; $x_2 = -3$
c) $x_1 = 0$; $x_2 = 2$
d) $x_1 = 1$; $x_2 = -1$; $x_3 = \sqrt{5}$; $x_4 = -\sqrt{5}$

Seite 281

6

a)
	K	L	
A	0,24	0,16	0,4
B	0,12	0,48	0,6
	0,36	0,64	1

b)
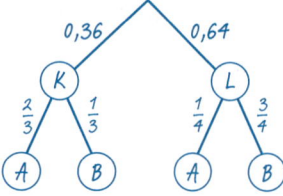

c) In einem Gasthaus trinken 40 % der Gäste alkoholhaltige, 60 % alkoholfreie Getränke. Bei den „Alkoholtrinkern" sind 60 % männlich, bei den „Alkoholfrei-Trinkern" sind 20 % männlich.

7

a)
	Z	$\overline{Z}$	
R	30 %	10 %	40 %
$\overline{R}$	30 %	30 %	60 %
	60 %	40 %	100 %

Je nachdem, ob man das Merkmal Z oder das Merkmal R zuerst betrachtet, erhält man zwei zugehörige Baumdiagramme.

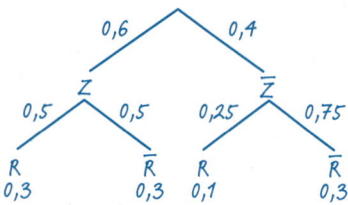

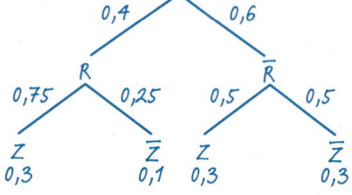

b) $P_R(Z) = \frac{30\%}{40\%} = \frac{3}{4}$ $P_R(\overline{Z}) = \frac{1}{4}$ $P_Z(R) = \frac{30\%}{60\%} = \frac{1}{2}$
$P_Z(\overline{R}) = \frac{1}{2}$ $P_{\overline{R}}(Z) = \frac{1}{2}$ $P_{\overline{Z}}(R) = \frac{1}{4}$
$P_{\overline{Z}}(R) = \frac{1}{4}$ $P_{\overline{Z}}(\overline{R}) = \frac{3}{4}$

Seite 282

10

a)
	A	B	C	Summe
Blau	0,09	0,275	0,03	0,395
Rot	0,21	0,225	0,17	0,605
Summe	0,3	0,5	0,2	1

b) $P(\text{blau}) = 0{,}395 = 39{,}5\,\%$
c) $P(\text{Modell B und Blau}) = 0{,}275 = 27{,}5\,\%$
d) $P(\text{weder Modell A noch blaues Modell C}) = 0{,}275 + 0{,}225 + 0{,}17 = 0{,}67 = 67\,\%$
e) $P_{\text{rot}}(\text{Modell A}) = \frac{0{,}21}{0{,}605} \approx 0{,}3471 = 34{,}71\,\%$

13
a) $x = -2$
b) $x = 0$
c) $x = \ln(2)$
d) $x_1 = -\ln(10)$; $x_2 = -\ln(2)$

Seite 285

6
Insgesamt sind es 21 Kugeln, 12 rote und 9 blaue. Daraus erhält man $P(E) = \frac{1}{2}$, $P(F) = \frac{9}{21} = \frac{3}{7}$, $P(E \cap F) = \frac{1}{2} \cdot \frac{3}{7}$.
Also sind E und F unabhängig. Dasselbe ergibt sich für $\overline{E}$ und $\overline{F}$.

7 Es gilt:
A: WW; WZ B: ZW; WW C: WW D: ZZ; WW
$\overline{A}$: ZZ; ZW $\overline{B}$: ZZ; WZ $\overline{C}$: ZZ; ZW; WZ $\overline{D}$: ZW; WZ

a)
	A	$\overline{A}$	
B	$\frac{1}{4}$	$\frac{1}{4}$	$\frac{1}{2}$
$\overline{B}$	$\frac{1}{4}$	$\frac{1}{4}$	$\frac{1}{2}$
	$\frac{1}{2}$	$\frac{1}{2}$	1

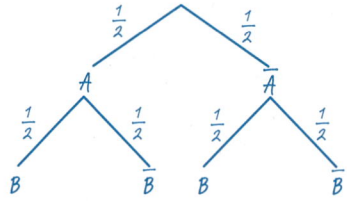

A und B sind unabhängig.

b)
	A	$\overline{A}$	
C	$\frac{1}{4}$	0	$\frac{1}{4}$
$\overline{C}$	$\frac{1}{4}$	$\frac{1}{2}$	$\frac{3}{4}$
	$\frac{1}{2}$	$\frac{1}{2}$	1

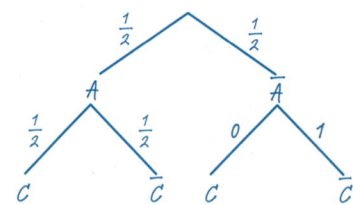

A und C sind unabhängig.

c)

	C	$\overline{C}$	
D	$\frac{1}{4}$	$\frac{1}{4}$	$\frac{1}{2}$
$\overline{D}$	0	$\frac{1}{2}$	$\frac{1}{2}$
	$\frac{1}{4}$	$\frac{3}{4}$	1

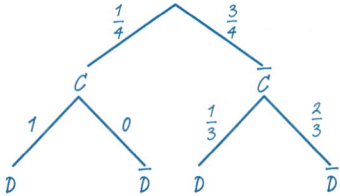

C und D sind abhängig.

d)

	A	$\overline{A}$	
D	$\frac{1}{4}$	$\frac{1}{4}$	$\frac{1}{2}$
$\overline{D}$	$\frac{1}{4}$	$\frac{1}{4}$	$\frac{1}{2}$
	$\frac{1}{2}$	$\frac{1}{2}$	1

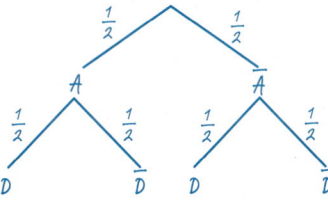

A und D sind unabhängig.

e) $P_A(B) = \frac{1}{2}$, $P_B(A) = \frac{1}{2}$

f)

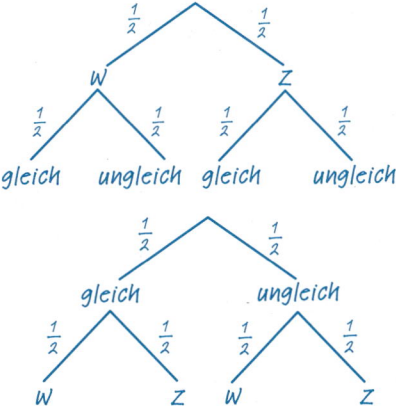

Seite 286

12

a) Es sind sehr viel mehr Personen gesund. Bei Gesunden schlägt der Test viel seltener an als bei Kranken, wie es auch sein muss.

b) P(gesund; –) = 0,89
P(gesund) · P(–) = 0,9 · 0,9 = 0,81 ≠
Die beiden Ereignisse sind nicht stochastisch unabhängig.

c) $P_+(krank) = \frac{0{,}09}{0{,}1} = 90\%$

$P_-(gesund) = \frac{0{,}89}{0{,}9} \approx 98{,}9\%$

15

a) $x_1 = \frac{\pi}{2}$; $x_2 = -\frac{\pi}{2}$
b) $x_1 = -\frac{7}{3}$; $x_2 = \frac{1}{3}$; $x_3 = \frac{5}{3}$
c) $x_1 = -3$; $x_2 = 0$; $x_3 = 3$
d) $x_1 = \frac{2\pi}{3}$; $x_2 = -\frac{\pi}{3}$

Seite 290

8

a) $5^4 = 625$
b) $5 \cdot 4 \cdot 3 \cdot 2 = 120$

Zugehöriges Urnenexperiment: Man zieht vier Kugeln aus einer Urne mit fünf Kugeln mit den Nummern 1 bis 5. Bei Teilaufgabe a) zieht man mit, bei Teilaufgabe b) ohne Zurücklegen.

9 $P(I) = \frac{1}{15 \cdot 14 \cdot 13} = \frac{1}{2730}$ $P(II) = \frac{3!}{15 \cdot 14 \cdot 13} = \frac{1}{455}$

Seite 291

19

a) $P(6 \text{ Richtige}) = \frac{1}{\binom{45}{6}} = \frac{1}{8\,145\,060}$

b) $\binom{5}{2} = 10$

c) $\binom{1000}{2} = 499\,500$

23

a) $f''(x) = -12x^3 + 12x + 1$; $f''(x) = -36x^2 + 12$
b) $f'(x) = 6x^2 - \sqrt{2}$; $f''(x) = 12x$
c) $f'(x) = \frac{9}{2}x^2 - 3x^{-2}$; $f''(x) = 9x + 6x^{-3}$
d) $f'(x) = (4x-2)^2 \cdot 4 = 64x^2 - 64x + 16$; $f''(x) = 128x - 64$

Seite 294

4

a)

x_i	0	1	2	3
$P(X = x_i)$	$0{,}4^3 = 0{,}064$	$3 \cdot 0{,}6 \cdot 0{,}4^2$ = 0,288	$3 \cdot 0{,}6^2 \cdot 0{,}4$ = 0,432	$0{,}6^3 = 0{,}216$

b) $P(X \geq 2) = 3 \cdot 0{,}6^2 \cdot 0{,}4 + 0{,}6^3 + 0{,}6^3 = 0{,}648$

7

a) Wahrscheinlickeitsverteilung der Augensummen:

Augensumme	2	3	4	5	6	7	8	9	10	11	12
Wahrscheinlichkeit	$\frac{1}{36}$	$\frac{2}{36}$	$\frac{3}{36}$	$\frac{4}{36}$	$\frac{5}{36}$	$\frac{6}{36}$	$\frac{5}{36}$	$\frac{4}{36}$	$\frac{3}{36}$	$\frac{2}{36}$	$\frac{1}{36}$

Damit ergibt sich die Wahrscheinlichkeitsverteilung der Zufallsgröße „Auszahlung der Bank" X:

a	5	6	7	8	9	15	20	55	120
$P(X = a)$	$\frac{4}{36}$	$\frac{5}{36}$	$\frac{6}{36}$	$\frac{8}{36}$	$\frac{4}{36}$	$\frac{2}{36}$	$\frac{4}{36}$	$\frac{2}{36}$	$\frac{1}{36}$

8

a) $f'(x) = 5 \cdot e^{x-2}$; $f''(x) = 5 \cdot e^{x-2}$
b) $f'(x) = 2e^{2x} - 0{,}2e^x$; $f''(x) = 4e^{2x} - 0{,}2e^x$
c) $f'(x) = e^{2x} \cdot (3x + 0{,}5)$; $f''(x) = e^{2x} \cdot (6x + 4)$
d) $f(x) = 2 \cdot e^{\ln(3) \cdot x} - 6$; $f'(x) = 2 \cdot \ln(3)e^{\ln(3) \cdot x}$;
$f''(x) = 2 \cdot \ln(3)^2 \cdot e^{\ln(3) \cdot x}$

Lösungen

Seite 297

4

$\mu = (-2) \cdot 0,05 + 1 \cdot 0,2 + 4 \cdot 0,4 + 7 \cdot 0,35 = 4,15;$
$\sigma = \sqrt{(-2 - 4,15)^2 \cdot 0,05 + (1 - 4,15)^2 \cdot 0,2 + (4 - 4,15)^2 \cdot 0,4 + (7 - 4,15)^2 \cdot 0,35} \approx 2,59$

5 $\mu = 4,125;\ \sigma \approx 0,78$

X: Anzahl der zu spielenden Sätze, bis ein Spieler zuerst drei Sätze gewonnen hat. X hat folgende Wahrscheinlichkeitsverteilung:

x_i	3	4	5
$P(X = x_i)$	$2 \cdot \left(\frac{1}{2}\right)^3$	$6 \cdot \left(\frac{1}{2}\right)^4$	$12 \cdot \left(\frac{1}{2}\right)^5$

$E(X) = 3 \cdot 2 \cdot \left(\frac{1}{2}\right)^3 + 4 \cdot 6 \cdot \left(\frac{1}{2}\right)^4 + 5 \cdot 12 \cdot \left(\frac{1}{2}\right)^5 = 4,125$

$V(X) = (3 - 4,125)^2 \cdot 2 \cdot \left(\frac{1}{2}\right)^3 + (4 - 4,125)^2 \cdot 6 \cdot \left(\frac{1}{2}\right)^4$
$\qquad + (5 - 4,125)^2 \cdot 12 \cdot \left(\frac{1}{2}\right)^5 = 0,609375$

$\sigma = 0,78$

Seite 298

9

a) $\mu = -0,3;\ \sigma = 1,32$

b) Der Einsatz müsste 0,7 € betragen.
Möglicher Lösungsweg:
Man ersetzt in der Tabelle die Werte wie angegeben;

g	-e	1 - e	2 - e	5 - e
$P(X = g)$	$\frac{2}{3}$	$\frac{1}{6}$	$\frac{1}{10}$	$\frac{1}{15}$

dabei ist e der gesuchte Einsatz in €. Damit ergibt sich die Gleichung: $-\frac{2}{3}e + \frac{1}{6}(1 - e) + \frac{1}{10}(2 - e) + \frac{1}{15}(5 - e) = 0$
mit der Lösung e = 0,7.

c) Die maximale Auszahlung (in €) wird mit m bezeichnet. Dann muss für m die Gleichung gelten: $-\frac{2}{3} + \frac{1}{10} + \frac{m-1}{15} = 0$ mit der Lösung m = 9,5.

11

a) $f'(x) = -2\sin(0,5x);\ f''(x) = -\cos(0,5x)$

b) $f'(x) = 0,5\pi \cdot \cos(\pi x) - 1;\ f(x) = -0,5\pi^2 \sin(\pi x)$

c) $f'(x) = -\cos(x + 3);\ f''(x) = \sin(x + 3)$

d) $f'(x) = 0,2\sin(2(x + 1,5));\ f''(x) = 0,4\cos(2(x + 1,5))$

Seite 306

Prüfungsvorbereitung – Aufgaben ohne Hilfsmittel

1

a) 1: Antwort ist angekreuzt;
0: Antwort ist nicht angekreuzt
S = {1100; 1010; 1001; 0110; 0101; 0011}

b) A = {1100; 1010; 0110}

c) $\overline{A}$ = {1001; 0101; 0011}; $\overline{A}$: Die vierte Antwort ist richtig.

2

a) P(Christian wird letzter) = $\frac{3}{4} \cdot \frac{2}{3} \cdot \frac{1}{2} \cdot 1 = \frac{1}{4}$

b) P(Mädchen gewinnt) = $\frac{2}{4} = \frac{1}{2}$.

3

a) P(Gewinn) = 0,1

b) P(Trostpreis) = 0,4

c) P(Niete) = 0,5

d) P(keine Niete) = 0,5

4

„X = 2" = {WW; ZZ}; $P(X = 2) = \frac{1}{4} + \frac{1}{4} = \frac{1}{2}$

„X = 3" = {WZW; WZZ; ZWW; ZWZ};
$P(X = 3) = \frac{1}{8} + \frac{1}{8} + \frac{1}{8} + \frac{1}{8} = \frac{1}{2};$

$E(X) = 2 \cdot \frac{1}{2} + 3 \cdot \frac{1}{2} = 2,5$

$\sigma = \sqrt{(2 - 2,5)^2 \cdot \frac{1}{2} + (3 - 2,5)^2 \cdot \frac{1}{2}} = \frac{1}{2}$

5

a) $P(e_1) = P(e_2) = \ldots = P(e_6) = \frac{1}{6}$

b) $P(e_1) = P(e_2) = \ldots = P(e_5) = \frac{1}{7};\ P(e_6) = \frac{2}{7}$

c) $P(e_1) = \frac{5}{25};\ P(e_2) = P(e_3) = \ldots = P(e_6) = \frac{4}{25}$

d) $P(e_1) = \frac{1}{10};\ P(e_2) = \frac{3}{10};\ P(e_3) = \frac{1}{5};\ P(e_4) = \frac{1}{10};\ P(e_5) = \frac{1}{5};\ P(e_6) = \frac{1}{10}$

6

Wahrscheinlichkeit, dass A gegen B gewinnt: a
Wahrscheinlichkeit, dass A gegen C gewinnt: b; a < b
Gewinnwahrscheinlichkeit bei der Reihenfolge B – C – B:
P(A gewinnt bei B – C – B) = $a \cdot b \cdot a + a \cdot b(1 - a) + (1 - a) \cdot b \cdot a$
$\qquad = a \cdot b \cdot (2 - a)$
Gewinnwahrscheinlichkeit bei der Reihenfolge C – B – C:
P(A gewinnt bei C – B – C) = $b \cdot a \cdot b + b \cdot a(1 - b) + (1 - b) \cdot a \cdot b$
$\qquad = a \cdot b \cdot (2 - b)$
P(A gewinnt bei B – C – B) – P(A gewinnt bei C – B – C)
= $a \cdot b \cdot (b - a) > 0$
Also sollte A zuerst gegen B spielen.

7

A: Fliese hat Formfehler; B: Fliese hat Farbfehler
Aus dem Text: $P(A \cap B) = 0,05;\ P(B) = 0,2$
Dann gilt: $P_B(A) = \frac{P(A \cap B)}{P(B)} = \frac{0,05}{0,2} = 0,25$

8

a)

Anteile	berufstätig	nicht berufstätig	gesamt
polit. interessiert	0,40	0,15	0,55
polit. nicht interessiert	0,20	0,25	0,45
gesamt	0,60	0,40	1,00

b) A: Eine Person ist politisch interessiert.
B: Eine Person ist berufstätig.

$P_A(B) = \frac{0,40}{0,55} = \frac{40}{55} = \frac{8}{11} \approx 72,7\%.$

$P_B(A) = \frac{0,4}{0,6} = \frac{2}{3} \approx 66,7\%.$

Seite 307

Prüfungsvorbereitung – Aufgaben mit Hilfsmitteln

9
a) P(drei PKW) = $0{,}70^3$ = 0,343
b) P(ein PKW und zwei LKW) = $3 \cdot 0{,}70 \cdot 0{,}15^2 \approx 0{,}047$
c) P(zwei Motorräder und ein LKW) = $3 \cdot 0{,}15 \cdot 0{,}08^2 \approx 0{,}003$

10
a) P(A) = $10 \cdot \frac{1}{10} \cdot \frac{1}{10} \cdot \frac{1}{10} = \frac{1}{100} = 0{,}01$
   P(B) = $\frac{1}{2} \cdot \frac{1}{2} \cdot \frac{1}{2} = \frac{1}{8} = 0{,}125$
   P(C) = $1 \cdot \frac{9}{10} \cdot \frac{8}{10} = \frac{72}{100} = 0{,}72$
   P(D) = $6 \cdot \frac{1}{10} \cdot \frac{1}{10} \cdot \frac{1}{10} = \frac{6}{1000} = 0{,}006$
b) $1 - 0{,}9^n \geq 0{,}95$ liefert $n \geq 29$.

11
a) $1 - 0{,}95^5 = 0{,}2262$
b) Aus $p^5 \geq 0{,}95$ folgt $p \geq \sqrt[5]{0{,}95} \approx 0{,}98979$.

12
a) P(A) = $1 - 0{,}95 \cdot 0{,}90 \cdot 0{,}85 = 0{,}27325$
   P(B) = $0{,}05 \cdot 0{,}90 \cdot 0{,}85 + 0{,}95 \cdot 0{,}10 \cdot 0{,}85 + 0{,}95 \cdot 0{,}90 \cdot 0{,}15$
   $= 0{,}03825 + 0{,}08075 + 0{,}12825 = 0{,}24725$
b) Sei a: Bauteil auf Platz a fällt aus
   b: Bauteil auf Platz b fällt aus
   c: Bauteil auf Platz c fällt aus
   G_2: Gerät G_2 fällt aus
   $P(G_2) = P(a \cap (b \cup c)) = P(a) \cdot [P(b) + P(c) - P(b) \cdot P(c)]$
   $= P(a) \cdot P(b) + P(a) \cdot P(c) - P(a) \cdot P(b) \cdot P(c)$
   Hieraus erkennt man, dass $P(G_2)$ festgelegt ist durch das Bauteil, welches auf Platz a sitzt.
   Sei T_1 auf Platz a: $P(G_2) = 0{,}01175$
   T_2 auf Platz a: $P(G_2) = 0{,}01925$
   T_3 auf Platz a: $P(G_2) = 0{,}02175$
   Die Ausfallwahrscheinlichkeit von G_2 ist am geringsten, wenn auf Platz a das Bauteil T_1 sitzt.

13
A: Gerät ist einwandfrei.
B: Gerät ist freigegeben.
P(A) = 0,93; $P_A(B)$ = 0,9; $P_{\overline{A}}(B)$ = 0,07
$P_B(A) = \frac{0{,}93 \cdot 0{,}9}{0{,}93 \cdot 0{,}9 + 0{,}07 \cdot 0{,}07} \approx 0{,}99$

14
G: Gewinn des Spielers (in Euro)
E: Einsatz; A: Auszahlung

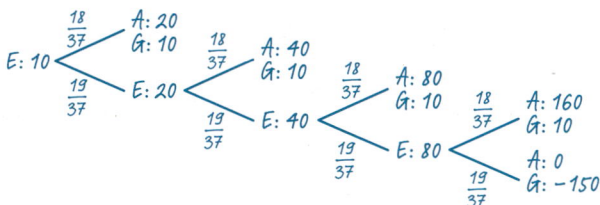

$E(G) = 10 \cdot \left[\frac{18}{37} + \frac{19}{37} \cdot \frac{18}{37} + \left(\frac{19}{37}\right)^2 \cdot \frac{18}{37} + \left(\frac{19}{37}\right)^3 \cdot \frac{18}{37}\right] - 150 \cdot \left(\frac{19}{37}\right)^4$
$\approx -1{,}13$

IX Binomialverteilung

Seite 310

1
a) 6: Eine 6 wird gewürfelt.
   $\overline{6}$: Eine andere Zahl als 6 wird gewürfelt.

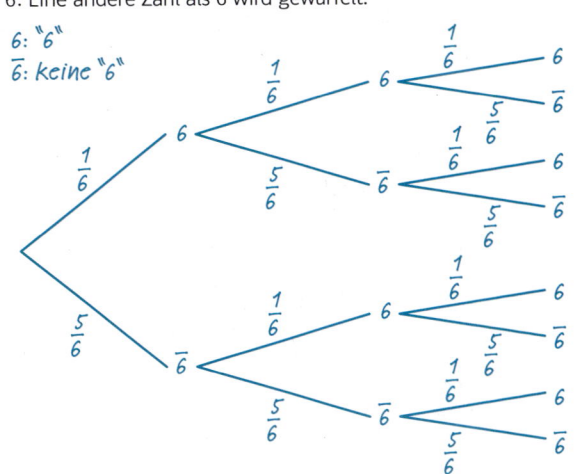

b) g: Das Glücksrad zeigt auf eine grüne Fläche.
   $\overline{g}$: Das Glücksrad zeigt nicht auf eine grüne Fläche.

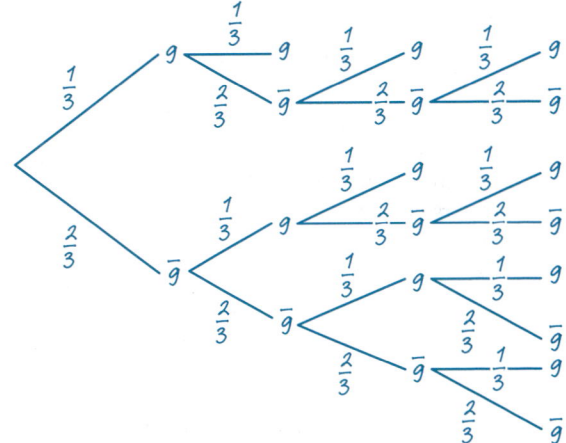

c) g: Eine gelbe Kugel wird gezogen.
   $\overline{g}$: Eine andere Farbe als Gelb wird gezogen.

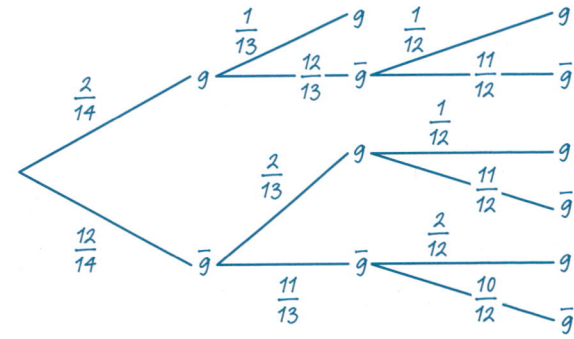

Lösungen

2

$P(A) = \left(\frac{2}{5}\right)^3 = \frac{8}{125}$

$P(B) = 3 \cdot \frac{3}{5} \cdot \left(\frac{2}{5}\right)^2 = \frac{36}{125}$

$P(C) = P(\text{zweimal Kopf}) + P(\text{dreimal Kopf})$

$= 3 \cdot \left(\frac{3}{5}\right)^2 \cdot \frac{2}{5} + \left(\frac{3}{5}\right)^3 = \frac{81}{125}$

$P(D) = \frac{3}{5} + \frac{2}{5} \cdot \frac{3}{5} = \frac{21}{25}$

Seite 311

3

a) $10^4 = 10\,000$ verschiedenen Zahlen sind möglich.
Zeit: $10\,000\,s \approx 2\,h$ und $47\,min$
Bei 8 Ziffern:
10^8 Zahlen: $100\,000\,000\,s \approx 1157$ Tage

b) $9 \cdot 10^6 = 9\,000\,000$; es sind 9 Mio. Nummern möglich.
$9 \cdot 10^3 = 9000$; 9000 Nummern enden auf 999.

c) $\binom{21}{6} = 54\,264$; es sind 54 264 Gruppen möglich.

d) $\binom{10}{6} = \binom{10}{4} = 210$; es gibt 210 Sitzmöglichkeiten.

e) $\binom{13}{3} = 286$; es sind 286 Dreiergruppen möglich.
$\binom{7}{2} \cdot \binom{6}{1} + \binom{7}{1} \cdot \binom{6}{2} = 231$; in 231 möglichen Dreiergruppen sind mindestens ein Mann und eine Frau.

4

a)
s	2	3	4	5	6
P(X = s)	$\frac{4}{36}$	$\frac{12}{36}$	$\frac{13}{36}$	$\frac{6}{36}$	$\frac{1}{36}$

b)
p	1	2	3	4	6	9
P(X = p)	$\frac{4}{36}$	$\frac{12}{36}$	$\frac{4}{36}$	$\frac{9}{36}$	$\frac{6}{36}$	$\frac{1}{36}$

5

a)
x_i	1	2	3	4
$P(X = x_i)$	$\frac{1}{7}$	$\frac{6}{7} \cdot \frac{1}{7}$	$\left(\frac{6}{7}\right)^2 \cdot \frac{1}{7}$	$\left(\frac{6}{7}\right)^3 \cdot \frac{1}{7} + \left(\frac{6}{7}\right)^4$

$E(X) = 1 \cdot \frac{1}{7} + 2 \cdot \frac{6}{7} \cdot \frac{1}{7} + 3 \cdot \left(\frac{6}{7}\right)^2 \cdot \frac{1}{7} + 4 \cdot \left[\left(\frac{6}{7}\right)^3 \cdot \frac{1}{7} + \left(\frac{6}{7}\right)^4\right] \approx 3{,}22$;
$\sigma = 1{,}13$
Auf lange Sicht muss das Glücksrad im Schnitt ungefähr 3,22-mal gedreht werden. Die Standardabweichung beträgt 1,13.

b) Die Zufallsgröße G beschreibt den Gewinn des Spielers.
Es gilt: Gewinn = Auszahlung – Einsatz

g_i	0,5	1,5	–0,5
$P(G = g_i)$	$2 \cdot \frac{1}{7} \cdot \frac{6}{7}$	$\left(\frac{1}{7}\right)^2$	$\left(\frac{6}{7}\right)^2$

$E(G) = -\frac{21}{98} \approx -0{,}21$

Der Spieler muss auf lange Sicht mit einem durchschnittlichen Verlust von rund 0,21 € rechnen.

Seite 314

4

a) Bei jedem Zug gibt es genau die beiden Ergebnisse „rot" und „schwarz". Da die gezogene Kugel wieder zurückgelegt wird, sind die einzelnen Züge voneinander unabhängig.
Es handelt sich um eine Bernoulli-Kette der Länge $n = 3$ und der Trefferwahrscheinlichkeit $p = 0{,}6$.

b) $P(E) = \left(\frac{3}{5}\right)^3 = \frac{27}{125} = 0{,}216$

$P(F) = 3 \cdot \left(\frac{3}{5}\right)^2 \cdot \frac{2}{5} = \frac{54}{125} = 0{,}432$

$P(G) = 1 - \left(\frac{2}{5}\right)^3 = \frac{117}{125} = 0{,}936$

$P(H) = \frac{2}{5} \cdot \frac{2}{5} \cdot \frac{3}{5} = \frac{12}{125} = 0{,}096$

c) Ohne Zurücklegen ist es keine Bernoulli-Kette, weil sich die Wahrscheinlichkeiten nach jeden Zug ändern.

8

Es liegt eine Bernoulli-Kette der Länge $n = 20$ und der Trefferwahrscheinlichkeit $p = 0{,}2$ vor.

a) Ereignis E: „Genau bei einer Person sinkt der Blutdruck nicht."
Da dies die erste oder die zweite oder die dritte … oder die 20. Person sein kann, gilt $P(E) = 20 \cdot 0{,}8^{19} \cdot 0{,}2 \approx 0{,}058 = 5{,}8\,\%$.

b) Ereignis F: „Nur bei der letzten Person sinkt der Blutdruck nicht."
$P(F) = 0{,}8^{19} \cdot 0{,}2 \approx 0{,}003 = 0{,}3\,\%$

9

a) $H\left(3 \mid \frac{9}{4}\right)$ ist ein Hochpunkt.

b) $H\left(\frac{1}{4}\pi \mid 4\right)$ ist ein Hochpunkt; $T\left(\frac{3}{4}\pi \mid -2\right)$ ist ein Tiefpunkt.

c) $H(0{,}83 \mid 1{,}71)$ ist ein Hochpunkt.

Seite 317

8

a) $P(X \leq 5) \approx 0{,}158$ \quad b) $P(X \geq 8) \approx 0{,}438$

c) $P(X < 10) \approx 0{,}917$ \quad d) $P(4 \leq X < 8) \approx 0{,}547$

9

Die Zufallsgröße X zählt, wie oft „Zahl" fällt.
X ist binomialverteilt mit $n = 50$ und $p = 0{,}5$.

a) $P(X \leq 20) \approx 0{,}101$
„Zahl" fällt mit einer Wahrscheinlichkeit von ca. 10,1 % höchstens 20-mal.

b) $P(X \geq 20) = 1 - P(X \leq 19) \approx 0{,}941$
„Zahl" fällt mit einer Wahrscheinlichkeit von ca. 94,1 % mindestens 20-mal.

c) $P(X < 25) = P(X \leq 24) \approx 0{,}444$
„Zahl" fällt mit einer Wahrscheinlichkeit von ca. 44,4 % weniger als 25-mal.

d) $P(X > 30) = 1 - P(X \leq 30) \approx 0{,}059$
„Zahl" fällt mit einer Wahrscheinlichkeit von ca. 5,9 % mehr als 30-mal.

Seite 318

14
a) X ist binomialverteilt mit n = 5 und p = 0,75.
$P(X \geq 4) = 1 - P(X \leq 3) \approx 0{,}633$
Die Wahrscheinlichkeit, dass der Fußballspieler mindestens vier Elfmeter verwandelt, beträgt ca. 63,3 %.
b) $P(2 \leq X \leq 4) \approx 0{,}7627 - 0{,}0156 \approx 0{,}75$
c) P(2 Elfmeter in Folge) = $4 \cdot 0{,}75^2 \cdot 0{,}25^3 \approx 0{,}035$

17
a) $f(x) = \frac{1}{4}(x+1)(x-3)^2$
b) $f(x) = \frac{1}{4}(x+2)(x-1)^3$
c) $f(x) = -1{,}5 \sin(\pi x) - 0{,}5$

Seite 321

7
Die Zufallsgröße X zählt die Jungen, die an einem Tag geboren werden. X ist binomialverteilt mit dem Parameter p = 0,51, n ist gesucht.
Es soll gelten $P(X \geq 5) \geq 0{,}99$ bzw. $P(X \leq 4) \leq 0{,}01$. Mit dem Rechner bestimmt man $P(X \leq 4)$ für verschiedene n. Für n = 18 ist $P(X \leq 4) \approx 0{,}012$ und für n = 19 ist $P(X \leq 4) \approx 0{,}008$.
Es müssen mindestens 19 Kinder geboren werden, damit mit einer Wahrscheinlichkeit von mindestens 99 % mindestens fünf Jungen dabei sind.

8
X: Anzahl der Stornierungen;
X ist binomialverteilt mit n = 50; p = 0,1.
a) $P(X \leq 1) \approx 0{,}0338$
b) $P(X > 3) \approx 0{,}7497$
c) Weil die Wahrscheinlichkeit in Teilaufgabe a) sehr klein ist, könnte man noch mehr Buchungen entgegennehmen. Wenn man z.B. 51 Buchungen entgegennimmt, liegt die Wahrscheinlichkeit für zu viele Buchungen bei etwa 10 %.

Seite 322

11
a) Die Zufallsgröße X zählt, wie oft eine Vier fällt.
X ist binomialverteilt mit dem Parameter $p = \frac{1}{3}$, n ist gesucht.
Es soll gelten $P(X \geq 3) \geq 0{,}95$ bzw. $P(X \leq 2) \leq 0{,}05$.
Mit dem Rechner bestimmt man $P(X \leq 2)$ für verschiedene n.
Für n = 16 ist $P(X \leq 2) \approx 0{,}059$ und für n = 17 ist $P(X \leq 2) \approx 0{,}044$.
Man muss den Würfel also mindestens 17-mal werfen.
b) Die Zufallsgröße Y zählt, wie oft eine Drei fällt. Y ist binomialverteilt mit den Parametern n = 7 und $p = \frac{1}{6}$. Es soll gelten $P(Y \geq k) \leq 0{,}1$ bzw. $P(Y \leq k-1) \geq 0{,}9$. Es ist $P(X \leq 1) \approx 0{,}670$ und $P(X \leq 2) \approx 0{,}904$. Also ist k − 1 = 2, d.h. k = 3.
Die Anzahl muss mindestens drei betragen.

c) Die Zufallsgröße Z zählt, wie oft eine Vier fällt.
Z ist binomialverteilt mit n = 10, p ist gesucht.
Es muss gelten: $P(Z \geq 3) \geq 0{,}9$ bzw. $P(Z \leq 2) \leq 0{,}1$. Mit dem Rechner bestimmt man $P(Z \leq 2)$ für verschiedene p.
Für $p = \frac{2}{6} = \frac{1}{3}$ ist $P(Z \leq 2) \approx 0{,}299$ und für p = 0,5 ist $P(Z \leq 2) \approx 0{,}055$. Also muss p mindestens 0,5 sein.
Mindestens drei Seiten des Würfels müssen eine Vier tragen.

13
a) $f(x) = -\frac{1}{2}x^4 + 2x^2$; Tangente bei $x_0 = 2$ ist $y = -8x + 16$.
b) $f(x) = 0{,}25 e^{-2x} + 3$; Tangente bei $x_0 = 0$ ist $y = -0{,}5x + 3{,}25$.

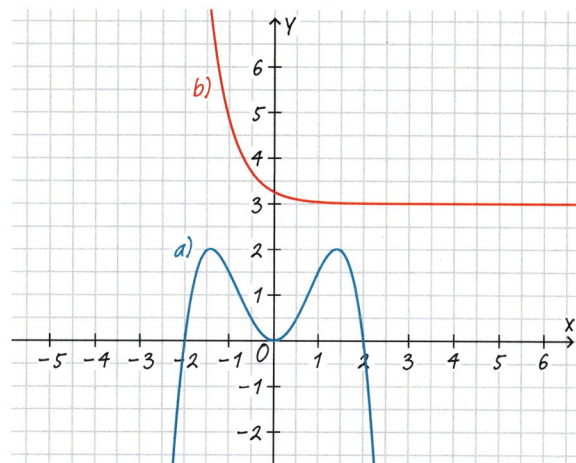

c) $f(x) = 3 \sin\left(\frac{\pi}{2}x\right) + 2$; Tangente bei $x_0 = -3$ ist y = 5.
d) $f(x) = \cos(x) + 0{,}5x$; Tangente bei $x_0 = \frac{\pi}{2}$ ist $y = -0{,}5x + \frac{\pi}{2}$.

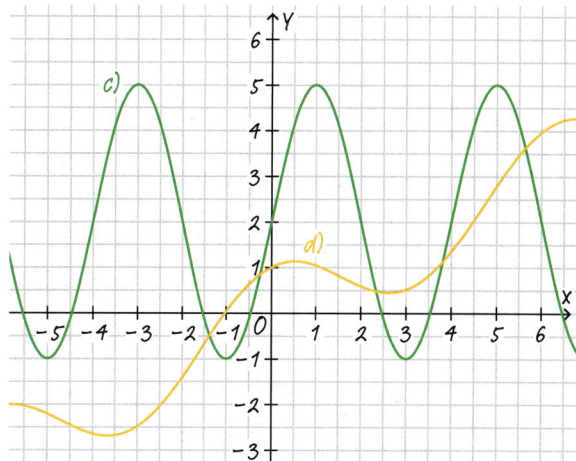

Seite 325

7
Erwartungswert: $\mu = n \cdot p = 25 \cdot 0{,}3 = 7{,}5$
Standardabweichung: $\sigma = \sqrt{n \cdot p \cdot (1-p)} = \sqrt{25 \cdot 0{,}3 \cdot 0{,}7}$
$= \sqrt{5{,}25} \approx 2{,}291$.

Lösungen

Seite 326

13
X ist binomialverteilt mit den Parametern n = 5 und p = 0,7.
a) $P(X \geq 3) = 1 - P(X \leq 2) \approx 0{,}837$
b) Erwartungswert: $\mu = n \cdot p = 5 \cdot 0{,}7 = 3{,}5$.
Standardabweichung: $\sigma = \sqrt{n \cdot p \cdot (1-p)} = \sqrt{5 \cdot 0{,}7 \cdot 0{,}3}$
$= \sqrt{1{,}05} \approx 1{,}025$.
c) $\mu - \sigma \approx 2{,}475$ und $\mu + \sigma \approx 4{,}525$
Die gesuchten Trefferanzahlen sind somit 3 und 4.

14
X zählt die Befürworter unter den Befragten.
X ist binomialverteilt mit den Parametern n = 100 und p = 0,6.
Erwartungswert: $\mu = n \cdot p = 100 \cdot 0{,}6 = 60$.
Standardabweichung: $\sigma = \sqrt{n \cdot p \cdot (1-p)} = \sqrt{100 \cdot 0{,}6 \cdot 0{,}4} = \sqrt{24}$
$\approx 4{,}899$.
$\mu - 2\sigma \approx 50{,}202$ und $\mu + 2\sigma \approx 69{,}798$.
$P(51 \leq X \leq 69) \approx 0{,}948$
Die Wahrscheinlichkeit, dass die Anzahl der Befürworter des Baus um höchstens 2σ vom Erwartungswert abweicht, beträgt ca. 94,8 %.

17
a) Wendepunkte sind $W_1(0|0)$ und $W_2\left(2 \left| \frac{4}{3}\right.\right)$.
b) Wendepunkt ist $W(2|1)$.
c) Wendepunkte sind $W_1(0|1)$; $W_2\left(\frac{1}{2}\pi \left| 1\right.\right)$ und $W_3\left(\frac{3}{2}\pi \left| 1\right.\right)$.
d) Wendepunkt ist $W(\pi|-3)$.

Seite 332

Prüfungsvorbereitung – Aufgaben ohne Hilfsmittel

1
a) X gibt die Anzahl der Drehungen mit Ergebnis „rot" an.
X ist binomialverteilt mit n = 3 und p = 0,25.
Es ist $P(X = 2) = \binom{3}{2} \cdot \left(\frac{1}{4}\right)^2 \cdot \frac{3}{4} = 3 \cdot \frac{1}{16} \cdot \frac{3}{4} = \frac{9}{64}$.
b) Individuelle Lösungen, z. B. A: Das Glücksrad wird 7-mal gedreht. Dabei bleibt es einmal oder zweimal auf rot stehen.

2
a) $P(X = 5) = 0{,}11$; denn der Flächeninhalt des Histogramms muss 1 betragen.
b) $\mu = 3$, weil dort die Wahrscheinlichkeit am größten ist; p = 0,3, weil $\mu = n \cdot p$.
c) Näherungswerte, durch Ablesen bestimmt:
$P(X = 0) \approx 0{,}025$
$P(X \leq 3) \approx 0{,}65$
$P(X > 3) = 1 - P(X \leq 3) \approx 0{,}35$
$P(2 \leq X \leq 4) \approx 0{,}70$

3
Es liegt ein zweistufiges Zufallsexperiment vor.
Mithilfe des Baumdiagramms erhält man:
$P(A) = \frac{4}{6} \cdot \frac{3}{5} = \frac{2}{5}$,
$P(B) = \frac{2}{6} \cdot \frac{4}{5} + \frac{4}{6} \cdot \frac{2}{5} = \frac{8}{15}$,
$P(C) = \frac{2}{6} \cdot 1 = \frac{1}{3}$.

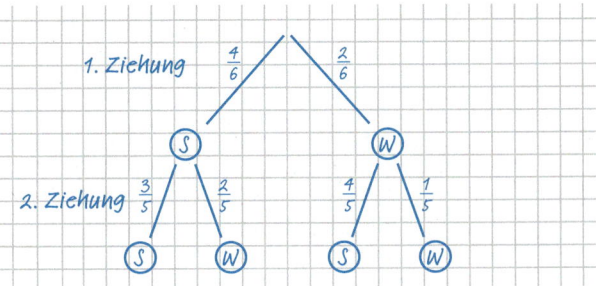

4
a) $P(X_1 = 2) = \binom{5}{2} \cdot 0{,}3^2 \cdot 0{,}7^3$.
b)

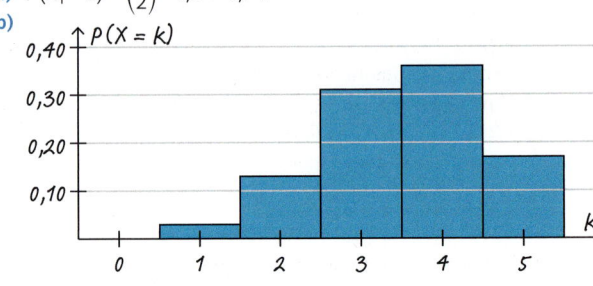

Hinweis: $P(x_1 = k) = P(x_2 = 5 - k)$.

5
a) Falsch, z. B. ist $\mu = 3{,}5$ für n = 7 und p = 0,5.
b) Wahr, denn $\mu = n \cdot p$.
c) Wahr, denn $\sigma = \sqrt{n \cdot p \cdot (1-p)} = c \cdot \sqrt{n}$, wobei c nur von p abhängt.

6
Man legt fest: X = Anzahl der tatsächlich benötigten Betten. Dann ist X binomialverteilt mit den Parametern n = 50 und p = 0,9.
Die Wahrscheinlichkeit, dass zu viele Buchungen angenommen wurden, berechnet man wie folgt:
$P(X \geq 46) = 1 - P(X \leq 45) \approx 43{,}12\,\%$.
Das Risiko, Betten doppelt zu belegen, ist also sehr hoch. Der Unternehmer sollte etwas vorsichtiger kalkulieren.

7
a) Für n = 2 liefert X die Ergebnisse 1 und 2 je mit Wahrscheinlichkeit $\frac{1}{2}$. Die Ergebnisse streuen um $\mu = 1{,}5$ genauso wie die Ergebnisse 0 und 1 um $\mu = 0{,}5$ bei einer Bernoulli-Kette der Länge n = 1 und Trefferwahrscheinlichkeit p = 0,5.
Bei dieser Bernoulli-Kette hat man
$\sigma = \sqrt{n \cdot p \cdot (1-p)} = \sqrt{1 \cdot \frac{1}{2} \cdot \frac{1}{2}} = \frac{1}{2}$.
Die angegebene Formel liefert den gleichen Wert:
$\sigma = \sqrt{\frac{3}{12}} = \frac{1}{2}$.
b) $\mu = \frac{1+2+3+4+5+6}{6} = 3{,}5$
$\sigma = \sqrt{\frac{(1-3{,}5)^2 + (2-3{,}5)^2 + \ldots + (6-3{,}5)^2}{6}} \approx 1{,}7078$

Seite 333

Prüfungsvorbereitung – Aufgaben mit Hilfsmitteln

8

a) X lässt sich beschreiben als Bernoulli-Kette mit n = 100 Durchführungen, da die Reißzwecken unabhängig voneinander mit der Wahrscheinlichkeit von 60 % auf dem Kopf landen. Als Treffer kann man z. B. „Zwecke landet auf dem Kopf" definieren. Trefferwahrscheinlichkeit ist dann p = 0,6.

b) $\mu = n \cdot p = 60$; $\sigma = \sqrt{n \cdot p \cdot (1-p)} \approx 4{,}90$

c) $P(X \leq 60) \approx 0{,}5379$;
$P(X > 50) = 1 - P(X \leq 50) \approx 0{,}9729$;
$P(50 \leq X \leq 60) = P(X \leq 60) - P(X \leq 49) \approx 0{,}5212$;
$P(\mu - 2\sigma \leq X \leq \mu + 2\sigma) = P(50 \leq X \leq 70) \approx 0{,}9685$

d) Mithilfe des Taschenrechners:
$P(\mu - a \leq X \leq \mu + a) \approx 0{,}7386$ für a = 5,
$P(\mu - a \leq X \leq \mu + a) \approx 0{,}8158$ für a = 6,
also ist a = 6 die Lösung.

9

X gibt die Zahl der getroffenen Freiwürfe an.

a) X ist binomialverteilt mit n = 3 und p = 0,75.
$P(X = 3) \approx 42\%$.

b) X ist binomialverteilt mit n = 10 und p = 0,75.
$P(X \geq 8) = 1 - P(X \leq 7) \approx 53\%$.

10

a) $1 - \left(\frac{9}{10}\right)^{10} \approx 0{,}651$. Die Wahrscheinlichkeit, dass eine Schachtel mindestens ein schadhaftes Ei enthält, beträgt 0,651.

b) X gibt die Anzahl der Schachteln an, die mindestens ein schadhaftes Ei enthalten. X ist binomialverteilt mit n = 10, p = 0,651. Die Preisminderung tritt ein, wenn gilt X > 7; der volle Preis ist zu zahlen, wenn gilt X ≤ 7.
$P(X \leq 7) = 0{,}7362$.
Zu erwartende Einnahmen pro Schachtel:
$0{,}7362 \cdot 200\,\text{ct} + (1 - 0{,}7362) \cdot 100\,\text{ct} \approx 174\,\text{ct}$
Der Besitzer der Hühnerfarm kann mit Einnahmen von etwa 1,74 € pro Schachtel rechnen.

11

a) X ist binomialverteilt mit n = 60 und p = 0,9.
$P(X \geq 50) = 1 - P(X \leq 49) \approx 0{,}966$.

b) Man sucht mit dem Taschenrechner das kleinste p, sodass $P(X \geq 50) \geq 0{,}5$ bzw. $P(X \leq 49) \leq 0{,}5$.
Man findet p = 0,83 = 83 %.

c) Man sucht mit dem Taschenrechner das kleinste n, sodass $P(X \geq 50) \geq 0{,}99$ bzw. $P(X \leq 49) \leq 0{,}01$. Man findet n = 62.

12

a) Die maximale Wahrscheinlichkeit ist $P(X = 3)$. Da der Erwartungswert ganzzahlig ist, beträgt er $\mu = 3$.
Damit ist $3 = 20 \cdot p$, also p = 0,15.

b) $P(2 \leq X \leq 4) \approx 0{,}229 + 0{,}243 + 0{,}182 = 0{,}654$

c) $P(X \geq 2) = 1 - P(X = 0) - P(X = 1) = 0{,}824$

13

X: Anzahl der Treffer; n = 10; p = 0,25

a) Bedingung $P(X \geq k) \leq 0{,}05$; oder $P(X < k) > 0{,}95$.
Lösung: k = 6.

b) X: Anzahl der Treffer; p = 0,25
Die Bedingung $P\left(X \geq \frac{n}{2}\right) \leq 0{,}05$ führt auf n = 9, siehe Tabelle.

n	p	a (min. 50 %)	P(X ≥ a)
6	0,25	3	0,169 433 59
7		4	0,070 556 64
8		4	0,113 815 31
9		5	0,048 927 31
10		5	0,078 126 91
11		6	0,034 327 51
12		6	0,054 402 23
13		7	0,024 290 14
14		7	0,038 270 76

14

Es soll gelten $(1-p)^{20} \geq 0{,}99$

$p \leq 1 - \sqrt[20]{0{,}99} \approx 0{,}0005 = 0{,}05\%$

Die Wahrscheinlichkeit für einen Pixelfehler darf höchstens 0,05 % betragen.

Register

A

Abhängigkeit der Verteilungen 323
Ableiten 50
   der allgemeinen Exponentialfunktion 83
   der natürlichen Exponentialfunktion 83
   der Potenzfunktion 83
   trigonometrischer Funktionen 66
Ableitung 354
   an der Stelle x_0 47, 48, 113, 354
   von f 51, 59
Ableitung,
   dritte 104
   erste 90
   zweite 93
Ableitungsfunktion
   45, 50, 51, 66, 83, 354
Ableitungsregeln 83
absolute Häufigkeit 263
Absolutglied 168
Abstand
   eines Punktes zur Geraden
   231, 255
   zweier paralleler Geraden
   231, 255
   zweier Punkte 355
Abszisse 54
Achsenschnittpunkte 108, 109
Achsensymmetrie eines Graphen
   108, 351, 352
Additionssatz 276, 305
Amplitude 21, 30, 39
Analogieprinzip 348
Analyse 334, 335
Änderungsrate, 354
   durchschnittliche 45, 46, 83, 354
   lokale 47, 83, 354
   momentane 47
Ankathete 10
Äquivalenzumformungen
   168, 169, 190
arccos 26
arcsin 25
Arkuskosinus 26
Arkussinus 25
Asymptote 54, 351
auf Bekanntes zurückführen 340
Ausgleichsgerade 352

B

Basis 351
Baumdiagramm 271, 356
bedingte Wahrscheinlichkeit
   279, 280, 305
Bedingung,
   hinreichende 99, 100, 123
   notwendige 99, 100, 123
Bernoulli-Experiment
   312, 313, 317, 331
Bernoulli-Kette 312, 313, 331
berühren 63
Berührpunkt 62, 83
bestimmtes Integral 134
Betrachten der Reihenfolge 357
Betrag eines Vektors 355
Bewegungsgleichung 211
Binomialkoeffizient 288, 313, 331
binomialverteilt 315
binomialverteilte Zufallsgröße
   324, 331
Binomialverteilung 315, 331
Bogenlänge 13, 39
Bogenmaß 13

D

Definitionsmenge 350
DEG 11
degree 11
Differenz von Funktionen 54, 55
Differenzenquotient 46, 83, 113, 354
Differenzialquotient 47, 83
differenzierbar an der Stelle x_0 47
Differenzieren, grafisches 354
diskret 292

E

Ebene 238, 255
Ebene festlegen 239
Ebenengleichung 238
   in Parameterform 238, 255
   in Koordinatenform 243, 255
e-Funktion 354
Einheitskreis 10, 13, 39
Einheitsvektor 355
Eintreten eines Ereignisses 263
Elementarereignis 262, 278
Ereignis, 262, 305, 356
   sicheres 262, 356
   unmögliches 262, 356

Ergebnis 356
Ergebnismenge 262, 305
Erwartungswert
   295, 305, 324, 331, 357
Euler'sche Zahl e 72, 354
Exponent 351
Exponentialfunktion, 353
   allgemeine 72, 83
   natürliche 72, 83, 354
Exponentialgleichung 353
exponentielles Wachstum 353
Extrempunkt 98, 109, 123
Extremstelle 99, 100, 108, 123, 153

F

faires Spiel 296
Faktorregel
   bei Stammfunktionen 138
   bei Ableitung 59, 83
Fakultät 287
Fallunterscheidung 347
Flächeninhalt 134
   zwischen Graphen 149
   zwischen Graphen und x-Achse
   146, 161
Flächeninhalt, orientierter
   130, 131, 161
Formel von Bernoulli 312, 313, 331
Frequenz 33, 34
Funktion, 350
   gerade 352
   lineare 350
   quadratische 350
   trigonometrische 15, 29, 39
   ungerade 352
   zusammengesetzte 54
Funktionsterm 350
Funktionswert 113

G

Gauß, Carl Friedrich 169
Gauß-Algorithmus 169, 190
   in Gleichungsschreibweise
   169, 190
   in Matrixschreibweise 169
Gegenereignis 262, 269, 305, 357
Gegenkathete 10
Gegenvektor 355
Geraden, 350
   identische 224, 228, 255

parallele	224, 255
sich schneidende	224, 228, 255
zueinander windschiefe	224, 227, 255
Geradengleichung	220
Gesamtänderung einer Größe	131
Gesetz der großen Zahlen, empirisches	265
Gleichung,	168
parameterfreie	243
trigonometrische	26, 39
Gleichungsschreibweise	169
globales Verhalten eines Graphen	109, 351
Grad einer Polynomfunktion	352
Gradmaß	13
grafisches Ableiten	50, 51
grafisches Differenzieren	50
Graph skizzieren	109
Graph,	350
achsensymmetrisch	108
globales Verhalten	109
punktsymmetrisch	108
Symmetrie	109
Grenzwert	47
Grundfunktion	19

H

Häufigkeit,	263
absolute	263
relative	263
Hauptsatz der Differenzial- und Integralrechnung	142, 161
Hochpunkt	108, 123
höhere Ableitung	59
hypergeometrische Verteilung	327
Hypotenuse	10

I

identisch	224, 228, 255
Integral,	134, 135, 161
bestimmtes	134
Integrand	134, 135
Integrationsgrenze,	135
obere	135
untere	135
Integrationsvariable	135
Intervalladditivität	135
Invarianzprinzip	345

K

k aus n	288
Kalkül	117
Kettenregel	68, 83
Koeffizienten	168
Koeffizientenmatrix,	169
erweiterte	169
kollinear	224, 228, 255
Kolmogorow	278
Kombination	288
Kombinatorik	287, 305
Koordinatenebene	232
Koordinatengleichung	243, 255
Koordinatensystem, räumliches	355
Kosinus	10, 39
Kosinusfunktion	15, 20, 21, 29, 39
Kosinuskurve	16
Kreisbogen	13
Kreuzprodukt	246
Krümmung	93
Krümmungsverhalten	93, 123
k-te Ableitung	59
kumulierte Wahrscheinlichkeit	315, 331

L

Lage von Geraden	350
Laplace-Experiment	269, 305, 356
lineare Funktion	350
lineare Substitution	138
Lineares Gleichungssystem (LGS),	168, 173, 190
überbestimmt	174
unterbestimmt	174
lineares Wachstum	353
Linearfaktor	352
linksgekrümmt	93, 123
Logarithmus,	353
natürlicher	354
Lösen von Sachproblemen	113
Lösungen	173, 190
Lösungsmenge,	173, 190
einelementige	174
Lösungsprozess	334
Lotfußpunkt	231

M

Matrixschreibweise	169
Maximum,	96, 97, 100, 108, 113, 123
globales	96, 97, 123
lokales	96, 97, 123
Minimum,	96, 97, 100, 108, 123
globales	96, 97, 123
lokales	96, 97, 123
Mischungen	185
mit einem Griff	288
Mittelpunkt einer Strecke	355
Modellieren	236
monoton fallend	90
monoton wachsend	90
Monotoniekriterium	90, 123
Monotonieverhalten	99, 113

N

n über k	288
Nebenbedingung	352
Newton-Verfahren	78
Normalenvektor	243, 255
der Ebene	243
n-Tupel	168
Nullstelle,	108, 113, 153, 352
doppelte	101
k-fache	352

O

Oder, mathematisches	275, 276
Optimieren	352
Ordinate	54
Ordinatenaddition	54, 55
Orientieren an einem Beispiel	339
orientierter Flächeninhalt	130, 131, 161
orthogonal	243, 350, 355
Orthogonalitätsbedingung	243
Ortsvektor	238, 355

P

parallel	224, 255
Parameter	220, 323
parameterfreie Gleichung	243
Parametergleichung der Geraden	220, 255
Parametergleichung der Ebene	238, 255
Periode	16, 21, 39
Periodenbox	19
periodisch	16, 29
Periodizität von Funktionen	25, 26, 39
Permutation	287, 288

Register

Pfad		271
Pfadregel,		
erste		271, 305, 356
zweite		271, 305, 356
Poisson-Verteilung		328
Polynomfunktion		177, 352
Polynomfunktion bestimmen		177
Potenz		351
Potenzfunktion		351
Potenzgesetze		351
Potenzgleichung		351
Potenzregel (Ableitung)		58
Potenzregel (Stammfunktionen)		138, 161
Problemlöseaufgaben		334
Problemlösekreislauf		334
Produkt von Funktionen		54, 55
Produktform		350
Produktregel (Ableitung)		75, 83
Produktregel (Stochastik)		271, 305, 356
Projektionsgerade		232, 255
Projektionsvektor		232
Punktsymmetrie		108, 351, 352

Q

Quadrant	10
Quadratische Funktion	350

R

RAD	16, 26
RADIAN	16
Randextremum	96, 97, 100, 123
Randstelle	123
rechtsgekrümmt	93, 123
Reflexion	334, 335
Regression,	352
lineare	352
quadratische	352
Regressionsgerade	352
Rekonstruktion von Größen	130, 161
relative Häufigkeit	263
Richtungsvektor	220, 238
Rotationskörper	157
Rotationsvolumen	157
Rückführungsprinzip	340
Rückwärtsarbeiten	342
Rückwärtseinsetzen	168, 190

S

Sattelpunkt	99, 101, 104, 108, 123, 153
Sattelstelle	153
Schattenwurf	236
Schnittmenge	275, 276
Schnittpunkt	
mit der x-Achse	108
mit der y-Achse	108
mit den Koordinatenachsen	108, 109
Schnittwinkel	
Ebene-Ebene	250
Gerade-Ebene	250
Gerade-Gerade	232, 255
Gerade-Koordinatenebene	232
Sekante	47
Sensitivität	286
sicheres Ereignis	262, 356
Simulation von Zufallsexperimenten	268
Sinus	10, 39
Sinusfunktion,	15, 33, 34, 39
allgemeine	19, 21
Sinuskurve	16, 19
Skalarprodukt	246, 355
Spannvektor	238
spezielle Funktionen bestimmen	181, 190
Spezifität	286
Spiegeln an der x-Achse	20, 351
Spiel, faires	296
Spurgerade	248
Spurpunkt	221, 255, 247, 248
Stammfunktion,	138, 161
Faktorregel	138
lineare Kettenregel	138
Potenzregel	138
Summenregel	138
Standardabweichung	296, 305, 324, 331
Steigung	
des Graphen	47, 354
einer Geraden	350
einer Sekante	354
einer Tangente	47, 354
Steigungswinkel	350
stochastisch abhängig	284
stochastisch unabhängig	283, 305
strategisch vorgehen	334
Strecken	
in x-Richtung	20, 21, 39, 353
in y-Richtung	20, 21, 39, 350, 351, 353
streng monoton fallend	90, 123
streng monoton wachsend	90, 123
Stufenform	169
Stützpunkt einer Geraden	220, 238, 255
Stützvektor	220, 255, 238
Summe von Funktionen	54, 55
Summe, Schreibweise	279
Summenregel (Ableitung)	59, 83
Summenregel (Stammfunktionen)	138
Summenregel (Stochastik)	271, 305, 356
Symmetrie	25, 26, 39, 109, 351
Symmetrieprinzip	346
Systematische Probieren	338

T

Tabelle	350
Tabellenkalkulation	268
Tangente	47, 62, 83
Tangentengleichung	62
Tiefpunkt	129, 123
Transformation	351, 353
Trendlinie	352
trigonometrische Funktionen	15, 29, 39
trigonometrische Gleichung	26, 39

U

Umkehrung	
der Rechenoperation cos	26
der Rechenoperation sin	25, 26, 39
Unabhängigkeit, stochastische	283, 305
Und, mathematisches	275, 276
Ungleichung	350
unmögliches Ereignis	262, 356
Ursprungsgerade	350

V

Varianz	296, 323
Variation	287
Vektor	168, 355
Vektorprodukt	246
Venn-Diagramm	275

Veranschaulichung	336
Verbindungsvektor	231, 355
Vereinigungsmenge	275, 276
Verhalten, globales	108, 351
Verknüpfung von Funktionen	54
Verschieben	
in x-Richtung	20, 21, 39, 350, 351, 353
in y-Richtung	20, 21, 39, 350, 351, 353
Verteilung	323, 331
Vertikalgeschwindigkeit	132
Vierfeldertafel	279, 280, 305
Vorwärtsarbeiten	341

W

Wachstum, exponentielles	353
Wachstum, lineares	353
Wahrscheinlichkeit,	265, 305, 356, 357
bedingte	279, 280, 305
kumulierte	315, 331
Wahrscheinlichkeitsfunktion	292
Wahrscheinlichkeitsverteilung	266, 271, 292, 305
Wendepunkt	104, 108, 109
Wendestelle	104, 108, 123
Wendetangente	104, 109
Wertemenge	19, 21, 39, 350
windschief	224, 227, 255
Winkel	
im Bogenmaß	13, 39
im Gradmaß	13
zwischen Vektoren	355
Winkelhalbierende, erste	350
Winkelhalbierende, zweite	350
Wirkung	131

Z

Zahl e	72
Ziegenproblem	299
Ziehen mit Zurücklegen	357
Ziehen ohne Zurücklegen	357
Zielfunktion	352
Zufallsexperiment,	262, 305, 356
einstufiges	356
mehrstufiges	271
zweistufiges	356
Zufallsgröße	292, 305
Zufallsvariable	292
Zurücklegen	287, 305

Text- und Bildquellen

Quellennachweis

akg-images, Berlin, **119.1**; Alamy stock photo, Abingdon (Christine Thao Tyler), **326.1**; Alamy stock photo, Abingdon (olaf. kowalzik), **3.2**; **164.2**; Aslanidis, Stephanie, Stuttgart, **259.3**; Avenue Images GmbH, Hamburg (Corbis RF), **259.1**; Avenue Images GmbH, Hamburg (Tom Hoenig), **313.1**; Blühdorn GmbH, Fellbach, **262.2**; **265.2**; **267.2**; **269.3**; **274.1**; **274.4**; **276.1**; **276.3**; BPK, Berlin (RMN - Grand Palais /Jean Popovitch), **142.4**; Brodersen, Christiane, Speyer, **308.2**; Büro für Gestaltung B2, Andreas Staiger, Stuttgart, **164.1**; **308.3**; By NASA - from NASA World Wind - Free Satellite Image, Public Domain, https://commons.wikimedia.org/w/index.php?curid=276955, **126.3**; Corbis RF, Berlin (RF), **3.1**; **126.1**; ddp media GmbH, Hamburg (dapd/David Hecker), **172.1**; dreamstime.com, Brentwood, TN (Iwan Zeller), **284.2**; dreamstime.com, Brentwood, TN (Metavisuell), **237.1**; Ernst Klett Verlag GmbH, Stuttgart, **277.1**; EZB, Frankfurt, **297.2**; **297.3**; Fuhrmann, Gisela, Hannover, **282.1**; gemeinfrei; By François-Séraphin Delpech - http://web4.si.edu/sil/scientific-identity/display_results.cfm?alpha_sort=W, Public Domain, https://commons.wikimedia.org/w/index.php?curid=536305, **328.2**; gemeinfrei; By Shinobu Ishihara - Unknown source, Public Domain, https://commons.wikimedia.org/w/index.php?curid=1696001, **320.1**; Getty Images Plus, München (DigitalVision/Hill Street Studios), **171.2**; Getty Images Plus, München (E+/vgajic), **216.1**; Getty Images Plus, München (E+/WilliamSherman), **157.1**; Getty Images Plus, München (iStock/farakos), **3.3**; **193.3**; Getty Images Plus, München (iStock/JohnGollop), **250.1**; Getty Images Plus, München (iStock/oonal), **294.3**; Getty Images Plus, München (iStock/RapidEye), **319.2**; Getty Images Plus, München (Stockbyte, PNC), **5.1**; **308.1**; Getty Images, München (Bettmann), **118**; **142.3**; Getty Images, München (DigitalVision/Flashpop), **42.2**; Getty Images, München (E+/photo75), **2.2**; **42.1**; Getty Images, München (Image Source), **68.1**; Getty Images, München (PhotoAlto/Odilon Dimier), **299.2**; Getty Images, München (Photographer's Choice/Ingo Jezierski), **126.2**; Getty Images, München (Science Source/Leonard Lessin), **33.3**; Getty Images, München (Stone / Arnulf Husmo), **6.1**; Getty Images, München (Westend61), **43.1**; Holtermann, Helmut, Dannenberg, **260.2**; **261.2**; **356.4**; **357.4**; Hungreder, Rudolf, Leinfelden-Echterdingen, **179.4**; **208.6**; **227.2**; **239.1**; **239.2**; **239.3**; **239.4**; **239.5**; **239.6**; **239.7**; **239.8**; **263.2**; **300.2**; **300.3**; IMAGO, Berlin (blickwinkel), **127.1**; imprint, Zusmarshausen, **18.1**; **18.2**; **18.3**; **68.2**; **68.3**; **70.2**; **70.3**; **70.4**; **70.5**; **70.6**; **72.1**; **122.2**; **125.1**; **128.4**; **128.5**; **128.6**; **129.1**; **129.2**; **129.3**; **129.4**; **130.2**; **131.2**; **132.1**; **132.2**; **132.3**; **132.4**; **132.5**; **132.6**; **132.8**; **132.9**; **132.10**; **133.1**; **133.3**; **133.4**; **134.2**; **134.3**; **134.4**; **136.1**; **136.2**; **136.3**; **136.4**; **136.5**; **136.6**; **136.7**; **136.9**; **136.10**; **136.12**; **137.1**; **141.1**; **142.2**; **144.1**; **144.2**; **146.2**; **146.3**; **146.4**; **147.6**; **148.1**; **148.2**; **148.4**; **151.1**; **151.2**; **152.1**; **152.2**; **153.1**; **153.2**; **153.3**; **154.1**; **154.6**; **154.7**; **154.8**; **154.9**; **154.10**; **154.11**; **154.12**; **155.1**; **155.2**; **155.3**; **155.4**; **155.5**; **155.6**; **155.7**; **156.1**; **156.2**; **156.3**; **156.4**; **156.5**; **156.6**; **157.2**; **157.3**; **157.4**; **157.5**; **158.1**; **160.5**; **160.7**; **160.8**; **162.2**; **162.3**; **163.3**; **201.3**; **269.7**; **270.5**; **328.1**; **376.1**; **376.2**; **376.3**; **379.1**; **381.2**; **381.4**; **382.1**; **382.2**; **382.3**; **383.1**; **383.2**; **383.3**; **386.2**; **399.1**; **399.2**; **403.3**; **403.4**; **405.1**; **406.1**; **414.1**; **414.2**; imprint, Zusmarshausen (TopSet Computersatz), **408.3**; **408.5**; **409.1**; **409.2**; Interfoto, München (Science & Society/Science Museum Library), **117.2**; iStockphoto, Calgary, Alberta (blackwaterimages), **34.3**; iStockphoto, Calgary, Alberta (craftvision), **271.1**; iStockphoto, Calgary, Alberta (Eldad Carin), **265.1**; iStockphoto, Calgary, Alberta (jtyler), **2.1**; **7.1**; iStockphoto, Calgary, Alberta (Lebedinski), **34.2**; iStockphoto, Calgary, Alberta (MoMorad), **33.2**; iStockphoto, Calgary, Alberta (Sandra Henderson), **192.1**; iStockphoto, Calgary, Alberta (Smileus), **33.1**; iStockphoto, Calgary, Alberta (swissmediavision), **165.1**; iStockphoto, Calgary, Alberta (TPopova), **34.1**; Jähde, Steffen, Sundhagen, **278.3**; Joswig, Dominik, Wandlitz, **290.1**; KD Busch GmbH, Stuttgart, **260.3**; **276.1**; **276.3**; **296.3**; **296.3**; **301.3**; **305.1**; laif, Köln (Gernot Huber), **204.1**; Liese, Annette, Dortmund, **232.1**; **232.2**; **233.1**; **235.1**; **235.2**; **235.3**; **238.3**; **240.1**; **247.2**; **247.3**; **247.4**; **248.1**; **248.2**; **248.3**; **248.4**; **248.5**; **248.6**; **249.1**; **249.2**; **249.3**; **250.2**; **250.3**; **250.4**; **250.5**; **251.2**; **251.3**; **257.1**; **355.2**; Malz, Anja, Taunusstein, **45.15**; **50.1**; **70.1**; **71.3**; **75.2**; **108.1**; **113.1**; **189.3**; **203.1**; **205.1**; **211.2**; **220.1**; **238.1**; **247.1**; **266.2**; **332.2**; Mauritius Images, Mittenwald (Alamy/Douglas Peebles Photography), **114.2**; Mauritius Images, Mittenwald (Bhandol / Alamy), **321.1**; Mauritius Images, Mittenwald (The History Collection/Alamy), **119.2**; Mauritius Images, Mittenwald (Tom Uhlman/Alamy), **6.2**; **6.2**; Mauritius Images, Mittenwald (Westend61/Wolfgang Weinhäupl), **319.1**; Menzel, Tom, Scharbeutz/Klingberg, **356.1**; **356.3**; **357.1**; **357.2**; MEV Verlag GmbH, Augsburg, **298.2**; Ministerium für Schule und Weiterbildung des Landes Nordrhein-Westfalen, Zentrale Prüfungen 10, Mathematik Gymnasium, Soest/Düsseldorf 2008, S. 4, **164.2**; Oehler, Sandra, Remseck, **8.1**; **8.2**; **11.3**; **11.4**; **12.2**; **12.3**; **13.3**; **13.5**; **13.7**; **16.4**; **24.1**; **24.2**; **24.4**; **24.5**; **25.1**; **27.2**; **29.1**; **36.2**; **36.3**; **36.4**; **36.5**; **36.6**; **36.7**; **36.8**; **39.1**; **39.2**; **39.3**; **46.2**; **62.4**; **90.1**; **93.1**; **121.2**; **192.2**; **199.1**; **199.2**; **203.2**; **203.4**; **206.2**; **208.5**; **212.3**; **212.5**; **241.1**; **249.4**; **266.1**; **273.1**; **281.1**; **295.1**; **298.3**; **301.1**; **302.1**; **304.1**; **307.1**; **325.2**; **350.1**; **353.1**; **355.1**; **364.1**; **380.1**; **380.2**; **380.3**; **381.1**; **381.3**; **395.1**; **397.1**; **397.2**; **403.2**; **403.5**; **405.2**; **405.3**; **408.1**; **409.3**; **409.4**; Okapia, Frankfurt (Hans Reinhard), **301.4**; Picture-Alliance, Frankfurt/M. (dpa/Oliver Weiken), **62.2**; Picture-Alliance, Frankfurt/M. (imageBROKER/W. Wirth), **10.1**; Picture-Alliance, Frankfurt/M. (Ulrich Baumgarten), **258.1**; **327.1**; PIXTAL, New York NY, **117.1**; Riemer, Dr. Wolfgang, Pulheim, **264.2**; ShutterStock.com RF, New York (Aleksandr Rybalko), **U1.2**; ShutterStock.com RF, New York (allstars), **278.4**; ShutterStock.com RF, New York (Anton Starikov), **201.2**; ShutterStock.com RF, New York (CandyBox Images), **279.1**;

Text- und Bildquellen

ShutterStock.com RF, New York (Gajus), **4.1**; **216.2**; ShutterStock.com RF, New York (Germanskydiver), **213.1**; ShutterStock.com RF, New York (Marcin Balcerzak), **29.2**; ShutterStock.com RF, New York (mumbojumbo), **38.1**; ShutterStock.com RF, New York (Srdjan Randjelovic), **275.1**; ShutterStock.com RF, New York (Tatiana Shepeleva), **313.2**; ShutterStock.com RF, New York (Undorik), **294.1**; ShutterStock.com RF, New York (WDCPhotographer), **U1.1**; ShutterStock.com RF, New York (3Dsculptor), **217.1**; ShutterStock.com RF, New York (360b), **86.1**; stock.adobe.com, Dublin (ARochau), **187.1**; stock.adobe.com, Dublin (Christophe Fouquin), **163.4**; stock.adobe.com, Dublin (DragonImages), **304.2**; stock.adobe.com, Dublin (Georgios Kollidas), **169.1**; **269.8**; stock.adobe.com, Dublin (Hanyun), **216.3**; stock.adobe.com, Dublin (Ingo Bartussek), **314.1**; stock.adobe.com, Dublin (jarun011), **82.1**; stock.adobe.com, Dublin (kuzina1964), **186.1**; stock.adobe.com, Dublin (LianeM), **104.1**; stock.adobe.com, Dublin (mikrosh), **278.1**; stock.adobe.com, Dublin (mirkograul), **4.2**; **258.2**; stock.adobe.com, Dublin (muratart), **122.1**; stock.adobe.com, Dublin (photocrew), **53.2**; stock.adobe.com, Dublin (PhotographyByMK), **114.1**; stock.adobe.com, Dublin (PicMan), **188.1**; stock.adobe.com, Dublin (Ryan Chylinski), **61.1**; stock.adobe.com, Dublin (Seika), **259.2**; stock.adobe.com, Dublin (st1909), **322.1**; stock.adobe.com, Dublin (Tan Kian Khoon), **142.1**; stock.adobe.com, Dublin (travelview), **303.1**; stock.adobe.com, Dublin (volff), **181.1**; Thinkstock, München (iStock/ArtesiaWells), **317.1**; Thinkstock, München (iStock/daniel budiman), **325.3**; Thinkstock, München (iStock/filmfoto), **145.1**; Thinkstock, München (iStock/herreid), **274.5**; Thinkstock, München (iStock/JAMES FRASER), **270.1**; tiff.any GmbH & Co. KG, Berlin, **9.1**; **9.2**; **9.3**; **9.4**; **9.5**; **9.6**; **10.2**; **12.1**; **15.1**; **23.7**; **37.2**; **37.3**; **38.2**; **46.1**; **50.2**; **51.1**; **53.3**; **55.1**; **55.2**; **56.1**; **56.5**; **57.1**; **57.2**; **57.3**; **57.4**; **57.5**; **65.1**; **78.1**; **78.2**; **78.3**; **79.1**; **79.2**; **81.1**; **84.1**; **131.4**; **131.5**; **131.6**; **131.7**; **131.8**; **159.2**; **162.1**; **184.2**; **191.3**; **198.3**; **207.2**; **211.3**; **212.1**; **214.1**; **234.2**; **253.3**; **259.1**; **261.3**; **261.4**; **264.3**; **264.4**; **272.2**; **272.3**; **274.3**; **278.2**; **292.1**; **292.2**; **292.3**; **292.4**; **292.5**; **293.1**; **293.4**; **295.2**; **296.1**; **296.2**; **296.4**; **297.4**; **300.1**; **305.2**; **311.1**; **318.3**; **318.4**; **318.5**; **342.1**; **350.2**; **350.3**; **350.4**; **351.1**; **351.2**; **351.3**; **351.4**; **352.3**; **352.4**; **352.5**; **352.6**; **352.7**; **352.8**; **353.2**; **354.1**; **354.2**; **354.3**; **354.4**; **356.6**; **357.3**; **358.1**; **358.2**; **358.3**; **358.4**; **359.1**; **359.2**; **359.3**; **359.4**; **360.1**; **360.2**; **362.1**; **362.3**; **362.4**; **364.3**; **364.4**; **364.5**; **364.6**; **364.7**; **364.8**; **365.1**; **365.2**; **365.3**; **365.4**; **365.5**; **365.6**; **365.7**; **365.8**; **365.9**; **365.10**; **365.11**; **365.12**; **365.13**; **365.14**; **366.1**; **366.2**; **366.3**; **366.4**; **366.5**; **366.6**; **368.1**; **368.2**; **368.3**; **368.4**; **371.1**; **371.2**; **371.3**; **371.4**; **371.5**; **371.6**; **371.7**; **371.8**; **372.1**; **372.2**; **372.3**; **372.4**; **372.5**; **374.1**; **374.2**; **374.3**; **377.1**; **377.2**; **377.3**; **377.4**; **377.5**; **377.6**; **377.7**; **377.8**; **378.1**; **378.2**; **384.1**; **385.1**; **385.2**; **385.3**; **385.4**; **385.5**; **385.6**; **385.7**; **386.1**; **387.1**; **387.2**; **387.3**; **393.1**; **395.3**; **395.4**; **395.5**; **396.1**; **398.1**; **400.1**; **400.2**; **404.1**; **407.1**; **407.2**; **407.3**; **408.2**; **408.4**; **411.1**; **411.2**; **411.3**; **411.4**; **413.1**; **413.2**; topset GmbH Rudi Warttmann, Nürtingen, **403.1**; Uwe Alfer, Kråksmåla, Alsterbro, **8.3**; **10.3**; **10.4**; **10.5**; **11.1**; **11.2**; **11.5**; **11.6**; **13.1**; **13.2**; **14.1**; **15.2**; **15.3**; **16.1**; **16.2**; **16.3**; **17.1**; **17.2**; **18.4**; **19.1**; **19.2**; **19.3**; **19.4**; **19.5**; **19.6**; **19.7**; **20.1**; **20.2**; **20.3**; **20.4**; **21.1**; **21.2**; **21.3**; **21.4**; **22.1**; **22.2**; **23.1**; **23.2**; **23.3**; **23.4**; **23.5**; **23.6**; **23.8**; **24.3**; **24.6**; **25.2**; **26.1**; **26.2**; **26.3**; **27.1**; **28.1**; **28.2**; **29.3**; **29.4**; **30.1**; **30.2**; **31.1**; **31.2**; **32.1**; **32.2**; **34.4**; **34.7**; **35.3**; **35.4**; **36.1**; **37.1**; **39.4**; **39.5**; **39.6**; **40.1**; **40.2**; **40.3**; **40.4**; **41.1**; **41.2**; **41.3**; **45.1**; **45.2**; **45.3**; **45.4**; **45.5**; **45.6**; **45.7**; **45.8**; **45.9**; **45.10**; **45.11**; **45.12**; **45.13**; **45.14**; **46.3**; **46.4**; **46.5**; **47.1**; **47.2**; **47.3**; **48.1**; **48.2**; **48.3**; **49.1**; **49.2**; **51.2**; **51.3**; **52.1**; **52.2**; **52.3**; **52.4**; **52.5**; **53.1**; **53.4**; **54.1**; **54.2**; **56.2**; **58.1**; **58.2**; **62.1**; **62.3**; **63.1**; **63.2**; **64.1**; **64.2**; **66.1**; **66.2**; **66.3**; **66.4**; **66.5**; **66.6**; **67.1**; **71.1**; **71.2**; **75.1**; **83.1**; **83.2**; **83.3**; **85.1**; **86.2**; **88.1**; **88.2**; **88.3**; **88.4**; **90.2**; **90.3**; **90.4**; **90.5**; **91.1**; **91.2**; **91.3**; **91.4**; **91.5**; **92.1**; **92.2**; **93.2**; **93.3**; **93.4**; **93.5**; **93.6**; **94.1**; **94.2**; **94.3**; **94.4**; **95.1**; **95.2**; **95.3**; **95.4**; **95.5**; **95.6**; **95.7**; **96.1**; **96.2**; **96.3**; **96.4**; **97.1**; **97.2**; **97.3**; **97.4**; **97.5**; **98.1**; **98.2**; **98.3**; **98.4**; **98.5**; **99.1**; **99.2**; **99.3**; **99.4**; **99.5**; **99.6**; **99.7**; **99.8**; **99.9**; **99.10**; **99.11**; **101.1**; **101.2**; **102.1**; **102.2**; **102.3**; **102.4**; **103.1**; **103.2**; **103.3**; **104.2**; **104.3**; **104.4**; **105.1**; **105.2**; **105.3**; **105.4**; **105.5**; **105.6**; **106.1**; **107.1**; **107.2**; **109.1**; **110.1**; **110.2**; **111.1**; **111.2**; **111.3**; **112.1**; **115.1**; **115.2**; **116.1**; **116.2**; **116.3**; **116.4**; **117.3**; **118.2**; **120.1**; **120.2**; **120.3**; **120.4**; **120.5**; **120.6**; **120.7**; **121.1**; **123.1**; **123.2**; **123.3**; **124.1**; **124.2**; **124.3**; **124.4**; **125.2**; **125.3**; **125.4**; **128.1**; **128.2**; **128.3**; **129.5**; **129.6**; **130.1**; **131.1**; **131.3**; **132.7**; **133.2**; **134.1**; **135.1**; **135.2**; **135.3**; **135.4**; **135.5**; **135.6**; **136.8**; **138.1**; **138.2**; **146.1**; **146.5**; **147.1**; **147.2**; **147.3**; **147.4**; **147.5**; **148.3**; **149.1**; **149.2**; **149.3**; **149.4**; **150.1**; **150.2**; **150.3**; **151.3**; **151.4**; **151.5**; **151.6**; **154.2**; **154.3**; **154.4**; **154.5**; **156.7**; **159.1**; **159.3**; **160.1**; **160.2**; **160.3**; **160.4**; **161.1**; **161.2**; **161.3**; **161.4**; **161.5**; **163.1**; **163.2**; **167.1**; **167.2**; **167.3**; **167.4**; **168.1**; **168.2**; **168.3**; **168.4**; **171.1**; **172.2**; **172.3**; **173.1**; **175.1**; **177.1**; **177.2**; **179.1**; **179.2**; **179.3**; **179.5**; **180.1**; **181.2**; **182.1**; **182.2**; **182.3**; **184.1**; **184.3**; **184.4**; **185.1**; **185.2**; **186.2**; **186.3**; **186.4**; **188.2**; **188.3**; **188.4**; **189.1**; **189.2**; **191.1**; **191.2**; **191.4**; **193.1**; **193.2**; **196.1**; **196.2**; **197.1**; **197.2**; **197.3**; **197.4**; **198.1**; **198.2**; **199.3**; **200.1**; **200.2**; **201.1**; **202.1**; **202.2**; **203.3**; **203.6**; **204.2**; **204.3**; **204.4**; **204.5**; **204.6**; **205.2**; **206.1**; **206.3**; **206.4**; **207.1**; **208.1**; **208.2**; **208.3**; **208.4**; **209.1**; **209.2**; **210.1**; **210.2**; **210.3**; **210.4**; **211.1**; **212.2**; **212.4**; **212.6**; **213.2**; **214.2**; **214.3**; **215.1**; **215.2**; **215.3**; **215.4**; **218.1**; **220.2**; **221.1**; **221.2**; **223.1**; **224.1**; **224.2**; **224.3**; **224.4**; **224.5**; **225.1**; **226.1**; **226.2**; **227.1**; **228.1**; **230.1**; **230.2**; **230.3**; **230.4**; **231.1**; **231.2**; **231.3**; **231.4**; **232.3**; **234.1**; **236.1**; **236.2**; **236.3**; **238.2**; **241.2**; **243.1**; **243.2**; **243.3**; **245.1**; **246.1**; **249.5**; **252.1**; **252.2**; **253.1**; **253.2**; **253.4**; **253.5**; **253.6**; **254.1**; **254.2**; **255.1**; **255.2**; **256.1**; **256.2**; **256.3**; **260.1**; **261.1**; **262.1**; **262.3**; **262.4**; **263.1**; **264.1**; **265.3**; **266.3**; **267.1**; **267.3**; **268.1**; **268.2**; **268.3**; **269.1**; **269.2**; **269.3**; **269.4**; **269.5**; **269.6**; **269.10**; **270.2**; **270.3**; **270.4**; **270.6**; **270.7**; **271.2**; **271.3**; **271.4**; **272.1**; **273.1**; **273.2**; **275.2**; **275.3**; **275.4**; **275.5**; **276.3**; **277.3**; **279.2**; **279.3**; **279.4**; **280.1**; **280.2**; **283.1**; **283.2**; **283.3**; **284.1**; **284.3**;

Text- und Bildquellen

285.1; 287.1; 287.2; 287.3; 287.4; 288.1; 289.1; 289.2; 291.1; 293.2; 294.2; 297.1; 298.1; 299.1; 301.2; 309.2; 309.3; 310.1; 310.2; 310.3; 311.2; 312.1; 312.2; 312.3; 313.3; 313.4; 314.2; 315.1; 315.2; 315.3; 315.5; 316.1; 318.1; 318.2; 322.2; 323.1; 323.2; 323.3; 324.1; 324.2; 324.3; 325.1; 329.1; 329.2; 330.1; 330.2; 331.1; 332.1; 334.1; 335.1; 336.1; 337.1; 337.2; 337.3; 343.1; 345.1; 345.2; 345.3; 346.1; 347.1; 352.1; 352.2; 362.2; 363.1; 364.2; 369.1; 375.1; 388.1; 395.2; 398.2; VISUM Foto GmbH, München (Philip Quirk/Wildlight), **309.1**; www.panthermedia.net, München (Kiefer), **2.3; 87.1**; www.panthermedia.net, München (Martin Kosa), **30.3**;

Mathematische Begriffe und Bezeichnungen

Funktionaler Zusammenhang und Zahlen

$\mathbb{N}$	Menge der natürlichen Zahlen	f	Funktion
$\mathbb{Z}$	Menge der ganzen Zahlen	f(x)	Funktionsterm
$\mathbb{Q}$	Menge der rationalen Zahlen	D_f	Definitionsmenge der Funktion f
$\mathbb{R}$	Menge der reellen Zahlen	W_f	Wertemenge der Funktion f
a = b	a gleich b	f'	Ableitungsfunktion der Funktion f
a ≈ b	a ungefähr gleich b	f'(x)	Funktionsterm der ersten Ableitung
a ≠ b	a ungleich b	f'(a)	Ableitung der Funktion f an der Stelle a
a < b	a kleiner b	F	Stammfunktion der Funktion f
a > b	a größer b	F(x)	Funktionsterm der Stammfunktion der Funktion f
a ≤ b	a kleiner b oder a gleich b		
a ≥ b	a größer b oder a gleich b	$\int_a^b f(x)\,dx$	(Bestimmtes) Integral der Funktion f über [a; b]
[a; b]	Abgeschlossenes Intervall; alle Zahlen x mit $a \leq x \leq b$	$[F(x)]_a^b$	Kurzschreibweise für F(b) − F(a)
]a; b[	Offenes Intervall; alle Zahlen x mit a < x < b		
|a|	Betrag der Zahl a		

Geometrie

O(0|0)	Koordinatenursprung in der Ebene	$\vec{v} = \begin{pmatrix} v_1 \\ v_2 \end{pmatrix}$	Vektor in der Ebene mit den Koordinaten v_1 und v_2
O(0|0|0)	Koordinatenursprung im Raum		
P(p_1|p_2)	Punkt in der Ebene mit den Koordinaten p_1 und p_2	$\vec{v} = \begin{pmatrix} v_1 \\ v_2 \\ v_3 \end{pmatrix}$	Vektor im Raum mit den Koordinaten v_1, v_2 und v_3
P(p_1|p_2|p_3)	Punkt im Raum mit den Koordinaten p_1, p_2 und p_3	$|\vec{v}|$	Betrag des Vektors $\vec{v}$
PQ	Gerade durch die Punkte P und Q	$\vec{v_0} = \frac{\vec{v}}{|\vec{v}|}$	Einheitsvektor
PQ	Strecke mit den Endpunkten P und Q	$-\vec{v}$	Gegenvektor zu $\vec{v}$
$\overline{PQ}$	Länge der Strecke mit den Endpunkten P und Q	$\vec{o}$	Nullvektor
d(R; g)	Abstand des Punktes R von der Geraden g	$\vec{a} = \overrightarrow{OA}$	Ortsvektor des Punktes A
		$\vec{a} \cdot \vec{b}$	Skalarprodukt der Vektoren $\vec{a}$ und $\vec{b}$
$\overrightarrow{AB}$	Vektor, der die Verschiebung beschreibt, die A auf B abbildet	$\vec{a} \times \vec{b}$	Vektorprodukt der Vektoren $\vec{a}, \vec{b} \in \mathbb{R}^3$

Wahrscheinlichkeitsrechnung

P(A)	Wahrscheinlichkeit des Ereignisses A	$F_{n;\,p}$	kumulierte Binomialverteilung mit den Parametern n und p
X	Zufallsgröße		
P(X = k)	Wahrscheinlichkeit dafür, dass die Zufallsgröße X den Wert k annimmt	E(X) = µ	Erwartungswert der Zufallsgröße X
		σ	Standardabweichung
P(X ≤ k)	kumulierte Wahrscheinlichkeit	$P_A(B)$	Durch A bedingte Wahrscheinlichkeit von B
$\binom{n}{k}$	Binomialkoeffizient „n über k"		
$B_{n;\,p}$	Binomialverteilung mit den Parametern n und p		